Heinz P. Wassermann

„Zuviel Vergangenheit tut nicht gut!"

D1718920

Heinz P. Wassermann

„Zuviel Vergangenheit tut nicht gut!"

Nationalsozialismus im Spiegel der
Tagespresse der Zweiten Republik

STUDIENVerlag
Innsbruck-Wien-München

Gedruckt mit Unterstützung des Bundesministeriums für Wissenschaft und Verkehr in Wien, des Kulturreferates der Stadt Graz, des Amtes der Steiermärkischen Landesregierung, des Alfred-Schachner-Gedächnis-Fonds und der Universität Graz.

Die Deutsche Bibliothek - CIP-Einheitsaufnahme

Wassermann, Heinz P.:
Zuviel Vergangenheit tut nicht gut! : Nationalsozialismus im Spiegel der Tagespresse der zweiten Republik / Heinz P. Wassermann. - Innsbruck ; Wien ; München : Studien-Verl., 2000
    ISBN 3-7065-1421-4

© 2000 by StudienVerlag Ges.m.b.H., Amraser Straße 118, A-6010 Innsbruck
e-mail: studienverlag@netway.at
homepage: http://www.studienverlag.at

Umschlag und Layout: STUDIENVerlag/Bernhard Klammer
Titel: „Zuviel Vergangenheit tut nicht gut!" Aus: Herbert Grönemeyer, „Mit Gott auf unserer Seite".

Gedruckt auf umweltfreundlichem, chlor- und säurefrei gebleichtem Papier.

Inhaltsverzeichnis

Abkürzungsverzeichnis

AJ	Abendjournal
APuZ	Aus Politik und Zeitgeschichte
AZ	Arbeiter-Zeitung
Az.	Aktenzeichen
BAB	Bundesarchiv Berlin
BAK	Bundesarchiv Koblenz
BAP	Bundesarchiv Potsdam
BuI	Berichte und Informationen
DÖN	Die Österreichische Nation
fo	folder
GWU	Geschichte in Wissenschaft und Unterricht
H.	Heft
HJbG	Historisches Jahrbuch der Stadt Graz
HZ	Historische Zeitschrift
IfZ	Institut für Zeitgeschichte
JfS	Journal für Sozialforschung
Lb	Leserbrief
MiJ	Mittagsjournal
Ms.	Manuskript
MVBl.	Ministerialverordnungsblatt
NARA	National Archives and Records Administration
NKZ	Neue Kronen Zeitung
o. D.	ohne Datum
o. O.	ohne Ort
o. T.	ohne Titel
ÖMH	Österreichische Monatshefte
ÖJfP	Österreichisches Jahrbuch für Politik
ÖZG	Österreichische Zeitschrift für Geschichtswissenschaft
ÖZP	Österreichische Zeitschrift für Politikwissenschaft
PA	Personalakt
PK-L/SW	Prozeß Kreisky gegen Lingens/Sammlung Wassermann
PM	Pädagogische Mitteilungen
SBKA	Stiftung Bruno Kreisky Archiv
SN	Salzburger Nachrichten
SWS	Sozialwissenschaftliche Studiengesellschaft
SOWIDOK	Sozialwissenschaftliche Dokumentationsstelle
VfZ	Vierteljahreshefte für Zeitgeschichte
ZiB 1	Zeit im Bild 1

1. Einleitung

> *Die Wiener redeten 1945 „von Lebensmittelaufrufen,*
> *Plünderungen, Heimkehrern aus der Kriegsgefangenschaft,*
> *schimpften über Uhrenraub und Vergewaltigungen durch die Russen.*
> *Unseren Schicksalen in den KZ begegnete meist Desinteresse und Unglauben.*
> *Genauso erging es den Dokumentarfilmen über die Lager:*
> *Greuelpropaganda der Alliierten, Kriegslügen."*[1]

Die vorliegende Publikation ist die gekürzte Überarbeitung des Medienabschnitts der an der Karl-Franzens-Universität Graz approbierten Dissertation des Verfassers[2] und analysiert den Themenkomplex „Nationalsozialismus im medial veröffentlichtem Geschichtsbewußtsein nach 1945".

Die Analyse von ausgewählten Tageszeitungen, kann teilweise auf die Diplomarbeit des Verfassers zurückgreifen[3], versteht sich aber weder inhaltlich noch methodisch als bloße Fortschreibung. Zum einen wurde die Themenpalette wesentlich ausgeweitet, wurde mit „Kurier", „Arbeiter-Zeitung"[4] und „Steirerblatt"/„Südost-Tagespost" die quantitative Basis verbreitert und wurde vor allem die Diskursebene näher beleuchtet. Um ein möglichst breites Analysespektrum zu erzielen, werden drei inhaltlich verschiedene Ansätze gewählt:

1. ein personenzentrierter-punktueller in den Kapiteln *Der Eichmann-Prozeß*, *Kreisky I*, *Kreisky-Peter-Wiesenthal* und *Friedrich Peter 1983*, *Frischenschlager-Reder*, *Kurt Waldheim* und das abschließende Kapitel *„Ideologische Mißgeburt", „ordentliche Beschäftigungspolitik" und die „lieben Freunde" von der Waffen-SS*
2. ein ereigniszentrierter-punktueller in den Abschnitten *„Die Juden in Österreich!"*, *„Holocaust"*, *Bundespräsidentenwahl 1980* sowie *„Denkmal gegen Krieg und Faschismus"* und *„Heldenplatz"*
3. ein datenzentrierter in den historischen Längsschnitten zu *„Anschluß"*, *„Reichskristallnacht"*, *Kriegsbeginn*, *Kriegsende* und *Staatsvertrag*.

Sofern einzelne dieser vorgegebenen Themen bereits in der Diplomarbeit des Verfassers ausgearbeitet wurden, werden die Erkenntnisse der jeweiligen Kapitel in Form von Schlußzusammenfassungen eingearbeitet. Die Analyse von „Arbeiter-Zeitung" und „Steirerblatt"/„Südost-Tagespost" versucht darüber hinaus den (partei)politisch motivierten Geschichtsdiskurs der über Jahrzehnte hinweg dominanten politischen „Lager" nachzuzeichnen[5]. In der Ana-

13

lyse der Tagespresse wird nicht nur zu untersuchen sein, wie die einzelnen Blätter historische Daten, Sachverhalte und Streitthemen kommentierten, sondern auch, wie sehr Rückgriffe auf die Geschichte (konkret auf die Jahre 1938 bis 1945) – im Sinne von Geschichtsvermittlung an die Leserschaft und (beziehungsweise zur) Stützung der jeweiligen Argumentation – betrieben wurde. Zwar nicht als alleinige, aber als bei weitem dominante relevante Quellen werden die – explizit – meinungsmachenden Teile der Tagespresse, wie zum Beispiel Kommentare, historische Serien usw. herangezogen, was freilich eine idealtypische (und nicht eingehaltene) Annahme der strikten Trennung von Nachrichten- und Meinungsebene voraussetzt[6]. Um den Quellenbestand aber nicht völlig ins Uferlose abdriften zu lassen, und um trotzdem eine möglichst große Anzahl an „Fällen" und den Zeitraum ab 1945 abdecken und analysieren zu können, wird dies bewußt in Kauf genommen.

Die breite Quellenbasis zum Aspekt des „veröffentlichten Geschichtsbewußtsein" soll auch ein Manko der aktuellen Forschungsliteratur, nämlich die stückwerkhaften und wenig systematischen Forschungsergebnisse, erstmals auf eine breite empirisch abgesicherte Basis stellen[7].

Besonders wichtig – sofern es die Quellen erlauben – sind dem Verfasser die Integration und die Analyse des jeweiligen (situativen) Umfeldes. Deshalb werden punktuell unter anderem Stenographische Protokolle des Nationalrates, Meinungsforschungsergebnisse oder Materialien zur Rolle der Politik im „Fall" Walter Reder eingearbeitet.

Diese Arbeit hätte in diesem Umfang und in dieser Dichte nicht geschrieben werden können, hätten nicht viele Kolleginnen und Kollegen, Freundinnen und Freunde sowie einige Institutionen die Arbeit direkt oder indirekt gefördert. An dieser Stelle sei: American Jewish Committee (New York) Anton Barbic (Wien), Dr. Werner Bergmann (Berlin), Univ.-Prof. Dr. Dieter A. Binder (Graz), Mag. Viktor Breitenfelder (Graz), Mag. Klaus Buchner (Graz), Ulli Botzenhard (Wien), Dr. Peter Diem (Wien), Karl-Franzens Universität Graz – Büro für Auslandsbeziehungen, Fessel+GfK (Wien), Gallup (Wien), Mag. Joachim Hainzel (Graz), Dr. Fritz Hausjell (Wien), Maria-Helene Hittorf (Köln), Waltraud Hutter (Graz), IFES (Wien), IMAS (Linz), Josef Krainer Akademie (Graz), Thomas Kanzian (München), DI Norbert Kienzl (Graz), „Kleine Zeitung"-Archiv (Graz), Univ. Prof. Dr. Helmut Konrad (Graz), „Kurier"-Archiv (Wien), Land Steiermark – Referat für Wissenschaft und Forschung, Peter Michael Lingens (Wien), Dr. Peter Malina (Wien), Mag. Werner Masser (Wien), „Neue Kronen Zeitung"-Archiv (Wien), Stefan Perschler (Graz), Dr. Herbert Piwonka (Graz), Ilona Probst und Frank Ulmann (Berlin), Univ.-Doz. DDr. Oliver Rathkolb (Wien), „Salzburger Nachrichten"-Archiv (Salzburg), Dr. Amy K. Schmidt (Alexandria, VA), Mag. Dr. Birgit Strimitzer (Graz),

Mag. Dr. Heidemarie Uhl (Graz), Univ. Doz. Dr. Peter A. Ulram (Wien), Hans Peter Weingand (Graz), Brigu und Luz Wiegele (Wien), Zentrum für angewandte Politikforschung (Wien) recht herzlich gedankt.

Anmerkungen

1   Dorfer, Von Dachau nach Wien. In: AZ vom 6. Mai 1985.
2   Wassermann, Heinz P.: Und ab heute Kinder sagen wir „Grüß Gott!" und nicht mehr „Heil Hitler!". Nationalsozialismus, öffentliches und veröffentlichtes Geschichtsbewußtsein in Österreich nach 1945. Graz 1998. (Phil. Diss., 3. Bde.)
3   Siehe Wassermann Heinz-Peter: Gepresste Geschichte. Der Nationalsozialismus in der veröffentlichten Meinung der Tagespresse der Zweiten Republik. Ein Beitrag zur Bewußtseinsgeschichte und Bewußtseinsbildung der Zweiten Republik. Graz 1990 (Diplomarbeit). Untersucht wurden die „Salzburger Nachrichten", „Die Presse", die „Kleine Zeitung" (Graz) und die „Neue Kronen Zeitung".
4   Die „Arbeiter-Zeitung" machte im Laufe der Jahre eine Namensänderung ausgehend von „Arbeiter-Zeitung" über „AZ" zu „Neue AZ" durch; wie das Blatt wann konkret hieß, bleibt in der jeweiligen Analyse unberücksichtigt. Dasselbe gilt sinngemäß für den „Kurier".
5   Für die SPÖ als zentralistisch organisierte Partei lag die Heranziehung der „Arbeiter-Zeitung" als das für sie repräsentative Blatt auf der Hand. Anders verhielt es sich im Falle einer ÖVP-Parteizeitung; nicht daß sie solche nicht (gehabt) hätte – ganz im Gegenteil. Die Betonung von eigenständigen Landesparteien spiegel(te) sich auch hier. Von der Analyse des „Neuen Volksblattes", das am ehesten dem Typus der österreichweit relevanten Parteizeitung entsprochen hätte, mußte Abstand genommen werden, da es – sieht man von der Österreichischen Nationalbibliothek ab – nirgends als Gesamtbestand verfügbar war. Deshalb wurde das steirische Pendant herangezogen, wobei im Rahmen der Analyse auf etwaige steirische Spezifika hingewiesen werden wird.
6   Siehe zum Beispiel Mitten, Richard: „Ehrlose Gesellen"? Zur Rolle des Jüdischen Weltkongresses in der Waldheim-„Affäre" – und was österreichische Medien daraus machten. In: Medien&Zeit, 3/1989. S. 30-38 und Ders.: Die Kampagne mit der Kampagne: Waldheim und der Jüdische Weltkongreß und „das Ausland". In: Zeitgeschichte, 4/1990. S. 175-195.
7   Sofern nicht in den einzelnen Kapiteln eingearbeitet: Bailer, Brigitte: Wiedergutmachung kein Thema. Österreich und die Opfer des Nationalsozialismus. Wien 1993. Dies.: „Ohne den Staat damit weiter zu belasten...". Bemerkungen zur österreichischen Rückstellungsgesetzgebung. In: Zeitgeschichte, 11,12/1993. S. 367-381. Blänsdorf, Agnes: Deutsche Geschichte aus der Sicht der DDR. Ein Vergleich mit der Entwicklung in der Bundesrepublik Deutschland und in Österreich. In: GWU, 5/1988. S. 263-290. Conquering the past. Austrian Nazism yesterday and today. ed. by F. Parkinson. Detorit 1989. Das große Tabu. Österreichs Umgang mit seiner Vergangenheit. Hg. v. Anton Pelinka und Erika Weinzierl. Wien 1987. Der Umgang mit dem Holocaust. Europa – USA – Israel. Hg. v. Rolf Steininger. Wien [u. a.] 1994 (= Schriften des Instituts für Zeitgeschichte der Universität Innsbruck und des Jüdischen Museums Hohenems, Bd. 1). Eybl, Susanne: Das Geschichtsbild in den österreichischen Medien. Die historischen Dokumentarserien Österreich II und Österreich I von Hugo Portisch und Sepp Riff als Paradigma medial aufbereiteter Geschichtsschreibung. Wien 1993. (Phil. Diss.). Gärtner, Reinhold und Rosenberger, Sieglinde: Kriegerdenkmäler. Vergangenheit in der Gegenwart. Mit einem Vorwort von Anton Pelinka. Innsbruck 1991. Kaindl-Widhalm, Barbara: Demokraten wider

Willen? Autoritäre Tendenzen und Antisemitismus in der 2. Republik. Wien 1990 (= Österreichische Texte zur Gesellschaftskritik, Bd. 40). Kannonier-Finster, Waltraud und Ziegler, Meinrad: Österreichisches Gedächtnis. Über Erinnern und Vergessen der NS-Zeit. Wien [u.a.] 1993 (= Böhlaus Zeitgeschichtliche Bibliothek, Bd. 25). Schwieriges Erbe. Der Umgang mit Nationalsozialismus und Antisemitismus in Österreich, der DDR und der Bundesrepublik Deutschland. Hg. v. Werner Bergmann [u. a.]. Frankfurt aM und New York 1995 (= Schriftenreihe des Zentrums für Antisemitismusforschung, Bd. 3). Alois Sillaber: Nomen est omen. Grazer Straßennamen als geistes- und ideologiegeschichtliche Quelle zum Jahr 1945. In: HJbG, Bd. 25 (1994). S. 643-663. Uhl, Heidemarie: Zwischen Versöhnung und Verstörung. Eine Kontroverse um Österreichs historische Identität fünfzig Jahre nach dem „Anschluß". Wien [u. a.] 1992 (= Böhlaus Zeitgeschichtliche Bibliothek, Bd. 17). Dies.: Erinnern und vergessen. Denkmäler zur Erinnerung an die Opfer der nationalsozialistischen Gewaltherrschaft und an die Gefallenen des Zweiten Weltkrieges in Graz und in der Steiermark. In: Todeszeichen. Zeitgeschichtliche Denkmalkultur in Graz und in der Steiermark vom Ende des 19. Jahrhunderts bis zur Gegenwart. Hg. v. Stefan Riesenfellner und Heidemarie Uhl. Wien [u. a.] 1994 (= Kulturstudien. Bibliothek der Kulturgeschichte, Sonderband 19). S. 111-195. Dies.: Erinnerung als Versöhnung. Zu Denkmalkultur und Geschichtspolitik der Zweiten Republik. In: Zeitgeschichte, 5,6/1996. S. 146-160. Dies.: Gedächtnisraum Graz. Zeitgeschichtliche Erinnerungszeichen im öffentlichen Raum nach 1945. In: HJbG, Bd. 25 (1994). S. 625-641.

2. Geschichtsbewußtsein

2.1. Zum Begriff „Geschichtsbewußtsein"

„Definitionen von Geschichtsbewußtsein gibt es beinahe so viele, wie es Historiker gibt. Trotz aller Unterschiedlichkeit ist ihnen der Versuch gemeinsam, die drei Zeitdimensionen der Vergangenheit, Gegenwart und Zukunft so aufeinander zu beziehen, daß aus ihrer wechselweisen Verschränkung eine Gegenwarts- und Zukunftsorientierung erwächst."[1] Festzuhalten ist, daß (Geschichts)bewußtsein „nicht Ausdruck des Wissens [ist], sondern des Verhältnisses, der Ordnung, in der wir zu einer Sache stehen. (...) Im Geschichtsbewußtsein drückt sich unsere Relation, unser eigentümliches Verhältnis zur Geschichte aus. In ihm sammelt sich, was aus der Begegnung mit der Geschichte, aus dem geschichtlichen Wissen gleichsam persönliches Eigentum geworden ist."[2] Somit ist das Ziel der Medienanalyse nicht, *ein* richtiges/falsches oder *das* richtige/falsche Geschichtsbewußtsein zu reklamieren beziehungsweise einzufordern, sondern der Frage nach dem *Wie* historischen Bewußtseins beziehungsweise nach der Beschaffenheit des medial vermittelten Geschichtsbewußtseins nachzugehen.

Doch kehren wir noch zum eigentlichen Begriff zurück. Der eben zitierte Alfred Spieler deklariert in seinen weiteren Ausführungen als Konstituenten eines oder des *richtigen* Geschichtsbewußtseins einen Anforderungskatalog an Geschichtsbücher und Geschichtsunterricht, die um den zentralen Aspekt von Bildern und Symbolen kreisen. Diesen „kommt eine wahrhaft bewußtseinsgebende Kraft zu, und das Geschichtsbewußtsein auch der Erwachsenen lebt mehr aus der trächtigen Substanz geschichtlicher Bilder und Symbole als aus der dünnen Schicht bloßen geschichtlichen Wissens."[3] In diesem Sinn argumentiert er im zweiten Teil seiner Ausführungen, wenngleich in der Terminologie die Basis eines rationalen Zuganges teilweise verlassend, folgerichtig und zwingend: „Mär der Weltgeschichte – darin liegt, was echte Geschichte in sich haben muß: die Wahrheit der Historie, ihre Poesie und das Wissen um das Hintergründige, um das Geheimnis aller Geschichte; denn die Mär offenbart zwar nicht das Mysterium der Geschichte, aber sie birgt es in sich."[4] In der Terminologie auch nicht wirklich völlig klar definiert Heinz Müller „geschichtliches Bewußtsein" mit: „Erstens das Wissen um die Zeitlichkeit alles Seienden überhaupt und die Geschichtlichkeit des Menschen im besonderen. Zweitens: das Wissen um die zeitlich geordneten Beziehungen aller Ereignisse in Vergangenheit und Gegenwart auf die je eigene Person, die je eigene Existenz. ‚Die Gegenwart kann sich immer nur begreifen, wenn sie sich in der Geschichte spiegelt.' Denn ‚die bloße Analyse dessen, was im unmittelbaren Gegenwartsbewußtsein des einzelnen vorhanden ist, führt niemals zum vollen Verstehen' (Spranger)."[5]

Auf einen wichtigen Aspekt im Zusammenhang mit dem Begriff verweist Alexander Demandt. Es „zeigt sich, daß Geschichtskenntnis zwar notwendig, aber nicht hinreichend für historisches Denken ist. Denn dazu muß auch das Geschichtsbild reflektiert und in seiner Abhängigkeit von der persönlichen Perspektive erkannt sein." Geschichtsbewußtsein kommt als Resultat eines Lernprozesses zustande, „in dem Eigenes mit Fremdem zusammengewachsen ist und in dem ältere und schlechtere durch jüngere und bessere Vorstellungen ersetzt worden sind"[6], was sowohl für das Wissen als auch für die Normen Gültigkeit habe.

Es stellt sich natürlich die Frage nach den konstituierenden Faktoren von Geschichtsbewußtsein. Am Beispiel des „von oben verordneten" Geschichtsbewußtseins der (damaligen Noch-) DDR bezeichnet Horst Gies „die Schule als ‚Hauptkraft' des Erziehungs- und Bildungswesens (...); Familie, Jugendorganisationen (Junge Pioniere, FDJ), und Nationale Volksarmee, Hochschulen und Universitäten, Museen, Ausstellungen und Massenmedien (Presse, Funk, Fernsehen, Film) sowie die kulturellen Einrichtungen der Erwachsenenbildung (Kulturbund, Betriebs- und Dorfakademie, Urania-Gesellschaft zur Verbreitung wissenschaftlicher Erkenntnisse)"[7] als bewußtseinsbildende und -formende Faktoren. Hans-Jürgen Pandel führt in seinem geschichtsdidaktischen Zugang „[s]ozio-kulturelle und individualpsychologische Faktoren" als „an der Ausbildung von Geschichtsbewußtsein maßgeblich beteiligt" an. „Lernvoraussetzungen, soziale Bedingungen, Sprachverhalten, Leistungsfähigkeit machen das Endergebnis dieses Prozesses sehr individuell. (...) Aber es gibt neben den Bedingungsfaktoren auch ‚unterstützende' Faktoren (Vorlieben, Interessen, Motivationen), die die Ausbildung von Geschichtsbewußtsein fördern."[8] Er unterscheidet dabei vier konstituierende Zugänge, beziehungsweise Einflußfaktoren, nämlich erstens *existentielle*, einschneidende Ereignisse und deren Folgen, wie zum Beispiel „Kriegsfolgen, Inflationserfahrungen etc.", [i]*dentitive* Faktoren, die auf die „Verunsicherung des Selbstbewußtseins und der Lebensdeutung" als Folge von „historisch-politischen Debatten (‚Aufarbeitung der Vergangenheit'), drittens *lebensweltliche* Zugänge, worunter er die „kulturelle Umwelt" wie zum Beispiel „Belletristik, Denkmäler, Feste, Spielfilme, Straßennamen und Publizistik (...), die eine langfristige Wirkung ausüben", versteht und schließlich *intellektuelle*, nämlich die „direkte, kognitiv orientierte Auseinandersetzung mit wissenschaftlichen Deutungen von Geschichte"[9].

Nicht zu vergessen im Zusammenhang mit dem aufgeworfenen Begriff ist freilich auch dessen (appellative) Instrumentalisierung, die der Geschichte ihre Aufgabe zuzuweisen trachtet, unabhängig davon, wer die Forderung im konkreten erhebt[10].

Konkret: „Die Vergewaltigung Oesterreichs im März 1938 durch einen Pöbelaufstand im Inneren und einem bewaffneten Ueberfall von außen konnte nur geschehen, weil wir etwa seit 1918 um das Wichtigste und Wertvollste gekommen waren, um unser österreichisches Geschichtsbild."[11] Sieht man einmal davon ab, daß – durchaus beachtenswert – hier nicht die Opferthese in ihrer reinen Form verbreitet wurde, so wird hier der Geschichte, beziehungsweise einem einheitlichen und konsensfähigen Geschichtsbild auch die integrative Kraft nach Innen zugesprochen. „Zum Entstehen eines adäquaten Bildes bedarf es der historischen Betrachtung, denn als Ereignis ist die deutsche Katastrophe nicht von der deutschen Vergangenheit zu trennen, ebenso wie ihr Bild sich mit der davorliegenden Selbstinterpretation des deutschen Volkes, seiner Standortbestimmung im Rahmen Europas und der Welt, auseinanderzusetzen hat."[12] Gerade um eine solche zu erreichen, sei ein neuer Zugang der geschichtlichen Interpretation notwendig, der vor allem bisher nicht hinterfragte Paradigmen revidiere. Einen „Angelpunkt" glaubt Hübinger darin zu erkennen, indem „die Isolierung und stellenweise groteske Überhöhung Deutschlands und der deutschen Geschichte behoben" wird. „Deutschland und seine Vergangenheit sollten in stärkerem Maße als bisher in den Rahmen des europäischen Geschichtsverlaufs gerückt, dort an der richtigen Stelle und in der rechten Proportion gesehen werden."[13] Diese „Rückführung und tiefere Einbettung der deutschen Vergangenheit"[14] bedeute aber keinesfalls den Verzicht auf die Beibehaltung einer deutschen Nationalgeschichtsschreibung. Weiters seien auch die „dunklen Seiten der Geschichte"[15], und nicht nur die der NS-Zeit, zu berücksichtigen.

Was die (vor allem) deutsche Diskussion im Zusammenhang mit dem Begriff „Geschichtsbewußtsein" charakterisiert, ist der Umstand des (revidierenden) Ausgreifens in die gesamte deutsche Geschichte. Das ist deshalb bemerkenswert, weil sich die Diskussion um den Begriff ganz eindeutig bei der „deutschen Katastrophe", wie es – nämlich im Sinne der „Katastrophe der Deutschen" und nicht der von den Deutschen über andere gebrachten Katastrophe – so verharmlosend benannt wurde, ansetzte. Prononciert vertrat diesen Ansatz Horst Rumpf, der der zeit- (also NS-) geschichtlichen Aufklärung überhaupt jede Relevanz und somit jedes geschichtsbewußtseinskonstituierendes Moment absprach. „Umgekehrt könnte eine Belehrung über die frühere europäische Geschichte, wenn ihr nur der seinshafte Kontakt gelänge, mehr zur ‚Aufarbeitung' beitragen, als forcierte Zeitgeschichts-Information. Mit anderen Worten: das ‚Was' ist lange nicht so entscheidend wie das ‚Wie'. Gelingt es dem ‚Wie' unseres ‚Schulbetriebs', die ‚Kontaktlosigkeit' und das ‚Entwurzeltsein' zu überwinden, das nach Hannah Arendt den Mutterboden der Unmenschlichkeit und Vergeßlichkeit darstellt?"[16]

All diese hier vorgestellten Erklärungen, Definitionen und Interpretationen eint nicht nur der uneinheitlich verwendete und wenig exakt um-, beziehungsweise beschriebene Begriff „Geschichtsbewußtsein", sie zeichnen sich vor allem dadurch aus, daß sie – abgesehen von sehr wenigen Ausnahmen – um die Einflußfaktoren auf das (individuelle) Geschichtsbewußtsein einen weiten Bogen machen. Auch die hierzu vorliegenden Arbeiten können bestenfalls als Stückwerk hierzu bezeichnet werden[17]. Auffallend ist jedenfalls – sofern der Verfasser hierzu die Forschungsliteratur und die einschlägigen Studien überblickt – daß es keine einzige verläßliche, empirisch fundierte und nicht „zusammengereimte" Arbeit hierzu gibt.

2.2. Öffentliches und veröffentlichtes Geschichtsbewußtsein in der vorliegenden Arbeit[18]

Einige österreichische Forschungen der letzten Jahre[19] operieren – in Anlehnung an Maurice Halbwachs und popularisiert von Jan Assmann[20] – mit dem Begriff des „kollektiven Gedächtnisses". „Das kollektive Gedächtnis selbst stellt sich dann als ein kommunikatives Alltagsgedächtnis dar, das sich rund um gesellschaftlich institutionalisierte Anhaltspunkte assoziiert und differenziert. Das kollektive Gedächtnis ist ein soziales Phänomen, das sich von Ort zu Ort, von Gruppe zu Gruppe spezifisch herausbildet. Wir wollen die Homogenität dieses Phänomens in einer modernen Gesellschaft, die grundsätzlich offen ist für die Diskussion und Interpretation der eigenen historischen Tradition nicht überschätzen. Dennoch halten wir die genannten Anhaltspunkte für einen relativ festen Komplex von Vorstellungen, die auf Gruppen und Einzelne einen gemeinsamen Einfluß ausüben; sie konnte das gerade deswegen, weil sie einen Prozeß der kollektiven Identifikation im Aufbau der Zweiten Republik ermöglichen."[21] In den Augen des Autors ist der Begriff des „kollektiven Gedächtnisses" vor allem in Anbetracht von fehlenden empirisch haltbaren und absichernden Studien als solcher schon problematisch, da er schlußendlich auf „es kann so, aber auch ganz anders sein" hinausläuft. Weiters stellt sich die Frage, wo und wie sich dieses „kollektive Gedächtnis" artikulieren kann und inwiefern – ob dieses Mankos – darüber Aussagen überhaupt zulässig (im Sinne von haltbar) sind.

Ebenso verhält es sich mit der Rezeption (jedoch nicht mit der Arbeit) von Heidemarie Uhl, die das breit rezipierte Schlagwort von der „Erosion der Opferthese" prägte. Uhl analysierte für den medialen Diskurs eine *partielle,* aber nicht allgemeine Erosion. Diese Analyse sagt – was Uhl auch überhaupt nie so behauptete, aber so rezipiert wurde – jedoch noch nichts über die Rezeption beziehungsweise Auswirkungen auf das „kollektive Bewußtsein" aus. Wenn Kannonier und Ziegler in Anlehnung an Uhl schreiben, seither „ist die Überzeugung gewachsen, wenn auch nicht verankert, daß es auch für Österreich eine Frage der moralischen Autorität und der politischen Kultur ist, mit langjährigen Versäumnissen bei seiner Geschichtserinnerung zum Nationalsozialismus zu brechen"[22], dann mag das für den Bereich gelten, daß es (mit einigen Tagen verzögerte) politische Auswirkungen hat, wenn man die „ordentliche Beschäftigungspolitik im Dritten Reich" lobt, daß österreichische Politiker wohlabgewägte Worte zur Verstrickung Österreichs (recte: von Österreichern) in das „Dritte Reich" finden, oder daß für die „rassischen" Opfer des Nationalsozialismus unbürokratisch finanzielle Abschlagzahlungen geleistet werden. Es sagt aber nichts über die Spiegelung im „kollektiven Bewußtsein" (das wohl vom „kollektiven Gedächtnis" nicht abzukoppeln ist) aus. Besieht man sich die Verankerung der „Erosion der Opferthese" im Zusammenhang mit der (quellenmäßig selektiven) medialen Erinnerungsarbeit im Jahre 1998, so kann eine solche nicht konstatiert werden. Der Opferdiskurs hat sich nämlich – wenn überhaupt[23] – ein teilweise neues Objekt[24] gesucht. Geradezu schamhaft wird der *österreich-* und *geschichtsbewußtseinsrelevante* Täterdiskurs ausgeblendet, beziehungsweise verbleibt er im alten Muster, daß die deutschen Nazis in Österreich einmarschierten, Frankreich, Großbritannien und Italien nichts dagegen unternahmen und sofort die Verhaftungswelle rollte.

Geschichtsbewußtsein hat zumindest zwei Dimensionen, nämlich eine öffentliche und eine veröffentlichte. Der erste Aspekt wäre – im Sinne von „kollektivem Bewußtsein" – anhand empirischer Daten auszuloten. Der zweite Aspekt wäre beispielsweise anhand des medialen Diskurses oder der schulischen Komponente dingfest zu machen. Geschichtsbewußtsein im ersteren Sinn kann kurz mit Einstellung(en) und Meinung(en) zusammengefaßt werden. „Veröffentlichtes Geschichtsbewußtsein" anhand der vorliegenden Quellenlage sei definiert als: was wird wann, wie ins Bewußtsein gerufen, was wird betont et vice versa. Diesen Aspekt könnte man auch mit „veröffentlichtem Erinnern" umschreiben.

Als konkretes Beispiel dazu möge ein Aufsatz aus den *Österreichischen Monatsheften* dienen. „Gewiß haben wir bisher all zu große Zurückhaltung in der Geltendmachung unserer rechtmäßigen Ansprüche und gerechten Forderungen geübt, die sich aus der Fundamentaltatsache ergeben, daß unser Vaterland der erste europäische Staat war, der sich der Hitlerschen Aggression mit der Waffe in der Hand entgegenstellte, und daß es in der Folge auch das erste Opfer dieser Aggression wurde."[25] Nachdem sich Österreich – aufgrund der Niederschlagung eines in Österreich von Österreichern begangenen Putsches durch die Exekutive[26] – als Land noch gewehrt habe, wurde es 1938 überfallen von einer „lächerlich geringe[n] Zahl der österreichischen Nazi" und wurde zum „Opfer in doppelter Bedeutung des Wortes: Opfer der deutschen Raubgier und Opfer der Großen für ihre vermeintliche Sicherheit."[27] Die hingerichteten österreichischen Wehrmachtsangehörigen dürften „wohl zur Widerlegung mancher tendenziöser Fabelbildung über die freiwillige Teilnahme Oesterreichs, das ohnehin gar nicht existierte, am deutschen Aggressionskrieg genügen."[28] Der hier ausgebreitete (kollektive) Opferbegriff umfaßt somit die Jahre 1934 bis 1945[29], benennt allerdings nur (einen kleinen) Teil von Soldaten und läßt sowohl die weit größere Zahl „sonstiger" Opfer als auch das Ausmaß an Kollaboration völlig außer acht, last but not least auch die Opfer des Februar '34.

2.3. (Massen)medien und Geschichtsbewußtsein

Die Einschätzung, wie (sehr) Medien auf das individuelle und das kollektive Geschichtsbewußtsein wirken, „krankt" vor allem an der fehlenden empirischen Basis, weshalb Aussagen dazu als lediglich stückwerkhaft und wenig systematisch zu betrachten sind. Aufbauend auf eine Schülerbefragung am Bundesgymnasium Amstetten im November 1987 errechnete – bei allen Vorbehalten hinsichtlich ihrer Generalisierbarkeit – Michaela Gaunerstorfer: „Die überwiegende Mehrheit der Befragten (82 Prozent) gibt an, ihr Wissen über die NS-Zeit nur teilweise aus den Schulbüchern zu beziehen. (...) Am häufigsten beziehen die befragten Schüler ihre Informationen über den Nationalsozialismus aus den Medien TV/Radio, am seltensten aus politischen Veranstaltungen. Tageszeitungen werden von zwei Drittel der Befragten manchmal als Informationsquelle herangezogen. (...) Bezüglich des Vertrauens in die Medien zum Thema Nationalsozialismus hat das Fernsehen eine unangefochtene Spitzenposition inne (über 70 Prozent). Politische Zeitschriften und Tageszeitungen sind schon weit abgeschlagen."[30]

Gemäß einer Studie des Meinungsforschungsinstituts Fessel+GFK nach zeitgeschichtlichen Informationsquellen lagen Printmedien mit 62 Prozent an Nennungen hinter „Sendungen im Fernsehen" (77%) an zweiter Stelle[31].

Einen anderen, mit Gaunerstorfers Ergebnissen durchaus kompatiblen Befund, lieferte eine 1987 durchgeführte Studie hinsichtlich der zugeschriebenen Eignung von Printmedien für das historische Verständnis der Zwischenkriegszeit. „Berichte in Tageszeitungen" wurden mit einem Mittelwert von 2,32 (Schulnotenskala 1-4) auf den elften von vierzehn zu vergebenden Rängen plaziert. Wiederum „einsam" an der Spitze lagen mit einem Mittelwert von 1,48 „Fernsehen/Fernsehdokumentationen"[32]. Ähnliche Relationen zitiert Holger Rust aus einer Gallup-Studie. „Es war auch das Fernsehen, dem die meisten der Befragten die ‚fundierteste Information' zutrauten: 45% nannten das Bildmedium auf die Frage: ‚Wo erwarten Sie sich persönlich (...) die beste und fundierteste Information?'. Die Tageszeitungen schneiden in diesem Vergleich relativ schlecht ab und liegen mit 23% noch hinter den ‚persönlichen Gesprächen', die von einem Viertel als verläßlichste Quelle der Information genannt wurden"[33], womit die Tagezeitungen auf dem dritten Rang lagen.

In diesem Zusammenhang wird den Fernsehdokumentationen „ÖsterreichI/ÖsterreichII", auch ob deren Quasisanktionierung als quasioffiziell-verbindendes (öffentliches und veröffentlichtes) Geschichtsbewußtsein via ORF und Empfehlung des Unterrichtsministeriums als Unterrichtsbehelf, ein schwer abzu-, jedoch kaum zu unterschätzender Einfluß zuzurechnen sein[34]. Hierzu bemerkte Gerhard Botz: „Das Geschichtsbewußtsein der jungen Österreicher und Österreicherinnen von der Ersten und Zweiten Republik wurde davon wahrscheinlich stärker geprägt als von allen Lehrervorträgen, Schulbüchern und Geschichtsdarstellungen von Zeitgeschichtlern. Das Fernsehen machte in diesem Sinn mehr Zeitgeschichte als die ganze wissenschaftliche Zeitgeschichte der Jahre zuvor."[35]

„Der Übergang aus dem kommunikativen Gedächtnis ins kulturelle Gedächtnis wird durch Medien gewährleistet. Medien sind die Bedingung der Möglichkeit dafür, daß spätere Generationen zu Zeugen eines längst vergangenen und in seinen Einzelheiten vergessenen Geschehens werden können. Sie erweitern drastisch den Radius der Zeitgenossenschaft. Durch Materialisierung auf Datenträgern sichern die Medien den lebendigen Erinnerungen einen Platz im kulturellen Gedächtnis."[36] Das betrifft freilich mehr („kulturelles Gedächtnis") oder weniger („kommunikatives Gedächtnis") die Langzeitperspektive inklusive aller Unwägbarkeiten von memoriendem Konservieren und memoriendem Verlust. Wichtiger in diesem Zusammenhang sind zwei evidente Funktionen von Massenmedien für das kollektive Bewußtsein: Einerseits (Ver)mittler und Schnittstelle zwischen Wissenschaft und Rezipienten, andererseits Meinungsträger und Meinungsmacher zu sein.

Eine, auf einem herausragenden empirischen *sample* beruhende Studie von Fritz Plasser und Peter A. Ulram trachtet dem Zusammenhang zwischen Medienkonsum und Ausländerangst nachzugehen oder „mögliche Interaktionseffekte zwischen Nutzung bestimmter Informationsquellen und spezifischen Reaktionen auf das ‚Ausländerthema'"[37] zu ergründen, beschäftigte sich aber auch mit der Einschätzung des Nationalsozialismus in Zusammenhang mit dem Printmedienkonsum der Befragten. Während „nur 20% der regelmäßigen von Prestige-Tageszeitungen [„Die Presse" und „Der Standard"] eine positive oder ambivalente Einstellung zum NS-Regime zum Ausdruck bringt, trifft dies auf 30% der regelmäßigen Leser des Kurier und 39% der Regionalzeitungen zu. Von den regelmäßigen Lesern von Krone/Täglich Alles äußern sich sogar 50% ambivalent oder positiv. Eine trennschärfere Auswertung, bei der die Einflüsse der Faktoren Bildungsniveau und Alter ausgeschaltet werden, verfestigt der Befund eines Zusammenhanges zwischen täglichem Printmedien-Leserverhalten und der retrospektiven Beurteilung des NS-Regimes: Exklusivleser von Krone/Täglich Alles verfügen eher über ein positives bzw. ambivalentes Bild über die NS-Zeit – speziell bei den unteren Bildungsschichten und in den jüngeren und mittleren Jahrgängen – als Exklusivleser anderer Tageszeitungen."[38]

Plasser und Ulram halten fest, daß ein „Korrespondenzverhältnis zwischen der Berichterstattung der Medien und politischen Einstellungen der Leserschaft" bestehe, jedoch könne daraus eine „Aussage über Ursache-Wirkungs-Verhältnisse (...) nicht abgeleitet werden."[39]

Somit bleibt die Frage, wer bedient und beeinflußt wen (und vor allem „wie") – die Medien ihre Leser oder die Leser ihre Medien? – weiterhin eine „Henne-Ei-Problematik". Prägen die Medienbotschaften Einstellungen (und das Verhalten) oder vermutete und/oder erforschte Einstellungen oder Verhalten der Leser die Medieninhalte? Weiters bleibt unbeantwortet, welche – beispielsweise historisch orientierten – Medienproduktionen im Sinne der definierten Quellen dieser Arbeit von den Lesern überhaupt wahrgenommen und/oder rezipiert werden.

Was im Rahmen dieser Arbeit keinesfalls geleistet werden kann, ist ein im weitesten Sinn kommunikatives Modell zu (re)konstruieren, das nachvollziehbar macht, warum das – auf den Themenkreis Nationalsozialismus beschränkte – *öffentliche Geschichtsbewußtsein* gerade diese und nicht eine andere Ausformung zeigt(e), beziehungsweise inwiefern das (medial vermittelte) veröffentlichte in Abhängigkeit vom öffentlichen steht und umgekehrt. Hierbei sind – unabhängig vom gewählten kommunikationstheoretischen Modell[40] – die „black box" oder intervenierende Variablen (und deren Gewichtung), wie beispielsweise das von zu Hause oder in Vereinen oder Parteien vermittelte Geschichtsbewußtsein, die Rezeption des Geschichtsunterrichts oder der Tagespresse völlige Unwägbarkeiten[41], denn der mediale Diskurs trifft auf alles andere als auf eine tabula rasa und dies nicht zu berücksichtigen wäre äußerst problematisch. Weiters ist zu bedenken, daß die folgenden Analysen rund ein halbes Jahrhundert an medialer Auseinandersetzung untersuchen; daß sich in diesem Zeitraum der Medienkonsum revolutioniert hat,

braucht nicht extra zu erwähnt werden, würde jedoch *ein* kommunikations-
theoretisches Rahmenmodell über diesen Zeitraum wohl unfreiwillig komisch
und absurd erscheinen lassen[42]. „Nicht einer voreiligen Theorienbildung, nicht
einmal einer perfektionistischen Konzeptualisierung bedarf es im gegenwärtigen Stadium, vielmehr konkreter Arbeit an ausgewählten Problemen und
auf solider Quellenbasis. Gerade letzterer ermangelte die traditionelle Presse-
geschichte häufig."[43] Oder wie es Jürgen Wilke 1992 formulierte: „Wichtiger
erscheint mir und die Zeit lohnender, wirklich Medien- und Kommunikationsgeschichte zu betreiben"[44] – zwei Befunde, die, besieht man sich beispielsweise die einschlägig theoretische Diskussion in *Medien&Zeit* beziehungsweise
Ansätze von deren praktischer Durchführung an, nach wie vor Gültigkeit haben.

Um es aber nicht bei einer reinen Medienanalyse zu belassen, werden zum einen die Geschehnisse des personen- und des ereigniszentrierten
Ansatzes in dem jeweiligen zeithistorischen Kontext gepaßt und – sofern es
die Quellenlage erlaubt – durch entsprechendes empirisches Material ergänzt,
um somit einen situativen öffentlichen Kontext zu rekonstruieren, in dem die
verschiedenen – zumeist – Affären verankert waren; zum anderen wird in der
Zusammenfassung auf das Verhältnis von öffentlichem und veröffentlichtem
Geschichtsbewußtsein aufbauend auf die Ergebnisse der Dissertation einzugehen sein.

Anmerkungen

1   Pandel, Hans-Jürgen: Geschichtsbewußtsein. In: GWU, 11/1993. S. 725-729 (hier
    S. 725).
2   Spieler, Alfred: Stufen des geschichtlichen Bewußtseins. In: GWU, 7/1955. S. 397-
    407 (hier S. 397).
3   Ebda, S. 404.
4   Spieler, Alfred: Geschichtsbewußtsein (Schluß). In: GWU, 8/1955. S. 481-492 (hier
    S. 484).
5   Müller, Heinz: Erziehung zum geschichtlichen Bewußtsein. In: GWU, 11/1952. S.
    641-647 (hier S. 645).
6   Demandt, Alexander: Was heißt „historisch denken"? In: GWU, 8/1979. S. 463-
    478 (hier S. 465).
7   Gies, Horst: Geschichtsbewußtsein und Geschichtsunterricht in der Deutschen De-
    mokratischen Republik. In: GWU, 10/1989. S. 618-625 (hier S. 618f.).
8   Pandel, Geschichtsbewußtsein, a.a.O., S. 726.
9   Ebda, S. 727.
10 Hingewiesen sei unter anderem auf die Forderung Franz Josef Strauß', die Deut-
    schen mögen doch endlich aus dem Schatten Hitlers treten. Auf die bewußte histo-
    rische Inszenierung, man denke nur an den gemeinsamen Auftritt von Kohl und
    Reagan auf dem Friedhof von Bitburg, und deren – mögliche – historische „Mäch-
    tigkeit", sei in diesem Zusammenhang lediglich verwiesen.
11 Böhm, Wilhelm: Prolegomena einer österreichischen Geschichtsauffassung. In:
    ÖMH, 6/1946. S. 228-230 (hier S. 228).

12   Hübinger, Paul Egon: Um ein neues deutsches Geschichtsbild. In: GWU, 10/1950. S. 385-401 (hier S. 385).

13   Ebda, S. 391. Forderten deutsche Autoren eher eine „Normalisierung" der deutschen Geschichte im europäischen Kontext, so wurde von österreichischer Seite auf eine schulische „Profilierung" österreichischer Geschichte gedrängt, die die europäische Komponente (unter gleichzeitiger Zurückdrängung der deutschen) zwar betonte, ihr aber nicht diesen Stellenwert einräumte.

14   Hübinger, Um ein neues deutsches Geschichtsbild, a.a.O., S. 393.

15   Ebda, S. 396.

16   Rumpf, Horst: Schule, Geschichtslosigkeit, Entwurzelung. Erwägungen zur gegenwärtigen Hochkonjunktur in Zeitgeschichte. In: GWU, 11/1960. S. 692-700 (hier S. 695).

17   Siehe Amesberger, Helga und Halbmayr, Brigitte: „Schindlers Liste" macht Schule. Spielfilme als Instrument politischer Bildung an österreichischen Schulen. Eine Fallstudie (= Studienreihe Konfliktforschung, Bd. 9). Wien 1995. Brandstetter, Gerfried und Krammer, Reinhard: Die lichten Höhen der Didaktik, die Niederungen des Schulalltags. Erfahrungen im Zeitgeschichte-Unterricht an Handelsschulen. In: Zeitgeschichte 8/1981. S. 323-331. Fuchs, Eduard: Schule und Zeitgeschichte. Oder wie kommen Jugendliche zu politischen Klischeevorstellungen. Wien, Salzburg 1986 (= Veröffentlichungen zur Zeitgeschichte, Bd. 5). Gaunersdorfer, Michaela: Schüler und Nationalsozialismus. In: Zeitgeschichte, 6/1990. S. 266-270. Hofstätter, Maria und Knapp, Ilan: Zeitgeschichtlicher Unterricht und Vergangenheitsbewältigung in Wiener Schulen. In: SWS-Rundschau, 3/1989. S. 375-394. Nemeth, Dietmar und Blumberger, Walter: Rechts um? Jugendliche und gesellschaftlicher Rechtsruck. Empirische Ergebnisse. In: Rechts um? Zum Neuen Rechtsradikalismus in Österreich. Hg. v. Dietmar Nemeth und Walter Blumberger. Linz 1993. S. 99-149. Für die späten sechziger Jahre siehe die exemplarische Studie von Schröter, Heinz: Außerschulische „Geschichtsquellen" von Mittelstufenschülern. Eine Studie über die Zusammenhänge von Jugendpsychologie und Geschichte. In: GWU, 12/1968. S. 733-750.

18   Zu verschiedenen konkreten Aspekten und Dimensionen von „Geschichtsbewußtsein" siehe Wassermann, Und ab heute Kinder sagen wir „Grüß Gott!" und nicht mehr „Heil Hitler!", a.a.O., S. 10-22.

19   Beispielsweise Kannonier-Finster, Waltraud und Ziegler, Meinrad, Österreichisches Gedächtnis, a.a.O. oder Seiler, Dietmar: Im Labyrinth der Geschichtspolitik. Die Erinnerung an die Shoa im öffentlichen österreichischen Gedächtnis. In: Zeitgeschichte, 9,10/1997. S. 281-301.

20   Siehe Assmann, Jan: Kollektives Gedächtnis und kulturelle Identität. In: Kultur und Gedächtnis. Hg. v. Jan Assmann und Tonio Hölscher. Frankfurt aM 1988. (= stw 724). S. 9-19.

21   Kannonier-Finster und Ziegler, Österreichisches Gedächtnis, a.a.O., S. 61f.

22   Ebda, S. 62.

23   Siehe dazu die Zeitzeugenberichte in der „Neuen Kronen Zeitung" bei Kindermann: 60 Jahre danach. 8. März 1998.

24   Exemplarisch dazu die Artikel im „Kurier". Mautner-Weber: Zur geistigen Provinz verkommen. 8. März 1998, smv: Das andere Exil: Vom Schuhputzen und Scheitern. 10. März 1998. smv: Freuds Tochter, Hahns Assistentin und andere Musen. 11. März 1998, smv: Angst vor dem Antisemitismus, schreckliche Erinnerungen: ... und viele kehren nie zurück. 12. März 1998 und smv: Eine Vergangenheit wie ein Gespenst. 13. März 1998.

25   Breithofer, Johann: „Gerechtigkeit für Österreich". Gedanken zum „Rot-Weiß-Rot-Buch". In: ÖMH, 5/1947. S. 203-205 (hier S. 203).

26   Im Zuge des Juliputsches „starben tapfere Österreicher nicht nur für Österreich, sondern auch für die Ordnung Europas und der Welt." Ebda, S. 205.

27   Ebda.

28   Ebda, S. 204f.

29   Dieser Zeitraum war in der historischen Argumentation der Volkspartei (zumindest in den ersten Nachkriegsjahren), wie die vorliegende Arbeit ausgiebig zeigen wird, nicht untypisch.

30   Gaunerstorfer, Schüler und Nationalsozialismus, a.a.O., S. 267.

31   Zeitgeschichte und Schule. Eine Dr. Fessel+GFK-Untersuchung im Auftrag des Bundesministeriums für Unterricht und Kunst. Wien o.J.

32   Dr. Fessel&Co: Österreichbewußtsein 1987. Wien 1987. S. 45.

33   Rust, Holger: Aus der Geschichte lernen? Zur Bereitschaft der ÖsterreicherInnen, sich mit dem ‚Anschluß' zu beschäftigen. In: Medien-Journal, 4/1988. S. 162-171 (hier S. 167).

34   Siehe in diesem Zusammenhang Eybl, Das Geschichtsbild in den österreichischen Medien, a.a.O. sowie Eybl Susanne und Renner, Elke: Überlegungen zu einem ideologiekritischen Einsatz von „Österreich II" im Unterricht. In: Zeitgeschichte, 1/1989/1990. S. 33-43. Portisch, Hugo: Ideologiekritische Überlegungen: Eine Replik. In: Zeitgeschichte, 4/1989/1990. S. 196-201 sowie Eybl Susanne und Renner, Elke: Kritik unerwünscht? Eine Duplik. In: Zeitgeschichte, 6/1990. S. 271.

35   Botz, Gerhard: Fernsehen in der Zeitgeschichte. „Zeitgeschichte im Fernsehen" – „Video History" in der „Zeitgeschichte": drei Perspektiven. In: Medien&Zeit, 4/1993. S. 2-5 (hier S. 2f.).

36   Assmann, Aleida und Assmann, Jan: Medien und soziales Gedächtnis. In: Die Wirklichkeit der Medien. Eine Einführung in die Kommunikationswissenschaft. Hg. v. Klaus Merten [u.a.]. Opladen 1994. S. 114-140 (hier S. 116).

37   Plasser, Fritz und Ulram, Peter A.: Ausländerangst als parteien- und medienpolitisches Problem. Ein Forschungsbericht des Fessel+GfK-Institutes und des Zentrums für angewandte Politikforschung. Wien 1992. S. 1.

38   Ebda, S. 13.

39   Ebda, S. 11.

40   Siehe dazu Merten, Klaus: Wirkungen von Kommunikation. In: Die Wirklichkeit der Medien. Eine Einführung in die Kommunikationswissenschaft. Hg. v. Klaus Merten [u.a.]. Opladen 1994. S. 291-328 und Wassermann, Gepresste Geschichte, a.a.O., S. 66-71.

41   „IMAS-Chef Andreas Kirschhofer-Botzenhardt glaubt dann auch an weitgehende Wirkungslosigkeit aller Aufklärungskampagnen: ‚Es fällt unter diesen Umständen schwer, dem in Österreich vollzogenen Meinungsbildungsprozeß [1988] einen Erfolg zu bescheinigen. Möglicherweise waren die familiären Überlieferungen in diesem Fall stärker und durchsetzungsfähiger als die diversen publizistischen Bemühungen.'" Lackner, Herbert: Plus/minus null. In: „profil", 1/1989. S. 21-22 (hier S. 22).

42   Siehe dazu auch Schulz, Wilfried: Der t-Faktor in der empirischen Kommunikationsforschung. Ein Beitrag zur Rundfrage: „Neue Positionen zur Kommunikationsgeschichte". In: Medien&Zeit, 3/1992. S. 21-23.

43   Frei, Norbert: Presse-, Medien- und Kommunikationsgeschichte. Aufbruch in ein interdisziplinäres Forschungsfeld? In HZ, Bd. 248 (1989). S. 101-114 (hier S. 102).

44   Wilke, Jürgen: Die Diagnose gilt noch. In: Medien&Zeit, 3/1992. S. 24-25 (hier S. 24).

3. Der Eichmann-Prozeß

3.1. Adolf Eichmann (1906-1962)

„Am 1. Juni 1962, wenige Minuten nach Mitternacht, wurde Adolf Eichmann hingerichtet. (...) Rudolf Küstermeier, Korrespondent der Deutschen Presseagentur in Israel, war einer der vier zugelassenen Journalisten. Er berichtet, wie ruhig und gefaßt Adolf Eichmann in den Tod ging. Er trug eine braune Hose und ein braunes Hemd. Die vom Henker angebotene schwarze Tarnmaske lehnte er ab. Als er bereits auf der Falltür stand, sprach er plötzlich ‚mit ruhiger, aber bestimmter Stimme': ‚Es lebe Deutschland. Es lebe Argentinien. Es lebe Österreich. Das sind die drei Länder, mit denen ich am engsten verbunden bin. Ich werde sie nicht vergessen. Ich grüße meine Frau, meine Familie und meine Freunde. Ich hatte den Gesetzen des Krieges und meiner Fahne zu gehorchen. Ich bin bereit.'"[1]

Das sind die letzten, überlieferten Worte[2] jenes Mannes, der nach eigener Beschreibung „am 19. März 1906 (...) in Solingen, Rheinland, um 5 Uhr morgens, in das irdische Leben, als Erscheinungsform Mensch, eintrat."[3] Eichmanns Vater zog 1913 von Solingen nach Linz und holte ein Jahr später seine Familie nach. „In Linz habe ich die Volksschule besucht, bis zur 4. Klasse und ging dann zur Realschule, auch bis zur 4. Klasse."[4] Nach einer nicht gerade berauschenden schulischen Karriere[5] wurde Eichmann schließlich Vertreter der Vacuum Oil. Am 31. März 1932 trat er der NSDAP (Parteinummer: 899895[6]) und am 1. April 1932 der SS (SS.-Nr. 45.326[7]) bei. Nach dem Verbot der NSDAP in Österreich am 19. Juni 1933 tauchte Eichmann nach Deutschland ab und war zwischen 1. August 1933 und dem 29. September 1934 bei der „Österreichischen Legion" in den Lagern Leechfeld, Passau und Dachau[8]. „Als ich nun hörte, daß der Sicherheitsdienst des Reichsführers Leute aufnimmt, dachte ich mir, das ist eine sehr ordentliche Angelegenheit."[9]

Die Aufgabe des „Sicherheitsdienst[es] des Reichsführers-SS" bestand darin, „die Gegner der NSDAP zu überwachen und Gefahren von der Partei abzuwenden. (...) 1934 wurde der SD zum alleinigen Nachrichtendienst der Partei erklärt, 1937 eine exakte Aufgabenteilung zwischen Gestapo und SD vorgenommen. (...) Der SD blieb (...) immer eine Parteieinrichtung, und seine Mitglieder wurden von der NSDAP auch besoldet. Heydrich, der Gestapo und SD in Personalunion führte, bot die Gewähr für eine enge Kooperation zwischen beiden Institutionen."[10] Die Personal- und Realunion war zudem auf einer noch höheren Ebene gegeben, nämlich in der Person

Himmlers, der „Reichsführer-SS" und zugleich „Chef der Deutschen Polizei" war. Himmler, der ab 20. April 1934 stellvertretender Chef und Inspekteur der Geheimen Staatspolizei in Preußen war, wurde per Erlaß vom 30. November 1934 von Göring mit seiner „Vertretung auch in den Angelegenheiten der Geheimen Staatspolizei"[11] betraut. Die Geschäftsverteilung vom 1. Oktober 1935 zeigt dasselbe Bild: Chef der Preußischen Geheimen Staatspolizei war der Preußische Ministerpräsident, dessen Stellvertreter und Inspekteur war Himmler, und wiederum dessen Stellvertreter war Reinhard Heydrich, der auch Leiter der Hauptabteilung II (Kommunisten, Marxisten, Juden, Freimaurer, Parteiangelegenheiten, Schutzhaft usw.), war[12]. Mit Erlaß vom 17. Juni 1936[13] wurde schließlich „die Grundlage zur Vereinheitlichung und zur Neugliederung der Deutschen Polizei geschaffen. Damit sind die dem Reichsführer-SS und Chef der Deutschen Polizei bereits vorher unterstehenden Schutzstaffeln der NSDAP in eine enge Verbindung zu den Aufgaben der Deutschen Polizei getreten."[14] Himmler wurden „zugleich die Leitung und Bearbeitung aller Polizeiangelegenheiten im Geschäftsbereich des Reichs- und Preußischen Ministeriums des Inneren übertragen"[15]. Dies war „der wichtigste Schritt auf dem Wege der Umwandlung der deutschen Polizei" einerseits „in ein Instrument der Führergewalt", andererseits begann – durch die „Verklammerung der Polizei mit der SS" – der Prozeß der „Relativierung" und des „allmählichen Verlöschens der staatlichen Verfügungsgewalt über die Polizei bzw. deren Integration in den Zuständigkeitsbereich des Reichsführers-SS."[16]

Eichmann begann seine Arbeit im SD-Hauptamt in Berlin am 29. September 1934, die allerdings zur erträumten[17] in krassem Widerspruch stand: „Feinsortieren der Karteikästen nach dem Alphabet. Eine Arbeit, bei der ich nach dem Mittagessen, in der ersten Zeit stets in tiefsten Soldatenschlaf verfiel."[18] Eichmann war dem Dezernat IX zugeteilt, welches „Ausschreitungen, Sprengstoff, Attentate, Waffensachen, Sicherungen, Ausländer, Emigranten, Juden, Freimaurer"[19] bearbeitete. Wenig später kam es aber zum entscheidenden „Karrieresprung", der vorerst einmal den Abschied von der wohl ziemlich eintönigen Museumsarbeit bedeutete. „Plötzlich sagte er [von Mildenstein] mir, daß er im SD-Hauptamt ein neues Referat Judentum aufgezogen habe, er sei Referent und ob ich nicht Lust hätte, zu ihm als Sachbearbeiter zu kommen. Froh der ewigen Münzen und Siegelsortiererei entrinnen zu können, sagte ich zu. (...) [E]s war ja nur eine Versetzung von einer Abteilung des SD-Hauptamtes, der ich in untergeordneter Tätigkeit angehörte, in eine andere."[20] Somit begann im Juni 1935 die „systematische Bearbeitung des Gegners Judentum durch den SD (...). Vorher war Judentum bei II 111 (Freimaurerei) mitbearbeitet worden."[21] Dort war er allerdings wiederum vor allem mit Sortierarbeiten[22] beschäftigt. Eichmann war in der Hauptabteilung II,

Unterabteilung II 1 gelandet[23], wo er schließlich das Referat II 1123 „Zionisten" übernahm[24]. Anfang 1939 scheint das einschlägige Dezernat in der Geschäftsverteilung als Dezernat II B, „Konfessionen, Juden, Freimaurer, Emigranten, Pazifisten"[25] auf.

Mit Erlaß vom 27. September 1939 wurde schließlich das Reichssicherheitshauptamt etabliert. Dadurch sollten „die großen Apparate des Sicherheitsdienstes und der Sicherheitspolizei" zusammengeführt werden, wobei „als oberster Grundsatz zum richtigen Verständnis zu beachten" war, daß die „SS als Gliederung der Bewegung (...) den Sektor ‚Polizei' des Staatsapparates mit seinem durch Jahrhunderte verbildeten Inhalt (...) in sich aufnimmt"[26], so der Ansatz in der Planungsphase. Himmlers Erlaß faßte das Hauptamt Sicherheitspolizei, das Sicherheitshauptamt des RF-SS, das Geheime Staatspolizeiamt und das Reichskriminalpolizeiamt zum Reichssicherheitshauptamt zusammen. „Das Amt Politische Polizei des Hauptamtes Sicherheitspolizei und die Abteilung II und III des Geheimen Staatspolizeiamtes bilden das Amt IV des Reichssicherheitshauptamtes, dessen Chef der SS-Oberführer Reichskriminaldirektor M ü l l e r ist."[27]

Das RSHA selbst bestand aus sieben Ämtern[28] und war eines der zwölf Himmler unterstellten SS-Hauptämter. Im Organisationshandbuch der NSDAP hieß es dazu lapidar: „Im Reichssicherheitshauptamt werden alle organisatorischen, personellen, wirtschaftlichen und technischen Angelegenheiten der Sicherheitspolizei und des SD. bearbeitet. Daneben ist es die Zentrale der staatspolizeilichen und kriminalpolizeilichen Exekutive sowie die Zentralleitung des Nachrichtennetzes des SD."[29] Somit war der Prozeß der „charakteristischen Verschränkung von staatlichen und polizeilichen Machtapparaten" zu einem Abschluß gekommen, da das RSHA „zugleich Staatsbehörde und Teil des SS-Imperiums war."[30] Eichmann landete im Amt IV[31] und war dort unter sich ändernden Dienststellenbezeichnungen[32] und Nebenkompetenzen vor allem für eines zuständig: Die sich radikalisierende „Judenpolitik" als exekutives Organ (ab 1941)[33] in die Tat umzusetzen[34]. Seine Dienststelle firmierte als IV D 4, „Auswanderung, Räumung"[35], als IV B 4, „Judenangelegenheiten, Räumungsangelegenheiten"[36], wiederum als IV B 4 mit den Agenden „Judenangelegenheiten, Räumungsangelegenheiten, Einziehung volks- und staatsfeindlichem Vermögens, Aberkennung der deutschen Reichsstaatsangehörigkeit"[37], als IV A 4[38] und als IV A 4b[39]. In seinem Gutachten für den Prozeß in Jerusalem schrieb John Adler zu Eichmanns Stellung und Befugnissen: Dieser „waren zwar nicht unbeschraenkt und hingen einschliesslich Hitlers von 4 Vorgesetzten ab, waren aber sehr weitreichend und umfassten (...) viele, praktisch bald nahezu alle Gebiete, die das Dasein und den Untergang von Juden (doch auch noch anderes) betrafen. (...) Eichmanns Macht in ‚Judenfragen' war gegenueber allen Stellen im Reich, die sonst hier ein Wort mitzureden versuchten und gar Konzessionen allgemeiner Art oder fuer Einzelne erringen wollten, praktisch unbeschraenkt, soweit nicht die wenigen ihm uebergeordneten Funktionaere, die ihm aber weitgehend freie Hand liessen und seinen Kurs billigten, anders bestimmten."[40]

Ein maßgeblicher Wendepunkt in Eichmanns Laufbahn war zweifellos der „Anschluß"[41], in dessen Gefolge er in Wien die „Zentralstelle für jüdische Auswanderung" etablierte, was er später in Prag und in Berlin wiederholen sollte. Zuvor durfte er mit seinem Vorgesetzten Hagen zwischen 26. September und 26. Oktober 1937 Palästina bereisen, ein Unternehmen, das alles in allem wenig erfolgreich war. Aufschlußreich waren die von Eichmann gezogenen Schlußfolgerungen, die er später in Wien umsetzen sollte: „Es liegt nicht in unseren Bestrebungen, das jüdische Kapital im Auslande unterzubringen, sondern in erster Linie, jüdische Mittellose zur Auswanderung zu veranlassen. Da die erwähnte Auswanderung von 50 000 Juden pro Jahr in der Hauptsache das Judentum in Palästina stärken würde, ist dieser Plan unter Berücksichtigung der Tatsache, dass von reichs [sic!] wegen eine selbständige Staatsbildung der Juden in Palästina verhindert werden soll, undiskutabel."[42]

Zwischen 1935 und 1938 war Eichmann zum „Judenexperten" im RSHA aufgestiegen. So heißt es in einer Stellungnahme seines damaligen Vorgesetzten Dieter Wisliceny: „Eichmann hat sich eine umfassende Kenntnis der Organisationsformen und Weltanschauung des Gegners Judentum angeeignet."[43]

In Wien verdiente er sich die zweifelhaften Meriten, die vorgegebenen Grundzüge der damals aktuellen nationalsozialistischen „Judenpolitik" beschleunigt und erfolgreich im Sinne der Machthaber umzusetzen. Diese selbst zeigte verschiedene Stufen der Radikalisierung und der Eskalation. Vorerst bestand sie in der „Zurückdrängung des jüdischen Einflusses auf allen Gebieten des öffentlichen Lebens (einschließlich Wirtschaft)" und in der „Förderung der jüdischen Auswanderung. In diese Richtung hat sich auch die künftige Arbeit des Reichssicherheitsdienstes zu bewegen. (...) Die glücklichste Lösung der Judenfrage in Deutschland ist die Auswanderung möglichst vieler Juden. In dieser Erkenntnis muss die Auswanderung, soweit sie dem Staat keinen Nachteil erbringt, jegliche Förderung erfahren."[44] Aus dieser Motivation ist auch die Einrichtung der „Zentralstelle für jüdische Auswanderung"[45], einer Mischung aus „räuberische[r] Erpressung, Freiheitsberaubung und andere[r] Delikte"[46], zu verstehen. Diese wurde am „22. 8. 1938 (...) auf Anordnung des Reichskommissars für die Wiedervereinigung Oesterreichs mit dem Deutschen Reich (...) gegründet", da „sich in Wien die Fälle [häuften], wo auswanderungslustige [!] Juden tage- und wochenlang vor den zuständigen Dienststellen Schlange standen, um dort ihre Auswanderungspapiere in Ordnung zu bringen. Teils durch Ungeeignetheit der zuständigen Beamten, teils durch mangelhafte Organisierung traten im Laufe der Zeit Unzukömmlichkeiten auf, die entgegengesetzt unserem Interesse an einer forcierten Abwanderung von Juden aus Oesterreich standen."[47] Gerade das Erreichen des gesteckten Zieles der beschleunigten Auswanderung, eine typisch euphemistische Floskel für Raub und Vertreibung, wurde in einem Bericht vom September 1938, als die „Zentralstelle" gerade einmal drei Wochen arbeitete, gelobt: „Der Vorteil dieser Zentralstelle gegenüber der vorherigen Arbeitsweise ergibt sich eindeutig daraus, daß die Ausstellung sämtlicher für die Auswanderung notwendigen Dokumente innerhalb von 8 Tagen erfolgen kann. Darüber hinaus besteht eine laufende Übersicht über die Zahl der Auswanderungswilligen [!], deren Berufe, deren Vermögen usw., so daß der Leiter der Zentralstelle imstande ist, bei der Bereitstellung von Zertifikaten oder Einwanderungsmöglichkeiten sofort die notwendigen Transporte zusammenzustellen."[48] Die „Zentralstelle für jüdische Auswanderung" – vorerst nur für Wien und „Niederdonau" zuständig[49] – nahm eine im wahrsten Sinne des Wortes zentrale Stelle im Vertreibungs- und de-facto-Ausraubungsprozeß[50] ein: Sie „regelt das weitere Verfahren, beschafft insbesondere im Zusammenwirken mit den übrigen Partei- und Staatsdienststellen die zur Auswanderung notwendigen Bescheinigungen und überwacht die endgültige Auswanderung."[51] Vorläufiges Ziel war, „die endgültige Reinigung der Provinzen der Ostmark von Juni bis zum 31. 12. 1938 durch[zu]führen"[52] und im Frühjahr 1940 das Vertreibungsprogramm beendet zu haben[53]. Mit der Führung der „Zentralstelle" beauftragte Stahlecker, bei dem die offizielle Leitung lag, Eichmann als dessen offizielle „Vertretung"[54], wobei die Exklusivdurchführung durch den Sicherheitsdienst garantierte, „daß absolut die Linie des Sicherheitsdienstes bei der Durchführung der Judenfrage in Österreich gewährleistet ist, ohne daß eine andere Stelle die Möglichkeit oder die Befugnis hätte, sich bestimmend einzuschalten." Weiters bedeutete „diese Zentralstelle weder in sachlicher noch finanzieller Hinsicht" eine Belastung, „da sie in sich das Referat II 112 einschließt und sich aus einer von jedem Juden zu bezahlenden Gebühr selbst finanziert."[55] Eichmanns Arbeitsweise zeigt zwei Charakteristika, nämlich die (Ent)Bürokratisierung und Konzentrierung der Vorgangsweise im Sinne von Effizienzsteigerung[56], Beschleunigung und die Involvierung von Juden in den Prozeß[57]. Diese Vorgangsweise machte schnell von sich reden, zumindest so schnell, daß bereits spätestens im November 1938 unmittelbar nach der „Reichskristallnacht", der Plan auftauchte, „entsprechend der Regelung in der Ostmark, auch im Reich eine Zentralstelle zu gründen." Wie sehr Eichmann als Experte geschätzt wurde, bezeugt, daß „es Gruf. Heydrich zweckmäßig [erscheint], wenn SS-O'Stuf. Eichmann an der Besprechung teilnimmt, um zur praktischen Durchführung seine Erfahrungen mitzuteilen."[58] Die Bilanz[59] des „erfahrenen Praktikers"[60] konnte sich „sehen" lassen. „Die genaue Zahl der bis zum 30. 9. 38 aus Österreich abgewanderten Glaubensjuden beträgt 38.000. (In dieser Zahl sind jedoch nicht eingeschlossen die illegal abgewanderten Juden, sodass hier insgesamt mit einer mit erreichbarer Genauigkeit geschätzten Zahl von 50.000 zu rechnen ist."[61] Anfang Februar 1939 wurde im „Reichsministerium des Inneren (...) aus Vertretern der beteiligten Dienststellen eine Reichszentrale für die jüdische Auswanderung gebildet", deren Aufgaben in der „Vorbereitung einer verstärkten Auswanderung", in der Lenkung und in der im „Einzelfall" beschleunigten Durchführung bestanden. „Die Leitung der Reichszentrale übernimmt" – analog zu Wien – der „Chef der Sicherheitspolizei", der „den Geschäftsführer"[62] bestimmt. Als dieser wurde von Heydrich „SS-Standartenführer Oberregierungsrat Müller" bestellt, wobei Heydrich allerdings „bat", ihn „an allen Angelegenheiten, die die Auswanderung der Juden aus Deutschland berühren, zu beteiligen."[63]

Eine – vorerst – vergleichbare Tendenz und Vorgangsweise zeigte die nationalsozialistische „Judenpolitik" mit dem Überfall auf Polen. Dort wurde angeordnet, als „erste Vorausnahme fuer das Endziel (...) zunaechst die (...) Juden vom Lande in die groesseren Staedte"[64] zu konzentrieren, jüdische Ältestenräte aufzustellen, die für „die exakte und termingemeße Durchfuehrung aller ergangenen oder noch ergehenden Weisungen (...) voll verantwortlich"[65] gemacht wurden. Die Konzentrierung der Juden in Gettos verfolgte das Ziel der „bessere[n] Kontrollmöglichkeit und später[en] Abschubmöglichkeit (...). Hierbei vordringlich ist, daß der Jude als Kleinhändler vom Land verschwindet." Heydrich ordnete an: „1.) Juden so schnell wie möglich in die Städte, 2.) Juden aus dem Reich nach Polen, 3.) die restlichen 30.000 Zigeuner auch nach Polen, 4.) systematische Ausschickung der Juden aus den deutschen Gebieten mit Güterzügen."[66] In diesem Zusammenhang machte Eichmann einen nächsten Karriereschritt. „Sachdienliche Gründe machen die zentrale Bearbeitung der sicherheitspolizeilichen Angelegenheiten bei der Durchführung der Räumung im Ostraum notwendig. Zu meinem Sonderreferenten im Reichssicherheitshauptamt, Amt IV, habe ich den SS-Hauptsturmführer E i c h m a n n (...) bestellt."[67] Zu dieser Zeit war die Vorgangsweise demnach noch von der Idee der Konzentrierung, Vertreibung und Reservatsbildung[68] bestimmt, die im nie realisierten sogenannten Madagaskarplan, mit dem sich Eichmann im Jahre 1940 befaßte[69], ihren „Höhepunkt" erreichte[70].

Mit dem Überfall auf die Sowjetunion war ein nächster Schritt der Radikalisierung erreicht. Erstens durch die Mordkommandos der Einsatzgruppen, und zweitens – im Bezug auf die Person Eichmann wesentlich wichtiger – durch personell geänderte Zuständigkeiten innerhalb des damit befaßten Teiles der NS-Führung. Raul Hilberg unterscheidet zwei große Operationen in der (Massen)Vernichtungsphase. „Die erste wurde am 22. Juni 1941 mit dem Überfall auf die Sowjetunion eingeleitet. Kleine Einheiten der SS und Polizei wurden mit dem Auftrag, jüdische Bewohner auf der Stelle zu töten, in die besetzten sowjetischen Territorien entsandt. Kurz nach Beginn dieser mobilen Tötungen setzte die zweite Großoperation ein, in deren Verlauf die jüdische Bevölkerung Mittel-, West- und Südosteuropas in Vergasungslager deportiert wurde. (...) In den der UdSSR entrissenen Gebieten konnten die mobilen Einheiten völlig unbehindert bis in die entlegensten Winkel vordringen, die von der deutschen Wehrmacht erreicht wurden."[71] Besonders die Forschungen von Helmut Krausnick und auch die einschlägigen Archivbestände belegen nachdrücklich, daß es sich beim Mord an den sowjetischen Juden, ob der – abgesehen von den „Einsatzgruppen" – damit befaßten vielfältigen Instanzen wie zum Beispiel Einheiten der Ordnungspolizei[72], zusätzlich zum Einsatz gebrachten SS-Verbänden oder Wehrmachtseinheiten[73], grob und vergröbert formuliert um ein „Querschnittverbrechen" durch die deutsche Bevölkerung handelte. Man wird in diesem Zusammenhang wohl zu Recht von einem – was die Opfergruppen betrifft – kollektiven Mordfeldzug sprechen können, im Rahmen dessen bestimmte Bevölkerungsgruppen, seien es zum Beispiel die Juden, seien es beispielsweise sowjetische Kriegsgefangene oder politische Kommissare, per definitionem und aufgrund ihrer bloßen Existenz zum Mord bestimmt wurden[74]. „Es handelte sich keineswegs um mehr oder weniger zufällige Begleiterscheinungen, sondern um die Realisierung dessen, was als eine zentrale Aufgabe dieses Krieges verstanden wurde."[75]

In einem Schreiben vom 31. Juli 1941[76] beauftragte Göring Heydrich in „Ergaenzung der Inen [sic!] bereits mit Erlaß vom 24.1.39 uebertragenen Aufgabe, die Judenfrage in Form der Auswanderung oder Evakuierung einer den Zeitverhaeltnissen entsprechend moeglichst guenstigen Loesung zuzufuehren, (...) alle erforderlichen Vorbereitungen in organisatorischer, sachlicher und materieller Hinsicht zu treffen fuer eine Gesamtloesung der Judenfrage der deutschen Einflussgebiet [!] in Europa. (...) Ich beauftrage Sie weiter, mir in Baelde einen Gesamtentwurf ueber die organisatorischen, sachlichen und materiellen Vorausmassnahmen zur Durchfuehrung der angestrebten Endloesung vorzulegen."[77] Dazu schrieb Wisliceny: Der Erlaß Görings, der ihm von Heydrich vorgelegt wurde, „legte die Zuständigkeit des ‚Chefs der SiPo und des SD‘ für alle jüdischen Angelegenheiten fest. Damit war Eichmanns Machtposition auf diesem Gebiete ungeheuer gewachsen. Er konnte auf Grund dieses Erlasses (...) alle Einsprüche und Einflüsse anderer Ministerien und Behörden glatt ausschalten."[78] Hinzu kam ein von Eichmann gezeichneter Schnellbrief vom 19. November 1941 an das Auswärtige Amt, wo auf einen Schnellbrief vom 3. November Bezug genommen wurde und in dem „im Hinblick auf die kommende Endlösung der europäischen Judenfrage die Auswanderung von Juden aus den von uns besetzten Gebieten zu unterbinden" und „zu verhindern"[79] war. Unter Bezugnahme auf Görings Beauftragung lud Heydrich zu einer koordinierenden Sitzung für 9. Dezember 1941 ein. „In Anbetracht der ausserordentlichen Bedeutung, die diesen Fragen zuzumessen und im Interesse der Erreichung einer gleichen Auffassung bei den in Betracht kommenden Zentralinstanzen an den uebrigen mit dieser Endloesung zusammengehenden Arbeiten rege ich an, diese Probleme zum Gegenstand einer gemeinsamen Aussprache zu machen, zumal seit dem 15. 10. 1941 bereits in laufenden Transporten aus dem Reichsgebiet einschliesslich Protektorat Boehmen und Maehren [Juden] nach dem Osten evakuiert werden."[80] Mit anderen Worten: Es sollte koordiniert werden, was teilweise bereits im Gang war[81], da eine „partielle Legalisierung" nötig war, „weil der CSSD [Chef der Sicherheitspolizei und des SD.] für die Deportationsmaßnahmen Dienststellen des Staates heranziehen mußte, die einer gesetzlichen Grundlage bedurften, um tätig werden zu können [Finanzämter, Standesämter, Reichsbahn usw.]."[82] Die für 9. Dezember 1941 anberaumte Sitzung mußte „aufgrund ploetzlich bekannt gegebener Ereignisse und der damit verbundenen Inanspruchnahme eines Teiles der geladenen Herren in letzter Minute leider"[83] abgesagt werden, fand aber am 20. Jänner 1942 in Berlin am Großen Wannsee statt. Ziel der Konferenz war 1. Die „Unterrichtung der Geladenen über den Plan zur Ermordung sämtlicher europäischer Juden." 2. Die „Verdeutlichung der Federführung (...) Himmler[s], bzw. (...) Heydrich[s]". 3. „Die Einbindung der Teilnehmer und der von ihnen vertretenen Institutionen in die Planung und Organisation des Völkermordes" und 4. die Festlegung, „was mit den ‚Mischlingen' und ‚Mischehen' (...) geschehen sollte."[84] Das Resultat – festgehalten im sogenannten Wannsee-Protokoll[85] – war, daß „nunmehr erfreulicherweise [!] die Grundlinien hinsichtlich der praktischen Durchführung der Endlösung der Judenfrage festgelegt [wurden] und seitens der hieran beteiligten Stellen völlige Uebereinstimmung"[86] herrschte. Somit war die vorletzte Stufe der nationalsozialistischen Judenpolitik, die der industriellen Ermordung, erreicht. Damit war auch Abschied genommen von den verschiedenen Ideen territorialer Lösungen[87], nämlich der Wechsel „von einer primär auf die territoriale Vertreibung abzielenden Strategie zu einer planmäßigen und mit industriellen Methoden betriebenen Genozidpolitik."[88] Kempner weist darauf hin, daß das mit 26. Jänner 1942 datierte Protokoll Eichmanns Aktenzeichen trug. „Von noch größerer Bedeutung ist der Inhalt des Schreibens. Es heißt ausdrücklich, Obersturmbannführer Eichmann sei der zuständige Referent für alle weiteren sich aus der Konferenz ergebenden Detailbesprechungen. Die Sachbearbeiter der anderen Ministerien sollten sich mit ihm für eine anschließende Konferenz in Verbindung setzen. Damit ist der urkundliche Beweis geliefert, daß Eichmann der Referent für die gesamte Endlösung der Judenfrage in ganz Europa war, ‚ohne Rücksicht auf geographische Grenzen'. (...) Dieser ‚Bestallungsbrief' vom 26. Januar 1942 ist das Schlüsseldokument. (...) Hier haben wir den urkundlichen Beweis, daß Eichmann im Rahmen der Endlösung eine ungeheure Macht auszuüben hatte, die eigene Initiative und riesige Energie verlangte[89], was sich in den Personalbeschreibungen der bereits zitierten Eichmann-Unterlagen widerspiegelt. Das Gericht in Jerusalem faßte Eichmanns Aufgabenbereich folgendermaßen zusammen: „Die Hauptarbeit des Angeklagten lag nicht im Beschaffen von Eisenbahnwaggons, sondern im Beschaffen von Juden, um diese Waggons zu füllen und sie der Vernichtung mit allem, was damit zusammenhing, zuzuführen. Das Wesen dieser Tätigkeit kann man durch Aufzählung der Aufgaben nicht vollends erschöpfen. Das Ziel war ein einziges, die Aufgaben hingegen zahlreich und vielseitig, gemäß den sich je nach Zeit und Ort verändernden Umständen. (...) Daß der Angeklagte in allen Deportationen der Juden aus dem Reich und dem Protektorat angehenden Dingen eine Schlüsselrolle bekleidete, sticht aus unserer Tatsachenfeststellung hervor. Dasselbe gilt für die anderen Länder Europas, in denen die diversen Berater in Judenangelegenheiten aktiv waren, und deren Schritte er von seinem Platz hinter dem Schreibtisch in Berlin lenkte, mit Hilfe moderner Kommunikationsmittel und häufiger Dienstreisen zu den Brennpunkten der Aktionen im europäischen Bereich."[90] Im Gegensatz zum Versuch der israelischen Anklage und zum Ansatz Kempners zum Beispiel, Eichmann zum quasi-alleinigen „Endlöser" zu machen, differenzierte das Urteil ein wenig, ohne aber an seiner zentralen Stellung im Vernichtungsprozeß zu rütteln. „All das ändert nichts an der Tatsache, daß das Referat des Angeklagten im RSHA im Zentrum der Aktion der Endlösung stand. Die Schuld anderer verringert die Schuld des Angeklagten auch nicht um ein Jota."[91]

Wie hoch die Mordbilanz tatsächlich war, ist innerhalb der Geschichtswissenschaft noch immer umstritten, die Zahlen liegen zwischen fünf und sechs Millionen ermordeter Juden. Der sogenannte Korherrbericht[92] bilanziert in einer Mischung aus Zynismus[93], sprachlicher Vernebelung und dem Hinweis auf die möglichen „Fehlerquellen"[94] bis zum Jahr 1943: „Von 1937 bis Anfang 1943 dürfte die Zahl der Juden in Europa teils durch Auswanderung, teils durch den Sterbeüberschuß der Juden in Mittel- und Westeuropa, teils durch die Evakuierungen vor allem in den völkisch stärkeren Ostgebieten, die hier als Abgang gerechnet werden, um schätzungsweise 4 Millionen zurückgegangen sein. Dabei darf nicht übersehen werden, daß von den Todesfällen der sowjetrussischen Juden in den besetzten Ostgebieten nur ein Teil erfaßt wurde, während diejenigen im übrigen europäischen Rußland und an der Front überhaupt nicht enthalten sind. (...) Insgesamt dürfte das europäische Judentum seit 1933, also im ersten Jahrzehnt der nationalsozialistischen deutschen Machtentfaltung, bald die Hälfte seines Bestandes verloren haben."[95] Daß sich Eichmann in den Verhören und im Verlauf des Prozesses als kleines, willfähriges Rädchen darstellte, versteht sich von selbst und wird auszugsweise weiter unten noch zitiert werden. Für Zvi Ahorni war Eichmann ein „Menschenschinder mit den guten Manieren"[96] und der Architekt „des Holocaust"[97]; Hella Pick sieht in ihm den „ultimative[n] ‚Schreibtischmörder'"[98]; für Robert Kempner war Eichmann „ein sehr tüchtiger Mörder; einer der tüchtigsten, die ich kannte,"[99] oder an anderer Stelle der „Programmdirektor und Exekutor"[100]. Hannah Arendt glaubte in ihm die Inkarnation der „Banalität des Bösen" zu erkennen; Wilhelm Höttl, der es ja wissen mußte, sah in ihm „seinem Wesen nach ‚kein[en] Menschenschlächter'. Er sei ‚ein genialer Organisator mit kaltem Herzen'"[101] gewesen, und Eichmann selbst erklärte – was er übrigens auch für seinen zeitweiligen Vorgesetzen Stahlecker gelten lassen wollte[102] – „nie Antisemit gewesen" zu sein und daraus „auch nie" ein „Hehl gemacht"[103] zu haben. Andere wiederum sahen in ihm den „zuverlässige[n], nie versagende[n] Zutreiber und Transporteur des Todes"[104] oder den „für die Endlösung verantwortliche[n] Bürokrat[en] des RSHA"[105].

3. 2. Die Suche

Eichmanns Flucht zu rekonstruieren, ist relativ einfach, da in der einschlägigen Literatur darüber weitestgehend Konsens herrscht, wenngleich die Unsinnigkeiten von Eichmanns angeblicher jüdischer Herkunft und dessen Flucht beziehungsweise Aufenthaltsort im Nahen Osten gelegentlich rezipiert wurden[106].

Eichmann erreichte Anfang Mai 1945 Bad Aussee, wo ihm aber von Kaltenbrunner bedeutet wurde, seine Anwesenheit sei unerwünscht. „When he left Kaltenbrunner's office in the first week of May 1945 (...) he started walking towards Bad Ischl. They were stopped by an American patrol, but allowed to coninue on their way (...). But shortly afterwards they were stopped by another American patrol, who were not interested in their story and bundled them off to a transit camp. When asked their names, Eichmann gave his name as Barth."[107] Aus dem Luftwaffen-Unteroffizier Barth wurde später der SS-Untersturmführer Otto Eckmann[108], dann Otto Henninger und schließlich Richard beziehungsweise Ricardo Klement[109]. In den diversen amerikanischen Kriegsgefangenenlagern wurde es Eichmann bald zu „heiß", wurde doch sein Namen im Rahmen des Nürnberger Kriegsverbrecherprozesses immer häufiger genannt[110]. Besonders belastend und die Aufmerksamkeit auf den vormaligen Obersturmbannführer lenkend, waren die Aussagen

Höttls[111] und von Dieter Wisliceny[112], seinem vormals Vorgesetzen, später Untergebenen und Taufpaten eines seiner Söhne, dessen Aussage „all the more impressive-and damning" war, „because he could speak with knowledge form the inside."[113] Eichmanns „Arbeit' bei der Judenausrottung war" – folgt man Kempner – „schon seit 1942 im Ausland bekannt." Nur war es schwer, seine wirkliche Funktion unmittelbar nach der Kapitulation richtig einzuschätzen, „denn das Reichssicherheitshauptamt hatte viele Dokumente vernichtet, um keine stummen Zeugen furchtbarer Geschehnisse zu hinterlassen. So fehlten viele Konzepte Eichmanns, die nicht unter seinem eigenen Namen als Schreiben und Erlasse hinausgegangen, sondern von seinem Chef Heydrich und, ab Februar 1943, von Ernst Kaltenbrunner oder Eichmanns unmittelbarem Vorgesetzten, SS-Brigadeführer Heinrich Müller, gezeichnet waren."[114] Abgesehen davon, daß Eichmann zuerst einmal in den Lagern hätte ausfindig gemacht werden müssen, kam er „als Angeklagter nicht in Betracht, weil er ja nur Obersturmbannführer gewesen war."[115]

Nach seiner Flucht aus dem Lager Oberdachstetten hielt sich Eichmann jahrelang in der Nähe von Celle auf, wo er sich als Holzfäller und Hühnerzüchter seinen Lebensunterhalt verdiente[116]. Kempner schreibt, Eichmann sei bereits „in Nürnberg (...), wenn auch nicht juristisch, so doch faktisch zum ersten Mal angeklagt worden"[117] und 1946 schienen „Eichmann und einige Angehörige seines Stabes (...) erstmals (...) auf einer österreichischen Fahndungsliste auf"[118], nämlich in der „Fahndungsliste Nr. 1654/46"[119]. Zuvor war allerdings eine[120] entscheidende Tat gesetzt worden: Es wurde auf Intervention Simon Wiesenthals verhindert, daß Eichmann für tot erklärt wurde. „Mir war klar, was es bedeutete, wenn auch Eichmann auf diese Weise für tot erklärt worden wäre: Man hätte seinen Namen aus den Fahndungslisten gestrichen und jede offizielle Suche der Behörden hätte aufgehört. (...) Dieser unspektaküre Schritt war wahrscheinlich mein wichtigster Beitrag zum Fall Eichmann. Dort, wo ich vielleicht ein ‚Jäger' hätte sein können, habe ich eher versagt: zuerst in Linz und später in Fischendorf. Aber die Suche nach Eichmann glich eben nur ganz zu Beginn und ganz am Ende einer Jagd. Dazwischen war sie ein ermüdendes Sammeln mehr oder minder wichtiger Informationen, auf die man mit mehr oder weniger Geschick reagierte. Ich war ein beharrlicher Verfolger – ein Scharfschütze war ich nicht."[121]

Eichmann selbst hielt sich zurückgezogen und unerkannt, holzfällend und hühnerzüchtend in Altensalzkoth auf und verschwand von dort im Frühjahr 1950. „Zusammen mit drei anderen Männern überquerte er auf seinem Weg nach Rom zwei europäische Grenzen. (...) Adolf Eichmann, das ist sicher, ging über die ‚Klosterroute' nach Italien. Der Name bedeutet, daß sich gesuchte Nazifunktionäre in die Obhut von Mönchen begaben."[122] Nachdem ihm die nötigen Dokumente, entweder durch die Hilfe des Vatikans oder des Roten Kreuzes[123], beschafft wurden, verließ er im Juni 1950 Italien und erreichte am 14. Juli 1950 Buenos Aires. Nur beruflich war auch in Argentinien vom alten Herrenmenschenglanz der SS nichts mehr übrig[124]. Eichmann schlug sich durch diverse Beschäftigungen und Wohnorte. Entscheidend für die Suche war, daß seine Frau, die mittlerweile wieder ihren Mädchennamen Liebl angenommen hatte, 1952 Bad Aussee mit ihren Kindern überraschend verließ und mit „großer Wahrscheinlichkeit (...) dieselbe Route" benützte, um nach Argentinien zu gelangen. Wiederum wurde Simon Wiesenthal, der der einzige war, der Eichmann „aktiv suchte"[125], darüber informiert und wiederum versandeten seine Aktivitäten. Überhaupt ist festzuhalten, daß die Eichmannsuche bis in die späten fünfziger Jahre von israelischer Seite mit nur wenig Ehrgeiz betrieben wurde. „That did not mean that the Eichmann file had been closed. (...) Eichmann could not be the central interest of the kind of people who could be most effecitve in his persuit. The State of Israel had now come into being and had fought and won its War of Independence, having beaten off attack by the armies of the neighboring Arab States. These states threatened a second round. And neither men nor resources could be diverted for anything not directly concerned with strengthening Israel's defences."[126]

Bewegung in die Suche[127] kam über Fritz Bauer, von dem der Mossad „den entscheidenden Tip"[128] über Eichmanns Aufenthalt in Argentinien erhielt. Dieser war „der Startschuß für die erfolgreichste unter den bekannten israelischen Geheimdienstaktionen. (...) Fritz Bauer informierte die Israelis im September 1957 darüber, daß der Judenvernichter in Olivos, einem ruhigen, nördlichen Vorort von Buenos Aires lebte."[129] Dort hatte ihn ein Blinder[130] entdeckt, und als dies, die Blindheit Hermanns, Mossad-Chef Harel erfuhr, kam die Anweisung „alle Verbindungen zu Hermann abzubrechen und die Ermittlungen in Sachen Chacabuco-Straße komplett einzustellen. Auch Bauers Bemühungen, die Aktion wieder zu beleben, halfen nichts."[131] Erst Ende 1959 kam erneut Bewegung in die Suche nach Eichmann. „Fritz Bauer, der Generalstaatsanwalt des Landes Hessen, kam kurzfristig nach Israel (...). Bauer war außer sich. Er war überzeugt (...), daß der Mossad eine von ihm und seinen Informanten gelieferte heiße Spur völlig vernachlässigt und eine wichtige Untersuchung verpfuscht hätte."[132] Hinzu kam, daß Simon Wiesenthal im April 1959 und im Februar 1960 in den „Oberösterreichischen Nachrichten" die Todesanzeigen von Eichmanns Eltern entdeckte, wo Vera Liebl namentlich angeführt war; diese Informationen gingen wiederum an die Israelis. Nur, in der Zwischenzeit waren sämtliche „Weichen (...) längst gestellt."[133] Ende Februar 1960 verließ ein Teil des Mossad-Kommandos Israel. Am 21. März langte in Tel Aviv „[t]he cable, ‚THE MAN IS THE MAN'"[134] ein, am 11. Mai wurde Eichmann entführt und einige Tage später mit einer ELAL-Maschine nach Israel geflogen, wo Präsident David Ben Gurion der Knesset mitteilte, daß sich Eichmann in Israel befände. Der massiven diplomatischen Verstimmung zwischen Argentinien und Israel wurde schließlich Arie Levavi, der israelische Botschafter in Buenos Aires, der von der ganzen Aktion keine Ahnung hatte, geopfert[135].

3.3. Verhör und Prozeß

„Am 23. Mai wurde Eichmann dem Haftrichter vorgeführt. (...) Die Beschuldigungen gegen ihn wurden verlesen und ins Deutsche übersetzt. Nachdem er sich von der Identität Eichmanns überzeugt hatte, erließ der Richter einen Haftbefehl für vierzehn Tage. (...) Am 29. Mai traf Eichmann erstmals auf den Polizeihauptmann Avner Less (...) und auf dessen Vorgesetzten, Oberst Efraim Hofstetter. Ein Verhörmarathon von zweihundertsiebzig Stunden begann. Less befragte Eichmann neunzigmal – bis zum 2. Februar 1961"[136] – und produzierte ein über dreitausend Seiten starkes Verhörprotokoll. Am 21. Februar 1961 erhob Generalstaatsanwalt Gideon Hausner in fünfzehn Punkten Anklage, „von denen die ersten acht Verfolgungsmaßnahmen des NS-Regimes gegen die Juden behandelten", die „Anklagepunkte neun bis zwölf (...) einzelne Maßnahmen gegen andere Opfer der nationalsozialistischen Gewaltherrschaft" beinhalteten, sowie die Anklagepunkte „dreizehn bis fünfzehn", die „Mitgliedschaft in Organisationen" umfaßten, „die durch das Nürnberger Urteil des Internationalen Gerichtshofes als verbrecherisch erklärt waren: Sicherheitsdienst (SD), Schutzstaffel (SS) und die Geheime Staatspolizei."[137] Als Eichmanns Hauptverteidiger im Prozeß (10. April bis 15. Dezember 1961) fungierte der Kölner Rechtsanwalt Robert Servatius, der bereits in Nürnberg Fritz Saukel und das Führerkorps der NSDAP[138] verteidigt hatte, der später im Ärzte- und im Wilhelmstraßeprozeß und in sonstigen NS-Prozessen wiederum als Verteidiger fungieren[139] sollte.

Eichmanns Strategie im Verhör mit Avner Less und im Prozeß selbst war, sich als „kleines Rädchen" mit beschränkten Kompetenzen, das vor allem mit der Tötung nichts zu hatte, dem „stereotypen Argument aller nationalsozialistischer Verbecher"[140], darzustellen und sich somit aus der Verantwortung zu ziehen trachtete, was der Anklage[141] diametral entgegenstand und auch im Urteil abgelehnt wurde. Gebetsmühlenartig predigte Eichmann seine Bindung an Befehle: Undenkbar „wäre es für mich gewesen, daß ich nicht (...) gehorcht hätte."[142]

Nicht nur die Verteidigung, auch die Prozeßkommentatoren hatten mit Eichmann ein vorerst optisches Problem. Erwartet hatte man sich die Personifikation des Schlächters – gesehen hat man „the very ordinaryness of the man, the mildness of his appearance, „Mr. Average', in the middle fifties, with receding hair on a balding head, the sides gray and apparently freshly barbered, thick horn-rimmed glasses on a stark nose, the mouth small and thin lipped, and the pallid skin of his clean shaven face creased with lines of worry or age, or both. Yet his expression was one of wiry alertness tempered every few seconds by a nervous spasm which showed in the bobbing of his gorge and the twitch of his jaw. He looked neat and tidy in the dark suit, white shirt and sober tie-dark and light-blue stripes-which the police had bought for him in Jerusalem the day before.

It was difficult to associate this figure with the person charged with such grievous crimes.“[143]

Eichmann wurde bezüglich aller Anklagepunkte für schuldig gesprochen; die Teilfreisprüche „für Tatkomplexe vor 1941 und für die Verantwortlichkeit der Ermordung von Lidice“[144] konnten weder am Urteil noch am Strafausmaß etwas ändern. Auch in Eichmanns Schlußwort[145] kreiste seine Argumentation wiederum um seine Rolle als gehorsamer Befehlsempfänger: „Ich klage die Regierenden an, dass sie meinen Gehorsam missbraucht haben. (...) *Ich sagte schon:* Die Führerschaft, *zu der ich nicht gehörte, hat die* Befehle gegeben, *sie* hat meines Erachtens mit Recht Strafe verdient, für die Greuel, die auf ihren Befehl an den Opfern begangen wurden.

Aber auch *ich als* Untergebener *bin* jetzt Opfer. Und dies sollte man nicht außer Acht lassen.“[146] Daß es sich dabei um in weinerlichem Ton[147] die Realität verkennende Schutzbehauptungen handelte, liegt auf der Hand. Das Gericht urteilte über Eichmanns Position unter anderem: In Bezug auf Ungarn „enthüllt sich vor unseren Augen nicht nur ein bürokratischer Beamter, sondern ein Mann von eigenem Willen, der sich so stark fühlt, daß sogar ein Führerbefehl ihm nicht derart bindend erscheint, daß verboten sei, sich über ihn Gedanken zu machen.“[148] Robert Kempner sah in ihm, nicht dem Rang[149], sondern den Befugnissen gemäß[150], die Zentralfigur des Holocaust überhaupt: „Eichmanns Weisungen an seine Mitarbeiter und die von ihm selbst unterzeichneten Schreiben an hohe und höchste Behörden sind noch aus einem besonderen Grunde bemerkenswert: sie zeigen immer wieder seine außergewöhnlich starke Stellung innerhalb der Verwaltung. Er hatte das ‚Zeichnungsrecht' in bezug auf Tod und Leben von Millionen Juden, und durch den Tod Heydrichs am 5. Juni 1942 war seine Macht noch größer geworden.“[151]

Die Einschätzung der Person Eichmanns im Gesamtkomplex der „Endlösung“ trifft freilich auch auf ein eminent historiographisches Phänomen, nämlich die Frage wie – und erst in zweiter Linie wann – dieser Prozeß in Gang geriet[152]. Damit im Zusammenhang steht die Frage nach Eichmanns Funktion und dessen Stellung. Wie bereits bemerkt wurde, war es die Absicht der Anklage, ihn als den Mittelpunkt der „Endlösung“ hinzustellen, eine Ansicht, der sich unter anderem Kempner oder Schmorak[153] explizit anschlossen. Für die Geschichtswissenschaft steht – jenseits aller „Schulen" – die zentrale Bedeutung Eichmanns außer Frage. Am radikalsten ist in diesem Zusammenhang der Ansatz Safrians zu werten, der weit über die funktionalistische Interpretation hinausreicht. „Bei der Sichtung der Gerichtsakten und Originaldokumente, der Auseinandersetzung mit den Quellen und dem Versuch, diese inhaltlich zu verknüpfen, traten immer deutlichere Unstimmigkeiten und Widersprüche zu den historiographischen Darstellungen und Interpretationen zutage. Waren die Eichmann-Männer mechanische Glieder einer Maschinerie, wie die wissenschaftliche Literatur nahelegt, oder bestimmte Eigeninitiative ihre Handlungen? Waren sie sture, blind den Anweisungen vorgesetzter Stellen gehorchende Bürokraten oder trafen sie im Rahmen ihrer Vorgaben eigene Entscheidungen."[154] Um es abzukürzen: Safrian entscheidet sich für die Antwortmöglichkeit „oder". „Ohne Zweifel fungierten viele als mechanische Bestandteile, leisteten, ohne sich die Konsequenzen vor Augen zu führen, Dienst nach Vorschrift. Aber viele wußten nicht nur, was sie taten, versuchten nicht nur, aus der Not der Opfer Vorteile für sich herauszuschlagen: So manche der vielbeschworenen ‚Rädchen' der Maschine wiesen eine eigene Dynamik auf. Es waren einzelne, die im Rahmen ihrer mehr oder weniger vagen Vorgaben Entscheidungen trafen, Aktivitäten setzten, für die es (noch) keine ausdrücklichen Befehle gab, und dadurch den Gesamtprozeß in Gang setzten und weitertrieben."[155]

3.4. Medienanalyse
3.4.1. Kurier

Im Vergleich zur „Arbeiter-Zeitung" war der Umfang von Berichterstattung und Kommentierung zum Eichmann-Prozeß im „Kurier" quantitativ eher mäßig. Auch auf der zweiten Ebene, nämlich der Thematisierung des Nationalsozialismus, sei es durch „zufällige"[156] Berichte, sei es durch die Berichterstattung über ausgeforschte Kriegsverbrecher, beziehungsweise laufende Kriegsverbrecherprozesse agierte der „Kurier" eher zurückhaltend, wenngleich das Thema nicht verschwiegen wurde.

Die Berichterstattung selbst begann am 24. Mai mit einer Kurzmeldung, die lediglich zu berichten wußte, daß Eichmann gefangen genommen wurde, allerdings ohne (auffallende) Hintergrundinformationen zu bieten[157].

Besieht man sich die Einordnung des Holocaust in der Berichterstattung, so galt dieser einmal als einer „der größten Verbrechen des Dritten Reiches"[158] und ein anderes Mal als – sinngemäß – grauenhafteste Menschenverfolgung[159]. Eichmann selbst wurde als „rechte Hand Himmlers", als Organisator „des Massenmordes"[160] und als Hauptfigur „bei der Ausrottung und Vernichtung der Juden"[161] beschrieben.

So wenig ergiebig wie die Quellensuche diesbezüglich ist, so wenig ergiebig ist sie auch, wenn es sich um die Erwähnung von in den Holocaust involvierten Österreichern handelt. Im Februar titelte und berichtete der „Kurier" im Lokalteil über eine Pressekonferenz der Israelitischen Kultusgemeinde zum Thema österreichische Kriegsverbrecher und schrieb, daß „zehn bis fünfzehn Prozent" der in Ludwigsburg „gesammelten Akten"[162] Österreicher beträfen. Einige Tage zuvor wurde über die Verhaftungen von Höfle und Novak berichtet[163]. Im Laufe des Prozesses wurde „der Ex-SS-Major [!]"[164] Wilhelm Höttl als vom Eichmann-Verteidiger Servatius angeforderter Zeuge erwähnt, der Ausseer „Schulskandal" fand insofern Beachtung, als – wiederum im Lokalteil – über zwei tot zusammengebrochene Lehrer[165] und über Ungarns Auslieferungsbegehr berichtet wurde[166]. Nur an einer Stelle – wenn auch mehr en passant – wurde ein Konnex zwischen Höttls Vergangenheit und dessen aktueller Gegenwart gezogen. „Die kommerzielle Verwaltung des Privatgymnasiums in Bad Aussee liegt bekanntlich in den Händen von Dr. Wilhelm H ö t t l, der in den letzten Wochen wiederholt im Zusammenhang mit dem Eichmann-Prozeß und seiner NS-Vergangenheit angegriffen wurde."[167] An einer Textstelle fielen österreichische Täter und österreichische Nichttäter zusammen. „Über die Hilfsbereitschaft aber auch über Verbrechen von Österreichern in Osteuropa während des zweiten Weltkrieges berichteten gestern zwei Zeugen im Eichmann-Prozeß." Der eine war Franz Murer, dem mittels „Kurier"-Eigenbericht ein Forum geboten wurde, seine Tätigkeit in Wilna als die eines Zivilangestellten zu deklarieren, der andere war Anton Schmidt, der „seine Hilfe für die Juden mit seinem Leben bezahlt[e]. Er unterhielt Kontakte zur jüdischen Untergrundbewegung."[168] Eichmanns persönlicher Österreichbezug wurde im Zusammenhang mit der Weigerung der Bundesrepublik, das Verteidigerhonorar zu übernehmen, erwähnt. „Das deutsche Gericht hob in seinem Urteil hervor, daß Eichmann möglicherweise als österreichischer Staatsbürger angesehen werden könnte" – was das Innenministerium übrigens postwendend dementierte. „Obwohl er in der westdeutschen Stadt Solingen 1906 geboren wurde, übersiedelten seine Eltern bald darauf nach Linz, wo er aufgewachsen ist und die ganze Familie die österreichische Staatsbürgerschaft angenommen hat. Erst durch den ‚Anschluß' Österreichs im Jahre 1938 ist Eichmann wie alle Österreicher deutscher Staatsbürger geworden. Daher könnte man der Auffassung sein, daß er 1945 wie alle anderen Österreicher automatisch seine Staatsbürgerschaft zurückerhalten habe."[169]

Besieht man sich die Verortung des Nationalsozialismus, so liegt nur ein einziger zitierenswerter Indikator beziehungsweise Beleg dafür vor.

„Man kann nicht mehr von Propaganda reden, denn für diesen Streifen gibt es nur drei Quellen: den Eichmann-Prozeß, Dokumente und jene Filme, die von Deutschen in der NS-Zeit selbst zu ‚Lehrzwecken‘ gedreht, aber dann doch nicht gezeigt wurden."[170]

Der einzige Kommentar zum Prozeß stammte aus der Feder des damaligen „Kurier"-Chefredakteurs Hugo Portisch und wurde nach der Verkündigung des (erstinstanzlichen) Todesurteils veröffentlicht. Für Portisch konnte in Jerusalem „über einen S c h u l d i g e n kein anderes Urteil als das Todesurteil gefällt werden". Sofern es nun die Verantwortung beträfe, durchzog den Artikel das sowohl als auch, mit anderen Worten: eine eindeutige Positionierung ist nicht feststellbar, außer man würde Portisch eine deutschnationale Ader unterstellen. „Rassenhaß und selbst der religiöse Haß" seien „keine isolierte Angelegenheit des deutschen oder irgendeines einzelnen Volkes". Einzigartig „an diesem schlimmsten" Kapitel „der Neuzeit" sei nicht das Faktum des Holocaust als solches, denn er glaubte Indikatoren dafür zu sehen, die einen solchen „neuerlich befürchten" lassen, sondern „daß wir in unserem Raum erlebt haben, wohin ein solcher Haß führen kann". Deshalb „geht uns" der Eichmann-Prozeß „noch viel mehr an als andere Völker"[171] – was der Umfang der Berichterstattung auf dem ersten Blick nicht vermuten läßt. Hinzu gesellte sich, daß der Leitartikel des Berichttages der Hinrichtung aus der Feder von jenem Journalisten stammte, der aus Jerusalem – sofern eine namentliche Nennung eruierbar ist – für den „Kurier" berichtet. Das Thema: „Die Zeichen an der Wand"[172] hatte keinen Bezug zu Eichmann. Im Bericht über die Hinrichtung finden sich wie auch in anderen Tageszeitungen die – via Agentur – überlieferten letzten Worte Eichmanns[173].

3.4.2. Arbeiter-Zeitung

An der Berichterstattung beziehungsweise an der Kommentierung durch die „Arbeiter-Zeitung" fällt vor allem der (große) Umfang auf. Weiters ist bemerkenswert, daß sich die untersuchten Belege beinahe ausnahmslos zwischen den Seiten 1 und 3, also im Bereich der politischen Berichterstattung finden. Die Berichterstattung und die Kommentierung erfolgten in mehreren Wellen. In der ersten Phase – also nach Eichmanns Verhaftung – war, in Relation zu den übrigen untersuchten Tageszeitungen, eine ausführliche Berichterstattung und eine ebenso ausführliche und weit überdurchschnittliche Kommentierung feststellbar. Dieser folgte eine wiederum ausführliche Berichterstattung bis zum Schlußplädoyer der Anklage[174]. Danach wurde das Thema Eichmann allerdings geradezu marginalisiert.

Bemerkenswert ist schon der „Eröffnungsartikel", der auf ein hohes Maß an (Hintergrund)Wissen schließen läßt und in dem – mittels

Zwischenüberschrift – darauf aufmerksam gemacht wurde, daß Eichmann aus Linz stamme[175]. Dieses Ausmaß an Hintergrundinformationen – möglicherweise von Simon Wiesenthal gespeist – und an eingeräumtem Platz setzte sich auch in der Folge fort[176].

Ausführlich thematisiert wurde das Thema Österreich und der Holocaust. Zum einem auf der Ebene der in der Folge der Eichmann-Festnahme in Österreich verhafteten Ex-Nationalsozialisten, zum anderen auf der Ebene der Reflexion über österreichische Reaktionen und der Relevanz des Holocaust für die Gegenwart. Am 5. August meldete die „Arbeiter-Zeitung", daß Dr. Razesberger, der „lange Zeit Polizeivizepräsident von Steyr" war, „endlich verhaftet"[177] wurde. Dem folgt eine ausführliche Berichterstattung über die Verhaftungen von, beziehungsweise über die Prozesse gegen Novak[178], Schumm[179], Murer[180], Frühwirth[181], Schönpflug[182] und Rojko[183]. Bemerkenswert – abgesehen von der Berichterstattung – ist die relativ intensive Kommentierung. An dieser fällt ein nicht geringes Maß an Mißtrauen den österreichischen Behörden gegenüber auf. (Mutmaßliche) Kriegsverbrecher würden – so ein Bericht von Josef Hindels – in Österreich „nur eingesperrt werden, wenn sie besonderes Pech haben."[184] Überhaupt seien – so ein Kommentar vom nächsten Tag – die derzeitigen Verhaftungen nicht auf das Übermaß an einschlägigen Aktivitäten der heimischen Behörden zurückzuführen, sondern darauf, daß den heimischen Behörden „aus Jerusalem derart schwerwiegendes Material" überlassen wurde. „Wir nehmen zur Kenntnis, daß die Greueltaten der Naziverbrecher doch nicht ganz vergessen worden sind. Aber daß dieser Ort Jerusalem ist, befriedigt uns nicht. Jene Länder, die leider am meisten Naziverbrecher ungestraft herumlaufen haben, hätten das Dokumentationszentrum anlegen sollen – in Bonn und in Wien."[185] Im Fall der Verhaftung Stephan Rojkos, hieß es wenig vieldeutig: „Wir sind gespannt, ob diesmal diese österreichischen Beweise vor einem österreichischen Gericht gegen einen KZ-Mörder ausreichen."[186] Eng mit diesem artikulierten Mißtrauen war der Versuch verbunden, das Verhalten österreichischer Behörden mit der öffentlichen Meinung in Zusammenhang zu bringen. Der nur mäßige „Ekel" der Österreicher über die „Endlösung", bedingte eine Verlangsamung der juridischen Verfolgung, „denn Volksmeinung und Strafverfolgung stehen hier in einem sehr engen ursächlichen Zusammenhang. (...) Umgekehrt aber hätte die Volksmeinung, wäre sie nur empört genug gewesen, die Behörden zu größerer Aktivität bei der Verfolgung der zahlreichen Naziverbrecher antreiben können." Dies lag, so der Verfasser, an der „Trägheit der Phantasie", am „Mißtrauen gegen die Siegermächte" und am „leider noch immer vorhandenen Antisemitismus" unter der Bevölkerung. Anders als andere Kommentare nahm dieser die Behörden und deren mäßige Aktivitäten in Schutz und führte politische Gründe für diese Zurückhaltung an. „Die

Behörden Deutschlands und Österreichs sind ja nicht bösen Willens, sie sind nur in letzter Zeit müde und unaufmerksam geworden. " Dies unter anderem ob der „politischen Geschäftemacherei", die „seit Jahren wieder die ehemaligen Judenmörder umwirbt und ihnen als Kaufpreis für ihre Stimmen wohlwollendes Vergessen und Verzeihen verspricht."[187] Der Freispruch Razesbergers „gibt uns allen zu denken. (...) Es ist eben so, daß ein großer Teil der Bevölkerung vielleicht nur aus Stumpfheit, aus Mangel an Phantasie, dazu neigt, Erschießungen, die ‚damals' auf Befehl durchgeführt wurden, als irgendwie entschuldbar zu betrachten. (...) Der Prozeß hätte eine Lehre sein sollen, aber er scheiterte daran, daß die, denen er übertragen war zu lehren", nämlich den Geschworenen, „selber dieser Lehre bedurft hätten."[188]

Im Vergleich zu anderen Tageszeitungen war die Berichterstattung über Wilhelm Höttl in der „Arbeiter-Zeitung" auffallend intensiv. Erstmals taucht sein Name Ende April 1961 auf, als es darum ging „die eidesstattlichen Erklärungen des früheren SS-Majors [!] und Angehörigen der Gestapo Dr. Wilhelm Höttl (...) als Beweismittel anzuerkennen."[189] Diesem Agentur- oder Korrespondentenbericht folgte ein Anhang, der „die Sicherheits- und Unterrichtsbehörden" auf Höttls Funktion als „Leiter" des Privatgymnasiums aufmerksam machte und in dem „mit allem Nachdruck" gefragt wurde, „wieso es möglich ist, daß ein früherer höherer Gestapobeamter und SS-Major [!] als ‚Erzieher' auf die Jugend losgelassen wird."[190] Dieser Konnex, nämlich SS-Vergangenheit und Schuldirektorengegenwart durchzog die Berichterstattung und hob sich somit eindeutig von der in anderen Tageszeitungen (sofern überhaupt) nachzulesenden ab. In der Folge beschäftigte sich die „Arbeiter-Zeitung" mittels Sonderberichterstatter mehrmals mit der Person Höttls, dessen Vergangenheit und der Frage nach der Finanzierung seines „Schulimperiums"[191].

In diesem Zusammenhang, nämlich die nicht nur namentliche Erwähnung österreichischer Täter, war – sofern es die „österreichische Mittäterschaft" an der „Endlösung" betrifft –, die Argumentation seltsam. Verortet wurde der Nationalsozialismus als deutsche Erscheinung und als deutsches Problem, nämlich als die „finsterste Epoche der deutschen Geschichte"[192] oder eben kurz als „deutsche[r] Faschismus"[193]. Zwar nicht im direkten Zusammenhang mit dem Eichmann-Prozeß, aber signifikant ist ein Bericht von Josef Hindels, in dem er sich über das „Soldatenbündlertum" mokierte, das für ihn „eindeutig hochverräterische Züge" trage. Und das deshalb, weil „Österreich (...) zu den ersten Opfern der Hitlerschen Aggression gehörte"[194]. Somit fuhr das Blatt doppelgleisig: Es gab zwar österreichische Nazis[195], die in den Vernichtungsprozeß involviert waren, aber kein nazistisches Österreich. Die Argumentation lief darauf hinaus, als wäre zwar das Land – illegitimerweise – angeschlossen worden, nicht jedoch die Bewohner[196]. Das offensichtlich unerklärliche und singuläre am Holocaust war, daß sich „1943 (...) zehntausende Frauen ihre eigenen Gräber schaufeln, ihre Kinder und sich entkleiden und sich den deutschen Erschießungskommandos stellen" mußten. „Das war 139 Jahre nach Kant, 116 Jahre nach Beethoven und 110 Jahre nach Goethe."[197] An anderer Stelle wurde die „Endlösung" – im Gegensatz zu anderen Massenmorden[198] – insofern singularisiert, als „sie von Mitgliedern einer hochzivilierten Gesellschaft vollbracht wurden."[199]

Sofern es die Person Eichmanns betraf, wurde wiederholt festgehalten, daß die Entführung aus Argentinien und das israelische Sondergesetz, wenngleich (völker)rechtlich bedenklich, so doch legitim seien[200]. Weiters wurde die Fairneß im Prozeß gelobt[201]. An Eichmanns persönlicher Schuld[202] und an der Einzigartigkeit seiner Taten[203] wurde zu keinem Zeitpunkt gezweifelt, jedoch stand für die „Arbeiter-Zeitung" nicht nur Eichmann allein vor Gericht, sondern „ein System, das eine der schauerlichsten Katastrophen unserer Epoche verschuldete."[204] Entsprechend „konsequent" war demnach auch – wenngleich es nicht wenig an argumentativen Windungen bedurfte –, das Todesurteil zu legitimieren: „Der Fall Eichmann war eine internationale Rechtsanomalie vom Anfang an", nämlich seinen Entführung, seine Taten als auch die erstmalige Exekutierung der Todesstrafe in Israel. „Aber es gibt ein israelisches Gesetz, das die Todesstrafe vorsieht – und deshalb war es unmöglich, daß der ‚Endlöser' Hitlers anders als mit dem Tod bestraft werden konnte. Eichmanns Hinrichtung war ein Akt der Gerechtigkeit (...). Wo Geschichte exekutiert wird, soll man nicht die Maße des Brühne-Prozesses anlegen."[205]

3.4.3. Südost-Tagespost

Der Umfang der Berichterstattung der „Südost-Tagespost" zum Eichmann-Prozeß, der beinahe ausschließlich aus Agenturberichten bestand, kann – wie im Fall des „Kurier" – als durchschnittlich, die Kommentierung als sehr zurückhaltend angesehen werden. Lediglich ein – wenn auch ein ganzseitiger – Kommentar ist dem Prozeß in Jerusalem gewidmet. Im Gegensatz zu anderen Tageszeitungen fanden sich – ob Zufall oder nicht – übermäßig viele Leserbriefe, die um das Thema Nationalsozialismus und „Endlösung" kreisten – sie werden in einem eigenen Analyseschritt untersucht werden.

Die Berichterstattung begann, wie auch in den übrigen Tageszeitungen, mit einer Meldung über Eichmanns Inhaftierung, wo, wie auch in anderen Tageszeitungen, – es handelte sich um Reuters und UPI-Agenturberichte – die „Ente" von Eichmanns palästinensischer Vergangenheit[206] ebenso übernommen wurde, wie die vom 24. Mai 1960, nämlich daß Eichmann in Kuwait aufgegriffen worden sei[207]. In diesem Artikel tauchte auch der erste Hinweis auf Eichmanns österreichischen Hintergrund auf: „Aufgewachsen ist der in Solingen geborene Eichmann i n L i n z"[208]. Besieht man sich die übrigen Österreichbezüge im Rahmen der Berichterstattung – von Kommentierung kann in diesem Zusammenhang nicht gesprochen werden –, so fanden sich diese im Zusammenhang mit den Verhaftungen Franz Novaks[209], Leopold Schumms[210], Kurt Ms.[211] (das war übrigens der erste Eigenbericht in diesem Zusammenhang), Josef Frühwirths, der „irgendwie mit Eichmann in Verbindung"[212] gestanden sei, Franz Murers[213], mit dem Bericht des österreichischen Prozeßbeobachters in Jerusalem[214] und schließlich in Verbindung mit Wilhelm Höttl. Die erste ihn betreffende Meldung stammt vom 23. Februar 1961, wo darüber berichtet wurde, Ungarn begehre seine Auslieferung[215]. Als dann zwei Dinge, nämlich Höttls Zeugenaussage und der Bad Ausseeer Schulskandal ziemlich zeitgleich zu Medienthemen wurden, stand letzterer im Vordergrund und wurde – abgesehen von einem einzigen Hinweis[216] – Höttls SS-Vergangenheit und seine Funktion als Schulleiter völlig ausgeklammert. Ein Österreichbezug fand sich auch im bereits erwähnten Beitrag Wolfgang Arnolds wieder. Er meinte, der Eichmann-Prozeß werde „keinem zur Freude geführt." Vor allem den Deutschen nicht, „denen neue Wellen blinden Deutschenhasses und kollektiver Verdächtigungen entgegenschlagen werden; und schließlich auch nicht uns Oesterreichern", denn „man wird es uns von keiner, auch nicht von bundesdeutscher Seite ersparen, daß Eichmann zwar in Solingen geboren, aber in Österreich aufgewachsen ist, daß er vor der Machtergreifung über die österreichische NSDAP in seine grauenvolle Machtstellung auf- und nach dem Zusammenbruch über die österreichische Réduit in seine argentinische Freiheit ausgerückt ist, wozu immer noch kommt, daß sein letzter unmittelbarer Chef in der Judenvernichtung, Kaltenbrunner, Österreicher war."

Vom Eichmann-Prozeß erwartete sich Arnold gar nichts, schon gar keine „Geschichtserhellung"[217]. Dies hänge mit der Person des Angeklagten zusammen, der lediglich im Nationalsozialismus, einem System der allgemeinen Unterdurchschnittlichkeit[218], herausragen konnte. „Er galt als ‚Sachverständiger' für die Judenfrage. Aber weiß Gott, er konnte für einen Sachverständigen nur in einer Zeit gelten, in der Rosenberg ein Philosoph, die Schädelmessung eine Wissenschaft und Heinrich Himmler ein Staatsmann war. (...) Getreu der nazistischen These, daß man keine Gehirnakrobaten brauche, sondern tüchtige Durchschnittsmenschen, hat er sein Gehirn jedem Training tapfer ferngehalten, tüchtig war er ja so wie so schon." „Geschichtserhellend" wäre der Prozeß dann, wenn Eichmann etwas „über die Judenfrage zu sagen" hätte, „was sie nur einigermaßen erklären könnte." Da der „Primitivling" Eichmann aber dazu nicht in der Lage sein werde, übernahm es der, die Unterdurchschnittlichkeit des Nationalsozialismus beklagende Journalist, denn daß es „die Judenfrage (...) jenseits von aller Schuld und Unschuld" zumindest gegeben habe, wurde dem Leser des Artikels mittels Zwischenüberschrift – „ES GAB EINE JUDENFRAGE" – verdeutlicht. Sie bestand darin, daß die Juden als Minderheit „ihre Eigenart ebensowenig aufgeben" wollten, wie sie sich – teilweise – selbst ins Ghetto abschoben. Hinzu kam, daß die Juden – „eine Gemeinschaft" – ihre „Freiheit und verdiente Anerkennung (...) nicht immer taktisch klug und zurückhaltend" nutzten und einsetzten, beispielsweise „auf wirtschaftlichem Gebiet, wo sie sich immer mehr und mehr durchsetzte[n] und in den Vordergrund schob[en]." Zu dieser jüdischen Mitverantwortung gesellten sich, als Ingredienzen zum Holocaust, eine „gesamteuropäische und eine spezifisch deutsche Komponente". Die gesamteuropäische war der „politische Mord", den Arnold auf Juden, Volksdeutsche, die russische Intelligenz, das gesamte polnische Offizierskorps, die „Verschleppung ganzer Völker aus den Randgebieten" Rußlands, auf die größeren und kleineren Bürgerkriege „in fast allen Staaten" der Erde universalisierte. Das spezifisch Deutsche am Judenmord war die „verdammte deutsche Tüchtigkeit"[219].

Wie eingangs erwähnt, sind die gefundenen Leserbriefe, die diese Thematik wenn auch in einem weiteren Kontext umfassen, ein Spezifikum der in der „Südost-Tagespost" gefundenen Untersuchungsmaterialien. Als – wie bereits oben belegt – Kurt M. verhaftet wurde, erschien eine Woche später ein Leserbrief eines Dr. Fritz H. aus Graz (sofern diese Ortsangabe richtig ist, ein oft und thematisch ebenso einschlägiger formulierender Leserbriefschreiber). Sein Leserbrief stellt eine Mischung aus gegenseitiger Verrechnung und unterschwelligem Antisemitismus dar: „Ich will die Mörder von diesen Juden nicht verteidigen. Ich habe aber auch noch nie in einer Grazer Tageszeitung gelesen, daß man Mörder verhaftet hätte, die sich Massaker gegen Deutsche zu Schulden kommen ließen. Im Gegenteil, Verfahren gegen diese Verbrecher wurden eingestellt (siehe Koralpe). Wieviele Deutsche wurden in Jugoslawien, Polen und in der Tschechei [!] gemordet? Haben Sie je von einem Verfahren gegen diese Mörder gelesen? Ja sind denn wir Nichtjuden minderwertig? Wenn einer einen anderen mordet ist er ein Mörder, auch wenn der Gemordete kein Jude ist. Das sollte doch endlich Gemeingut werden."[220] Dem wurde später entgegengehalten, man solle „auch bei der Bestrafung die Quantität und Qualität des Reihengesetzes zur Geltung bringen: Zuerst die eigenen Mörder suchen, finden und aburteilen; dann reden wir auch von den anderen!"[221] Zu erregen wußte zu einem anderen Zeitpunkt ein von der „Presse" kolportierter Ausspruch des israelischen Justizministers. Der bereits zitierte Dr. H. griff erneut zur Feder, um dieselbe Mixtur aus Aufrechnung und latentem Antisemitismus wiederum „anzurühren". „‚Niemals vergessen und niemals verschweigen!' wurde vom israelischen Justizminister (...) in einer Parlamentsrede plädiert. (...) Ist Herrn Rosen vielleicht bekannt, wie viele Menschen bei dem berüchtigten Fliegerangriff auf Dresden um ihr Leben kamen bzw. bei lebendigem Leib verbrennen mußten? Aber wir müssen eben vergeben und verzeihen. Wir sind eben Christen. Verbrechen bleibt Verbrechen, auch wenn es an Nichtjuden begangen wird."[222] Dem wurde entgegengehalten, die „Judenmorde sind mit dem Fliegerangriff auf Dresden kein Vergleich. Der Fliegerangriff auf Dresden erfolgte auf Grund des t o t a - l e n Krieges. (...) Die Judenmorde hatten mit dem Krieg absolut nichts zu tun."[223] Inhaltlich und umfangmäßig heftige Reaktionen löste eine Radiofolge zu Auschwitz aus. Ein Leser forderte gleichartige Sendungen über Dresden, über die Morde der Partisanen, über „die Auslieferung abertausender SS-Männer an Frankreich (...). Über die entsetzlichen, unmenschlichen Ermordungen von SS-Männern, Soldaten, Kindern, Säuglingen und Müttern, Frauen und Mädchen – in Prag. (...) Nicht zuletzt aber das zahllose Sterben und teilweise Verenden wie ein Vieh – von Millionen ‚Heimatvertriebenen‘."[224] Diese „an den Tag gelegte erstaunliche Haltung" und wohl auch deren Veröffentlichung, wurde im folgenden Leserbrief „begrüßt"[225]. Eine Leserin alterierte sich über „die anonymen oder perversen Hintermänner solcher Sendungen, die sich nicht genug tun können am bewußten Schlechtmachen des eigenen Volkes"[226], was den Schluß auf einen starken Schuß (völkischem) Deutschnationalismus zuläßt, denn ein Bekenntnis zum österreichischen Anteil an „Auschwitz" ist mit einer derartigen Terminologie schwerlich zu assoziieren. Erst der vierte (veröffentlichte) Leserbrief stellte sich diesem verbalen Amoklauf entgegen, indem er auf die Vorgeschichte – der Vertreibung, nicht aber von Auschwitz – verwies. „Es war nur eine Vergeltung dieser armen Tschechen-Slowenen [!] nach 1945. Wie haben diese Nazi von 1938 bis 1945 gehaust, die Vergeltung kam."[227] Der Leserbriefschreiberin wurde postwendend – es handelt sich übrigens um den Verfasser des ersten Leserbriefes zu diesem Thema – „zwecks Ausreifung ihrer Erkenntnisse" von einem „einfache[n] Tatchrist" geraten, „Prag zu besuchen."[228] Der Leserbrief vom 8. März, mit dem das Blatt die Diskussion zu diesem Thema offiziell beendete, betonte das den „14 Millionen" braven „Ostdeutschen" zugefügte bittere „Unrecht" – denn „Unrecht bleibt Unrecht. (...) Die unübertroffenen Grausamkeiten in den überfüllten Vernichtungslagern Auschwitz und Theresienstadt nach [!] 1945 schreien ebenso zum Himmel wie das war [sic!] vorher geschah."[229]

Den Abschluß der Berichterstattung durch die „Südost Tagespost" bildete ein wiederum von Agenturen übernommener Artikel über die Hinrichtung Eichmanns, in dem dessen Gruß an Österreich abgedruckt wurde[230]. Der Leitartikel des Tages wurde zum Thema „Der Mehlstreik" verfaßt. Offensichtlich lyrische Ambitionen hatte der Verfasser einer Bildunterschrift am 30. Mai: „Verworfen hat das Oberste israelische Gericht die Berufung des ehemaligen SS-Obersturmbannführers Adolf E i c h m a n n gegen das über ihn verhängte Todesurteil. – Umgeworfen wurde durch drei Explosionen ein Teil der Schandmauer in Berlin...“

3.4.4. Zusammenfassung

Besieht man sich abschließend die Geamtberichterstattung aller sieben untersuchten Tageszeitungen[231], so war die „Arbeiter-Zeitung“ das Blatt, das sowohl vom eigentlichen Prozeß als auch über das „Umfeld“ des Prozesses am intensivsten berichtete und kommentierte. Entlang dieser quantitativen „Skala“ fanden sich der analysierte „Kurier“ und die „Südost-Tagespost“ am anderen Ende.

Beinahe durchgehend war – abgesehen von den „Salzburger Nachrichten“ – der Prozeß selbst Teil der politischen Berichterstattung. Anders hingegen sah es mit den Berichten über österreichische Kriegsverbrecher-(prozesse) aus – außer in der „Arbeiter-Zeitung“ fanden sie sich in der Lokalberichterstattung.

Sofern es sich um Eichmanns österreichische Vergangenheit handelte, wurde diese – ausschließlich auf Berichtebene – in allen Blättern thematisiert, wenngleich zumeist (und ausführlicher) auf der Ebene, daß er nicht österreichischer Staatsbürger (gewesen) sei. Faßt man diesen Aspekt weiter, so wurden wiederum beinahe ausschließlich auf Berichtebene – wenngleich in sehr unterschiedlicher Intensität – auch österreichische Kriegsverbrecher(prozesse) erwähnt. Daß allerdings der Holocaust (auch) mit Österreich und mit (nicht nur einigen sehr) wenigen Österreichern zu tun haben könnte – und hierbei zeigten alle Blätter ausnahmslos Übereinstimmungen -, dieser Gedankengang blieb dem Assoziationsvermögen der Leserschaft überlassen. Am ehesten exponierte sich diesbezüglich die „Arbeiter-Zeitung“, wobei das Thema Kriegsverbrecher und Kriegsverbrechen als Nachkriegsproblem kommuniziert wurde. Dort wurde aber der Schritt „weiter“, nämlich die Frage nach dem österreichischen Anteil am Holocaust und dem (ideen)geschichtlichen Anteil Österreichs und von Österreichern am „Dritten Reich“, explizit (siehe den zitierten Artikel Hindels’) zurückgewiesen.

„Kurier“ und „Südost-Tagespost“ zeigten eine über weite Strecken ähnliche mediale Rezeption und Vermittlung wie „Salzburger Nachrichten“, „Presse“, „Kleine Zeitung“ und „Neue Kronen Zeitung“, wobei die Gleichsetzung von Kommunismus und Nationalsozialismus nur in den „Salzburger Nachrichten“ und der „Südost-Tagespost“ vorgenommen wurde. Zu guter letzt lieferten auch die (veröffentlichten und untersuchten) Leserbriefe – auch – einen Einblick in das „steirische Klima“ Anfang der sechziger Jahre, wobei vor allem das Ausmaß an veröffentlichtem latenten Antisemitismus und das

Ausmaß an veröffentlichter Vorgeschichtslosigkeit hinsichtlich der Vertreibung der Deutschen bemerkenswert ist und in dieser Intensität in keiner der anderen Tageszeitung festgestellt werden konnte.

Anmerkungen

1   Ahorni, Zvi und Dietl, Wilhelm: Der Jäger: Operation Eichmann. Was wirklich geschah. Stuttgart 1996. S. 271.
2   In der Tagespresse wurden die letzten Worte Eichmanns mit „Lang lebe...." überliefert. Siehe zum Beispiel N. N.: Eichmann hingerichtet. In: Kurier vom 2. Juni 1962.
3   IfZ/München, Eich 1492, Eichmann-Prozeß, Beweisdokumente. [Eichmann, Adolf]: Meine Memoiren. S. 1.
    Siehe dazu auch: Mulisch, Harry: Strafsache 40/61. Eine Reportage über den Eichmann-Prozeß. Berlin 1995. S. 184-187.
4   Lang, Jochen von: Das Eichmann-Protokoll. Tonbandaufzeichnungen aus dem israelischen Verhör. Mit 66 faksimilierten Dokumenten. Nachwort Avner W. Less. o.O. o. J. S. 11.
5   Das hinderte ihn allerdings nicht, „Maschinenbauer" als erlernten Beruf anzugeben. Siehe: IfZ/München, Eich 17, Eichmann-Prozeß, Beweisdokumente. SS-Stammrollenauszug.
6   IfZ/Münchzen, Eich 19, Eichmann-Prozeß, Beweisdokumente. Fragebogen zur Ergänzung bzw. Berichtigung der Führerkartei und der Dienstalterliste.
7   Ifz/München, Eich 17, Eichmann-Prozeß, Beweisdokumente. SS-Stammrollenauszug.
8   Ebda.
9   Lang, Das Eichmann-Protokoll, a.a.O., S. 23.
10 Topographie des Terrors. Gestapo, SS und Reichssicherheitshauptamt auf dem „Prinz-Albrecht-Gelände". Eine Dokumentation. Hg. v. Reinhard Rürup. Berlin ⁹1987. S 63.
    Zur Frühphase des SD siehe auch: Browder, George C.: Die Anfänge des SD. Dokumente aus der Organisationsgeschichte des Sicherheitsdienstes des Reichsführers SS. In: VfZ, 2/1979. S. 299-324.
11 Erlaß Görings vom 30. November 1934, zit. nach Topographie des Terrors, a.a.O., S. 60.
12 BAP, R 58/840. Geschäftsverteilung des Gestapa vom 1. 10. 1935.
13 „Ab diesem Tag" unterstand Himmler abgesehen von der SS das „Sicherheits- und Nachrichtenwesen, die gesamte Ordnungspolizei, das Presse- und Waffenrecht, sämtliche Paßangelegenheiten, die Personalien aller Beamten der Polizeiabteilung des Reichsinnenministeriums, der Polizeipräsidenten und -direktionen. Dem Innenministerium blieben das Vereins- und Versammlungsrecht, die Zuständigkeit für das Deutsche Rote Kreuz und noch einige andere Nebensächlichkeiten."
    Lichtenstein, Heiner: Himmlers grüne Helfer. Die Schutz- und Ordnungspolizei im „Dritten Reich". Köln 1990. S. 21.
14 BAK, NS 19/1926. Anlage zu Nr. 1164/38 g.Kdos.WFA/L II. Entwurf vom 3. 6. mit Änderungen R.F.SS vom 10. 6. 1938 und Zusätzen betr. Nachrichten-Sturmbann.
15 Erlaß Frick's vom 17. Juni 1936, zit. nach Topographie des Terrors, a.a.O., S. 61.
16 Buchheim, Hans [u.a.]: Anatomie des SS-Staates. Gutachten des Instituts für Zeitgeschichte. Bd. 1. Olten und Freiburg im Breisgau. 1965 (= Walter Dokumente Drittes Reich). S. 55.

17 „Ich dachte, da sitzt du im Wagen drin, mußt aufpassen, siehst allerhand, bist heute
da, morgen da."
Lang, Das Eichmann-Protokoll, a.a.O., S. 23.

18 IfZ/München, Eich 1492, Eichmann-Prozeß, Beweisdokumente. [Eichmann, Adolf]:
Meine Memoiren. S. 24 f.

19 BAP, R 58/840. Geschäftsverteilung des Geheimen Staatspolizeiamtes. Gültig ab
19. Juni 1933. (undatiert)

20 IfZ/München, Eich 1492, Eichmann-Prozeß, Beweisdokumente. [Eichmann, Adolf]:
Meine Memoiren. S. 39.

21 BAP, R 58/544. II 112 an II 1. Richtlinien und Forderungen an die Oberabschnitte.
21. 4. 1937.

22 1937 wurde das Arbeitsgebiet von Eichmanns Abteilung II 112 um die Anlage einer
umfassenden Kartei erweitert: „Wie vorgesehen, wird sofort begonnen mit der Aufstellung einer Kartei aller wichtigen Juden des Auslandes, soweit sie auf dem Gebiet
der Politik, der Wirtschaft, der Wissenschaft und auf anderen lebenswichtigen Gebieten hervorragende Stellungen bekleiden. (...) Besonders wichtig erscheint in diesem Rahmen eine Erfassung der österreichischen Juden (unter den Gesichtspunkten der in Deutschland erlassenen Gesetze)."
BAP, R58/544. II 112 an II 1. 8. 6. 37.

23 BAP, R 58/840. Geschäftsverteilung des Gestapa vom 1. 10. 1935.

24 BAP, R 58/544. Arbeitsverteilung innerhalb der Abteilung II 112. 16. 6. 1937.

25 BAP, R 58/840. Geschäftsverteilungsplan der Abteilung II ab 12. Januar 1939 (Abschrift, undatiert).

26 BAP, R 58/826. Reorganisation des Sicherheitsdienstes des Reichsführers SS im
Hinblick auf eine organisatorische und personelle Angleichung mit der Sicherheitspolizei. 24. Februar 1939.

27 Erlaß des Reichsführers-SS und Chefs der Deutschen Polizei vom 27. September
1939, die Errichtung des Reichssicherheitshauptamtes betreffend.
Zit. nach Topographie des Terrors, a.a.O., S. 71.

28 Amt I: Personal, Amt II: Organisation, Verwaltung und Recht, Amt III: Deutsche Lebens-
gebiete, Amt IV: Gegnererforschung und -bekämpfung, Amt V: Verbrechensbekämp-
fung, Amt VI: Ausland und Amt VII: Weltanschuliche Forschung und Auswertung.
Amt IV bestand aus fünf Gruppen und insgesamt 22 Referaten.

29 IfZ/München, Nürnberger Dokumente, Mikrofilmsammlung, Dokument 2640-PS.
Organisationshandbuch der N S D A P. 7. Auflage 1943. S 9.

30 Topographie des Terrors, a.a.O., S. 11.
„Ich [Kurt Daluege] habe auf Deinen [Himmlers] Befehl, um jede Möglichkeit aus-
zuschalten, dass ein Offizier [der Polizei] befördert wird, der vielleicht doch noch
irgendwie politisch nicht tragbar ist, mit dem SS-Obergruppenführen Heydrich,
also dem SD-Dienst [sic!], vereinbart, dass vor jeder beförderung [sic!] örtlich und
zentral angefragt wird, ob gegen diesen Offizier beim SD etwas vorliegt. Diese Zusammenarbeit läuft jetzt bereits seit einem Vierteljahr und hat sich gut bewährt. (...)
Du hast also als Chef der Polizei heute die volle Garantie, dass in der Polizei die
politische Beurteilung der Offiziere und Männer auch wirklich in den Händen von
Nationalsozialisten liegt."
BAK, Ns 19/360. Daluege an Himmler. 18. November 1936.

31 „AMT IV was by far the most dreaded section of the RSHA. As the high Command
of the Stapo (Secret Police) its reputation inside and outside of Germany was probably
the worst of all the institutions of the National Socialist State."
IfZ/München, ZS 492/II, Interrogation Report No 15, 9 July 1945. The SD and
the RSHA.

32   Siehe dazu auch: Kempner, Robert M. W.: Eichmann und Komplizen. Zürich [u. a.] 1961. S 32ff.

33   Hierzu urteilte der Gerichtshof in Jerusalem: Aus den Unterlagen „geht hervor, daß (...) das Referat des Angeklagten die sämtliche Juden betreffenden exekutiven Angelegenheiten im RSHA in sich vereinte." Schuldig. Das Urteil gegen Adolf Eichmann. Hg. v. Avner W. Less. Mit einem Vorwort von Jochen von Lang. Frankfurt a.M. 1987. S. 110.

34   An dieser Stelle sei betont, daß es nicht darum geht, eine (Kurz)Geschichte der „Endlösung" zu schreiben, sondern es soll Eichmanns Stellung im RSHA und im Vernichtungsprozeß nachgezeichnet werden.

35   BAP, R 58/840. Geschäftsverteilung Amt IV Gegnerbekämpfung vom 1. 2. 1940.
      „Dieses Referat erfasste nicht nur die Juden-Angelegenheiten, sondern auch die Freimachung des Reichsgebietes von unerwuenschten Minderheiten und Einzelpersonen."
      IfZ/München, Eich 1066, Eichmann-Prozeß, Beweisdokumente. Eidesstattliches Gutachten des Dr. John Adler.

36   BAP, R 58/1076. Geschäftsverteilung Amt IV. (undatiert)

37   BAP, R 58/840. Geschäftsverteilung Amt IV Gegner-Erforschung und Bekämpfung vom 1. 10. 1943.

38   BAP, R 58/849. Geschäftsverteilung Amt IV Gegner-Erforschung und Bekämpfung vom 15. 12. 1944.

39   BAP, R 58/1076. Informationsplan für SS-Standartenführer Dr. Isselhorst vom 29. Januar 1945.

40   IfZ/München, Eich 1066, Eichmann-Prozeß, Beweisdokumente. Eidesstattliches Gutachten des Dr. John Adler.

41   „Acht Tage später bekam ich plötzlich Marschbefehl, mich beim Leiter des SD-Oberabschnittes ‚Donau' in Wien zu melden. Ich (...) bekam Weisung, als Referent des SD-OA ‚Donau' das Referat ‚Judentum' zu übernehmen."
      IfZ/München, Eich 1492, Eichmann-Prozeß, Beweisdokumente. [Eichmann, Adolf]: Meine Memoiren. S. 61.

42   R 58/954, Hg an Oi, Bericht über die Palästina-Ägyptenreise von SS. Hptscharf. Eichmann und St [sic!]-O'Scharf. Hagen. 4. November 1937.

43   IfZ/München, Eich 28, Eichmann-Prozeß, Beweisdokumente. Personal-Bericht vom 17. Sept. 1937.

44   BAP, R58/544. II112 an II1. Ausbau der Arbeit der Abteilung II 112 im Jahr 1937. 18. 12. 1936.
      Siehe auch: „Die Lösung der Judenfrage kann nur in einer völligen Entfernung der Juden aus Deutschland liegen."
      BAP, R58/544. II112 an II1. Richtlinen und Forderungen an die Oberabschnitte. 21. 4. 1937.
      „Ziele der Judenpolitik: Vollkommene Ausschaltung der Assimilation und Förderung der Auswanderung."
      BAP, R 58/544. II112 an II1. Kursbuch für C. über das Judentum. Lt. Befehl vom 11. 11. 1937. Ausgefertigt am 12. 11. 1937 von II112/Hagen.

45   „Wie das bei einem Wiener nicht verwunderlich – noch dazu einem aus dem stark verjudeten [!] 6. Bezirk Mariahilf (ich wohnte in der Stumpergasse genau gegenüber, wo Adolf HITLER lange Zeit gelebt hatte!) – hatte ich zahlreiche jüdische Bekannte und auch Schulfreunde, die sich nun an mich mit der Bitte (...) ihnen bei der Auswanderung behilflich zu sein. Diese scheiterte in vielen Fällen am Instanzenweg. (...) Ich setzte Eichmann das alles auf Grund der mir zugegangenen Informationen auseinander und regte an, eine zentrale Stelle zu schaffen, in der alle

zuständigen und notwendigen Stellen für die Auswanderung vereinigt würden. Eichmann hat mich seit dieser Zeit als Initiator der ‚Zentralstelle für jüdische Auswanderung' bezeichnet, welchen ‚Ruhm' ich aber keineswegs für mich in Anspruch nehmen will. Diese Idee haben sicherlich auch andere gehabt, die mit der Materie unmittelbar befasst waren. Vielleicht war es mein Verdienst, dass ich diesen Plan an den damaligen Befehlshaber der Sicherheitspolizei und des SD in Wien, Dr. Walter STAHLECKER, heranbrachte, da Eichmann (...) sich das nicht getraute bzw. mich bat, so einen Vorschlag in ‚gutem Deutsch' zu konzipieren."
IfZ/München. ZS 429/III, Niederschrift „Der Mord an 6 Millionen Juden" vom 23. 2. 1975. Verfasser war übrigens Dr. Wilhelm Höttl.

46 Kempner, Eichmann und Komplizen, a.a.O., S. 46.
47 BAP, R 58/486. Der Inspekteur der Sicherheitspolizei an den Herrn Landeshauptmann für Niederdonau. 27. August 1938.
48 BAP, R58/486. II112a an I112. 12. September 1938 und BAP, R58/486. Schreiben an RSHA, zu Handen SS-Ostf. Hagen (undatiert).
49 Siehe BAP, R 58/486. Der Inspekteur der Sicherheitspolizei an den Herrn Landeshauptmann für Niederdonau. 27. August 1938.
50 Wobei vor allem mittellose Juden außer Landes gebracht werden sollten. „Einmal wurde es den vermögenden Juden ermöglicht ohne Schwierigkeiten das Land zu verlassen, während der mittellose Jude hier bleiben musste, also eine Angelegenheit, die im entgegengesetzten Interesse unserer Bestrebungen stand. (...) Das Bestreben der Zentralstelle für jüdische Auswanderung ist es, in erster Linie für eine forcierte Abwanderung der mittellosen Juden Sorge zu tragen und vermögende Juden nur dann zur Auswanderung zu bringen, wenn mit ihrer Abwanderung gleichzeitig die Abwanderung eines ihrem Vermögen entsprechenden Teiles von mittellosen Juden verbunden ist." BAP, R58/486. Zentralstelle für jüdische Auswanderung an das Sicherheitshauptamt II 112. 14. 9. 1938.
51 BAP, R 58/486. Der Sicherheitsdirektor des Reichsführers-SS. Der SD-Führer des SS.-Oberabschnitts Donau an das Reichssicherheitsamt Berlin (undatiert)
52 BAP, R 58/486. Bericht an der SD-Hauptamt, eingelangt am 11. 11. 1938.
53 BAP, R 58/486. Eichmann an II 112. 10. 5. 1939.
54 Siehe BAP, R58/486. II112a an I112. 12. Sep. 1938 und BAP, R58/486. Schreiben an RSHA, zu Handen SS-Ostf. Hagen (undatiert). Im Befürwortungsschreiben seiner Beförderung zum Obersturmbannführer steht zu lesen: Eichmann habe sich „als Leiter der Zentralstelle für jüdische Auswanderung (...) schon um die Entjudung der Ostmark besondere Verdienste erworben (...). Durch seine Arbeit konnten riesige Vermögenswerte für das Deutsche Reich sichergestellt werden. Ebenso war die Arbeit Eichmanns im Protektorat, die er mit vorzüglicher Initiative und der erforderlichen Härte durchführte, ausgezeichnet." IfZ/München, Eich 27, Eichmann-Prozeß, Beweisdokumente. Der Chef der Sicherheitspolizei und des SD an den Reichsführer-SS, SS-Personalhauptamt. 8. Oktober 1941.
55 BAP, R 58/486. II112a an I112. 12. Sep. 1938.
56 Das spiegelte sich auch in Eichmanns Dienstbeschreibung wider. Die Gesamtbeurteilung lautete: „sehr gut, energischer und impulsiver Mensch, der grosse Fähigkeiten in der selbständigen Verwaltung seines Sachgebietes hat und insbesondere organisatorische und verhandlungstechnische Aufgaben selbständig und sehr gut erledigt hat. Auf seinem Sachgebiet anerkannt Spezialist." IfZ/München, Eich28, Eichmann-Prozeß, Beweisdokumente. Personalbericht (undatiert)

57 Und das auf verschiedenen Ebenen. Einmal vor Ort, dann durch die Arbeit im Ausland im Sinne von Beschaffung von Auswanderungsplätzen und von Devisen. „Die Auswanderungsziffern für die Ostmark sind trotz der erschwerten Einwanderungsbedingungen auf fast gleicher Höhe geblieben wie in den vergangenen Monaten. Dies wurde vornehmlich durch eine dauernde Bearbeitung der jüdischen ausländischen Organisationen (Reisen der Funktionäre der Isr. Kultusgemeinde Wien und des Palästina-Amtes), durch die Erhöhung der sog. China-Transporte und durch die Forcierung der Umschulung ermöglicht. (...) Nach Mitteilung von SS-H'Stuf. Eichmann sind im allgemeinen 14 jüdische Funktionäre auf Reisen im Ausland; während 2 Juden die notwendigen Devisen hereinholen, sind die restlichen beauftragt, zusätzliche Auswanderungsplätze zu beschaffen." BAP, R 58/486. Bericht Dr. Ruthner (Oberfinanzpräsidium in Wien) auf Grund einer Aufforderung des RM der Finanzen, einen Bericht über die Zusammenarbeit des Oberfinanzpräsidiums mit der Zentralstelle für jüdische Auswanderung zu verfassen. 16. 5. 39.

58 BAP, R 58/486. II1 an Stahlecker. 11. Nov. 1938.

59 So meldete er im September 1938: „Die Zeit der Gruppenauswanderung ist ja bekanntlich bis auf weiteres endgültig vorbei, sodass z.Zt. intensiver an der Einzelauswanderung gearbeitet wird. Die Zentralstelle macht täglich 200 Juden passfertig und beobachtet gleichzeitig deren Abtransport." R 58/486, Eichmann an Sicherheitshauptamt. 14. 9. 1938. Fünf Wochen später meldete Eichmann, „dass die Zahl der durch die Zentralstelle für jüdische Auswanderung gebrachten Juden sich auf täglich 330 erhöht." BAP, R 48/486. Eichmann an SD-Hauptamt, II 112. 21. Okt. 1938. Diese „Quoten" erregten Aufmerksamkeit und Lob für die „Zentralstelle" in Wien sowie Tadel für die in Berlin. „Während jedoch die Zentralstelle in Wien im Laufe ihrer Tätigkeit seit August etwa 110 000 Juden zur Auswanderung bringen konnte, liegen die Erfolge der Reichszentralstelle wesentlich niedriger." R 58/623. II 112 an II 1. 15. Juni 1939. „Die Stockung auf dem Gebiet der jüdischen Auswanderung im Altreich trotz der Errichtung der Judenzentrale hat mich anlässlich meiner letzten Reise zu einer Überprüfung der Verhältnisse in Wien veranlasst. Dabei konnte festgestellt werden, dass im Gegensatz zu Berlin Wien durch Initiative und durch Druck der Staatspolizei seine Auswanderungsquote zu halten vermag." BAP, R 58/544. Six an Heydrich. 26. 6. 1939.

60 IfZ/München, Eich 1169, Eichmann-Prozeß, Beweisdokumente. II1 an SS-Oberführer Naumann. 16. Mai 1938.

61 BAP, R 48/486. Eichmann an SD-Hauptamt, II 112. 21. Okt. 1938.

62 BAP, R 58/276. Göring an den Reichsminister des Inneren. 24. Januar 1939.

63 BAP, R 58/276. Heydrich an die Obersten Reichsbehörden [und andere]. 11. Feb. 1939.

64 BAP, R/58, 1082. Bericht der Sicherheitspolizei, EG IV vom 6. 10. 1939.

65 BAP, R 58/954. Heydrich an die Chefs aller Einsatzgruppen der Sicherheitspolizei. 21. Sept. 1939 (Abschrift).

66 BAP, R 58/825. I1 an I 11. Amtschef und Einsatzgruppenleiterbesprechung. 27. September 1939.

67 IfZ/München, Eich 1398, Eichmann-Prozeß, Beweisdokumente. Heydrich an den Befehlshaber der Sicherheitspolizei und des SD in Krakau [und andere]. 21. September 1939.

68 Vgl. zum Beispiel: R58/544. II 1 an II 112. Sichpunkte [sic!] für das Sachgebiet Judentum zur Amtschefbesprechung. 19. 12. 1939.

69   „Das fehlgeschlagene Projekt eines Lublin-Reservates von 1939 und der gescheiterte Madagaskarplan waren erste Lösungsversuche, die klar schon die Massensterblichkeit als durchaus erwünschtes Ziel mit einkalkulierten, aber noch nicht den aktiven Massenmord zum erklärten Ziel machten."
Broszat, Martin: Podiumsdiskusion. In: Der Mord an den Juden im Zweiten Weltkrieg. Entschlußbildung und Verwirklichung. Hg. v. Eberhard Jäckel und Jürgen Rohwer. Stuttgart 1985. S. 182f.
Madagaskar „war keineswegs ein philanthropisches Projekt" und enthielt, wie alle Pläne, „Juden insgesamt an entlegener Stelle zu gettoisieren (...) von Anfang an Vernichtungsphantasien."
Benz, Wolfgang: „Endlösung". Zur Geschichte eines Begriffs. In: Täter-Opfer-Folgen. Der Holocaust in Geschichte und Gegenwart. Hg. v. Heiner Lichtenstein und Otto R. Romberg. Bonn [2]1997. (= Schriftenreihe der Bundeszentrale für politische Bildung, Bd. 335). S. 11-23 (hier S. 14f.).

70   Siehe dazu ein Schreiben vom 10. Februar 1942, in dem es heißt: „Der Krieg gegen die Sowjetunion hat inzwischen die Möglichkeit ergeben, andere Territorien für die Endlösung zur Verfügung zu stellen. Demgemäß hat der Führer entschieden, daß die Juden nicht nach Madagaskar sondern nach dem Osten abgeschoben werden sollen. Madagaskar braucht mithin nicht mehr für die Endlösung vorgesehen werden."
IfZ/München, Nürnberger Dokumente, Mikrofilmsammlung, Dokument NG 3933. Rademacher an Woermann. 10. Februar 1942.

71   Hilberg, Raul: Die Vernichtung der europäischen Juden. 3 Bde. Frankfurt aM 1990 (= Fischer TB 10611-10613). S. 287.

72   Siehe dazu Lichtenstein, Himmlers grüne Helfer, a.a.O. und vor allem Browning, Christopher R.: Ganz normale Männer. Das Reserve-Polizeibataillon 101 und die „Endlösung" in Polen. Reinbeck bei Hamburg 1996 (= rororo Sachbuch 9968).

73   Was diese, in letzter Zeit heftig diskutierte Frage betrifft, lassen sich klar zwei „Schulen" unterscheiden, die zwar einer Meinung sind, daß die Wehrmacht in diesen Kollektivmord involviert war, aber hinsichtlich des Ausmaßes zu sehr unterschiedlichen Ergebnissen kommen.
Siehe beispielsweise Krausnick, Helmut: Hitlers Einsatzgruppen. Die Truppen des Weltanschauungskrieges 1938-1942. Frankfurt aM 1993 (= Fischer TB 4344). S. 204 oder S. 219.
Die andere Richtung betont neben der Involvierung der Heeresspitze wesentlich stärker die aktive Teilnahme von Heereseinheiten am Vernichtungsprozeß.
Siehe Heer, Hannes: Killing fields. Die Wehrmacht und der Holocaust. In: Vernichtungskrieg. Verbrechen der Wehrmacht 1941 bis 1944. Hg. von Hannes Heer und Klaus Naumann. Frankfurt aM [8]1997. S. 57-77 (S. 61 und S. 66).

74   „Die besetzten Gebiete der Sowjetunion unter deutscher Verwaltung waren ein riesiges Schlachthaus, in dem ‚Herrenmenschen' in deutscher Uniform nicht nur sowjetische Juden, sondern hunderttausende Männer und Frauen verschiedener Gruppen, sowjetische Kriegsgefangene, Kommunisten, ‚Zigeuner', Zivilisten, die als Partisanen oder Partisanenhelfer verdächtigt wurden, und Insassen von psychiatrischen Anstalten umbrachten, verhungern oder an Krankheiten und Seuchen sterben ließen."
Safrian, Hans: Eichmann und seine Gehilfen. Frankfurt aM 1995 (= Fischer TB 12076). S. 135.

75   Der Krieg gegen die Sowjetunion 1941-1945. Eine Dokumentation. 2., überarbeitete Auflage. Hg. v. Reinhard Rürup. Berlin 1991. S. 117.

76   Das Nürnberger Dokument 710-PS (IfZ/München) trägt kein genaues Datum, lediglich Monat und Jahr sind daraus eruierbar. Das exakte Datum geht aber aus dem Nürnberger Dokument 700 PS (IfZ/München) hervor.

77 IfZ/München, Nürnberger Dokumente, Mikrofilmsammlung, Dokument 710-PS. Goering an Heydrich. 7.1941.

78 IfZ/München, Eich 6, Eichmann-Prozeß, Beweisdokumente. Bericht. Betr. ehemaliger SS-Obersturmbannführer Adolf Eichmann. 27. 10. 1946.

79 IfZ/München, Eich 1179, Eichmann-Prozeß, Beweisdokumente. Eichmann an das Auswärtige Amt, D III. 19. November 1941.
Siehe auch: „Unter Bezugnahme auf das (...) Schreiben vom 6. 3. 1941 teile ich mit, dass im Hinblick auf die kommende Endlösung der Judenfrage derzeit an einer Weiterwanderung von Juden reichsdeutscher Staatsangehörigkeit, die sich in Jugoslawien befinden, kein Interesse besteht."
IfZ/München. Eich 1142, Eichmann-Prozeß, Beweisdokumente. Eichmann an Rademacher. 12. März 1941.

80 IfZ/München, Nürnberger Dokumente, Mikrofilmsammlung, Dokument 700 PS. Eichmann an Hoffmann. 29. November 1941.

81 „Ich darf darauf hinweisen, daß Sturmbannführer E i c h m a n n , der Sachbearbeiter für Judenfragen im Reichssicherheitshauptamt, (...) mit diesem Verfahren", der Verwendung von „Vergasungsapparate[n]", „einverstanden ist. (...) Nach Sachlage bestehen keine Bedenken, weil diejenigen Juden, die nicht arbeitsfähig sind, mit den Brackschen Hilfsmitteln", das waren die „Vergasungsapparte", „beseitigt werden. Auf diese Weise dürften dann auch Vorgänge, wie sie sich bei den Erschießungen von Juden in Riga nach einem mir vorliegenden Bericht ergeben haben, und die auch in Hinblick darauf, daß die Erschießungen öffentlich vorgenommen wurden, nicht mehr möglich sein. Die Arbeitsfähigen werden zum Arbeitseinsatz nach Osten abtransportiert."
IfZ/München, Nürnberger Dokumente, Mikrofilmsammlung, Dokument NO-365. Der Reichsminister für die besetzten Ostgebiete an den Reichskommissar für das Ostland. 25. Oktober 1941.

82 Buchheim, Anatomie des SS-Staates, a.a.O., S. 81.

83 IfZ/München, Nürnberger Dokumente, Mikrofilmsammlung, Dokument 700 PS. Eichmann an Hoffmann. 29. November 1941.

84 Kaiser, Wolf: Die Wannsee-Konferenz. SS-Führer und Ministerialbeamte im Einvernehmen über die Ermordung der europäischen Juden. In: Täter-Opfer-Folgen, a.a.O., S. 24-37 (hier S. 28).

85 Als Photokopie zum Beispiel unter der Signatur DÖW, 4403 auffindbar.
Zur Auffindung des „Wannsee-Protokolls" siehe Kempner, Robert M. W.: Ankläger einer Epoche. Lebenserinnerungen. In Zusammenarbeit mit Jörg Friedrich. Frankfurt a.M. [u. a.] 1983. S. 312f.
Siehe weiters Pätzold, Kurt: Die Teilnehmer der Wannseekonferenz. Überlegungen zu den fünfzehn Täterbiographien. In: Zeitgeschichte, 1,2/1992. S. 1-16.

86 IfZ/München, Eich 841, Eichmann-Prozeß, Beweisdokumente. Heydrich an Luther. (undatiert)

87 Siehe dazu unter anderem: Goshen, Seev: Eichmann und die Nisko Aktion im Oktober 1939. Eine Fallstudie zur NS-Judenpolitik in der letzten Etappe der „Endlösung". In: VfZ, 1/1981. S. 74-96.

88 Safrian, Hans: Eichmann und seine Gehilfen, a.a.O., S. 173.

89 Kempner; Eichmann und Komplizen, a.a.O., S. 149-151.

90 Schuldig, a.a.O., S. 260f.

91 Ebda, S. 321.

92 „In Aussagen nach dem Krieg behauptete Korherr, er habe die meisten seiner Zahlen ‚fix und fertig' aus dem Reichssichereitshauptamt erhalten."
Hilberg, Raul: Die Aktion Reinhard. In: Der Mord an den Juden im Zweiten Welt-

krieg. Entschlußbildung und Verwirklichung. Hg. v. Eberhard Jäckel und Jürgen Rohwer. Stuttgart 1985. S. 125-136 (hier S. 135, Anm. 40).
Das dürfte auch der Wahrheit entsprochen haben. In der Beauftragung durch Himmler vom 18. Jänner 1943 steht geschrieben: „Das Reichssicherheitshauptamt hat ihnen alle für diese Statistik notwendigen und gewünschten Unterlagen zur Verfügung zu stellen."
BAK, NS 19/1577. Himmler an den Inspekteur für Statistik. 18. 1. 1943.

93   „Die jüdische Auswanderung aus Deutschland seit 1933, gewissermaßen ein Nachholen der 1870 unterbrochenen Bewegung, erregte die besondere Aufmerksamkeit der gesamten zivilisierten Welt, besonders der jüdisch regierten demokratischen Länder."
IfZ/München, Nürnberger Dokumente, Mikrofilmsammlung, Dokument NO-5194. Der Inspekteur für Statistik beim Reichsführer SS. Die Endlösung der europäischen Judenfrage. Statistischer Bericht. 27. 3. 1943.

94   „Die Fehlerquellen liegen vor allem im Wesen des Judentums und seiner historischen Entwicklung, in seiner tausendjährigen ruhelosen Wanderschaft, den zahlreichen Aufnahmen und Austritten, den Angleichungsbestrebungen der Vermischung mit den Wirtsvölkern, in dem Bemühen des Juden, sich unbemerkt der Erfassung zu entziehen, und schließlich in falschen oder falsch ausgelegten Statistiken über das Judentum.
Darüber hinaus hat die Statistik – teils als statistischer Notbehelf, teils wegen der weitgehenden Übereinstimmung zwischen jüdischem Glauben und jüdischer Rasse, teils in Unkenntnis des Rassegedankens, teils im religiösen Denken der jeweiligen Zeit befangen – bis zuletzt die Juden fast nie nach ihrer Rasse, sondern nach ihrem religiösen Bekenntnis erfaßt. (...) Das Bekenntnis zum mosaischen oder israelitischen Glauben ist wieder kein vollgültiges Beweismittel, weil es infolge der einstigen jüdischen Missionsbewegung mit ihrer Aufnahme von Massen von Heiden und Christen, auch durch Übertritte zum Judentum in neuer Zeit durch Mischehen und ‚Bekehrung' nicht wenige Glaubensjuden nichtjüdischer Rasse gibt, während umgekehrt das Zwangschristentum und die im letzten Jahrhundert wieder stark angestiegene Zahl der getauften Juden und daneben der Gemeinschaftslosen mit jüdischer Rasse die Judenzahl drücken."
Ebda.

95   Ebda. Siehe dazu weiters die unter Anmerkung 111 angeführten Quellen.
96   Ahorni und Dietl, Der Jäger: Operation Eichmann, a.a.O., S. 26.
97   Ebda, S. 84.
98   Pick, Hella: Simon Wiesenthal. Eine Biographie. Reinbeck bei Hamburg 1997. S. 172.
99   Kempner, Ankläger einer Epoche, a.a.O., S. 446
100   Kempner, Robert M. W.: Der „mißverstandene" Adolf Eichmann. In: Die Kontroverse. Hannah Arendt, Eichmann und die Juden. Red. v. F. A. Krummacher. München 1964. S. 82-84 (hier S. 82).
101   IfZ/München, ZS 429/I, Aktenvermerk über eine Unterredung von Dr. Wilhelm Höttl mit Dr. Hoch und Dr. Krausnick im Institut am 13. Januar 1954.
102   „Dr. Stahlecker selbst war weder engagierter Antisemit noch ‚Judenfresser'; auch ich war es nicht gemäß meiner ganzen Erziehung."
IfZ/München, Eich 1492, Eichmann-Prozeß, Beweisdokumente. [Eichmann, Adolf]: Meine Memoiren. S. 79.
103   Lang, Das Eichmann-Protokoll, a.a.O., S. 55.
„Tisos Einstellung stand im Gegensatz zu meiner. Ich bin kein Antisemit. Ich war lediglich gegen die Juden, weil sie uns die Lebensluft raubten."
IfZ/München, ZS 1746, LIFE: Das Geständnis des Adolf Eichmann (Übersetzung).

104   Höhne, Der Orden unter dem Totenkopf. Die Geschichte der SS. Bindlach 1990. S. 359.

105   Przyblyski, Peter: Täter neben Hitler. Ereignisse, Tatsachen, Zusammenhänge. Berlin 1990. S. 371.

106   Siehe Koing, Ines de: A study of Adolf Eichmann (1906 – 1962). Adolf Hitler's expert in Jewish Affairs. A thesis submitted together with a thesis on the American Students Image of Russia, an empirical study of national stereotyping. Newton Mass. 1964. S. 28ff. und Kempner, Eichmann und Komplizen, a.a.O., S. 22.

107   Pearlman, Moshe: The capture and trial of Adolf Eichmann. London 1963. S. 29.

108   Höttls Annahme, Eichmann geriet durch „einen Schreibfehler eines amerikanischen Militärpolizisten (...) unter dem falschen Namen ECKMANN in Gefangenschaft" (IfZ/München, ZS 429/III, Niederschrift der Mord an 6 Millionen Juden vom 23. 3. 1975), ist falsch. „Ich ergab mich den Amerikanern unter falschem Namen. Ich wußte, daß die alliierten Fahnder nach Eichmann suchten, aber glücklicherweise war ich immer gerade eine Spur klüger als die CIC-Offiziere, die mich verhörten. (...) Nachdem ich die Psychologie des amerikanischen CIC studiert hatte, änderte ich jedoch meinen Rang von Unteroffizier in Untersturmführer der SS. Untersturmführer Eckmann, Otto Eckmann, war jetzt mein Name. Ich verlegte mein Geburtsdatum um ein Jahr auf den 19. März 1905, und den Geburtsort nach Breslau. Das tat ich, um die Zahlen leichter zu behalten und das Fiasko einer momentanen Gedächtnislücke beim Ausfüllen ihrer Fragebogen zu vermeiden." IfZ/München, ZS 1746, LIFE: Das Geständnis des Adolf Eichmann (Übersetzung).

109   Siehe dazu unter anderem: Pearlman, The capture and trial of Adolf Eichmann, a.a.O., S. 30-36, Malkin, Peter Z. und Stein, Harry: Ich jagte Eichmann. Der Bericht eines israelischen Geheimagenten, der den Organisator der „Endlösung" gefangennahm. München und Zürich 1991. S. 92-94, Ahorni und Dietl: Der Jäger: Operation Eichmann, a.a.O., S. 70-72 und Kempner, Eichmann und Komplizen, a.a.O., S. 19.

110   „Seit dem Ende des Krieges stand Eichmann in dem Verdacht, an zahlreichen Mordtaten mitgewirkt zu haben, ein Verdacht, der sich im Laufe des Nürnberger Prozesses noch verstärkte." Kempner, Eichmann und Komplizen, a.a.O., S. 59.

111   IfZ/Müchnchen, Nünberger Dokumente, Mikrofilmsammlung, Dokument 2615-PS. Eidesstattliche Erklaerung des Dr. Wilhelm Hoettl. 5. November 1945.

112   Siehe dazu auch die Aussagen Wislicenys in Nürnberg: Der Prozeß gegen die Hauptkriegsverbrecher vor dem Internationalen Militärgerichtshof. Nürnberg 14. November 1945 – 1. Oktober 1946. Amtlicher Teil in deutscher Sprache. Bd. IV 17. Dezember 1945 – 8. Januar 1946. München und Zürich 1984. S. 393-413 und in Bratislava vom 27. 10 1946 (IfZ/München, Eich 6, Eichmann-Prozeß, Beweisdokumente. Betr. ehemaliger SS-Obersturmbannführer Adolf Eichmann. 27. 10. 1946).

113   Pearlman, The capture and trial of Adolf Eichmann, a.a.O., S. 11.

114   Kempner, Eichmann und Komplizen, a.a.O., S. 20.

115   Kempner, Ankläger einer Epoche, a.a.O., S. 445.

116   Siehe: Ahorni und Dietl, Der Jäger: Operation Eichmann, a.a.O., S. 79 f. und Malkin und Stein, Ich jagte Eichmann, a.a.O., S. 94.

117   Kempner, Eichmann und Komplizen, a.a.O., S. 21.

118   Simon, Wiesenthal. Ein unbequemer Zeitgenosse. Hg. v. Maria Sporrer und Herbert Steiner. Wien [u. a.] 1992. S. 100. Nach Hella Pick dauerte es bis zum „Beginn des Jahres 1948", daß „Eichmann auf eine österreichische und eine deutsche Liste der gesuchten Kriegsverbrecher gesetzt" wurde. Pick, Simon Wiesenthal, a.a.O., S. 191.

119   Simon Wiesenthal: Doch die Mörder leben. Herausgegeben und eingeleitet von Joseph Wechsberg. München und Zürich 1967. S. 133.

120   Nicht so entscheidend dürfte das Auffinden eines Eichmann-Bildes durch Manus Diamat, der unter anderem mit Wiesenthal in Kontakt stand, gewesen sein, denn kurze „Zeit später fanden die Deutschen in Nürnberg Eichmanns SS-Akte mit zwei Photos jüngeren Datums, auf denen er eine Uniform trug. So gab es endlich ein Gesicht zu dem Namen, das auf dem neuesten Stand war." Pick, Simon Wiesenthal, a.a.O., S. 187. Zur Auffindung des Bildes siehe Diamat, Manus: Geheimauftrag: Mission Eichmann. Aufgezeichnet von Moshe Meisels mit einem Vorwort von Simon Wiesenthal. Wien 1995.

121   Wiesenthal, Simon: Recht, nicht Rache. Erinnerungen. Frankfurt a.M. und Berlin ³1989. S. 97. Dazu merkt Hella Pick nicht unzutreffend an: „Er hätte recht, wenn ihn persönlich eine Todeserklärung von der Suche nach Eichmann abgehalten hätte. Aber da man seine Ausdauer kennt, erscheint das unwahrscheinlich." Pick, Simon Wiesenthal, a.a.O., S. 189. Siehe dazu auch Simon Wiesenthal: Doch die Mörder leben, a.a.O., S. 124-166 und Levy, Alan: Die Akte Wiesenthal. Wien 1995. S. 112-141, dessen Darstellung aber weiter hinter der Picks zurückbleibt.

122   Ahorni und Dietl, Der Jäger: Operation Eichmann, a.a.O., S.81f.

123   In der Literatur taucht zumeist das „Internationale Komitee des Roten Kreuzes" als Dokumentebeschaffer auf, lediglich Hella Pick erwähnt den „ägyptischen Roten Halbmond (...), der mit der Liga der weltweiten Rotkreuzorganisationen verbunden war (League of Red Cross Societies). Obwohl die Liga ihren Sitz in Genf hat, hat sie keine direkte Verbindung zum Internationalen Komitee des Roten Kreuzes (IKRK)." Pick, Simon Wiesenthal, a.a.O., S. 197.

124   Siehe dazu Malkin und Stein: Ich jagte Eichmann, a.a.O., S. 94 und Ahorni und Dietl, Der Jäger: Operation Eichmann, a.a.O., S. 106f.

125   Ahorni und Dietl, Der Jäger: Operation Eichmann, a.a.O., S. 108.

126   Pearlman, The capture and trial of Adolf Eichmann, a.a.O., S. 23f.

127   Diese, die Versuche bis 1959 und die Entführung durch das Mossad-Kommando sind lediglich durch persönliche Erinnerungsberichte rekonstruierbar, die vor allem (abgesehen von Pearlmans Buch, der über ein hervorragendes Insiderwissen verfügt hat) seit den 90er Jahren intensiver publiziert werden. Um ein schlüssiges Gesamtbild rekonstruieren zu können, müßten selbstverständlich die einschlägigen Unterlagen bearbeitet werden. Schließlich seien noch zwei treffende Bemerkungen von Hella Pick zitiert: „Bei so vielen Egos, die sich an der Jagd nach Eichmanns Abbild beteiligten, muß jeder, der dabei mitgemacht hat, seine eigene Ausbeute betonen." Pick, Simon Wiesenthal, a.a.O., S. 187. „Das Geheimnis des ‚Wer tat was und wann, um Eichmann zu finden und ihn vor Gericht zu stellen' ist auch heute noch alles andere als gelöst. Es schwirrt immer noch bitter herum und verfolgt die älteren Herren, die einmal die Leidenschaft geteilt haben, den Mörder daran zu hindern, der Gerechtigkeit zu entkommen." Ebda, S. 231.

128   Ebda, S. 170. Davon, daß sich Eichmann in Südamerika befände, war in den fünfziger Jahren neben Simon Wiesenthal auch Wilhelm Höttl überzeugt. „Nach Dr. Hoettls Wissen ist [!] er jetzt in Südamerika, nicht in Ägypten, wie eine Version lautete. (...)

61

Soviel Hoettl weiss [!], hält sich Eichmann in Südamerika von neonazistischen Gruppen völlig fern." IfZ/München, ZS 429/I, Aktenvermerk über eine Unterredung von Dr. Wilhelm Hoettl mit Dr. Hoch und Dr. Krausnick im Institut am 13. Januar 1954. S. 2f.

129 Ahorni und Dietl, Der Jäger: Operation Eichmann, a.a.O., S. 117ff.

130 „Die traurige Wahrheit ist, daß Eichmann von einem blinden Mann entdeckt wurde und daß der Mossad mehr als zwei Jahre benötigte, seine Geschichte überhaupt ernst zu nehmen und selbst initiativ zu werden." Ebda, S. 16f.

131 Ebda, S. 125.

132 Ebda, S. 127.

133 Ebda, S. 130.

134 Pearlman, The capture and trial of Adolf Eichmann, a.a.O., S. 42.

135 Siehe dazu: Ahorni und Dietl, Der Jäger: Operation Eichmann, a.a.O., S. 264-267, Große, Christina: Der Eichmann-Prozeß zwischen Recht und Politik. Frankfurt a.M [u. a.] 1995 (= Europäische Hochschulschriften: Reihe 2, Rechtswissenschaft, Bd. 1753). S. 19ff. und Pearlman, The capture an trial of Adolf Eichmann, a.a.O., S. 66ff., wo die Korrespondenz zwischen Ben Gurion und Frondizi sowie die UNO-Resolution abgedruckt sind.

136 Ahorni und Dietl, Der Jäger: Operation Eichmann, a.a.O., S. 263f.

137 Große, Der Eichmann-Prozeß zwischen Recht und Politik, a.a.O., S. 31f.

138 Siehe Das Urteil von Nürnberg 1946. Mit einer Vorbemerkung von Lothar Gruchmann. München ⁴1979 (= dtv dokumente, 2902). S. 15.

139 Siehe dazu: Klee, Ernst: Was sie taten – Was sie wurden. Ärzte, Juristen und andere Beteiligte am Kranken- und Judenmord. Frankfurt aM 1995 (= Fischer TB 4364). S. 34 und S. 283.

140 Schmorak, Dov B.: Der Prozeß Eichmann. Dargestellt an Hand der in Nürnberg und Jerusalem vorgelegten Dokumente sowie der Gerichtsprotokolle. Wien [u. a.] 1964. S. 436.

141 „Adolf Eichmanns Rolle ist in den letzten Jahrzehnten äußerst unterschiedlich bewertet worden. Unmittelbar nach dem Krieg wurde Eichmann dämonisiert: Robert H. Jackson, einer der Ankläger im Nürnberger Prozeß gegen die Hauptkriegsverbrecher, beschrieb Eichmann als ‚finstere Gestalt, die mit dem Ausrottungsprogramm beschäftigt war', Joe J. Heydeckers und Johannes Leebs Buch über das Nürnberger Tribunal bezeichnet ihn als ‚Judenvernichter Nr. 1' und Robert M. W. Kempner als den mit ‚ungeheurer Machtfülle' ausgestatteten ‚Judenkommisar Europas', den ‚Herrn über Leben und Tod der europäischen Juden'. Diese in den vierziger und fünfziger Jahren vorherrschende, Eichmanns Macht überzeichnende Sichtweise, floß auch in die Anklageerhebung gegen Eichmann im Prozeß in Jerusalem ein." Safrian, Eichmann und seine Gehilfen, a.a.O., S. 14.

142 IfZ/München, Eich 1492, Eichmann-Prozeß, Beweisdokumente. [Eichmann, Adolf]: Meine Memoiren. S. 3. „Ich habe gehorcht. Egal, was man mir befohlen hätte, ich hätte gehorcht (...) und die Sache ist so gewesen, Befehle, die ich bekam, da parierte ich. Und Eid ist Eid. Zur eidlichen Verpflichtung habe ich mich damals stur bekannt.'" Lang, Das Eichmann-Protokoll, a.a.O., S. 180. „Wo wären wir hingekommen, wenn ein jeder sich in jenen Tagen seine eigenen Gedanken gemacht hätte? (...) Hätte ich die Befehle des einstigen Führers des Deutschen Reichs, Adolf Hitler, sabotiert, so wäre ich nicht nur ein Lump gewesen, sondern ein verächtliches Schwein, wie jene, die ihren Fahneneid brachen, um sich den Anti-Hitler-Verbrechern der Verschwörung vom 20. Juli 1944 anzuschließen.

(...) Wenn ich strengen Gehorsam von meinen eigenen Untergebenen verlangte, mußte ich in der Ausführung der Befehle meiner Vorgesetzten genauso streng sein. Andernfalls wäre ich ein schlechter SS-Führer gewesen, und ich glaube, daß ich ein guter war." IfZ/München, ZS 1746, LIFE: Das Geständnis des Adolf Eichmann (Übersetzung).

143 Pearlman, The capture and trial of Adolf Eichmann, a.a.O., S. 88f.

144 Große, Der Eichmann-Prozeß zwischen Recht und Politik, a.a.O., S. 47.

145 Abgedruckt in Ahorni und Dietl, Der Jäger: Operation Eichmann, a.a.O., S. 275 – 281.

146 Ebda, S. 275f. (Die Kursivsetzungen sind die handschriftlichen Ergänzungen Eichmanns).

147 *„Ich bin der tiefsten Überzeugung, daß ich für andere mit meinem Kopf herhalten muß. Ich habe zu tragen, was das Schicksal mir auferlegt."* Ebda, S. 281.

148 Schuldig, a.a.O., S. 257.

149 Die Beförderungen finden sich als Dokument IfZ/München, Eich 22, Eichmann-Prozeß, Beweisdokumente. Eichmanns Beförderungen nach seinem Wiener „Einstand" waren für Wisliceny „eine für damalige Verhältnisse ungewöhnliche Karriere." IfZ/München, Eich 6, Eichmann-Prozeß, Beweisdokumente. Bericht. Betr. ehemaliger SS-Obersturmbannführer Adolf Eichmann. 27. 10. 1946.

150 „Seine zentrale Stelle ergab sich jedoch aus dem weiten Rahmen seiner Zuständigkeit und seiner vorausgegangenen Wirksamkeit." Kempner, Eichmann und Komplizen, a.a.O., S. 126.

151 Ebda, S. 213. „Es war allgemein bekannt, dass Kaltenbrunner eine sehr hohe Meinung von Eichmann hatte und dass dieser eine ganz besondere Stellung bei Kaltenbrunner einnahm." IfZ/München, Nürnberger Dokumente, Mikrofilmsammlung, Dokument NG 5214, Vernehmung von Walter Schellenberg am 14. November 1945.

152 Zum Forschungsstand siehe die vorzügliche Zusammenfassung von Friedländer, Saul: Vom Antisemitismus zur Judenvernichtung. Eine historiographische Studie zur nationalsozialistischen Judenpolitik und Versuch einer Interpretation. In: Der Mord an den Juden im Zweiten Weltkrieg, a.a.O., S. 18-60 sowie Browning, Christopher R: Zur Genesis der „Endlösung". Eine Antwort an Martin Broszat. In: VfZ, 1/1981. S. 97-109. Für die funktionalistische Interpretation siehe die beiden Schlüsselaufsätze von Broszat, Martin: Hitler und die Genesis der „Endlösung". Aus Anlaß der Thesen von David Irving. In: VfZ, 4/1977. S. 739-775 und Mommsen, Hans: Die Realisierung des Utopischen: „Die Endlösung der Judenfrage" im „Dritten Reich". In: Ders.: Der Nationalsozialismus und die deutsche Gesellschaft. Ausgewählte Aufsätze. Hg. v. Lutz Niethammer und Bernd Weisbrod. Reinbeck bei Hamburg 1991. S. 184-232.

153 Siehe Schmorak, Der Prozeß Eichmann, a.a.O., dem es vor allem darum ging, Eichmann als pathologischen Lügner darzustellen, der seine zentrale Stellung zu verbergen trachtete. Dem entgegnete Hans Safrian, daß nicht „alles, was er in Jerusalem sagte", erlogen war; „er schrieb seine Rolle um und verwendete, was ihm dienlich erschien." Safrian, Eichmann und seine Gehilfen, a.a.O., S. 15. Noch härter geht Hans Mommsen mit der Anklage ins Gericht: „Das begreifliche Interesse der Weltöffentlichkeit am Eichmann-Prozeß stand in keiner angemessenen Relation zu den Informationen, die das Verfahren über die konkrete Durchsetzung der ‚Endlösungs'-Politik brachte. Zwar enthüllte der Prozeß, vor allem durch die Vernehmung von Überlebenden, noch einmal die grauenhaften Bedingungen,

unter denen sich der Mord an den europäischen Juden abgespielt hatte. Wer aber grundsätzlich neue Aufschlüsse über den Weg dazu erwartet hatte, sah sich auf der ganzen Linie enttäuscht. (...) Insoweit war das Bemühen der Anklage, Eichmann der vorsätzlichen Lüge oder des bewußten Verschweigens von Tatsachen zu überführen, im Ansatz verfehlt. Es spricht alles dafür, daß Eichmann, auch aus eigener Eitelkeit heraus, die Wahrheit sagte, wobei ihm sein (...) schlechtes Gedächtnis vielfach im Wege stand. In allen für die historische Forschung wichtigen Punkten sind Eichmanns Angaben nicht durch dessen Absicht, sondern durch das Vorgehen der Untersuchungs- und Anklagebehörde verfälscht worden. (...) Die historiographische Aufklärungschance des Prozesses war mit der Einfügung der Eichmannschen Angaben in ein von vornherein fixiertes Ablaufschema weitgehend verspielt."
Mommsen, Hans: Hannah Arendt und der Prozeß in Jerusalem. In: Arendt, Hannah: Eichmann in Jerusalem. Ein Bericht von der Banalität des Bösen. Aus dem Amerikanischen von Brigitte Granzow. Mit einem einleitenden Essay von Hans Mommsen. München und Zürich ⁷1995. S. I-XXXVII (hier S. IIIf.).

154 Safrian, Eichmann und seine Gehilfen, a.a.O., S. 13f.

155 Ebda, S. 21.

156 Damit sind Berichte gemeint, die keinen unmittel- oder mittelbaren Zusammenhang zum Eichmann-Prozeß selbst aufweisen.

157 N. N.: SS-Eichmann verhaftet. 24. Mai 1960.

158 N. N.: SS-Eichmann bis 1950 in Deutschland. 31. Mai 1960.

159 Siehe N. N.: Eichmann: Ich sage aus. 11. Juni 1960 (Bildbeilage).

160 Ebda.

161 N. N.: Wie Eichmann die Judenfrage in Österreich regelte. 19. Mai 1961.

162 N. N.: Acht österreichische Mitarbeiter Eichmanns noch frei. 3. Februar 1961.

163 N. N.: Eichmanns Polen-Beauftragter in Salzburg verhaftet. 1. Februar 1961.

164 Strohal: Eichmanns Verteidiger fordert österreichischen Zeugen. 27. April 1961.

165 N. N.: Aussee: 2 Pädagogen tot zusammengebrochen. 3. Juni 1961.

166 N. N.: Ungarn verlangt Höttl. 19. April 1962.

167 N. N.: Höttls Privatschule in großen Nöten. 19. Mai 1961.

168 N. N.: Eichmann-Prozeß: Zeuge sagt über Österreicher aus. 5. Mai 1961.

169 N. N.: Bonn zahlt nicht für Eichmann: Er könnte als Österreicher gelten. 5. April 1961 sowie N. N.: Eichmann: Ich sage aus, a.a.O.

170 H. St.: Das anschauliche Grauen. 3. Juni 1941.

171 Portisch: Der Eichmann-Prozeß. 16. Dezember 1961.

172 Stohal: Die Zeichen an der Wand. 2. Juni 1962.

173 N. N.: Eichmann hingerichtet. 2. Juni 1962.

174 Sofern die journalistische Quelle tatsächlich zuordenbar ist, war die „Arbeiter-Zeitung" eine der wenigen Zeitungen, die einen eigenen Korrespondenten zum Prozeß schickte.

175 N. N.: Hitlers Judenreferent Eichmann in Israel verhaftet 24. Mai 1960.

176 Siehe N.N.: Judenmörder Eichmann im Gefängnis in Israel. 25. Mai 1960.

177 N. N.: Dr. Razesberger endlich verhaftet. 5. August 1960. N. N.: Dr. Razesberger steht in Wien vor Gericht. 19. Juli 1961. N. N.: Dr. Razesberger wurde freigesprochen. 27. Juli 1961.

178 N. N.: Ein Komplice Eichmanns in Wien verhaftet. 21. Jänner 1961. N. N.: Wer hat den SS-Führer Novak eingebürgert? 22. Jänner 1961. N. N.: Auch als er nicht mehr SS-Führer war: Novaks Spezialität waren Kollektivstrafen. 24. Jänner 1961. N. N.: Belastungsmaterial gegen Novak. 25. Jänner 1961.

179 Im Artikel N. N.: Auch als er nicht mehr SS-Führer war: Novaks Spezialität waren Kollektivstrafen. 24. Jänner 1961.

180	N. N.: Noch ein Eichmann-Komplice verhaftet. 1. Februar 1961. N. N.: Noch acht Eichmann-Helfer in Oesterreich. 3. Februar 1961. N. N.: Das Justizministerium zum Fall Murer. 3. Februar 1961. N. N.: Murer bleibt noch Bezirkskammerobmann. 5. Februar 1961
181	N. N.: Der mordende Werwolf von der Störingalm. 14. Juni 1961.
182	N. N.: Niemand mußte Juden erschießen. 29. Juni 1961.
183	Widmayer: Ich klage den KZ-Mörder an! 18. August 1961. Im Fall Rojko wird dem damaligen Justizminister Christian Broda ausführlich Platz für eine Gegendarstellung gegeben. Siehe: N. N. Der Fall Stephan Rojko. 20. August 1961.
184	Hindels: Wie die SS ihre Pflicht erfüllte. 7. Februar 1961.
185	O. F.: Das aufgefrischte Gedächtnis. 8. Februar 1961 sowie O. F.: Späte Sühne. 22. Jänner 1961 und O. P.: Das Erschütternde. 29. Juni 1961.
186	Widmayer: Ich klage den KZ-Mörder an, a.a.O.
187	O. F.: Heilsame Beschämung. 24. Jänner 1961.
188	O. F.: Ein Freispruch. 27. Juli 1961. Im Zusammenhang mit der Verhaftung Franz Murers kam es in Gaishorn zu einer murerfreundlichen Demonstration. Dazu merkte ein Kommentar an: „Wenn es sich um die Ermordung von 80.000 Männern, Frauen und Kindern aus Liezen und Umgebung gehandelt hätte, dann wären die Demonstranten wahrscheinlich nicht so zahlreich gewesen (...). Wenn es sich aber um andere fremde Menschen handelt, dann führt das oft zu einer unbegreiflichen Gefühlskälte. Was bedeuten schon 80.000 Juden in Wilna?" F. S.: Die Demonstranten von Gaishorn. 14. Mai 1961.
189	N. N.: Trotz drohender Niederlage erst recht Judenmord. 27. April 1961.
190	N. N.: Ein Nazinest in Bad Aussee? 27. April 1961.
191	E. L.: Eichmanns Schatten im Ausseer Land. 14. Mai 1961. Ders: Falsche Pfunde, echte Schillinge. 16. Mai 1961. Ders.: Dr. Höttls Matura-Mühle. 17. Mai. N. N.: Dr. Höttl gibt auf. 11. Juni 1961. N. N.: Dr. Höttl war Naziputschist in Ungarn. 13. Juni 1961. N. N.: Höttl wird für den Eichmannprozeß einvernommen. 18. Juni 1961. N. N.: Die Einvernahme Höttls dauert an. 20. Juni 1961. N. N.: Höttls Aussage soll Eichmann entlasten. 5. Juli 1961.
192	J. R.: Mörder im Staatsdienst. 18. August 1960.
193	Magaziner: Begrenzte Treu und Redlichkeit. 19. August 1960.
194	Hindels: Soldatenbündler ohne Maske. 29. Juli 1960. Siehe weiters Hindels: Die Novaks sind unter uns: Wie die SS ihre Pflicht erfüllte. 7. Februar 1961.
195	Siehe N. N.: Zwei österreichische Beobachter. 11. April 1961 und N. N.: Die Eichmann-Beobacher berichten. 14. Juni 1961.
196	Der Hinweis auf einen österreichischen „Gerechten", nämlich auf den Unteroffizier Anton Schmidt, verstärkte in diesem Zusammenhang das Bild. Siehe N. N.: „Mutter, darf ich jetzt weinen?". 5. Mai 1961 und N. N.: Die Eichmann-Beobachter berichten. 14. Juni 1961.
197	O. F.: Das kalte Herz. 18. April 1961.
198	„Die Russen haben im Verwaltungsweg ebenso viele Millionen Menschen getötet wie die Nazi, zumeist widerspenstige Bauern, die in Arbeitslagern zu Tode geschunden wurden. Sie haben auch Tausende von polnischen Offizieren ermordet. Die Todesfälle bei Moslems und Hindus zur Zeit der Teilung Indiens im Jahre 1947 gingen ebenfalls in die Millionen. Die Invasion Abessiniens durch die Italiener im Jahre 1935 war ein offiziell organisiertes Massaker." Astor: Eichmann klage und wir. 11. April 1961.

199   Ebda.
An anderer Stelle hieß es allerdings: „Wahrlich, die Hoch- und Altzivilisierten haben den Unterentwickelten voraus, daß sie mit kälterem Herzen bewußter, ausgeklügelter und viel gründlicher töten."
O. H.: Eichmann – kein Neger. 17. Dezember 1961.

200   „Die formale Rechtslage (...) war von vornherein unklar." Das israelische Sondergesetz „ist nach internationalem Rechtsbegriffen anfechtbar, zumindest ein Sonderfall; aber es ist wohl durch die Ungeheuerlichkeit des Sonderfalles der Hitlerschen Judenverfolgung gerechtfertigt. (...) Argentinien würde auch Eichmann niemals verurteilen. (...) Daher kann es der Welt wahrlich gleichgültig sein, unter welchen Formalitäten ihn jetzt erst die Gerechtigkeit ereilt."
O. P.: Eichmann und das Recht. 11. Juni 1960.
Siehe auch Lingens: Nochmals: Eichmann und das Recht. 19. Juni 1960 und Palmon: Es soll kein Schauprozeß werden. 30. März 1961.

201   Zum Beispiel Palmon: Es soll kein Schauprozeß werden, a.a.O., Ders: Eichmann und das Völkerrecht. 15. April 1961 und Ders.: Dreierlei Eichmann? 2. August 1961.

202   In Eichmann sieht „das jüdische Volk einen der Hauptakteure in der schauerlichen Tragödie."
Palmon: Adolf Eichmann vor seinen Richtern. 9. April 1961.
„Hier wurde also unwiderlegbar klar, daß Eichmann nicht nur der ‚Transporteur des Todes' war, als den er sich hingestellt hatte. (...) Der Nachweis ist schon heute gelungen, daß Eichmanns Befugnisse weit über die eines reinen Transportbeamten hinausgingen und daß er im Rahmen allgemeiner Richtlinien (...) weitgehend freie Hand hatte."
Palmon, Dreierlei Eichmann, a.a.O.

203   „In der Mitte des 20. Jahrhunderts ist es möglich, einen Mann, der Frauen wie Fliegen gemordet hat, als eine kriminalistische Bagatelle zu betrachten, weil es einen gibt, der das Morden nach den Grundsätzen der industriellen Serienfabrikation organisiert hat."
F. K.: Zwei Sensationsprozesse. 8. April 1961.

204   Palmon: Im Zeichen des Eichmann-Prozesses. 11. April 1961.

205   F. K.: Endlösung. 2. Juni 1962.

206   „Eichmann, der in Palästina geboren wurde (...) besuchte in seiner Jugend jüdische Schulen und lernte dort hebräisch, jüdisch [sic!] und arabisch."
N. N.: Ex-SS-Führer nach Israel entführt. 24. Mai 1960.
Diese Mär dürfte von Eichmann selbst genährt worden sein.
Siehe: Simon Wiesenthal: Doch die Mörder leben, a.a.O., S. 128f.

207   N. N.: SS-Führer aus Kuwait entführt? 25. Mai 1960.

208   N. N.: SS-Führer aus Kuweit entführt, a.a.O.
„Das österreichische Innenministerium erklärte heute, daß Eichmann n i c h t österreichischer Staatsbürger sei und auch nie die österreichische Staatsbürgerschaft besessen hat."
N. N.: Eichmann: Tod durch erhängen? 6. April 1961.

209   N. N.: Ein Komplize Eichmanns verhaftet. 21. Jänner 1961.

210   N. N.: Eine Verhaftung in Wien. 24. Jänner 1961.

211   N. N.: Neuerliche Verhaftung wegen des Judenmassakers auf der Gleinalm. 9. Februar 1961.

212   N. N.: SA-„Werwolf" Josef Frühwirth wurde in Graz verhaftet. 14. Juni 1961.

213   Dabei handelte es sich wiederum um einen Eigenbericht der „Südost-Tagespost", der darüber hinaus dadurch „glänzt", daß eine stattliche Anzahl von Murer-freundlichen Aussagen unter der Bevölkerung zitiert wurden.
N. N.: Im Eichmann-Prozeß genannt. 13. Mai 1961.

214   N. N.: Beobachter zum Eichmann Prozeß. 1. März 1961, N. N.: Eichmann: Tod durch erhängen, a.a.O. und N. N.: Österreichs Beobachter beim Prozeß gegen Eichmann erstatten Bericht. 14. Juni 1961.

215   N. N.: Ungarische Justiz will Höttl. 23. Februar 1961.

216   „Der durch die ‚harte Schule' des NS-Geheimdienstes gegangene Dr. Höttl", was eher bewundernd als hinterfragend klingt.
      N. N.: Bad Aussee will seine Mittelschule auch in Zukunft erhalten. 31. Mai 1961.

217   Arnold: Was wird Adolf Eichmann auszusagen haben? 8. April 1961.

218   Was dazu führte, daß „verhältnismäßig primitive Menschen wie Eichmann" in derartige Stellungen gelangen konnten.
      Ebda.

219   Ebda.

220   Lb vom 17. Februar 1961.

221   Lb vom. 28. Februar 1961.

222   Lb vom. 20. April 1961.

223   Lb vom 26. April 1961.

224   Lb vom 7. Februar 1962.

225   Lb vom 25. Februar 1962.

226   Ebda.

227   Lb vom 27. Februar 1962.

228   Lb vom 3. März 1962.

229   Lb vom 8. März 1962.

230   N. N.: Ex-SS-Führer Eichmann gehenkt. 2. Juni 1962.

231   Zu „Salzburger Nachrichten", „Die Presse", „Kleine Zeitung" und „Neue Kronen Zeitung" siehe Wassermann, Gepresste Geschichte, a.a.O., S. 76-95 und Ders.: „Lang lebe Deutschland, lang lebe Argentinien, lang lebe Österreich". Der Prozeß gegen Adolf Eichmann: Eine Analyse historischer Bewußtseinsbildung durch die Tagespresse. In: Zeitgeschichte 7,8/1993. S. 249-259.

4. Kreisky I, Kreisky-Peter-Wiesenthal und Friedrich Peter 1983

4. 1. Einleitung

Wiewohl die drei Ereignisse dreizehn Jahre auseinander lagen, sollen sie in einem Kapitel abgehandelt werden. Nicht nur deshalb, weil die Protagonisten (teilweise) dieselben waren, weil die Thematik dieselbe blieb, sondern weil sie in den Augen des Verfassers im Zeichen einer Kontinuität(slinie) stehen.

Die häufigste Deutung des Konfliktes zwischen Kreisky und Wiesenthal (et vice versa) – sieht man von etwas differenzierteren Interpretationen Hella Picks[1] oder Georg Hoffmann-Ostenhofs[2] ab – basiert vor dem Hintergrund ihrer (gemeinsamen) jüdischen Herkunft und deren unterschiedlichen Interpretationen. „Wir", so Simon Wiesenthal, „sind für Kreisky die gleichen ‚Ostjuden', die wir für manche Wiener sind; er will mit uns nichts gemein haben. Es ist für ihn sozusagen schon schlimm genug, daß man ihn mit dem jüdischen Volk in Verbindung bringt – aber mit uns in Verbindung gebracht zu werden, ist ihm unerträglich. (...) Ein Jude, der nach totaler Assimilation sucht, muß diese judenfeindliche Haltung übernehmen. Wenn Leute wie ich Kreisky an seine jüdische Herkunft erinnern, fühlt er sich von ihnen erkannt und gleichsam bloßgestellt. Dafür – und nur vordergründig für unsere politischen Gegensätze – haßt er mich."[3] Diese Argumentationsführung – zumeist in Terminologie und Denkschemata der Tiefenpsychologie abgeführt – greift an einem Punkt völlig daneben, nämlich im Punkt der Realpolitik. Sie übersieht das Faktum, daß Kreiskys Politik bezüglich der „Nazifrage" mit der Berufung von (insgesamt) fünf Ministern mit einschlägigen (NS)Vergangenheiten und sein dezidiertes Eintreten für Friedrich Peter nicht Einzelerscheinungen, Mißgriffe oder überzogene Reaktionen waren, sondern das auf die Spitze getriebene Endprodukt von durch drei Jahrzehnte hindurch praktizierter Realpolitik seitens der Sozialisten, die man damit zusammenfassen könnte, mit der Linken – wenn's paßte – die (Austro)faschismuskeule[4] zu schwingen und mit der Rechten von braun auf rot umzupolieren[5]. Letztere sah vor, einerseits ehemalige Nationalsozialisten direkt in die Partei zu integrieren, andererseits ein parteipolitisches Konkurrenzprodukt, „die Vierte Partei", in der Entstehung zu favorisieren[6], sie – wenn nötig – (finanziell) über Wasser zu halten[7], mit ihr punktuell zu kooperieren[8] und sie schließlich

68

mit dem Etikette „liberal"[9] (auch) um den Preis der Geschichtslosigkeit auf Regierungs- und Koalitionsfähigkeit zu trimmen[10]. In Hinblick auf die Regierung Kreisky I ist weiters als Hintergrund die Wahlniederlage 1966 in Betracht zu ziehen, wo das Antreten und Abschneiden von Franz Ohlas „Demokratisch Fortschrittliche(r) Partei"[11] der SPÖ entscheidende Stimmen kostete. Somit war die Berufung der Minister Öllinger, Weihs, Moser, Frühbauer und Rösch in den Augen des Autors weniger ein Mißgriff[12] als – und sei es nur auf der Ebene, die erwähnten Minister weiter im Kabinett zu behalten[13] – bewußte Strategie. Pelinka ist zwar recht zu geben, daß beide „major parties have opted for a strategy of integration from 1949 onward at the latest."[14] Nur ist dem Autor die Deutung, die Berufungen Kamitz' und später von „Ehemaligen" in das Kabinett Kreisky I in Regierungsämter „as simply the logical consequence of a policy of ‚normalization' by way of ‚integration'"[15], zu sehen, als zu defensiv den „Ehemaligen" gegenüber.

Somit war die Grundkonstellation festgelegt: Wiesenthal kam durch sein Auftreten der SPÖ[16], Kreisky und dessen Politik in die Quere und zwang somit Kreisky, als SPÖ-Vorsitzenden und als Bundeskanzler einer Minderheitsregierung Farbe zu bekennen, was dieser auch eindrucksvoll tat[17].

4. 2. Das Kabinett Kreisky I

Am 1. März 1970 wurden in Österreich Nationalratswahlen geschlagen, in deren Vorfeld sich die ÖVP den antisemitischen Untergriff[18], nämlich auf den „echte[n] Österreicher" und damals amtierenden Bundeskanzler Josef Klaus hinzuweisen, nicht nehmen ließ[19]. Das Wahlergebnis sah erstmals in der Zweiten Republik die SPÖ als sowohl stimmen- als auch mandatstärkste Partei[20], allerdings im Gegensatz zur ÖVP 1966 lediglich mit einer relativen Mehrheit ausgestattet[21].

Betrachtet man die Kommentare zur Wahl beziehungsweise die angestellten Prognosen, so war sich die veröffentlichte Meinung sicher, es werde zu einer Neuauflage der Großen Koalition kommen[22], wenngleich gelegentlich beinahe flehentlich gewünscht wurde, diese werde sich nicht primär durch den Aufguß der alten „Packelei" auszeichnen. Als typisch für die damalige Publizistik kann die Wochenzeitschrift „Die Furche" gelten. Für den damaligen Chefredakteur Willy Lorenz war das Wahlergebnis vom 1. März der Ausdruck des Willens, „daß die beiden großen Parteien sich wieder vermählen sollen", was der Historiker Lorenz, aus seinem Monarchistenherz keine Mördergrube machend, nicht ganz unwitzig mit „bella gerant allii, tu felix Austria nube" einleitete und argumentativ unterlegte. „Durch diese Wahl", so Lorenz weiter, „ist das Kommen einer Großen Koalition so gut wie sicher."[23] Der Gang der Volkspartei in die Opposition, so ein Lorenz-Kommentar zwei Wochen später, „wäre der schlechteste Dienst, den die ÖVP dem Land leisten würde," weil die SPÖ, „um lebensfähig zu sein, eine Koalition mit der FPÖ eingehen" müßte. „Ausgeschlossen dagegen ist, daß Doktor Kreisky nur mit der SPÖ (...) eine Regierung bilden wird."[24] Dieser Hinweis auf die Auslieferung der SPÖ an die FPÖ durchzog die Kommentierung der „Furche", wobei allerdings bis zuletzt an der Großen Koalition festgehalten, diese zum Schluß geradezu herbeigeschrieben wurde. Wenig später trat das ein, was „Die Furche" zuvor noch für ausgeschlossen gehalten hatte: Kreisky bildete ein Minderheitskabinett, was wiederum mit dem Hinweis auf die Aufwertung der FPÖ kommentiert wurde. Der „Entschluß der SPÖ vom 20. April darf nicht bedeuten, daß nun alle Brücken zwischen den beiden großen Parteien abgebrochen werden müssen. (...) Die neue Regierung aber müßte im eigenen Interesse darauf achten, nicht zum Spielball der dritten Partei zu werden, weil sie zum großen Partner im Parlament (...) keinen Weg findet."[25]

Es herrschte einhelliger Konsens darüber, daß sich Kreisky das Stillhalten der FPÖ durch die spätere Wahlrechtsreform sicherte[26]. Ein bisher überhaupt nicht betrachteter Aspekt war, daß Kreisky der FPÖ neben diesem „Zuckerbrot" auch die „Peitsche" angedroht hatte. „Am 13. April handelten die beiden Parteien ein bis heute streng geheimgehaltenes Stillhalteabkommen aus. Die FPÖ verpflichtete sich, zwei Jahre lang (...) kein Mißtrauensvotum gegen die sozialistische Regierung zu unterstützen. (...) Die FPÖ aber durfte die SPÖ für die zweijährige Schonfrist zur Kassa bitten: Die Sozialisten hatten sich in dem Geheimpakt zur Übernahme der freiheitlichen Wahlkampfschulden verpflichtet; die FPÖ-Wahlkampfkosten belaufen sich laut eigenen Angaben auf sieben bis acht Millionen Schilling"[27]. Dieser nur teilweise, nämlich den finanziellen Aspekt betreffend, dementierte Bericht[28], erfuhr zwei Wochen später via Leserbrief noch eine weitere Facette, beziehungsweise Verschärfung. Der ehemalige VdU-Abgeordnete Oskar Huemer ließ wissen: „Ich erhielt vom Zentralsekretär der SPÖ Otto Probst eine Einladung zu einer Besprechung. Diese Unterredung fand am 23. März 1970 im Zentralsekretariat der SPÖ statt. (...) Probst vertrat die Ansicht, daß so bald als möglich Neuwahlen durchgeführt werden sollten, um dem Wahlvolk Gelegenheit zu geben, eine klarere Entscheidung zu treffen, als es dies am 1. März 1970 getan hat. (...) Die weitere Frage war nun, ob und unter welchen Bedingungen die Freiheitliche Partei bereit sein könnte, für eine bestimmte Zeit ein Stillhalteabkommen zu schließen. Ich machte mich erbötig, darüber mit dem Bundesparteiobmann der FPÖ, Friedrich Peter, zu reden. (...) Der Leader [!] der FPÖ zeigte sich über meine Mitteilung, die SPÖ sei für den Fall, daß sich keine andere Lösung finden lasse, entschlossen, sofort Neuwahlen herbeizuführen, sichtbar schockiert. Es folgte darauf ein ausführliches Gespräch über die prekäre finanzielle Situation, in der sich eine kleine

Partei nach Wahlen zwangsläufig befindet. Ich erklärte dem Parteiobmann der FPÖ, daß man meiner Überzeugung nach bei Verhandlungen mit der SPÖ über ein begrenztes Stillhalteabkommen über alles reden könnte, auch über die finanzielle Seite des Problems. (...) Erst vier Tage vor Bildung der sozialistischen Minderheitsregierung berichtete mir ein Freund des Chefs der Firma Progress-Werbung, er habe soeben Fritz Senger getroffen, und der habe ihm folgendes mitgeteilt (wörtliches Zitat): ‚Ich komme gerade von Kreisky. Das Stillhalteabkommen ist mit der FPÖ perfekt. Nächste Woche haben wir eine Regierung.'"[29] Man kann es auch verkürzen: Die SPÖ „schenkte" der FPÖ nicht nur die Wahlrechtsreform, sondern drohte ihr mit nicht weniger als zumindest finanziellen Kalamitäten, wenn nicht mit deren finanziellen Ruin.

Die Wahlrechtsreform war – folgt man dazu der „Zukunft" – auch innerhalb der Partei nicht unumstritten. Anton Pelinka lehnte sie unter dem Hinweis, dadurch gerate die FPÖ in die Rolle eines parlamentarischen Züngleins an der Waage, ab; absolute Mehrheiten würden dadurch unmöglich gemacht, die einzige Nutznießerin wäre die FPÖ und schließlich, als wohl stärkstes Argument – Stichwort „Bürgerblock"[30] – in sozialistischen Ohren: Es sei wesentlich wahrscheinlicher, daß die FPÖ mit der ÖVP koaliere. „Ist die ‚kleine' Wahlrechtsreform verabschiedet, bindet die FPÖ nichts mehr an die SPÖ. Vieles jedoch verbindet ÖVP und FPÖ, nicht zuletzt der Gleichklang der ökonomischen Interessen der Kernwählerschichten der beiden Parteien."[31] Dem widersprach der damalige Redakteur der „Arbeiter-Zeitung", Manfred Scheuch, dahingehend, daß der Grundgedanke der Wahlrechtsreform nicht der sei, der FPÖ zu helfen, „sondern die Abschaffung des Privilegienwahlrechtes, das bisher immer unseren Konservativen", also der ÖVP, „genützt hat". Schließlich sei zu bedenken, daß die FPÖ „eine Partei im Wandel ist und daß sie in den letzten Jahren keinen Anlaß geliefert hat, sie einer antidemokratischen Einstellung zu verdächtigen."[32] Jedenfalls war es sicherlich alles andere als ein Zufall, daß der erste Punkt in Kreiskys Regierungserklärung das Thema Wahlrechtsreform behandelte[33]. In der Plenardebatte zur Regierungserklärung ging FP-(Klub)Obmann Friedrich Peter sofort auf Distanz zur ÖVP, indem er den möglichen „fälschliche[n] Eindruck (...), als gäbe es so etwas wie eine vereinbarte Handlungsgemeinschaft der Österreichischen Volkspartei und der Freiheitlichen Partei Österreich in diesem Hause", aus dem Weg räumte. „Ich habe namens meiner Fraktionskollegen festzuhalten, daß wir in unserer Arbeit allergrößten Wert auf die Eigenständigkeit der freiheitlichen Fraktion legen werden und daß wir unsere völlige Handlungsfreiheit sowohl gegenüber der sozialistischen Regierungspartei als auch gegenüber der stärksten Oppositionspartei bewahren werden." Die Ankündigung der Wahlrechtsreform war für Peter – wenig verwunderlich – ein wesentlicher „Bestandteil der Regierungserklärung", wenngleich er anmerkte, daß ein „Versprechen zum Thema Wahlrechtsreform" die Freiheitlichen „überhaupt nicht zu beeindrucken"[34] vermochte.

Zwischen 21. und 30. April führte die „Sozialwissenschaftliche Studiengesellschaft" eine – wie für die SWS typisch – nicht völlig repräsentative Umfrage unter 1.113 Wählern durch[35]. 47% der Befragten sprachen sich – befragt nach der bevorzugten Regierungsform – für eine Große Koalition aus. Weit dahinter rangierte die von Kreisky geführte Minderheitsregierung (26%); die sonstigen möglichen Konstellationen erreichten zwischen 3 und 7 Prozent Zustimmung. Interessanter und aufschlußreicher ist die Aufschlüsselung nach Wählerschichten. Dort lag eine Große Koalition mit 57% an Zustimmung unter den ÖVP- und 46% unter den SPÖ-Wählern jeweils an erster Stelle. Die FPÖ-Wähler präferierten mit 27 Prozent eine Koalition mit der ÖVP und sprachen sich zu 26% für eine Zusammenarbeit mit der SPÖ aus. Unter den SPÖ-Wählern rangierte hingegen mit 44 Prozent die SPÖ-Minderheitsregierung an zweiter Stelle, wohingegen es eine Koalition mit der FPÖ auf lediglich 4 Prozent brachte (dritter Platz). Eine SPÖ-Minderheitsregierung goutierten bloß 7 Prozent der FPÖ-Wähler (hingegen brachte es eine Koalition mit der SPÖ auf 13 Prozent) und die 10 Prozent an Zustimmung unter den ÖVP-Wählern, bedeutete dasselbe Maß an Zustimmung wie das zu einer ÖVP-Minderheitsregierung.

Somit kann festgehalten werden, daß die von Kreisky installierte Regierung in der Totalität der Befragten weit hinter einer neuerlichen Großen Koalition lag, diese allerdings unter den SPÖ-Wählern annähernd denselben Wert wie eine Große Koalition erreichte.

Befragt danach, wer die Schuld am Platzen der Koalitionsregierung trage, lag die SPÖ im Meinungsbild besser als die Volkspartei. Zwar gaben 39 Prozent der Befragten beiden Teilen gleich viel Schuld, 33 Prozent sprachen diese der ÖVP, aber nur mehr 17 Prozent den Sozialisten zu. Dieses „Punkten" Kreiskys in der öffentlichen Meinung setzte sich auch in der Frage fort, ob die Regierung Kreisky besser, gleich wie oder schlechter als die ÖVP regieren werde. 35 Prozent meinten, sie werde besser, aber nur 21 Prozent der Befragten glaubten, sie werde schlechter beziehungsweise gleich gut regieren, wobei 23 Prozent darauf keine Antwort zu geben wußten. Mit ganz schlechten Erwartungen standen der Regierung Kreisky die FPÖ-Wähler gegenüber, wo die Option „besser" lediglich auf dem dritten Rangplatz (ohne die „weiß nicht") lag. Unter den ÖVP-Wählern lag die Option „gleich" mit sieben Prozent an dritter Stelle. Hingegen glaubten nur 32 Prozent der FPÖ-Wähler, es werde schlechter werden, im Gegensatz zu – wenig überraschenden – 47 Prozent unter den ÖVP-Wählern, wo immerhin 11 Prozent für „besser" votierten. Daß die SPÖ-Wähler mit 63% „besser", 16% „gleich" und 7% „schlechter" mit der Regierung d'accord gingen, versteht sich beinahe von selbst.

Somit kann für das unmittelbar nach der Konstituierung erhobene öffentliche Meinungsbild festgehalten werden, daß die SPÖ-Minderheitsregierung – abgesehen vom „ignorierten" erhobenen Wunsch nach einer Großen Koalition – recht gut lag, was die Erwartungshaltung für die Zukunft und die „Schuldfrage" nach dem Platzen der Koalitionsregierung betraf.

Am 21. April präsentierte Kreisky sein Minderheitskabinett, und am 9. Mai stand in der „Furche" zu lesen: „So geschah es, daß im Jahr des viertelhundertjährigen Bestehens der Zweiten Republik ein SS-Mann zu Ministerwürden in einer österreichischen Bundesregierung gelangte. (...) Dr. Öllinger war 1940 kein unreifer Twen, sondern Vollakademiker im Alter von 27 Jahren."[36] Die „National-Zeitung" kam nicht umhin, festzustellen, es „ehrt den Kanzler menschlich, daß er trotz aller NS-Verfolgungen sich dazu überwinden kann, die Gräben von einst zu vergessen", denn sein Verhalten diene „im Grundsatz auch der innenpolitischen Befriedung, die Vergangenheit endlich zu bewältigen, um gemeinsam eine bessere Gegenwart und Zukunft zu schaffen."[37] Die „Aktion gegen den Antisemitismus" stellte dazu fest: „Auch der Nazi-Renegat kann sich den Folgen seiner Handlung nicht entziehen. In entsprechend größerem Ausmaß gilt das für den, der kein ‚echter' Renegat war, das heißt (...) nicht die Kraft hatte, sich während der Blütezeit des Nationalsozialismus eindeutig davon zu distanzieren. Eines aber gilt für alle Fälle: Wer einmal der SA oder der nach Kriegsende (mit vollem Recht) zur verbrecherischen Organisation erklärten SS angehört hat, muß als eine – nicht einmal tragische – Konsequenz dieser Zugehörigkeit auf einen Ministerposten verzichten."[38]

Damit war die „Bombe" hochgegangen, wobei festzuhalten ist, daß nicht nur Öllinger[39], sondern auch die Herren Moser, Frühbauer[40] und Rösch[41] über einschlägige Vergangenheiten verfügten. Kurz nach dem „Furche"-Artikel legte dann der „Spiegel" los. Im Zweiwochen-Rhythmus wurden die einschlägigen Vergangenheiten der vier Minister ventiliert. „Inzwischen verfolgte der einstige Eichmann-Jäger Simon Wiesenthal (...) die Vergangenheit der Wiener Regierungsmitglieder ‚so weit zurück'. Dabei gesellte sich zum Fall des Agrarministers Öllinger der Fall des Innenministers Rösch. (...) Der einstige SA-Angehörige (NSDAP-Mitgliedsnummer 8 595 796) und Träger des Deutschen Kreuzes in Gold wurde am 8. Dezember 1947 wegen Beteiligung an einer illegalen Neonaziorganisation verhaftet und wenig später vor Gericht gestellt. (...) Daß Rösch damals mangels an Beweisen für eine neonazistische Betätigung nicht verurteilt wurde, paßte in Österreichs innenpolitische Situation des Jahres 1948: Die SPÖ wollte zu dieser Zeit die Nazis unter keinen Umständen vergrämen. Sie förderte im Gegenteil sogar die Gründung einer eigenen braungetönten Partei. (...) Ähnliche innenpolitische Rücksichten gelten für die SPÖ auch 22 Jahre später. Nur so ist es zu erklären, daß sich der jüdische SPÖ-Vorsitzende Bruno Kreisky außer einem Ex-Nazi als Agrarminister und einem Ex-Nazi als Innenminister auch noch zwei Ex-Nazis als Vize-Parteichefs wählte – den NSDAP-Gaurichter Alfred Schachner Blazizek und den HJ-Führer und Parteischüler Hans Czettel."[42] Vierzehn Tage später wurde wiederum auf das Rösch-Verfahren aus dem Jahre 1948 verwiesen[43]. Daneben fand sich ein Hinweis auf den Öllinger-Sekretär Gerhard Pleschiutschnig, der „Ende der fünfziger Jahre Landesführer des neofaschistischen, unterdessen verbotenen ‚Bundes Heimattreuer Jugend'" gewesen war und auf den Öllinger-Nachfolger Oskar Weihs: „NSDAP-Mitglied Weihs diente zu Hitlers Zeiten als hoher Beamter dem Reichsnährstand des Gaues Steiermark."[44] Im letzten einschlägigen Bericht wurde die Weihs-Vergangenheit schließlich noch näher ausgeleuchtet[45].

Nicht sehr intensiv, aber kontroversiell und ansatzweise im Gegensatz zur offiziellen und praktizierten Parteilinie war die dazugehörige Diskussion in der „Zukunft". Zwischen Parteiloyalität und eigener Vergangenheit schwankend, äußerte Ella Lingens den „Wunsch, lieber andere Menschen in Spitzenpositionen zu sehen."[46] Anton Pelinka zählte auch in Anspielung auf die Kommentierung durch die „Arbeiter-Zeitung" die „Tendenz zur Verharmlosung des Nationalsozialismus durch die immer wieder durchklingende Gleichsetzung des Nationalsozialismus mit der ständestaatlichen Diktatur Dollfuß' und Schuschniggs" zu „den unerfreulichsten Begleiterscheinungen der Diskussion um die Causa Öllinger"[47]. Darauf replizierte der damalige „Arbeiter-Zeitung"-Redakteur Manfred Scheuch: „Für den, der in Wöllersdorf saß, mußte dieser Polizeistaat mit seinem Muckertum seiner Heuchelei, seinem sozialen Elend der Hauptfeind erscheinen [!], und die Existenz des grünen Faschismus enthob die österreichischen Nazi bis zu einem gewissen Ausmaß des Nachweises ihrer eigenen Ziele" und ergo dessen die dort einsitzenden Sozialdemokraten wohl auch des Nachfragens. „Anders als in der Weimarer Demokratie konnten die Nazi in Österreich nach 1934 [!] für sich in Anspruch nehmen, als ‚Freiheitskämpfer' aufzutreten."[48] Diese phasenweise krude Argumentation, überdies um das Postulat der hundertprozentigen Resistenz der Sozialdemokratie gegen den Nationalsozialismus angereichert, kann durchaus als Paradebeispiel für den sozialdemokratischen Umgang mit dem Nationalsozialismus, wie ihn Richard Mitten analysiert hat[49] und wie sie im Laufe dieser Arbeit noch häufig belegt werden wird, angesehen werden, nämlich die Traumatisierung durch den Februar 1934, die schlußendlich den Vorteil habe, sich mit den Jahren 1938 bis 1945 überhaupt nicht auseinandersetzen zu müssen auf der einen und der tendenziellen Verharmlosung des Nationalsozialismus – in diesem konkreten Fall durch Nichtthematisierung – auf der anderen Seite.

Eine Frontalattacke gegen Simon Wiesenthal ritt auf dem SPÖ-

Parteitag (10. bis 12. Juni 1970) Leopold Gratz[50]. Er „behandelte auch den publizistischen Kleinkrieg, in dem versucht [!] werde, SPÖ-Funktionären eine Nazivergangenheit nachzuweisen. (...) Mit dem Dokumentationszentrum sei eine Spitzelorganisation entstanden, und man müsse sich fragen, ob der Staat eine solche private Feme dulden könne."[51] Daraufhin erstattete Wiesenthal Strafanzeige gegen Gratz wegen Diffamierung. Das „Dokumentationszentrum des Bundes jüdischer Verfolgter des Naziregimes", also Wiesenthal selbst, verlautbarte dazu in einer Erklärung: Gratz „sagte nämlich, daß die Enthüllungen über sozialistische Naziminister auf Geheimdienstmaterial beruhen. Wir versprechen ihm nachzuweisen, daß sozialistische Quellen in Österreich das Material für diese ‚Enthüllungen' geliefert haben."[52] Wie die Reaktionen auf die Gratz-Attacken aussahen, läßt ein Brief Wiesenthals an den damaligen Justizminister, Christian Broda, ansatzweise nachvollziehen. „Der seinerzeitige Angriff des Herrn Ministers Gratz gegen meine Person und gegen das von mir geleitete Dokumentationszentrum haben nicht nur einen Teil der österreichischen Bevölkerung gegen mich und das Dokumentationszentrum aufgebracht, sondern auch eine Flut von Droh- und Schmähbriefen ausgelöst, in denen das Epithet ‚Fememörder' (...) noch das gelindeste war."[53]

Heftig waren auch die internationalen Reaktionen. „Der Führer des linken Flügels der [holländischen] ‚Partei der Arbeit' (...) hat in einem Brief an die Parteileitung verlangt, die ‚Partei der Arbeit' solle im Rahmen der II. Internationale die SPÖ wegen der Politik der Regierung Kreisky gegenüber den Nationalsozialisten und wegen der Angriffe gegen das Dokumentationszentrum tadeln. Lammers ging so weit, daß er sogar den Ausschluß der SPÖ aus der II. Internationale verlangte."[54]

Für ein publizistisches und juristisches Nachbeben sorgte ein Interview Kreiskys mit dem holländischen Journalisten Martin van Amerongen. Dieser sandte am 23. Juni 1970 ein Interviewprotokoll an Bruno Kreisky mit der Bitte, wenn er „etwas ausführlicher deutlich machen wollen [sic!], bitte!"[55] Am 4. Juli 1970[56] publizierte das holländische Blatt „Vrij Nederland" das Interview, in dem es – gemäß dem Interviewprotokoll – unter anderem hieß: „K meint das [sic!] die Holländer schlecht über Wiesenthal – ein jüdischer Fascist [sic!] – informiert sind, denn er ist ein ziemlich reaktionärer Mann. (...) *Über die Zulässigkeit, daß eine private Organisation Leute beobachtet, läßt sich streiten; andererseits finde ich den Wiesenthal aber nicht so wichtig.*"[57] Am 10. Juli ließ Kreisky via „Sozialistische Korrespondenz" den Ausdruck „jüdischer Faschist" dementieren[58]. Einen Tag später publizierte die „Arbeiter-Zeitung" diese Pressemeldung[59], woraufhin sowohl Simon Wiesenthal[60] als auch Martin van Amerongen[61] Entgegnungen verlangten. Am 29. Juli ließ Legationssekretär Peter Hohenfellner Rinus Ferdinandusse, den Chefredakteur von „Vrij Nederland", schriftlich wissen, daß in der von Kreisky korrigierten Fassung „der Ausdruck ‚jüdischer Faschist' nicht enthalten"[62] sei. Am 25. August erging das Urteil im Verfahren van Amerongen gegen Scheuch. Im Urteil heißt es unter anderem: „Ein unbedenklicher Beweis für die Wahrheit der dem Bundeskanzler Dr. Kreisky unterstellten Äußerung wurde vom Privatankläger weder im Zeitraum der Entgegnung noch vor Fällung des Urteiles erbracht. (...) Da also die Pflicht zur Veröffentlichung nicht bestand und besteht, war der Beschuldigte Dr. Scheuch von der Anklage der grundlosen Verweigerung der Veröffentlichung der Entgegnung des Privatanklägers vom 28. 7. 1970 freizusprechen."[63] Die Berufung wurde am 30. Oktober 1970[64] „als unbegründet zurückgewiesen"[65]. Das anfallende Honorar in der Höhe von ÖS 4.323,76 der geklagten Partei hat übrigens Simon Wiesenthal bezahlt[66]. Mysteriös an der ganzen Geschichte bleibt freilich, daß das Originalmanuskript nach einem Redaktionsbrand verschwand, daß aber zwei Versionen zirkulierten, die beide von Kreisky handschriftlich ergänzt wurden. In beiden Manuskripten[67] findet sich der „jüdische Faschist", wobei er in einem der beiden „ausgeixt" ist. 1979 stand van Amerongen wegen des „jüdischen Faschisten", den er in seinem Buch „Kreisky und seine unbewältigte Gegenwart" erneut zitiert hatte, diesmal allerdings als Angeklagter, vor Gericht. Er und der Styria-Verlagsangestellte Gerhard Hartmann wurden zu „Geldstrafen von je 12.000 sowie Geldbußen von je 3.000 Schilling"[68] verurteilt.

In seinen Erinnerungen schrieb Simon Wiesenthal, „der Druck, der damals auf mich ausgeübt wurde, [war] kaum merkbar im Vergleich zu dem, was in der sogenannten ‚Affäre Peter' auf mich zukommen sollte."[69]

4. 3. Kreisky-Peter-Wiesenthal

Am 4. Oktober 1975[70] wiederholte die SPÖ ihren absoluten Wahlsieg aus dem Jahre 1971, womit auch etwaige Spekulationen um eine Koalition zwischen SPÖ und FPÖ hinfällig waren[71].

Wenige Tage später enthüllte Wiesenthal im Rahmen einer Pressekonferenz Friedrich Peters SS-Vergangenheit, um deren anstehende Veröffentlichung zumindest Kreisky ganz sicher wußte[72]. „Peter hat selbst immer gesagt, ‚nur' SS-Obersturmführer bei einem Panzerbataillon der SS-Division ‚Das Reich' gewesen zu sein, was im toleranten Österreich (...) eine normale Position in einer normalen Einheit darstellt. Was Peter aber in Wirklichkeit war, hat Wiesenthal herausgefunden: ein Angehöriger der 1. SS-Infanteriebrigade, einem unter dem direkten Befehl Himmlers stehenden Mordkommando, dessen ‚Spezialaufgabe' es war, ‚Partisanen, Juden und Zigeuner' zu liquidieren."[73] Peter stritt nicht ab, bei dieser Brigade gewesen zu sein, nur in die inkriminierten Handlungen wollte er niemals verstrickt gewesen sein, und von diesen wollte er (vorerst) zumindest auch nie etwas gehört haben.

Der am 13. Juli 1921 geborene Fritz Ludwig Peter war zwischen 1. Februar und 8. November 1938 in der (teilweise) illegalen HJ und wurde am 9. 11. 1938 in die SS (SS-Nummer 466.738) aufgenommen. In einem Lebenslauf vom 15. 7. 1943 schreibt er als SS-Standarten Oberjunker unter anderem: „Am 7. 9. 1939 wurde ich zur Waffen-SS eingezogen, habe in der Zwischenzeit in meinem Beruf gestanden u. leiste von Mai 1941 bis jetzt wieder Wehrdienst in der Waffen-SS. Ich besitze das EKII, die Ostmedaille, die Erinnerungsmedaille zum 13. 3. 38 u. die zum 1. 10. 38. Am Rußlandfeldzug nahm ich zwanzig Monate als Kompanietruppführer teil. Von Februar bis Mai 1943 nahm ich am 9. Kriegs-Junker-Lehrgang an der SS-Junkerschule Braunschweig teil u. befinde mich zur Zeit auf einem Umschulungslehrgang zum Pionieroffizier."[74] Am 1. September 1943 wurde Peter zum Untersturmführer und ein Jahr später zum Obersturmführer befördert. Ab 9. 3. 1944 diente der damalige hauptberufliche SS-Führer – und lediglich das war der offiziell bekannte Teil seiner Biographie – bei der SS-Panzerdivision „Das Reich"[75]. Wichtig an Peters „missing year(s)" in der 1. SS-Infanteriebrigade ist der Umstand, daß diese – im Gegensatz zu den „Einsatzgruppen" – ausschließlich Himmler unterstanden. Jehuda Bauer betrachtete diese drei SS-Brigaden für die Beantwortung der Frage, wer „die anderen", nämlich den Großteil der „Juden ermordet" habe als relevanter als die „Einsatzgruppen". „Die Untersuchung dieser über 18 300 Mann zählenden drei Brigaden, die meiner Meinung nach einen großen Teil der Juden in der Sowjetunion ermordet haben, wäre eine wichtige Sache"[76].

„Unabhängig davon, wer was und wann über Peter wußte, ist es unbestreitbar, daß Kreiskys Wut auf Wiesenthal sich wegen der Enthüllungen über Peter beträchtlich steigerte und seitdem jede rationale Grundlage verließ. (...) Einen Tag nach Wiesenthals Pressekonferenz, am 10. Oktober, wurde der Fall Peter zu einer Sache Kreisky-Wiesenthal. Kreisky verteidigte Peter nicht nur, indem er dem Vorsitzenden der FPÖ sein volles Vertrauen aussprach, sondern auch dadurch, daß er behauptete, Wiesenthal wolle ihn persönlich vernichten."[77] Dazu gehörte, Wiesenthal mafioser Methoden zu zeihen, ihn als Nazi-Kollaborateur[78] hinzustellen und schließlich den Juden abzusprechen, ein Volk zu sein, und sollten sie doch eines sein, dann ein „mieses"[79]. Am 17. November langte im Bundeskanzleramt ein Telegramm des „Spiegel"-Herausgebers Rudolf Augstein ein, in dem dieser betonte, „von dem spiegel-kasten" nicht gewußt zu haben und die „ueberschrift sachlich nicht richtig und auch nicht fair"[80] zu finden. Kreisky replizierte dem „Spiegel", der vorliegende Artikel beinhalte „erstens eine sehr summarische und zum Teil sogar falsche Darstellung meiner Ansichten, zweitens zum Teil Bandaufnahmen und drittens zum Teil Äusserungen, die ich unter vier Augen gemacht haben soll." Gerade solche dementiere er nicht. „Ein Volk, das ‚keines ist', kann auch kein ‚mieses' sein"[81] – so die Austrodialektik anno 1975. In einem Interview für das ORF-„Abendjournal" sagte Kreisky, er könne persönlich „nur sagen" er „kenne den Herrn Ing. Wiesenthal oder was er für einen Titel hat. Das ist eine Mafia, die hier am Werk ist" und daß die „Aktion hauptsächlich gegen" ihn gerichtet sei. Dahinter stünden Kreise, wobei Kreisky betonte, „es handelt sich hier nicht um jüdische Kreise", sondern um eine „Gruppe, die hier glaubt auf eigene Faust Justiz spielen zu können". Vom ORF befragt, ob „etwa auch die ÖVP hinter den Angriffen des jüdischen Dokumentationszentrums stehen könnte, sagte der Kanzler", daß „es gewisse Leute nicht ungern sehen wenn, derartiges losgebrochen wäre, würde ich nicht ausschließen (...). Daß aber der Herr Wiesenthal näher gewissen Kreisen steht als Kreisen der sozialistischen Partei halte ich nicht für ausgeschlossen." Die ÖVP übte, so das Manuskript, sich in „Zurückhaltung". Parteiobmann Taus wünschte „eine rasche und umfassende Klärung im Interesse aller Personen (...) und im Interesse des Landes." Peter sagte im Interview, er habe weder „irgendwann während des Krieges mit Repressalien und Erschießungen zu tun gehabt, noch habe er von solchen Liquidierungen überhaupt etwas gewußt."[82] Elf Tage später äußerte Kreisky in einem Fernsehinterview: „Ich halte das aufrecht was ich gegen Herrn Wiesenthal gesagt habe und ich sage noch einmal, viel deutlicher, das was hier diese Mafia macht ist unerhört, ist unerhört und ich warte auf die Klage und ich werde das Parlament bitten, wie ich es seinerzeit gemacht habe und wie ich hoffe diesmal mit Erfolg, mich nicht durch die Immunität zu schützen."[83] Nur wenig später vollzog Kreisky den (ersten) Schwenk in der Klagscausa, er „habe kein Bedürfnis mit Herrn Wiesenthal zum Bezirksgericht zu gehen. Sondern ich habe das Bedürfnis einen solchen Prozeß insoweit zu fördern, als man dem Gericht die Möglichkeit gibt, das in der Öffentlichkeit darzulegen. (...) Und wenn es bessere, probatere Mittel gibt das zu tun, na werden sie mir viel lieber sein."[84] Den Schwenk kann man damit zusammenfassen, daß Kreisky aus der Position des Beschuldigten beziehungsweise des Geklagten in die Rolle des Beschuldigers und Quasi-Anklägers wechseln wollte. Zwei Tage später war von einer Gerichtsverhandlung keine Rede mehr, Thema war der angedrohte Untersuchungsausschuß. Wenn „eine umfassende Untersuchung auf andere Art möglich ist, eine Klarstellung um was es sichs hier handelt, dann ist das natürlich sehr viel mehr. Verstehen Sie mich, als auf eine bestimmte Äußerung zugeschnittene Prozeßführung. (...) Dann gibt es ja dann sehr viel mehr was umfassender, was also nicht unmittelbar mit dieser, ist mir das persönlich eigentlich fast lieber. (...) Was einen weiteren formalen Vorgang anlangt, kam Kreisky dann mit einer neuen Idee, einer neuen Interpretation zur Bemerkung, wenn es eine umfassende Möglichkeit gebe (...) dann kommt ein parlamentarischer Untersuchungsausschuß in Frage. Es hat", so Kreisky, „bereits einmal einen Untersuchungsausschuß gegeben, im Fall des Spions Ableitinger, wo auch gewisse Namen", also unter anderem und im Speziellen der Wiesenthals, „vorgekommen sind nur die Untersuchungen sind nur gescheitert am Widerstand gewisser Behörden hier hilfreich zu sein, unbegreiflicherweise."[85] Den endgültigen Rückzug mit dem Versuch, nicht das Gesicht zu verlieren, offerierte Kreisky schließlich am 2. Dezember. „kreisky betonte, dass seine behauptung einer ‚quasi-politischen mafia' kein klagbarer tatbestand sei sodass er von sich aus nichts gegen wiesenthal unternehmen koenne, obwohl er nach wie vor zu dieser seiner aeusserung stehe. er werde auch keineswegs zur aplanierung dieser angelegenheit eine erklaerung abgeben die einer zuruecknahme seiner behauptung gleichkaeme. sollte jedoch wiesenthal auch ohne eine solche erklaerung seine ehrenbeleidigungsklage zuruecknehmen, dann sei von ihm, kreisky aus die sache erledigt."[86]

Die „Androhung" eines parlamentarischen Untersuchungsausschusses provozierte eine heftige parlamentarische Debatte, in der es laut Tagesordnung eigentlich um das von der Regierung vorgelegte Budget hätte gehen sollen. Der Klubobmann der Volkspartei, Stephan Koren, führte aus, es solle zwar über „ein Budget, das alle bisher vorstellbaren Dimensionen an Defizit und an Verschuldungsgrößen sprengt", gesprochen werden, dieses wäre aber „von einem anderen innenpolitischen Thema weit in den Schatten gestellt, denn seit nahezu zwei Monaten führt der Bundeskanzler der Republik mit dem ganzen Gewicht seiner nationalen und internationalen Stellung eine an Härte kaum zu überbietende Auseinandersetzung mit (...) Simon Wiesenthal." Der von den Sozialisten ins Spiel gebrachte Untersuchungsausschuß sei „nur ein dürftiger Vorwand, um die zuletzt so stürmisch verlangte Auslieferung an das Gericht nun doch ablehnen zu können". Dieser Untersuchungsausschuß würde „die ordentliche Gerichtsbarkeit in diesem Lande (...) hemmen, gleichzeitig aber die politische Justiz in Gang" setzen und sei deshalb ein Akt von „Kabinettsjustiz". Dem replizierte Kreisky mit einem Angriff, indem er rhetorisch fragte, „wer mit dem politischen Antisemitismus in Österreich begonnen" habe. „Wenn man sich mit der Geschichte Österreichs beschäftigt, dann kann man nicht nur zum Jahre 1938 zurückkehren, sondern muß dorthin zurückgehen, wo die ersten Sünden wider die Demokratie und ihre schließliche Vernichtung begonnen haben. (...) Mir ist es bitter ernst mit dieser Feststellung, denn ich bin einer, der zu den Leidtragenden dieser Zeit gehört, und ich bin wegen Hochverrats verurteilt worden, nur weil ich Sozialdemokrat geblieben bin. (...) Sie können nicht erwarten, daß man bis 1938 zurückgeht, das sage ich Ihnen, ohne das Jahr 1934 zu berücksichtigen." Außerdem stehe er zu seinen Behauptungen, daß das „eine Mafia'" sei, Wiesenthal mit „„Methoden einer quasi politischen Mafia‟" arbeite, und er bereit sei, für das, was er „hier behaupte (...), bei Gericht den Wahrheitsbeweis anzutreten." Der FPÖ-Abgeordnete Tassilo Broesigke meinte, mit Wicsenthal konnte „sich ein pseudostaatsanwaltschaftliches Büro etablieren (...), das sich mit Anzeigen oder – wie man es in Österreich nennt – mit ‚Naderertum' beschäftigte". Wenig überraschend redete auch der SPÖ Klubobmann Heinz Fischer dem angedrohten Untersuchungsausschuß das Wort, denn es gehe „um einen viel umfangreicheren Komplex (...), den man nach allen Richtungen hin durchleuchten, nach allen Richtungen hin untersuchen müßte." Dieser Untersuchungsausschuß müsse auch ohne Rücksicht auf „eine ganz bestimmte Person"[87] durchgeführt werden.

An den Ausführungen der ÖVP ist eines nachhaltig festzuhalten: Mit keinem Wort wurde für Wiesenthal Partei ergriffen[88] – es ging in der Substanz um die Rechtmäßigkeit des Untersuchungsausschusses, der zu diesem Zeitpunkt bereits obsolet war. Damit lag die ÖVP auf der Linie der ihr zur Verfügung stehenden Meinungsforschungsdaten. „25% der Befragten (34% der Sozialisten) wünschten sich eine Stellungnahme der ÖVP, 59% waren gegen eine solche."[89]

Schließlich trat Friedrich Peter zum Rednerpult und sprach zum vorgelegten Budget.

Am selben Tag war die Causa – vorerst – „bereinigt", wobei Kreisky noch ausrichten ließ, „die aeusserung, dass wiesenthal ein nazikollaborateur gewesen sei, habe man ihm faelschlich zugeschrieben."[90] Sollte dem tatsächlich so gewesen sein, hätten sich viele Journalisten verhört haben müssen. Den Kollaborationsvorwurf hielt Kreisky auch später aufrecht, nämlich – wiederholt – im von Kreisky angestrengten Prozeß gegen Peter Michael Lingens[91] und im bereits zitierten „profil"-Interview aus dem Jahre 1986[92]. Nunmehr halfen weder parlamentarische Immunität noch die Androhung eines Untersuchungsausschusses. Wiesenthal klagte Kreisky, und dessen „Anwalt stellte die Belege gegen Wiesenthal zusammen, doch er bezog sich erneut auf polnische Vorwürfe, die sich bereits als Fälschung erwiesen hatten, und verdrehte Wiesenthals eigene Darstellung seiner Kriegsjahre so, daß er damit auf eine Sonderhandlung [!] anspielte, die nicht anders erklärt werden konnten als durch eine Tätigkeit als Kollaborateur. Es war dieselbe alte, ermüdende Geschichte. Wiesenthal fand es ‚grotesk'.

Im März 1987 erschien Kreisky endlich vor Gericht. Er behauptete, daß er von den Journalisten des *Profil* (...) provoziert worden sei, die Anwürfe gegen Wiesenthal zu wiederholen. Trotzdem weigerte er sich noch immer, sie zurückzuziehen: er sei nach wie vor davon überzeugt, daß er im Recht sei. Der Richter fragte Kreisky dann, ob er bereit sei, sich zu entschuldigen. Nach dem Bericht von Wiesenthals Anwalt erwiderte Kreisky darauf:

‚Nein, wenige Jahre vor meinem Tode weigere ich mich, weitere Ehrenerklärungen abzugeben.'"

Der Prozeß dauerte bis Oktober 1989. Dann verurteilte das Gericht Kreisky wegen Verleumdung zu einer Strafe von „270 000 Schilling (...). In seiner Urteilsbegründung sagte der Richter, daß Kreisky keinerlei Beweise für seine Anwürfe gegen Wiesenthal vorgelegt habe."[93]

Der ganzen Affäre[94], deren Charakteristikum darin liegt, daß es nur mehr am Rande um Peters Vergangenheit und schon gar nicht um die Frage, ob er mit seiner Vergangenheit denn wirklich im Parlament sitzen müsse und eventuell das Amt des Vizekanzlers einnehmen könne, ging, folgte ein munteres Prozeßkarussell, das schlußendlich mit der Verurteilung Kreiskys und der Republik vor dem Europäischen Menschenrechtsgerichtshof am 8. Juli 1986 enden sollte. Das Gericht widersprach ausdrücklich der Ansicht des Wiener Berufungsgerichtes, „that the task of the press was to impart information, the interpretation of which had to be left primarily to the reader". Außerdem seien die Grenzen der akzeptablen Kritik weiter zu ziehen, wenn es sich – im Gegensatz zu einer Privatperson – um einen Politiker handle. Sowohl Inhalt als auch Ton von Lingens' Artikel waren im großen und ganzen ausgewogen, aber die Verwendung der vorher erwähnten und von Kreisky geklagten Ausdrücke seien im Besonderen kaum dazu angetan gewesen, Kreiskys Reputation zu verletzen. Wie die Kommission schloß sich auch das Gericht der Ansicht des Beschwerdeführers an, daß es sich dabei um Werturteile gehandelt habe, die Lingens im guten Glauben von sich gab. Deshalb wurde entschieden „that there has been a breach of Article 10 of the Convention" und daß „the Republic of Austria is to pay to the applicant 284,538.60 Schillings (...) as ‚just satisfaction'."[95]

4.4. Aspekte der Kontroverse

Wenn nun einige Aspekte der – veröffentlichten – Diskussion, abseits der weiter unten durchgeführten Medienanalyse aufgezeigt werden, so soll doch eingangs noch kurz das öffentliche Meinungsbild dargelegt werden.

Die bereits erwähnte „Fessel"-Studie kam zum Ergebnis, „daß man zwar Kreiskys Rolle in der Affaire mehrheitlich nicht billigt, ebenso werden aber Wiesenthals Aktivitäten überwiegend abgelehnt. (...) Alles in allem hat Wiesenthal in der Angelegenheit mehr Fehler gemacht und eine größere Gegnerschaft mobilisiert als der Kanzler. Dadurch konnte sich dieser noch einigermaßen ungeschoren aus der Affaire ziehen."[96] Diese Interpretation ist als zurückhaltend einzustufen. Analysiert man die vorliegenden Daten in einem bipolaren Schema, Kreisky auf der einen und Wiesenthal auf der anderen Seite, so stellte sich durchwegs die Mehrheit der Befragten auf seiten

Kreiskys und verdeutlichte die hoffnungslose Position Wiesenthals im öffentlichen Meinungsklima. Nur zweimal wurde Kreiskys Verhalten negativ bewertet, und das waren die Fälle, in denen es sich nicht um die Person Wiesenthals beziehungsweise um die (persönliche) Konfrontation mit Wiesenthal handelte[97]. Jeweils 59 Prozent meinten, „Leute wie Wiesenthal haben in Österreich nichts verloren" (26 Prozent widersprachen dieser Vorgabe)[98] und „Wiesenthal verfolgt eigentlich nur das Ziel, soviele Nazis wie nur möglich verurteilt zu sehen, gleichgültig ob diese schuldig oder nicht schuldig sind" (24 Prozent lehnten ab). 49 Prozent (im Gegensatz zu 30 Prozent) waren der Ansicht, Kreisky liege mit seinem Vorwurf der „Mafia-Methoden" richtig und 39 (25 Prozent antworteten mit „stimmt") fanden es nicht infam, wenn Kreisky Wiesenthal vorwarf, „mit den Nazis zusammengearbeitet" zu haben. Daß Kreisky – besieht man sich die Parteipräferenzen – am wenigsten unter den ÖVP-Anhängern punkten konnte, verwundert nicht, sollte aber nicht vorschnell mit einer antifaschistischen Artikulation der ÖVP-Anhänger verwechselt werden. Daß Wiesenthal oder Leute wie Wiesenthal (deren es in Österreich ja nicht wirklich viele gab) in Österreich nichts zu suchen hätten, wurde von 78% der FPÖ-Anhänger als richtig bewertet, nur 2 Prozent, ein etwas mikriger Wert für eine „liberale" Partei, lehnten dies ab; diesem Statement stimmten 65 Prozent der SPÖ-Anhänger zu. Auch in der Frage nach den „Mafia-Methoden" übertraf die Zustimmung aus dem freiheitlichen Lager mit 67 Prozent die aus dem sozialistischen (57 Prozent) eindeutig. Bezüglich der Vorgabe, Wiesenthal wolle so viele Nazis wie möglich verurteilt sehen, hielten sich SPÖ- und FPÖ-Anhänger annähernd die Waage (67 beziehungsweise 64 Prozent an Zustimmung), wohingegen die Frage nach der „Infamie" des Kollaborationsvorwurfes 47% für SPÖ-Anhänger, aber nur „bescheidene" 31 Prozent an Ablehnung unter den FPÖ-Anhängern erhoben wurde. Mit anderen Worten: Kreiskys Verhalten war über weite Strecken mehrheitsfähig[99].

In einer 1976 von der „Sozialwissenschaftlichen Studiengesellschaft" durchgeführten Umfrage (N=1466), ob Peter FPÖ-Obmann bleiben soll oder nicht, sprachen sich 20 Prozent für einen Verbleib und 27 Prozent für einen Rücktritt aus. Die relative Mehrheit von 43 Prozent erachtete dies als „Angelegenheit der FPÖ"[100].

In einer ebenfalls 1976 durchgeführten „IFES"-Umfrage sprachen sich 83% dafür aus, es sollte „30 Jahre nach Kriegsende (...) keine Kriegsverbrecherprozesse mehr geben", 16 Prozent lehnten hingegen ab; für die Freilassung von „ehemaligen ‚Kriegsverbrechern' wie Reder oder Hess" sprachen sich 85 Prozent aus, wohingegen nur 12 Prozent dagegenstimmten[101]. Diese Werte relativieren den in der Folge erhobenen Einspruch gegen Kreiskys Verhalten auf der einen Seite ganz wesentlich, und daß diese

Diskussion annähernd unter Ausschluß der Öffentlichkeit abgeführt wurde, tut auf der anderen Seite das Übrige.

Als Wiesenthal Peters Vergangenheit der Öffentlichkeit zugänglich machte, sah man darin in der FPÖ-Steyr (und wohl nicht nur in dieser) einen Diffamierungsversuch des „ÖVP-nahe[n] Leiter[s] des jüdischen Dokumentationszentrums, Dipl.Ing. Simon Wiesenthal (...). Aus der bloßen Zugehörigkeit zu einer militärischen [!] Formation des damals 20-jährigen Friedrich Peter versucht der ständig haß- und zwietrachtnährende [!] ‚Jäger' Wiesenthal unserem Bundesparteiobmann einen Strick zu drehen."[102] „Die Aula" sah bereits ein Kollektivurteil seitens der Medien – welche (österreichischen) sie in diesem Zusammenhang auch immer gelesen habe mochte – über „die gesamten SS-Formationen als ‚verbrecherische Organisation'", wobei sich die Medien „dabei auf die von den Siegermächten nach 1945 gemachten Urteile" stützen, die ja bekanntlich „Siegerjustiz" (und somit ja sowieso blanker Unsinn) seien. Diese Presseberichte seien wiederum ein Resultat eines „subjektiven Geschichtsunterricht[s]", der ein Relikt der „Umerziehung" sei. Die unter dem drohenden Bannstrahl des Kollektivurteils Stehenden seien „keine Verbrecher, sondern anständige, tapfere Soldaten" gewesen, „die für ihr Volk und Vaterland kämpften und den Fahneneid bis zum letzten Tag hielten."[103] „Mitglieder der SPÖ sowie Mitglieder der Aktion kritischer Österreicher für Kreisky und der Aktion kritischer Wähler" schlossen sich einer Resolution des Bundesvorstandes und der Obmännerkonferenz des Bundes Sozialistischer Freiheitskämpfer und Opfer des Faschismus an, in der „Besorgnis darüber geäußert wird, daß 30 Jahre lang derart gravierende Tatsachen über die Vergangenheit führender österreichischer Politiker verborgen bleiben konnten. Weiters heißt es, es sei Sache der Gerichte zu klären, ob FPÖ-Obmann Peter als Angehöriger der SS strafbare Handlungen begangen habe, doch die Opfer des Faschismus hätten es nicht verdient, daß jemand in der Politik tätig ist, der einer an vielen Morden beteiligten SS-Einheit angehört und dies bisher verschwiegen hat."[104] Im „FORVM" ätzte Günther Nenning, die Affäre Kreisky-Wiesenthal sei „ein Unterrichtsmittel für die Heranbildung des sogenannten ‚gelernten Österreichers'". Kreisky liege mit „seinem Reden vom Schlußstrich unter die Vergangenheit (...) goldrichtig"[105]. Die „Aktion gegen den Antisemitismus" schrieb, ohne auf die Auseinandersetzung zwischen Kreisky und Wiesenthal auch nur ansatzweise hinzuweisen: „Zugegeben, er [Peter] war Mitglied dieser berüchtigten SS-Formation, ja, er wurde sogar von seinen Vorgesetzten zu einem Führerlehrgang geschickt und es bleibt nun der Phantasie überlassen, ob diese Auszeichnung durch besonders eifriges Latrinenputzen und Blumenpflücken oder durch anderen Einsatz erfolgt ist: Herr Peter behauptet, er habe nur seine Pflicht als Offizier erfüllt, von Greueltaten nichts gewußt und auch nie an Erschießungen teilgenommen. (...) Nun gibt es natürlich kein Gesetz dagegen, daß Mitglieder einer Partei einen ehemaligen SS-Offizier zu ihrem Vorsitzenden wählen oder in den österreichischen Nationalrat entsenden. (...) Es ist uns auch nicht bekannt, daß Herr Peter sich jemals von den Greueln der Vergangenheit distanzierte, sie verurteilte, oder daß er sein Bedauern über die Millionen Opfer aussprach. Aber auch für diese Unterlassung ist kein österreichisches Gericht zuständig; dies ist eine Frage der persönlichen Moral und das hat jeder mit seinem Gewissen abzumachen.

Da aber Herr Peter Vorsitzender einer österreichischen Partei und Abgeordneter zum österreichischen Parlament ist, ist er sicher ein guter Österreicher und ein ehrenwerter Mann."[106]

Die ausführlichste Debatte fand in der „Zukunft" statt und wurde dort vom ehemaligen AZ-Chefredakteur Paul Blau eröffnet. Seine Kritik basierte auf drei Ebenen. Erstens die Ablehnung Friedrich Peters[107], zweitens der Vorwurf an die SPÖ, „vor allem" an den „Parteivorstand", den „Parlamentsklub" und die „Landesparteien", stumm zu bleiben[108] sowie die Auflistung von Versäumnissen seit den ersten Nachkriegsjahren. Eingebettet darin und daraus folgend kam er zum Kern- und Angelpunkt seiner Analyse, nämlich dem Versäumnis der „systematische[n] Druchdringung der breiten Massen unserer Mitglieder und Wähler mit den Ideen des humanistischen Sozialismus", der einer „ideologisch farblose[n] Werbung" und einem unverblümten „Personenkult"[109] Platz gemacht habe. Abschließend fragte er, wer denn in der falschen Partei sei, einer, „der den opportunistischen Kompromiß mit der faschistischen Vergangenheit auch dann nicht als edle Toleranz gelten läßt, wenn er Wahlerfolge bringt oder einer, der großzügig vergißt und verzeiht, was andere erlitten haben."[110] Reinhold Knoll, wie Blau ebenfalls ein Unterzeichner des oben zitierten Statements der sozialistischen Freiheitskämpfer, argumentierte auf der Ebene des von der SPÖ angedrohten Untersuchungsausschusses, den er als „Fehlverhalten" und „unglaubliche Strapazierung parlamentarischer Möglichkeiten und Unmöglichkeiten" seitens der SPÖ apostrophierte: Ein solcher Untersuchungsausschuß würde zum Verlust „moralischer Autorität" und das Parlament „auf die schiefe Ebene der Glaubwürdigkeit"[111] führen. Kritik an und Befürwortung der SPÖ-Politik[112] waren freilich in diesem Heft – das unter dem Titel „Der neue Konservativismus" im Februar 1976, also mit beträchtlicher „Verspätung" erschien – austariert. Zur Verteidigung rückten Fritz Klenner und Christian Broda aus. Den Wiesenthalschen Vorwürfen begegnete (womit er sie tendenziell zu entkräften trachtete) der damalige Justizminister Broda mit der Feststellung, diese seien ausschließlich politisch kalkuliert und ausschließlich gegen die SPÖ gerichtet gewesen. Danach hob er zu einem Loblied auf die juristische Vergangenheitsbewältigung nach 1945 an, nicht ohne auf die armen Kriegsverbrecher beziehungsweise armen Angeklagten zu verweisen, um im selben Atemzug der „unausrottbar[en] (...) Propagandathese" zu widersprechen, in Österreich habe es keine „nennenswerte Widerstandstätigkeit"[113] gegeben. Die Republik habe nämlich „in den drei Jahrzehnten seit ihrem Wiedererstehen Außerordentliches bei der Bewältigung der Vergangenheit, für die sie keine Verantwortung trägt, geleistet."[114] Im Ton wesentlich jovialer als die Rundumapologie Brodas liest sich der Artikel Fritz Klenners. Blaus und Knolls Artikel zeigten, „daß sich zumindest bei ihnen die Gemüter nicht abgekühlt haben." Die Kontroverse Kreisky-Wiesenthal sah er als Kontroverse einer Prioritätensetzung der Bewertung, nämlich der politischen bei Kreisky und der moralischen bei Wiesenthal. „Dies wäre aber noch kein Grund gewesen, so emotionsgeladen zu reagieren, (...) eine sachliche und ruhige Austragung der Affäre [wäre] jedenfalls nützlicher gewesen". Die von Blau gegen die Politik der SPÖ ins Treffen geführte Kritik wies Klenner als „weder konkretisiert noch vielfach haltbar"[115] zurück. Ein juridischer Exkurs zum – auf Wiesenthal gemünzten – Thema „Privatjustiz" wurde drei Wochen später publiziert. „Die Anzeige und Namhaftmachung strafrechtlicher Tatbestände und die legale Mitwirkung an der Aufdeckung derselben kann also niemals strafbar sein; sie wird allerdings dann und dort unzulässig und unter gewissen Voraussetzungen strafbar, wenn sie zu solchen, der öffentlichen Gewalt vorbehaltenen Tätigkeiten und Funktionen aus- und hinüberwächst." Dem folgte ein atemberaubender historischer Vergleich mittels Rückgriff auf die Zwischenkriegszeit. „Man erinnert sich in Österreich an die zwischen 1918 und 1938 beobachteten parapolizeilichen Erscheinungen. 1938 wurde sichtbar, wie intensiv die Parapolizei der 1938 eintretenden Polizei vorgearbeitet hatte." Barwitsch beendete seinen Artikel damit, daß der Staat eine „wie immer beschaffene, aus welchen Gründen immer hergeleitete Privatpolizei (...) nicht"[116] dulden könne. Anton Pelinka verglich das Verhalten der SPÖ in der Affäre Borodajkewycz mit dem in der gegenständlichen Affäre und schlußfolgerte, daß die SPÖ damals „als Partei des glaubhaften Antinazismus" aufgetreten sei. „Der Antifaschismus der SPÖ von heute ist ein taktisch motivierter. Wenn bekannt wird, daß die ÖVP – zu ihrer Schande – in ihrem Parlamentsklub ein Bild des Engelbert Dollfuß hängen hat, dann ist man antifaschistisch. Wenn bekannt wird, daß die FPÖ ein Bildungshaus nach Anton Reinthaler benennt, dann geht man darüber hinweg. (...) Die SPÖ von heute hat jedenfalls bewirkt, daß man als Antifaschist in Österreich nur mehr – um mit Paul Blau zu sprechen – falsche Parteien sieht."[117] Eine Sowohl-als-auch-Haltung nahm Ernst Unger ein: Die Bemühungen Wiesenthals seien „durchaus verständlich und vollkommen berechtigt." Nur Wiesenthal habe durch die termingerechte „Aufdeckung dieses Sachverhaltes (...) im Zusammenhang mit der Nationalratswahl (...) seine an sich begrüßenswerte Tätigkeit aus offenkundig taktischen Manövern selbst abgewertet."[118] Ein Plädoyer für Paul Blau stammte aus der

Feder Peter Wasservogels, der allerdings mit keinem Wort konkret auf die Causa Kreisky-Wiesenthal einging, sondern Blaus Kritik an der innerparteilichen (demokratischen) Verfaßtheit der SPÖ inhaltlich unterstützte[119]. In dieselbe Kerbe, nämlich die des Defizits an innerparteilicher Demokratie, schlug auch Albert Massiczek. Das Verhalten Kreiskys und das der SPÖ gebiete mittelbar „Schlüsse über eine Partei (…), deren Führungsgremien den Vorsitzenden widerspruchslos so agieren ließen", es seien aber auch Schlüsse „über eine Demokratie" zu ziehen, „in der ein Regierungschef mit einem Staatsbürger ungehindert so umspringt." Die „Leitung der Partei hat im Fall Peter moralisch versagt."[120] Noch härter mit der SPÖ ging Stefan Wirlander ins Gericht. Die Parteiführung sei „am besten Weg dazu, ihre ganze Fähigkeit in den Dienst *einer* Aufgabe zu stellen, die mit dem Satz umschrieben werden kann: ‚Alles zu tun, um an der Macht zu bleiben.' Das ganze taktische Verhalten ist auf diese Zielsetzung eingestellt – fast rücksichtslos werden alle programmatisch (ideologisch) und historisch bedingten Standpunkte diesem Erfordernis untergeordnet."[121]

An dieser Stelle soll eine Zwischenbilanz gezogen werden: Die innerparteilichen Apologeten am Kurs der SPÖ vom Schlage Brodas, Kenners oder dem in diesem Zusammenhang als Verschwörungstheoretiker operierenden Herbert Bandhauer[122] blieben in dieser Diskussion – über deren rezipierte Relevanz an dieser Stelle keine Überlegungen angestellt werden sollen – in der Minderheit. Paul Blau hatte zwei Richtungen der Kritik vorgegeben: einerseits die des aktuellen Verhaltens Wiesenthal aber vielmehr noch Peter gegenüber, sowie die Frage des aktuellen ideologischen Standortes der SPÖ, besonders was den Punkt der innerparteilichen Demokratie anbetrifft. Letzterer wurde – sieht man von den Beiträgen Knolls und Pelinkas ab – auch wesentlich stärker rezipiert und diskutiert. Es hat somit den Anschein, daß das Verhalten Kreiskys und der Parteiführung in dieser Angelegenheit der zündende Funke eines latent vorhandenen Unbehagens war. Am stärksten trat dieser Moment in einem Aufsatz Mattls zutage. „Es ist das große Verdienst des Genossen Paul Blau, die beschämende Haltung der Parteiführung im ‚Fall Peter' von der parlamentarisch-taktischen Ebene abgezogen und in klaren Kontext mit der Entwicklung der Partei selbst gestellt zu haben." Mattl vermißte aber in Blaus Aufsatz „gewisse Erklärungszusammenhänge", wobei der erste der wäre, den Faschismus als „offene Diktatur des Kapitals mit den Mitteln staatlichen Terrors über die Arbeiterklasse" dingfest zu machen. „Weiters fehlt die Begründung dafür, warum die SPÖ systematisch den Weg der Entideologisierung gegangen ist, was den offensichtlichen Bruch mit der Haltung der alten Sozialdemokratie gegenüber dem Klassengegner und dem bürgerlichen Staatsapparat beziehungsweise in dessen Folge gegenüber den profaschistischen Kräften national und international letzten Endes konstituiert." In dieser „neuen" Tradition einer traditionslosen und verbürgerlichten Sozialdemokratie stünden „Teilprivatisierung verstaatlichter Betriebe, Abverkauf kommunaler gemeinwirtschaftlicher Unternehmungen", wohingegen einem „System der profitfördernden Steuer- und Subventionspolitik, der Forderung nach Wirtschaftslenkung und -planung sowie höhere Steuergerechtigkeit"[123] der Vorzug zu geben sei. Kurz und gut: Mehr Ideologie, mehr Klassenkampf und mehr (lupenreiner) Sozialismus.

1983 sollte Friedrich Peter und dessen SS-Vergangenheit abermals in die Schlagzeilen geraten. Es ging diesmal, als Ergebnis der (erfolgreichen) Koalitionsverhandlungen zwischen SPÖ und FPÖ, womit Kreiskys Rückversicherung nunmehr eingelöst wurde, um Peters Avancen auf das Amt des 3. Nationalratspräsidenten. Aber anders als 1970 oder als 1975, wo es wenig vernehmbaren Protest – nicht nur an der Vergangenheit oder am (gegenwärtigen) Verhalten Peters – gegeben hatte, formierte sich 1983 ein parteienübergreifender, letztlich erfolgreicher Protest. Der ÖVP-Abgeordnete Walter Schwimmer hielt eine Wahl Peters „schlicht und einfach für geschmacklos." Für Josef Hindels wäre es „eine Schande für Österreich" und „eine Beleidigung für alle Opfer des Faschismus" gewesen. Friedhelm Frischenschlager sah darin naturgemäß kein Problem, denn Peter habe „zur Genüge bewiesen, daß er sich zu einem aufrichtigen Demokraten gewandelt hat."[124] In einem offenen Schreiben an Norbert Steger formulierte der Anzeigendirektor der „Arbeiter-Zeitung", Dieter Parzer: *Dem Individuum Friedrich Peter möge seine persönliche Läuterung geglaubt sein. Wir wollen aber nicht vergessen, daß einem, der Läuterung sucht, das Bußgewand besser ansteht als der Frack des 3. Präsidenten des Nationalrates."[125]* In einer im „profil"[126] geschalteten Anzeigenkampagne ersuchten die Unterzeichner „den Bundespräsidenten, eine Bestellung von Friedrich Peter für ein Regierungsamt zu verweigern" und forderten „die im Parlament vertretenen Parteien auf, von seiner Wahl zum 3. Präsidenten des Nationalrates Abstand zu nehmen." Peters Wahl „oder seine Aufnahme in die Bundesregierung [ist] mit dem Ansehen Österreichs unvereinbar (...). Sie widerspricht den Werten, die der parlamentarischen Republik zugrunde liegen. Friedrich Peter war 2 Jahre lang Angehöriger einer SS-Kompanie, die in Rußland während des 2. Weltkrieges Massenmorde an wehrlosen Zivilpersonen verübt hat. Die Zugehörigkeit allein muß ausreichen, ihm die höchsten Ämter im Staate zu verschließen."[127]

Mit einem, vor lauter Selbstmitleid und Selbstgerechtigkeit triefenden und nicht weiter zu kommentierenden, am 16. Mai 1983 geschriebenen Brief an den damaligen Bundesparteiobmann Norbert Steger beendete Peter schließlich die Diskussion um seine Kandidatur. „Der Verlauf der letzten Wochen machte mir nur bewußt, daß die gegen mich veranstaltete Menschenjagd durch Medienjustiz in ihrer Wirkung stärker ist als die von mir in allen Funktionen mit allen verfügbaren Kräften betriebene Ausgleichs-, Versöhnungs- und Verständigungspolitik. (...) Mein Verzicht auf das Amt des Dritten Nationalratspräsidenten ist daher aus meiner Sicht ein persönlicher Beitrag zur Verwirklichung jenes Grundsatzes, den Bundespräsident Dr. Kirchschläger mit dem Satz: ‚Der Friede beginnt im eigenen Haus‘ gekennzeichnet hat.

Ich hoffe, daß dieses Kirchschläger-Wort nicht nur für mich als freiheitlicher Politiker, sondern auch für meine Widersacher Gültigkeit hat."[128]

In einer, nach Peters Rückzug unter 2027 Befragten durchgeführten Umfrage der „Sozialwissenschaftlichen Studiengesellschaft" antworteten 28 Prozent, Peter sei wegen seiner SS-Vergangenheit für dieses Amt „grundsätzlich ungeeignet", wohingegen dem 20 Prozent widersprachen. Daß 66 Prozent der FPÖ-Anhänger gegen Peters Rückzug optierten, vermag nicht zu überraschen, unter den SPÖ-Anhängern waren es immerhin noch 28 Prozent (23 % unter den ÖVP-Anhängern und 16% unter den Anhängern der „Alternativen")[129].

Am 4. April 1986 meldete sich Friedrich Peter – sehr emotionell, wie der Autor aus der eigenen Erinnerung weiß – ein letztes Mal im Nationalrat zu Wort. Er sei „Parlamentarier mit Leib und Seele" und „aufgrund meiner Lebenserfahrung ein überzeugter Anhänger der Konsensdemokratie", was er mit seiner Biographie, nämlich als ein „an der Schwelle zur Ersten Republik" Geborener, der „im Ständestaat zur Schule ging", der „im Inferno des Zweiten Weltkrieges zum Mann reifte" und der „dann vor den Trümmern und im Chaos stand", begründete. Gerade als Repräsentant dieser Generation vermeinte Peter, sich auch gegen die „heute oft gnadenlos urteilende und verurteilende Generation" verwahren zu müssen, der auch nicht zustehe, „an unserer demokratischen Glaubwürdigkeit und moralischen Eignung zu zweifeln oder zu rütteln." Ausdrücklich erwähnte er noch – in Antithese dazu – die „guten Geister" und den „guten Geist" der Zweiten Republik, der „Begriffe wie Verständigung, Zusammenarbeit und Versöhnung als unverzichtbare Bestandteile der Konsensdemokratie mit einschloß."[130] Ein Umstand soll an dieser Stelle doch klargestellt werden, ohne falsch verstanden zu werden: Nicht die Generation des Friedrich Peter, sondern das Segment *des* Friedrich Peter brauchte wirklich den Geist der „Verständigung, Zusammenarbeit und Versöhnung" und gerade an ihm, mit *dieser* Vergangenheit läßt sich nachgerade prototypisch festmachen, wie man *die* eigene Vergangenheit „bewältigen" konnte, nämlich die (verschiedene) Heroenzeit in einem Mordkommando der SS mit der (nachhaltig reklamierten) Heroenzeit des (pardonierenden) Wiederaufbaus gegenzuverrechnen und sich dadurch gegen wie auch immer geartete Vorwürfe zu immunisieren.

Simon Wiesenthal schrieb über die Auseinandersetzung um Peters Vergangenheit: „Tatsächlich waren die folgenden sechs Wochen die schlimmste Zeit, die ich seit dem Krieg erleben mußte. Ich war ein Aussätziger in meiner neuen Heimat, und nur der Gedanke, daß ich schließlich einen Hitler überlebt hatte, hielt mich davon ab, aus Österreich zu emigrieren."[131]

Abschließend sei noch Helmut Konrad, der sowohl die weiter oben aus der „Österreichischen Nation" zitierte Erklärung als auch den Aufruf 1983 unterzeichnet hatte, zitiert: „Ich darf autobiographisch einflechten, daß meine eigene Bewunderung für Bruno Kreisky hier" in der Auseinandersetzung von 1975 „ihren gravierendsten Riß erhalten hatte, hier konnten wir, meine Freunde und ich, den ‚Alten', wie wir ihn nannten, nicht mehr verstehen."[132]

4.5. Medienanalyse

Zur nun folgenden Medienanalyse ist vorbemerkend festzuhalten, daß sie jeweils drei Teile, nämlich das Kabinett Kreisky I, die Auseinandersetzung um Peters Vergangenheit und schließlich das von Friedrich Peter angestrebte Amt des 3. Nationalratspräsidenten umfaßt. Da die Tageszeitungsanalyse über die Auseinandersetzung um Peters Vergangenheit für die „Salzburger Nachrichten", Die „Kleine Zeitung", „Die Presse" sowie für die „Neue Kronen Zeitung" bereits vorliegt, wird diese für die vier Blätter lediglich zusammenfassend vorgenommen. Die Analyse der Kommentierung der Minderheitsregierung wird weggelassen, festzuhalten bleibt, daß sie – sieht man von der „Südost-Tagespost" ab – durchwegs wohlwollen kommentiert wurde.

4.5.1. Salzburger Nachrichten
4.5.1.1. Das Kabinett Kreisky I
Die Berichterstattung zum „Fall Öllinger" begann in den „Salzburger Nachrichten" denkbar spät, nämlich erst am 15. Mai[133], also zu einem Zeitpunkt, als seine Vergangenheit in anderen Tageszeitungen bereits seit Tagen thematisiert wurde[134]. Für das Blatt war der „Fall Öllinger (...) peinlich – aber er könnte eine Lehre sein." Erstens für die SPÖ[135], zweitens aber auch für die Republik, denn das Ziehen eines Schlußstrichs – „[f]ür alle"[136] – sei angezeigt. Und das bedeute, kein Schnüffeln in, kein Vorhalten von und kein Verunglimpfen wegen politischer Vergangenheiten. Für Chefredakteur Ritschel war Öllingers Rücktritt „die beste Lösung", allerdings nicht ob dessen Vergangenheit, sondern weil sich „ein gestörtes Verhältnis (...) nur schwer reparieren" läßt. Öllingers Disqualifikation läge nicht in seiner SS-Mitgliedschaft, sondern im „Verschweigen dieser Funktion"[137]. Als der „Spiegel" in der Folge weitere NS-Vergangenheiten publizierte, sah Ritschel darin den „Willen des

deutschen Nachrichtenmagazin[s] (...) einen neuen NS-Skandal in der österreichischen Bundesregierung" zu lancieren. „Die Lektüre des Artikels" ließ in ihm „ein großes Unbehagen zurück", da keine konkreten Beweise vorlägen. Daran änderte auch die Berufung auf Simon Wiesenthal nichts, den er „grundsätzlich" nicht verurteilte, „wenn er sein Leben der Aufdeckung von nazistischen Verbrechen widmet, denn ich weiß nicht, wie ich mich verhalten würde, wäre ich der einzige Überlebende einer einstmals großen Familie, die in der NS-Zeit ausgerottet wurde. Doch er schadet der Glaubwürdigkeit seines Anliegens, wenn er einer Kollektivschuld huldigt." In diesem Kommentar durfte sich Rösch Ritschels besonderer Anteilnahme erfreuen, denn er war „ein junger Mann, als er der SA beitrat und schließlich die NS-Ordensburg Sonthofen besuchte. Im Gegensatz zu Öllinger (...) hat Rösch vor vielen Jahren die Karten offen auf den Tisch gelegt", womit also kein disqualifizierend-gestörtes Verhältnis zu Kreisky vorliege. Unter Berufung auf die bisherige Blattlinie forderte er, „daß Verbrechen geahndet werden müssen, daß aber die Bewältigung der Vergangenheit so weit vorangeschritten sein muß, um mit dem Aufrechnen bloßer Zugehörigkeit zu irgendwelchen NS-Formationen Schluß zu machen." Mit der Veröffentlichung werde nicht nur die Regierung, „sondern ganz Österreich" diffamiert, und es gelte „sich gegen solche Versuche [zu] wehren, Zwietracht säen zu wollen und Gespenster zu jagen, wo keine sind."[138] Im letzten, für die Analyse relevanten Kommentar[139], ging Hubert Feichtlbauer auf die (partei)politische Dimension von Kreiskys Verhalten ein. „Gewiß ist es Kreisky um eine Versöhnung derer ,mit Vergangenheit' zu tun. Aber erst, daß er das Panier nur gegen einen gewissen Widerstand in den eigenen Heerscharen aufrichten konnte, macht ihn zum Volkstribun". Ein „paar, die ihn bisher nicht gewählt, werden sich neuerlich Gedanken machen. Politische Stammkunden übrigens auch", womit Feichtlbauer zu den Nazis übergelaufene und/oder nach 1945 zurückgekehrte Sozialdemokraten meinte, denn diese „mußten sich nach 1945 in der Zeit der parteioffiziellen Nazifresserei von ihrer Führung mißverstanden fühlen."[140]

4.5.1.2. Kreisky-Peter-Wiesenthal

So wie 1970 disqualifizierte auch 1975 eine SS-Vergangenheit keineswegs für ein politisches Amt. Wesentlich heftiger als 1970 war die ablehnende Haltung Simon Wiesenthal gegenüber, dem 1975 sogar die Legitimation zur Veröffentlichung von Peters Vergangenheit abgesprochen wurde. Dementsprechend gut beziehungsweise ungeschoren kamen sowohl Kreisky als auch Peter davon[141].

4.5.1.3. Friedrich Peter als 3. Nationalratspräsident

Der SN-Journalist Neureiter deutete die Diskussion um Peter dahingehend, daß uns die Vergangenheit „also wieder einmal" eingeholt habe, wobei über diese zu diskutieren „kein Unglück" und die Diskussion „berechtigte" sei. In dieser sah er die „Fronten" nicht eindeutig gezogen. Es stelle sich nämlich „bei ausgewogener Betrachtung des Falles heraus, daß nicht von vornherein die einen recht und die anderen unrecht haben, daß nicht auf der einen Seite die Demokraten und auf der anderen Seite die Neonazis stehen, oben die Wahrer des Rufes Österreichs im Ausland stehen und unten jene, denen alles egal ist." Neureiter spitzte die Diskussion auf die Konfrontation und Zugangsweisen Wiesenthal(s)-Kreisky(s) als Stellvertreter zu, wobei beide Seiten zu verstehen seien. Die einen, „wenn sie jetzt mit aller Kraft zu verhinden versuchen, daß Angehörige der SS ohne Unterschiede, ob der Waffen-SS oder KZ-Bewacher (...) keine Staatsämter in einer Demokratie erhalten" sollen und auf der anderen Seite Kreisky, der ja auch Angehörige durch die Nationalsozialisten verloren habe. „Falls ein Fehler begangen wurde, geschah er 1957, als Friedrich Peter Bundesparteiobmann der Freiheitlichen Partei Österreichs wurde", denn damals hätte er sich fragen müssen, ob seine Vergangenheit nicht einmal eine Belastung werden würde. „Heute (...) erhebt sich nur noch die Frage, ob die Schatten der Vergangenheit schwerer wiegen als das, was an demokratischer Reife von dieser Person in den letzten 25 Jahren bewiesen wurde." Überhaupt sei das Problem nicht *die* Vergangenheit, sondern *Peters* Vergangenheit. Neben dieser rational abzuführenden Diskussion gäbe es aber auch emotionale Komponenten, und die könne „eine Zeitung den Lesern nicht abnehmen." Sie könne nur feststellen, daß „beide Seiten irgendwie zu verstehen sind"[142], wobei abseits allem Sowohl-als-auch unterschwellig eine Kandidatur Peters nicht abgelehnt wurde. Ritschel zollte Peter für dessen Verzicht auf die Kandidatur Respekt, denn dadurch habe dieser „nicht nur Österreich einen großen Dienst erwiesen, sondern auch" der SPÖ. Heftige Kritik übte der SN-Herausgeber am Verhalten Benyas und Stegers, die den Medien die Schuld an der Diskussion zuschoben. „Darf ein Journalist nicht eine Meinung vertreten? Wenn nein, dann gibt es keine Kommentare mehr." All „jene, die sagen, ein ehemaliger SS-Mann sei zwar in der FPÖ für jeden Posten gut, aber sie wollten ihn nicht in einer gesamtparlamentarischen Funktion sehen, haben eine Meinung, die durchaus zu vertreten ist. Ohne daß hier Menschenjagd betrieben wird. Auf Menschenjagd war die 1. SS-Infanteriebrigade angesetzt worden. Schon allein aus dem nahcliegenden Vergleich oder der Möglichkeit dieses Vergleichs ist diese Wortwahl geschmacklos."[143]

Simon Wiesenthal wurde zwar 1970 nicht die Legitimation, aber die Art der Vorgangsweise negativ angekreidet; 1975 war das Meinungsbild ihm gegenüber schon wesentlich unfreundlicher. Die Berichterstattung der „Salzburger Nachrichten" war – vergleicht man 1970 und 1975 – eine inhaltlich kontinuierliche; die bloße Zugehörigkeit, und sei es die zur SS, disqualifiziere keincsfalls für ein politisches Spitzenamt. Historisch angelegte Österreichbezüge spielten in der Kommentierung keine Rolle, im selben Ausmaß waren allgemein historische Bezüge ebenfalls irrelevant. Erst 1983 spielte Peters SS-Vergangenheit in der Bewertung und schließlichen Ablehnung ebenso eine Rolle, wie der Leser – möglicherweise – in die Lage versetzt wurde, zu bewerten, warum gerade eine SS-Vergangenheit disqualifizieren könnte.

4.5.2. Kurier

4.5.2.1. Das Kabinett Kreisky I

Nachdem am 14. April über Öllingers Herzattacke[144] und zwei Tage später über Kreiskys Reaktion[145] auf die aufgedeckte SS-Vergangenheit Öllingers berichtet wurde, schrieb Lenhardt in der Analyse nach Öllingers Rücktritt, dieser habe „das für einen Sozialisten schwierigste Ressort zu verwalten" gehabt, „verfügte über die fragwürdigste politische Vergangenheit und offenbar über die angegriffenste Gesundheit. (...) Insofern dürfte ein Zusammenhang zwischen den Ausgrabungen aus unheilvollen politischen Zeiten und dem nunmehrigen Rücktritt bestehen." Da Kreisky so getan habe, als sei ein ehemaliger SS-Mann für die Bundesregierung würdiger als ein Nicht-SS-Mann, „möchten wir gern festhalten: in der österreichischen Bundesregierung sehen wir einen Minister Weihs, der immer Österreicher war, lieber als einen Minister Öllinger, der es nicht immer war"[146] – dem ist noch hinzuzufügen, daß zu diesem Zeitpunkt über Weihs' ‚nichtösterreichische' Vergangenheit noch nichts bekannt war. Nach der Ankündigung und der Berichterstattung über die Fernsehdiskussion zum „Fall Öllinger"[147] berichtete der „Kurier" weiters über den „Fall Rösch"[148]. Aus Anlaß der Gratz-Ausfälle aufgrund der „gezielten Angriffe auf einige Mitglieder der Regierung Kreisky wegen ihrer angeblichen NS-Vergangenheit" auf dem SPÖ-Parteitag 1970 wurde kommentiert: „Der Auseinandersetzung liegen auf beiden Seiten unrichtige Motive zugrunde; der Streit führt in mehrfacher Hinsicht in die Irre und ist überflüssig." Denn Wiesenthal mache offensichtlich „keinen Unterschied zwischen Verbrechern und einfachen Anhängern der NSDAP, die inzwischen – und es sind 25 Jahre her! – keinen Anlaß gegeben haben, an ihrer demokratischen Einsicht zu zweifeln. Und in der SPÖ macht man offenbar ebenso keinen Unterschied zwischen einem Mann, der lange Zeit im Einvernehmen mit Behörden und Polizei der Gerechtigkeit diente und jenen dunklen Vertretern internationaler Spionageringe, die Österreich als bequemen Arbeitsplatz betrachten."[149]

4.5.2.2. Kreisky-Peter-Wiesenthal

Nachdem Wiesenthal Peters Vergangenheit in neuem Licht zeigte, zitierte der „Kurier" aus Wiesenthals Dossier über Peters Einheit: „Von der Aktion ‚Sumpffieber', an der unter anderem auch Peters Regiment teilnahm, zitiert ein Bericht des Kommandanten als ‚Ergebnis der Aktion': ‚389 bewaffnete Banditen erschossen, 1274 Verdächtige abgeurteilt und erschossen, 8350 Juden exekutiert'. Unter zehntausend Opfern befanden sich also nur knapp vierhundert Bewaffnete, obwohl sich die Aktion auf ein riesiges Gebiet erstreckte. Wie wenig die Einsätze mit Kriegsführung zu tun hatten, zeigt auch der Schlußbericht des Unternehmens ‚Nürnberg', der 70 erschossene Juden und Banditen und 638 ‚Sonderbehandelte' bei eigenen Verlusten von nur vier Toten und einem Verwundeten vermerkte."[150] In einem Kommentar fand es Alfred Payrleitner peinlich, „daß es Simon Wiesenthal und ein ziemlich kalkulierter Zufall sind, die nun den Personalakt auftauchen ließen."[151] Er hielt fest, daß kein einziger konkreter Beweis gegen Peter vorliege, betonte aber, daß Peter in einer „Mördertruppe (...) freiwillig Dienst leistete", und er „selbst muß ja wohl einen Grund gehabt haben, warum er von sich bisher nur als ‚Frontoffizier der Waffen-SS' im Osten gesprochen hat." Die „politische Wertung dieser deprimierenden und schwer zu fassenden Enthüllung" umfasse die Frage, ob sich „ein Mann mit dieser historischen Verankerung in die Spitzenbereiche der Politik vorwagen", und ob er „zum Gedenken nach Auschwitz fahren" müsse. Abschließend betonte er nochmals, Peter sei derzeit nichts Kriminelles vorzuwerfen. „Nur Mangel an politischem Gefühl. Für einen etwaigen Vizekanzler von gestern ..."[152] Für Peter Rabl bedurfte es im Dezember für einen politischen Rücktritt gar nicht der gegen Peter nunmehr vorliegenden, zusätzlichen Beweislast, wenngleich diese für das Gericht „tatsächlich nicht" Gültigkeit habe. „Für den Rücktritt eines demokratischen Parteiführers sollte es schon lange reichen. Auch ohne die These der Kollektivschuld." Peter sei Mitglied in einer der „berüchtigsten Terrortruppen" gewesen, für „die sich damals schon die Frontsoldaten geschämt haben." Weiters sei nicht glaubhaft, wenn Peter behaupte, von nichts gewußt zu haben. „Von solchen Dingen weiß jeder Kommandotruppführer in jeder soldatischen Formation der Welt." Wenngleich Peter „den Wandel vom Ehemaligen zum Liberalen mit leicht nationaler Schlagseite geschafft" und „damit seine Partei mitverändert" habe, wäre sein Rücktritt „bloß eine Selbstverständlichkeit", wenn auch „ein Opfer für seine Partei und für Österreich."[153] Der „Mafia"-Vorwurf seitens Kreisky mache politische „Konkurrenten überflüssig" und habe für die FPÖ die Auswirkung der „Verlängerung ihrer Rolle als Parlamentszwerg, ihrer Majestät Bruno ungefährliche Opposition."[154] Der von Wiesenthal gegen Kreisky angestrengte Prozeß, „auf den sich Kreisky offensichtlich freut, wird all das hochkommen lassen, was in Österreich nach wie vor schwelt: latenten Antisemitismus, Borniertheit, schlampigen Umgang mit der Vergangenheit". Kreisky wolle „der Welt das Schauspiel bieten (...), ‚auch Nazis als seine Gewährsleute' aufmarschieren zu lassen, in jenem Land, dessen Solidaritätsgefühl einstens ‚nicht stark genug war, um sich in einem kollektiven Protest gegen die Verfolgung und Vernichtung der Juden zu äußern' (Erika Weinzierl 1969)."[155] Heftige Kritik wurde von seiten des „Kurier" am geplanten und dann abgeblasenen parlamentarischen Untersuchungsausschuß geübt. Dort werden „Kreiskys Parteigänger (...) sicher nicht in der Minderheit sein. Der Streit vor Gericht wäre unwürdig gewesen – die Kommission ist untauglich."[156] Mit diesem Verhalten habe „sich ein Monument selber beschädigt: Österreichs Bundeskanzler. (...) Vom Rufmord an einem Mitbürger zur Entscheidung, daß die ‚Sache nun erledigt' sei. Von der schützenden Umarmung des möglichen Koalitionspartners zu dessen Fallenlassen gleich einer heißen Maroni. Und schließlich von der Ankündigung eines parlamentarischen Untersuchungsausschusses (...) zu deren Umwidmung als Mittel zum persönlichen Zweck Kabinettsjustiz (...). Daß Wiesenthal seine Klage nun im Interesse des Landes zurückgezogen hat, ist zu begrüßen. Aber daß dieser Rückzug in Form eines offensichtlichen Koppelungsgeschäftes erfolgte, ist bestürzend." Dadurch werde nämlich das „Parlament zu einem Privatbüttel des Regierungschefs degradiert."[157] Im Gegensatz zu den meisten der hier untersuchten Tageszeitungen – falls diese sich dazu überhaupt äußerten – sah der „Kurier" sehr wohl einen Zusammenhang zwischen dem kritisch kommentierten Freispruch[158] Vinzenz Gogls[159] und dem Verhalten der SPÖ, welches zynisch interpretiert wurde: „Ein Mann kam dabei der SPÖ mit einem guten Argument zu Hilfe: Vinzenz Gogl. Wenn schon die Geschworenen den KZ-Wächter freigehen ließen, so wollte man sich nicht zusätzlich mit der Provokation eines Verfahrens gegen das rabiateste Opfer belasten."[160]

4.5.2.3. Friedrich Peter als 3. Nationalratspräsident

Als sich Friedrich Peter 1983 um das Amt eines der drei Nationalratspräsidenten bewarb, schrieb der damalige Chefredakteur Gerd Leitgeb, es sei bekannt, daß Peter einer SS-Einheit angehört habe, „die bei ‚Säuberungsaktionen' wehrlose Zivilisten erschoß", daß sich Peter „freiwillig zur SS gemeldet" habe, daß aber er und seine Kameraden nicht wissen konnten, „wozu sie mißbraucht werden würden". Diese Angehörigkeit bedeute aber nicht zwangsläufig, „daß er direkt an Massakern beteiligt war", und er habe keinen „Grund zur Annahme, daß Peter selbst einmal einem Erschießungskommando angehörte." Er zweifle jedoch daran, „daß Peter nichts von den Gewalttaten seiner Kompanie und der ganzen Brigade gewußt haben sollte." Er habe sich schon immer gewünscht, Peter nähme Abschied von der Politik. „Jetzt – wo

Peter die politische Karriereleiter weiter hochsteigen will – wünsche ich es mir nicht mehr: Nun – so glaube ich – i s t e s h o c h a n d e r Z e i t, e s z u f o r d e r n. Das ‚Hohe Haus' dieses Landes soll nicht von einem Mann repräsentiert werden, der (...) einer Einheit angehörte, die an Morden beteiligt war." Für Leitgeb waren sowohl Peters als auch das Verhalten der FPÖ „unbegreiflich (...) Und für mich ist es noch unbegreiflicher, daß die SPÖ das akzeptieren will."[161]

An der „Kurier"-Kommentierung ist festzuhalten, daß sie sich in der Causa der NS-Vergangenheiten innerhalb der Ministerriege Kreiskys zwar zurückhaltend aber doch gegen diese Ministerschaften aussprach. Sofern es die Auseinandersetzung um Peters SS-Vergangenheit betraf, stand die Zeitung eindeutig auf seiten Wiesenthals und machte aus der Affäre das, was sie eigentlich war, nämlich zuerst einen „Fall Peter" und dann einen „Fall Kreisky". Peter wurde ob seiner Vergangenheit die Qualifikation für ein Regierungs- oder ein noch höheres Amt abgesprochen. Historische und Österreich-Bezüge sind nachweisbar, spielen in der Gesamtschau eine untergeordnete Rolle, wurden aber zur Argumentation von Peters Nichtqualifikation durchaus herangezogen.

4.5.3. Kleine Zeitung

4.5.3.1. Das Kabinett Kreisky I

Bei der Präsentation der Ministerriege wurden die Jahre 1938 bis 1945 nur sehr peripher gestreift[162], und als der „Fall Öllinger" publik wurde, kam im Bericht ausschließlich dieser zu Wort[163]. Öllinger war für die „Kleine Zeitung" vor allem eine Art Strafe für eine „Partei, die jahrzehntelang in der politischen Vergangenheit ihrer Gegner herumstöberte, wenn es ihr gerade in den Kram paßte". Der ÖVP wurde attestiert, sie habe „sich in der ganzen Angelegenheit eher knieweich" verhalten; und das „nicht ohne Grund, wenn man ähnliche Pannen in dieser Partei bedenkt." Der Rücktritt Öllingers sei aber (vor allem) „ein Punkteverlust Kreiskys gegenüber seinen innerparteilichen Widersachern". Die zu ziehende Lehre für die Zukunft liege nicht darin, die eigenen Kandidaten und deren Vergangenheiten zu überprüfen, sondern darin, „in Hinkunft bei der gegenseitigen Aufrechnung der Vergangenheit vorsichtiger und zurückhaltender" zu sein, „weil sich diese Vergangenheit (...) nur allzu leicht als Bumerang erweisen kann."[164] Viel Platz wurde – wohl auch wegen der Teilnahme Vorhofers und Csoklichs – der Fernsehdiskussion „Wie tot ist die Vergangenheit" am 24. Mai 1970 eingeräumt. Einen nicht unbeträchtlichen Teil dieser Mischung aus Berichterstattung und Kommentierung nahmen die Positionen (besser: die Position) Vorhofers und Csoklichs ein. „Es müsse vorausgeschickt werden, daß eine Versöhnung in unserem Volk über alle trennenden Mauern und Schützengräben der Vergangenheit unbedingt notwendig ist: ‚Wer sich nichts Kriminelles zuschulden kommen ließ, darf nicht diskriminiert werden!' Diese Linie habe die ‚Kleine Zeitung' seit jeher verfolgt, sagte Dr. Csoklich. Schon in einer Zeit, als dies noch recht unpopulär war, habe sich die ‚Kleine Zeitung' gegen die unsinnige pauschale Verfolgung der kleinen NS-Mitglieder in der Nachkriegszeit gewendet, die in vielen Fällen ihre Posten und ihre Wohnungen verloren, ja, in ihrer Existenz bedroht wurden, während viele große ‚Ehemalige' bald bei den Großparteien Unterschlupf fanden."[165] Den Abschluß dieses Artikels bildete eine Breitseite gegen die steirischen Konkurrenzblätter „Neue Zeit" und „Südost-Tagespost". Letztere habe „die Namen der Diskussionsteilnehmer zensuriert, während für das steirische SPÖ-Organ die ganze TV-Diskussion nicht stattfand. Sogar aus dem Fernsehprogramm der ‚Neuen Zeit' wurde jede Ankündigung gestrichen."[166] Obwohl das Blatt über die Vorwürfe und den Verlauf der Affäre(n) berichtete[167], wurde die „Absprengung *dieser* Vergangenheit von der Gegenwart" beispielsweise am Artikel Rupert Gmosers zum SPÖ-Parteitag[168] oder eines Interviews mit Leopold Gratz[169] exemplarisch deutlich. Dementsprechend wenig Platz räumte dem auch Vorhofer – abgesehen vom bereits weiter oben Zitierten – in seinem Kommentar zum SPÖ-Parteitag ein, dessen großes Manko „das klaffende Mißverhältnis zwischen einstigen Versprechungen und den geringen Möglichkeiten oder Bereitschaft, diese Versprechungen einzulösen" sei. Auf dem Parteitag debattierten die Sozialisten „über alles mögliche (...), so über das Problem der Altersklausel, über Simon Wiesenthal und sehr viel über den Faschismus in Griechenland." Die Diskussion um Öllinger auf dem Parteitag, so Vorhofer, sei „für die Regierung Kreisky (...) unangenehm" gewesen, „noch viel unangenehmer wäre freilich für sie wohl eine Debatte über die Frage der Einlösung der Wahlversprechen gewesen."[170]

4.5.3.2 Kreisky-Peter-Wiesenthal

Für die Kommentatoren der „Kleinen Zeitung" war Peters Vergangenheit zumindest für ein Regierungsamt disqualifizierend. Gescholten wurden auch Kreisky und die SPÖ, aber weniger dafür, daß sie sich vor Peter stellten, sondern es wurde wie bereits 1970 darauf aufmerksam gemacht, wie die SPÖ reagiert hätte, würde diese Vergangenheit einen der Nicht-ihren (oder ihnen Nahestehenden) betreffen. Weiters fand sich – offensichtlich um die Disqualifikation Peters besonders hervorzuheben – häufig die Gleichsetzung von Nationalsozialismus und Kommunismus. Durch drei Gastkommentare von Josef Hindels, Anton Pelinka und Otto Scrinzi erweiterte die „Kleine Zeitung" ihr – für die Person Peter negativ ausfallendes – journalistisches Repertoire[171].

96

4.5.3.3. Friedrich Peter als 3. Nationalratspräsident

Schrieb Neureiter in den „Salzburger Nachrichten" der jetzt akute „Fall Peter" sei 1957 „verhaut" worden, so war für Kurt Vorhofer das Jahr 1975 der Beginn der nunmehr akuten Diskussion. Seit damals wisse die Öffentlichkeit nämlich, daß Peter kein gewöhnlicher SS-Mann gewesen sei, „sondern daß er Mitglied einer jener berüchtigten Sondereinheiten gewesen ist, die (...) in den Ostgebieten vorwiegend Massenmorde an wehrlosen Menschen verübt haben. Die Opfer des Wütens dieser SS-Brigaden sind hauptsächlich viele tausende Juden, darunter auch Frauen und Kinder gewesen." Bei dem von Peter angestrebten Amt handle es sich – so Vorhofer – „um eines der höchsten und qualifiziertesten Staatsämter, und dafür ist eine besonders qualifizierte SS-Vergangenheit die denkbar schlechteste Voraussetzung." Außerdem stelle sich die Frage, ob „wir" mit einem 3. Nationalratspräsidenten Peter „vor allen jenen bestehen können, die im Kampf gegen die braune Herrschaft und beim Wiederaufbau der Republik schwere Opfer gebracht haben."[172]

Csoklich griff auf 1945 zurück, denn die „Peter-Affäre" sei ein Resultat einer „seit 1945 mit Meisterschaft" verdrängten Vergangenheit. Begünstigt habe den Verdrängungsprozeß „in ungeahntem Maß", zusätzlich die „lange Ära Kreisky", denn seit Kreisky seien Opportunismus und Meinungsschwenk weit über das Thema „Vergangenheitsbewältigung" hinaus an der Tagesordnung. „In der zynischen Sprache der Macht heißt das: Ein böser, reaktionärer Nazi ist, wer sich Bruno Kreisky nicht fügte, wie etwa Alexander Götz, auch wenn er nur HJ-Führer war. Ein guter Nazi ist hingegen, wer Bruno Kreisky unterstützt: Friedrich Peter zum Beispiel, selbst wenn er bei einer SS-Einheit war, die an Vernichtungsaktionen beteiligt war." Für Csoklich wäre eine Beförderung Peters „ein Skandal", wobei ihn darüber hinaus „die Geisteshaltung, die solche Vorschläge überhaupt erst möglich macht"[173], beunruhigte. Vorhofer brachte in einem weiteren Kommentar wiederum Peters gravierend-disqualifizierende SS-Vergangenheit ins Spiel, folgte dann aber der von Csoklich angerissenen Debatte über das Verhalten der SPÖ[174]. Peters Verzicht wurde nicht als „Heldentat", sondern als „guter Verzicht" qualifiziert, der sowohl für „die Republik" als auch für die „Volksvertretung (...) und für die künftige Regierungsarbeit" gut sei. Mit Peters Rücktritt ist „die sicher scheinende Belastung unserer Demokratie weggefallen." Auch – ähnlich wie Ritschel in den „Salzburger Nachrichten" – verwahrte sich Vorhofer unter Rückgriff und Anspielung auf Peters SS-Vergangenheit dagegen, daß Peter nunmehr ein „tragisches Schicksal" sei – „beim Wort tragisch fallen mir ganz andere Schicksale ein."[175]

Für die „Kleine Zeitung" war zwar Peters SS-Vergangenheit und vor allem das Verschweigen derselben ein politisch disqualifizierendes Moment, nicht aber eine NS-Vergangenheit überhaupt. Besonders bei der Kommentierung der Vergangenheiten des Kabinetts Krcisky 1 gewinnt man den Eindruck, daß nicht die Vergangenheiten, aber sehr wohl das „Herumstochern" in ihnen disqualifizierend wirkte. Damit ging die Kritik an der selektiven Beurteilung von Vergangenheiten durch die SPÖ – und das in allen drei hier analysierten Anlaßfällen – einher.

4.5.4. Die Presse
4.5.4.1. Das Kabinett Kreisky I

Mehr als zurückhaltend wurde ein Interview mit Landwirtschaftsminister Öllinger geführt, und das zu diesem Zeitpunkt als die Vorwürfe bereits publik waren. Geradezu euphemistisch hieß es, Öllinger komme „von der nationalen Seite", habe „im Reichsnährstand begonnen" und fand „nach dem Krieg, wie gerade in Kärnten sehr viele, bei der SPÖ Hilfe."[176] Öllingers SS-Vergangenheit, so wußte „Die Presse" zu berichten, sei „von Wiener Linkskreisen"[177] unters Volk gebracht worden. Österreich mache – so Thomas Chorherr in einem großen Kommentar – derzeit eine Phase durch, wie es die McCarthy-Ära in den USA gewesen sei, die am treffendsten als „Hexenjagd" zu bezeichnen sei. „Schemen werden gejagt, Gespenster sollen gebannt werden, auch wenn man sie dadurch erst heraufzitiert." Die Vorwürfe gegenüber Öllinger verglich Chorherr mit den einstmals „von sowjetischer – und später auch, wenngleich bald verstummt, von sozialistischer – Seite gegen Raab und wegen dessen Teilnahme am ‚Korneuburger Eid' der Heimwehren, nachher unter anderen Titeln und von anderen Kreisen geschürt, gegen Klaus vorgetragenen" Vorwürfen. Die Thematisierung von Öllingers Vergangenheit sei das Werk von „sozialistische[n] Kreise[n], dann sogenannte[n] linkskatholischen und noch etliche[n] andere[n], recht heterogene[n] Elemente[n]". Grundsätzlich hielt er fest: „25 Jahre nach Kriegsende braucht die Zweite Republik keine Gralshüter mehr. (...) Wer sich gegen das Gesetz vergangen hat, der hat als Politiker in der Öffentlichkeit nichts mehr zu suchen. Für politische Irrtümer aber, deren sich einmal in dieser, einmal in jener Hinsicht fast jeder in diesem Volke schuldig machte, Zins und Zinseszins zu nehmen"[178], könne weder der öffentlichen Moral noch dem Bild dieses Staates bei der Jugend dienen. Gerade die linken „Hexenjäger" – die ÖVP habe nämlich „wenig Grund, (...) hier aktiv zu werden" – „sollten sich das gesagt sein lassen, da man rechts im Augenblick sich die Hände reibt." Kurzum: Thomas Chorherr als Gralshüter des Beschweigens, wobei die Formulierung „Zins und Zinseszins" in Anbetracht des Hintergrundes des Holocaust besonders pikant war. Nachdem somit Kreiskys Argumentation voll und ganz übernommen wurde, verwundern auch redaktionelle Artikel mit dieser Tendenz keineswegs[179]. So wie die „Kleine Zeitung" nahm sich – wiederum in der Person Chorherrs – auch

„Die Presse" der Person Leopold Breiteneckers an. Nachdem Öllinger überstanden und Rösch kein Fall gewesen sei, „wird flugs die in diesem Fall dunkelrot verbrämte Trommel gerührt. Zur Abwechslung wird versucht, einen Wissenschaftler fertigzumachen. (...) Aus welcher Richtung die Kugeln auch pfeifen mögen – Intoleranz, Pharisäertum und Dummheit haben sie abgefeuert."[180] Die weitere Diskussion um die einschlägigen Vergangenheiten fand relativ wenig Resonanz[181], sieht man von der Berichterstattung über Leopold Guggenbergers Forderung nach fast völliger Abschaffung der NS-Gesetze[182] und einem kurzen Hinweis auf die SP-Attacke auf Simon Wiesenthal ab[183].

4.5.4.2. Kreisky-Peter-Wiesenthal

Dieselbe Zurückweisung von Veröffentlichungen einschlägiger Vergangenheiten war auch für die der Kommentierung 1975 typisch. Nur daß diesmal die Person Wiesenthals konkret benannt und dementsprechend negativ bewertet wurde. Wegen seines Verhaltens schüre, so legte es „Die Presse" nahe, Wiesenthal den Antisemitismus im gleichen Maße wie sein Verhalten zu Freisprüchen á la Gogl führe.[184]

4.5.4.3. Friedrich Peter als 3. Nationalratspräsident

Thomas Chorherr glaubte 1983 in der Wiederthematisierung von Peters SS-Vergangenheit die „Feme", die von interessierten Kreisen in diesem Zusammenhang immer Wiesenthal als Attribut umgehängt wurde, „der österreichischen Gegenwart" zu sehen, die im Unterschied von der des Mittelalters „auf einem Dingstuhl aus Zeitungspapier" tage. Die Causa sei „der bisher eindrucksvollste Versuch, durch totale Medienjustiz einen Politiker fertigzumachen". So wie Neureiter wiederholte Chorherr, Peter sei lediglich und das auch noch als junger (und dadurch wohl auch als quasi-unmündiger Mann) bei der Waffen-SS gewesen, was ein eindrucksvolles Beispiel für beide darstellte, daß sie sich der Diskussion über das Wesen dieser SS-Mordkommandos über Jahre hinweg konsequent entzogen haben. Chorherr war sich zwar nicht sicher (und wollte es auch gar nicht diskutiert wissen), ob eine solche „Vorbelastung für eine politische Karriere" prädestiniere, aber „an selbstgerechter Feme"[185] bestehe kein Bedarf. Der Rückzug von der Kandidatur Peters sei, so Dieter Lenhardt, gut für die SPÖ, für das österreichische Image und für jene, „die in einer – der Hetze fernen – grundsätzlichen Überlegung meinten, ein in NS- und SS-Zeiten Verstrickter müsse auch als Geläuterter nicht unbedingt vorletzte Höhen in einer demokratischen Staatshierarchie erklimmen." Jedoch gäbe es einige, „die nun enttäuscht den Mund verkneifen und sich um eine letzte Austragung des Streits betrogen fühlen. Sie werden bei Gelegenheit wieder zündeln, sie werden sich, da ihnen Peter schwand, eine neue Haßfigur aufbauen." Auf diese „Schicht politischer Neurotiker" sollten „wir künftig und vorsorglich" – als publizistische „Schutzhaft"? – „ein Augenmerk haben". Peters Verdienst liege nicht nur in der „Versöhnungs- und Verständigungspolitik" der – sich selbst entschuldigenden – Täter bei den Opfern, sondern in der „gewaltige[n] Lebensaufgabe (...), das kleine dritte Lager aus NS-Nostalgie und Deutschnationalismus"[186] herausgeführt zu haben.

„Die Presse" zeichnete sich durch die konsequente Ablehnung der Erwähnung von NS-Vergangenheiten aus, was vor allem durch eine abwertende Attribuierung der „Aufdecker" verstärkt wurde.

4.5.5. Neue Kronen Zeitung
4.5.5.1. Das Kabinett Kreisky I[187]

Als Öllingers Vergangenheit publik wurde, forderte Dichand schon in der Überschrift „Toleranz". „Das ‚Niemals vergessen' wäre ein schlechter Wahlspruch für die Regierung eines Staates, in dem Toleranz, Nachsicht und Güte zur Grundeinstellung der Staatsbürger gehören." Diese Prinzipien, wobei er sich dabei auf Josef Weinheber berief, seien „noch lange über das Jahr 1945 hinaus ferngehalten worden, aber jetzt sollte" dem „eigentlich nichts mehr im Wege stehen..."[188] Eine Woche später spielte Dichand wiederum auf der selben Klaviatur: „Wir", also er, „dagegen meinen, daß es sich hier [bei Kreisky] um Haltung handelt, um österreichische Haltung."[189] „Staberl" fand es zum „Kotzen (...), wenn man heute einem reichlich erwachsenen Menschen vorwirft, daß er vor dreißig Jahren als junger Hüpfer ein Nazi gewesen sei. Mir kommt das Kotzen, weil damals ja Hinz und Kunz Nazis gewesen sind. Und damit meine ich nicht nur jene, die Geschäfte arisiert und Juden ausgetrieben haben (...). Ich meine nicht nur die Buben, die in der Hitlerjugend marschiert sind (...). Ich meine nicht nur das schier unübersehbare Heer jener, die Anno 1938 schon jahrelang arbeitslos, wenn nicht gar ausgesteuert waren (...). Ich rede etwa vom Herrn Chamberlain in England (...), von den Rüstungsindustriellen in Frankreich oder Amerika", von den „überaus zahlreichen Bewohnern unserer Welt, denen Hitler damals überaus willkommen war" und vor allem von den „ach so antifaschistischen Kommunisten. Ihr Stalin hat mit Hitler ja ganz offiziell gepackelt und ihr Molotow hat Herrn von Ribbentrop sogar auf die Wange geküßt." Angesichts dieser allumfassenden nationalen und internationalen Pronazifizierung sei es „grotesk, daß die seinerzeitige Mitgliedschaft eines Herrn Öllinger in der Partei oder der SS heute in Österreich einen politischen Eklat auslösen konnte", denn eine bloße Mitgliedschaft – wofür er gleich zwei anständige SS-Männer aus der Verwandtschaft anführte –, sage nichts darüber aus, „ob einer damals ein anständiger Mensch war oder ein Hundsfott."[190] Kreiskys Fernsehauftritt sei „mehr als ein für die Öllinger-Affäre gedachter Schlußstrich."[191] Simon Wiesenthal wurde im Zusammenhang mit den NS-Vergangenheiten von SP-Ministern unterstellt, er habe „sich im Urwald der österreichischen Politik ein neues Revier erschlossen"[192]. Daß nunmehr sozialistische Regierungsmitglieder ob ihrer NS-Vergangenheit überprüft werden, sei für „die Entwicklung der österreichischen Innenpolitik (...) günstig (...), weil sich nun auch die SPÖ ihrer Haut wehren muß. Damit wird vielleicht in unserem Land endlich der Menschenverfolgung ein Ende gesetzt", da es „unzeitgemäß" sei, „nach 25 Jahren Menschen ob ihrer Vergangenheit zu verfolgen." Reimann schrieb Wiesenthal – wie dann auch 1975 – ins Stammbuch, dieser fördere „in einem Land, in dem der Antisemitismus gottlob nur noch eine historische Erscheinung ist, von neuem den Antisemitismus, und zwar in der Jugend, die die Zeit zwischen 1938 und 1945 nicht mitgemacht hat." Wiesenthal schlage – man beachte den religiös verbrämten Zynismus der folgenden Argumentation – mit seiner „Menschenjagd" vor allem „jenen Juden ins Gesicht, die Entsetzliches erdulden mußten und trotz ihrer Leiden in den Konzentrationslagern beteten: ,Friede sei den Menschen, die bösen Willens sind, und ein Ende sei gesetzt aller Rache und allen Reden von Strafe und Züchtigung.'"[193]

4.5.5.2. Kreisky-Peter-Wiesenthal

So wie „Die Presse" machte auch die „Kronen Zeitung" Wiesenthal für Antisemitismus und Freisprüche von mutmaßlichen Kriegsverbrechern verantwortlich – nur in der Terminologie etwas „rauher". Ebenso stand außer jeder Diskussion, daß Wiesenthals Verhalten zurückzuweisen sei – nur wurde das etwas „härter" und ausführlicher argumentiert.[194]

4.5.5.3. Friedrich Peter als 3. Nationalratspräsident

Die Verteidigung der Person Peters 1983 entsprach der publizistischen Linie aus den Jahren 1970 und 1975. War damals Wiesenthal das Feindbild, so waren es 1983 „die linken Radaumacher in der SPÖ, die Anschmeißer in der ÖVP sowie die tausend ,betroffenen' Österreicher", die „Pseudosaubermänner", die nunmehr „endlich ihren Sieg gegen den ehemaligen SS-Mann Peter erringen."[195] Den Versuch, Peters Vergangenheit und dessen Verhalten in die historische Perspektive zu rücken, machte – wohl angereichert durch eigene Vergangenheit und eigenes Verhalten – Viktor Reimann, der vorderhand feststellte, Peter täte für „seinen inneren Frieden (....) besser [daran], er würde die Position des Dritten Nationalratspräsidenten nicht anstreben, weil er es nicht notwendig hat, sich wegen eines Vorwurfes, der seine Tätigkeit während der NS-Zeit betrifft, dauernd anpöbeln zu lassen." Legitimiert zur Artikulation der Ablehnung seien „Juden, ehemalige KZ-Insassen sowie rassisch und politisch Verfolgte", nicht aber die Großmäuligen und „Selbstgerechten", „die nie einer Gefahr gegenübergestanden sind, nie Angst haben mußten, daß sie ein falsches Wort oder ein falscher Schritt nicht nur den Posten, sondern die Freiheit, wenn nicht das Leben kosten könnte." Außerdem sei zu berücksichtigen, daß die „nationalsozialistische Herrschaft (...) spätestens seit November 1938 eine Schreckensherrschaft" war. „Was Peter vorgeworfen werden kann, das ist seine Zugehörigkeit zu einer SS-Einheit, die ‚Säuberungsarbeit' im besetzten Gebiet ausübte"[196], wobei ihm eine persönliche Beteiligung nicht nachgewiesen werden konnte und er deshalb als unschuldig zu gelten habe. An anderer Stelle führte Reimann aus, „Peter war 18 Jahre alt, als Hitlers Armee in Österreich einmarschierte. Er war 13 Jahre alt, als die Demokratie in Österreich abgeschafft wurde, ein Bürgerkrieg tobte und sozialdemokratische und nationalsozialistische Funktionäre am Galgen baumelten, auf die sie christlichsoziale Politiker geschickt hatten." Hinzu kamen als weitere Erklärungshintergründe die Arbeitslosigkeit, wirtschaftliches und soziales Elend, Deutschland als Vorbild und die „Anschluß"-Erklärungen der Bischöfe und Renners. „Und jungen Menschen von damals wirft man nun vor, daß sie nicht weiser waren als die meisten Politiker und 1938 nicht das Ende von 1945 vorausgesehen haben." Peters Eintritt in die SS „entsprach seinem Wesen, sich Eliten anzuschließen", wobei er zu diesem Zeitpunkt nicht wissen konnte, „daß seine Einheit Mordaktionen in besetzten Gebieten durchführen werde."[197] Das Schicksal der ehemaligen Nationalsozialisten sei aber mit jenem der Kommunisten vergleichbar. „Wer unter ihre Räder kam", die Räder von Kommunismus und Nationalsozialismus, „der wurde ein physisch, psychisch oder moralisch Gezeichneter", und stellte für Reimann ein tatsächliches Opfer dar. „Aber auch wer" als Anhänger beider Ideologien „in die politische Maschinerie hineingeriet, kam nicht mehr oder nur unter Lebensgefahr heraus."[198]

In der „Neuen Kronen Zeitung" fand sich in allen drei Anlaßfällen neben dem Element der strikt-aggressiven Ablehnung der Erwähnung von NS-Vergangenheiten als zweite, gut belegbare publizistische „Schiene" die Apologie von ehemaligen NS-Mitgliedern. Sofern es die Kommentierung betraf, war eine NS-Vergangenheit, und sei es auch eine SS-Vergangenheit, ein keineswegs von politischen Spitzenfunktionen ausschließendes Element.

4.5.6. Arbeiter-Zeitung
4.5.6.1. Das Kabinett Kreisky I

Sofern es die NS-Vergangenheit Öllingers (und in der Folge die von anderen Regierungsmitgliedern) betrifft, sind Berichterstattung und Kommentierung – sowohl was den jeweiligen Umfang als auch die Frequenz betrifft – seitens der AZ wohl am besten als „zurückhaltend" zu bezeichnen. Als am 22. April die Regierungsmannschaft vorgestellt wurde, kamen die Jahre 1938-1945 (was weniger ein Spezifikum der AZ, sondern typisch für alle hier untersuchten Zeitungen ist), wenn überhaupt, dann in Zusammenhang mit dem Dienst in der Wehrmacht vor[199]. Erst am 16. Mai, als die Diskussion um Öllingers Vergangenheit in Österreich nun wirklich keine Insiderinformation mehr war[200], wurde einerseits Kreisky – „Ich stehe hinter Öllinger" – zitiert und andererseits der (publizistische) „Feind" festgemacht, nämlich die „Zeitungen der ÖVP"[201], und das ihnen unterstellte ausschließlich parteipolitisch motivierte Manöver. Diese versuchten nämlich, „aus der politischen Vergangenheit dieses Mannes einen ‚Fall Öllinger' zu konstruieren". Da aber Öllinger bereits 1940 die SS verlassen hatte, habe er „zu einem sehr frühen Zeitpunkt einen sehr weitreichenden und keineswegs gefahrlosen Akt ‚tätiger Reue'" gesetzt. „Und warum", so fragte Scheuch (rhetorisch) weiter, „wirft man den Sozialisten jetzt vor, in vielen anderen Fällen ihre antifaschistische Haltung bekundet zu haben, ohne zu sagen, daß es sich bei diesen Fällen eben darum handelte, daß der Ungeist des Faschismus sich wieder äußern suchte – und nicht um eine Haltung, die den Irrweg der Vergangenheit längst erkannt hatte?"[202] Einen ähnlichen Argumentationsstrang, angereichert durch publizistische Untergriffe, verfolgte Scheuch nach dem Rücktritt Öllingers, allerdings entkleidet der „Heldentat", sich 1940 von der SS zur Wehrmacht weggemeldet zu haben. „Die Erregung in gewissen Kreisen, die sich selbst in Fällen des öffentlichen Vertretens pronazistischer Auffassungen in den letzten Jahren keineswegs so kritisch gebärdet hatten, gab den Sozialisten Gelegenheit deutlich zu machen, daß sie in der Tat eine Partei sind, die die Schatten der Vergangenheit hinter sich gelassen hat", wobei offen bleibt, ob es die Schatten 1938 bis 1945 oder die Schatten der Entnazifizierung waren. Die Sozialisten wissen „zu unterscheiden zwischen den Verbrechen von einst, die sich nie mehr wiederholen dürfen und den Irrungen einzelner Menschen in einer unseligen Zeit, in der eine Diktatur, deren erster Repräsentant noch heute die Wand des ÖVP-Klubzimmers ziert, viele auf solche Irrungen trieb." Nach dieser generalisierenden Individualapologie der (verirrten) „Volks-Genossen" verwies Scheuch abschließend darauf, daß die Sozialisten nichts vergessen werden, „weder die" kollektive „Heimwehrdiktatur noch die" individualisierte „Hitlertyrannie"[203], denn wichtig sei nicht die Vergangenheit, sondern das Verhalten in der Gegenwart. Ein Musterbeispiel für das von der SPÖ publizistisch verbreitete und politisch instrumentalisierte Geschichtsbewußtsein und eine Fortschreibung des eben zitierten Kommentars lieferte wiederum Scheuch unter dem Titel „Unterschiede", der gerade diese nicht herausarbeitete, sondern einebnete. Der Volkspartei unterstellte er, wenn sich diese „gegen die Gleichsetzung der austrofaschistischen mit der Nazidiktatur" wehre, beweise das nur, „daß sich maßgebende Leute noch immer ein Winkelchen im Herzen für die erste aufbewahrt haben", wobei er Austrofaschismus und Nazidiktatur „zweifellos bestehende Unterschiede" zu gestand, die allerdings „nicht zum geringsten Teil Unterschiede der faktischen Macht" waren. Außerdem habe der „Ständestaat", der anderen Diktatur „dadurch Vorschub geleistet, daß sie den demokratischen Widerstand zerschlug. Wer von der einen wie von der anderen eingesperrt und verfolgt wurde, sah zumindest damals wenig Grund, hier große Unterschiede zu machen."[204] Die Fernsehdiskussion um Öllingers Vergangenheit[205] fand ebenso wie die „Spiegel"-Artikel[206], die Auseinandersetzung um Rektorskandidaten der Uni Wien[207] und die Gratz-Rede am Parteitag[208] lediglich berichtende Erwähnung. In der Rückschau auf den Parteitag durch Chefredakteur Paul Blau, in der dieser vor allem versuchte, die Unterschiede zwischen oppositioneller Rhetorik und regierender Praxis der Leserschaft nahezubringen, fand sich ein kurzer Hinweis auf die Debatte um die Vergangenheit und um deren Stellenwert innerhalb der Partei. „Nur in der Grundsatzfrage im Fall Öllinger und zu den Problemen, die die griechische Diktatur für uns aufwirft, wurde die Diskussion leidenschaftlich."[209]

4.5.6.2. Kreisky-Peter-Wiesenthal

Der oben von der AZ konstatierten, selbstredend konservativ-reaktionären „Verschwörungstheorie", wurde auch 1975 nicht nur gehuldigt; sie war eigentlich das einzige von dem Wenigen, was von journalistischer Seite im Zusammenhang mit Peters Vergangenheit kommentiert wurde. So begann Manfred Scheuchs Analyse mit dem hämischen Untergriff: „Wie der Zufall so spielt". Für ihn war, obwohl die „Angaben stimmen", diese aber „nichts darüber aussagen, was Peter als Mitglied dieser Brigade tatsächlich gemacht" habe, das „Timing (...) zu offensichtlich", denn es sollte auf politischer Ebene künftig ein „Bürgerblock"[210] installiert werden[211]. „Wenn Wiesenthals Intrige schon nicht 1975 aufging, so soll sie also wenigstens für 1979 den politischen Spielraum so einengen, daß es dann nur noch eine Alternative gibt: das wäre dann noch ein Teilerfolg der Affäre". Als Legitimation für Kreiskys Schlußstrichforderung führte Scheuch dessen 21 umgekommene Angehörigen sowie dessen „realen Sinn für Österreichs inneren Frieden" an. Die „Bewältigung der Vergangenheit in Österreich" möge „in den ersten Jahren nach dem Krieg unvollständig und oberflächlich gewesen" sein, dies werde aber durch „die Tatsache, daß ein Bruno Kreisky zu dem weit über seine Wähler hinaus angesehenen Bundeskanzler werden konnte"[212], ausgeglichen. In dieselbe Kerbe von „Reaktion" und „Bürgerblock-Verschwörung" – eine Terminologie, die innerparteilich wohl als mobilisierend-integrierender Code wirken sollte – verwies Scheuch knapp sechs Wochen später. „Daß mit dem Schuß gegen den FPÖ-Obmann die Regierungsmöglichkeiten einer nicht mehr über die absolute Mehrheit verfügenden SPÖ hätten radikal eingeschränkt werden sollen, liegt auf der Hand." Die Folge, also eine Koalition aus ÖVP und FPÖ würde letztere in das Schlepptau einer „reaktionäre[n] Linie" seitens der Volkspartei bringen. Die Tragik liege, so Scheuch, darin, daß „die Schatten einer Vergangenheit möglicherweise den Mann, der sie in seiner Partei überwinden wollte, einholen, um nun den reaktionären Gegenkräften wieder mehr Raum zu geben". In der ganzen Angelegenheit – Scheuch wiederholte sich – gehe es allerdings nicht um Peter, sondern sie sollte „im Inland den Konservativen nutzen und im Ausland Österreichs Bundeskanzler verteufeln"[213]. Nach der außergerichtlichen Einigung zwischen Kreisky und der „private[n] Parallelpolizei und -justiz" Wiesenthal, machte Scheuch die publizistische Volte im Vergleich zu seinem Eingangsstatement, die Vergangenheit sei mit Kreiskys Wahl zum Bundeskanzler bewältigt. „Der Ruf nach dem Schlußstrich kann nicht nur für Verbrechen gelten, er kann auch nicht bedeuten, daß die Vergangenheit unter den Teppich gekehrt wird." Man werde sich also mit der Entstehung des Antisemitismus und dem Zulauf zum Nationalsozialismus auseinandersetzen müssen. Die SPÖ werde – mit dem Blankoscheck (selbststilisierter) antifaschistischer Vergangenheit – davor nicht zurückscheuen. Vielmehr sei es wahrscheinlich, „daß dem österreichischen Konservatismus an einer solchen Auseinandersetzung mit der Vergangenheit nicht sehr viel liegt, weil die Erreger [!] der Eiterbeule, die 1938 aufbrach, eine weitverzweigte", selbstredend nicht sozialdemokratische, „Herkunft haben."[214] Es würde allerdings der publizistischen Produktion seitens der „Arbeiter-Zeitung" nicht gerecht werden, es ausschließlich bei Scheuchs einseitigen historischen Rekursmodellen zu belassen. So schrieb Ella Lingens aus ihrer Erfahrung mit einem Nazi-Schwager oder der SS auf einem Transport von Auschwitz nach Dachau auf Peter gemünzt: „Es gäbe eine Antwort, die es einem möglich machen würde, ihn [Peter] trotz allem noch zu akzeptieren: ‚Ich habe verschwiegen, weil ich mich dieses Einsatzes geschämt habe.' Statt dessen kommt das volle Geständnis: ‚Ich habe meine Pflicht getan.' In einer Organisation, in der der Mord an ‚Banditen, Juden und Zigeunern' Pflicht war. Er hat seine Pflicht getan und empfindet darob noch heute, nach mehr als 30 Jahren, nicht den Funken Reue. Damit hat er die Grenze gezogen zwischen ihm und der großen Zahl jener [ehemaligen Angehörigen der SS], hinter die auch ich mich bedingungslos stellen könnte."[215] Die ehemalige Bundes-rätin Rudolfine Muhr zog einen Trennstrich zwischen den „Brotnazis" und Friedrich Peter, der 1938 „freiwillig der Allgemeinen SS beigetreten [ist], während des Kriegs zur 1. SS-Infanteriebrigade eingeteilt" wurde, „deren Aufgabe die Partisanenbekämpfung war. Wir haben nicht vergessen, mit wel-cher Brutalität dieser Kampf geführt wurde und auch die Zivilbevölkerung nicht geschont hat. Die Angehörigen solcher Mordbrigaden sind schuldig geworden – auch wenn man ihnen keinen Mord und keine Grausamkeiten nachweisen kann."[216]

Wie auch immer die durchaus unterschiedlichen Bewertungen der Person Peters ausfielen: An Kreiskys Verhalten wurde mit keinem Wort Kri-tik geübt.

4.5.6.3. Friedrich Peter als 3. Nationalratspräsident

Manfred Scheuch schrieb, gegen eine Kandidatur spreche einzig und allein Peters Vergangenheit, dafür spreche hingegen sein tadelloses demokratisch-parlamentarisches Verhalten, das der FPÖ nicht zu nehmende Vorschlags-recht und vor allem die „Tatsache (...), daß Peters Haltung die Minderheitsre-gierung und damit das Ende einer jahrzehntelangen konservativen Vorherr-schaft ermöglichte und später durch die Ausbootung von Götz die Bildung einer permanenten Bürgerblock-Konstellation verhinderte." Außerdem gäbe es – abseits der wiederum geschwungenen „Halbfaschismuskeule" – auch unter den Peter-Gegnern zwielichtige Gestalten. Sozialisten sollten „nicht überse-hen, daß sich so manche (wie schon bei Wiesenthals Attacke 1975) als ‚Anti-faschisten' gebärdeten, um die politische Vorrangsrolle der SPÖ zu untergra-ben", womit wiederum klar sei, wo der alleinige Hort des Antifaschismus in Österreich liege. Außerdem schade nicht eine allfällige Wahl Peters Öster-reich, sondern der, der – „auf welcher Seite auch immer – aus einem ‚norma-len parlamentarischen Vorgang' etwas anderes machen wollte als die Aner-kennung eines politischen Wandels"[217]. Die Aussage von ÖVP-Generalse-kretär Graff, die Koalition so unter Druck zu setzen, daß diese platzen werde, diente Scheuch wiederum als Argument für den bevorstehenden „Bürger-block", womit unter diesen Vorzeichen die Wahl Peters nachgerade ein Ge-bot der Stunde sei. „Die Diskussion um Friedrich Peter muß man a u c h unter diesem Aspekt sehen – bei aller Anerkennung der ehrbaren Motive von vie-len, die Proteste unterschrieben haben."[218] Peters Entscheidung zur Nicht-kandidatur erleichtere die Stellung von FPÖ und SPÖ aber auch die von Pe-ters „Heimat Österreich (...), denn Reklame wäre (trotz seiner längst erwor-benen internationalen Reputation) seine Wahl – zumal nach dieser Kampa-gne – nicht gewesen." Peters Verzicht sei ein Beweis dafür, „daß er sich von jener demokratischen Gesinnung leiten läßt, die ihm namhafte sozialistische Politiker in der vergangenen Woche auf Grund jahrelanger Erfahrung bezeugt haben."[219] Für die „Arbeiter-Zeitung" war typisch, daß sie von der politischen Defensive der Partei in die publizistische Offensive ging. Sie trachtete einerseits für die SPÖ den (einzigen) Hort des Antifaschismus in Vergangenheit und Gegenwart zu reklamieren, andererseits auch den „Ehemaligen" genug „Andockpunkte" einer neuen politischen Heimat anzubieten. In der oben skizzierten Strategie der publizistischen Offensive spielten der „Austrofaschismus" als historische Reminiszenz und ein daherphantasierter „Bürgerblock" aus ÖVP und (Nicht-Peter)-FPÖ die herausragende Rolle, neben der der Nationalsozialismus als eher periphere Erscheinung zum Tragen kam.

4.5.7. Südost-Tagespost
4.5.7.1. Das Kabinett Kreisky I
Führte die „Arbeiter-Zeitung" (als politisch-publizistisches Konkurrenzprodukt) in den veröffentlichten Minsterbiographien (soferne überhaupt) lediglich den Wehrdienst an, so begannen in der „Südost-Tagespost" die (politischen) Biographien überhaupt erst (teilweise lange) nach 1945[220]. Um es vorwegzunehmen: Viel Platz werden den einzelnen Vergangenheiten in der publizistischen Darstellung nicht eingeräumt; wohl weniger aus Rücksicht auf den politisch angeschlagenen Gegner als aus guter Kenntnis der eigenen (politischen und lesenden) Klientel. Nachdem – so legte es die Überschrift nahe – Minister Öllinger von der SPÖ gefeuert wurde[221], stand im Kommentar zu lesen: „Es ist wieder einmal soweit, daß aus der Zugehörigkeit eines im öffentlichen Rampenlicht stehenden Mannes zu nationalsozialistischen Organisationen [!] vor fast 30 Jahren eine ‚Affäre' entsteht." Vom Schweigen der und innerhalb der SPÖ war der Schreiber sehr „eigenartig berührt", ohne einen Einwand gegen Öllingers Bestellung zu formulieren. Er wies jedoch darauf hin, was geschehen wäre, wäre dies der ÖVP passiert. Ministerin Firnberg „schweigt nun" und auch „Herr Dr. Kreisky hätte wahrscheinlich auch belehrend den Finger erhoben und mit Tremolo in der Stimme ‚gewarnt'." Das Ganze sei, so der Autor abschließend, eine „im Grunde trübselig[e] Angelegenheit."[222] Lob erhielt der Tabubrecher Kreisky für seine Aussage, man müsse auch die Zeitumstände der 30er Jahre für die politische Bewertung in Betracht ziehen, um einerseits eine Breitseite gegen die SPÖ zu fahren und um andererseits den Spieß gleich umzudrehen, nämlich die ÖVP als bessere und großzügigere Verzeiherin zu deklarieren. Kreisky habe „ein Tabu aus dem öffentlichen Leben Österreichs entfernt, das immer wieder die Atmosphäre noch nach 25 Jahren zu vergiften in der Lage war. Wir weisen nur in

aller Bescheidenheit darauf hin, daß es die Partei des Herrn Kreisky war, die dieses Tabu all die Jahre wie einen Gral gehütet hat und jeden, der Worte gleich denen des Herrn Kreisky (...) gebrauchte, alsgleich mit schriller Stimme des Neonazismus verdächtigte."[223] Mit dem Rücktritt Öllingers wurde eine argumentative Konstante eingeführt, unter der das Blatt die gesamte (künftige) Diskussion abführte. Kreisky wurde für seinen Versöhnungskurs gelobt[224], jedoch hätten sich die „radikal-marxistischen Wiener Kreise" innerparteilich als „stärker erwiesen."[225] An anderer Stelle war es die „von Mißgunst und Haß gegen den ‚Nazi'" erfüllte „Luft der Wiener SPÖ". Anton Benya, so Harbich in einer Analyse, sei „der Abgesandte jener nach wie vor hinter den Kulissen mächtigen SPÖ-Gruppe (...), die sich in der Vergangenheit auch immer wieder durch besonders konsequente Hexenjagd auf ‚Ehemalige' ausgezeichnet und ‚Niemals vergessen' auf ihre Fahnen geschrieben hatte." Kreisky hingegen habe „den weitherzigen und liberalen Weltbürger" gespielt, er aber sei entweder „ein schlechter Politiker (...) oder ein Schmierenkomödiant"[226]. Somit war es nur konsequent, daß auch die Veröffentlichung von Röschs Vergangenheit auf das Konto der „konservativ-marxistische[n] Kreise der Wiener SPÖ" verbucht wurde, „die dadurch die Stellung von Parteiobmann K r e i s k y zu untergraben"[227] trachteten. Kreiskys Standpunkt, „daß jeder Österreicher, der die Zeit vor 1945 bewußt erlebt und sich auf irgendeiner Seite exponiert hat, einmal ‚draufzahlte', daß man nicht mehr in der Vergangenheit eines Mitbürgers herumstochern soll – falls er sich kein Verbrechen nach dem Strafgesetz zuschulden kommen ließ; daß jeder Mitbürger, aus welcher politischen Richtung er immer kommt, nicht nur untergeordnete Ämter im Staat, sondern auch die höchsten bekleiden darf", wurde vollinhaltlich zugestimmt. Nur, habe dieser das seinen Parteifreunden nicht klar gemacht, was den Kommentator im selben Maße „stört" wie der Umstand, daß die SPÖ „vor kurzem an jedem Mann kein gutes Haar ließ, wenn er auch nur bei der NSDAP ‚angestreift' war und dann gar noch zur ÖVP ging." Wiesenthals „Hexenjagd", sei ein Vorgeschmack auf die „Hexenjagd", die es geben werde, „wenn der radikale Flügel in der SPÖ keine Rücksichten mehr nehmen müßte."[228] Als Beleg für die *Rote Katze, die mit dem antifaschistischen Schwanz wedelt*, wurde der SPÖ-Parteitag herangezogen. „Wie sehr Gratz mit seinen Äußerungen" gegen Simon Wiesenthal „seine eigenen ‚Genossen' gemeint hatte, welche die Berichte über die ‚politische Vergangenheit' von SPÖ-Regierungsmitgliedern lanciert hatten, kam in der Debatte zutage, als der bekannte Linkssozialist Josef Hindels sich namens der ‚sozialistischen Freiheitskämpfer' wütend gegen die Erklärungen von Gratz wandte, vor einer Unterwanderung der eigenen (der sozialistischen) Bewegung warnte und abermals den ‚Fall Öllinger' anzog, über den laut Hindels ‚viele aufrechte Sozialisten zutiefst bestürzt waren'."[229] Im Resümee zum SPÖ-Parteitag spielten die Ausfälle Leopold Gratz' gegen Simon Wiesenthal lediglich eine untergeordnete Rolle. Es sei „sicher" eine „nicht an die Wurzeln des Staates rührende Frage, ob Simon Wiesenthal ein übler Spitzel oder ein lichter antifaschistischer Held ist." Kreisky sei – und das waren der eigentliche Vorwurf und die eigentliche Quintessenz – im Bereich der Außenpolitik „der Versuchung der radikalen Phrase erneut erlegen."[230]

Hing man in der „Arbeiter-Zeitung" einer konservativen Verschwörungstheorie nach, so wurde eine solche – wenngleich mit (politisch) umgekehrten Vorzeichen – für Teile der SPÖ konstruiert. Die publizistische Strategie und das damit im Zusammenhang stehende veröffentlichte Geschichtsbewußtsein kann als Appell an die „Ehemaligen" zusammengefaßt werden, daß ihnen solches Ungemach seitens der ÖVP nicht drohen würde[231].

4.5.7.2. Kreisky-Peter-Wiesenthal

Als Wiesenthal seine Vorwürfe gegen Peter publik machte, waren für den Kommentator der „Südost-Tagespost" diese vor allem politisch irrelevant. Spannend wären Wiesenthals Vorwürfe nämlich nur im Falle von SP/FP-Koalitionsverhandlungen gewesen, denn diese hätten innerhalb der SPÖ wahrscheinlich zu einer „Zerreißprobe" geführt. Wiesenthals Enthüllungen stand das Blatt sehr skeptisch und reserviert gegenüber, so wie allgemein festzuhalten ist, daß er keine gute Bewertung erfuhr[232]. „Was an den Vorwürfen Wiesenthals dran ist, kann man schwer erfassen und wird auch schwer griffig zu belegen sein." Ein Gerichtsverfahren gegen Peters Verhalten im Partisanenkrieg liefe Gefahr, zur „Farce" auszuarten. „Ganz abgesehen davon, daß jeder, der selbst Partisanenkrieg mitgemacht hat, weiß, wie schnell man da in üble Geschichten hineinrutschen konnte, von denen in der Haager Landkriegsordnung und der Genfer Konvention nichts steht und an die sich eben auch die Partisanen nicht gehalten haben."[233] Die Beweislage sei „vage" und solle zur Zurückhaltung führen. „Hängenbleibt an Peter freilich, daß er die Zugehörigkeit zu dieser Einheit bisher als Geheimnis gehütet hat. Aus diesem Umstand bezieht Wiesenthals Attacke erst ihre Brisanz. Innerparteilich", womit sich der Autor irren sollte, „wird die Sache dem ins Wanken geratenen Peter allerdings eher nützen."[234] „Ganz arg wird die Sache", wenn man versuche, die Aufdeckung von Peters Vergangenheit als „eine üble Intrige der ÖVP" darzustellen, „wobei man nach Wiesenthal-Methode vorgeht, ohne auch nur den Funken eines Beleges" dafür zu haben. Nachhaltig, wie schon 1970, wurde Kreiskys Position, „daß mit der letztlich sinnlosen Schnüffelei nach über drei Jahrzehnten Schluß gemacht werde" positiv kommentiert: Er „sollte richtige Gedanken nicht nur dann vertreten, wenn es ihm in das Konzept paßt, wenn er einen potentiellen politischen Partner abschirmen will oder sich zum

Schutzpatron eines bestimmten Bevölkerungskreises machen will. Er soll auch dann konsequent sein, wenn es um den politischen Gegner geht", womit der Kommentator nicht die FPÖ, sondern die ÖVP meinte. Kreiskys diesbezügliche Einseitigkeit wurde anhand der Vergangenheit Luggers[235] abgehandelt, denn in diesem Falle sei es Kreisky gewesen, „der immer wieder mit Argumenten aus der Vergangenheit politische Gegner verteufelt hat."[236]

Ein dominantes Thema von Berichterstattung und Kommentierung war die Auseinandersetzung Kreisky-Wiesenthal, wobei hier das Hauptaugenmerk auf das Thema Antisemitismus gelegt wurde. „Mit seinem letzten Auftritt nach dem Ministerrat dürfte es Bruno Kreisky endgültig gelungen sein, sich als Schirmherr des österreichischen Antisemitismus zu etablieren und diesen wieder zu einer seriösen politischen Bewegung in Österreich zu machen. Man darf Phänomene wie den Eichmann-Jäger Wiesenthal wieder beschimpfen, ohne sich dem Verdacht auszusetzen, ein ganz finsterer und verstaubter Reaktionär zu sein, man darf öffentlich die Möglichkeit einer zionistischen Weltverschwörung erörtern, ohne der ‚Wiederbetätigung' bezichtigt zu werden. (...) Schönerer schau oba, wir haben den gewissen Salonantisemitismus wieder, wir dürfen wieder, der Bundeskanzler macht es möglich."[237] Was hier als Anklage (sekundär) gegen den Antisemitismus, jedoch (primär) gegen Kreisky[238] zu werten ist, bekam in der folgenden Kommentierung eine eigene Dynamik, nämlich das Delektieren der Nichtjuden darüber, wie die Juden den Antisemitismus wiederbeleben und ihn gegeneinander einsetzen. So wurde, abgesehen von der Kritik an Kreiskys Verhalten im Bundespräsidentschaftswahlkampf 1974, auch dessen Vorwurf an Taus zurückgewiesen, der VP-Obmann unterhalte Kontakte zu Rockefeller, denn auch Kreisky unterhalte Kontakte zu „anderen internationalen Geldmagnaten"[239]. Der Konflikt Kreisky-Wiesenthal wurde eher an die Tiefenpsychologie als an die politische Analyse verwiesen. „Wäre nur noch der grimmige Ausspruch des jüdischen Judenhassers Karl Kraus nachzutragen, der seinerzeit gemeint hat, aus dem Antisemitismus werde erst etwas werden, wenn sich die Juden der Sache annehmen. Er hat Kreisky prophetisch [!] vorausgeahnt." Österreich habe im Moment zwar wirklich andere, größere und relevantere „Probleme als die Frage, ob sich Bruno Kreisky mit der israelitischen Kultusgemeinde verträgt oder nicht, ob er israelische Journalisten (...) mit wüsten Beschimpfungen vor die Tür setzt", gäbe es da nicht die internationale Dimension des Konfliktes. Dazu trage zweifellos „Wiesenthals internationale publizistische Geschäftigkeit" – ob man eine solche auch einem Nichtjuden mit dieser Terminologie attestiert hätte? – bei, die „Österreichs Ruf geschadet hat". Aber „für Kreiskys jüngste Fleißaufgabe als strammer Antisemit gilt das gleiche."[240] Antisemitismus wurde erneut – abgesehen von der Frage nach der Rechtsstaatlichkeit[241] – im Zusammenhang mit der Einigung Kreisky-Wiesenthal erwähnt, nämlich „daß in nicht einmal neun Wochen in Österreich (...) der Antisemitismus [wieder] zum Problem werden konnte", was „trotz aller zur Schau getragenen Versöhnung zumindest nachdenklich stimmen"[242] sollte. In einem abschließenden Kommentar wurde wiederum auf die „jüdischen Antisemiten", im Konkreten auf Kreisky verwiesen. „Man ist geradezu versucht, an das Wort zu denken, das Kreisky vor einiger Zeit in einem Gespräch mit einem Journalisten von sich gab, dem zufolge er etwa meinte, die Juden seien ja doch ein ‚mieses Volk'. Dem ist eigentlich nichts mehr hinzuzufügen. Jedenfalls kann die (...) ‚Volksstimme' neue Aufschlüsse darüber erhalten, was so viele Österreicher zu Antisemiten gemacht [!] hat. (...) Auch in Israel", um den Rundumschlag auszuweiten, „verhalten sie [die Juden] sich weder großzügig noch geschickt"[243], was dort den Terror provoziere.

4.5.7.3. Friedrich Peter als 3. Nationalratspräsident

Anhand der Diskussion um Peters Avancen auf das 3. Nationalratspräsidentenamt glaubte die „Südost-Tagespost" nicht das – von diesem Blatt in der gesamten Debatte vertretene Anliegen –, nämlich das Ziehen eines (Schluß)-strichs, sondern das Aufreißen „neue[r] Gräben" vor allem dem Ausland und der Jugend gegenüber konstatieren zu können, und – wiederum – vor allem aber auf die ambivalente Haltung der SPÖ verweisen zu müssen: „Wenn etwa die SPÖ nach Belieben Persilscheine ausstellt und die ÖVP bei jeder Gelegenheit das Stichwort 1934 unter die Nase hält (...), selbst aber einen Mann wie Friedrich Peter an die Brust nimmt."[244] Die „Südost-Tagespost" war übrigens das einzige der hier untersuchten Blätter, das – mittels Augenzeugenbericht – auf die (Massaker)tätigkeit von Peters Einheit verwies und somit den Grund der aktuellen Diskussion vergegenwärtigte[245] – wenngleich rund 8 Jahre nach dem ursprünglichen Anlaßfall. Für Gerfried Sperl war Peters Verzicht ein sowohl außenpolitisch als auch moralisch „positiver Schritt", um dann – wie auch Harbich – das Verhalten der SPÖ zu kritisieren: „Wir wissen – und das war stets auch Kreiskys Linie –, daß rote Nazis gute Nazis sind und schwarze natürlich böse. Da werden Einteilungen getroffen, die wenig zur Bewältigung der Vergangenheit beitragen." Die von seiten von SPÖ- und FPÖ-Politikern thematisierte „Menschenjagd" auf Peter wurde von Sperl ebenso wie von den „Salzburger Nachrichten" und der „Kleinen Zeitung" zurückgewiesen, „wo doch die ältere Generation andere Menschenjagden erlebt hat. Da werden Schicksale maliziös verhöhnt, weil man suggeriert, der Herr Peter sei durch eine ‚Jagd' irgendwelcher Menschenrechte beraubt worden."[246]

Benutzte die „Arbeiter-Zeitung" den historischen Austrofaschismus und die Warnung vor einem drohenden, neuen Faschismus als publizistische

Waffe, so wurde hier der SPÖ als politischem Gegner der Vorwurf der selektiven Bewertung von Vergangenheiten gemacht. Als beinahe durchgehendes Motiv – sieht man vom Artikel Sperls 1983 ab – ist festzuhalten, daß NS- und SS-Vergangenheiten auch für die „Südost-Tagespost" keine disqulifizierende (Hinter)Gründe waren. Auffallend ist die Tatsache, daß die vorliegenden Fälle an keiner Stelle zur publizistisch-politischen Offensive genützt wurden. Das dahinterliegende Kalkül, und so ist auch das demonstrative Lob für Kreiskys Politik (vor allem 1970) zu interpretieren, war wohl, daß derartige Vergangenheiten innerhalb der ÖVP nie und nimmer thematisiert werden würden beziehungsweise niemals ein Ausschließungsgrund von einer politischen Karriere sein würden.

4.6. Zusammenfassung

Das vorliegende Kapitel zeichnete anhand von drei Anlaßfällen – zumindest – punktuell 13 Jahre politischen und publizistischen Umgang mit NS-Vergangenheiten unter österreichischen Spitzenpolitikern nach.

Sofern es das Verhalten der SPÖ betraf, war sie offensichtlich in der strategisch besseren Position. Sie konnte die „Ehemaligen" nach außen wesentlich besser „bedienen" und nach innen wirkte 1934 integrativ. Sie befand sich vor allem 1975 – wie anhand von Umfrageergebnissen exemplarisch gezeigt wurde – in starker Übereinstimmung mit dem öffentlichen Meinungsbild. Die ÖVP hingegen stand vor dem Dilemma, durch eine prononciert negative Haltung der SPÖ – und somit auch den (eigenen) ehemaligen Nationalsozialisten gegenüber – eigentlich nur verlieren zu können. Somit war ihre politische und publizistische Haltung sehr defensiv angelegt und vom Bemühen geprägt, nur nicht – für die angesprochene Klientel – negativ aufzufallen. Über die Haltung der FPÖ in diesem Zusammenhang ein Wort zu verlieren, wäre wenig zielführend und wurde ansatzweise in den einleitenden Kapiteln durchgeführt.

Sofern es nun die ausschließlich publizistische Bearbeitung in den ausgewerteten Tageszeitungen[247] betrifft, ist – trotz aller zum Teil lediglich gradueller Unterschiede und vor allem mit Ausnahme der Haltung des „Kurier" 1975 – für die 70er Jahre eine Konstante festzuhalten: Die Erwähnung der aufgedeckten Vergangenheiten stieß auf wenig Gegenliebe und war kaum als definitiv disqualifizierendes Moment auszumachen. Dieser Befund änderte sich aber teilweise im Jahr 1983. Neben dem „Kurier" schrieben die „Salzburger Nachrichten" und die „Kleine Zeitung" entschieden gegen den Karrieresprung Friedrich Peters an; die „Neue Kronen Zeitung" und „Die Presse" hielten an ihrer apologetisch zurückweisenden Schreibweise fest. Die zwei Parteizeitungen waren vor allem mit dem versöhnenden Integrationsdiskurs den ehemaligen Nationalsozialisten gegenüber beschäftigt, was die Abrechnung mit dem politischen Gegner inkludierte. Sieht man vom „Kurier" ab, so war die Kommentierung von Person und Aktivitäten Simon Wiesenthals eine durchgehend negative.

Anmerkungen

1   Siehe Pick, Simon Wiesenthal, a.a.O., S. 375f.

2   Siehe Hoffmann-Ostenhof, Georg: Ehren wir Wiesenthal! In: „profil", 8/1996. S. 11.

3   Wiesenthal, Simon: Recht, nicht Rache, a.a.O., S. 369.
     Weiters SBKA, 1152 „Presse Wiesenthal-Peter-Kreisky". Interview „Präsent" mit Simon Wiesenthal. „Präsent" 50/1975. S. 3 und N. N.: „Ein Don Quichote". In: „profil", 51,52/1993. S. 34-35 (hier S. 34).
     Dazu meinte Kreisky in einem Interview: „Ich mag den Wiesenthal halt nicht, das muß mir doch erlaubt sein. Deshalb, weil wir aus einer gemeinsamen Religionsgemeinschaft kommen, muß ich ihn ja nicht lieben. Haben Sie alle Katholiken so gern?„
     Interview „profil" – Bruno Kreisky. In: „profil", 17/1986. S. 25-30 (hier S. 27f.).

4   Typisch dafür war die Konfrontation des ÖVP-Präsidentschaftskandidaten Alois Lugger im Wahlkampf 1974 mit dessen „Heimwehr"-Vergangenheit, die von seiten der SPÖ als übermäßig thematisierungsbedürftig kampagnisiert wurde.

5   Daß sich die ÖVP in dieser Frage auch nicht zurückhielt, muß nicht extra betont werden, ist aber nicht das hier zu analysierende Thema.

6   Siehe dazu: Albrich, Thomas: Die Linken für die Rechten: Labour Party, SPÖ und die „Vierte Partei" 1948/49. In: Zeitgeschichte, 11, 12/1990. S. 432-451.
     Zur Diskussion innerhalb der ÖVP: Missong, Alfred: Wahljahr 1949 und die „Vierte Partei". In: ÖMH, 2/1948. S. 53-59 und Ders.: Wir und der „VdU". In: ÖMH, 2/1949. S. 53-59.
     Zur Diskussion innerhalb der „Vierten Partei": N. N.: Das Problem einer neuen Partei. Die bisherigen Projekte und ihre Aussichten. In: BuI, H. 5 (1946). S. 1. A.: Die Ergebnisse unserer Volksbefragung (2). In: BuI, H. 72 (1947). S. 5-6. Ders.: Die Ergebnisse unserer Volksbefragung (3). In: BuI, H. 73 (1947). S. 3-4. Zeilinger, Hans: Zur Gründung des „Verbandes der Unabhängigen". In: BuI, H. 146 (1949). S. 5. Als wohlwollender Rückblick: Bös, Josef: Erinnerungen an Oskar Helmer. In: BuI, H. 866 (1966). S. 6-7. Unverzichtbar in diesem Zusammenhang Krauss, Herbert A.: „Untragbare Objektivität". Politische Erinnerungen 1917 bis 1987. Wien und München 1988 und – für das geistige Umfeld – nicht zu unterschätzen die blutvollen Ausführungen von Stüber, Fritz: Ich war Abgeordneter. Die Entstehung der freiheitlichen Opposition in Österreich. Graz, Stuttgart 1974.

7   Dazu Lechner, Manfred: "... Jener, dessen Namen unter den Lebendigen nicht genannt werden mag." Der „Fall Olah" – Ein Megaskandal der Zweiten Republik? In: Politische Affären und Skandale in Österreich. Von Mayerling bis Waldheim. Hg. v. Michael Gehler und Hubert Sickinger. Thaur [u. a.] 1995. S. 419-436.

8   Siehe dazu beispielsweise Mommsen, Margareta: Die „Staatskrise" über den „Justizputsch" in der Causa Habsburg 1963 und der Niedergang der Großen Koalition. In: Politische Affären und Skandale in Österreich. Von Mayerling bis Waldheim. Hg. v. Michael Gehler und Hubert Sickinger. Thaur [u. a.] 1995. S. 437-454.

9   „Da muß ich Ihnen widersprechen. Die FPÖ ist nicht ultrarechter als die ÖVP. Es

113

stimmt, manchmal vertraten FPÖ-Abgeordnete sehr konservative, ja sogar reaktionäre Ansichten, andere wieder sehr liberale."
Interview „Der Spiegel" – Bruno Kreisky. In: Der Spiegel, 20/1970. S. 136-143 (hier S. 140).

Man wird in der Annahme wohl nicht fehlgehen, daß die FPÖ dann „reaktionär" war, wenn sie mit der ÖVP gegen die SPÖ stimmte und dann als „liberal" eingestuft wurde, wenn sie mit der SPÖ gegen die ÖVP stimmte. Siehe in diesem Zusammenhang auch N.N.: National, liberal oder rechtsradikal: Wo steht Götz? In: AZ vom 11. März 1979.

10   Ausführlich dazu im Kapitel „Frischenschlager-Reder".

11   Olahs „Wahlkampagne war speziell darauf ausgerichtet, die Wählerschaft zu spalten, wozu er öffentlich antisemitische Anspielungen machte. (Bei einer zu dieser Zeit gemachten Umfrage unter den SPÖ-Funktionären kam heraus, daß nicht weniger als 16 Prozent des sozialistischen Kerns der Meinung waren, Olah sei das Opfer von ‚Intrigen einer jüdischen und marxistischen Clique' gewesen.)".
Amerongen, Martin van: Kreisky und seine unbewältigte Gegenwart. Graz [u. a.] 1977. S. 35.

12   Bisher ist noch völlig ungeklärt, inwieweit Kreisky über die Vergangenheiten tatsächlich informiert war. „Öllingers Vergangenheit (jedoch offenbar nicht die Röschs) überraschte Kreisky."
Levy, Alan: Die Akte Wiesenthal, a.a.O., S. 126.
Daß Kreisky über Röschs (Nachkriegs)vergangenheit – Stichwort: Affäre Soucek – nicht informiert gewesen sein sollte, scheint unwahrscheinlich. „Da kam der damalige sozialistische Innenminister Oskar Helmer auf die Idee, jene alten Nazis, die nicht direkt für die SPÖ zu gewinnen waren, zur Gründung einer eigenen Partei zu animieren. (...) Natürlich war diese Strategie nur sinnvoll, wenn die kommende vierte Kraft gute Beziehungen zur SPÖ unterhielt und als Koalitionspartner in Frage kam. Der Mann, der helfen sollte, dieses Konzept zu verwirklichen, war Otto Rösch.
Ich habe mehrmals mit ihm über die Überlegungen und Vorgänge von damals gesprochen und neige dazu, ihm zu glauben, daß er tatsächlich nur zu diesem Zweck in Souceks Organisation eingeschleust worden ist und ihr nie wirklich diente."
Wiesenthal, Recht, nicht Rache, a,a.O., S. 69f.
Als Politpensionist sollte Rösch seine diesbezügliche Gabe noch einmal zum Wohle „der Partei" einsetzen.
Siehe Huber, Markus: Graue Schein-Panther. In: „profil", 5/1997. S. 39.
Folgt man Frühbauers Ausführungen, so war nicht seine NSDAP-Mitgliedschaft ein eventuelles Problem, sondern ich „habe ihn [Kreisky] damals aufmerksam gemacht, daß ich mit dem Auto einen Verkehrsunfall gehabt habe und verurteilt worden bin (...). Das war eigentlich das Einzige, nicht."
Seifried, Gerhard und Toefferl, Heimo: Drei Genossen. Erwin Frühbauer, Rudolf Gallop und Leopold Wagner. Mit einem Vorwort von Jörg Haider. Klagenfurt 1997. S. 37f.

13   So wurde der Rücktritt Öllingers am 20. Mai 1970 auch (Jahre danach) nicht mit dessen Vergangenheit, sondern mit gesundheitlichen Problemen begründet. Kreisky selbst hat Öllingers SS-Vergangenheit „gestört". Er bestand darauf, daß Öllinger aufgrund seines Gesundheitszustandes zurücktrat. Auch die anderen Minister – wenngleich es hierbei auch die innenpolitische Konstellation zu berücksichtigen gilt – traten nicht ob ihrer Vergangenheiten zurück.
Siehe: Interview „profil" – Bruno Kreisky, a.a.O., S. 28.
Daß Frühbauer vom Verkehrsministerium nach Kärnten wechselte, hatte ausschließlich innerparteiliche Gründe, siehe: Seifried und Toefferl, Drei Genossen, a.a.O.

114

14   Pelinka, Anton: SPÖ, ÖVP and the „Ehemaligen": Isolation or Integration. In: Conquering the past, a.a.O., S. 245-256 (hier S. 247).

15   Ebda, S. 254.

16   Ein erstes Scharmützel hatte es bereits 1969 gegeben, als der Wiener Vizebürgermeister Felix Slavik der „Jerusalem Post" am 9. November 1969 mitteilte: „In unseren Reihen gibt es nicht einen einzigen früheren aktiven Nazifunktionär.' (...) Wiesenthal reagierte prompt: ‚Man sollte die Bevölkerung Israels (...) nicht durch Erklärungen, die der Wahrheit widersprechen, irreführen.' Die Wahrheit aber war – und Wiesenthal sorgte für deren Verbreitung –, daß zwei ehemalige Nazis in der Führung der SPÖ, als Stellvertreter des SPÖ-Vorsitzenden Bruno Kreisky, saßen: Alfred Schachner-Blazizek, Landesparteiobmann der SPÖ in der Steiermark, Landeshauptmannstellvertreter. Er war von den ‚Ostmärkischen Sturmscharen' noch vor dem Anschluß zur NSDAP übergewechselt und hatte zuletzt die hohe Funktion eines Gaurichters der NSDAP bekleidet.
Und Hans Czettel, Landesparteiobmann der SPÖ in Niederösterreich, Landeshauptmann-Stellvertreter. Er war vorerst HJ-Führer in Wien-Ottakring gewesen, später Mitglied der NSDAP und war für eine hauptamtliche Funktion in der NSDAP vorgesehen, da er zu diesem Zweck Parteischulen besucht hatte."
Simon Wiesenthal. Ein unbequemer Zeitgenosse, a.a.O., S. 205f.

17   Somit greift auch die Interpretation Oliver Rathkolbs in den Augen des Verfassers zu kurz: „Bei manchen Fragen – wie zum Beispiel hinsichtlich der politischen Diskussion über die nationalsozialistische Vergangenheit von Österreichern und Österreicherinnen – hielt sich Kreisky jedoch aufgrund des allgemeinen gesellschaftlichen Drucks und seiner jüdischen Herkunft bewußt zurück, um dann um so heftiger", damit ist die Affäre Kreisky-Peter-Wiesenthal gemeint, „sowohl Objekt als auch Subjekt von innenpolitischen Diskussionen zu werden."
Rathkolb, Oliver: Die Kreisky-Ära 1970-1983. In: Österreich im 20. Jahrhundert, Bd. 2. Vom Zweiten Weltkrieg bis zur Gegenwart. Hg. v. Rolf Steininger und Michael Gehler. Wien [u. a.] 1997. S. 305-353 (hier S. 306).

18   Das Plakat war nach Ansicht der CSU-Parteiakademie ein „‚Lehrbeispiel antisemitischer Manipulation'".
Zit. nach N. N.: Drei Jahrzehnte nach Auschwitz: Antisemitismus in Österreich. In: „profil", 23/1973. S. 30-48 (hier S. 39).
Zur Ehrenrettung von Josef Klaus muß angemerkt werden, daß dieser von den Plakaten nichts wußte (Freundliche Mitteilung Prof. Dieter A. Binder).

19   Geradezu rührend waren dazu die Ausführungen im steirischen ÖVP-Organ „Südost-Tagespost": „Obwohl in diesem Wahlkampf von keiner Seite auch nur der leiseste antisemitische Ton zu hören war, stellte Doktor Kreisky vor etlichen Auslandsjournalisten die eindeutig als verleumderisch anzusehende Behauptung auf, die ÖVP bestreite ihren Wahlkampf mit einem massiven ‚Antisemitismus'. (...) Kreisky erhob überdies die ungeheuerliche Beschuldigung, das ÖVP-Plakat, das Bundeskanzler Klaus als ‚echten Österreicher' vorstelle, verfolge ‚antisemitische Tendenzen'."
N. N.: Kreisky agiert mit Antisemitismus. In: „Südost-Tagespost" vom 28. Februar 1970. S. 2. Die Überschrift allein ist schon pikant genug; da das ominöse Plakat so „harmlos" war, wurde es am selben Tag auf Seite 3 in einer Photocollage, das einen strahlend-bürgernahen Klaus zeigte, selbstverständlich abgedruckt.
Nach der Niederlage vom 1. März ist, angereichert durch Versatzstücke auf der Antisemitenklaviatur, zu dieser Thematik zu lesen: „Es hätte nie einen Rassismus gegeben, wenn ihn nicht Dr. Kreisky selbst und eine gewisse schaumleckerische Publizistik emporgespielt hätten. Wir wiederholen unseren alten Standpunkt, kein

Antisemitismus, aber auch kein Vorrecht durch die Tatsache, einer anderen Rasse"
– und das 1970! – „anzugehören."
R.: Kreiskys Anmaßung und die OeVP am Scheideweg. In: „Südost-Tagespost" vom
4. März 1970. S. 3.
Klarer und rassistischer formulierte da schon „Die Aula". Mit dem SPÖ-Wahlsieg
beginnt zweifellos „in Österreich wieder eine neue Ära. An deren Beginn wollen wir
anmerken, daß der Wahlsieger, obgleich selbst nicht Deutscher", sondern Jude wie
hinzuzufügen ist, „die Österreicher zum deutschen Volk rechnet. Bei Eröffnung des
‚Archivs der sozialen Demokratie' in Bad Godersberg sagte er: ‚Denn das wissen
wir ja wohl, daß die Norddeutschen uns Süddeutsche respektieren und wie ich hoffe
auch liebhaben.'"
Aigner, Adalbert: Und Österreich? In: Die Aula, März 1970. S. 14-15 (hier S. 15).
In diesem Zusammenhang sei auf eine SWS-Umfrage aus dem März 1968 verwiesen. Auf die Frage: „Glauben Sie, daß ein Jude, der sich als Österreicher bekennt,
als richtiger Österreicher angesehen wird?", antworteten von den 825 Befragten
46% mit „ja" und 43% mit „nein". Ähnlich sah auch das Ergebnis für die Frage
„Können Sie sich vorstellen, daß ein Angehöriger einer anderen europäischen Nation, zum Beispiel ein Jugoslawe oder ein Franzose, der entsprechend gut Deutsch
spricht und sich ganz als Österreicher bekennt, auch wirklich als Österreicher angesehen wird?" aus; 46% bejahten und 43% verneinten.
SWS-Meinungsprofile: Antisemitismus in Österreich 1968-1982 (II.Teil). In: JfS,
2/1983. S. 205-244 (hier S. 209).

20   81 Mandate SPÖ, 79 ÖVP und 5 FPÖ.
Siehe: „Wiener Zeitung" vom 4. März 1970.
In einem Nachwahlgang – notwendig geworden durch einen Einspruch der FPÖ –
wanderte ein Mandat von der ÖVP zur SPÖ.
Siehe dazu: N. N.: Barock und Real. In: Der Spiegel, 28/1970. S. 75-76 und N. N.:
Nur für Armverletzte. In: Der Spiegel, 30/1970. S. 96.
Zum endgültigen Wahlergebnis 82 (SP), 78 (VP) und 5 (FP) siehe „Wiener Zei-
tung" vom 6. Oktober 1970.

21   Siehe beispielsweise: Lackner, Herbert: Die sanfte Revolution. In: „profil", 8/
1995. S. 40-44. Zur Wahlanalyse Blecha, Karl: Analyse einer Wahl (I). In: Die Zukunft, H. 5,6/1970. S. 5-10 und Blecha, Karl: Analyse einer Wahl (II). In: Die Zukunft, H. 7/1970. S. 2-6.

22   Siehe unter anderem: „Die SPÖ steht nun vor der großen und schwierigen Aufgabe, eine Koalition mit der ÖVP herzustellen und eine gemeinsame Regierung unter
einem sozialistischen Bundeskanzler zu bilden. Nur eine solche Lösung wird eine
dem Wählerwillen entsprechende Konsequenz der Entscheidung vom 1. März darstellen."
Czernitz, Karl: Ein geschichtlicher Sieg!. In: Die Zukunft, H. 5,6/1970. S. 1-5 (hier
S. 1).

23   Lorenz, Willy: „Du glückliches Österreich ...". In: Die Furche vom 7. März 1970.
S. 1.
Siehe auch: „Die Bildung einer neuen Koalitionsregierung wird nicht leicht und vor
allem zeitraubend sein – aber sie wird gelingen, wenn die Verhandlungspartner die
großen staatspolitischen Ziele im Auge behalten (...) und sich nicht von Emotionen
leiten lassen, die auf der einen Seite in der Enttäuschung und auf der anderen im
Siegeshochgefühl wurzeln können."
Stamprech: Politischer Schicksalstag. In: „Wiener Zeitung" vom 3. März 1970.

24   Lorenz, Willy: Ohne Komplexe. In: Die Furche vom 21. März 1970. S. 1.

25   N. N.: Kein Abbruch von Brücken. In: Die Furche vom 25. April 1970. S.1.

116

26   Das war allerdings keine Erfindung Kreiskys. Schon in den sechziger Jahren schrieb Oscar Pollak im theoretischen Organ der SPÖ, in der „Zukunft", zum Beispiel: Die Gemeinsamkeiten zwischen SPÖ und FPÖ lägen im „Interesse einer Reform des Wahlrechts", was „hauptsächlich ein Anliegen der FPÖ" sei und in der „Ablehnung Habsburgs, soweit sie in der FPÖ reicht." Pollaks Schlußfolgerung und Warnung an die Partei angesichts des Deutschnationalismus und der mangelnden Abgrenzung der FPÖ vom Nationalsozialismus lautete: „Es geht also wirklich nicht an, die FPÖ so ohne weiters ‚salonfähig' zu machen, ihr eine weiße Weste anzuziehen – oder vielmehr anzudichten – von der jeder braune Fleck verschwunden ist." Pollak, Oscar: Weder Habsburg noch Hitler? In: Die Zukunft, H. 14/1963. S. 1-4 (hier S. 4).

27   N. N.: Zur Kasse gebeten. In: Der Spiegel, 31/1970. S. 84.

28   „Der ‚Spiegel' berichtet über ein finanzielles Geheimabkommen zwischen Kreisky und Peter, muß aber später alles dementieren. Es ist nichts nachzuweisen." Scheidl, Hans Werner: Die Ära Friedrich Peter. In: Die Republik, 1/79. S. 25-28 (hier S. 28).

29   Lb Oskar Huemer. In: Der Spiegel, 32/1970. S. 12f.

30   Vor diesem warnte auch Oscar Pollak im weiter oben zitierten „Zukunft"-Artikel.

31   Pelinka, Anton: Der falsche Weg. In: Die Zukunft, H. 22/1970. S. 31-32 (hier S. 32).

32   Scheuch, Manfred: Wahlrecht und Gerechtigkeit. In: Die Zukunft, H. 22/1970. S. 33-34 (hier S. 34).

33   Siehe Stenographische Protokolle über die Sitzungen des Nationalrates der Republik Österreich. XII. Gesetzgebungsperiode. 1970. I. Band (1.-20. Sitzung). 2. Sitzung (27. April 1970).

34   Siehe Stenographische Protokolle über die Sitzungen des Nationalrates der Republik Österreich. XII. Gesetzgebungsperiode. 1970. I. Band (1.-20. Sitzung). 3. Sitzung (29. April 1970).

35   SWS: Bericht über das Ergebnis einer Meinungsumfrage, betreffend die neue Bundesregierung. 80. Bericht. Wien 1970.

36   Ragassnigg: „Habe genug gebüßt ...". In: Die Furche vom 9. Mai 1970. S. 5.

37   SOWIDOK, Tagblattarchiv „Rösch, Otto". KORBINIANKATER: Kreisky und die alten Nazis. In: „National-Zeitung" vom 5. Juni 1970.

38   Begov, Lucie: Die Nazi-Renegaten. In: Mitteilungsblatt der Aktion gegen den Antisemitismus. Nr. 44 (September 1970). S. 1-2 (hier S. 2).

39   Öllinger war zwischen Juni 1933 und Juli 1937 SA-Mitglied und wurde – so steht es im R.u.S.-Fragebogen – ab 1937 unter der SS-Mitgliedsnummer 297.660 geführt. Die entsprechenden Unterlagen liegen dem Verfasser als Photokopien vor und wurden ihm von DDr. Oliver Rathkolb freundlicherweise zur Verfügung gestellt.

40   In einer Zeugenvernehmung vor dem Landesgericht Klagenfurt am 27. Jänner 1987 bestritt Frühbauer seine Zugehörigkeit zur NSDAP. „Ich bin der NSPR [sic!] 1944 und sonst auch nie beigetreten, weil ich schon im November 1943 eingerückt bin. (...) Mir ist auch nie bekanntgeworden, daß ich einmal Mitglied (...) geworden wäre oder gewesen sei. Erstmals stellte sich für mich die Frage im Herbst 1970, als der damalige Außenminister [sic!] Gratz bei einer Pressekonferenz in den Niederlanden mit angeblichen Parteimitgliedschaften von Ministern der Regierung Kreisky I und damit auch von mir konfrontiert wurde. (...) Meine Vermutung, wie es zu dieser angeblich in einem Archiv in Berlin aufliegenden Mitgliedsnummer meiner Person gekommen ist, ist der Umstand einer schweren Verletzung bei einer Feuerwehrübung in Graz, durch den in [sic!] verhindert war, an einem Parteianwärterlehrgang teilzunehmen und die Überstellung von der Hitlerjugend zur NSRP [sic!] unmöglich machte."

117

Nun, dieser Logik ist mehr als schwer Folge zu leisten. Jedenfalls stand der Name Erwin Frühbauer an 14. Stelle der „Namentliche[n] Liste der Aufnahmescheine vom 24. Juli 1944", welche am 17. August in die Steiermark retourniert wurde. Von 86 Aufnahmescheinen wurden zwei mit Kommentaren versehen; der Name Erwin Frühbauer fehlt in dieser Aufzählung.

Die entsprechenden Unterlagen liegen dem Verfasser als Photokopien vor und wurden ihm von DDr. Oliver Rathkolb freundlicherweise zur Verfügung gestellt.

41 Wiesenthal, Recht, nicht Rache, a.a.O., S. 357.

42 N. N.: So weit zurück: In: Der Spiegel, 22/1970. S. 137 und 140.

43 „Rösch war (...) acht Monate in Haft genommen worden und nur mangels an Beweisen freigesprochen worden; da aber der Verdacht gegen ihn nicht entkräftet werden konnte, bekam er keine Haftentschädigung."
Angriff auf das Dokumentationszentrum des B. J. V. N. und Simon Wiesenthal und die Reaktionen aus aller Welt. Hg. v. Bund Jüdischer Verfolgter des Naziregimes. Wien o. J.

44 N. N.: Arme Teufel. In: Der Spiegel, 24/1970. S. 82.

45 N. N.: Schöne Reihe. In: Der Spiegel, 26/1970. S. 102-103.

46 Lingens, Ella: Ein heikles Problem. In: Die Zukunft, H. 13/1970. S. 20-21 (hier S. 20).

47 Pelinka, Anton: Wöllersdorf war nicht Auschwitz. In: Die Zukunft, H. 13/1970. S. 21-22 (hier S. 22).

48 Scheuch, Manfred: Wöllersdorf kam vor Auschwitz. In: Die Zukunft, H. 15,16/ 1970. S. 37.
Siehe weiters den Artikel von Massiczek, Albert: Zur Nazischuld: Bewertung ist Selbstbewertung. In: Die Zukunft, H. 20/1970. S. 16-18.

49 Mitten, Richard: „Die Sühne ... möglichst milde zu gestalten". Die sozialdemokratische ‚Bearbeitung' des Nationalsozialismus und des Antisemitismus in Österreich. In: Der Umgang mit dem Holocaust, a.a.O., S. 102-119.

50 Daß Leopold Gratz 1979 Simon Wiesenthal im Ehrenbuch der Stadt Wien verewigte und ihm das „Goldene Ehrenzeichen für Verdienste um die Befreiung Österreichs von der nationalsozialistischen Gewaltherrschaft" überreichte, zählt wohl zu den (kleinen) Treppenwitzen der Geschichte. „Bei der Verlesung der Verleihungsurkunde (...) korrigiert Bürgermeister Gratz sogar seinen großen Parteichef: Kreisky hat in der Peter-Affäre wiederholt vom ‚angeblichen Ingenieur' Wiesenthal gemurmelt. Gratz gratulierte letzte Woche dem ‚Herrn Diplomingenieur' sehr herzlich." „profil", 36/1979. S. 66.

51 N. N.: SPÖ-Parteitag heute in entscheidender Phase. In: „Wiener Zeitung" vom 12. Juni 1970.

52 DÖW, 17962. Erklärung des Dokumentationszentrums zu den Angriffen des Zentralsekretärs der SPÖ, Leopold Gratz. 12. 6. 1970.

53 DÖW, 17962. Brief Simon Wiesenthal an Christian Broda. 11. 11. 1970.

54 Angriff auf das Dokumentationszentrum des B. J. V. N. und Simon Wiesenthal und die Reaktionen aus aller Welt, a.a.O., S. 19.

55 SBKA, Karton 1156 Wies.Vrij Nederland an Bruno Kreisky, 23. Juni 1970.

56 SBKA, Karton 1156 Wies. Österreichische Botschaft Den Haag an Bundesministerium für Auswärtige Angelegenheiten. 8. Juli 1970.

57 SBKA, Karton 1156 Wies. Interview Dr. Bruno Kreisky. Die kursiv gesetzten Teile sind handschriftliche Ergänzungen Kreiskys.

58 SBKA, Karton 1156 Wies. Sozialistische Korrespondenz vom 10. Juli 1970.

59 N. N.: Falschmeldung eines holländischen Blattes. In: „Arbeiter-Zeitung" vom 11. Juli 1970.

60	SBKA, Karton 1156 Wies. Simon Wiesenthal an Manfred Scheuch. 17. Juli 1970.
61	SBKA, Karton 1156 Wies. Hans Perner an Manfred Scheuch. 25. Juli 1970. Dort heißt es unter anderem: „Die Niederschrift wurde mit diesem Ausdruck [„jüdischer Faschist"] von Bundeskanzler Dr. Kreisky approbiert."
62	SBKA, Karton 1156 Wies. Peter Hohenfellner an Rinus Ferdinandusse. 29. Juli 1970. Hohenfellner wurde auch für den Fall eines Prozesses gegen Manfred Scheuch als Verbindungsperson im Bundeskanzleramt, welches vermutete „daß das von Kreisky korrigiert zurückgesandte Manuskript des Interviews manipuliert wurde", genannt. SBKA, Karton 1156 Wies. Wilhelm Rosenzweig an Manfred Scheuch. 17. August 1970.
63	SBKA, Karton 1156 Wies. Straflandesgericht Wien 8. Az 2 U 53/70. 25. 8. 1970.
64	SBKA, Karton 1156 Wies. Landesgericht für Strafsachen Wien VIII, Az 13a Bl 1268/70. 20. Oktober 1970. Sowie N. N.: Prozeß um „Vrij-Nederland"-Interview: Freispruch für AZ. In: „Arbeiter-Zeitung" vom 26. August 1970.
65	SBKA, Karton 1156 Wies. N. N. an Manfred Scheuch. 2. November 1970 und N. N. an Bruno Kreisky. 2. November 1970.
66	Siehe SBKA, Karton 1156 Wies. Kostennote Dr. Manfred Scheuch – Martin von [sic!] Amerongen. 4. November 1970. N. N. an Hans Perner. 18. November 1970 und 3. März 1971. Simon Wiesenthal an Wilhelm Rosenzweig 8. März 1971.
67	Sie befinden sich als Photokopien im Besitz des Verfassers.
68	Buchacher, Robert: „Jetzt bin ich der Fälscher". In: „profil", 17/1979. S. 22-23 (hier S. 22). In dieser Ausgabe finden sich übrigens beide Manuskripte als Faksimile abgedruckt. Das Gericht folgerte: „Die vom Bundeskanzleramt vorgelegte Fotokopie sei ein amtliches Beweisstück und damit die Wahrheit." Ebda, S. 23. Beide Faksimile finden sich übrigens auch in der „Weltwoche" vom 7. August 1970, in der der Autor ätzte: Kreisky „wollte unter dem Einfluss (...) erstaunlicher Vergeßlichkeit von diesem hässlichen Ausdruck nichts wissen." Siehe SBKA, 1152 „Presse Wiesenthal-Peter-Kreisky". Ronner, Markus M.: Fälschung als „Beweisstück"?. In: „Weltwoche" vom 7. August 1970.
69	Wiesenthal, Recht, nicht Rache, a.a.O., S. 359.
70	Zur Wahlanalyse siehe Blecha, Karl: Die großen Trends. In: Die Zukunft, H. 22/1975. S. 15-21.
71	„Ich habe vor den Wahlen die große Koalition abgelehnt, habe gesagt, grundsätzlich kann die kleine nicht ausgeschlossen werden." Interview „Die Zukunft" mit Bruno Kreisky. In: Die Zukunft, H. 19,20/1975. S. 1-2 (hier S. 2).
72	„Ich bin etwa zwei Wochen vor der Wahl auf diese Sache draufgekommen. Da bin ich zum damaligen Bundespräsidenten Kirchschläger. Dem habe ich einen Brief mit allen Beilagen übergeben, mit all dem, was ich herausgefunden habe. (...) Ich habe ihm gesagt, daß ich das eine Woche nach der Wahl veröffentlichen werde. Kirchschläger war mir so dankbar. Er hat gesagt, was Sie machen, ist eine wirklich patriotische Tat. Aber was hat er gemacht? Er hat die Dokumente abgelichtet und Kreisky gegeben." N. N.: Ein Don Quichotte, a.a.O., S. 34. Als Privatankläger und als Zeuge im Strafverfahren gegen Lingens sagte Kreisky dazu aus: „Vor der Wahl, wenige Tage vorher, hat der Herr Wiesenthal dem Herrn Bundespräsidenten eine solche Liste übergeben, offenbar mit der Absicht, daß, wenn ich auf die Idee kommen sollte, nach der Wahl eine kleine Koalition zu bilden, mir

zu schaden. (...) Ich war also informiert, daß Peter auf dieser Liste stand. (...) Das habe ich einige Tage vor der Wahl erfahren, unmittelbar vor der Wahl, 4, 5 Tage vorher. Ich habe meinen üblichen Bericht dem Herrn Bundespräsidenten über die Lage gegeben und bei dieser Gelegenheit hat er mir gesagt, daß heute oder gestern der Herr Wiesenthal ihm eine Liste übergeben hat, da steht der Name Friedrich Peter drinnen und es werde mit der Veröffentlichung gedroht." Mit „Friedrich Peter habe ich über diese Sache überhaupt nicht gesprochen, erst nachher, im Zuge einer Verhandlung."
PK-L/SW. Landesgericht für Strafsachen Wien. Az 2dE Vr 8344/75 – Hv 667/75/78. Hauptverhandlung gegen Peter Michael Lingens und Gerhard Mayer. 26. März 1979. Für die Genehmigung zur Einsichtnahme sei an dieser Stelle Herrn Peter Michael Lingens und Herrn Mag. Werner Masser herzlich gedankt. Der gesamte Bestand befindet sich als Photokopie im Besitz des Verfassers und wird als PK-L/SW (Prozeß Kreisky-Lingens/Sammlung Wassermann) zitiert.
Der Prozeß ist dokumentiert bei Wassermann, Und ab heute Kinder sagen wir „Grüß Gott!" und nicht mehr „Heil Hitler!", a.a.O., S. 506-516.

73   Amerongen, Kreisky und seine unbewältigte Gegenwart, a.a.O., S. 98f.
74   BAB. PA Fritz Ludwig Peter. R. u. S.-Fragebogen Peter, Fritz Ludwig. 15. 7. 1943.
75   BAB. PA Fritz Ludwig Peter. Gebührnis-Karte Peter Friedrich.
76   Bauer, Yehuda: Diskussion. In: Der Mord an den Juden im Zweiten Weltkrieg, a.a.O., S. 122.
      Eine „eindrucksvolle" Schilderung der Mordkommandos bietet das Buch: Unsere Ehre heißt Treue. Kriegstagebuch des Kommandostabes Reichsführer-SS Tätigkeitsberichte der 1. und 2.SS-Inf.-Brigade, der 1.SS-Kav.-Brigade und von Sonderkommandos der SS. Wien 1984.
77   Pik, Simon Wiesenthal, a.a.O., S. 397.
78   „Etwas später unterstellte der Bundeskanzler dem Nazi-Jäger auf einer Pressekonferenz für Auslandsjournalisten ein Naheverhältnis zur Gestapo. Im Wortlaut: Und der Herr Wiesenthal hat zur Gestapo, behaupte ich eine andere Beziehung gehabt als ich, ja, nachweisbar. (...) Ich behaupte, daß Herr Wiesenthal in dieser Zeit einen Teil in der nazistischen Einflußsphäre gelebt hat, ohne daß er verfolgt wurde. Ja? Und er offen gelebt, ohne daß er verfolgt wurde, ja?"
      Lingens, Peter M.: Die „Ungeheuerlichkeit". In: „profil", 14/1981. S. 10-13 (hier S. 10).
79   „Dem Judenstaat sagte er ‚freche Anmaßung' und einen ‚mysteriösen Rassismus' nach. Kreisky: Es sei wissenschaftlich erwiesen, daß es kein jüdisches Volk gebe, vielmehr ‚Religionsgemeinschaft', die ‚zu einer Schicksalsgemeinschaft wurde'. (...) Erst auf Bitten des Kreisky-Pressesprechers Johannes Kunz (...) strich" der israelische Rundfunk- und Zeitungskorrespondent Zeev Barth Kreiskys „Wutausbruch aus dem Interview. Er teilte den israelischen Hörern allerdings mit, wie sein Gespräch endete. Barth: ‚Als ich sein Büro verlassen wollte, zog mich der Kanzler auf einen Moment zurück und sagte mir witzig sein wollend: ‚Wenn die Juden ein Volk sind, so sind sie ein mieses Volk'".
      N. N.: Kreisky: „Die Juden – ein mieses Volk". In: Der Spiegel, 47/1975. S. 22.
80   SBKA, Karton 1153. Wiesenthal. Rudolf Augstein an Bruno Kreisky. 17. November 1975.
81   SBKA, Karton 1153. Wiesenthal. Bruno Kreisky an den „Spiegel". 18. November 1975.
82   SBKA, Karton 1152. Presse-Wiesenthal-Peter-Kreisky. Erklärungen der Parteiführer zum Fall Peter-Wiesenthal. AJ, 10. 10. 1975.
      Die Rechtschreib- und Satzzeichenfehler wurden aus dem Originalmanuskript übernommen.

83   SBKA, Karton 1152. Presse-Wiesenthal-Peter-Kreisky. Bundeskanzler Dr. Bruno KREISKY Thema: Kontroverse um Wiesenthal. ZiB1, 21. 10. 1975.

84   SBKA, Karton 1152. Presse-Wiesenthal-Peter-Kreisky. KREISKY Thema: Konflikt Wiesenthal-Peter-Scrinzi. MiJ, 25. 11. 1975 sowie SBKA, Karton 1152. Presse-Wiesenthal-Peter-Kreisky. KREISKY Thema: Affäre Peter-Wiesenthal. ZiB 2, 25. 11. 1975.

85   SBKA, Karton 1152. Presse-Wiesenthal-Peter-Kreisky. Bundeskanzler Dr. Bruno Kreisky Thema: Konflikt Kreisky-Wiesenthal. MiJ, 27. 11. 1975 sowie SBKA, Karton 1152. Presse-Wiesenthal-Peter-Kreisky. KREISKY, FISCHER, KOREN Thema: Konflikt Wiesenthal-Peter-Kreisky. ZiB 2, 27. 11. 1975.

86   SBKA, Karton 1153. Wiesenthal. apa-Meldung vom 2. 12. 1975.

87   Stenographische Protokolle über die Sitzungen des Nationalrates der Republik Österreich. XIV. Gesetzgebungsperiode. 1975-1976. I. Band (1.-19. Sitzung). 6. Sitzung (3. Dezember 1975).

88   Der in der Folge auszugsweise zitierte und für sich selbst sprechende Brief eines ÖVP-Anhängers an den damaligen ÖVP-Generalsekretär Erhard Busek soll zwar nicht als verallgemeinerte Denkweise der ÖVP-Basis dienen (dagegen würde auch die weiter zitierte Umfrage sprechen), jedoch dürfte er für einen Teil der ÖVP-Anhängerschaft nicht untypisch gewesen sein. „Ich bin über 70 Jahre, war 34 Jahre selbständiger Tischlermeister, habe folglich mit den Juden zusammenarbeiten müssen und dabei große Verluste erlitten und sie dabei studiert und kennengelernt. (...) Beachten Sie nur den Judenknecht Abg. Sekanina." Kreisky „verdächtigt die ÖVP mit dem Judas Wiesenthal zusammenzuarbeiten (...). Nicht von [sic!] Hitlerregime sprechen, Lueger ist noch immer Vorbild und Grundlage zur Weiterarbeit." SBKA, Karton 1153. Wiesenthal. Brief K. S. (vom Verfasser abgekürzt) an Erhard Busek. 11. 10. 1975.

89   SBKA, Karton 1153. Wiesenthal. Meinungsforschung zur Konfrontation KREIKSY-WIESENTHAL. Die Studie stammt übrigens, wie eine handschriftliche Notiz zeigt, aus der Bundesparteileitung der ÖVP.

90   SBKA, Karton 1153. Wiesenthal. apa-Meldung vom 3. 12. 1975.

91   PK-L/SW. Landesgericht Wien. Az 2d E Vr 8344/75 – Hv 667/75/78. Hauptverhandlung. 26. März 1979 sowie PK-L/SW. Landesgericht Wien. Az 2d E Vr 8344/75 – Hv 667/75. Abschrift aus dem Akt des Landesgerichtes für Strafsachen. 1. 4. 1981.

92   Interview „profil" – Bruno Kreisky, a.a.O., S. 27.

93   Pick, Simon Wiesenthal, a.a.O., S. 411.

94   Auf eine ausführliche Dokumentation des Verlaufs der Affäre sei verzichtet. Siehe neben den Darstellungen bei Wiesenthal, Pick und Ley neuerdings Böhler, Ingrid: „Wenn die Juden ein Volk sind, so ist es ein mieses Volk." Die Kreisky-Peter-Wiesenthal-Affäre 1975. In: Politische Affären und Skandale in Österreich. Von Mayerling bis Waldheim. Hg. v. Michael Gehler und Hubert Sickinger. Thaur [u. a.] 1995. S. 502-531.

95   PK-L/SW. European Court of Human Rights. Lingens Case (12/1984/84/131). Judgement. STRASBOURG 8 July 1986.

96   SBKA, Karton 1153. Wiesenthal. Meinungsforschung zur Konfrontation KREISKY-WIESENTHAL.

97   50 Prozent der Befragten meinten, Kreisky „hätte sich von Anfang an nicht einmischen sollen" (38 Prozent lehnten ab) und 49 Prozent (im Gegensatz zu 36 Prozent) meinten, „Kreiskys Bemerkungen im Zusammenhang mit Wiesenthal und den Juden schaden Österreichs Ansehen im Ausland." Ebda.

98   Sinnigerweise forderten die „Salzburger Freiheitlichen die Ausbürgerung des Simon Wiesenthal" in einem Telegramm an Innenminister Rösch. SBKA, Karton 1153. Wiesenthal. Salzburger Volksblatt vom 30. Oktober 1975.

99   Schwer zu verifizieren, und wohl eher als journalistisches Stilmittel aufzufassen, war die oben zitierte Behauptung Lingens', Kreiskys Verhalten Wiesenthal gegenüber, bringe diesem hunderttausend Stimmen; die von ihm prognostizierte „ewige Koalitionstreue Friedrich Peters" verifizierte sich 1983. Auffallend jedoch war, wie wohlwollend Kreisky im recht(sextrem)en Lager kommentiert wurde. So meinte Otto Scrinzi, er „werde der erste sein, der kreisky auch öffentlich dank ausspreche, wenn er ,ernstlich und nicht nur als ankuendigung' dem treiben wiesenthals ein ende bereite."
SBKA, Karton 1153. Wiesenthal. dsz-verlag muenchen. scrinzi im „profil"-interview missverstanden. 28. 11. 75.
Die „National-Zeitung" schrieb später: Solche „politische Gegnerschaft schließt keinesfalls unser Eingeständnis aus, daß dieser Kanzler in entscheidenden Fragen, so auch in den Fällen Wiesenthal und OPEC, eine richtige Politik betreibt."
SBKA, Karton 1153. Wiesenthal. „National-Zeitung" vom 9. 1. 1976.
Der notorische Rechtsextremist Gerd Honsik lobte in seinem Pamphlet „Schelm und Scheusal. Meineid, Macht und Mord auf Wizenthals Wegen" an Kreisky, dieser habe „dem Betrüger" Wiesenthal „für viele Jahre in Österreich das Handwerk gelegt. Er deckte auf, daß der Name Wizenthals in üblen Geheimdienstberichten auftauchte."
SBKA, Karton 1153 Wiesenthal.
Robert van Verbelen, ebenfalls eine einschlägig illustre Gestalt und als Kreiskys Kronzeuge für den gegen Wiesenthal erhobenen Kollaborationsvorwurf (was angesichts des ehemaligen Nazi-Kollaborateurs Verbelen eine besondere Pikanterie gewesen wäre) gehandelt, meinte zu Kreiskys „Mafia"-Vorwurf: „So nennt es der Bundeskanzler. Ich nenne sie infame Methoden. Im Grunde gibt es keinen Unterschied zwischen den Definitionen."
SBKA, Karton 1153. Wiesenthal. Interview „Quick" mit Robert van Verbelen.
Und es ist schließlich wohl alles andere als ein Zufall, daß sich in den „Wiesenthal"-Unterlagen in der „Stiftung Bruno Kreisky Archiv" das Pamphlet „Simon Wiesenthal". Dokumentation von Robert H. Drechsler (eingegangen im Kabinett des Bundeskanzlers am 2. Juni 1982) und die an Kreisky privat adressierte „Leuchtkugel", 4/1982, die zu beweisen vorgab, wie „Wiesenthal lügt" (SBKA, Karton 1153 Wiesenthal.), findet.

100   SWS-Meinungsprofile: SS-Schatten der Nazi-Vergangenheit. In: JfS, 4/1983. S. 502-508 (hier S. 508).

101   SWS-Meinungsprofile: Antisemitismus in Österreich 1968-1982 (II Teil). In: JfS, 2/1983. S. 205-244 (hier S. 229 und S. 231), wobei das sample nicht repräsentativ ist.

102   SBKA, Karton 1153 Wiesenthal. Freiheitlicher Gemeindekurier der FPÖ-Bezirksleitung Steyr. 10. Oktober 1975.

103   Marauschek, Karl Heinz: Verleumder der Waffen-SS wieder am Werke! In: Die Aula, Oktober 1975. S. 33-34 (hier S. 34).

104   N. N.: Zum Fall Peter. In: DÖN, 3-4/1975. S. 128-129 (hier S. 128).

105   Nenning, Günther: Siegfried Kreisky. In: FORVM, H. 265/266 (= Jänner/Februar 1976), S. 59-69 (hier S. 59).

106   N. N.: Der ehrenwerte Friedrich Peter. In: Mitteilungsblatt der Aktion gegen den Antisemitismus, Dezember 1975. S. 1-2.

107   Friedrich Peter „mag frei und ungeschoren bleiben, solange seine Blutschuld unbe-

wiesen ist, aber müssen wir – dürfen wir – uns von Leuten regieren lassen, die sich nicht vollständig von diesem schrecklichen Verdacht zu reinigen mögen? (...) Vom Vorsitzenden und vom geschäftsführenden Klubobmann unserer Partei werden ihm erstklassige Leumundszeugnisse ausgestellt. Das kann schon sein. Aber genügt der Gesinnungswandel, wenn Verdachtsgründe bleiben?" Blau, Paul: In der falschen Partei? In: Die Zukunft, H. 3/1976. S. 27-29 (hier S. 27).

108   Ebda.
109   Ebda, S. 28.
110   Ebda, S. 29.
111   Knoll, Reinhold: Das Schweigen. In: Die Zukunft, H. 3/1976. S. 30-31 (hier S. 30).
112   Es scheint dem Verfasser geradezu typisch, daß der Name Kreisky im Zusammenhang mit der geäußerten Kritik am Kurs der SPÖ überhaupt nicht genannt wurde.
113   Broda, Christian: Die SPÖ, die Vergangenheit, die Gegenwart und die Zukunft. In: Die Zukunft, H. 3/1976. S. 31-34 (hier S. 32).
114   Ebda, S. 33.
115   Klenner, Fritz: Aber, aber, warum das Kind gleich mit dem Bade ausschütten?. In: Die Zukunft, H. 3/1976. S. 35-36 (hier S. 35).
116   Barwitsch, Josef: Der Strafanspruch des Staates und die Rechtsverfolgung durch den einzelnen. In: Die Zukunft, H. 6,7/1976. S. 29-30 (hier S. 29).
117   Pelinka, Anton: Die richtige und die falsche Partei. In: Die Zukunft, H. 8/1976. S. 21.
118   Unger, Ernst: Wiesenthal und das Schweigen. In: Die Zukunft, H. 8/1976. S. 21-22.
119   Wasservogel, Peter: Vergiß nicht, daß du ein Mensch bist! In: Die Zukunft, H. 8/1976. S. 23-24.
120   Massiczek, Albert: Demokratie- und parteischädigend: In: Die Zukunft, H. 8/1976. S. 24.
121   Wirlander, Stefan: Das Unbehagen in der Partei. In: Die Zukunft, H. 8/1976. S. 25-27 (hier S. 26).
122   Über das Vehikel Peter – so Bandhauer – hätte nämlich von bürgerlicher Seite eine Große Koalition „erzwungen" werden sollen. „Hätte sich die FPÖ a priori für die Koalition mit der ÖVP erklärt, hätten die „unter bürgerlichem Einfluß stehenden Massenmedien die österreichische Bevölkerung schon darüber aufgeklärt, daß eine solche Konstellation lupenrein demokratisch sei!" Überhaupt sei es im vergangenen Wahlkampf eigentlich um die Rettung der demokratischen Verfaßtheit der Republik gegangen. „Es war kein Kampf mit Luftballons und Wahlschnickschnack, sondern ein Kampf um die Vollbeschäftigung im Staat und – im weiteren Sinn – um die Aufrechterhaltung des demokratischen Bewußtseins der österreichischen Bevölkerung". Das erkenne man auch daran, daß „das konservative Lager" im Moment ein Verhalten zeige, das „doch wirklich im wahrsten Sinne des Wortes faschistoid" sei. Bandhauer, Herbert: Die falsche Richtung. In: Die Zukunft, H. 11/1976. S. 29-30 (hier S. 30).
123   Mattl, Siegfried: Sozialistisches Prinzip oder Staatsräson. In: Die Zukunft, H. 8/1976. S. 22-23.
124   Politikermeinungen zur Wahl Friedrich Peters. In: „profil", 20/1983. S. 19.
125   Zit. n. „profil", 20/1983. S. 18.
126   Siehe „profil", 19/1983. S. 49-50 und „profil", 20/1983, S. 47-51.
127   „profil", 19/1983. S. 40.
128   Zit. n. „Salzburger Nachrichten" vom 18. Mai 1983.
129   SWS-Meinungsprofile: SS-Schatten der Nazi-Vergangenheit, a.a.O., S. 502f.
130   Stenographische Protokolle über die Sitzungen des Nationalrates der Republik

123

Österreich. XVI. Gesetzgebungsperiode. 1984-1985. 8. Band (125. bis 142. Sitzung). 140. Sitzung (4. April 1986).

131 Wiesenthal, Recht, nicht Rache, a.a.O., S. 366.

132 Konrad, Helmut: Laudatio durch den Rektor O. Univ.-Prof. Dr. Helmut Konrad. In: Verleihung des Menschenrechtspreises der Karl-Franzens-Universität Graz an Herrn Dipl.-Ing. Dr. h.c. mult. Simon Wiesenthal. Graz 1994 (= Grazer Universitätsreden 54). S. 15-26 (hier S. 19).

133 N. N.: Später ein großes Kompetenzgesetz. 15. Mai 1970.

134 Siehe weiters: N. N.: Kreisky vor Öllinger. 16. Mai 1970. N. N.: Öllinger erholt sich. 19. Mai 1970. N. N.: Öllinger zurückgetreten. 21. Mai 1970. N. N.: Kreiskys Toleranz ist nicht die der SPÖ. 25. Mai 1970.

135 „Daß ausgerechnet der unanfechtbare Demokrat Bruno Kreisky einen ehemaligen SS-Mann in das Alleinregierungskabinett einer Partei genommen hat, die anderen Parteien ihre Nazis immer noch und immer wieder um die Nase reibt, war selbstverständlich nicht zu erwarten." Wäre das der ÖVP passiert, wäre wohl „von einer ‚Naziregierung' in Österreich" gesprochen worden. h.f: Der Fall Oellinger. 20. Mai 1970.

136 Ebda.

137 Ri: o. T.. 21. Mai 1970.

138 Ritschel: Verdächtigungen als Beweise. 27./28. Mai 1970. An diesem Artikel fällt auf, daß der Chefredakteur unter der Woche einen Leitartikel verfaßte, wo doch ansonsten seine, nämlich Ritschels, Domäne der Leitartikel der Wochenendausgabe war. Anscheinend war das Thema wichtig genug, um sich als Chefredakteur zu Wort zu melden.

139 Über den Rest der Debatte, seien es die „Spiegel"-Artikel, die Diskussion um den Rektoratsbewerber Breitenecker an der Uni Wien oder die Aussagen Gratz' am SPÖ-Parteitag, wurde ausschließlich in Berichtsform informiert. Siehe N. N.: Kreiskys doppeltes Maß. 3. Juni 1970. N. N.: „Spiegel"-Kampagne gegen SPÖ hält an. 9. Juni 1970. N. N.: Scharfe Gratz-Attacke gegen Simon Wiesenthal. 12. Juni 1970.

140 Feichtlbauer: Rückenwind für Bruno Kreisky. 30./31. Mai 1970.

141 Siehe Wassermann, Gepresste Geschichte, a.a.O., S. 121-123.

142 Neureiter: Zwischen Schatten und Leistung. 11./12. Mai 1983.

143 Ritschel: Peter beweist politisches Gespür. 18. Mai 1983.

144 N. N.: Minister Dr. Oellinger erlitt Herzanfall. 14. Mai 1970.

145 N. N.: Kreisky: „Stehe bis zum Äußersten zu Öllinger!" 16. Mai 1970.

146 Lenhardt: Oellinger. 21. Mai 1970.

147 N. N.: TV-Diskussion über den „Fall Oellinger". 22. Mai 1970 und N. N.: Kreisky: Verbrechen zählen. 25. Mai 1970.

148 N. N.: Nach Öllinger nun auch „Fall Rösch"? 26. Mai 1970.

149 Klima: Streit ohne Sinn. 12. Juni 1970.

150 N. N.: Feind: Banditen, Juden, Zigeuner. 10. Oktober 1975.

151 Payrleitner: Späte Schatten. 10. Oktober 1975 sowie Payrleitner: Männer gesucht. 28. November 1975 und Rabl: Reicht das noch nicht? 10. Dezember 1975.

152 Payrleitner: Späte Schatten, a. a.a.O.

153 Rabl, Reicht das noch nicht, a.a.0.

154 Pl.: Umarmung. 12. Oktober 1975.

155 Payrleitner: Ein echtes Phänomen. 19. November 1975.

156 -stö-: Untauglich. 28. November 1975.

157 Payrleitner: Nur noch Büttel? 6. Dezember 1975 sowie Payrleitner: Alles erledigt. 11. Dezember 1975.

158	„Allenfalls war der Freispruch ein Beweis für eine Verdrängung auf allen Linien. (...) Ein Freispruch mit großem Unbehagen." Zacharia: Es bleibt der Verdacht. 4. Dezember 1975. Siehe auch N. N.: Der SS-Eid deckt die Morde nicht. 11. November 1975. und N. N.: „Erschossen und totgebissen". 11. November 1975.
159	Siehe auch Hopp, Michael: Gogl macht nix. In: FORVM, H. 265/266 (= Jänner/ Februar 1976). S. 61.
160	Payrleitner: Alles erledigt, a.a.O.
161	Leitgeb: Plädoyer für Friedrich Peter – und für seinen Abtritt. 8. Mai 1983.
162	Siehe: 22. April 1970.
163	N. N.: Gerüchte um Öllinger: Der Minister nimmt Stellung. 28. April 1970.
164	-kli-: Punkteverlust. 22. Mai 1970. Als sich die VSSTÖ zur Vergangenheit des Kandidaten um das Rektorsamt an der Universität Wien äußerte, schrieb die „Kleine Zeitung": „Wir beschäftigten uns bereits mit dem eigenartigen Widerspruch dieser Erklärung zu den Feststellungen des SPÖ-Parteiobmannes Kreisky." Tarantel: Lehre für die Zukunft. 4. Juni 1970.
165	N. N.: Wie tot ist die Vergangenheit? 26. Mai 1970. Dem referierenden Autor ist, was das Eintreten für die „kleinen Nationalsozialisten" betrifft, recht zu geben; nur – so weit die Recherchen des Autors gediehen sind –: Die Frage nach der Schuld erübrigte sich angesichts des veröffentlichten Postulats der kollektiven Unschuld.
166	N. N.: Wie tot ist die Vergangenheit, a.a.O.
167	Zum Beispiel N. N.: „Spiegel": Neue Attacken. 9. Juni 1970 oder N. N.: Wiesenthal klagt Gratz. 12. Juni 1970.
168	Gmoser: Weichenstellung in Richtung Zukunft. 6. Juni 1970.
169	Strnad: Das schwierige neunte Schuljahr. 23. Mai 1970.
170	Vorhofer: Wie vergeßlich ist der Wähler. 13. Juni 1970.
171	Siehe Wassermann, Gepresste Geschichte, a.a.O., S. 123-127.
172	Vorhofer: Der Schatten auf Peter. 10. Mai 1983.
173	Csoklich: Der Peter-Skandal und was dahinter steckt. 15. Mai 1983.
174	„Am Beispiel Peter zeigt sich wieder einmal die Doppelmoral (...) jener SPÖ-Politiker, die sich in den Fragen der ‚Vergangenheitsbewältigung' so eifrig engagieren: Wenn einer der SPÖ im Wege steht, dann wird an seiner Vergangenheit so lange gekratzt, bis man auf etwas Belastendes kommt", wie zum Beispiel bei Götz oder Lugger. „Wenn aber einer, wie Friedrich Peter, seit 20 Jahren als gelegentlich hilfreicher Partner zu Diensten steht, dann kann er bei jeder Sondereinheit der SS gewesen sein, dann ist er auf jeden Fall ein Superdemokrat, über dessen Vergangenheit man mit jener verzeihenden Milde spricht, die nicht nur Parteianhängern gefällt, sondern die auch von unpolitischen Bürgern als ungemein wohltuend empfunden wird". Hätte Peter „sein Spielchen nicht mit der SPÖ, sondern mit der ÖVP gespielt (...), dann wäre er heute kaum noch unter den politisch Lebenden" Vorhofer: Einer kann das Problem lösen: Peter. 17. Mai 1983.
175	Vorhofer: Einer in guter Verzicht. 18. Mai 1983.
176	Thur: „Einen Baum nicht verpflanzen!" 15. Mai 1970.
177	R: Machtkampf um Oellinger. 16./17. April 1970.
178	t. c.: Der Nächste bitte! 2. Juni 1970.
179	So beispielsweise r: Kreisky toleranter als SPOe? 25. Mai 1970. B: Sukkurs für Kreisky. 29. Mai 1970.
180	t. c.: Der Nächste bitte, a.a.O.
181	Abgesehen vom Hinweis auf einen „Spiegel"-Bericht in N. N.: 34 Anträge zu SPOe-Kongreß. 9. Juni 1970.

182 r.: NS-Gesetze – ein „Ballast". 2. Juni 1970.
183 N. N.: SP-Zentralsekretär Probst tritt ab. 12. Juni 1970.
184 Wassermann, Gepresste Geschichte, a.a.O., S. 128-129.
185 t. c.: Wissende? 11./12. Mai 1983.
186 Lenhardt: Ein Kandidat tritt nicht an. 18. Mai 1983.
187 Am Bestand der „Kronen Zeitung" ist vor allem ein Umstand erwähnenswert; der relativ geringe Anteil an Berichterstattung (sofern sie das hier untersuchte Thema betrifft) und in Relation dazu – auch zu den anderen hier untersuchten Tageszeitungen – eine auffallend hohe Anzahl an Kommentaren.
188 CATO: Toleranz. 10. Mai 1970.
Siehe in diesem Zusammenhang auch eine Kolumne zu Rudolf Heß und Franz Hofer: „Immer wieder tauchen irgendwelche Leute auf, die plötzlich Belastungsmaterial entdeckt haben wollen. So wird die Glut des Scheiterhaufens, den man für ihn [Hofer] seit Jahrzehnten immer wieder neu anzufachen versucht, am Glimmen erhalten. Scheiterhaufen haben aber nie die Finsternis der Zeit erhellt; nicht vor Hitler, nicht im Dritten Reich und auch heute sind sie dazu nicht geeignet."
CATO: Scheiterhaufen. 5. März 1970.
189 CATO: SS-Woche. 17. Mai 1970.
190 Staberl: Der SS-Mann. 24. Mai 1970.
191 CATO: Schlußstrich. 23. Mai 1970.
Als Breiteneckers NS-Vergangenheit ans Tageslicht kam, schrieb wiederum Dichand: „Die SPÖ ist nicht doppelzüngig, aber ihre Zunge hadert – mit sich selbst..."
CATO: Neues NS-Problem. 3. Juni 1970.
192 CATO: Die „Wilde Jagd". 26. Mai 1970.
193 Reimann: Menschenjagd. 15. Juni 1970.
Einen Tag später scheint für Reimann der Antisemitismus nicht mehr nur ausschließlich eine historische Reminiszenz gewesen zu sein. Anläßlich von Pfui- und Buhrufen, die Leonard Bernstein galten, schrieb er: „Zuletzt bleibt noch der Verdacht des Antisemitismus, von dem wir lieber absehen möchten. Ein Land, das Hitler, Kaltenbrunner und Eichmann hervorgebracht hat, täte besser, nicht einmal daran zu rühren. (...) Opernfans, die eine grandiose Leistung nicht zur Kenntnis nehmen und mit Pfuirufen quittieren, weil ihnen die Nase [!] des Dirigenten oder seine politische Einstellung nicht paßt, sind keine Opernfans, sondern Barbaren."
Reimann: Barbaren an der Oper. 16. Juni 1970.
194 Wassermann, Gepresste Geschichte, a.a.O., S 129-132.
195 Staberl: Das Verdienst des Abg. Peter. 18. Mai 1983.
196 Reimann: Peter und die Selbstgerechten. 15. Mai 1983.
197 Reimann: Zweierlei Maß. 22. Mai 1983.
198 Reimann, Peter und die Selbstgerechten, a.a.O. sowie Reimann, Zweierlei Maß, a.a.O.
199 Siehe N. N.: Das SP-Team – was es will, was es denkt. 22. April 1970.
200 Siehe N. N.: Öllinger zur Preispolitik. 30. April 1970. Romé: „Agrartechnokrat" und Bauernfreund. 1. Mai 1970. In einem Bildbericht samt Bildtext über die Anwesenheit von Beate Klarsfeld in Wien wurde nicht auf die Vergangenheit Öllingers, sondern auf die Ernennung des deutschen Botschafters (mit NS-Vergangenheit) hingewiesen.
201 N. N.: „Ich stehe hinter Öllinger"! 16. Mai 1970.
Das Kreisky-Plädoyer war offensichtlich so zitierenswert, daß es am folgenden Tag wiederholt wurde.
Siehe N. N.: Benya besucht Öllinger. 17. Mai 1970.
202 M. S.: Verdächtig. 20. Mai 1970.

203 Scheuch: Der Rücktritt. 22. Mai 1970.
204 M. S.: Unterschiede: 30. Mai 1970.
205 N. N.: Sonntag Fernsehdiskussion mit Bundeskanzler Dr. Kreisky. 22. Mai 1970.
N. N.: Kreisky in Öllinger-Debatte: Nur Verbrechen können zählen. 26. Mai 1970.
206 N. N.: Öllinger widerlegt den „Spiegel". 27. Mai 1970. N. N.: Weihs berichtigt
„Spiegel"-Behauptung. 9. Juni 1970.
207 N. N.: Wieder Krach um Rektorswahl. 2. Juni 1970.
208 N. N.: Parteitag 1970: Bilanz des Weges zum Sieg. 12. Juni 1970. N. N.: Klagt
Wiesenthal? 12. Juni 1970.
209 Blau: Tage der Zuversicht. 13. Juni 1970.
210 Scheuch: Man merkt die Absicht. 11. Oktober 1975.
211 „Daß ein ehemaliger SS-Mann der FPÖ vorsteht, mag für die Anhänger dieser Partei bezeichnend gewesen sein und ist kein Grund zum Frohlocken, aber es ist nicht
typisch für die FPÖ, wie sie heute ist."
Ebda.
212 Ebda.
213 Scheuch: Wem es nützen sollte. 28. November 1975.
214 Scheuch: Distanz durch Erkenntnis. 4. Dezember 1975 sowie M. S.: Unverfroren.
28. November 1975 und Scheuch: Der Tod eines Tyrannen. 21. November 1975.
215 Lingens: Ich stünde bedingungslos hinter ihm ... 26. Oktober 1975.
216 Muhr: Nicht die Rache leitet unsere Mahnung. 9. November 1975.
217 Scheuch: Überlegungen und Emotionen. 14. Mai 1983.
218 Scheuch: Auf dem richtigen Weg. 17. Mai 1983 sowie Scheuch: Der Verzicht. 18.
Mai 1983.
219 Scheuch: Der Verzicht, a.a.O.
220 Siehe N. N.: Who´s who im Kabinett Kreisky? 22. April 1970.
221 N. N.: SPOe „feuert" Minister Öllinger. 15. Mai 1970. Öllinger trat übrigens erst
am 20. Mai zurück.
222 h. f.: Jetzt schweigen sie. 15. Mai 1970.
223 -ch: Tabu und Öffentlichkeit. 17. Mai 1970.
224 An anderer Stelle war zu lesen: Kreisky habe „wunderschöne – und wir stellen dieses ohne spöttischen Unterton fest – sehr treffende Worte zum ‚Fall Öllinger' gefunden."
D. H.: Der Fall Öllinger. 22. Mai 1970.
225 N. N.: Minister Oellinger trat zurück. 21. Mai 1970.
226 D. H.: Der Fall Öllinger, a.a.O.
227 N. N.: Nach Oellinger Rösch an der Reihe. 27. Mai 1970 sowie K: Hexenjagd. 28.
Mai 1970 und N. N.: „Spiegel" jagt weiter SP-Nazi. 10. Juni 1970.
228 K: Hexenjagd, a.a.O.
229 N. N.: Hindels kämpft für Wiesenthal. 12. Juni 1970 sowie N. N.: Wiesenthal klagt
Gratz. 13. Juni 1970.
In diesem Zusammenhang wäre es reizvoll, eine quantitative Analyse über den sonstigen Gebrauch von Gänsefüßchen in der „Südost-Tagespost" durchzuführen.
230 Harbich: Kreiskys Versuchung. 14. Juni 1970.
231 Siehe auch: N. N.: Widhalm gegen „Hexenjagd". 30. Mai 1970.
232 Siehe zum Beispiel die Überschrift: „Nach Attacke auf FP-Peter: Wiesenthal Staatsfeind Nr. 1" vom 11. Oktober 1975, wobei im gesamten Artikel auf diesen Umstand
überhaupt nicht eingegangen wurde. Der „Staatsfeind" wurde in einem Kommentar vom selben Tag durch Detlef Harbich zum Thema gemacht: „Es ist die üble
Tour von Wiesenthal, einen Mann (und aus internationaler Sicht praktisch ganz
Österreich) mit Behauptungen und Verdächtigungen an den Pranger zu stellen, für

die er schon etwas mehr an Belegen auf den Tisch legen müßte als die Teilnehmer-
liste eines Offizierskurses."
Harbich: Der Fall Wiesenthal-Peter. 11. Oktober 1975.
Siehe auch eine übernommene und mit hoher Wahrscheinlichkeit redaktionell bearbeitete dpa-Meldung: Der „sogenannte Eichmann-Jäger Simon Wiesenthal" fordert, daß „Firmen, die zu billigen Preisen Waren aus der Sowjetunion importieren!
(welche?), sich finanziell an einem Fond beteiligen sollen."
N. N.: Wiesenthal und die Menschenrechte. 17. Oktober 1975.
An einer anderen Stelle verstieg sich die „Südost-Tagespost" zur Formulierung:
„Kann Wiesenthal die Schlinge so eng zuziehen, dann dürfte die Situation für Peter
auch in der eigenen Partei schwierig werden".
-ch: Ein Sieg mit Fragezeichen. 2. Dezember 1975.
Wiesenthal erhielt nur an einer Stelle eine nicht ausschließlich negative, sondern
eine zumindest ambivalente Bewertung. „Wiesenthal kann diesen Punkt [die Mas-
saker] auch recht gut dokumentieren (...). Wenn das stimmt (...), dann steht die
Tätigkeit dieser Brigade außerhalb jeder Diskussion, hat auch nichts mit ‚Ehre der
Wehrmacht' zu tun." Wo man Wiesenthal „energisch entgegentreten mußte", war,
daß er für Peter nicht die Unschuldsvermutung gelten ließ – was insofern nicht
stimmte, als Wiesenthal lediglich Peters Zugehörigkeit betonte und nachwies.
Harbich: Schwere Zeiten für Friedrich Peter. 5. Dezember 1975.

233   d. h.: o. T.. 10. Oktober 1975 sowie Harbich: Schwere Zeiten für Friedrich Peter,
a.a.O.
234   d. h.: o. T., a.a.O.
235   Als Kreisky über Luggers Vergangenheit im Bundespräsidentschaftswahlkampf 1974
räsonierte, schrieb dazu die „Südost-Tagespost": Kreisky diffamiere Lugger „in
übelster Weise (...), ohne konkret etwas zu behaupten (wofür man ja dann Beweise
einfordern könnte). (...) Eine kleine Rechnung genügt, um festzustellen, daß weder
der Student Lugger noch der Student Kirchschläger die Möglichkeit gehabt haben,
sich" vor vierzig Jahren „großartig mit ‚Irrtümern' welcher Art auch immer zu be-
kleckern. (...) Offenbar hat Lugger bis tief in sozialistische Kernschichten soviel
Eindruck gemacht, daß man ihm jetzt (...) mit allen Tricks ein böses Etikett aufkle-
ben will. Oder wen sonst will Kreisky, der, wenn es ihm in den Kram paßte, auch
schon SS-Leute zu Ministern gemacht hat, mit diesen Hinterfotzigkeiten beeindrucken?"
N. N.: Hinterfotzigkeiten. 16. Mai 1974.
Siehe auch: „Borodajkewitsch" [sic!], Mohler und Burger waren Opfer der Sozialisten und Fälle, in denen die SPÖ wenn nötig „den Rechtsstaat mit Brachialgewalt"
gebeugt hätte.
D. H.: Böse und brave Extremisten. 6. Dezember 1975.
236   Harbich: Der Fall Wiesenthal, a.a.O. sowie Harbich: Man darf wieder. 22. Oktober
1975.
237   Harbich: Man darf wieder, a.a.O.
238   „Daß Kreisky heute solche Phänomene zielbewußt als Treibsatz für sich selbst nutzt,
das ist eine Frucht dieses Gemisches aus Heuchelei und fataler Siegerjustiz".
Harbich: Man darf wieder, a.a.O.
239   Harbich: Man darf wieder, a.a.O.
Dazu paßt auch eine Karikatur am 23. Oktober, die Kreisky sehr „jüdisch" aussehen
ließ, wobei das kein Einzelfall war. Eine Karikatur vor dem Wahlsonntag am 7.
Oktober auf Seite 1 appellierte an das Assoziationsvermögen des Durchschnitts-
antisemiten durch die Unterstreichung der überzeichneten „jüdischen Attribute"
(Nase und gekrauste Haare) Kreiskys. „Kabarett ‚Bruno': verlängert!", der (domi-

nante, aber auch eigentliche?) Inhalt der Karikatur unterstreicht den Gesamteindruck.

240 -ch: „Ein mieses Volk". 19. November 1975.
241 Siehe D. H.: Das Ersatzgericht. 29. November 1975 und Stiglmayr: o. T.. 4. Dezember 1975.
242 Stiglmayr: o. T., a.a.O.
243 Schuster: Miese Affären. 6. Dezember 1975.
244 Harbich: Einen Strich ziehen. 11. Mai 1983.
245 Siehe 15. Mai 1983.
246 Sperl: Benyas Attacke. 18. Mai 1983.
247 Zu „Salzburger Nachrichten", „Kleine Zeitung", „Presse" und „Neue Kronen Zeitung" siehe: Wassermann, Gepresste Geschichte, a.a.O., S. 121-143.

5. Frischenschlager-Reder

5.1. Die Affäre

Am 22. Jänner 1985 teilte die Österreichische Botschaft in Rom dem Wiener Außenministerium mit, „daß die Überstellung [Walter] Reders für Donnerstag, den 24.1., 12.30 Uhr vorgesehen sei"[1], was dann auch so geschah und das „von Anfang an eher glücklos"[2] agierende Kabinett Sinowatz-Steger[3] ein weiteres Mal heftig ins Trudeln brachte[4]. Den Hintergrund lieferte ein Beschluß des Militärtribunals von Bari vom 14. Juli 1980, das dem 1954 zu lebenslanger und zu zusätzlich 30jähriger Haft verurteilten ehemaligen Obersturmbannführer Walter Reder „die bedingte Entlassung (...) unter folgenden gesetzlichen Auflagen" gewährte: „Das Gericht u n t e r w i r f t den genannten Major Walter Reder der Sicherheitsmaßnahme der Schutzaufsicht auf die Dauer von mindestens 1 Jahr, o r d n e t die sofortige Enthaftung des Majors Walter Reder an, sofern er nicht aus anderen Gründen verhaftet ist, v e r f ü g t, daß der genannte Offizier und Angehöriger [sic!] der feindlichen Streitkräfte in seiner Eigenschaft als Kriegsgefangener, der nach Beendigung der Kampfhandlungen wegen Strafverbüßung nicht freigelassen wurde, in seinem eigenen Interesse als Internierter auf die Dauer von 5 Jahren ab heute in seiner derzeitigen Militärstrafanstalt angehalten wird; nach günstigem Ablauf der festgesetzten Zeit gilt die über ihn verhängte Strafe als getilgt, wobei es den Verwaltungsbehörden vorbehalten bleibt, [ihn] auch vor Durchführung der angeordneten Sicherheitsmaßnahme und vor Tilgung der Strafe nach den geltenden internationalen Bestimmungen"[5] freizulassen. Daraufhin gratulierten Bruno Kreisky[6] und Franz Kardinal König[7] Reders Anwalt, Giangaleazzo Bettoni. Das Bundesministerium für Auswärtige Angelegenheiten erhöhte per 1. Jänner 1981 die Jahrespauschale von Reders Anwalt auf 2,6000.000,– Lire[8].

Am stärksten von diesen Turbulenzen betroffen war der damalige Verteidigungsminister Friedhelm Frischenschlager, der dem liberalen Flügel der FPÖ zugerechnet wurde. Die „Wochenpresse" beschrieb den chronologischen Ablauf der Affäre wie folgt: Nachdem klar war, daß Reder am 24. Jänner überstellt werde und daß dafür nur der Flughafen Graz-Thalerhof in Frage käme, ruft Armin Hermann aus dem Innenministerium „den Sicherheitsdirektor des Bundeslandes Steiermark, Hubert Holler, an und bespricht mit ihm die Übernahme. Mit der Betonung, Holler brauche Reder nicht die Hand geben." Frischenschlager betonte in einem Bericht an Sinowatz, er habe, sein „Hauptaugenmerk darauf gelegt, die Geheimhaltung sicherzustellen und möglichst wenig Personen über den Sachverhalt in Kenntnis zu setzen.

Brigadier Bernecker als Leiter der Luftabteilung im BM für Landesverteidigung erklärte, daß dieses Ziel am besten zu erreichen wäre, wenn die Flüge als Ministerflüge durchgeführt würden (...). Aus diesem Grunde entschloß ich mich, die Durchführung zwecks bestmöglicher Geheimhaltung persönlich in der Hand zu behalten."[9] Als die italienische Maschine in Graz landete, war Reders Ankunft der Presse bereits bekannt, die Anwesenheit des Ministers und der – tatsächlich stattgefundene[10] – Handschlag innerhalb weniger Tage ein handfester politischer Skandal. Die ÖVP versuchte mit parlamentarischen Mitteln die so schon krisengeschüttelte Koalition endgültig auszuhebeln, was schließlich zum am 1. Februar 1985 parlamentarisch eingebrachten (und zurückgewiesenen) Mißtrauensantrag gegen Frischenschlager führte. Besieht man sich dazu das stenographische Protokoll, so fällt an allen Wortmeldungen auf, daß die vorzeitige Entlassung Reders von allen Parteien als humanitärer Akt begrüßt wurde, das Verhalten Frischenschlagers diesen vor allem für die Volkspartei rücktrittsreif machte. Nicht nur die ÖVP-Beiträge in der Sitzung vom 1. Februar 1985, sondern auch die der beiden Regierungsparteien kann man kurz und bündig damit zusammenfassen, daß dem geschichtlichen Hintergrund, in diesem Fall dem Nationalsozialismus, eine sehr untergeordnete (politische) Bedeutung zugewiesen wurde, daß nicht Vergangenheits-, sondern Gegenwartsbewältigung betrieben wurde, wobei von seiten der ÖVP vor allem die Frage von Frischenschlagers gegenwärtigem und zukünftigem Krisenmanagementfähigkeiten aufgeworfen wurde. Der ÖVP-Abgeordnete Herbert Kohlmaier etwa meinte: „Die Theorie von der Gewährleistung der Geheimhaltung widerlegt sich nicht nur dadurch, daß das Auffälligste, was man in dieser Republik überhaupt tun kann, ist, einen Minister auf Reisen zu schicken. (...) Ich rufe in Erinnerung, daß ein Minister gegenüber dem Staat eine hohe Verantwortung hat, vor allem auch gegenüber dem Staatsinteresse. Und das trifft für das Verteidigungsressort wohl besonders zu. Denn die Selbstbehauptung der Demokratie Österreich, deren geographische Lage am Rande der freien Welt situiert ist, ist wesentlich auch dem Verteidigungsminister überlassen. (...) Die Achtung aller Verpflichtungen, die damit verbunden sind, ist eine hohe Aufgabe für den Verteidigungsminister, konkret für den Verteidigungsminister Dr. Frischenschlager."[11]

5.2. Die Affäre im Spiegel der öffentlichen Meinung

Das Meinungsforschungsinstitut IMAS erhob unter 1500 Österreichern das „Gewicht" der 1985 virulenten Affären. Mit 72 Prozent Nennung lag der Weinskandal einsam an erster Stelle, gefolgt vom „Fall AKH" (56%), dem

„Fall Rablbauer" (31%), den Fällen „WBO" und Lutz Moser mit jeweils 29 Prozent und der „Steuersache Hannes Androsch" (27%). Erst danach rangierte die Affäre Frischenschlager-Reder mit 23 Prozent an Nennung im öffentlichen „Affärenbewußtsein". Auch nach Parteipräferenzen waren die Unterschiede nicht sehr gravierend: Mit 18 Prozent wies hierbei die FPÖ wenig überraschend den geringsten Wert aus; ihr folgten die ÖVP-Anhänger mit 21 und die SPÖ-Anhänger mit 23 Prozent. Wiewohl die veröffentlichten Daten keine Aufschlüsse über Signifikanzen liefern, ist am ehesten das Ergebnis der SPÖ-Anhänger im Gegensatz zu den FPÖ-Anhängern als signifikant zu werten[12].

Interessanter und für die hier vorliegende Studie bei weitem relevanter ist eine ebenfalls von IMAS durchgeführte Studie, die sich ausschließlich der vorliegenden Causa widmete, und die an dieser Stelle gesondert nach der Variable „Partei-Anhänger" ausgewertet werden soll[13]. Auf die Frage, inwiefern die Affäre die Befragten interessiert habe, antworteten 66 Prozent, sie hätten sie „mit Aufmerksamkeit verfolgt", 34 Prozent hat sie „nicht weiter interessiert". Das Höchstmaß an Interesse und dementsprechend auch das geringste Maß an Desinteresse fand sich unter den FPÖ-Anhängern mit 83 beziehungsweise mit 17 Prozent[14]. SPÖ und ÖVP-Anhänger lagen mit jeweils 71 und 29 Prozent gleichauf. 26 Prozent der Befragten meinten, Frischenschlager habe mit seinem Verhalten „dem Ansehen Österreichs in der Welt einen sehr großen Schaden zugefügt", wohingegen 53 Prozent (bei 21% ohne konkrete Angabe) dies verneinten. Im Gegensatz zur oben abgehandelten Frage zersplitterte sich hier das Meinunsgsspektrum in Abhängigkeit von der Parteipräferenz beträchtlich. Daß lediglich 7 Prozent der FPÖ-Anhänger eine schweren Schaden in der Welt sahen und 83 Prozent dies verneinten überrascht wiederum nicht. Einen derartigen Schaden sahen 24 Prozent (59% Ablehnung der Vorgabe) der SPÖ- und 35 Prozent der ÖVP-Anhänger – bei 47 Prozent Ablehnung; offensichtlich hat hier die ÖVP-Propaganda – verwiesen sei an dieser Stelle auf die einschlägigen Wortmeldungen in der parlamentarischen Debatte – Früchte getragen. Wiewohl in den Totalwerten lediglich ein rundes Viertel einen außenpolitischen Schaden erkennen wollte, waren doch 41 Prozent der Meinung, Frischenschlagers Entschuldigung sei notwendig gewesen – 32 Prozent hielten diese für unnotwendig. Mit 47 Prozent an Zustimmung lagen hierbei die SPÖ- und ÖVP-Anhänger gleichauf, wohingegen lediglich 10 Prozent – man vergleiche in diesem Zusammenhang die weiter unten zitierten Artikel aus der „Aula" – der FPÖ-Anhänger eine solche Entschuldigung für notwendig hielten. Dem standen 80 Prozent an FPÖ-Anhängern gegenüber, die diese als unnötig erachteten, gefolgt von 33 Prozent der SPÖ- und 28 Prozent unter den ÖVP-Anhängern. Da Frischenschlager also – so zumindest in den erhobenen Daten – dem Ansehen Österreichs nicht geschadet habe (wozu allerdings die mehrheitliche Befürwortung einer Entschuldigung in einem seltsamen Widerspruch steht) ist es auch nicht überraschend, daß sein Verhalten für 54 Prozent kein zwingender Rücktrittsgrund, für 22 Prozent ein zwingender Rücktrittsgrund gewesen ist. Für einen solchen Rücktritt sprachen sich mehrheitlich die ÖVP-Anhänger (33%) aus[15], wohingegen dies nur 18 Prozent der SPÖ-Anhänger so sahen[16]. Der von der ÖVP im Parlament eingebrachte Mißtrauensantrag gegen Frischenschlager blieb auch unter den eigenen Anhängern in der Minderheit, denn im Gegensatz zu den eben referierten 33 Prozent sprachen sich 44 Prozent gegen einen zwingenden Rücktrittsgrund aus (SPÖ: 66 %), die FPÖ-Anhänger lagen mit 83 Prozent wiederum einsam an der Spitze. Die nächste Frage, nämlich ob Frischenschlagers Verhalten entschuldbar sei, spiegelte dieses Ergebnis komplementär. Die für die öffentliche Meinung vermutete Gegenposition nahmen drei Prozent der FPÖ, 25 Prozent der SPÖ- und schließlich 33 Prozent der ÖVP-Anhänger ein.

Aufgrund dieser Daten kann das Antwortverhalten auf die Frage, ob das Erinnern an „die im Zweiten Weltkrieg begangenen Taten" wachzuhalten sei oder nicht, nicht überraschen: 27 Prozent fanden dies richtig im Gegensatz zu den 57 Prozent, die äußerten, das Kapitel sei abzuschließen und man solle nicht mehr darüber reden. Etwas mehr an Überraschung birgt die Analyse nach den jeweiligen Parteipräferenzen. Die FPÖ wich – bei aller gebotener Vorsicht, mit der diese Daten ob ihrer tatsächlichen Repräsentativität als Totalität interpretiert werden müssen – mit 17 beziehungsweise mit 63 Prozent in beiden Dimensionen eindeutig vom Durchschnittswert ab. Bei der Befürwortung der „Erinnerungsarbeit" hielten sich SPÖ und ÖVP (25 und 26 Prozent) einander annähernd die Waage, ablehnend äußerten sich 58 Prozent der ÖVP und 62 Prozent der SPÖ-Anhänger, womit diese den annähernd selben Wert wie die FPÖ-Anhänger aufwiesen.

Interpretiert man die Daten zusammenfassend, so kann festgehalten werden: Das Gesamtmeinungsbild erkannte weder in den Fragen, die die Affäre (sprich: Frischenschlager) direkt noch in der einen letzten, die sie indirekt betraf, irgend etwas Skandalträchtiges, das einen Rücktritt rechtfertigen würde[17]. Mit ihrer Strategie, den Empfang Reders auf politischer Ebene zu skandalisieren, befand sich die ÖVP nicht einmal in Übereinstimmung mit der eigenen Anhängerschaft. Daß für die Anhänger der FPÖ das höchste Maß an „Abwehrverhalten" ausgewiesen wurde, scheint einerseits aus dem Umgang der Partei mit der Nazivergangenheit, andererseits mit der Präsenz der Person Reders im Parteimedium „Neue Freie Zeit"[18] zwingend. Und schließlich sollte man nicht vergessen, daß abgesehen von diesen beiden Faktoren wohl auch ein Korpsgeist beziehungsweise Solidarisierungseffekt als „politisches Naturgesetz" hinzukommt. Interessant ist das Antwortverhalten der

SPÖ-Anhänger: Sie befanden sich, bezieht man als Hintergrund das wiederholt geäußerte Quasimonopol im Bereich des Antifaschismus mit ein, in partieller einstellungsmäßiger „Geiselhaft" der FPÖ. Das dergestalt, als daß das Antwortverhalten ihrer Anhänger gelegentlich überraschende Übereinstimmungen wie das der FPÖ-Anhänger zeigte.

5.3. Alois Mock: Oder das Dilemma der ÖVP und ihrer Stellung zum Nationalsozialismus

Die Plenardebatte am 1. Februar eröffnete für die ÖVP deren Obmann Alois Mock. Diese Rede soll an dieser Stelle etwas ausführlicher behandelt werden, zeigt sich doch in den Augen des Verfassers ein Musterbeispiel dafür, wie schwer sich die ÖVP – ähnlich wie in der bereits an anderer Stelle behandelten Auseinandersetzung Kreisky-Wiesenthal – tat, in dieser Frage eindeutig Position zu beziehen. Wiewohl Mock zur Charakterisierung Reders klare Worte fand – „wegen schwerer Kriegsverbrechen verurteilt wurde (...) für einen in Italien wegen Kriegsverbrechen verurteilten ehemaligen SS-Offiziers" -, lag sein Hauptaugenmerk in der Forderung nach dem Rücktritt Frischenschlagers, was für eine parlamentarische Opposition durchaus legitim ist. Interessant werden seine Ausführungen an der Stelle, wo sich zumindest ansatzweise so etwas wie Geschichtsbewußtsein herauslesen läßt. „Ich möchte (...) anfangs gleich sagen, daß ich sehr genau unterscheide zwischen dem humanitären Akt der Freilassung Walter Reders und dem politisch so schädlichen Akt eines quasi offiziellen Empfanges (...). Ich bekenne mich zu diesem Eintreten für die Begnadigung und zum Bemühen um Versöhnung." Dieser Feststellung fehlte an dieser Stelle freilich ein nachfragendes Äquivalent, nämlich das, warum sich österreichische Politiker – unter anderem Mock selbst – so sehr für Reder eingesetzt haben, dies blieb unhinterfragt und unthematisert als Akt der (österreichischen) Normalität. Freilich vergaß Mock in diesem Zusammenhang nicht darauf hinzuweisen, daß es auch ÖVP-Politiker waren, die sich Reders annahmen[19]. „Man kann in dieser Frage keinen Debattenbeitrag leisten, ohne die historische Perspektive einzubeziehen." Diese bestünde darin, auf die Heimsuchung des „österreichische[n] Volk[es] und" der „österreichisch[en] Nation" durch besondere „Prüfungen" im 20. Jahrhundert hinzuweisen, als da wären nationale „und soziale Gegensätze vor dem Ersten Weltkrieg, Bürgerkrieg in der Zwischenkriegszeit, Auslöschung unseres Staates durch den Nationalsozialismus und 1945, ein Jahr zwar der Befreiung, aber nicht der endgültigen Befreiung. Diese leidvollen Phasen unserer Geschichte (...) waren oft Folgen einer Gesinnung des Hasses, und des einseitigen Fanatismus gewesen. (...) Dieses Land war auch international anerkannt das erste Opfer des Nationalsozialismus. Dieses Land hat ungeheure Opfer für seine Befreiung gebracht, und die Leiden und die Toten in den Konzentrationslagern sind nur der schmerzlichste und größte Beitrag gewesen." Diese Leidensgeschichte trat aber dann, und das ist nicht polemisch gemeint, in den Zustand der Freudensgeschichte über. Das Stichwort und praktizierte Modell war das der Versöhnung. „Wir können in allen Fraktionen hier mit Stolz sagen, daß wir als Volk aus dieser Geschichte gelernt haben; und das sollten wir in einem Jahr betonen, in dem wir besonders die Wiedererrichtung der Republik und den österreichischen Staatsvertrag feiern. (...) Mir liegt daran (...) all jenen Männern und Frauen zu" danken, „die diese Versöhnung über die Gräben und Gräber der Bürgerkriegszeit und auch der Zeit vor 1945 bewerkstelligt haben. Ich möchte für viele in allen Fraktionen für meinen Teil Alfons Gorbach nennen" – ein für das kompromißlose, eingemeindende und nicht nachfragende Versöhnen und Verzeihen wahrlich leuchtendes Beispiel. „Darauf können wir (...) stolz sein, und es wäre zutiefst beschämend, wenn hier heute einer versuchen würde, dem anderen mangelnde Gesinnung zu unterstellen oder in der Vergangenheit mit gegenseitigen Vorwürfen herumzuwühlen."[20]

Um es zusammenzufassen: Mock blieb seltsam sprachlos bei der Benennung der Ursachen für die österreichische Leidensgeschichte im 20. Jahrhundert; durch seine Argumentation schuf er einen Opferbogen, der jeden und alle irgendwann (be)traf, deren verbindendes Element dieser taxfrei zugestandene Opferstatus schlußendlich war. Die österreichische Geschichte bis 1955 [!] stellte sich als anonymisierte Talfahrt in den Abgrund dar, die durch das Epitheton der Versöhnung und des Verzeihens in lichte Höhen katapultiert wurde. Die Erwähnung Raabs und Gorbachs diente der Feststellung, daß – vom abgeurteilten Kriegsverbrecher abwärts – auch die zwischen 1938 und 1945 (Herein)Gefallenen in der ÖVP ihre Heimat hatten und haben. Daß es unbotmäßig sei, die Dinge (und die Personen) beim Namen zu nennen, belegt der unter dem Epitheton „Versöhnung" gemachte Hinweis, es sei unbotmäßig in der Vergangenheit „herumzuwühlen". Dieses patriotisch verklärende und mittels Opferdiskurs universell einebnende Geschichtsbild verbietet nachgerade die Frage der (Mit)Täterschaft zu stellen. Gerade dieses Geschichtsbild führt in den Augen des Verfassers schnurstracks in die seitens der ÖVP nachhaltig betriebene patriotisch getünchte Mobilisierung in der Waldheim-Debatte ein Jahr später.

5.4. Die FPÖ Anfang 1985: Ein kräftiges Wetterleuchten vor Innsbruck 1986

Nach dem Verlust der absoluten Mehrheit bei den Nationalratswahlen am 24. April 1983[21] war eine Kleine Koalition zwischen SPÖ und FPÖ so sicher, wie das Amen im Gebet. Sie war der Abschluß der von der SPÖ punktuell seit den sechziger und dann intensiver seit den siebziger Jahren praktizierten Politik der „Liberalisierung" des deutschnationalen Lagers – sofern es paßte[22]. „profil"-Herausgeber Peter Michael Lingens sah die de-facto zwischen Kreisky und Peter ausgehandelten Koalition als beispiellos „im zivilisierten Teil der westlichen Welt (...). Der abtretende Sonnenkönig hat seinen Nachfolger praktisch entmündigt."[23] Ein knappes halbes Jahr zuvor hatte Josef Hindels parteiintern vor einer Koalition mit der FPÖ ob deren gestörten Verhältnis zur österreichischen Nation und nicht bewältigten braunen Vergangenheit gewarnt. „Eine ‚kleine Koalition' wäre daher aus Gründen der moralisch-ideologischen Sauberkeit das größte in der österreichischen Innenpolitik vorstellbare Übel, eine Beleidigung der Opfer des Hitlerfaschismus, der Frauen und Männer, die für Österreichs Freiheit ihr Leben opferten. (...) Die verheerenden Auswirkungen, die eine ‚kleine Koalition' auf die zeitgeschichtliche Aufklärung über den alten Faschismus und den Kampf gegen den neuen haben würde, brauchen im einzelnen nicht beschrieben zu werden."[24]

An dieser Stelle soll ein Blick auf die relevanten Umfragedaten bezüglich der Einschätzung von Regierungskonstellationen geworfen werden[25]. Einer IFES-Studie unter fünf Zielgruppen vom Juli 1982 zufolge[26] hielten insgesamt 26 Prozent eine SP/FP-Koalition für „ziemlich wahrscheinlich" und „gut denkbar", wohingegen 66 Prozent diese Konstellation für „möglich, aber nicht sehr wahrscheinlich" und „ziemlich unwahrscheinlich" hielten. Interessant an diesem Ergebnis ist der Umstand, daß 75 Prozent der unter „Bürgerliche" Eingeordneten diese Möglichkeit für „ziemlich wahrscheinlich" (50%) und „gut denkbar" (25%) hielt, wohingegen sowohl der „SP-Kern" als auch die „SP-Peripherie" diese Konstellation in beiden Fällen überhaupt nicht als „ziemlich wahrscheinlich" und lediglich zu 24 beziehungsweise zu 22 Prozent als „gut denkbar" einschätzten. Abgestuft geringe Wahrscheinlichkeiten wurden unter (summierten) 66 Prozent des „SP-Kernes" und 68% der „SP-Peripherie"[27] erhoben. Eine SPÖ/FPÖ-Regierung rangierte unter sechs vorgegebenen Regierungsmöglichkeiten mit einem Durchschnittswert von 3,79 an vierter Stelle, wurde aber von den „Bürgerlich-Konservativen" mit 3,50 am besten bewertet; mit 2,83 schnitt dort eine SP-Alleinregierung am besten ab, gefolgt von einer SPÖ/ÖVP-Koalition (3,18). Ähnlich (un)wahrscheinlich wie eine Kleine Koalition wurden auch Koalitionsmöglichkeiten zwischen SPÖ und ÖVP beziehungsweise zwischen ÖVP und

FPÖ eingeschätzt – sie erreichten (summierte) Wahrscheinlichkeiten von 25 beziehungsweise von 17 Prozent. Es läßt sich somit – auf das geringe und sicherlich nicht repräsentative Sample sei an dieser Stelle nachdrücklich verwiesen – festhalten, daß unter den ausgewählten Zielgruppen einer Kleine Koalition aus SPÖ und FPÖ nicht wirklich rasende Wahrscheinlichkeit und (noch geringere) Beliebtheit entgegengebracht wurde. IFES erhob im März 1983, also kurz vor der Wahl, die Höhe von Wahrscheinlichkeiten der zukünftigen Regierungsform[28]. 38 Prozent der insgesamt 1.832 Befragten hielten eine SPÖ-Alleinregierung als am wahrscheinlichsten, gefolgt von 25 Prozent SPÖ/ÖVP und 19 Prozent SPÖ/FPÖ. Das Höchstmaß an Wahrscheinlichkeit einer „rot-blauen" Koalition artikulierten die FPÖ-Präferenten mit 35 Prozent, wohingegen mit jeweils 18 Prozent sowohl die SPÖ- als auch die ÖVP-Präferenten hier, was die Frage nach der Wahrscheinlichkeit betrifft, deutlich zurücklagen. Andererseits, im Gegensatz zu den oben zitierten 19 Prozent, hielten lediglich fünf Prozent der Befragten die Konstellation SPÖ/FPÖ als die am unwahrscheinlichste, und lieferten in dieser Fragekategorie den geringsten Wert. Am „liebsten" wären den Befragten eine SPÖ-Alleinregierung (37%) gewesen; eine Große Koalition zwischen SPÖ und ÖVP brachte es auf 21 Prozent Zustimmung wohingegen es ein SP/FP-Bündnis auf lediglich 5 Prozent an Nennung (schlechter lag nur ein ÖVP/FPÖ-Koalition mit vier Prozent Zustimmung) brachte. Somit kann für diese letzte Vorwahlstudie festgehalten werden, daß die später installierte Koalition sowohl was deren Wahrscheinlichkeit als auch deren Präferenz betraf sehr schlecht abschnitt. Eine ebenfalls noch vor den Wahlen durchgeführte Studie der „Sozialwissenschaftlichen Studiengesellschaft" unter 2.167 erwachsenen Österreichern[29] erbrachte, wenn auch von den Prozentergebnissen sehr unterschiedlich, so doch von der Tendenz ein sehr ähnliches Ergebnis. Mit nur 5 Prozent Zustimmung zu einer SPÖ/FPÖ-Koalition als die beste Regierungsform für die kommenden vier Jahre, lag diese sowohl prozent- als auch rangmäßig (am sechsten von acht vorgegebenen) weit abgeschlagen. Massiv präferiert wurde eine solche Konstellation von den FPÖ-Anhängern (50%), wohingegen die Liebe auf seiten der SPÖ-Anhänger mit erhobenen 3 Prozent merklich geringer war[30].

Tatsächlich ermöglicht wurde diese Koalition vor allem durch den Obmannwechsel von Alexander Götz zu Norbert Steger, beziehungsweise dem Umstand, daß man Steger – im Gegensatz zu seinem innerparteilichen Konkurrenten und nachmaligen Justizminister der Koalition, Harald Ofner – mühelos als „Liberalen" etikettieren konnte[31]. In einem ORF-Interview mit Johannes Kunz meinte Steger nach dessen Ausscheiden aus der Politik, er „habe geglaubt, daß es gelingen wird, die Partei schrittweise einem Erziehungsprozeß zu unterwerfen. Das Wesen des Liberalismus besteht unter anderem darin, daß man an die Veränderungsfähigkeit von Menschen glaubt, an die Lernfähigkeit ganzer Gesellschaftsgruppen, und ich bin davon ausgegangen, daß sich in Wien die Partei langsam zu einer liberalen Partei entwickelt (...). Den Begriff liberal konnte ich nur verwenden, weil Kreisky ihn in Österreich salonfähig gemacht hat. Bis zu den siebziger Jahren war auch der Begriff liberal nicht wirklich verwendbar. Er hat dann, um über die 50-Prozent-Marke hinaus mehrheitsfähig zu sein, ganz bewußt liberale Schichten angesprochen. Ich konnte in manchen Fragen tatsächlich einiges von Dr. Kreisky übernehmen; dazu hat gehört, daß der Begriff liberal schon salonfähig war."[32] Robert Buchacher schrieb über die FPÖ und Norbert Steger: „Trotz weitreichender personeller Erneuerung geht die Partei inhaltlich kaum auf die Überholspur. Zwar schwärmt Steger von der FPÖ als ‚Germ im Teig‘, als ‚Ferment der Innenpolitik‘, aber zu schwer wiegt noch der Klotz des deutschnationalen Konservatismus am blauen Bein, als daß sich wirkliche Alternativen in ihrem Denken anböten. Es gibt sicher Ansätze da und dort, konkret noch am ehesten im Bereich der Energiepolitik", wo die FPÖ Gedanken formuliere, „die auch der SPÖ zeigen könnten, wie konservativ sie ist. Überall sonst kann man Steger nur an den Konservativen messen: Er ist – relativ – liberal in der Minderheitenfrage, wo ihn sein Standpunkt nicht von den (Bundes-)Großparteien trennt. Er ist – relativ – liberal in der Frauenfrage, wo die FPÖ einen riesigen Nachholbedarf hat. Er ist – relativ – liberal in der Strafrechtsreform, wo er für Differenzierung in der Kriminalität und für Resozialisierung plädiert."[33] In einem „profil"-Interview auf die gerade für die FPÖ relevanten Fragen, nach der Stellung zum Nationalsozialismus und der zur österreichischen Nation angesprochen, antwortete Steger: „Bitte schön, ich bin komplexfrei. Ich bin im Jahr 1944 geboren, ich hab‘ ja keine Probleme mit irgendeiner Vergangenheit. Einen Anschluß an Deutschland will ich sicher nicht, ich wüßte auch nicht, an welches Deutschland. Ich will eine selbständige österreichische Entwicklung im Rahmen einer europäischen Einigung. National im modernen Sinne heißt, daß man sich auf allen Ebenen zu den gewachsenen Gemeinschaften bekennt. Eine dieser gewachsenen Gemeinschaften ist unsere Republik Österreich, zu der ich vorbehaltlos ja sage. Genauso bekenne ich mich dazu, daß wir zugleich auch einer ethnischen Gemeinschaft angehören."[34] Gerade dieser „Eiertanz", einerseits österreichisches Staats- andererseits – unter dem entschärften Begriff „ethnisch"[35] – (auch irgendwie) deutsches Volksbewußtsein, war (und ist) für die FPÖ typisch. Klarer, man darf Steger durchaus unterstellen, daß er persönlich mit der apologetischen Geschichtsklitterung und dem unter neuer Terminologie fahrenden Deutschnationalismus innerhalb der FPÖ wenig anzufangen wußte, formulierte es sein innerparteilicher Kontrahent Harald Ofner in der deutschnationalen Tradition: „Es gibt slowenische Österreicher, es gibt kroatische Österreicher, es gibt ungarische Österreicher und es gibt deutsche Österreicher. (...) Es gibt auch österreichische Österreicher, nur ist das auf einer anderen Begriffsebene. Auf der Ebene, wo es slowenische, ungarische und kroatische Österreicher gibt und daher auch deutsche Österreicher, halte ich dafür, zu den deutschen Österreichern zu gehören." Auf ein Ofner-Zitat, nämlich daß die „*Judenvernichtung* (...), *das sind Dinge, die mittlerweile Geschichte, eine unerfreuliche Facette jener Zeit*" sei, gab es von Ofner kein „Dementi."[36] Der Grazer Fritz Probst sah in Stegers Vorgangsweise, nämlich dem „„Definieren von national und liberal Fleißaufgaben (...), um sich nach der Basis auszurichten"'[37]. Eine weitere, sowohl die SPÖ als auch den deutschnationalen Flügel[38] der FPÖ befriedigende Fleißaugabe[39] dürfte auch gewesen sein, worauf Walter Jambor mit Nachdruck – und heftiger Polemik – hinweist: „Das unerwartet gute Abschneiden des Rechtsaußen bei den Bundespräsidentenwahlen [1980] hat nicht nur die drei Parlamentsparteien verunsichert. Auch die Medien haben nervös reagiert. Die Stunde der Pharisäer ist wieder einmal angebrochen.

Typisch war zunächst die ‚freiheitliche' Reaktion Norbert Stegers: Er versuchte sofort, der ÖVP ‚in ihren Hochburgen' den ‚braunen Peter' zuzuspielen. Norbert Burger ist da anderer Meinung: Zwei Drittel der Wähler der FPÖ seien nicht liberal, sondern (deutsch)national. Er selbst bezeichnet sich und die NDP daher ebenso korrekt wie medienbewußt nicht als ‚national', sondern als deutschnational. Der FPÖ prophezeit er auf Grund des behaupteten Verhältnisses liberaler zu deutschnationaler Wählern ihr baldiges Ende.

In der Tat hat Norbert Steger auf diese Verlegenheit recht lagertypisch reagiert: Er ist nach Italien gefahren, um für die Freilassung des Sturmbannführers Walter Reder, ‚des letzten Kriegsgefangenen', zu intervenieren."[40] Wolfgang Neugebauer faßte auch unter dem Blickwinkel der damals neuen Obmannschaft Stegers zusammen: Ob die FPÖ sich in Richtung Liberalismus bewege, könne „nicht eindeutig mit Ja beantwortet werden; ebenso wäre aber eine negative Antwort, die alle Veränderungen und Bemühungen unberücksichtig läßt, ungerecht und unzutreffend. Die FPÖ von heute hat ihre rechtsextreme Herkunft, zumindest was die Parteispitze anbelangt, weitgehend überwunden, sie weist eine, liberalen Ideen verpflichtete jungen Führungsgarnitur auf; in ihr sind aber noch immer starke aus dem rechtsextremen und deutschnationalen Tradition kommende Kräfte mit großem Beharrungsvermögen vorhanden, die in verschiedenen Landesorganisationen sogar dominieren und auf die die Parteispitze Rücksicht nehmen muß."[41]

Eine zweite innerparteiliche Front tat sich im Gefolge der Regierungsbeteiligung und der (Regierungs)Ämterbesetzung auf. „Über die personelle Zusammensetzung der freiheitlichen Ministermannschaft bewahren alle blauen Spitzenfunktionäre vorerst offizielles Stillschweigen. Aber einer der beiden Kärntner Recken", nämlich Ferrari-Brunnenfeld oder Haider, „wird wohl nach Wien gehen. Haider hätte gerne Ferraris Erfahrung als Landesrat für Fremdenverkehrsangelegenheiten in ein Wirtschaftsministerium einge-bracht. Womit er selbst in die sichere Landesregierung, die nach dem Konzentrationsprinzip funktioniert, einsteigen könnte. (...) Ferrari sähe Haider – hier trifft sich sein Wunsch mit dem Stegers – gerne in einer rot-blauen Bundesregierung. Die Motive dahinter sind freilich unterschiedlich: Ferrari will Kärnten auf Bundesebene angemessen repräsentiert sehen. Steger muß Interesse haben, seinen logischen Nachfolger in die Regierungsverantwortung einzubinden."[42] Das Ergebnis war, daß Ferrari-Brunnenfeld als Staatssekretär im Gesundheitsministerium nach Wien ging, Haider Landesrat wurde und vom Landesparteisekretär zum geschäftsführenden Landesparteiobmann auf-stieg. „Während die Blauen" bei der Nationalratswahl „im Bundesdurchschnitt 1,2 Prozent verloren, konnten die Kärntner Freiheitlichen rund 4000 Stim-men oder 1,3 Prozent zulegen. Und während sie bei den letzten Landtags-wahlen nur etwa 35.300 Stimmen errangen, waren es jetzt rund 36.750. Also dachten sie, sie hätten jetzt wohl ein kräftiges Wörterl auf Bundesparteiebene mitzureden. Dachten sie. (...) Die Kärntner Blauen waren nicht nur über die-se Behandlung [nicht ins Koalitionsverhandlungskommitee eingebunden zu werden] schwer verärgert, auch die Vorgangsweise bei den Reststimmen-mandaten wurmte sie nicht wenig. Denn als ,Wahlsieger' erwarteten sie sich ein zweites Nationalratsmandat, mußten aber durch die Finger schauen. Das erwartete Mandat wurden den Oberösterreichern zugesprochen. (...) Zu die-ser Brüskierung kam noch eine dritte: Norbert Steger hatte Ferrari schon vor rund anderthalb Jahren einen Ministerposten für den Fall einer FPÖ-Regierungsbeteiligung angeboten. Und zwar sprach Steger damals von ei-nem Ministerium im Wirtschaftsbereich und nannte konkret das Handelsmi-nisterium. (...) Aber nach und nach zeigte sich, daß den Kärntnern in den Bundesparteigremien der Wind auch in dieser Frage ins Gesicht blies. Steger stellte sich auf den Standpunkt: Entweder ein Staatssekretariat oder gar nix." Sehr treffend war Buchachers abschließende Analyse: Haider sei „trotzdem der Sieger. Während Ferrari, innerparteilich geschwächt, neben einem Kurt Steyrer verblassen muß, kann Haider als starker Landesparteichef und Landes-rat in Ruhe die Steger-Nachfolge vorbereiten."[43] Die Zeit von Stegers Obmannschaft als Vizekanzler war von diesem Konkurrenzverhältnis, das – wie an anderer Stelle ausgeführt wird – wohl vor allem auf verletzten Eitel-keiten, nicht gehaltenen Versprechungen und eigenen Ambitionen basierte, gekennzeichnet. Wurde die Regierung auf parlamentarischer Ebene von der ÖVP in die Zange genommen und hatte sie in Permanenz teilweise „geerbte" Skandale zu bewältigen, so setzte Haider durch innerparteiliche Oppositions-politk die FPÖ und somit indirekt auch die gesamte Regierung von Kärnten aus unter Druck.

140

In den Augen des Verfassers spiegelte das innerparteiliche Verhalten der FPÖ Anfang 1985 über weite Strecken die „Lager" wie sie sich am Parteitag 1986 artikulierten[44]. In diesem Zusammenhang soll kurz auf Kommentierungen beziehungsweise auf Selbstzeugnisse via Interviews im Gefolge der Affäre eingegangen werden.

Vorläufiges Lob erhielt Frischenschlager von der – in diesem Zusammenhang für das deutschnationalen Flügel innerhalb der FPÖ unverzichtbaren (und dementsprechend authentischen) – „Aula". „Umso positiver könnte man Friedhelm Frischenschlager's Auftreten beim Eintreffen Reders in Österreich bewerten. Auch wenn die Kritik an seiner Haltung (...) nunmehr knüppeldick auf ihn zukommt und er nolens volens vor der Öffentlichkeit einen politischen Rückzieher machte. Dies nur als Verbeugung vor etwaigen nationalen Wählern zu interpretieren, wäre mehr als billig."[45] Diese wohlwollende Kommentierung änderte sich schlagartig ab dem Zeitpunkt, als sich der Verteidigungsminister eher nicht konform im Sinne der „Kameraden" verhielt. Frischenschlagers „seltsame Entschuldigung gegenüber Israel erinnerte dann allerdings an die Selbstbezichtigungsrituale bei östlichen Schauprozessen. Und dabei war er dann soweit, daß er im Büßergewande auch dezitiert vom ‚Kriegsverbrecher' Reder sprach."[46] Lob hingegen wurde Jörg Haider gezollt. „Des Kärntner FP-Chefs Jörg Haiders klare und couragierte Aussagen, in denen er Walter Reder eindeutig als ‚Kriegsgefangenen' und seines Parteifreundes Frischenschlagers Canossagänge als untragbar qualifizierte, dürften bei den kommenden Kärntner Kommunalwahlen wieder einmal mehr beweisen, daß mit der ‚nationalen Karte' auch konkrete politische Erfolge erzielbar sind."[47]

In einem „profil"-Interview, das eher den Charakter eines Verhörs als den eines Interviews hatte, sagte Frischenschlager[48] über die „Boro [= Borodajkewycz]-Geschichte" gäbe es „verschiedene Auffassungen und nicht eine gültige. Beim Turnerbund hab' ich dessen beachtliche Leistungen gewürdigt. Von allen diesen Dingen, die Sie mir aufzeigen, ist einzig die Reder-Geschichte ein Irrtum, ein Fehler. Und was mir mit dem Reder passiert ist, hängt auch damit zusammen, daß ich nicht erwartet habe, daß die Öffentlichkeit derart heftig reagiert und mir Denkweisen unterstellen könnte, von denen ich weit entfernt bin."[49] Zur Frage der Alleinschuld Deutschlands am Zweiten Weltkrieg äußerte er die Meinung, „daß die Aggressivität des Nationalsozialismus das Entscheidende am Ausbruch des Weltkriegs war" und auf die Frage der Vergleichbarkeit des Nationalsozialismus mit anderen Systemen meinte er, dieser sei „in seinen Auswirkungen eine singuläre historische Erscheinung"[50] gewesen.

Für Frischenschlagers, aber vor allem Stegers heftigsten innerparteilichen Kritiker, Jörg Haider, hatte Reder „als Soldat seine Pflicht getan" und sei „nicht mit jenen Verbrechen zu vergleichen, die während des NS-

Regimes auf Grund politischer Aktivitäten passiert sind." Nachdem er vorerst nicht über NS-Verbrecher und NS-Verbrechen nachdenken wollte, entlockte ihm der Interviewer dazu doch die „bekannten Verbrechen gegen die Menschenrechte" als Wortspende, die darin bestanden, daß „man Menschen nicht nur ermordet hat, sondern auch unter unzumutbaren Bedingungen gefangengehalten hat." Die Menschen selbst, egal ob in Auschwitz oder Dresden waren in „beiden Fällen (...) Opfer einen [sic!] falschen Politik."[51] Der Nationalsozialismus sei „eine Ära" gewesen, „in der es zu kriegerischen Auseinandersetzungen gekommen ist, in die unsere Väter verwickelt waren. Und gleichzeitig hat es im Rahmen des NS-Regimes Vorgänge gegeben, die nicht zu akzeptieren sind", nämlich „Aktivitäten und Maßnahmen gegen Bevölkerungsgruppen, die eklatante Verstöße gegen die Menschenrechte waren", wenn „Sie so wollen, dann war es halt Massenmord."[52] Diagnostizierte Frischenschlager noch eine Singularität des Nationalsozialismus, so lehnte Haider „graduelle Unterschiede bei totalitären Systemen"[53] ab. Für den „Sohn des Gauleiters von Oberdonau", Hermann Eigruber, war die Frage nach der Kriegsschuld „noch nicht hundertprozentig beantwortet", er selbst könne das „nicht entscheiden", sei „überfragt", doch habe sicher „die Politik der Deutschen dazu beigetragen."[54] Kurz vor seiner Angelobung hatte er sich noch eindeutiger artikuliert: „Die Kriegsschuld hatten (...) ‚der Churchill und der US-Kapitalismus'."[55]

5.5. Zur Person Walter Reder

Geboren wurde der nachmalige Sturmbannführer Walter Reder am 4. Februar 1915 in Freiwaldau, im nachmaligen „Sudentengau". Nach dem Eintritt in die HJ wurde er am 9. Februar 1933 SS-Anwärter und am 8. Mai 1933 SS-Mann mit der SS-Nummer 58.074[56]. „Er besuchte zunaechst die Volksschule, dann das Realgymnasium in Wien und im Anschluß hieran in Linz an der Donau die Handelsakademie. Seiner aktiven politischen Betaetigung wegen wurde er ein Jahr vor der Reifeprüfung von allen Schulen des damaligen Oesterreich verwiesen[57]. (...) Den dauernden Nachstellungen der oesterreichischen Behoerden konnte er sich nur durch die Flucht ins Reich entziehen. Hier gehörte er zunaechst der Oesterreichischen Legion an. Im Oktober 1934 meldete er sich zur damaligen SS-Verfuegungstruppe. Am 22. 4. 1935 rueckte er zu einem Fuehrerlehrgang zur SS-Junkerschule Braunschweig ein. Am 20. April 1936 erfolgte seine Befoerderung zum SS-Untersturmfuehrer. (...) Waehrend seiner Dienststellung bei der 11. SS-Totenkopfstandarte ‚Oberbayern' erfolgte am 30.1.1939 seine Befoerderung zum SS-Obersturmfuehrer. Am 1.9.1941 erhielt er den Dienstgrad eines SS-Hauptsturmfuehrers."[58] Mit Wirkung vom 30. Jänner wurde Reder schließlich zum

Sturmbannführer der Waffen-SS befördert[59]. Besieht man sich die über Reder abgegebenen Beurteilungen, so wurde einerseits seine Tapferkeit und sein Temperament lobend erwähnt, andererseits dürften die Beurteiler von seinen geistigen Fähigkeiten nicht restlos überzeugt gewesen sein. So hieß es in einem Gutachten der „Psychologischen Prüfstelle", was Reder „mit seiner raschen Auffassungsgabe erfaßt, bleibt doch Oberfläche und wird ihm kaum innerer Besitz. (...) Seine geistige Ansprechbarkeit wurzelt in seinem impulsiven Temperament. Er ist schnell für eine Sache entflammt, faßt seine Entschlüsse rasch und ohne viel Bedenken, ist aber stets in Gefahr, das eigentliche Ziel aus dem Auge zu verlieren. (...) In führender Eigenschaft imponiert er nicht restlos, weil seiner noch recht jugendlichen Art der Nachdruck persönlicher Reife, das volle Verantwortungsbewußtsein abgeht."[60] 1944 wurde ihm außer dem Attribut überzeugter und vorbildlicher Nationalsozialist zu sein, ebenfalls lediglich geistige Durchschnittlichkeit attestiert[61]. Nach der neuerlichen Teilnahme am Feldzug gegen die Sowjetunion wurde Reder – nach einer schweren Verletzung – am 10. März 1943 zur Heeresgruppe Süd[62] und im Mai 1944 schließlich nach Italien versetzt, wo sein Namen unauslöschlich mit dem Ort Marzabotto verbunden bleiben sollte[63]. Im September 1945 wurde Reder von den Amerikanern interniert, 1947 an die Briten ausgeliefert und von diesen am 13. Mai 1948 „den Italienern übergeben". Das Militärtribunal von Bologna verurteilte ihn am 31. Oktober 1951 „zu einer lebenslangen Haftstrafe, einer zusätzlichen dreißigjährigen Haftstrafe sowie zur Degradierung"[64], wobei letztere im Rekurs am 16. Mai 1954 aufgehoben wurde.

5.6. Reder und die Politik[65]

Es wurde und wird immer wieder darauf hingewiesen, wer sich auf politischer Ebene für Walter Reder verwendet habe. Bundeskanzler Sinowatz verwies in der bereits ausführlich zitierten parlamentarischen Debatte vom 1. Februar 1985 ausdrücklich auf „die in den Archiven des Bundeskanzleramtes und der Ministerien reichlich" vorhandenen Unterlagen, die vielen Briefe „und Interventionen zugunsten Reders", die „den führenden Persönlichkeiten aller drei Parlamentsparteien (...) bestens bekannt sind. Tatsächlich hat es an Interventionen für eine Begnadigung und seit 1980 für eine Repatriierung Reders nicht gemangelt. Soweit ich es überblicken kann, ist mehr als sechzigmal offiziell und inoffiziell von allen österreichischen Bundesregierungen seit den fünfziger Jahren, verschiedensten österreichischen Spitzenpolitikern, Landespolitikern und Bürgermeistern, aber auch von den Repräsentanten der Katholischen Kirche sowie der verschiedensten Institutionen und Vereinigungen interveniert worden. Beginnend mit Dr. Gorbach, damals Dritter Präsident des Nationalrates, über Außenminister Gruber, Bundespräsident Schärf,

143

Bundespräsident Jonas, Außenminister Kreisky, Außenminister Waldheim, Bundeskanzler Kreisky, den verschiedensten Verteidigungsministern, Kardinal König, Bischof Rusch, Bundespräsident Kirchschläger, Klubobmann Mock, Klubobmann Peter, Landeshauptmann Ratzenböck, Bürgermeister Guggenberger, sie alle setzten sich – und ich zitiere aus einem offiziellen Schreiben dieser Jahre – für die Rückkehr des ‚Major Reder, des letzten österreichischen Kriegsgefangenen' ein. Darüber hinaus erscheint es mir erwähnenswert, daß sich auch mehrere Päpste, darunter Papst Johannes XXIII., Papst Paul IV. und Papst Johannes Paul II. für eine Begnadigung beziehungsweise für die Freilassung Reders eingesetzt haben. Namhafte Repräsentanten des öffentlichen Lebens besuchten Reder persönlich und kümmerten sich in vielfacher Weise um den Inhaftierten. Alle diese Schritte erfolgten – und ich zitiere wieder aus einem Schreiben von damals – ‚im Sinne einer mit allen im Nationalrat vertretenen politischen Parteien erfolgten Absprache in vertraulicher Weise, um jegliche polemische Auseinandersetzung in den Massenmedien und die sich daraus eventuell ergebenden Konsequenzen ungünstiger Art für die Bemühungen hintanzuhalten'. – Zitatende[66]. (...) Ich selbst sah mich veranlaßt, die mannigfaltigen Bemühungen der fünfziger, sechziger und insbesondere der siebziger Jahre fortzusetzen und richtete im August 1983 unter Hinweis auf die verschiedenen Kontakte meines Amtsvorgängers ein diesbezügliches Schreiben an Ministerpräsident Craxi."[67]

Wenngleich die vom Verfasser dazu ausgewerteten Quellen keineswegs den Anspruch auf Vollständigkeit erheben können, kann vorsichtig von einer Dreifachstrategie gesprochen werden. Einerseits die recht(s)extrem)e Publizistik via einschlägiger Medien und Broschüren, weiters ein punktuell mediales Präsentmachen und Präsenthalten der Person Reders in der – nicht einschlägigen – Tagespresse und schließlich – als die schlußendlich wohl wirksamste Form – die der politischen Intervention. „Vor allem in Linz setzten sich einflußreiche SS-Offiziere für ihren Waffenbruder ein, darunter der Gorbach-Schwiegersohn und Steyr-Direktor Dr. Mittag oder der ehemalige Gauinspektor der NSDAP Oberdonau, Stefan Schachermayr[68]. Ihrem Einfluß verdankte Reder, daß die oberösterreichische Landesregierung ihn 1954 als österreichischen Staatsbürger anerkannte. (...) Das Interesse der Behörden, einem Kriegsverbrecher die Staatsbürgerschaft nachzuwerfen, wurde bis heute nie hinterfragt. Für Nazi-Jäger Sinmon Wiesenthal sind die Motive klar: ‚Erst damit konnten sich Österreichs Politiker für die Freilassung Reders einsetzen. Sie wußten damals: Wer Reder freikriegt, bekommt die Nazistimmen.'"[69]

Soweit aus den dem Verfasser vorliegenden Quellen – wiederum vorsichtig – geschlossen werden kann, war Schachermayer eine der zentralen (vielleicht auch die zentrale) Figur in den Bemühungen auf politisch-diplomatischer Ebene[70]. Die einschlägigen Bemühungen lassen sich am besten durch das Schlagwort „nicht zurückhaltend, aber still" charakterisieren. Anders ist auch ein ungehaltenes Schreiben Kreiskys – im Gefolge des Kommentars „Der Feste nicht wert" vom 10. Mai 1980 – an Reimann nicht zu verstehen[71]. Kreisky hielt Reimann darin vor, seine Ausführungen lägen „wohl kaum im Interesse des Herrn Reder". Es sei „festzuhalten, dass sich sowohl der Herr Bundespräsident und ich selbst als auch die übrigen Mitglieder der Bundesregierung und insbesondere Herr Bundesminister Pahr bei jeder sich bietenden Gelegenheit bei den zuständigen italienischen Stellen für eine Freilassung des Herrn Reder verwendet haben. (...) Wie Ihnen aber bekannt ist, habe ich stets die Auffassung vertreten, dass es im Interesse Reders günstiger ist, wenn diese Bemühungen vertraulich erfolgen. Alle im Nationalrat vertretenen Parteien haben sich dieser Auffassung angeschlossen und in diesem Sinne eine Vereinbarung getroffen. (...) Auch Reders 65. Geburtstag (...) wurde nicht vergessen: Einer meiner langjährigen Mitarbeiter (...) hat Herrn Reder in unserem Auftrag die besten Glückwünsche aus diesem Anlaß übermittelt". Auf das zu diesem Zeitpunkt im Stadium der Vorbereitung befindliche Verfahren, das schließlich zum Beschluß am 14. Juli 1980 führte, hinweisend, führte Kreisky Reimann gegenüber aus, es liege „sicher im Interesse des Betroffenen, wenn derzeit von einer öffentlichen Diskussion dieser Frage in den Massenmedien Abstand genommen wird", verbunden mit der Zusicherung, die Regierung werde sich „auch weiterhin für dieses Anliegen voll einsetzen"[72].

Dieser stillen Diplomatie kamen auch die publizistischen Aktivitäten des einschlägigen Robert H. Drechsler, dessen Serie „Das andere Holocaust" dem „Salzburger Volksblatt" als historische (Gegen)Aufklärung zur Fernsehserie „Holocaust" publikationswürdig erschien[73], in die Quere. In einer – vermutlich an Schachermayr – gerichteten Vorabankündigung des Buches „Walter Reder. Der Gefangene von Gaeta. 30 Jahre nach Marzabotto" im September 1977, lud Drechsler zur Bestellung eines mit der Zahl 131 numerierten und signierten Exemplars ein[74]. Die Bestellung wurde wenig später mit der hinzugefügten Frage bestätigt: „Wie stünden Sie zu den Vorhaben, vor italienischen diplomatischen und konsularischen Vertretungen in Österreich und Deutschland in den Hungerstreik zu treten, um die Öffentlichkeit aufzurütteln, Druck auf Rom auszuüben?"[75] Am 6. November 1977 antwortete Schachermayr Drechsler unter anderem, er glaube „nicht, dass die von Ihnen vorgelegte Dokumentation für die Bemühungen um die Freilassung Walter Reder's von Vorteil ist bzw. zu einer positiven Lösung führt." Gleichzeitig ersuchte Schachermayr „dringend", die ihn betreffenden Passagen „völlig zu streichen" und sein Memorandum aus dem Jahre 1968 „und vor allem meinen Namen als Quellenangabe nicht zu erwähnen."[76] Nun, was hatte Drechsler geschrieben? „Dem oberösterreichischen Kreis zuzuzählen ist Stefan Schachermayr in Wels. Dieser Mann besuchte seit den frühen Fünfzigerjahren den gefangenen Major. Schachermayr sprach immer wieder bei maßgeblichen Persönlichkeiten vor, bei Landeshauptleiten [sic!], bei Bundesministern bei österreichischen Regierungschefs. Er wurde nicht müde, auch immer wieder Gelder aufzutreiben, damit u. a. Reders Anwälte die Honorare überwiesen bekommen konnten. Schachermayr brachte, weitgehend gestützt auf ihn von Walter Reder zugekommenes Material, 1968 im Kommissionsverlag Welsermühl eine etwas über 100 Seiten umfassende Darstellung des ‚Falles Reder‘ heraus. Von dieser Schrift, die im Buchhandel nicht aufgelegt worden war, existiert auch eine Ausgabe in italienischer Sprache. Zwischen Reder und Schachermayr besteht ein besonders ausgeprägtes Vertrauensverhältnis."[77] Im Brief Schachermayrs an Knitel ging dieser explizit auf Drechslers Vorschlag, vor italienischen Vertretungen auf Reder aufmerksam zu machen ein – ein untrügliches Zeichen dafür, wie sehr dies der Strategie auf diplomatischer Ebene widersprach. Schließlich fragte Schachermayr an, ob man Drechsler nicht seitens der Stapo „etwas unter die Lupe nehmen"[78] könnte. Schachermayr selbst schätze den Erfolg seiner Aufgabe in diesem Geflecht, nämlich den „aktionistischen" Rand unter Kontrolle zu halten, als nicht immer erfolgreich ein. „Sie wissen ohnedies, daß ich bisher immer bemüht war trotz allem nach allen Seiten hin mäßigend einzuwirken (wenn auch nicht immer mit Erfolg), da ich weiß und auch überzeugt bin, daß emotionelle Aktionen der Sache nicht nützen, sondern eher schaden."[79] Dieser stillen, auf die innenpolitische Situation in Italien Rücksicht nehmenden Vorgangsweise stand im Rahmen direkter Kommunikation ein anderer Ton gegenüber. Nachdem die Bundesregierung (erfolglos) versucht hatte, Reder mittels Gnadenweg frei zu bekommen, entschloß sie sich, „den Antrag auf bedingte" Freilassung „voll zu unterstützen", so Kreisky in einem Brief an den lieben Genossen Craxi. „Leider habe ich nun feststellen müssen, dass auch im Zentralorgan Deiner Partei die jüngste Entscheidung des Obersten Militärgerichtshofes sehr kritisiert worden ist." Kreisky stellte Craxi die Rute damit ins Fenster, die österreichische Regierung werde sich, sollten die derzeitigen Bemühungen erfolglos bleiben, „gezwungen sehen, mit allem Nachdruck auf die Gnadenfrage zurückzukommen"[80], was wohl soviel bedeutete, dem Thema auf nationaler und internationaler Ebene starke politische und publizistische Präsenz zukommen zu lassen.

In einer, in der „Aula" veröffentlichten Danksagung Reders erwähnte dieser „in erster Linie (...) Bundeskanzler Dr. Kreisky, der sich zuerst als Außenminister und dann als Regierungschef für meine Freilassung mit besonderem Nachdruck einsetzte; den Herrn Bundespräsidenten, Bundeskanzlern, Ministern, Abgeordneten der drei Parteien, den Bundesländer- und Gemeindevertretern – darunter besonders der Oberösterreichischen Landesregierung und den Bürgermeistern der Stadt Linz/Donau – und der Österreichischen Botschaft in Rom; den kirchlichen Würdenträgern, besonders Herrn Kardinal König, dessen pastoralischen Besuch bei mir in Gaeta ich niemals vergessen werde, sowie den verschiedenen Organisationen, Soldatenverbänden, dem Kriegsopferverband und dem Österreichischen Roten Kreuz sowie auch dem Deutschen Roten Kreuz und der Deutschen Rechtsschutzstelle, den Helferkreisen und all jenen Landsleuten, welche ihre Anteilnahme an meinem Schicksal zum Ausdruck brachten und die mir eine moralische und materielle Hilfe zuteil werden ließen."[81] Dazu meinte ein Jahr später Bruno Kreisky: „Ich hatte mit Walter Reder ein Jahrzehnt lang intensiven Kontakt und bin für seine Freilassung eingetreten". Reder „hat in einer Erklärung gesagt, daß der Mann, dem er am meisten verdankt, ich bin. Man kann sich halt in gewissen Situationen gegen das Lob nicht wehren. Ich bin immer versöhnungsbereit."[82]

5. 7. Medienanalyse[83]

Während – wie gezeigt wurde – auf (im weitesten Sinne) politischer Ebene diskret für Reder interveniert wurde, tauchte dieser in der heimischen Publizistik in unregelmäßigen Abständen immer wieder auf, was nicht nur auf die Rechtspresse, als deren Säulenheiliger[84] Reder fungierte und die ihn zum Symbol für die „Ungerechtigkeiten" der Nachkriegszeit stilisierte, beschränkt war. „Über Jahrzehnte hinweg diente Reder der rechtsextremen Szene als Kultfigur. Kein Weihnachten verging, ohne daß in den einschlägigen Publikationen – von ‚Bundesturnzeitung' und ‚Aula' bis zu ‚Kameradschaft' und ‚Klartext' – des ‚letzten österreichischen Kriegsgefangenen' gedacht wurde. Vorwiegend Vertreter dieses Lagers versuchten, in Broschüren und Publikationen immer wieder die Ungerechtigkeit der Verurteilung Reders nachzuweisen. Wobei sich die Herrschaften in ihrer Argumentation nicht immer wirklich einig sind. Sprechen die einen von erklärlichen Opfern an der Zivilbevölkerung im Zuge der Partisanenbekämpfung, weisen andere den Partisanen die Schuld am Massaker zu; hätten sie die Nazis nicht bekämpft, wäre ihren Familien nichts zugestoßen. Wieder andere behaupten, die Massaker hätten nicht stattgefunden, die Toten wären vorwiegend bei alliierten Angriffen ums Leben gekommen. Einig sind sie sich nur im vergeblichen Versuch der Reinwaschung Reders."[85] Besieht man sich in diesem Zusammenhang den in der heimischen Tagespresse punktuell geführten Diskurs über Reder vor dem Jänner 1985, so war dieser von der „Rechtspresse" in der Argumentationsführung kaum unterscheidbar. Reder war vor allem ein Opfer, ein Opfer des Nazi-Regimes und und – vor allem – der Italiener[86].

5.7.1. Kurier

Die vorzeitige Entlassung Reders wurde, wenn auch nur an wenigen Stellen, entweder neutral oder positiv gewertet. „Walter Reder, Ex-Major [!] der Waffen-SS, möge den Rest seiner Tage in Stille und vor allem in Stillschweigen verbringen."[87] Von allem Anfang an betonte der „Kurier", Frischenschlager[88] und, wie noch zu zeigen sein wird, die FPÖ als Regierungspartei[89] und die Koalition als Ganze[90] seien nicht regierungsfähig. Argumentiert wurde dies mit der heiklen Materie des Verteidigungsressorts und dem von Frischenschlager angerichteten außen-[91] und innenpolitischen[92] Schaden. „Es ist zu schade um dieses Land, um diese Regierung noch weiter regieren zu lassen." Ein Monat nach Hainburg „wurde ein Kriegsverbrecher wie ein offizieller Staatsbesuch empfangen – jetzt reicht's."[93] Kurz vor Ende der Affäre schrieb Ruth Pauli, alles „was sich seit dem Handschlag Frischenschlagers mit dem Kriegsverbrecher Reder abgespielt hat, ist deshalb so gravierend, weil es das Ansehen Österreichs im Ausland, aber auch das Ansehen der Politik in Österreich schwer schädigt."[94] Weiters übte der „Kurier" massive Kritik an der SPÖ[95], und namentlich an Bruno Kreisky[96]. „Kreisky hat während seiner Regierungszeit kräftig daran mitgewirkt, daß dieser ganz alte Nazi-Schlamm nie sauber weggeputzt, sondern immer unter den Teppich gekehrt wurde. Man erinnere sich nur daran, wie er den Angehörigen einer SS-Mordbrigade, FPÖ-Obmann Friedrich Peter, öffentlich in Schutz genommen hat." Wegen Reder „haben wir jetzt eine ausgewachsene Regierungskrise. Freilich auch hier kommt wieder Kreiskys ‚Lebenswerk' ins Spiel. Die kleine Koalition mit der FPÖ ist sein (und Benyas) Vermächtnis."[97] In dieselbe Kerbe wie Ulram schlug auch Ringel, indem er der SPÖ vorwarf, sich von der FPÖ erpreßt haben zu lassen, um sich dann in einen gewagten historischen Vergleich zu versteigen: „So kann man von einer stillen Machtergreifung der ‚Nationalen' in Österreich sprechen. Auch in der Regierung, die am 30. Jänner 1933 in Deutschland gebildet wurde, waren die Nationalsozialisten nur mit drei Ministern vertreten, und die neuen Minister der anderen Parteien glaubten fest daran, ‚sie in der Hand zu haben'. Was daraus wurde, ist sattsam bekannt."[98] Im Zusammenhang mit der FPÖ wurde – neben dem bereits Zitierten – nachhaltig auf deren „braunen" Rest verwiesen, nämlich daß ohne „die Stimmen vom rechten Rand (...) die FPÖ erledigt"[99] sei. Frischenschlagers Empfang sei nicht nur ein „‚Unfall' eines Chirurgen oder Autofahrers, sondern die Handlung eines Ministers dieser Republik. Daß sich seine Partei mit dieser Tat solidarisierte, ist mehr als eine Frage der politischen Unkultur (...). Jedes weitere Signal an die Nationalen könnte nunmehr zum Fragezeichen hinter ihrer Demokratiefähigkeit werden."[100]

   Gab es somit für die politische Klasse – vornehmlich für die Regierungsparteien[101] – Schelte von seiten des Blattes, der österreichischen Bevölkerung wurde wiederholt Lob gezollt. So unerfreulich die Angelegenheit auch sei, das „einzig erfreuliche an der Affäre ist die Empörung der Bevölkerung, die größer war, als so mancher befürchtete."[102] Angesichts der geübten Praxis, des Wegschauens „über Ungeheuerlichkeiten und die beflissentliche Rückkehr zur Tagesordnung" sei der „Aufschrei von vielen Österreichern (...) um so unerwarteter und läßt hoffen."[103] Daß Österreich kein Land von „Unverbesserlichen" sein könne, schloß Rauscher unter anderem aus der „überwiegend ablehnende[n] Reaktion der Bevölkerung zum Fall Frischenschlager/ Reder"[104]. Dieses Lob, das sich angesichts der weiter oben analysierten empirischen Daten doch eher seltsam liest, konnte freilich auch vom „Kurier", wenngleich es sich hierbei um eine Ausnahme handelt, ganz anders interpretiert und formuliert werden. Wie bereits belegt, sah der Verfasser Schmidl, die Regierung „schwer belastet". Deshalb sei es rat- und sorgsam, zwischen „Regierung und Volk auseinanderzuhalten. Denn die Medien dieses Landes haben in seltener Übereinstimmung aufgeschrien, der größte Teil der Bevölkerung reagierte betreten bis betroffen. Das bißchen brauner Bodensatz, das da zutage kam, ist nicht größer als anderswo. Schließlich an unsere jüdischen Freunde", was in dieser Diktion eher als Drohung denn als Grußadresse klingt: Frischenschlagers Handschlag sei im Gegensatz zu dem, „was in den Palästinenser-Lagern Sabra und Shatila passierte, ein Nichts", verbunden mit der Aufforderung: „Rechnen wir uns gegenseitig nichts auf." Denn eine solche Gegenrechnung würde auf österreichischer Seite mit dem ersten jüdischen Gymnasium im deutschen Sprachraum seit 1945, ohne daß sich eine „einzige Stimme des Protestes erhob" und der Zahl der von Österreich aufgenommenen Flüchtlinge aus Osteuropa zu Buche schlagen. „Das spricht doch alles eine andere Sprache als die Umfrageergebnisse, aus denen ein latenter Antisemitismus in diesem Lande herausgefiltert werden soll."[105]

Der „Kurier" ließ es aber nicht bei einer Gegenwartsanalyse bewenden. Schon im allerersten Artikel verwies Rauscher auf Reders Opfer. Reder „war 40 Jahre im Gefängnis (seine Opfer 40 Jahre unter der Erde). Er wurde für Massenerschießungen von Geiseln in Oberitalien verurteilt und jetzt freigelassen."[106] Als erster machte Erwin Ringel auf die Diskrepanz zwischen dem Staat als erstem politischen „Opfer Hitlers" und den unterschiedlichen Graden an Verstrickung der Staatsbürger aufmerksam. „Aber wie war das menschlich? Haben wir uns da wirklich als Opfer gefühlt? (...) Wir haben nichts getan, wo immer Menschen verfolgt worden sind, wir haben nicht geholfen, wir haben weggeschaut, haben es geduldet, sind still geblieben (...) Aber es ist damit noch nicht getan. Wir haben vieles getan, ganz aktiv getan, was wir niemals hätten tun dürfen." Bei den „entscheidenden Männern des nationalsozialistischen Reiches, vom ‚Führer' angefangen bis hin zu Schreckensnamen wie Eichmann, Kaltenbrunner, Seyß-Inquart usw." stoße man

„in einer erschütternden Weise immer wieder auf Österreicher (...). Wir haben uns also keineswegs in einer kleinen Dimension beteiligt, sondern mitunter sogar in einer wesentlich größeren Dimension als die im sogenannten ‚Altreich‘". Hinzukäme, so Ringel weiter, die Teilnahme von Österreichern am Kriegsgeschehen, „mit einer Tapferkeit, die einer besseren Sache würdig gewesen wäre", denn diese Österreicher heben einen Beitrag dazu geleistet, „daß dieses Regime sich über weite Teile Europas ausbreiten, seinen Untergang um Jahre hinausschieben und in all diesen Ländern und in dieser ganzen Zeit ungezählte unschuldige Opfer vernichten konnte."[107] Gerhard Botz monierte, daß trotz „aller lobenswerten Anstrengungen (...) es bisher bestenfalls ansatzweise gelungen [ist], mit dem bedeutenden Anteil von Österreichern am Zustandekommen und Funktionieren des Hitler-Regimes zurecht zu kommen." Diese bestünde in der großen „Zahl derer, die (...) selbst Nationalsozialisten, SS-Männer, BdM-Mädchen, Wehrmachtsangehörige gewesen sind, die zehntausendfach als Nutznießer der Arisierungen nichts gegen die Deportationen (= Vernichtung) der Juden einzuwenden hatten oder betreten beiseite blickten, wenn ihre Nachbarn von der Gestapo abgeführt wurden." Schließlich sei noch zu bedenken, daß Österreich „der Ursprungsboden des Nationalsozialismus und seines Führers"[108] gewesen sei. Am selben Tag schrieb Hans Rauscher, in diesem Fall auf Jörg Haider gemünzt, der Zweite Weltkrieg sei „ein gewollter und geplanter Angriffs- und Unterwerfungskrieg des Deutschen Reiches unter Hitler" gewesen, in dem „von SS – und Wehrmacht – ungeheure Verbrechen begangen"[109] wurden. „All das Leid von Millionen von Toten und Vertriebenen, die Greuel aus Rache", so Rauscher drei Tage später, „sind durch eines ausgelöst worden, durch den Beschluß Hitlers, einen Kurs vom Zaun zu brechen, der von vornherein auf die Unterwerfung, Versklavung und *systematische, fabriksmäßig industrielle Ausrottung ganzer Völkerschaften* angelegt war. (...) Das ist das moralisch und geschichtlich Einmalige an Hitler: Er wollte aus purer Mordlust eine ganze Rasse [!], die jüdische, vom Antlitz der Erde tilgen. (...) Dabei war auch der Wehrmacht eine Rolle neuer Qualität zugeteilt", die sich in einer „fünfstellige[n], wenn nicht sechsstellige[n] Zahl von [erschossenen] sowjetischen Kriegsgefangenen" und mindestens „drei Millionen" größtenteils durch Hunger umgekommenen „Kriegsgefangenen (...) in den Lagern"[110] niederschlug.

Diesen eindeutigen Positionierungen – man beachte den wiederholten Hinweis Rauschers auf die Wehrmacht in diesem Zusammenhang – standen auch eindeutig apologetische Tendenzen, speziell auf die Person Reders abzielend, gegenüber. Dieser (Opfer)Diskurs begann wesentlich früher als der eben referierte Täter- und Verstrickungsdiskurs. Bereits am 28. Jänner schrieb Manfried Rauschensteiner – ebenso wie Ulram, Ringel und Botz – in einem Gastkommentar, Reder „ist keine historische Persönlichkeit", sondern „eine tragische Figur, die für ein bestimmtes Kapitel der Geschichte einzustehen hat." Das deshalb, weil er „zum Symbol für den Krieg, Grausamkeiten, SS, Partisanen, Geiseln, Siegerjustiz, Rache und endlich für Gnade" wurde. Rauchensteiner warf auch die Frage auf, was Reder denn (gewesen) sei, „ein einfacher Kriegsgefangener oder ein Kriegsverbrecher (...). Für Italien war er zweifellos letzteres. Für jene, die zumindest Zweifel an seiner Schuld hatten, war er ein ungerechterweise erst 40 Jahre nach dem Zweiten Weltkrieg freigelassener Kriegsgefangener"[111], der er – ob der von Rauchensteiner am Ende des Artikels aufgeworfenen Frage – offensichtlich auch war[112]. Gerd Leitgeb, zu diesem Zeitpunkt „Kurier"-Herausgeber, schrieb – nachdem er diesen Aspekt eine Woche zuvor journalistisch „angezogen" hatte[113] –, hätte er als Geschworener über Reder urteilen müssen, „ich hätte vermutlich im Zweifel für den Angeklagten entschieden. Die mir bekannten Fakten hätten nicht ausgereicht, ihn persönlich schuldig zu sprechen." Das Urteil beruhte „weniger auf Fakten als auf Emotionen. Nur so ist auch erklärbar, daß so viele Prominente sich immer wieder für die Freilassung des verurteilten SS-Mannes eingesetzt haben."[114]

Die Kommentierung im „Kurier" kann damit zusammengefaßt werden, daß sowohl die Person Frischenschlager, die FPÖ wie auch die gesamte Koalition massiv kritisiert und als de-facto rücktrittsreif bewertet wurden. Im Gegensatz zu ihnen wurde der österreichischen Bevölkerung für ihr Verhalten massives Lob gezollt. Die Kommentierung der Person Reders enthielt teilweise apologetische Züge, wohingegen wiederholt (und zeitlich später) auf die österreichische Verstrickung in den Nationalsozialismus verwiesen wird. Im Verhältnis zu den bereits abgehandelten „Fällen" zeichnete sich die Kommentierung des „Kurier" durch vermehrte historische Rückgriffe und Argumentationsführungen aus. Hinzuweisen ist schließlich noch darauf, daß die zentrale Person des Nationalsozialismus, so geht es vor allem aus den Beiträgen Rauschers hervor, Hitler war.

5.7.2. Arbeiter-Zeitung

Die Interventionen Kreiskys und Sinowatz zugunsten des „SS-Major[s]" und österreichischen „Staatsbürger[s]" seien nur deswegen erfolgt, weil beide nicht wollten, daß er „zu einem Symbol hochstilisiert" werde. „Der Verteidigungsminister hat es" durch „seine operettenhafte Ungeschicklichkeit (...) leider fertiggebracht, die Heimkehr des begnadigten Kriegsverbrechers so zu gestalten, daß sie von der Welt, die heuer den 40. Jahrestag der Niederringung des Hitlerfaschismus begeht, und von allen demokratisch Empfindenden in Österreich als Affront betrachtet werden muß."[115] Besieht man sich die Sprengkraft des Ministerempfangs, so war die Reaktion der AZ der FPÖ gegenüber

– vorerst – alles in allem koalitionär zurückhaltend[116]. „Beklemmend dabei sind gleich zwei Umstände: Einerseits hat Frischenschlager trotz der Protestwelle immer noch nicht begriffen, worum es geht; andererseits wirft er damit ein bezeichnendes Licht auf die Sensibilisierung zu diesem Thema innerhalb der FPÖ. Selbst der angeblich ‚liberale' Flügel hat offenbar erst das Fingerspitzengefühl eines Kampfpanzers entwickelt…"[117] Nachdem klar wurde, daß Frischenschlager nicht – wie es ihm die „Arbeiter-Zeitung" nahelegte – zurücktreten werde, wurde die publizistische Strategie geändert. Eine Fortsetzung der Koalition mache deshalb Sinn, weil die wirtschaftliche Aufwärtsentwicklung Österreichs nicht gestoppt werden sollte, Stegers innerparteiliche Gegner[118] „sehr bald die Oberhand" gewinnen könnten, was, wie „unter Götz, auf eine Verständigung mit der ÖVP" hinausliefe, und was „dies für die Arbeitnehmer Österreichs" bedeuten würde, „kann man leicht an ausländischen Beispielen ablesen. Auch läßt sich vorstellen, daß ein Wahlkampf, der auf Grund eines wegen Reder erfolgten Koalitionsbruches geführt worden wäre, Töne hervorgebracht hätte, die den Schaden, den Österreichs Ansehen im Ausland durch Frischenschlagers Fehltritt erlitten hat, potenziert hätte."[119]

Sieht man von den Hinweisen auf Marzabotto[120] ab, zeichnet sich die publizistische Linie dadurch aus, daß Angriff – und in diesem Fall Schuldumkehr – die beste Verteidigung ist. Anknüpfend an das „Bürgerblockgespenst" wurde die ÖVP als die eigentliche „Reder-Partei" dargestellt[121]. Dieses, alles in allem den Diskurs in der „Arbeiter-Zeitung" relativ beherrschende Thema tauchte erstmals am 30. Jänner, also zwei Tage vor der Abstimmung über den von der Volkspartei eingebrachten Mißtrauensantrag auf. „Eines aber schlug selbst die blühende Phantasie der erfindungsreichen Presseleute bei weitem: Die unglaubliche Tatsache, daß Kriegsverbrecher Reder nun Sägewerkangestellter beim Kärntner ÖVP-Abgeordneten Gorton werden soll. Solches, war die einhellige Meinung, sei wohl so absurd, daß es nicht einmal der üppigsten Erfinderbörse entspringen könnte."[122] Dieses Anstreifen der ÖVP wurde vorerst dafür benutzt, das zu erwartende Abstimmungsverhalten der SP-Mandatare vorab journalistisch zu rechtfertigen, indem der ÖVP die Legitimation, sich in dieser Sache zu äußern, abgesprochen wurde. „Diverse ÖVP-Sprecher überbieten einander jetzt in Ausfällen gegen die Regierung und in der Rolle als Gralshüter der Demokratie. (…) Wieso eine solche gerade in diesem Fall ausgerechnet der ÖVP obliegen soll, weiß kein Mensch zu sagen. Es sei denn, sie fühlt sich insofern für Reder verantwortlich, als sie ja schon vor dreißig Jahren seine Wiedereinbürgerung erfolgreich betrieben hat. Die Spätfolgen sind bekannt…"[123] Als schließlich Mocks Brief an Reder – als Faksimile abgedruckt – publik wurde, kommentierte die AZ: „Die Absicht der Opposition" bestand darin, „die Sache nicht nur auf dem innenpolitischen Feuer, sondern auch in ausländischen Medien weiterzukochen. Ist dies der Opposition wieder einmal gelungen, setzten VP-Obmann Mock und seine Freunde eine kummervolle Miene auf und beklagen den Schaden für Österreichs internationale Reputation." Nach der Veröffentlichung des Briefes sei die Situation für die ÖVP und ganz besonders für Mock eine andere: „Nun mimt er die personifizierte Entrüstung und hofft, auf diese Weise politisches Kapital zu schlagen. Zum Schaden für Österreich."[124]

Aber nicht nur die Volkspartei, auch Teile der Medien – im Kategorisierungsschema der AZ (mit Ausnahme der „Kronen Zeitung") der „bürgerlich-konservativen" Medien – wurden mit Kritik bedacht, wenn auch in geringerem Ausmaß als die Volkspartei. Die erste Schelte galt der „Kronen Zeitung". „Selten waren sich die österreichischen Zeitungen und auch der größte Teil der österreichischen Politiker – mit Ausnahme gewisser Fraktionen in der FPÖ – so einig: Die Aufwertung des freigelassenen SS-Kriegsverbrechers Reder durch Verteidigungsminister Frischenschlager ist günstigstenfalls eine politische Eselei, eher wohl aber ein handfester Skandal. Anders sieht die Angelegenheit die ‚Kronen-Zeitung', um ‚dem letzten Heimkehrer' Kränze zu flechten."[125] Ausgehend vom Pauschallob für die Reaktionen der österreichischen Bevölkerung und als dessen untrüglichen Indikator für die öffentliche Meinung[126] meinte Manfred Scheuch einen Wandel in Berichterstattung und Kommentierung der NKZ erblicken zu können. „Man darf annehmen, daß die Herren der ‚Krone' (...) sehr rasch feststellen mußten, daß die Masse der Österreicher Sympathien für Reder in keiner Weise teilt. (...) Uns kann das nur recht sein"[127]. In der „Südost-Tagespost" abgedruckte Leserbriefe waren der nächste Anlaßfall für eine in Richtung ÖVP abzielende mediale Kopfwäsche. „In den Leserbriefen, die österreichische Zeitungen in den letzten Tagen erreichten, wird mitunter brauner Schlamm hochgewirbelt", was einen aber angesichts „der übereinstimmenden Haltung der großen Mehrheit der Österreicher" nicht zu erschrecken brauche. Die Zahl der „Ewiggestrigen" sei nämlich „glücklicherweise" geringer, „als manche vermuten"; daß der eine mit dem anderen, eingangs aufgestelltem Befund nur schwerlich unter einem Hut zu bringen war, schien Scheuch in der politischen Kollektivabsolution nicht zu stören. Ein solcher Hort des via Leserbriefe diagnostizierbaren „braunen Schlammes" war in seinen Augen die „Südost-Tagespost", denn aus einigen dort veröffentlichten Leserbriefen müsse einem bewußt werden, „woher der Wind weht. Auch die VP-Redaktion, die so etwas zum Druck befördert: Geschah das etwa mit dem Schielen auf ein paar Wählerstimmen?" Ein in der „Presse" abgedruckter Leserbrief Heinrich Drimmels, der auf der Klaviatur antiitalienischer Ressentiments spielte, führte Scheuch zur Frage, ob sich Drimmel, als „langjähriges Mitglied der Mussolini ergebenen Heimwehr, nur ein Denkmälchen der Selbstrechtfertigung setzten"[128] wolle. Eine Breitseite gegen den „Presse"-Chefredak-

teur feuerte gegen Ende der Debatte Peter Pelinka ab. Chorherr hatte nämlich die tief ins Mark des (damals noch) sozialistischen Geschichtsbewußtseins gehende (ketzerische) Behauptung aufgestellt, daß „wirklich ‚illegale
Sozis‘ im Bunde mit illegalen Nazi den ‚Teufel Austrofaschismus mit dem
Beelzebub Nationalsozialismus austreiben‘ wollten." Das sei, so Pelinka, eine
schamlose Geschichtsklitterung, von keinem Historiker bewiesen, sehe man
von „einzelne[n] Überläufer[n]" ab. Wer „der SPÖ das Recht abspricht, sich
als Partei mit lupenrein-antifaschistischer Geschichte (sehr wohl zum Unterschied von den beiden anderen im Parlament) zu fühlen, soll zum Thema
schweigen."[129]
     Nach soviel (mäßiger) Kritik am Koalitionspartner, verschärfter
Kritik an einzelnen Medien und scharfer Kritik an der Volkspartei, spendete
das Blatt auch Lob, nämlich – wie teilweise bereits belegt wurde – der Bevölkerung[130]. Diese habe sich – wider Erwarten, wie manchmal überrascht-nach-
drücklich betont wurde – zum Großteil hervorragend, nämlich das Verhalten
Frischenschlagers (strikt) ablehnend, verhalten. Dies sei das Verdienst der
Politik der SPÖ, die – siehe beispielsweise den bereits zitierten Pelinka am
19. Februar – den Antifaschismus für sich reklamieren könne. Bei den Sozialisten „gibt es eben nicht acht oder zehn Antifaschisten – sondern das ist,
getreu ihren mit Blut besiegelten Traditionen, eine antifaschistische Partei.
Und deren Funktionäre waren sich zugleich der Verantwortung für die Arbeiterbewegung bewußt: Sich nicht durch die Taktik einer Opposition, die
ihrerseits jedenfalls nicht in dieser eindeutigen Weise ihre antifaschistische
Vergangenheit dokumentieren kann, auseinanderdividieren zu lassen."[131] Dieses Bündnis der Kollektivempörung habe pauschal alle „Linke[n], echte[n] [!]
Liberale und anständige[n] [!] Konservative sowie die überwiegende Mehrheit der Jungen, Künstler und Intellektuellen erfaßt" und sei „Ergebnis eines
Erziehungs- und Aufarbeitungsprozesses an unseren Schulen und Universitäten. (...) Die geistige Öffnung, die seit 1970 dort stattgefunden hat, die bewußte Forcierung kritischer Zeitgeschichte, die Befreiung des gesamten Kul-
tur- und Geisteslebens vom bis dahin tonangebenden provinziellen [= kon-
servativen] Mief, die hat nun Früchte getragen."[132] Fragwürdig bleibt nach
dieser Auflistung der (sozialistischen) Erfolgsstory, warum dann das Thema
„Vergangenheitsbewältigung" überhaupt thematisiert werden mußte. Der
Vorwurf, die Schulen hätten sich „mit der jüngsten Geschichte" nur mangel-
haft auseinandergesetzt, bestand „sicherlich nicht ganz zu Unrecht." Wäre
sie dort geschehen und hätte bereits damals die „hervorragende ORF-Serie
‚Österreich II'" zur Verfügung gestanden, „wäre (...) der skandalöse Hände-
druck von Graz (...) unterblieben."[133] Etwas befremdlich und im völligen
Widerspruch zum Hohelied auf die sozialistische Regierungspolitik und die
antifaschistische Erziehung, die den ersten Teil seines Kommentars am 7. Fe-

bruar prägte[134], fuhr er fort: Die „Bedeutung der Affäre, die Erklärung, warum aus einem Handschlag beinahe eine Staatsaffäre wurde" liege darin, „was in den 40 Jahren seit der Befreiung eben nicht geleistet wurde: In der antifaschistischen Erziehung, in der Auseinandersetzung mit der Tatsache, daß viele Österreicher nicht nur Opfer oder Mitläufer, sondern auch willfährige Handlanger und Nutznießer"[135] waren.

Die Kommentierung der AZ zeichnet sich zusammenfassend dadurch aus, daß die Affäre Reder vor allem zu einer ÖVP-Affäre umstilisiert wurde[136]. Hierbei wiederholte das Blatt die Strategie, die im vorigen Kapitel analysiert wurde, wenngleich im vorliegenden Fall die Fakten und Hintergründe doch nicht so sehr auf Parteilinie gebogen wurden. Damit wurden auch – wenngleich via Kommentare nachdrücklich argumentiert – Fragen nach der Abwägung zwischen Parteiräson, Koalitionstreue und (antifaschistischem) Gewissen publizistisch für obsolet erklärt. Im Gegenzug erfolgte die Stilisierung der SPÖ als – abgesehen von Pelinka am 7. und am 9. Februar – alleinigen Hort des Antifaschismus. Die Dimensionen „Vergangenheitsbewältigung" und Österreichbezug waren – im Gegensatz zum eingangs analysierten „Kurier" – weniger ausgeprägt. Bestand die Thematisierung dieser Dimensionen nicht aus völligen Widersprüchlichkeiten, so wurde doch auf Defizite hingewiesen.

5.7.3. Südost-Tagespost

Wie bereits weiter oben ausgeführt wurde, versuchte die ÖVP die Regierung aus Anlaß der Affäre zu stürzen. An dieser Stelle soll nun nachgezeichnet werden wie in einem ÖVP-Organ die Causa abgehandelt wurde.

Anfangs wurden sowohl Frischenschlagers Empfang als auch die Reaktionen „auf der Linken [als] doch recht künstlich und überzogen" bezeichnet, wobei die Rücktrittsforderungen „eindeutig übers Ziel"[137] schießen. Bereits in diesem allerersten Kommentar wurde eine – wenn auch nur angedeutete – Dimension eingeführt, die als Konstante erkennbar ist, nämlich daß die Koalition zerrüttet und de-facto am Ende sei[138]. Die diesbezügliche Kommentierung kann man damit zusammenfassen, daß die Koalition überfordert und nicht regierungsfähig[139], oder/und Frischenschlager[140] und die FPÖ überfordert und vor allem gespalten[141] oder/und die SPÖ überfordert und gespalten sei[142].

Besieht man sich im Gegensatz zu dieser Gegenwartsanalyse den Fundus an historischen Argumentationen, so war es – auf Kommentarebene – um diesen recht dünn bestellt. Der SPÖ richtete Chefredakteur Sperl aus, diese solle sich „nicht so aufregen", denn erstens „war das Ganze mit Außenmnister Gratz abgesprochen" und viele erinnern sich noch „an den Handschlag zwischen Rösch und Carlos." Außerdem habe Reder „gebüßt", womit die Sache wohl beendet sei – „Carlos lief damals (und läuft heute) frei herum."[143] Am heftigsten in Zusammenhang mit der Affäre direkt kritisiert wurde aber nicht die Regierung, der man alles in allem Agonie konstatiert, sondern Bruno Kreisky. Wiederum Sperl erinnerte daran, daß das gegenwärtige Regierungsbündnis auf Planungen Kreiskys und des „früheren SS-Mann[es] Friedrich Peter"[144] basiere. Eine wesentlich heftigere Attacke gegen Kreisky ritt Harbich. Wenn dieser im „Kurier"-Interview sein „Lebenswerk" gefährdet sehe, dann sei daran zu erinnern, daß „die Tragikgroteske, die wir hier erleben, (...) Folge und Teil ebendieses Lebenswerkes" sei. „Zu diesem Lebenswerk zählt es ja, Terroristenorganisationen und deren Exponenten (...) hoffähig zu machen. Zu diesem Lebenswerk hätte es beinahe gezählt, einen SS-Mann, dessen Kompanie nachweislich Massenerschießungen im russischen Hinterland durchgeführt hat, zum Dritten Nationalratspräsidenten zu machen." Zu diesem „Lebenswerk", einer Mischung aus „moralischer Feigheit und des Opportunismus", zählen auch die Namen Lütgendorf und Androsch und der Umstand, daß „in den letzten fünfzehn Jahren (...) endgültig die Parteiräson geradezu offiziell über die Ehre gestellt"[145] wurde. Die in der Überschrift angeschnittenen „falschen Töne" in der Diskussion kämen hingegen von „jugendlichen Politikern" und der Jugend überhaupt, deren Kennzeichen der „moralische Hochmut" sei. Die Jugend – und hier ist die apologetische Anspielung auf Reder eindeutig[146] – „hat weder Versuchung, noch Druck erfahren, sie weiß nicht, was sich in Menschen in Grenzsituationen abspielt und Krieg (und dann noch Partisanenkrieg) sind ununterbrochene Grenzsituationen." Im Gegensatz zu diesen falle auf, daß die Opfer „da oft viel moderater formulieren." Das Ausland habe sich in dieser Beziehung überhaupt nicht einzumischen, denn „die Klassifizierung der Welt in Kriegsverbrecher und antifaschistische Helden blieb eben in allzuvielen Fällen eine Frage von Sieg und Niederlage und nicht moralischer Überlegenheit"[147] – umgangssprachlich und direkter formuliert: „Siegerjustiz". Nach dem abgelehnten Mißtrauensantrag hätten sich konkret – so wiederum Harbich – die Herren Cap und Konecny, die jahrelang „mit viel Emotion und Beredsamkeit die Fahne des Antifaschismus hochgehalten" haben, überhaupt nicht mehr zu äußern. „Das Wort Kriegsverbrecher ging ihnen immer sehr locker von den Lippen. Und Einwände, vieler dieser Leute hätten eben in einer Ausnahmesituation unter Befehlsdruck gehandelt, unter der Drohung eines Kriegsgerichtes, das Befehlsverweigerung mit Erschießen bestraft hätte, das haben sie nie akzeptiert in den steilen Höhen ihres moralischen Purismus." Dabei wären sie bei der parlamentarischen Abstimmung keiner „Bedrohung durch Kriegsgericht und Füssilierung"[148] ausgesetzt gewesen.

Auf einer anderen Ebene wurde die Person Reder hingegen sehr wohl thematisiert, nämlich in den Leserbriefen[149]. Und hier wurde schon eher „Klartext" geschrieben – und veröffentlicht. An ihnen, das gilt freilich nicht für alle Leserbriefe, aber zu häufig, um diese Dimension zu vernachlässigen, ist feststellbar, daß Frischenschlagers Verhalten zum Großteil positiv bewertet[150] und die Person Reders nicht nur häufiger, sondern wiederum auch positiver, man könnte auch sagen: reingewaschen, wurde[151]. Die Tendenz der Verharmlosung, der Schulabwehr und der Gegenverrechnung sollen hier nicht extra dokumentiert werden. Sich vorzustellen, daß sie (und im nicht geringen Maße) vorkommen, bedarf keine blühenden Phantasie. Zwei Dinge müssen allerdings noch betont werden. Erstens erklärte die Redaktion die (Leserbrief)Diskussion am 9. Februar für beendet, druckte aber am 21. Februar noch eine Serie von Leserbriefen – ein untrüglicher Indikator, daß das Artikulationsbedürfnis der Leserschaft bei weitem nicht gestillt war. Ein wahres Unikat war eine redaktionelle Notiz am 9. Februar: „Briefe mit antisemitischen Inhalt oder Rechtfertigungen des Nationalsozialismus haben wir aus prinzipiellen Gründen nicht abgedruckt." Nun soll nicht darüber nachgedacht werden, was da so alles an Leserpost eintraf – allein diese Notiz läßt Schlüsse zu. Es sei vielmehr untersucht, wie groß die „antisemitische Sensibilität" der Redaktion (oder des zuständigen Redakteurs) in diesem Zusammenhang war. Die erste artikulierten beziehungsweise publizierten Empörungen wurde im Zusammenhang mit der Entschuldigung des Kanzlers vor dem zu diesem Zeitpunkt in Wien tagenden „Jüdischen Weltkongreß" veröffentlicht. „Ich betrachte dies [den Reder-Empfang] als eine rein österreichische Angelegenheit und finde die Haltung des Kanzlers für würdelos und empörend."[152] Diese noch relativ moderate Ablehnung wurde in einem anderen Leserbrief verschärft: „Es kam zum Kniefall vor dem Jüdischen Weltkongreß, dessen Mehrheit eine Politik Israels unterstützt, wo KZ und Rassismus zum Unterschied zu Österreich nicht abgeschafft sind. Und das 40 Jahre nach Auschwitz. Holocaust muß anscheinend weiterleben."[153] Der „ORF und die Presse weisungsgebunden von Washington, Moskau und natürlich Jerusalem überbieten einander in einem hysterischen Wehgeplärr über Österreichs ‚Gesichtsverlust'."[154] „Es ist nicht das erste Mal, daß an sich harmlose Dinge als nazistische Aktivitäten angeprangert werden. Auf diese Art und Weise kann man nämlich sehr leicht im österreichischen Volk Schuldgefühle wecken und somit jederzeit politischen und wirtschaftlichen Druck auf unseren Staat ausüben."[155] „Was jetzt beim Einmarsch in den Libanon und in den Palästinenserlagern an Grausamkeiten geschehen ist, steht den Ereignissen vor 40 Jahren in nichts nach. (...) Gewissen Kreisen müßte man sagen: Kehrt nicht in Österreich, sondern vor der eigenen Tür."[156] Was die „Südost-Tagespost" hier an antisemitischen Leserbriefen abdruckte, war freilich nicht dieser offen-rüde Antisemitismus, sondern der, der auf der unterschwelligen Ebene („Kniefall", „gewisse Kreise", „schlechtes Gewissen" für „Wiedergutmachung", wie zu ergänzen ist und die ansonsten nicht unbedingt österreichtypische Liebe zu Minderheiten, wie zu den Palästinensern) operierte. Bei einer Leserbriefschreiberin scheint es allerdings zu physiologischen Reaktionen gekommen zu sein: „Das Blut stieg einem ja hoch, als sich Sinowatz vor dem Jüdischen Weltkongreß entschuldigte."[157]

Für die „Südost-Tagespost" kann somit festgehalten werden, daß sich ein Großteil ihrer Kommentierung auf die Koalition beziehungsweise auf die Koalitionsparteien bezog und dort den Charakter eines Abgesanges einnahm. Sofern historische Aspekte miteinbezogen wurden, bezogen sich diese nur kursorisch auf die Person Reders beziehungsweise auf dessen (persönlichen) Hintergrund und lesen sich dort ausgesprochen apologetisch, um dadurch jede Art von moralischer Bewertung zu unterbinden. War bei der Analyse im Kapitel „Kreisky I, Kreisky-Peter-Wiesenthal und Friedrich Peter 1983" in der Kommentierung durch die „Südost-Tagespost" eine tendenziell antisemitische redaktionelle Schreibweise analysierbar, so verschob sich diese 1985 auf die Artikulationsebene der Leserbriefe hin.

5.7.4. Zusammenfassung

Zusammenfassend für den – wenngleich ausgesuchten – Mediendiskurs[158] läßt sich somit festhalten: Das in allen untersuchten Medien bei weitem dominierende Thema war der innenpolitische Aspekt, gefolgt von außenpolitischen Erwägungen. In Relation dazu war der, auf welcher Ebene auch immer argumentierende Vergangenheitsdiskurs, wesentlich weniger präsent.

Sieht man von den „Salzburger Nachrichten" ab, die alle drei im Parlament vertretenen Parteien harsch kritisierten, wurde von den anderen Medien – außer der AZ (eigentlich eine ÖVP-Affäre) und der „Kronen Zeitung" (was ist daran zu kritisieren – außer die Entschuldigungen Sinowatz' und Frischenschlagers?) – die Regierung heftigst kritisiert.

Besieht man sich die Thematisierung der in diesem Fall wiederum schlagend gewordenen NS-Vergangenheit, so erfuhr die Person Reders in der „Kleinen Zeitung", der „Presse" der „Neuen Kronen Zeitung" (hier auf der Kommentarebene am stärksten), und der „Südost-Tagespost" (in den Leserbriefen) eine sehr nachsichtige Behandlung. Entweder wurde das Thema kurz und bündig mit: „Vierzig Jahre sind genug!" abgehandelt, oder Reder wurde – von der „Kleine Zeitung" und besonders die „Kronen Zeitung" – zum Opfer Italiens umstilisiert. Auszunehmen sind davon völlig die „Salzburger Nachrichten" und über weite Strecken der „Kurier" sowie die AZ. Ein Manko an „Vergangenheitsbewältigung" konstatieren „Kleinen Zeitung",

„Kurier" und AZ, wobei hier die Aussagen ambivalent blieben. Dem wider-spricht – zumindest auf den ersten Blick – diametral das ausschließlich von letzterer wiederholt geäußerte Lob über die Reaktionen der österreichischen Bevölkerung, die – das geht aus dem analysierten empirischen Material ein-deutig hervor – *so* nicht dachte. Überhaupt keinen Anlaß, sich mit der Ver-gangenheit auseinanderzusetzen, sahen in diesem Zusammenhang wiederum die NKZ, „Presse" und die „Südost-Tagespost". Die Tendenz zur „Univer-salisierung von Verbrechen" ist für die „Kleine Zeitung", die „Presse", die „Neue Kronen Zeitung" und die „Südost-Tagespost" (hier in den journalisti-schen Beiträgen und den Leserbriefen) festzumachen.

Anmerkungen

1   SOWIDOK, Tagblattarchiv „Reder, Walter". II-2340 der Beilagen zu den Steno-graphischen Protokollen des Nationalrates XVI. Gesetzgebungsperiode. Anfrage des Abg. Dr. Ettmayer und Kollegen an den Bundesminister für Auswärtige Ange-legenheiten betreffend Fall Frischenschlager (Nr. 1150/J). 21. Februar 1985.

2   Trettler, Heidi: Der umstrittene Handschlag. Die Affäre Frischenschlager-Reder. In: Politische Affären und Skandale in Österreich. Von Mayerling bis Waldheim. Hg. v. Michael Gehler und Hubert Sickinger. Thaur [u. a.] 1995. S. 592-613 (hier S. 593).

3   Zum Kabinett Sinowatz-Steger siehe Pelinka, Anton: Die kleine Koalition in Öster-reich: SPÖ-FPÖ (1983-1986). Wien [u. a.] 1993 (= Studien zu Politik und Verwal-tung, Bd. 48).

4   Zum Vor- und Verlauf der Affäre siehe Trettler, Der umstrittene Handschlag, a.a.O., S. 598-601.

5   SBKA, REDER, Walter. Akt v. BMfAA an Dr. Now. Beschluß des Militärtribunals von B A R I (ITALIEN) vom 14. Juli 1980.

6   Dort heißt es unter anderem: „Es ist nur zu hoffen, daß Herr Reder nunmehr nicht noch die gesamten fünf Jahre in Italien bleiben muß. Ich wäre Ihnen sehr verbun-den, wenn Sie, so wie bisher, mit allen Ihren Kräften die Erreichung dieses Zieles anstreben könnten."
SBKA, REDER, Walter. Akt v. BMfAA an Dr. Now. Kreisky an Bettoni. 21. August 1980.

7   „Ich beglückwünsche Sie, daß Sie nach so vielen Jahren das Urteil des Militärge-richtes von Bari erreicht haben. (...) Falls in der nächsten Zeit noch etwas zu tun ist, bin ich gerne bereit (...) zu helfen. Major Reder hat mir soeben auch geschrieben."
SBKA, REDER, Walter. Akt v. BMfAA an Dr. Now. König an Bettoni. 1. Septem-ber 1980.

8   SBKA, REDER, Walter. Akt v. BMfAA an Dr. Now. Pammer an Bettoni. 3. Sep-tember 1980.

9   N. N.: Streng vertraulich. In: „Wochenpresse", 5/1985. S. 18-19.
Siehe auch Frischenschlagers Anfragebeantwortung am 21. Februar 1985: „Ich war der Überzeugung, daß in dem Zeitraum, der zur Verfügung stand, die Hauptauflage der Italiener, die Geheimhaltung, am besten gewährleistet und durchführbar ist, wenn ich bei diesen Vorgängen persönlich zugegen bin."
Stenographische Protokolle über die Sitzungen des Nationalrates der Republik

Österreich. XVI. Gesetzgebungsperiode. 1984-1985. 5. Band (67. bis 80. Sitzung).
79. Sitzung (21. Februar 1985).

10 Trettler läßt dieses Faktum in ihrem Aufsatz auf Seite 599 fälschlicherweise offen.
Festzuhalten bleibt überdies, daß es weniger das Faktum des Handschlages, sondern das der Anwesenheit des Ministers war, das den ersten Teil des Skandals überhaupt ausmachte, da somit die Überstellung zum quasioffiziellen Empfang seitens
der Republik wurde.

11 Stenographische Protokolle über die Sitzungen des Nationalrates der Republik
Österreich. XVI. Gesetzgebungsperiode. 1984-1985. 5. Band (67. bis 80. Sitzung).
78. Sitzung, a.a.O.

12 N.N. : Das „Gewicht" der Affären. In: ÖJfP (1985). Hg. v. Andreas Khol [u. a.]
Wien 1986. S. 872 -873.

13 IMAS: Die Meinungen zum Fall Frischenschlager/Reder. Linz 1985 (= IMAS-report,
4/1985). Befragt wurden zwischen 12. und 28. Februar 1.500 Personen, statistisch
repräsentativ für die österreichische Bevölkerung ab 16 Jahren.

14 Die FPÖ-Werte werden aus statistischen Gründen nur als „Richtwerte" ausgegeben, da die Fallzahl unter 100 (bei 1.500 Befragten) lag; das läßt überdies indirekt
Rückschlüsse auf die Anzahl von FPÖ-Anhängern im Februar 1985 zu.

15 Auch hier gilt das zum Thema „Schaden im Ausland" weiter oben formulierte.

16 Zu betonen ist, daß die Umfrage erst nach dem abgelehnten Mißtrauensantrag der
ÖVP durchgeführt wurde. Ob dessen parlamentarische Ablehnung einen Einfluß
auf das Antwortverhalten ausübte, kann freilich nur spekulativ angenommen werden.

17 Daraus erklären sich die weiter oben aus dem Österreichischen Jahrbuch für Politik
referierten Daten der IMAS-Studie.

18 Siehe dazu die Ausführungen (und die Einschränkungen dazu) im Abschnitt „Reder
und die Presse" weiter unten.

19 „Wie Sie, Herr Bundeskanzler, gesagt haben, haben alle österreichischen Bundeskanzler seit Ing. Julius Raab bis zu Ihnen persönlich, bis zum Heiligen Vater und
den wichtigsten Vertretern verschiedener Glaubensgemeinschaften ebenso gehandelt."
Stenographische Protokolle über die Sitzungen des Nationalrates der Republik
Österreich. XVI. Gesetzgebungsperiode. 1984-1985. 5. Band (67. bis 80. Sitzung).
78. Sitzung, a.a.O.

20 Ebda.

21 SPÖ 90 Mandate, ÖVP 81 und FPÖ 12 Mandate.

22 Siehe dazu die Ausführungen im Kapitel „Kreisky I, Kreisky-Peter-Wiesenthal und
Freidrich Peter 1983. Zum weltanschaulichen Hintergrund der FPÖ siehe auch die
Ausführungen im Kapitel „Ideologische Mißgeburt", „ordentliche Beschäftigungspolitik" und die „lieben Freunde" von der Waffen-SS.
Kreiskys Praxis, die FPÖ hof- und somit schlußendlich regierungsfähig zu machen,
wird zumeist mit seiner „schwedischen Prägung", nämlich des dort politisch aufge-
splitterten bürgerlichen Lagers, das gegen die Sozialisten de facto nicht regieren
könne, begründet. Als Kontrapunkt dazu sei auf Hans Thalberg verwiesen, der in
seinen Erinnerungen schreibt: *Kreiskys* kategorische Ablehnung einer Großen Koalition ist nicht allein auf seine Erfahrungen in den dreißiger Jahren zurückzuführen; die geradezu traumatischen Erlebnisse der [frühen] sechziger Jahre haben bei
ihm tiefe Spuren hinterlassen. Seine Hinwendung zu einer Koalition mit der FPÖ,
die sich schon 1970/71 abzuzeichnen begann, hatte mich nicht gefreut, sie erschien
mir aber unter den geschilderten Umständen nicht überraschend. Die Herren in
der Kärntner Straße [die ÖVP], durch so lange Zeit gewohnt, in Österreich die

Macht auszuüben, hatten offenbar kein Gefühl dafür, wie verletzend ihre herablassende Art gegenüber Andersdenkenden wirken kann. (...) Die ÖVP, die glaubt, in Sachen Demokratie und Antisemitismus ein reines Gewissen zu haben, spricht zu allen Andersdenkenden von den Höhen eines absoluten Machtanspruchs, sie tut, als ob Österreich ihr und ihren Anhängern gehörte (´Klaus ein echter Österreicher' – und Kreisky??). (...) Gerade bei einem feinnervigen Mann wie Kreisky (...) haben die Taktlosigkeiten, die menschlichen Ausrutscher, die da und dort passiert sind, tiefe Spuren hinterlassen. Sie haben nicht unwesentlich zu den Entwicklungen im Jahre 1983 beigetragen."
Thalberg, Hans J.: Von der Kunst, Österreicher zu sein. Erinnerungen und Tagebuchnotizen. Wien [u. a.] 1984 (= Dokumente zu Alltag, Politik und Zeitgeschichte, Bd. 6). S. 269f.

23   Lingens, Peter Michael: Sinowatz' Entmündigung. In: „profil", 20/1983. S. 10.
24   Hindels, Josef: Gegen eine neue Koalitionsphilosophie in der SPÖ. In: Die Zukunft, H. 9/1982. S. 26-28 (hier S. 28).
25   Die in der Folge zitierten Umfrageergebnisse wurden dem Verfasser von der „Stiftung Bruno Kreisky Archiv" freundlicherweise zur Verfügung gestellt. Es liegt somit – auch wenn man den einschlägigen Briefwechsel zu den Studie nachvollzieht – auf der Hand, daß Kreisky – wie schon 1970 – über das öffentliche Meinungsbild im Bilde war.
26   IFES: Slogantest bei politisch relevanten Zielgruppen. Wien 1982.
       Zielgruppen waren: Weibliche Angestellte (zwischen 20 und 40 Jahren), männliche Angestellte (25 bis 50), Akademiker (25-40), Studenten (20 bis 25) und männliche Arbeiter zwischen 25 und 50 Jahren.
27   „Bürgerlich-Konservative" wurden definiert als Befragte, die die SPÖ auf dem 11-gliedrigen Skalometer mindestens drei Punkte schlechter einstuften als die präferierte Partei; „SPÖ-Kern" waren Befragte, die die SPÖ auf dem 11-gliedrigen Skalometer im Plusbereich einstuften und die nächste Partei auf diesem Skalometer mindestens drei Punkte schlechter einstuften. „SPÖ-Peripherie" waren Befragte, die die SPÖ auf dem 11-gliedrigen Skalometer im Plusbereich bzw. Minusbereich einstuften und die nächste Partei gleich oder ein oder zwei Punkte schlechter einstuften.
28   IFES: Politisches Forschungsprogramm März 1983. Wien 1983.
29   Wie aus den einleitenden Bemerkungen dieser Studie hervorgeht, waren die Befragten sicher nicht repräsentativ. Dementsprechend ist das Ergebnis zu werten.
30   SWS: Bericht über eine Umfrage betreffend die Grünen, bevorzugte Form der Regierung und Spitzenpolitiker, die ehrlich sind und Sauberkeit erfolgreich vertreten. 174. Bericht. Wien 1983.
31   Das zeigt sich auch in der positiven medialen Kommentierung des Obmannwechsels, die genau das betonte, nämlich Steger als die vom Deutschnationalismus unbelastete „liberale Chance".
32   Kunz, Johannes: Erinnerungen. Prominente im Gespräch. Mit einem Vorwort von Peter Dusek. Wien 1989. S. 239-257 (hier S. 243 und 245) sowie sinngemäß Buchacher, Robert: Nazis raus aus der FPÖ? In: „profil", 10/1980. S. 12-16 (insbesonders S. 12) und Interview „profil" – Holger Bauer. In: „profil", 8/1985. S. 16-17 (vor allem S. 16).
33   Buchacher, Nazis raus aus der FPÖ?, a.a.O., S. 14.
34   Interview „profil" – Norbert Steger. In: „profil", 1/1980. S. 18-19 (hier S. 18).
35   Siehe zum Beispiel, ohne den Autor in die Nähe der FPÖ und deren deutschnationalen Volks- und Kulturgemeinschaftsbegriff bringen zu wollen: „Wir werden mit Mühlmann und Wenkus" den Terminus „Ethnos" „neutraler als ‚Volk' oder ‚Stamm'" verwenden.

Bruckmüller, Ernst: Nation Österreich. Kulturelles Bewußtsein und gesellschaftlich-politische Prozesse. 2., ergänzte und erweiterte Auflage. Wien [u. a.] 1996 (= Studien zu Politik und Verwaltung, Bd. 4). S. 157, Anm. 5.

Hinzuweisen ist in diesem Zusammenhang auf ein in der „Aula" abgedrucktes Antwortschreiben des damaligen Bundespräsidentschaftskandidaten Otto Scrinzi mit dem einschlägigen „Völkerfreund", der ein Lehrbeispiel für die Verwendung des Begriffes „ethnisch", abseits aller wissenschaftlichen Formulierungen und Neutralisierungen liefert: „Minderheitenschutz beginnt mit dem Bekenntnis zur eigenen Ethnie und dem Recht auf Muttersprache. Staatszugehörigkeit schlägt daher nicht Volkszugehörigkeit. Wer sich also als Ungar, Slowene und [!] Kroate bekennt, macht von einem Grund- und Menschenrecht Gebrauch und kann deshalb nicht eines staatsbürgerlichen Irredentismus verdächtigt oder gar bezichtigt werden." Das gelte, und darauf wollte Scrinzi schlußendlich hinaus, natürlich auch für die „Deutsch-Österreicher".

N. N.: Otto Scrinzi: „Ich bin stolz, ein Deutsch-Österreicher zu sein!". In: Die Aula, 12/1985. S. 8-9 (hier S. 8).

36   Interview „profil"-Harald Ofner. In: „profil", 22/1983. S. 12-14 (hier S. 13f.)
Siehe weiters Votzi, Josef: Alexander der Kleine. In: „profil", 7/1980. S. 16-17. Yvon, Paul: Der Liberaal. In: „profil", 21/1983. S. 22-23.

37   Bohatsch, Charles: Spielchen spielen. In: „profil", 11/1980. S. 12-14 (hier S. 12).

38   In diesem Zusammenhang sei auf eine von der „Sozialwissenschaftlichen Studiengesellschaft" unter 2.014 Personen durchführte Untersuchung verwiesen. Auf die Frage, in welchem der drei angeführten Länder, Österreich, Schweiz oder Deutschland die Befragten am liebsten leben wollen, antworteten 81% mit Österreich, 10% mit Schweiz und 5 Prozent mit Deutschland (4% keine Meinung). Aufgesplittert nach Parteipräferenzen ergab sich für die FPÖ folgendes, vom Durchschnitt beträchtlich abweichendes Bild: Schweiz 14%, Deutschland 25% und Österreich 54%. Auf die Frage, wie es um die Österreichische Nation bestellt wäre, antworteten im Gesamtergebnis 68%, die Österreicher seien eine Nation, 6 Prozent verneinten dies, 14% meinten, die Österreicher begännen sich erst langsam als Nation zu fühlen, und 12 Prozent machten keine explizite Angabe. Im Vergleich dazu antworteten unter den FPÖ-Anhängern nur 49% zustimmend zur Nation, 23% ablehnend und 24% bejahten den Nationswerdungsprozeß; hingegen antworteten lediglich 4 Prozent mit „weiß nicht".
SWS: Bericht über eine Umfrage betreffend: Persönlichkeiten, Schule, Staatssekretärinnen und das österreichische Nationalbewußtsein. 151. Bericht. Wien 1979.
Weiters sei in diesem Zusammenhang auf einen Kommentar Otto Scrinzis zum FPÖ-Programmentwurf 1985 verwiesen, der freilich unter der Prämisse von Scrinzis innerparteilicher Positionierung zu lesen ist. Mit Befriedigung stellte er fest, erst „eine Serie von Niederlagen hat den Marsch von einer National-Freiheitlichen Partei (...) zu einer National-Liberalen und von dort zu einer lupenrein Liberalen gestoppt." Am Programmentwurf kritisierte er, es fänden sich dort „alle klassischen Vokabeln des Liberalismus" wieder. Und mit Befriedigung stellte er bezüglich der uns interessierenden Frage fest: „Das im Punkt 16 festgelegte Bekenntnis zur deutschen Volks- und Kulturgemeinschaft ist erfreulich und signalisiert wenigstens vorläufig die Niederlage jener Neoliberalen, für welche national keinen Stellenwert mehr hat und für die die Qualität des neuen Programmes an der Frage zu messen war, ob ehemalige ‚SS-ler' darin noch geistigen Platz haben können. In wohlausgewogenem und daher etwas verdächtigem Proporz ziehen sich durch das ganze Programm die Eigenschaftswort liberal, national und freiheitlich. Offenbar haben sich jene nicht durchsetzen könne, von denen der SPÖ-Vorstand erhoffte, sie würden

seinen kleinen Regierungspartner aus dem parteipolitisch ‚braunen Bodensatz' ziehen." Scrinzi sah aber alles in allem die Gefahr, „daß man entscheidende nationale Positionen zugunsten eines Anpassungsliberalismus geräumt hat", weshalb das „vorläufige Urteil über den Entwurf aus nationaler Sicht (...) leider nicht sehr günstig ausfallen" könne.
Scinzi, Otto: Anpassung und Verwandlung. In: Die Aula, 5/1985. S. 10-11.
Für die sechziger Jahre siehe: N. N.: Dokumentation über die Freiheitliche Partei Österreichs. In: DÖN, 8/1963. S. 107-108 und N. N.: FPÖ lehnt Österreichertum ab. In: DÖN, 11/1965. S. 165-166.

39   Steger wurde am 2. März 1980 in Linz mit 247 von 451 Delegiertenstimmen als Nachfolger von Alexander Götz zum Parteiobmann gewählt.

40   Jambor Walter: „Das Ende wird fürchterlich sein"! Wird das Ende fürchterlich sein? Österreich unter und nach Kreisky. Wien, München 1981. S. 106.

41   Neugebauer, Wolfgang: Die FPÖ: Vom Rechtsextremismus zum Liberalismus. In: Rechtsextremismus in Österreich nach 1945. 5., überarbeitete und ergänzte Auflage. Hg. v. Dokumentationsarchiv des Österreichischen Widerstandes. Wien 1981. S. 308-328 (hier S. 328)

42   Wolf, Franz-Ferdinand: Der Dissidentenschmäh. In: „profil", 19/1983. S. 18-19 (hier S. 19).

43   Buchacher, Robert: Ferrari, fertig, los. In: „profil", 22/1983. S. 15.

44   Näheres dazu im Kapitel: „Ideologische Mißgeburt", „ordentliche Beschäftigungspolitik" und die „lieben Freunde" von der Waffen-SS.

45   Golznig, Gerd: Akt der Humanität? In: Die Aula, 2/1985. S. 9.

46   Golznig, Gerd: Die Lehren aus dem „Fall Reder/Frischenschlager". In: Die Aula, 3/1985. S. 5-6 (hier S. 6).

47   A. M.: Die nationale Karte spielen? In: Die Aula, 3/1985. S. 6-7.

48   Siehe auch das „profil"-Portrait am Beginn von Frischenschlagers Tätigkeit als Verteidigungsminister: Wantoch, Erika: Tugend Tod. In „profil", 24/1983. S. 14-15.

49   Interview „profil" – Friedhelm Frischenschlager. In: „profil", 6/1985. S. 16-18 (hier S. 18).

50   Ebda, S. 16.

51   Interview „profil" – Jörg Haider. In: „profil", 8/1985. S. 18-21 (hier S. 18).

52   Ebda, S. 19.

53   Ebda, S. 20.

54   „profil" – Hermann Eigruber. In: „profil", 9/1985. S. 18-19 (hier S. 19).

55   Wantoch, Erika: Aus der Art doch nicht geschlagen. In: „profil", 22/1983. S. 22-23 (hier S. 22).

56   BAB. PA Reder Walter, SS-Stammrolle des Walter Reder. 31. Jan. 1936.

57   In der SS-Stammrolle vom 31. Jänner 1936 gabt Reder als erlernten Beruf „Handelsakademiker" an.

58   BAB. PA Reder Walter, Fernschreiben Feuhrer [sic!]-Hauptquartier an SS-Sturmbannfuehrer Darges. 31. 3. 1943.

59   BAB. PA Reder Walter, gez. Himmler an Reder. 30. Januar 1944.

60   BAB. PA Reder Walter, Psychologische Prüfstelle, Abschrift Gutachten des Prüfausschusses (undatiert [1935]).

61   BAB. PA Reder Walter, Beurteilung des Reder, Walter. 30. 6. 1944.

62   BAB. PA Reder Walter, Gebührniskarte Reder Walter (undatiert).

63   Siehe Ortner, Christian S.: Am Beispiel Walter Reder. Die SS-Verbrechen in Marzabotto und ihre „Bewältigung". Hg. v. Dokumentationsarchiv des Österreichischen Widerstandes. Wien o.J., S. 11-15.

64   Ebda, S. 16.

65   Die folgenden Ausführungen beruhen auf Bestände der „Stifung Bruno Kreisky Archiv". Eine entsprechende Anfrage an die „Raab-Stiftung" blieb ergebnislos. Deshalb sind die folgenden Ausführungen nicht dergestalt zu generalisieren, daß nur die SPÖ, beziehungsweise nur Kreisky, für Reder interveniert hätte.

66   In diesem Sinn ist auch eine Polemik des FPÖ-Blattes „Neue Freie Zeit" gegen die (Kärntner) ÖVP zu werten. Einige ÖVP-Abgeordnete hatten nämlich eine parlamentarische Anfrage an den Außenminister Reder betreffend „am 19. Februar [1975], mitten im Kärntner Wahlkampf, im Nationalrat eingebracht. Dieses Verhalten der ÖVP (...) rief Bundesparteiobmann Peter mit einer Erklärung auf den Plan, in der er daran erinnert, daß die drei Klubobmänner und die Bundesregierung auf Ersuchen des Anwalts von Major Reder vereinbart haben, nur nach vorheriger gemeinsamer Absprache an die Öffentlichkeit zu gehen und keine Pressekampagne in diese Richtung zu entfachen." Daß sich die FPÖ in diesem Zusammenhang als *die* Partei des „Major" Reder stilisierte überrascht nicht wirklich. „Es ist in den abgelaufenen Jahren von Freiheitlicher Seite, ohne damit an die Öffentlichkeit zu gehen, nichts unversucht gelassen worden, um die Freilassung Walter Reders nach jahrzehntelanger Festungshaft bei den zuständigen italienischen Stellen zu erreichen." Es drängt „sich der Verdacht auf, daß es der ÖVP nicht so sehr um die Freilassung von Major Reder, sondern um durchsichtige Stimmungsmache vor den Kärntner Wahlen, ohne Rücksicht auf die Sache selbst, gegangen ist."
SOWIDOK, Tagblattarchiv „Reder, Walter". N.N.: Schlechter Dienst an Reder. In: Neue Freie Zeit vom 8. März 1975.

67   Stenographische Protokolle über die Sitzungen des Nationalrates der Republik Österreich. XVI. Gesetzgebungsperiode. 1984-1985. 5. Band (67. bis 80. Sitzung). 78. Sitzung, a.a.O.

68   Zu Schachermayer siehe zum Beispiel die kurze Notiz N.N.: „Neo-Nazi verhaftet" im „Kurier" vom 30. Jänner 1961 und Klee, Ernst: Was sie taten – Was sie wurden, a.a.O., S. 88.

69   Lahodynsky, O.: Frischenschlagers Gast. In: „profil", 5/1985. S. 40-42 (hier S. 41f.).

70   Das geht auch aus einem Brief Schachermayrs an Knitel hervor, in dem dieser ihm seine Urlaubsadresse mitteilt.
SBKA, REDER, Walter. Akt v. BMfAA an Dr. Now. Schachermayr an Knitel. 24. Juni 1978.

71   Reimann, das geht aus einem Aktenvermerk hervor, wurde bereits 1976 seitens des Außenamtes nachhaltig und umfassend informiert. Dr. Knitel vom Außenamt wurde am 6. April 1976 ermächtigt „Herrn R E I M A N N persönlich über alle für R E D E R unternommenen Schritte zu unterrichten."
SBKA, REDER, Walter. Akt v. BMfAA an Dr. Now. Aktenvermerk für Herrn Dr. KNITEL. 6.4.1976.
In seiner Kolumne „Thema der Woche" warf Reimann, in der für ihn typisch „schiefen" Geschichtsdarstellung, Kreisky vor, er täte zwar viel für die Palästinenser aber nichts für Reder. „Wenig Ruhm, wahrscheinlich sogar heftige Kritik von seiten der ewig Rachsüchtigen würde Kreisky einheimsen, wenn er sich um das Schicksal eines Österreichers kümmerte, der stellvertretend für Verbrechen büßt, die im Krieg an der Tagesordnung waren. (...) Kreisky, der Reisende in fremden Angelegenheiten, könnte sich vielleicht auch einmal um diesen österreichischen Fall kümmern, auch wenn es ihm keinen Lorbeer einbringen sollte."
Reimann: Der Gefangene von Gaeta. In: NKZ vom 3. April 1976.

72   SBKA, REDER, Walter. Akt v. BMfAA an Dr. Now. Brief Kreisky an Reimann. 17. Mai 1980.

164

73 Siehe dazu die Analyse im Kapitel „Holocaust". Zur Person Drechslers sei auf die verschiedenen Ausgaben des Handbuches „Rechtsextremismus in Österreich" verwiesen.

74 SBKA, REDER, Walter. Akt v. BMfAA an Dr. Now. Robert H. Drechsler-Verlag Die Leuchtkugel. Ende September 1977.

75 SBKA, REDER, Walter. Akt v. BMfAA an Dr. Now. Robert H. Drechsler – Verlag Die Leuchtkugel (undatiert).

76 SBKA, REDER, Walter. Akt v. BMfAA an Dr. Now. Schachermayr an Drechsler. 6. Nov. 1977.

77 SBKA, REDER, Walter. Akt v. BMfAA an Dr. Now. Schachermayr an Knitel. Anlage Manuskript (Walter Reder. Der Gefangene von Gaeta. Dokumentation von Robert H. Drechsler). 7. Nov. 1977.

78 SBKA, REDER, Walter. Akt v. BMfAA an Dr. Now. Schachermayr an Knitel. 7. Nov. 1977.

79 SBKA, REDER, Walter. Akt v. BMfAA an Dr. Now. Schachermayr an Kreisky. 21. 6. 1978.

80 SBKA, REDER, Walter. Akt v. BMfAA an Dr. Now. Kreisky an Craxi. 18. Dezember 1979.

81 Zit. n. Die Aula, 2/1985. S. 9.

82 Interview „profil" – Bruno Kreisky, a.a.O., S. 28 f.

83 Einer Analyse Franz Sommers zufolge war die Affäre Frischenschlager-Reder mit einem Anteil von 22,4 Prozent im ersten Quartal 1985 *der* Themenschwerpunkt der innenpolitischen Berichterstattung. Hinzuzufügen ist, daß gegen Ende Februar das Thema völlig aus den Medien verschwand.
Sommer, Franz: Innenpolitik und Medienberichterstattung. In: ÖJfP (1985), a.a.O., S. 865-870 (hier S. 866).

84 Siehe dazu unter anderem: Greil, Lothar: Was geschah in Marzabotto? In: Die Aula, 5/1985. S. 35-36.
Eine Ausnahme dürfte in diesem Zusammenhang wohl das „Ultimatum" eines „Wiedergutmachungs-Kommando[s] Rudolf Hess" in der Höhe von „insgesamt 105 Millionen Schilling bzw. DM", gewesen sein. Es wurde an „das internationale Judentum, die Regierung der Republik Österreich, die Regierung der Bundesrepublik Deutschland, die Regierung der vier Besatzungsmächte in Deutschland: Frankreich, Grossbritannien, USA und UdSSR, die Regierung von Italien sowie – als Vermittler – das Oberhaupt der katholischen Kirche oder ein[en] von ihm" bestellten „Vertreter" gerichtet. Als Begünstigte dieses – zackig am „30. Jannuar 1981" in der „Ostmark" formulierten Sammelsuriums schienen „die Hilfsgemeinschaft Freiheit fuer Rudolf Hess", der Deutsche „Rechtsschutzkreis" sowie die „Hilfsgemeinschaft fuer Walter Reder; fuer den Kriegsgefangenen deutschen Soldaten Major Walter Reder" auf.
SBKA, REDER, Walter. Akt v. BMfAA an Dr. Now. Simon Wiesenthal (Absender auf der Rückseite des Briefumschlages) an BKA. 27. 1. 1981. Hierbei handelt es sich mit Sicherheit um eine Fälschung.

85 Ortner, Am Beispiel Walter Reder, a.a.O., S. 18f.

86 Siehe dazu Wassermann, Und ab heute Kinder sagen wir „Grüß Gott!" und nicht mehr „Heil Hitler!", a.a.O., S. 586-593.

87 Rau: Schande fürs Heer. 26. Jänner 1985 sowie Leitgeb: Darf ein Verteidigungsminister schwere Fehler machen? 27. Jänner 1985.

88 Vergleiche den bitterböse-satirischen Beitrag des „Redaktionsoriginals" am 3. Februar: „Soll kana sagen, bei uns hat si in die letzten vierz'g Jahr nix geändert. Damals ham oft die Nazi an völlig Ahnungslosen abgeholt. Heut is des genau umgekehrt."

165

89   „Es war gut, daß die FPÖ in die Regierung kam, um nach Jahrzehnten ihre Regierungsfähigkeit und ihre rückhaltlose Identifikation mit Österreich unter Beweis zu stellen. Aber man muß ebenso klar sagen: Die FPÖ ist gerade dabei, in dieser Bewährungsprobe zu versagen." Rauscher: FPÖ versagt beim Demokratietest. 30. Jänner 1985 sowie Ringel: Stille Machtergreifung? 9. Februar 1985.

90   „Die Koalition bleibt bestehen, aber das Vertrauen ist weitgehend dahin. Wie das weitergehen soll, weiß niemand so recht." Rauscher: Diesmal bleibt der Deckel noch drauf. 2. Februar 1985 sowie Schmidl: Die Koalition lebt – aber wie! 4. Februar 1985.

91   „Wenn die Herren aber meinen, all diese ‚Ausrutscher' wären ihre persönlichen Angelegenheiten und die Tritte in die Fettnäpfchen schadeten ohnehin niemanden als ihnen selbst, so sind sie im Irrtum. In vielen Fällen geht es dabei auch um die Reputation unseres Staates im Ausland. Das hat gerade der ‚Fall Reder' deutlich gezeigt." Leitgeb: Darf ein Verteidigungsminister schwere Fehler machen, a.a.O. sowie Pauli: Schlechter Dienst an der Republik. 31. Jänner 1985 und Rau: Wie erwartet. 12. Februar 1985. Unterstrichen wird dies unter anderem durch die Veröffentlichung von durch die Bank negativen internationalen Pressestimmen am 29. Jänner und am 1. Februar 1985.

92   „Was sich in den letzten Tagen (...) abgespielt hat, ist wohl eines der beschämendsten Kapitel in der politischen Kultur unseres Landes. Es ist zugleich ein Symbol für die Beseitigung der letzten Reste politischer Moral durch die Parlamentsmehrheit." Ulram: Die Koalition ist alles – das Land ist nichts. 1. Februar 1985.

93   Schmidl: Das Maß ist voll! 27. Jänner 1985.

94   Pauli: Wann wird die FPÖ Farbe bekennen? 14. Februar 1985.

95   „Aber was soll´s. Mir san mir, und überhaupt hamma die Mehrheit. Daher darf auch der Herr Bundeskanzler verkünden, daß ‚alles so schwierig sei', der Herr Verteidigungsminister, daß er ‚ein guter Demokrat sei'. Und daher wird auch der Herr Wissenschaftsminster „weiter antifaschistische Sonntagsreden schwingen. Wie gesagt: ‚Die Koalition ist alles, das Land zählt gar nichts!'„ Ulram: Die Koalition ist alles – das Land zählt nichts, a.a.O. sowie Rau: Unanständig. 13. Februar 1985.

96   Siehe dazu unter anderem auch den bereits weiter oben zitierten Beitrag von Ringel vom 9. Februar.

97   Rauscher: FPÖ versagt im Demokratietest, a.a.O.

98   Ringel, Stille Machtergreifung, a.a.O.

99   Rau: Chronisch krank. 29. Jänner 1985 sowie Schmidl: So schnell abgewirtschaftet. 29. Jänner 1985.

100   Pauli, Schlechter Dienst an der Republik, a.a.O.

101   Die ÖVP wurde nur an einer Stelle kritisiert, nämlich im Zusammenhang damit, daß sich Österreich „vor einer echten Aufarbeitung und Verarbeitung der eigenen NS-Vergangenheit immer gedrückt" habe. „Auch die ÖVP machte und macht da mit. Die oberösterreichische Landesregierung unter Gleißner hat Reder 1954 die Staatsbürgerschaft nachgeworfen und ihr Kärntner Angeordneter Gorton will ihm jetzt ein Gnadenbrot geben." Rauscher, FPÖ versagt beim Demokratietest, a.a.O.

102   Rau: Erfreulich. 2. Februar 1985.

103   Pauli: Wie bewältigt ist unsere Vergangenheit? 7. Februar 1985.

166

104	Rauscher: Es soll endlich Ruhe sein! 16. Februar 1985.
105	Schmidl: Die Koalition lebt – aber wie, a.a.O.
106	Rau, Schande fürs Heer, a.a.O.
107	Ringel: Echte Versöhnung. 29. Jänner 1985.
108	Botz: Unsere unbewältigte Vergangenheit. 13. Februar 1985.
109	Rauscher, Unanständig, a.a.O.
110	Rauscher: Es soll endlich Ruhe sein, a.a.O.
111	Rauchensteiner: Walter Reder – eine tragische Figur. 28. Jänner 1985.
112	„In die Beurteilung der Heimkehr des (vorläufig?) letzten österreichischen Kriegsgefangenen/Kriegsverbrechers fließen aber sicherlich auch andere Fragen ein, zum Beispiel: Warum gingen Reders Vorgesetzte und Mittäter frei, während er weiter büßte? (...) Warum auch haben sich Bundespräsidenten und Bundeskanzler, viele prominente Persönlichkeiten und höchste kirchliche Würdenträger für seine Freilassung eingesetzt." Ebda.
113	„Man kann den ‚Fall' des nun aus italienischer Haft entlassenen Ex-SS-Mannes Walter Reder drehen und wenden: Aber es ist wahrscheinlich heute gar nicht mehr möglich zu klären, wie groß seine persönliche Schuld wirklich war und wie gerecht oder ungerecht die Strafe, die ihn ereilte." Leitgeb: Unsere Jugend und der „Befehlsnotstand" der SPÖ-Abgeordneten. 3. Februar 1985.
114	Leitgeb: Warum Gorton Reder in Schutz nehmen darf und Frischenschlager nicht. 10. Februar 1985.
115	Scheuch: „Streng geheim". 26. Jänner 1985.
116	Schärfer formulierte Scheuch einen Tag später: Frischenschlagers Verhalten war ein unglaublicher „Fehltritt", eine „auf denkbar ungeschickteste Weise" durchgeführte „gegen die Interessen der Republik" verstoßende Handlung. Sollte es „ihm mit seinen oft und glaubhaft geäußerten Bekenntnissen zu Demokratie und Republik wirklich ernst" sein, „darf ihm die daraus gewonnene Einsicht keine im stillen Kämmerlein sein. Sondern müßte Konsequenzen haben." Scheuch: Über das Zumutbare. 27. Jänner 1985.
117	H. L.: Fingerspitzen. 28. Jänner 1985.
118	Nachdem Haider Steger politisch in Bedrängnis brachte, konstatierte Herbert Lackner: „Norbert Steger hat seine Partei nicht im Griff", um dann von der ÖVP zu fordern, diese müsse „unzweifelhaft klarstellen, daß eine Haider-FPÖ für sie als Koalitionspartner nicht in Frage kommt". Lackner: Jetzt oder nie, Herr Vizekanzler! 13. Februar 1985. Siehe weiters: „Gegen den Haider war der Götz ein Wasserl: Diese Feststellung ist nicht als Ehrenrettung für den vormaligen Grazer Bürgermeister und kurzlebigen FP-Obmann gedacht, sie will vielmehr zeigen, wie sehr sich auch für die ÖVP die Dimension innenpolitischer Bündnisse verengen würde, wenn die dritte Partei zu einer Haider-FPÖ würde. Scheuch: Gefährdete Chance. 14. Mai 1985.
119	Scheuch: Mit Frischenschlager leben. 30. Jänner 1985 sowie Scheuch: Schmerzlich. 4. Februar 1985.
120	„Mitleid verdient ein Reder nicht, sondern noch immer all jene, die durch das Massaker ihre Nächsten verloren haben. Das vor allem 40 Jahre nach dem Sieg über die Nazi-Barbarei, der heuer gefeiert wird." Hoffmann-Ostenhof: Ein Österreicher wurde begnadigt. 25. Jänner 1985 sowie Scheuch: Mehr als nur eine Nelke. 1. Februar 1985.
121	Dem kam freilich entgegen, daß sich zumindest Teile der ÖVP (die oberösterrei-

167

chische Landesregierung, Teile der Kärntner Volkspartei, daß Arbeitsplatzangebot des Abgeordneten Gorton und schließlich ein in der Debatte aufgetauchter Brief Mocks an Reder) für Reder verwendet hatten. Daß dieser Umstand besonders von der AZ ausgeschlachtet wurde, liegt auf der Hand. Siehe, sofern nicht auszugsweise zitiert: Mayerhofer: Das seltsame Interesse der ÖVP an Walter Reder. 30. Jänner 1985, Brandner-Radinger und Pelinka: Fall Reder: „Humanitäre" und andere Interessen des VP-Mandatars Gorton. 31. Jänner 1985 und N. N.: Reichliche VP-Spenden für Reder. 7. Februar 1985.

122 Brandner-Radinger: Großaufgebot an Kaffee und Journalisten. 30. Jänner 1985.

123 Scheuch: Die laute und die schweigsame ÖVP. 31. Jänner 1985 sowie Brandner-Radinger: Namentliche Abstimmung. 31. Jänner 1985 und Scheuch: Aber, ach.... 1. Februar 1985.

124 IBR: Heucheltaktik. 20. Februar 1985.

125 Lackner: Nur die „Kronen-Zeitung" spinnt am Heldenmythos. 26. Jänner 1985 sowie Scheuch: Über das Zumutbare, a.a.O.

126 „Auch wenn es schwer sein wird, angesichts der peinlichen Begleitumstände der Reder-Rückkehr es dem Ausland klarzumachen, daß Österreich nicht mit mehr braunen Eierschalen behaftet ist – für uns Österreicher selbst gibt es ein untrügliches Indiz, wie einhellig die Meinung unserer Bevölkerung über die Vorgänge um die Reder-Überstellung ist. Da bedarf es keiner Umfragen – sondern nur eines Blicks in Österreichs auflagenstärkstes Blatt." Scheuch: Sicheres Indiz. 28. Jänner 1985.

127 Ebda sowie GHO: Dunkle Schatten. 29. Jänner 1985.

128 Scheuch: Leserpost. 8. Februar 1985.

129 Pelinka: Aus vierzig Jahren gelernt? 19. Februar 1985.

130 Siehe pel: Schweigen und beten. 8. Februar 1985 und Pelinka, Aus vierzig Jahren gelernt, a.a.O.

131 Scheuch: Die vertane Gelegenheit. 2./3. Februar 1985.
Moderater, jedoch nicht ohne Verzicht auf die „Austrofaschismuskeule", formulierte später Pelinka: „Die ÖVP kommt historisch aus einem Lager, das unter dem Nazifaschismus gelitten hat. In ihren Reihen finden sich noch viele, die selbst zwischen 1938 und 1945 verfolgt wurden, und auch heute noch besteht die überwiegende [!] Mehrheit ihrer Mitglieder und Funktionäre aus lupenreinen – meist konservativen – Demokraten. Daran werden weder die ungenügende Distanzierung vom Austrofaschismus noch das Stärkerwerden des rechten Randes etwas ändern. Die ÖVP stand 1945 an der Wiege des eigenständigen Österreich und ist Bestandteil des antinazistischen Grundkonsenses dieses Landes." Pelinka: Schluß der Reder-Debatte? 7. Februar 1985.

132 Pelinka, Aus vierzig Jahren gelernt, a.a.O.

133 r. m.: Österreich II. 29. Jänner 1985.

134 Siehe auch wiederum von Pelinka: „Die Affäre Frischenschlager mag beigelegt sein, nach Entschuldigung, Mißtrauensantrag und Ablehnung. Das Ringen um die Aufarbeitung des Verdrängten, das das Ventil Reder erst erklärbar macht, geht weiter. Oder besser: beginnt erst." pel.: Handschläge. 4. Februar 1985.

135 Pelinka: Schluß der Reder-Debatte, a.a.O.

136 Deutete Scheuch in seinem allerersten Kommentar am 25. Jänner 1985 mit der Nennung von Kreisky und Sinowatz auch eine, wenn auch sehr zurückhaltend formulierte sozialistische Dimension an, so war in der Folge überhaupt nichts mehr davon zu lesen.

137 dh: Fleißaufgaben. 26. Jänner 1985.

138 „Der Verdacht kommt auf, hier würden in Wirklichkeit andere interne Rechnungen beglichen, innerhalb der Koalition und innerhalb der beiden Parteien dieser Parteien." Ebda sowie Spitzka: Nicht „singulär". 30. Jänner 1985, Spitzka: Mit solchen Freunden. 13. Febraur 1985 und Spitzka: Eine häßliche Landschaft. 15. Februar 1985.

139 Siehe Spitzka: Nicht „singulär", a.a.O. und Harbich: Gewogen und zu leicht. 8. Februar 1985.

140 Siehe Sperl: Immer obskurer. 29. Jänner 1985.

141 Siehe Spitzka, Eine häßlich Landschaft, a.a.O., Harbich: Rauch über dem Vulkan. 19. Februar 1985, Sperl: Der freiheitliche Reißverschluß. 19. Febraur 1985 und Harbich: Fasching prolongiert. 20. Februar 1985.

142 Siehe Spitzka, Eine häßliche Landschaft, a.a.O. und Harbich: Rauch über dem Vulkan, a.a.O.

143 Sp.: Die Aufregung. 27. Jänner 1985.

144 Sperl, Immer obskurer, a.a.O.

145 Harbich: Falsche Töne und ein kaputtes Lebenswerk. 1. Februar 1985.

146 Die „Südost-Tagespost" zeichnete sich vor allem dadurch aus, daß sie die Person Reders und dessen Vergangenheit beinahe völlig aussparte.

147 Harbich: Falsche Töne und ein kaputtes Lebenswerk, a.a.O.

148 Harbich: Gewogen und zu leicht, a.a.O.

149 Da diese immer auf der selben Seite wie die Kommentare abgedruckt wurden, ist eine Analyse gerechtfertigt.

150 „In der Kirche soll man einander zum Zeichen des Friedens die Hand gegen. Diese Geste hat der Verteidigungsminister gemacht, weil sich sonst ein jeder distanzierte. Jetzt versucht man, den einzigen Minister auszubooten." Lb vom 30. Jänner 1985. „War es Absicht, Frischenschlager den Schwarzen Peter zuzuschieben und sich dann abzusetzen?" Lb vom 1. Februar 1985. „Der vielumstrittene Frischenschlager (...) hat persönlich sicher an Sympathie gewonnen." Lb vom 2. Februar 1985. „Ich bin wahrlich kein Freund von Frischenschlager, doch finde ich an seinem Verhalten nichts auszusetzen." Ebda.

151 „Nun haben sie einen ehemaligen Offizier, der unter Befehlsnotstand gehandelt hat und dafür bitter büßen mußte". Lb vom 30. Jänner 1985. „Nach einer langen Dienstzeit als Soldat und nach 40 Jahren Haft kehrte er in seine Heimat zurück. Diese wird aber nicht müde, ihn heute noch als Kriegsverbrecher zu titulieren." Ebda. „Ich finde es für unwüdig (...), daß man Reder als Kriegsverbrecher bezeichnet." Lb vom 2. Februar 1985. Reder war ein kleiner Offizier, „der mit der undankbaren Aufgabe betraut war, gegen völkerrechtswidrig agierende Banditen entschlossen durchzugreifen." Ebda. „Walter Reder hatte es im ‚Ausland', in Gaeta, bei den italienischen Soldaten wirklich besser als jetzt in seiner ‚Heimat' Österreich." Lb vom 6. Februar 1985. „Die Vergeltungsmaßnahmen wurden von einer irregulären Truppe herausgefordert und haben (...) auch sicher manche Unschuldige getroffen."

Lb vom 7. Februar 1985.
„Die Partisanen kämpften mit aller Grausamkeit und oft ohne militärische Abzeichen. Eine Unterscheidung mit friedlichen Bürgern war nicht möglich. (...) So kam es, daß unter den Opfern der Kämpfe unschuldige Frauen und Kinder waren." Lb vom 8. Februar 1985.

152   Lb vom 2. Februar 1985.
153   Ebda.
154   Ebda.
155   Lb vom 7. Februar 1985.
156   Lb vom 9. Februar 1985.
157   Lb vom 21. Februar 1985.
158   Zu „Salzburger Nachrichten", „Kleine Zeitung", „Presse" und „Neue Kronen Zeitung" siehe: Wassermann, Gepresste Geschichte, a.a.O., S. 147-165.

6. Kurt Waldheim

Da zur Person Kurt Waldheims, dessen Vergangenheit, die Kontroverse um Person und Vergangenheit (vorerst) Waldheims[1] und (in späterer Folge) Österreichs[2] und zum Aspekt Antisemitismus im Rahmen der Auseinandersetzung[3] eine stattliche Forschungsliteratur vorliegt, sollen diese Aspekte zum Großteil unberücksichtigt bleiben.

6.1. Kurt Waldheim zu seiner Vergangenheit im O-Ton

Als Kurt Waldheim zum UNO-Generalsekretär gewählt wurde, sagte er in einem „Spiegel"-Interview über seine Kriegsjahre, daß der Kriegsdienst nicht seine „freie Wahl" gewesen sei und er „wie alle Österreicher" zur Wehrmacht mußte. „Schon 1941 wurde ich verletzt und war fortan nicht mehr kriegsdienstverwendungsfähig."[4] 1980 antwortete er auf die Frage des Abgeordneten Stephen Solarz[5]: „Im Jahr 1936, vor meinem Universitätsbesuch, hatte ich ein Jahr freiwillig in einem Kavallerieregiment gedient. Wie andere Österreicher in der gleichen Lage wurde ich von den Nazi-Behörden bei Kriegsbeginn eingezogen und hatte keine Möglichkeit, der erzwungenen Einziehung zu entgehen. (...) Ich selbst wurde an der Ostfront verwundet, und da ich für den weiteren Frontdienst untauglich war, nahm ich mein Jurastudium an der Universität Wien auf, das ich 1944 abschloß."[6] In seinem Buch „Im Glaspalast der Weltpolitik" schrieb er über die Jahre des Zweiten Weltkrieges: „Im Frühjahr 1941 wurden wir an die Ostfront verlegt, kurz vor Ausbruch des Feldzuges gegen Rußland. (...) Im Verlauf der Kampfhandlungen (...) wurde ich durch einen Granatsplitter am Fuß verwundet", wobei es „noch mehrere Monate" dauerte, „bis der Fuß richtig heilte. (...) Ich stellte einen Antrag auf Studienurlaub, um mein Rechtsstudium abzuschließen. Zu meiner Überraschung wurde das Gesuch bewilligt. (...) Ich schrieb meine Dissertation vorwiegend im Sanatorium Wolfskogel am Semmering (...), wohin ich zur Ausheilung meiner Beinverletzung gebracht worden war. (...) 1944 promovierte ich an der Universität Wien zum Doktor der Rechtswissenschaften. (...) Ich selbst war nach meinem Studienurlaub und nach der Heilung meines Beines wieder zum Dienst bei der Truppe einberufen worden. Knapp vor Kriegsende befand ich mich im Raum Triest."[7]

Diese Darstellungen wird man wohl ohne weiters als selektiv bezeichnen können, ein Faktum, welches Waldheim wiederholt vorgeworfen wurde. Interessant in diesem Kontext ist freilich, wie Waldheim als Ex-Präsident diesen Abschnitt später, im Wissen um das Konfliktpotential dieser „missing years" (Robert E. Herzstein), darstellte. „Wegen meiner Beinverletzung wurde ich für nicht länger frontdienstverwendungsfähig erklärt. Als Absolvent der Konsularakademie beherrschte ich mehrere Sprachen, und so schickte man mich nach Südosten, auf den Balkan. (...) In den folgenden Jahren, zwischen 1942 und 1945, war ich Dolmetscher und später Ordonanzoffizier, ab dem Herbst 1943 zugeteilt dem Ic im Stab der Heeresgruppe E, mit Hauptquartier in Arsalki bei Saloniki. (...) Es war eine Sekretariatsarbeit ohne jegliche Befehlsgewalt, und ich war auch kein Generalstabsoffizier, der sich an irgendwelchen strategischen Planungen hätte beteiligen können. Wie wenig bedeutsam meine Rolle nicht nur mir erschienen sein muß, geht schon aus dem Umstand hervor, daß ich während meiner Dienstzeit am Balkan mehrmals längere Heimaturlaube (...) bewilligt bekam, um mein Bein auszuheilen und mein Rechtsstudium abzuschließen. (...) Zwischendurch wurde ich immer wieder als Dolmetsch abkommandiert und als Verbindungsoffizier zu italienischen Verbänden gesandt oder zu Besprechungen mitgenommen."[8]

Das Buch selbst vermittelt neben dem Eindruck – teilweise nachvollziehbarer – tiefster Gekränktheit[9] im wesentlichen zwei Aspekte; erstens den der – nicht nur an dieser Stelle von Waldheim praktizierten[10] – „Geiselhaft" der Österreicher[11] (wenn Waldheim „ich" sagte, sprach und schrieb, meinte er immer „ihr" beziehungsweise „wir Österreicher") und zweitens den der Wiederholung des im Wahlkampf praktizierten antisemitischen Zungenschlags von „(jüdischer) Lobby" und „gewissen" (jüdischen) „Kreisen"[12].

6.2. Über Kurt Waldheim und dessen Vergangenheit im O-Ton

6.2.1. Gerald Stourzh über Kurt Waldheims Dissertation

Gerald Stourzh hatte die Aufgabe, Waldheims 1944 approbierte Dissertation „in connection with allegations of Nazi convinctions of Kurt Waldheim and in connection with the question of wether this dissertation might in any way indicate that its author ‚ordered, incited, assisted or otherwise participated in the persecution of any persons because of race, religion, national origin or political opinion'"[13] zu prüfen – dem Wortlaut des Auftrages unschwer als in Zusammenhang mit dem Watch-List-Verfahren zu erkennen.

In diesem „Statement" wies Stourzh unter anderem explizit darauf hin, „that Frantz's two works of 1844 and 1874 devoted to the ‚Jewish question' have **not** been used or referred to in Mr. Waldheim's dissertation, nor has he included them in the list of Frantz's writings on which he has based his dissertation (...). There is also in Frantz's book Der Föderalismus (Federalism) – from which Mr. Waldheim quotes frequently in his dissertation – a chapter ‚Interim remarks on the Jewish question' (‚Zwischenbemerkungen zur Judenfrage' pp. 352-371). I have carefully checked all of Mr. Waldheim's references to this book; not a single one of them referes to that chapter. There is, indeed, no reference to Frantz's antisemitism in the dissertation."[14] Für Stourzh bestand zusammenfassend „no evidence whatever Dr. Waldheim, in writing this dissertation, might have, ordered, incites, assisted or otherwise participated in the persecution of any person because of race, religion, national origin or political opinion'."[15]

6.2.2. Der OSI-Bericht

Der am 9. April 1987 abgeschlossene Bericht „In the matter of Kurt Waldheim", der schließlich zur Watch-List-Entscheidung führte, hielt zusammenfassend fest, daß Waldheims Aktivitäten zwischen „1942 and 1945" den einschlägigen Voraussetzungen Genüge täten. „The available evidence demonstrates that, under established legal principals, Lieutenant Waldheim ‚assisted or otherwise participated' in the follwoing persecutorial activities: the transfer of civilian prisoners to the SS for exploitation as slave labor; the mass deportation of civilians to concentration and death camps; the deportation of Jews from Greec islands and Banja Luka, Yugoslavia, to concentration and death camps; the utilization of anti-Semitic propaganda; the mistreatment and execution of Allied prisoners; and reprisal executions of hostages and other civilians."[16] An anderer Stelle heißt es, eine der „difficulties in preparing this report has been Mr. Waldheims initial denial of any involvement in activities or campaigns involving persecutory activities (and even denials of any service in army units known to have engaged in atrocities), followed by serveral conflicting concessions as to the location of his service any varying explanations of his service. This pattern of inaccuracies has led us to rely upon and credit the available documentation."[17] Waldheims Tätigkeiten und dessen militärischen Ränge nach seiner Verwundung in der Sowjetunion wurden als „positions of increasing responsibility and sensitivity, for which he was decorated, in regions where notoriously brutal actions were undertaken by the Nazi forces in which he served. Such events can hardly be considered of ‚little importance' nor are they easily forgotten."[18] Es bestehe auch kein Zweifel daran, daß „Waldheim's role as an interpreter, staff intelligence officer, and staff operations officer of the German Twelfth Army and Army Group E was in no way insignificant to the carrying out of Operations Kozara and Black, the Kocane-Stip massacres, and the deportaion of Greek Jews."[19] Waldheim

173

„has gone to great lentghs to conceal first the fact that he served in the Balkans and then, once discovered, to obfuscate the true nature of his duties; the facts – as set forth in this reprot through reliable evidence and professional historical analysis – make clear why he did so."[20]

6.2.3. Der Bericht der internationalen Historikerkommission

Die über Ersuchen Waldheims von der österreichische Bundesregierung am 4. Juli 1987 beauftragte international besetzte Historikerkommission stellte in ihrem Abschlußbericht vom Februar 1988 fest, es lägen „verschiedene Abstufungen der Mitbeteiligung" an „Verletzungen menschlichen Rechts" vor, wie zum Beispiel die konsultative „Unterstützung von Unterdrückungsmaßnahmen, etwa in der Form von Feindlagenachrichten, die im Zusammenhang mit ‚Säuberungsaktionen' standen." Waldheim sei „in seinen Stabsfunktionen auf dem Balkan, trotz seines niedrigen Ranges, sicher weit mehr als nur ein zweitrangiger ‚Kanzleioffizier'" und „hervorragend über das Kriegsgeschehen orientiert" gewesen. Er habe „wiederholt im Zusammenhang rechtswidriger Vorgänge mitgewirkt und damit deren Vollzug erleichtert." Seine Darstellung der militärischen Vergangenheit „steht in vielen Punkten nicht im Einklang mit den Ergebnissen der Kommissionsarbeit. Er war bemüht, seine militärische Vergangenheit in Vergessenheit geraten zu lassen und, sobald das nicht möglich war, zu verharmlosen. Dieses Vergessen ist nach Auffassung der Kommission so grundsätzlich, daß sie keine klärenden Hinweis für ihre Arbeit von Waldheim erhalten hat"[21] – eine Schlußfolgerung, die sich auch im OSI-Bericht findet.

6.2.4. Der britische Untersuchungsbericht

Ein britischer Untersuchungsbericht, der im Wesentlichen die Jahre 1943 und 1944 untersuchte, sah „no evidence of his having been personally involved in making command decisions, although he will often been aware of any of the operational decisions made by his superious."[22] Kurt Waldheim sei zu keiner Zeit „recorded in British lists of enemy personal ‚wanted' for deternation or interrogation, wether as an individual war criminal, as a witness to war crimes, or as someone of counter-intelligence interest, or as being among those who belonged to organisations in the automatic arrest categories – the SD, SS, Waffen-SS, Gestapo etc"[23] gewesen.

6.3. Wer wußte was, wann?

In seinen biographisch-vervollständigten beziehungsweise biographisch vollständigterem Buch aus den 90er Jahren schrieb Waldheim zur Genese der „Kampagne"[24]: „Auslösendes Moment für diese Nachforschungen war vermutlich die Debatte um eine Gedenktafel für Generaloberst Löhr auf dem Gelände der Landesverteidigungsakademie in Wien gewesen, die im Sommer 1985 eine gewisse mediale Aufmerksamkeit gefunden hatte. Löhr, ein Österreicher, war der Befehlshaber jener Heeresgruppe E, in deren Stab ich seit 1942 abkommandiert war. Er wurde nach 1945 von den Jugoslawen als ‚Kriegsverbrecher' hingerichtet – allerdings nicht wegen der Kämpfe gegen die Partisanen, sondern wegen des Bombardements auf Belgrad im April 1941, als er noch Kommandant der Luftflotte 4 gewesen war. Der Historiker Georg Tidl, der von den Jungsozialisten kam und dann beim ORF arbeitete, war im Zusammenhang mit seinen Recherchen über Löhr und die Heeresgruppe E auch auf meinen Namen gestoßen. Nachdem bereits mehrere Versuche gescheitert waren, dieses ‚Material' amerikanischen Journalisten zuzuspielen – und das offenbar schon im Frühherbst des Jahres 1985 -, wurde dieser ‚Fund' nun im Jänner 1986 als Versuchsballon dem Wochenmagazin ‚profil' zugespielt und dort veröffentlicht."[25]

In diesem Sinne interpretierte auch Michael Gehler den Sachverhalt unter Miteinbeziehung von Magazinartikeln. „Mit Anlaufen des Wahlkampfes für den österreichischen Bundespräsidenten seit Frühjahr 1986 setzte die Diskussion über den von der ÖVP nominierten parteilosen Kandidaten Waldheim ein (...). SPÖ-Führung und ihr nahestehende Kreise begingen – in der Hoffnung, die Wahlchancen Steyrers zu verbessern – einen kapitalen Fehler, als sie durch Lancierung der Wehrstammkarte Waldheims an die Medien seine Mitgliedschaft in NS-Gliederungen thematisierten und damit eine internationale Kampagne auslösten, die dem Betroffenen vorwarf, seine Kriegsteilnahme verschwiegen zu haben. Georg Tidl, ‚freier österreichischer Journalist', der beteuerte, ‚nicht im Auftrag der SPÖ gehandelt zu haben', war einer der maßgeblichen Rechercheure. Tidl gab an, Material in die USA geschickt zu haben. Von ihm stammen die Unterlagen, die über den WJC an die New York Times gelangten."[26]

Festzuhalten bleibt, daß Waldheims umstrittene Vergangenheit 1986 nicht zum ersten Mal Thema von Erörterung oder Anspielung war. Als sich Waldheim erstmals um das Amt des Bundespräsidenten bewarb, machte das „Salzburger Volksblatt" eine ohne Widerhall gebliebene Anspielung auf Waldheims angebliche SS-Vergangenheit[27]. „Im März 1979 fragte die französische Militärverwaltung von Berlin bei der Wehrmachtsauskunftsstelle Waldheims Kriegsvergangenheit wegen an (...). Im Oktober 1980 beschuldigte der Journalist Hillel Seidmann (...) den damaligen UN-Generalsektretär in einer Pressekonferenz, Mitglied eines nazistischen Studentenbundes gewesen zu sein."[28] Intensiviert wurden die Waldheim-Nachforschungen im Laufe des Jahres 1985. Clemens Steindl, der damalige Büroleiter Alois Mocks, „wurde bereits im April 1985 (...) vom Historiker und damals freien ORF-Mitarbeiter Georg Tidl ins Bild gesetzt. Tidl recherchierte die Waldheim-Unterlagen, insbesondere die berüchtigte ‚Wehrstammkarte‘, im Wiener Kriegsarchiv. (...) Der ORF-Mann hat nicht nur die ÖVP, sondern – so Bruno Kreisky – auch die SPÖ über seine Fundstücke informiert."[29] Erhärtet wurde dies, nachdem der damalige Nichtmehr-Kanzler Fred Sinowatz einen eher en passent, aber vermutlich als „Versuchsballon" formulierten Absatz des „profil"-Journalisten Alfred Worm nach dem Mediengesetz klagte. „Verbleibt eine letzte Meldung zum Komplex Waldheim. Schon im Sommer 1985 berichtete – streng vertraulich versteht sich – der burgenländische SPÖ-Funktionär Fred Sinowatz seinem Landesparteivorstand, daß man – wörtlich – ‚zur rechten Zeit vor der Präsidentenwahl‘ in einer großangelegten Kampagne die österreichische Bevölkerung über Waldheims ‚braune Vergangenheit‘ informieren werde."[30] Im Urteil der am 12. Oktober 1987 durchgeführten Hauptverhandlung wurde Worm freigesprochen. „Der vom Beschuldigten angebotene und ausgeführte Wahrheitsbeweis und der Beweis der Einhaltung der journalistischen Sorgfalt nach § 29 MedienG sind in Ansehung der inkriminierten Textstelle rechtlich zulässig, zumindest der **Wahrheitsbeweis** ist als erbracht anzusehen. Der Beschuldigte hat den Wahrheitsbeweis insbesondere dazu geführt, daß Dr. Fred Sinowatz die inkriminierte Äußerung tatsächlich abgegeben habe."[31]

Im Herbst 1985 „anläßlich der Vorstellung des Waldheim-Proponentenkomitees im Wiener Presseclub ‚Concordia‘ fragte der frühere ‚stern‘-Reporter Georg Karp, ob die Proponenten wüßten, wie Waldheims 1944 verfaßte Dissertation laute, und daß er beim nationalsozialistischen Studentenbund gewesen sei."[32] In der November-Ausgabe 1985 druckte „Die Aula" einen von der deutschen Tageszeitung „Die Welt" übernommenen Artikel über Waldheims Dissertation[33] ab, und in einer Karikatur – eine Anspielung auf die Auseinandersetzung zwischen Hans Peter Heinzl und Otto Scrinzi – fand sich ein auf einem Pferd sitzender Waldheim in SA-Uniform mit dem Dissertationstitel in der zum „deutschen Gruß" erhobenen rechten Hand[34]. Ende Juli 1985, so Ruth von Mayenburg „zischte" sie der „im ORF" beamtete Literat Dr. Rocek „entsetzt an: ‚Der Waldheim? Ein Schlitzohr ist er! Wissen Sie das nicht?‘ Auf mein verblüfftes Kopfschütteln setzte er fort: ‚Dann werden Sie es bald erfahren. Ich warne Sie bloß!‘" Am „4. Dezember 1985 (...) schien es für Fritz höchste Zeit, besorgt um unser politisches Seelenheil, warnend einzugreifen: ‚Wir kennen Waldheims Kriegsvergangenheit. Da gibt es Geschichten am Balkan, auch gewisse braune Flecken. Bald wird sich alles

herausstellen.' (...) Kurt hielt den Muliar-Auftritt für Theaterdonner."[35] Der
politisch weitgereiste Kurt Diemann brachte – vor der „Kampagne" – im ÖVP-
Theorieorgan das Kunststück zuwege, die anstehende Thematisierung von
Waldheims Vergangenheit als Verschwörung der Freimaurer zu verkaufen.
„Steyrer ist gewiß der Kandidat, der durch seine politische und ideologische
Position am besten dafür geeignet scheint, daß die mächtigen Positionen, die
sich Freimaurer in Österreich in den letzten Jahren eineinhalb bis zwei Jahrzehnten erobert haben, erhalten bleiben und weiter ausgebaut werden können. (...) Es gibt wahre ‚Großmeister' in diesem grausamen Spiel. Ein solcher
‚Würdenträger' scheint des Kanzlers persönlicher ‚Logenschließer', der ge-
niale Stimmenimitator Hans Pusch zu sein. Ein anderer Künstler – prominenter Sozialist, Freimaurer und Steyrerwahlhelfer – hat im Dezember
kryptisch bemerkt: ‚Wir haben Material über Waldheim'. Das ‚Wir' kann bei
der doppelten Bindung des Betreffenden (...) auch eine doppelte Bedeutung
haben: Es können damit die Genossen in der Löwelstraße oder die ‚Brüder'
in der Rauhensteingasse (neuer Sitz der ‚Großloge') gemeint gewesen sein. –
Oder beides? (...) Schlingen wurden geknüpft und Ketten geschmiedet, um
den einen, den gefälligen Kandidaten, in die Hofburg hinein und den anderen, den minder gefälligen, noch vor der Hofburg zu Fall zu bringen."[36]

6.4. Kurt Waldheim im Spiegel empirischer Daten

6.4.1. Die Wahl(en)

„Mit einem Stimmenanteil von 49,6% erzielte Dr. Kurt Waldheim am 4. Mai
[1986] das beste Ergebnis, das jemals ein nichtsozialistischer Kandidat bei
Bundespräsidentenwahlen in der Zweiten Republik erreicht hat. Dr. Kurt
Steyrer mußte dagegen das seit 1951 mit Abstand schlechteste Ergebnis aller
bisherigen SPÖ-Kandidaten hinnehmen. Erstmals ist ein SPÖ-Kandidat deutlich hinter dem letzten Nationalratswahlergebnis seiner Partei zurückgeblie-
ben. Dr. Steyrer liegt um -4,1% unter dem Ergebnis bei der Nationalratswahl von 1983. Umgekehrt hat Dr. Waldheim das ÖVP-Ergebnis bei der
Nationalratswahl 1983 um +6,5% übertroffen."[37] Im Wahlausgang sahen
Plasser, Sommer und Spitzberger Anzeichen für „zunehmend durchlässiger"
werdende „Lagergrenzen", eine steigende „Unruhe in der Wählerschaft (...),
das Wählerverhalten [wird] zunehmend unberechenbarer und offener (...),
bestehende Wählerkoalitionen [geraten] in Auflösung", was „die Chance einer grundlegenden Neuformierung der österreichischen Wählerschaft"[38] stei-
gere[39]. Waldheim habe, so die Ergebnisse einer auf 1300 Gemeinden (ohne
Wien) beruhenden Nachwahlanalyse „vor allem in städtischen Regionen,

Industriegemeinden und Gemeinden mit hohen Dienstleistungsanteilen" und vor allem in „SPÖ-Hochburgen und SPÖ-Mehrheitsgemeinden"[40] überdurchschnittlich gut abgeschnitten. Sieht man von den ÖVP-„Stammwählern" ab, so konnte Waldheim – im Gegensatz zu Steyrer – sowohl unter den SPÖ- als auch unter den FPÖ- und grün-alternativ-Präferenten wesentlich besser abschneiden[41]. Dieser Trend sollte sich in der Stichwahl am 8. Juni fortsetzen und die Wahl endgültig zugunsten Waldheims entscheiden[42].

Die Altersstruktur von Steyrer- und Waldheimwählern zeigt folgende Muster[43]:

Jahrgänge	Waldheim I	Waldheim II	Diff. W. I-II	Steyrer I	Steyrer II	Diff. S. I-II	Diff. W.-S. I	Diff. W.-S. II
1957-1967	55	56	1	33	39	6	22	17
1942-1956	47	51	4	46	46	0	1	5
1927-1941	52	51	-1	43	48	5	9	3
1917-1926	49	51	2	48	48	0	1	3
Vor 1916	43	52	9	53	47	-6	-10	5

Nimmt man nun als hinzugefügte Kriterien die des bewußten Erlebens des Nationalsozialismus beziehungsweise den Dienst in der Deutschen Wehrmacht und setzt dies mit der (hochgerechneten) Stimmabgabe in Verbindung, so lag Waldheim im ersten Wahlgang unter den Ältesten der Wähler hinter Steyrer und unter den damals 60 bis 69jährigen knapp vor ihm. Nun ist es schwer hieraus einen Trend abzulesen, dafür müßte als Vergleichsparameter das sonstige Wahlverhalten berücksichtigt werden, aber die Thematisierung von Waldheims Kriegsvergangenheit hat in diesen Jahrgängen zumindest zu keinem solidarisierenden „Veteraneneffekt" geführt. Anders sah das Stimmverhalten der Jahrgänge zwischen 1927 und 1941, also der – plakativ und nicht völlig präzise formuliert – unter dem Nationalsozialismus als Kinder und Jugendliche Sozialisierten – aus; hier konnte sich Waldheim von Steyrer eindeutig distanzieren, wobei wiederum keine Aussagen bezüglich eines Solidarisierungseffektes möglich sind. Einem solchen widersprechen auch das unterschiedliche Wahlverhalten (Mai 1986) beziehungsweise die unterschiedliche Wahlabsicht (Juni 1986) unter den beiden jüngsten Altersgruppen. Diese, mit dem Nationalsozialismus sicherlich nicht mehr aus eigenem Erleben vertrauten Gruppen, entschieden sich einmal zwischen den beiden Kandidaten ausgeglichen und einmal – massiv – für Waldheim. Besieht man sich im Gegensatz dazu die Daten des zweiten Wahlgangs, so muß vorerst darauf hingewiesen werden, daß die jeweils ersten Spalten der Kandidaten einer sogenannten „exit poll", also einer Befragung bezüglich der Wahlentscheidung nach dem Verlassen des Wahllokales entstammten und die Daten der jeweils zweiten Spalten die Wahlabsicht erhoben und somit nicht völlig vergleichbar sind. Was auf den ersten Blick auffällt, ist, daß Waldheim außer im Mai 1986 unter den über 70jährigen in allen Altersgruppen vor Steyrer lag und unter den 30 bis 44-jährigen um vier und unter den über 70-jährigen um neun Prozent im Vergleich zum ersten Wahlgang zulegen konnte. Unter dieser Altersgruppe ist somit ein Solidarisierungseffekt im zweiten Wahlgang nicht unwahrscheinlich. Freilich, solange keine Vergleichsdaten über das sonstige Wahlverhalten, wobei hierbei Nationalratswahlergebnisse auch nur ein annähernder Vergleichswert wären, vorliegen und über konkrete Wahlmotivation(en) nichts bekannt ist, kann über den Einfluß von Waldheims Vergangenheit – aus diesen Daten – nur spekuliert werden. Eines kann allerdings mit Sicherheit formuliert werden: Die Thematisierung hat ihm nicht geschadet.

Wie oben betont wurde, ist aus den von Plasser, Sommer und Spitzberger veröffentlichten Daten kein eindeutiger Zusammenhang zwischen Altersstruktur und Waldheim-Wählerschaft zu generieren. Besieht man sich die von Gehmacher, Birk und Orgis publizierten Daten der deklarierten Wahlabsicht für das Jahr 1986, so lag Steyrer immer hinter Waldheim und hatten die Veröffentlichungen zu seiner Vergangenheit – summarisch – keinen wirklich ausschlaggebenden Effekt, denn die Differenzen lagen zwischen mindestens fünf und höchstens sieben Prozent[44]. In einem „durch Meßfehler unscharf[en]"[45], theoretischen Modell generierten sie folgende Effekte[46]:

	Steyrer	Waldheim
Verstaatlichtenkrise	-4	3
Sympathie/Kandidaten	3	-2
Wahlkampagne	2	-2
Identifikation mit traditionellen Werten	-1	2
Nationalstolz (Trotz)	-3	2
Antisemitismus	-3	4
Antifaschismus	4	-3

Somit war Steyrer, nimmt man lediglich die einzelnen „Variablen" her, vor allem Opfer der Regierungpolitik[47], dem folgten Nationalstolz („Wir Österreicher wählen, wen wir wollen") und Antisemitismus. Waldheim hingegen konnte – wenig überraschend, wenn man sich die Antisemitismusstudien in diesem Zusammenhang vor Augen führt – gerade unter den Antisemiten („ehrlose Gesellen" und „gewisse Kreise") punkten; hinzu kamen der von ihm und durch ihn vermittelte Konservatismus sowie der Nationalstolz als genuine Faktoren der Auseinandersetzung. Das Offenbarwerden der Verstaatlichtenmisere im November 1985, die auf Steyrer als SP-Minister offenbar voll durchschlug, hat er sozusagen „geerbt". Dies bestätigen auch die von Plasser und Ulram veröffentlichten Längsschnittdaten zur deklarierten Wahlabsicht von IFES und FESSEL[48]:

	IFES Waldheim	IFES Steyrer	FESSEL Waldheim	FESSEL Steyrer
Oktober 85	45	32	46	35
November	35	35	45	35
Dezember	41	33	45	34
Jänner 86	41	34	44	36
Februar	40	35	39	36
März	41	35	41	34
April	43	36	41	35

Betrachtet man – abgesehen von den Differenzen der Ergebnisse – beide Längsschnittreihen im Gesamtbestand (die Steyrer eigentlich kaum eine realistische Chance auf einen Sieg einräumten), so holte dieser bis November (in den IFES-Daten) beziehungsweise bis Oktober 1985 (in den FESSEL-Daten) alles in allem gesehen langsam und wenig spektakulär gegenüber Waldheim auf. Das Publikwerden der Ölspekulationen und der Milliardenverluste im Bereich der verstaatlichten Industrie sowie das Bewußtsein vor allem unter SPÖ-Wählern, es werde in der SPÖ-Wirtschaftspolitik wohl „kein Stein mehr auf dem anderen" bleiben, spiegelt sich eindeutig in diesen Daten. Es war weniger der Umstand, daß Waldheim so sehr – zumindest in der erhobenen Wahlabsicht – zulegen hätte können, sondern vielmehr die Tatsache, daß Steyrer in den Umfragewerten auf der Stelle trat.

Somit ist auch die weiter oben vorgestellte Studie beziehungsweise das theoretische Modell des Forscherteams um Gehmacher kaum von Nutzen, wenngleich sie expressis verbis von einem „Veteraneneffekt'" sprechen, nämlich dergestalt, das insbesondere „die Männer der Weltkriegsgeneration, die großteils bei der Deutschen Wehrmacht gewesen waren", sich mit Waldheim „solidarisierten"[49]. Dieses Modell funktioniert freilich nur dann, wenn man die – an sich nicht überraschende – Zunahme von sich deklarierenden Steyrer-Wähler weiter hochrechnet und einen fiktiven Schnitt- beziehungsweise Überholpunkt Steyrers induziert. Die vorliegenden Daten lassen jedoch einen derartigen Effekt beziehungsweise ein derartiges Resultat nicht erkennen[50]. Schlüssiger scheint in den Augen des Verfassers die Interpretation von Plasser und Ulram zu sein. „Die parteipolitische Orientierung der ‚Solidarisierungswähler', die zu über 80 Prozent als ÖVP-Wähler klassifiziert werden können, deutet hingegen mehr in die Richtung einen ‚Reaktanzeffektes'. Gerade für Wähler, die von der Qualifikation Kurt Waldheims über-

180

zeugt waren[51], lösten die vorgebrachten Anschuldigungen und Unterstellungen hochemotionalisierte Widerspruchsreaktionen aus, da die Angriffe gegen Kurt Waldheim auch als Angriff gegen ihre persönliche Urteilsfähigkeit wie individuelle Handlungs- und Entscheidungsautonomie interpretiert wurden."[52]

Bevor nun in den folgenden Abschnitten empirisches Material zur Person Waldheims analysiert wird, sei festgehalten, daß sich kein Bundespräsident der Zweiten Republik in eigener Sache dermaßen häufig an die Österreicherinnen und Österreicher wandte, und daß als Komplementärerscheinung dazu über kein bis dahin amtierendes Staatsoberhaupt, ohne daß ein Wahlkampf angestanden wäre, dermaßen viel an Meinungsforschung betrieben wurde.

6.4.2. Die erste Enthüllung

Im Gefolge der ersten publizistisch wirksamen Enthüllung von Waldheims Vergangenheit[53] führte das Meinungsforschungsinstitut IFES am 6. und 7. März 1986 eine Telefonblitzumfrage durch[54].

Glauben Sie, daß an den Vorwürfen gegen Waldheim, er habe eine Nazivergangenheit, etwas dran ist?
    Die überwältigende Mehrheit der Befragten, nämlich 56 Prozent, glaubte dies nicht, 28 Prozent wußten „keine Antwort" und lediglich 16 Prozent glaubten sehr wohl an „eine Nazivergangenheit". Nach Altersgruppen gestaffelt nahm die Bereitschaft, an eine solche zu glauben mit zunehmendem Alter kontinuierlich ab (von 29 über 14 auf 11 Prozent) wohingegen die „nein"-Antworten mit zunehmendem Alter stetig (33, 58 und 64 Prozent) zunahmen.
Halten Sie es für einen Zufall, daß diese Vorwürfe jetzt, mitten im Wahlkampf, erhoben werden?
    Mehr als zwei Drittel, exakt 71 Prozent, glaubten an keinen Zufall, wohingegen 16 Prozent darin einen Zufall sahen und 13 Prozent wiederum keine Antwort zu geben wußten. Die Altersverläufe zeigten keine stetigen Verläufe; die Altersgruppe der 26 bis 39jährigen glaubte mit 21 Prozent Zuordnung am ehesten an einen Zufall, wohingegen die Jüngsten mit 77 Prozent am stärksten nicht daran glaubten[55].
Glauben Sie, daß die Veröffentlichung dieser Vorwürfe Waldheim bei der Wahl am 4. Mai ... 1=Stimmen kosten wird, 2=keinerlei Auswirkungen haben wird, 3=Ihm sogar helfen wird?

Annähernd die Hälfte der Befragten (44 Prozent) glaubten, dies werde Waldheim schaden, wohingegen lediglich 12 Prozent die Ansicht äußerten, die Veröffentlichung werde ihm „sogar helfen"; 29 Prozent äußerten, dies werde „keinerlei Auswirkungen haben". Stetig fallend war der Variable *Alter* entlang die Zustimmung zur ersten Antwortmöglichkeit; Die Altersgruppe bis 25 stimmte dem mit 57 Prozent zu, die beiden anderen Jahrgangsklassen äußerten 52 und 36 Prozent an Zustimmung; genau gegenläufig war die Tendenz zur Vorgabe, die Veröffentlichung werde Waldheim sogar helfen, sie stieg von sechs über neun auf sechzehn Prozent Zustimmung unter den über 40jährigen. Die Antwort, dies werde „keinerlei Auswirkungen haben" zeigt keinen stetigen Altersverlauf, die Zustimmung war allerdings unter den Jüngsten mit 18% an dortiger Zuordnung wesentlich geringer als unter den beiden anderen Altersgruppen, die mit 32 beziehungsweise mit 31 Prozent ungefähr gleichauf lagen.

Glauben Sie, daß Waldheim über seine Vergangenheit immer die volle Wahrheit gesagt hat?

Im Vergleich zum Meinungsbild an die zuerst zitierten Antworten hinsichtlich Waldheims „Nazivergangenheit" fügt sich das Ergebnis annähernd nahtlos ein. 45 Prozent antworteten mit „Ja", 25 Prozent verneinten. Der Glaube an den Wahrheitsgehalt von Waldheims Darstellung seiner Vergangenheit stieg mit zunehmendem Alter (34, 46 und 49%), je jünger die Befragten waren, desto eher tendierten sie dazu, daß er nicht die „volle Wahrheit gesagt" hätte (37, 28 und 19 Prozent).

Wer ist verantwortlich dafür, daß es jetzt eine solche Diskussion über die Vergangenheit Waldheims gibt?

Vier Prozent sahen in „Waldheim selbst", 41 Prozent in den „Journalisten & Medien", 21 Prozent in der „SPÖ" den Auslöser dieser Diskussion und 34 Prozent deklarierten sich nicht eindeutig. Sieht man von der ersten Antwortmöglichkeit ab, wo die bis 25-jährigen zu zehn Prozent Waldheim die Verantwortung zuschreiben, so sind gegenläufig altersstetige Trends festzumachen. Je älter die Befragten waren, desto weniger schrieben sie den „Journalisten & Medien" (52, 45 und 35 Prozent) und desto mehr der SPÖ (14, 19 und 24 Prozent) die Verantwortung dafür zu. Festzuhalten bleibt schließlich, daß mit zunehmendem Alter die Zahl der Indifferenten ebenfalls stetig zunahm.

Faßt man diese IFES-Erhebung zusammen, so glaubte lediglich eine (verblassende) Minderheit an eine NS-Vergangenheit und war auch das Mißtrauen ob Waldheims wahrheitsgemäßer Darstellung bezüglich seiner Vergangenheit wesentlich geringer als das Vertrauen in diese und die Person des von der ÖVP nominierten Kandidaten. Im Gegensatz dazu war eine recht klare relative Mehrheit davon überzeugt, daß die Thematisierung dieser Vergangenheit ihm schaden werde, wohingegen eine nahezu marginale Minderheit die Ansicht äußerte, er werde davon profitieren. Die „Schuldfrage" war im Meinungsbild ebenfalls eindeutig geklärt und sollte Waldheim einen enormen Vorteil für die (nicht nur) im Wahlkampf betriebene Opferstilisierung bringen: Das Potential, das in seinem Verhalten die Verantwortung sah, war kaum wahrnehmbar; die „Täter" waren vor allem „die Medien".

6.4.3. Im Vorfeld des Berichtes der internationalen Historikerkommission

Anfang Dezember 1987 führte IFES eine Telefonumfrage durch, um das Meinungsbild hinsichtlich des von Waldheim geforderten Verhaltens nach dem Bericht, sowie über den Kandidaturmodus im Falle eines Rücktrittes über eventuell präferierte Kandidaten zu erheben[56].

Angenommen, diese Historikerkommission kommt zu dem Ergebnis, daß Kurt Waldheim in seiner damaligen militärischen Funktion Mitwisser von Kriegsverbrechen war – das würde bedeuten, daß er bisher die Öffentlichkeit belogen hätte. Sollte Waldheim in diesem Falle als Bundespräsident zurücktreten?

Exakt die Hälfte dieser sehr kleinen Stichprobe antwortete mit „ja", 35 Prozent verneinten und 15 Prozent äußerten keine Angabe. Besieht man sich das Antwortverhalten über die Variable *Alter*, so sind keine Stetigkeiten feststellbar. Mit 60 Prozent plädierten die 30 bis 49jährigen am stärksten für einen Rücktritt, wohingegen die Jüngsten dieser Vorgabe mit 46 Prozent und die Ältesten mit 44 Prozent zustimmten. Am stärksten sprachen sich die bis 29jährigen (40 Prozent) gegen ein Rücktritt aus, für die über 50jährigen wurden für diese Antwort 37 und für die mittlere Altersgruppe wurden 31 Prozent erhoben. Am Ergebnis der Indifferenten überraschen vor allem die 20 Prozent der über 50jährigen.

Offen bleibt freilich, was der relevante Grund für einen Rücktritt oder einen Verbleib in der Motivationslage der Befragten gewesen wäre – Waldheims Wissen oder Waldheims Lüge.

Ebenfalls im Dezember, zwischen 18. und 22. Dezember 1987, führt IFES im Auftrag des Bundespressedienstes des Bundeskanzleramtes eine telefonische Umfrage zum „Aufgabenfeld der Bundesregierung" durch[57].

Sollte sich Ihrer Ansicht nach die Bundesregierung in Zukunft stärker oder weniger stark als bisher um die Verteidigung Waldheims bemühen?

43 Prozent vertraten die Ansicht, die Bundesregierung sollte die Verteidigung Waldheims verstärken, 30 Prozent äußerten keine Meinung und 28 Prozent meinten, die Regierung solle dies in Zukunft weniger stark tun. Die Altersauswertungen zeigten in einer der drei Antwortmöglichkeiten ei-

nen stetigen Verlauf, nämlich daß die Regierung ihre Aktivitäten diesbezüglich zurücknehmen solle. Dies wurde von den Jüngsten mit 30 Prozent am stärksten befürwortet und von den Ältesten mit 26 Prozent am wenigsten stark. Am stärksten befürwortete die Altersgruppe zwischen 30 und 49 eine verstärkte Verteidigung der Person Waldheims, wohingegen die Ältesten unter den Befragtem dies mit 39 Prozent am wenigsten häufig äußerten.

Beachtet man hinsichtlich dieser Frage die Altersstruktur, so waren es gerade die vor 1937 geborenen Jahrgänge, die sich diesbezüglich am stärksten gegen Waldheim beziehungsweise gegen dessen Verteidigung aussprachen.

Wäre ein Rücktritt Waldheims Ihrer Meinung nach für Österreich günstig oder nicht günstig?

Rund die Hälfte der Befragten (49 Prozent) sahen in einem Rücktritt eine ungünstige Situation, rund ein Drittel (32 Prozent) befand einen solchen für günstig und genau ein Fünftel äußerte hierzu keine Meinung. Altersstetigkeiten weisen die vorhandenen Unterlagen in keiner der drei Antwortmöglichkeiten aus. Mit 41 Prozent Zuordnung hielt die Altersgruppe bis 29 einen Rücktritt Waldheims am stärksten als für günstig, wohingegen die 30 bis 49jährigen dem lediglich mit 23 Prozent zustimmten; die Ältesten unter den Befragten wiesen in dieser Antwortmöglichkeit 32 Prozent aus. Im Gegensatz dazu meinten 59 Prozent der 30 bis 49jährigen, ein Rücktritt wäre ungünstig, wohingegen die Ältesten und die Jüngsten mit 43 beziehungsweise mit 44 Prozent Zuordnung ein annähernd identes Meinungsbild aufwiesen. Immerhin ein Viertel der über 50jährigen äußerte diesbezüglich keine Meinung; bei den Jüngsten waren es lediglich 15 Prozent.

Angenommen, die Historikerkommission weist eine Beteiligung Waldheims an Kriegsverbrechen nach – sollte Waldheim dann von sich aus zurücktreten oder nicht?

56 Prozent der Befragten vertraten die Meinung, Waldheim solle in diesem Fall zurücktreten, 30 Prozent verneinten, und 14 Prozent äußerten keine Meinung. Am stärksten befürworteten die Jüngsten unter den Befragten mit 69 Prozent einen Rücktritt Waldheims, die beiden anderen Altersgruppen zeigten mit 50 Prozent und 51 Prozent Befürwortung diesbezüglich ein ausgeglichenes Meinungsbild. Gegen einen Waldheim-Rücktritt sprachen sich mit 36 Prozent Zustimmung die 30 bis 49jährigen am heftigsten aus, 30 Prozent waren es unter den über 50jährigen und nur 24 unter den bis 29jährigen.

6.4.4. Das Meinungsklima im Umfeld des Historikerberichtes

In zwei Befragungswellen nach der Übergabe des Berichtes am 8. Februar 1988, nämlich am 12. Februar und am 16. Februar, erhob wiederum IFES das Meinungsbild der damaligen „causa prima"[58].

Sind sie persönlich eher dafür oder dagegen, daß Bundespräsident Waldheim zurücktritt? Am 12. Februar 1988 waren die Befürworter eines Rücktritts noch eindeutig in der Minderheit. 31 Prozent befürworteten einen solchen, wohingegen die Hälfte der Befragten einen solchen ablehnte. 12 Prozent war es egal und sieben Prozent äußerten keine Meinung. Massiv zuungunsten Waldheims verschlechtert hatte sich das Meinungsbild bis zum 16. Februar. Befürworter und Gegner eines Rücktritts hielten einander mit jeweils 42 Prozent die Waage, nur mehr 5 Prozent war der weitere Verlauf egal, hingegen stiegen die Meinungslosen auf elf Prozent.

Besieht man sich die erste Befragung, so zeigt sich in der Antwortmöglichkeit „egal" eine Altersstetigkeit; je älter die Befragten waren, desto weniger egal war ihnen ein eventueller (Nicht)Rücktritt (9, 6 und 1 Prozent). Eine weitere zeigte die Antwortmöglichkeit „für einen Rücktritt" in der ersten Befragung. Je älter die Befragten waren, desto stärker sprachen sie sich für einen Rücktritt aus, die Zustimmung stieg ausgehend von 21 Prozent auf 32 und schließlich 37 Prozent unter den über 50jährigen. Das größte Potential an Ablehnung eines Rücktritts befand sich unter den 30 bis 49jährigen mit 58 Prozent, wohingegen die Jüngsten und die Ältesten mit 46 beziehungsweise mit 47 Prozent an dort erhobener Zuordnung sich annähernd die Waage hielten. Sofern es die Ablehner betrifft, zeigte sich auch in der Erhebung vom 16. Februar ein ähnliches Meinungsbild. Wiederum war es die Gruppe der 30 bis 49jährigen, die sich – diesmal mit 51 Prozent – gegen eine Rücktritt aussprachen, unter den Ältesten wurden 41 und unter den Jüngsten 32 Prozent an Ablehnung erhoben. Das höchste Ausmaß an Befürwortern eines Waldheim-Rücktritts fand sich am 16. Februar nicht mehr unter den Ältesten, sondern mit 49 Prozent unter den Jüngsten der Befragten, gefolgt von 44 Prozent an Zustimmung unter den über 50jährigen und 35 Prozent unter den 30 bis 49jährigen.

Festzuhalten bleibt an diesen beiden Umfragen nicht nur der wesentlich verschlechterte Meinungspegel für Waldheim innerhalb von vier Tagen, sondern daß auch die drei Altersgruppen ein teilweise verändertes Meinungsprofil aufwiesen. Das in beiden Befragungen jeweilige Höchstmaß an Waldheim-Befürwortern fand sich unter den 30 bis 49jährigen. Sprachen sich am 12. Februar noch die Ältesten unter den Befragten am stärksten und die Jüngsten noch am schwächsten für eine eventuellen Rücktritt Waldheims aus, so waren es am 16. Februar die Jüngsten, die sich dafür am stärksten aussprachen.

Wäre ein Rücktritt von Bundespräsident Waldheim Ihrer Meinung nach für Österreich günstig oder nicht günstig?

Weniger Bewegung als in der gerade eben analysierten Fragestellung zeigte das Meinungsklima bezüglich dieser Frage. Die Antwortmöglichkeiten „weder-noch" und „weiß nicht/keine Antwort" zeigten beinahe überhaupt keine Veränderung. Fanden in der ersten Befragung noch 41 Prozent, ein solcher wäre für Österreich günstig, so waren es am 16. Februar 46 Prozent. Der Anteil derer, die einen solchen als ungünstig erachtete, fiel von 35 auf 32 Prozent.

Auffallend an der ersten Befragung ist das annähernd ausgeglichene Meinungsprofil der Antwortmöglichkeit „günstig", welches – gestaffelt nach den Altersgruppen 42, 41 und wiederum 41 Prozent für die über 50jährigen auswies, aber in der Beurteilung als „ungünstig" wesentlich heterogener war, nämlich 25% (bis 29), 43% (30-49) und 35% an Zustimmung in der Altersgruppe über 50 Jahren. Dieselbe Tendenz wurde auch am 16. Februar erhoben, wobei es wiederum die 30 bis 49jährigen waren, die in dieser Antwortkategorie das Höchstmaß an Zustimmung artikulierten, wohingegen nunmehr die über 50jährigen dort mit 25 Prozent das Mindestmaß artikulierten. Mit 50 Prozent Zustimmung befanden die Jüngsten unter den Befragten einen Rücktritt Waldheims als am günstigsten für Österreich, gefolgt von der 48prozentigen Zustimmung unter den über 50jährigen, wohingegen lediglich 40 Prozent der 30 bis 49jährigen einen solchen als günstig erachteten.

Bundespräsident Kurt Waldheim hat gestern abend eine Fernseherklärung gehalten. Waren Sie mit der Erklärung von Waldheim im großen und ganzen einverstanden oder nicht einverstanden?[59]

Diesbezüglich hielten sich mit 27 Prozent, die einverstanden und 25 Prozent, die nicht damit einverstanden waren, Befürworter und Gegner Waldheims wiederum annähernd die Waage; zehn Prozent der Befragten antworteten mit „teils-teils", und 38 Prozent äußerten „keine Meinung". Entlang der Variable *Alter* zeigten die drei Altersgruppen ein annähernd ausgeglichenes Ergebnis mit – nach zunehmendem Alter – 28 und zweimal 27 Prozent an Einverstandenen. Gravierender waren die Altersunterschiede im Meinungsbild derer, die mit Waldheims Erklärung nicht einverstanden waren. 42 Prozent der bis 29jährigen scheinen hier auf, 14 Prozent der 30 bis 49jährigen und 24 Prozent der über 50jährigen.

6.4.5. Die öffentliche Meinung Ende Februar 1988

Die zwischen 24. und 27. Februar durchgeführte Umfrage erhob unter anderem die Frage nach der Angemessenheit des Verhaltens der Parteien im „Fall Waldheim"[60].

Welche Parteien haben sich in der Angelegenheit Waldheim Ihrer Meinung nach richtig verhalten? *(MEHRFACHNENNUNGEN)*[61]
26 Prozent der Befragten meinten die SPÖ, 24 die ÖVP und 38 Prozent „gar keine" Partei habe sich diesbezüglich richtig verhalten. Für alle drei Antwortmöglichkeiten liegen altersstetige Verläufe vor, wobei die für SPÖ und für ÖVP ein zunehmendes Maß an Zustimmung mit steigendem Alter (SPÖ: 23, 26 und 33 Prozent, ÖVP: 20, 26 und 28 Prozent) auswiesen. Die Antwortmöglichkeit „gar keine" zeigt den genau entgegengesetzten Trend: Je jünger die Befragten, desto stärker antworteten sie in diese Richtung (46, 37 und 30 Prozent).

Welche Parteien haben sich in der Angelegenheit Waldheim Ihrer Meinung nach falsch verhalten? *(MEHRFACHNENNUNGEN)*
52 Prozent votierten diesbezüglich für die SPÖ, 47 Prozent für die ÖVP und nur mehr acht Prozent für „gar keine". Im Gegensatz zur ersten Fragestellung sind hierbei überhaupt keine Stetigkeiten feststellbar. Unter den Jüngsten der Befragten ordneten sich 56 Prozent der Antwort SPÖ zu, wohingegen lediglich 47 Prozent der 40 bis 59jährigen sich dahingegen äußerten. Der ÖVP warf wiederum die jüngste Altersgruppe mit 52 Prozent das Höchstmaß an falschem Verhalten vor, und wiederum waren es die 40 bis 59jährigen, die ihr dies am wenigsten zuschreiben. Die Zuschreibung „gar keine" weist einen mit zunehmendem Alter prozentualen Verlauf von sechs, neun und sieben Prozent für die über 60jährigen aus.

6.4.6. Zusammenfassende Interpretation

Dieser Analyse muß vorangestellt werden, daß die einzelnen Umfragen zumeist auf einer sehr schmalen Datenbasis beruhen, die Erhebungsmethode nicht durchgehend dieselbe war und auch die Altersstaffelungen nicht immer idente Muster aufweisen. Wenn nun eine Analyse vorgenommen wird, in welcher oder in welchen Altersgruppe(n) Waldheim besonders stark beziehungsweise besonders schwach „punkten" konnte, so ist dies beim Mitlesen jeweils zu berücksichtigen.

Die Analyse der Wahlergebnisse vom 4. Mai 1986 beziehungsweise der Wahlabsicht für den 8. Juni zeigte, wie oben ausgeführt wurde, daß Waldheim im ersten Wahlgang vor allem im Segment der jüngsten Wähler sehr stark punkten konnte, im dem der Ältesten am wenigsten. Der zweite

Wahlgang zeigte Waldheim in allen Altersgruppen als den – teilweise eindeutigen – Sieger über Steyrer. Waldheim konnte – berechnet man die Wahlbeziehungsweise die Wahlabsichtsdifferenzen zwischen den einzelnen Altersgruppen – im jeweiligen Wahlgang in Bezug auf die beiden Kandidaten den prozentualen Überhang von 23 auf 33 Prozent steigern.
Die punktuell durchgeführten Meinungsumfragen zur Person des VP-Kandidaten und späteren Bundespräsidenten zeigen, daß lediglich eine Minderheit von einer NS-Vergangenheit überzeugt war, die Veröffentlichung im März 1986 nicht als Zufall und die Chancen Waldheims als vermindert einschätzt wurden. Für einen Rücktritt Waldheims sprachen sich die Befragten mehrheitlich nur für die Fälle aus, als ihm Verwicklung(en) in Kriegsverbrechen auch tatsächlich hätten nachgewiesen werden könnten (Dezember 1987) und im zeitlichen Umfeld des Berichtes der Historikerkommisssion.

6.5. Medienanalyse

Die Analyse der Kommentierung durch „Kurier", AZ und „Südost-Tagespost" wird sich auf drei Themenfelder konzentrieren:

- Die Person Waldheims, dessen Vergangenheit und der Umgang mit derselben
- Die Kommentierung von Antisemitismus und antisemitische Inhalte in der Kommentierung
- Waldheim, Österreich und die NS-Vergangenheit

6.5.1. Kurier

6.5.1.1. Die Person Waldheims, dessen Vergangenheit und der Umgang mit derselben

Als Anfang März 1986 die ersten Berichte zu Waldheims – lückenhafter – Biographie auftauchten, kommentierte Hans Rauscher: „Wie bestellt tauchen nun Dokumente auf, die dem Kandidaten Kurt Waldheim eine NS-Vergangenheit bescheinigen. (…) Ein Mann, der – wenn auch nur als harmloser Mitläufer im Alter von 20 Jahren – NS-Parteimitglied war und der diese Tatsache in seinen Memoiren verschwiegen hat, der wäre kein idealer Bundespräsident."[62] Hingegen sah der damalige „Kurier"-Chefredakteur in einem Kommentar vom selben Tag in einer derartigen NS- und Wehrmachtsvergangenheit kein grundsätzliches Problem. Waldheims „Einheit erfüllte militärische Aufgaben, und bei einer Nazi-Jugendgruppe oder bei der SA (…) war bald einer. Die Vorwürfe, der Ex-UNO-Generalsekretär sei wegen seiner Weltkriegsvergangenheit als Bundespräsident nicht akzeptabel, müssen daher ins Leere gehen." Vorzuwerfen, so Leitgeb anschließend, sei Waldheim jedoch die mangelnde Ehrlichkeit was seine Vergangenheit anbelangt. „In all seinen bisherigen Interviews und in seinem autobiographischen Buch hat er seine SA-Vergangenheit nicht nur verschwiegen, sondern sogar den Eindruck zu erwekken versucht, er habe schon damals – in jungen Jahren – jedes politisches Engagement in bezug auf die damaligen Machthaber unterlassen. Und nun – und das erschüttert seine Glaubwürdigkeit arg – behauptet er sogar, bei den amtlichen Vermerken seiner Mitgliedschaft zum NS-Studentenbund und zur SA müsse es sich um Irrtümer handeln." Waldheims Verschweigen und seine offensichtliche Befürchtung, diese „Vergangenheit könne ihm schaden", könne er zwar verstehen, aber „nicht akzeptieren."[63]

Diese zwei Kommentare wurden deshalb so ausführlich zitiert, weil sie die Blattlinie für die Kommentierung über den gesamten Verlauf der Affäre exemplarisch dokumentieren. Waldheims Vergangenheit, besonders die in der SA und im NSDStB seien „keineswegs vernichtend für ihn" und die Kriegsvergangenheit am Balkan sei solange irrelevant, solange „nichts über irgendeine persönliche Verstrickung oder Schuld"[64] bekannt werde. Eine solche wurde – zumindest in der ersten Phase der Kommentierung – auch strikt zurückgewiesen. „Wir müssen annehmen, daß Waldheim keine böse Tat begangen hat. Wir müssen annehmen, daß er keine Schuld auf sich geladen hat. Aber es ist unvorstellbar, daß ein heute 60jähriger Mann, der inzwischen Außenminister und UNO-Chef war, nicht weiß, welche Aufgaben jene Wehrmachtseinheit, der er angehörte, zumindest teilweise hatte."[65] Problematischer sei schon das Verschweigen, wobei – sieht man davon ab, daß dieses Verschweigen als zutiefst österreichisch gedeutet wurde – hierbei allerdings die Blattlinie nicht einheitlich war. In einem geringeren Teil der Kommentare wurde dies als grundsätzlich unproblematisch dargestellt. „Waldheim war in der Nazizeit kein Held des Widerstandes, aber wer war das schon? Und Waldheim war in der Nazizeit zumindest ein kleiner Opportunist, aber wer war das nicht? Waldheim ist, wie viele Österreicher sind: Halbherzig. Wenn man Waldheim einen Vorwurf machen darf, dann den, daß er nicht zugibt, so zu sein wie viele Österreicher auch."[66] Nachdrücklich wurde in diesem Zusammenhang betont, daß dieses Verschweigen eben nicht nur passiert, sondern – unabhängig von den Unterstellungen Waldheim gegenüber – von diesem ganz bewußt eingesetzt wurde. „Kurt Waldheim ist kein Nazi und kein Kriegsverbrecher. Es geht nur um seine Glaubwürdigkeit. Er hat Teile seiner Biographie verschwiegen – wohl aus dem Grund, weil er nie UN-Generalsekretär geworden wäre, wenn seine NS-Reiterei und sein Kriegsdienst damals bekannt gewesen wären."[67] Sowohl für Hans Rauscher als auch für Gerd Leitgeb würde sich Waldheim dadurch allerdings nachträglich für das Präsidentenamt disqualifiziert haben. „Waldheim verschwieg wichtige Teile seiner trüben Vergangenheit in der NS-Zeit, weil er keine Nachteile in seiner Nachkriegskarriere riskieren wollte – das war Opportunismus, wie er einem Präsidentschaftskandidaten schlecht ansteht. (...) Waldheim hat uns getäuscht" und somit „unsere Hochachtung verloren."[68] Zusammenfassend für die Kommentierung bis zur endgültigen Wahl am 8. Juni können zwei Kommentare zitiert werden, die die Blattlinie zusammenfassen. Überhaupt „niemand [hat] Waldheim in die Nähe von Kriegsverbrechen gerückt", Kern der Vorwürfe sei vielmehr: „Waldheim hat bewußt einen Teil seiner Vergangenheit verschwiegen und hat uns nicht ehrlich geantwortet, als er behauptete, er habe von den Partisanengreueln am Balkan nichts gewußt."[69] Es gehe in der Diskussion nicht darum, ob Waldheim Nazi und/oder Kriegsverbrecher gewesen sei oder nicht – er war beides nicht, aber er „hat Teile seiner Biographie verschwiegen"[70].

Festzuhalten an der bisherigen „Kurier"-Kommentierung ist einerseits, daß für Waldheim eine Art journalistischer Unschuldsvermutung bezüglich der gegen ihn erhobenen Vorwürfe geltend gemacht wurde. Die Ursache für die Diskussion über seine Vergangenheit wurde andererseits hauptsächlich in seiner Person und in seinem Verschweigen gesehen. Dementsprechend selten waren auch – im Gegensatz zu anderen Tageszeitungen – vorerst die Hinweise, Vermutungen (und zu diesem Zeitpunkt Unterstellungen), die SPÖ hätte von seiner Vergangenheit gewußt beziehungsweise diese stünde hinter der Veröffentlichung. Vor allem die SPÖ „hätte die staatstragende Vernunft aufbringen müssen, zur Ruhe zu mahnen", auch als „politischer Gegner, der sein Zugpferd Kurt Steyrer weit im Hintertreffen gewußt hat (...). Aber die Regierung, die von den internationalen Verdiensten Waldheims mitprofitierte, schaut beinahe hämisch zu, wenn spekulative Angriffe statt emotionslose Klärung erfolgen, wenn Ankündigungen angeblicher Belastungsmaterialien statt Beweise vorgebracht werden."[71] Es sei „als eine Art höherer Gerechtigkeit zu betrachten, daß Bundeskanzler Fred Sinowatz bei seinem Staatsbesuch in den USA ohne jeden Zweifel einen sehr schweren Stand haben wird. (...) Da er es war, der beschlossen hat, Waldheims Vergangenheit zum Wahlkampfthema zu machen, und sich selbst ganz massiv engagiert hat, ist es nur recht und billig, wenn er sich jetzt da anstrengen muß."[72] Der SPÖ wurde aber zumindest im selben Ausmaß ihr Umgang mit der NS-Vergangenheit vorgeworfen. „Sie entsetzt sich über Waldheims angebliche NS-Vergangenheit, obwohl es in ihren Reihen an (natürlich total geläuterten) Nazis nicht mangelt. Oder: Der Ex-VOEST-Chef Apfalter und sein Betriebsratsobmann Ruhaltinger waren sich in ihrer Meinung über die ‚ÖIAG-Juden' einig. Wenn nun Bruno Kreisky eine jahrzehntelange Freundschaft zwischen sich und Kurt Waldheim ‚zerbrechen' sieht, dann soll er sich nicht kränken, er hat immer noch seinen guten alten Freund Friedrich Peter, der bei der SS seine Pflicht getan hat."[73] In einem anderen Kommentar monierte wiederum

Rauscher, daß der, der Kurt Waldheim kritisiere, selbst diesbezüglich glaubwürdig sein müsse. „Die SPÖ, die einen Friedrich Peter gehätschelt und einen Frischenschlager geduldet hat, ist total unglaubwürdig."[74] Eine massive publizistische Breitseite gegen die SP fuhr Walter Jambor in einem Gastkommentar. Das Verhalten der Sozialisten sei das Zeichen für „ein staatsbedrohendes System historischer (Mit-)Schuldverdrängung", nämlich dergestalt, daß „die Ahnen der SPÖ, Viktor Adler und Engelbert Pernersdorfer aus dem deutschnationalen Lager kamen" und deren Nachfahren „entweder als Verneiner Österreichs in der Emigration verstorben sind (Otto Bauer) oder sich nach dem unverdächtigen Zeugnis von Adolf Schärf erst nach 1943 ‚langsam' (Schärf) zur Selbständigkeit Österreichs bekannt haben (Karl Renner, Schärf, Karl Seitz)."[75]

Wiederum massiv virulent wurde Waldheims Vergangenheit und sein „Vergessen" im Zuge der Arbeit und des Endberichtes der internationalen Historikerkommission. Die in der Zwischenzeit publizierten Kommentare – sofern sie diesen ersten Aspekt betrafen – unterschieden sich kaum von den bisher zitierten. Waldheim wurde ein hohes Maß an Unglaubwürdigkeit attestiert, diese Unglaubwürdigkeit und das – als bewußt interpretiert – Verschleiern dieser Vergangenheit wurden als Primärursachen der Diskussion festgemacht, aber streng von den sonstigen Angriffen gegen ihn getrennt. „Die Lüge über seine opportunistische Anpassung an den Nationalsozialismus ist eine Sache – und schlimm genug. Aber dieser Opportunismus muß streng unterschieden werden von freiwilliger enthusiastischer Unterstützung der Nazi-Ideologie oder der direkten (im Gegensatz zum passiven Wissen) Teilnahme an Nazi-Kriegsverbrechen. Es gibt tatsächlich genügend Beweismaterial, das der JWK später sammelte, um ernsthafte Fragen über die Glaubwürdigkeit von Waldheims autobiographischen Betrachtungen aufzuwerfen und an seiner Ehrlichkeit und Unschuld zu zweifeln."[76]

So wie es in der Wahlkampfphase selten direkt, sondern zumeist „durch die Blume" von seiten des „Kurier" ausgedrückt wurde, mit diesem Umgang mit der Vergangenheit, nicht aber ob dieser Vergangenheit sei Waldheim wenig glaubwürdig und demnach ein wenig geeigneter Präsident für Österreich, läßt sich die Kommentierung des Historikerberichtes auf zwei Kurzformeln bringen: Sollte Waldheim von Kriegsverbrechen auch nur gewußt haben, so bliebe wohl nur der Rücktritt, denn gerade dies habe er immer bestritten. „Wiesenthal hat nun bei seiner Pressekonferenz zu der Affäre bemerkenswerte Aussagen gemacht: Waldheim sei unschuldig, aber zu einer Belastung geworden. Er müsse von der Ermordung der britischen Soldaten gewußt haben, sei einer der ‚bestinformierten Offiziere' des Stabes von Löhr gewesen. Wenn die Historikerkommisssion ihre Arbeit abgeschlossen habe, erwarte er sich eine ‚Reaktion Waldheims'. Sollten sich die Verdachtsmomente über den Informationsstand Waldheims erhärten, könnte der Bundespräsident ohne Gesichtsverlust zurücktreten. Kurt Waldheim sagt, solche Dokumente seien ‚nie über seinen Tisch gegangen'. Die Paraphe muß auch nicht die seine sein. Aber sollte die Historikerkommission zu dem Schluß kommen, Waldheim habe von der Ermordung der britischen Soldaten gewußt, so dürfte innerhalb der SPÖ der Druck in Richtung Rücktrittsforderung übermächtig werden."[77] Die zweite Kurzformel lautet: Wissen sei noch keine Schuld, schwerer und rücktrittswürdig wiege aber das Faktum der permanenten und vor allem bewußten und vorsätzlichen Leugnung. „Nun muß Wissen noch keine Schuld sein, aber Waldheim hat ja immer geleugnet, vom Abtransport zehntausender Juden aus Saloniki und den griechischen Inseln gewußt zu haben, obwohl es ein Dokument gibt, wonach der ‚Judenabschub' klar ‚auf Weisung Oberkommando Heeresgruppe E, Ic/AO' erfolgte. Ic/AO war Waldheims Abteilung"[78]. Allerdings müsse – so Rauscher in einem anderen Kommentar – dieses Wissen und das davon abzuleitende bewußte und vorsätzliche Leugnen von der Qualität der bewußten und vorsätzlichen Lüge seitens der Historikerkommission auch wirklich wasserdicht argumentiert werden. „Mit Sicherheit kann man nur eines von ihm behaupten: Er hat einen wichtigen Teil seiner Kriegsvergangenheit konsequent verschwiegen und verschleiert, weil er so ganz genau wußte, daß ihr Bekanntwerden seine internationale Karriere zerstören würde." Dies würde aber seiner Meinung nach nicht für einen Rücktritt ausreichen. „Es hätte es rechtfertigen können, ihn nicht zu wählen." Aller Wahrscheinlichkeit werde die Historikerkommission feststellen, „daß der Oberleutnant Kurt Waldheim auf Grund seiner Stellung im Stab der Heeresgruppe E einer der bestinformierten Offiziere am Balkan war. Sie wird vermutlich auch feststellen, daß Kurt Waldheim auf Grund dieser Stellung von verschiedenen Greueln, wie Massaker an der griechischen und jugoslawischen Zivilbevölkerung, Deportation von Juden aus Griechenland in Vernichtungslager und Ermordung von gefangenen britischen Soldaten gewußt haben muß." Eine Vermutung, Waldheim habe wissen müssen, reiche für einen Rücktritt nicht aus, ihm werde schon „auf Grund von Dokumenten" bewiesen werden müssen, daß er „die Unwahrheit sagte", um ihn in den Augen Rauschers für rücktrittsreif zu erklären. „Kann aber Kurt Waldheim nicht eindeutig die Unwahrheit nachgewiesen werden (oder tauchen keine neuen gravierenden Fakten auf), so muß Österreich weiter mit Kurt Waldheim leben wie wir es der Demokratie, unserem inneren Frieden und schließlich auch ihm selbst als Menschen mit Anspruch auf ein gewisses Mitgefühl schuldig sind."[79] In dieselbe Richtung argumentierte Rauscher auch zu dem Zeitpunkt als – was damals noch nicht geklärt war – Ende Jänner 1988 das ominöse jugoslawische Dokument im „Spiegel" auftauchte[80]: „Wenn es echt ist, gerät Kurt Waldheim in eine fast unhaltbare Lage. Nicht so sehr, weil er damit in ‚allernächste Nähe zu Kriegverbrechen' kommt (...). Was hätte er anderes tun sollen, als diesen Befehl seines Generals weiterzuleiten? Aber er hat immer behauptet, in ‚die Behandlung von Kriegsgefangenen und Zivilisten nicht verwickelt' (so das Weißbuch) gewesen zu sein. Und das wäre dann eben die glatte Unwahrheit gewesen."[81] Innerhalb dieses Argumentationsrasters waren dann auch Einschätzung und Kommentierung des Berichtes in sich schlüssig. „Die Kommission verlangt also von Waldheim, er hätte Held sein sollen. Was er, wie wir alle wissen, nicht ist. Und was, wie wir auch alle wissen, wir selbst auch nicht sind oder gewesen wären. (...) So aber ist im Grunde die alte Situation wieder da: Waldheim ist faktenmäßig freigesprochen (woran ohnehin nie ein Zweifel war), aber moralisch schwer angeschlagen. (...) Der Schaden, den ein Verbleib Kurt Waldheims für unsere internationale Reputation bedeutet, ist groß. Aber der Schaden für unseren inneren (Seelen-)frieden wäre bei einem Rücktritt größer."[82] Die Kommission habe über jemanden geurteilt, habe jemanden „be- und verurteilt, der sich nicht anders verhielt als Zehntausende andere auch."[83]

6.5.1.2. Die Kommentierung von Antisemitismus und antisemitische Inhalte in der Kommentierung

Die erste Phase der Auseinandersetzung um Waldheims Vergangenheit war auch davon bestimmt, den „World Jewish Congress" – in der Kommentierung! – möglichst nicht zu erwähnen, was auch damit im Zusammenhang stand, daß bis zum Ende der Debatte[84] Waldheim selbst die Hauptverantwortung dafür zugeschrieben wurde[85].

Der erste greifbare Kommentar zum WJC stammt vom 25. März 1986, also drei Wochen nach Beginn der Auseinandersetzung, und war eine Auseinandersetzung mit dem zunehmend antisemitischen Diskurs im Land[86]. „Das Unglück ist passiert. (...) 40 Jahre nach dem Krieg finden wir in unserer Sprache wieder Begriffe wie ‚jüdische Kreise in New York', antisemitische Gefühle werden wieder angesprochen in einem Land, dessen Vergangenheitsbewältigung darin bestand, daß Beethoven zum Österreicher und Hitler zum Deutschen gemacht wurde. (...) Es geht aber nicht darum, ob der Jüdische Weltkongreß, die jüdischen Zeitungen in New York, die koreanischen Pfadfinder, die Bierdeckel-Sammler in Haiti Vorwürfe an Waldheim adressieren. Es geht um eine ernsthafte Auseinandersetzung mit ernsthaft erhobenen Vorwürfen, eine offene und freimütige Auseinandersetzung mit einer Vergangenheit, die Millionen von Juden in Konzentrationslagern in die Vergasungskammern gebracht hat."[87] Durchgehend verwahrte sich der „Kurier" gegen den antisemitischen Zungenschlag, egal zu welchem Zeitpunkt und übte in diesem Zusammenhang massive Kritik an der ÖVP beziehungsweise an Exponenten der Volkspartei[88]. „ÖVP-Obmann Alois Mock, sonst die Mäßigung in Person, hat sich aus Angst um den von ihm erfundenen Kandidaten Waldheim in einen bedenklichen Zungenschlag hineintreiben lassen. Der Ton, in dem Mock (er ist auch Vorsitzender der internationalen Union Christdemokratischer Parteien) über ‚den Herrn Israel Singer vom Jüdischen Weltkongreß' sprach, hatte etwas Hetzerisches an sich. Auch wenn es sicher nicht so gemeint war. Ähnliche Töne schlug übrigens auch Kurt Waldheim an."[89] Das Verhalten der Volkspartei in der „Causa Hödl" könne zu einem „‚Verlust der Mitte'" führen, „wenn sie fortfährt, die Hödls dieses Landes in Schutz zu nehmen". Die politische Kultur des Landes werde „durch die Art ruiniert, mit der Mock/Graff in der Verteidigung Waldheims überreagieren und in der Duldung der Hödls leisetreten."[90] Dieselbe Kritik an der ÖVP übte Rauscher auch im Gefolge des Verhaltens der Partei nach dem Bekanntwerden von Graffs „L Express"-Interview[91]. Es sei eine „schreckliche, trostlose" Vorgangsweise der Volkspartei. Einem wie Graff „ist nicht mehr zu helfen. Diese monströse Geschmacklosigkeit verrät einen Mangel an Urteilsvermögen, der bei einem Spitzenpolitiker einfach nicht vorkommen darf"[92], wobei Graff das „Gefühl oder Gespür" dafür, „wann eine Grenze überschritten ist (...) nie besessen hat."[93] Karl Gruber habe mit seinem antisemitischen Kommentar zur Historikerkommission „bewiesen, daß er – und viele, die auch so denken – seit über 40 Jahren nicht begriffen hat, worum es damals ging: um Menschlichkeit und Anstand."[94] Heinz Nussbaumer schrieb zum Verhältnis Volkspartei und Antisemitismus: „Nicht die Biedermänner spielen derzeit Brandstifter, sondern die Spitzenpoltiker. Über pure Gedankenlosigkeit, unfaßbare Unsensibilität und politische Verrohung ist ihr Ton – oft enthüllend ungewollt – bis hin zum kaum verdeckten Judenhaß verkommen. Hödl, Graff, Gruber – Sie wirken jetzt fast wie Marginalien, mißt man sie an jener Unfaßbarkeit, die Vorarlbergs Landeshauptmann Purtscher am Wochenende losließ. Herr Bronfman habe offenbar aus der Geschichte seines Volkes nichts gelernt. Und Anständigkeit müsse wieder über Schlauheit und Gerissenheit siegen. (...) Hier war es also wieder, das Gespenst des ewigen Juden, listenreich und verschlagen – und letztlich allein an seinem Schicksal schuld."[95] Die Kommentierung zeichnet sich durch ein konstantes Muster aus, nämlich dergestalt, daß „die Juden" ob der nationalsozialistischen Vergangenheit nicht nur durchaus, sondern besonders legitimiert seien, sich mit Waldheims Vergangenheit auseinanderzusetzen beziehungsweise auf „dieses Thema" sensibel zu reagieren[96]. „Selbstverständlich muß man die Haltung des Jüdischen Weltkongresses auch in Sachen Kurt Waldheim und seiner Militärvergangenheit verstehen: Das jüdische Volk hat auch durch unser Land unglaubliches Leid erfahren. Gemessen daran ist das übers Ziel schießen des Weltkongresses bei einigen Aussagen über Waldheim über unser Land nicht von Bedeutung.“[97] Somit waren mit der solcherart argumentierten und zugestandenen Legitimität auch zwei andere Ebenen eingeführt: erstens der Konnex zu Österreich und die mangelnde Wiedergutmachung[98] (die freilich auch einen ganz anderen Zungenschlag bekommen könne[99]), aber auch die Kritik an der Vorgangsweise des WJC. „Ich gestehe dem Jüdischen Weltkongreß, auch dann, wenn er sich hier nur um eine private Organisation handelt, zu, sich mit der Vergangenheit Waldheims zu beschäftigen. Die Frage hat nicht zu lauten, woher stammen die Informationen, sondern stimmen sie. Nur bitte, wenn es belastende Beweise für Waldheims Vergangenheit gibt, komplett auf den Tisch damit. Nicht Bruchteil für Bruchteil kurzfristig unüberprüfbar ohne Gelegenheit für den Betroffenen sich ausreichend zur Wehr zu setzen.“[100] Damit ist die dritte Ebene der anfänglichen Kommentierung gegeben, nämlich die Deutung der Vorwürfe, die vorerst als Unkenntnis und wenig später – zunehmend, aber nicht durchgehend schärfer formuliert – als Unseriosität hingestellt wurden[101]. „Ob Waldheim ein Kriegsverbrecher war? Auch das hat niemand behauptet – abgesehen von dem etwas dümmlichen Herrn Singer vom Jüdischen Weltkongreß.“[102] Wenig später schrieb dazu Rauscher: „Der ‚World Jewish Congress‘ hat von Beginn an dünnes Material bewußt überinterpretiert. Nun stellt er die Tatsache, daß Waldheim ein ‚Memorandum‘ zu den Vorwürfen gegen ihn auf Grund von neuen Zeugenaussagen aktualisiert hat, als ‚Dokumentenfälschung‘ hin. Er ist damit endgültig unglaubwürdig geworden.“[103] Ob diese Attribuierungen als antisemitisch zu qualifizieren sind oder nicht, soll an dieser Stelle nicht entschieden werden. Festzuhalten ist jedoch ein zunehmend abwertender Ton dem WJC gegenüber, wobei allerdings – konkret auf diesen bezogen – Formulierungen wie jene Rauschers eine absolute Ausnahme bildeten. „Es wird sich auch nichts daran ändern, daß auch das gutwillige Ausland Waldheims Rücktritt erwartet. Vom böswilligen und dummen Ausland – verkörpert im unsäglichen Edgar Bronfman, Präsident des ‚World Jewish Congress‘ – gar nicht zu reden.“[104]

Eine deutliche Anspielung auf die daherphantasierte jüdische Allmacht in Gestalt der „jüdischen Lobby“ – und in diesem Kontext Lobby als ausschließlich „jüdisch“ attribuiert – in den USA findet man zu dem Zeitpunkt, als erstmals ein mögliches Einreiseverbot Waldheims in die USA die Runde machte. „Es geht auch darum, die jüdischen Stimmen zu gewinnen. Allerdings erweist sich die vom Jüdischen Weltkongreß (WJC) gespielte Karte als politisches Va banque Spiel.“[105] Wesentlich aggressiver wurden israelische Stellungnahmen im Kontext mit Waldheim kommentiert. „Was der israelische Außenminister Yitzak Shamir im israelischen Parlament zu Kurt Waldheim gesagt hat, ist eine schwere Beleidigung für jene Österreicher, die Israel wohlwollen. Shamir sagte, Israel wolle versuchen, unter westeuropäischen und amerikanischen Politikern Verbündete für ‚den Kampf gegen Waldheim' zu finden. Israel sei da ‚sehr aktiv'. (...) Gegen die Anmaßung eines Mannes wie Shamir muß man ihn [Waldheim] ganz entschieden in Schutz nehmen", denn von ihm wisse man, daß er ein ehemaliger Terrorist sei. „Nicht nur wir müssen Rechenschaft über unsere Vergangenheit ablegen."[106] Wiederum Hans Rauscher hielt es für „eine Provokation, wenn uns aus Israel dauernd offiziell und inoffiziell unter die Nase gerieben wird, solange Waldheim Bundespräsident sei, werde kein israelischer Botschafter nach Wien entsandt. Israel hat Anspruch auf besondere Rücksichtnahme, gerade von Österreich. Aber es wäre besser, wenn die israelischen Stellen sich klüger verhielten." Dieses „provokante Auftrumpfen" Israels „fordert Reaktionen geradezu heraus. Es könnte uns wirklich nichts anderes übrig bleiben, als unsere Botschaft in Israel ebenfalls nur mit einem zweitrangigen Diplomaten zu besetzen."[107] Wilhelm Kuntner schrieb in einem Gastkommentar: „Diesen Beitrag hätte ich auch geschrieben, wären ähnlich wahrheitsverzerrende Angriffe gegen Kurt Steyrer erfolgt. Dieser amerikanische Beitrag zur ‚Vergangenheitsbewältigung' erinnert mich nicht an die ‚Arroganz der Spätgeborenen', sondern an eine ‚Präpotenz der Mächtigen' und diese sogar in Zusammenhang mit der grauenhaften Hitlerschen Sippenhaftung."[108]

6.5.1.3. Waldheim, Österreich und die NS-Vergangenheit

Zwei dieses Thema betreffende Aspekte wurden bereits in den ersten beiden Abschnitten der „Kurier"-Analyse herausgearbeitet. Zum einem das typisch-österreichische an Kurt Waldheim[109] zum anderen – in der Relation wesentlich weniger häufig – die Legitimität „der Juden", sich ob des Holocaust für – in diesem Fall Waldheims – NS-Vergangenheit zu interessieren.

In der Folge soll das besondere Augenmerk auf den Täter-Opfer-Diskurs beziehungsweise auf die Erwähnung von Tätern und Opfern in Zusammenhang mit Waldheims Vergangenheit sowie den Aspekt „Vergangenheitsbewältigung" gelegt werden. „Beurteilt man das damalige Verhalten Waldheims, so muß man zu dem Schluß kommen, er habe nur das getan, was so viele andere Österreicher auch getan haben. Er ließ etwas mit sich geschehen."[110] Doch nicht nur dieser, auf die persönliche Situation abzielende Opferdiskurs wurde in diesem Zusammenhang gepflegt. Walter Jambor verteilte nicht nur – wie bereits weiter oben zitiert – an die Sozialisten negative Zensuren, auch die Siegermächte hätten, so Jambor, ihre historische Lektion nicht gelernt. „Dieselben Siegermächte von 1918, die Österreich mit einem Anschlußverbot bedachten, haben 1938, als die Okkupation von Hitler-Deutschland erfolgte, keinen Finger gerührt."[111] In dieselbe Kerbe schlug Emil Spanocchi, der ebenfalls in einem Gastkommentar schrieb: „Da standen wir nun als Bürger eines Staates, der von allen Staaten, die uns heute Mores [!] lehren, sitzengelassen war, obwohl wir als einziges Land der Welt in den vorgelaufenen Jahren mit Blut und Tränen gegen die braune Welle gekämpft haben."[112] Wesentlich intensiviert wurde diese Diskussion um den Opfer- beziehungsweise Nicht-Opferstatus im Vorfeld des Jahres 1988 und dem damit verbundenen Gedenken an den März 1938 geführt – eine Diskussion, die im „Kurier" bereits ab Mitte 1987 festmachbar ist. „Nächstes Jahr sind es dann 50 Jahre, daß Österreich halb willig, halb unwillig, jedenfalls aber gelähmt und unfähig zur Gegenwehr von Hitler-Deutschland kassiert wurde. (...) Österreich ist 1938 zugrunde gegangen, weil damals niemand an die Zukunft des Landes glaubte. 1988 müssen wir auch den Glauben an die Zukunft demonstrieren."[113] Dieses sowohl-als-auch wurde durch einen Gastkommentar des Wien-Korrespondenten der „NZZ", Rudolf Stamm massiv in Zweifel gezogen: „Jedermann im Westen gönnt Österreich die Freiheit, die es im Unterschied zu anderen Ländern Zentraleuropas nach 1945 wieder erhielt, aber niemand nimmt ihm offenbar ab, im März 1938 ohne eigenes Zutun dem Dritten Reich einverleibt worden"[114] zu sein. Besieht man sich hingegen den Zeitverlauf, wann die Frage des Opferstatus behandelt wurde und bringt sie in Übereinstimmung damit, wann diese Frage wie beantwortet wurde, so zeigt sich als Ergebnis: Je näher zum Märzgedenken und vor allem vor dem zeitlichen Hintergrund des anstehenden beziehungsweise des übergebenen Historikerkommissionsberichtes, desto stärker wurde auf der – zum Teil sprachlichen – Klaviatur der Opferthese gespielt. Im „Gedenkjahr" werde „der Vernichtung der Eigenstaatlichkeit Österreichs vor 50 Jahren"[115] gedacht, der „Einmarsch der Hitler-Truppen" habe zur „Auslöschung der politischen Selbständigkeit unserer Heimat"[116] geführt, es gehe um das „Gedenken an die Auslöschung der Eigenstaatlichkeit Österreichs vor 50 Jahren"[117], ebenso „wie Waldheim international keinen einzigen Verteidiger gefunden hat, wird auch die Republik Österreich allein und für sich stehen. Das kennen wir schon"[118] – aber auch: Die „Erinnerung an 1938 heißt sicher nicht dem Druck von außen, sich vom Ausland nicht im Stich gelassen fühlen und neue Opfertheorien entwickeln."[119]

Somit läßt sich an dieser Stelle als Zwischenergebnis zusammenfassen, daß der Topos des überfallenen Österreich, als ausschließliches Opfer der Aggression von außen bei weitem dominierte. Besieht man sich die Ebene der individuell-kollektiven Opfer, so hieß es Anfang April 1986 lapidar: „Es war Krieg und kein Kriegsspiel. Das sollten bitte auch jene Herrschaften begreifen, die heute über jene Zeit urteilen. Jeder Krieg bedeutet Töten – in welcher Form und unter welchen Bedingungen auch immer."[120] Zu Beginn der Debatte dominierte ganz eindeutig der Opferdiskurs der Soldaten, aus aktuellem Anlaß vor allem der am Balkan kämpfenden Soldaten. „Mit erhobenen Händen erinnert sich das ehemalige NSDAP-Mitglied an Kosaken und Ustascha-Regimenter, die sich an den Feinden rächten („Uns hat der Feind auch bei lebendigem Leib das Glied abgeschnitten'). Der Militärhistoriker Manfried Rauchensteiner sagte, es sei eine ‚Erscheinung des Partisanenkrieges', in dem jede Seite mit ‚immenser Grausamkeit gegen die andere Seite vorgegangen ist'"[121]. Diese Art von Schuldzuschreibung erfuhr erst später eine Relativierung. „Jugoslawien war das Opfer. Das Opfer eines nicht provozierten Überfalls durch Hitlerdeutschland. Gewiß, die Partisanen haben sich auch große Scheußlichkeiten zuschulden kommen lassen. Aber sie waren die Angegriffenen, sie haben ihre Heimat verteidigt. Und zwar gegen eine Besatzungspolitik, die von Anfang an auf Ausrottung und Versklavung ausgerichtet war. Wie der ganze Krieg."[122] Trotzdem blieben die Soldaten – und somit auch Kurt Waldheim – die dominante Opferkategorie im gesamten Diskurs. „Wer diese [Krieger]Denkmäler wegwünscht, kann nicht die Wahrheit wollen, er verdrängt den Tod von fast 300.000. In praktisch jeder Familie ein Vater, ein Großvater, ein nächster Verwandter. Tod und Todesnot hat für die Menschen, die das zu tragen hatten, keine Vorzeichen. Daß auch dieser tausendfache Tod Opfer war, müssen wir ganz einfach bedenken, wenn wir eine für alle gemeinsame Zukunft wollen."[123] Besieht man sich in diesem Zusammenhang „die Juden" als Opfergruppe, deren Thematisierung in diesem Kontext ja nicht so abwegig gewesen wäre, so scheinen diese im Zusammenhang mit der österreichischen Nachkriegsrealität auf[124]. Die „Behandlung der Emigranten" sei „schändlich" gewesen, weshalb der Vorschlag, „den rund 5000 russischen Juden in Österreich die Staatsbürgerschaft anzubieten, (...) eine starke Geste"[125] wäre.

Konkrete Hinweise auf Täter im Zusammenhang mit der Affäre sind nur spärlich und wenn, dann auch nur auf zumeist kursorischer Umschreibung zu finden. So berichtete Waldheims (Entlastungs)Zeitzeuge, zu „80 Prozent sei die Heeresgruppe E eine österreichische Angelegenheit"[126], und diese sei „unter anderem für die Deportation von 46.000 Juden aus Saloniki zuständig und zu Kriegsende zur Partisanenbekämpfung eingesetzt"[127] gewesen. Weiters sei die Gründung eines Instituts für Antisemitismusforschung durchaus angebracht, denn – so wurde Simon Wiesenthal zitiert –, dies wäre gerade „zum 50. Jahrestag (...) eine moralische Wiedergutmachung, denn ein großer Teil dieser Pest kam ja von hier."[128]

Die gesamte Kommentierung – sofern sie darauf einging – des „Kurier" durchzieht die Analyse, daß Kurt Waldheim nicht nur eine typisch österreichische Vergangenheit im „Dritten Reich" gehabt habe, daß er einen typisch österreichischen Umgang mit dieser gepflegt habe, sondern daß die Diskussion um diese Vergangenheit ein Resultat des Umgangs der Republik und ihrer Bürger mit dieser Vergangenheit sei[129]. So schrieb am Beginn der

Auseinandersetzung der Zeithistoriker Gerhard Jagschitz in einem Gast-kommentar: „Der Nationalsozialismus wurde nicht überwunden, er wurde tabuisiert und verdrängt. Wir haben nie unsere Trauerarbeit geleistet. (...) Wir haben uns international einigermaßen erfolgreich als Opfer Hitlers ver-kauft, haben unsere Taten verharmlost und daneben die Menschen des tat-sächlichen Widerstandes, die sich nirgends anschließen wollten, aus der poli-tische Wirksamkeit ausgeschlossen."[130] Die nunmehrige Debatte sei das Re-sultat dieses jahrzehntelangen Verdrängungsprozesses, denn „was man ver-drängt, kommt dann oft doppelt unangenehm hoch. Österreich zahlt jetzt für seine 40 Jahre alte Lebenslüge, daß wir eh die reinen Lamperln waren."[131] Der Wunsch, es möge doch die Debatte um Waldheims Vergangenheit been-det werden, liege im tiefen „Unbehagen (...), das so viele befällt, wenn sie gezwungen werden, sich mit dem Tabu-Thema Nationalsozialismus in Öster-reich auseinanderzusetzen." Eine „beträchliche Anzahl von Mitbürgern, vor allem ältere", wollen „im Grunde nicht (...), daß über solche Angelegenheiten überhaupt berichtet wird"[132]. Österreich bezahle aber nicht nur die Rech-nung für die Verweigerung, sich dieser Zeit zu stellen, anhand der antisemiti-schen Entgleisung Michael Graffs im November 1987 räche „sich auch (...) das Versäumnis, daß in Österreich nach 1945 der Antisemitismus nicht ge-ächtet wurde. Darum kann es auch 1987 immer noch Fehlleistungen wie jene Graffs geben; darum ist es möglich, daß 1987 ein Rechtsradikaler wie der Freiheitliche Dürr für einen Landtag kandidiert."[133]

6.5.1.4. Zusammenfassung

Der „Kurier" nahm nicht Anstoß an Waldheims SA-Mitgliedschaft bezie-hungsweise an seiner Kriegsvergangenheit, sondern am Umgang Waldheims mit dieser, was auch als primäre Ursache der gesamten Debatte gedeutet wur-de. Dieses würde ausreichen, ihn nicht zu wählen, nicht aber dafür, ihn nach der erfolgten Wahl zum Rücktritt aufzufordern. Dem WJC wurde zugespro-chen, es sei aus der Opferperspektive legitim, sich mit Waldheims Vergan-genheit auseinanderzusetzen, jedoch wurde die Art und Weise zunehmend aggressiver abgelehnt. Nachhaltig Kritik wurde an der Volkspartei, deren Proponenten und der Instrumentalisierung des Antisemitismus geübt. So-fern es die Täter-Opfer-Perspektive betrifft, formulierte der „Kurier" beina-he ausschließlich Opferpositionen, die des Staates Österreich und die der Soldaten. Andererseits wurde darauf hingewiesen, daß die österreichische NS-Vergangenheit in der Zweiten Republik verdrängt wurde, die Soldaten pri-märe Opfer des Regimes gewesen seien, die Juden hingegen vor allem als Opfer der Nachkriegspolitik zu begreifen seien.

6.5.2. Arbeiter Zeitung

6.5.2.1. Die Person Waldheims, dessen Vergangenheit und der Umgang mit derselben

Vorerst dominierten zwei Aspekte die Kommentierung der „Arbeiter-Zeitung"; erstens die Frage nach Glaubwürdigkeit und moralischer Autorität Waldheims und zweitens der Hinweis darauf, die SPÖ stecke nicht hinter der Diskussion über Waldheims Vergangenheit. Waldheim „ist der Öffentlichkeit den Gegenbeweis zunächst einmal deshalb schuldig, weil schon die Tatsache, daß jemand, und sei es nur als Hobbyreiter, ungezwungen der Sturmabteilung der Nazipartei beitrat, seine Qualifikation für das höchste Amt im Staat von vornherein in Frage stellt (...). Wenn Waldheim diese Schatten der Vergangenheit gefürchtet und in seiner Biographie deshalb wenig Aufschluß über jene Zeit gegeben hat, wäre das schlimm, aber noch verständlich. Wenn er aber jetzt gegenüber den ‚profil'-Beweisstücken bewußt die Unwahrheit gesagt hat, ist er als Staatsoberhaupt dieser Republik absolut ungeeignet."[134] In der folgenden Kommentierung wurde der Zusammenhang zwischen NS-Vergangenheit und moralischer (Dis-)qualifikation kaum mehr thematisiert[135], sondern die Hauptargumentation verlegte sich in die Richtung, daß Waldheims Verschweigen diesen disqualifiziere. „Der Wähler hat volles Anrecht darauf, alles über die Kandidaten zu erfahren, was von politischer Relevanz ist. Nur so ist ja eine Wahlentscheidung letztlich möglich. (...) Vorgeworfen wurde ihm ja nicht seine Reiterei, sondern sein Vertuschungsversuch."[136] Vorgehalten wurde Waldheim weiters, daß dieses Vergessen und Nichterwähnen nicht „zufällig", sondern mit voller Absicht geschah. Waldheim „hätte sich und Österreich die Aufregung ersparen können, wenn er seine Vergangenheit schon früher lückenlos ausgebreitet hätte. So aber bleibt zumindest die Frage im Raum, warum er seinen Kriegsdienst am Balkan so beharrlich – auch gegenüber den ihn seinerzeit befragenden US-Abgeordneten – verschwiegen hat. Befürchtete er, durch Erwähnung der Jahre 1942 bis 1944 seine UNO-Tätigkeit in Frage zu stellen?"[137] Nach der endgültigen Wahl wurden diese Themen wurden aus der Diskussion beziehungsweise aus der Kommentierung genommen.

Nachhaltig verwehrte sich die AZ auch in dieser ersten Phase gegen die Involvierung, beziehungsweise gegen die – nicht nur – von der Volkspartei unterstellte Drahtzieherschaft der SPÖ. „Der lange Arm der SPÖ reicht nicht nur bis in die Redaktion des Politmagazin ‚profil', das ja bekanntlich jede Woche mit seinen Enthüllungen sozialistische Propaganda betreibt. Er langt auch übers Große Wasser bis in die Chefetage der ‚New York Times' und bestimmt dort die Aufmacher auf der ersten Seite. So ungefähr scheint VP-Obmann Mock die Welt darstellen zu wollen, wenn er sich in dunklen Andeutungen über eine ‚gelenkte, abenteuerliche Verleumdungskampagne' ergeht, von der er schon wisse, woher sie komme, ohne daß er dabei aber konkret werden wolle“[138]. Die krauseste Zurückweisung formulierte der Schauspieler Fritz Muliar, ein Indikator dafür, daß man auch auf der „Linken“ mehr oder minder abstrusen Verschwörungstheorien nicht völlig abhold war: Es „wird eine (amerikanische) Agentur angeheuert, die genauso wie die Presseerzeugnisse des Boulevards dem Grundsatz huldigen, nur eine schlechte Nachricht sei ein gute Nachricht. Und nun kombiniere ich, daß das Werbeteam des Kandidaten Waldheim harmlose, aber die Gemüter erregende Tatsachen aus seinem Leben im Krieg und in der NS-Zeit, wie man so sagt, ‚unter die Leut‘ gebracht hat‘, gekoppelt mit der Schutzbehauptung: Die SPÖ hätte all die Meldungen (die später als Verleumdungen dargestellt werden) lanciert.“[139] Quantitativ dominanter war allerdings eine andere argumentative Ebene: Wie oben gezeigt wurde, war Waldheim nicht ob seiner Vergangenheit, sondern ob des Umgangs mit dieser moralisch für das höchste Amt im Staate ungeeignet. Untermauert wurde dies damit, daß sein Umgang mit seiner Vergangenheit Österreich schade. Argumentierten die Volkspartei und der Großteil der Tagespresse, wer Waldheim verdächtige, verdächtige und schade Österreich, so sah die diesbezügliche Argumentation in der AZ völlig entgegengesetzt aus. Waldheim bringe Österreich international Probleme, was ein weiterer Grund für seine Unwählbarkeit sei[140], womit also der „Empörungsdiskurs“ quasi umgedreht wurde. Also: Nicht das „Herumstochern“ und das Verdächtigen sei das Skandalöse, sondern daß Waldheim damit – das sozialistisch regierte, wie an dieser Stelle festgehalten werden muß – Österreich ins schiefe Licht bringe[141].

Bereits im allerersten Kommentar zu Waldheims Vergangenheit wies Scheuch darauf hin, daß die „Welt (...) die braunen Vergangenheitsflecken des Staatsoberhauptes unserer Republik sehr schnell Österreich anrechnen würde.“[142] Waldheim hätte – hätte er von vornherein die Wahrheit gesagt – „sich viel erspart – und dem Land“[143], was nicht nur als Gegenwartsanalyse, sondern auch als zu befürchtendes realistisches Zukunftsszenario aufgezeigt wurde[144]. Festzuhalten ist, daß dieser Diskurs bis zu Waldheims endgültiger Wahl am 8. Juni 1986 geführt wurde. In der Folge gab es gelegentliche Versuche, die Österreicher von Waldheim abzukoppeln, indem argumentiert wurde, Waldheim sei ja alles in allem von einer Minderheit gewählt worden: „Gleichzeitig dürfen aber 54,7 Prozent der erwachsenen Österreicherinnen und Österreicher, die Waldheim nicht gewählt haben, den Bundespräsidenten ersuchen, nicht kurzerhand einbezogen zu werden in den Kreis derer, für die – in bezug auf die vergangenen Jahrzehnte – ‚es nie zu spät ist, auch aus der Vergangenheit zu lernen‘.“[145]

Wiederum heftig ins Trudeln kam Waldheim in der AZ-Kommentierung nach der Watch-List-Entscheidung und im Zuge des Berichtes der internationalen Historikerkommission. Wurde im Zuge des Wahlkampfes – freilich zwischen den Zeilen formuliert – ein Rückzug Waldheims von der Kandidatur befürwortet, so geriet die damit zusammenhängende Argumentation zur mehr oder weniger unverhüllten Rücktrittsforderung. „Trotz der US-Versicherungen, daß kein feindseliger Akt gegen Österreich beabsichtigt sei, ist das US-Vorgehen eine große Belastung. Kurt Waldheim selbst könnte sie durch einen mutigen Schritt von uns nehmen."[146] Im Zusammenhang mit Graffs Rücktritt als ÖVP-Generalsekretär schrieb Hoffmann-Ostenhof, wiederum verklausuliert aber nichts desto weniger eindeutig auf Waldheim abzielend: „Es ist zu hoffen, daß Michael Graffs Rücktritt kein Einzelfall bleibt, daß er damit eine Tradition begründet hat. Wir brauchen solch eine Tradition. Und sie muß nicht auf Juden-Äußerungen beschränkt bleiben."[147] Als das ominöse, im „Spiegel" veröffentliche Telegramm auftauchte, glaubten die Kommentatoren – etwas übereilt – vorerst dies als Nachweis von Waldheims Schuld interpretieren zu können. Eine Fälschung sei „höchst unwahrscheinlich."[148], passe das Dokument doch „durchaus in das Bild des Dienstes, den Waldheim damals versah."[149] Mit der Klärung der Authentizität erhoffte sich Pelinka einen Nutzen für Österreich, „das nun schon lange genug unter einem so umstrittenen Präsidenten leidet."[150] Nach dem Erscheinen des Kommissionsberichtes kommentierte der damalige AZ-Chefredakteur: „Er ist durch Verschleierung seiner Biographie zum Generalsekretär der Weltorganisation geworden (...); und er hat sich mit dem Rückenwind dieser Position in Österreich wählen lassen. Auf der Strecke blieb die Wahrheit. Und genau das muß bei einem Staatsoberhaupt (...) unerträglich sein. Ich bin überzeugt, daß dies auch viele in der ÖVP, deren Obmann noch immer glaubt, einen ‚Sieg' verteidigen zu müssen, innerlich spüren. Und Kurt Waldheim selbst hätte die Möglichkeit, wenigstens jetzt den Wahrheitsgehalt seines Bekenntnisses zum Wohl dieser Republik durch einen großen, versöhnenden Entschluß zu beweisen. Zur ‚Pflichterfüllung' ist es jetzt hoch an der Zeit."[151]

6.5.2.2. Die Kommentierung von Antisemitismus und antisemitische Inhalte in der Kommentierung

Es bedurfte drei Wochen Auseinandersetzung um Waldheims Vergangenheit, drei Wochen, die von allem Anfang mit antisemitischem Zungenschlag geführt wurden, bis sich die AZ dazu erstmals äußerte. „Keine Frage: Angriffe des Jüdischen Weltkongresses sind bei bestimmten Schichten sicher unpopulär. Werden vermutlich auch Verdrängtes an die Oberfläche spülen. Aber ‚bestimmte jüdische Kreise' einer Kampagne gegen Österreich zu beschuldigen, überschreitet die Toleranzgrenze. Das – nicht Stellungnahmen jüdischer Gruppen, über deren Richtigkeit man streiten kann – ist der Schoß, aus dem der Antisemitismus kriecht"[152], was in der Folge der ÖVP vorgeworfen wurde. "Generalsekretär Graff kennt kein Halten mehr: Mit dem wirklich nur noch an Goebbels erinnernden Wort von den ,ehrlosen Gesellen des Jüdischen Weltkongresses', will er die Wähler zu der ,patriotischen Tat' aufrufen, einem Mann die Stimme zu geben, von dem sich der amerikanische Justizminister jetzt überlegen muß, ob er ihn noch in die USA einreisen lassen soll."[153] Dieser Vorwurf erstreckte sich allerdings nicht nur auf die Dauer der Wahlauseinandersetzung, sondern darüber hinaus. Die „Angst" der „Jüdischen Kultusgemeinde" sollte „unsere Angst werden: Wenn der Antisemitismus (...) in unserem Land so verbreitet ist, daß sich mit ihrem Gifthauch Wahlkämpfe schlagen lassen, dann sollten wir alle Angst haben."[154] Argumentiert wurde der Antisemitismusvorwurf verallgemeinernd-historisch damit, daß es nicht das erste Mal sei, daß die Volkspartei den Antisemitismus zu instrumentalisieren trachte und zweitens – wesentlich häufiger –, daß Antisemitismus ein zutiefst, nahezu genuin christlicher „Charakterzug" sei. Fritz Muliar wies die „Herren" von der ÖVP darauf hin, „diese Antisemitismuswalze hat ihre Partei schon öfters gespielt – Sie erinnern sich doch an die Plakate des staubtrockenen Herrn Dr. Klaus? Da war ein Kleber drauf: ,Ein echter Österreicher!' (Kreisky war keiner, was?)"[155] Ausgehend davon, daß sich die Volkspartei als christliche Partei definiere, bestand das quantitativ größere Ausmaß dieser historisch angelegten Argumentation in der Konstruktion einer mehr oder weniger direkten Kontinuitätslinie des christlichsozialen Antisemitismus über Auschwitz zur christlich-katholischen ÖVP anno 1986. „Die Nazi mußten eigentlich – bis zur Entwicklung der Vernichtungsmaschinerie – nichts erfinden, was nicht schon geistliche und weltliche Amtsträger vor ihnen für die Judenverfolgungen erdacht und ausgeführt hatten. Und wie als Illustration dazu die Reaktion polnischer Landbewohner von heute: obwohl selbst Opfer Hitlers, ließen sie in ihren Antworten bis hin zur Deutung des Holocaust als Strafe für die Hinrichtung Jesu erahnen, wie tief die antisemitischen Vorurteile in den Christen sitzen. Nur deshalb konnte Adolf Hitler aus Christen ,Arier' machen, die mittaten, zuschauten oder zumindest wegschauten."[156] In diesem Interpretationsrahmen wurde auch der Brief des damaligen Linzer Vizebürgermeisters Carl Hödl gestellt. Der Brief „bezeugt jene Geisteshaltung alter katholischer und neuerer rassistischer Vorurteile gegen die Juden, die dem Holocaust den Boden bereiteten (...). Daß Waldheim quasi mit Christus gleichgesetzt wird, müssen sich die Gläubigen mit Herrn Hödl ausmachen."[157] Michael Graffs „L'Express"-Interview wurde als „Gefühllosigkeit" gegenüber den sensiblen Themen unserer Geschichte" gedeutet. „Gefühllosigkeit, deren Erreger im alten christlichen Antisemitismus reiften. Wenn ein Herr Hödl in Dumpfheit Waldheim mit Christus vergleicht, wenn dem deutschen Bundeskanzler zum Holocaust nicht mehr einfällt als ein Gefasel von der ‚Gnade der späten Geburt' und wenn Herr Graff immer wieder durch die Fettnäpfe stapft, handelt es sich wohl nicht zufällig durchwegs um ‚christliche Politiker'."[158] Ebenfalls historisierend gedeutet wurde der antisemitische Ausfall Karl Grubers. Es sei zu fragen, „ob etwa Gruber nicht nur ausgesprochen hat, was in gewissen ÖVP-Kreisen der Ton für den Hausgebrauch (...) ist? Die noch erinnerlichen Ausfälle von Graff und Hödl lassen eine solche Vermutung nicht ganz abwegig erscheinen. Wenn das alles stimmt, so müßten sich vor allem die Widerstandskämpfer des konservativen Lagers (...) zur Wehr setzen. Sonst könnte der Verdacht aufkommen, ihr Einsatz gegen die Nazi habe nicht die Verteidigung der jüdischen Mitbürger eingeschlossen, habe nicht den alten Lueger-Antisemitismus überwinden können."[159]

Abschließend bleibt festzuhalten, daß die AZ jenes Blatt war, das den Antisemitismusvorwurf an die Volkspartei am häufigsten und am direktesten formulierte[160].

Hinzukam diesbezüglich auch Kritik an Medien, die sich – so die Interpretation der „Arbeiter-Zeitung" – antisemitisch äußern, wie zum Beispiel „Presse"[161] oder die „Neuen Kronen Zeitung"[162].

Dieser eindeutigen Positionierung stand ein eigenartig apologetischer Relativismus entgegen, der dann ins Spiel gebracht wurde, sobald es die Frage SPÖ und Judentum berührte. Das Parteiorgan der Kärntner SPÖ, die „Kärntner Tageszeitung" brachte es zustande, Waldheims Sieg im ersten Wahlgang so darzustellen, als müsse sich Waldheim beim „Weltjudentum" bedanken. „Gedankenlos wohl war es auch – anders kann, darf [!] es nicht sein!" – eine solche Überschrift zu verwenden. „Denn abgesehen von der inhaltlichen Rätselhaftigkeit dieses Titels müßte dem, der an ihm bastelte, doch wohl bei dem schon einmal als so fürchterliche Waffe gebrauchten Wort ‚Weltjudentum' ein grausiger Schreck in die Knochen gefahren sein. Wäre er nicht gedankenlos gewesen."[163] Wenn die SPÖ ihrem antizionistisch getünchten Antisemitismus frönt(e) und dabei „die Vergangenheit israelischer Politiker ins Treffen" führte, dann tat sie das gegenüber „der hartnäckigen Diffamierung der PLO durch die offizielle israelische Politik als ‚Terroristenbande'", weshalb „der Hinweis auf die auch terroristischen Hintergründe der israelischen Staatsgründung durchaus gerechtfertigt" sei. Aber, wenn das „offizielle Organ der ÖVP ‚Volksblatt'" schreibe, der „Jüdische Weltkongreß' soll ‚den österreichischen Präsidentschaftskandidaten in Frieden lassen.' Er soll sich lieber um die ‚Blutspur des jüdischen Terrorismus' kümmern", dann sei dies „offener und kalkulierter Antisemitismus."[164] Dieselbe Argumentation fand sich auch, wenn die antisemitisch „unterfutterte" Laudatio jordanischer Blätter mit der Begründung nicht zurückgewiesen wurde, die „Araber erleben Juden immerhin als ein wehrhaftes Volk, als einen bis zu den Zähnen bewaffneten Staat und als eine Art Kolonialmacht. Das ist der Hintergrund ihrer paranoiden Dämonisierung. Das mag man vielleicht nicht entschuldigen. Aber verstehen kann man."[165] Schließlich ist durchgehend – wenngleich wenig häufig – belegbar, das die Thematisierung von Waldheims Vergangenheit durch den „Jüdischen Weltkongreß" als absolut legitim kommentiert und bewertet wurde. „Shamir, dessen Angehörige alle unter Hitler umkamen, [hat] jedes Recht, sich aktiv dafür zu interessieren, was geschah, als Waldheim seine ‚Pflicht' tat."[166] Im Gefolge der Watch-List-Entscheidung schrieb wiederum Hoffmann-Ostenhof: „Sicherlich – und wie denn auch nicht! – sind die jüdischen US-Bürger besonders sensibel, wenn es um die Nazizeit geht."[167]

6.5.2.3. Waldheim, Österreich und die NS-Vergangenheit

Eine wesentliche Argumentationsfigur der weiter oben analysierten (negativen) Kommentierung und Bewertung der Person Waldheims war, man müsse Österreich quasi vor Waldheim schützen, einerseits vor seinem Umgang mit der Vergangenheit, andererseits vor den erwarteten negativen Konsequenzen auf (inter)nationaler Ebene. Das (vorläufig) geeignete Mittel dazu sei – wenig überraschend – ihn nicht zu wählen, beziehungsweise nach der Watch-List-Entscheidung und der Veröffentlichung des Berichtes der internationalen Historikerkommission, Waldheims Rücktritt.

Zuerst soll der Frage nachgegangen werden, inwiefern Waldheim in den Kommentaren als (un)typischer Österreicher beziehungsweise als (un)typischer Vertreter seiner Generation gedeutet wurde. „Man soll nicht heuchlerisch bestreiten, daß es diesen" in den internationalen Medien gezeichneten opportunistischen „Österreicher nicht auch gibt. Vor Jahren hat uns Qualtinger mit dem ‚Herrn Karl', der überall dabei war, aber nirgends so richtig, und der seine Kunst, durchzulavieren, voll Selbstmitleid als Opfer ausgab, einen Zerrspiegel vorgehalten. Aber man soll daraus keinen Nationalcharakter machen. Die Verantwortung des Dr. Waldheim hat leider Züge angenommen, die sich mit denen des ‚Herrn Karl' durchaus vergleichen lassen. Für seine Karriere ist er ein bisserl mitgeritten, hat ‚seine Pflicht' getan und sonst nichts gesehen und gehört."[168] Waldheim sei – so Lackner in einem Kommentar kurz vor dem zweiten Wahlgang – „nicht einmal besonders unehrlich: Leute seines Schlages – und es gibt in Österreich so viele davon, daß sich sogar eine klassische Kabarettfigur aus ihnen herausdestillieren ließ – sind auch persönlich davon überzeugt, nicht unrecht zu handeln, wenn sie eine gewisse Charakterlosigkeit als das beste Gleitmittel auf dem Weg durch die Geschichte anwenden. Von Waldheim wird die Lebenslüge zur Notlüge umgelogen: Man mußte ja. Und was man da alles ‚mußte', läßt ein breites Feld der Interpretationen offen. Er redet von Pflichterfüllung, und noch 40

Jahre danach will ihm nicht in den Kopf, daß wenigstens zu einem Nebensatz der fruchtbare Mißbrauch dieser zweifelsohne ehrlich gemeinten Pflichtauffassung beklagt werden muß. Zu fürchten sind solche Leute nicht, zu achten noch weniger und zu wählen gar nicht."[169] Somit lief der diesbezügliche Diskurs durchgehend in die Richtung, Waldheim sei durch seine nichtaufgearbeitete Vergangenheit annähernd ein Staatssymbol. „Natürlich: Manches von dem, was im Ausland geredet wird, trifft die österreichische Wirklichkeit nicht ganz. Aber liegt das nicht auch an der Tatsache, daß allzulang hierzulande keine echte Aufarbeitung von Krieg, Nazi-Vergangenheit, Juden- und Ausländerhaß geleistet wurde?"[170] Im Gegensatz dazu waren die – spärlichen – Antworten darauf, inwiefern Waldheim für die Soldatengeneration typisch sei, widersprüchlich, wobei diese Thematik überhaupt erst im Februar 1988 aufgeworfen wurde. Der „junge Oberleutnant war in einer Situation, in der sich Unzählige andere auch befanden (ohne daß sie begeisterte Hitler-Anhänger waren). Der Mut des Widerstandskämpfers ist niemandem abzuverlangen."[171] Hingegen differenzierte Lackner zwischen Waldheim und den „ganz normalen Soldaten oder Bürgern" weitaus stärker. Es bestehe nämlich „ein gewaltiger Unterschied zwischen einem unbeteiligten Bürger und einem Offizier im Stab eines Kriegsverbrechers (...); zwischen einem Menschen, der ja völlig zu Recht nie abstritt, von Greueltaten gewußt zu haben, und einem, der sich bis vor ein paar Jahren nicht einmal daran erinnern wollte, überhaupt je am Kriegsschauplatz gewesen zu sein. (...) Da versteckt sich einer, über dessen Schreibtisch eine Buchhaltung des Grauens gelaufen ist und der bis heute darin nichts anderes sieht als lautere Pflichterfüllung (wenn er sich überhaupt daran erinnert), da versteckt sich so einer hinter Tausenden und Abertausenden, die ihr Leben verloren, ihre Gesundheit oder die nach all dem Grauen den Sinn dieses Lebens nie wieder finden konnten."[172]

Wie im Abschnitt „Antisemitismus" aufgezeigt wurde, bestand für die Kommentatoren kein Zweifel, an der Legitimität des Interesses des WJC an Waldheims Vergangenheit. Wie sah nun die Kommentierung der (Un)Notwendigkeit von „Vergangenheitsbewältigung" überhaupt aus? „Nach all dem, was in unseren Breiten geschehen ist und möglich war, ist die kritische Befassung mit der Vergangenheit hierzulande ungleich wichtiger als bei anderen Nationen, die sich die Demokratie erhalten und nicht tatenlos eine ganze Gruppe von Mitbürgern der Ausrottung überlassen haben."[173] Gelegentlich wurde die Notwendigkeit dieser Diskussion auch mit der Einzigartigkeit des Nationalsozialismus argumentiert. „Hitlers Krieg war eben kein Krieg wie jeder andere, auch als Angriffskrieg unterscheidet er sich gerade dadurch, daß er internationale Regeln von Anbeginn an verletzte, von anderen Angriffskriegen. Vor allem im Osten, zuerst in Polen, wurde das Völkerrecht von

Anbeginn an mit Füßen getreten. Schon in den Tagen der Eroberung gab es in vielen Orten von der Besatzungsmacht organisierte Massaker an Juden und Polen. Dem folgte die massenweise Vertreibung der Juden aus ihren Wohnsitzen und die Zusammenpferchung in ‚Ghettos‘, dem folgte die völlige Entrechtung der polnischen Bevölkerung und die systematische Ausrottung ihrer Oberschicht."[174] Unter Hinweis auf andere „unangenehme" und gerne verleugnete Vergangenheiten, wie die der Amerikaner in Vietnam, der Gründung Israels und des Stalinismus, schrieb Hoffmann-Ostenhof: „Verdrängung ist nicht typisch österreichisch oder deutsch. Aber das, was hier verdrängt wird, das ist historisch einzigartig, unvergleichbar. Das Naziregime war nicht ein Rückfall in die Barbarei. Da war nichts anachronistisch. Eine der entwickeltsten Kulturnationen hat mit den modernsten Techniken und höchst rational Völkermord begangen. Und – im Unterschied zu fast allen anderen Ländern -: Das Morden stand nicht im Widerspruch zu den proklamierten Werten, sondern war Programm: für alle sichtbar."[175] Botz sah in der Kontroverse „für Österreich wenigstens eine gute Seite", nämlich die, daß Waldheim „permanenten Anstoß geben [könnte], Österreichs verdrängte und beschönigte Vergangenheit in unser kollektives und individuelles Gedächtnis zurückzurufen."[176]

Österreichs Rolle beziehungsweise Österreichs Status im Geflecht des „Dritten Reiches" wurde erst im Gefolge der amerikanischen Watch-List-Entscheidung zum Thema von Kommentaren gemacht. „Das ‚Imageproblem‘ Österreichs aber wird keine Kommission lösen. Dazu bedarf es einer breiten Auseinandersetzung über die Rolle Österreichs im NS-Regime, über die Tausende ermordete Widerstandskämpfer ebenso wie über die Zehntausende Mittäter und Hunderttausende Mitläufer. Und über den damaligen Ungeist, den es auch heute gibt."[177] Den diesbezüglichen, zeitlich sehr spät einsetzenden Diskurs dominierte ein Argumentationsmuster: Die Berufung auf den Widerstand einerseits und andererseits der Hinweis auf die Mitbeteiligung von Österreichern. „Sich nach den Diskussionen der letzten Monate auf die 1945 verständlicherweise bereitwillig aufgegriffene Rolle Österreichs als erstes Opfer Hitlers zu berufen, ohne den Komplex zugleich zu hinterfragen, zeugt von mangelnder Sensibilität für das, was die Welt in diesem Zusammenhang heute bewegt und Österreich bewegen sollte."[178] Der inhaltlich dichteste Beitrag in diesem Kontext stammt von Gerhard Botz, der auf die Überproportionalität österreichischer NSDAP-Mitglieder sowie die prominente Rolle von Österreichern im NS-Vernichtungsprozeß hinwies. „Ernst Kaltenbrunner als ‚zweiter Mann‘ des SS-Apparats nach Himmler, Odilo Globocnik als übereifriger Leiter der ‚Aktion Reinhard‘ und Adolf Eichmann (wie Hitler politisch sozialisiert in Österreich) als Exekutor der ‚Endlösung‘, unterstützt von Franz Novak, Anton und Alois Brunner, Erich Rajakowitsch, Franz Stangl,

Hans Rauter, ganz abgesehen von den Besatzungschefs Seyß-Inquart, Glaise-Horstenau und Otto Wächter. (...) Nicht zuletzt kämpften Österreicher an den Fronten des Zweiten Weltkriegs mit fast derselben Aufopferung und Pflichtbereitschaft wie die ‚Reichsdeutschen‘, und zwar bis zum Ende. Österreicher wirkten ohne Zögern an Repressalien mit, die weit über das kriegsrechtlich akzeptierte Maß hinausgingen. Österreicher waren besonders oft auf dem Balkan und im ‚Osten‘ eingesetzt. (...) Erst als der Krieg im Hinterland für jeden spürbar wurde und sich die Niederlage abzeichnete, begann sich der ‚Herr Karl‘ ins Österreichertum abzusetzen."[179]

Lediglich für einen unbedarften Leser überraschend, war die diesbezüglich quantitativ am stärksten ausgeprägte Dimension im historischen Diskurs, nämlich weniger Waldheims Vergangenheit, sondern seine Stellung zum Austrofaschismus. Kurz vor dem zweiten, dem entscheidenden Wahlgang wurde diese – wohl nicht zufällig – erstmals ins Spiel gebracht. „Zumindest am Beginn seines Wahlkampfes hat Waldheim mehrmals davon gesprochen, daß er die (bekanntlich sehr weitgehenden) Rechte des Bundespräsidenten voll auszuschöpfen gedenke. In der Vergangenheitsdiskussion ist es dann untergegangen – obwohl sie auch in dieser Beziehung Anlaß zur Besorgnis gegeben hätte; meint doch Waldheim als Alibi gegen den Naziverdacht, daß er aktiv für Schuschnigg Propaganda gemacht hat. Ist es nur Zufall, daß (...) bei dem amerikanischen Millionär Hecht, der Waldheim fördert, die Bilder von Dollfuß und Schuschnigg an der Wand hängen? Und sind die ‚christlichen Werte‘, die der Kandidat dauernd im Munde führt, mehr als eine Floskel – nämlich Ausdruck ständestaatlicher bürgerlicher Sehnsucht?"[180] Mit dem Anspruch, ein „aktiver" Präsident sein zu wollen, wurde dieser in der AZ in die Nähe der Vorhut des Prä(Austro)Faschismus Nummer II gerückt. Als Zeuge dafür wurde – wer sonst?, ist man versucht rhetorisch zu fragen – Bruno Kreisky zitiert. „Waldheim und vor allem das, was rund um seine Wahl zum Vorschein kam, muß ein Thema bleiben: ‚Toleriert haben wir den Miklas lange genug, so wie die Deutschen den Hindenburg toleriert haben. Und was ist rausgekommen dabei?‘ Daher auch der Hinweis auf das Klima des ‚Präfaschismus‘, in dem die auch jetzt noch geltende Verfassung von 1929 mit ihren weitreichenden Rechten für den Bundespräsidenten entstanden ist." Diese sei nach 1945 deshalb nicht geändert worden, um keiner „Besatzungsmacht‘" einen „Anlaß für einen Einspruch‘" zu bieten. Gleichzeitig wurde aber ausgemacht, „nichts von diesen weitreichenden Rechten wirklich ausnutzen zu wollen. Aber was Waldheim will, das hat er ja gesagt. Und deshalb müssen wir sehr wachsam sein."[181]

Wurde die NS-Vergangenheit – mit Waldheim als Symbolfigur – als „verdrängte" Vergangenheit interpretiert, so brachte die AZ eine zweite, verdrängte Vergangenheit ins Spiel, nämlich den – verdrängten – Austrofaschismus. „Nach 1945 wurde der Patriotismus zur einigenden Ideologie der Großparteien. In den Nazi-KZ hatte man zu kooperieren gelernt, freilich um den Preis mancher Tabus: Der Austrofaschismus wurde in der Geschichtsschreibung bis in die siebziger Jahre kaum behandelt, ebenso die Februarkämpfe und der hausgemachte Antisemitismus."[182] Die Rollen von Tätern und Opfern waren eindeutig besetzt und verteilt. Den Hintergrund dieser Auseinandersetzung lieferte jedoch nicht Waldheims – angekündigtes – Amtsverständnis, sondern die vom deutschen Historiker Gottfried Karl Kindermann prononciert vertretene Diktum des antinazistischen Staatswiderstandes des „Ständestaates"[183]. Nicht „einverstanden können wir uns damit erklären, wenn nun versucht wird, den Zerstörer der österreichischen Demokratie quasi als ersten antinazistischen Widerständler hinzustellen. Und sich zu rühmen, daß es in Österreichs Parlament keine Nazi gab, bedarf der Ergänzung: Doch nur deshalb, weil Dollfuß Wahlen überhaupt nicht mehr zuließ, eben weil er befürchten mußte, daß seine Christlichsozialen – wie schon im Wiener Gemeinderat – zugunsten der Nazi kräftig Federn lassen würden, während die dieser Versuchung kaum ausgesetzten Sozialdemokraten die stärkste Partei gewesen wären."[184] Wie groß die Ablehnung dieser Interpretation innerhalb der SPÖ war (und wohl noch ist), belegt eine weitere Kolumne Scheuchs zu diesem Thema. Wer wie Mock, der in der Heroisierung Dollfuß' einen ikonenhaften Rückgriff auf einen – von Reagans USA „abgekupferten" – konservativ besetzten Österreichpatriotismus zu etablieren versuche, „die austrofaschistischen Totengräber der österreichischen Demokratie als Widerständler gegen die Nazi feiert – und auch der Bundespräsident fand es für richtig, das Gardebataillon des Ständestaates als eines der Ersten Republik auszugeben! – kann einen solchen Beifall" von seiten der SPÖ „nicht erwarten."[185] Dementsprechend rigide wurden auch *der* „Renegat" aus den eigenen Reihen zur Ordnung gerufen, beziehungsweise in die Schranken verweisen. Norbert Leser „hält nichts von einer Definition des Ständestaates als ‚faschistisch' und deutet periodisch seine These von der ‚geteilten Schuld' (...) an der Ausschaltung der Demokratie – wenn auch unterschiedlich gewichtet – an. Mehr noch: Vor kurzem hat das Ehrenmitglied einer CV-Verbindung, die die Haltung rechtskonservativer Historiker in der BRD verteidigt, die die Einzigartigkeit des NS-Regimes zu einer Reaktion auf den Stalinismus verkleinern wollen. (...) Daher sollte man (...) rechtzeitig zur Causa Leser anmerken: Er ist alles andere als ein ‚sozialdemokratischer Theoretiker'."[186]

Abschließend sei noch aus einem Kommentar vom 12. Februar 1988, also aus der Phase, als die Waldheim-Debatte ein drittes mal eskalierte, zitiert. Die Sozialisten dürfen „den historischen Anspruch darauf erheben, daß es Kämpfer ihrer Bewegung waren, die (fast als einzige in Europa) dem Faschismus nicht kampflos gewichen sind. Mit der Zerschlagung der Demokratie und der Arbeiterbewegung wurde Österreich die wichtigste Kraft genommen, die auch Hitler hätte Widerstand leisten können. Die ‚Dollfußstraße' führte in den Untergang – an dieser Tatsache sich vorbeizuschwindeln haben die Sozialisten auch im Jahr des Gedenkens und selbst angesichts der Tatsache, daß auch Repräsentanten des austrofaschistischen Regimes in Hitlers KZ wanderten, keinen Anlaß"[187] – so als wäre dies eine gerechte Strafe gewesen.

Bemerkenswert, um diesen Aspekt abzuschließen, sind weder die Betonung noch die Intensität der Auseinandersetzung mit dem Austrofaschismus. Bemerkenswert ist vielmehr eine andere Variante der Ablehnung der Opferthese: Nicht die zunehmende Nazifizierung von innen, gegen die – selbstredend – die Sozialisten und deren Anhänger immun waren, führte zum März 1938, sondern die Dollfuß-Schuschnigg-Politik wurde als historisch relevantes Motiv angeführt.

6.5.2.4. Zusammenfassung

Nicht in seiner NS- und Wehrmachtsvergangenheit, sondern im Vertuschen derselben, sah die AZ das Hauptargument für Waldheims moralische Disqualifikation für das Präsidentenamt. Die Vorwürfe gegen Waldheim werden sich gegen Österreich richten, weshalb es gelte, Österreich vor einer Identifikation mit ihm zu schützen. Der Antisemitismusvorwurf wurde ausschließlich an die Volkspartei gerichtet, wobei er als historisches Relikt beziehungsweise als Kontinuität gedeutet wurde. Kurt Waldheim und dessen Umgang machten ihn in der Kommentierung zum „Herrn Kurt", der stellvertretend für viele Österreicher stehe. Hingewiesen, und somit die NS-Diskussion als für legitim erklärt, wurde auf die Singularität des Nationalsozialismus. Dominant im Bereich des Themas Vergangenheit(sbewältigung) war allerdings der Austrofaschismus, der einerseits zum zweiten Tabu erklärt und dem andererseits die Wegbereiterfunktion des März 1938 zugesprochen wurde.

6.5.3. Südost-Tagespost[188]

6.5.3.1. Die Person Waldheims, dessen Vergangenheit und der Umgang mit derselben

Kurt Waldhein war in der Kommentierung der „Südost-Tagespost" vor allem ein Opfer[189], aber nicht ob seiner Vergangenheit oder ob deren lückenhafter Darstellung[190], sondern ein – was nicht wirklich überrascht – Opfer von mehr oder minder obskuren Hintermännern, beziehungsweise von dingfest gemachten Tätern. Am Beginn der Kontroverse fragte der damalige Chefredakteur Gerfried Sperl noch, ob „es eine großangelegte Kampagne gegen Waldheim mit internationalen Verbindungen" gebe und wer „die Hintermänner"[191] seien. Mit diesen – rhetorischen – Fragen hatte es bereits am folgenden Tag sein Ende. „Die Sache war gerüchteweise schon seit Wochen und Monaten in Journalistenkreisen herumgegeistert. Vor allem von SPÖ-Seite hatte es immer wieder Andeutungen gegeben, man werde schon noch sehen, was an Grauslichkeiten über Waldheim auftauchen werde."[192] Diese Argumentation erfuhr wiederum einen Tag später die endgültige Konzentration und Dingfestmachung der SPÖ als (Mit)Täter, wobei der Kabinettchef von Kanzler Sinowatz, Hans Pusch, als die zentrale Figur eines gut funktionierenden Netzwerkes benannt wurde. „Dieser freie Mitarbeiter" der Zeitschrift „Basta", die damals den Noricum-Skandal aufdeckte, „arbeitet – wird festgehalten – auch keineswegs mit jenem Stern-Reporter zusammen, der bei einer Waldheim-Pressekonferenz in der Wiener Concordia mit der Frage nach der NS-Beziehung Waldheims überraschte. Pusch ist in allem nur Informierter, nie Informant. (...) Eine Wehrstammkarte taucht schließlich als ‚Dokument'", man beachte die Anführungszeichen in diesem Zusammenhang, „für Waldheims NS-Vergangenheit auf – in einem Magazin, das natürlich keinen Verdacht zur SPÖ-Nähe aufkommen läßt. (...) Trotzdem ist alles nur Zufall. Die SPÖ hat damit nichts zu tun. Sie hat nicht einmal Interesse daran. Und vor allem hat Hans Pusch damit nichts zu tun. Er vermittelt nur Prominente für die Unterstützung des sozialistischen Kandidaten."[193]

Von Beginn an und durchgehend[194] vermittelte das Blatt den Eindruck und die Gewißheit, daß an den Vorwürfen der SA- und Balkanvergangenheit(en) überhaupt nichts dran sei. „Da wird mit allem Pomp eine Wehrstammkarte aus der Schublade gezogen, die von einer Mitgliedschaft bei SA und NS-Studentenbund spricht. Eine absolut sekundäre und keineswegs über alle Zweifel erhabene Quelle. Aber selbst wenn sie stimmen würde, wäre damit nur gesagt, daß ein 20jähriger Student Schwierigkeiten vermeiden wollte. Noch perfider ist allerdings die Klitterung, mit der ihm Beteiligung an Judendeportationen angehängt werden soll. (...) Waldheim war als junger subalterner Stabsoffizier dem Stab einer Heeresgruppe zugeteilt, deren Kommandobereich sich praktisch auf den ganzen Balkan erstreckte. Gleichzeitig gab es im Kommandobereich dieser Heeresgruppe auch Judendeportationen und Partisaneneinsätze. (...) Der junge Oberleutnant Waldheim hatte mit diesen üblen Geschichten kaum mehr zu tun, als ein beliebiger anderer Offizier irgendwo."[195] Waldheims durchschnittliche und normale Karriere und somit seine geringe Bedeutung als „Schreibtisch-Leutnant"[196] zeige sich unter anderem daran, daß ansonsten aus ihm „wohl mehr geworden [wäre] als nur ein Oberleutnant."[197] Darüber hinaus wurde durchgehend betont, daß das Schicksal des „kleine[n] Oberleutnant[s]" Waldheims ein völlig normales Schicksal war. Er „ist ja einer von Hunderttausenden, die durchaus gegen ihren Willen in diesen Krieg ziehen mußten, wie auch Hunderttausende junge Amerikaner sehr gegen ihren Willen nach Vietnam mußten."[198] Wer jetzt konkret die Person Waldheim angreife, der greife damit nicht nur überhaupt alle Soldaten, sondern vor allem ganz konkret die Schicksalskollegen Waldheims an. „Aber die einen wie die anderen haben eben nicht aus staatsbürgerlichem Pflichtgefühl der Heimat (nicht der Regierung) gegenüber, teils unter dem Druck des Kriegsrechtes ‚ihre Pflicht' getan."[199] Und wer sich schließlich Waldheim gegenüber kritisch äußert, der kritisiere und meine damit auch Österreich[200], wie zum Beispiel der Wiener Bürgermeister Helmut Zilk in New York. „Eine größere Illoyalität, nicht nur dem gewählten Staatsoberhaupt gegenüber, sondern der Heimat Österreich gegenüber, aus dem Mund eines offiziellen Repräsentanten hat es einfach noch nicht gegeben. (...) Das hat noch überhaupt nichts mit der Person Kurt Waldheims und der Diskussion über ihn zu tun, sondern einzig und allein mit dem als Nebenprodukt dieser Vernaderungskampagne entstandenen völlig verzerrten Österreich-Bild."[201]

6.5.3.2. Die Kommentierung von Antisemitismus und antisemitische Inhalte in der Kommentierung

Ein für die „Südost-Tagespost" als ÖVP-Zeitung nicht von vornherein erwartetes diesbezügliches Charakteristikum liegt weniger in der grundsätzlichen Zurückweisung antisemitischer Äußerungen, beziehungsweise des Antisemitismusvorwurfs an die ÖVP; wiederholt wurde unter Rückgriff auf die Parteihistorie – wenn auch verhalten und kursorisch – Kritik an antisemitischen Äußerungen aus den eigenen Reihen, auch im Zusammenhang mit der Kritik an einem konstatierten generell aggressiveren Verbalklima, geäußert[202]. „Man glaubt, daß pragmatische Praxis die Schärfe des Wortes aufheben kann. Tatsache ist aber, daß die harmlose Praxis das ist, was schnell verfliegt, das Wort aber seine fortzeugende Eigengesetzlichkeit hat. Der in der Praxis harmlose, aber in der Rhetorik radikale Antisemitismus eines Karl Lueger und seiner Zeitgenossen hat viel zu den Greueln von Auschwitz beigetragen."[203] Mit der Warnung vor dem verschärften innenpolitischen Klima wurden – zurückhaltend – auch die antisemitischen Anspielungen der ÖVP zurückgewiesen. „Von der ÖVP ist zu fordern, daß sie nicht weiter in das Horn des ‚Jetzt erst recht' stößt."[204] Nicht nur eine historische Reminiszenz, sondern wohl auch auf die Gegenwart bezogen, dürfte die als Renzension eines Buches über Lueger in die Gegenwart transportierte Frage gewesen sein: „Überschattet aber wird all dies durch das antisemitische Hirngespinst im Wien um die Jahrhundertwende, das dem Leser entgegentritt und die Sorge nahelegt, daß in sozialen Krisenzeiten nicht erneut eine politische

Methodik entstehen möge, die mit den Instinkten arbeitet, verbunden mit der Frage, wie beschaffen wir klare Mehrheiten ohne Schielen auf historische ‚Vorbilder'?"[205] Nachhaltig festzuhalten an dieser Positionierung bleibt allerdings, daß sie erstens – beinahe ausschließlich – aus der Feder Gerfried Sperls stammten, und daß zweitens – wie gezeigt werden wird – antisemitische Relikte und Argumentationen mühelos nachweisbar sind und in toto gesehen, diese kritischen Einwände und Warnungen quantitativ übertrafen.

Bereits im diesbezüglich zweiten nachweisbaren Kommentar wurde von Harbich festgehalten, daß mit dem Waldheim-Material „irgendjemand (...) weltweit bei bestimmten Zeitungen hausieren geht", weshalb sich die Frage nach den „Hintermänner[n] dieser Kampagne"[206] stelle. Wenig später teilte Harbich Ivan Hacker, „dem Oberhaupt der Wiener Kultusgemeinde" mit, daß „die Veröffentlichung (...) keine Hetze" sei, „aber das, was aus diesen Dokumenten herausinterpretiert und weltweit als nunmehr herausgefundene Wahrheit herumposaunt wird, das ist eindeutig Hetze."[207] Und diesem „Feind" im Ausland wurde – beinahe selbstredend – eine enorme Machtfülle attestiert, sei dieser doch beispielsweise in der Lage, ein – fiktives – Gastspiel Kurt Waldheim bei „Dallas" wohl „schnell zum Absturz (und Abschluß) [zu] bringen."[208] So nachhaltig Sperl die ÖVP davor warnte, latent existenten Antisemitismus zu instrumentalisieren und zu schüren, so sehr lief die Argumentation doch auf die klassische Täter-Opfer-Umkehr hinaus. Simon Wiesenthal beispielsweise habe mit seiner Objektivität Waldheim gegenüber „einen Beitrag geleistet, daß der alltägliche Antisemitismus nicht noch mehr zunimmt."[209] Diese Argumentationslinie geriet schließlich gelegentlich ins Fahrwasser einer mehr oder minder unverhohlenen (Pogrom)Drohung, denn bei „Fortführung dieser ‚Dossierpolitik' würden mehr und mehr Flammen zu fackeln beginnen. (...) Nicht auszumalen, würde diese Art der Kampagnisierung auch noch durch Erfolg gekrönt."[210] Wenig später machte Sperl den Lesern klar, wir „sollten die jüngste Kampagne nicht als Anlaß für ein geistiges ‚Pogrom' benützen."[211] Somit lag es also an „den Juden", die Situation zu beruhigen. „Ich will die Gefahr des Antisemitismus nicht verniedlichen. Seine Gefahr sinkt, wenn die Juden Wiedergutmachung, aber keine Privilegien fordern."[212] Und dieses Wohlverhalten zeige sich beispielsweise darin, wenn der WJC aus den Beständen der Kartause Mauerbach nicht „möglicherweise einige Millionen Schilling via österreichische Bundesregierung" kassieren würden. Jedoch hätte die „von Singer verfolgte moralische Hinrichtung Waldheims (...) ja noch viel mehr Öffentlichkeitswert, träfe sie nicht einen Präsidentschaftskandidaten, sondern einen amtierenden Präsidenten"[213], und dieser „Öffentlichkeitswert" könnte sich ja – folgt man diesem Text – durchaus pekuniär lukrativer zu Buche schlagen. Man brauche sich in diesem Zusammenhang nur den – jüdischen – Vater Bronfmans anzusehen: „Das Alkoholverbot in den

USA ließ das Geschäft aufblühen. Nach Aufhebung der Prohibition 1933 stieg Samuel Bronfman auch offiziell in den amerikanischen Markt ein, den er bald von der Spitze aus kontrollierte."[214]

6.5.3.3. Waldheim, Österreich und die NS-Vergangenheit

Im ersten Teil der Analyse wurde bereits darauf verwiesen, wie sehr Waldheims Vergangenheit „normalisiert" wurde und wie die publizistische Gleichsetzung Waldheim=Soldatengeneration beziehungsweise Waldheim=Österreich argumentiert wurde.

Den Beginn der Auseinandersetzung um den gegenständlichen Aspekt stellte der Versuch dar, doch vom – leidigen – Thema Vergangenheit wegzukommen und sich auf die Zukunftspläne der beiden Kandidaten zu konzentrieren, allerdings mit – ob des Verlaufes der gesamten Debatte – wenig Erfolg[215].

Dominant in der Thematisierung der Vergangenheit war der Topos, daß nicht nur die Österreicher eine oder ihre Vergangenheit zu bewältigen haben[216]. Eine solche stünde den Amerikanern und den Israelis[217], den Briten[218], den Schweizern und Franzosen[219] zu. „Die englische Regierung erhält die ersten Nachrichten über Zustände in den deutschen Konzentrationslagern 1938. Sie unterdrückte die Veröffentlichung in der Presse – es muß also auch in diesem Musterland der Demokratie Möglichkeiten der Zensur gegeben haben! –, um ihre Politik der Beruhigung nicht zu gefährden. 1944 weigern sich die Anglo-Amerikaner, die Bahnlinien nach Auschwitz zu bombardieren, was vielleicht einigen Tausend Juden die Vergasung erspart hätte, weil diese Bahnlinien ‚völlig uninteressant‘ seien. Daß in diesem Auschwitz ein täglicher Massenmord vor sich ging, haben die Geheimdienste der Engländer und der Amerikaner – nicht geglaubt. Walter Laquer, Berliner Jude, Kultursoziologe, schildert in seinem Buch ‚Keiner wollte es wissen‘ unter anderem die verzweifelten Bemühungen der polnischen Untergrundbewegung, die Alliierten auf das aufmerksam zu machen, was in diesem unglücklichen Land geschah. Alle Bemühungen blieben vergeblich, denn die Engländer, als erste Adressaten polnischer Geheimsender, haben die Berichte – für Übertreibungen gehalten. Und nur die Deutschen und die Österreicher sollten alles gewußt haben, was keiner auf der Welt glaubte. Waren wir wirklich näher an dem Geschehen als die alliierten Geheimdienste? (...) Die Kuriere, die 1939 und 1940 aus dem Land geschmuggelt wurden, gingen nicht über Deutschland, was aber nur menschenmöglich war, die Endlösung vor der Bevölkerung zu verbergen, es ist von den damaligen Machthabern getan worden. (...) Denn mit den ‚Gerüchten‘ hat es seine eigene Bewandtnis. Sie wurden von den Machthabern, die über die Gefährlichkeit dieser Gerüchte sich völlig klar waren, als ‚Greuelmeldungen' bezeichnet."[220] Doch auch die SPÖ, der ja bekanntlich eine nicht unwesentliche Rolle im Rahmen der „Kampagne" zugesprochen wurde, sei mit ihrer Vergangenheit keineswegs im Reinen. „Das antisemitische Element spielte (wie in anderen Parteien auch) in der ersten Jahrzehnten der Bewegung eine große Rolle. Man hat diese Tendenz zunächst überwunden, sie jetzt aber wieder provoziert (...). Der Anti-Amerikanismus ist natürlich ein marxistisches Erbe und in der SPÖ (geschickt von Kreisky gespielt) lebendig geblieben."[221] Weiters sei daran zu erinnern, daß die SPÖ „in den siebziger Jahren prominente Alt-Nazis hoffähig gemacht"[222] habe.

Die Person Waldheim im Konkreten und somit die gesamte Soldatengeneration (und gelegentlich die gesamten Soldatengenerationen[223]) wurden – wenn überhaupt –, dann ausschließlich unter dem Aspekt ihres Opferstatus, nämlich als Opfer des Regimes, behandelt. „Wir haben (wie es auch Kurt Waldheim tut) zwischen Nazi-Regime und Wehrmachtsangehörigen zu unterscheiden, denn das ist ein Dienst an der historischen Wahrheit."[224]

Wie schon weiter oben ausgeführt, vollzog das Blatt die Totalidentifikation von Waldheim mit Österreich; werfe man – so die kontinuierlich vorgebrachte Botschaft – Waldheim (ungerechterweise) seinen Umgang mit der Vergangenheit vor, so gelte dasselbe per se für Österreich. Ein anderer Aspekt ist einem Artikel des Grazer Philosophen Ernst Topitsch zu entnehmen, ein Artikel der voll und ganz im Soge von dessen weniger philosophischem als (pseudo)historischem Spät„werk" steht. Diese Art von „Vergangenheitsbewältigung" stehe – wie als historisches Beispiel der Antifaschismus überhaupt – als Werkzeug im Solde Moskaus. „Doch die Brauchbarkeit der seinerzeitigen Gewaltherrschaft als Mittel psychologischer Kriegsführung und Zersetzung [!] wird wohl auch diesen Zeitpunkt überdauern. Voraussichtlich wird weiterhin die ‚Solidarität aller Demokraten gegen den faschistischen Menschheitsfeind' beschworen werden, die seinerzeit dazu benützt worden war, um die Spannungen zwischen den Westmächten und Hitlerdeutschland zu verschärfen und so den Zweiten Weltkrieg vorzubereiten (...). So gelang es, Hitler als Rammbock gegen die westlichen Demokratien einzusetzen"[225], was momentan wiederum der Fall sei.

Der apologetische Verweigerungsdiskurs wurde lediglich zweimal durchbrochen. „Es ist mit ein Boden der verdrängten Vergangenheit, der historischen Zwecklüge am Beginn unserer Republik, unsere ‚Erbsünde': Nazi-Deutschland hat uns überfallen, ausgeraubt und mißbraucht. Der ‚Deutsche' Hitler hat uns überfallen, und die Staatsoper haben wir nach dem Krieg mit dem ‚Österreicher' Beethoven wiedereröffnet. (...) ‚Österreich als erstes Opfer Hitlerscher Aggression' war die internationale Legitimation und Reputation für die Wiederherstellung des Staates nach dem Krieg und für die Moskauer Deklaration der Großmächte für den Fall des Sieges über Hitler-

Deutschland. Daß es in diesem ‚Opfer Österreich' nicht nur lauter Widerstandskämpfer und NS-Gegner gab, sondern viele, die aktiv am ‚1000jährigen Reich' mitbauten, Tausende schon vor 1938, blieb lange Zeit tabu." Hinzu kam sehr bald das Buhlen um die Stimmen der „Ehemaligen". „Spätestens von diesem Moment an hatte man – trotz der offiziell laufenden Entnazifizierung – in einem Grundkonsens das NS-Problem zu verdrängen begonnen. (...) Tabu blieb, daß die meisten Österreicher im totalitären NS-Regime erfaßt waren oder sich bereitwillig eingliedern ließen: bei der Partei oder zumindest in Ortsorganisationen, die zur NSDAP ein Naheverhältnis hatten. (...) Hunderttausende Österreicher waren Soldaten der Deutschen Wehrmacht oder der Waffen-SS. Einen überhöhten Prozentsatz an Österreichern findet man in leitenden Positionen in den Todesmühlen des ‚Dritten Reiches', in den Konzentrationslagern, in Spezialeinheiten der SS."[226] Die wohlwollende Rezension von Karners „Die Steiermark im Dritten Reich" durch Chefredakteur Sperl durchbrach diesen Verweigerungsdiskurs ein zweites Mal[227].

6.5.3.4. Zusammenfassung

Die Person Waldheims wurde – wie es ja auch die ÖVP auf Bundesebene vorexerzierte – als Opfer einer Verschwörung vor allem durch die Sozialisten dargestellt. Der „kleine Oberleutnant" Waldheim verfüge über eine Normalbiographie bis 1945, an der es nichts zu deuteln gebe. So wie Waldheims Vergangenheit völlig normal gewesen sei, so war auch die Wehrmacht (und somit auch deren Soldaten) eine völlig „normale" Armee. Antisemitische Tiraden wurden – zwar zurückhaltend, aber vernehmbar – zurückgewiesen, bei weitem dominierte aber das Muster der klassischen Täter-Opfer-Umkehr, also die Argumentation, durch ihr Verhalten provozieren die Juden den Antisemitismus. Weiters wurden als typisch (anti)jüdische Attribute das der Rache beziehungsweise das der Vergeltung sowie das des enormen Einflusses kommuniziert. Der dritte Aspekt war über weite Strecken von einem ausgesprochenen Verweigerungsdiskurs bestimmt, der vor allem darauf verwies, nicht nur Österreich habe seine, beziehungsweise eine Vergangenheit zu bewältigen.

6.5.4. Zusammenfassung

6.5.4.1. Die Person Waldheims, dessen Vergangenheit und der Umgang mit derselben

Ein durchaus breites Spektrum an Deutungen und Zuordnungen war bezüglich dieses Themenkomplexes für den medialen Dikurs typisch[228]. Es lassen sich allerdings ganz eindeutige Übereinstimmungen zwischen der Bewertung der Person Waldheims und der publizistischen Annäherung zur Frage nach dem Umgang mit der Vergangenheit festhalten. Für alle untersuchten Blätter bleibt festzuhalten, daß in den Kommentaren sowohl eine einschlägige NS-Vergangenheit als auch die Verwicklung Waldheims in Verbrechen beinahe ausnahmslos als unzutreffend zurückgewiesen wurden. „Salzburger Nachrichten", „Kurier" und „Arbeiter-Zeitung" kritisierten nachhaltig Waldheims Umgang mit der Vergangenheit und sahen vor allem darin die Ursache der gesamten Debatte. Alle drei Blätter sprachen ihm die moralische Qualifikation für das Präsidentenamt ab und fordern – abgesehen vom „Kurier" – mehr oder weniger unverblümt spätestens mit dem Bericht der Historikerkommission seinen Rücktritt. Einen solchen forcierte zunehmend auch die „Kleine Zeitung", spätestens ab der Watch-List-Entscheidung vom Mai 1987 – bis zu diesem Zeitpunkt wurde die Person Waldheims dort sehr wohlwollend kommentiert. Diesen Blättern und deren Blattlinien standen in der Argumentationsführung „Die Presse", die „Neue Kronen Zeitung" und die „Südost-Tagespost" diametral gegenüber. Sie wiesen die Waldheim gegenüber erhobenen Vorwürfe kategorisch zurück und sahen die Ursache der Diskussion in der SPÖ und/oder mehr oder minder deutlich antisemitisch unterlegt „im Ausland". In diesen drei Tageszeitungen wurden sowohl der Empörungs- und der „Wir"-Diskurs als auch der Opferdiskurs – mit Kurt Waldheim als Opfer – am heftigsten geführt. Allen Blättern ist gemein, daß die Waldheimdebatte als Österreichdebatte geführt und vermittelt wurde, wobei alle die Gleichung Waldheim(s Vergangenheit)=Österreich(s Vergangenheit) mehr oder weniger strikt zurückwiesen.

6.5.4.2. Die Kommentierung von Antisemitismus und antisemitische Inhalte in der Kommentierung

„Salzburger Nachrichten", „Kurier" und „Arbeiter-Zeitung" machten der Volkspartei den massiven und „laut" vorgetragenen Vorwurf, im Wahlkampf Antisemitismus zu schüren; „Kleine Zeitung" und „Südost-Tagespost" formulierten dies zurückhaltender. „Presse" und „Neue Kronen Zeitung" sahen im Antisemitismusvorwurf an Österreich (und nicht an die Volkspartei) weitere Indikatoren einer Kampagne gegen Österreich und wiesen diesen dementsprechend zurück. Für alle hier untersuchten Tageszeitungen ist wenngleich im unterschiedlichen Ausmaß belegbar, daß sie der „Formel" „die Juden schüren den Antisemitismus" nachhingen, sich also des klassischen Musters der Täter-Opfer-Umkehr bedienten. Weiters ist für alle Zeitungen außer den SN und der AZ nachweisbar, wie intensiv genuin (anti)jüdische Klischees, wie das der jüdischen Rache, des jüdischen Einflusses usw. kommuniziert wurden. Am unverblümtesten antisemitisch schrieben „Die Presse" und die „Neue Kronen Zeitung", die diesbezüglich ihr „Paarlaufen" in der Bewertung der Person Waldheims und dessen Vergangenheit nachdrücklich unterstrichen. Für diese beiden Blätter ist einerseits die starke religiöse Polung der Terminologie, andererseits das Herunterspielen des Faktums Antisemitismus sowie die Apologie antisemitischer Äußerungen gegenüber als Spezifikum festzuhalten. Weiters kommunizierten beide Blätter als „typisch jüdisch" das Verhalten der Juden, den Holocaust für sich zu instrumentalisieren. Die Gleichsetzung der WJC-Exponenten Bronfman und Singer mit den NS-Exponenten Hitler und Goebbels blieb allerdings der NKZ vorbehalten. Im Gegensatz dazu stießen die Äußerungen von Hödl, Graff, Gruber und anderen VP-Politikern in allen anderen Blättern auf ungeteilte Ablehnung[229].

6.5.4.3. Waldheim, Österreich und die NS-Vergangenheit

Die meisten Tageszeitungen zeichneten sich hinsichtlich dieser Thematik durch die Bestimmung von Opfern und nicht durch die von Tätern aus. Sieht man von der „Arbeiter-Zeitung" und deren parteipolitisch motivierter Opferthese des Februar 34 ab, hingen die übrigen Blätter beinahe ausschließlich der staatlichen Opferthese an, die mit einer mehr oder minder scharf vorgetragenen Zurückweisung des Vorwurfs von „Österreichs" Anteil, beziehungsweise vom Anteil von Österreichern am „Dritten Reich" einherging. Individuelle Schuld und Verstrickung – sofern diese überhaupt thematisiert wurden – verblaßten demgegenüber völlig. Der individualisierte Opferbegriff wurde so „breit" angelegt, sodaß sich in der Analyse weniger die Frage nach den Tätern, sondern danach, wer denn eigentlich nicht Opfer gewesen sei, stellte. Allen Zeitungen ist gemein, daß die Soldaten der deutschen Wehrmacht nicht nur auch, sondern vor allem Opfer waren. Festzuhalten bleibt, daß – in der NKZ und in der „Presse" – der Opferstatus bis über 1945 hinaus erweitert wurde und in diesen beiden Blättern – wiederum im Gleichschritt – der „Entnazifizierungsopfer" explizit „gedacht" wurde. So wie die Opferthese als annähernd durchgängiges Muster kommuniziert wurde, wurde weiters (wiederum abgesehen von der AZ) in allen Blättern historische Schuld gegenverrechnet und somit Schuld, beziehungsweise die Frage nach ihr zurückgewiesen. Lediglich in „Kurier" und AZ wurde Kurt Waldheim als Quasipersonifizierung des österreichischen Umgangs mit der NS-Vergangenheit bewertet. „Kleine Zeitung" und „Presse" betrachteten das Thema „Vergangenheitsbewältigung" als Form von „Austromasochismus".

Anmerkungen

1 Vor allem ist zu verweisen auf die zwei Publikationen von Gehler, Michael: "...eine grotesk überzogene Dämonisierung eines Mannes...". Die Waldheim-Affäre 1986-1992. In: Politische Affären und Skandale in Österreich. Von Mayerling bis Waldheim. Hg. v. Michael Gehler und Hubert Sickinger. Thaur [u. a.] 1995. S. 614-665. Ders.: Die Affäre Waldheim: Eine Fallstudie zum Umgang mit der NS-Vergangenheit in den späten achtziger Jahren. In: Österreich im 20. Jahrhundert, Bd. 2. Vom Zweiten Weltkrieg bis zur Gegenwart. Hg. v. Rolf Steininger und Michael Gehler. Wien [u. a.] 1997. S. 355-414.

2 Botz, Gerhard: Eine deutsche Geschichte 1938-1945? Österreichs Geschichte zwischen Exil, Widerstand und Verstrickung. In: Zeitgeschichte, 1/1986. S. 19-38. Ders.: Österreichs verborgene Nazi-Vergangenheit und der Fall Waldheim. In: FORVM, H. 430-431 (1989). S. 47-55. Ders.: Österreich und die NS-Vergangenheit. Verdrängung, Pflichterfüllung,. Geschichtsklitterung. In: Ist der Nationalsozialismus Geschichte? Zu Historisierung und Historikerstreit. Hg. v. Dan Diner. Frankfurt aM 1987 (= Fischer Tb 4391). S. 141-152. Heindl, Bernhard: Leutnant, Lügner, Präsident. In: FORVM, 426-427 (1989). S. 44-51.

3 Gottschlich, Maximilian: Die beleidigte Nation. Der „Fall Waldheim": Antiamerikanismus und Antisemitismus in österreichischen Printmedien. In: JfS, 3,4/1987. S. 393-406. Gruber, Helmut: „Wir Österreicher" und „gewisse Kreise im Ausland". Antisemitische Inhalte und Argumentation in Kronenzeitung und Presse während des Bundespräsidentenwahlkampfes 1986. In: Medien&Zeit, 3/1988. S. 17-24. Ders.: Antisemitismus im Mediendiskurs. Die Affäre „Waldheim" in der Tagespresse. Wiesbaden 1991. Handl, Helmut: Waldheim – das Opfer. Die Waldheim-Affäre in den Karikaturen österreichischer Zeitungen von 1986 bis 1988. In: Medien&Zeit, 3/1990. S. 30-33. Mitten, Richard: „Ehrlose Gesellen", a.a.O. Ders.: Die Kampagne mit der Kampagne: Waldheim und der Jüdische Weltkongreß und „das Ausland", a.a.O. Rust, Holger: Publizistische Vergangenheitsbewältigung. Eine Auseinandersetzung mit der Wahlkampfberichterstattung der meistgelesenen Tageszeitung Österreichs. In: Medien&Zeit, 3/1986. S. 3-11. Wodak, Ruth und Gruber, Helmut: Antisemitismus für Anfänger und Fortgeschrittene. Krone und Presse in der soziolinguistischen Untersuchung. In: Medien-Journal, 4/1988. S. 183-192. Wodak, Ruth: Wie über Juden geredet wird. Textlinguistische Analyse öffentlichen Sprachgebrauchs in den Medien im Österreich des Jahres 1986. In: JfS, 1/1988. S. 117-136. Wodak, Ruth [u. a.]: „Wir sind alle unschuldige Täter". Diskurshistorische Studien zum Nachkriegsantisemitismus. Frankfurt aM 1990 (= st w 881).

4 Interview „Der Spiegel" mit Kurt Waldheim. In: Der Spiegel, 1,2/1972. S. 62-65 (hier S. 62).

5 Dieser wurde ihn schriftlich gefragt: „Welches waren die Namen und Nummern der Einheiten, in denen Sie während der Jahre 1938-1945 dienten? Welche spezifischen Verantwortlichkeiten hatten Sie als Offizier dieser Einheiten? Waren diesen Einheiten Ausrottungskommandos angeschlossen?" N.N.: „Ich hätte mir viel ersparen können". In: „profil", 11/1988. S. 33-34 (hier S. 33).

6 Ebda, S. 34.

7 Waldheim, Kurt: Im Glaspalast der Weltpolitik. Wien und Düsseldorf 2 1985. S. 40ff.

8 Waldheim, Kurt: Die Antwort. Wien [u. a.] 1996. S. 71f.

9 Siehe auch Interview FORMAT – Kurt Waldheim. In: FORMAT, 11/1998. S. 42-43.

219

10 „So verletzend die Angriffe gegen mich – und wohl zu einem guten Teil auch gegen die Republik Österreich – waren, so sehr sehe ich doch auch im Rückblick manch eigene Fehleinschätzung und manchen Fehler." Waldheim, Kurt: Sie haben das Recht, meinen Standpunkt kennenzulernen. In: Ders.: Worauf es mir ankommt. Gedanken, Appelle, Stellungnahmen des Bundespräsidenten 1986-1992. Hg. v. Hanns Sassmann. Graz 1992. S. 227-229 (hier S. 227).

„Sie, meine lieben Österreicherinnen und Österreicher, haben mich mit überzeugender Mehrheit (...) zum Bundespräsidenten gewählt. Damit ist es nicht mehr die Sache des Menschen Kurt Waldheim." Es ist „ein Grundprinzip unserer Demokratie, daß man Wahlergebnisse nicht nachträglich korrigieren kann. Es ist aber auch eine Frage der Gerechtigkeit und der Fairneß der Person sowie des Respektes vor dem höchsten Amt im Staat. Vor Verleumdungen, gehässigen Demonstrationen und Pauschalverurteilungen darf ein Staatsoberhaupt nicht weichen. (...) Gefährden wir nicht die Selbstachtung und das Selbstbewußtsein unseres Staates! Es geht um den Glauben an unser Vaterland. (...) Es kann dieser Aufgabe nicht dienlich sein, wenn das Staatsoberhaupt vor äußerem Druck zurückweicht und damit die Bedeutung demokratischer Entscheidungen überhaupt in Frage stellt." Ders.: Versöhnung und Zusammenarbeit. In: Ebda, S. 230.

11 „Tatsache ist allerdings, daß sich in meiner Amtszeit zum ersten Mal der ungewöhnliche Fall ereignete, daß ein befreundeter Staat, nämlich die USA, formaljuristisch auf Distanz ging – wenn schon nicht zum Staat Österreich, so doch zu dessen freigewählten Präsidenten." Waldheim, Die Antwort, a.a.O., S. 142.

„Überraschenderweise war auch der amerikanische Außenminister George Shultz für die Watchlist-Entscheidung eingetreten, was mir besonders unverständlich war. Auf die Beleidigung einer ganzen Nation durch eine solche Entscheidung hätte gerade er als Leiter der amerikanischen Außenpolitik hinweisen müssen." Ebda, S. 151.

12 „Der Tenor war immer derselbe: Selbst wenn es unter verständigen Leuten keine Frage sei, so würde es kein Politiker wagen, eine so heikle Sache aufzugreifen. Die Lobby gegen mich sei [sic!] einfach allmächtig. (...) Hingegen würde sich jeder, der öffentliche Zweifel an der Weisheit des OSI und seiner Watchlist-Entscheidung äußerte, die erbitterte Feindschaft einer Schar einflußreicher Meinungsmacher zuziehen." Ebda, S. 152f.

Siehe als weitere Belege ebda, S. 163, S. 171, S. 174, S. 184 und S. 185.

13 NARA, RG 242. National Archives collection of foreign records seized. Military government of Germany and Austria. Records Relating to Kurt Waldheim. Entry 58A, fo submissions, Dr. Gerald Stourzh: Statement concerning the dissertation submitted in 1944 by Kurt Waldheim to the Faculty of Law and Political Science (Rechts- und Staatswissenschaften) of the University of Vienna in order to obtain the degree of Dr. juris. Tossa de Mar 1986. S. 1.

14 Ebda, S. 5.

15 Ebda, S. 16.

16 NARA, RG 242. National Archives collection of foreign records seized. Military government of Germany and Austria. Records Relating to Kurt Waldheim. Entry 58A. IN THE MATTER OF KURT WALDHEIM. Submitted by: Office of Special Investigation Criminal Division. April 9, 1987. S. 3.

17 Ebda, S. 191f.

18 Ebda, S. 194.

19 Ebda, S. 201.
20 Ebda, S. 197.
21 Kurz, Hans Rudolf [u. a.]: Der Bericht der internationalen Historikerkommission. (= „profil"-Dokumente vom 15. Febraur 1988 (= „profil", 7/1988)). S. 42ff.
22 Ministry of Defence: Reviews of the results of investigations carried out by the Minstry of Defence in 1986 into the fate of British servicemen captured in Greece and the Greece Islands between October 1943 and October 1944 and the involvement, if any, of the then Lieutenant Waldheim. London 1989. S. 95.
23 Ebda, S. 103.
24 Die Reaktionen von Waldheim, der ÖVP und der überwiegenden Mehrheit der österreichischen Medien, es sei grundsätzlich unstatthaft, in der und besonders in *der* Vergangenheit zu „wühlen", wirft einerseits ein markantes Schlaglicht auf das Bewußtsein der (ver)öffentlichen Kontrolle der Politik gegenüber, konnte sich aber andererseits auf – sofern es *C* Vergangenheit betraf – einen tiefverwurzelten Usus von öffentlicher und veröffentlichter Meinung der Zweiten Republik berufen – einige Beispiele dafür wurden im Rahmen dieser Arbeit angeführt.
25 Waldheim, Die Antwort, a.a.O., S. 39.
26 Gehler, "...eine grotesk überzogene Dämonisierung eines Mannes...", a.a.O., S. 618.
27 Siehe Czernin, Hubertus: Waldheim und die SA. In: „profil", 10/1986. S. 16-20 (hier S. 16).
28 Wantoch, Erika und Kotanko, Christoph: Abgekurtetes Spiel. In: „profil", 19/1986. S. 18-19.
29 Kotanko, Christoph und Worm, Alfred: Der Aktenlauf. In: „profil", 34/1987. S. 10-13 (hier S. 11).
30 Worm, Alfred: „Jauche". In: „profil", 16/1986. S. 39-40 (hier S. 40).
31 Landesgericht für Strafsachen Wien. Az 9eEVr 4949/86. Hv 5220/86. (= profil DOKUMENTE (= „profil", 49/1987)). S. 3.
32 Czernin, Waldheim und die SA, a.a.O., S. 17.
33 Siehe Die Aula, 11/1985. S. 37.
34 Ebda, S. 39.
35 Mayenburg, Ruth von: „Blitzlichter aus der Erinnerung". In: Wir über Waldheim. Ein Mann, eine Ära im Urteil der Mitbürger. Hg. v. Karl Gruber [u. a.]. Wien [u. a.] 1992. S. 109-111.
36 Diemann, Kurt: Von Kurt zu Kurt & Kurt. In: ÖMH, H. 2/1986. S. 15-16 (hier S. 16).
37 Plasser, Fritz [u. a.]: Analyse der Präsidentschaftswahl vom 4. Mai 1986. In: ÖMH, H. 3/1986. S. 19-22 (hier S. 19).
38 Ebda, S. 21.
39 Was dann auch mit der Nationalratswahl vom Herbst 1986 geschah. Siehe dazu die in diesem Kontext verarbeitete relevante politwissenschaftliche Literatur im Kapitel „Ideologische Mißgeburt", „ordentliche Beschäftigungspolitik" und die „lieben Freunde" von der Waffen-SS.
40 Plasser [u. a.], Analyse der Präsidentschaftswahl vom 4. Mai 1986, a.a.O., S. 20.
41 Siehe ebda, S. 22.
42 Siehe Plasser, Fritz und Ulram, Peter A.: Ein Beben mit Folgen. Die Präsidentschaftswahl 1986. In: ÖMH, H. 4/1986. S. 6-10 (iB S.7).
43 Plasser, Fritz und Ulram, Peter A.: Das Jahr der Wechselwähler. Wahlen und Neustrukturierung des österreichischen Parteiensystems 1986. In: ÖJfP 1986. Hg. v. Andreas Khol [u. a.]. Wien und München 1987. S. 31-80 (hier S. 46 und 49). Legende: I=Mai 1986 (exit poll); II=erhobene Wahlabsicht für Juni 1986; Diff=Differenz zwischen Waldheim und Steyrer.

44 Gehmacher, Ernst [u. a.]: Die Waldheim-Wahl. Eine erste Analyse. In: JfS, 3/1986. S. 319-331 (hier S. 326).
45 Ebda, S. 328.
46 Ebda, S. 327.
47 In diese Richtung weist auch eine SWS-Umfrage vom April 1986, in der 28% der Befragten den VOEST-Skandal zum größten Skandal seit 1983 „kürten". SWS-Meinungsprofile: Österreichische Skandale im Spiegel der Meinunsgforschung. In: JfS, 3/1986. S. 341-348 (hier S. 344).
48 Plasser und Ulram, Ein Beben mit Folgen, a.a.O., S. 7.
49 Gehmacher [u. a.], Die Waldheim-Wahl, a.a.O., S. 325.
50 Ebda, S. 326.
51 Einer Fessel-Studie zum persönlichen und privaten Profil der Kandidaten zeigt, daß Steyrer vor allem in der Kategorie „persönliche" (sympathische) Motive, Waldheim hingegen vor allem im Bereich der fachlichen Motive punkte konnten. Siehe Plasser und Ulram, Das Jahr der Wechselwähler, a.a.O., S. 38.
52 Ebda, S. 43.
53 Czernin, Waldheim und die SA, a.a.O.
54 IFES: Telefonblitzumfrage Waldheim & Nazi-Vergangenheit. Wien 1986. Stichprobe 600 Personen im gesamten Bundesgebiet, Zufallsauswahl aus dem österreichischen Fernmeldeverzeichnis. Gesonderte Auswertungen nach Geschlecht, Alter (bis 25, 26 bis 39 und ab 40), Bildung, Tätigkeit, Region und Parteipräferenz.
55 Nur der Vollständigkeit halber sei festgehalten, daß 74% der SP-Präferenten, aber nur 69% der VP-Präferenten an keinen Zufall glaubten und im Gegensatz dazu letztere stärker an einen Zufall glaubten.
56 IFES: Telefonumfrage Waldheim. Wien 1987. Befragt wurden im Rahmen einer repräsentativen Zufallsstichprobe 200 Personen ab 16 Jahren mit Telefonanschluß. Gesondert ausgewertet wurden Geschlecht, Alter (bis 29, 30 bis 49 und ab 50), Bildung und Parteipräferenz.
57 IFES: Aufgabenfeld der Bundesregierung. Wien 1987. Telephonisch befragt wurden 1000 Personen. Speziell ausgewertet wurden die Merkmale Geschlecht, Alter (bis 29, 30 bis 49 und über 50), Bildung und Parteipräferenz. Die Umfrage war repräsentativ.
58 IFES: Die Diskussion um Bundespräsident Waldheim vor und nach den TV-Auftritten von Bundeskanzler Vranitzky und Bundespräsident Waldheim. Wien 1988. Telephonisch befragt wurden jeweils 380 Personen ab 16 Jahren nach einer Zufallsauswahl nach dem amtlichen Telefonverzeichnis für Österreich. Ausgewertet wurden Geschlecht, Alter (16 bis 29, 30 bis 49 und ab 50), Bildung und Parteipräferenz.
59 IFES: Kurt Waldheim nach der TV-Ansprache vom 15. Februar 1988. Wien 1988. Telefonumfrage unter 380 Personen am 16. Februar 1988 unter der österreichischen Bevölkerung ab 16 Jahren nach dem amtlichen Telephonverzeichnis für Österreich. Die Auswertung erfolgte nach Geschlecht, Alter (16-29, 30-49 und ab 50), Bildung, Tätigkeit, Parteipräferenz, TV-Seher.
60 IFES: Meinungen und Einstellungen zur innenpolitischen Situation Anfang 1988. Wien 1988. Mündlich befragt wurden 497 Personen ab 19 Jahren im gesamte Bundesgebiet. Detailauswertungen liegen für Geschlecht, Alter (19-39, 40-59 und ab 60), Schulbildung, Bundesland und Parteipräferenz vor.
61 An dieser Stelle werden lediglich die Werte für die Antwortmöglichkeiten SPÖ, ÖVP und „gar keine" genauer analysiert.
62 Rau: Gut überlegt. 2. März 1986.
63 Leitgeb: Scheitert Kurt Waldheim an den Enthüllungen über seine Vergangenheit? 2. März 1986.

64   Rauscher: Waldheim und der ungeklärte Rest. 6. März 1986.
      Waldheim „habe als Dolmetscher Dienst gemacht und zusätzlich Feindsender (,zum
      Beispiel Radio Kairo') abgehört, übersetzt und ins Führerhauptquartier nach Berlin
      gekabelt. (...) ‚Glauben Sie mir bei meinem Wort: Kurt Waldheim hat mit diesem
      Kapitel der NSDAP n i c h t s zu tun', sagt der ‚Kamerad'", der „hat nicht einmal
      militärisch gesehen eine relevante Funktion gehabt.'"
      N.N.: Ein Kamerad von Kurt Waldheim lüftet die Vergangenheit. 6. März 1986.
65   Leitgeb: Kurt Waldheims Erinnerungslücken. 9. März 1986 sowie Leitgeb: Wor-
      über will Kirchschläger im „Fall Waldheim" urteilen? 13. April 1986.
66   Leitgeb: Also sprach Waldheim. 20. April 1986.
67   Rauscher: Glaubwürdigkeit. 20. April 1986 sowie Leitgeb: Bundespräsidenten-Wahl:
      gehört die Welt den Feigen? 18. Mai 1986, Leitgeb, Kurt Waldheims Erinnerungs-
      lücken, a.a.O, Rau: Hineingeritten. 23. März 1986 und Rauscher: Waldheim und
      die Wende. 7. Mai 1986.
68   Leitgeb: Fairneß im Wahlkampf: Jetzt erst recht. 30. März 1986 sowie Rauscher:
      Waldheim und der ungeklärte Rest, a.a.O., Rauscher: Waldheim explodiert. 10. März
      1986 und Leitgeb: Worüber will Kirchschläger im „Fall Waldheim" urteilen, a.a.O.
69   Leitgeb: Wetten, daß Waldheim gewinnt. 1. Mai 1986.
70   Rauscher, Glaubwürdigkeit, a.a.O.
71   Pauli: Gräbern. 1. April 1986.
      „Auslösendes Motiv für die Bewußtmachung der Vergangenheit Kurt Waldheims
      war ja – wie kaum mehr bezweifelt wird – die Überlegung, das internationale Re-
      nommee, die Glaubwürdigkeit des Präsidentschaftskandidaten der ÖVP, Kurt Wald-
      heim, zu zerstören. Die Präsidentschaftswahl zugunsten des SPÖ-Kandidaten Kurt
      Steyrer zu entscheiden. Die Wahl für die SPÖ zu gewinnen."
      Frasl: Kurt Waldheim. 28. November 1987.
72   Rauscher: Womit wir leben müssen. 4. Juni 1986.
73   Rauscher: Präsident eines verstörten Landes. 12. April 1986.
74   Rau: Glaubwürdigkeit, a.a.O.
75   Jambor: Sie registrieren immer noch. 28. März 1986.
      In diesem Zusammenhang sei auf den Aspekt der Konstituierung der österreichi-
      schen Nation als nichtdeutsche Nation, und somit auch als quasi antithetische zum
      preußisch-deutschen Nationalsozialismus, verwiesen werden. Jambor und die Zeit-
      schrift „Die Österreichische Nation" wiesen die Angriffe auf Waldheim publizi-
      stisch massiv zurück, argumentativ gestützt auf die Kollektivopferthese Österreichs
      (und der Österreicher).
76   Avineri: Die Rolle des „World Jewish Congress" (I). 7. August 1987.
      „Daß er mit seiner anfänglichen Weigerung, Klarheit zu schaffen, sich selbst den schlech-
      testen Dienst erwiesen hat, ist wohl heute unbestritten. Umgekehrt machen es ihm jene
      zu einfach, die Waldheim zur Chiffre für das Böse schlechthin machen wollen. Auf
      Grund der heutigen Aktenlage und bis – etwa durch die internationale Historiker-
      kommission – das Gegenteil bewiesen ist, hat sich Waldheim keines Verbrechens wäh-
      rend des Krieges schuldig gemacht, sondern aus Karrieregründen versucht, über seine
      eher durchschnittliche Kriegsvergangenheit diskussionslos hinwegzukommen."
      Stamm: Österreich auf dem Prüfstand (I). 21. August 1987.
77   Rauscher: Zeitbombe Historikerkommission. 30. September 1987.
78   Rauscher: Waldheims Feinde. 18. November 1987.
      „Nun muß Wissen noch nicht Schuld sein. Aber Waldheim hat zum Beispiel immer
      emphatisch geleugnet, etwas von der Judendeportation aus Griechenland gewußt
      zu haben. Was ist, wenn die Kommission zu anderen Schlüssen kommt?"
      Rau: Wissen. 27. November 1987.

79   Rauscher: Die Zukunft des Bundespräsidenten. 30. Dezember 1987.

80   N.N.: Waldheim – „Gongschlag zur letzten Runde". In: Der Spiegel, 5/1988. S. 116-118.

81   Raucher: Wenn das echt sein sollte ... 31. Jänner 1988.

82   Rauscher: Weiterbleiben und weiterleiden. 9. Februar 1988.

83   Raucher: Auch über Waldheim von heute wurde geurteilt. 12. Februar 1988.

84   „Natürlich wurde manipuliert, aber nicht immer. Natürlich wurde gelogen, aber nicht immer. Natürlich wurde gefälscht, aber nicht alles."
Frasl: Waldheim-Rede: Wenig Hoffnung. 16. Februar 1988.

85   Daran, daß Waldheims Siegeschancen gesunken seien, „haben aber nach meiner Ansicht nicht ausländische Kritiker oder der Jüdische Weltkongreß' vorrangig schuld. Vielmehr hat Waldheim selbst seine Chancen beeinträchtigt, weil er seine Vergangenheit immer verschleiert und sich bis zuletzt ungeschickt verantwortet hat."
Leitgeb, Fairness im Wahlkampf, a.a.O.

86   Siehe auch: „Wenn Waldheim verliert oder gar von seiner Kandidatur zurücktritt (...), dann wird eine ‚Dolchstoßlegende' entstehen: Er ist von dunklen Mächten und ‚gewissen Kreisen' im In- und Ausland (ehschonwissen!) zu Fall gebracht worden. Das wird ein großer Teil der Bevölkerung denken."
Rau: Trübe Aussicht. 28. März 1986.

87   Frasl: Das Unglück ist passiert. 25. März 1986.

88   „Enthält doch das Steyrer-Gelb keine antisemitischen Farbelemente im Gegensatz etwa zu Waldheim-Plakaten."
Frasl: Die großen Wenden. 14. Mai 1986.

89   Rauscher: Die Verfehlung des richtigen Tons. 3. Mai 1986 sowie Pauli: Wir alle tragen Verantwortung. 22. Mai 1986 und Rau: Erschöpft. 3. Juni 1986.

90   Rauscher: Lösung vom „Waldheim-Trauma". 15. August 1987.
„Die Entscheidung über Graffs Nachfolger wird nun ein Hinweis sein, ob die Volkspartei weiter in Richtung ‚Führerpunker' rutscht oder eine offene Partei bleibt."
Rau: Der Sturm. 19. November 1987.

91   Georges, Michéle: Vienne, malade de Waldheim. In: „L' Express" vom 20. November 1987. S. 20-21.

92   Rauscher, Waldheims Feinde, a.a.O.

93   Rauscher, Der Sturm, a.a.O. sowie Rauscher: Gewalt der Worte, Gewalt der Tat. 22. November 1987.

94   Rau: Seit 40 Jahren. 13. Februar 1988 sowie Rauscher: Der Versuch zu verstehen. 14. Februar 1988.

95   Nussbaumer: Zerrbild Österreich – hausgemacht! 16. Februar 1988.

96   Der Holocaust habe „an der Spitze des Weltkongresses [!] die Sinne für jedes Anzeichen von Neonazismus und Antisemitismus geschärft."
Nussbaumer: Seit 50 Jahren mit der Bitterkeit leben. 2. April 1986 sowie Pauli: Oberrabiner blickt mit Sorge auf das Jahr 1988. 1. Jänner 1988.

97   Frasl: Waldheim und die Lehnstuhl-Helden. 8. April 1986.
Hinzuweisen ist in diesem Zusammenhang auf ein Interview mit dem damaligen israelischen Präsidenten Chaim Herzog, wenige Tage vor dem zweiten Wahlgang, wo dieser – rhetorisch – fragte: „Und schließlich ist noch eines. Ich frage mich, ob die Österreicher jene tiefe Empfindsamkeit der israelischen Gesellschaft verstehen, die all das umschreibt, was mit dem Holocaust zu tun hat. Ein Drittel unseres Volkes ist damals vernichtet worden."
N. N.: „Versteht ihr unsere Empfindsamkeit zum Thema Holocaust?" 5. Juni 1986 sowie Nussbaumer: Seit 50 Jahren mit der Bitterkeit leben, a.a.O. und Spanocchi: Als Soldat im Dritten Reich (II). 31. Oktober 1987.

98	Siehe Nussbaumer: Seit 50 Jahren mit der Bitterkeit leben, a.a.O.
99	„Auch die vielen offenen Rechnungen der amerikanischen Juden mit Österreich – von der Wiesenthal-Peter-Affäre bis hin zum jüdischen Besitz, der immer noch auf Rückgabe wartet – werden jetzt mitbeglichen." Pauli: Nach der Klärung. 24. April 1986.
100	Frasl: Der Kampf um die Präsidentschaft. 2. April 1986.
101	Wenn Wiesenthal „sagt, daß Opfer zu sein nicht die Berechtigung gibt, ungerechtfertigt zu verurteilen, dann wiegt das schwer. Auch für die Übereifrigen im Jüdischen Weltkongreß." Pauli, Wir alle tragen Verantwortung, a.a.O. Der „Jewish World Congress' schminkt bekannte Dokumente von zweifelhafter Aussagekraft zu angeblichen ‚Beweisen' um". Rau, Erschöpft, a.a.O.
102	Leitgeb, Worüber will Kirchschläger im „Fall Waldheim" urteilen, a.a.O. sowie Avineri, Die Rolle des „World Jewish Congress (1), a.a.O.
103	Rau: Glaubwürdigkeit, a.a.O.
104	Rauscher, Weiterbleiben und Weiterleiden, a.a.O. „Der Wunsch nach ‚Fairneß'- ein besonderes Motto der Reagan-Ära – findet gerade bei einem so sehr unter Pauschalurteilen leidenden Volk wie dem jüdischen besondere Resonanz. Mehr und mehr Stimmen distanzieren sich von der Art, wie das Team Singer/Bronfman die Kampagne führte." Nussbaumer: Österreich im sanften Aufwind. 3. Oktober 1987. „Wenn es keine Fakten gegen Waldheim gibt, müsse es Schluß sein, denn mit Österreich könne es nicht so weitergehen wie bisher. Überdies sei jede Kollektivschuld abzulehnen. Das ist nicht etwa die Ansicht eines Verteidigers um Waldheim, sondern die Meinung des Rabbiners Marc Tannenbaum, ein Vertreter des ‚American Jewish Commitee', der einflußreichsten jüdischen Vereinigung." M. M.: Hoffnung. 3. Oktober 1987.
105	Pauli: Fall Waldheim – Fall Österreich. 28. April 1986.
106	Rauscher: Der Ex-Terrorist und die Moral. 28. Mai 1986.
107	Rauscher: Respekt und Provokation. 19. September 1987.
108	Kuntner: Offene Worte. 28. Mai 1986.
109	„Kurt Waldheim hat sich also in einem üblen Regime so verhalten, daß es ihm nicht schlecht ging. Er war dabei, aber nicht Mitglied. Das ist eine sehr österreichische Geschichte, und deshalb glaube ich sie." Rauscher: Er war dabei, aber kein Mitglied. 22. März 1986.
110	Rauscher: Die Vergangenheit und die Zukunft. 8. März 1986.
111	Jambor, Sie registrieren immer noch, a.a.O.
112	Spanocchi, Als Soldat im Dritten Reich (I). 30. Oktober 1987.
113	Raucher: Keine Angst vor 1938. 1. August 1987.
114	Stamm: Österreich auf dem Prüfstand (I), a.a.O.
115	Frasl, Kurt Waldheim, a.a.O.
116	Frasl: Neujahrsappell zu mehr Toleranz. 2. Jänner 1988.
117	Frasl, Waldheim-Rede, a.a.O.
118	Frasl: Österreich: Die Watschen-Republik. 20. Februar 1988.
119	Pauli: Waldheim-Debatte: Schatten. 18. Februar 1988.
120	Frasl, Waldheim und die Lehnstuhl-Helden, a.a.O.
121	N.N., Ein Kamerad von Kurt Waldheim lüftet die Vergangenheit, a.a.O.
122	Rauscher: Die Rolle Jugoslawiens. 3. Februar 1988 sowie Rauscher, Der Versuch zu verstehen, a.a.O.
123	Spanocchi, Als Soldat im Dritten Reich (I), a.a.O. sowie Spanocchi, Als Soldat im

Dritten Reich (II), a.a.O. und Kreisky: Österreich und die Mitschuld am Weltkrieg. 10. April 1986.

124 „Tatsächlich hat sich Österreich in dieser Angelegenheit [der Wiedergutmachung] unaussprechlich schäbig verhalten. Zuerst hat man unsere jüdischen Mitbürger vertrieben oder ermordet. Die Überlebenden hatten dann allergrößte Mühe, ihren ‚arisierten' Besitz wiederzubekommen. Aber an eine Entschädigung für die ungeheuren Leiden war überhaupt nicht zu denken." Rauscher, Der Versuch zu verstehen, a.a.O.

125 Rauscher: Keine Angst vor 1938, a.a.O. sowie Nussbaumer, Seit 50 Jahren mit der Bitterkeit leben. 2. April 1986, Rauscher: Vertriebene Vernunft. 21. Oktober 1987 und Weigel: Untauglicher Sühneversuch. 6. Februar 1988.

126 N.N., Ein Kamerad von Kurt Waldheim lüftet die Vergangenheit, a.a.O.

127 Leitgeb, Kurt Waldheims Erinnerungslücken, a.a.O.

128 Pauli: Antisemitismus: Neuer Anlauf für Institut. 18. Jänner 1988.

129 An Waldheim „entzündet sich – großteils ungerechterweise – die Frage, wie Österreich zu seiner Geschichte steht. Wer zu verstehen versucht, was sich derzeit in diesem Land abspielt, wird um diese Erkenntnis nicht herumkommen." Rauscher, Der Versuch zu verstehen, a.a.O.

130 Jagschitz: SAler und andere böse Menschen. 8. März 1986.

131 Rauscher: Die Vergangenheit und die Zukunft. 8. März 1986 sowie Raucher, Präsident eines verstörten Landes, a.a.O.

132 Rauscher: Berichterstattung über Waldheim. 29. März 1986.

133 Rauscher, Das Problem heißt nicht Graff, a.a.O.

134 Scheuch: Beweislast. 3. März 1986.

135 Exemplarisch für diesen Sinneswandel ist eine knapp drei Wochen später vom selben Verfasser geschriebene Kolumne: „Es geht nicht darum, was für eine der zahlreichen ‚Gliederungen' der Nazipartei die NS- oder SA-Reiter waren. Die diversen Nazireitervereine schienen ja sogar den alliierten Gerichten Herrenreiterklubs. Sonst hätten sie nicht selbst die Reiter-SS als einzige SS-Organisation von der Einstufung ‚verbrecherisch' ausgenommen. Es geht einzig und allein um die Glaubwürdigkeit des VP-Kandidaten. Und auf die kann Waldheim keinen Anspruch mehr erheben." Scheuch: Also doch! 22. März 1986 sowie Pelinka: Der Wahlkampfstil. 12. April 1986 und Scheuch: Präsidentenwort. 23. April 1986.

136 Lackner: Recht des Wählers. 22. März 1986 sowie Hoffmann-Ostenhof: Sie irren. 13. März 1986, Pelinka: Der Eiertanz. 25. März 1986, Kaltenbrunner: Zu spät geboren? 29. März 1986, Muliar: Ich kann nicht mehr schweigen! 5. April 1986 und Scheuch: Gedächtnislücken. 21. April 1986.

137 Scheuch: Selbstverteidigung. 10. März 1986 sowie Scheuch, Präsidentenwort, a.a.O.

138 Scheuch: Der lange Arm. 6. März 1986 sowie Scheuch: Schmutzfinke. 12. März 1986 und Scheuch: Also doch, a.a.O.

139 Muliar: Ich kann nicht mehr schweigen, a.a.O.

140 „Die Welt wartet noch immer auf eine umfassende Darstellung des VP-Kandidaten – oder, von der ‚Times' als Alternative aufgezeigt, auf seinen Rücktritt [von der Kandidatur] ‚seinem Land zuliebe'." Scheuch: Beweiswürdigung. 5. April 1986.

141 „Da müssen sich dann die Österreicher vorhalten lassen, daß dieses Verdrängen der Vergangenheit hierzulande ‚ein normaler Vorgang' ist, da wird an den Begeisterungstaumel auf dem Heldenplatz erinnert, und die Welt fragt sich, ob wir noch immer nicht wüßten, ob wir 1945 besiegt oder befreit worden seien. (...) Wenn es nur Waldheim träfe, wäre das seine Sache. Aber wie kommen die Österreicher dazu, zumal die jungen, sich mit ihm in einen Topf werfen zu lassen?"

142 Scheuch: Sind wir so? 25. März 1986.
    Scheuch, Beweislast, a.a.O.
143 Lackner, Recht des Wählers, a.a.O. sowie Pelinka, Der Eiertanz, a.a.O. und Bradnder-
    Radinger: „Unösterreichisch". 11. April 1986.
144 „Es ist zu befürchten, daß die Welt weit weniger vornehm mit uns allen, nicht nur
    mit Herrn Waldheim umgehen wird." Scheuch: Schamlos. 26. April 1986 sowie Scheuch: Die Mahnung. 20. Mai 1986
    und Hoffmann-Ostenhof: Nichts zum Lachen. 10. Juni 1986.
145 M. S.: Vereinnahmung. 15. Jänner 1987 sowie Scheuch: Der Schock. 28. April 1987.
146 Scheuch, Der Schock, a.a.O sowie Botz: Die verdrängte Vergangenheit ins Ge-
    dächtnis zurückrufen. 20. Mai 1987.
147 GHO: Fürs Image. 21. November 1987.
148 Hoffmann-Ostenhof: Das Dokument. 2. Februar 1988.
149 Hoffmann-Ostenhof: Weg in die Sklaverei und in die Vernichtung. 2. Februar 1988.
150 Pelinka: Die Kommission. 5. Februar 1988.
151 Scheuch: Zeit der Pflichterfüllung. 10. Februar 1988 sowie Hoffmann-Ostenhof: Das
    haben wir nicht verdient. 10. Februar 1988, Scheuch: Der 12. Februar und das Gedenk-
    jahr. 12. Februar 1988, Lackner: Die Fälschung. 12. Februar 1988, Kaltenbrunner:
    Zwillinge. 13. Februar 1988 und Traxler: Der Pfahl im Fleisch. 17. Februar 1988.
152 Pelinka, Der Eiertanz, a.a.O.
153 Scheuch, Schamlos, a.a.O. sowie Scheuch: Gewichtig. 9. März 1986, A.K.: Entla-
    stet? 23. April 1986 und Lackner: Ich fürchte mich. 7. Juni 1986.
154 H. L.: Eine Krankheit. 19. Juni 1988 sowie Lackner: Wo ist Waldheim? 20. Juni
    1986, Scheuch: Belehrungen. 8. Juli 1986 und Hoffmann-Ostenhof: Ungeheuer-
    lichkeit. 21. Oktober 1986.
155 Muliar, Ich kann nicht mehr schweigen, a.a.O. sowie Brandner-Radinger,
    „Unösterreichisch", a.a.O.
156 Scheuch: Verantwortung. 4. November 1986 sowie Scheuch: Volksseele? 17. Fe-
    bruar 1988.
157 Scheuch: Unfaßbar. 4. Juni 1987.
158 Lackner: Jekyll und Hyde. 18. November 1987.
159 Scheuch: Bedenkenlos. 13. Februar 1988.
160 „Es kommt zur Wiedererweckung von Emotionen, die (nachher) niemand gewollt
    hat, antisemitische Bodensätze werden mit scheinheilig verdrehten Augen aufge-
    rührt, Solidarisierungen der ehemals ebenfalls Angepatzen sind festzustellen".
    Muliar, Ich darf nicht mehr schweigen, a.a.O. sowie Hoffmann-Ostenhof: Poor Stan-
    dard. 17. Mai 1986, GHO: o.T.. 18. Oktober 1986, pel: Freunde bei den Juden. 8.
    Mai 1987, GHO: Launig. 17. November 1987, Pelinka: Kein böser Bube. 19. No-
    vember 1987 und Traxler, Der Pfahl im Fleisch, a.a.O.
161 Siehe Hoffmann-Ostenhof: Brunnenvergiftung. 19. November 1986.
    Es handelt sich hierbei um eine Kommentierung eines Artikels von Ilse Leitenberger,
    der ob seiner Länge hier nicht zitiert werden kann, obwohl er zur Gänze zitienswert
    wäre.
162 Siehe Hoffmann-Ostenhof: „Gewisse Kreise". 29. April 1987, Hoffmann-Osten-
    hof: 5000 Juden. 12. Februar 1988 und Traxler, Der Pfahl im Fleisch, a.a.O.
163 H.L.: Gedankenlos. 14. Mai 1986.
164 Hoffmann-Ostenhof: Die Blutspur. 8. April 1986.
165 Hoffmann-Ostenhof: Waldheim populär. 1. Juli 1987.
166 Hoffmann-Ostenhof: Shamir und Waldheim. 28. Mai 1986.
167 Hoffmann-Ostenhof: „Gewisse Kreise", a.a.O.
168 Scheuch: Sind wir so, a.a.O. sowie Pelinka: Karl Waldheim, a.a.O.

227

169   Lackner, Ich fürchte mich, a.a.O. sowie GHO: Gang und gäbe. 30. Jänner 1988 und
      Kaltenbrunner: Zwillinge, a.a.O.
170   Pelinka, Der Wahlkampfstil, a.a.O.
171   Scheuch, Zeit zur Pflichterfüllung, a.a.O.
172   Lackner: Die Division. 11. Februar 1988.
173   Scheuch: Selbstgefällig. 26. September 1986.
174   Scheuch: Geschichtslügen. 8. April 1986 sowie GHO: Auch Opfer. 7. April 1986
      und Pelinka, Die Kommission,a.a.O.
175   Hoffmann-Ostenhof: Kein Trost. 9. April 1986.
176   Botz, Die verdrängte Vergangenheit ins Gedächtnis zurückrufen, a.a.O.
177   Pelinka, Die Kommission, a.a.O.
178   Scheuch: Jenseits der Emotionen. 15. Mai 1987.
179   Botz, Die verdrängte Vergangenheit ins Gedächtnis zurückrufen, a.a.O.
180   Scheuch, Die Mahnung, a.a.O.
181   Pelinka: Große Koalition? „Das wäre das größte Malheur für Österreich". 25. Juli
      1986 sowie Scheuch: Geschichte lernen! 1. Juli 1986.
182   Pelinka: Patriotismus. 11. November 1986 sowie Pelinka: Das zweite Tabu. 21. Mai
      1987.
183   Kindermann, Gottfried Karl: Thesen zu Österreichs Staatswiderstand gegen das
      Dritte Reich im Vorfeld des Zweiten Weltkrieges. Gedanken zu Österreichs Natio-
      nalfeiertag 1989. In: DÖN, 2/1989. S. 41-50.
184   Scheuch, Geschichte lernen, a.a.O. sowie Scheuch, Jenseits der Emotionen, a.a.O.,
      Scheuch: Dolchstoßlegenden. 19. Mai 1987 und Botz: Die verdrängte Vergangen-
      heit ins Gedächtnis zurückrufen, a.a.O.
185   Scheuch: Die Gutwilligen. 18. Mai 1987.
186   Pelinka, Das zweite Tabu, a.a.O.
187   Scheuch, Der 12. Februar und das Gedenkjahr, a.a.O.
188   Zu berücksichtigen ist, daß die Zeitung per 31. März 1987 eingestellt wurde und
      somit wesentliche Aspekte der Waldheim-Debatte aus der Sicht eines ÖVP-Organes
      unberücksichtigt bleiben müssen.
189   „Noch nie hat es in der gesamten Nachkriegszeit eine derart perfekt inszenierte
      Rufmordkampagne mit derart magerem Material gegeben, wie die, die derzeit ge-
      gen Kurt Waldheim läuft. Die Leute verstehen ihr Schmutzhandwerk."
      Harbich: Keine Wahrheit, aber perfekte Inszenierung. 28. März 1986.
190   „Wenn also in New York ein Herr Israel Singer triumphierend ins Mikrophon ruft,
      man habe ‚bewiesen', daß Waldheim ein ‚Nazi' gewesen sei, ein Kriegsverbrecher,
      der 40 Jahre lang die Welt angelogen habe, dann ist das in der Sache blanker Unsinn
      und in der Tendenz bewußter Rufmord."
      Harbich, Keine Wahrheit, aber perfekte Inszenierung, a.a.O.
191   Sperl: Waldheim. 5. März 1986.
      Hinzuweisen ist in diesem Zusammenhang auf einen Bericht vom Sonntag, dem 2.
      März, in dem es unter anderem hieß: „Während Kurt Waldheim am Samstag seine
      Wahltournee fortsetzt (...), begann sich jenes Rätsel zu lösen, das Landeshauptmann
      Krainer am Freitagabend bei der Großkundgebung im Kongreßsaal der Messe den
      Hunderten Zuhörern mit auf dem Weg gegeben hatte. Man wisse, daß eine Schmutz-
      kübelkampagne gegen Waldheim in Vorbereitung sei. Der inhaltlich magere Kern
      der Sache zielt auf Waldheims Zeit im Krieg. Das Nachrichtenmagazin ‚profil' wird
      am Montag ein nach 40 Jahren im Kriegsarchiv aufgetauchtes Dokument veröf-
      fentlichen, auf dem verzeichnet ist, Kurt Waldheim, damals junger Student, sei 1939
      Mitglied der SA und des nationalsozialistischen Studentenbundes gewesen."
      N.N.: Kampagne gegen Waldheim. 2. März 1986.

228

192   Harbich: Alles nur Zufall. 6. März 1986.
193   Leschanz: Alles nur Zufall? 9. März 1986 sowie Leschanz: Erbpacht in Gefahr. 23.
      März 1986, Leschanz: Entartete Politik. 25. März 1986, Harbich, Keine Wahrheit,
      aber perfekte Inszenierung,. a.a.O., Leschanz: Abfuhr für Sudelköche. 2. April 1986,
      Topitsch: Über die Taktik der Verleumdung. 18. April 1986, Florian Hirnpichler.
      20. April 1986, Harbich: Ein großer Staatsmann und viele kleine Geister. 25. April
      1986, Harbich: Einfache Gründe. 8. Juni 1986 und N. N.: Hans Pusch als Ein-
      flüsterer am Ende. 11. Juni 1986.
194   „Daß man Kurt Waldheim nicht ernstlich Kriegsverbrechen vorwerfen kann," war
      eigentlich schon vorher, zumindest für das österreichische Publikum, klar."
      Harbich: Ein großer Staatsmann und viele kleine Geister, a.a.O.
195   Harbich, Alles nur Zufall, a.a.O. sowie Harbich, Keine Wahrheit, aber perfekte
      Inszenierung, a.a.O. und Harbich: Primitiv, aber wirksam. 11. Februar 1987.
196   Harbich: Österreich geschadet. 13. April 1986.
197   Sperl: Arafat und Waldheim. 27. März 1986.
198   N. N.: Springt Waldheim schon heute über 50 Prozent? 4. Mai 1986 und Arnold:
      Terror und Widerstand. 1. Juni 1986.
199   N. N.: Springt Waldheim schon heute über 50 Prozent, a.a.O.
200   „Denn die jüngsten Angriffe aus dem Ausland waren nicht nur auf Waldheim, son-
      dern gegen die Österreicher überhaupt gerichtet – indem man uns da und dort
      pauschal als kleine braune Schlawiner denunziert hat."
      Sperl: Gegen die Zerstörung der Politik. 30. März 1986.
201   Harbich: Zurücktreten, Herr Zilk! 5. Juli 1986.
202   Graffs „legitimerweise ausgesprochener Verdacht, daß die SPÖ hinter der Kampa-
      gne gegen Waldheim steckt, wäre kühl und auf Aufzählung der Indikatoren be-
      schränkt wirkungsvoller gewesen, als mit deftigen Schimpfnamen garniert, die nur,
      denjenigen, der sie gebraucht, ins Unrecht setzen."
      Harbich: Die Grenze zwischen Härte und Gemeinheit. 21. März 1986.
203   Harbich, Die Grenze zwischen Härte und Gemeinheit, a.a.O. sowie G. Sp.: Inter-
      essantes über Lueger. 27. März 1986.
204   Leschanz, Entartete Politik, a.a.O.
205   G. Sp., Interessantes über Lueger, a.a.O. sowie Leschanz, Entartete Politik, a.a.O.,
      Sperl: Jetzt sollte Schluß sein. 3. April 1986, Sperl: Eine Warnung. 15. April 1986,
      Sperl: Die Bewältigung. 26. September 1986 und Sperl: Waldheim und Amerika.
      29. Oktober 1986.
206   Harbich: Alles nur ein Zufall, a.a.O.
207   Harbich, Keine Wahrheit, aber perfekte Inszenierung, a.a.O.
208   Mayer: Austro-Dallas. 6. April 1986 sowie Harbich, Ein großer Staatsmann und
      viele kleine Geister, a.a.O., Harbich: Das Interesse flaut ab, die Lage bleibt heikel.
      4. Juli 1986 und joki: Ein Zeugnis. 27. Juli 1986.
209   Sperl, Gegen die Zerstörung der Politik, a.a.O. sowie Leschanz, Entartete Politik,
      a.a.O., Mayer, Austro-Dallas, a.a.O. und Topitsch, Über die Technik der Verleum-
      dung, a.a.O.
210   Leschanz: Abfuhr für Sudelköche. 2. April 1986.
211   Sperl, Eine Warnung, a.a.O.
212   Arnold, Antisemitismus. 22. Juni 1986
213   Leschanz: Ein „enger Kontakt". 30. März 1986.
214   N. N.: Alkohol-König als Präsident. 1. Mai 1986.
215   Siehe Sperl: Appell zur Vernunft. 9. März 1986, Sperl: Bereinigung. 18. März 1986,
      Sperl, Jetzt sollte Schluß sein, a.a.O., Kirchengast: Draußen vor der Tür. 10. April
      1986 und Sperl: Am 4. Mai entscheiden! 23. April 1986.

229

216   Hielten „die einstigen Sieger sich an die Nürnberger Urteile, müßten sie sich selbst vielfach schuldig sprechen – wegen Interventionen und Aggressionen nach dem Zweiten Weltkrieg." Maier: Historische Chance vertan. 2. Oktober 1986 sowie Sperl, Waldheim und Amerika, a.a.O.

217   Sperl, Arafat und Waldheim, a.a.O.

218   Roth: König von Hitlers Gnaden. 9. April 1986.

219   Sperl: Fehlurteil. 17. April 1986.

220   Arnold: Was konnte man wissen? 13. April 1986.

221   Sperl, Jetzt sollte aber Schluß sein, a.a.O.

222   Sperl, Eine Warnung, a.a.O. sowie Sperl: Bürgerliche Schwankungsbreite bringt Spannung bis zum Schluß. 6. Juni 1986, Harbich: Gift im Kreisky-Erbe. 20. Jänner 1987 und Topitsch: Ein grober Mißbrauch. 16. Mai 1986.

223   Ich „weigere mich daher stets als Angehöriger der jüngeren Generation, über diese Soldaten Urteile zu fällen. Um so mehr, als man prinzipiell auch nicht zwischen deutschen und amerikanischen Soldaten unterscheiden sollte." Sperl, Eine Warnung, a.a.O.

224   Sperl, Eine Warnung, a.a.O. sowie Arnold, Terror und Widerstand, a.a.O.

225   Topitsch, Ein grober Mißbrauch, a.a.O.

226   Karner: Die Wirklichkeit war um vieles komplizierter. 30. April 1986.

227   Sperl: Lehren aus einer unseligen Zeit. 2. Oktober 1986.

228   Zu „Salzburger Nachrichten", „Kleine Zeitung", „Presse" und „Neue Kronen Zeitung" siehe Wassermann, Gepresste Geschichte, a.a.O., S.166-248.

229   Die „Südost-Tagespost" war zu diesem Zeitpunkt bereits eingestellt.

230

7. „Ideologische Mißgeburt", „ordentliche Beschäftigungspolitik" und die „lieben Freunde" von der Waffen-SS

7.1. Innsbruck 1986

Anhand des Empfanges Reders durch Frischenschlager zeigte sich eindrucksvoll, wie sehr bedeutende, beziehungsweise artikulationsfähige Teile des vorgeblich liberalen SP-Koalitionspartners ihr Verhältnis zur „braunen Vergangenheit" (nicht) abgeklärt hatten, beziehungsweise wie sehr diese in der Glorifizierungsnostalgie steckengeblieben waren. Der innerparteiliche Konflikt zeigte – allerdings nicht nur in dieser Causa – die zwei polarisierten und unversöhnlichen „Lager" innerhalb der FPÖ. Hinzukam, und das sollte bei der Analyse des Innsbrucker Parteitages nicht übersehen werden, daß die FPÖ im Sommer 1986 „an einem Tiefpunkt ihrer Parteigeschichte angelangt [war]. In den demoskopischen Präferenzmessungen notierte die FPÖ zwischen ein und zwei Prozent."[1] Ebenfalls katastrophale Wahlergebnisse mußten die einzelnen Landesparteien mit Ausnahme Kärntens hinnehmen[2].

Die Situation der FPÖ war, um an dieser Stelle wiederum Plasser zu folgen, die Folge mangelnder Profilierungsmöglichkeit gegenüber der sich „in der Defensive befindliche[n] SPÖ", einer ÖVP, die „zunehmend ihren oppositionellen Druck" verstärkte und zudem potenzierten Faktoren wie „parteiinterne Turbulenzen, Spannungen und Konflikte" die „Malaise (...) in fataler Weise"[3]. In einer derartigen Situation wären wohl in jeder – sofern nicht von Selbstmordgelüsten getriebenen – Partei „Überlegungen" und Diskussionen über die Zukunft angestellt worden[4].

Charakteristisch an dieser Konfliktsituation war der Konfrontationskurs von Teilen der Peripherie, allen voran von der (erfolgreichen) Kärntner Landesgruppe, gegen das mitregierende Zentrum, die nachgerade auf die personifizierte Auseinandersetzung Steger gegen Haider und damit verbunden auch auf zwei – zumindest nach außen hin vertretenen – unterschiedliche politische Konzepte und Zuordnungen hinauslief.

Im Kapitel „Frischenschlager-Reder" wurden bereits einige Eckpunkte des schließlich eskalierenden Konfliktes einzelner Landesgruppen gegen die mitregierende Bundespartei aufgezählt. Wichtig für die Konfliktsituation war weiters, daß Jörg Haider in Kärnten einen Beschluß durchsetzte, daß das Amt des Landesparteiobmannes mit einem Regierungsamt in Wien unvereinbar sei. Dadurch zwang er den damaligen Landesparteiobmann und Staatssekretär im Gesundheitsministerium, Mario Ferrari-Brunnenfeld, den Landesparteivorsitz zurückzulegen, der dann schließlich von Haider übernommen wurde. Als Obmann der einzigen erfolgreichen Landesgruppe hatten somit seine Angriffe gegenüber Steger wesentlich mehr Rückhalt und Gewicht. Andererseits, folgt man den Ausführungen Stegers hierzu, stand am Beginn der freiheitlichen Regierungstätigkeit ein echter oder vermeintlicher Bruch der „Innsbrucker Vereinbarung" aus den späten siebziger Jahren, derzufolge Haider Klubobmann im Parlament hätte werden sollen. „Steger weigerte sich [1983] standhaft, den Altparlamentarier Friedrich Peter zu entmachten und Haider auf den Posten des Klubobmannes zu setzen. Jahrelange Krachs und Provokationen Haiders waren die Folge."[5]

Besieht man sich den Forschungsstand zum Obmannwechsel am Innsbrucker Parteitag 1986, so ist dieser, sieht man von der gelegentlich „blutleeren" Veröffentlichung von FPÖ-Protokollen durch Alfred Worm im „profil" ab, mehr als dürftig. Dem Verfasser liegt ein Manuskript eines Anhängers[6] „der politischen Linie Jörg Haiders", der „am Geschehen selbst aktiv teilgenommen hat"[7], vor.

Sofern es Kärnten betraf, hatte sich Steger bereits 1983 den Unmut der dortigen Landesgruppe zugezogen, und schürte diesen 1986 nachhaltig. „Die Personalentscheidungen, die der Bundesparteiobmann bei einer Klausurtagung am 22. und 23. April [1986] in Baden traf, berücksichtigten die Vorstellungen der Kärntner Landesgruppe ebensowenig wie die der oberösterreichischen Freiheitlichen.

Als Nachfolger des scheidenden Klubobmanns der freiheitlichen Nationalratsfraktion Friedrich Peter übersiedelte der Salzburger Landesparteiobmann Friedhelm Frischenschlager ins Parlament. Auf Frischenschlager folgte als neuer Verteidigungsminister Helmut Krünes. Im Bundesparteivorstand wurden die Personalrochaden auf Vorschlag des Bundesparteiobmannes mit 15 Pro- und 4 Gegenstimmen beschlossen. Daß die Lösung der Personalfragen für Norbert Steger bereits am Beginn der Klausur entschieden war, verärgerte vor allem die starken Landesgruppen Kärnten und Oberösterreich, in denen sich in der folgenden Zeit der Widerstand gegen die Bundespartei zunehmend verstärkte."[8] Dem folgte – als wohl einzigartiger Akt – der Beschluß seitens der Kärntner am 28. April 1986, in Hinkunft „auf den einsatz von bundespolitikern der fpoe in der landesgruppe kaernten bis zu einem positiven abschluss der verhandlungen ueber das forderungspaket der kaernter landesgruppe" zu verzichten sowie die Kenntnisnahme des Wunsches „der kaernter funktionaere (...), auf eine weitere ausuebung von bundesfunktionen zu verzichten."[9] Dem folgte von seiten des Bundesparteivorstandes ein „Ultimatum", in dem dem Kärntner Landesparteivorstand „bis zum 3. Mai Zeit eingeräumt [wurde], seine Beschlüsse zurückzunehmen, anderenfalls mit der Einleitung eines Parteischiedsgerichtsverfahrens wegen Parteischädigung, Spaltungsabsicht und Statutenwidrigkeit zu rechnen sei."[10] Das Ultimatum wurde erwartungsgemäß zurückgewiesen, was wiederum zur Folge hatte, daß Steger am 6. Mai „die Anzeige beim Parteigericht"[11] einbrachte. Diese führte zu einem am 20. Mai abgehaltenen außerordentlichen Landesparteitag in Klagenfurt, in dessen Verlauf Ferrari-Brunnenfeld die Funktion des Obmann-Stellvertreters verlor und Haider mit 96 Prozent der Delegiertenstimmen als Landesparteiobmann bestätigt wurde. „Die breite Unterstützung der Führung der Kärntner Landesgruppe durch den außerordentlichen Landesparteitag stärkte zwar die Verhandlungsposition Jörg Haiders für den 1. Juni, konnte aber die tatsächlichen Machtverhältnisse im Bundesparteivorstand nicht ändern. (...) Die Salzburger Beschlüsse, die einem Diktat gleichkamen, machten die Niederlage der Kärntner Landesgruppe deutlich. Das Bekenntnis aller Landesparteiobmänner zur Fortsetzung der FPÖ/SPÖ-Koalition in der Bundesregierung, die übereinstimmende positive Bewertung der Regierungstätigkeit der freiheitlichen Minister und Staatssekretäre, die Absichtserklärung zur sofortigen Beendigung der Auseinandersetzung, ‚die der Partei geschadet hätten' und der Vorschlag zur Wiederwahl Norbert Stegers durch alle neun Landesparteiobmänner entsprachen zur Gänze den Forderungen des Bundesparteiobmannes und standen in krassem Widerspruch zu den Kärntner Positionen."[12] Hinzu kam die Kandidatur Otto Scrinzis bei den Bundespräsidentenwahlen 1986, dessen Antreten und Unterstützung von Teilen des FPÖ-Spektrums, Stegers neutrale und somit eher Kurt Steyrer indirekt unterstützende Linie geradezu unterlief. Im Gegensatz zur Bundespräsidentschaftswahl 1980, wo die FPÖ mit Gredler einen eigenen Kandidaten nominiert hatte, trat mit Otto Scrinzi zwar ein prominenter Politiker zur Wahl an, der jedoch keine Unterstützung seitens der FPÖ genoß. „Anfang 1984 schließlich bereitete Scrinzi die Gründung einer eigenen Partei vor, der ‚National-Freiheitlichen Aktion' (...). Als Scrinzi im Sommer 1985 seine Kandidatur bekanntgab, forderte Grabher-Meyer Scrinzis Ausschluß. (...) Immer deutlicher wurde nämlich, daß in der FPÖ-Spitze sich niemand bereit fand, Scrinzi öffentlich zu unterstützen."[13] Unterstützung kam allerdings aus dem FPÖ Vorfeld, genauer von Seiten der „Aula"[14], in der sich Scrinzi freudig zu seinem „Deutsch-Österreichertum" bekennen durfte[15]. Weiters kam als innerparteilicher Konflikt und Sprengstoff der Versuch, den abgetretenen Klubobmann Friedrich Peter zum Aufsichtsratvorsitzenden der Verbundgesellschaft zu bestellen, hinzu. „Als im Juni die Bestellung tatsächlich aktuell wurde, kündigte der Kärntner Landesparteiobmann dagegen medienwirksam über den Fernschreiber parteigerichtliche Schritte an"[16], die zwar vom Parteigericht

233

zurückgewiesen wurden, Stegers Ansehen allerdings innerparteilich „ungeheuren Schaden zufügte und seinen Sturz beschleunigte"[17].

Teilweise anders als in Kärnten, wo es eindeutig die regionale Parteispitze war, die gegen die Parteizentrale in Wien opponierte und mobilisierte, war die Lage in Oberösterreich. „Die ersten Bestrebungen, die schwere Krise der [Bundes]Partei in der Mitte der 80ger [sic!] Jahre zu beenden, gingen von Bezirksfunktionären aus. Schon im November 1985 forderte Raimund Wimmer, der Bezirksparteiobmann von Linz-Land, Jörg Haider auf, am kommenden Bundesparteitag für das Amt des Bundesparteiobmannes zu kandidieren. (...) Er wiederholte diesen Vorschlag im Jänner des folgenden Jahres."[18] Bereits im Rahmen der Regierungsbildung 1983 hatte Steger die Oberösterreicher nachhaltig verstimmt. „Die Kärntner FPÖ pochte auf ihr Nominierungsrecht und entsandte (...) Mario Ferrari-Brunnenfeld gegen Stegers Willen als Staatssekretär ins Haus am Stubenring. Ebendieses Amt hatte Steger schon per Handschlag Norbert Gugerbauer versprochen – Gugerbauer und die FPÖ-Oberösterreich waren folglich sauer auf Steger."[19] Im Rahmen der bereits oben erwähnten Badener Klausur (22. und 23. April 1986) erzürnte Steger durch die Bestellung Frischenschlagers zum Klubobmann nachhaltig die oberösterreichischen Funktionäre und namentlich Norbert Gugerbauer[20]. „In einer Sitzung der Bezirksparteileitung [Linz-Land] am 28. April 1986 (...) nahm deshalb nicht nur der Rückblick auf den vergangenen Landesparteitag der oberösterreichischen Freiheitlichen, sondern auch die Zurücksetzung Norbert Gugerbauers durch den Bundesparteiobmann breiten Raum ein. Raimund Wimmer forderte die Funktionäre auf, nicht alle Fehlentscheidungen aus Wien widerspruchslos hinzunehmen und bezeichnete die Personalpolitik Stegers wörtlich als ‚dubios'."[21] Das Resultat der Sitzung war ein Antrag, in dem der oberösterreichische Landesparteiobmann Horst Schender als Gegenkandidat zu Steger vorgeschlagen wurde. „Doch damit waren die Bemühungen der Bezirksorganisation Linz-Land (...) keineswegs erschöpft. Bereits am 3. Mai versandte Raimund Wimmer an alle oberösterreichischen Delegierten zum Bundesparteitag einen gemeinsam mit Landesgeschäftsführer Ernst Fuchs entworfenen Antrag samt Begleitschreiben"[22], zum Zwecke der Einberufung eines außerordentlichen Bundesparteitages und der Wahl eines neuen Bundesparteiobmannes. Festzuhalten am Begleitschreiben ist der Umstand, daß die an Wimmer eingehenden Anträge, so steht´s geschrieben, an Haider und an Gugerbauer weitergereicht werden würden. Somit zeichnete sich spätestens Anfang Mai 1986 das Tandem Haider-Gugerbauer, das Steger schließlich stürzen und beerben sollte, ab. Nachdem sich Schender via Hörfunk von einer Kandidatur mit einem kräftigen Seitenhieb auf Kärnten und Haider, distanziert hatte, erging von Wimmer am 5. Mai ein Schreiben „an alle Vorstandsmitglieder der FP-Oberösterreich" in dem „erstmals offiziell der Kärntner Landesrat Jörg Haider als Gegenkandidat zu Norbert Steger als Bundesparteiobmann ins Spiel"[23] gebracht wurde. Dort betonte Wimmer, Haider habe ihm persönlich sein Interesse an der Obmannschaft bekundet[24]. Die Landesparteivorstandssitzung am 6. Mai verabschiedete eine eher stegerfreundliche Resolution. „Die aufgebrachte Stimmung in der FPÖ-Oberösterreich war durch die Sitzung des Vorstandes und die Resolution keineswegs beruhigt. Im Gegenteil, der Aufstand der Parteibasis gegen die Bundesführung" und somit auch gegen Teile der Landesleitung, wie der ungenannte Verfasser zu erwähnen vergißt, „wurde fortgesetzt, noch ehe die Tinte Horst Schenders auf dem [Resolutions]Papier trocken war."[25] Bis zum 1. Juni 1986, also bis zur Sitzung in Salzburg, in der Haider klein beigab und ihm deshalb das Parteischiedsgerichtsverfahren erspart blieb, trugen „Jörg Haider und die Kärntner Landesgruppe die Hauptlast der internen Auseinandersetzung mit dem politischen Kurs Norbert Stegers", danach sprangen „Norbert Gugerbauer und der Großteil der Bezirksparteiobmänner der Landesgruppe Oberösterreich in die Bresche"[26], vor allem dadurch, daß gegen Steger am 7. Juni von seiten der Landesparteileitung ein Mißtrauensvotum verabschiedet wurde. „Den Schlußpunkt der Auseinandersetzung im Vorfeld des Parteitages setzte eine Sitzung des Landesparteivorstandes am 10. September. Die Führung der oberösterreichischen Freiheitlichen setzte ein deutliches Signal und unterstützte die Kandidatur Jörg Haiders."[27]

In der Steiermark spiegelte sich der Grundkonflikt „deutschnational gegen liberal" im kleinen wider; auf der einen Seite eine eher liberal ausgerichtete Landespartei um Ludwig Rader, auf der anderen die deutschnationale Flügel konzentriert in der Grazer Stadtpartei um Paul Tremmel, der völlig auf Haiders Seite stand. „In einer Sitzung der Grazer Freiheitlichen am 9. September wurde der Beschluß vom 30. 4. 1986 wiederholt, Jörg Haider bei der Wahl zum Bundesparteiobmann zu unterstützen. Schützenhilfe erhielt der Kärntner Landesrat auch von der freiheitlichen Jugendorganisation, dem Ring Freiheitlicher Jugend Steiermark."[28]

An der Spitze der Salzburger Landespartei stand mit Frischenschlager ein erklärter Steger-Mann, dessen Wahl zum Landesparteiobmann „von der dortigen traditionell national-freiheitlich orientierten Wählerschaft mit Skepsis aufgenommen worden war."[29] Die Mobilisierung pro-Haider erfolgte erst ab Anfang September, nämlich nach dem „Treffen des ‚Lorenzener Kreises', an denen die Bezirksparteiobmänner teilnahmen und eine[r] Veranstaltung in Salzburg-Itzling, bei der Jörg Haider seine Zuhörer begeisterte."[30]

Somit kann an dieser Stelle zusammenfassend formuliert werden: Die Gegenkandidatur Haiders am Innsbrucker Parteitag hatte ihren Rückhalt vor allem in den Bundesländern Kärnten, Oberösterreich, Salzburg und

Steiermark, wobei sich bei den beiden letzteren Bundesländern die für die FPÖ charakteristischen zwei Flügel gegenüberstanden. Die Hauptmotive, sofern es die vom Autor so sehr gerühmte und bei weitem überbetonte Funktionsbasis betraf, lagen vor allem in den schlechten Umfragewerten, noch mehr aber in den katastrophalen Zwischenwahlen auf regionaler Ebene, für die vor allem Steger ad personam und die freiheitliche Regierungsbeteiligung verantwortlich gemacht wurden. Sofern es die Spitzen der Landesparteien – vor allem in Kärnten und Oberösterreich – betraf, waren hier wohl vor allem die verletzten Eitelkeiten, nicht eingehaltene Postenversprechungen und Stegers Personalpolitik verantwortlich.

Auf dem Innsbrucker Parteitag am 13. September 1986 brachte Wimmer den Wahlvorschlag Jörg Haider und der damalige Verteidigungsminister Helmut Krünes, den sowohl Steger in der Funktion des neuen Parteivorsitzenden als auch Haider als neuen Vizekanzler umwarben, den Wahlvorschlag Steger ein. Das Ergebnis lautete 57,7 Prozent für Haider und 39,2 Prozent für Steger. Für die FPÖ, so Haider in seiner abschließenden Rede, habe „die Stunde des Aufbruchs begonnen, weshalb es gelte, dem drohenden ‚Gleichgewicht des Schreckens‘, wie er eine große Koalition zwischen SPÖ und ÖVP bezeichnete, entschlossen entgegenzutreten. Als freiheitliche Ziele nannte er Sauberkeit, Leistung und soziale Gerechtigkeit"[31], womit Haider erstens programmatisch und zweitens, wie sich alsbald zeigen sollte (und sich noch immer zeigt), stilistisch an den VdU und an die kurze Obmannschaft unter Alexander Götz und deren Totalablehnung des politischen status quo anknüpfte.

Einen Teil der Rechnung bekam die FPÖ postwendend präsentiert: Der damalige Bundeskanzler Vranitzky kündigte den Koalitionspakt mit der – so schon nie geliebten – FPÖ auf.

Ein Haider und somit der FPÖ ganz allgemein gemachter Vorwurf, beziehungsweise Resultate von Analysen, bescheinigen diesem und dieser – zumindest – personelle und/oder ideologische Nähe zum Rechtsextremismus. Eng verknüpft, in diesem Punkt sind sich alle Analysen einig, ist dies mit der Übernahme der Parteiführung durch Haider, gefolgt vom freiwilligen Austritt beziehungsweise der „Eliminierung" von (verbleibenden) „Liberalen". Hatte Neugebauer 1981 die FPÖ – unter Vorbehalten – zumindest als auf dem Weg zum Liberalismus gesehen, so lautete das von ihm und Bailer gezogene Resümee 1993: „Das Bild der FPÖ hat sich seit 1986 grundlegend geändert: Aus der Partei Norbert Stegers, die zwar auch keine liberale Partei war, sich um eine liberale Ausrichtung und Entwicklung aber zumindest bemühte und in der ein breites Spektrum von Richtungen und Meinungen vorhanden war, ist eine auf die Person Jörg Haiders zugeschnittene, autoritäre Führerpartei geworden, in der extrem rechts stehende, deutschnationale Kräfte ideologisch dominieren, eine klare Abgrenzung zum Nationalsozialismus fehlt und einige wenige Liberale zur Tarnung und Täuschung der Öffentlichkeit gehalten werden. (...) Aufgrund der neuformierten Struktur der FPÖ seit 1986 hängt die weitere Entwicklung dieser Partei in einem hohen Maße von ihrem Parteiführer Jörg Haider ab, der die Weichen für die weitere Fahrt in Richtung Rechtsextremismus gestellt hat."[32] „Nach Haiders Kür zum Parteiobmann veränderte dieser die FPÖ nachhaltig. Mit autoritärem Führungsstil und dem offensichtlichen Willen zur Macht tauschte er nach und nach ganze Landesparteivorstände nach seinen Vorstellungen aus und entmachtete ihm unbequeme Funktionäre und Kritiker. (...) Die Niederlage des Liberalismus in der FPÖ war von zahlreichen Austritten begleitet. So verließen der abgewählte Generalsekretär Walter Grabher-Meyer und der Bundesgeschäftsführer Mario Erschen die Partei. Anfang 1987 trennte sich auch der liberale ‚Atterseekreis' von der FPÖ."[33] In seinem ersten Buch über Haider kam Hans-Henning Scharsach in Anlehnung an Holzers Rechtsextremismusdefintion zum – übrigens niemals geklagten – Schluß, sowohl Haider als auch dessen damaliger Grundsatzreferent Mölzer seien als Rechtsextremisten zu bezeichnen. „Schwieriger ist die Einordnung der FPÖ. Sie darf nicht pauschal dem rechtsextremen Lager zugerechnet werden, obwohl ihr liberaler Flügel entmachtet ist, ein Teil seiner hervorragenden Exponenten die Partei verlassen hat und keineswegs feststeht, ob sich die Verbliebenen aus ihrer Randexistenz als liberale Feigenblätter je werden befreien können.

Zum gegenwärtigen Zeitpunkt ist die FPÖ ganz auf Haider zugeschnitten. Ihr öffentliches Erscheinungsbild entspricht damit dem einer autoritären, deutschnationalen, ausländer- und minderheitenfeindlichen Führerpartei. (...) Für die Behauptung, Haider vertrete nationalsozialistisches Gedankengut, ließe sich vor Gericht jedenfalls mit durchaus seriösen Argumenten streiten."[34] In seiner zweiten Auseinandersetzung mit Haider und der FPÖ sah er im Parteitag 1986 dahingehend eine Zäsur, als daß seither große „Teile des organisierten Rechtsextremismus (...) zu Haider über[laufen], von dem sie sich parlamentarisch vertreten fühlen. Zahlreiche Gruppierungen verlieren dadurch an Bedeutung, bleiben nur als leere Hülle bestehen oder gehen personell in den Freiheitlichen auf. (...) Der Zulauf von Rechtsextremisten und Haiders Ausländerpolitik haben den ideologischen Standort der Freiheitlichen mehr als nur oberflächlich verändert."[35]

Wie sehr Haider über Jahre hinweg den deutschnationalen Flügel der FPÖ zufriedenstellen konnte, beweist nicht zuletzt das große Lob, das ihm von unserem ungenannten Autor gespendet wurde, und dessen Position nachdrücklich illustriert. Den Aufschwung des „freiheitlichen Lagers" sah er unter anderem darin begründet, daß Haider unerschrocken „nationale Inhalte" aufgegriffen habe, wie zum Beispiel „sein entschiedenes Eintreten für die

Anliegen der Südtiroler, die öffentliche Unterstützung der Reste der deutschen Volksgruppe in Slowenien oder auch sein Einsatz für die Gleichstellung von Altösterreichern aus dem Banat und Siebenbürgen mit österreichischen Staatsbürgern, was zu einer raschen Rückkehr der in der Steger-Ära politisch heimatlos gewordenen national gesinnten Menschen in der FPÖ führte."[36] Haiders „Sager" von der österreichischen Nation als einer „ideologischen Mißgeburt" zähle zu den „bleibenden Verdiensten des freiheitlichen Bundesparteiobmannes", was seine „enorme Sachkenntnis in weltanschaulichen Grundsatzfragen, aber auch eine Mutprobe mit überholten Dogmen zu brechen"[37], darstellte. Der das von sich gibt, war selbst Mitglied im „Lorenzener Kreis", dem – so die Selbstdarstellung – eine „gewisse Stabsfunktion", zukam und der eine Ansammlung rabiat-Deutschnationaler aus den Bundesländern Kärnten, Steiermark und Oberösterreich war. „Begonnen hatte alles im August 1986. Bei einem Kuraufenthalt in Schärding hatte sich der Grazer Stadtparteiobmann Paul Tremmel am Nachmittag des 4. 8. 1986 im Gastgarten des ‚Schärdinger Hofes' mit Raimund Wimmer und Kornelia Wintersperger (...) getroffen. (...) Das Ergebnis der Beratungen war der Entschluß, in einigen Wochen eine Runde von gleichgesinnten Funktionären zu versammeln, um in einer größeren Gruppe [die Chancen] für eine Kandidatur Jörg Haiders auszuloten. Als Treffpunkt wurde der Gasthof ‚Schaching' im obersteirischen St. Lorenzen gewählt. Der Ort hatte den Vorteil relativ zentral gelegen zu sein, darüber hinaus war er der Heimatort Paul Tremmels.

Am Abend des 21. August fand in Anwesenheit Jörg Haiders das erste Treffen dieses Kreises statt."[38] Nachdem in einer Sitzung am 9. September, die übrigens kurzfristig nach Obertauern verlegt werden mußte, absehbar war, „daß am Bundesparteitag mit einer Mehrheit für Jörg Haider gerechnet werden konnte", entschloß sich dieser „bei dieser Sitzung, an der auch Norbert Gugerbauer teilnahm, endgültig zur Kandidatur"[39]. Am 12. September fand in Innsbruck die dritte und letzte Sitzung statt, in der festgelegt wurde, Haider werde auf jeden Fall kandidieren, und daß „kein Kompromißkandidat akzeptiert werden sollte."[40] Nachhaltig und letztmalig in Erinnerung rief sich der „Lorenzener Kreis" mit der „Lorenzener Erklärung – 12 Thesen zur politischen Erneuerung"[41], mit der versucht werden sollte, „die programmatische Diskussion in der FPÖ voranzutreiben und jenseits des tagespolitischen Getriebes inhaltliche Markierungen zu setzen."[42] Obwohl eingangs betont wurde, die Erklärung solle nicht das gültige Parteiprogramm ersetzen, sondern diene lediglich dessen „Auslegung und Ergänzung", wurde im nächsten Satz festgehalten, dieses sei ein Erbe „der kleinen Koalition (...), also einer Epoche, die von pragmatischer Prinzipienlosigkeit gekennzeichnet (...) war. Leitlinien seien Werte – und nicht Begriffe – wie Volk, Heimat, Wahrheit, Freiheit, Treue, Gemeinschaft, Gerechtigkeit, Sitte und Brauch", die

den „Denkern des Deutschen Idealismus, der Romantik und der Freiheits-
bewegung" entsprungen seien. „Unser Freiheitsbild unterscheidet sich grundlegend von den Schlagworten der Französischen Revolution: Die vorgegebenen Unterschiede an Begabung, Fähigkeiten, Neigungen, ja auch an menschlicher Würde bilden die zur volklichen Existenz notwendige Vielfalt und er-
zeugen das Spannungsfeld, das die Voraussetzung für kulturelle und gesellschaftliche Entwicklungen darstellt."[43] In diesem geistigen Koordinatensy-
stem liest sich der Rest der Abhandlung, die zu Recht als eine Verbindung
„altkonservative[r] Metaphysik mit neokonservativen bis reaktionären Vorstellungen von einer segregierten Gesellschaft" bezeichnet wurde, die „von
vornherein klar[stellt], daß sie mit Demokratie wenig im Sinn hat."[44]

7.2. Zur weltanschaulichen Positionierung der FPÖ

Im Kapitel „Frischenschlager-Reder" wurde, anhand der Übernahme der
FPÖ-Obmannschaft durch Norbert Steger im März 1980, bereits kurz die
Thematik „FPÖ: Deutschnational oder/und liberal?" angerissen. An dieser
Stelle soll nun nachgezeichnet werden, inwiefern es haltbar ist, vom viel-
zitierten „Rechtsruck" innerhalb der FPÖ durch den neuen Parteiobmann
Jörg Haider zu sprechen. Wie keine andere in Österreich relevante politische
Partei muß die FPÖ vor allem am Aspekt der deutschnationalen Programma-
tik gemessen werden, was sich einerseits aus deren Geschichte beziehungsweise auch von ihr reklamierten historischen Vorläufern, andererseits von ihrer personellen Konstellation her begründet[45]. Weiters ist festzuhalten, daß
das Bekenntnis zur „deutschen Kultur- und Volksgemeinschaft" integraler
Bekenntnisbestandteil *aller* FPÖ-Politiker war. Zu verweisen wäre in diesem
Zusammenhang beispielsweise auf ein von den „Kärntner Nachrichten" ge-
führtes und in der „Aula" abgedrucktes Interviews mit der damaligen Gene-
ralsekretärin Heide Schmidt, der man viel, aber sicher nicht die dort leidenschaftlich geführte Deutschtümelei, unterstellen mag[46].

Der – unter anderem Politologe – einstmals 1985 Programm(mit)verfasser
und FPÖ- beziehungsweise mittlerweile LiF-Politiker, Friedhelm Frischenschlager, ging anhand der FPÖ-Programme der dortigen Verortung liberalen Gedankenguts nach. „Eine sichtliche Hinwendung zur Verwendung des
Begriffes ‚liberal' brachte erstmals der Salzburger Parteitag 1964: Obmann
Friedrich Peter erklärte, daß ‚Nationale und Liberale in der FPÖ gemeinsam
Platz haben.' (...) Auch das ‚Ischler'-Programm, beschlossen am Bundesparteitag 1968, hat in diese Richtung keine neuen Impulse gesetzt; es hat im
wesentlichen die bisherigen", sofern es die hier abgehandelte Thematik be-

trifft, deutschnationalen, „Positionen der FPÖ nur fortgeschrieben und die durch das Ende der großen Koalition unaktuell gewordenen Positionen eliminiert. (...) Die ‚Formel 70‘ war dann eine der Unterlagen für das ‚Gesellschaftspolitische Manifest‘ 1973, das als die eigentliche programmatische Fundierung der heutigen FPÖ bezeichnet werden kann (...). Aber auch das Manifest gibt nicht ausdrücklich Antwort darauf, ob die FPÖ eine liberale Partei sein will“ – und kann, wie in Anbetracht ihrer Funktionärsschicht und ihrer Klientel hinzugefügt werden sollte – „oder nicht, wenn auch vom Inhalt her die Rechtfertigung für eine Zuordnung zum Liberalismus gegeben ist (...). Einen Markstein für das Selbstverständnis der FPÖ stellt das Jahr 1974 mit seinem Jubiläum aus Anlaß des 25-jährigen Gründungsdatums des Verbandes der Unabhängigen dar. Seit damals betont die FPÖ ausdrücklich, daß sie die politische Tradition des auf das Jahr 1948[47] zurückgehende ‚national-liberalen Lagers‘ fortsetzt“[48]. Somit hat die FPÖ, um Frischenschlager zu folgen, „von 1956 bis ca. 1975 gebraucht, um sich als liberale Partei in Österreich aufzufassen. Sie hat dies durch das Gesellschaftspolitische Manifest zu erreichen getrachtet, ohne sich formal als liberale Partei zu bezeichnen. Seit 1970 ist es auch in der FPÖ üblich geworden, sich als ‚liberal‘ zu bezeichnen“[49], wobei er einschränkend hinzufügte, die FPÖ entspreche nicht dem „Idealtypus einer liberalen Partei“, sie sei aber „auf dem Weg zu einer liberalen Selbstidentifikation“[50]. Zwei Jahre zuvor hatte dies aus Frischenschlagers Feder, vor allem was die „Kronzeugenfunktion“ von Parteiprogrammen hinsichtlich der politischen Einordnung allgemein und auf die FPÖ im Speziellen noch anders geklungen. Die „punktuelle Analyse der offiziellen Parteiprogramme [reicht] für die Erhellung des grundsätzlich programmatischen Substrats einer Partei nicht“[51] aus. Anhand desselben Quellenmaterials kam er an dieser Stelle zum Schluß, das „Verhältnis der FPÖ zum Liberalismus birgt also eine Fülle von Unklarheiten.“[52]

Im Gegensatz zu Frischenschlager sprach Kubinzky der FPÖ das Etikette „liberal“ ab. „Ein offenes Bekenntnis zum Liberalismus als Weltanschauung entspricht auch nicht den Parteierwartungen der Mehrheit der FPÖ-Funktionäre. In diesem Sinne lassen sich die Selbstdeklarationen von vielen FPÖ-Funktionären und die Presseberichterstattung von Parteiveranstaltungen interpretieren. (...) Meinungsforschung und Wahlanalyse geben durchaus die Möglichkeit, die Grundhaltungen von Parteianhängern zu erfassen. Solche Analysen lassen einen großen Teil der FPÖ-Wähler bzw. Anhänger in einem durchaus nicht liberalen Licht erscheinen.“[53] Wiewohl er der FPÖ nicht völlig absprach, über „liberale“ Exponenten in ihren Reihen zu verfügen, präge dieses „liberale Element (...) jedoch nicht jene Partei, es sind auch antiliberale Grundhaltungen festzustellen. Es kann auch bezweifelt werden, ob sich ‚die FPÖ‘ selbst als ‚liberal‘ definiert.“[54] Josef Hindels sprach der FPÖ auch nach dem Obmannwechsel von Götz zu Steger – noch stärker als Kubinzky – überhaupt jeden Funken an Legitimation ab, sich „liberal" zu nennen. „Da diese Partei trotz des Generationswechsels keinen Liberalisierungsprozeß durchmacht, ist sie aus ideologischen, aber auch als wahltaktischen Gründen (Angst vor dem Verlust nationaler Stammwähler) nicht fähig, diesem Druck Paroli zu bieten. Sie wird, wie bisher, manövrieren, auch scheinliberale Erklärungen abgeben – aber letztlich noch weiter nach rechts rücken."[55]

Eine Chance der „neuen" Generation um Steger, die Grenze zwischen deutschnational und liberal eindeutig zu ziehen, war sicherlich das 1985 beschlossene neue Parteiprogramm. Man muß wohl den missionarischen Eifer, nämlich Haider „schlimmer" zu machen, als dieser so schon ist, aufbringen, um in diesem Programm den Durchbruch des Liberalismus erkennen zu können[56]. Ohne polemisieren zu wollen: So sehr „Führer"-Partei war nicht einmal die FPÖ, daß ein Haider aus einer lupenrein-liberalen Partei einen deutschnational-rechtsextrem-neonazistischen „Haufen" zu machen im Stande wäre.

Im Zentrum der Programmanalyse von Alfred Stirnemann stand die Frage, ob die „Zurückdrängung des nationalen Elements im neuen Parteiprogramm gelungen"[57] ist. Er hielt zusammenfassend fest, „daß der Anteil nationaler Bestandteile im neuen freiheitlichen Parteiprogramm weder im Umfang noch in der Ausdrücklichkeit der Diktion zurückgegangen ist, sondern im Gegenteil sich erweitert und verfestigt hat."[58] Sofern es sich um liberale Positionen handle, grenze sich das Programm „in philosophischer Hinsicht (...) an mehreren Stellen direkt gegenüber den auf die Aufklärung zurückgehenden liberalen Philosophien ab."[59] Eine Abgrenzung, Unterscheidung und Profilierung der FPÖ anderen österreichischen Parteien gegenüber „ist nur in den nationalen Aussagen gelungen. Die meisten anderen Aussagen könnten auch in Parteiprogrammen anderer Parteien getroffen werden. (...) Die Profilierung als liberale Partei wird mit diesem Programm beabsichtigt, leidet aber sowohl an der Unbestimmtheit des Liberalismusbegriffes als auch an dem den nationalen Gesichtspunkten zugemessenen Gewicht."[60]

Somit kann an dieser Stelle festgehalten werden, daß sich die FPÖ in ihrer Programmatik an keiner Stelle und unter keinem Obmann vom Deutschnationalismus völlig abgrenzte, geschweige denn völlig distanzierte; lediglich das Ausmaß, wie rabiat und „prominent" dieser Deutschnationalismus geäußert wurde, läßt einen Wandel erkennen. Als Haider 1988 die Österreichische Nation als „ideologische Mißgeburt" apostrophierte, argumentierte ein in gerade dieser Beziehung wirklich unverdächtiger Kommentator dies mit dem Hinweis auf das 1985 beschlossene Parteiprogramm. „Als einzige im Nationalrat vertretene politische Partei haben die Freiheitlichen ein klares ethnisch-kulturelles Bekenntnis. In ihrem Parteiprogramm, das zur Zeit der

Obmannschaft Norbert Stegers und der Regierungsbeteiligung der FPÖ beschlossen wurde, heißt es: ,Die bei weitem überwiegende Mehrheit der Österreicher gehört der deutschen Volks- und Kulturgemeinschaft an. Diese Tatsache bleibt bestehen, obwohl sie als Folge eines verhängnisvollen Kapitels deutscher Geschichte in Österreich vielfach verdrängt wird'."[61]

Viel Aufsehen erregte Jörg Haider im Sommer 1995, als er in einem Interview unter anderem von sich gab, eine „stärkere österreich-patriotische Profilierung der FPÖ wird in der Zukunft notwendig sein. (...) Ich glaube, daß jedes Element der Deutschtümelei in der FPÖ der Vergangenheit angehören muß, weil es in der veränderten europäischen Sicht die wichtigste Aufgabe ist, eine starke österreichische Identität zu gewährleisten. (...) Und gerade einer, der – wie ich – weiß, daß die Beeinflussung der gesamten deutschen Kultur durch die österreichische Politik, durch das österreichische Herrscherhaus der Habsburger in dem deutschen Kulturkreis geschichtlich eine große Bedeutung hat, der kann auch seinen Leuten sagen: Freunde, es gibt neue Herausforderungen. Wir brauchen eine Zukunftsperspektive. (...) Wir wollen unsere eigene Identität haben, unser Heimatbewußtsein, unsere Kultur, unsere sprachliche Tradition."[62] Intensiver nachgefragt wurde diesbezüglich von Seiten des „profil", wobei Haider die Notwendigkeit der österreichisch-patriotischen Neupositionierung der FPÖ wiederum einerseits aufgrund der neuen Wählerstruktur, andererseits mit der geänderten politischen Lage begründete. Nur, klopft man diese vielbeachteten Aussagen ab, so ist erstens festzuhalten, daß diese ausschließlich aus wahl- und wählertaktischen Momenten erfolgte (was ja nicht illegitim ist) und Haider weiterhin dem von Steger innerhalb der FPÖ erstmals ins Spiel gebrachten, entschärfenden „Beitrag Österreichs an der deutschen Geschichte" anhing[63]. Ansonsten tat sich im „profil"-Interview der merkwürdige Widerspruch auf, daß der österreichpatriotische Politiker Haider mit dem kulturdeutschen Haider gehörig kollidierte, wobei ein Schuß Umschreiben der Geschichte die „Läuterung" eindrucksvoll demonstrierte[64]. Den Begriff der „deutschen Volksgemeinschaft" wollte er auf den eines „Kulturbekenntnis[ses]" umgemünzt sehen, nämlich in dem Sinne, „daß ich ein Bekenntnis abgebe, daß ich mich zu meinen kulturellen Traditionen bekenne, etwa zur deutschen Volks- und Kulturgemeinschaft, aber genauso zu einer Minderheit, zur slowenischen Volksgruppe oder zur kroatischen."[65]

Wie sehr Haider die FPÖ mittlerweile dominiert beziehungsweise allein präsentiert, zeigt das 1998 beschlossene Parteiprogramm, das einen strahlenden Parteichef in braunem ton-sur-ton-Gewand auf der Titelseite zeigt[66]. In diesem setzt sich die seit ungefähr Mitte der neunziger Jahre massiv betriebe Stilisierung der FPÖ, nämlich *die* Österreichpartei sein zu wollen, fort, um den Preis der Ausgrenzung[67] auf der einen und der Abschottung

– vor allem vor der EU[68] – auf der anderen Seite. Erhalten bleibt jedoch weiterhin der Widerspruch zwischen Österreichkritik verbietender – Stichwort „selbstbewußte Nation" – österreichbewußter Kraft[69] und Deutschnationalismus. Die Rechtsordnung setze „denklogisch" voraus, „daß die überwiegende Mehrheit der Österreicher der deutschen Volksgruppe angehört."[70] Aus dem Grundrecht der einzelnen Volksgruppen, nämlich dem des Rechtes auf „Weiterbestand", folge die Verpflichtung Österreichs, „nicht nur die eigenen Volksgruppen zu schützen, sondern auch für die in ihrem Bestand bedrohten deutschen Minderheiten auf dem Gebiet der ehemaligen österreichisch-ungarischen Monarchie Schutzmachtfunktion auszuüben"[71]. Weiters sei es „die historische Aufgabe Österreichs, den Bestand der deutschen und ladinischen Volksgruppen in Südtirol so wie den international abgesicherten rechtlichen Status mit allen verfügbaren friedlichen Mitteln zu sichern. (...) Für den Fall, daß sich die Südtiroler in Ausübung ihres Selbstbestimmungsrechtes gegen den Verbleib ihres Landes bei Italien aussprechen, ist ihnen die Möglichkeit des Beitrittes zur Republik Österreich offenzuhalten."[72] Schließlich sei durch „Zusammenarbeit vor allem mit anderen deutschsprachigen Staaten (...) die Pflege und Verbreitung der deutschen Sprache, vor allem durch die Verwendung von Deutsch als Amtssprache in internationalen Organisationen und als lebende Wirtschafts- und Wissenschaftssprache zu fördern."[73] Es ist aber nicht nur dieses Kramen im historischen Fundus des Deutschnationalismus, der über weite Strecken von der Argumentation Scrinzis 1985 nicht weit entfernt ist[74], das zeigt, wie wenig sich diese Partei von ihren historischen Wurzeln zu lösen in der Lage ist. Normalerweise werden Parteiprogramme für die Wählerschaft erstellt; dieses Programm zeichnet sich vor allem dadurch aus, daß es auch ein (Forderungs)Programm an die Öffentlichkeit für die FPÖ ist. „Staatliche Umerziehung, Bevormundungen und Gängelungen sind im Grunde gegen die Menschenwürde gerichtet und verneinen die Verschiedenartigkeit aller Menschen. Die Anerkennung der Verschiedenartigkeit rechtfertigt jedoch keine unterschiedliche Bewertung des einzelnen Menschen."[75] Wohl die „anderen", und nicht die FPÖ selbst, scheinen die beiden abschließend zitierten „Artikel", als handle es sich um einen Kodex, des Paretiprogrammes zu meinen: „Die öffentliche Verunglimpfung von Personen und der Mißbrauch personenbezogener Daten müssen durch ein entsprechendes Haftungsrecht sanktioniert werden."[76] Eine „vorzeitige Abberufung des Bundespräsidenten, eines Landeshauptmannes oder eines Bürgermeisters soll nach einer qualifizierten Initiative des jeweiligen Parlamentes oder Gemeinderates nur über Volksabstimmung erfolgen"[77] – ob da der Juni 1991 mitspielte?

Somit kann für die vorliegende Analyse festgehalten werden, daß das vorliegende gültige Parteiprogramm wiederum in alten FPÖ-Geleisen fährt. „Neu" ist ein aggressiv vertretener Österreichbezug als Ausgrenzungsmodell. Die Österreicher selbst gehören mittlerweile offensichtlich gar keiner explizit genannten Volks-, aber weiterhin der deutschen Sprach- und Kulturgemeinschaft, sofern sie „deutsche Österreicher" sind, an. Für die gesamte FPÖ-Programmatik gilt demnach, daß „liberale" Positionen eher personen- denn programmbezogene Relevanz *einnahmen*. Neben diesen temporären und eher peripheren Erscheinungen war und ist das programmatische Herz deutschnational, wenngleich auch in letzter Zeit mit einem stark österreich-chauvinistischen Einschlag.

7.3. Wahlen und Demoskopie

Wie bereits eingangs festgehalten wurde, übernahm Haider im September 1986 eine FPÖ, die im Spiegel der Meinungsforschung am demoskopischen Radarschirm de-facto verschwunden war. „In der Nationalratswahl gelang es der FPÖ, den Stimmenanteil von 1983 zu verdoppeln. Sie hatte es schon damals in Kärnten zur Größe einer Mittelpartei gebracht (nur 6 Prozent hinter der ÖVP). Ihre Gewinne waren dort überproportional stark, wo sie 1983 besonders kräftig verloren hatte, nämlich im Westen, in Vorarlberg und Salzburg, und in der Steiermark

Die Großparteien konnten nur zwei Drittel ihrer Wähler von 1983 an sich binden, die Abgänge kamen großteils der FPÖ zugute, der damit ein weitgehender und erfolgreicher Austausch ihrer Wählerschaft gelang. (...) Nur drei Prozentpunkte des Elektorates waren Stammwähler der FPÖ. (...) In einer Situation, wo die ‚Gefahr eines Dauerzustandes politischer Entfremdung zwischen der politischen Klasse und großen Bevölkerungsteilen' bestand, ist es der Partei in diesem Wahlkampf gelungen, das politische Unbehagen, den Ärger und die Verdrossenheit geschickt zu kanalisieren, alte und neue Ressentiments in einer populistischen Strategie aufzufangen und den Personalisierungsbedarf der massenmedialen Berichterstattung effizient auszunutzen."[78] Den Aspekt der massenmedialen Verstärkung zugunsten Haiders betont auch Plasser nachhaltig. „Konventionelle Erklärungen des Wahlerfolgs der FPÖ scheiden aus. Der Wahlerfolg der FPÖ ist weder auf die Überzeugungsarbeit aktiver FPÖ-Funktionäre zurückzuführen, wobei neben der kurzen zur Verfügung stehenden Zeitspanne von knapp elf Wochen vor allem das Fehlen einer bundesweiten, schlagkräftigen FPÖ-Organisation in Rechnung zu stellen ist, noch kann er durch den persönlichen Wahlkampfeinsatz des FPÖ-Spitzenkandidaten hinreichend erklärt werden. (...) Der Wahlerfolg Jörg Haiders ist somit nur durch die massenmediale Verstärkerwirkung zu begründen. Der Wahlerfolg Jörg Haiders benötigte das wechselseitige Zusammenspiel einer populistischen Persönlichkeit und populistischer Selbstdarstellung aufgeschlossen gegenüberstehenden Massenmedien."[79] Ungeklärt bleibt bei dieser Analyse allerdings, welche spezifischen Themen nicht nur auf den Resonanzboden der Medien, sondern – was wohl nicht unberücksichtigt bleiben kann – der Wähler fiel. Ein Erklärungsmodell wäre die von Plasser zitierte statistische Auswertung der Wahlkampfthemen in der massenmedialen Resonanz. Aus dieser geht hervor, daß FP-interne Themen, sprich der vermittelte Eindruck von Zerstrittenheit, Spaltung und Führungsschwäche ausgehend von 42,5 Prozent im Umfeld des Innsbrucker Parteitages bereits eine Woche später auf 18,5 Prozent absackte und danach nahezu marginalisiert wurde. Im Gegensatz dazu steigerte sich der Topos „Koalitionsspekulationen" und „Haider-Kritik an geplanter Zusammenarbeit von SPÖ und ÖVP" ausgehend wiederum von 7 Prozent auf 36,4 Prozent.[80]

Plasser und Ulram sahen im wahlpolitischen Aufstieg der „von Jörg Haider zum Prototypus einer *rechtspopulistischen* Protestpartei" getrimmten FPÖ, „die bislang letzte politische Innovation"[81], neben der fortschreitenden „Lockerung der Parteibindungen", der „Erosion traditioneller Parteiloyalitäten", dem „Aufbrechen subkultureller Lager", sowie dem „Ansteigen der politischen Mobilität und Wechselbereitschaft"[82] der achtziger Jahre. Diesen, im internationalen Vergleich mit 33 Prozent an Protestpotential hohen Anteil „parteiverdrossener Wähler"[83] in beträchtlichem Ausmaß zur FPÖ hinkanalisiert und für sie mobilisiert zu haben, erkläre den Wahlerfolg der Freiheitlichen von 1986. „Zur Umwandlung der latenten Proteststimmung in aktive Proteststimmen, von parteiverdrossenen Bürgern zu Anti-Parteien- und ‚Denkzettel'-Wählern, bedarf es noch eines Kristallisationspunktes, eines *politischen Akteurs*, wie er mit Jörg Haider und der von ihm auf einen neopopulistischen Kurs eingerichteten FPÖ schließlich die politische Bühne betritt. Charakteristisch (und erfolgbringend) ist dabei weniger das deutschnationale und zumindest in Randbereichen an rechtsradikale Strömungen anknüpfende Element (...), sondern vielmehr die Fähigkeit, den weitverbreiteten Wählerunmut zu bündeln und Protesthaltung wie mögliche Alternative in einer ansatzweise charismatischen Führungspersönlichkeit zu personifizieren."[84] An den Motiven, so die Wahlanalyse der Nationalratswahlen 1990, hatte sich nichts geändert und hat sich bis dato nichts geändert. „Die Motivstruktur der Wählerschaft (...) spiegelt dann auch die zentralen Themen des neopopulistischen Appells wider, wobei Argumente der Parteienverdrossenheit, des Protests gegen die politische Klasse etc. eindeutig im Vordergrund stehen, während dem Motiv (...) der deutschnationalen Orientierung in Österreich (...) nachrangige Bedeutung zukommt."[85] Unter diesem Aspekt müssen somit auch die weiter oben zitierten Interviews mit der „WirtschaftsWoche" und dem „profil" interpretiert und zugeordnet werden. Besieht man sich nämlich die von Plasser und Ulram publizierten „Fessel+GfK"-Daten aus 1986 und 1990, so sind – obwohl die Datensätze aufgrund verschiedener Fragebatterien –

nicht zur Gänze vergleichbar sind, teilweise gravierende Unterschiede in der Wahlmotivation der FPÖ-Wähler feststellbar[86]. Waren die dominierenden Wahlmotivationen 1986 die „Persönlichkeit Jörg Haiders" mit 71 Prozent Nennungen vor „damit ein frischer Wind ins Parlament kommt" (70%) und „um den beiden Großparteien einen Denkzettel zu geben" (46%), so sah die Motivationsstruktur der Nationalratswahlen 1990 beträchtlich anders aus: An erster Stelle lag (1986 nicht erhoben) mit 62 Prozent „weil die FPÖ ernsthaft gegen Skandale und Privilegien ankämpft", mit 44 Prozent wiederum das quantitativ kaum veränderte „Denkzettelmotiv", knapp gefolgt von der quantitativ massiv weniger häufig genannten Person Haiders (42 Prozent) und dem „richtigen Standpunkt (...) in der Ausländerfrage" (39 Prozent). Mit anderen Worten: Innerhalb von vier Jahren ist es der FPÖ gelungen, vom primär wahlmotivierenden „Wanderzirkus" des Jörg Haider zu einer vor allem ob politischer Themen wählbaren Partei zu werden.

Analysiert man weiters die Frage, wie relevant der innerparteiliche „Rechtsruck" unter Haider auf die Wahlmotivation ist, so kann zusammenfassend formuliert werden, daß Haider nicht gewählt wird, weil er Rechtsextremist genannt werden kann, beziehungsweise, weil er – folgt man Scharsach – ein solcher sei, sondern daß dieser Aspekt für die Wähler keine Relevanz hat, nämlich in beiden Richtungen, ihn zu wählen beziehungsweise ihn nicht zu wählen. Hinzu paßt auch eine von „Gallup" durchgeführte Umfrage zur Person Haiders, die unter anderem dessen Eigenschaftsprofil erhob. Von sechs vorgegebenen Eigenschaften wurde Haider auf einer zehnstelligen Skala an erster Stelle das Attribut „autoritär" (6,49), gefolgt von „volkstümlich" (6,14), „demagogisch" (5,96), „sympathisch" (5,78), „nazistisch" (5,15) und „demokratisch" (4,89) von den Befragten zugeschrieben[87].

7.4. „Ideologische Mißgeburt", „ordentliche Beschäftigungspolitik" und „liebe Freunde"

7.4.1. Die österreichische Nation als „ideologische Mißgeburt"

Die Aussage Haiders im „Inlandsreport" am 18. August 1988 – „Das wissen Sie so gut wie ich, daß die österreichische Nation eine Mißgeburt ist, eine ideologische Mißgeburt, denn die Volkzugehörigkeit ist die eine Sache, und die Staatszugehörigkeit ist die andere Sache, und wenn es jemandem freisteht, sich als slowenischer Österreicher zu bekennen, als ungarischer, als kroatischer, dann muß es auch möglich sein, sich als deutscher Österreicher zu bekennen. Und das ist auch das, was in unserem Programm formuliert ist"[88] – deutete Brigitte Bailer als absichtlichen, signalisierenden Akt „an die zuvor

verstimmt gewesenen ‚nationalen' Stammwähler und die rechtsextreme Wählerschaft"[89], die diesem „auf keinen Fall Wählerstimmen und neuerliche Erfolge"[90] kostete. Wiewohl der Aussage ein kurzfristiger Rückzieher folgte,
verstärkte Haider in einem aus diesem Anlaß „anberaumten ‚Club 2' (…) abermals das Aufsehen mit dem Bekenntnis zum deutschen Kulturkreis und der
Ablehnung des österreichischen Nationalfeiertags, womit er nur die übliche
FPÖ-Position zum 26. Oktober wiedergab."[91] Ein „profil"-Interview kann
als Paradebeispiel dafür gelten wie innerhalb der FPÖ dieser, auch unter dem
„liberalen" Steger[92] vollzogene „Eiertanz" der FPÖ zwischen deutschem
„Volks- und Kulturbekenntis" auf der einen und österreichischem Staats-
bekenntnis auf der anderen aussah – alles freilich auf dem Parteiprogramm
aus dem Jahre 1985 basierend. „Unser Bekenntnis zu einer Kulturgemeinschaft
bedeutet ein ethnisches Bekenntnis, das zu unterscheiden ist von einem Bekenntnis zu einem Staat, zu einer politischen Ordnung. (…) Die Freiheitliche
Partei einschließlich ihres Parteiobmanns hat unmißverständlich in ihrem
Parteiprogramm klargemacht, daß sie sich zur Republik Österreich bekennt
als ihrem Vaterland und daß wir uns in ethnischer Hinsicht der deutschen
Volks- und Kulturgemeinschaft verbunden fühlen durch die jahrhunderte-
lange Tradition." Spezifisch deutsch an Österreich seien, so Haider, das ganze „Kulturleben" und, was aber entscheidend sei, „auch die Bevölkerungs-
struktur."[93]

7.4.2. Die „ordentliche Beschäftigungspolitik" im „Dritten Reich"

Im Juni 1991 folgte der nächste Eklat. Im Zuge einer Landtagsdebatte gab
der damalige Kärntner Landeshauptmann von sich: „‚Das heißt, daß jemand
der arbeitsfähig ist, aber nicht arbeitswillig ist, einen verwandten oder gleichartigen oder annähernd gleichartigen Beruf zu ergreifen, den sollte man mit
der Sanktion bedenken, daß er über eine entsprechende Kürzung der Ar-
beitslosengelder veranlaßt wird, doch eine Beruf zu ergreifen.' (SP-Klub-
obmann Abg. Hausenblas: ‚Zwangsvermittlung ist das!') ‚Ich weiß schon, Sie
kommen mir jetzt mit dem Thema: Das ist Zwangsarbeit! Zwangsarbeit dann,
Herr Kollege (Abg. Dipl.-Ing. Freuenschlag: ‚Zwangsvermittlung!') oder
Zwangsvermittlung. (…) (Beifall von der FPÖ-Fraktion, Zwischenruf SP-Klub-
obmann Hausenblas: ‚Was Sie fordern hat es schon gegeben, aber im Dritten
Reich!') Zwischenantwort Haiders: ‚Nein, das hat es im Dritten Reich nicht
gegeben, weil im Dritten Reich haben sie ordentliche Beschäftigungspolitik
gemacht, was nicht einmal ihre Regierung in Wien zusammenbringt. Das
muß man auch einmal sagen.'"[94] Wie für Haider typisch folgte vorerst die
Distanzierung und wenig später die Distanzierung von der Distanzierung.

„Bis zum Herbst 1991, nachdem er nichts mehr zu verlieren hatte, bekräftigte er seine Äußerungen noch mehrfach und stilisierte sich sogar zum zeitgeschichtlichen Tabubrecher hoch."[95]

Der Ausspruch hatte zur Folge, daß Haider nach langem hin und her innerhalb des Kärntner Koalitionspartners ÖVP seinen Sessel als Landeshauptmann räumen mußte[96] und schließlich als Klubobmann ins Parlament wechselte. Eine weitere Folge war eine parlamentarische Debatte über Haiders Ausspruch und die vielgelobte Erklärung Vranitzkys zur österreichischen Mitverantwortung wäre wohl ohne diese Vorgeschichte auch nicht abgegeben worden[97]. Eine Mischung aus verschwörungstheoretischen Hirngespinsten, Abstrusitäten und verstiegenen historischen Vergleichen präsentierte – wieder einmal – die „Aula". Mölzer sah – wie auch im Fall der finanziellen Turbulenzen der FPÖ-Niederösterreich 1998 – in der Abwahl Haiders einerseits den Höhepunkt in einem längeren Prozeß eines „kalte[n] Bürgerkrieg[es]", in dem er das „national-liberale Lager"[98] als Hüter der Demokratie in Österreich stilisierte, andererseits Parallelen zur „ersten Republik, als im Lande ein heißer Bürgerkrieg tobte"[99]. „Nicht auszudenken, was alles in den Gehirnen der ‚kalten Bürgerkrieger' herumspuken könnte: Nicht nur die unseligen Erinnerungen an die Anhaltelager wie etwa Wöllersdorf vor 1938, wo illegale Nationalsozialisten und im Bürgerkrieg von 1934 entrechtete Sozialdemokraten miteinander einsaßen. Womöglich auch Maßnahmen wie Vermögensverlust und Berufsverbot, Zwangsarbeit, wie sie nach 1945 gegenüber ehemaligen Nationalsozialisten gehandhabt wurden."[100] Werner Widmann, wie Mölzer eine der zentralen Figuren innerhalb der „Aula", verglich die Situation mit der Diskussion um Waldheims Vergangenheit, wo sich die „Animosität der amerikanischer Judenführung gegen Waldheims Haltung und Agieren in der Palästinenserfrage [!] (...) mit den Intentionen der so furchtbar ‚demokratischen' Waldheimverhinderer"[101] traf. Und wenn schon die „amerikanische Judenführung" ante portas stehe, dann wird wohl noch – in Anlehnung an die „Nürnberger Rassegesetze" – der Hinweis erlaubt sein, daß sich „Robert Friedlaender-Precht", ein „Halbjude", als erster in seiner Dissertation „für umfangreiche öffentliche Arbeiten in Gestalt von Bodenverbesserungen, Flußregulierungen und Kanalbauten"[102] aussprach.

Nachdem die Bundesregierung am 18. Juni eine Erklärung abgab, in der sie Haider zum Rücktritt aufforderte[103], kam es einen Tag später zu einer ausschließlich diesem Thema gewidmeten sechsstündigen parlamentarischen Debatte. Bezeichnend für die „national-liberale" FPÖ war das laute Schweigen der – auch nachmaligen – „wahren Liberalen"[104], wie sie ÖVP-Klubobmann Herinrich Neisser nannte, sowie das Verhalten des Burgenländischen FPÖ-Obmanns Wolfgang Rauter, der Haiders Ausspruch noch in den Schatten zu stellen vermochte, sowie die Bemerkung des damaligen Generalsekretärs Meischberger, er könne sich dazu nicht äußern, da er darüber in der Schule nichts gelernt habe. Die Strategie der FPÖ-Redner war, sich einerseits von der „Beschäftigungspolitik" vollmundig zu distanzieren, Haiders „Sager" möglichst nicht zu thematisieren oder zum singulären „Ausrutscher" zu minimieren und den Spieß durch eine Breitseite gegen die Regierung unter dem Motto, es sei alles lediglich ein inszeniertes Ablenkungsmanöver, das Haider und die Freiheitlichen vernichten solle, umzudrehen[105].

Im Auftrag der AZ führte das Meinungsforschungsinstitut IFES zwei telephonische Blitzumfragen durch. Auf die Frage, inwieweit Haiders Aussage geteilt werde, antworteten im Rahmen der ersten Befragungswelle insgesamt 33 Prozent (4% voll und ganz, 29% teilweise) zustimmend, wohingegen 59 Prozent der Befragten „gar nicht" zustimmten. Erwähnenswert ist der Altersvergleich: Unter der jüngsten Altersgruppe (18-29 Jahre) fand Haiders Aussage mit summierten 41 Prozent das Höchstmaß an Zustimmung und mit 55 Prozent das Mindestmaß an Ablehnung. Die zwei übrigen Altersgruppen (30 bis 49 und ab 50) stimmten mit wiederum summierten 32 beziehungsweise 30 Prozent zu und lehnten mit jeweils 61 Prozent ab. Für 31 Prozent handelte es sich beim fraglichen Ausspruch um „Nazipropaganda", wohingegen dies 50 Prozent verneinten. Sofern es die Zustimmung nach Alter betraf, so wurden für die drei Altersgruppen annähernd idente Werte (30, 31 und 32 Prozent) erhoben, bei der Ablehnung lagen die zwei Altersgruppen bis 49 mit jeweils 54 Prozent klar vor den über 50jährigen, die mit 46 Prozent ablehnten. Eher gespalten war das Meinungsbild hinsichtlich politischer Konsequenzen. 40 Prozent sprachen sich für einen Rücktritt aus, wohingegen 47 Prozent einen solchen als nicht für notwendig erachteten. Wiederum ein annähernd identes Meinungsbild gemäß der Altersverteilung wurde unter den Befürwortern eines Rücktrittes erhoben (38, 40 und 41 Prozent); am stärksten abgelehnt wurde ein solcher unter den jüngsten der Befragten, die zu 56 Prozent ablehnten. Ihnen folgte mit 48 Prozent Ablehnung die Altersgruppe zwischen 30 und 49 und die Ältesten wiesen hierbei mit 40 Prozent den geringsten Wert aus[106].

Bei dieser Erhebung ist natürlich auf die Methode der telephonischen Umfrage und vor allem auf das sehr geringe Sample zu verweisen, wenn man daraus (vorsichtige) Schlußfolgerungen zieht. Das Meinungsbild läßt sich aber dahingehend zusammenfassen, daß Haiders Aussage von einem Drittel als mehr oder weniger zutreffend qualifiziert und von knapp 60 Prozent abgelehnt wurde. Mit annähernd derselben Relation wurde die Frage verneint, daß es sich hierbei um „Nazipropaganda" handle und auch die Befürworter eines Rücktritts befanden sich in der Minderheit. Aufschlußreich ist der Altersvergleich, für den sich alles in allem festhalten läßt, daß Haider gerade unter den jüngsten der Befragten am ehesten auf Verständnis stieß.

Vier Tage später erhob wiederum IFES nach derselben Methode, allerdings mit einem Kärnten Schwerpunkt[107]. Bundesweit reduzierte sich die (summierte) Zustimmung von 33 auf 27 Prozent, wohingegen die explizite Ablehnung unter den 297 Befragten einen eindeutigen Zuwachs von 59 auf 71 Prozent verzeichnen konnte. Hatten in der ersten Befragungswelle die 18 bis 29jährigen mit 41 Prozent (summierter) Zustimmung den Höchstwert ausgewiesen, so reduzierte sich dieser auf 24 Prozent, gefolgt von 25 Prozent unter den 30 bis 49jährigen (32 Prozent Zustimmung in der ersten Befragungswelle) und 31 Prozent unter den ältesten der Befragten. Die jüngste Altersgruppe zeigte in der zweiten Befragung mit 76 Prozent (55% in der ersten Befragung) Ablehnung den Höchstwert, wo die 30 bis 49jährigen 73 (61%) und die über 50jährigen nunmehr 67 Prozent (61%) aufwiesen. Somit kann festgehalten werden, daß sich diesbezüglich die öffentlich Meinung Haider gegenüber, vor allem was die Ablehnung seines Ausspruchs betrifft, stark zu seinen Ungunsten veränderte. Sofern es die Analyse entlang der Variable Alter betraf, änderten sich die Verhältnisse geradezu völlig. Die Zustimmung stieg mit zunehmendem Alter, wohingegen die Ablehnung entlang dieser Variable stetig fiel.

Derselbe Effekt zeigte sich hinsichtlich der Frage, ob Haider seinen Sessel als Landeshauptmann räumen müsse; die Zustimmung stieg von 40 auf 60 Prozent, die Ablehnung fiel bundesweit von 47 auf 30 Prozent[108]. Somit differenzierte sich hinsichtlich der Frage der politischen Konsequenzen das Meinungsbild innerhalb der Zeitspanne von vier Tagen eindeutig aus. Differierte die Einschätzung der drei Altersgruppen am 14. Juni lediglich um drei Prozent, so lag der Unterschied am 18. Juni bei zehn Prozent. In beiden Fällen, im zweiten eindeutiger als im ersten, waren es gerade die Jüngsten, die einen Rücktritt als am wenigsten angebracht hielten. Dasselbe, wenngleich natürlich spiegelverkehrte Meinungsbild, zeigten die Ablehner. Für die 18 bis 29jährigen wurde mit 37 Prozent das Höchstmaß an Ablehnung erhoben, gefolgt von den über 50jährigen (30%) und schließlich der mittleren Altersgruppe mit 26 Prozent. Höher als die Zustimmung zu einem etwaigen Rücktritt Haiders war die Empfehlung der Bundesregierung, Haider solle zurücktreten. 83 Prozent (52% „richtig" und 31% „nur teilweise richtig") gaben der Regierung diesbezüglich (eher) recht, wohingegen 15 Prozent dies als „völlig falsch" bezeichneten. Die Altersverläufe von Zustimmung und Ablehnung waren mit dem Antwortverhalten hinsichtlich eines Haiderrücktrittes ident: Das geringste Maß an Zustimmung beziehungsweise den Höchstwert an Ablehnung unter den Jüngsten, und das Höchstmaß beziehungsweise den Mindestwert der Ablehner unter der Altersgruppe 30 bis 49.

Somit kann für das Meinungsklima festgehalten werden, daß sich dieses im Laufe der Debatte – auch wenn es sich um ein sehr kleines Sample handelt – zum Teil nachhaltig änderte, daß vor allem Haiders Position in der zweiten Befragungswelle im Gegensatz zur ersten sich (teilweise) wesentlich verschlechterte[109].

7.4.3. Die „lieben Freunde" von der Waffen-SS

Einige Monate nach den oben dokumentierten aufsehenerregenden Sommerinterviews, die freilich nur deutschnationale „Ultras" als Abweichung von der „reinen Lehre" empfinden konnten, wurde Jörg Haider mit seinem Krumpendorfer Auftritt am 30. September 1995 vor Veteranen der einschlägigen „Kameradschaft IV" wiederum „rückfällig"[110].

„Haider: *Meine sehr geehrten Damen und Herren, liebe Freunde, ich bitte um Verständnis, wenn ich so spät komme, aber wir haben eine große Veranstaltung heute in Salzburg gehabt. (…) Ich habe mir gedacht, es ist vielleicht ganz gut, auch ein öffentliches Zeichen zu setzen, nachdem wieder einmal das Treffen und der Ulrichsberg so in Diskussion gewesen ist, daß klargemacht wird, daß es keine Schande ist, sich mit den Teilnehmern am Ulrichsbergtreffen als österreichischer Politiker zu treffen, und ich freue mich daher, daß ich Euch auf Kärntner Boden wieder alle herzlich begrüßen darf.*

(Der FPÖ-Chef geht dann auf einen deutschen Teilnehmer ein, der sich am Saaleingang für einen unfreundlichen Haider-Empfang in Hamburg entschuldigt hat. Haider spricht von den Chaoten auf der Hafenstraße) (…) *die da vom Nichtstun reich werden, und das ist der Grund, daß ich glaube, daß man ein Gegengewicht setzen muß (…), daß die jüngeren Generationen und die Jugend eine Zukunft in einem Gemeinwesen hat, in dem auch Ordnung, Gerechtigkeit und Anständigkeit noch Prinzipien sind, die zur Durchsetzung gebracht werden.*

Weil die Ulrichsbergfeier heuer so in Diskussion ist: Es ist eine Diskussion entstanden in Österreich, ob das zulässig ist, wenn ein Minister dort auftritt. Wir leben halt wirklich in einer Zeit, in der political correctness, wie das so schön heißt, der Tugendterror, auch über die Medien und über jene, die im öffentlichen Leben etwas zu reden haben, verbreitet wird und man einfach versucht, jenen Treffen und Begegnungen von der älteren Generation, die eigentlich nur in einer Gemeinsamkeit daran denken will, was sie alles durchgemacht hat, miterlebt hat, wofür sie gelitten hat, wofür sie gestanden ist und wofür sie heute noch steht, zu diskriminieren. Da gibt es natürlich viele, die sich nicht mehr so recht trauen, da mitzumachen, die sich sagen, na ja, vielleicht könnte ich Probleme kriegen, wenn ich dort dabei bin, wenn ich dort gesehen werde. Und da verabschieden sich manche Politiker und sagen, ich gehe zwar hin, aber ich werde nie reden dort, oder ich geh eh nicht hin, bitte schreibt nichts böses über mich. Ich möchte einmal wissen, ob jemand von jenen, die zu feige sind, dort hinzugehen, oder die ständig den

Stab über das Ulrichsbergtreffen brechen, ob sie einmal ein vernünftiges Argument sagen können. Es gibt nämlich keines, außer daß man sich ärgert, daß es in dieser Welt einfach noch anständige Menschen gibt, die einen Charakter haben und die auch bei größtem Gegenwind zu ihrer Überzeugung stehen und ihrer Überzeugung treu geblieben sind. Und das ist eine Basis, meine lieben Freunde, die auch an uns Junge weitergegeben wird. Von der wir letztlich auch leben, und daher haben wir gemeinsam mit Euch die Aufgabe, dafür zu sorgen, daß Ausstellungen, wie sie etwa von Deutschland ausgehen, nach Österreich hereinkommen, um über die Wehrmacht aufzuklären, wo also plötzlich die Wehrmacht oder die Teilnehmer und Angehörigen der Deutschen Wehrmacht als Verbrecherbande dargestellt werden. Das ist jetzt üblich. Und auch bei uns in Österreich läuft eine derartige Ausstellung mit Unterstützung von der öffentlichen Hand, denn dafür haben wir ja das Geld. Wir geben Geld für Terroristen, wir geben Geld für gewalttätige Zeitungen, wir geben Geld für arbeitsscheues Gesindel, und wir haben kein Geld für anständige Menschen.

Ich werde mit meinen Freunden immer dafür eintreten, daß dieser älteren Generation Respekt erwiesen wird. Respekt erwiesen wird für einen Lebensweg, Respekt für das, was sie durchgemacht haben, Respekt vor allem für das, was sie uns bewahrt haben. Das ist etwas sehr Entscheidendes. Und jeder, der heute mitmacht, der sagt, daß die Angehörigen der Kriegsgeneration, der Wehrmacht, alles Verbrecher gewesen sind, der beschmutzt letztlich seine eigenen Eltern, seine eigenen Väter, und ein Volk, das seine Vorfahren nicht in geehrt hält, ist soundso zum Untergang verurteilt. (...) Ich wünsche Euch ein großes, schönes Treffen, ich wünsche Euch dabei schöne Begegnungen und das Treffen mit vielen Freunden und Kameraden. Ich nehme auch an, daß auch meine Eltern wieder oben sein werden, wie es zur Tradition gehört, aber uns beschimpfen sie eh schon, also daher ist es völlig egal. (...) Ich lebe nicht ungeniert, aber besser so, wenn die Karten am Tisch liegen. (...)'"[111]

Nun, was den Inhalt betrifft, bewegte sich Haider ohnehin in dem von ihm wiederholt von sich gegebenen Rahmen und Kanon zu Nationalsozialismus und Zweitem Weltkrieg. Die „anständigen Soldaten" auf der einen und die „bösen Historiker" auf der anderen Seite, er der „Retter des Ansehens der Vätergeneration" und die „undankbaren Umerzogenen". Was diesem Treffen offensichtlich die Brisanz gab, war der Umstand, daß sich Haider hier in einem ausschließlich einschlägigen Kreis sein Stelldichein gab, denn die ganze Litanei eines verbogenen Geschichtsbildes hatte er in seiner Ulrichsberg-Rede am 7. Oktober 1990 bereits in voller Fulminanz von sich gegeben[112]. Und da sich die Ulrichsbergfeiern mit Festgästen und Festrednern aller (nicht nur) im Kärntner Landtag vertretenen Parteien schmücken konnten, war Haiders dortige Präsenz nicht ein FPÖ-Spezifikum, sondern ein Kärntner Charakteristikum.

Wiederum unter dem Aspekt der Verschwörung gegen die national-liberalen Superdemokraten inklusive klassischer Täter-Opfer-Umkehr sah die „Schriftleitung" der „Aula" die Veröffentlichung des Videos. „Interessant, daß sich die sozialistische Regie die Ausschlachtung des Auftritts Jörg Haiders beim Kameradenabend am Wörthersee von Ende September bis nach der Wahl am 17. Dezember zurückhielt. Es war dies für einen erwarteten ‚bürgerlichen' Sieg von ÖVP und FPÖ als Trumpf vorgesehen, um eine Regierungsbildung dieser beiden Parteien mit ‚antifaschistischer' Begründung zu verhindern. Die bürgerliche Mehrheit ist denkbar knapp ausgefallen, mit dem Thema Krumpendorf wurde die ÖVP allerdings in das Koalitionsbett der SPÖ genötigt."[113] Das ebendort die Waffen-SS reingewaschen wurde, versteht sich von selbst und braucht nicht wirklich zitiert zu werden[114]. Einen eher humoristischen – wenngleich vor einem sehr konkreten biographisch-politischen Hintergrund – Beitrag lieferte ein offener Brief Otto Scrinzis an Friedrich Peter, der es gewagt hatte, Haider für dieses Treffen zu kritisieren und der wohl als „Retourkutsche" für Scrinzis politische (Selbst)Demontage im Zusammenhang mit Peters SS-Vergangenheit zu interpretieren ist[115]. „Im Anlaßfalle wäre Deine Ehre, wenn nicht Treue gegenüber Deinen alten SS-Kameraden, so doch mindestens Schweigen gewesen."[116] Als Vorspann legte die Redaktion noch nach und zog eine scharfe Trennlinie zwischen Haiders „anständigen Menschen" und „lieben Freunden" auf der einen und Peters SS-Einheit auf der anderen Seite. „Der Einheit Friedrich Peters waren zahlreiche Verbrechen vorgeworfen worden (...). Peter selbst konnte jedoch keine individuelle Schuld nachgewiesen werden. Daß ausgerechnet der im Glashaus sitzende Peter nun Steine in die Richtung jener wirft, die ausschließlich an der Front als Soldaten gekämpft hatten und die nicht im Hinterland gegen Zivilisten tätig gewesen sind, wird von den ehemaligen Angehörigen der Waffen-SS – und vielleicht auch von den Lesern – richtig gewürdigt werden."[117] Daß es die Rechercheergebnisse Simon Wiesenthals waren, die hier breitgetreten wurden, sei lediglich der Vollständigkeit halber angeführt.

7.5. Medienanalyse

7.5.1. Salzburger Nachrichten

In allen – wenn auch den wenigen – zur „ideologischen Mißgeburt" erschienenen Kommentaren wurde diese Aussage zurückgewiesen. Gerhard Steininger meint ironisch unter Rückgriff auf Haiders Sozialisation und Verwendung von „germanisch-deutschnationalen" Assoziationen, man solle „mit Haider nicht allzusehr ins Thing gehen." Normalerweise genüge es, um sich Klarheit zu verschaffen, ein aktuelles Lexikon zu Rate zu ziehen. „Das kann Haider nicht, seit Lexika nicht mehr in Runen gedruckt werden." Es gelte, mit den „Gaunern und Korruptionisten abzufahren, aber (...) auch mit jenen, die unsere Köpfe verschmutzen wollen: den politischen Korruptionisten und den geistigen Gaunern (...) – und die ideologischen Mißgeburten sollten nicht vergessen sein."[118] Ein weiterer Kommentar befaßte sich mit der strafrechtlichen Relevanz von Haiders Aussage, die „zu Recht eine Welle der Empörung"[119] ausgelöst habe, aber nach dem „Club 2" wurde die gesamte Diskussion als überflüssiges „Hochschaukeln einer Sache, die im Bewußtsein der Österreicher längst entschieden ist", denn es „gibt eine gesunde österreichische Nation, weil sich ein Bewußtsein in Österreich zu einer eigenen Nation entwickelt hat"[120], abgetan und beendet.

Zeigte somit die im Sommer 1988 abgeführte Diskussion in den „SN" keinen historischen Rückgriff beziehungsweise keine historisch angelegten (Gegen)Argumentation, so war dies im Juni 1991 anders. Das durchgehende historische Argument gegen Haiders Ausspruch war die Formel: Arbeitsbeschaffung war gleich Kriegsvorbereitung[121], die teilweise sowohl „Anschluß" als auch „Anschlußbegeisterung" (mit)erklären sollte. „FPÖ-Chef Jörg Haider hätte mit seinem Lob der nationalsozialistischen Arbeitsmarktpolitik vorsichtiger sein müssen, denn ausgerechnet der österreichische Teil dieser Politik (...) läßt heute keine Chance mehr zur Geschichtsklitterung, auch wenn damals viele unserer Landsleute durch die NS-Propaganda verwirrt waren und den ‚Anschluß' aus wirtschaftspolitischen Gründen herbeigesehnt haben. Während Hitler 1933 das Nahziel hatte, die deutschen Arbeitermassen hinter das NS-Regime zu scharen und die Absicht eines späteren Eroberungskrieges verdeckt blieb, gab es für ihn im Jahr 1938 nur noch ein Nahziel: die wirtschaftspolitische Vorbereitung und Absicherung des Eroberungskrieges. Österreichs ‚Heimholung ins Reich' war ein strategischer Teilaspekt eines umfassenden Planes. (...) In Österreich waren solche Zusammenhänge naturgemäß noch weniger zu durchschauen als in Deutschland, und die Hoffnung vieler Menschen, daß mit der ‚Wiedervereinigung' endlich die gravierenden Wirtschaftsprobleme gelöst würden, sorgte für den Zulauf zu der noch in der Illegalität operierenden Nationalsozialistischen Partei. Schon gar nicht erkannten sie, daß die Besetzung Österreichs (...) aus kriegspolitischen Gründen notwendig geworden war. (...) Deutschland (...) brauchte nämlich zu diesem Zeitpunkt dreierlei: 1. Facharbeiter und Arbeiter für die Rüstungsindustrie; 2. Rohstoffe (...); 3. den Gold- und Devisenschatz der Nationalbank zur Finanzierung des Krieges."[122] Wesentlich intensiver – sieht man von einigen besorgten Bemerkungen zur „politischen Kultur" und Haider als spezifisches Produkt ebendieser ab[123] – wurde die FPÖ, nachdem der Rücktritt Haiders von Anfang an zur einzig möglichen Consequnz erklärt wurde[124], zum Thema von Kommentaren gemacht. Der burgenländische FP-Obmann Wolfgang Rauter, „der die inferioren Behauptungen seines Chefs über die

‚ordentliche Beschäftigungspolitik im Dritten Reich' verteidigte" habe sich damit „ebenso disqualifiziert wie Haider. Heide Schmidt ging es ähnlich, obwohl ihre Bemerkungen mit Hintertürchen versehen waren. Auch die Dumpfheit der Gefolgschaft ist gefährlich."[125] In der bereits zitierten historischen Abhandlung Clemes Hutters rückte dieser die Haider-Apologeten innerhalb der FPÖ in die Nähe der revisionistischer Agitation. Haiders „historischer Unsinn verdunstete nicht, obwohl ihn Haider mit dem Ausdruck des Bedauerns zurücknahm; vielmehr eskalierte er zum politischen Skandal, weil sich etliche Prominente aus der FPÖ bemüßigt fühlten, die überprüfbaren Fakten der Geschichte zu verharmlosen. (...) Meinungen ohne Fakten sind Quatsch – oder eine Form von Agitation." Wie „nun zu allem Überfluß noch etliche seiner [Haiders] Dragoner die Verteidigung führen, ist empörend. Es sieht nach dem Versuch aus, Geschichte und ihre Zusammenhänge für eine uninformierte Öffentlichkeit zu manipulieren, um eine sachliche haltlose Ansicht gegen überprüfbare Fakten zu immunisieren."[126] Mit der Verteidigung Haiders durch die FPÖ habe sich diese „in ganz Österreich als Partner in der Politik ausgeschaltet", und das werde solange andauern, „solange Haider ihr Obmann ist. (...) Leute dieser Prägung sitzen im rechtsnationalen Eck und nicht auf dem Sessel eines Landeshauptmannes oder Ministers. In diese Ecke hat Haider seine Partei eingewiesen. (...) Die österreichische Innenpolitik wird durch diese Selbstausgrenzung der FPÖ um die Möglichkeit politischer Veränderungen gebracht", was bewirke, „daß der sozialistische Weg mit der ÖVP in Österreich weitergehen muß, solange es Haider als bestimmenden Führer der FPÖ gibt."[127]

Auf kategorische, wenn auch quantitaitiv nicht sehr intensive, Ablehnung stieß Haiders Auftritt in Krumpendorf. Besonders betont wurde hierbei die Verurteilung der Waffen-SS vor dem – positiv kommentierten – Nürnberger Tribunal[128]. Mit seiner Darbietung in Krumpendorf habe sich Haider auf Seiten der „Unbelehrbaren gestellt", für die „die Nürnberger Kriegsverbrecherprozesse von 1945/46 (...) ein unrechtmäßiges Rachetribunal der Sieger über die Besiegten"[129] waren. Haider zeichne sich dadurch aus, daß er sich an den Nürnberger Urteilsspruch nicht erinnern könne und ihn der Prozeß auch nicht interessiere[130]. „Dieses nicht-erinnern und nicht-interessieren ist der Schlüssel zur Persönlichkeit Haiders, und wer diesen Schlüssel in Händen hält, der ist nicht erstaunt, wenn Haider Hitlers Mord- und Ausrottungsbrigade SS mit Begriffen wie ‚Anständigkeit', ‚Ehre' und ‚Anerkennung' assoziiert." Zu verurteilen seien nicht die freiwillige oder gar unfreiwillige Zugehörigkeit zur Waffen-SS, sondern „die Gesinnung", sich noch immer als „SS-Held" zu fühlen und nicht erkennen zu wollen, einem mörderischen System gedient zu haben. „Haider, Jahrgang 1950, ist dieser Gesinnung verpflichtet."[131] Wie nahe Haider durch den Krumpendorfer Auftritt an NSgeniunem Gedankengut liege, wurde einerseits durch einen Zitatenvergleich Haiders mit Himmler und Frank zum Thema „Anständigkeit"[132], zum anderen dadurch untermauert, daß aufgrund der Aufforderung durch Bundespräsident Klestil, Haider möge sich zur Waffen-SS äußern, ironisch gehofft wird, das sei „doch hoffentlich keine Aufforderung zu einer strafbaren Handlung."[133] Somit wurden Haiders Positionen in allen untersuchten Fällen kategorisch zurückgewiesen. Historisch-korrigierende Argumentationen fanden sich 1991 und 1995. Die FPÖ wurde in die Nähe des Rechtsextremismus gestellt und ihr somit die Pakt- und Koalitionsfähigkeit abgesprochen.

7.5.2. Kurier

„I glaub', der Haider hat mit den Wählern spekuliert, denen ein Anschluß an die FPÖ lieber is als gar keiner"[134], so der launige Kommentar des „Kurier"- „Redaktionsoriginals", der darauf anspielte, daß Haiders Aussage keineswegs zufällig passierte, sondern der Wählerrekrutierung auf der äußersten Rechten diente. Eine Zehetmayr-Karikatur spielte auf Haiders Deutschnationalismus an, wo dieser, nachdem er von Waldheim gefragt wird, ob er denn überhaupt die Bundeshymne könne, die deutsche von sich gibt[135]. Rauscher schrieb in einem Kommentar, daß nicht jeder, der sich dem „deutschen – oder besser deutschsprachigen – Kulturkreis zugehörig" fühlt, automatisch als „Nazi oder Ewiggestriger" einzustufen sei. „Zur deutschsprachigen Kultur gehört ein Heinrich von Kleist ebenso wie ein Franz Kafka, beide Giganten der deutschen Sprache, aber aus völlig verschiedenen Mentalitäten stammend mit völlig verschiedenem kulturellen Hintergrund. Das ist eben die Vielfalt dieses großartigen deutschsprachigen Kulturkreises." Rauscher betonte eine plurale österreichische Geschichte, die zwar auch eine deutsche, aber eben nicht nur eine solche gewesen sei. Gerade „die Beschäftigung mit der ‚gemeinsamen tausendjährigen Geschichte' zeigt, daß Österreich eben nicht ‚immer schon zu Deutschland' gehört hatte. Die Habsburger waren zwar jahrhundertelang auch deutsche Kaiser, aber sie herrschten ebenso jahrhundertelang über ein multi-rassisches Vielvölkerreich, zu dem zu gewissen Zeiten auch die Indianer Südamerikas als Untertanen gehörten." Ebenso verhielt es sich mit der Monarchie im 19. Jahrhundert, die „erst recht ein Vielvölkerstaat (...), in dem die deutschsprachigen Bürger nur 25 Prozent ausmachten", war. „Die Monarchie war also etwas ganz anderes als das ‚völkisch homogene' Deutsche Reich Bismarcks und Wilhelms II., und die Monarchie wäre historisch vielleicht besser gefahren, hätte sie sich nicht politisch so einseitig an dieses Deutsche Reich gebunden. Und daß Österreich dann mit dem Dritten Reich gut gefahren ist, kann wirklich nur noch ein rettungslos Verblendeter behaupten." Österreich sei seit 1945 „so oder so" eine Nation, denn diese konstituiere sich durch den Willen zur Nation, der vorhanden sei. Die Entwicklung dorthin war „letztlich" eine Entwicklung „weg von Deutschland", mit einem Erbe, das nicht nur ein deutsches, „sondern auch ein ungarisch-slawisch-italienisch-jüdisches" sei. Bei Haiders deutschnationalen Anhängern, die er offensichtlich „bedienen" wollte, stehe der Verdacht im Raum, daß deren „Bekenntnis zum Deutschtum gleichzeitig eine Ablehnung der Eigenständigkeit Österreichs"[136] bedeute, und das sei etwas völlig anders als die für Rauscher durchaus akzeptable Positionierung als „Kulturdeutscher".

Mit dieser Aussage, so wiederum Rauscher in einem abschließenden Kommentar, habe es Haider „fertiggebracht, jenen Bürgerlichen, die mit der FPÖ eine regierungsfähige bürgerliche Mehrheit im Land schaffen wollen, die Augen zu öffnen"[137] – und habe seine Partei somit in einem noch nie gekannten Ausmaß politisch isoliert.

Hatte Rauscher im August 1988 noch eher nebenbei konstatiert, mit Haider sei ob dessen Deutschnationalismus eine bürgerliche Koalition ausgeschlossen, so wurde diese Feststellung im Zuge der Auseinandersetzung um die „ordentliche Beschäftigungspolitik" wiederum und diesmal nachhaltiger festgehalten. „Jörg Haiders Spruch (...) ist nicht der erste Ausspruch dieser Art, aber der bisher ärgste. (...) Mit dieser Äußerung zwingt „Haider alle, die ihm bisher neutral oder relativ positiv gegenüberstehen, und das ist ein ziemlich großer Teil der bürgerlichen Welt, sich einmal ernsthaft Gedanken zu machen. Ist der Mann noch in der Bandbreite, was in unserer politischen Kultur möglich ist? Gehört er noch zu einer demokratisch-zivilisierten Welt?" Wenngleich Rauscher abschließend einforderte, „diese innere Entscheidung ist jetzt fällig"[138], so war sie für ihn persönlich längst gefallen. „Und nun kommt es nicht mehr auf ihn [Haider] an, sondern auf die anderen. Konkret auf die ÖVP bzw. das ‚bürgerliche Lager' überhaupt. (...) Wie lange will man Österreich noch als Freigehege für Unverbesserliche wirken lassen? In der ÖVP glauben immer noch manche, man könne mit Haider Pläne haben. Sie bringen auch das Argument vor, ‚ausgrenzen' schade nur, man müsse ihn und seine Kumpane ‚einbinden'. (...) Nein, wenn die Bürgerlichen glauben, jetzt noch mit Haider spielen zu können, dann wird ihnen das liberale Element gänzlich davonlaufen. Dann kriegt Vranitzky", dessen Haltung Haider gegenüber Rauscher nachdrücklich lobte, „die Prozente, die ihm auf die absolute Mehrheit fehlen."[139] Somit waren es zwei Elemente, die in den Augen des „Kurier", beziehungsweise des dort im Alleingang kommentierenden Hans Rauscher, Haider politikunfähig machen: Einerseits die von seiner Sozialisation[140] herrührende Nähe zum NS-Gedankengut[141] und andererseits seine antithetische Stellung zur Zweiten Republik. Diese mache den Zusammenschluß alle Demokraten notwendig. „Jetzt steht Österreich vor seiner Bewährungsprobe: Ist NS-Gedankengut bei uns geächtet oder politischer Alltag?

Da gibt es kein ‚sozialistisches' und ‚nicht-sozialistisches' Österreich. Da gibt es nur mehr Demokraten und Anti-Demokraten."[142] Für Rauscher haben sich Haider „und seine politische Schlägertruppe (...) selbst aus dem normalen demokratischen Leben ausgeschlossen."[143] Zollte Rauscher auch der auf vielen Ebenen veröffentlichten Meinung Lob[144], so wies er doch wiederholt darauf hin, daß Haider sehr wohl vor einem österreichspezifischen Hintergrund agiere, nämlich im Rahmen einer in dieser Beziehung wenig sensiblen Öffentlichkeit[145] und vor dem Hintergrund mangelnder Auseinandersetzung mit der Vergangenheit. „Waldheim und Haider sind nicht zu vergleichen. Aber ein Grundproblem – Österreichs unklares Verhältnis zur NS-Zeit und ihrem Gedankengut – verbindet sie doch."[146] Sofern es die historische Dimension betrifft, ist die vom „Kurier" ebenfalls von Anfang an veröffentlichte Blattlinie durchaus mit der der „Salzburger Nachrichten" vergleichbar. Einerseits in der grundsätzlich negativen Beurteilung der „NS-Beschäftigungspolitik" und andererseits in der Verknüpfung: „Beschäftigungspolitik" im „Dritten Reich" als Vorstufe zu Krieg[147] und Massenmorden. „Die ordentliche Beschäftigungspolitik des Dritten Reiches bestand darin, auf Kredit die Rüstungsindustrie anzuheizen. Sie führte zwangsläufig zum Krieg. Sie war sogar ganz bewußt auf den Krieg hin entworfen worden. Sie war die Voraussetzung zum Verbrechen."[148] Und ebenfalls analog zu den SN, wurde auch der „Anschluß" in derselben Art und Weise interpretiert, nämlich als Mischung aus Hoffnung auf wirtschaftliche Besserung und deutscher Expansion. „Der triumphale Empfang, den ein Teil der Österreicher Hitler bereitete, hatte nicht zuletzt wirtschaftliche Gründe. Die Leute hofften, nach dem Anschluß würde es ihnen besser gehen. (...) Der Anschluß Österreichs wurde besonders von Hitlers ‚Wirtschafts-Diktator' Göring unter der Devise der dringenden Sanierung forciert: Österreich hatte Rohstoffe (Erz, Wasserkraft, Holz), Arbeitskräfte und einen gewaltigen Goldschatz."[149]

Eine dominante Rolle bei der Kommentierung der Krumpendorfer „Aufwartung" spielte wie im eben abgehandelten „Fall" Haiders ideologische Positionierung als immer „frecher[e] (...) Nazi-Nostalgie"[150] vor dem Hintergrund seiner (politischen) Herkunft, die als bestimmendes Moment für sein wiederholtes Anstreifen an diesem Thema benannt wurde. „Was Jörg Haider (...) dem Interviewer der ZiB2 zum Thema ‚Meine lieben Freunde von der Waffen-SS' ins Mikro gesagt hat, entspricht voll und ganz dem gängigen rechtsextremistischen Weltbild, wie es in den einschlägigen Schriften anzutreffen ist. Das überrascht Kenner von Haiders ideologischem Hintergrund nicht. Es ist das Weltbild eines, der in einem NS-Elternhaus aufgewachsen ist, in eine NS-verseuchte Schule und in eine rechtsextreme schlagende Studentenverbindung gegangen ist – und sich seither offenbar nicht davon gelöst hat. (...) Jörg Haider hat sich zu (...) NS-Lemuren gedrängt. Ein Großteil der

Zuhörerschaft waren deutsche, belgische, dänische Waffen-SSler, die für ihn nicht einmal als Wähler in Frage kommen. Es war ihm eine Herzensangelegenheit. Oder eine Dankespflicht."[151] Die Waffen-SS war, so Rauscher, „die menschenverachtende, massenmörderische Herrenmenschen-Ideologie des Nationalsozialismus", die „weltanschauliche Elitetruppe des Nationalsozialismus" der zumindest anfangs ausschließlich „150prozentige Nazis" beitraten. „Gewiß nicht alle Angehörigen der Waffen-SS haben Verbrechen begangen (...). Aber zur Waffen-SS gehörte dann auch das KZ-Wachpersonal. Auch die kämpfende Waffen-SS hat zahlreiche Kriegsverbrechen begangen, Massaker an Juden und Zigeunern in der Ukraine, Rußland, Serbien, Griechenland."[152] Nicht so intensiv, aber feststellbar war wiederum die Frage der politischen Kultur[153] und die Frage an das „bürgerliche Lager", wie sie es mit Haider halte, beziehungsweise, daß es eine Fehleinschätzung sei, mit Haider politisch kaliieren zu können. „Es gibt einen Politiker, Vranitzky, der Haider gerade deswegen immer abgelehnt hat. Er hat jetzt" bei den Nationalratswahlen 1995 gewonnen. „Es gibt einen anderen, Schüssel, der sich eine Tür offengelassen hat. Er hat jetzt nicht gewonnen."[154]

Wie im Falle der „Salzburger Nachrichten" kommentierte der „Kurier" Haiders Aussagen beziehungsweise dessen Auftritt vom September 1995 kategorisch ablehnend. Nachhaltiger wurde aber die Frage an das „bürgerliche Lager" nach dessen Verhältnis zu Haider gestellt. Für Haiders Verhalten und Weltbild werden dessen NS-Prägung verantwortlich gemacht.

Für alle drei Anlaßfälle zeichnete sich die „Kurier"-Kommentierung dadurch aus, daß alle drei Aussagen kategorisch zurückgewiesen wurden. Sieht man von der relativ intensiven historischen Bezugnahme und In-den-Kontext-Stellung 1991 ab, so wurde durchgehend betont, daß Haider und mit ihm die FPÖ in der derzeitigen Konstellation kein politischer Partner sein könne.

7.5.3. Kleine Zeitung

Mit dem Begriff der „ideologischen Mißgeburt" habe Haider, wenn auch ungewollt, „alle jene Bürger zutiefst [beleidigt], denen das Bekenntnis zur österreichischen Nation eine Herzenssache ist und das sind, gering geschätzt Hunderttausende Menschen. Diesen allen hat Jörg Haider weh getan" – jedoch nicht ohne Grund. „Wer das sogenannte nationale Lager kennt, der weiß, daß man in gewissen Kreisen auch heute noch in Entzücken verfällt, wenn gegen die ‚österreichische Nation' vom Leder gezogen wird. Was hätte Haider denn sonst sagen können? Ohne sich das geringste bei den Deutschnationalen zu vergeben." Damit habe dieser sein wahres „Gesicht" im Sinne von seiner wahren „Persönlichkeit"[155] gezeigt. Haiders Nationsbegriff wurde von

Kofler als untauglicher Rückschritt in das Definitionskonzept von Nation des 18. Jahrhunderts zurückgewiesen. „Aber seit der zweiten Hälfte des 19. Jahrhunderts ist der politische Aspekt immer stärker in den Vordergrund getreten, d. h. zum entscheidenden Merkmal wurden der gemeinsame freie Wille und das gemeinsame Bekenntnis zu einem Staat und einer bestimmten Staatsform. Zu Haider wäre also lediglich zu sagen, daß man im ausgehenden 20. Jahrhundert eine Diskussion nicht mit Überzeugungen und Begriffen des 18. Jahrhunderts führen kann!"[156]

Einen Großteil der Kommentierung nach dem Ausspruch von der „ordentlichen Beschäftigung" im „Dritten Reich" seitens der „Kleinen Zeitung" nahm die Deutung ein, Haider sei ein Opfer seiner selbst und seines Stils geworden[157]. „Haider ist ein beharrlicher Förderer von Mißverständnissen", mit denen er „gern" spiele, um „die angepeilten Reaktionen zur Steigerung seiner Sympathiewerte"[158] auszunutzen. Durch diesen Ausspruch werde Haider nicht nur ein Problem für sich selbst, sondern „immer mehr zum Problem für Österreich"[159], denn er habe „sich einer Grenzverletzung schuldig gemacht, die auch in Österreich nicht mehr toleriert wird. (...) Seine Maßlosigkeit ist jetzt eine Herausforderung mit einer solchen Überwindung nicht wieder so lange zu warten. Und wenn die Anzeichen nicht trügen, dann wird diese Herausforderung auch angenommen."[160] Da Haider nunmehr, „mehr denn je, im Verdacht [steht], ein Verherrlicher des Hitler Reiches zu sein", sei er damit – nähme man sich in diesem Falle Deutschland als Vorbild[161] – „als Politiker untragbar"[162]. Er habe nämlich – so wiederum Vorhofer, der im Unterschied zu seinen Grazer Kollegen über weite Strecken wesentlich rigoroser argumentierte und bewertete – allumfassenden Schaden angerichtet. „Jörg Haider hat, aus welchen Gründen auch immer, unserem Vaterland geschadet, er hat der Sache der Opposition und damit auch unserem demokratischen Regierungssystem geschadet, er hat seiner Partei und schließlich sich selbst schweren Schaden zugefügt."[163] Wiederholt verwiesen die Kommentatoren der „Kleinen Zeitung" auf die Rezeption im Kontext des historischen Wissen(wollen)s. „Das volle Ausmaß des Schadens läßt sich noch gar nicht abschätzen. Es geht ja nicht nur um das Echo im Ausland, es geht auch um die Wirkung der Haider-Erklärung im Inland. Viele unserer Mitbürger wissen nicht oder kaum Bescheid über die Hitler-Zeit. Sie können oder wollen nicht wahrhaben, daß das Hitler-Regime nicht etwa eines war, welches gelegentlich irgendwelche Untaten begangen hat, sondern daß dieses Regime in sich verbrecherisch gewesen ist."[164] Eher am Rande wurde auf die Substanz der Haiderschen Aussage eingegangen. Die Beschäftigungspolitik wurde im Kontext der Bewertung des „Hitler-Regimes" als „in sich verbrecherisch" bezeichnet. Jede „Maßnahme, und sei es eine mit noch so positivem Anstrich" war „auf verbrecherische Ziele gerichtet (...). Und daß schon in der ersten Phase der Machtergreifung 1933 mit der systematischen Ausmerzung von Menschen jüdischer Herkunft im gesamten Berufs- und Kulturleben begonnen wurde – auch das war ein Teil der Beschäftigungspolitk."[165] So lange Haider, von dem man wisse, daß bei ihm „die Sicherungen durchbrennen, wenn er ein Publikum von Soldaten oder Tätern des NS-Regimes vor sich hat"[166], und dessen „widerliche Geschichtsfälschungen und (...) unerbittliche Ignoranz den Kriegsopfern gegenüber bekannt"[167] seien, nicht abkläre, mit wem er sich wirklich identifiziere, „wird er im Zwielicht bleiben, in das er sich selbst beharrlich stellt."[168] Andererseits seien zwei Dinge absurd, nämlich erstens, „wenn immer wieder versucht wird, Kriegsteilnehmer kollektiv zu Verbrechern zu stempeln", deren „ursprünglicher Idealismus von einem verbrecherischen Regime mißbraucht wurde"[169] und zweitens, daß „die begabtesten Kommentatoren den verlorenen Kampf für Demokratie und Anständigkeit ihrer Väter und Großväter zu wiederholen und 60 Jahre später zu beweisen, daß sie nicht versagt hätten."[170] Weiters wurde darauf verwiesen, daß hinter dieser Diskussion handfeste Interessen stünden. „Der ORF unterließ" eine sofortige Ausstrahlung des Videos „bekanntlich mit dem Hinweis, man müsse die Echtheit dieses Amateurvideos erst prüfen. (...) Freundliche Ignoranten wittern darin eine Schonung des F-Chefs. Sehen wir es einmal anders: Eine Ausstrahlung vor der Wahl hätte vielleicht eine erhebliche Gruppe konservativer, aber somit doch erschrockener F-Sympathisanten verscheucht. Ihre Fluchtrichtung wäre wohl am ehesten die VP gewesen – Sie blieben ungestört. Jetzt, da eine Koalition konstruiert werden soll, hat die Ausstrahlung einen fast pädagogischen Sinn: Franz Vranitzky muß man vor einem Schulterschluß mit Haider nicht warnen. Der ÖVP hingegen ist *dieser* Haider nun wohl ganz unmöglich geworden."[171] Weiters dränge sich „für den Wiener Zeitungsmarkt der Verdacht auf, ganze Verlage lebten von ihren Haider-Aufmachern und gingen bankrott, gäbe es den Bösewicht vom Dienst nicht mehr." Diese seien eine Art von „nützlichen Idioten", denn sie übersehen, „daß erst dieser Theaterrummel den Star macht."[172] Außerdem gebe es wichtigere Dinge, nämlich die der „ganz banal[en] (...) gegenwärtigen Probleme."[173]

Zwar stieß Haiders Verhalten in allen drei untersuchten Fällen auch in der „Kleinen Zeitung" auf Ablehnung, diese wurde aber nicht so kategorisch geäußert wie in den beiden zuerst untersuchten Tageszeitungen. Im Falle der „Kleinen Zeitung" erfuhr auch die historisch angelegte Argumentation weniger Berücksichtigung. Stärker – vor allem im Falle der „ordentlichen Beschäftigungspolitik" – fiel die Betrachtung des kollektiven (historischen) Bewußtseins der Österreicher aus, das mit wenig Lob bedacht wurde. Hinzuweisen ist schließlich noch darauf, daß die „sozialistische Verschwörungstheorie" des Ausstrahlungszeitpunktes sich mit der der „Aula" deckte.

7.5.4. Die Presse

Eigentlich, so kann man einen Schulmeister-Kommentar zusammenfassen, habe Haider mit seiner Aussage von der „ideologischen Mißgeburt" ja recht, wenngleich der „Begriffsstreit um Volks- oder Staatsnation unter dem Horizont der EG, auf die man zustrebt", wie so vieles in diesem Lande „anachronistisch" wirke. „Herr Haider betreibt seine Parteiinteressen – sein Recht in der Demokratie -, macht aber zugleich auf einen möglichen Etikettenschwindel aufmerksam. Denn von Anfang an trägt die ‚österreichische Nation' den Geburtsmakel des Opportunismus an sich", denn mit ihr sollte ein „Schlußstrich unter unsere Vergangenheit von 1848 bis 1938" gezogen werden. „Jetzt kommt wieder ein Stückchen Lebenslüge zum Vorschein. (...) Die DDR auf ‚sozialistisch', wir als ‚austriakisch-national' fanden es besser, Bonn bekennen und zahlen zu lassen. Ein Schöpfungsakt ist da [in Österreich] und dort [in der DDR] nicht daraus geworden." Argumentiert wurde dieses, in der Medienlandschaft nach 1945 in dieser Deutlichkeit selten vorfindbare – für „Die Presse" jedoch nicht untypische -, „Bekenntnis" damit, daß, wenn man sich schon zum „Holocaust" bekenne(n (müsse)), man sich wohl auch zur deutschen Nation bekennen dürfe, denn in beiden und vielen anderen Fällen, gelte es, „mit der Wahrheit (...) ernster" umzugehen. „So wird auch das Selbstverständnis, das die neutrale Republik als Nation artikulieren wollte, ebenso zu überprüfen sein, wie jene billige Tour, mit der man von den jüdischen Mitbürgern, der eigenen Vergangenheit und dem größeren Vaterland nichts wissen wollte."[174] Am Beginn der Auseinandersetzung um das Lob für die „ordentliche Beschäftigungspolitik" stand in der „Presse" herunterspielend und kalmierend: Die Aussage sei „Jörg Haiders jüngster Ausrutscher", ein „Zwischenfall" und ein rhetorischer „Stolperstein" gewesen. „Es ist wieder einmal Schadensbegrenzung geboten, um ein Österreichbild zurechtzurücken, das im Inland fabriziert und im Ausland zusätzlich verzerrt wird."[175] Mit dieser völlig apologetischen Blattlinie war es zwar nachhaltig aber erst ausschließlich zu dem Zeitpunkt vorbei, als Haider ankündigte, er werde im Falle einer strafrechtlichen Verfolgung österreichweit gegen die Justiz mobilisieren. „Ein hochbegabter Politiker (...) hat sich selbst ausgegrenzt. Er konnte weder Gedanken noch Wort mehr halten. Dabei ist nicht nur sein unglückseliges Lob für die ‚Beschäftigungspolitik' des Nationalsozialismus gemeint. Mindestens so schwer wiegt die nicht weniger spontan erfolgte Ankündigung, er werde (...) ‚die Menschen gegen die Justiz mobilisieren'. (...) Es ist ein Selbstreinigungsprozeß des demokratischen Staatswesens in Gang gekommen. Er hat nichts mit einer Hetz- oder Hexenjagd zu tun. Er geht das ganze Land an." Haider habe eine „Grenze überschritten (...). Lob für den Hitlerismus, Moblilisierungsdrohungen gegen die Justiz – kommt ‚Quatschbude Parlament' als nächste Attacke? Die Freiheitlichen und ihre Wähler werden zu entscheiden haben, ob sie solches Gedankengut akzeptieren. Winkt da mehr oder minder unverhohlen eine Art blauer Neofaschismus. Sich mit ihm zu assoziieren, erinnert an ein altes Sprichwort: Sage mir, mit wem du umgehst, und ich sage dir, wer du bist."[176] Damit war Haider, der „von Zeit zu Zeit"[177] braune Brocken von sich gebe und um den derzeit – ähnlich Adolf Hitler anno dazumal – die „jüngste Geschichte"[178] umgefeilt werde, für „Die Presse" „rücktrittsreif", allerdings nicht ausschließlich wegen eines „nicht entschuldbaren"[179] Fehlers, sondern weil vor allem Haider „Politik auf der Straße"[180] macht. Seine Abwahl wurde einhellig gebilligt, danach konzentrierte sich das Interesse auf die Konstellation in Kärnten[181].

Wiederholt verwiesen die Kommentatoren der „Presse" nach Bekanntwerden von Haiders Aufwartung in Krumpendorf auf die Aussage vor dem Kärntner Landtag im Juni 1991. „Die jetzige Aufregung um den beschämenden Oktober-Auftritt von FP-Chef Haider vor ehemaligen Mitgliedern der Waffen-SS in Kärnten erinnert an die Tage nach seinem Ausspruch von der ‚ordentlichen Beschäftigungspolitik des Dritten Reiches'."[182] Dieser Auftritt habe „ihn neuerlich disqualifiziert"[183], denn Haider habe „das – zweifellos üble – Kollektivschuld-Denken der Linken in eine noch viel üblere Kollektiv-Heiligsprechung umgewandelt", denn es sei „einfach mies, daraus eine besondere Anständigkeit abzuleiten."[184] Neben dieser eindeutigen Blattline, eindeutig war auch Unterbergers notorischer Zungenschlag „Die Linken", verdient noch ein Gastkommentar Beachtung. Der Autor, Kurt Seidel, wäre nämlich, hätte ihn seine Mutter nicht davon abgehalten, zur Waffen-SS einzurücken, wahrscheinlich „gefallen *oder* von den Russen als SSler füsiliert worden. Hätte ich überlebt, wäre ich spätestens 1995 in Österreich medial gelyncht worden." Man könne doch nichts dagegen einwenden, „wenn ‚alte Soldaten' über den damaligen Einsatz ihres Lebens miteinander sprechen wollen. (...) Auch als ‚virtueller Waffen-SSler' fühle ich mich durch die ausdrückliche Hetzkampagne mit Pauschalverurteilung von Wehrmacht und Waffen-SS, deren Kriegseinsatz viele meiner älteren Freunde, Bekannten und Verwandten glücklicherweise lebend überstanden haben, beleidigt."[185] Außerdem gelte es, darauf verwies zuvor schon Unterberger[186], gemeinsam die Probleme Österreichs in Angriff zu nehmen. „Es fragt sich freilich, ob die derzeit ständig ausgrenzende Handlungsweise durch viele Politiker und Medien es überhaupt möglich macht, 100 – und nicht 78 – Prozent der Österreicher zur erforderlichen höchsten Leistung zu motivieren?"[187]

Sieht man von dem wohlwollenden Schulmeister-Kommentar 1988 und von Seidels Kommentar 1995 ab, so wurde die redaktionelle Kommentierung der Person Haiders zunehmend eine negative. Als wichtig festzuhalten ist, daß erstens der historische Diskurs, abgesehen von dahingeschriebenen

Allerweltsweisheiten, völlig unterblieb und zweitens die Beschwichtigungs-politik im Juni 1991 ab dem Zeitpunkt aufgegeben wurde, als Haider die Straße zu mobilisieren begann. Möglicherweise war es dieses plebejische Moment, das das betont „bürgerliche" Blatt zu einer Änderung der Einschätzung und Bewertung führte.

7.5.5. Neue Kronen Zeitung

Eigentlich seien sowohl die Diskussion als auch die Empörung ob der Haider-Aussage zur österreichischen Nation lediglich Nebensächlichkeiten, „als ob wir rein gar keine anderen Sorgen hätten." Angesichts der Diskussion stelle sich aber die Frage, ob „hierzulande wirklich nur noch Meinungen geäußert werden [dürfen], die zuvor in den Parteisekretariaten abgesegnet worden sind". Außerdem habe Haider das uneingeschränkte Bekenntnis zu Österreich „nie und nirgends in Frage gestellt", und es sei gar nicht geklärt, was unter Nation zu verstehen sei. „Ist's eine Gemeinschaft von Menschen gleicher Sprache? Gleicher Rasse? Gleichartiger Kultur? Oder geht das alles nur auf jene zu-rück, die irgendwann einmal rings um uns die Landesgrenzen gezogen ha-ben?"[188] Den „Club 2", an dem auch Alfred Hrdlicka teilnahm, nahm Dichand zum Anlaß, eine weitere Attacke gegen das Denkmal zu reiten, ohne auf den Anlaß der Diskussion einzugehen[189]. „Vor allem der primitiv agierende Hrdlicka kam um ein Bekenntnis zum Stalinismus nicht herum." Und wenn Hrdlicka meine, Stalins Opfer seien doch keine Österreicher gewesen, dann seien ihm und der Leserschaft „die vielen tausend Vergewaltigungen, die Massenplünderungen, Demontagen und Erschießungen der stalinistischen ‚Befreier' nach 1945" sowie der versuchte „Putsch" vom Oktober 1950 in Erinnerung zu rufen. „Wanderer, wenn Du vor diesem ‚Mahnmal' stehen wirst, so denke daran, daß hier sozialistische Führer Österreichs eine Grün-fläche mitten in der Stadt vernichten [!] ließen, um einen Stalinisten [Koplenig] zu ehren, der versucht hat, unseren demokratischen Staat in eine kommuni-stische Diktatur zu verwandeln."[190] Dieselbe Argumentationslinie wie im be-reits zitierten Kommentar mit über weite Strecken identer Terminologie ver-wendete „Staberl" in einem abschließenden Kommentar Anfang Oktober, nämlich Haider bekenne sich ja zum österreichischen Staat, und überhaupt sei ungeklärt, was denn unter dem „windige[n] Begriff ‚Nation'" zu verstehen sei. Aber man könne durchaus – auch abseits von Hitler – positiv dem deut-schen Kulturerbe gegenüberstehen. Vor Hitlers Herrschaft „hat es über Jahr-hunderte hinweg auch noch etliche ganz andere Deutsche gegeben: Hölder-lin etwa oder Lessing, Hegel, Schiller, Kant. Daß wir diese Leute zu verges-sen hätten, nur weil sich der Österreicher Hitler zwölf Jahre lang Deutsch-land unter den Nagel gerissen hat, darf als recht kurios angesehen werden."[191]

Ein von Anfang an nachweisbares Kennzeichen der mit Verzögerung einsetzenden Kommentierung zur „ordentlichen Beschäftigungspolitik" war, daß es sich um eine Kampagne gegen Haider handle, wobei konsequent an den Modellen der Bagatellisierung[192] und der Täter-Opfer-Umkehr[193] festgehalten wurde. Gegen Haider werde inszeniert und „uniformiert" vorgegangen, wobei dahinter „auch eine gute Portion Macht- und Interessensdenken (der großen Koalition in Wien)" stecke. Haider sei „vielmehr zum Altpolitiker geworden – zum gefährlichen Konkurrenten, der mit allen Mitteln bekämpft wird, weil er zumindest bis jetzt bei jeder Wahl Stimmen gewinnen konnte."[194] In dieselbe Richtung, nämlich die der reinen Machtpolitk und des Konkurrenzverhältnisses (vor allem) von SPÖ und ÖVP zur FPÖ argumentierte ein von der „Welt" übernommener Kommentar. „Deshalb kam der alle in Aufruhr bringende Satz Haiders nicht nur Vranitzky und seiner SPÖ, sondern auch dem ‚großkoalitionären Flügel' der vom Wählerschwund und Machtverlust bedrohten ÖVP wie gerufen."[195] Ab dem Zeitpunkt von Waldheims Ankündigung, nicht mehr für eine zweite Kandidatur zur Verfügung zu stehen, wurde die Analogie zur Debatte um Waldheims Vergangenheit im Sinne einer „Anti-Haider-Kampagne"[196], um den Jargon der NKZ zu verwenden, hergestellt. „Man geht wohl nicht fehl in der Annahme, daß die höchst aktuellen Ereignisse, die sich da auf der an Kuriositäten so wohlausgestatteten Politbühne von Österreich abspielen, wenn schon nicht den Entschluß Waldheims, so doch den Zeitpunkt der öffentlichen Bekanntgabe dieses Entschlusses bestimmt haben. Seit der sogenannte Fall Haider von einer schon wieder außer Rand und Band geratenen Jagdgesellschaft dermaßen zur hochpolitischen Sensation aufgeblasen wird, steht ja wohl fest, daß auch in Zukunft gültig sein wird, was schon bei der Kampagne gegen Waldheim zu erkennen gewesen war: Wer immer der unbedarften Blase unserer selbsternannten ‚Fortschrittlichen' nicht zu Gesicht steht, wird der Einfachheit halber als Nazi verteufelt"[197]. Abgesehen von diesem historischen Exkurs wurde auch die Berechtigung der Haider-Aussage abgehandelt. „Ein halbes Jahr nach der Annexion Österreichs hat es in der nunmehrigen ‚Ostmark' praktisch keine Arbeitslosen mehr gegeben. So besehen hat Haiders Äußerung also gewissermaßen ihre Berechtigung." Allerdings sei zu berücksichtigen, daß Hitler „die Arbeitslosigkeit beseitigen [konnte], indem er seinen Krieg vorbereitete." Keine Arbeitslosigkeit sei allerdings kein „Kriterium für einen ordentlich verwalteten Staat", denn angesichts der Tatsache, daß es auch in kommunistisch regierten Staaten keine Arbeitslosen gebe, „wäre Haiders Zwischenruf besser unterbleiben."[198] Dieser ambivalenten Bewertung folgen dann allerdings Artikel zum Thema Gesetzeskontinuitäten vom „Dritten Reich" zur Republik unter dem Motto „So schlecht kann das Dritte Reich nicht gewesen sein". „Tatsächlich ist 1945 der gesamte Rechtskomplex aus dem Hitlerreich gewissermaßen pauschal in die österreichische Gesetzgebung hineingenommen worden", wie die angeführten Beispiele der „Kirchensteuer"', des Eherechtes, zahlreiche „Arbeitnehmerschutzgesetze'" und so weiter untermauern sollten[199]. Anhand der Regelung, „daß die Religionsgemeinschaften mit Hilfe der staatlichen Organe die Beiträge ihrer Gläubigen eintreiben dürfen", könne man erkennen, „daß es sich hier um ein gutes Gesetz handelt."[200]

Denkbar knapp fiel die Kommentierung nach dem Publikwerden von Haiders Auftritt in Krumpendorf aus. Nach der Dezemberwahl gab es eine kolumnisierte „Abreibung" für die „ausländischen Haider-Spezialisten", allen voran für die New York Times, „das gewisse Zentralorgan"[201], des – in der Logik und Zuordnung der NKZ – „Weltjudentums", wie Seinitz verschämt nicht schrieb. Ernst Trost wies darauf hin, daß es in Nürnberg nicht gelang, „die Waffen-SS bei der Verurteilung der SS als verbrecherische Organisation auszuklammern. Dazu war die Liste der Kriegsverbrechen zu lang (...). Wehrmachtssoldaten respektierten zwar die Kampfkraft der Waffen-SS, aber sie achteten darauf, nicht mit ihr verwechselt zu werden."[202] Abgesehen von dieser eher zurückhaltenden, wenngleich eindeutigen Formulierung, „jubilieren die Haiderfresser"[203], womit die Täter-Opfer-Umkehr prolongiert wurde.

Vor allem in den Anlaßfällen von 1988 und 1991 vertrat die „Neue Kronen Zeitung" einen massiven pro-Haider-Kurs, wobei ihm über weite Strecken die Blattline inhaltlich völlig recht gab. Der gesamte Diskurs zeichnete sich vor allem durch Bagatellisierung und Verniedlichung oder durch – wie im Jahr 1995 – Nichterwähnen der Person und der Aussagen Haiders aus.

7.5.6. Arbeiter Zeitung

Im ersten Kommentar wurde – noch nachhaltiger als im „Kurier" – darauf verwiesen, daß es sich bei Haiders Äußerung zur österreichischen Nation um politisches Kalkül gehandelt habe. „Zufall ist, wenn Burgers Neo-Nazi-Partei verboten wird und just zur selben Zeit sich Haider als Deutsch-Österreicher deklariert und die österreichische Nation zur Mißgeburt erklärt." In der Partei des „braungebrannte[n] Recke[n]" träfen sich nunmehr „Ewiggestrige mit den neuen Rechtsextremen"[204]. Damit war auch die dominierende Gleichung der Kommentierung angesprochen: Haiders Deutschnationalismus gebe diesen als Rechtsextremen zu erkennen. „Deutschnational steht heute zum Unterschied von früher für rechtsextrem."[205] Der für Österreich erforderliche Nationsbegriff, beziehungsweise dessen Ausgestaltung, dürfe nicht ein „miefiges Nationalbewußtsein, das ‚Mia san mia' zum Programm" erheben, sondern müsse ein „Bekenntnis zu einer gemeinsamen Heimat, die auch auf seine Minderheiten stolz ist", sein. „Es geht um die Weltoffenheit, die Nationalstolz nicht mit Triumphgeheul über Ski-Erfolge verwechselt.["206] Weiters dürfe das Nationsbewußtsein auch nicht Ausformungen eines „Österreich-Nationalismus übler Art", nämlich miefig, „chauvinistisch, ausländerfeindlich"[207] annehmen. Dieses dumpf-biedere Österreichertum sei zu hinterfragen, und besonders hinterfragungswürdig sei in diesem Zusammenhang daß „wir' 1938 bis 1945 nur Opfer und nicht auch Mittäter gewesen"[208] seien. Der Eklat im Kärntner Landtag vom Juni 1991 habe wiederum Haiders wahres[209], nämlich rechtsextremes Gesicht gezeigt – und so sei die FPÖ ebenfalls zu qualifizieren. „Rauter hat in einem zweiten Punkt recht: Man soll darüber reden. Und über die Rezepte, die die FPÖ von diesen historischen Vorbildern für die ‚Hebung der Arbeitsmoral' ableitet."[210] Ebenfalls dem „Kurier" ähnlich, ortete die AZ – wie schon bei Reder – einen partei- und gesellschaftsübergreifenden Konsens gegen die FPÖ. In diesen Tagen habe „eine andere innenpolitische Zäsur stattgefunden: Der Verwilderung der Sprache, der NS-Verharmlosung, der Radikalisierung der einen Seite setzte die andere eine noch nie dagewesene Kompromißlosigkeit entgegen. Die katholische Kirche, fast alle Medien, alle Parteien mit Ausnahme der FPÖ, die Regierung mit dem authentisch empörten Bundeskanzler an der Spitze. (...) Ein neues Lager ist entstanden, ein demokratisches. Konservative Politiker und Zeitungen grenzen sich mit Schärfe von jeglicher Liebäugelei mit Haider ab". Vranitzky „will mit jenem opportunistischen Augenzwinkern brechen, das es auch in seiner Partei nach 1945 immer wieder gegeben hat."[211] Von Anfang an ist für die AZ, so wie für die SN und den „Kurier", die Gleichung Arbeitsbeschaffung als Rüstung und diese als Vorbereitung für den – wie wiederholt betont wird: verbrecherischen – Krieg nachweisbar[212]. „Und was war die ordentliche Beschäftigungspolitik unter Hitler? Zunächst gab es Arbeit in der Rüstungsindustrie Nazideutschlands. Die brauchte man für den Beginn eines verbrecherischen Eroberungsfeldzuges. An der Front in Polen, in Rußland, in Frankreich und anderswo gab es dann bekanntlich massenhaft Beschäftigung."[213] Bereits in dieser allerersten Stellungnahme wurde aber auch ein Thema angeschnitten, das die weitere Kommentierung, sofern sie auf diese historische Dimension einging, durchziehen sollte, nämlich der – allumfassende[214] – Zwangscharakter der „Beschäftigungspolitik". „Und immer neue Arbeitsplätze wurden frei. ‚Sozialschmarotzer' fanden Beschäftigung im Arbeitslager oder KZ. Und Ausländerbeschäftigung hieß Zwangsarbeit"[215], der keine „guten Seiten" abzugewinnen seien. „Es ist zynisch", die Vorbereitung des Krieges, „als Verdienst hinzustellen, diese ‚gute' Periode der Naziherrschaft von der späteren ‚bösen' abtrennen zu wollen. Ohne diese spezifische ‚ordentliche Beschäftigungspolitik' hätte es keinen Holocaust gegeben, der auf diese Weise Arbeitsmarktpolitik betrieb: Durch den Tod von Millionen auf Schlachtfeldern und in Bombenkellern, durch die Eingliederung von

Zwangsarbeitern, dadurch, daß halb Europa in Schutt und Asche gelegt und danach wiederaufgebaut werden mußte."[216] Was die AZ von den beiden erwähnten Blättern unterschied, war die (stärkere) Betonung der Entrechtung und der wiederum intensivere Hinweis auf die – nicht nur deutschen und österreichischen[217] – Opfer der „Beschäftigungspolitik".

Haider, so die Blattlinie 1988 und 1991 gebe sich in einem Fall durch seinen Deutschnationalismus und im anderen durch seine NS-Verherrlichung als Rechtsextremist zu erkennen. Vor allem im Fall der „ordentlichen Beschäftigungspolitik" wurde auf historischer Ebene argumentiert, wobei hierbei der Opferbegriff im Vergleich zu den SN oder dem „Kurier" ein „breiterer" war. Bemerkenswert war auch das Maß an (Selbst)Kritik, das die AZ äußerte, nämlich im Fall der „ideologischen Mißgeburt" am politischen Konkurrenten ÖVP und der österreichischen Befindlichkeit (Österreich-Nationalismus) und im Jahre 1991 – wenn auch nur kurz – an der bisherigen Politik der SPÖ.

7.6. Zusammenfassung

Würde man die publizistisch geäußerte Zustimmung und Ablehnung quantifizieren, käme als Ergebnis heraus, daß Haider mit seinen Aussagen zur österreichischen Nation und zur NS-Beschäftigungspolitik beziehungsweise mit seinem Auftritt vor den Waffen-SS-Veteranen in Krumpendorf beinahe ausschließlich auf Ablehnung und negative Kommentierung stieß. Zieht man jedoch in Betracht, daß kein relevanter Politiker vor Haider eine derartige – und nicht nur punktuelle – geäußerte Affinität zum NS-Gedankengut aufwies, interessiert auch die Frage nach „Andockpunkten" Haiders im Sinne apologetischer Kommentare innerhalb der Publizistik. Diese fanden sich in der „Presse" im Fall der „ideologischen Mißgeburt", vorerst, wenn auch nur sehr kurz bei der Aussage zur NS-Beschäftigungspolitik und im zitierten Gastkommentar zum Auftritt in Krumpendorf. Diese Causa wurde auch in der „Kleinen Zeitung" teilweise pro-Haider kommentiert, indem er zum Opfer einer mediengesteuerten Kampagne, die seine Koalitionsfähigkeit mit der ÖVP mindern sollte, stilisiert wurde. Völlig auf Haider-Linie befand sich die „Neue Kronen Zeitung", besonders in der Kommentierung der „ideologischen Mißgeburt" – man vergleiche in diesem Zusammenhang die an anderer Stelle dokumentierte Kommentierung von „Heldenplatz" als Kontrast – und der „ordentlichen Beschäftigungspolitik". Haiders Krumpendorfer déjà-vu wurde – vor allem quantitativ – zurückhaltend kommentiert. Auf kategorische Ablehnung stieß Haider in den „Salzburger Nachrichten", im „Kurier" und in der „Arbeiter-Zeitung". In diesen drei Blättern ist auch ein vergleichsweise stark historisch orientierter Diskurs feststellbar, der über den Empörungsdiskurs hinaus auch die geschichtlichen Hintergründe aufzuhellen wußte.

Anmerkungen

1 Plasser, Fritz: Die populistische Arena: Massenmedien als Verstärker. In: Populismus in Österreich. Hg. v. Anton Pelinka. Wien 1987. S. 84-108 (hier S. 87).

2 Siehe Stirnemann, Alfred: Das neue Parteiprogramm der FPÖ – eine kritische Analyse. In: ÖJfP (1985). Hg. v. Andreas Khol [u. a.]. Wien und München 1986. S. 657-694 (hier S. 666).

3 Plasser, Die populistische Arena, a.a.O., S. 88.

4 In diesem Sinne kann der Verfasser auch der punzierenden Terminologie von Haiderscher „Machtergreifung", die diesen auch auf dieser Ebene ins „braune Eck" stellt, nicht folgen. Es ist wohl ein unbestreitbares Recht jedes Politikers, Ämter anzustreben und sich dafür Verbündete zu suchen. Außerdem sind Kampfabstimmungen zumindest in den Augen des Verfassers Indikatoren für innerparteiliche Demokratie, egal, ob einem der Sieger sympathisch oder unsympathisch ist. Kein Mensch käme auf die Idee, die Übernahme des SP-Vorsitzes durch Kreisky, der FP-Obmannschaft durch Steger oder die VP-Obmannschaft durch Busek eine „Machtergreifung" zu nennen. Daß Haiders Verbündete 1986 den deutschnationalen Flügel repräsentierten, beziehungsweise sich ausschließlich aus diesem rekrutieren konnten, liegt wohl auf der Hand.

5 Worm, Alfred: Das Ende der Liberalen. In: „profil", 20/1991. S. 34-37 (hier S. 35).

6 Das vorliegende Manuskript war offensichtlich zum Zwecke der Publikation vorbereitet worden, wurde aber nie gedruckt. Eine Photokopie, aus der im Folgenden zitiert wird, befindet sich im Besitz des Verfassers. Da es nicht durchgehend paginiert ist und auch keinen eindeutigen Titel hat, wird es in Zukunft als N. N.: Innsbrucker Parteitag 1986. Ms. Graz 1992 plus „Kapitelüberschrift" und die dortige Seite zitiert.

7 N. N., Innsbrucker Parteitag, a.a.O., Vorwort, S. 4.

8 N. N., Innsbrucker Parteitag, a.a.O., Kärnten, S. 3 und S. 3a.

9 Freiheitlicher Pressedienst, Landesgruppe Kärnten, zit. n. ebda, S. 3a.

10 Ebda, S. 10.

11 Ebda, S. 13.

12 Ebda, S. 31.

13 Pittler, Andreas: Am Beispiel Otto Scrinzi. Rechtsextreme in Österreich. Wien 1986. S20f.

14 Hinzuweisen ist in diesem Zusammenhang darauf, daß die Ablehnungfront gegen Scrinzi für „Die Aula" ein Konglomerat aus „Muhris Kommunisten" den „Jusos", dem „CV bis hin zu den liberalen Mitregierern", also der FPÖ, bezeichnet wurde. Seltsam, X. F.: Narreteien. In: „Die Aula", 12/1985. S. 9.

15 Siehe Interview „Der Völkerfreund" – Otto Scrinzi. In: „Die Aula", 12/1985. S. 8-9.
   Bemerkenswert ist schließlich noch, daß sich „Die Aula" im Jahre 1980 einer positiven Stellungnahme der Kandidatur Burgers enthalten hatte, wohingegen sie 1986 für Scrinzi mobil machte.

16 N. N., Innsbrucker Parteitag, a.a.O., Kärnten, S. 40.

17 Ebda, S. 42.

18 N. N., Innsbrucker Parteitag, a.a.O., Oberösterreich, S. 1.

19 Worm, Das Ende der Liberalen, a.a.O., S. 37.

20 „Bei den Personalentscheidungen wurden zwei junge freiheitliche Politiker, die in ihren Landesgruppen über starken Rückhalt verfügten, bewußt übergangen: Jörg Haider und Norbert Gugerbauer. (...) Nachdem Norbert Steger die Klubobmannfrage hatte, holte er zum nächsten Schlag aus. Er bot dem

Oberösterreicher Horst Schender den Posten des Verteidigungsministers an, wohl wissend, daß dieser durch Beschlüsse seiner Landesgruppe gebunden war, in der laufenden Gesetzgebungsperiode kein Regierungsamt anzunehmen. (...) Als der Landesparteiobmann wie erwartet dankend ablehnte, präsentierte Norbert Steger seinen heimlichen Wunschkandidaten Helmut Krünes und setzte ihn auch durch." N. N., Innsbrucker Parteitag, a.a.O., Oberösterreich, S. 10-12.

„Es gab zwei Gespräche mit Norbert Gugerbauer, die alles andere als erfreulich verliefen: Wenn er, Gugerbauer, nicht Klubobmann werde, gäbe es Krieg – auch mit der FPÖ Oberösterreich. Steger: ‚Ich sagte daraufhin: Okay, dann gibt es Krieg. Heute weiß ich, das war nicht besonders g'scheit. Ich glaubte, ich sei politisch stärker.'" Worm, Das Ende der Liberalen, a.a.O., S. 37.

21	N. N., Innsbrucker Parteitag, a.a.O., Oberösterreich, S. 4.
22	Ebda, S. 5.
23	Ebda, S. 8.
24	Ebda, S. 9.
25	Ebda, S. 16.
26	Ebda, S. 25.
27	Ebda, S. 40f.
28	N. N., Innsbrucker Parteitag, a.a.O., Steiermark, S. 25.
29	N. N., Innsbrucker Parteitag, a.a.O., Salzburg, S. 1.
30	Ebda, S. 3.
31	Ebda, S. 25f.
32	Bailer, Brigitte und Neugebauer, Wolfgang: Die FPÖ: Vom Liberalismus zum Rechtsextremismus. In: Handbuch des österreichischen Rechtsextremismus. Hg. v. Stiftung Dokumentationsarchiv des österreichischen Widerstandes. Wien ²1993. S. 327-428 (hier S. 367).
33	Fromm, Rainer und Kernbach, Barbara: Europas braune Saat. Die internationale Verflechtung der rechtsradikalen Szene. München 1994. S. 249.
34	Scharsach, Hans-Henning: Haiders Kampf. Wien ⁵1992. S. 225f.
35	Scharsach, Hans-Henning: Haiders Clan. Wie Gewalt entsteht. Wien [u. a.] 1995. S. 21f.
36	N. N., Innsbrucker Parteitag, a.a.O., Der Aufstieg zur Mittelpartei, S. 6.
37	Ebda, S. 7f.
38	N. N., Innsbrucker Parteitag, a.a.O., Der „Lorenzener Kreis", S. 2.
39	Ebda, S.4.
40	Ebda, S. 6.
41	Veröffentlicht in „Die Aula", 10/1989. S. 21-25.
42	N. N.: Der „Lorenzener Kreis". In: „Die Aula", 10/1989. S. 21.
43	Ebda, S. 21f.
44	Fischer, Gero [u. a.]: Die „Lorenzener Erklärung". Ein Produkt aus der ideologischen Kaderschmiede der FPÖ. In: FORVM, H. 433-435 (1990). S. 2-5 (hier S. 5).
45	Siehe dazu das – vernichtende – Urteil von Kadan, Albert: Die Freiheitliche Partei Österreichs (FPÖ). In: Die Republik, 1/1979. S. 16-24.
46	Siehe Interview „Kärntner Nachrichten" – Heide Schmidt. In: „Die Aula", 2/1989. S. 17-19 (hier S. 18).
47	Es sollte an dieser Stelle wohl 1848 heißen. Auf das Revolutionsjahr 1848 inklusive der Betonung der „Urburschenschaften" und deren – demokratische? – Ausrichtung wurde gerade 1998 vor allem von seiten der FPÖ wiederholt zurückgegriffen. Geradezu totgeschwiegen wird in diesem Zusammenhang der deutschnationale Impetus, sowie die antidemokratische und antisemitische Radikalisierung gerade

dieses Segmentes im Laufe des 19. und 20. Jahrhunderts. Hier ging mit Frischenschlager wohl seine Burschenschaftervergangenheit, die ihn einstmals zum studentischen Verteidiger eines Taras Borodajkewycz werden ließ, durch.

48 Frischenschlager, Friedhelm: Wie liberal ist die FPÖ? In: ÖJfP (1980). Hg. v. Andreas Khol und Alfred Stirnemann. Wien und München 1981. S. 135-181 (hier S. 136f.).
Siehe weiters Frischenschlager, Friedhelm: Die Freiheitliche Partei Österreichs. In: Politik in Österreich. Die Zweite Republik: Bestand und Wandel. Hg. v. Wolfgang Mantl. Wien [u.a.] 1992 (= Studien zu Politik und Verwaltung, Bd. 10). S. 368-404. Festzuhalten bleibt, daß Frischenschlager diesen Artikel zu einem Zeitpunkt verfaßte, als er noch für die FPÖ im Nationalrat saß. Ob er seine teilweise verharmlosende Analyse der weltanschaulichen Position der FPÖ unter Jörg Haider auch nach der Abspaltung des Liberalen Forums aufrechterhalten hätte, wagt der Verfasser zu bezweifeln.

49 Frischenschlager, Wie liberal ist die FPÖ, a.a.O., S. 141.

50 Ebda, S. 163.

51 Frischenschlager, Friedhelm: Funktions- und Inhaltswandlungen von Parteiprogrammen am Beispiel der FPÖ-Programme. In: ÖZP, 2/1978. S. 209-220 (hier S. 209).

52 Ebda, S. 215.

53 Kubinzky, Karl A.: Wie liberal ist die FPÖ? Überlegungen zur österreichischen Parteienlandschaft. In: ÖJfP (1980). Hg. v. Andreas Khol und Alfred Stirnemann. Wien und München 1981. S. 183-187 (hier S. 185f.).

54 Ebda, S. 187.

55 Hindels, Josef: Deutschnational oder liberal? Zur Ideologie der Freiheitlichen Partei. In: Die Zukunft, H. 6/1981, S. 18-22 (hier S. 22).

56 Scharsach, Haiders Kampf, a.a.O., S.34 und Fromm und Kernbach, Europas braune Saat, a.a.O., S. 248.

57 Stirnemann, Das neue Parteiprogramm der FPÖ – eine kritische Analyse, a.a.O., S. 668.

58 Ebda, S. 673.

59 Ebda, S. 677.

60 Ebda, S. 678.

61 Mölzer, Andreas: Ist es ein Verbrechen, sich „deutscher Österreicher" zu nennen? In: Die Aula, 9/1988. S. 13.

62 Interview WirtschaftsWoche – Jörg Haider. In: WirtschaftsWoche, 34/1995. S. 20-22 (hier S. 21).

63 Ich bin „eben wirklich der Meinung, daß dieser spezifische Beitrag Österreichs im Laufe der deutschen Geschichte eigentlich zu dieser Verwandtschaft geführt hat. Wir sind ja nicht die Provinz von Deutschland gewesen, sondern Österreich hat sowohl politisch wie kulturell, von hier aus wirkend, den deutschen Kulturraum sehr maßgeblich beeinflußt." Interview „profil" – Jörg Haider. In: „profil", 34/1995. S. 27-31 (hier S. 28). In diesem Zusammenhang sei weiters auf eine Serie in der „Aula", offensichtlich ein, beziehungsweise ihr Beitrag zum „Gedenkjahr 1938/88" verwiesen, die den (deutschen) Held der deutschnationalen Geschichtswissenschaft, Karl Dietrich Erdmann und seinen Thesen von der „Spur Österreichs in der deutschen Geschichte" zu Wort kommen läßt. Siehe: Erdmann, Karl Dietrich: Die Spur Österreichs in der deutschen Geschichte. In: „Die Aula", 1/1988, S. 23-25, 2/1988, S. 24-25, 3/1988, S. 19-20, 4/1988, S. 23-24, 5/1988, S. 26-28, 6/1988, S. 26-28 und 7,8/1988, S. 22-23. Angekündigt waren übrigens elf Fortsetzungsfolgen.

64 Auf den „profil"-Einwand, es habe sich um einen „Eroberungs-Feldzug der Deut-

schen Wehrmacht" gehandelt, antwortete Haider, dann „müssen wir wirklich beginnen, zu fragen, wie das wirklich war. In der offiziellen [!] Geschichtsschreibung haben die Deutschen begonnen, selbstverständlich." Interview „profil" – Jörg Haider. In: „profil", 34/1995, a.a.O., S. 29.

65   Ebda, S. 28.

66   Das Programm der Freiheitlichen Partei Österreichs. Wien 1998 (= Schnellinfo, 1a/98).

67   „Das Grundrecht auf Heimat gestattet daher keine unbeschränkte und unkontrollierte Zuwanderung nach Österreich. (...) Multikulturelle Experimente werden abgelehnt, weil durch sie mutwillig gesellschaftliche Konflikte geschürt werden. (...) Das Schutzinteresse der österreichischen Bevölkerung erfordert den Erhalt der vollen Souveränität in Ausländerrechtsangelegenheiten." Ebda, S. 11.

68   „Eine Politik wird abgelehnt, die sich insbesondere seit dem Beitritt Österreichs zur Europäischen Union den massiven Vereinheitlichungs- und Nivellierungsbestrebungen zu Lasten der geistigen und kulturellen Substanz Österreichs anschließt." Ebda, S. 9.
       „Das Nebeneinander und das Zusammenwirken der verschiedenen Volksgruppen haben die Eigenart Österreichs bewirkt. Sie kann nur durch die Sicherung des Weiterbestandes der historisch ansässigen Volksgruppen erhalten werden, was gerade in Zeiten der Entwicklung überregionaler Zusammenschlüsse notwendig erscheint." Ebda, S. 11.

69   „Angesichts des großen Anteils des alten Österreichs an der gesamtdeutschen und gesamteuropäischen Geschichte und des hiervon herrührenden kulturellen Erbes ist es legitim, mit Selbstbewußtsein und Stolz auch auf internationaler Ebene aufzutreten. (...) Die Zeitgeisterscheinung, mit massiven Österreichbeschimpfungen und mutwilligen Herabsetzungen österreichischer Eigenheiten, öffentliches Echo zu erzielen, erfordert den entschlossenen Widerstand aller patriotischen Kräfte." Ebda, S. 9.

70   Ebda, S. 10.
       Siehe auch: „Die Muttersprache ist das Ergebnis einer biographischen und familiären Prägung. Sie ist daher die Sprache, in der man denkt, fühlt und träumt. Die jeweilige Muttersprache ist daher als Trägerin des kulturellen Ausdruckes das bestimmende Kriterium der Zuordnung zu einer größeren Kulturgemeinschaft. Da die Mehrheit der Österreicher die Staatssprache Deutsch (vgl. Art. 8 B-VG) als Muttersprache spricht, ergibt sich daraus ihre Zugehörigkeit zur deutschen Kulturgemeinschaft." Ebda, S. 43.

71   Ebda, S. 15.
       Siehe in diesem Zusammenhang auch die treffenden Bemerkungen von Pelinka, Anton: „Altösterreicher": Kodewort des Pangermanismus. In: „Der Standard" vom 17. September 1998.

72   Das Programm der Freiheitlichen Partei Österreichs, a.a.O., S. 19.

73   Ebda, S. 17.

74   Siehe dazu das Zitat im Abschnitt „Innsbruck" 1986 im vorliegenden Kapitel.

75   Das Programm der Freiheitlichen Partei Österreichs, a.a.O., S. 7.

76   Ebda.

77   Ebda, S. 24.

78   Stirnemann, Alfred: Gibt es einen Haider-Effekt? Der Aufstieg der FPÖ zu einer (kleinen) Mittelpartei 1986-1991. In: ÖJfP (1991). Hg. v. Andreas Khol [u. a.]. Wien und München 1992. S. 137-185 (hier S. 141f.)

79	Plasser, Die populistische Arena, a.a.O., S. 99f.
80	Siehe: Ebda, S. 102.
	Untersucht wurden in der NKZ, Kurier, Kleine Zeitung, ÖON und SN „welche Themen (...) mit welcher Intensität (gemessen an der Gesamtzahl der innenpolitisch relevanten Artikel) behandelt wurden."
81	Plasser, Fritz und Ulram, Peter A.: Wahltag ist Zahltag. Populistischer Appell und Wählerprotest in den achtziger Jahren. In: ÖZP, 2/1989. S. 151-164 (hier S.153). Siehe dazu weiters: Plasser, Fritz und Ulram, Peter A.: Großparteien in der Defensive. Die österreichische Parteien- und Wählerschaft nach der Nationalratswahl 1986. In: Das österreichische Parteiensystem. Hg. v. Anton Pelinka und Fritz Plasser. Wien [u. a.] 1988 (= Studien zu Politik und Verwaltung, Bd. 22). S. 79-102 und Gehmacher, Ernst [u.a].: 1986: Das Wahljahr der Überraschungen – Aus dem Blickpunkt der Wahlverhaltenstheorie. In: Das österreichische Parteiensystem. Hg. v. Anton Pelinka und Fritz Plasser. Wien [u. a.] 1988 (= Studien zu Politik und Verwaltung, Bd. 22). S. 103-126.
82	Plasser und Ulram, Wahltag ist Zahltag, a.a.O., S. 152.
83	Ebda, S. 156.
84	Ebda, S. 156f.
85	Plasser, Fritz und Ulram, Peter A.: Überdehnung, Erosion und rechtspopulistische Reaktion. Wandlungsfaktoren des österreichischen Parteiensystems im Vergleich. In: ÖZP, 2/1992. S. 147-164 (hier S. 160).
86	Siehe ebda, S. 160.
87	Gallup: Papst Besuch in Österreich, Dr. Jörg Haider. Wien 1988. Sample 432 Männer und Frauen ab 19 Jahren repräsentativ für die österreichische Wohnbevölkerung, Befragungszeitraum 10. und 11. Mai 1988. 1 = diese Eigenschaft trifft nicht zu, 10= diese Eigenschaft trifft sehr zu.
88	Zit. n. Schlagwort Haider. Ein politisches Lexikon seiner Aussprüche von 1986 bis heute. Mit einem Essay von Franz Januschek. Hg. v. Gudmund Tributsch. Wien 1994. S. 217.
89	Bailer, Brigitte: „Ideologische Mißgeburt" und „ordentliche Beschäftigungspolitik". Rechtspopulistische Skandale. In: Politische Affären und Skandale in Österreich. Von Mayerling bis Waldheim. Hg. v. Michael Gehler und Hubert Sickinger. Thaur [u. a.] 1995. S. 666-678 (hier S. 668). Bailer (S. 666) zitiert einen davon etwas abweichenden Text.
90	Ebda, S. 672.
91	Ebda, S. 669.
92	Siehe dazu die Ausführungen im Kapitel „Frischenschlager-Reder". „In der Festschrift (1985) ‚Die Österreichische Nation', die anläßlich 60 Jahre Österreichische Gemeinschaft, 40 Jahre Befreiung von Nazi-Deutschland und 30 Jahre Österreichischer Staatsvertrag herausgegeben wurde, legten alle höchstrangigen Politiker unseres Staates durch einen handschriftlich gezeichneten Beitrag, ein eindeutiges Bekenntnis zur Österreichischen Nation ab, wodurch ein bisher einmaliges zeitgeschichtliches Dokument entstand, das keines weiteren Kommentars bedarf. (...) Daß Dr. Steger der damaligen Einladung, auch ein Bekenntnis zur Österreichischen Nation abzulegen, nicht Folge leisten würde, war vorauszusehen." Macheiner, Norbert H.: Haiders Bekenntnis zur Österreichischen Nation. In: DÖN, 3/1988. S. 6-8 (hier S. 7).
93	Interview „profil" – Jörg Haider. In: „profil", 35/1988. S. 28-29 (hier S. 28).
94	Zit.n. „Die Presse" vom 21. Juni 1991.
95	Bailer, „Ideologische Mißgeburt" und „ordentliche Beschäftigungspolitik", a.a.O., S. 673.

96   Siehe Kaltenbrunner, Andy [u. a.]: Tagebuch eines Absturzes. In: „profil", 26/1991.
        S. 18-20.
97   Siehe Stenographische Protokolle über die Sitzungen des Nationalrates der Repu-
        blik Österreich. XVIII. Gesetzgebungsperiode. 1986-1992. 3. Band (27.-37 Sitzung).
        35. Sitzung (8. Juli 1991).
98   Mölzer, Andreas: Kalter Bürgerkrieg. In: Die Aula, 7-8/1991, S. 7-11 (hier S. 7).
99   Ebda, S. 10.
100   Ebda, S. 11.
101   Widmann, Werner: Die Undemokratie als Staatsphilosophie. In: Die Aula, 7-8/
        1991. S. 13-14 (hier S. 13).
102   Hatzenbichler, Jürgen: Beschäftigungspolitik im „Reich des Bösen". In: Die Aula,
        7-8/1991. S. 15.
103   N. N.: „Dr. Jörg Haider verniedlicht Verbrechen des NS-Regimes." In: „Kurier"
        vom 19. Juni 1991.
104   Stenographische Protokolle über die Sitzungen des Nationalrates der Republik
        Österreich. XVIII. Gesetzgebungsperiode. 1986-1992. 3. Band (27.-37. Sitzung).
        32. Sitzung (19. Juni 1991).
105   Exemplarisch dafür soll aus der Rede des damaligen Klubobmannes Norbert
        Gugerbauer zitiert werden. „Wie immer man es auch drehen und wenden mag: Der
        Beschäftigungspolitik des Dritten Reiches sind keine positiven Seiten abzugewin-
        nen – ob man das aus demokratiepolitischer Sicht betrachtet, ob man sich dieser
        Frage mit rechtsstaatlichen Überlegungen nähert, ob man sozialpolitischen Über-
        zeugungen folgt oder ob man dieses System unter marktwirtschaftlichen Gesicht-
        punkten beurteilt", um zum Schluß seines Redebeitrages auf die SPÖ abzielend zu
        formulieren: „Da gibt es ein Strafverfahren gegen den Präsidenten der steirischen
        Arbeiterkammer. Da gibt es ein Gerichtsverfahren gegen den Gerichtspräsidenten
        Dr. Demel. (...) Da gibt es ein Strafverfahren gegen die Präsidentin des Verwal-
        tungsgerichtshofes Dr. Petrik. Da gibt es rechtskräftige Verurteilungen des frühe-
        ren Vizekanzlers Dr. Androsch. Da gibt es eine rechtskräftige Verurteilung des frü-
        heren Bundeskanzlers Dr. Sinowatz. Warum haben Sie denn damals nicht dringli-
        che Anfragen eingebracht? (...) Kehren Sie alle, die Sozialistische Partei wie die
        Österreichische Volkspartei, wieder zu einer sachlichen Diskussion zurück, die sich
        der Probleme dieses Landes annimmt und nicht versucht, durch einseitige Schuld-
        zuweisungen ein Bild zu erzeugen, das dieser Republik im Ausland wirklich scha-
        det!"
        Ebda.
106   IFES: Ergebnisse einer Blitz-Telefonumfrage. Beurteilung von Haider-Aussagen
        zur „Beschäftigungspolitik im Dritten Reich". Wien 1991. Erhebungstag: 14. Juni
        1991, N=302, Bevölkerung ab 18 Jahre in ganz Österreich. Zufallsstichprobe aus
        dem amtlichen Telefonverzeichnis.
107   IFES: Beurteilung von Haider-Aussagen zur „Beschäftigungspolitik im Dritten
        Reich". Ergebnisse einer Blitz-Telefon-Umfrage 2. Welle. Wien 1991. Erhebungs-
        tag: 18. Juni 1991, N=disproportional 430, Bevölkerung ab 18 Jahre in ganz Öster-
        reich. Zufallsstichprobe aus dem amtlichen Telefonverzeichnis.
108   Annähernd dieselben Werte erbrachte eine OGM-Umfrage, in der sich 52 Prozent
        für einen Rücktritt und 31 Prozent für einen Verbleib als Landeshauptmann aus-
        sprachen.
        Votzi, Josef: Sonderfall Kärnten. In: „profil", 26/1991. S. 36-37.
109   Auf die Referierung der Spezialauswertung der für Kärnten erhobenen Daten sei an
        dieser Stelle verzichtet, da eine Bundesländerauswertung nicht durchgehend im
        Analyseschema vorgesehen ist. Zusammengefaßt können die Daten, die mit 145

Befragten ein nicht unrepräsentatives Sample aufweisen, damit werden, daß das Kärntenstereotyp offensichtlich nicht unbegründet ist.

110 Siehe dazu Vasek, Thomas: Haiders anständige Menschen. In: „profil", 52/1995. S. 24-26.

111 Zitiert nach Czernin, Hubertus: Auch Burger wurde ausgegrenzt. In: „profil", 2/1996. S. 10-11.

112 Haider, Jörg: Respekt, Anerkennung und auch Ansporn. In: FORVM, H. 445-447 (1991). S. 21-24.

113 N. N.: Liebe Leser! In: „Die Aula", 1/1996. S. 3.

114 Siehe N. N.: Krumpendorf, die Waffen-SS und die Geiselhaft der ÖVP. In: Die Aula, 1/1996. S. 22-26.

115 Siehe Scrinzi, Otto: Gegen die kollektive Verleumdung. In: „Kleine Zeitung" vom 9. November 1975.

116 Scrinzi, Otto: „Unbegreiflich und unentschuldbar". In: Die Aula, 1/1996, S. 27-28 (hier S. 28)

117 N. N.: Ausgerechnet Friedrich Peter. In: Die Aula, 1/1996. S. 27.

118 stein: Die Mißgeburt. 20. August 1988.

119 Godel: Haider und das Gesetz. 23. August 1988.

120 -n-: Überflüssig. 1. September 1988.

121 „Die von Haider als so erfolgreich bezeichnete Beschäftigungspolitik des Dritten Reiches basierte auf einem Wirtschaftsaufschwung, der vor allem der Kriegsvorbereitung diente, der die tragischen, ja katastrophalen Folgen dieser Politik nicht nur in Kauf nahm, sondern aktiv heraufbeschwor."
Hermann: Das Maß der Maßlosigkeit ist voll. 14. Juni 1991 sowie Hutter: Mohrenwäscher legen die „guten Seiten" Hitlers frei. 20. Juni 1991 und Neureither: Was ist los mit Österreich. 22. Juni 1991.

122 Washitl: Hitler beschaffte Österreich Arbeit, um Krieg zu machen. 18. Juni 1991.

123 Siehe Hermann, Das Maß der Maßlosigkeit ist voll, a.a.O. sowie Hermann: Rundumschläge und das Dilemma der Kärntner VP. 18. Juni 1991 und Neureither Was ist los mit Österreich, a.a.O.

124 Haider „wird in Zukunft daran zu messen sein, ob er Manns genug ist, aus diesem erschreckenden Vorgang die einzig richtige Konsequenz zu ziehen."
Hermann: Das Maß der Maßlosigkeit ist voll, a.a.O.

125 -ina: Gefolgschaft. 19. Juni 1991 sowie Koller: Gibt es eine FPÖ ohne Jörg H.? 21. Juni 1991.

126 Hutter, Mohrenwäscher legen die „guten Seiten" Hitlers frei, a.a.O. sowie Neureither: Was ist los mit Österreich, a.a.O.

127 Neureither, Was ist los mit Österreich, a.a.O.

128 Die Nürnberger Prozesse zwischen 1945 und 1949 waren eine „herausragende Ausnahme", weil dort die „Gesetze des Nazi-Regimes nicht als Entschuldigung für Verbrechen akzeptiert" wurden. „Bei diesen Prozessen wurde Mord als Mord, wurden Verbrecher als Verbrecher verurteilt, aber auch, und das vergißt man meist, Unschuldige freigesprochen."
Barazon: Mord bleibt Mord, auch wenn ein Gesetz den Mord erlaubt. 22. Dezember 1995.

129 Ebda.

130 „Haider negiert die Nürnberger Prozesse, Haider negiert den Unterschied zwischen Schuldigen und Unschuldigen, Haider verwischt die Trennlinie zwischen Verbrechern und Opfern"
Ebda.

131 Koller: Haider und die Gesinnung. 21. Dezember 1995.

132 21. Dezember 1995.
133 Kritikrax, 23. Dezember 1995.
134 Weinstein. 22. August 1988.
135 24. August 1988.
136 Raucher: Wie deutsch ist Österreich? 24. August 1988.
137 Rau: Isoliert. 27. August 1988.
138 Rau: Die Entscheidung. 15. Juni 1991.
139 Rauscher: Haider: Der Bann ist gebrochen. 16. Juni 1991 sowie Rauscher: Einigkeit. 17. Juni 1991 und Rauscher: Haider erkennt diese Republik nicht an. 19. Juni 1991.
140 Siehe Rauscher, Haider: Der Bann ist gebrochen, a.a.O. sowie Rauscher: Die Möglichkeit eines Neubeginns. 23. Juni 1991.
141 Siehe Rau: Im Dritten Reich. 13. Juni 1991.
142 Rau: Ende der Taktik. 18. Juni 1991 sowie Rauscher, Die Möglichkeit eines Neubeginns, a.a.O.
143 Rau: Unwiderruflich. 22. Juni 1991.
144 Siehe Rauscher, Die Möglichkeit eines Neubeginns, a.a.O.
145 Haider habe „Österreich als ein Land erlebt, in dem Dinge gesagt und geschrieben werden durften und dürfen, die anderswo, z. B. in Deutschland, zur sofortigen sozialen und politischen Ächtung, wenn nicht zu gerichtlichen Konsequenzen führen." Rauscher, Haider: Der Bann ist gebrochen, a.a.O.
146 Rauscher, Die Möglichkeit eines Neubeginns, a.a.O.
147 Am Ende der Debatte trat neben diese kategorische Formel einmal ein etwas differenzierteres Bild: „Hitlers Wirtschaftspolitik konzentrierte sich in den ersten beiden Jahren (...) noch auf die Infrastrukturinvestitionen wie die berühmten Autobahnen. (...) Ab 1935 wirkten zivile und militärische Programme gemeinsam. Das Ziel war aber nie eine ‚ordentliche Beschäftigungspolitik‘, sondern wie Hitler 1936 in einer Denkschrift niederlegte, ‚die deutsche Wirtschaft kriegsfähig‘ zu machen." Rauscher: „Ab 1935 Rüstungskonjunktur". 20. Juni 1991.
148 Rau, Im Dritten Reich, a.a.O. sowie Rauscher, Haider: Der Bann ist gebrochen, a.a.O., Baumann und Rauscher: Hitlers Autobahn in den Weltkrieg. 18. Juni 1991 und Rauscher, Haider erkennt diese Republik nicht an, a.a.O.
149 Baumann und Rauscher, Hitlers Autobahn in den Weltkrieg, a.a.O.
150 Rauscher: Bewährung Weihnachten 1945 und heute. 24. Dezember 1995.
151 Rauscher: Die SS-Lemuren sind ihm eine Herzensangelegenheit. 21. Dezember 1995 sowie Rau: Außerhalb. 23. Dezember 1995.
152 Rauscher, Die SS-Lemuren sind ihm eine Herzensangelegenheit, a.a.O.
153 „In Deutschland wäre der Vorsitzende einer Parlamentspartei, der ‚eine in ihrer Gesinnung verbrecherische Organisation‘ (Zilk) preist, in der Politik unmöglich." Rau: Unterschied. 23. Dezember 1995.
154 Rauscher, Die SS-Lemuren sind ihm eine Herzensangelegenheit, a.a.O.
155 Vorhofer: Jörg Haider zeigt sein wahres Gesicht. 20. August 1988 sowie Kofler: Für die Humanität! 28. August 1988.
156 Kofler, Für die Humanität, a.a.O.
157 „Jörg Haider hat wieder einmal erreicht, was er wollte: Aufregung." Wimmer: Die Überwindung der Wurstigkeit. 15. Juni 1991.
158 Wimmer: Jörg Haider und die Mißverständnisse. 14. Juni 1991 sowie Csoklich: Doppelte Erleichterung. 23. Juni 1991.
159 Wimmer, Jörg Haider und die Mißverständnisse, a.a.O.
160 Wimmer, Die Überwindung der Wurstigkeit, a.a.O.

276

161   „Mit welcher Härte anderswo vorgegangen wird, das konnte man im November 1988 erkennen, als in Bonn der angesehene Bundestagspräsident Philipp Jenninger bei seiner großartigen Rede zum Gedenken an die ‚Reichskristallnacht' nur den Fehler beging, Zitate nicht deutlich erkennbar zu machen. Jenninger mußte von seinem hohen Amt sofort zurücktreten. (...) Beim Fall Haider könnten wir uns gerade die Deutschen zum Vorbild nehmen." Vorhofer: Jörg Haider kann sich gar nicht entschuldigen. 18. Juni 1991.

162   Vorhofer: Er hat Österreich, der FPÖ und sich selbst geschadet. 16. Juni 1991

163   Vorhofer: Er hat Österreich, der FPÖ und sich selbst geschadet, a.a.O. sowie Vorhofer, Jörg Haider kann sich gar nicht entschuldigen, a.a.O.

164   Vorhofer, Er hat Österreich, der FPÖ und sich selbst geschadet, a.a.O sowie Vorhofer, Jörg Haider kann sich gar nicht entschuldigen, a.a.O.

165   Vorhofer, Er hat Österreich, der FPÖ und sich selbst geschadet, a.a.O.

166   Winkler: Sicherungen. 5. Jänner 1996.

167   Hütter: ORF-Pädagogik. 23. Dezember 1995.

168   Wimmer: Zwielicht. 21. Dezember 1995.

169   Ebda.

170   Stocker: Armes Land. 11. Jänner 1996.

171   Hütter, ORF-Pädagogik, a.a.O.

172   Stocker, Armes Land, a.a.O.

173   Ebda.

174   Schulmeister: Haider und die Folgen. 27./28. August 1988.

175   Chorherr: Zweimal Österreich. 15./16. Juni 1991.

176   Chorherr: Der Selbstausgrenzer. 17. Juni 1991.
Frei von dem ansatzweise noch immer apologetischen Grundton Chorherrs war ein Kommentar Lenhardts, auch bezüglich der Haiderschen Drohung der Justiz gegenüber: „Ein laut Verfassung ‚oberstes Staatsorgan', und zu diesem illustren Kreis zählt eben ein Landeshauptmann, kann nicht die Justiz, falls sie gegen ihn einschreiten sollte, mit einer Moblisierung der Straße bedrohen – und im Amt bleiben. Dieses ‚oberste Staatsorgan', das gottlob noch nicht, wie gefordert, durch Direktwahl gesalbt, kann nicht eine solche Mobilisierung als bundesweites Manöver ausprobieren (...) und im Amt bleiben. Dieses ‚oberste Staatsorgan' hat binnen weniger Tage der österreichischen Demokratie mehr Schaden zugefügt als ganze Legionen strammer ‚Ehemaliger' und altkommunistischer Wühler in vielen Jahren." Lenhardt: Das gute Recht der Regierung. 19. Juni 1991.

177   Lenhardt: Vier Tage und vier Monate. 25. Juni 1991.

178   Lenhardt: Kein Anlaß zur Legendbildung. 21. Juni 1991.

179   Rohrer: Haider und die Republik. 18. Juni 1991.

180   Rohrer: Haider und die Republik, a.a.O.

181   Rohrer: Kärntner Chancen. 26. Juni 1991 sowie Scheidl: Premiere an der Drau. 27. Juni 1991.

182   Rohrer: Nur keine Märtyrer schaffen. 21. Dezember 1995 sowie Unterberger: Die Anständigen. 23. Dezember 1995 und Rohrer: Wiederholungstäter. 10. Jänner 1996.

183   Rohrer, Nur keine Märtyrer schaffen, a.a.O.

184   Unterberger, Die Anständigen, a.a.O.

185   Seidel: „Unternehmen Österreich" in Schwierigkeiten. 27. Dezember 1995.

186   „Die Verstrickung erleichtert alles andere als die Lösung der wirklichen Probleme des Landes von heute. Denn noch nie hätte Österreich Alternativen so nötig gehabt. Und es hat keine."
Unterberger, Die Anständigen, a.a.O.

187   Seidel, „Unternehmen Österreich" in Schwierigkeiten, a.a.O.

188   Staberl: Viel Lärm um fast gar nix. 28. August 1988.

189   Siehe dazu auch das Kapitel „Denkmal gegen Krieg und Faschismus" und „Heldenplatz".

190   Aurelius: 1. September 1988.

191   Staberl: Blindlings in die Falle. 3. Oktober 1988.

192   „Der FPÖ-Chef Haider bringt immer wieder sich und seine Partei in größte Schwierigkeiten, weil er ohne nachzudenken Sprüche klopft."
Kindermann: Die SPÖ-„Stärke". 16. Juni 1991 sowie Staberl: Vor und nach dem Zwischenruf. 19. Juni 1991, Staberl: Rotschwarz zum letzten Gefecht. 21. Juni 1991, Staberl: Gesetze aus dem Dritten Reich. 23. Juni 1991 und Staberl: Religionspolitik im Dritten Reich. 24. Juni 1991.

193   Haider habe „sich vom politischen Gegner zu einer Aussage über das sogenannte Dritte Reich provozieren lassen, die er besser unterlassen hätte."
Gnam: Haiders Fehler. 18. Juni 1991 sowie Staberl, Vor und nach dem Zwischenruf, a.a.O. und Staberl, Rotschwarz zum letzten Gefecht, a.a.O.

194   Gnam, Haders Fehler, a.a.O.

195   Ströhm: „Haider hat Vranitzky nervös gemacht". 20. Juni 1991 sowie Staberl: Wo es niemals Arbeitslose gab. 20. Juni 1991, Staberl, Rotschwarz zum letzten Gefecht, a.a.O., CATO: Psychologie der Massen. 24. Juni 1991 und Staberl: Religionspolitik im Dritten Reich. 24. Juni 1991.

196   Gnam: Die Abrechnung. 24. Juni 1991.

197   Staberl: Respektvolle Anteilnahme. 22. Juni 1991 sowie Staberl, Gesetze aus dem Dritten Reich, a.a.O., Staberl: Viel miserabler geht's nimmer! 27. Juni 1991 und Staberl: Neue Hatz mit alten Akteuren. 30. Juni 1991.

198   Staberl: Wo es niemals Arbeitslose gab. 20. Juni 1991 sowie Staberl: Neue Hatz mit alten Akteuren, a.a.O.

199   Staberl, Gesetze aus dem Dritten Reich, a.a.O.

200   Staberl: Religionspolitik im Dritten Reich, a.a.O.

201   Seinitz: Die ausländischen Haider-Spezialisten. 19. Dezember 1995.

202   Trost: Waffen-SS. 22. Dezember 1995.

203   Martin: In den Wind gereimt. 29. Dezember 1995.

204   Kaltenbrunner: Mißgeburt? 20. August 1988.

205   Pelinka: Haider gegen Waldheim. 25. August 1988.
„Mehr als 90 Prozent der Österreicher lieben oder hassen die Deutschen nicht mehr oder weniger als die Ungarn, mit denen sie eine gemeinsame Geschichte jüngeren Zuschnitts ebenso verbindet. Für Rechtsextreme aber ist die ‚Mißgeburt' ebenso hassenswert, wie die ‚Auschwitzlüge'." Außerdem gebe es keinen Deutschnationalismus außer einen „reaktionären Deutschnationalismus (...) hierzulande. Vor allem wegen der Politik der Vorfahren Haiders."
In diesem Zusammenhang ist darauf zu verweisen, daß es Pelinka zufolge durchaus zwei Deutschnationalismen gab, der eine nicht, der andere sehr wohl ehrenrührig. Letzterer, der „Luegers Christlichsoziale groß werden ließ" und „den jungen Adolf Hitler prägte", sei abzulehnen (gewesen). Jener Deutschnationalismus, dem vor allem die Sozialdemokratie anhing, hatte andere, lauterere Motive, nämlich die „Hoffnung auf die revolutionäre deutsche Arbeiterbewegung, nach 1938 auf die gesamtdeutsche Revolution."
Pelinka: Deutsche Stadt. 30. August 1988.
In diesem Zusammenhang wiederholte sich – punktuell – das zum Thema Antisemitismus im Kapitel „Waldheim" analysierte: Antisemiten, das sind die anderen (in diesem Fall die ÖVP). Sollte einem SPÖ-Politiker etwas Antisemitisches „herausrutschen" (wie im Falle der Überschrift in der „Kärntner Tageszeitung") so sei

das nicht antisemitisch, ebenso wie der SP-Antizionismus nie und nimmer antisemitisch sei.

„Dabei ist offensichtlich geworden, wie da der FP-Politiker ein modern-amerikanisches Medienauftreten in den Dienst archaischer Ressentiments stellte; wie er versuchte, seinen Pangermanismus als kulturelle Selbstverständlichkeit darzustellen, der geschichtlich untrennbar mit Antisemitismus und Rassenwahn verbunden ist."
GHO: Der Deutsche. 1. September 1988.

206 Kaltenbrunner, Mißgeburt, a.a.O.

207 Pelinka, Haider gegen Waldheim, a.a.O.

208 Pelinka, Deutsche Stadt, a.a.O.

209 „Tja, irgendwann passiert's. Da kommt halt doch raus, was man insgeheim denkt. Das ist jetzt Jörg Haider widerfahren."
GHO: Haiders Ordnung. 14. Juni 1991 sowie Pelinka: Die Polarisierung ist perfekt. 15. Juni 1991, Pelinka: Täter als Opfer. 21. Juni 1991 und Pelinka: Zwei Rückzüge. 22. Juni 1991.

210 PEL: Stürmer. 17. Juni 1991 sowie Pelinka: Einmalig. 19. Juni 1991, Pelinka: Gefahr in Verzug. 20. Juni 1991 und Zöchling: Systemparteien? 22. Juni 1991.

211 Pelinka, Zwei Rückzüge, a.a.O.

212 „Zusammengefaßt gibt es eine direkte Linie von 1933 bis 1945: Systematische Aufrüstung, um das Militär zum Krieg vorzubereiten. Terror gegen Andersdenkende, um intern ‚Ruhe' zu schaffen. Ab 1939 Krieg zwecks Raumgewinn und Zwangsarbeiterrekrutierung, auch um das ökonomische Desaster vom NS-Regime abzuwenden. Schließlich ab 1940 systematische Ausrottung ganzer Völker, um vor allem dem Feindbild Jude Genüge zu tun, einem zentralen Kern der NS-Ideologie."
Pelinka: Adolf Hitlers „Erfolgsrezept": Kriegskurs. 18. Juni 1991.

213 GHO, Haiders Ordnung, a.a.O. sowie Pelinka, Die Polarisierung ist perfekt, a.a.O. und Pelinka, Adolf Hitlers „Erfolgsrezept": Kriegskurs, a.a.O.

214 „Die Arbeitskräfterekrutierung war auch bei Nicht-Zwangsarbeitern nicht ganz freiwillig. (...) Ab einem gewissen Zeitpunkt durfte der Job nicht mehr gewechselt werden.
Kittner und Zöchling: Das „Ordentliche an der Beschäftigungspolitik". 17. Juni 1991.

215 GHO, Haiders Ordnung, a.a.O.

216 Pelinka, Die Polarisierung ist perfekt, a.a.O.

217 „Je nach Einmarschdatum wurden zuerst Polen, Südosteuropäer, Russen, Italiener und zum Schluß KZ-Insassen zur industriellen Produktion eingesetzt. (...) In der zweiten Kriegshälfte stieg der Nachschubbedarf so sehr an, daß man auch die KZ-Insassen benötigte. (...) Immer mehr rassisch und politisch Verfolgte und Homosexuelle wurden von der SS in die KZ verschleppt. Das größte Reservoir für die Einweisung ins KZ blieben aber ausländische Zwangsarbeiter. (...) Im Rahmen der ‚ordentlichen Beschäftigungspolitik' sind rund sieben Millionen Menschen in Vernichtungs- und Arbeitslagern zugrunde gegangen."
Kittner und Zöchling, Das „Ordentliche an der Beschäftigungspolitik", a.a.O.

8. „Die Juden in Österreich!"

8. 1. Nachrufe und deren Lücken

„Wer in biographischen Nachschlagwerken Lebensläufe der älteren Journalistengeneration nachliest, wer sich Zeitungsnotizen anläßlich eines runden Geburtstages oder des Todes von Publizisten zu Gemüte führt, stellt bald folgendes fest: Da übten sich ab 1945 sehr viele im Weglassen, Vertuschen, Verdrängen oder auch Lügen. Viele von jenen, aus Profession Neugierigen und Aufspürenden, die kurz zuvor noch ‚deutsche Schriftleiter' waren, verhielten sich in einer zur eigenen Berufsethik und -praxis völlig konträren Weise: Das zwischen 1938 und 1945 Erlebte, Getane und Unterlassene wurde zu Geheimnissen, die niemand erfahren sollte, das Vergangene einfach zugedeckt."[1]

Die Nachrichten beziehungsweise Nachrufe anläßlich des Todes von Viktor Reimann[2] am 8. Oktober 1996 bestätigen diese Feststellung Hausjells weitgehend. Die „Kleine Zeitung"[3] und „Der Standard"[4] begnügen sich mit Kürzestmeldungen über das Ableben Reimanns und gingen lediglich auf seinen Beruf als Journalist, Buchautor und Historiker sowie auf seine Funktion als Gründer des VdU ein. „Die Presse" schrieb: „Eine der bedeutendsten Gestalten der heimischen politischen Szene und der Medienlandschaft ist am 7. Oktober im 82. Lebensjahr gestorben: Der Journalist, Politiker und Schriftsteller Viktor Reimann. Reimann unter den Nazis aus politischen Gründen eingekerkert, gründete 1949 mit Herbert Kraus den Verband der Unabhängigen (VdU), den Vorläufer der FPÖ. (...) Reimann schrieb zahlreiche Biographien."[5] Die „Salzburger Nachrichten", immerhin Reimanns erste publizistische Station nach 1945, meldeten: „Der Mitbegründer der FPÖ-Vorläuferorganisation VdU, Viktor Reimann, ist nach Mitteilung der FPÖ (...) im 82. Lebensjahr verstorben. Reimann, ein gelernter Historiker, hatte sich in den Kriegsjahren der Widerstandsgruppe um den Augustiner-Chorherrn Carl Roman Scholz angeschlossen. 1940 flog die Gruppe auf, Reimann wurde in einem ‚Volksgerichtshof'-Prozeß zu zehn Jahren Haft verurteilt. Nach dem Krieg wirkte er als stellvertretender Chefredakteur am Aufbau der ‚Salzburger Nachrichten' mit. 1949 beteiligte sich Reimann an der Gründung des ‚Verbandes der Unabhängigen', als deren Vertreter er bis 1956 (...) im Nationalrat saß. In den siebziger und achtziger Jahren wirkte Reimann als nicht immer unumstrittener Kolumnist in der ‚Kronen Zeitung'."[6] Dem ist freilich hinzuzufügen, daß Reimanns Kolumnen nicht nur in den siebziger und achtziger Jahren „nicht immer unumstritten" waren, sondern – zumindest aus Sicht der Forschung – auch die aus seiner Zeit bei den „Salzburger Nachrichten"[7]. Daß schließlich von Seiten der SN unerwähnt bleibt, daß Reimann, neben Ilse Leitenberger[8] und Alfons Dalma[9] zu den „Rene-Marcic-Preis"-Trägern (ausgerechnet) im Jahr 1988 gehörte, sei der Vollständigkeit halber angemerkt. „Nach Österreichs Annexion 1938", so der Nachruf der „Neuen Kronen Zeitung"[10], „schloß er sich der Widerstandsgruppe des Augustiner-Paters Roman Scholz an. ‚Aus Opposition gegen die NS-Auslegung von persönlicher Freiheit und Kirche', wie er das vor einem NS-Gerichtshof begründete, der ihn wegen Hochverrates zu zehn Jahren Zuchthaus verurteilte. (...) Er schrieb viele zeitgeschichtliche Bücher, mit denen er versuchte, die jüngste Vergangenheit aufzuarbeiten..."[11]

Was an all diesen Nachrufen auffällt sind zwei Dinge: Erstens die Ausklammerung von Reimanns seit 1936 illegale NSDAP-Mitgliedschaft[12] und zweitens die Nichterwähnung der skandalträchtigen Serie „Die Juden in Österreich!", die mit der Person Reimanns untrennbar verbunden war. Im „profil" hieß es zu letzterer: Reimanns Tod „wurde der Öffentlichkeit vergangene Woche von FPÖ-Chef Jörg Haider bekanntgegeben. ‚Wir verlieren einen Menschen', sagte Haider, ‚dessen Mut zur Wahrheit und dessen Gerechtigkeitssinn wir stets ein ehrendes Andenken bewahren werden.' Die vielen Österreicher, die 1974 gegen Reimanns Serie ‚Die Juden in Österreich' in der ‚Kronen Zeitung' protestierten, weil sie die Auslassungen für antisemitisch hielten, werden anderer Meinung sein" als Haider. „1938 war er im katholischen Widerstand im Umkreis des Klosterneuburger Chorherrn Roman Scholz. Trotzdem trat Reimann der NSDAP bei. 1941 wurde er von den Nazis verhaftet und zu zehn Jahren Zuchthaus verurteilt."[13] Nach dem Ausscheiden Reimanns aus der Redaktion der „Kronen Zeitung" schrieb Joachim Riedl: „Er hatte doch schon einmal alles Material gesammelt, gesichtet und hatte damals befunden, die Juden wären – zu dieser Zeit nicht mehr oder noch nicht an ‚unserem' Unglück – so doch an ihrem eigenen größtenteils selbst schuld. (...) Natürlich war alles, wie immer bei Reimann, pseudohistorisch aufpoliert, erfolgte die Aussonderung hinter vorgehaltenen ‚Tatsachen' im Geschichtsoberlehrerton; den rohen Antisemitismus überließ man den Leserbriefen."[14] Und auch Günter Traxler kam im „Standard" wiederholt – wenngleich die Polemik nicht Reimann, sondern der „Kronen Zeitung", Hans Dichand (und Helmut Zilk) galt, auf die ominöse Serie zurück. „Blättert man die *Brüskierung* durch, stellt man fest, daß es [bei der Sonderbeilage der „Kleinen Zeitung" zur „Wehrmachtssaustellung"] sich dabei um eine nach zivilisierten Maßstäben ausgezeichnete Darstellung handelt, in deren Rahmen Thema und Problematik der Wehrmachtsausstellung an Hand von Interviews, Übersichten, Erinnerungen von Kriegsteilnehmern, durchaus auch kritischen Beiträgen von Historikern zur Quellenlage aufgearbeitet werden. In ihrer Sachlichkeit kommt sie natürlich nicht ganz an die seinerzeitige Judenserie der „*Kronen Zeitung*" heran, daher auch vielleicht die blonde, aber keineswegs einäugige Empfindlichkeit ihres Herausgebers, die sich seit Tagen in einer Serie von Kolumnen äußert."[15] Und an anderer Stelle polemisierte wiederum Traxler: „Zum materiellen Schaden kommt der ideelle – seinen Wald in Israel (zum Gedächtnis an die seinerzeitige Juden-Serie) kann er [Dichand] nun auf den Ulrichsberg pflanzen, da hilft kein Zilk."[16]

Daß der Nachruf Ernst Moldens anläßlich des Ablebens von Alfons Dalma, dem ehemalighen SN-Redaktionskollegen Reimanns bei den „Salzburger Nachrichten", ähnliche Lücken aufwies zeigt deutlich, wie sehr der eingangs zitierte Befund Hausjells nichts an Gültigkeit eingebüßt hat[17].

8.2. Viktor Reimann als Journalist und Historiker – einige Anmerkungen

Dieter Kindermann schrieb im oben zitierten Nachruf, Reimann habe versucht, „die jüngste Vergangenheit aufzuarbeiten". Genau auf diese „jüngste Vergangenheit" ging Reimann in seiner letzten, im selben Maße wie die Danksagung durch den „Krone"-Chefredakteur Friedrich Dragon[18], betont nüchtern gehaltenen Kolumne in der „Kronen Zeitung" ein. Nach einem einleitenden, nostalgischen Blick auf die Ära Kreisky und den – mittlerweile verlorenen – guten internationalen Ruf des Landes, schrieb Reimann: „Meine Aufgabe als Journalist sah ich darin, mich an die Seite der Schwächeren zu stellen, was in einem Fall auch heißt, die Ansichten der Sieger über die Vergangenheit nicht blind zu übernehmen. Neben dem dauernd mißbrauchten Begriff der Vergangenheitsbewältigung, die es gar nicht geben kann und schon sprachlich etwas mit Gewalt zu tun hat, existiert auch noch die moralische Aufforderung, die Untaten der Sieger nicht aufzurechnen. Das soll man auch nicht tun, nur ist das Aufzeigen aller Taten und Untaten auf beiden Seiten eine historische Notwendigkeit." In etwa 20 bis 30 Jahren, so Reimann an anderer Stelle, werde „die Geschichte, der uns schwer belastenden Zeit umgeschrieben" werden. Die Ungerechtigkeit, die dem Österreich von 1987, es war knapp nach der „Watch-List"-Entscheidung, widerfahre, könne den Glauben an die Lebensfähigkeit des Landes untergraben. „Eine ungerechte Diskriminierung Österreichs im Westen und eine um so freundlichere Umarmung aus dem Osten sollte man nicht übersehen. Schon seinerzeit hatte Präsident Roosevelt die Absicht, unser Land Stalin in den Rachen zu werfen."[19] Noch einmal, sofern die Recherchen des Verfassers stimmen, sollte sich Reimann in der „Kronen Zeitung" zu Wort melden. Im Jänner 1995 gedachte man (auch publizistisch) weltweit der Befreiung von Auschwitz – dazu ist in der „Kronen Zeitung" in Relation zur übrigen Tagespresse wenig zu finden.

Am 11. Februar erschien ein Reimann-Artikel über Dresden. „Die Zerstörung Dresdens hatte keinen militärischen Wert. (...) Im Gegensatz zum Atombombenabwurf auf Hiroshima und Nagasaki (warum mußten es gleich zwei Atombomben sein?), der Japan zur Kapitulation zwang, verkürzte die Zerstörung Dresdens den Krieg nicht um eine Stunde. (...) Dresden war eine Lazarettstadt und ein Auffangort für 400.000 Flüchtlinge aus Schlesien. Die Stadt besaß nicht einmal Flakgeschütze." Die Westalliierten „wollten die Widerstandskraft der Zivilbevölkerung brechen und den Deutschen ihre Kulturdenkmäler zerstören. Nach dem Plan des amerikanischen Finanzministers Henry Morgenthau, den Präsident Roosevelt anfangs sogar billigte, sollte ein in mehrere Teile zerstückeltes Deutschland in Agrarland umgewandelt werden, und Fellachen brauchen keine Kulturdenkmäler. Dresden gehörte zu den schönsten.

Die Zerstörung Dresdens ist ein Zeichen dafür, daß Kriege das menschliche Denken total verwirren. Rache, Mordlust und Zerstörungswut sind das bestimmende Moment des Handelns. Dresden, und nicht nur Dresden zeigt aber auch, daß die Kriegsverbrechen und die Kriegsverbrecher nicht nur auf einer Seite zu finden sind.

Man muß immer wieder daran erinnern, daß es beim heutigen einseitigen Geschichtsunterricht nicht ausgeschlossen ist, daß selbst die Untaten der Sieger den Besiegten angelastet werden", wie das mit Katyn versucht wurde. „Nach diesem Muster wäre es leicht möglich, daß es in 50 Jahren im Geschichtsunterricht heißt, daß die Deutschen selbst Dresden zerstört hätten."[20]

Dieser Artikel spiegelt in komprimierter Form Reimanns historisches Treiben in der „Kronen Zeitung" wider: das Hervorzerren von de-facto irrelevanten Fakten[21], das Vermischen derselben in einer nachgerade abstrusen Art und Weise, der Hinweis auf „die Anderen" und das Weglassen des „Eigenen" zum Zwecke der deutsch-österreichischen Generalabsolution. Joachim Riedl meinte in einem Kommentar anläßlich Reimanns' Ausscheiden aus der „Kronen Zeitung": „Er ist ein furchtbarer Historiker. In seinen Sätzen steckt das teuflische Detail hinterhältiger Antisemiten und Schreibtischtäter, die ihre Absicht hinter vieldeutigem Wortgezwinker tarnen. Wäre da nicht der jüdische Meinungsterror, bedeutet er, man hätte längst zur Tagesordnung übergehen können. Man könnte die Totgeschlagenen, Erschossenen und Vergasten ganz einfach in ein schwarzes Loch der Vergangenheit kippen, so als könnte dorthin zurückkehren, was einst aus dem Erdinnersten ausgespien kam. (...) Er ist nun mal ein Schreiber, der gerne in trüben Gedanken wühlt. Da kann er getrost die alten Gräber zuschütten und danach lammfromm beteuern, ihn träfe keine Schuld, wenn die Schreier darauf herumtrampeln. Es ist die Methode der Weißwäscher: Bei rechtem Licht besehen, sagen sie, sieht auch die schmutzigste Weste rein aus; man wäscht und macht sich nicht naß dabei.

Viktor Reimann nahm seinen Abschied. Die weiße Frackbrust, die das Staatsoberhaupt aus festlichem Anlaß trägt, mag ihm reicher Lohn für sein Wirken sein. Auch er hat mitgewaschen."[22]

8.3. Der Inhalt der Serie – Reimanns Judenbild

Da die Serie bereits an anderer Stelle analysiert wurde, sollen hier lediglich die wichtigsten Ergebnisse referiert werden.

Bernd Marin analysierte: Eine „Konfrontation des ‚Vokabulars' der Kronen Zeitung mit dem Basislexikon eines zweifelsfrei antisemitischen Vergleichstextes (des ‚Stürmer') erweist den Fortbestand antisemitischer Ideologie in der Wortwahl auch gegen bewußt erklärte Absichten und Selbstzensurzwänge. (...) Die ‚den Juden' oder einzelnen Juden als ‚Juden' als typisch zugeschriebenen Eigenschaften gehören fast ausnahmslos dem traditionellen Judenstereotyp zu."[23] In Reimanns veröffentlichtem Judenbild wurde als „wesentliches Merkmal ‚jüdischer Mentalität'" ein „zutiefst fremdartiger, unheimlicher, archaischer Charakter immer wieder hervorgehoben"[24]. Für Marin stellte Reimann den „Prototyp eines unverschämten, inauthentischen, sich selbst dementierenden Antisemiten" dar, „der sein schlechtes Gewissen darüber in ein gutes verkehrt; einer, der es zwar besser weiß oder zumindest weiß, daß er es besser wissen könnte und auch sollte, aber eben nicht anders kann, dieses Unvermögen freilich als Wahrheitsliebe, Gerechtigkeit, Unbestechlichkeit oder andere Tugenden drapiert bzw. mißversteht. Genau, weil er kein fanatischer, doktrinärer, sondern ein Antisemit wider besseres Wissen ist, wird das Werbeversprechen, ‚weder für, noch gegen, sondern über die Juden' zu schreiben, so eingelöst, daß jeweils einem Bündel von Informationen über ‚die Juden', die (nur, vor allem, eher) ‚gegen' sie ausgelegt werden können, eine Erklärung gegen ‚die Antisemiten' zur Seite gestellt wird; so als ob die zuvor geweckten oder genährten feindseligen Gefühle solcherart neutralisierbar wären." Bei Reimann manifestiere sich ein „Antisemitismus, der nicht Antisemitismus sein will, sondern auf ‚nicht-antisemitische' Weise feindselig gegenüber den Juden sein soll dürfen; eine Haltung, die einerseits eine Besonderheit ‚der Juden' als gleichsam verhängte, fremdbestimmt zugeschriebene, beharrlich hervorgekehrt und andererseits der Minderheit oder einzelnen ihrer Angehörigen das Recht auf freie, selbstgewählte, autonome Partikularität verweigert, also Menschen – zum Teil gegen ihren ausdrücklichen Willen – ‚zu Juden macht'"[25].

Die Analyse des Verfassers im Rahmen seiner Diplomarbeit kam unter anderem zu dem Schluß, „Reimanns Jude(n)" zeichne(n) sich durch folgende – auch in der Diktion übernommene Attribute – aus: Er

- „hat die durchschnittlich höhei Intelligenz und ist ein stark intel-lektueller Typ
- isoliert sich selbst und betrachtet sich noch immer als auserwählt
- ist ein Umstürzler. Man denke an Marx, Freud, Einstein, die die übernommenen Ordnungen und Werte zersetzten
- steht traditionsgemäß ‚links‘
- gab den Monarchien Rußlands, des Deutschen Reiches und Öster-reich-Ungarns den Todesstoß, um selbst an die Macht zu kommen (...)
- umgeht im Geldverkehr sogar seine eigenen Gesetze, denn Geld bedeutet für den Juden Macht und garantiert ihm Einfluß in der Politik
- macht aus allem Geld (...)
- hat einen guten Riecher für Geld (...)
- kann nicht verzeihen und ist ohne Dank (...)
- lügt oder übertreibt"[26]

8. 4. Medienanalyse

Sieht man von Dichands selbstredend wohlwollender Bewertung der Serie ab[27], so waren die übrigen Reaktion ausschließlich negativ[28]. Gespaltener war hingegen das öffentliche Bewußtsein, zieht man als Kriterium dafür die – freilich selektiv – veröffentlichten Leserbriefe heran. Die insgesamt 98 veröf-fentlichten Leserbriefe sollen unter dem ersten, dem öffentlich-kollektiven Aspekt untersucht werden.

Untersuchungskriterien dabei sind:

- Die Inhaltsebene: antisemitische – neutrale (kein interpretations-fähiger Einstellungshinweis) und philosemitische Leserbriefe zeig-ten folgendes Muster:

	antisemitisch	neutral	philosemitisch
Belege:	31	50	17
in % (gerundet)	31,6	51	17,3

Somit sind knapp ein Drittel aller Leserbriefe als antisemitisch zu klassifizie-ren[29], womit diese annähernd doppelt so stark vertreten sind wie die explizit philosemitischen.

- Die Bewertung der Serie: positiv – neutral (keine Bewertung) – negativ.

Bewertet wurde die Serie von den Lesern wie folgt:

	Positiv	Neutral	negativ
Belege:	41	30	31[30]
in %	40,2	29,4	30,4

Die statistische Zuordnung der drei Einstellungsdimensionen zu den drei Bewertungsdimensionen ergibt folgende Werte:

Tendenz	Bewertung positiv	neutral	Negativ
antisemitisch	6 (19,4%)	10 (32,3%)	15 (48,3%)
neutral	21 (42%)	17 (34%)	12 (24%)
philosemitisch	11 (64,7%)	2 (11,8%)	4 (23,5%)

Das bedeutet: Die stärksten Vorbehalte gegen die Serie sind den Leserbriefschreibern mit antisemitischer Tendenz zuzuordnen, das positivste Echo fand sie bei den philosemitisch Ausgerichteten. Offensichtlich ist den (zitierten!) Leserbriefschreibern die antisemitische Grundtendenz der Serie nicht bewußt, oder es war möglich, sich als Philosemit zu deklarieren, ohne über ein entsprechendes Sensorium bezüglich antisemitischer Manifestationen zu verfügen.

8.4.1. Kurier

Die journalistische Produktion zur Serie begnügte sich im „Kurier" abgesehen von einer Ausnahme ausschließlich auch (Kürzest-und Kurz)meldungen über geäußerte Reaktionen. Bemerkenswert war schon das von Reimann formulierte Entree zur Serie, nämlich die Veröffentlichung der Ergebnisse der IMAS-Studie[31] aus dem Jahre 1973[32]. Unter dem Titel „Judenfrage [!]" wurden völlig falsche Ergebnisse zitiert, nämlich dergestalt, daß „24 Prozent der Österreicher (...) judenfeindlich, 23 Prozent judenfreundlich, 53 Prozent neutral"[33] den Juden gegenüberstünden. Die wirkliche Resultate der Studie wurden allerdings – zwar mit einem Fragezeichen versehen – einen Tag später veröffentlicht[34]. Berichtet wurde über die Kritik an den Reaktionen von seiten der Medien durch Günter Traxler (siehe dazu die Analyse der AZ) in der „Arbeiter-Zeitung"[35], das durch den Presserat eingeleitete Verfahren gegen die Serie[36], die Proteste der Israelitischen Kultusgemeinde[37], der „Aktion gegen den Antisemitismus" und des „Christlich-Jüdischen Koordinationsausschusses"[38], den Protest der „Österreichischen Studenten Union" und des VSStÖ[39], die Reaktion Justizminister Brodas, die Stellungnahme des ORF-Redaktionsausschusses und der SPÖ-Frauen[40], sowie die ablehnende Stellungnahme durch die „Österreichische Lagergemeinschaft Auschwitz"[41]. Lediglich ein Kommentar setzte sich mit der Serie auseinander, allerdings auch nur in Zusammenhang mit Betrachtungen über den „Österreichischen Presserat". Dieser habe „ein Urteil gegen die Judenserie der ‚Kronen Zeitung' gefällt und die übliche, durchaus nicht nur von" der „Kronen Zeitung" „praktizierte Methode ist es, sich darüber lustig zu machen. Der Presserat hält das sicher aus. Eine andere Frage ist, ob es die österreichische Presse auf die Dauer aushält, daß man die einzige Einrichtung einer schüchternen Selbstkontrolle gezielt verunglimpft und damit jenen Vorschub leistet, die sich viel schärfere Maßnahmen gegen journalistische Exzesse wünschen." Die vom Presserat verurteilte Serie hielt Feichtlbauer für „undiskutabel. (...) Ihrem Autor Viktor Reimann ist beizupflichten, wenn er (...) schreibt, er bekenne sich ‚uneingeschränkt zur Auffassung, daß die Gesetze der Humanität den Juden gegenüber auf Grund ihres großen Leidens in der Vergangenheit besonders beachtet werden müssen'. Nur: Er tut es nicht. Und schon gar nichts Gutes tun die Verantwortlichen für jene zum Teil anonymen Leserbriefe, die von hetzerischer Gehässigkeit nur so strotzen."[42]

Somit kann die Position des „Kurier" damit zusammengefaßt werden, daß den Kritikern journalistischer Platz eingeräumt wurde, er sich einer Stellungnahme aber weitgehend entzog. Ein ausschließlich den „Kurier" Lesender könnte nämlich mit der (verhaltenen) Kritik Feichtelbauers wenig anfangen.

8.4.2. Arbeiter-Zeitung

Nicht nur im Vergleich zum eben besprochenen „Kurier" und der noch zu analysierenden „Südost-Tagespost", sondern auch im Vergleich zu den drei bereits an anderer Stelle untersuchten Tageszeitungen, zeichnete sich die „Arbeiter-Zeitung" einerseits durch die intensivste Berichterstattung und Kommentierung und andererseits durch die heftigste Ablehnung der Serie gegenüber aus.

Am Tag der Veröffentlichung des ersten Teiles äußerte sich Manfred Scheuch der Werbung gegenüber noch zurückhaltend ablehnend[43], der Serie und dem Autor selbst gegenüber abwartend skeptisch. „Zuerst glaubte ich an einen Hörfehler, als ich im Radio die Ankündigung vernahm, die ‚Kronen Zeitung' werde mit einer Dokumentation ‚Die Juden in Österreich' herauskommen. (...) Als ich dieses [Werbep]lakat sah, erfaßte mich tiefes Unbehagen, in dieser Werbung lag – so empfand ich – etwas politisch Ungutes. (...) Diese österreichische Fahne mit dem blauen Stern in der Mitte, sie könnte auch als bösartige Karikatur in einem NDP-Blättchen stehen." Dem Plakat seien zwar keine antisemitischen, sondern ausschließlich werbewirksame Motive zu unterstellen, aber bei „vielen Leuten hat es böse Ressentiments geweckt" und werden diese „sich nachher (...) die Mühe nehmen (...), die Artikelserie des Herrn Dr. Reimann zu lesen?" Eigentlich „unglaublich" sei es, so Scheuch, daß Reimann *expressis verbis* als ‚Dr. Reimann, Nichtjude', vorgestellt wird (wenigstens ‚Arier' haben sie nicht hingeschrieben)". Die Werbung „war eher dazu angetan, jene Ressentiments noch zu nähren, die zu heilen [!] man vorhat (oder vorgibt)." Bewerten werde man die Serie aber erst dann können, wenn sie erscheint. „Wenn sich jemand, der, indem er einst zu den Nazi stieß, zweifellos kein Judenfreund war, der aber andererseits nicht erst 1945 Hitlers Irrweg abschwor und dafür in Gefängnisse und Lager muß- te, mit dem noch immer existierenden Antisemitismus befaßt, so ist das legi- tim – nicht nur als persönliche Klärung, sondern auch als Aufklärung."[44]

Bereits zwei Tage später wurde die Serie erstmals beurteilt und ne- gativ bewertet. Unter anderem wurde die Frage gestellt, welche Quellen und Statistiken Reimann denn benutze. „Ich erinnere mich, solcher Statistiken im ‚Ostmärkischen Schulungsbrief‘"[45]. Ein weiterer Kommentar verwies auf Reimanns Diktion, die „noch schlimmer" sei als die Fehler in der Serie. Sie sei als „nicht nur (...) geschmacklos, sondern (...) überflüssig und gefährlich"[46] zu betrachten. Am 23. April veröffentlichte Günter Traxler den Artikel, den der „Kurier" als „Breitseite" apostrophieren sollte, ohne daß das Blatt darauf hinwies, daß es selbst auch damit gemeint war. Traxler fragte sich – ob der antisemitischen „Druckwelle, wie sie zumindest in der westlichen Welt ihres- gleichen sucht", der Ergüsse „des Herrn Reimann", der „antisemitischen Haß- tiraden in den Leserbriefen" und der „Rassenhetze im ‚Stürmer-Stil‘" – wo die Reaktionen der „Paradeliberale[n]", der „Politiker" und der sonstigen „Blät- ter" blieben. Die Serie betreibe „Antisemitismus unter dem Deckmäntelchen der Pressefreiheit", leiste dem „in Österreich nicht ausgestorben[en] (...) An- tisemitismus Vorschub" und führe dazu, „daß man sich zu schämen beginnt, Österreicher zu sein."[47] Nach diesem Traxler-Kommentar wurden sowohl Berichterstattung als auch Kommentierung durch die AZ sowohl qualitativ als auch quantitativ[48] zur Kampagne gegen die Judenserie – in Puncto Termi- nologie unterschied sich hierbei die AZ nicht von den anderen Tageszeitun- gen. Wesentlich heftiger war allerdings die „Breitseite" die Manfred Scheuch einige Tage später gegen „Presse" und „Kurier" abfeuerte. Obwohl die kriti- sierten Plakate „aus dem Bild unserer Stadt" verschwanden, haben hierbei „die sogenannten unabhängigen Tageszeitungen, (...) insbesondere jene zwei Blätter, die sich sonst in Wien als Hüter journalistischer Freiheit und politi- scher Sauberkeit aufspielen – ‚Kurier‘ und ‚Presse‘ –, dabei kläglich versagt. Wenn es noch eines Beweises bedurft hätte, daß es in Österreich keine libera- le Presse gibt – hier wurde er geliefert." Die „‚schweigende Mehrheit‘ der österreichischen Zeitungen ist mitschuldig an einem Meinungsklima, das ei- nen publizistischen Skandal wie die Judenserie mit ihren Begleiterscheinun- gen erst möglich macht."[49] Eine Kolumne Reimanns, die sich mit den „ohne- hin nur" spärlichen (negativen) Reaktionen auf die Serie auseinandersetzte, diente Traxler als Beleg dafür, daß „sich schon lange kein betonter ‚Nicht- jude‘ als Antisemit dekuviert" habe. Reimanns Tabubruch unter dem Vor- wand die „Vergangenheit zu bewältigen", sei in Wirklichkeit die „Aufforderung, sich doch nur wieder ungeniert zum Antisemitismus zu bekennen." Hierbei diene die „Kronen-Zeitung" als „Kloake (...), indem sie antisemitische Hetzbriefe kanalisiert". Ihr gehe es mit dieser Serie, die eine „Infamie (...), eine Schande für Österreich" und „eine Schande für den österreichischen Journalismus" darstelle, ausschließlich darum „ihr Geschäft mit dem Antisemitismus [zu] machen"[50]. Als publizistischer Sieg – wenngleich unter dem Titel „Unsere demokratische Pflicht" – wurde schließlich die Beendigung der Serie interpretiert, wobei allerdings wiederholt darauf hingewiesen wurde, was gewesen wäre, hätte sich Reimann mit „der Tragödie der österreichischen Juden" befaßt. „Obwohl das für die Aufklärung, vor allem der Jugend, bestimmt notwendig wäre, bin ich froh, daß es nicht Reimann überlassen blieb."[51]

Zusammenfassend lassen sich für die AZ die folgenden Ebenen in der Kommentierung herausfiltern: Die von Beginn an praktizierte Kritik an der Bewerbung und die sehr bald einsetzende negative inhaltlich Bewertung der Serie, die zum – geklagten und vom Gericht zurückgewiesenen – Vorwurf des Antisemitismus Reimann gegenüber führte. Dem gegenüber stand quantitativ und qualitativ im Hintergrund die Kritik am Schweigen der bürgerlichen Presse, vor allem des „Kurier" und der „Presse". Die Kommentierung war vorderhand Gegenwartskritik und nicht Vergangenheitsanalyse.

8.4.3. Südost-Tagespost

Die Berichterstattung – Kommentare sind keine veröffentlicht – umfaßt exakt dreizehn Zeilen[52]. Hingegen wurde im Analysezeitraum, also in den Monaten April und Mai 1974, viermal über Rudolf Hess berichtet[53].

8.5. Zusammenfassung

Besieht man sich nun zusammenfassend alle sechs untersuchten Tageszeitungen[54], so waren sich alle – abgesehen von den „Salzburger Nachrichten" und der „Südost-Tagespost" deren Analyse zwecks Nichtkommentierung unterbleiben muß – Zeitungen einig, daß das Thema zwar durchaus abzuhandeln sei, nicht aber in dieser Form. Einhellig wurde der „Kronen-Zeiutng" vorgeworfen, diese versuche mit der Serie Geschäfte zu machen. Inhaltlich wurde die Serie von der „Kleinen Zeitung" dem „Kurier" und der „Arbeiter Zeitung", wenn auch in unterschiedlichem Ausmaß, strikt abgelehnt. „Die Presse" verfiel, in einem die Serie ablehnenden Kommentar, auf der Suche nach den Wurzeln des Antisemitismus selbst in antisemitische Klischees. Die historische Dimension und der Österreichbezug fanden sich – abgesehen von einem kurzen Beleg in der „Arbeiter-Zeitung" – auch im „Kurier" nicht, hingegen argumentierten die beiden übrigen Blätter zumindest ansatzweise in diese Richtung.

Anmerkungen

1   Hausjell, Fritz: Auch Journalisten verdrängen. Zur Vergangenheitsbewältigung einer Berufsgruppe. In: „Wiener Zeitung" EXTRA vom 25. April 1986.

2   Biographische Daten und weiterführende Literatur zur Person Reimanns sind abgedruckt bei: Hausjell, Fritz: Journalisten gegen Demokratie oder Faschismus. Eine kollektiv-biographische Analyse der beruflichen und politischen Herkunft der österreichischen Tageszeitungsjournalisten am Beginn der Zweiten Republik (1945-1947). 2 Bde. Frankfurt a.M. [u. a.] 1989. (= Europäische Hochschulschriften, Reihe XL Kommunikationswissenschaft und Publizistik, Bd 15), S 778 f.

3   Siehe N. N.: Viktor Reimann gestorben. In: „Kleine Zeitung" vom 9. Oktober 1996.

4   Siehe: N. N.: Viktor Reimann gestorben. In: „Der Standard" vom 9. Oktober 1996. Im Falle des „Standard" handelt es sich eindeutig um eine übernommene APA-Meldung, im Fall der „Kleinen Zeitung" ist dies höchstwahrscheinlich der Fall.

5   N. N.: Viktor Reimann gestorben. In: „Die Presse" vom 9. Oktober 1996.

6   N. N.: o. T.. In: „Salzburger Nachrichten" vom 9. Oktober 1996.

7   Siehe zum Beispiel Rathkolb, Oliver: Viktor Reimanns Publizistik zwischen 1945-1955. In: Medien & Zeit, 1/1989, S 35 – 39. Zum Thema Berichterstattung und Kommentierung der Entnazifizierung in der Salzburger Presse siehe Dachs, Herbert: Die Entnazifizieung in der Salzburger Presse. In: Justiz und Zeitgeschichte. Hg. v. Erika Weinzierl und Karl R. Stadler. Salzburg 1977 (= Veröffentlichungen des Ludwig Bolzmann Instituts für Geschichte der Gesellschaftswissenschaften, Bd. 1). S. 227-247.

8   Malina, Peter: „Wieder Fuß fassen, nicht gefragt werden, schweigen dürfen." Ilse Leitenberger. Ein österreichischer Lebenslauf. In: Medien&Zeit, 1/1989. S. 26-32. Relevante biographische Daten zu Leitenberger sind zu finden bei Hausjell, Journalisten gegen Demokratie oder Faschismus, a.a.O., S. 665.

9   Hausjell, Fritz und Rathkolb, Oliver: „Was unsere Zeit vor allem braucht, ist der Geist der Versöhnung, der Volksgemeinschaft." Ein Beitrag zur Biographie des Journalisten Alfons Dalma. In: Medien&Zeit, 1/1989. S. 18-26. Relevante biographische Daten zu Dalma sind zu finden bei Hausjell, Journalisten gegen Demokratie oder Faschismus, a.a.O., S. 502-505.

10   In einem Buch über die „Kronen Zeitung" vermerkte Hans Dichand zur Person Reimanns:
„Geboren 1915 in Wien, maturierte Viktor Reimannn in Korneuburg. Nach dem Studium von Geschichte und Literatur promovierte er 1939 und machte die Aufnahmsprüfung für das ‚Institut für internationale [!] Geschichtsforschung'. 1940 eingerückt wurde an im November des gleichen Jahres wegen der Mitgliedschaft zur Widerstandsbewegung ‚Roman Scholz' verhaftet und wegen angeblichen Hochverrates zu zehn Jahren Kerker verurteilt."
Dichand, Hans: Kronen Zeitung. Die Geschichte eines Erfolges. Wien 1977. S. 239.
Und an anderer Stelle: *Viktor Reimann*, Dr. phil, geboren am 25. Jänner 1915 in Wien, ist Historiker und Theaterkritiker. (...) Als Niederschlag seiner viereinhalbjährigen Gefängnisstarfe während der NS-Zeit schrieb er ‚Wenn es Nacht wird.

Tagebuch eines Häftlings'. (...) Schulen: Gymnasium, Universität; Studienfächer: Geschichte, Deutsch, Altphilologie. Österreichisches Institut für Geschichtsforschung. Von 1940-1945: eingesperrt wegen Zugehörigkeit zur österreichischen [!] Widerstandsbewegung." Ebda, S. 348f.

11 Kindermann: Viktor Reimann. In: „Neue Kronen Zeitung" vom 9. Oktober 1996.

12 In einer Bestätigung vom 4. Mai 1940 durch den Ortsgruppenleiter der Ortsgruppe Ruckerdorf, in der die Aufnahme in die NSDAP befürwortet wird, steht über Reimann zu lesen: „Verläßlicher und guter Mitarbeiter, derzeit eingerückt. Guter Nationalsozialist, charakterlich einwandfrei." BAB. PA Reimann, Viktor. Personal-Fragebogen Viktor Reimann.
Der Antrag wurde ob Reimanns Verhaftung „wegen Vorbereitung zum Hochverrat" abgelehnt.
BAB. PA Reimann, Viktor. Der Gauschatzminister an die NSDAP, Gauleitung Wien. Endgültige Stellungnahme zum Erfassungsantrag des Viktor R e i m a n n, geb. 25. 1. 1915 in Wien. 11. November 1942.

13 N. N.: Reimann voller Widersprüche. In: „profil", 42/1996. S. 19.
Siehe auch aus Anlaß von Reimanns achtzigsten Geburtstag: „Der ehemalige Politiker, Abgeordnete, Journalist, Nazi und Widerständler ist eine gleichermaßen schillernde und zwielichtige Figur der Zweiten Republik: Er war Mitbegründer des ,Verbandes der Unabhängigen' (VdU), stellvertretender Chefredakteur der ,Salzburger Nachrichten', Kolumnist der ,Kronen Zeitung' und ebendort Autor eines der umstrittensten Medienwerke seit 1945: der Serie ,Juden in Österreich'."
N. N.: Geburtstag. In: „profil", 5/1995. S. 19.

14 Riedl, Joachim: Der Weißwäscher. In: „profil", 20/1987. S. 66.

15 Traxler: Blonde Bestie im Steirerlook. In: „Der Standard" vom 5. Dezember 1997.

16 Traxler: Klage eines über jeden Zweifel erhabenen. In: „Der Standard" vom 31. Oktober, 1. und 2. November 1997.

17 Molden,: Homo austriacus: Ein Nachruf auf Alfons Dalma. In: „Der Standard" vom 30. Juli 1999.

18 Dort heißt es unter anderem, Reimann sei ein „Mann, dem die ,Krone' zu Dank verpflichtet ist."
Dragon: Dank und Anerkennung. In: „Neue Kronen Zeitung" vom 10. Mai 1987.

19 Reimann: Ungerechte Diskriminierung. In: „Neue Kronen Zeitung" vom 10. Mai 1987.

20 Reimann: Die Lehre von Dresden. In: „Neue Kronen Zeitung" vom 11. Februar 1995.

21 Siehe: Gelher, Harry G.: Der Morgenthau-Plan. In: VfZ, 4/1965. S. 372-402.

22 Riedl, Der Weißwäscher, a.a.O.

23 Marin, Bernd: „Die Juden" in der Kronen-Zeitung. Textanalytisches Fragment zur Mythenproduktion 1974. In: Bunzl, John und Marin, Bernd: Antisemitismus in Österreich. Sozialhistorische und soziologische Studien. Innsbruck 1983 (= Vergleichende Gesellschaftsgeschichte und politische Ideengeschichte der Neuzeit, Bd. 3), S. 89- 169. (hier S. 112).

24 Ebda, S. 115.

25 Ebda, S. 138f.

26 Wassermann, Gepresste Geschichte, a.a.O., S. 102.

27 Dichand, Kronen Zeitung. a.a.O., S. 240.

28 Siehe Hauser, Carry und Schubert Kurt: „Die Juden in Österreich". In: Mitteilungsblatt der Aktion gegen den Antisemitimus, Juni 1974, Erklärung des Österreichischen Presserates vom 9. Mai 1974 („Arbeiter-Zeitung" vom 10. Mai 1974), N. N.:

Reimanns Stunde. In: „profil" 15/1974. S. 18 und N. N.: Wolf im Schaftspelz. In: „profil"16/1974. S. 19-23.

29   Siehe beispielsweise: „Die Juden sind nun einnmal ein Fremdkörper in unserem Volke, Fremdkörper, die sich über Jahrhunderte durch ihre schmierige Gewinnsucht unbeliebt machten." Lb vom 22. April 1974.

„Ihre Betrachtungen über die jüdische Geschichte sind einwandfrei richtig. Aber zum Neo-Antisemitismus in Österreich: Sind nicht gerade Österreichs Juden die erfolgreichsten Propagandisten des Antisemitismus? Wenn es kein Gesetz zur Ausweisung Simon Wiesenthals gibt, so wäre es doch eine Aufgabe unserer [!] Juden, den israelischen [!] Racheengel nach Israel zu re-kommandieren." Lb vom 14. Mai 1974.

30   Die Summation übertrifft wegen Mehrfachzuordnungen in diesem Fall die Gesamtzahl der Leserbriefe.

31   Siehe dazu N. N.: 30 Jahre nach Auschwitz, a.a.O. sowie Die Meinung über die Juden. Ergebnisse einer repräsentativen Bevölkerungsumfrage des IMAS-Institut im Oktober 1973. [Linz 1973]

32   „Den Anstoß", die Serie zu schreiben „gaben die Juden selbst, als sie durch ein Magazin [„profil"] feststellen ließen, daß 70% der Österreicher Antisemiten seien." Reimann: Antisemitismus durch Informationsmangel. 28. April 1974.

33   N. N.: Judenfrage. 8. November 1973.

Ein über die Studie hinausreichender Kommentar Hubert Feichtlbauers wird im Kapitel „Reichskristallnacht", ob dessen Nähe zum historischen Datum analysiert.

34   N. N.: Sind 70% Antisemiten? 9. November 1973.

35   N. N.: Breitseite gegen Judenserie. 24. April 1974.

36   N. N.: Judenserie vor dem Presserat. 25. April 1974.

37   N. N.: Protest gegen Juden-Serie. 27. April 1974.

38   N. N.: Protest gegen Antisemitismus. 3. Mai 1974.

39   N. N.: Studenten gegen „Judenserie". 8. Mai 1974.

40   N. N.: Judenserie „entsetzlich". 9. Mai 1974.

41   N. N.: Wieder Protest gegen Judenserie. 19. Mai 1974.

42   Feichtlbauer: Gesetze der Humanität. 10. Mai 1974.

43   Siehe auch: „Die großen Plakate, auf denen die österreichische Fahne für eine schäbige Reklame mißbraucht worden ist". Scheuch: Eine schweigende Mehrheit. 28. April 1974.

„Wir haben die unverschämte Werbung, die für diese unglückliche Serie inszeniert wurde, kritisiert – den Mißbrauch der österreichischen Fahne und die Aufgeilung antisemitischer Gefühle durch den Rabbiner, als Reklamepappkameraden." Scheuch: Unsere demokratische Pflicht. 21. Mai 1974.

44   Scheuch: Rotweißrot mit Stern. 7. April 1974.

So hieß es, nachdem die Serie (vermutlich) vorzeitig beendet wurde: „Die Kritik eines solchen Unterfangens, wie Reimann es möglicherweise mit Courage, aber sicherlich nicht mit dem dazugehörigen Verantwortungsbewußtsein unternahm". Scheuch, Unsere demokratische Pflicht, a.a.O.

45   Scheuch: Frösteln am Palmsonntag. 9. April 1974 sowie M. S.: Wir Antisemiten. 7. Mai 1974 und H. St.: Die Adler in Österreich. 11. April 1974.

46   M. S.: Weinen oder speiben. 21. April 1974.

47   Traxler: Wie lange zittern? 23. April 1974.

48   Siehe neben den sonstigen zitierten Artikeln: N. N.: Presserat prüft Judenserie. 25. April 1974. N. N.: Kultusgemeinde gegen Judenserie. 27. April 1974. N. N.: Organisationen gegen Judenserie. 3. Mai 1974. N. N.: Massive Proteste gegen Juden-

serie. 4. Mai 1974. N. N.: Broda verurteilt Judenserie. 9. Mai 1974. N. N.: Presserat verurteilt Judenserie. 10. Mai 1974. N. N.: Junge SPÖ-Wieden verurteilt Judenserie. 11. Mai 1974. N. N.: Auch JG-Delegierte gegen Judenserie. 18. Mai 1974. N. N.: Judenserie überraschend eingestellt. 21. Mai 1974.

49   Scheuch: Eine schweigende Mehrheit. 28. April 1974 sowie U. B.: Bürgerliche Feigheit. 5. Mai 1974 und Scheuch, Unsere demokratische Pflicht, a.a.O.

50   Traxler: Antisemitismus aus Geschäftsgeist. 1. Mai 1974.

51   Scheuch, Unsere demokratische Pflicht, a.a.O. sowie Scheuch: So oder so. 23. Mai 1974.

52   N. N.: Presserat: Verfahren gegen Krone Serie. 25. April 1974. N. N.: Presserat verurteilt „Kronen-Zeitung". 10. Mai 1974.

53   N. N.: Rudolf Hess wurde 80. 10. April 1974. N.N.: Rudolf Hess sollte aus dem Kerker entführt werden. 17. April 1974. N. N.: Blumensträuße für Hess. 27. April 1974. N. N.: Hess: Gibt Moskau nach? 10. Mai 1974.

54   Zu „Salzburger Nachrichten", „Presse" und „Kleine Zeitung" siehe Wassermann, Gepresste Geschichte, a.a.O., S. 104-109.

9. „HOLOCAUST"

9.1. Kommentare und Meinungen zu „Holocaust"

„Holocaust", so Friedrich Knilli und Siegfried Zielinski, war „der erste groß-angelegte Versuch, in einer Mischung aus Spiel und historischer Faktizität die Vernichtung der europäischen Juden durch die deutschen Faschisten zu thematisieren."[1] Den Erfolg von „Holocaust" erklärte Günter Rohrbach, im WDR als Programmbereichsleiter damals für die Ausstrahlung der Serie ver-antwortlich, in einem „Spiegel"-Interview mit: „,Holocaust' war kein Erfolg im landläufigen Sinne. Hier trafen mehrere glückliche Momente zusammen: ein traumatisch besetztes Thema, ein optimaler Zeitpunkt – weil eine neue Generation heranwächst, die unbefangen und neugierig ist – und eine massen-suggestive, von amerikanischer Unbekümmertheit geprägte Darstellungswei-se."[2] Im und als Nachspann zu „Holocaust" wurde der „große Verstärker-effekt der Medien Film und Fernsehen für die Zeitgeschichtsliteratur (...) er-neut offenkundig. (...) Bei der Holocaust-Konjunktur überlagerten sich of-fenbar: ein schon vorher positiv verändertes allgemeines Klima der Rezepti-on für deutsche Geschichte überhaupt und für die NS-Vergangenheit im be-sonderen (...), und die spezifische, weltweite, vorangekündigte Attraktivität des geschickt gemachten historischen Spielfilms."[3] „Für das pragmatischere Urteil spricht jedenfalls die unleugbare Erfahrung, daß der Film eine Erschüt-terung von Millionen bewirkt hat, wie sie bisher keinem Medium gelungen ist, schon gar nicht den Wissenschaften."[4] „Selbst wenn man von der gewach-senen Macht des Fernsehens ausgeht, das im Gegensatz zu früheren Jahren bei vergleichsweisen Erörterungen (Synagogenschmierereien, Eichmann-prozess) heute eine viel stärkere Einwirkung auf den einzelnen ermöglicht, diese Reaktion hätte sich nicht zeigen können, wäre die aufgestaute, fast trau-matische Verdrängung nicht derartig groß."[5] Aufschlußreich zur deutschen Gedenkkultur und zur Tendenz, Auschwitz zu „vergessen", ist der Aufsatz von Helmut Dahmer. In Deutschland „stellt man sich dem Grauen deutscher Geschichte allenfalls auf ‚gehobenem' Niveau, wenn es als Kulturfilm ge-rahmt ist, unterlegt mit E-Musik. Solche Weihespiele (von ewiger Schuld und Sühne) in den Tempeln der Kulturindustrie, die zu vager Andacht, sonst nichts verpflichten, hat es eher zu viele gegeben. Ihr Publikum wurde stets noch in dem bestärkt, was es im Jahrhundert der Kriege und Bürgerkriege ohnehin empfindet: in der Ohnmacht, an ‚den Ereignissen' etwas ändern zu können, im kurzatmigen Erschrecken, in der erbaulichen Zerknirschung, aus denen nichts folgt. (...) ‚Holocaust' lehrt ein ganz anderes, mögliches, in Deutschland immer wieder vergessenes Verhalten, daß man sich wehren kann, kämpfen muß. (...) Es ist, als hätten die meisten Diskutanten und Frager dreißig Jahre lang einen Dornröschenschlaf geschlafen, aus dem erst ‚Holocaust' sie jetzt erweckte. (...) Drei Jahrzehnte ‚Vergangenheitsbewältigung' sind abgeprallt am psychischen Abwehrpanzer der verschworenen Volksgemeinschaft der Nichtwisser und Nichtwahrhaber."[6] Weniger vor dem Hintergrund der „Verdrängung" als vor dem des Nichtwissens stellte Eberhard Jäckel die Serie: „Nur zweimal drang das Unheil in das Bewußtsein einer breiteren Öffentlichkeit", nämlich mit dem Tagebuch der Anne Frank und noch stärker „Holocaust". „Wieder wurde gepflegte Unwissenheit erschüttert, und die Erschütterung war groß. Wie groß aber die Unwissenheit selbst bei denen war, die es gewiß hätten besser wissen wollen, enthüllte jener unbeachtet gebliebene Übersetzungsfehler, der bei der Synchronisation unterlief und aus dem Vernichtungslager Belzec das Konzentrationslager Belsen gemacht hatte."[7] Hämisch und „mit unverhüllter Bosheit"[8] schrieb der „Spiegel"-Journalist Heinz Höhne: „Es ist einfach phantastisch. Da haben sich nun unsere Zeitgeschichtler, Journalisten und Filmemacher jahrelang bemüht, in ihren Dokumentationen, Artikeln und Filmen den ganzen Horror des deutschen Jahrhundertverbrechens zu vermitteln – und doch muß erst ein Konsumfilm Hollywoods kommen, um die Nach-Hitler-Deutschen aufzuwühlen. (...) Auch Westdeutschlands Historiker, denen die ‚Holocaust'-Ausstrahlung zu einem Schwarzen Freitag geworden ist, haben einigen Grund, über Sinn und Nutzen ihrer Arbeit nachzudenken. Selten ist einer Wissenschaft so drastisch bescheinigt worden, daß sie jahrzehntelang an den Interessen und Bedürfnissen der Öffentlichkeit vorbeigelebt hat. Es ist Zeit, umzudenken."[9] In dieselbe Kerbe schlug das „Dokumentationsarchiv des Österreichischen Widerstandes": „Holocaust" bewirkte „was jahrelange Aufklärungsarbeit über den Faschismus nicht in diesem Ausmaß zustandebrachte: Erstmals wurde auf breiter Grundlage in der Öffentlichkeit über Probleme der Judenverfolgung, der Konzentrationslager und der faschistischen Herrschaft diskutiert. Es zeigte sich, daß das tragische Schicksal einer Einzelfamilie mehr erschüttert als Dokumente und Statistiken über Millionen Opfer."[10] Und Gerhard Mauz meinte ebenfalls im „Spiegel": „Die Zeitgeschichtler und die Historiker waren tüchtig. Doch sie haben auch, soviel ihnen gelungen ist und gewiß gegen ihren Willen, ‚Verleugnungsarbeit' geleistet. ‚Holocaust' hat getroffen, weil es daran erinnert, daß jede Ziffer, die in die Summe unter dem Schlußstrich einging, ein Mensch gewesen ist."[11]

Das war nicht wenig Kritik an der damit befaßten professionellen Zunft, die Martin Broszat postwendend weiterreichte: „Die Breitenwirkung des melodramatischen Spielfilmes erteilte nicht nur deutschen Historikern, sondern vor allem auch Filmemachern und Publizisten eine Lektion. Sie alle hatten sich bisher, wenn überhaupt, an das hierzulande besonders heikle Thema des jüdischen Schicksals in der Hitlerzeit nur auf sehr vorsichtige, sachlich unterkühlte Weise herangewagt.[12] In dieselbe, den Erfolg von „Holocaust" erklärende Richtung, schrieb Zielinski: „Einige geschäftstüchtige Amerikaner hatten das fertiggebracht, wozu unsere öffentlichen Massenmedien in der über 33-jährigen Geschichte nicht fähig oder nicht willens gewesen waren: eine Inszenierung des Tabus am Beispiel einer Täter- und einer Opferfamilie, welche die Masse der Zuschauer mitgehen ließ. Angesichts des Fernseh-,Holocaust' trugen nicht nur einige wenige vornehm und würdig Trauer, sondern viele heulten Rotz und Wasser."[13] Stellvertretend für viele formulierte Broszat zur Diskrepanz zwischen historischer Faktizität und filmischer Darstellung: Der „Film veranschaulicht und erklärt fast nichts von dem historisch-politischen System und Umfeld, das die Judenverfolgung in Gang setzte bzw. ermöglichte."[14] Hans Mommsen meinte zu „Holocaust", die Serie in einen breiteren Kontext deutscher Befindlichkeit stellend: „Filbinger-Affäre, Verjährungsdebatte und *Holocaust*-Film haben es an den Tag gebracht: die Last der nationalsozialistischen Vergangenheit ist nicht abgewälzt, die geschichtlichen Folgen des ,tausendjährigen Reiches' sind nicht aufgearbeitet. Der tiefe Eindruck, den die filmische Darstellung der ,Endlösungs'-Politik gerade auf die jüngere Generation gemacht hat, vielleicht weil die unvorstellbar grauenhafte Banalität des tatsächlichen Geschehens auf das unmittelbar Faßbare und Einsichtige reduziert wurde, hat die kritische Frage nach der Verantwortung der Väter erneuert, die seit den späten 50er Jahren abzuklingen begann und sich hinter der politischen Polarisierung zwischen ,Kritischer Linken' und demokratischer Wohlstands- und Leistungsgesellschaft verbarg."[15]

Der damalige „profil"-Journalist Joachim Riedl brachte die Wirkung der Serie, vor dem Hintergrund der Tabuisierung des Themas, folgendermaßen auf den Punkt: „Meine Generation – das sind die, die heute 25, 26, 27 Jahre alt sind und die in der Zeit und im Geist des Wiederaufbaus erzogen wurden –, wir hatten wenig Chancen, dieses Wissen zu erwerben. Vielen von uns wurden Dokumentarfilme vorgeführt, die die Schreckensbilder von Gaskammern – ausgemergelten Leibern und Leichen, die sich, wie unnütz weggeworfen, auftürmten – zeigten. Das alles war fern, beziehungslos und scheinbar unwirklich. Es waren die Leichen namenloser Millionen, von denen niemand etwas wußte.

Und die, die das zugelassen hatten, das waren unsere Eltern und unsere Lehrer, die nicht viel darüber sprachen. Höchstens etwas, das nach ,Sind wir froh, daß das vorbei ist' klang – und es war nicht klar, ob damit die Toten in den Konzentrationslagern oder vor Stalingrad gemeint waren. Uns fehlte das intime Wissen über Entmenschlichung und Erniedrigung, wie ein Mensch zum ,Juden' gemacht werden kann, der ,ausgerottet' werden muß. Wir hatten nichts von dem miterlebt, und es gab keine Möglichkeit, es nachzuerleben."[16] Wurde die Serie noch von S. L. (vermutlich Sigrid Löffler), wenngleich nicht ohne Ambivalenzen, grundsätzlich begrüßt[17], blieb es dem damaligen FPÖ-Nationalratsabgeordneten mit bewegter Vergangenheit und dementsprechender Gegenwart, Otto Scrinzi, vorbehalten, die Serie in „Aula-" und „Deutsche National- und Soldatenzeitungsmanier" als „jüdischen Dreh" hinzustellen. Nach Scrinzi betreibe der Film nämlich eine Mischung aus Kollektivschuldvorwurf und Kollektivschamerpressung, lasse aber völlig außer acht, wie sehr die Juden an ihrem Unglück selbst schuld seien. Diese hätten nämlich „ein gerüttelt Maß an Schuld auf sich geladen. Das Irrationale der jüdischen Geschichte (...) kommt aus der tiefen Irrationalität dieses Volkes und seiner Religion. Sie hat schon vor Auschwitz und wird nach Mauthausen bei fast allen Gastvölkern [!] Verwirrung, Angst und schließlich blutige Aggression auszulösen vermögen."[18] Auf der Klaviatur von („wohlformuliertem") Antisemitismus der Täter-Opfer-Umkehr und der gegenseitigen Opferaufrechnung weiterspielend, fuhr er fort: Aufgrund der wirtschaftlichen Rezession in den USA habe sich der „Handlungsspielraum Westdeutschlands erheblich erweitert. Höchste Zeit also, daß man die Angst vor diesem Volk von amoralischen Sadisten, feigen Mitläufern und brutalen Schlächtern und Mördern – so stellt es der Film dar – wieder anfacht und ohne Haß bis in die letzte noch nicht im östlichen Staatseigentum stehende Hütte trägt." Den Höhepunkt dieses komprimierten, verschwörungstheoretisch angehauchten Sammelsuriums bildete die Aufforderung: „Eigentlich sollte der lauteste Protest gegen dieses Machwerk, welches eine wahrliche Tragödie mit Schnulzen- und Horroreffekten entwürdigt, von jüdischer und israelitischer Seite kommen."[19] Neben diesem Artikel, der weder in bezug auf Terminologie noch auf „Argumentation" auch nur eine demaskierende Falle ausließ, publizierten im selben Heft noch Erika Wantosch[20], Ivan Hacker und Ella Lingens. Hakker stand dem Film positiv gegenüber, bemängelt aber – im Bewußtsein des von ihm aufgeworfenen Dilemmas – die „Unvollständigkeit", die Realität von Auschwitz zu zeigen[21]. Einen anderen Aspekt legte Ella Lingens – bei ebenfalls grundsätzlicher Begrüßung des Filmes – dar, wenn sie formulierte: „Der einzige Bereich, in dem man den [sic!] Film meiner Meinung nach den Vorwurf einer gewissen Verfälschung der Wahrheit machen kann, ist seine Darstellung der SS-Prominenz. (...) Man hat des Guten zuviel getan und den Akteuren des Massenmordes im Format verliehen, das eine Nummer zu groß ist."[22] Aufbauend auf „Holocaust" legte „profil" den Schwerpunkt der Begleitpublizistik auf die Involvierung von Österreichern in den Holocaust und auf dessen (juristische) Aufarbeitung nach 1945. So wurden Walter Dajeco und Fritz Ertl, deren Wirken vor 1945, Prozeß und Freispruch nach 1945 zum Thema gemacht[23]. In einem weiter ausholenden Artikel Reinhard Tramontanas wurden Leopold Mitas, Erich Raja(kovic), Franz Novak, Johannes Vinzenz Gogl, Robert Jan Verbelen, Franz Murer, Otto Graf, Franz Wunsch, Wilhelm und Johann Mauer erwähnt. Den Konnex zwischen den Verfahren und der Ausstrahlung der Serie zusammenfassend, resümierte der Autor: „Die Fernsehserie ‚Holocaust' war die Endlösung für Österreichs schlechtes Gewissen. Sie erschütterte, machte bewußt, machte aber auch Schluß mit manchen Fragen. (...) ‚Holocaust' rührte eine Nation, die durch dreißig Jahre hindurch kein Ohrwaschel gerührt hatte, wenn in Gerichtssälen von einem ‚Komplott des Judentums' die Rede war, wenn Belastungszeugen in den Korridoren des Justizpalastes geohrfeigt wurden, wenn Strafverteidiger niederträchtige Bemerkungen machten und wenn Angeklagte, die sich zynisch auf ihre ‚soldatische Pflicht' berufen hatten, unter donnerndem Applaus freigesprochen wurden."[24] Auf derselben Ebene argumentierte der Artikel von Joachim Riedl, der die „Zentralstelle für jüdische Auswanderung", Eichmann, Kaltenbrunner, Novak, Alois und Anton Brunner, Rajakovitsch, Seyß-Inquart, Fischböck, Pfrimer, Hanns Albin Rauter, Globocnik, Ernst Lerch, Hermann Höfle, Franz Stangl usw., den Antisemitismus aus Monarchie, Erster und Zweiter Republik abhandelte[25]. Ebenfalls auf die österreichische Beteiligung an der „Endlösung" verwies Anton Pelinka, der auch das „alte Österreich" mit seiner „Ideologie der Unwerthaftigkeit des Judentums"[26] als eine Quelle der von den Nationalsozialisten realisierten Politik erwähnte. Wenig verwunderlich ist, daß „profil" in diesem Zusammenhang immer wieder die Affäre Kreisky-Peter betonte, welche damals eine zufällige Aktualität durch einen Schuldspruch in einem von Kreisky gegen „profil"-Herausgeber Peter Michael Lingens angestrengten Verfahren erhielt[27]. Auf die Widersprüchlichkeit von öffentlich beteuertem Verhalten und realer Politik abzielend, malte Lingens ein Sittenbild der Republik aus: „Die Fernsehintendanten, die die NS-Opfer zur Diskussion bitten, schütteln dem ORF-Kuratoriumsmitglied Friedrich Peter artig die Hand. Die Abgeordneten zum Nationalrat, die betroffen sind, ‚was unseren jüdischen Mitbürgern angetan wurde', schätzen ihn als fundierten Kollegen. Die Freiheitliche Partei Österreichs hat ihn mit Mühe von ihrem Obmann zum Vizeobmann degradiert. Und Bruno Kreisky wünscht sich ihn wie eh und je zum Vizekanzler."[28] Peter Dusek sprach im Zusammenhang mit der Ausstrahlung von einem „Nachziehverfahren" der österreichischen Historiker und Historiographie seit Beginn der 70er Jahre. „Die Mauer des quasi offiziellen Desinteresses am Zeitabschnitt nach dem sogenannten Anschluß dürfte das Interesse einer neuen Historiker-Generation angestachelt haben."[29] Und Malina meinte, in dieselbe Richtung abzielend: „‚Holocaust' hat jedenfalls wesentlich dazu beigetragen, daß zugleich mit der emotionalen Mobilisierung durch die Fernsehserie und der Erweckung von Interesse, Mitgefühl und Betroffenheit auch die sachliche Information über das Schicksal der Juden unter den Verfolgungs- und Vernichtungsmaßnahmen des deutschen Faschismus durch eine beträchtliche Zahl von ‚Begleitmaßnahmen' (...) intensiviert worden ist."[30]

Es war wohl ein Zufall, daß sich die Ausstrahlung von „Holocaust" mit einem außerordentlichen Bundesparteitag der SPÖ zeitlich überschnitt. Bruno Kreisky ließ via „Sozialistische Korrespondenz" ausrichten, er sehe die Zustimmung zur Serie als Zeichen für einen „gewiß nicht so verbreiteten Antisemitismus" in Österreich im Gegensatz zu „den Vereinigten Staaten oder vielleicht" zu „Frankreich." Liest sich diese Behauptung schon recht eigentümlich und handelte es sich dabei um eine recht eigenwillige Interpretation, die für Kreisky, der (ab den siebziger Jahren) nie einen Antisemitismus in Österreich verspürt haben wollte[31], nicht untypisch war, so setzte die weiter unten referierte (sozio-ökonomisch-historische) Interpretation noch eines drauf: Kreisky bemängelt an der Serie, daß diese nicht aufzuzeigen vermochte, „was ein ganzes Volk in den Antisemitismus trieb." Das sei nämlich nur vor dem Hintergrund der Weltwirtschaftskrise zu deuten. „Man müsse auch das Leid und die Hilflosigkeit der Millionen sehen, die erst nach einem Jahrzehnt des Elends den falschen Führern folgten."[32]. Auch nicht gerade blutleer war, was Kreisky vor den Parteitagsdelegierten zum Besten gab. Nachdem er einleitend des langen und breiten den Luegerschen Antisemitismus erwähnte, wurden wiederum Weltwirtschaftskrise und „Austrofaschismus" als eigentliche Ursachen für die Nazifizierung interpretiert[33].

Im Gegensatz zu Kreiskys sehr verstehender, keine Täter benennende und wesentliche Aspekte ausblendender Haltung[34], war der Österreichische Gewerkschaftsbund deutlicher: „Es wäre verfehlt, die nationalsozialistische Judenverfolgung einzig und allein als ein Problem der Deutschen zu betrachten, betraf sie doch auch in einem hohen Maß und in mehrfacher Hinsicht Österreicher." Nämlich österreichische Juden und österreichische Täter, wie die österreichischen „Nationalsozialisten, SA-Leute und Hitlerjungen", die „oft noch vor den deutschen SS- und Gestapomännern ans Werk" gingen. Schließlich sei die „besondere Rolle der österreichischen Nationalsozialisten bei der Radikalisierung der NS-Judenpolitik (...) hinlänglich nachgewiesen."[35] Die Oberösterreichische Gewerkschaftsjugend gab die Publikation „Holocaust: Materialien zu einer amerikanischen Fernsehserie über Judenverfolgung im ‚Dritten Reich'" heraus[36]. Wolfgang Neugebauer wies nachdrücklich darauf hin, daß es eine „unerfreuliche und daher vielfach verdrängte Tatsache [ist], daß die antijüdische Politik"[37] nach dem „Anschluß" eine „wesentliche Verschärfung erfuhr", die „besondere Rolle der österreichischen Nationalsozialisten bei der Radikalisierung der NS-Judenpolitik (...) hinlänglich nachgewiesen"[38] sei, aber auch, daß die „Republik Österreich (...) die Schuldigen, die Drahtzieher, die Nutznießer, die Organisatoren und die Durchführenden – freilich oft in unzureichendem Maße (Freisprüche von Geschworenengerichten) – zur Verantwortung gezogen"[39] hat.

Daß „Holocaust" der „Gott-sei-bei-uns" für die politisch Recht(sextrem)e war, liegt auf der Hand. Bezogen auf die bundesdeutsche Situation schrieb Broszat: Für sie, „die seit Jahren den Judenmord in den Gaskammern als Lüge hinzustellen suchen und sich für diese Propaganda eine potentiell stärker werdende Resonanz ausrechneten, war *diese* Beteiligung des Fernseh-Publikums eine verlorene Schlacht."[40]

Die „Bundesturnzeitung", die offizielle Publikation des „Österreichischen Turnerbundes" schrieb, ein Paradebeispiel an rechtsextremer Geschichtslüge liefernd, dazu: „Krieg fordert allezeit Opfer: Tote, Verwundete, Gefangene. Das hätte das Weltjudentum bedenken müssen, als es Deutschland den Krieg erklärte."[41]

Ein Flugblatt[42] – vermutlich aus dem „Haus" oder dem Umfeld[43] der rechtsextremen „Kommentare zum Zeitgeschehen"[44] – verbreitete: „‚Roots' war ein Riesengeschäft. ‚HOLOCAUST' soll ein noch größeres werden. Verfahren wurde nach dem üblichen Rezept: Sex, Brutalität, Vergewaltigungen, (gestellte) Leichenhaufen, Seelenschmalz, finstere Bösewichte, engelsgleiche Dulderinnen, darüber ein pseudohistorisches Mäntelchen und fertig war der TV-Schocker!" Nachdem Aussagen gegen die künstlerische und/oder die historische Qualität zitiert wurden, dienten zwei Zitate des „bedeutende[n] westdeutsche[n] Historiker[s] Prof. Helmut [sic!] Diwald" – einmal aus einem Beitrag im „Criticón"[45], ein andermal aus seiner berüchtigten Geschichte der Deutschen[46] – zur Reinwaschung[47]. Um alle Unklarheiten zu beseitigen, wurde abschließend Lincoln[48] zitiert.

Eine zurückhaltende Träne vergoß die „Deutsche National-Zeitung"[49] – freiheitlich • unabhängig • überparteilich wie sie nun mal war (und ist) – über die durch und von „Holocaust" mißbrauchten Juden. Nachdem sie „Kein Jude vergast: Was in Dachau wirklich geschah" titelte, hieß es weiter unten: „Ein betrübliches Kapitel der Zeitgeschichte wird nach Hollywood-Manier für kommerzielle und politische Zwecke ausgeschlachtet, wobei man den tatsächlichen Opfern der Judenverfolgung die Pietät verweigert. Sie werden zu bloßen Gegenständen antideutscher Agitation herabgewürdigt; ihr Leiden gerät zum Sujet des neu angestachelten Bußtheaters."[50] Besonders gelobt wurden die Österreicher mit ihrer „dickschädeligen bayerischen Stammesart", die sich glücklich schätzen können, „daß der ‚Springer Konzern' (...) keine Rolle spielt und die österreichische Presse von der gigantischen ‚Kronen-Zeitung' bis zum kleinsten Provinzblatt am Masochismus kein Vergnügen hat." Als Kronzeuge wurde Alfred Maletta, „einst Insasse [!] des

NS-KZ Dachau" angeführt, den „die verständliche Sorge" plagte: „Ich glaube, es wäre ein Fehler, wenn es uns nicht gelingen würde, bei den deutschen Österreichern den Eindruck zu verwischen, daß die Amerikaner ‚Holocaust' deshalb gedreht haben, weil sie wieder das deutsche Volk des Nationalsozialismus verdächtigen wollen."[51] Weiters erfuhr Kreiskys „differenziert[e]" Sicht der Dinge[52] und daß er „seit langem dafür gesorgt [hat], daß NS-Prozesse in Österreich nicht mehr stattfinden und daß der in Bonn hofierte ‚Ingenieur' Simon Wiesenthal in Österreich keinerlei ‚Nazijagd' mehr wagt"[53], lobende Erwähnung.

Die Serie „Das ‚Andere' Holocaust" – ein Schelm, der hinter dieser Terminologie und sprachlichen Verrenkung ein antisemitisch anspielendes „Jideln" vermutet! – im „Salzburger Volksblatt", kam aus einer einschlägigen Ecke und stand in einer einschlägig deutschnational-nationalsozialistischer und (nach 1945) revisionistischer Tradition[54]. Begonnen wurde mit der Serie, verfaßt vom vormaligen Mehrfachspion Alois M. Euler[55], am 28. Februar, also am Vortag der Ausstrahlung von „Holocaust I". Eingangs fragte der Autor nach dem Nutzen von „Holocaust", nach dem Nutzen, „die Vergangenheit in all ihrer Problematik und Grausamkeit vor Augen zu führen", um im nächsten Satz – in seltsamer Ambivalenz zum vorher Geschriebenen – die Motivation für die Artikelserie zu formulieren: „Es wäre unverschämt verlogen, über die Verbrechen, die im Verlauf des Endkampfes und nach dem 8. Mai 1945 an deutschen Menschen verübt wurden, hinwegzusehen oder sie gar zu verschweigen. Auf das Konto des Marxismus gehen mindestens drei Millionen deutscher Männer, Frauen und Kinder" – eine Diktion und Aufzählung, die ansonsten zumeist zur Illustration der jüdischen Opfer des Nationalsozialismus verwendet wird –, „die nicht nur aus ihrer angestammten Heimat vertrieben, sondern zu Tode gemartert worden sind". „Holocaust" sei vor allem deshalb ein Übel, weil die „deutsche Selbstbezichtigungssucht (...) neue Nahrung" finde. Deshalb die Serie „Das ‚Andere' Holocaust", „damit die Jugend nicht den Eindruck gewinnt, ihre Väter wären nur Handlanger politischer Verbrecher gewesen."[56] Interessant und für sich sprechend zugleich war die Basis der Serie: Es war die Publikation „Den Deutschen Tod", sinnigerweise im „Verlag Deutsche Dokumentation" in 1041 Wien von keinem Geringeren als dem einschlägigen Parteigründer Robert H. Drechsler verlegt[57]. Am folgenden Tag, dem 1. März, wurden die deutschen Tagesdurchschnittsverluste mathematisiert[58] – eine Übung, die bei der Wiedergabe der Opfer anderer Nationen unterblieb. Der Artikel schloß mit einer Denunziation der Demokratisierung in Deutschland, nicht zufällig im Text unter Anführungszeichen gesetzt. Um die Schulden Deutschlands „eintreiben zu können, bedurfte es der ‚Demokratisierung' des vernichteten, ausgebluteten, kaum mehr lebensfähigen Landes." Die Schlimmsten waren die Sowjets, die „noch vor Beginn der Potsdamer Konferenz (...) aus dem zerbombten Deutschland jede noch brauchbare Maschine" demontierten und fortschleppten. Eigentliche Nutznießer aber waren die USA, denn die Sowjetunion schuldete ihnen „mehr als elf Milliarden Dollar aus Pacht- und Leihlieferverträgen."[59] Am 2. März schlossen sich an die religiös verbrämte Formulierung (die „Todesmärsche sind die wahre passio Christi"[60]) drei blutvolle Aussagen von Vertriebenen an. Eine wiederholt praktizierte, charakteristische und beliebte Praxis, den ehemaligen Gegner zu Wort kommen zu lassen, um so die eigene Aussage (in diesem Fall die eigene Schuldlosigkeit) zu stützen, fand sich im Artikel des Folgetages. In diesem Fall war es der ehemalige englische Außenminister, Ernest Bevin, der zur Generalabsolution der Sudetendeutschen herangezogen wurde. Kommentar und Fazit des Verfassers: Eine „menschlich anerkennenswerte Meinung"[61]. So zog sich die Serie dahin. Zu Theresienstadt wurde veröffentlicht: „Die Vernichtung der Juden, die berüchtigte ‚Endlösung' war zweifellos ein Unrecht gewesen". Nicht „minder sind die Morde an der Zivilbevölkerung in von Deutschen besetzten Gebieten abzulehnen", um reflexhaft fortzufahren: „Wegen dieser Verbrechen hatten – so der US-Präsident Truman in Potsdam – die Alliierten den ‚Kreuzzug gegen die Hunnen' geführt."[62] Offensichtlich waren die Reaktionen auf die Serie – allerdings widerspricht dem die Analyse der *veröffentlichten* Leserbriefe klar – doch kontroversiell. Im Rückblick und zum Abschluß der Serie schrieb – sich selbst demaskierend – Euler, in einer Mischung aus boshafter Naivität und „Man wird ja wohl noch sagen dürfen": „Die ungeahnt große und emotionale Reaktion vieler Leser hat angezeigt, daß ein Thema aufgegriffen worden war, das Erinnerungen, aber auch schon vernarbt gewesene Wunden wieder aufriß" – was er übrigens indirekt der Serie „Holocaust" vorgeworfen hatte. „Entschieden müssen wir uns gegen Unterstellungen wehren, daß das Salzburger Volksblatt mit seiner Serie sich an einem Aufrechnen und Abschwächen von Verbrechen während der NS-Zeit beteiligt." Sofern es dies betrifft, kann dem Autor sogar recht gegeben werden: Die Opfer des Nationalsozialismus verkommen in der Serie derart zur Marginale des Nichterwähntwerdens, daß hierbei ein Aufrechnen und Abschwächen per se fast ausgeschlossen ist. „Es sollte vielmehr damit zum Ausdruck gebracht werden, daß auch Tausende Menschen, die sich als Deutsche bekannten, von unsagbaren Greueltaten nicht verschont blieben."[63]

Richtig zur Sache ging es in den veröffentlichten Leserbriefen. Hatte Euler zumindest soviel journalistisches Gespür gezeigt und Vorsicht walten lassen, zwar zu verschweigen, aber nicht auffällig zu werden, so fanden die Leserbriefschreiber eindeutige Töne und Formulierungen. Abgesehen von der einhelligen Ablehnung von „Holocaust", war die durchgehende Litanei von „Und was war mit Dresden?", „Was war mit den Indianern und mit Viet-

nam" usw. usf, integraler Bestandteil (nicht nur) rechtsextremer Aufrechnungs-
und Vernebelungsstrategie. Mit der Kollektivapologie der Wehrmacht und –
mit mehr oder minder krausen Zusatzformulierungen bestückten „Argumentation" – der „nur" kämpfenden Soldaten verhielt es sich ebenso wie mit dem
„Wir haben von nichts gewußt". Auf die Zitierung dieser Aspekte soll hierbei
verzichtet werden, wobei die „Und-auch-das-war-ein-Holocaust"-Spuren-
suche einiger Autoren bis zum amerikanischen Sezessionskrieg führte. Massiv wurde in den Leserbriefen – und somit auch im „Salzburger Volksblatt"
als publizierendes Organ – Antisemitismus (inklusive der Rezeption und Veröffentlichung der typisch rechtsextremen „Kriegsschuldumkehr"[64]) veröffentlicht. „Mag es sich bei der Durchführung der Judenvernichtung mehr um den
Wahn einzelner gehandelt haben, so muß man doch auch den anderen Nationen als der deutschen ihre Mithilfe anerkennen [!]. (...) Die Juden wußten um
ihre Verfolgung seit 2000 Jahren! Woran liegt es nun, daß sie immer und
immer wieder Verfolgung und Vernichtung leiden müssen? Auch diese Frage
wäre einmal zu stellen", um dann weiter rhetorisch zu fragen und abschwä-
chend zu antworten: „Welche Schuld hat dieses Volk auf sich geladen? Und
die Verfolgung kann gar nicht so grausam gewesen sein, daß sie nicht immer
wieder zurückgekehrt wären! Liegt es am Wahn des ‚Auserwähltseins', dann
müssen sie es hinnehmen."[65]
        Eine Mischung aus rechtsextremem Verlagszitat, alliierten und jü-
dischen „Kronzeugen" und Verschwörungstheorie tischte der erste überhaupt
abgedruckte Leserbrief auf. „So schrieb 1948 Francis Parker Yockey: ‚Chaos
im Imperium' (Graber Verlag 1976): Nicht alle Amerikaner sind den Lügen
der Weltverschwörer und Kulturverderber aufgesessen. Der Verfasser gewann
seine letzte Erkenntnis 1946 während seiner Tätigkeit beim ‚Kriegsverbre-
cher-Tribunal' in Wiesbaden, wo er als Staatsanwalt mit seiner vorgesetzten
Behörde nicht einer Meinung war, sein Amt niederlegte und 1947/48 das
obengenannte Buch herausbrachte. Bezeichnenderweise wurde man in Amerika erst darauf aufmerksam, als die zionistische Mafia den Autor nach jahrelanger Verfolgungsjagd 1960 ins Gefängnis von San Franzisco brachte und er
nach kurzer Zeit auf mysteriöse Weise ums Leben kam." Im Anschluß daran
wurde der „jüdische Statistiker Sr. Listojewsky" zitiert, der – so das eigene Bekunden – nach zweieinhalb Jahren Bemühungen „die Zahl der während der
Hitlerzeit 1933 bis 1945 ums Leben gekommenen Juden" mit „zwischen 350.000
und 500.000" schwankend angab. „Wenn die Juden behaupten, es seien
6,000.000 gewesen, so ist das eine wissentliche Unwahrheit."[66] Ebenfalls unverblümt schrieb ein Dr. jur. – der hohe Akademikeranteil unter den Leserbriefschreibern fällt (falls die Angaben der Wahrheit entsprechen) auf –, nachdem
er eingangs die Artikelserie als „löbliches Unternehmen" lobte, offensichtlich
um den einfältigen deutsch(österreichischen) Volkscharakter besorgt:

„Holocaust" ist für die Menschen deutscher Zunge vor allem deshalb sehr bedenklich, weil wir leichtgläubig und allzuschnell geneigt sind – an sich eine begrüßenswerte Eigenschaft -, die Schuld bei uns selber zu suchen. Darüber vergißt der andere ebenso rasch, den Balken im eigenen Auge zu sehen. Außerdem sind wir als etwas einfältige Menschen auf das Lügen nicht so geeicht, nehmen alles zu wörtlich, während z. B. der Semit, geschult aus den Märchen 1001 Nacht, Lüge und Übertreibung schlimmstenfalls als erlaubte List betrachtet"[67]. Ein anderer Leserbriefschreiber, der im militärisch-knappen Ton – „Stelle mich als einer der wenigen Überlebenden der Stalingradkämpfer vor" – sein Schreiben beginnen ließ, berichtete über seine Erlebnisse in der Kriegsgefangenschaft: „Bei der Gefangennahme erklärte uns ein russischer Major, er war ein polnischer Jude, er konnte perfekt deutsch", was schließlich mit – so der Verfasser – „ca. 1000" erschossenen Soldaten endete. Die Befehlshaber über die Wachmannschaften waren „immer wieder (...) Juden". In einem anderen Lager waren Juden die „politische[n] Kommissare und machten uns nach der Arbeit das Leben zur Hölle, aber sie verstanden es, sich vor der Front zu drücken. (...) 91.000 Mann waren in die Gefangenschaft gegangen. Dieser Massenmord, der an wehrlosen deutschen Kriegsgefangenen verübt wurde, übertrifft bei weitem das, was den Deutschen angelastet wird." Mauthausen oder Dachau „könnte man" im Gegensatz zu sowjetischen Lagern „als Hotel bezeichnen"[68].

Als die Zeitung wenig später journalistisch und wirtschaftlich verschied, beschied ihr die „Aula" einen tränenreichen Nachruf, hatte man doch „die einzige einwandfrei nationale Tageszeitung Österreichs"[69] verloren.

Die fraglos heftigste Attacke gegen „Holocaust" ritt das im „Aula"-Verlag erschienene „Sonderblatt"[70], dem eigenen Bekunden nach eine Schüler-, Jugend- und Studentenzeitung. Dessen Normalauflage von 30.000 Exemplaren wurde sowohl inhaltlich als auch auflagemäßig – 150.000 (Gratis)Exemplare – „in gewisser Hinsicht abweichend von der bisherigen Art"[71] unters Volk gebracht[72]. „Der Judenmord" – an anderer Stelle euphemistisch: „Judenverfolgung (...) ein bitteres Unrecht"[73] – „war eine schreckliche Realität und wir müssen sie zur Kenntnis nehmen. Zum Teufel aber mit dem Nationalmasochismus, der uns mit diesem Film auch eine Kollektivschuld und eine moralische Haftung aufschwatzen will. (...) Verlangt etwa jemand von den 200 Millionen Sowjetbürgern, daß sie sich für die Ermordung von mindestens 50 Millionen Menschen durch die Bolschewiken schuldig fühlen sollen? Machen sich die Briten über ihre Untaten in der Welt ein Gewissen, oder die Amerikaner? 14 Millionen Indianer wurden skrupellos abgeknallt und zu menschlichem Abfall degradiert. Wer schämt sich für Dresden, Hamburg und Hiroshima? 2,4 Millionen Deutsche wurden nach dem Krieg umgebracht. Fast eine Million Juden haben die Sowjets zwischen 1939 und 1945 in Osteuropa liquidiert. Aber nur die Deutschen will man ewig auf die Arme-sünderbank der Geschichte fesseln. Eine Blutspur des Völkermordes zieht sich durch alle Jahrhunderte. Der Unterschied ist nur der! Die Hinterbliebe-nen der toten Juden werden mit Wiedergutmachung überschüttet, die der toten Deutschen wurden auch noch ausgeraubt und verjagt. Die Schuldigen für Auschwitz wurden gehängt, die Schuldigen für die Massenmorde an den Deutschen gingen mit Orden und Ehrenzeichen in die Geschichte ein."[74]

Jene oben angeführten „Blutspur[en] des Völkermordes", wurde die Zeitung nicht müde zu trommeln, seien die „kommunistischen Verbre-chen" und das „Schweigen" darüber, oder andernorts die „Verbrechen des Marxismus/Kommunismus", die „Kriegsverbrechen der Amerikaner und Engländer durch den Bombenterror auf deutsche und andere europäische Städte", die „Abschlachtung von rund 10.000 polnischen Offizieren in den Wäldern von Katyn durch die Sowjets"[75], die „Kriegsverbrechen der Ameri-kaner durch Atombombenabwürfe", die „Friedensverbrechen der Errichtung von Todeslagern für die deutsche Zivilbevölkerung in der Sowjetunion, Po-len, Tschechoslowakei, und anderwärts [sic!]"[76], die „Friedensverbrechen der Vertreibung von 15 Millionen Ost-, Sudeten- und Volksdeutschen, darunter mehr als vier Millionen Altösterreicher", die „Friedensverbrechen der Ver-sklavung von Millionen Kriegsgefangenen durch die Sieger und die Tötung von ca. 1 Million" Kriegsgefangenen, die „anglo-amerikanischen Friedens-verbrechen der Auslieferung der Kosaken, Kroaten, Ungarn, der Wlassow-Armee und Hunderttausender volksdeutscher Zivilisten an die Sowjets bzw. Jugoslawen", die „sowjetischen und polnischen Judenpogrome während und nach dem Krieg – Hunderttausende Tote", die „alliierten Friedensverbrechen während der Besatzungszeit in Deutschland und Japan", die „Friedens-verbrechen von mehr als 100.000 Franzosen und 40.000 Italienern nach dem Krieg", „Grausamkeiten an Kriegsgefangenen in Jugoslawien", die „Endlö-sung der Krimtatarenfrage", u.s.w, u.s.f.. Zumeist also „Holocaust auf sla-wisch. Vielleicht dreht einer auch darüber einmal einen Gruselfilm", um dann zur Sache zu kommen: „Oder zählt nur das Leben und das Leid der Juden in der Welt?" Angesichts dieser Opferpalette war es unschwer auch auf die toten Juden hinzuweisen, verkommen diese dadurch doch zur Randnotiz, der Holocaust zur historischen Randszene, was durchaus nicht unbeabsichtigt gewesen sein dürfte. Und, um alle möglichen Unklarheiten beiseite zu schie-ben, noch der rhetorische Alibi-Bauchaufschwung: „Um von vornherein Miß-verständnisse zu vermeiden, sei ausdrücklich nochmals darauf hingewiesen, daß es uns nicht um einen Gegensatz zum jüdischen Volk geht. Wir neigen uns vor den Opfern aller Völker, selbstverständlich auch derjenigen des jüdi-schen Volkes – uneingeschränkt."[77]

Die sechs „Millionen Opfer in deutschen KZ sind Propagandazahl", da die „Dokumente noch immer unter Verschluß"[78] stünden. Deshalb forderte das „Sonderblatt" die „Einsetzung und Finanzierung einer internationalen Historiker-Kommission. Diese soll unter Heranziehung a l l e r Quellen – auch der noch immer unter Verschluß der Siegermächte gehaltenen – objektiv und vorurteilsfrei einen Report über die Menschen und Völkerrechtsverbrechen in diesem Jahrhundert erstellen", eine Aufforderung, die sich gebetsmühlenartig durch das gesamte Pamphlet zog. Eine der zitierten Autoritäten für die „noch immer unter Verschluß stehenden" Dokumente war der Erlanger Historiker Hellmut Diwald. Von der „Union Höherer Schüler" Bayerns wurde berichtet, sie habe „im Zusammenhang mit der Ausstrahlung von ‚Holocaust' eine Dokumentation über die Vertreibungsverbrechen, die nach dem Krieg, also im Frieden, an den Deutschen begangen wurden", gefordert. Da war es zur nächsten zitablen Autorität, Franz Josef Strauß, nicht weit. War der Vorwurf des Kommerzes aus seiner Feder schon ein etwas seltsam klingender, kam er über das Sammelsurium des „Auch andere waren Opfer" zum Kern: „Solange nicht andere grausame Kapitel der Zeitgeschichte" wie zum Beispiel Katyn, die „Auslieferung und Ermordung der Kosaken (...) die wortbrüchige Auslieferung der ungarischen Armee an Titos Partisanen (...) die Greuel der Vertreibung, die Greuel in gewissen Kriegsgefangenenlagern in Rußland und Jugoslawien ebenfalls als abschreckendes Beispiel in ähnlichen Serien – hoffentlich historisch und spielerisch besser dargestellt – geboten werden, (...) kann man einer Sendung wie ‚Holocaust' nicht die angeblich gewünschte Bedeutung zuordnen."[79] Weiters kam mittels Zitat der bereits damals in einschlägigen Kreisen geschätzte David Irving[80] zu Wort, der den deutschen Historikern vorwarf, nicht zu forschen, sondern voneinander abzuschreiben.

Runder und präziser als einer der „Aula"-Protagonisten selbst konnte und kann man die Intention des „Sonderblattes" nicht zusammenfassen: „Zentrales Anliegen (...) war es darzustellen, daß Holocaust ein internationales Phänomen ist und keineswegs nur ein deutsches."[81]

9.2. „Holocaust" als „Medienereignis"[82]

„Aufgrund der vorhandenen Daten war es mindestens ein Sechstel eines 215-Millionen-Publikums", das „Holocaust" sah. „Davon war ein Drittel Amerikaner, ein Drittel Brasilianer, ein Viertel Westeuropäer und der Rest bestand aus Zuschauern in Asien und Ozeanien. (...) Aus den bisherigen Zahlen geht ziemlich eindeutig hervor, daß die Reichweite von ‚Holocaust' nicht so sehr mit der Tatsache verbunden war, daß es sich um ein jüdisches Thema handelte, sondern daß der Erfolg ein Stück der allgemeinen Bedingungen des jeweiligen Fernsehmarktes ist."[83] In New York, Los Angeles und Chicago pendelten die Zu- und Einschaltquoten zwischen 53 und 59 Prozent[84]. Landesweit wurden die „höchsten Ratings (…) am vierten Abend erzielt: 34,9%"[85], die allerdings im Vergleich weit hinter denen von „Roots"[86], dem Fernsehhit des Konkurrenzsenders ABC, lagen. Für die USA nennt Felix Messerschmid insgesamt „120 Millionen Amerikaner", die „diese Sendung gesehen [haben], also gut die Hälfte der Bevölkerung", wobei er allerdings einschränkend hinzufügte: Die „qualitativen Maßstäbe für die Folgen einer solchen Einwirkung während vier Abenden fehlt uns."[87] Für die Bundesrepublik publizierte Uwe Magnus Einschaltquoten für die zwischen Montag und Freitag ausgestrahlte Serie zwischen 31 und 40 Prozent, oder zwischen 10 und 14 Millionen Sehern[88]. Dazu meinte Ernst Tilman: „In den USA hat die Serie HOLOCAUST über die Hälfte der Bevölkerung erreicht und auch gelangweilte Vielseher zu intensiver Nutzung gezwungen. In England und Israel lagen die Einschaltquoten noch höher -, auch in der Bundesrepublik war für ein Thema dieser Art (…) eine überdurchschnittlich hohe Seherbeteiligung zu erwarten. Bei bis zu 41% erreichter Zuseher hat HOLOCAUST auch in der Bundesrepublik Rekorde gebrochen und neue Maßstäbe gesetzt."[89]

Für Österreich legte Peter Diem Werte zwischen 38 und 52% vor. An diesen fällt auf, daß sie mit dem Maximalwert beginnen und im Laufe der Ausstrahlung (zwischen 1. und 4. März 1979) rückläufig (49 Prozent am 2. und 38 Prozent am 3. März) waren und sich erst wieder mit der letzten Folge auf 44 Prozent erholten[90]. In Deutschland hingegen stiegen die Quoten kontinuierlich von 31 auf 40 Prozent. 61% der Österreicher sahen zumindest eine Folge, 9% sahen zwei, 14% drei und 26% sahen alle vier Teile[91]. Für ORF war die Erstausstrahlung 1979 ein „Außireißer". „In der Bestsellerliste rangierten (…) ‚Holocaust' I, II und IV unmittelbar hinter dem Spitzenreiter ‚Villacher Fasching' (3,6 Millionen) auf den weiteren Plätzen"[92].

Besieht man sich (signifikante) Zusammenhände zwischen der Variable Alter und der Tendenz, sich zumindest eine Folge (oder gar keine) von „Holocaust" anzusehen, so lagen 1979 die zwei jüngsten Altersgruppen signifikant überdurchschnittlich unter den „Sehern" und signifikant unterdurchschnittlich unter den Nichtsehern. Vice versa verhielt es sich für die zwei ältesten Altersgruppen.

Ganz anders sah die Seherbeteiligung bei der Zweitausstrahlung im Februar 1997 aus. Die wenig aufregenden Quoten der Zweitausstrahlung überraschen um so mehr, als der ORF regelmäßig den – weitverbreiteten – Wunsch nach Wiederholung mittels Meinungsforschung abtesten ließ[93] und auch das Marktpotential für „Holocaust" ein durchaus großes war[94]. Die tatsächlichen Daten sahen jedoch ganz anders aus: Lediglich zwischen 4,7 und 6 Prozent, durchschnittlich 5,4 Prozent der Österreicher sahen die „Holocaust"-Folgen[95]. Aufgeschlüsselt nach der Quantität, sahen jeweils 8 Prozent eine oder alle vier Folgen, 3 Prozent sahen zwei und fünf Prozent sahen drei Folgen[96], die Variable „Alter" spielte 1997 überhaupt keine Rolle mehr im Zuseherverhalten.

Als verantwortlich „für die relativ geringe Seherbeteiligung"[97] führt Diem das Faktum der Wiederholung[98], das „Alter in Material, Machart, Regie und inhaltlicher Aussage", die Konkurrenz von zwanzig deutschsprachigen Fernsehkanälen und den „erheblich" geringeren „Bedarf nach einschlägiger ‚harter' Non-Fiction (Dokumentation), aber auch nach ‚weicher' Fiction (Dokudrama, Infotainment")[99] an.

Nicht uninteressant ist, in diesem Zusammenhang der Frage nachzugehen, warum „Holocaust" nicht gesehen wurde:

Es ist zwar zu berücksichtigen, daß die Daten – ebenso wie bei der oben ausgeführten Seherbeteiligung[100] – nicht hundertprozentig vergleichbar sind, da die Sampels voneinander stark abwichen. Der Trend läßt darauf schließen, daß „objektive" Gründe 1997 eher dafür ausschlaggebend waren, „Holocaust" nicht zu sehen (Zunahme der kumulierten Werte von 42 auf 56 Prozent), wobei vor allem die Häufigkeit von „Nicht gewußt" auffällt. Die subjektiven Gründe waren 1997 weniger ausschlaggebend, sie fielen von 43 auf 35 Prozent. Hierbei fallen drei Werte auf, die signifikanten Änderungen unterlagen. Neben der Begründung, von der Ausstrahlung „nichts gewußt zu haben" (Zunahme von 3 Prozent 1979 auf 12 Prozent 1997), fiel das Motiv „Erinnerung an die NS-Zeit" als Grund, sich „Holocaust" nicht anzusehen, von dreizehn auf drei Prozent, wobei wohl die Änderung der demographischen Struktur (mit)ausschlaggebend gewesen sein dürfte. Ebenfalls einem signifikanten Wandel, immerhin einer Verdoppelung des Ergebnisses, unterlag die Begründung „Desinteresse am Thema".

Besieht man sich die internationalen Vergleichsdaten, so lag Österreich 1979 mit insgesamt 2.650.000 Zusehern auf dem zehnten Platz[101], im Vergleich der „Ratings"[102] mit knapp über 45 Prozent Sehern an vierzehnter Stelle[103] und in der Gegenüberstellung der „Holocaust-Shares"[104] noch vor der Bundesrepublik und den USA mit 69,6 Prozent an achter Stelle.

9. 3. Die Wirkung von „Holocaust"[105]

Nach der Ausstrahlung 1979 jubelte der ORF, „Holocaust" habe die Meinung zur Faktizität des Holocaust bei 300.000 Österreichern geändert. Tatsächlich war zumindest ansatzweise ein verändertes Meinungsbild feststellbar: Stimmten vor der Ausstrahlung lediglich 72 Prozent der Befragten der Aussage, „In der Zeit des Nationalsozialismus wurden Millionen Juden umgebracht" zu, so waren es nach der Ausstrahlung 81 Prozent. Im Gegensatz dazu reduzierte sich die Zustimmung zur Gegenposition – „Die Massenvernichtung von Juden durch den Nationalsozialismus ist historisch nicht erwiesen" – von 16 auf 11 Prozent, bewegte sich somit innerhalb des Bereichs des statistischen Meßfehlers. Diesem, in einem Teilbereich eindeutigen Ergebnis muß jedoch hinzugefügt werden, daß bei Nachmessungen im Juli und im August 1979 der vielbejubelte Effekt wieder verschwunden war. Die Zustimmung zur Faktizität des Holocaust fiel auf 76 bzw. auf 75 Prozent, die Zustimmung zur Leugnung stieg auf 16 bzw. auf 15 Prozent und somit auf das Niveau vom Februar 1979[106]. Besieht man sich die Umfrageergebnisse nach tatsächlichen Effekten der Ausstrahlung, so sind diese neben der (kurzfristig) gestiegenen Zustimmung zur Faktizität des Holocaust lediglich in der gestiegenen Befürwortung der Weiterverfolgung von NS-Verbrechern (Zunahme von 17 auf 24 Prozent) und der Notwendigkeit nach historischer Bewußtseinsbildung (von 48 auf 55 Prozent[107]) signifikant feststellbar. Ernüchtert, aber doch positive Effekte reklamierend, formulierte Diem zur Wirkung: „Als Hypothese ließe sich formulieren, daß ‚Holocaust' im kognitiven Bereich offenbar nur eine minimale (manifeste) Langzeitwirkung, im emotionalen Bereich vermutlich aber eine höhere (latente) Dauerwirkung erzielt hat. Diese könnte bei Aktualisierung der Thematik freilich ‚abgerufen' werden. Mit Sicherheit hat die Serie jedoch zu einer Sensibilisierung der Träger der veröffentlichten Meinung und des gesamten Bereiches Schule und Volksbildung (...) geführt."[108] Das war freilich lediglich eine Hypothese, deren empirische Basis fragwürdig war.

Die Ausstrahlung 1997 traf auf ein verändertes und vor allem gefestigtes Meinungsbild. Ausnahmslos alles, was in der Studie aus dem Jahr 1997, sofern es die kollektive Meinung betrifft, als Wandel erscheint, liegt bei genauerem Hinsehen im Rahmen des statistischen Meßfehlers. Signifikant verändert hat sich das Meinungsbild in Bezug auf alle Fragestellungen außer der nach der Faktizität des Holocaust, wo zwischen 1979 und 1997 keine signifikanten Antwortunterschiede festzumachen waren. Sofern es die österreichische Mitverantwortung betraf, stieg der Durchschnittswert von 47 (ein für 1979 nicht wenig überraschender Wert) auf 71 Prozent, während er sich für die deutsche Alleinverantwortung von 38 auf 13 Prozent reduzierte; das Antwortverhalten in Richtung „Gras über die Geschichte" wachsen zu lassen reduzierte sich von 44 auf 24 Prozent, die Gegenposition konnte von 53 (ebenfalls, als Mehrheit einer bipolaren Fragestellung überraschend) auf 69 Prozent zulegen. Schließlich stieg das Antwortverhalten in Bezug auf die Weiterverfolgung von NS-Verbrechen von 21 auf 38 Prozent, wohingegen der „Schlußstrich" von ursprünglich 75 auf 52 Prozent fiel, was andererseits soviel bedeutet, daß die juristische Weiterverfolgung (und dieser Art von „Vergangenheitsbewältigung") auch 1997 bei weitem nicht mehrheitsfähig war. Festzuhalten ist weiters, daß sich das Mehrheitsverhalten der Antworten zwischen 1979 und 1997 nicht geändert hat; mit anderen Worten: Wofür 1997 eindeutigere Mehrheiten und dementsprechend große Unterschiede bestanden, waren sie 1979, wenngleich weniger akzentuiert ausgeprägt, bereits vorhanden.

Besieht man sich lediglich die Totalergebnisse, so kann demnach durchaus von einem von Konsens geprägten Geschichtsbild gesprochen werden. Betrachtet man die Daten allerdings nach der Dimension „Alter", so wurde dieser Konsens teilweise zum Dissens, wofür die weiter oben analysierten Beispiele der Seherbeteiligung 1979, die Frage nach der „Art der Vergangenheitsbewältigung" (1979 und 1997) und (zumindest teilweise) das Plädoyer für eine Weiterverfolgung von NS-Verbrechern (1997) stehen.

Besieht man sich die Signifikanzen der Totalerhebungen über alle gestellten Fragen, so bewirkte „Holocaust" 1997 überhaupt keinen Meinungswandel, „Holocaust" 1979 in der erhöhten Zustimmung zur Faktizität des Holocaust, der Zunahme der Ablehnung der Nichtweiterverfolgung von NS-Verbrechen der erhöhten Zustimmung zur Notwendigkeit, sich die „Dinge bewußt zu machen" und zu zwei Dimensionen kollektiv interpretierbarer Schuldzuschreibungen.

Signifikanzprüfung der Totalerhebung (vor und nach „Holocaust")

	1979	1997
Faktizität des Holocaust „ja"	ja	nein
Faktizität des Holocaust „nein"	nein	nein
Österr. Mitverantwortung	nein	nein
Alleinschuld der Deutschen	nein	nein
Verfolgung „ja"	nein	nein
Verfolgung „nein"	ja	nein
Vergangenheitsbewältigung „ja"	ja	nein
Vergangenheitsbewältigung „nein"	nein	nein
Schuldfrage: „Hitler"	nein	nein
„eine kleine Personengruppe"	nein	nein
„die Nazis insgesamt"	nein	nein
„alle, die davon wußten, aber nichts unternahmen"	ja	nein
„die gesamte Bevölkerung"	ja	nein

Eindeutiger sind die Signifikanzen bezüglich des Kriteriums „Seher" bzw. „Nichtseher": 1979 zeigten – wie aus der folgenden Tabelle ersichtlich – sich signifikante Wirkungen bei sieben von dreizehn Antwortmöglichkeiten, 1997 bei lediglich fünf[109].

Signifikanzprüfung Seher und Nichtseher[110]

	1979	1997
Faktizität des Holocaust „ja"	ja	ja
Faktizität des Holocaust „nein"	ja	nein
Österr. Mitverantwortung	nein	ja
Alleinschuld der Deutschen	ja	nein
Verfolgung „ja"	ja	ja
Verfolgung „nein"	ja	ja
Vergangenheitsbewältigung „ja"	ja	ja
Vergangenheitsbewältigung „nein"	ja	nein
Schuldfrage: „Hitler"	nein	nein
„eine kleine Personengruppe"	nein	nein
„die Nazis insgesamt"	nein	nein
„alle, die davon wußten, aber nichts unternahmen"	nein	nein
„die gesamte Bevölkerung"	nein	nein

Besieht man sich und prüft man – wie die folgende Tabelle zeigt – die Totalergebnisse der jeweiligen Umfragen[111] auf signifikante Veränderungen, so ist in zehn von dreizehn untersuchten Fällen ein signifikanter Wandel feststellbar[112].

Signifikanzprüfung der Totalergebnisse (1979 versus 1997)

	Signifikanz
Faktizität des Holocaust „ja"	nein
Faktizität des Holocaust „nein"	nein
Österr. Mitverantwortung	ja/+
Alleinschuld der Deutschen	ja/-
Verfolgung „ja"	ja/+
Verfolgung „nein"	ja/-
Vergangenheitsbewältigung „ja"	ja/+
Vergangenheitsbewältigung „nein"	ja/-
Schuldfrage: „Hitler"	ja/+
„eine kleine Personengruppe"	ja/+
„die Nazis insgesamt"	ja/+
„alle, die davon wußten, aber nichts unternahmen"	ja/+
„die gesamte Bevölkerung"	nein

9.4. „Holocaust" und der mediale Diskurs

Wesentliches Kriterium für die Benennung als „Medienereignis" ist freilich nicht nur die private, sondern auch – und nach Diem vor allem – die veröffentlichte, sprich mediale, Kommunikation. 1979 gingen beim ORF insgesamt 8.227 Anrufe und 526 Zuschriften zur Serie ein; in den heimischen Medien erschienen 1099 Artikel[113], davon 505 Leserbriefe und 131 Kommentare zur Thematik[114]. Die Analyse der Medienberichterstattung zwischen 18. Jänner und 2. April war eine „Totalerhebung" der 1099 „in irgendeiner Weise mit dem Thema ‚Holocaust' zusammenhängenden Presseartikel. (...) „In 2/3 aller Medien wird überdurchschnittlich hohe Zustimmung zu ‚Holocaust' geäußert, wobei jedoch nur EXTRABLATT und die Kirchenzeitung absolute Zustimmung zum Ausdruck bringen. Allerdings sollte hier angeführt werden, daß die Anzahl der Artikel in diesen Medien statistisch eigentlich nicht relevant ist. Auffallend ist, daß die Massenblätter KURIER und KRONEN-ZEITUNG sowie die KLEINE ZEITUNG Graz nur knapp über dem Durchschnittsindex (Kurier) bzw. darunter liegen. Auch die großen Bundesländerzeitungen mit Ausnahme der KÄRNTNER TAGESZEITUNG und der TIROLER TAGESZEITUNG weisen geringere Werte als der Durchschnitt auf, ebenso ist der Index in allen ÖVP-Zeitungen unter dem gesamtösterreichischen Durchschnittsindex."[115] Geordnet nach der Häufigkeit der inhaltlichen Analysekategorien dominieren Aussagen zu Gegenwartsbezug, Bewußtseinsbildung, zeitgeschichtliche Begleitinformationen vor Gegendarstellung, Verdrängung, Antisemitismus und Antifaschismus als die am wenigsten häufig thematisierte Kategorien[116]. „Die Kommentare waren positiver als die Einstellung der Bevölkerung"[117] – gemessen an den veröffentlichten Leserbriefen.

Die 48 in österreichischen Printmedien 1997 veröffentlichten Texte zu „Holocaust" bezogen sich zumeist auf Programmankündigungen (35 Artikel); daneben wurden 12 Kommentare und ein Leserbrief veröffentlicht[118]. „Holocaust" 1997 war eine Wiederholung, deren Inhalt in der Kommentierung sekundär war, die kaum (sieht man von Thomas Chorherr in der „Presse" ab) historische Assoziationen aufkommen ließ und die außer Streit stand. Die Serie wurde – wenn überhaupt – aus dem Blickwinkel der Erstausstrahlung gedeutet – als damals stattgefundenes „Medienereignis", das 1997 nicht mehr aufzuregen vermochte und demgemäß sparsam kommentiert wurde[119]. Ein Indikator belegt das „Nicht-Ereignis" überdeutlich: Blies der „Aula"-Verlag – wie oben ausgeführt – 1979 noch via „Sonderblatt" zum Halali auf die Serie, so war ihr die Zweitausstrahlung keine Erwähnung mehr wert.

9.5. Medienanalyse

9.5.1. Salzburger Nachrichten

„Holocaust", so SN-Chefredakteur Karl Heinz Ritschel im Zusammenhang mit der Ausstrahlung in der Bundesrepublik, sei „die in eine Spielhandlung verpackte Darstellung der Judenverfolgung im nationalsozialistischen Deutschland" und eine „gelungen[e] Darstellung, die „unter die Haut" gehe. Die Ausstrahlung „würde auch in Österreich nicht schaden."[120] Worauf Ritschel besonderen Wert legte, war die Wahrhaftigkeit des Gezeigten[121], gegen die es kein vernünftiges Argument gäbe[122], denn es „wäre falsch, die Augen vor der Wirklichkeit zu verschließen."[123] Nach dieser eindeutigen Positionierung Ritschels dürfte – zumindest – ein Teil der Leserbriefe recht eindeutig formuliert gewesen sein[124], berief er sich doch legitimierend (und tatsachenkonform) darauf, daß die „Salzburger Nachrichten" „sich niemals gescheut [haben], Greuel der anderen Seite anzuprangern und Tatsachen der Vertreibung der Sudetendeutschen zu berichten; ich erinnere nur an die Serie über die Vertreibung der Sudetendeutschen anläßlich des Sudetendeutschen Tages in Wien." Dennoch sei die Judenverfolgung „nicht aufrechenbar. Sie ist auch nicht vergleichbar mit Kriegshandlungen und selbst Ausschreitungen."[125] Nachdem Ritschel auf die besonders delikate Situation einer Nichtausstrahlung in Österreich aufmerksam machte und sehr zurückhaltend auf das „Warum" – wenngleich eigenartig argumentiert – hinwies[126], ging er daran, die gegen „Holocaust" vorgebrachten „Argumente" zu zerpflücken. In diesem sehr persönlich gehaltenen Artikel versuchte er auch eine Antwort auf die Frage nach dem damaligen Stand des Wissens zu geben: „Die Grausamkeit der ‚Endlösung' wurde der Bevölkerung verheimlicht. Aber spätestens seit der sogenannten Reichskristallnacht vom 9. November 1938 wußte ein Großteil der Menschen zumindest soviel, daß Juden verprügelt, verfolgt, mißhandelt werden. Daß – wenn man es vorsichtig fassen will – den Juden nichts Gutes geschehe."

Wenig Raum nahmen in seinen Ausführungen die Täter ein. Schuld am Krieg war Hitler alleine und schuld am Holocaust waren „Adolf Hitler und seine ihm fanatisch ergebene Schar, die die Vernichtung einer großen Menschengruppe, eben der Juden, zum offiziellen, wenn auch geheimen, Ziel der Staatspolitik gemacht hat." Überhaupt sei „Holocaust" ein Musterbeispiel eines Filmes, „der einprägsamer als alle Literatur und Dokumentarfilme bisher die Manipulierbarkeit des Menschen" zeige, wofür auch jene „Mönche, die im Mittelalter in vermeintlich christlichem Eifer Mitmenschen dem Feuertod überantworteten, der Inquisition unterwarfen, glaubten gottgefällig zu handeln und Seelen durch Läuterung des Feuers zu retten. Das ist auch ein Stück manipulierten Menschentums gewesen. (...) Denn: So wie die Inquisition, die längst überwunden und bewältigt ist, ist auch die ‚Endlösung‘ ein Stück unverlierbarer Geschichte.“[127]

Hatte Ritschel eher unverbindlich angeführt, daß „Holocaust“ die Deutschen und Österreicher sehr wohl etwas angehe, so beleuchtete der Artikel von Hans Kutil die österreichische Dimension des Mordens, allerdings nicht aus der Perspektive der Täter, sondern aus der des Ortes der Opfer, konkret von Mauthausen. „Mauthausen“ war „ein sogenanntes ‚Todeslager‘ (...), in dem Zwangsarbeit mit der vorsätzlichen Vernichtung bestimmter Häftlingskategorien verbunden“, und das „als besonders grausam verrufen“ war. Neben dem Aspekt des Zweckes von Mauthausen referierte Kutil ausführlich die Todes- bzw. die Ermordungsarten und verwies nachdrücklich darauf, daß sogar „als der Zusammenbruch von Hitler-Deutschland bereits vor der Tür stand, (...) noch am 28. April 1945 eine Vergasungsaktion durchgeführt“ wurde, und daß am 2. Mai „die überhaupt letzte Exekution in einem deutschen KZ“[128] stattfand.

„Holocaust“ war für Ritschel „nicht antideutsch – der Film ist antinazistisch.“[129] Das abzuleitende, zwangsläufige und überzeugende Resultat sei: „Nie wieder Faschismus, nie wieder Nationalsozialismus!“ Ein nicht gezeichneter Artikel verband die positive Bewertung von „Holocaust“ mit der Hoffnung, der Film „hat möglicherweise – hoffentlich! – das Tor aufgestoßen zu einer längst überfälligen Überwindung der fast perfekten Verdrängung dieser Greueltaten aus dem Bewußtsein jener Generation, die diese Zeit selbst erlebt hat.“ In diesem Zusammenhang scheint es jedoch merkwürdig, einen Alfred Maleta, einem nicht wenig prominenten ÖVP-„Brückenbauer“ nach 1945 zuzupflichten, „wenn er fordert, man dürfe jetzt nicht wieder nach Schuldigen suchen.“[130] Das ist genau jene „softversion“ historischen Bewußtseins, die sich auch in den empirischen Daten äußert: Das Bekenntnis zur österreichischen Mitschuld schmerzt nicht, solange die Schuldigen nicht zur Verantwortung gezogen werden.

Ein auffallender Aspekt der Kommentierung durch die „Salzburger Nachrichten“ waren die Hinweise auf internationale Reaktionen und deren Implikationen. So wurde, ausgehend vom Radikalenerlaß in der Bundesrepublik und der Debatte darüber im Bundestag, innerhalb derer der damalige Oppositionschef Helmut Kohl (für historisch schiefe Vergleiche offenbar damals schon zu haben) die Lockerung desselben mit der „Endlösung“ in Zusammenhang brachte, bewertet und kommentiert mit: Der „Völkermord an den Juden [wirkt] als Argument pro oder kontra wie eine parteitaktische Entgleisung und ist der Tragik des jüdischen Schicksals kaum angemessen.“[131] Die Nichterwähnung von „Holocaust“ in den DDR-Medien gehe nicht „zufällig“ mit der Tasache einher, „daß die ostdeutsche Presse schon kurz nach der Sendung umfangreiches Zahlenmaterial über die Verurteilung von Kriegsverbrechern durch DDR-Gerichte publiziert hat." Unter Berufung auf Simon Wiesenthal folgte eine DDR-Promiliste mit einschlägigen Vergangenheiten. „Die aktiven Widerstandskämpfer aus den Reihen der deutschen Kommunisten, deren unsägliches Leiden in Gestapokellern und Konzentrationslagern von der SED als Legitimation für den antifaschistischen Charakter der DDR plakativ vorgezeigt werden, sehen die nicht unbeträchtliche Zahl von ehemaligen Hitler-Anhängern in leitenden Positionen ihres Staates mit Unbehagen und Sorge. Schon mehrfach hat sich deshalb der Verband der Widerstandskämpfer erfolglos an die SED-Führung mit der Forderung gewandt, belastete Nazis (...) zur Verantwortung zu ziehen."[132] Der Frankreichkorrespondent, Hans Klein, berichtete über die zurückhaltende Vorgangsweise der französischen Fernsehanstalten, „Holocaust" ob der partiellen Verstrickung der französischen Bevölkerung, anzukaufen. Die Serie habe deshalb in Frankreich nicht jenes Echo erwarten lassen wie in der Bundesrepublik, insbesondere „mit Selbstanklagen ehemaliger Vichy-Leute rechnete man nicht. (...) Daß es auch hier eine unbewältigte Vergangenheit gibt, ist unübersehbar. (...) Es gibt Geschwüre, die nicht von selbst heilen."[133]

Somit kommentierten die Salzburger Nachrichten die Serie sowohl vom Inhaltlichen als auch vom Ästhetischen durchwegs positiv. So wenig konkret Täter benannt wurden, so wenig konkret waren Aussagen zu den Ursachen des Holocaust, sieht man von den mehr als vage und summa summarum wenig erklärungsmächtigen Topoi der Manipulation und Gut- bzw. Rechtgläubigkeit ab. Letzterer in Verbindung mit der Inquisition ist wohl als grobe Vereinfachung und die Singularität des Holocaust in Abrede stellendes Erklärungsmuster anzusehen. Die österreichische Dimension wurde, wiederum ohne Benennung von Tätern und somit ahistorisch auf Mauthausen hinfokusiert und auf diese Dimension reduziert. Schließlich ist die explizite Ablehnung der Weiterverfolgung von NS-Straftätern erwähnenswert, jedoch solle aus „Holocaust" eine Diskussion über die NS-Vergangenheit resultieren.

9.5.2. Kurier

Betonten die „Salzburger Nachrichten", namentlich Ritschel, in der Vorabberichterstattung zu „Holocaust" die Wahrhaftigkeit des Gezeigten, so glaubt man sich hinsichtlich der Vorabberichterstattung des „Kurier" eher in revisionistischen Kreisen zu bewegen. Wolfgang Boer zitierte – von „unverdächtiger Seite", wie er betonte – „Beweise (...), die eindeutig auch eine Mitschuld der westlichen Alliierten und Europas an diesem furchtbarsten Verbrechen des 20. Jahrhunderts." Eine „,wirtschaftliche Lösung' der Judenfrage", die „Juden sollten auswandern und müßten lediglich ihr Vermögen zurücklassen, (...) scheiterte, weil sich die westlichen Alliierten und viele europäische Staaten weigerten, genügend Juden aufzunehmen. (...) Noch am 28. September 1939, einen Tag nach dem Fall Warschaus, zeigte das deutsche Außenministerium Bereitschaft zur Evakuierung der Juden – doch die westlichen Alliierten weigerten sich wieder einmal, geschützt durch bürokratische und technische Vorwände, Emigranten aufzunehmen. An dieser Weigerung scheiterten die noch immer bestehenden Pläne, jüdische Emigranten in Neukaledonien, Guayana, Angola, auf Haiti, Mindao oder Madagaskar anzusiedeln."[134] Die Apologie und Täterumkehr ging allerdings weiter. David Irving wurde als einer der Kronzeugen dafür genannt, daß Hitler mit dem Holocaust nichts zu tun gehabt habe[135] und die (mehr als blauäugige) Wiedergabe einer Nürnberg-Aussage legte nahe, Hitler habe die Juden geschützt[136]. Der Autor schloß damit, es sei „gerade durch Forschungen der letzten Zeit [eindeutig] nachgewiesen, daß Hitler-Deutschland bei seinem Versuch, die Juden Europas zu vertreiben oder dann zu vernichten viele mehr oder minder bereitwillige Komplizen fand", was „seine [Hitlers] Verbrechen nicht entschuldigt, aber die ungeheure Schuldenlast etwas verteilt."[137] Ein am selben Tag erschienener Artikel zur selben Thematik ging der Frage nach, warum die Amerikaner „Auschwitz nicht bombardiert und somit Hunderttausenden Juden das Leben gerettet" haben. Unter Berufung auf einschlägige Recherchen wurde wiedergegeben, daß alle Argumente gegen eine Bombardierung „samt und sonders fadenscheinig" seien und die Bombardierung „keineswegs ,undurchführbar' gewesen" sei. Eine Bombardierung hätte „mindestens einer halben Million Juden, die in Auschwitz vergast wurden, das Leben gerettet"[138]. Abgesehen vom eben Zitierten fanden sich in der weiteren Kommentierung keine apologetischen Tendenzen mehr[139].

Die Bewertung der Serie war durchwegs positiv und im Vorfeld der Aussstrahlung, als es darum ging, ob „Holocaust" nun vom ORF übernommen werden solle oder nicht, stellte sich der Kurier ganz eindeutig auf die Seite der Befürworter[140].

War schon die Suche nach den Tätern beziehungsweise deren Erwähnung in den SN eher gering ausgeprägt, so fanden sich diese in der „Kurier"-Kommentierung fast überhaupt nicht. Lediglich einmal erschien mit dem Verweis auf Mauthausen ein derart zuordenbarer beziehungsweise ein konkret benennender Text[141].

Anders verhielt es sich mit der Thematisierung der „Vergangenheitsbewältigung" beziehungsweise deren spezifisch österreichischer Ausprägung. „Wir Österreicher haben es uns ja nach 1945 viel bequemer machen können als die Deutschen: Wir waren ,befreit', wir haben unseren Staat zurückbekommen, wir waren bewußt ganz wer anderer als die ,da draußen'. Damit hat man sich bei uns beinahe alles an Aufarbeitung des NS-Greuels erspart. Die Deutschen haben in ihrer großen Mehrheit jahrzehntelang verdrängt, wir

316

haben das Ganze überhaupt gleich über die Grenze abgeschoben. Und dabei haben Österreicher so arg mitgemacht. Kaum eine Stadt hat einen so hohen Prozentsatz an Juden in die Gaskammern geliefert wie Wien. Unter den Kriegsverbrechern war der Anteil der Österreicher wesentlich höher, als es ihrem Anteil an der reichsdeutschen Gesamtbevölkerung entspräche. Entsprechend kläglich ist unser Anteil am Widerstand gegen das Hitler-Regime. Und heute gibt es seit Jahren keine Kriegsverbrecherprozesse mehr, weil österreichische Geschworene in solchen Verfahren von zunehmend ungeheurer Milde waren. Wir hätten den ‚Holocaust'-Schock bitter nötig. Nicht aus Masochismus, nein. Nur um endlich die grausame Wahrheit jüngster eigener Geschichte wenigstens einmal bewußt zur Kenntnis zu nehmen."[142] Kürzer und prägnanter faßte es Hans Rauscher zusammen: Man könne gespannt sein, wie der Österreicher auf „Holocaust" reagieren werde, mache doch dieser „sich und anderen gerne" weis, „daß Beethoven ein Landsmann und Hitler hingegen ein Deutscher war."[143] Der Nationalsozialismus war – so Alfred Payrleitner – „die größte und brutalste Zertrümmerung von Wertvorstellungen, die es in der Geschichte der deutschsprachigen Völker je gegeben hatte". Diese bestand darin, daß „aus Recht Unrecht, aus Pflichtbewußtsein Verbrechen und aus Tapferkeit Feigheit" wurde, die „altgewohnten Rückgriffe auf traditionelle Gemeinschaften" nichts mehr nützten und Angst herrschte. Das verpackte er in beziehungsweise daraus konstituierte er eine eher triviale „Erfahrung des Totalitarismus": Die Soldaten starben für „einen neurotischen Dämon, für eine groteske Dummheit", sie wurden Betrogene und Verführte. Payrleitner hoffte, in Verbindung mit „Holocaust" werden zumindest die Enkel das schaffen, „was den Söhnen nicht gelang", nämlich „die Verkrampfung im Umgang zwischen Alten und Jungen" niederzureißen, „den Dialog unter Benützung des Denkapparates" beginnen zu lassen, was einen „geistige[n] Generationensprung" darstellen würde. Bevor dies allerdings möglich sei, müßten sich „die Alten" einiges vergegenwärtigen, nämlich daß „Hitler und Himmler" und „die Kollegen von den Totenkopfverbänden (...) den Namen der deutschen Armee ‚erniedrigt'" haben, und „daß Stauffenbergs Offiziere die eigentlichen, die besseren Deutschen waren." Erst dann, 34 Jahre „Lernprozeß" seien nämlich „wirklich genug", könnten sie „ihre letzte Chance", nämlich „vor den noch Jüngeren mit halbwegs heilem Gesicht davonzukommen"[144], nützen.

Wiederum wurden im „Kurier" kaum Täter benannt, und besieht man sich diese Dimension in der Totalen, so wurde den Alliierten und sonstigen Nicht-Deutschen ein gerütteltes Maß an Mitschuld zugeschrieben. Das Blatt kritisierte zum Zeitpunkt der Ausstrahlung massiv die unterbliebene Diskussion über die NS-Vergangenheit in Österreich und verknüpfte die Ausstrahlung mit der Hoffnung, diese werde wohl jetzt endlich stattfinden.

9.5.3. Kleine Zeitung

Die Beurteilung von „Holocaust" in der Kleinen Zeitung wurde mit der Dauer der Ausstrahlung zunehmend positiver. Wurde an „Holocaust I" noch moniert, man frage sich „nicht nach dem Warum und dem Woher der Dinge", was „gleich zu Beginn deutlich" mache, „welche historischen Schwächen ‚Holocaust' hat"[145], wurde an der nächsten Folge gelobt, diese zeige den Gegensatz zwischen „Schreibtischtäter" und „Mordpraktiker", was wichtig sei, „weil fast alle gewalttätigen Regime ‚zweipolig' angelegt sind: Hier die Denker, dort die Henker. Und dazwischen die namenlose Schar derer, die Befehle ausführt."[146] An „Holocaust III" wurde die geglückte Schilderung „dieser unglaublichen Passivität, mit denen sich Tausende abschlachten lassen"[147] positiv erwähnt. Der letzte in dieser Reihe erschienene Artikel bewertete die Serie nicht mehr, sondern berichtete nur. Das Augenmerk wurde auf die Gegenwart – konkret auf das „Aula"-„Sonderblatt" – gerichtet. „Da stehen sie an den Straßenecken; Leute kaum älter als ich, und drücken mir mit verbindlichem Lächeln Flugblätter in die Hand (...). Die ungeheure Arroganz dieser Waschmittelhändler in Sachen Geschichte. Diese tiefe Respektlosigkeit, mit welcher über Leichenberge hinweg über die Schuldverteilung gefeilscht wird."[148]

Der Täterdiskurs bzw. die Täterbenennung begann mit der Ankündigung, „Holocaust" werde nun doch in Österreich ausgestrahlt. „Österreich, das Land aus dem nicht nur der ‚Führer' Adolf Hitler, sondern nach Meinung vieler Historiker auch die vehementeste Ausformung des Antisemitismus kommt [!], wird also teilhaben an der Katharsis, die die Fernsehserie (...) bei 20 Millionen Deutschen bewirkt hat."[149] Etwas konkreter und gepaart mit einem Hinweis auf das österreichische Schuldbewußtsein formulierte Hütter, indem er anführte, daß „Hitler, Eichmann, Kaltenbrunner und Co. aus der Heimat großer Söhne" kamen. Trotzdem „dürfte bei uns mit Schuldgefühlen sparsamer umgegangen werden." Das habe aber auch sein Gutes: „Das mag zum einen daran liegen, daß die Mehrzahl der Österreicher zwischen Gedanken und Ausführung, zwischen Kopf und Faust einen etwas längeren Weg haben. Dazwischen liegt Gott sei Dank oft die Überlegung, ob der kürzeste Weg immer der Beste ist."[150] Für Deutschland bzw. für die Deutschen konstatierte Csoklich, diese hätten sich „in den letzten Jahren fast selbstquälerisch mit ihrer jüngsten Vergangenheit auseinandergesetzt". Die Österreicher hingegen haben „die Vorgänge um die Judenvernichtung bisher zu einem guten Teil (...) verdrängt."[151] Deshalb hoffte er auch auf einen heilsamen Schock. Die Ursache sah er in der „blindwütige[n] Feindbild-Ideologie eines Adolf Hitler und seiner Gefolgsleute." Sie führte diesen dazu, „in unsäglicher Verblendung (...) das Judentum zu vernichten." Aber nicht nur das: Auch unter Berufung auf die bisherige Blattlinie[152] schrieb Csoklich, Hitler sei nicht nur der „Schuldige am Holocaust", nein, er „führte sein eigenes Volk an den Rand der Vernichtung." Die „Katastrophe der Hitler-Ära" habe „schon vor dem Krieg mit der Austreibung und Inhaftierung der Juden und vieler politisch Andersdenkender (...) begonnen, mit der Massenaussiedlung von Slowenen, Polen und vielen anderen (auch der Südtiroler!) setzte sie sich fort, um schließlich im Umschlag der Ereignisse in die Vernichtung nahezu aller Siedlungsgebiete der Menschen deutscher Zunge in ganz Ost- und Südosteuropa zu münden."[153] Auch für Wimmer war die Schuld bei Hitler verortet. „Ein Mann beschließt eine Rasse [!] auszurotten, weil er herausgefunden zu haben glaubte, daß die Juden an allem schuld seien." Skeptisch war er „Holocaust" gegenüber, wenn es darum gehe, darzustellen, warum „Hitler so viele Helfer fand, als er beschloß, harmlose Menschen umzubringen." Doch sei Wachsamkeit angebracht, denn der Holocaust sei jederzeit wiederholbar: „Und vor lauter Vergessen merken wir vielleicht gar nicht, daß möglicherweise die neuen Mörder schon bereitstehen."[154] Die Singularität des Holocaust wurde auch implizit in der Fernsehkritik bestritten. „‚Holocaust III' schildert auch jenes Phänomen, das die Judenvernichtung der Nazis von fast [!] allen Völkermorden unterscheidet: Die Umstellung des allgemeinen Wütens auf industrielle Normen der Sparsamkeit und Effizienz."[155] Für Stritzl, den Chefredakteur der Kärntner Ausgabe der „Kleinen Zeitung", habe jeder „das Recht zur Teilnahme an der Diskussion verloren", der „den Versuch unternimmt, heute noch die Vorgänge als übertriebenes Propagandamanöver des ‚Weltjudentums' abzutun". Und ähnlich des eben zitierten Kommentars, war das „Furchtbare an der Vernichtungsorgie (...) die Präzision". All das dürfe aber nicht dazu führen, daß „ein ganzes Volk deswegen geächtet" werde. Denn „es war im deutschen Volk eine kleine Clique, die um diese verbrecherische Endlösung wußte." Würde ein ganzes Volk geächtet, dann könnte man auch eine andere Gegenrechnung aufstellen. Zum Beispiel „das russische Volk für die nicht minder präzise Vernichtung von 30 Millionen Menschen in den zwanziger und dreißiger Jahren durch den Stalin'schen Terror zu verurteilen." Denn dann könnte man eine noch anders gelagerte Rechnung aufstellen: „Kulaken, Angehörige ethnischer Gruppen (...) bis hin zu den Schauprozessen", all das waren – Nolte läßt grüßen – „die Vorläufer der Todesmaschinerie des NS-Regimes."[156] Eine potentielle Tätergruppe wurde in der Kommentierung explizit vom Massenmord ausgenommen. „Holocaust II" wurde auch deshalb positiv bewertet, weil „im gestrigen Teil ein bedeutsamer Satz" fiel: „Die Generäle fürchten uns ebenso wie uns die Juden fürchten', sagt Heydrich über seinen Teil der SS."[157]

Für Csoklich war aber – wie bereits zitiert – nicht nur Hitler die Ursache alles Bösen, „Holocaust" reichte für ihn bis in die Gegenwart. Nicht allein deshalb, daß es auch heute noch Verbrechen gäbe, sondern durch eine etwas eigentümliche Assoziationskette: Hitler habe neben anderem auch „die Rote Armee bis nach Berlin" geführt. „Und jene Mauer, mit der er die Juden im Ghetto von Warschau einschließen ließ, hat eine geheimnisvolle innere Beziehung zu der Mauer, die heute die ehemalige Reichshauptstadt teilt"[158].

Ebenso wie für den oben zitierten Csoklich, reichte auch für Vujica „Holocaust" in die Gegenwart: Für ihn war „Holocaust" ein anderes Wort für „Schuld", für „Warnung", für leicht brennende „Ideale" und für Selbstgerechtigkeit. „‚Holocaust', Chinesen in Vietnam! ‚Holocaust', Vietnamesen in Kambodscha! ‚Holocaust', Palästinenser, Israelis und Ägypter! ‚Holocaust', einander niedermetzelnde Anhänger und Gegner Khomeinis! ‚Holocaust', Attentäter und Terroristen! ‚Holocaust', naive Anhänger eines Jim Jones und anderer falscher Apostel." Der Grund für den – einen – Holocaust lag für ihn darin, daß „einige von etwas überzeugt waren", nämlich, daß „sechs Millionen Menschen sterben müssen"[159]. Wiederum, und als Abschluß der Kommentierung anzusehen, zog Csoklich einen Vergleich zwischen der Fernsehserie und Abtreibung. Nachdem er sich des langen und breiten vor allem über das diesbezügliche Verhalten der ÖVP alterierte, schloß er seinen Beitrag mit der Frage des Wissens und Nichtwissens, indem er den Mord an den Juden und Abtreibungen auf eine Stufe stellte. „Der Film ‚Holocaust' hat uns gezeigt, wie eine Generation voll unbegreiflicher Gleichgültigkeit der Vernichtung und Ausrottung eines ganzen Volksteils tatenlos zugeschaut hat. Die Jungen unter uns können das nicht verstehen, was damals geschehen ist. Spätere Generationen werden vermutlich nicht verstehen können, wie man ausgerechnet in den reichen Ländern unseres Zeitalters die massenhafte Tötung werdender, schutzloser Kinder dulden, ja sogar fördern konnte, weil wir in unserer Welt des relativen Wohlstandes nicht mehr teilen wollen."[160] Festzuhalten bleibt, daß Csoklich sehr wohl eine Erklärung für Abtreibungen, nicht jedoch für den Holocaust anzuführen vermochte.

Sofern es die Benennung von Tätern betraf, waren in der „Kleinen Zeitung" neben Hitler auch Kaltenbrunner und Eichmann zu finden, wobei die Alleinschuld Hitlers betont wurde. Neben dieser österreichbezogenen Dimension wurde auch der Antisemitismus als österreichisches Spezifikum angeführt. „Holocaust" reichte für die Kommentatoren aktuell oder potentiell bis in die Gegenwart, von Kambodscha bis zur Fristenlösung.

9.5.4. Die Presse

Sofern es die quantitative und qualitative Einschätzung der Thematisierungsschwerpunkte anbelangt, fällt an der „Presse" auf, daß sie erstens mengenmäßig relativ wenig kommentierte und daß diese Kommentare zweitens einen Schwerpunkt in der Be-, bzw. wie die Analyse zeigen wird, Abwertung hatten.

Betrachtet man den Aspekt der Bewertung, so ist lediglich ein Artikel als positiv wertend, zugleich aber kollektiv entschuldigend, zu interpretieren. „Um so wahrheitsgetreuer sind die agierenden Einzelpersonen gezeichnet, deren Verhalten ohne viele Worte erklärt, warum es damals überhaupt soweit kommen konnte, warum der Weg der Juden in den Gaskammern endete, warum nur wenige von den wahren Geschehnissen wußten, und warum alle jene, die es wußten, schwiegen. (...) ‚Holocaust' in einem Satz: So war es."[161] Dem stellte Ditta Rudle, in einem am selben Tag abgedruckten Kommentar gegenüber: „Ja traurig. Nicht grauenvoll, nicht entsetzlich, nicht unfaßbar wirkt sie auf den Kritiker, der ja nicht gekommen ist, die historische Wahrheit zu sehen, der die Wahrheit nur aus Büchern, Photos und Erzählungen kennt." Die Serie habe ein „zeitgeschichtlich kaum gebildeter Autor geschrieben und ein erfolgreicher Regisseur (...) wirkungsvoll in Szene gesetzt (...) zum Ergötzen der Zuseher." Sie versetze die „Saiten der Sentimentalität" in Schwingung und erzähle in „Wildwestmanier."[162] Der am Tag vor der Ausstrahlung von „Holocaust I" gesendeten Dokumentation „Endlösung" wurde in einem redaktionellen Artikel konzediert, sie müßte „für denkende Menschen den ‚Holocaust' überflüssig machen."[163] Einer gewissen Skurrilität entbehrte das in der „Presse" massiv propagierte abwertende (Totschlag)Argument des Kommerzes gegen „Holocaust" in Anbetracht der Geldgeber der Zeitung beziehungsweise deren sonstiger Linie in wirtschaftlichen Belangen nicht. „Holocaust", so der Herausgeber Otto Schulmeister, sei ein Film „mit zionistischer Tendenz", „eine „Kommerzware, die auf Gruseln und Schuldgefühl spekuliert"[164], ein „nach Hollywood-Manier abgedrehter Horrorschinken"[165], der – so Chorherr – „um des puren Geschäftes, jawohl um nichts als der Dollars wegen" produziert worden sei, der ein „ganzes Land in einen überdimensionalen Verhandlungssaal" verwandle, „in dem ein riesiger Schauprozeß abgewickelt wird. Angeklagt sind ‚die Deutschen', denn da wird nicht zwischen verbrecherischen Organisationen wie der SS oder organisierten Mörderkommandos wie dem SD einerseits und dem sogenannten Volk andererseits unterschieden, ja nicht einmal zwischen den Generationen, will man schon die Mitschuld aller an den Verbrechen vieler akzeptieren." „Holocaust" – so der Text weiter – konstruiere „die politische Erbsünde", an die zu glauben das Werk „Unverbesserlicher" sei.

Daß dieses Stakkato an Ablehnung, die freilich eine eigenwillige Rezeption von „Holocaust" voraussetzte, den anderen „Unverbesserlichen" zupaß kam und mittels Reprint im bereits oben analysierten „Aula"-„Sonderblatt" zu sonderbaren Ehren kam, liegt auf der Hand. Chorherr konstruierte weiters, daß die Ausstrahlung mit dem tragischen „Zufall" kollidiere, daß „gerade in den Tagen (...) in Österreich die Erinnerung an ein anderes Brandopfer (‚Holocaustum' waren die Tier- und Menschen[!]opfer der Israeliten, im

321

Englischen kam später die Bedeutung ‚Massenvernichtung' hinzu"), die im Gegensatz zu den Tier- und Menschenopfern der Israeliten unter Anführungszeichen gesetzt wurde, „wieder wach wird, die Erinnerung an die Massenvernichtung im alliierten Bombenhagel, an das Verglühen im Phosphor – auch ein Inferno, auch ein Holocaust. Aber reden wir nicht, sagen die öffentlichen Ankläger, vom Hamburger Feuersturm und von Dresden, ganz zu schweigen von den vergleichsweise geringen Opfern in Wien (...), reden wir auch nicht von den Millionen Mordopfern des Stalinismus oder des Pol-Pot-Regimes in Kambodscha, solange wir nicht unsere Vergangenheit bewältigt, uns von der eigenen Schuld gereinigt haben." „Holocaust", der schlechte Fernsehfilm „voller Horroreffekte und mit der Aussage ‚Die Deutschen sind ein Mördervolk'" führe dazu, daß „sich die Kinder ihrer Eltern schämen und ihrer Großeltern." Das führe zum – übrigens zwar nirgends erhobenen, aber (nicht nur von der „Presse") um so heftiger zurückgewiesenen – Zustand der „Erbsünde" und der „Kollektivschuld der Unmündigen und Ungeborenen", und dies sei (so auch der Titel des Artikels) „Holocaust-Masochismus", vor dem „nicht eindringlich genug gewarnt werden"[166] könne. Dieselbe Fulminanz schlug Chorherr in einem ein Monat später erschienenen Artikel an. Nachdem er die ebenfalls bereits weiter oben zitierten Ausführungen Kreiskys zum Antisemitismus als „die klugen Ausführungen Bruno Kreiskys zum Thema Antisemitismus" lobte, plädierte er für „eine Bestandsaufnahme der österreichischen Sorgen", die da wären, „von der Frage des Lateinunterrichtes über die so umfangreiche Problematik einer allfälligen Vergangenheitsbewältigung bis zur jüngsten gezielten Indiskretion aus dem Rechnungshof". Im nahenden Wahlkampf sah er „Ansätze zur Schlammschlacht", die – wirkliche Sorge Nummer eins –, „das ohnehin strapazierte Vertrauen vor allem der Jungen unter den Wählern in Demokratie, demokratische Praxis und Parteien weiter demoliert wird." Hauptsorge Nummer zwei sei die außenpolitische Konstellation, und gerade in einer solchen Situation „werden wir durch ein mediales Trommelfeuer dazu veranlaßt, intensiv rückwärtszublicken. Es sollte den Österreichern bei aller Bedeutung des Versuchs, die Vergangenheit zu bewältigen, doch klargemacht werden, daß die Bewältigung der Gegenwart zumindest ebenso wichtig ist. Und die Zukunft nicht minder."[167] In einem Interview mit dem deutschen Bundespräsidenten Walter Scheel konstatierte Schulmeister, „Holocaust" sei „ja nicht nur für Bürger der Bundesrepublik Deutschland ein Stück jüngste Vergangenheit, auch viele andere müssen sich betroffen fühlen, eigene Landsleute, auch die Menschen in der DDR", um in der nächsten Frage mehrdeutig zu verpacken: Inwiefern die Geschichte „tatsächlich der moralischen Sanierung des deutschen Volkes, das ja nicht nur in der Bundesrepublik lebt, dienen kann"[168]. In einem abschließenden Kommentar konzedierte wiederum der Herausgeber Otto Schulmeister, „Hitlers ‚Endlösung' hat in ihrer administrativen Systematik einsamen Rang, doch das Lot der Schuldfrage geht noch tiefer", nämlich insofern, daß jeder Mensch wisse, „daß sich Holocaust nicht in Mauthausen oder Auschwitz zum letztenmal ereignete." Ohne Beispiele dafür zu liefern, wo sich denn Holocaust noch ereigne, fuhr er – bibelfest – fort: „Kain folgt Abel wie sein Schatten" und Auschwitz sei „ein Zeichen wie Hiroschima." Besieht man sich die von Schulmeister angeführten tieferen Gründe, so schwang er sich in die lichten Höhen der Metaphysik und führte einerseits den österreichischen [!] Selbsthaß[169] sowie andererseits „die Neigung des Menschen, sich selbst zum Gott zu machen", an. „Das Judentum dient da – schon wegen seiner Verschwisterung mit dem Christentum, auch durch seine Rolle als ‚Ferment der Dekomposition'", was ein sehr geschraubter Ausdruck für den antisemitischen Topos und Begriff der „jüdischen Zersetzung" war, „in einer glaubenlos gewordenen ‚christlichen Zivilisation' – geradezu ‚ideal' als Sündenbock. Doch zugleich leuchtet in dem weltgeschichtlichen Geheimnis des ‚Gottesknechtes' ein Werk auf, an jeden und über den Horizont alles Zeitlichen hinaus. Würden wir diesen Wink verstehen, hätten wir unsere ‚Holocaust'-Tage bestanden."[170]

Besieht man sich die Ursachenforschung, so verstand es „Die Presse", sich hinter einer geradezu virtuos gehandhabten Nichtssagendheit zu verstecken beziehungsweise auf der Subtextebene, durch die Einführung von Kain und Abel oder die Erwähnung des Menschenopfers der Israeliten, den Holocaust als etwas selbstinduziertes spezifisch Jüdisches zu charakterisieren, was aber nicht bedeutete, daraus eine Singularität des Holocaust abzuleiten – ganz im Gegenteil. Dem entsprach auch die Unterstellung, „Holocaust" solle in Richtung Zionismus mobilisieren. Kategorisch abgelehnt wurde eine Auseinandersetzung mit der Vergangenheit, die von den Argumentationsmustern zwischen Masochismus-Vorwurf und Verschwörungstheorie pendelte. Die gegenseitige Verrechnung von Opfern sei lediglich als weiterer Topos erwähnt, ein Spezifikum für diese Zeitung stellte er – wie bereits aus den oben durchgeführten Analysen ersichtlich – nicht dar.

9.5.5. Neue Kronen Zeitung

Am 24. Jänner 1979 schrieb Werner Urbanek, das „Thema Judenverfolgung wurde im Fernsehen schon oft und ergreifender dargestellt (...), das traurige Thema" werde „in Form einer typischen amerikanischen Dutzend-Serie abgehandelt". Trotz der qualitativen Mängel und obwohl kommerzielle Motive ausschlaggebend gewesen seien, sei „die Serie [!] im großen und ganzen wahr", werde aber dazu führen, „Emotionen wieder hochzuspielen"[171]. Der (studierte) Historiker innerhalb der Redaktion, Viktor Reimann, „begrüßt[e]" – zumindest anfangs – die Ausstrahlung in Österreich, das „um so mehr, als ein Teil der Geschehnisse, die 34 Jahre nach Kriegsende die Deutschen noch so schwer belasten auch auf Österreich zutrifft", obwohl es sich bei „Holocaust" um „ein künstlerisch mittelmäßiges Filmwerk, das weder vor trivialen Mitteln zurückscheut, noch vor historischer Treue allzu großen Respekt zeigt", handle. Allerdings „riß der Film" in der Bundesrepublik „seelische Dämme ein, die Unwissenheit, Vergessenwollen und Desinteresse errichtet hatten."[172] Ernst Trost konstatierte, „daß es erst einer nach den Gesetzen der US-Unterhaltungsindustrie konstruierten TV-Serie bedurft hatte, damit die Deutschen anerkannten, was wirklich geschehen ist", befürchtet aber für die Zukunft eine hemmungslose „Kommerzialisierung des Holocaust."[173]

Diese Kommentare wurden vor der Ausstrahlung in Österreich veröffentlicht. Im Zuge dieser „kippte" jedoch die relativ positive, wenngleich mit einigen unübersehbaren (was die spätere Kommentierung betrifft) Warnzeichen versehene, in eine negative Bewertung der Serie. „Mein größtes Bedenken läßt sich mit der Befürchtung ausdrücken, daß in der Vorstellung unbefangener Zuseher die Ansicht hervorgerufen werden könnte, die Deutschen jener Jahre seien allesamt Massenmörder und abstruse Verbrecher gewesen"[174], so „Staberl". Anhand der Bewertung durch Reimann läßt sich dieses Verlaufsschema geradezu idealtypisch nachvollziehen. „Holocaust" zeige, auf welch „raffinierte Weise (...) Emotionen" ausgelöst werden, die Serie wühle „nach Jahrzehnten die Menschen, allen voran die Deutschen und Österreicher, in einem Ausmaß auf, das selbst die Produzenten der Serie nicht erwartet hatten, obwohl dem Autor von ‚Holocaust' der ahnungslose Ausspruch entschlüpft war: ‚Zum Schluß stehen ihnen die Haare zu Berge.'" Zudem verfolge – und vor allem erfülle – „Holocaust" zwei Ziele: Einerseits den des kommerziellen Erfolges, andererseits die der amerikanischen Unterstützung für Israel. „Die Israelis bangen ferner, daß trotz der starken jüdischen Lobby im amerikanischen Senat und Repräsentantenhaus und des großen jüdischen Einflusses in den amerikanischen Massenmedien, die für das Überleben des Staates Israel unabdingbare Hilfsbereitschaft der Amerikaner nachlassen könnte. (...) Die TV-Serie ‚Holocaust' hat nun die Amerikaner wieder aufgerüttelt."[175] Und einen Tag später, obwohl er – sich selbst indirekt zitierend[176] – betonte, die Serie propagiere „weder eine Kollektivschuld" noch rufe sie „Deutschenhaß" hervor, bewirke aber „indirekt einen Deutschenhaß, weil die Menschen, vor allem Nicht-Deutsche kaum fein säuberlich unterscheiden." Alle „Deutschen, die handelnd in das Geschehen eingreifen, sind roh oder grausam oder niederträchtig oder verschlagen oder abgefeimt oder sadistisch veranlagt." Die jüdische Familie Weiss hingegen sei „eine Traumfamilie, voll Güte, Opferbereitschaft und Großzügigkeit."[177]

Es war jedoch nicht nur diese Tendenz zur zunehmend negativen Bewertung, es war vor allem die Argumentationsführung und der Assoziationsaufbau Reimanns, die diese Tendenz potenzierten. Im bereits erwähnten Artikel vom 4. März verknüpfte er seine Bewertung der Serie mit anderen Verbrechen. Wiewohl er – übrigens wiederholt – wortreich beteuerte, Schuld sei nicht gegen Schuld aufrechenbar und dies damit verknüpfte, man dürfe den Täter nicht zu oft an seine Taten erinnern[178], praktizierte er gerade dies. „Fast zur gleichen Zeit, als Hitlers Schergen die Juden in die Gettos und Konzentrationslager ‚umsiedelten', wo so viele den Tod fanden, ließ Stalin die Krimtataren aus ihrer Heimat nach dem Osten des russischen Reiches ‚umsiedeln'. Mehr als die Hälfte kam dabei um. Auch das war ein Völkermord (...). Ähnliches gilt von der Ausrottung des Volksstammes in Biafra und anderswo."[179] Und am folgenden Tag stand zu lesen: „Trotz dem Nürnberger Kriegsverbrecherprozeß ist die Welt nicht besser geworden, geschehen heute noch ähnliche Verbrechen wie seinerzeit. Ja sogar die Richter von damals begehen heute oftmals die gleichen Taten, für die sie in Nürnberg die Menschen zum Tod am Galgen verurteilt haben. Man kann nicht aufrechnen, aber man darf auch nicht schweigen. Die aber, die sich als Gerechte [!] aufspielen, sind die schlimmsten. Ich sagte von allem Anfang an ja zur Ausstrahlung von ‚Holocaust', nur fürchte ich, daß ihn diejenigen, die ihn sehen sollten, nicht gesehen haben", wie die Staaten Osteuropas, „oder daß, wenn sie ihn sahen, keinen Nutzen daraus zogen"[180], wie die Amerikaner.

Im selben Artikel, in dem er sich eingangs über die Schwarzweißmalerei von „guten Juden" und „bösen Deutschen" mokierte[181], ging er nun daran, „böse Juden" vorzustellen („gute Deutsche" fanden sich an anderer Stelle und werden weiter unten besprochen). „Selbstverständlich gab es auch andere [böse] Juden. Das entschuldigt nicht den Antisemitismus – der ist unentschuldbar -, sondern es ermöglichte den Antisemitismus." Die Reimannsche Ursachenforschung, die sich auf den Wiener Antisemitismus konzentrierte[182], ließ er mit dem Ende des Ersten Weltkrieges beginnen. „Weil nun die meisten Menschen durch den Krieg und infolge der Niederlage arm geworden waren, stiegen Haß und Neid gegen die auf, die man Kriegsgewinnler, Börsenspekulanten und Inflationshyänen nannte. Unter ihnen gab es Juden und Nicht-Juden, aber nur die jüdischen haßte man, vielleicht weil sie geschickter und großzügiger waren und als Kunstmäzene auftraten. (...) Als aber hintereinander die Banken zusammenbrachen und viele Bürger zum zweitenmal innerhalb kurzer Zeit ihre Gelder und Ersparnisse verloren, da machte man in erster Linie Juden verantwortlich, weil sie die Mehrzahl der führenden Bankleute stellten. Das waren die letzten Ursachen des Antisemitismus in Wien, der schon immer hier eine Heimstatt hatte."[183]

Die „guten Deutschen", von „Staberl" und Reimann wiederholt reklamiert, wurden erstmals am 4. März in Form einer Laudatio auf die Verschwörer des 20. Juli zum Thema gemacht. Nachdem „Staberl" des langen und breiten eine Beck-Erklärung für den Fall des geglückten Attentates rezitierte, in der sehr viel vom armen und mißbrauchten deutschen Volk und von dessen Idealen, wenig aber von den anderen Opfern die Rede (bzw. die Schreibe) war, faßte er zusammen: „Der Weg des Beck, Stauffenberg und ihrer Freunde hat in die Katastrophe geführt." Diese war nicht die der eigenen Verstrikkung, sondern die Katastrophe war das mißlungene Attentat und die folgenden Hinrichtungen. Ihr Weg „hat auch die Katastrophe für das jüdische Volk erst vollendet. (...) Die Männer des 20. Juli kommen in dem Film ‚Holocaust' nicht vor. Ihr Leiden und Sterben verdient aber, mit dem Leiden und Sterben der Juden in einem Atemzug genannt zu werden."[184] Ebenfalls der Verschwörer des 20. Juli nahm sich etwas später Reimann an. Diese seien „zu einem patriotischen Opfergang bereit" gewesen. „Sie fühlten sich als Betrogene und konnten es nicht mehr ertragen, daß Deutschland und das deutsche Volk für immer befleckt sein sollte. Mit ihrer Tat wollten sie die Ehre Deutschlands retten. Dabei wußten sie, daß sie von den westlichen Alliierten nichts zu erwarten hatten. Ebensowenig wie diese den Juden halfen, um sie vor der Vernichtung zu retten, ebensowenig munterten sie die Verschwörer auf. Deutschland sollte besiegt, gedemütigt, zerschlagen und aufgeteilt werden."[185] Eine Woche zuvor hatte er noch der Wehrmachtssoldaten, vor allem jener, die durch Krieg und Kriegsgefangenschaft in Sibirien ihre Jugend verloren hatten, gedacht. Sie, die gezwungen waren, „nach gültigem Kriegsrecht Geiseln zu erschießen, weil Partisanen aus dem Hinterhalt ihre Kameraden erschossen hatten", konnten nach dem Krieg „damit rechnen, in einen Prozeß verwickelt zu werden, während gleichzeitig in den Massenmedien die Partisanen als Helden gepriesen wurden." Diese, nicht die Partisanen, „zählen bestimmt zu den größten Helden, gerade weil sie für eine ungerechte Sache kämpften, die sie aber – sie kamen von der Schule geradewegs zum Militär – für eine gerechte Sache gehalten hatten"; sie haben „die schönsten Jahre ihres Lebens geopfert" und „müssen sich von Zeit zu Zeit noch immer von Menschen anpöbeln lassen"[186].

Ebenso dürftig wie die Thematisierung der Täter war die der Ursachen des Holocaust, sieht man von der – nicht nur an dieser Stelle praktizierten – Reimannschen Opfer-Täter-Umkehr ab. Lediglich Peter Gnam ging ein einziges Mal darauf ein. „Holocaust" solle vor allem der „jungen Generation, die das alles nicht miterlebt hat, bewußt machen, daß in jedem Mensch eine Bestie schlummert." Neben diesem wenig konkreten, anthropologisch verbrämten Antwortversuch, seien noch „Karrieresucht", der erfolgreiche Appell „an niedrige Instinkte", psychische Gründe („Es gab auch einige, die einfach krank waren und sich abreagieren wollten") sowie Gewalt und Angst die Ursachen gewesen. Dies gezeigt zu bekommen, dafür lohne es sich, „Holocaust zu sehen."[187]

Einer der Hauptpunkte der Kommentierung und der Kritik war der der angeblich verbreiteten Kollektivschuld. Diese wurde kategorisch zurückgewiesen und zur Stützung wurden einerseits serienweise Untaten der „Anderen", andererseits die deutschen Opfer, namentlich die aus den Reihen der Wehrmacht, dagegengehalten. Das war vor allem für die Kommentare des Tandems Reimann-„Staberl" festzuhalten, während sich zum Beispiel Ernst Trost, sofern es diese Dimension betraf, zurückhielt. Die Frage nach den Ursachen beziehungsweise nach den Bedingungen des Holocaust war – sofern sie nicht nach dem Muster der glatten Täter-Opfer-Umkehr argumentiert wurde – nebulos und nichtssagend.

9.5.6. Arbeiter Zeitung

Bemerkenswert ist a prima vista, daß sie als einzige der hier untersuchten Zeitungen eine Serie von Zeitzeugenberichten veröffentlichte. Diese begannen bereits im Vorfeld der Ausstrahlung am 23. Februar und endeten mit dem 4. März, also am Tag der Ausstrahlung des letzten Teils von „Holocaust". Verfaßt werden sie ausnahmslos von Mitgliedern der Redaktion, „die die Kriegszeit [!] schon bewußt miterlebten", und sie gingen der Frage nach, „inwieweit die Menschen damals von der ‚Endlösung' in den Gaskammern wissen konnten – oder wissen wollten."[188] Die neun in dieser Serie veröffentlichten Artikel argumentierten zum Großteil dahingehend, daß man wissen konnte, wenn man wissen wollte, daß man von den Gaskammern wenig wußte, aber vom Mord an den Juden zumindest ahnte[189].

Weniger aus der Perspektive des Zeitzeugen[190], als in Richtung Sinn und Zweck der „Holocaust"-Ausstrahlung abzielend, meinte Walden: „Ein Anschauungsunterricht wie ‚Holocaust' ist unersetzlich für eine Jugend, die sich gar nicht vorstellen kann, daß alles das möglich war". Zu bedenken sei, daß auch gegenwärtig ein Holocaust möglich sei, denn zu sehr gebe es die Saat „immer noch und ‚Holocaust' hat viele Zellen." Es war (und sei) Mitschuld, einem „verbrecherischen Regime"[191] den Treueeid gehalten zu haben (und zu halten). „Es ist also nicht so, daß man nichts davon gewußt hat. Man hat nur zuhören müssen, wenn davon gesprochen worden ist" und sei es dadurch, daß man – wie in der Familie des Autors – „Feindsender" abhörte. Andererseits bedeuteten die Jahre 1938 bis 1945 Angst, „furchtbare Angst, die wir alle hatten, wenn Fliegeralarm gegeben worden ist." Da „war wenig Platz für die Gedanken an jene, die keinen Ahnenpaß [!], keinen Ariernachweis [!] besessen hatten. Ich kann es verstehen, daß die Angst das Wissen um die Naziverbrechen verdrängt hat – die Angst vor den Bomben und vor den Gestaposchergen ..."[192].

Wie auch in der übrigen Tagespresse begann die Berichterstattung mit der Ausstrahlung in der Bundesrepublik. „Das eigentliche Ereignis war nicht der Film ‚Holocaust', sondern die Wirkung die er auslöste", denn er „setzte den Mechanismus der Verdrängung" außer Kraft – Eine Ausstrahlung in Österreich wurde durchgehend befürwortet. Anders war es um die inhaltliche Beurteilung bestellt. Der Bonn-Korrespondent schrieb, diesem „Film vorzuhalten, er sei trivial und in Teilen kitschig, manche Details seien historisch inkorrekt, ist abwegig."[193] In „Holocaust" werde „offensichtlich auf Dokumentation verzichtet, wird die Realität nachgespielt". Diese wirke „tiefer als als echte Bilder" und nach „Holocaust" gebe es „keine Fluchtmöglichkeit ins Argumentieren"[194]. In einer Breitseite gegen „Presse"-Chefredakteur Thomas Chorherr[195] kommentierte die AZ: „Dieser ‚Holocaust'-Film untertreibt. Er ist ‚barmherzig', indem er dem Zuschauer dieses heutigen Wohlstandzeitalters nur zumutet, was er seelisch gerade noch verkraftet." An (falsch dargestellten) Details werde herumgenörgelt, um „an der Geschichte [zu] drehen. Da entblödet man sich nicht, an falschen Knöpfen der SS-Uniformen in dem Film zu drehen (...). Die Mützenränder stimmen nicht, das ganze Drama stimmt nicht. Da ist's doch nur ein Gedankensprung zu der unwürdigen Ableugnung: Es waren ja gar keine sechs Millionen Juden, die vernichtet wurden, es waren ‚nur' einige Hunderttausend. Mit den Knöpfen der ‚Holocaust'-SSler soll wohl die Aufarbeitung einer Epoche abgedreht werden. Eine Epoche, die das Land fast verschlungen hat."[196] Traxlers ursprüngliche Befürchtungen, „Holocaust" könne „mehr Unklarheit schaffen (...) als Klarheit, mehr emotionalen Nebel als Selbstbesinnung, (...) haben sich" im Zuge der Ausstrahlung „als unbegründet erwiesen" Er hielt die Serie für „kein Kunstwerk", aber eine „geschmäcklerische Attitüde" sei „angesichts des Themas unangemessen."[197] Den Vorwurf des Kommerzes wies er, durch einen Griff in die Geschichte und den Verweis auf die Gegenwart, zurück[198]. Dennoch machte er Schwächen aus; einerseits die „plumpe Schwarzweißmalerei", die „eine Umkehrung des Naziklischees" bewirke, wobei ihm vor allem aufstieß, daß nicht Juden aus der Unterschicht im Zentrum der Handlung stünden. Und andererseits erkläre der Film nicht „Ursachen und Wesen des Antisemitismus", er „macht nicht deutlich, wieso es überhaupt zu dem kommen konnte, was da an vier Abenden ablief." Diese Fragen zu beantworten, den „Kampf gegen den täglichen Faschismus" zu kämpfen , die Frage nach der „Wehrhaftigkeit der Demokraten" und die nach „unserer Toleranz gegen Minderheiten" seien „nur einige Fragen, die wir Österreicher uns nach ‚Holocaust' stellen sollten. Der Film war wichtig und sinnvoll, wenn wir ihm einen Sinn geben: uns von ihm anstoßen lassen, unsere Gegenwart besser zu bewältigen."[199] Ein anderer Kommentator wies den Vorwurf der Schwarzweißmalerei explizit zurück, kritisierte aber „die zionistische Tendenz. Daß Juden nur mit Juden leben sollten und mit keinem anderen Volk. Derlei würden auch sehr viele Neonazis heute unterschreiben."[200] Für denselben Autor habe „Holocaust" schließlich die „Flucht vor dieser Vergangenheit (...) unmöglich gemacht. Wir alle haben unsere Mindestschuld, Zeugen zu sein, erfüllen können."[201]

Besieht man sich den Aspekt der historischen Argumentation, die der Erklärungsversuche für den Holocaust und die nach den Tätern, so wird man zwar fündig, wenn auch nur im spärlichen Ausmaß. Manfred Scheuch, der damalige Chefredakteur, meinte in einer Kolumne, die „Not der Verhältnisse", wobei er damit nicht die wirtschaftliche, sondern das perfekte „System der Diktatur" meinte, „verstellte den Blick." Die Wehrmachtssoldaten sahen zu, „wie irgendwo in einer eroberten Stadt im Osten entlassene Zuchthäusler auf offener Straße Juden mit Eisenstangen" erschlugen. Die sonstigen Täter, namentlich die aus den Reihen der SS, „sind keine Sadisten, keine Tiere, sie sind brave Familienväter wie ihr oberster SS-Chef"[202]. „Holocaust" solle, so Scheuch an anderer Stelle, „nicht als Auflage einer Kollektivschuld mißverstanden werden", feststehe jedoch – auch in Anbetracht der eingangs analysierten Beiträge von AZ-Redakteuren –, „daß auch die ‚schweigende Mehrheit' im Dritten Reich zumindest ahnen konnte, was mit den Juden geschieht", wobei der Holocaust eine „historische Tragödie [war], die sich mit wenig anderen in der an Greuel doch nicht so armen Geschichte unseres Jahrhunderts vergleichen läßt"[203]. In einem namentlich nicht gezeichneten Artikel über die Dokumentation „Endlösung" stand zu lesen: „Die deutschen Unterlagen wurden durch zusätzliches Material zur Frühgeschichte des Antisemitismus und zum österreichischen Anteil am Antisemitismus des vorigen Jahrhunderts (Lueger, Schönerer) ergänzt. Im zweiten Teil wird dann die Geschichte der nazistischen Judenverfolgung, die mit der Ermordung von 6 Millionen endete, benannt. Auch hier wurde der österreichische Anteil stärker berücksichtigt. War doch die Okkupation Österreichs 1938 ein wesentlicher Punkt für die Ausweitung der gesamten Judenverfolgung."[204] Was an dieser Stelle zart angedeutet wurde, erfuhr in einem Artikel vom 1. März seine Vertiefung. Der Autor, Rainer Mayerhofer, benannte österreichische Täter[205], bezeichnete Österreich als „von jeher einen guten Nährboden für den Antisemitismus", wobei Lueger, nicht jedoch Schönerer, den „Boden für Hitlers Rassenwahn (...) vorbereitet" habe. Nach dem „Anschluß" ließen die Nazi „auch keine Zeit verstreichen, um in Österreich dem Judentum jede Grundlage zu entziehen. (...) Die ‚Reichskristallnacht' hatte zwar die Bevölkerung etwas gegen die Nazi aufgebracht, aber die Reaktionen – auch die des Auslands – waren so, daß die Machthaber von nun an wußten, es würde bei systematischer psychologischer Vorbereitung wenig Widerstand gegen ihre Pläne geben."[206] Einen großen Teil seiner Ausführungen nahmen die Stationen der Entrechtung der Juden in der „Ostmark" ein.

Für Scheuch wäre weinen, „nur weinen (...) die angemessene Reaktion auf ‚Holocaust' gewesen. (...) Weinen über das Grauen, das in unserer Welt, in unserem Land, unter Beteiligung von uns allen, die wir damals schon lebten – als Mörder, als Mitwisser und Beifallsklatscher, als Ahnungslose oder auch sehr Ahnungsvolle, als Widerstehende und als Opfer – möglich war. Das hat nichts mit dem Einbekenntnis einer Kollektivschuld zu tun"; womit es denn zu tun habe, darüber schwieg sich Scheuch allerdings aus. Die Lehren, die aus dem Holocaust und aus „Holocaust", die aus der Vergangenheit für die Gegenwart zu ziehen seien, waren über weite Strecken der Scheuchsche Versuch, den Nationalsozialismus zu erklären. „Die Mahnung, jeder Autorität zu mißtrauen, die Erziehung zu kritischem Denken (...) gehören sicherlich dazu", ebenso, „daß die Wahrung der demokratischen Spielregeln und der Menschenrechte zur Selbstverständlichkeit werden müssen. Darüber hinaus aber bleibt als Grundvoraussetzung dafür, daß der Mensch auf Dauer menschlich bleiben kann, die Erhaltung menschenwürdiger Verhältnisse. Eine Gesellschaft, die die in Krisenwellen massenhaft ‚überflüssige' Menschen auf die Straße setzt, wird dazu auf Dauer nicht imstande sein."[207] Oder kurz formuliert: Ohne Wirtschaftskrise und Arbeitslosigkeit kein Faschismus, und ohne diesen kein Holocaust.

Den Schlußpunkt unter die Kommentierung von „Holocaust" setzte der Schauspieler und damals regelmäßige AZ-Kolumnist Fritz Muliar. Abgesehen von den allgemeinen Reaktionen, die er zu vernehmen meinte, waren ihm besonders die der Jugendlichen wichtig, deren Eltern „es bewußt unterlassen" haben, „die Wahrheit über unsere große Schande zu sagen". Muliar wies aber auch auf andere Opfer des Nationalsozialismus, den der „US-Schinken" nicht zeigte, hin, denn wir „neigen oft dazu, zu vergessen, daß neben den Opfern mosaischer Konfession Zehntausende Österreicher den nämlichen Qualen und Torturen ausgeliefert waren. Christen, Kommunisten, Freimaurer, Sozialisten, Bibelforscher und Leute, die weder das eine noch das andere waren, die es nicht tatenlos hinnehmen wollten, daß ihr Land einfach ausradiert wurde." Er hielt die Ausstrahlung für „notwendig", lehnte aber „den Begriff Kollektivschuld" ab, war „gegen das Wecken eines Schuldkomplexes, aber (...) dafür, daß man denen endlich Gerechtigkeit widerfahren läßt, die einst ungerecht behandelt wurden, daß man die bestraft, die Strafen verdienen, und daß man denen Anerkennung zollt, die heute endlich sagen: Ja, ich hab mich geirrt.'" Den Schlußpunkt von Muliars Ausführungen – gerade letztere Forderungen nach Bestrafung der Täter und jene der Anerkennung der „Bereuer" hatten in der Partei, für die er (damals) emsig die Werbetrommel rührte, ja eine nicht gänzlich adäquate Erfüllung gefunden – stellte die Aufforderung zur Teilnahme an den anstehenden Landtagswahlen dar, denn die Leser sollten doch nicht „den Probegalopp für den 6. Mai"[208] versäumen;

„Holocaust" mit Wahlempfehlung zu verquicken ist wohl eine Geschmackssache.

Die publizierten Augenzeugenberichte in der „Arbeiter-Zeitung" belegten beinahe durchgehend, daß man zumindest ahnen konnte, wenn man ahnen wollte, was aber – und das würde nachdrücklich betont – keine Kollektivschuld gleichkäme. Was dem gegenüber auffällt, war die teilweise unreflektierte Übernahme der NS-Terminologie. Weiters zog sich teilweise eine Kapitalismuskritik durch die Kommentare, sei es, wenn der Vorwurf des Kommerzes zurückgewiesen wurde, sei es, wenn bemängelt wurde, „Holocaust" zeige keine Juden aus der Unterschicht. Ansonsten waren die Kommentierung und Bewertung durchwegs positiv.

9.5.7. Südost-Tagespost

Die – quantitativ mehr als zurückhaltende – Kommentierung dieses Blattes läßt sich auf zwei Grundzüge reduzieren und kann dementsprechend knapp ausfallen: Eine durchgehend negative und abwertende Bewertung, wobei die, daß „Holocaust" nichts Neues biete[209] und allein des Geldes wegen produziert wurde noch die „zahmsten" waren[210], sowie eine konsequent durchgehaltene Gegenverrechnung.

War die Grundtendenz der Kommentare der meisten hier untersuchten Tageszeitungen zum Zeitpunkt der Ausstrahlung von „Holocaust" in der Bundesrepublik eine positive, so war dies im Fall der „Südost-Tagespost" anders gelagert. Holocaust sei nach „Roots" das „zweite amerikanische Fernsehmonster", ein siebenstündiges „Machwerk", eine „Judenstory" mit erheblichen Mängeln, die überhaupt nicht die „Ursachen, warum es überhaupt zu diesem gigantischen Völkermord kam", erwähne. „Übel auch die Manipulation und Schwarzweißmalerei: Deutsche, sofern nicht mit Juden verheiratet, werden durchwegs entweder als rotgesichtige, schwitzende, biertrinkende Wirtshausschreier oder als kalte zynische Zuschauer bei Massakern vorgeführt. Juden hingegen sind allesamt edel, hilfreich und gut, die Frauen madonnenhaft schön und der Kunst ergeben, während sich die arische [!] Hausfrau wie ein katzenfalsches Heimchen am Herd gebärdet. (...) Verfälschen die Amerikaner im Film die Lebensgeschichte von Johann Strauß, ist das weiter nicht schlimm, machen sie jedoch aus einem Völkermord eine einseitige Kolportage, die noch dazu durch Momente der Erschütterung den Anschein der Wahrhaftigkeit und der Objektivität erhält, wird die Sache bedenklich."[211] Festzuhalten bleibt, daß an der Faktizität des Holocaust nicht (offensiv) gezweifelt und die schließliche Ausstrahlung in Österreich als doch für richtig befunden wurde. „Gewiß hat keine einzelne Judenfamilie, so wie die Familie Weiss, alle Greuel mitgemacht – von der Kristallnacht an über die Euthanasie, die KZ Buchenwald und Theresienstadt, die Erschießungen von Babi Yar und den Aufstand im Warschauer Ghetto bis hin zur allerletzten riesigen Tötungsmaschine in Auschwitz. Andererseits: An all diesen Orten sind Juden in der Art, wie sie der Film zeigt, umgebracht worden, und es besteht kein Zweifel daran, daß Hunderttausende Familien regelrecht ausgelöscht wurden. (...) Der Entschluß des ORF zum Kauf der Serie (...) war daher richtig."[212]

Bei weitem dominanter war allerdings der Topos der gegenseitigen Schuldverrechnung, die auf zwei Ebenen abgeführt wurde. „Warum", so wurde unter Bezugnahme auf „Le Figaro" gefragt, „verschweigt der Streifen die Schuld der ‚anderen'? Ohne alliierte Borniertheit nach dem Ersten Weltkrieg hätte es keine ‚Hitlerei' gegeben und daher auch kein [sic!] ‚Holocaust'. Und ohne das Komplott Stalins mit Hitler, das den Zweiten Weltkrieg mit auslöste, vermutlich auch nicht."[213] Eng mit der Universalisierung der Schuld verbunden war die Rundumapologie des damals (deutschen) Volkes[214] und der sich heute der Thematik Verweigernden. „Trotzdem ist es menschlich verständlich, daß eine Generation, die (...) mehrfach in ihren Idealen enttäuscht wurde, einen Krieg durchmachte, schrecklicher als alle bisherigen, endlich in Ruhe gelassen werden will mit diesem Thema. Abseits aller Verdrängungsmechanismen auch deshalb, weil die Befassung mit diesem Thema von einer überschwappenden Umerziehungspropaganda jahrelang so aufgewühlt wurde, daß eine bestimmte Nation zum Appell anzutreten habe, um sich vor der Weltöffentlichkeit ihre Missetaten um die Ohren schlagen zu lassen. Verbrechen, von denen 99 Prozent der Nation ehrlich sagen konnten, sie hätten daran keinen Anteil gehabt, nicht einmal etwas gewußt, außer bramarbasierenden Reden der Spitzenpolitiker, in denen dumpf über die ‚Vernichtung des Weltjudentums' orakelt wurde. (...) Daß das wörtlich zu nehmen war und unmittelbare Realität widerspiegelte, konnte wirklich kaum jemand ahnen. (...) Es wäre viel leichter gewesen, die Vergangenheit zu bewältigen (...), hätten nicht in der aufgeheizten Kriegs- und Nachkriegsatmosphäre die Sieger darauf bestanden, mit der Kollektivschuldthese alles undifferenziert in einen Topf zu werfen, so wie die Forderung nach bedingungsloser Kapitulation die Wehrmachtsführung zwang, im gemeinsamen Boot mit Hitler zu bleiben und den Krieg bis zum bitteren Ende durchzukämpfen."[215] Im selben Maße wie demnach der Holocaust politisch und geographisch universalisiert wurde, wurde er es auch zeitlich, von der fernen Vergangenheit bis zur aktuellen Gegenwart[216]: „Die Massenvernichtung von Millionen Menschen – Juden, Zigeuner, Russen und andere -, eingebettet in dem an sich schon fürchterlichen Massenvernichtungswahn des ‚normalen' Krieges, gehört zu den ganz großen Tragödien der Weltgeschichte, zu jenen Ausbrüchen der Nachtseite des menschlichen Wesens, vor denen die ganze Menschheit in ruhigen Augenblicken beschämt und ratlos steht und sich fragt, wie so etwas kommen konnte: vom Brudermord des Kain über die Austilgung Karthagos, die Massenexekutionen Karls des Großen an den taufunwilligen Sachsen, die Albigenserkreuzzüge, die Hexenprozesse, die Greuel der Französischen Revolution, die quer durch die Jahrhunderte laufenden Judenpogrome bis eben zu Auschwitz, dem Archipel Gulag, Hiroschima und My Lai."[217] In keiner der hier untersuchten Tageszeitungen war die Ablehnung von „Holocaust" eine dermaßen kategorische und konsequent durchgehaltene wie in der „Südost-Tagespost". Hinzukam, neben der oben belegten Kollektivapologie und Verrechnungsklaviatur, die wiederholte Zurückweisung der – von niemandem erhobenen – Kollektivschuld, womit die einschlägige Kommentierung der bereits belegten und noch zu belegenden Blattlinie voll und ganz entsprach.

9.6. Zusammenfassung

Die Kommentierung von „Holocaust" in den untersuchten Tageszeitungen spiegelt ein denkbar breites Meinungsspektrum, sofern es die Serie selbst betrifft. An der Faktizität des Gezeigten wurde nicht gezweifelt, wenn auch diverse Kommentierungen eine Relativierung – im Sinne des Gezeigten – implizierten.

Sofern es die Österreichkomponente betraf, reduzierte sich diese auf die Erwähnung von Mauthausen aus der Opfer- und nicht aus der Täterperspektive. Erwähnt, wenn auch in unterschiedlicher Intensität, wurde der österreichische Antisemitismus. Als Täter mit Österreichbezug wurden vor allem Hitler, Eichmann und Kaltenbrunner aufgelistet – und damit hatte diese Dimension ihre Bewandtnis. Diese – Himmler ist diesem Trio noch hinzuzufügen – sind mehr oder weniger (konkretisierte) Allerweltsnamen, die die „ganz normalen Männer" geflissentlich übersahen und übergingen. Überhaupt war der Täterdiskurs, sofern er nicht Hitler und dessen psychotischer Persönlichkeit die Monopolschuld zuschrieb, ein nichtssagender. Ebenso nichtssagend waren die Ergründungen nach den Ursachen des Holocaust, die sich nicht selten darin ergingen, mit den grundsätzlich „schlechten Menschen" zu argumentieren. Festzuhalten ist weiters die zwar nicht durchgehende, aber stark vertretene Tendenz zur Universalisierung des Verbrechens, was der Entsingularisierung des Holocaust gleichkam. Bei einigen Autoren – die jeweiligen Kommentierungen sprechen für sich – geriet der Holocaust zum Fehltritt oder zum Ausrutscher, enthistorisiert durch Vergleiche mit der Gegenwart. Dementsprechend verhielt es sich auch mit der – sofern überhaupt thematisierten – Frage nach der Schuld und deren Konsequenzen. Sie wurde durch die Bank als irrelevant zurückgewiesen.

Grundsätzlich positiv bewertet wurde „Holocaust" in den „Salzburger Nachrichten", dem „Kurier" und der „Arbeiter-Zeitung", die „Kleine Zeitung" wertete ambivalent und in „Kronen Zeitung", „Presse" und „Südost-Tagespost" wurden, wenn auch aus verschiedenen Argumentationszugängen – spätestens aber ab dem Zeitpunkt der Ausstrahlung in Österreich –, (massiv) abwertende Statements veröffentlicht.

Anmerkungen

1   Knilli, Friedrich und Zielinski, Siegfried: Vorgeschichte: Unterhaltsame Aufklärung. In: Holocaust zur Unterhaltung. Anatomie eines internationalen Bestsellers. Fakten – Fotos – Forschungsreportagen. Hg. v. Friedrich Knilli und Siegfried Zielinski. Berlin 1982. S. 7-14 (hier S. 8).

2   Interview Der Spiegel – Günter Rohrbach. In: Der Spiegel, 6/1979, S. 191.

3   Broszat, Martin: Holocaust-Literatur im Kielwasser des Fernsehfilms. In: GWU, 1/1980. S. 21-29 (hier S. 29).
      Siehe dazu auch: „Die allenthalben sichtbaren Bestrebungen einer publizistischen Vermarktung des Holocaust-Themas sind ein Indiz dafür, daß das Bedürfnis nach zeitgeschichtlicher Information ansteigt. Sie sind freilich auch Anzeichen für die unbewußte Tendenz, dieses Thema zu isolieren, es aus dem Gesamtzusammenhang einer kritischen Aufarbeitung der jüngeren deutschen Geschichte zu lösen und mit moralischer Selbstkritik die politischen Konsequenzen für die gegenwärtige gesellschaftliche und politische Realität zu verdecken." Mommsen, Hans: Die Last der Vergangenheit. In: Stichworte zur „Geistigen Situation der Zeit". 1. Band: Nation und Republik. Hg. v. Jürgen Habermas. Frankfurt aM 1979. S. 164-184 (hier S. 164).

4   Messerschmid, Felix: Nachüberlegungen zu Holocaust. In: GWU, 3/1979. S. 175-178 (hier 177).

5   Scheffler, Wolfgang: Über Ahnungslosigkeit, Unwissen und Böswilligkeit. Beobachtungen zur „Holocaust"-Diskussion. In: Im Kreuzfeuer: Der Fernsehfilm Holocaust. Eine Nation ist betroffen. Hg. v. Peter Märthesheimer und Ivo Frenzel. Frankfurt aM 1979. S. 317-324 (hier S. 317).

6   Dahmer, Helmut: „Holocaust" und Amnesie. In: APuZ, B 22/1979. S. 33-37 (hier S. 33f.).

7   Jäckel, Eberhard: Nähe und Ferne der Hitlerzeit. In: Ders.: Umgang mit Vergangenheit. Beiträge zur Geschichte. Stuttgart 1989. S. 93-101 (hier S. 96f.).

8   Malina, Peter: „Holocaust". In: Zeitgeschichte, 5/1979. S. 169-191 (hier S. 171).

9   Höhne, Heinz: Schwarzer Freitag für die Historiker. In: Der Spiegel, 5/1979, S. 22-23.

10   N. N.: DÖW und Holocaust. In: Mitteilungen des Dokumentationsarchives des Österreichischen Widerstandes. Folge 40, April 1979. S 1.

11   Mauz, Gerhard: Das wird mit keinem Wind verwehen. In: Der Spiegel, 5/1979, S. 24.

12   Broszat, Martin: „Holocaust" und die Geschichtswissenschaft. In: VfZ, 2/1979. S. 285-298 (hier S. 285).

13   Zielinski, Siegfried: Uraufführung in den USA und erste Reaktionen bei uns. In: Holocaust zur Unterhaltung, a.a.O., S.108-121 (hier S. 115).

14   Broszat, Martin: „Holocaust" und die Geschichtswissenschaft, a.a.O., S. 287.

15 Mommsen, Die Last der Vergangenheit, a.a.O., S. 164f.

16 Riedl, Joachim: Haben Sie es gewußt? In: profil 9/1979. S. 53-54 (hier S. 53).

17 S. L.: Das Spiel von Menschenschindern. In: „profil", 9/1979. S. 64.

18 Scrinzi, Otto: Wem nützt dieser Film? In: „profil", 10/1979. S. 54-55 (hier S. 54).

19 Ebda, S. 55.
    Vgl dazu auch die Feststellung des amerikanischen Völkerrechtlers Alfred M. de Zayas: „Es liegt auf der Hand, daß solche Pflichtkurse über die Ausrottung der Juden langfristige Konsequenzen haben müssen, wobei hinzukommt, daß die Schüler die Überzeugung gewinnen, Völkermord sei ein ‚teutonisches Problem'. (…) Der Pflichtunterricht über die Ausrottung der Juden in den amerikanischen High Schools ist nur ein Beispiel dafür, wie dazu beigetragen wird, Vorurteile zu bestätigen." Zayas, Alfred M. de: „HOLOCAUST"-Unterricht in Amerika. In: GWU, 3/1979. S. 179-181 (hier S. 180f.).

20 Wantosch, Erika: Fast nur arische Juden. In: „profil", 10/1979. S. 55-56.

21 Hacker, Ivan: Auschwitz beginnt, wo „Holocaust" endet. In: „profil", 10/1979. S. 52-54 (hier S. 52).

22 Lingens, Ella: Diese Nazis sind nicht typisch. In: „profil", 10/1979. S. 48-51 (hier S. 50f.).

23 N. N.: Gaskammer-Architektur: Ein Skilehrer in Auschwitz. In: „profil", 12/1979. S. 43.

24 Tramontana, Reinhard: NS-Prozesse in der Zweiten Republik: Spruch heil. In: „profil", 16/79. S 25-28 (hier S. 25).

25 Riedl, Joachim: Österreichs Anteil an der Endlösung: Preußisches Schwert und österreichische Narretei. In: „profil", 11/1979. S. 44-52.

26 Pelinka, Anton: Tabu Auschwitz. In: „profil", 7/1979. S. 9.

27 Siehe Lingens, Peter M.: „Unmoralisch", „ungeheuerlich" und „würdelos". In: „profil", 14/1979. S. 15-20.

28 Lingens, Peter M.: Peter und „Holocaust". In: „profil", 11/1979. S. 13.

29 Dusek, Peter: Holocaust – was nun? In: Zeitgeschichte, 7/1979. S 266-273 (hier S. 266f.).

30 Malina, „Holocaust", a.a.O., S. 170.

31 „Es gibt heute keinen Antisemitismus mehr in Österreich. Das wird den Leuten höchstens eingeredet. Ich habe nie irgendeinen Antisemitismus verspürt." N. N.: Drei Jahrzehnte nach Auschwitz: Antisemitismus in Österreich, a.a.O., S. 30.

32 Interview Bruno Kreisky mit „Le Nouvel Observateur". Zit. nach Sozialistische Korrespondenz, 22. März 1979. (Bestand „Holocaust"/IfZ Wien).

33 Kreisky, Bruno: „Darüber zu schweigen wäre eine Geschichtslüge. In: Heute. (Bestand „Holocaust"/IfZ Wien).

34 Zu Kreiskys Auftritt in Linz giftete der „Kurier" unter anderem: „Applaus. Lied der Arbeit. Bundeshymne. Fast zum gleichem Zeitpunkt, da der erste Teil der Holocaust-Serie im TV endete, klingt Kreiskys Spezial-Parallelveranstaltung aus. Vor dem Eingang stauen sich schwere Dienstwagen." Schwarz: „Holocaust" aus Kreiskys Sicht. In: „Kurier" vom 3. März 1979. (Bestand „Holocaust"/IfZ Wien).

35 ÖGB-Rednerdienst. Folge 4/1979. S 2f. (Bestand „Holocaust"/IfZ Wien).

36 Holocaust: Materialien zu einer amerikanischen Fernsehserie über Judenverfolgung im „Dritten Reich". Erarbeitet und zusammengestellt von Wilhelm von Kampen. Linz 1979. (Bestand „Holocaust"/IfZ Wien).

37 Neugebauer, Wolfgang: Holocaust und Österreich. In: Ebda, S. 1.

38 Ebda, S. 3.
39 Ebda, S. 7.
40 Broszat, „Holocaust" und die Geschichtswissenschaft, a.a.O., S. 286.
41 Zit. nach Sozialistische Korrespondenz, 6. März 1979. (Bestand „Holocaust"/IfZ Wien).
42 Bestand „Holocaust"/IfZ Wien
43 Für weitere Informationen wurde auf dem Flugblatt ein Postfach in Wien XIX angegeben. Die „Kommentare zum Zeitgeschehen" wurden damals in Wien XV verlegt. Ob der Hinweis auf die „Kommentare zum Zeitgeschehen" und die Aufforderung, diese zu lesen, als Impressum zu verstehen ist, läßt sich nicht mit Bestimmtheit feststellen, liegt aber nahe.
44 Siehe dazu Neugebauer, Wolfgang: Organisationen. In: Rechtsextremismus in Österreich nach 1945. Hg. v. Dokumenationsarchiv des Österreichischen Widerstandes. 5., überarbeitete und ergänzte Auflage. Wien 1981. S. 161-249, iB S. 173-176.
45 Siehe dazu Sarkowicz, Hans: Publizistik in der Grauzone. In: Rechtsextremismus in der Bundesrepublik. Voraussetzungen, Zusammenhänge, Wirkungen. Hg. v. Wolfgang Benz. Frankfurt aM 1989. S. 93-107 (iB S. 101).
46 Zu Diwald und seiner *Geschichte der Deutschen* siehe beispielsweise Mommsen, Hans: Die Last der Vergangenheit, a.a.O., S. 167, Wehler, Hans-Ulrich: Geschichtswissenschaft heute. In: Stichworte zur „Geistigen Situation der Zeit". 2. Band: Politik und Kultur. Hg. v. Jürgen Habermas. Frankfurt aM 1979. S. 709-753 (iB S. 748f), Graml, Hermann: Alte und neue Apologeten Hitlers. In: Rechtsextremismus in der Bundesrepublik, a.a.O., S. 63-92 (iB S. 85-87) sowie die positiven Kommentare von Cerwinka, Günter: Zu Hellmut Diwald's „Geschichte der Deutschen". In: „Die Aula", 3/1979. S. 18-19 und Spruht, Botho: Diwald und das Reich der Deutschen. In: Deutschland in Geschichte und Gegenwart, 3/1979. S. 18-26. (Bestand „Holocaust"/IfZ Wien).
47 Daß Diwald und seine „Geschichte der Deutschen" bei der „Aula" Heroenstatus genoß, versteht sich nachgerade von selbst. Mit Diwald habe sich der Historiker gefunden, der „Geschichtsverdrehungen ins Lot" bringe, denn was „bisher an, sagen wir ‚Klitterung' geschah, das soll nun allmählich reichen." Diwald „ging zurecht und in reichlichem Ausmaß mit der Politik des Dritten Reiches hart ins Gericht, soweit Entschlüsse und Maßnahmen dem Völkerrecht nicht standhalten und zur moralischen Hypothek des heutigen deutschen Volkes und seiner Nachfahren beitragen." Diwald selbst betonte im „Aula"-Interview, er „bleibe dabei, daß die Verbrechen der Deutschen ein Thema sind, das nach 1945 zwecks Diffamierung der Deutschen verwendet wurde. Und weiter, daß in diesem Zusammenhang zentrale Fragen immer noch ungeklärt sind." N. N.: Und sie bewegt sich doch! In: „Die Aula", 3/1980. S. 9-11 (hier S. 11).
48 „„Man kann eine Zeitlang die ganze Welt belügen, man kann die ganze Zeit einen Teil der Welt belügen, aber man kann nicht dauernd die ganze Welt belügen.'"
49 Siehe dazu und zum verlegerischen Spektrum von Gerhard Frey die Ausführungen in Hundseder, Franziska: Rechte machen Kasse. Gelder und Finanziers der braunen Szene. München 1995.
50 Deutsche National-Zeitung, 11/1979. (Bestand „Holocaust"/IfZ Wien). Ein eindrucksvolles Beispiel für die perfide Art, den eigenen Antisemitismus durch das vor den Karrenspannen von Juden zu kaschieren, Juden zu Kronzeugen gegen „Holocaust", beziehungsweise zur Relativierung des Holocaust zu machen, lieferte Heinrich Härtle, durch seinen biographischen Hintergrund als ehemaliger Sekretär Alfred Rosenbergs dazu geradezu prädestiniert, in seiner „Streitschrift" gegen „Holocaust". (Härtle, Heinrich: Was „Holocaust" verschweigt. Deutsche Verteidi-

336

gung gegen Kollektiv-Schuld-Lügen. Leoni 1979). Die Liste mehr oder weniger prominenter Juden gegen „Holocaust" (zum Beispiel Eli Wiesel) und zum Holocaust (zum Beispiel Hannah Arendt) ist lang. Unter der Überschrift „Unverfroren' ... ‚unwahr...'" schrieb der Verlag: Härtle „beweist aktenkundig, daß eine Ausrottung als ‚Endlösung' nie geplant war, daß in der [filmischen] Darstellung der ‚Wannsee-Konferenz' jeder Satz erlogen ist, die Lager nicht im Normalzustand, sondern in der Katastrophe des Zusammenbruchs gezeigt werden. Auswanderung, nicht Ausrottung war das Ziel, wie der Autor dementsprechend beweist, besonders durch den Madagaskarplan." [S. 4] In Anlehnung an Hannah Arendt legte Härtle besonderen Wert – und führte es dementsprechend (genüßlich) aus – auf „[j]üdische Mordhelfer" (S. 38) und „[j]üdische Kollaborateure" (S. 40), um, entgegen seiner sonstigen Vorgangsweise, sie als „ermordete Juden" zu bezeichnen, schlußzufolgern: „Es gibt jüdische Schätzungen, wonach die Hälfte der ermordeten Juden", über deren Anzahl er sich ansonsten in beredtes Schweigen hüllte, „ohne die Mordhilfe von Juden zu retten gewesen wäre." (S. 41) Weitere Schuldige seien die Alliierten („Sie mußten schon damals [1944] wissen, daß Hunderttausende Juden wehrlos in den Händen des deutschen Feindes waren, der sie als Geiseln [!] behandeln und vernichten könnte [!]. Ohne Rücksicht auf die Gefährdung dieser Opfer hat man den Vernichtungskrieg [!] gegen das Reich mit der Wahnsinnsparole des ‚unconditional surrender' fortgeführt bis zum bitteren Ende bis zur ‚Endlösung' für Deutsche und Juden." (S. 44)), beziehungsweise deren „Führer": „Die tiefste Schuld für die Entartung des deutsch-jüdischen Verhältnisses tragen jene, die 1939 zum Kriege trieben, 1939 und 1940 die deutschen Friedensangebote höhnisch zurückwiesen und 1941 den europäischen Krieg zum Zweiten Weltkrieg ausgeweitet haben, Churchill, Roosevelt und Stalin" (S. 77), Himmler und die Zionisten („Himmlers Geheimkrieg besonders gegen das Ostjudentum steht also gegenüber dem Manöver führender Zionisten, die Judenmorde für einen Sieg des Zionismus auszunützen" (S. 45)), die Völker des Baltikums („In wilden Pogromen rächte sich die estnische, lettische und litauische Bevölkerung an den Juden, die sie als Stützen des sowjetischen Terrors betrachtete und behandelte. Öfters mußten deutsche Truppen die Juden schützen" (S. 64)), Hitler („Im Guten und im Schlechten trägt er die Verantwortung auch für das, was in seiner Umgebung geschehen konnte" (S. 65)), die „jüdische[n] Kriegserklärungen" an das Deutsche Reich („Das Hauptmotiv für das Feindbild der ‚jüdisch-bolschewistischen Gefahr' war der starke Anteil, besonders des Ostjudentums, am Kommunismus. Gäbe es dafür nicht hinreichend statistische Beweise, so genügten die von prominenten Juden in die Weltöffentlichkeit hinausgeschrieenen jüdischen Kriegserklärungen gegen Deutschland. (...) Der Propagandakrieg begann lange vor dem Schußkrieg und in einer Schärfe wie bisher nur in der Kriegszeit (...). Diese Kriegshetze begann, als noch Möglichkeiten für einen Modus vivendi zwischen Deutschen und Juden bestanden und sich sogar deutsche Juden für die Hitlerregierung aussprachen" (S. 66f.). Zusammenfassend: „Es gibt [!] keinen öffentlichen und auch keinen geheimen Plan zur Ausrottung der Juden, doch jüdische Pläne zur Ausrottung der Deutschen, und zwar öffentliche" (S. 75), wobei naturgemäß der sogenannte Morgenthauplan an prominenter Stelle angeführt wurde. Erst am Schluß des Buches, nachdem er wohl mehr ungewollt als gewollt Beispiele für die „Endlösung" lieferte, mußte Härtle wieder die Kurve zum Madagaskarplan (zurück)kratzen. An dessen Scheitern waren – so die krude Logik des Autors – die Briten schuld, um schlußzufolgern: „Geblieben ist von diesem gescheiterten Plan die historische Tatsache, daß Endlösung Auswanderung, nicht Ausrottung bedeutet hat." (S. 82) In diesen einschlägigen Kreisen verstand (und versteht) es sich von selbst, daß die „Holocaust-Zahlen verlogen" (S. 80), und „die bisherigen Propagandaziffern vielfach übertrieben sind." (S. 84) Da traf es sich nur zu gut, einen „jüdische[n] Statistiker" namens Dr. Listojewski zur Hand zu haben, der auf „nur" 500.000 jüdische Opfer kam, um diesen wie zum Hohn mit Krokodilstränen nachzutrauern: „Auch diese Summe ist entsetzlich hoch und zeigt den Grad der Entartung", was in diesem Zusammenhang ein besonders „gelungener" Ausdruck ist, „auch [!] auf deutscher Seite. Diese Zahl wird jene nicht befriedigen, die einen unbegreiflichen Drang nach Übertreibung der Opfer in sich fühlen. Jeder human Denkende aber wird dankbar sein für diese Korrekturen nach unten. Für keines dieser jüdischen Kriegsopfer" – um den eindeutigen Schwenk zur Gegenwart zu vollziehen – „gibt es wirklich ‚Wiedergutmachung'." (S. 84f.) Schließlich sei jedoch zu bedenken, Nolte und Epigonen lassen grüßen, daß der Mord an den Juden eine Reaktion auf den Archipel Gulag gewesen sei und gegen „diese Feinde der Menschheit", nicht gegen die Juden, sondern gegen die Sowjets, „wurde der deutsche Ostkrieg geführt, dem Millionen Deutsche und Hunderttausende Juden zum Opfer fielen.

Davon lenkt ‚Holocaust' ab und soll es", betreibe die Serie doch „nur Volksverhetzung und" das „aus niederen Motiven." (S. 87)

Zu Härtles biographischem Hintergrund und einschlägigen Publikationen siehe Lasek, Wilhelm: Verzeichnis „revisionistischer" Autoren und Publikationen. In: Handbuch des österreichischen Rechtsextremismus, a.a.O., S. 451-463 (hier S. 453f).

51 Deutsche National-Zeitung, 12/1979. (Bestand „Holocaust"/IfZ Wien).

52 „‚Die Kleingewerbetreibenden sind damals unter die Räder des oftmals jüdischen Großkapitals geraten. Es wäre eine sehr ungerechte Geschichtsschreibung, würden wir nicht erkennen, daß es diese Probleme auch bei uns gegeben hat.'" Ebda.

53 Ebda.

54 Sofern es die Literaturrezeption von Salzburger Medien bis 1960 betraf, faßt Müller die Befunde für die Zeitschriften „Die Neue Front" und „Salzburger Volksblatt" wie folgt zusammen: „Die ‚Neue Front'(NF) und das ‚Salzburger Volksblatt'(SV) gleichen sich in einem: Sie sind Träger und Vermittler eines sehr breiten Teils der sogenannten ‚bodenständigen' Literatur seit den dreißiger Jahren, und zwar ungebrochen bis 1960. (...) In einer Übersichtsarbeit ‚Salzburg in der Dichtung der Gegenwart' wurden [im SV] zwar (...) in gut positivistischer Manier ca. 50 Salzburger Autorennamen aufgelistet, von denen ca. 30 nachweislich mit dem NS-Regime vernetzt waren." „Blasi", alias August Ableitner, nach „1945 Hausautor beim ‚Salzburger Volksblatt' (...) schrieb" nach 1945 „eine Fülle von Rache- und Vergeltungstexten, die in der Literatur Salzburgs und Österreichs ohne Vergleich sind." Müller, Karl: Salzburger Medien als Vermittler von Literatur zwischen 1945 und 1960. „Stunde Null" und/oder Kontinuität. In: Die vierte Macht. Zu Geschichte und Kultur des Journalismus in Österreich seit 1945. Hg. v. Hans-Heinz Fabris und Fritz Hausjell (= Österreichische Texte zur Gesellschaftskritik, Bd. 53). S. 241-260 (hier S. 251f.). Freundliche Auskunft und Literaturhinweis von Dr. Fritz Hausjell (Wien).

55 Siehe dazu Tozzer, Kurt und Kallinger, Günther: „Marschmusik für Glockenspiel". 1968, Österreich am Rande des Krieges. St. Pölten und Wien 1998. S. 290-295.

56 Euler: Das „Andere" Holocaust. In: Salzburger Volksblatt, vom 28. Februar 1979. (Bestand „Holocaust"/IfZ Wien).

57 „Drechsler ist Gründer, Proponent und Vorsitzender zahlreicher im wesentlichen auf seine Person bezogener Organisationen und Parteien, die ohne jede Bedeutung sowohl in der Öffentlichkeit als auch im rechtsextremen Lager sind." N. N.: Rechtsextreme Funktionäre, Aktivisten und Ideologen. In: Handbuch des österreichischen Rechtsextremismus, a.a.O. S. 289-326 (hier S. 293).

58	„Pro Kriegstag hatte Deutschland 2500 Verwundete oder Getötete – Soldaten oder Zivilisten – zu beklagen gehabt." Euler: Das „Andere" Holocaust. In: Salzburger Volksblatt, vom 1. März 1979. (Bestand „Holocaust"/IfZ Wien).
59	Ebda.
60	Euler: Das „Andere" Holocaust. In: Salzburger Volksblatt, vom 2. März 1979. (Bestand „Holocaust"/IfZ Wien).
61	Euler: Das „Andere" Holocaust. In: Salzburger Volksblatt, vom 3. März 1979. (Bestand „Holocaust"/IfZ Wien).
62	Euler: Das „Andere" Holocaust. In: Salzburger Volksblatt, vom 9. März 1979. (Bestand „Holocaust"/IfZ Wien).
63	Euler: Das „Andere" Holocaust. In: Salzburger Volksblatt, vom 10. März 1979. (Bestand „Holocaust"/IfZ Wien).
64	„Den größten Fehler dieses Jahrhunderts machten die Alliierten, als sie Deutschland auf Grund der zionistischen Hetzpropaganda den Zweiten Weltkrieg erklärten." Lb vom 10. März 1979. (Bestand „Holocaust"/IfZ Wien) sowie Lb vom 21. März 1979. (Bestand „Holocaust"/IfZ Wien).
65	Ebda.
66	Lb vom 3. März 1979. (Bestand „Holocaust"/IfZ Wien).
67	Ebda.
68	Lb vom 9. März 1979. (Bestand „Holocaust"/IfZ Wien).
69	Aigner, Adalbert: Nachruf und Dank für das „Salzburger Volksblatt". In: „Die Aula", 5/1979. S. 12-14 (hier S. 12). Zum hundertjährigen Jubiläum 1970 attestierte ebenfalls Aigner, das Blatt habe „zeit seines Bestandes eine einheitliche Linie vertreten" und gelte in seinen Augen „heute als einzige einwandfrei nationale Tageszeitung Österreichs". Das „Salzburger Volksblatt", so Aigner weiter, „erklärt sich als – wie eh und je – national-liberal und heimatlich nicht ohne darauf hinzuweisen, daß das Wort ‚liberal' nicht den Zersetzungs-Liberalismus", eine etwas ungelenke, doch in diesem Milieu eindeutige Umschreibung für jüdischen Liberalismus, „sondern Eintreten für die innere und äußere Freiheit des Menschen bedeuten soll." Aigner, Adalbert: 100 Jahre „Salzburger Volksblatt". In: Die Aula, Dezember 1970. S. 12.
70	Holocaust international. (= Sonderblatt 5/1979). (Bestand „Holocaust"/IfZ Wien).
71	Ebda.
72	Zum Vergleich lag „die wöchentliche Auflage der zwei führenden Zeitungen (‚Deutsche Wochenzeitung' und ‚Deutsche Nationalzeitung')" „bei rund 100 000 Exemplaren" Castner, Hartmut und Castener, Thilo: Schuljugend und Neo-Faschismus – ein aktuelles Problem politischer Bildung. In: APuZ. Beilage zur Wochenzeitung das parlament. B44/78. S. 31-46 (hier S. 33).
73	N. N. KZ-Greuelbilder als Fälschungen entlarvt. In: Holocaust international. (= Sonderblatt 5/1979), a.a.O.
74	N. N. [Ingomar Pust]: Rummel um „Holocaust". In: Holocaust international. (= Sonderblatt 5/1979), a.a.O.. Es handelt sich hierbei um einen Abdruck des Artikels in der „Volkszeitung Kärnten-Osttirol" vom 9. Februar 1979.
75	Vgl, auch: „Ein Beitrag zur ‚Endlösung' nationaler Probleme war ja auch die Liquidierung der 14.000 polnischen Offiziere in Katyn." N. N. KZ-Greuelbilder als Fälschungen entlarvt, a.a.O.
76	Vgl. auch: „Eine Endlösung, wenn auch unblutig, war die Vertreibung von zwei Millionen Deutschen in der UdSSR. Sie wurden 1945 aus ihren Siedlungsgebieten

in die riesigen Siedlungsgebiete, in die riesigen Weiten Sibiriens, Mittelasiens und des Kasachstan gejagt und dort zerstreut. Dort werden sie jetzt assimiliert. Als nationale Gruppe sind sie damit ausgelöscht."
Ebda

77 N. N.: Minister Sinowatz gibt Anweisungen. In: Ebda
78 Ebda
79 Strauss, Franz Josef: Anmerkungen und notwendige Fragen. In: Ebda.
80 Siehe dazu: Broszat, Martin: Hitler und die Genesis der „Endlösung". Aus Anlaß der Thesen von David Irving. In: VfZ, 4/1979. S. 739-775. Hillgruber Andreas: Rezension von David Irving: Hitler und seine Feldherren. In: HZ, 222 (1976). S. 754-756. In einer Besprechung des Irving-Buches „Hitlers Weg zum Krieg" in *Deutschland in Geschichte und Gegenwart* stellte der Rezensent zufrieden fest: „Die logische Schlußfolgerung, daß Churchill und Roosevelt Stalin nach Kräften behilflich waren, sein Ziel zu erreichen, zieht Irving – im Gegensatz" zum damals in Hochkonjunktur stehenden David Hoggan – „nicht. Sie bleibt jedem durchschnittlich intelligenten Leser selbst überlassen" (S. 34), womit die Sache im rechten Lot war. Irvings Buch wurde konzediert, „ein großer Wurf" (S. 35) zu sein, stütze es sich doch nicht „nur auf die sogenannten amtlichen (von den Siegern ausgewählten, häufig manipulierten oder ganz einfach gefälschten) Dokumente und die von ihnen abgeleitete Sekundärliteratur" (S. 35) und betrachte Irving Hitler nicht „wie das Gros deutscher Zeitgeschichtler (...) mit den ihnen vorgebundenen Scheuklappen der Nürnberger Siegerjustiz" (S. 34). Abschließend sei noch eine Passage aus der überaus wohlwollenden Rezension zitiert, die sowohl über den biographischen Background als auch den (damals) gegenwärtigen Geisteszustand des Rezensenten Aufschlüsse gibt: „Den Engländer Irving ehrt die Meinung, die er von der Gerichtsbarkeit seines Landes hat, er wird es aber niemand, der – wie der Rezensent – einmal vor englischen Vernehmern stand (die jedenfalls englische Uniformen trugen, auch wenn sie die deutsche Sprache perfekt beherrschten), verübeln, daß er dem sprichwörtlichen englischen Gerechtigkeitssinn (zumindest wie er sich damals bekundete) etwas skeptisch gegenübersteht." (S. 34)
vo: David Irving. Hitlers Weg zum Krieg. In: Deutschland in Geschichte und Gegenwart, 3/1979. S. 34-35.

81 Nachtmann, Herwig: „Holocaust" und „Sonderblatt". In: „Die Aula", 3/1979. S. 9.
82 Nach Peter Diem liegt ein „Medienereignis dann vor, „wenn es eine große Begleitpublizistik gibt, ein einhergehender öffentlicher Diskurs (...) in allen Medien" stattfindet.
Diem Peter: Elefant oder Eintagsfliege? Probleme und Ergebnisse der Fernsehwirkungsforschung am Beispiel „Holocaust" und anderen Medienereignissen. In: Medienereignisse – Medienwirkungen? Zur Wirkung von Massenmedien: „Hainburg", „Holocaust" und andere Medienereignisse. Eine Tagungsdokumentation. Hg. v. Heinz Pürer. Salzburg 1985 (= Hefte des Kuratoriums für Journalistenausbildung, Heft 7/1985). S. 140-160 (hier S. 145).

83 Knilli, Friedrich: Im internationalen Vergleich. In: Holocaust zur Unterhaltung, a.a.O., S. 334-351 (hier S. 336f).
84 In einer „ewigen TV-Bestenliste" lag „Holocaust" IV mit 25.000.400 Zusehern an 49er Stelle.
Siehe: Knilli, Friedrich: Die Auftraggeber. In: Holocaust zur Unterhaltung, a.a.O., S.45-60 (hier S.50).

85 Knilli, Friedrich: Endlösung aller Zukunftsfragen des US-Fernsehens? Ein Marketingprodukt und seine Rezeption in den USA. In: Media-Perspektive 4/1979 (Bestand Holocaust, IfZ Wien).

86   „Der letzte Teil dieser Serie über den modernen Sklavenhandel mit den Schwarzen in den USA erzielte eine Einschaltquote von 85" Prozent. Zielinski, Siegrid: Die Produzenten. In: Holocaust zur Unterhaltung, a.a.O., S. 61-69 (hier S. 64).

87   Messerschmid, Nachüberlegungen zu Holocaust, a.a.O., S. 64.

88   Magnus, Uwe:, „Holocaust" im Spiegel der Teleskopie-Zahlen – Einschaltquoten und Seherbeteiligung. In: Media-Perspektiven 2/1979 (Bestand Holocaust, IfZ Wien).

89   Tilman, Ernst: „Holocaust" aus der Sicht der politischen Bildung. In: Im Kreuzfeuer: Der Fernsehfilm Holocaust, a.a.O., S. 311-316 (hier S. 311).

90   Diem, Peter: „Holocaust". Anatomie eines Medienereignisses. Wien 1979 (= Berichte zur Medienforschung 1/79). S. 17.

91   Arbeitsgemeinschaft Fessel+GFK und IFES: Fragen zur Fernsehserie „Holocaust", Februar/März 1979 (= Infratest 1/79). Wien 1979. N=1000, Befragungszeitraum: telephonisch zwischen 24. 2. und 8. 3. 1979.

92   N. N.: ORF-Infratest: „Holocaust" als Außireißer. In: „profil" 13/1979. S. 24. Arbeitsgemeinschaft Fessel+GFK und IFES, Fragen zur Fernsehserie „Holocaust", a.a.O.

93   Diem, Peter: Holocaust 1979-1997. Wien 1997. Unveröff. Ms. S. 4. Das Manuskript wurde dem Autor von Dr. Peter Diem freundlicherweise vor Drucklegung zur Verfügung gestellt.

94   Die Werte sanken von jeweils 79% der 14 bis 29-jährigen auf 50 Prozent der über 75-jährigen.
Integral: ORF HOLOCAUST, Studie 1150/97, März 1997. N=1006 beziehungsweise 1011, Befragungszeiträume: telephonisch zwischen 10. 2. und 16. 2. beziehungsweise zwischen 3. und 10. 3. 1997.

95   Zitiert nach Diem, Holocaust 1979-1997, a.a.O., S. 4.
Dem ist allerdings hinzuzufügen, daß die Werte aus dem Jahre 1979 auf Interviews, die aus 1997 auf telemetrischen, also wesentlich exakteren Messungen, basieren. Aber auch bei großzügigster Interpretation der Daten – so betrug 1997 die „Nettoreichweite" 12,2 Prozent – ist an der Tatsache nichts zu deuten, daß die Ausstrahlung weit hinter den Werten von 1979 lag.

96   Integral, ORF-HOLOCAUST, a.a.O.

97   Diem, Holocaust 1979-1997, a.a.O., S. 5.

98   Dem widerspricht allerdings, daß 34 Prozent der „Holocaust"-Seher die Serie bereits 1979 sahen, während nur 19 Prozent sie 1979 nicht gesehen hatten. Bei den Sehern aller vier Folgen sieht das Verhältnis 14% zu 4% aus. Siehe: Integral, ORF HOLOCAUST, a.a.O.

99   Diem, Holocaust 1979-1997, a.a.O., S. 5f.

100   Die Daten aus 1979 stammten aus einer „Blitzumfrage", die aus 1997 aus der „Integral"-Studie.

101   Knilli, Im internationalen Vergleich, a.a.O., S. 342.

102   „Mit Ratings wird ausgedrückt, wieviele der insgesamt existierenden Fernsehgeräte (eingeschaltete und nichteingeschaltete = 100%) eingeschaltet waren."
Ebda.

103   Ebda.

104   „Mit ,Shares' wird ausgedrückt, wieviele der insgesamt eingeschalteten Geräte (= 100%) ,Holocaust' gesehen haben."
Ebda, S. 343.

105   Ein Großteil der Fragebatterie wurde im Rahmen der Dissertation im Kapitel „Nationalsozialismus und öffentliche Meinung" analysiert.

106   Diem, „Holocaust". Anatomie eines Medienereignisses, a.a.O., S. 71.
107   Arbeitsgemeinschaft Fessel+GFK und IFES. Fragen zur Fernsehserie „Holocaust",
       a.a.O.
108   Diem, „Holocaust". Anatomie eines Medienereignisses, a.a.O., S. 73.
109   Ausführlich dazu Wassermann, Heinz P.: Österreich und „Holocaust" – eine ver-
       störte Nation? In: Zeitgeschichte im Wandel. Österreichische Zeitgeschichtetage
       1997. Hg. v. Gertraud Diendorfer [u.a.]. Innsbruck und Wien 1998. S. 322-329.
110   Seher sind alle, die zumindest eine Folge gesehen haben.
111   Für die Daten aus 1979 wurden die dort ausgewiesenen Totalergebnisse verwendet,
       die Daten für 1997 stammen – da nicht als Totalwerte ausgewiesen – aus der im
       März 1997 durchgeführten Untersuchung.
112   Speziell ausgewertet werden auch Zu- beziehungsweise Abnahmen der signifikan-
       ten Veränderungen.
113   Diem, „Holocaust". Anatomie eines Medienereignisses, a.a.O., S. 4.
       Im Gegensatz dazu gingen 1997 beim ORF 65 Anrufe und eine Zuschrift ein. In
       österreichischen Printmedien erschien ein einziger Leserbrief und sie veröffent-
       lichten 48 Artikel.
       Siehe Diem, „Holocaust" 1979-1997, a.a.O., S. 6f.
114   Diem, „Holocaust". Anatomie eines Medienereignisses, a.a.O., S. 56.
115   Ebda, S. 59.
116   Siehe ebda, S. 63.
117   Ebda, S. 68.
118   Diem, „Holocaust" 1979-1997, a.a.O., S. 6f.
119   N. N.: Es war ein Schock. In: „Kleine Zeitung" vom 16. Februar 1997, Telefritz:
       Bewältigungen. In: „Kleine Zeitung" vom 16. Februar 1997, Telefritz: Holocaust
       (Wh). In: „Kleine Zeitung" vom 28. Februar 1997, Ernst: Die Wahrheit ist eine
       TV-Serie. In: „Kurier" vom 17. Februar 1997, R. T.: couch&potatos. In: „profil", 9/
       1997. S. 125, Chorherr: „A Hitler muaß her": Warum Antinazi-Filme doch nicht
       ganz unaktuell sind. In: „Die Presse" vom 15./16. Februar 1997, Koller: Klassiker
       „Holocaust". In: „Salzburger Nachrichten" vom 17. Februar 1997 und Kospach:
       Hitlers Helfer, Hitlers Opfer. In: „Salzburger Nachrichten" vom 22. Jänner 1997.
120   Ri: Holocaust ist echt! 24. Jänner 1979. (Bestand „Holocaust"/IfZ Wien).
121   „Der [gezeigte] Sachverhalt entspricht den Tatsachen. (...) Es mag zwar vielen nicht
       passen, aber die historischen Fakten beweisen es."
       Ebda.
122   „Nestbeschmutzung und ähnliche Äußerungen sind zu primitiv, um sich mit ihnen
       auseinanderzusetzen."
       Ebda.
123   Ebda.
124   „Auch wir als Zeitung haben einen riesigen Posteinlauf zu verzeichnen, der tagtäg-
       lich die verschiedensten Meinungen bringt. (...) Es ist erschütternd, Stellungnah-
       men zu erhalten, die von triefendem Haß getragen sind und letztlich nur beweisen,
       daß es in unserem Land noch Menschen gibt, die blind an den ‚Führer' glauben und
       die die unmenschliche Judenhatz als notwendig und gerechtfertigt sehen. (...) Noch
       immer lebt blindwütiger Haß und noch immer gibt es Menschen, die sich nazisti-
       scher Ideologie verpflichtet fühlen."
       Ritschel: Die Endlösung ist unverlierbare Geschichte. 28. Februar 1979. (Bestand
       „Holocaust"/IfZ Wien).
125   Ebda.
126   Würde die Serie „in Deutschland und Österreich verschwiegen werden, müßte dies
       zu einer neuen Kampagne kommen, daß eben Deutschland und Österreich aus na-

342

heliegenden Gründen diese Filme nicht sehen wollen. Daher ist es richtig, Holocaust bei uns zu senden."
Ebda.

127   Ebda.
An dieser Stelle kann und muß angemerkt werden, daß der von Ritschel gezogene (Allerwelts)Vergleich schlicht und einfach nichts erklärt und den Holocaust in die Geschichte des bösen (oder eben manipulierten) Menschentums einebnet. Zu bedenken ist allerdings, daß er zumindest einen Teil der SN-Leserschaft, analog zu den von ihm erwähnten und oben zitierten Leserbriefschreibern, „ins Gesicht" fuhr, denn die Zeitung war durch eine kirchenkritische Schreibweise – von einer antiklerikalen ganz zu schweigen – nicht hervorgetreten.

128   Kudil: Mahnmal für unfaßbares Grauen. 24. Februar 1979 (Bestand „Holocaust"/ IfZ Wien).

129   Ritschel: Die Endlösung ist unverlierbare Geschichte, a.a.O.

130   N. N.: „Holocaust" ist in uns. 6. März 1979. (Bestand „Holocaust"/IfZ Wien).

131   a. k.: „Holocaust" macht Deutschland betroffen. 27. Jänner 1979. (Bestand „Holocaust"/IfZ Wien).

132   Probst: Nachhilfe aus dem Westen unerwünscht. 19. März 1979. (Bestand „Holocaust"/IfZ Wien).

133   Klein: „Holocaust" kam auch nach Frankreich. 21. Februar 1979. (Bestand „Holocaust"/IfZ Wien).

134   Broer: Die Mitschuld der Alliierten. 27. Jänner 1979. (Bestand „Holcoaust"/IfZ Wien).

135   „Der skandalumwitterte britische Historiker David Irving hat übrigens erst jüngst den Nachweis erbracht, daß es keine Weisung, kein einziges Schriftstück mit Hitlers Unterschrift gibt, das seine Zustimmung zur Ausrottung der Juden festhält."
Ebda.

136   „So hat etwa Reichsminister Lammers vor dem Nürnberger Gericht ausgesagt, Hitler habe im März 1942 zu ihm gesagt, er habe Himmler angewiesen, die Juden nur zu ‚evakuieren'."
Ebda.

137   Ebda.

138   N. N.: Ein paar Bomben hätten 500.000 Juden gerettet. 27. Jänner 1979. (Bestand „Holocaust"/IfZ Wien).

139   Wenngleich die Formulierung „Eine Schülerin: ‚Man hätte zeigen sollen, daß auch Deutsche Widerstand gegen Hitler geleistet haben'." – Das „hätte man" ist auch in diese Richtung interpretierbar.
Maier: Das Erbe von „Holocaust". 12. März 1979. (Bestand „Holocaust"/IfZ Wien).

140   Wobei – wenig elegant – hierbei Berichterstattung und Meinungsmache nicht wenig stark vermischt wurden.

141   Im Zusammenhang damit tauchte „der Österreicher" Odilo Globocnik auf, der federführend in Belzec „über 600.000 Juden ‚ins Gas schickte'." Die „Häftlinge" von Mauthausen „sollten unter der besonderen Kennzeichnung des Lagers zu leiden haben: Mauthausen erhielt 1941 die Lagerstufe III – das bedeutete Zwangsarbeit, die auf alle Fälle mit dem Tod des Häftlings enden sollte." Gequält „und getötet wurden vor allem politische Häftlinge aus allen Ländern und selbstverständlich auch Juden."
N. N.: Mauthausen war Idee von Speer. 4. März 1979. (Bestand „Holocaust"/IfZ Wien).

142   Rabl: Hoffen, daß der Schock kommt. 10. Februar 1979. (Bestand „Holocaust"/IfZ Wien).

143 Rau: „Holocaust". 2. Februar 1979. (Bestand „Holocaust"/IfZ Wien).
144 Payrleitner: Die letzte Chance zum Gespräch. 6. März 1979. (Bestand „Holocaust"/ IfZ Wien).
145 telefritz: Holocaust I. 2. März 1979. (Bestand „Holocaust"/IfZ Wien).
146 Telefritz.: Holocaust II. 3. März 1979. (Bestand „Holocaust"/IfZ Wien).
147 Telefritz.: Holocaust III. 4. März 1979. (Bestand „Holocaust"/IfZ Wien).
148 Telefritz: Holocaust IV und seine Fortsetzung. 5. März 1979. (Bestand „Holocaust"/ IfZ Wien).
149 Spies: Vergangenheitsbewältigung im ORF. 22. Februar 1979. (Bestand „Holocaust"/ IfZ Wien).
150 Hütter: Ein paar Bekannte sterben. 22. Februar 1979. (Bestand „Holocaust"/IfZ Wien).
151 Csoklich: Schlupfwinkel des Bösen. 4. März 1979. (Bestand „Holocaust"/IfZ Wien). Hingegen zeigte der Artikel von Werner Krause starke apologetische Tendenzen. Er referierte ein Buch zum Thema „Heimtücke" im Nationalsozialismus und vermischte – wie vor allem seine abschließende Schlußfolgerung zeigt – verschiedene Opfergruppen auf höchst problematische Art und Weise. „14.500 Österreicher standen in den Jahren 1938 bis 1945 wegen ‚Heimtücke' vor den Sondergerichten. (...) Die Art und Weise, wie der NS-Staat diesem ‚kleinen Widerstand' begegnete, ist ein wesentlicher Aspekt in den Diskussionen darüber, weshalb sich die Bevölkerung gegen die NS-Diktatur nicht zur Wehr setzte. Ein Nachtrag zu ‚Holocaust' also." Das Studium der Dokumente mache klar, „wie schwer es war, sich gegen den totalen braunen Machtanspruch zur Wehr zu setzen." Nachdem er einige Urteile referierte, schlug er, vom „totalen braunen Machtanspruch" ausgehend, den Bogen zur Frage, der Vernichtung der Juden. „Fest steht, daß die Führung jede nur erdenkliche Mühe aufbrachte, die Aussonderung der Juden als Bürgerpflicht zu deklarieren und jede nur erdenkliche Strafe ersann, um Sympathie mit den ‚Untermenschen' im Keim zu ersticken."
Krause: „Lieber Herrgott mach mich stumm." 25. März 1979. (Bestand „Holocaust"/ IfZ Wien).
152 Über die „anderen" Verbrechen und die Verbrechen der „Anderen" wisse er Bescheid „und wir haben in dieser Zeitung nie gezögert, auch darüber ausdrücklich zu berichten. Aber Mord ist nicht mit Mord aufzurechnen, Unrecht nicht mit Unrecht abzugelten."
Csoklich, Schlupfwinkel des Bösen, a.a.O.
153 Ebda.
154 Wimmer: Heute „Holocaust" – und morgen? 2. März 1979. (Bestand „Holocaust"/ IfZ Wien).
155 Telefritz: Holocaust III, a.a.O.
156 Stritzl: Nach „Holocaust". 7. März 1979. (Bestand „Holocaust"/IfZ Wien). Dieser Artikel erschien lediglich in der Kleinen Zeitung Klagenfurt.
157 Telefritz, Holocaust II, a.a.O.
158 Csoklich, Schlupfwinkel des Bösen, a.a.O.
159 Vujica: Ein Denkmal für Millionen. 11. März 1979. (Bestand „Holocaust"/IfZ Wien).
160 Csoklich: „Holocaust" und der Streit um die Fristenlösung. 31. März 1979. (Bestand „Holocaust"/IfZ Wien).
161 Grolig: Der Zeitgenosse: Ja, so war es. 22. Februar 1979. (Bestand „Holocaust"/IfZ Wien).
162 Rudle: Die Kritikerin: Viel Hollywood. 22. Februar 1979. (Bestand „Holocaust"/ IfZ Wien).
163 N. N.: Endlösung. 26. Februar 1979. (Bestand „Holocaust"/IfZ Wien).

164	Schulmeister: Holocaust und kein Ende. 6. März 1979. (Bestand „Holocaust"/IfZ Wien).
165	Chorherr: Oesterreichische Sorgen. 3. März 1979. (Bestand „Holocaust"/IfZ Wien).
166	Chorherr: Der Holocaust-Masochismus. 3. Februar 1979. (Bestand „Holocaust"/ IfZ Wien).
167	Chorherr: Oesterreichische Sorgen, a.a.O.
168	Schulmeister: Scheel: Holocaust. 17. Februar 1979. (Bestand „Holocaust"/IfZ Wien).
169	„Denn Österreich ist in die Geschichte dieses Selbsthasses des Menschen viel tiefer verstrickt, als es Namen wie Hitler, Kaltenbrunner und so viele andere andeuten." Schulmeister: Holocaust und kein Ende, a.a.O.
170	Ebda.
171	Urbanek: „Die Wirklichkeit war grausamer". 24. Jänner 1979. (Bestand „Holocaust"/ IfZ Wien).

Wenige Tage später konstatierte er bereits: Der „Mann auf der Straße zeigt sich in Deutschland reservierter als dies alles [die intensive Medienberichterstattung] glauben macht. Beigetragen hat dazu auch sicherlich, daß bei den laufenden Diskussionen über das Thema nur eine Meinung durchdringt." Abschließend fragte er: „Wem nützt eine solche Geschichtsaufarbeitung?"
Urbanek: Das Echo auf „Holocaust". 30. Jänner 1979. (Bestand „Holocaust"/IfZ Wien).

| 172 | Reimann: „Holocaust". 3. Februar 1979. (Bestand „Holocaust"/IfZ Wien). |

Siehe auch: „Es wird auch Aufgabe der Zeitungen sein, ihren Lesern auch die Ursachen aufzuzeigen, die zu dieser schlimmsten Epoche in der deutschen und in der österreichischen Geschichte geführt haben. Hitler stieg nicht aus der Hölle empor. Wer über diese Ereignisse urteilen will, muß sich über die Situation von damals informieren." Das werde dann zur Erkenntnis führen, „daß der Kreis der Schuldigen weit über das deutsche Volk hinausgeht."
Reimann: Rund um „Holocaust". 22. Februar 1979. (Bestand „Holocaust"/IfZ Wien).
Es sei an dieser Stelle bereits angemerkt, daß diese Art der Argumentationsführung, die Schuld von Deutschen und Österreichern (soferne diese nicht unter Deutschen subsummiert wurde) mit der – zumeist wenig konkret benannten – Schuld der „anderen" zu vermengen, typisch ist, ohne auf die konkrete Schuld von Deutschen (und Österreichern) einzugehen. Die Beispiele weiter unten werden diesbezüglich anschauliche Belege liefern.

| 173 | Trost: Geschäft mit Holocaust. 11. Februar 1979. (Bestand „Holocaust"/IfZ Wien). |

In diesem Zusammenhang warnte Reimann bereits frühzeitig, daß, sollten derartige Serien „auf dem Fließband" hergestellt werden, dies „nicht nur zu einer neuerlichen Verteufelung der Deutschen führen, sondern noch mehr von den Verbrechen, die täglich begangen werden, ablenken" würde. „Es müßte aber auch die Deutschen fast zwingen (...), ihrerseits in Form von Familienschicksalen in Fernsehserien die Verbrechen aufzuzeigen, die an den Deutschen begangen wurden."
Reimann: „Holocaust", a.a.O.

174	Staberl: Zur Ehre des 20. Juli. 4. März 1979. (Bestand „Holocaust"/IfZ Wien).
175	Reimann: Gedanken zu Holocaust (1). 4. März 1979. (Bestand „Holocaust"/IfZ Wien).
176	Die Serie „ist keine späte Rache an Deutschland, wie einige behaupten oder vermuten, sondern zeigt am Schicksal einer zweifellos idealisierten" – Reimann brachte die Dinge und dieses Manko in einem späteren Artikel auf die für ihn typische Art und Weise ins rechte Lot – „jüdischen Familie die Schandtaten eines verbrecherischen Terrorregimes. Diese sind nicht wegzuleugnen, aber in der TV-Serie wird nicht das deutsche Volk an den Pranger gestellt, sondern dessen politische Verbre-

chen." Im selben Atemzug fuhr er fort: „Die Deutschen kommen nicht viel schlechter weg als die Schweizer, die Franzosen oder die Amerikaner, was das Verhalten in der tristen Lage der Juden im Dritten Reich betrifft." Ein wenig weiter unten führte er noch an, daß, wenn „andere Völker keinen Grund haben, sich den Deutschen moralisch überlegen zu fühlen, sagt das nicht, daß wir so tun dürfen, als ginge uns die Vergangenheit nichts mehr an."
Reimann: Rund um „Holocaust", a.a.O.

177   Reimann: Gedanken zu Holocaust (2). 5. März 1979. (Bestand „Holocaust"/IfZ Wien).

178   „Zweifellos kann man Verbrechen nicht gegenseitig aufrechnen, nur daß die einen ständig zur Buße aufgefordert werden, während sich die anderen vor Schadenfreude die Hände reiben, obwohl ihnen Buße gut anstehen würde, verletzt auf die Dauer jedes Gefühl von Gerechtigkeit."
Reimann: „Holocaust", a.a.O. sowie Reimann: Gedanken zu Holocaust (1), a.a.O.
Im Gegensatz dazu: „Die Ungeheuerlichkeiten des Hitler-Systems will er", der Aufrechner, „jedoch nicht begreifen. Daß der Nationalsozialismus zwar den Juden das ‚auserwählte Volk' vorwarf, selbst aber die Deutschen für auserwählt hielt und in beispiellosem Hochmut bürokratischer Präzision andere Rassen [!] und Völker zur Vernichtung verurteilte. Doch die, die das schreiben, haben damals ihre große Zeit erlebt. Und sie wollen nicht wahrhaben, daß sie im Dienst maßloser Verbrecher gestanden sind."
Trost: Stimmen. 2. März 1979. (Bestand „Holocaust"/IfZ Wien).

179   Reimann: Gedanken zu Holocaust (1), a.a.O.

180   Reimann: Gedanken zu Holocaust (2), a.a.O.

181   „Mehr als alle dokumentarischen Schnitzer stört im Film die Schwarzweißmalerei. In jedem Menschen kämpfen Himmel und Hölle miteinander."
Ebda.

182   „Von allen deutschen [!] Ländern war er [der Antisemitismus] in Wien am stärksten zu Hause. Hitler nahm ihn mit, als er die Stadt verließ."
Ebda.

183   Ebda

184   Staberl: Zur Ehre des 20. Juli, a.a.O.

185   Reimann: Eine deutsche Tragödie. 18. März 1979. (Bestand „Holocaust"/IfZ Wien).

186   Reimann: Die man nicht vergessen darf... . 11. März 1979. (Bestand „Holocaust"/ IfZ Wien).

187   Gnam: Bestie Mensch. 3. März 1979. (Bestand „Holocaust"/IfZ Wien).

188   N. N.: Holocaust oder: Wir haben von nichts gewußt. 23. Februar 1979. (Bestand „Holocaust"/IfZ Wien).

189   Lorenz: Erinnerung an das Vergessene. 23. Februar 1979. Hahnl: Und sie fanden nichts dabei. 24. Februar 1979. Misakyan: Die BdM-Jacke eingeheizt. 25.Februar 1979. Katscher: Geflüstertes beim Eminger. 26. Februar 1979. Löwy: Ein leises Verschwinden... 27. Februar 1979. und Nimmerrichter: Mit Abscheu und Entsetzen. 28. Februar 1979. (alle Bestand „Holocaust"/IfZ Wien).

190   „Was an Verbrechen in den Vernichtungslagern geschah, lehrten mich nach dem Krieg erst die dokumentarischen Filmberichte kennen und da bedurfte es keines Spielfilms mehr (...). Immerhin, wir sahen bereits Menschen mit dem Judenstern auf der Straße, ohne über ein billiges Mitleid hinaus uns Gedanken über die Möglichkeiten einer künftigen Endlösung zu machen: Beruhigt ohnehin ‚dagegen' zu sein."
Walden: Auch die Wurzeln ausreißen. 3. März 1979. (Bestand „Holocaust"/IfZ Wien).

191   Ebda.

192   Grossmaier: Wahrheit aus „Betteinsätzen". 4. März 1979. (Bestand „Holocaust"/ IfZ Wien).

193   Kepper: Ende der Selbsttäuschung? 31. Jänner 1979. (Bestand „Holocaust"/IfZ Wien).

194   Poidinger: wenn sie mich fragen. 2. März 1979. (Bestand „Holocaust"/IfZ Wien).

195   Chorherrs Artikel – „Oesterreichische Sorgen", er wurde weiter oben analysiert – diene dazu, „sagen wir es doch frank und frei heraus, Herr Kollege – dieses in äußerstem Maße unbequeme Werk abzuqualifizieren. Allein daß Sie die Auseinandersetzung mit dem grausamsten Kapitel der Menschheitsgeschichte zum Startblock wählen, um sich – übrigens zu Recht – über kleinkarierte österreichische Politsorgen zu mokieren, (...) ist verräterisch wie nur." Gluthammer: Betrifft: Den „Horrorschinken" des Herrn Chorherr. 6. März 1979. (Bestand „Holocaust"/IfZ Wien).

196   Ebda.

197   Traxler: Fragen nach „Holocaust". 6. März 1979. (Bestand „Holcoaust"/IfZ Wien).

198   „Eine kapitalistische Kommerzwelt, die einen Hitler an die Macht verholfen und sich seiner bedient hat, um aus einer wachsenden Rüstungsindustrie Riesenprofite zu ziehen, möge darüber auch die Welt zugrunde gehen, die sich noch an der Zwangsarbeit der Juden in den Konzentrationslagern bereichert hat, will heute eine Darstellung der antisemitischen Greuel mit der Abwertung ‚Kommerz' den Weg zu den Augen und Ohren junger Menschen verlegen? Eine Kommerzwelt, die sich sonst gar nicht scheut, noch viel mehr Kitsch zu produzieren, wenn damit nur Geschäfte zu machen sind, hat dazu wahrlich kein Recht." Ebda.

199   Ebda

200   Poidinger: wenn sie mich fragen. 6. März 1979. (Bestand „Holocaust"/IfZ Wien).

201   Poidinger: wenn sie mich fragen. 4. März 1979. (Bestand „Holocaust"/IfZ Wien).

202   Scheuch: o. T. 24. Februar 1979. (Bestand „Holocaust"/IfZ Wien).

203   Scheuch: Mehr als vier Abende. 1. März 1979 (Bestand „Holocaust"/IfZ Wien).

204   N. N.: Wie es zum „Holocaust" gekommen ist. 28. Februar 1979. (Bestand „Holocaust"/IfZ Wien).

205   „Österreicher hatten aber neben Hitler selbst, der ja aus Braunau am Inn kommt [!], und neben dem Cheforganisator der Mordmaschinerie, Eichmann, der in Linz aufgewachsen ist, einen bedeutenden Anteil an den Verbrechen gegen die Juden. Von knapp 13.000 Österreichern, die nach 1945 wegen NS-Verbrechen verurteilt wurden, hat ein gutes Drittel Verbrechen gegen Juden begangen. Vielleicht ist es ein Wink der Geschichte, daß auch der Anführer jenes Kommandos, das im August 1943 die Familie der Anne Frank (...) aus dem Versteck im ‚Hinterhaus' in Amsterdam holte, ein Österreicher war." Mayerhofer: Holocaust in Wien: Von den „Reibpartien" zu den „U-Booten". 1. März 1979. (Bestand „Holocaust"/IfZ Wien).

206   Ebda.

207   Scheuch: Daraus lernen. 6. März 1979. (Bestand „Holocaust"/IfZ Wien).

208   Muliar: ...da fällt mir ein... . 25. März 1979. (Bestand „Holocaust"/IfZ Wien).

209   Siehe A.S.: Warum Holocaust? 22. Februar 1979. (Bestand „Holocaust"/IfZ Wien).

210   Siehe A.S.: Endlösung. 2. März 1979 und Harbich: Neue Diskussion mit der Enkelgeneration. 3. März 1979. (Bestand „Holocaust"/IfZ Wien).

211   Bergmann: „Holocaust" zwischen Reportage und Report. 26. Jänner 1979. (Bestand „Holocaust"/IfZ Wien).

212   A.S.: Holocaust kommt. 21. Feber 1979. (Bestand „Holocaust"/IfZ Wien).

347

213   A.S.: Holocaust kommt, a.a.O. sowie A.S., Endlösung, a.a.O.

214   Frankl „meinte offenbar das, was der französische Politologe und Starpublizist Nr. 1, Raymond Aron, unlängst zum ‚Thema' sagte, daß nämlich in aller Welt der Umschlag demokratischer in totalitäre Gesellschaftsformen drohe, daß es unter jedem Totalitarismus zu Holocaust-Extremen kommen könne, nicht nur unter dem deutschen."
A.S.: Trotz Holocaust: es gibt keine kollektive Schuld! 6. März 1979. (Bestand „Holocaust"/IfZ Wien).

215   Harbich: Neue Diskussion mit der Enkelgeneration. 3. März 1979. (Bestand „Holocaust"/IfZ Wien) sowie A.S., Endlösung, a.a.O.

216   „Die Holocausts der Vergangenheit dürfen die Gegenwart nicht vergessen lassen, in der sich das Böse in einer ganz anderen Art manifestiert."
A.S., Holocaust kommt, a.a.O.

217   Harbich, Neue Diskussion mit der Enkelgeneration, a.a.O.

348

10. Bundespräsidentenwahl 1980

Bei – allerdings nur – oberflächlicher Betrachtung gleicht die Ausgangssituation der Präsidentschaftswahl 1980 der von 1998. Ein de-facto unschlagbarer Amtsinhaber, eine Anzahl von mehr oder weniger politischen „Leichtgewichten" und vor allem eine Großpartei – mit historischem Anspruch auf das (formal) höchste Amt im Staate –, die sich aus der direkten Wahlkonfrontation zurückgezogen hat. Im Mai 1980 stellten sich mit Rudolf Kirchschläger als von der SPÖ nominierten (und von der ÖVP geduldeten), mit Wilfried Gredler als FPÖ-Kandidaten und Norbert Burger[1] drei Kandidaten der Wahl.

Und obschon am Wahlausgang kein Zweifel bestand und der Wahlkampf selbst – in Hinblick auf die Bedeutung des Amtes – in der Medienberichterstattung so gut wie überhaupt nicht präsent war, barg er doch eine Riesenüberraschung: Norbert Burger erreichte mit 140.741 Stimmen oder 3,2 Prozent Stimmenanteil ein allgemein überraschendes Ergebnis[2].

10.1. Norbert Burger (1929-1992)

„Am 2. Oktober 1992 wurde" mit Norbert Burger „ein Mann zu Grabe getragen, der ein Vierteljahrhundert lang mit wechselnder Begeisterung den Lieblings-Rechtsextremisten der österreichischen Medien abgegeben hatte (...). Seit Anfang der sechziger Jahre war er als lebende Verkörperung des Austro-Nazismus durch die Medien gegeistert. Erst in den achtziger Jahren wurde es still um ihn. Mit seiner *Nationaldemokratischen Partei* (NDP) hatte Burger jene Organisation geschaffen, deren Schoß alle heutigen Führungspersonen der Neonazi-Szene – teils unter heftigen Wehen – entschlüpft sind. (...) Wenn auch die Mehrzahl der von Burger hinausposaunten Pläne und Projekte kläglich scheiterten, so verkörperte seine NDP vom Südtirolterrorismus der frühen sechziger Jahre bis zur ‚Weil-Affäre' 1982/83 unangefochten die dominate Organisation des rechtsextremen Lagers. Erst als Burger seinen relativen Erfolg bei der Präsidentschaftswahl 1980 zunehmend in eine szeneinterne Sheriff-Funktion zu übersetzen begann, zerbröselte die Macht. Und mit ihr die NDP."[3]

Einer breiten Öffentlichkeit wurde Burger erstmals im Zusammenhang mit dem Südtirol-Terrorismus der frühen sechziger Jahre bekannt[4], wofür er in Österreich – um es vorsichtig zu formulieren – (juristisch) zurückhaltend behandelt wurde. Wurde er in Italien ob seiner – krachenden – Aktivitäten in Abwesenheit zweimal verurteilt (lebenslänglich beziehungsweise 28 Jahre[5]), so übte die österreichische Justiz, beziehungsweise die damit befaßten Geschworenen, mehr – wohlwollende – Nachsicht[6]. Nachdem Burger und 14 weitere Mitangeklagte am 31. Mai 1967 „von allen Südtirolanklagen freigesprochen"[7] wurden, bedurfte es der italienischen Drohung eines EWG-Vetos[8] und eines einschlägigen Spiegel-Interviews[9], damit die Justiz doch noch aktiv wurde und Burger Ende März 1968 „wegen Propagierung des Terrors"[10] zu acht Monaten Haft verurteilte.

In der Zwischenzeit war der ehemalige RFS-Bundesvorsitzende 1963 aus der FPÖ ausgetreten und gründete Ende 1966/Anfang 1967 die NDP mit[11], an deren Wiege „hauptsächlich Burgers Südtirolterroristen aus dem Burschenschafter-Milieu und Altnazis Pate"[12] standen. „Die Geschichte der *Nationaldemokratischen Partei* läßt sich grob in zwei Phasen unterteilen. (...) Die erste, aufbauende Phase dauerte bis 1980. Sie gipfelte in der nach dem überraschenden Wahlerfolg Burgers bei den Präsidentschaftswahlen 1980 einsetzenden Hochstimmung, die Burger dazu verführte, sich selbst als Staatsmann und seine Partei als eine Art deklariert deutschnationale FPÖ[13] mit der Aura des Staatstragenden zu umgeben. Die Folge war eine Unzahl von Spaltungen und Austritten nach rechts – und der schleichende Niedergang der NDP. Als diese 1988 verboten wurde, hatte sie ihre Vorherrschaft im rechtsradikalen Lager längst verspielt. Die Untersagung der NDP traf eine politische Leiche."[14] Bei einer Bestandsaufnahme des heimischen Neofaschismus kam Wolfgang Neugebauer 1977 zum Schluß, die NDP sei die „bedeutendste und aktivste, geradezu zum Synonym für Neofaschismus gewordene Gruppe"[15]. Noch einmal nach der Kurzzeitprominenz 1980 sollte Burger prominent in den Medien vertreten sein, als nämlich bekannt wurde, daß am 4. Juli 1987 „im Scrinzi-Haus in Moosburg eine recht prominente Runde zusammenkam. FP-Haider erschien (...) in Begleitung der freiheitlichen Landtagsabgeordneten Krimhild Trattnig (...). Rechtsextremist Bruger wurde von zwei seiner Getreuen flankiert."[16]

Gar bittere Tränen im Zusammenhang mit Burgers Tod vergoß Otto Scrinzi; aber nicht nur über dessen Ableben, sondern weil ihm so gar kein Dank von seiten der Republik abgestattet wurde. „Das Schweigen des offiziellen Österreich zum Tode Norbert Burgers ist nicht unter dem Blickwinkel zu sehen, daß auch nur ein Mindestmaß von Beileid für seine Familie irgendjemand als Zustimmung zu seiner Politik hätte mißdeuten können oder wollen. Trotz seiner großen, von Nord- und Südtirol anerkannten Verdienste um Südtirol, die wenigstens 30 Jahre später die Wohltat der Anerkennung als gerechten Widerstand verdient hätten, war dies die heutigen Machthaber im unvereinigten Tirol keine Zeile und kein Zeichen wert; von Wien war ohnedies nichts zu erwarten. (...) Wir verneigen uns in Dankbarkeit vor dem Manne, der für seine Sache und Überzeugung nicht nur redete, sondern schwere persönliche Opfer auf sich genommen hat."[17] Abgesehen vom selbstweinerlichen Ton – die von Scrinzi an Burger konstatierte Ausgrenzung dürfte er wohl auch auf sich und seinesgleichen bezogen haben – machte er eine wichtige Feststellung: Es ging den „Südtirol-Bumsern" um Burger eben nicht um Autonomie für Südtirol und die Südtiroler, sondern um die Abspaltung Südtirols von Italien.

10.2. Die Präsidentschaftswahl 1980

Allein eine oberflächliche Analyse der Medienberichterstattung zeigt, daß dieser Wahlkampf, der eigentlich keiner war, beinahe unter Ausschluß der veröffentlichten Meinung stattfand. Alles was die Medien, wenngleich in unterschiedlicher Intensität, an publizistischer Produktion hervorbrachten, reichte kaum über ein Pflichtprogramm hinaus. Das vermochte auch Burgers Kandidatur – wenngleich sie ein (brauner) Tupfen in der Wahlwerbung war – nicht zu ändern. Entweder wurde er von der Tagespresse völlig ignoriert oder er bekam einige Mehrzeiler zugestanden[18]. Überproportional viel Platz wurde Burger im „profil" eingeräumt. Kurz nach – folgt man dem eingangs zitierten Purtscheller – Bekanntgabe der Kandidatur im Sommer 1979, erschien ein Interview mit Burger, wo er sich für die Todesstrafe und einen revidierten Geschichtsunterricht aussprach[19]. Besieht man sich die „profil"-Berichterstattung, so läßt sich diese zusammenfassend dadurch charakterisieren, daß hier in der Person Burgers weniger die Inkarnation des österreichischen Rechtsextremismus, sondern Burgers Chancenlosigkeit journalistisch vermittelt wurde[20]. Am ehesten innerhalb der FPÖ-Wählerschaft „fischen" zu können, glaubte Burger wohl durch die Thematisierung von Wilfried Gredlers (Umgang mit seiner) Vergangenheit[21]. Dessen Äußerungen in einem „profil"-Interview werfen ein bezeichnendes Licht auf die – in Kreiskys Diktion nun ob der Obmannschaft Stegers „liberale" – FPÖ, nämlich was dort opportun war und was nicht. Gredler, dem das Thema ganz offensichtlich überhaupt nicht in den Wahlkampf paßte, fand „es tragisch, daß ein Vertreter der äußersten radikalen Rechten, 1980 als einziges Argument für sich, die schwierigen Situationen des Jahres 1945 beleuchtet. Der Ausdruck Widerstandskämpfer würde eigentlich jemanden charakterisieren, der Brücken sprengt oder irgendwelche militanten Handlungen setzt. Das war ich nicht." Das Wort Widerstandskämpfer gefalle ihm, Gredler, nicht, weil er nicht gekämpft, sondern zu der Kategorie gehörte, „die verantwortlich gehandelt" habe und durch deren Taten „ihre eigenen Soldatenkameraden" nicht „zu Tode gekommen sind." Seine Aufgabe bestand nicht darin, „der Roten Armee den Weg ins Land" zu ebnen, sondern darin, „bei der Schaffung eines Zentrums mitzuwirken, das die mit Gewißheit bevorstehende Machtübernahme im Interesse der Wiener Bevölkerung ordnet und dies nicht allein in kommunistische Hände fallen läßt."[22] In einem weiteren Leserbrief attestierte ihm Burger daraufhin postwendend Charakterlosigkeit und Disqualifikation für das angestrebte Amt. „Dr. Gredler gibt zu, bei der NSDAP gewesen zu sein, und will gleichzeitig ein Anschlußgegner gewesen sein, er will kein Widerstandskämpfer gewesen sein und erklärt gleichzeitig zum Widerstand gehört zu haben! Wem der Mut fehlt, sich offen zu seiner Vergangenheit zu bekennen, der sollte sich nicht um das höchste Amt im Staate bewerben."[23] Dieses Lavieren Gredlers war allerdings nicht nur eine temporäre Erscheinung anno 1980[24].

10.3. Die Burger-Stimmen

In einer IFES-Untersuchung vom März 1980 brachte es Burger auf 7 Prozent an richtigen Antworten auf die Frage, wer sich um die Bundespräsidentschaft bewerbe und lag damit klar hinter Gredler (61%) und Kirchschläger (97%). Lediglich unter den FPÖ-Anhängern konnte er mit 11 Prozent an richtigen Nennungen ein überdurchschnittliches Ergebnis verbuchen. Die Wahlpräferenzen auf die „Sonntagsfrage" lagen aber eindeutig bei Kirchschläger, der es auf 71 Prozent brachte und damit Gredler (6 Prozent) eindeutig distanzierte. Das Potential an Unentschlossenen und Antwortverweigerern lag zu diesem Zeitpunkt noch bei 22 Prozent. Besieht man sich dieses nach den geäußerten Parteipräferenzen, so war unter den SPÖ-Wählern die Entscheidung zum Großteil gefallen, unter den ÖVP- und den FPÖ-Wählern war mit 20 beziehungsweise mit 19 Prozent durchaus noch Wählerpotential vorhanden[25]. Da für Burger überhaupt keine Werte erhoben (und nicht nur nicht ausgewiesen) wurden, liegt die Vermutung nahe, daß ihm von der Meinungsforschung (beziehungsweise von den Auftraggebern) überhaupt keine Chancen eingeräumt wurden.

Interessanter in diesem Zusammenhang ist eine IFES-Nachwahlstudie. Niemand wollte Burger – so geht es aus den Daten hervor – gewählt haben. Lediglich 1 Prozent der 1.826 Befragten gaben an, Burger gewählt zu haben, wohingegen mit 3 Prozent die FPÖ-Anhänger mehr Bekenntnisfreude signalisierten. Auf immerhin sechs Prozent brachte es Burger bei der Frage, ob er grundsätzlich wählbar sei, wobei hier unter der FPÖ-Anhängerschaft mit summierten („ja"/„vielleicht") 17 Prozent wiederum das klar überdurchschnittliche Potential lag[26]. Eine SWS-Studie – wiederum unter allen Vorbehalten ihrer statistischen Repräsentativität – wies 1981 für eine „weit rechts stehende Partei, wie die NDP Dr. Burgers" ein Stimmenpotential von insgesamt 12 Prozent (2% „ja" und 10% „vielleicht") aus[27].

Wie oben analysiert wurde, ist aus der Nachwahlerhebung von IFES nicht eruierbar, woher die Burger-Stimmen kamen. Für Karl Blecha war die ÖVP die eigentliche „Burger-Partei": „Eines hatte die Volkspartei mit ihrem parteitaktischen Verwirrspiel jedenfalls erreicht: Ein nicht unbeträchtlicher Teil ihrer Wähler ging orientierungslos und ohne klare Aussage ihrer Partei an die Urne. Das Ergebnis ist bekannt. Zwar stimmte die Mehrheit der ÖVP-Stammwähler für Dr. Kirchschläger, aber auch Dr. Burger profitierte von der verwirrenden Linie der ÖVP.[28] Dem widerspricht zwar auf der einen Seite Blechas Bemerkung, Kirchschläger habe „gerade auch in den früheren christlich-sozialen Hochburgen Niederösterreichs, das als das Stammland der ÖVP bezeichnet werden kann, einen überdurchschnittlichen Stimmenanteil verzeichnen können"[29], zur Stützung seines Ergebnisses hatten unter anderem die Bezirke Feldbach und Radkersburg mit ihren überdurchschnittlichen Burger-Stimmenanteilen herzuhalten, um dann pars pro toto zu argumentieren: „Burger wurde (...) zur Protestalternative für rechtsorientierte Unzufriedene, die der Menge nach zum größten Teil aus den ÖVP-Randschichten, aber auch zu einem Teil aus dem FPÖ-Potential, kaum jedoch aus SPÖ-Sympathisanten stammten. Nicht wegzudiskutieren ist die Tatsache, daß Burger in" einigen, wie an dieser Stelle anzumerken wäre[30] „VP-Hochburgen doppelt so hohe Prozentsätze erreichte, wie im Durchschnitt aller SP-Hochburgen."[31] Rudolf Bretschneider, eine Art ÖVP-Pendant zu Karl Blecha, betonte im Gegensatz zu ihm, „daß sich die 140.000 Stimmen kaum analysieren und zuordnen lassen", da die „üblichen Multivariantenanalysen (...) angesichts der kleinen Zahlen und der geringen Streubreite versagen" müssen. „Demoskopische Befunde leiden ebenfalls an der geringen Zahl der Personen, die sich in Nachwahluntersuchungen als ‚Burger-Wähler' bekannten und daraufhin auf ihre Herkunft zu untersuchen sind."[32] Er ordnet die „Burger-Wähler" einem „heterogenen Kreis" zu: „Zum Teil aus dem nationalen Lager, zum Teil aus Personen, die ihren Protest gegen die herkömmlichen Parteien und Kandidaten ungefährdet zum Ausdruck bringen konnten (der Wahlausgang war klar), und Personen, die sich mit den Wahlaussagen identifizierten (Todesstrafe), und solche, die Burger nicht kannten, aber die beiden anderen nicht wollten; auch ‚positionsbedingte Stimmzetteleffekte' wurden in der Interpretation der Ergebnisse nicht ausgeschlossen."[33] In einer auf statistischen Methoden basierenden Analyse, die das Übergangs(wahl)verhalten zwischen der Nationalratswahl 1979 und der Präsidentschaftswahl 1980 abzuschätzen trachtete, kam Erich Neuwirth zum Ergebnis, daß 6,8 Prozent der ÖVP-Wähler 1979 für Burger votiert hätten, wohingegen lediglich 1,9 Prozent der FPÖ-Wähler 1979 zu Burger übergegangen wären[34], was mit den oben angeführten und mit äußerster Vorsicht zu genießenden IFES-Nachwahlstudie wenig in Einklang zu bringen ist. Neuwirth merkte aber an, daß es „nicht möglich [ist] zu überprüfen, ob diese Modellannahmen tatsächlich erfüllt sind."[35] Hermann Denz und Josef Weidenholzer führten eine Analyse für das Bundesland Oberösterreich durch. „Eindeutig sind die Ergebnisse für die größeren Parteien. In SP-Hochburgen wurde für Kirchschläger und gegen Burger votiert (...). In VP-Hochburgen wurde für Burger, gegen Kirchschläger und sehr stark ungültig (...) gewählt. (...) Evident ist der Zusammenhang zwischen ÖVP-Anhängerschaft und der Stimmabgabe für Burger. (...) Die Abstinenz der ÖVP bei der Bundespräsidentenwahl hat deutlich aufgezeigt, wohin das zitierte Potential tendiert, wenn keine Lagerloyalität verlangt wird."[36]

10.4. Medienanalyse

10.4.1. Salzburger Nachrichten

Ein Musterbeispiel dafür, wie wenig dieser Wahlkampf medial in Szene gesetzt werden konnte und wurde, waren die „Salzburger Nachrichten". Einzig und allein bemerkenswert ist ein Kommentar von Chefredakteur Ritschel, der eine unverklausulierte Wahlempfehlung für Kirchschläger darstellt. „Kirchschläger hat als Bundespräsident beste Figur gemacht und hat dem Amt eine neue Dimension gegeben, so sind auch die von ihm ausgesprochenen Niederschlagungen der Verfahren im Kärntner Sprachenkonflikt zu sehen. Die Entscheidung der Volkspartei (...) ist eine Reverenz vor der Persönlichkeit und dem parteiunabhängigen Wirken des amtierenden Bundespräsidenten, dem damit kein ernstzunehmender Widersacher entgegentritt. Diese Entscheidung ist nach wie vor zu begrüßen. Der Wunsch sei ausgesprochen, Rudolf Kirchschläger möge in voller Gesundheit auch die kommende Amtsperiode als Staatsoberhaupt wirken. Es ist gut so für Österreich."[37] Abgesehen von einem Kurzartikel über Ausschreitungen bei einem Burger-Auftritt[38] wurde dieser erstmals in der Wochenendausgabe zur Wahl thematisiert. Nachdem festgehalten wurde, daß das Rennen gelaufen sei, Spekulationen darüber angestellt wurden, ob das Verhalten der Volkspartei wirklich sinnvoll gewesen sei, der Kandidat Wilfried Gredler[39] „die Wahl gerettet" habe, und die FPÖ „im Gegensatz zur Volkspartei allen Grund" hatte, „einen eigenen Bewerber aufzustellen", wurde die „Kandidatur des Extremisten" Burger als „Ärgernis" bezeichnet. Trotzdem gehe es in Ordnung, ihn kandidieren zu lassen, denn dadurch erfahre man, „wieviele in Österreich aus der leidvollen Erfahrung mit Extremismus in der jüngsten Geschichte nichts gelernt haben. Mehr als 10.000 wären eine Katastrophe." Erfreulich sei, daß der linke Extremismus mittlerweile zu einer Wahl gar nicht mehr antrete, wiewohl dieser bei den Demonstrationen aufzeige, „daß in diesen Gruppen Toleranz weniger entwickelt ist, als die politische Dummheit, mit der Burger als Gegner aufgewertet wurde."[40]

Nun trat die „Katastrophe" des neutral verwendeten „Extremismus" am 18. Mai aber doch im Ausmaß einer vierzehnfachen Katastrophe ein. Den Burger-Wählern wurde entweder Dummheit oder demokratische

Unreife attestiert. Letztere „wählten einen Kandidaten der extremen Rechten, dessen Programm an die schlimmsten Erfahrungen der Vergangenheit erinnert". Mindestens fünfzig Prozent schrieb Neureiter der „Dummheit" zu, die wohl, da er (und nicht nur er, wie noch gezeigt werden wird) ein Altersheim als argumentatives Beispiel anführte, als – optische – Kurzsichtigkeit zu übersetzen wäre. Trotzdem bleiben „noch über 70.000 Österreicher übrig, die Intoleranz und Irrationalismus in Kauf nehmen, dreimal soviele als zuletzt kommunistisch wählten, was auch nicht besser ist." Der Sonntag sei als Warnung vor dem allgemeinen politischen „Extremismus" jeder Schattierung zu werten, denn immerhin verfügten die Kommunisten in Österreich auch einmal über „fünf Prozent"[41] an Stimmen.

Nachdem sowohl für Kirchschläger als auch für Gredler das Lob zu gleichen Teilen gespendet wurde, setzten die „Salzburger Nachrichten" konsequent auf die Gleichsetzung von Links- und Rechtsextremismus in Vergangenheit und Gegenwart.

10.4.2. Kurier

Besieht man sich den Bestand zur Präsidentschaftswahl 1980 im „Kurier", so ist dieser als quantitativ bescheiden zu beurteilen. Die anstehende Wahl stehe „unter ungewöhnlichen Vorzeichen", denn niemals zuvor „stand der Sieger (...) so eindeutig fest" und noch nie zuvor „war ein so haushoher Sieg so klar abzusehen." Der FPÖ sei in diesem Zusammenhang – trotz der Chancenlosigkeit ihres Kandidaten[42] – „Zwischenapplaus" zu spenden, denn „deren Eigeninteresse" decke „sich in diesem Fall mit dem Interesse der Demokratie" in deren Interesse weiters „eine hohe Wahlbeteiligung"[43] liege. Nach zwei kürzeren Artikeln, die die Kandidatur[44] und den Wahlkampf Burgers[45] vermitteln, listete Fritz Pesata Burgers Ideologie auf. Burger sei der strahlend „braune Siegfried" und „Bannerträger für alle jene diffusen Grüppchen und Kreise, für die Österreich 1938 nicht unterging", die „für die Wiedereinführung der Todesstrafe sind, für die Südtirol mit Gewalt zu befreien ist" und für „die Zehntausende als in den KZ ermordete Widerstandskämpfer wohl ebenso eine fromme Propagandalüge sind wie die sechs Millionen vergaster Juden."[46] Als besonders provokant empfand der „Kurier" den Zusammenhang zwischen Burger-Kandidatur und Staatsvertrag(sfeierlichkeiten). Daß ein Mann, der für die nazistische Ideologie „am 18. Mai – nur drei Tage nach den Feiern zur 25. Wiederkehr des österreichischen Staatsvertrages – allen Ernstes um das höchste Amt im Staat" antreten dürfe, sei ein „unerträgliche Gedanke."[47] Obwohl der Gedanke an eine Burger-Kandidatur als „unerträglich" empfunden wurde, wurde er vorerst auch als Chance interpretiert, nämlich als Gelegenheit, daß sich Burger „bis auf die Knochen blamiert", was „Gott sei

355

Dank zu erwarten"[48] sei. Burgers Plakate hätten zwar „in diesen Staatsvertrags-
tagen bei Ausländern und Auslandsösterreichern Befremden und (unbegrün-
dete) Befürchtungen erzeugt"[49], ernst zu nehmen sei sein Antreten aber nicht,
wenngleich am selben Tag spekuliert wurde, Burger könnte „ein mehr als vier-
stelliges Stimmenresultat einheimsen". Bereits in diesem Artikel wurden über
die Zuordnung der Burger-Stimmen Vermutungen angestellt. „Was er wirklich bekommen wird – das ist eine Minderheitenfeststellung nicht nur für ein
paar hundert Nazis, sondern auch für Spinner und Demokratiescherzbolde."[50]
So trivialisiert wurde das Ergebnis in der Nachwahlanalyse nicht
mehr. „Erklärungen dafür gibt es viele. Keine davon ist besonders erfreulich:
Da Burger als erster auf dem Stimmzettel stand, hätten viele senile Menschen
dort ihr Kreuzerl gemacht (angeblich bestätigen Ergebnisse aus Altershei-
men diese Version). Gegner der Fristenlösung und Anhänger der Todesstrafe
und des Arbeitshauses hätten honoriert, daß Burger auch so denkt. Die ‚alten
Nationalen' der FPÖ hätten ihn statt des liberalen FPÖ-Kandidaten Gredler
gewählt. Denkbar auch, daß linksextreme Chaoten hier eine konzentrierte
Aktion zur Diskreditierung der Demokratie gesetzt haben. Und schließlich:
Der ganz harte Kern der unverbesserlichen alten Nazis, der sonst nie zur
Wahl geht, hätte diesmal einen Kandidaten nach seinem Geschmack gefunden."[51] Eine aus der Wahl zu ziehende Lehre sei, so Fritz Pesata, daß man die
ÖVP nun nicht „ins rechtsextreme Eck" rücken dürfe, und daß der Wahlerfolg Burgers nicht ein Resultat von „Jux und Tollerei, sondern offenkundig
aus Sorge um den unsicheren Arbeitsplatz" oder „weil dieser Arbeitsplatz schon
verloren"[52] gegangen ist, sei. Der ÖVP – womit der „Kurier" implizit die
Erklärung, die Burger-Stimmen kämen zu einem guten Teil aus ihrem Wählerpotential übernahm – wurde dringend angeraten, bei der nächsten Präsidentenwahl einen eigenen Kandidaten aufzustellen[53]. Auf jeden Fall gelte es –
und diese Forderung wurde bereits vor der Wahl erhoben[54] – ob der Person
Burgers wachsam zu sein. „Auf Herrn Burger jedoch, der jetzt einen unleug-
baren Auftrieb erhalten hat, wird man ein wachsames Auge werfen müssen."[55]
Durchgehend an der „Kurier"-Produktion im Zusammenhang mit
Burgers Kandidatur war die negative Bewertung seiner Person. Die Einschätzung seiner Wahlchancen unterlag einem Wandel; war sie vorerst eine prognostizierte Minderheitenfeststellung, so wurde im Laufe des Wahlkampfes
ein wachsendes Potential vermutet, das allerdings nicht als rechtsextremes
eingeschätzt wurde. Die Erklärungen des Wahlausgangs sind auch als uneinheitlich anzusehen, sie wiesen ein Spektrum vom Schlagwort Arbeitslosigkeit
bis zu einer heterogenen Gruppe, für die Burger nicht (nur) genuin rechtsextreme Positionen vertreten habe, sondern die „Andockpunkte" in Richtung
politische Mitte darstellten.

10.4.3. Kleine Zeitung

Mehr publizistischen Raum als der „Kurier" etwa widmete die „Kleine Zeitung" dem Wahlkampf. Während sowohl Gredler (alles in allem ausführlicher aber auch mit mehr an Reserve ihm gegenüber[56]) als auch Kirchschläger[57] genügend Platz zur Darlegung ihrer Programmatik eingeräumt erhielten, wurde das Antreten Burgers beinahe völlig ignoriert. „Der NDP-Chef sagte, was er immer sagt; er ist mehr für das eigene Volk als für die Zulus; er ist gegen die Gastarbeiter und für die Todesstrafe. Er ist gegen die Abtreibung und steht auf dem Boden der österreichischen Verfassung. (...) Burger ist natürlich gegen Broda und für das Arbeitshaus sowie auch der Meinung, daß es die Naturtatsache biologischer Unterschiedlichkeiten gibt." Nur, vor Burger müsse man keine Angst haben, er sei eigentlich zu ignorieren und ihm sei schon gar nicht mit „Verboten und Drohungen" zu begegnen. „Burger ist kein Anfang, sondern am Ende. Und den Beweis dafür zu erbringen, daran sollte man ihn mit demokratischer Gelassenheit nicht hindern."[58] Genau gegen diese Aufforderungen verstießen die Anti-Burger-Demonstranten in Graz, die eine – ob ihres „Fehlverhaltens" – dementsprechende Kommentierung erfuhren: „Seine Gegner haben ihm gestern mit einer Gegendemonstration neuerlich einen guten Dienst erwiesen. (...) Er kann sich bei jenen bedanken, die noch immer nicht wissen, wie man auf solche Leute reagiert: Net amol ignorieren!"[59]

Heftige Kritik in diese Richtung mit erweitertem Adressatenkreis übte Kurt Vorhofer in einer Nachwahlanalyse. „Die bei weitem stärkste Unterstützung für Norbert Burgers Wahlwerbung kam von jenen naturgemäß zur Hysterie neigenden lautstarken linken und ultralinken Gruppen, die von Vorarlberg bis Wien, Gegendemonstrationen im Zeichen des Kampfes gegen Neonazismus und Rechtsradikalismus veranstalteten. Auch die Berichterstattung des ORF (...) hatte einen Gutteil Schuld daran, daß dieser Herr Burger immer besser ins Spiel kam. (...) Mit wilden Gegendemonstrationen oder gar mit Schlägereien, wie kürzlich in Wien, hilft man diesem Mann nur und macht ihn vielleicht noch zu einer Art von Märtyrer."[60] Dem ORF wurde aber nicht nur attestiert, bei der Burger-Hysterie assistiert zu haben, auch das Verhalten des ORF am Wahlabend erfuhr heftige Schelte. „In dieser Situation entschlossen sich die Patentdemokraten im ORF zu einer reichlich dubiosen Vorgangsweise. Bei den TV-Interviews der Kandidaten dieser Bundespräsidentschaftswahl wurde Burger, der ja im Innenministerium anwesend war, glatt übergangen. (...) Den Kandidaten Burger nicht zu zeigen, ihn nicht wenigstens kurz zu interviewen, war ein Fehler, war ein jämmerliches Schwächezeichen des Staatsrundfunks. Man glaubte Burger damit zu treffen und hat in Wirklichkeit jene 140.000 Wähler brüskiert, die ihn (...) gewählt haben. (...) Auch diese Wähler sind Österreicher, sind Steuerzahler, sind ORF-

Beitragszahler, sind Menschen, die man mit solchen Methoden der Manipulation für die Demokratie jedenfalls nicht gewinnt oder wiedergewinnt."[61] Sofern es die „Suche" nach den Burger-Wählern betraf, bot die „Kleine Zeitung" ein breites Spektrum an Erklärungsmodellen an. Am Montag nach der Wahl wurden mit Sixtus Lanner und Alfred Maletta zwei ÖVP-Politiker wörtlich zitiert, die Burgers erste Stelle auf dem Wahlzettel als für ausschlaggebend hielten[62]. Für Fritz Csoklich war diese Wahl – so steht es in der Überschrift – ein „Lehrbeispiel" dafür, was passieren könne, wenn sich eine große Partei wie die ÖVP aus der Politik (zeitweilig) abmeldet. „Prompt zeigte sich, daß eine unberechenbare Zersplitterung dieses Stimmenpotentials eintritt, das sich zum Teil sogar radikalen, rechtsextremistischen Randschichten zuwendet, die anderenfalls völlig unbeachtet geblieben wären. (...) Die Leistung der politischen Parteien in Österreich, die imstande sind, große Bevölkerungsschichten zusammenzubinden und gegen jeden latenten Extremismus abzublocken, ist auf diese Weise wie in einem Lehrbeispiel demonstriert worden." Das gelte übrigens auch für die Anhänger auf seiten der Linken. „Würde morgen oder übermorgen bei einer anderen Gelegenheit die SPÖ nicht kandieren, könnte man gewiß ähnliches auf der linken politischen Skala mit allerlei linksextremen Gruppierungen beobachten."[63] In dieselbe Richtung analysierte Erwin Zankel. Zwar hätten, wie bereits zitiert, die Demonstrationen Burger einiges an Publicity gebracht, aber „der Wirbel bewirkte nicht sonderlich viel. Ausschlaggebend für den überraschenden und peinlich hohen Anteil der Burger-Stimmen waren" die „Gunst des Alphabetes" und „die Folgen des Umstandes, daß sich eine so große Partei wie die Volkspartei bei den Bundespräsidentenwahlen erstmals nicht festlegte und die Wahl freigab." Der „rechtsradikale Kern" sei „in Wirklichkeit verschwindend klein", was sich am für Burger günstigen Stimmverhalten in sonstigen „Hochburgen der ÖVP" und am ungünstigen „in der Stadt Graz, der angeblich für Rechtsradikalität so anfälligen ‚Stadt der Volkserhebung'"[64], zeige. Vorhofer verwahrte sich dagegen, die Burger-Wähler pauschal „zu wilden Rechtsradikalen oder gar Neonazis zu stempeln. Gemeinsam dürfte all diesen Menschen sein, daß sie, sofern sie sich bewußt und klaren Sinnes für Burger entschieden haben, den herrschenden Parteien und somit unserem demokratischen System ablehnend gegenüberstehen." Müsse auf die „Burger-Rechte" acht gegeben werden – nicht dadurch, daß man ihn zum Märtyrer mache, sondern zum Beispiel durch ein „Verbot gewisser aus der Bundesrepublik Deutschland stammender ‚nationaler' Schriften und Zeitungen" oder dadurch, daß der ORF dem „Herrn Burger (...) keine Propagandabühne" zur Verfügung stelle –, so gelte dies auch für „Ultralinke"[65].

Der Schwerpunkt von Berichterstattung und Kommentierung lag eindeutig auf der Person des FPÖ-Kandidaten Wilfried Gredler. Sofern es

Burger betraf, wurde dieser relativ konsequent verschwiegen, und wenn er kommentiert wurde, dann negativ. Eine ebensolche negative Bewertung erfuhren die Burger-Gegner, denen teilweise die Verantwortung dafür zugeschrieben wurde, daß er der Öffentlichkeit überhaupt erst zum Begriff wurde. Die Wahlanalyse war keineswegs homogen, als daß sie ausschließlich in eine Richtung gedeutet hätte, sie betonte aber – in diesem Fall am Beispiel der ÖVP – die Integrationskraft der Großparteien.

10.4.4. Die Presse

Besieht man sich den publizistischen Gesamtbestand zur Präsidentschaftswahl 1980 so ist dieser – wie auch für das Gros der hier untersuchten Tageszeitungen – als „Nicht-Ereignis" zu qualifizieren. Alles in allem lagen die – publizistischen – Sympathien eher auf Seiten Kirchschlägers[66], was soweit ging, daß dessen Vereinnahmung durch die der SPÖ demonstrativ zurückgewiesen wurde[67].

Burgers Kandidatur wurde vorerst ignoriert und erst im Zuge der positiven Entscheidung der Hauptwahlbehörde zum Thema. Wenngleich er als Person negativ attribuiert wurde[68], wurde die Genehmigung seiner Kandidatur unter dem demokratiepolitischen Aspekt doch befürwortet. „Echte Sorge bewegt deshalb viele ehrliche Demokraten und es bedurfte nicht erst des Sturms dubioser Radikalinskis von ultralinks auf ein Döblinger Kino, um die Frage zu stellen, ob es einem Burger tatsächlich ermöglicht werden sollte, sich der Benefizien der Demokratie zu erfreuen. Die Antwort kann nur ja lauten", auch aus dem Grund, weil – so Scheidl weiter – sich das „Demokratieverständnis" der „linken" Demonstranten „von dem der Burger-Leute kaum" unterscheide. Außerdem, wenn „über Kandidaturen zu öffentlichen Wahlen nach dem Ermessen beschlossen wird, ist die Demokratie ohnehin schon am Ende." Das Ergebnis des 18. Mai werde auch den „Gegenbeweis" dafür liefern, daß in Österreich „Faschismus, Neonazismus und Antisemitismus" keineswegs „wieder im Kommen" seien und werde auch die „ominöse ‚Nazigefahr'"[69] widerlegen. Am Wahlausgang, so ist in einem Kommentar am Samstag vor der Wahl zu lesen, interessierten eigentlich nur „zweitrangige Dinge", die Wahlbeteiligung, die Anzahl an ungültigen Stimmen und „das Stimmenverhältnis Kirchschläger zu Gredler"[70].

Diese Fragen, beziehungsweise die Antworten darauf, beherrschten auch die Nachwahlanlysen von Chorherr und Lenhardt. Chorherr attestierte der ÖVP mit ihrer Wahlabstinenz richtig gehandelt zu haben, lobte das hohe Maß an Wahlbeteiligung sowie die geringe Zahl der „Weißwähler" und gestand Gredler einen „Achtungserfolg" zu. Als „letzter – und dunkelster – Punkt" stehe aber Burgers Abschneiden im Raum. Während in anderen

Ländern ein derartiges Wahlergebnis kaum für Aufsehen sorgen würde, beginne in Österreich „sofort das große An-die-Brust-Schlagen: Haben wir wirklich so viele alte und junge Nazi?" Auch wenn es nicht so wäre, daß – unter Berufung auf den diesbezüglichen „Kronzeugen" Kreisky – zur „Propagierung Burgers (...) gerade die Jusos durch ihre Gegenkampagne beigetragen" hätten, daß Burger an erster Stelle kandidiert hätte, ein Teil der Stimmen „als Jux, als Protest", aber „gewiß nicht als Überzeugung" zu interpretieren und auch möglicherweise „ein Protest gegen den Strafvollzug" zu berücksichtigen wäre, drei Prozent „Unbelehrbare[n] auf der Rechten und ebensoviele[n] Extreme[n] auf der Linken" stünden der Rest gegenüber. „Um unsere demokratische Zukunft braucht uns nicht bange zu sein."[71] Ähnlich liest sich die Analyse Lenhardts, wobei allerdings im Gegensatz und im Vergleich zu Chorherr, das „Kapitel Burger" nahezu marginalisiert wurde. „Bleibt am ‚Tag nachher' noch das Kapitel Burger. Kreisky und Mock haben noch am Sonntag maßgeblich und distanzierte Worte zum Umstand gefunden, daß es immer und überall einen ganz kleinen Prozentsatz Extremisten gibt." Gelernt habe in diesem Zusammenhang die SPÖ, denn dort „ist man bereit, Übereifrige einzubremsen."[72] Eine Woche später nahm sich Leitenberger nochmals des Themas mit der in der „Presse" häufig gezogenen Conclusio an, wichtiger sei doch an die Zukunft zu denken und nicht die Vergangenheit abzuhandeln, und daß es durchaus handfeste berufliche und politische Interessen an *den* Burgers gäbe. „Daraus ist nun zu schließen, daß die sogenannte Konfliktforschung für absehbare Zeit mit Arbeit versorgt ist. (...) Der Feind steht immer rechts, dafür sorgen schon des Kremls auch im Sowjetimperialismus durchaus aktive Ideologen."[73]

Die Kommentierung seitens der „Presse" zeichnete sich vor allem dadurch aus, daß die Burger-Gegner (allerdings nachhaltiger und intensiver) ebenso wie dieser selbst in ein negatives Licht gerückt wurden. Ersteren wurde vor allem vorgeworfen, sie seien dessen Wahlhelfer gewesen und hätten aus unlauteren, weil beruflichen und politischen Motiven agitiert. Eine gefestigte Demokratie wie Österreich hielte allerdings mühelos einen gleich hohen Prozentsatz an politischen Extremisten sowohl linker als auch rechter Provenienz aus, womit der Extremismus von beiden Seiten auf eine inhaltlich aber auch auf eine quantitative Stufe gesetzt wurde.

10.4.5. Neue Kronen Zeitung

So wie für alle anderen untersuchten Blätter war Rudolf Kirchschläger von allem Anfang an der feststehende nächste Bundespräsident. „Daß der SPÖ-Kandidat Rudolf Kirchschläger im Mai mit großer Mehrheit als Bundespräsident bestätigt wird, bezweifelt wohl niemand."[74] Offensichtlich mangels

Neuigkeitswert und ob der Langeweile[75] waren Berichterstattung und Kommentierung in der „Neuen Kronen Zeitung" sehr zurückhaltend. Auffallend war die – im Gegensatz zur „Kleinen Zeitung" – ausschließlich positive Bewertung der Person Gredlers[76]. Besonders hoch angerechnet wurde ihm, Kirchschläger die Peinlichkeit erspart zu haben, in der Person Burgers den einzigen Herausforderer vorzufinden. So schrieb Reimann am 8. März – inwiefern bei Reimanns pauschalem Lob deren gemeinsame politische Vergangenheit mitspielte, sei dahingestellt –, die „Sozialisten können ihm sogar dankbar sein, weil sonst Kirchschlägers alleiniger Gegenkandidat Doktor Burger heißen würde."[77]

Burger wurde völlige Chancenlosigkeit attestiert, denn die „Österreicher sind heute politisch weitaus zu gebildet, als daß sie Extremisten, mögen sie nun von rechts oder von links kommen, auch nur die geringste Chance geben würden."[78] Mit dieser Dimension – nämlich der allgemeinen Ablehnung der Österreicher gegen jede Art von politischem Extremismus, wurde auch die Dimension in die Kommentierung eingeführt, die am stärksten nachvollziehbar ist, nämlich die (historisierte und vergegenwärtigte) Gleichsetzung von Nationalsozialismus und Kommunismus. Im Zuge der Auseinandersetzung um Burger „hat sich einmal mehr das Phänomen des Zusammenspiels der rechten und der linken Extremisten ergeben, das wir schon einmal erleben mußten, als Hitler und Stalin ihren Pakt abschlossen. (...) Die ultralinken Radaumacher haben Herrn Burger, der seinerseits von ultrarechten, mit Stahlhelmen und Schlagstöcken bewaffneten Radaumachern beschützt wurde, in einem Wiener Kino regelrecht belagert und einem Steinbombardment ausgesetzt. (...); es klang ganz wie anno dazumal, als einander Heimwehrler, Schützbündler und Hakenkreuzler Wochen für Woche Straßenkämpfe und Saalschlachten lieferten."[79] Weniger die von „Staberl" konstatierte – linke – Reklame für Burger, sondern den antidemokratischen Impetus der Anti-Burger-Demonstrationen, kritisierte Reimann am Wahltag. „Daß man seine Versammlungen ständig störte, zeigt kein allzugroßes demokratisches Verständnis, doch sind es immer die gleichen Leute, angeführt von den Kommunisten, die terroristische Methoden anwenden. Von ihnen demokratische Gesinnung zu erwarten, wäre das gleiche, wie sich Burger an Stelle von Muhri als KP-Chef vorzustellen."[80] Ein besonders hervorzuhebendes Beispiel in diesem Zusammenhang ist ein „Staberl"-Kommentar, in dem dieser einen (alten, offensichtlich fiktiven) NS-Nostalgiker einen (jungen, politisch aktiven) KP-Bewunderer gegenüberstellt. Lobte der eine Hitlers Autobahnen, so bewundert der andere „daß die soziale Sicherung in Kuba wesentlich günstiger ist, als in jenen Ländern, wo einem dieses schreckliche, schlafraubende Elend in die Augen springt"; lobte der eine die niedrige Kriminalität im „Dritten Reich", so bewundert der andere „das Gesundheitssystem in Kuba"; lobte der eine das Nichtvorhandensein von „ungekampelte[n] Gfraster[n] mit lange[m] Haar", so war der andere voller Bewunderung über das kubanische Bildungssystem. „Die Pimpfelhuber sterben, was ein Trost sein mag, schön langsam aus. Dem Herrn Fischer hingegen, derzeit Klubchef der SPÖ im Parlament, wird vielfach eine starke politische Zukunft eingeräumt."[81] Dieses Muster, nämlich das der Gleichsetzung und das der linken Wahlhelfer, war auch ein auffallendes in der Nachwahlanalyse[82]. „Das relativ gute Abschneiden Dr. Burgers ist eigentlich eine große Überraschung. Haben ihn doch die Massenmedien entweder totgeschwiegen oder verteufelt. Kommunisten und andere Radikale störten oder zerschlugen seine Wahlversammlungen. Vielleicht haben sie ihm gerade durch ihr Rowdytum noch zu ein paar Tausend Stimmen zusätzlich verholfen."[83] „Staberl" zitierte zur Untermauerung seiner Behauptung gleich Kreisky, wonach Burgers Wahlerfolg auf das Konto jener Leute gehe, „die ihm eine solche Reklame gemacht haben.' (...) Die linken Radikalen, die dem Präsidentschaftskandidaten Burger so kräftig auf die Sprünge geholfen haben, sind eben dabei, auch der Nationaldemokratischen Partei nachhaltig ihre Hilfe angedeihen zu lassen. (...) Jedenfalls machen sich die linken Antifaschisten um Burger und seine Schulter an Schulter kämpfenden Radaubrüder sehr verdient. Ein Orden mit Eichenlaub wäre da fällig!"[84] Auffallend ist weiters die relativ gute Presse, die Burger – im Gegensatz zum Feindbild „Linke" – in der NKZ erfährt. „Burger ist ein starrköpfiger Einzelkämpfer, der an die falsche Sache glaubt"[85], oder „zwar ein politischer Narr", aber ein „gewisser Idealismus" sei ihm trotzdem nicht abzusprechen. „Jedenfalls mehr als dies bei KP-Chef Muhri der Fall sein dürfte." Trotzdem könne man die Burger-Stimmen nicht zur neonazistischen Gefahr für Österreich erklären, denn drei „Prozent radikaler Wähler gibt es in fast allen demokratischen Staaten. (...) Hingegen existiert eine kommunistische Gefahr, nicht nur deshalb, weil die Angst vor der sowjetischen Militärmaschine einen wichtigen Faktor in den europäischen Demokratien darstellt, sondern auch, weil starke kommunistische Parteien in den romanischen Staaten die bestehende Demokratie und ihre pluralistische Gesellschaftsordnung vernichten wollen. (...) Bekämen (...) die Kommunisten 140.000 Stimmen, dann wäre das Gruseln nicht völlig unangebracht, weil niemand weiß, bei welcher Zahl sich die Sowjetunion veranlaßt sieht, ihren ‚unterdrückten' Freunden beizustehen"[86] – der Schatten Afghanistans in Österreich.

Somit können für die Neue Kronen Zeitung als hervorstechende Charakteristika der Wahl(ergebnis)kommentierung eine sehr positive Bewertung der Person Gredlers, die Gleichsetzung von Rechts- und Linksextrem, die Linke als Burgers effizientester Wahlhelfer sowie die Beschwörung des antikommunistischen Feindbildes der Gegenwart zusammenfassend festgehalten werden.

10.4.6. Arbeiter-Zeitung

Die publizistische Strategie der AZ lag vor allem darin, den Kandidaten Gredler – wenn auch zurückhaltend – abzuwerten, Diagnosen über den schlechten innerparteilichen Zustand der Volkspartei abzugeben und die Vorzüge des SP-Kandidaten hervorzustreichen. Einmal wurde Gredler der Vorwurf des politischen Seitenwechsel gemacht[87], dann seiner Kritik am Amtsinhaber[88], später dessen de-facto-Ungeeignetheit für das angestrebte Amt[89], um schließlich vorzeitig dessen Scheitern zu prognostizieren[90].

Intensiver als mit Kirchschlägers Gegenkandidaten setzte sich das Blatt mit der großen Oppositionspartei auseinander, was den Schluß nahelegt, daß es sich nicht nur um eine Persönlichkeitswahl, sondern um eine Art „Zwischengalopp", durchaus auch um einen Gradmesser der Zustimmung zur sozialistischen, Politik handelte. Der Volkspartei wurde vorgeworfen, einen Zick-Zack-Kurs zu fahren[91] und über keine profilierten Persönlichkeiten in ihren Reihen zu verfügen. „Wenn Mock kaum verhüllt auffordert, Kirchschläger zu wählen, ist das mehr als politische Kurzsichtigkeit, nämlich politische Absicht. Nachdem die ÖVP aus Mangel an repräsentativen Persönlichkeiten und innerer Schwäche keinen Kandidaten zur Präsidentenwahl aufstellen konnte, ist für sie der Zug abgefahren. Einen Sieg des amtierenden Bundespräsidenten kann sie nicht verhindern. Vor die Alternative gestellt, Kirchschläger zu unterstützen, dessen absoluten Erfolg sie ohnehin höchstens abknabbern könnte, oder Gredler zu einem relativen Erfolg zu verhelfen, den dann die bürgerliche Konkurrenzpartei zur Gänze auf ihr Konto bucht, ist ganz klar, wofür sie sich entscheidet."[92] Dieselbe Zurückweisung wie Gredler erfuhr auch die Volkspartei: „Wenn ein VP-Journalist (...) versucht, der Wahlwerbung den gehässigen Stempel ‚krummen Weg zum Sozailismus' aufzudrücken, so ist das eine Frechheit, die im schroffen Gegensatz zu der auch von VP-Seite so oft bezeugten Objektivität Kirchschlägers steht. Die Wähler werden solchen Gehässigkeiten, aus denen der Ärger über die politische Ohnmacht der ÖVP spricht, die gebührende Antwort geben."[93]

Von allen der hier untersuchten Tageszeitungen war die „Arbeiter-Zeitung" diejenige, die sich – vor allem in der Wahlkampfzeit – am intensivsten mit Burger auseinandersetzte. Erstmals auf breiterer Basis wurde Burger im Zusammenhang mit Gredler, dessen Vergangenheit und gegenwärtigem Verhalten, thematisiert. Gredler sei für die „Nesthocker von ganz rechts" ein rotes Tuch, da sie ihn „für einen nationalen Nestflüchter" halten, da er „‚in Volkes Notzeiten Verrat geübt hat'." Burger gegenüber, sofern es das gewünschte Verhalten ihm gegenüber betraf, lassen sich innerhalb der Redaktion zwei „Denkschulen" unterscheiden – keine Differenzen hingegen bestanden in seiner politischen Zuordnung. „Im Vorfeld der Burger-Agitation strömt wieder einmal der ganze rassistische Mief aus den diversen Nazigrüppchen an die Öffentlichkeit, was wieder die Empörung demokratischer Organisationen weckt."[94] Die eine der oben angesprochenen Denkrichtungen, repräsentiert von Günter Traxler, forderte ein Verbot von Burgers Kandidatur, unter anderem „es Burger ermöglichen [würde], seinen unverhohlenen Neofaschismus nicht wie bisher unter Ausschluß der Öffentlichkeit zu verbreiten, sondern bei aktueller Gelegenheit und unter größerer Aufmerksamkeit. (...) Eine Schmutzflut würde sich unter dem Titel Wahlkampagnen über das Land ergießen. (...) Läßt man ihn kandidieren, ermöglicht man ihm alles, was man bisher durch listiges Nichtverbreiten verhindert hat: den Anschein politischer Ehrbarkeit, die Aufwertung zu einem Kandidaten unter anderen." Daran schloß sich zwangsläufig die Forderung an die Hauptwahlbehörde, Burgers Kandidatur nicht zuzulassen, untermauert mit dem Hinweis, daß in „einem Jahr, in dem das demokratische Österreich sein Wiedererstehen und seine Freiheit feiert, (...) ein Triumph darüber, daß er am Wahltag nur ein paar Hundert Stimmen bekommen hat, billig, der Schaden, den eine neonazistische Propagandawelle vorher anrichtet, enorm"[95] wäre. So nimmt es nicht wunder, daß Traxler die Entscheidung der Hauptwahlbehörde kritisierte. „Ein anderes Novum dieser Wahl war unerfreulich: Daß ein Mann zur Kandidatur zugelassen wurde, der eindeutig und unumwunden neofaschistische Positionen vertritt. Daß sich die Zweite Republik nach 35 Jahren gegen eine derartige Zumutung nicht zu schützen vermag, ist bedrückend, und angesichts der gegenwärtigen Staatsvertragsfeierlichkeiten besonders peinlich."[96] Die andere Denkrichtung repräsentierte Manfred Scheuch. Burgers Kandidatur sei zwar „ein Ärgernis für jeden demokratischen Österreicher", allerdings sei in einer Demokratie „die Unverletzlichkeit von Recht und Gesetz das oberste Prinzip des Rechtsstaates". Gerade die Wahlgesetze solle man sich in diesem Zusammenhang „anschauen", und im Lichte des Verbotsgesetzes solle darauf geachtet werden, „was dieser Burger zu sagen hat."[97]

Diesen Linien folgten auch die konträren Nachwahlanalysen. Im internationalen Vergleich seien die drei Prozent an Burger-Stimmen, so Scheuch, „das übliche", weshalb es verfehlt wäre, das Ergebnis „als nationale Katastrophe"[98] hinzustellen. Burgers Erfolg, die „unangenehme Überraschung der Wahl", sei überhaupt nur im Lichte der besonderen Konstellation der Wahl zu begreifen. Alte „und (hoffentlich wenig) junge Nazi [gingen] lieber gleich zum Burger statt zum Gredler (...), die Anhänger der Todesstrafe [suchten] ein Ventil", die VP-Wähler gaben „eine Justamentstimme" ab und „die Nr. 1 auf dem Stimmzettel" täuschte manche. „Auch die Enthaltung, die VP-Politiker und ganz linke Gruppen empfahlen, hob zumindest Burgers Prozentsatz."[99] In einem einen Tag später erschienenen Kommentar konzentrierte sich Scheuch auf den möglichen Einfluß der Anti-Burger-Demonstrationen. Ohne diese „hätte Burger kaum Platz in den Medien gefunden", und die Art der Demonstrationen seien „der großen Mehrheit nicht sehr sympathisch" gewesen. „Und ebensowenig ist es den Menschen verständlich, warum demokratische Gruppen bei solchen Aktionen immer wieder mit den Kommunisten, die sich in Österreich zum Unterschied von anderswo aber auch nicht den geringsten Muckser gegen diktatorische Maßnahmen von KP-Regimen trauen, Gemeinschaft machen müssen."[100] Dem hielt Traxler entgegen, daß sich diese Schlußfolgerung „aus den Wahlergebnissen nicht herauslesen" lasse. „Im Gegenteil. Die stärksten Aktionen gegen Burger gab es in Wien und Graz. In Wien hat er am schlechtesten abgeschnitten und in Graz deutlich schlechter als in der übrigen Steiermark. Am erfolgreichsten war er in den Hochburgen der ÖVP, was zeigt, daß die Ursachen seines Erfolges sicher nicht bei den Gegendemonstranten liegen."[101]

Im Gegensatz zu den anderen untersuchten Tageszeitungen, die es zumeist mit Verschweigen der Person Burgers und dann mit dem Abwiegeln der (möglichen) Ursachen bewenden ließen, somit also bestenfalls im Stadium der Gegenwartsanalyse steckenblieben, ist in der „Arbeiter-Zeitung" durchaus eine, wenn auch nicht sehr stark ausgeprägte, historische Dimension herauszufiltern. Ausgangspunkt dafür war die Überzeugung, Burgers Ergebnis am 18. Mai werde eine Minderheitenfeststellung werden. Das hieße, Hitler zu „dämonisieren, wollte man glauben, daß die Demokratie an ihm und nicht an der Massenarbeitslosigkeit, am Versagen des Wirtschaftssystems zugrundegegangen ist." Im Gegensatz dazu sei die derzeitige Situation „anders", und „am 18. Mai wird sich das erst recht zeigen."[102] Ebenso – nur zu deutlich steht da Kreiskys Diktum von der (zusätzlichen) Milliarde Schulden und den Arbeitslosen zwischen den Zeilen – ist die Zitierung Friedrich Hackers zu verstehen. Tatsächlich „waren ja die Burger-Stimmen in von Arbeitslosigkeit bedrohten strukturschwachen Gebieten Österreichs am häufigsten."[103] Ebenfalls im Sog des „Wählt SPÖ! – und es gibt keinen Faschismus mehr" liest sich Scheuchs Ansatz, wie den Burger-Stimmen vor allem zu begegnen sei: „Als Gefahr einer geistigen Einstellung jedoch wird man dem Faschismus nicht durch Verbote beikommen, sondern nur durch Information und Aufklärung. Und noch mehr dadurch, daß die Demokratie durch wachsende Mitbestimmung zu einem erlebbaren Wert für die Menschen wird. Dann werden sie nämlich auch in einer wirtschaftlich kritischen Situation erkennen, daß es, um diese zu meistern, andere, echte Möglichkeiten gibt – nicht die Alternative, die über die Vergewaltigung von Minderheiten, von Andersgesinnten zur Vergewaltigung des ganzen Volkes führt."[104]

Zusammenfassend läßt sich festhalten, daß Kirchschläger – wenig überraschend – ausschließlich positiv[105], Gredler negativ und die ÖVP sehr negativ kommentiert wurden. In Relation zu den anderen Blättern wurde Burger überdurchschnittlich häufig (negativ) thematisiert, wobei sich sowohl in der vorgeschlagenen Vorgangsweise vor der Wahl als auch in der Interpretation des Ergebnisses zwei unterschiedliche Deutungsmodelle festhalten lassen. Sofern es die Ursachen für den Faschismus betrifft, wurden diese auf die (Trivial)Formel: „Der Arbeitslosigkeit folgt der Faschismus" gebracht.

10.4.7. Südost-Tagespost

Da die ÖVP keinen eigenen Kandidaten nominierte, ist es auch nicht überraschend, daß das Thema Bundespräsidentenwahl in der „Südost-Tagespost" wenig präsent war. Auffallend ist jedoch – etwa im Gegensatz zur „Kleinen Zeitung" –, daß in der „Südost-Tagespost" der Bewerber Gredler, sofern er Thema der Berichterstattung war, durchwegs positiv kommuniziert wurde, wenngleich seine Siegeschancen als eher gering eingestuft wurden. „Es ist bewundernswert, mit wieviel Engagement der 63jährige Berufsdiplomat und der ‚erfahrene Parlamentarier' (...) für seine Sache wirbt. Alles was er sagt, ist prägnant, klar und kurz formuliert, seine Stimme ist markant, kurz und gut, sein Auftreten ist durchaus gewinnend, seine Person überzeugte. (...) Bei seinem gestrigen Auftritt durch die Grazer Innenstadt hat sich Gredler als überraschend kontaktfreudig erwiesen."[106] An der Person Kirchschlägers wurde – wenn auch verhaltene – auf Parteilinie liegende Kritik geübt. Daß er ein Weltbild habe, daß ihm „grundlegend vom Sozialismus trenne" sei für „einen von der SPÖ nominierten und wochenlang im Propagandakonvoi durchs Land beförderten Mann ein recht erstaunliches Bekenntnis." Zwar wolle ihm das der Kommentator glauben, er schrieb aber Kirchschläger ob des späten Zeitpunktes dieses Bekenntnisses ins Stammbuch, dieser habe „vergessen, daß es nicht genügt, die Wahrheit zu sagen. Man muß das auch rechtzeitig tun."[107]

Norbert Burger tauchte erstmals Anfang Februar[108] in Berichtform auf – die ausschließliche Form der journalistischen Darstellung bis zum Wahltag. Nach dem Hinweis auf die Ermöglichung von Burgers Kandidatur[109] wurde über ihn im Zusammenhang mit den Demonstrationen berichtet[110].

Die Nachwahlanalyse hielt fest, es habe sich um den „„langweiligsten Wahlkampf" der Zweiten Republik" gehandelt, dem „am Sonntag eine relative Überraschung"[111] folgte. Harbich analysierte, „Kirchschläger hat ein wenig mehr bekommen als erwartet" und sei somit an einer saftigen „Blamage" vorbeigeschrammt und „Gredler blieb in der Papierform". Die „Überraschung" Burger müsse untersucht werden, ohne in den Fehler zu verfallen, „das Geschäft der ‚Prawda' zu besorgen und jetzt mit sorgenvoll gefurchter Stirn eine ‚rechtsextreme' Gefahr in Österreich zu wittern", wozu „kein objektiver Grund" bestehe. Burgers Stimmenreservoir sah er vor allem im massiven „Protest- und Denkzettelpotential" der FPÖ, das hiermit „gegen die derzeitige Parteiführung" protestiert habe. Bei dieser Klientel wirkte Gredlers

Lavieren mit der Vergangenheit verstärkend. „Ein weiterer fast grotesker, aber sicher für einige Prozentpunkte verantwortlicher Umstand war die Zufälligkeit des Alphabets, die Burger die ‚Nummer 1‘ auf dem Stimmzettel verschaffte", wozu wiederum ein, beziehungsweise das auch von anderen Kommentatoren zitierte Altersheim als Beleg angeführt wurde. „Schließlich gab es sicher etliche ‚Jux-Stimmen‘ von Leuten, die einfach ohne weitere Kenntnis der Kandidaten einen Außenseiter als Protest gegen die etablierten Parteien ankreuzen wollten, und es gab nicht zuletzt die ganz massive Wahlhilfe jener ‚antifaschistischen‘ Krakeeler, die dem ansonsten unbekannten Herrn Burger eine unbezahlbare Publicity verschafften, den man vor diesen halbstarken Eierschmeißern schützen müsse und der allein schon deshalb Sympathie verdiene. Kein Zweifel, daß die eigentlichen Drahtzieher dieser Demonstrationen genau diesen Effekt haben wollten." Die ansonsten von allen Zeitungen aufgeworfene Frage, inwiefern (und daß) sich die ÖVP-Absenz ausgewirkt haben könnte, wurde als unter „den gegebenen Umständen"[112] richtig bewertet. Interessant ist noch ein kurzer Hinweis im Zusammenhang mit der Präsidentschaftswahl 1986, wo das Faktum der ÖVP-Absenz durchaus als Wählerpotential für Burger angeführt wurde[113].

Somit kann festgehalten werden, daß die „Südost-Tagespost" eine am ehesten Kirchschläger gegenüber kritische Position einnahm und die Burger-Stimmen 1980 zum Problem der FPÖ machte, abgesehen von den Argumenten wie Listenplatz, linke Provokationen, antifaschistische Burger-Helfer, die auch ansonsten dem gängigen Interprationskanon entsprächen.

10.5. Zusammenfassung

Allen untersuchten Tageszeitungen war eines gemeinsam: Der Wahlkampf wurde – sieht man von der „Arbeiter-Zeitung" ab – so gut wie gar nicht über die Tagespresse geführt; für die übrigen Zeitungen war er kein wirkliches Thema, zu klar, unantastbar und ungefährdet war die Favoritenrolle Rudolf Kirchschlägers in diesem Zusammenhang.

Sieht man von einigen, wenngleich verhaltenen „Sympathiekundgebungen" seitens der „Neuen Kronen Zeitung" ab, so erfuhr die Person Burgers ausschließlich negative Bewertungen. Jedoch nahm sich außer die „Arbeiter-Zeitung" kein Blatt seiner Person, seines Programmes und seines politischen Standortes ausführlich an, sieht man von der gelegentlichen Berichterstattung von Anti-Burger-Demonstrationen ab.

Auch die Interpretationen des überraschenden Wahlergebnisses beherrschte ein über weite Strecken konsensfähiger Erklärungskanon vor, nämlich die Deutungen, der Großteil der Burger-Stimmen beruhe auf dessen (erster) Position auf dem Wahlzettel, ihn zu wählen, sei eine Art „Jux und

Tollerei" oder Protest gewesen, und überhaupt hätten ihm erst die Gegende-monstrationen ein gewisses Maß an Öffentlichkeit und daraus folgend Stimmen beschert, die er ansonsten nicht erreicht hätte. Lediglich der „Kurier" und die AZ sahen die Notwendigkeit, dem „rechten" Politspektrum mehr Aufmerksamkeit zu widmen. Ansonsten wurde ein links- und rechtsextremes Potential als „natürlich" und für die österreichi-sche Demokratie erträglich bezeichnet, wobei das Linksextreme – wiederum am massivsten in der NKZ – als wesentlich bedrohlicher stilisiert wurde.

Anmerkungen

1   Im Juli 1979 „kündigte die NDP an, für die Wahl zum Bundespräsidenten 1980 einen ‚nationalen' Kandidaten aufzustellen. (...) Wesentlicher Zweck der Burger-Kandidatur war von Anfang an, das zersplitterte deutschnationale Spektrum zu ver-einen und propagandistisch eine neue Qualität der ‚Bewegung' herzustellen." Purtscheller, Wolfgang: Aufbruch der Völkischen. Das braune Netzwerk. Wien 1993. S. 190.
So wie die personelle Konstellation der NDP-Gründer, so eindeutig war auch die des Komitees zur „Wahl eines ‚nationalen Deutsch-Österreichers'" zusammenge-setzt: Hofrat Otto Roßkopf, Univ.-Prof. Othmar Michael Friedrich, Lisbeth Grolitsch, Bruno Haas, Karl Hanß, Fritz Pfeiffer, Hans Heinz Dum. „Weitere Ko-mitees, wie ‚Waffenstudenten für Dr. Burger' und ein ‚Komitee zur Wiederherstel-lung von Recht, Sitte und Ordnung'", was dem ersten VdU-Programm sehr ähn-lich klang, „bemühten sich in enger Zusammenarbeit mit dem ‚Komitee zur Wahl eines nationalen Deutsch-Österreichers' für Burger aktiv zu werden." N. N.: Neofaschismus. Ein Braunbuch der Sozialistischen Jugend Wien. Wien 1983. S. 16-18.

2   Zit. n. Blecha, Karl: Bundespräsidentenwahl mit Überraschungen. In: Die Zukunft, H. 6/1980. S. 2-5 (hier S. 2).

3   Purtscheller, Aufbruch der Völkischen, a.a.O., S. 58.

4   Siehe in diesem Zusammenhang auch Burgers im einschlägigen Druffel-Verlag er-schienenes „Bekenntnisbuch" Südtirol – Wohin. Ein politisches Problem unserer Zeit – und seine Lösung. Leoni am Starnberger See ²1969, welches in „der Bundes-republik Deutschland (...) von der Staatsanwaltschaft München beschlagnahmt" wurde. „In Österreich ist das Buch im Handel frei zu kaufen." Pelinka, Anton: Dokumentation zum „Fall Burger". In: Die Republik, 4/1967. S. 7-12 (hier S. 12, Anm 8).

5   Siehe N. N.: Rechtsextreme Funktionäre, Aktivisten und Ideologen, a.a.O., S. 291.

6   Siehe dazu Pelinka, Dokumentation zum „Fall Burger", a.a.O. und Douda, Franz und Pelinka, Anton: „Fall Burger": Licht und Schatten. In: Die Republik, 2/1968. S. 4-7.
Burger „stand im Herbst 1965 mit 26 anderen Angeklagten (...) vor einem Grazer Geschworenengericht. Die Anklage lautete auf rechtswidrigen Erwerb von Spreng-stoff und Waffen – Verbrechen gegen das Sprengstoffgesetz. Burger und seine Ge-fährten verantworteten sich mit einem einzigen Beweggrund: Empörung über die Mißstände in Südtirol. Die acht Geschworenen sprachen die Angeklagten frei. Die drei Berufsrichter setzten das Urteil ‚wegen offensichtlichen Irrtums' aus." Horak, Kurt und Klar, Franz: Hitler ist nicht tot. Wien 1968. S. 15f.

7   Purtscheller, Aufbruch der Völkischen, a.a.O., S. 68.
8   Jambor, Walter: B wie Burger, O wie Otto. In: Die Republik, 3/1967. S. 4-6.
9   Interview Der Spiegel mit Norbert Burger. In: „Der Spiegel", 30/1967. S. 87 sowie
        Burger, Südtirol – wohin, a.a.O., S. 155.
10   Purtscheller, Aufbruch der Völkischen, a.a.O., S. 69.
11   „Ende 1966 gründeten Gollowitsch, Watschinger, Kienesberger, Burger und andere
        die Nationaldemokratische Partei (NDP), die sich stark an der NPD orientierte."
        Pittler, Andreas: Am Beispiel Otto Scrinzi, a.a.O., S. 13.
        Siehe dazu weiters Siegert, Michael: Andreas Hofer, du bist nicht tot. In: Neues
        FORVM, H. 209/I/II. S. 49-52.
12   Purtscheller, Aufbruch der Völkischen, a.a.O., S 71.
13   In diesem Zusammenhang sei auf den Obmannwechsel von Götz auf Steger und auf
        die dazugehörigen Ausführungen im Kapitel „Frischenschlager-Reder" in der vor-
        liegenden Arbeit verwiesen.
        1970 hatte Friedrich Peter zur NDP-Konkurrenz noch gemeint: „„Mich trennt die
        Überzeugung, daß diese Splitterpartei in Österreich nicht notwendig ist'" – was
        wohl keiner weiteren Übersetzung bedarf.
        Zit. n. Neugebauer, Wolfgang: Aktuelle neofaschistische Strömungen in Österreich.
        In: Zeitgeschichte, 8/1977. S. 280-291 (hier S. 285).
14   Purtscheller, Aufbruch der Völkischen, a.a.O., S 69f.
15   Neugebauer, Wolfgang: Aktuelle neofaschistische Strömungen in Österreich, a.a.O.,
        S. 282.
16   Kotanko, Christoph: Kraft durch Freude. In: „profil", 11/1988. S. 31-32 (hier S.
        31).
17   Scrinzi, Otto: Ausgrenzung über den Tod hinaus. In: „Die Aula", 11/1992. S. 13.
18   Das wird ausführlicher in der Medienanalyse für die vorliegenden Tageszeitungen
        untersucht werden.
19   „Nicht begnadigen würde ich Leute, von denen ich der Meinung bin, daß sie ei-
        gentlich zum Tode verurteilt werden müßten. (...) Schwere Blutverbrecher, Sexual-
        attentäter, aber auch Rauschgifthändler sollten mit dem Tod bestraft werden. (...)
        Aber viel wichtiger wäre noch die Einflußnahme auf den Geschichtsunterricht. In
        unseren Geschichtsbüchern werden zum Teil ganz krasse Lügen verbreitet. (...) Zum
        Beispiel die, daß Österreich 1938 gewaltsam und gegen den Willen der Bevölke-
        rung besetzt wurde. (...) In Wirklichkeit ist der Anschluß Österreichs an das Deut-
        sche Reich von Österreichern erzwungen worden."
        Interview „profil" – Norbert Burger. In: „profil", 37/1979. S. 18-19.
20   Siehe: N. N.: Rechtsaußen. In: „profil", 14/1980. S. 48-49 und Mayer, Gerhard:
        Sein einsamer Kampf. In: „profil", 16/1980. S. 52-53. In dieselbe Richtung zielt
        Pataki, Heidi: Hoppala, wir sterben! In: FORVM, H. 317/318 (1980). S. 22-27.
21   „Gredler will die nationalen Stammwähler der FPÖ bei der Stange halten und ver-
        sucht daher, seine Widerstandtätigkeit im Jahre 1945 herunterzuspielen."
        Lb Norbert Burger. In: „profil", 15/1980. S. 6.
22   Interview „profil" – Wilfried Gredler. In: „profil", 6/1980. S. 10-11.
        Siehe auch: „Bereits am 12. April habe ich mit anderen am Wiener Minoritenplatz
        das ‚Österreichische Rote Kreuz' wiedererrichtet und damit nicht nur das Weiter-
        bestehen von 87 Spitälern und Lazaretten gesichert, sondern auch die Auffangsta-
        tion für vertriebene Volksdeutsche und heimkehrende Soldaten gebildet. Ich glaube,
        es war nicht falsch, daß ich bei meiner Tätigkeit immer unterschieden habe, ob
        durch Sabotageakte die eigenen Soldatenkameraden umgebracht oder ob Menschen
        gerettet werden."
        Lb Wilfried Gredler. In: „profil", 13/1980. S. 10-11.

23	Lb Norbert Burger. In: „profil", 8/1980. S. 9.
24	Siehe Kunz, Johannes: Erinnerungen, a.a.O., iB S. 87f., Interview „profil" – Wilfried Gredler. In: „profil", 6/1980, a.a.O., S. 11, N. N.: Ein „Who's who?" der Skandale. In: „profil", 40/1988. S. 36-37 und Lb Wilfried Gredler. In: „profil", 42/1988. S. 8-9.
25	IFES: Politisches Forschungsprogramm März 1980. Wien 1980.
26	IFES: Politisches Forschungsprogramm Juni 1980. Wien 1980.
27	SWS: Bericht über eine Umfrage betreffend die Polenkrise, die Meisterung der schwierigen wirtschaftlichen Situation, die Wählbarkeit der SPÖ, die Wählbarkeit einer Umweltschutzpartei und einer rechtsradikalen Partei, das Wirtschaftsprogramm und den Beliebtheitsgrad von Politikern. 160. Bericht. Wien 1981.
28	Blecha, Bundespräsidentenwahl mit Überraschungen, a.a.O., S. 3.
29	Ebda, S. 4.
30	Gerade was die Bezirke Feldbach und Radkersburg betrifft wäre zu untersuchen, ob hier nicht die Linie der steirischen Volkspartei, das deutschnationale Potential politisch und publizistisch zu bedienen, Früchte trug.
31	Blecha, Karl: Bundespräsidentenwahl mit Überraschungen, a.a.O., S. 6.
32	Bretschneider, Rudolf: Bundespräsidentenwahlen 1980. In: ÖJfP 1980. Hg. v. Andreas Khol und Alfred Stirnemann. München und Wien 1981. S. 1-4 (hier S. 2).
33	Ebda, S. 4.
34	Neuwirth, Erich: Bundespräsidentschaftswahl 1980: Woher kamen die Stimmen? Übergangswahrscheinlichkeiten von Wählern zwischen der Nationalratswahl 1979 und der Bundespräsidentenwahl 1980. In: JfS, 3/1981. S. 284-291 (hier S. 288).
35	Ebda, S. 291.
36	Denz, Hermann und Wiedenholzer, Josef: Woher kamen die Burger-Stimmen? Die Bundespräsidentenwahl 1980 am Beispiel Oberösterreich. In: JfS, 3/1981. S. 292-299 (hier S. 298f.).
37	Ritschel: Gut für Österreich. 20. März 1980.
38	Siehe: N. N.: Proteste gegen Burger. 28. März 1980.
39	„Unter diesen Umständen muß man es Botschafter Gredler als großes Verdienst anrechnen, in ein von Anfang an aussichtsloses Rennen gegangen zu sein und eine ‚Wahl' überhaupt erst ermöglicht zu haben." Christian: Aber das nächste Mal. 20. Mai 1980.
40	Neureiter: Die 7. Wahl eines Garanten. 17./18. Mai 1980.
41	Neureiter: Gute Wahl mit kleinen Schrecken. 19. Mai 1980.
42	Siehe dazu Rauscher: Der einsame Weg des Dr. Gredler. 3. Februar 1980.
43	Rauscher: Das Präsidentenamt. 17. Mai 1980.
44	N. N.: Burger kandidiert. 25. April 1980.
45	N. N.: Burger Entscheidung. 28. April 1980.
46	Pesata: Eine unerträgliche Provokation. 29. April 1980 und Rauscher: Böse Überraschung. 19. Mai 1980.
47	Pesata, Eine unerträgliche Provokation, a.a.O. sowie Pesata: Republik mit leicht braunen Rändern. 20. Mai 1980.
48	Pesata, Eine unerträgliche Provokation, a.a.O.
49	Rauscher, Das Präsidentenamt, a.a.O.
50	Schwarz: o. T.. 17. Mai 1980.
51	Raucher: Böse Überraschung. 19. Mai 1980.
52	Pesata, Republik mit leicht braunen Rändern, a.a.O.
53	Rauscher: Betrachtungen nach der Wahl. 20. Mai 1980.
54	Siehe Pesata, Eine unerträgliche Provokation, a.a.O.
55	Raucher: Böse Überraschung, a.a.O.
56	Siehe: N. N.: Gredler: Mehr Mitbestimmung für den Bundespräsidenten, 2. Februar

1980. Csoklich: „Ich bin im Fadenkreuz der Gnade von Götz". 9. Februar 1980, Vorhofer: Worauf Gredler spekuliert. 14. Februar 1980, N. N.: Ob Hofburg oder FPÖ – Gredler will politische Rolle spielen. 14. Februar 1980, N. N.: Wilfried Gredler oder der Charme der Bourgeoisie. 26. März 1980, Zankel: Kühne Sprünge, tiefe Griffe. 25. April 1980, Vorhofer und Stocker: „Ohne lautes Wort verdorrt das Amt des Präsidenten". 29. April 1980 und Stocker: „Der liebe Gott wußte schon warum..." 11. Mai 1980.

57   Vorhofer und Stocker: „Friedhöflichkeiten zu erleben, ist eine sehr schöne Sache". 13. April 1980. Vorhofer: Kirchschläger und die „roten Bäume". 7. Mai 1980.

58   Wimmer: Burgers Gedanken. 28. März 1980.

59   Mayr: o. T.. 11. Mai 1980.

60   Vorhofer: „Kirch"-Sieg und Burger-Hysterie. 20. Mai 1980 sowie Zankel: Wer wählte Burger? 19. Mai 1980.

61   Vorhofer: „Kirch"-Sieg und Burger-Hysterie, a.a.O.

62   Vorhofer: ÖVP: Dieser Herr Gredler .... 19. Mai 1980.

63   Csoklich: Warum diese Wahl ein Lehrbeispiel ist. 19. Mai 1980.

64   Zankel, Wer wähle Burger, a.a.O.

65   Vorhofer: „Kirch"-Sieg und Burger-Hysterie, a.a.O.

66   Siehe Scheidl: Die Geschichte des „Widerstandsbeamten". 27. Februar 1980 und Schulmeister: Seelenhirte der Republik. 20. März 1980.

67   len: Geschmacklos. 21. März 1980.

68   Das „Alphabet ermöglicht es dem früheren Südtirolattentäter und heutigen Leugner der österreichischen Nation als Nummer eins auf dem amtlichen Stimmzettel zu fungieren." Scheidl: Ein Popanz wird zertrümmert. 8. Mai 1980.

69   Ebda.

70   len.: Die ungewohnte Wahl. 17./18. Mai 1980.

71   Chorherr: Nach der Präsidentenwahl. 19. Mai 1980.

72   Lenhardt: Protest- und andere Wähler. 20. Mai 1980.

73   Leitenberger: Wessen geistige Väter? 24.-26. Mai 1980 sowie Scheidl, Ein Popanz wird zertrümmert, a.a.O.

74   Gnam: Schlechte Nachrichten. 28.Februar 1980 sowie Reimann: Ein tapferer Kandidat. 8. März 1980 und Reimann: Der sichere Sieg. 18. Mai 1980.

75   Staberl: Linke Reklame für die Rechte. 8. Mai 1980 sowie Reimann, Der sichere Sieg, a.a.O.

76   Es besteht kein Zweifel daran, daß Gredler „unabhängiger ist als sein sozialistischer Gegenkandidat. Auf diese seine persönliche Unabhängigkeit hat Gredler immer höchsten Wert gelegt. Als er in der Frage der Staatsbürgerschaft Otto Habsburgs die Auffassung des Gerichtes vertrat, während seine Partei mit den Sozialisten das Erkenntnis des Verwaltungsgerichtshofes ablehnte, verteidigte er seinen Standpunkt in aller Öffentlichkeit." Er „legte alle Prüfungen, die sonst jeder Nichtpolitiker für den Diplomatenberuf benötigt, mit Auszeichnung ab. Als Botschafter in Straßburg und in Rom gehörte er zu den glänzendsten Erscheinungen des österreichischen diplomatischen Corps. (...) Gredler ist ein zäher Kämpfer." Reimann, Ein tapferer Kandidat, a.a.O. sowie Reimann: Stimmungsloser Wahlkampf. 19. April 1980, Reimann, Der sichere Sieg, a.a.O. und Reimann: Das Wahlergebnis unter der Lupe. 19. Mai 1980.

77   Reimann, Ein tapferer Kandidat, a.a.O. sowie Staberl: Enthoben einer Peinlichkeit. 31. März 1980.

78   Staberl: Linke Reklame für die Rechte. 8. Mai 1980 sowie Reimann, Der sichere Sieg, a.a.O.

79	Staberl, Linke Reklame für die Rechte, a.a.O.
80	Reimann, Der sichere Sieg, a.a.O.
81	Staberl: Pimpfelhuber und Fischer. 11. Mai 1980.
82	Ansonsten unterscheidet sie sich von den Argumentationen – Stimmzettel, „starker Mann" und „starke Sprüche", Fristenlösung kaum vom Repertoire der anderen Blätter. Siehe Gnam: Im Trüben gefischt. 19. Mai 1980, Staberl: Fällig: Orden mit Eichenlaub. 21. Mai 1980 und Reimann: Ein Ablenkungsmanöver. 25. Mai 1980.
83	Reimann: Das Wahlergebnis unter der Lupe. 19. Mai 1980.
84	Staberl, Fällig: Orden mit Eichenlaub,a.a.O.
85	Reimann, Der sichere Sieg, a.a.O.
86	Reimann, Ein Ablenkungsmanöver, a.a.O.
87	„Es ist schon lange her, daß Gredler von der ÖVP zur FPÖ gewechselt hat. Wenn er sich nun plötzlich der alten Zeiten betont nostalgisch erinnert, ist das auch schon der neue Wahlkampfstil." N. N.: Scheitelwechsel. 15. Februar 1980.
88	Die Schwierigkeiten „Gredlers liegen darin, daß er seinen Präsidentschaftswahlkampf bisher unter dem Bewußtseinshorizont der Wähler geführt hat, und daß sich daran auch kaum etwas ändern dürfte. Er will es aber ändern, und hat es in den letzten Tagen offenbar darauf angelegt, seine Kampagne unter der Aufmerksamkeitsschwelle unter die Gürtellinie zu verlegen." Traxler: Blaue Kandidaten. 14. März 1980.
89	Gredler setzt seinen „in langen Diplomatenjahren erarbeiteten Ruf, über Esprit zu verfügen, mit einer Leichtfertigkeit auf Spiel (...), die schwer zu einem Kandidaten für das höchste Amt im Staate paßt." Traxler: Splitter. 29. März 1980 sowie Traxler: Vertrauen verstärken – wählen gegen. 17. Mai 1980.
90	„Gredlers Rufe in Österreichs bürgerlicher Wüste verhallen ungehört – mehr als der Kandidat der FPÖ ist er nicht geworden." Traxler: Legitimität. 14. Mai 1980.
91	Seit Gredler „seine Kandidatur angemeldet hat, machte eine ÖVP, der selbst kein Kandidat eingefallen ist, mit ihm, was ihr gerade einfiel. Einmal mußte Gredler gegen einen ÖVP-Obmann kämpfen, der öffentlich erklärte, Kirchschläger sei für alle wählbar; dann gegen die ÖVP-Propaganda, weiß zu wählen (...). Und in den letzten Tagen stemmt er sich gegen die ebenfalls von ÖVP-Kreisen erzeugte Unlust, an der Bundespräsidentenwahl überhaupt". Traxler: Legitmität, a.a.O.
92	Traxler: Gereizte Konservative. 29. März 1980 sowie Traxler: Persönlichkeit zählt. 18. April 1980 und Traxler: Vertrauen verstärken – wählen gegen, a.a.O.
93	Scheuch: Gehässig. 12. Mai 1980. Siehe in diesem Zusammenhang auch den Kommentar „Katholiken und der Bundespräsident" vom 7. Mai, in dem auf einen Bericht in der „Wiener Kirchenzeitung" eingegangen wurde, und in dem die Kirche in die Nähe des politischen Katholizismus der Zwischenkriegszeit gerückt wurde.
94	Traxler, Splitter, a.a.O. sowie Traxler: Kein Henker als Kandidat. 25. April 1980.
95	Traxler, Splitter, a.a.O.
96	Traxler, Vertrauen verstärken – wählen gehen, a.a.O. sowie Traxler: Der Ermordete ist schuld? 20. Mai 1980.,
97	Scheuch: Das Ärgernis. 7. Mai 1980 sowie Scheuch: Nicht dramatisieren! 20. Mai 1980.
98	Scheuch: Nicht dramatisieren, a.a.O.
99	Scheuch: Vier Fünftel. 19. Mai 1980.

100   Scheuch, Nicht dramatisieren, a.a.O.
101   Traxler: Der Ermordete ist schuld, a.a.O.
102   Scheuch: Das Ärgernis, a.a.O.
103   Pelinka: „Burger ist nur Eisbergspitze". 22. Mai 1980.
104   Scheuch, Nicht dramatisieren, a.a.O.
105   Allein die Frequenz mit der Kirchschläger zum Thema von Kommentaren gemacht
        wird, läßt den Schluß zu, daß das „Rennen" um die Hofburg für die SPÖ zu jedem
        Zeitpunkt „gelaufen" war. Ein besonderes Gustostückerl an historisch-politischer
        Propaganda, die an die „Geschichten vom Doktor Kreisky" erinnert, war eine unter
        dem Namen und der Person Kirchschläger abgefaßte Serie „So kam es zum Staats-
        vertrag". Dies ist erstens unter dem Aspekt zu sehen, daß kein anderes Datum im
        kollektiven Bewußtseinshaushalt der Österreicher dermaßen positiv besetzt ist und
        daß hier eindeutige Versuche seitens der SPÖ vorlagen, dieses – man denke an Raab
        und Figl in diesem Zusammenhang – Datum der ÖVP als „Staatsvertragspartei"
        „wegzunehmen" und im Bewußtsein der Bevölkerung mit der SPÖ zu assoziieren.
        Es handelte sich hierbei um die Serie von Josef Riedler und Helmut Griess: Rudolf
        Kirchschläger erzählt: So kam es zum Staatsvertrag, die im Kapitel „Staatsvertrag"
        analysiert wird.
106   Pollak: Gredler wirbt um steirische Sympathien. 25. April 1980.
107   Harbich: Falscher Moment. 13. Mai 1980.
108   PK: Immer mehr Bewerber für Präsidentenwahl. 6. Februar 1980.
109   N. N.: Burger kann kandidieren. 25. März 1980.
110   N. N.: ÖH: Demonstrationen gegen NDP-Burger. 8. Mai 1980 und N. N.: o. T..
        11. Mai 1980.
111   N. N.: Nach Kirchschlägers 80 Prozent: Was haben OeVP-Wähler getan? 20. Mai
        1980.
112   Harbich: Überraschungen, aber keine Sensationen. 20. Mai 1980.
113   „Ein Sonderfall war auch 1980, als die ÖVP gegen Kirchschläger keinen Kandida-
        ten aufstellte. In dieses Vakuum stießen von der FPÖ der anerkannte Parlamentari-
        er und Diplomat Wilfried Gredler (...) und NDP-Obmann Norbert Burger, dessen
        140.000 Stimmen international besorgtes Medien-Gemurmel auslösten."
        N. N.: Farbe durch Zählkandidaten. 4. Mai 1986.

11. „Denkmal gegen Krieg und Faschismus" und „Heldenplatz"

Aus dem Blickwinkel historischer Bewußtseinsbildung und Konfrontation mit dem Nationalsozialismus blieb den Österreichern 1988 nichts „erspart". Das Jahr begann mit dem für Bundespräsident Waldheim wenig schmeichelhaften Bericht der internationalen Historikerkommission, dem eine veritable innenpolitische Krise folgte, das oder die „Märzgedenken" hatte(n) eine bis dahin nie gekannte öffentliche und veröffentlichte Intensität. Wer jedoch geglaubt hatte, mit den – alles in allem ohne gröbere Peinlichkeiten abgewikkelten „Märzgedenken" – könne man das Erinnern ad acta legen, sollte sich nachhaltig irren. Jörg Haiders Ausspruch der „ideologischen Mißgeburt" füllte nicht nur das publizistische Sommerloch, sondern belebte von neuem die Diskussion[1]. Thomas Bernhards Stück „Heldenplatz" am Burgtheater, die in diesem Zusammenhang den Sommer 1988 andauernde Diskussion um Claus Peymann und die endgültige Realisierung von Alfred Hrdlickas „Denkmal gegen Krieg und Faschismus" waren zwischen August und November 1988 publizistische „Dauerbrenner".

11.1. „Denkmal gegen Krieg und Faschismus"

Am 30. September 1983 beschloß der Wiener Gemeinderat einstimmig Alfred Hridlicka mit der Errichtung eines „Denkmals gegen Krieg und Faschismus" zu beauftragen, nachdem sich ein „Monat davor, am 30. August 1983, (...) der Wiener Stadtsenat mit der Angelegenheit befaßt und sie ebenfalls positiv entschieden"[2] hatte. In diesem Gemeinderatsbeschluß wurde der Platz vor der Albertina als Standort festgelegt. „Einige Gemeindepolitiker hofften, der nun offiziell beauftragte Künstler, werde hinsichtlich des Standortes schon noch mit sich reden lassen, andere hofften (so behaupteten sie zumindest später) gerade mit ihrer Zustimmung das Denkmal zu verhindern; bei entsprechender Verzögerungstaktik (und der Beschleunigung des noch immer nicht ad acta gelegten Garagenplanes) hätte sich das Projekt überlebt, der Professor sollte mit einer Abschlagzahlung zufriedengestellt werden. Und sie behaupteten auch, hinsichtlich dieser Vorgangsweise habe es zwischen den Fraktionen ‚augenzwinkernde' Übereinstimmung gegeben, – was am Höhepunkt der Mahnmaldiskussion dann von der ‚roten' Seite heftig dementiert wurde." Die – veröffentlichte – Diskussion begann, folgt man Brigitte Pellar – im Juni 1985, „mit einer – schon recht eindeutigen, aber immerhin noch auf Seite 10

374

placierten – Meldung der ‚Neuen Kronen Zeitung': ‚Streit um Hrdlicka-Denkmal / Gemeinde hat es mit Millionenauftrag besonders eilig'. Und sie erreichte nach der Präsentation des Holzbauer/Peichl-Entwurfes für eine Gesamtgestaltung des Platzes unter Einbeziehung des ‚Mahnmals' 1986 eine erste Intensivphase.[3] Zusätzliche Brisanz erhielt die Debatte durch Hrdlickas Auftreten – Stichwort: „Holzpferd", einem „Spottmonument voll plebejischer Kraft"[4] – Kurt Waldheim gegenüber. „1988 bekam er die Quittung vorgelegt."[5] Joachim Riedl zeigte sich in einem Gastkommentar verwundert, „daß um ein derart wohlfeiles Alibi-Monument ein heftiger Kulturkampf entbrennen kann; all die schrillen Zwischentöne muß man zweimal hören, um sie nicht für Hirngespinste zu halten. Da werden allen Ernstes die Toten beschworen (in der ‚Kronen Zeitung', wo sonst?), und die Lebenden schachern mit Grundstücken (in der ÖVP, wo sonst?). Bedrängt von dieser dummen, dreisten Fronde scheinheiliger Verhinderer, müßte man hoffen, daß Alfred Hrdlicka die ganze Innenstadt mit seinen Kolossen vollpflastert und noch zusätzlich um die Peripherie einen Wall von Gedenksteinen zieht – vermutlich würde auch dies niemanden zur Besinnung bringen."[6]

In den Augen des Verfassers war die Diskussion sowohl um Hrdlickas Denkmals als auch um Bernhards „Heldenplatz" geradezu typisch für die Vergangenheitsdiskussion ab 1986. Die Frage nach der „Angemessenheit"[7] – von ästhetischen und inhaltlichen Fragestellungen – wurde zugunsten „Wie hältst du es mit ...?" nicht nur beiseite geschoben, sondern jede Art von Kritik oder von differenzierter Sichtweise wurde präventiv unter Frage- und Antwortverbot gestellt.

Nach der heftigen Kontroverse – politisches Hick-Hack inklusive –, im Sommer und Herbst 1988, wurde das Denkmal am 24. November „im Beisein von Bundeskanzler Franz Vranitzky, Bürgermeister Helmut Zilk und dem Präsidenten der Israelitischen Kultusgemeinde Paul Grosz (...) enthüllt. Die ÖVP war demonstrativ ferngeblieben."[8]

11.2. Medienanalyse
11.2.1. Salzburger Nachrichten

Die innenpolitische Konfrontation um das Denkmal drohe, so Erich Witzmann, Österreich eine internationale „Blamage" zu bescheren. „Die Errichtung dieses Denkmals wirft Probleme auf mehreren Ebene auf", die allerdings „recht konsequent" miteinander „verwechselt und vermischt werden". Das erste sei, wer „sich schon gerne an die Vergangenheit vor 50 Jahren, trotz Gedenkjahr und Gedenkveranstaltungen" erinnere. Das zweite, die „sachliche Ebene", seien der Standort und die gesetzlichen Bestimmungen. Das nächste die Person Hrdlickas, dessen Renommee unbestritten sei, der aber nie Wert darauf gelegt habe, „sich Freunde zu machen." Er sei ob seiner kommunistischen Vergangenheit, seines „erst kürzlich geäußerte[n] Verständis[ses] für den Stalinismus und – natürlich – sein[es] Holzpferd[es] und seine[r] Tiraden gegen den amtierenden Bundespräsidenten" wegen, „umstritten". Ob der konfliktträchtigen Situation plädierte Witzmann dafür, „daß sich die Verantwortlichen einmal zusammensetzen"[9] und das Projekt verschieben. Nach der Rückkehr aus den USA verglich Chefredakteur Ritschel den Umgang mit Skandalen in den USA und in Österreich. Ein Paradebeispiel dafür stelle die „degutante-primitive", unpatriotische und für das Land schädliche Auseinandersetzung um das Denkmal dar, die Österreich „dem Ausland gegenüber wieder in eine eigenartiges Licht stellt." Der einzige Grund, der gegen Hrdlicka spräche und wiederum erwähnt wurde, „ist seine Haltung zum Kommunismus eines Stalin, denn wer hier positive Wertungen findet, der hat, und wenn er noch so ein begnadeter Künstler ist, berechtigte Zweifel auf sich gezogen, ein Denkmal gegen Gewalt zu bauen." Dem könne man allerdings entgegenhalten, „daß die Worte von Künstlern oft diametral ihren Werken entgegengesetzt sind und schließlich nur die Werke überdauern."[10] In einem Interview wurde dem Schauspieler und Politiker Herbert Fux breiter Raum eingeräumt, ein Plädoyer für das Denkmal vor dem Hintergrund der von Fux behaupteten Unwilligkeit Österreichs und der Österreicher, sich mit der NS-Vergangenheit auseinanderzusetzen, zu halten[11]. Seine, das Denkmal ablehnende Haltung brachte Erich Witzmann auch nach der Entscheidung Zilks, das Denkmal am Albertinaplatz aufstellen zu lassen, wiederum zum Ausdruck. Dieser müsse „einen Schritt in Richtung der Denkmal-Kontrahenten tun." Überhaupt hätte er persönlich ein Denkmal mit einer positiven „Bezeichnung ‚Für Demokratie, Republik, Frieden und Freiheit‘"[12] bevorzugt.

Somit bedienten die „Salzburger Nachrichten" sowohl die für (diese etwas prononcierter), als auch die gegen[13] das Denkmal eingestellte Leserschaft. Wiederholt wurde Hrdlickas politische Position aufs Tapet gebracht, ohne dadurch ihn (oder das Denkmal) – völlig – zu disqualifizieren. Auch Hrdlickas Stellung zu Waldheim, sieht man von einer kurzen Anspielung ab[14], spielte keine relevante Rolle in der Argumentation.

11.2.2. Kurier

Den Anfang der „Kurier"-Kommentierung bildete eine Falschinformation[15], nämlich die, in „Wien ist soeben auf juristisch-administrative Wege der Plan abgewürgt worden, auf dem Platz vor der Albertina ein Denkmal für die Opfer des Nationalsozialismus zu errichten." Gegen das Denkmal hätten sich einerseits Personen ausgesprochen, weil sich Hrdlicka „in schärfster Weise gegen Kurt Waldheim exponiert hat", andererseits gebe es nicht wenige, die überhaupt „nicht an die Opfer des Nationalsozialismus erinnert werden wollen. Es kommt dazu, daß unter dem Platz vor der Albertina Hunderte Menschen liegen, die nach einem Bombenvolltreffer in den Luftschutzkellern verschüttet wurden. Für viele sind heute noch die Bombenopfer ‚die unseren‘, während die von den Nazis Ermordeten ‚die anderen‘ geblieben sind." Dieser geteilte Opferbegriff zeige sich vor allem beim Gedenken an die gefallenen Soldaten, „die für ein Verbrechen gefallen sind". Das Denkmal sei „wichtig und notwendig", es solle aber „auch ein Denkmal für die Zivilisten und Soldaten" sein, „die unfreiwillig und ohne Alternative in den Krieg gehetzt wurden". Wenn darüber Konsens herrsche, solle man sich auf die Suche nach einer Örtlichkeit begeben, „die nicht einem beträchtlichen Teil der Bevölkerung aufgezwungen erscheint", ohne daraus einen feigen Kompromiß zu machen. „Hrdlicka sollte an diesem Denkmal zumindest mitwirken."[16]

Bis zur endgültigen Standortentscheidung durch Zilk ist somit festzuhalten, daß der Person Hrdlickas nicht (völlig) die Berechtigung abgesprochen wurde, dieses Denkmal zu gestalten, daß man aber andererseits einem anderen, konsensfähigeren Standort nicht abgeneigt war. Nach der Entscheidung wurde diesbezüglich „wohlwollender" kommentiert. Zilk habe „das Beste aus der verfahrenen Situation rund um das Denkmal für die Opfer des Nationalsozialismus von Alfred Hrdlicka gemacht. Das Denkmal wird errichtet und zwar auf dem dafür vorgesehenen Albertinaplatz."[17] Ganz entschieden widersprach Rauscher der Meinung seines Redaktionskollegen Erwin Frasl, der zuvor die Auseinandersetzung um das Denkmal als „Stellvertreter-Krieg" bezeichnet hatte[18]. „Gewiß, wir haben noch andere Sorgen, aber die Erinnerung an die größte Katastrophe unserer Geschichte, an das größte Verbrechen und den größten Irrtum so vieler, ist so wichtig wie nur irgendetwas anderes." Die Errichtung eines solchen Denkmals sei eine innere „Notwendigkeit (...). Ein Mahnmal für die Irrtümer und Verbrechen unserer Vergangenheit (und wer sollte sich um unsere eigene Vergangenheit kümmern, wenn nicht wir selbst?) ist somit alles andere als ein ‚Sommerthema‘, sondern es symbolisiert eine Lebensfrage dieser Republik." Die Diskussion weise aber in eine andere, tiefere Dimension, nämlich einerseits die, ob „wir die Kraft [haben], der Nazivergangenheit ins Auge zu schauen" und andererseits, ob sich Österreich „total und ohne Vorbehalte als Teil des Westens verstehe, oder ob es „sich trotzig isoliert."[19]

Der „Kurier" ist publizistisch den Befürwortern des „Mahnmals" zuzurechnen, wobei anfangs ein anderer Standort favorisiert wurde, was sich aber nach Zilks Entscheidung änderte. Bemerkenswert ist, wie nachhaltig – vor allem von Hans Rauscher – die Auseinandersetzung der Vergangenheit einmal als „Notwendigkeit", ein andermal – und nicht nur in dieser Causa –

als Zeichen für die Zugehörigkeit Österreichs zur westlichen Wertegemeinschaft reklamiert wurde. Die Durchführung des Denkmalprojekts wurde als Gradmesser für den letzten Aspekt gewertet. Bemerkenswert ist allerdings, daß das Denkmal einerseits ein „Mahnmal", andererseits eines nicht gegen, sondern für – in diesem Fall für die (weitgefaßten) Opfer – nicht des Faschismus allgemein, sondern für die des Nationalsozialismus kommuniziert wurde.

11.2.3. Kleine Zeitung

Die „Kleinen Zeitung" forcierte anfangs den Morzinplatz. Für diesen „spricht die Tatsache, daß dort das ehemalige Gestapo-Hauptquartier war, andererseits liegt der Platz am Donaukanal und somit am Rande der City. Für den sogenannten Albertinaplatz wird ins Treffen geführt, daß dieser nur ein größerer Beserlpark ist, der, wie Architekten behaupten, der Verbauung harrt und daß eben viele Meter unterhalb der Rasenfläche die Leichen hunderter Bombenopfer liegen: Ein Mahnmal an der Stätte eines Massengrabes."[20] Nicht expressis verbis formuliert, aber indirekt erschließbar, wurde – vor allem, wenn man sich den Gesamtkontext der Kommentierung durch das Blatt besieht – die Favorisierung des Standortes Morzinplatz propagiert. Zum einen durch den Hinweis, daß „hauptsächlich wegen der nahen U-Bahnstation (...) auch diese Gegend stark belebt"[21] sei, zum anderen durch – von allem Anfang an beobachtbare – parteipolitische Zuschreibungen[22] und den ebenfalls bereits am Beginn der Debatte nachweisbaren direkten Hinweisen auf die Person Hrdlickas[23] und indirekt auf die Causa Waldheim[24]. Der „weit links" stehende Hrdlicka, so Vorhofer in einem weiteren Artikel, war in „den vielen Monaten der Waldheim- und Anti-Waldheim-Kampagnen (...) österreichischerseits die auffallendste Erscheinung in jenem Kesseltreiben, das auf die politische Vernichtung Kurt Waldheims abgestellt war. (...) Hrdlicka (...) führt auch jetzt noch seinen Haßfeldzug gegen den Mann in der Hofburg mit unverminderter Härte weiter"[25]. So wie die wiederholte Zuschreibung an die Person Hrdlicka, „links(radikal)" und „Waldheimgegner" ein kontinuierliches Muster der „Kleinen Zeitung" darstellte, so wurde das Projekt „Mahnmal auf dem *Albertinaplatz*" konsequent als „link(slink)es" Projekt attribuiert. „Bei den einen, die also für die Albertinalösung sind, handelt es sich um die vereinigte Linke, gebildet aus einem Teil der Wiener Sozialdemokraten und jenen Sozialisten, die den linken Flügel oder Rand der SPÖ darstellen. Sehr aktiv in dieser Gruppierung sind die deklarierten Kommunisten, sowie weit links stehende Künstler und Intellektuelle. (...) Was hier leider von linken Extremisten und leider auch von Teilen der SPÖ in Gang gesetzt wurde, das läuft auf eine Zwangsbeglückung hinaus: Es läßt eine Mentalität erkennen, die bestürzend ist."[26] Versöhnlicher, wohl auch die Realität der Zilk-Entscheidung akzeptierend, nicht jedoch ohne Hinweis auf die „Linke" auskommend[27], klang es nach der definitiven Standortentscheidung. „Wie immer man zum politischen Künstler Hrdlicka stehen mag und zu der nun offenbar fixen Entscheidung über den Standort – es ist hoch an der Zeit, daß wenigstens jetzt, also fast ein halbes Jahrhundert nach dem Ende der braunen Herrschaft, in der Bundeshauptstadt so ein Mahnmal errichtet wird." Vorhofer konstatierte, daß es wohl keine Mehrheit an Befürwortern für überhaupt ein Mahnmal gebe, die prinzipiellen Befürworter „einer solchen Zeichensetzung" seien aber „eine beträchtliche Minderheit." Einen praktischen Aspekt glaubte er darin zu erkennen, daß das Mahnmal „von so manchem Österreich-Kritiker als positives Zeichen gewertet wird." Den von Vorhofer wiederholt und heftig beklagte „Sieg" der „Linken" benutzte er in diesem abschließenden Kommentar dazu, eben dieser Linken einerseits deren Antifaschismus-Begriff – teilweise in Übernahme der eigenwilligen Deutungen von „Kleine"-Gastkommentarschreiber Ernst Topitsch[28] – zu kritisieren[29], andererseits auch auf eine von der Volkspartei selbstverschuldete Niederlage hinzuweisen. „Die ÖVP hat ihre weltanschaulichen Wurzeln im Christentum, ihre politischen in den Lagerstraßen der KZ. Und diese große Partei hat seit Jahren den Kampf gegen den Antisemitismus und andere Restbestände des Naziungeistes weitgehend den Linken überlassen. Das hätte niemals geschehen dürfen."[30]

Für die „Kleine Zeitung" sei somit festgehalten, daß die Errichtung eines Mahnmales befürwortet, der Standort Albertinaplatz jedoch – über weite Strecken – abgelehnt wurde. Im Mittelpunkt der Analyse stand die Konstatierung einer Wiederauflage der „Waldheim-Konstellation", innerhalb derer Waldheim – im teilweisen Gegensatz zur sonstigen Kommentierung des Bundespräsidenten im Jahre 1988 –, sehr offensiv und unhinterfragt verteidigt wurde. Das Projekt und vor allem der Standort wurden mittels Punzierung als Unternehmen und schließlicher Sieg der „Linken", wobei die teilweise Analyse, daß dadurch die KPÖ aufgewertet werde, als weit überzogen zu werten ist, abgewertet. Zu einem „Opfer" dieser „Linken" wurde Helmut Zilk gemacht.

11.2.4. Die Presse

Der erste einschlägige Kommentar der „Presse" lobte eine publizistische „Ente". „Hrdlickas ‚Denkmal gegen Krieg und Faschismus' wird also nicht auf dem Platz vor der Albertina errichtet werden. Man wird einen passenderen Standort suchen müssen und wohl auch finden – vorausgesetzt, der Künstler verhindert dies nicht selbst durch weitere Trotzreaktionen."[31] Nachdem sich diese „sachliche Lösung", wobei Plechl betonte, „der Verzicht auf jegliche Verbauung der Fläche, unter der 200 Bombenopfer ihre letzte Ruhestätte haben", habe „nichts, aber schon gar nichts mit der Aussage des Denkmals oder mit der Person des Bildhauers zu tun"[32], als Falschmeldung herausstellte, wurde der noch zuvor nicht zur Diskussion stehende Hrdlicka sehr wohl zum Gegenstand der Kommentierung. Hrdlickas Interview für die „Volksstimme"[33] war für den „Presse"-Kommentator Anlaß zur – ermahnenden – Hoffnung, „daß auch Wiens Kulturverantwortliche das Blatt mit Aufmerksamkeit lesen." Hrdlicka könnte, „gegen gute Kassa", ja genauso gut ein Denkmal für die Opfer des Stalinismus errichten. „Gedenksteine aller Art sind ja seine Stärke, und außerdem würde er dabei etwas lernen."[34] Die weitere Kommentierung weist zwei dominante Ebenen auf: Einerseits die Ablehnung der Person Hrdlickas und andererseits massive Kritik an der SPÖ. Das Denkmal selbst, also die Frage nach der Legitimität beziehungsweise nach der Notwendigkeit eines solchen, geriet zusehends aus dem Blickwinkel der Kommentierung, offensichtlich eine Art der Einsicht, es doch nicht verhindern zu können[35]. Hrdlicka selbst wurde – sieht man von den Untergriffigkeiten des „Staatskünstlertums"[36] ab – ob seines „Volksstimme"-Interviews abgesprochen, die geeignete Person zur Errichtung dieses Denkmals zu sein. „‚Er wurde als Künstler und nicht als Volksredner oder Leitartikler bestellt', meinte Bürgermeister Zilk gestern. Doch auch so ist die Sache problematisch. In einem Interview mit der ‚Volksstimme' hat Hrdlicka jüngst ein Verständnis für den Stalinismus und die Niederwalzung des ‚Prager Frühlings' bekundet, das erschüttern mußte. (...) Wir müssen also zur Kenntnis nehmen, daß uns ein Mann, der nicht bereit ist, einen eindeutigen Trennungsstrich zu einem Terrorregime zu ziehen, ein ‚Antifaschismus-Denkmal' baut."[37]

Qualitativ und quantitativ wesentlich intensiver war hingegen die Auseinandersetzung mit der SPÖ. Die argumentative Linie war ab Mitte Juli vorgegeben und läßt sich zusammenfassend auf *den* Punkt bringen, der von der SPÖ argumentativ immunisierend und punzierend[38] geführte Kulturkampf sei eigentlich ein (schleichender) Klassenkampf[39]. Es gehe „eben nicht um den kulturellen Wert, um die ästhetische Dimension eines Kunstwerkes. Es geht überhaupt nicht um ein Kunstwerk als solches"[40], sondern, und hierbei sekundierte der damalige Chefredakteur, es sei ein Lehrbeispiel dafür, was unter „sozialistischem Neo-Absolutismus zu verstehen" sei: „Es geht ihnen um das Durchziehen."[41] Die SPÖ würde, da sie „wirtschafts- und sozialpolitisch nicht mehr fuhrwerken kann wie bisher, (...) wenigstens kulturpolitisch Mores lehren"[42]. Für den „Presse"-Herausgeber war die Debatte auch Höhepunkt der von den Sozialisten betriebenen Politik der moralischen „Dekomposition", wie er es anläßlich der Fernsehserie „Holocaust" entschärfend benannte. „Zeitzeugen der Republik II erinnern sich, wie vieles mit der Freigabe der Abtreibung begann (...). Der Grundkonsens an Werten, der sich nach dem NS-Schock als tragfähig für den Wiederaufbau erwies, ist seither immer stärker angenagt worden."[43] Hinzuweisen ist in diesem Zusammenhang schließlich noch auf die Bewertung der Person des damaligen Wiener Bürgermeisters, Helmut Zilk. Dieser, folgt man den vorliegenden Einschätzungen und Analysen, sei – wie das „bürgerliche Lager" Österreichs – ebenfalls ein Opfer einer offensichtlich wildgewordenen linksextremen (evolutionären) Umsturzverschwörung innerhalb und um die SPÖ. Zilk „ließ die Parteisekretäre fuhrwerken, bis das ganze in jenes parteipolitische Fahrwasser schlingerte, in dem wir das ,Antifaschimus-Denkmal' am allerwenigsten brauchen konnten. Doch der Wiener Stadtvater hatte es diesmal alles andere als leicht. Die SPÖ schluckte noch das Du-Wort, das Zilk mit Kurt Waldheim verbindet, sie akzeptierte die Privatisierung der Wiener Gemeindeholding. Dissidententum im Falle des Hrdlicka-Denkmals hätte sie nicht einmal Zilk verziehen."[44] Lediglich Anneliese Rohrer brach zumindest teilweise diesen Opferdiskurs auf. Er „konnte sich nun einerseits dem linken Flügel in der SPÖ andienen, andererseits aber auch dem ständigen Vorwurf begegnen, er sei in allen Fragen der politische Erfüllungsgehilfe seines früheren Dienstgebers ,Kronen Zeitung'. Auch das ist viel wert. Zilk müßte Hrdlicka eigentlich dankbar sein."[45]

Wirklich explizite Ablehnung des Mahnmals als solches ist in der „Presse" nicht nachzuvollziehen, jedoch wurden sowohl der Ort der Aufstellung als auch – in wesentlich intensiverem Ausmaß – die Person Hrdlicka abgelehnt. Die Kommentierung geriet zunehmend in ein kulturkämpferisches Fahrwasser (inklusive Warnung vor einem herrschenden Klassenkampf), wobei sich das Blatt vehement dagegen verwehrte, die (indirekte) Ablehnung des Mahnmals sei mit „(ewig)gestrigem" Gedankengut zu assoziieren.

11.2.5. Neue Kronen Zeitung

Am heftigsten – was sowohl die Häufigkeit der Kommentierung als auch deren Terminologie betrifft – zum Denkmal äußerte sich die „Neue Kronen Zeitung". Sofern es die Frage berührte, ob dieses Denkmal überhaupt notwendig sei, lassen sich innerhalb der Redaktion zwei Meinungen herausfiltern. „Hrdlicka ist ein qualifizierter Künstler und Wien hätte schon längst ein Antifaschismus-Denkmal bekommen müssen."[46] Hrdlicka „will sein Denkmal ohne, ja gegen den Willen des Volkes gebaut sehen."[47] Kategorisch abgelehnt wurde jedoch *dieses* Denkmal, sei es aufgrund des dafür vorgesehenen Ortes[48], sei es – und dieser Aspekt dominierte die Kommentierung bei weitem – ob der Person Hrdlickas[49], wobei die Argumentationsführung gelegentlich – nicht unähnlich der „Presse"[50] – geführt wurde[51]. Bereits im allerersten Kommentar im Sommer 1988 stand geschrieben: „Wer gegen Hitler und seine Nazi

381

gewesen ist", so wie der Autor der Kolumne es von sich wiederholt betonte, „der mußte als denkender Mensch das Regime Stalins stets genau so ablehnen. Und daher braucht er sich auch kein ‚Antifaschistendenkmal‘ gefallen zu lassen, das ausgerechnet ein seinerzeitiger Anhänger Stalins geschaffen hat."[52]

Hand in Hand mit dieser Begründung der schlußendlichen Ablehnung des (und überhaupt eines) Denkmals folgte der Rückgriff in die Geschichte, der von keiner Zeitung so intensiv betrieben wurde. Das Spektrum bewegte sich allerdings im quantitativ geringerem Ausmaß und erst gegen Ende der Debatte innerhalb der – nicht nur in der NKZ nachweisbaren – Gleichsetzungsformel: Nationalsozialismus = (in diesem Fall) Stalinismus. Hrdlicka sei „Zeit seines Lebens der begeisterte Fürsprecher eines barbarischen Systems gewesen (...), das um kein Haar weniger besser war als die Barbarei Hitlers."[53] Vor der Standortentscheidung durch den damaligen Wiener Bürgermeister Helmut Zilk, dessen Kommentierung noch zu analysieren sein wird, wurde der Nationalsozialismus durchgehend als „kleinerer Bruder" des Stalinismus bewertet. „Und wer sich mit der großen Weltpolitik dieses Jahrhunderts auch nur einigermaßen auseinandergesetzt hat, der weiß auch um die erschreckenden Parallelen des russischen Bolschewismus und des deutschen Nazismus. Der weiß, nur so beispielsweise, daß der Klassenfeind ‚Kapitalist‘ auf der einen Seite seine genaue Entsprechung des ‚Volksfeindes‘ Jude auf der anderen Seite fand, und daß die ‚Klassengemeinschaft‘ [!] der einen Ideologen haargenau die ‚Volksgemeinschaft‘ der anderen war. Daß Stalin im Zug seiner großen ‚Säuberung‘ der zwanziger und dreißiger Jahre womöglich noch mehr Menschen umbringen ließ, als dies später dem erbarmungslosen Menschenverächter aller Nicht-Deutschen möglich sein sollte, wird gerade auch in diesen Tagen in der Sowjetunion lebhaft diskutiert."[54]

Delikat war an der Causa die personelle Konstellation: Auf der einen Seite die „Kronen Zeitung" mit ihrer Kampagne gegen das Denkmal, auf der anderen Helmut Zilk, der sich schließlich nicht nur für das Denkmal, sondern auch für den – übrigens vertraglich fixierten – Standort vor der Albertina entschied. Um es zusammenzufassen: Zilk wurde in dieser Situation – ähnlich wie in der „Kleinen Zeitung" und der „Presse", nur inhaltlich und umfangmäßig nachhaltiger – als Opfer der „Linken" stilisiert. „Die linken Genossen" haben „Bürgermeister Zilk, der da schon bei so mancher Gelegenheit die Kühnheit aufgebracht hat, Bürgerinteressen vor Parteiinteressen zu stellen, gezeigt, wer der Herr im Haus ist. Zilk ist in eine ausweglose Situation vom Zuschnitt einer griechischen Tragödie geraten, hat da, wenn man einmal von der Möglichkeit seines Rücktritts absieht, gar keine andere Wahl mehr gehabt als im Sinne der Parteilinken und des Zentralsekretärs Keller zu entscheiden (...). Der von seinen Genossen mitleidlos in die Enge getriebene Zilk hat so entscheiden müssen, wie es den Schwarzen gepaßt hat; so, daß es bis zum nächsten Stimmengang ganz gewiß einen passablen Wahlschlager geben wird.“[55] Die dazu veröffentlichten Textstellen widerlegen nachhaltig die von Zilk – dröhnend wie immer – gestrickte Legende, er habe eine mutige Entscheidung gegen die „Kronen Zeitung“ getroffen. Tatsächlich: H. Zilk wurde ein Opfer der „Krone“, nämlich – damals – von ihr zum Opfer „Linken“ stilisiert.

Somit kann für die „Neue Kronen Zeitung“ ein durchgehend Hrdlicka und ein über weite Strecken das Denkmal ablehnender Diskurs festgehalten werden, der sich als einziger der bisher untersuchten Tageszeitungen massiv der historischen Dimension annahm.

11.2.6. Arbeiter Zeitung

Die „Arbeiter-Zeitung“ befürwortete sowohl das Denkmal, die Person Hrdlickas als auch den auserwählten Standort kompromißlos. „Um Pietät geht es nicht, weiß man spätestens seit klar ist, daß die Errichtung einer Tiefgarage am Albertinaplatz gestattet wäre.“[56] Besieht man sich den gesamten Textkorpus, so war die Argumentation für das Denkmal äußerst defensiv angelegt und operierte zumeist auf der Ebene der Kritik an der „Presse“[57], der „Kronen Zeitung“[58] und an den ÖVP-Politikern Hans Tuppy[59] und Erhard Busek[60]. „Eine ‚Pflanzerei‘ nennt es Alfred Hrdlicka selbst, eine ‚Groteske‘ ist es allemal, als ‚Skandal‘ findet es bereits Eingang in die internationale Kulturberichterstattung. Wir schreiben 1988, die Buseks und Tuppys haben nichts dazugelernt, und das Schauspiel um das Denkmal gegen Krieg und Faschismus vor der Albertina wird zum Mahnmal, ehe es dort steht.“[61] Wichtig war der AZ die Feststellung, es handle sich nicht um ein, wie von „Presse“, „Kleine Zeitung“ und „Kronen Zeitung“ massiv betont, „linkes“ Denkmal, sondern um eines, das allen Opfern gewidmet ist. „Es ist eine seltsame Argumentation: der grüne Rasen, von den Anrainern als Äußerlplatz für die Hunde benutzt, soll ein stärkeres Memento an die unter den Trümmern des Phillipphofes begrabenen Bombenopfer sein als ein Mahnmal an den Wahnsinn des Hitlerkrieges?“[62] In der Ablehnungsfront gegen das Denkmal glaubte das Blatt die Konstellation der Konfrontation um die Vergangenheit Waldheims[63] wiederzuerkennen und verknüpfte diese aufs engste mit Hrdlickas Verhalten im Präsidentschaftswahlkampf[64], wohingegen seine politische Einstellung erst in zweiter Linie der Grund der Ablehnung sei[65]. „Die Stimmung gegen das Denkmal wird aus zweierlei Gründen gemacht. Den einen findet man in der ‚Kronen-Zeitung‘: er richtet sich gegen Alfred Hrdlicka, der – internationales Renommee hin oder her – sich als Erfinder des Holzpferdes unbeliebt gemacht hat. Der andere Grund kommt aus ewiggestrigem Geist: man will an historische Schuld und Schande nicht erinnert werden.“[66] An der

Auseinandersetzung – so ein weiterer Tenor der Blattlinie – zeige sich exemplarisch, wie wenig weit die Auseinandersetzung mit der Vergangenheit in Österreich gediehen sei[67], und gerade deshalb gelte es, das Denkmal zu errichten. „Hier wird verdrängt statt bewältigt. Trauerspiele ersetzen Trauerarbeit. Antifaschismus darf ja ein bisserl vorkommen, aber nicht zuviel und versteckt, bitteschön."[68] Entsprechend positiv wurde deshalb auch Zilks Entscheidung kommentiert. Dieser habe „schon bisher in Sachen Antisemitismus-Antifaschismus ein besondere Sensibilität entwickelt"[69], sei ein „Vertreter eines geistigen Liberalismus"[70], wie er für die SPÖ typisch sei und „wie Österreichs politisches Leben sie braucht."[71]

Somit unterstützte die AZ auf allen Linien die Errichtung des Denkmals und die Errichtung desselben durch Hrdlicka. Betont wurde in diesem Konnex, wohl um die Konsensfähigkeit zu erhöhen, es handle sich um ein Denkmal für *alle* Opfer des Faschismus.

11.3. Heldenplatz

Noch heftiger, an Grotesken, hysterischem Anschreiben und Anreden wohl unüberbietbar, war die Diskussion um Thomas Bernhards Stück „Heldenplatz", die – wichtig in diesem Zusammenhang festgehalten zu werden – auch unter dem Aspekt „Man schlägt den Sack und meint den Esel" zu interpretieren ist. Konkret: Die veröffentlichte und öffentliche Erregung um den – in den Augen des Verfassers – äußerst dürftigen Rundumschlag aus Bernhards Feder muß – auch – vor dem Hintergrund der Diskussion um das Burgtheater beziehungsweise um Peymann (und wohl auch als Kritik an der SP-dominierten Kulturpolitik) interpretiert werden[72].

Begonnen hat die Auseinandersetzung mit der Rezeption eines „Zeit"-Interviews. Dort sagte Peymann unter anderem, Waldheim „hat mich erst neuerlich überraschenderweise in den Nacken geküßt. (...) Er hat sich von hinten an mich herangeschlichen. Ich saß im Hotel Imperial. Plötzlich kam von hinten der Bundespräsident an mich heran und küßte mich. (...) Was sollte ich machen? Es war eine Vergewaltigung."[73]

Mittels Ironie und eines siebenundzwanzig-Zeilen-langen Satzes war in den „Salzburger Nachrichten" nicht Peymann, sondern Waldheim unter Bezugnahme auf den Wahlkampf und seine Unglaubwürdigkeit Ziel des Gespötts. "... was er, der Reiterpräsident, immer als Unterstellungen sozusagen, als Kampaigne, wie er sich auszudrücken pflegte, naturgemäß als von außen gesteuerte und durchaus bösartige Kampaigne, als persönliche Infamie einer infamen Persönlichkeit, was jedoch der Behauptung, der Reiterpräsident hätte den Theatermacher in den Nacken geküßt, nicht unwahrscheinlicher, sondern eher, naturgemäß, eher wahrscheinlicher erscheinen läßt..."[74] Hans Rauscher gab Peymann, sofern sich dieser im Interview mit dem Burgtheater auseinandersetzte, völlig recht und lobte dessen Arbeit. „Der Künstler Peymann hat das bedeutungslos gewordene Burgtheater wieder interessant gemacht." Er „hat mit Sitten am Burgtheater aufgeräumt, die das Haus ruinierten". Aber „er hätte in seinem Interview nicht versuchen sollen, Bundespräsident Waldheim zu verhöhnen. Das war ganz einfach zu billig."[75] Zwei völlig konträre Interpretationen waren dazu in der NKZ zu lesen. Peymann habe einen „kapitalen Blödsinn" geredet, der entweder darauf zurückzuführen sei, er halte es nicht aus „einmal eine Zeitlang hindurch nicht in der Zeitung zu stehen" oder es „müsse eben aus innerem Zwang um jeden Preis und unter allen Umständen immer wieder Stunk geben. (...) Peymann selbst würde es, wenn's um einen anderen ginge, in seinem so feingeschliffenen Idiom wohl anders ausdrücken: Ab in die Klapsmühle."[76] Wesentlich abgeklärter kommentierte Ernst Trost das Peymann-Interview, das eine „unkonventionelle Theaterbeschimpfung des von Welt- und Wienschmerz" Verzehrten darstelle. „Da hat ein geschickter Interviewer Peymann dazu provoziert, einen Thomas Bernhard-‚Grantler' zu spielen, und prompt macht die wienerische Wehleidigkeit aus der Farce eine Staatstragödie."[77] Zu „Staberls" „Ab in die Klapsmühle" und zur Kommentierung durch „Die Presse" äußerte sich Manfred Scheuch in der AZ. „Da kann nicht die unsensible Wortwahl eines sehr sensiblen Künstlers die Ursache sein. Da wird Kulturkampf von rechts betrieben."[78] In Scheuch sollte Peymann auch AZ-intern den nachhaltigsten Befürworter finden. Während Hans Heinz Hahnl sich kritisch mit dem Burgtheaterdirektor auseinandersetzte[79], sah der damalige AZ-Cherfedakteur, nachdem er Peymanns Interview als „Selbstgespräch" interpretierte, in der Auseinandersetzung mit und den Angriffen auf ihn „die Speerspitze einer breiten Front (...), auf der zum Angriff auf jene Libertät geblasen wird, die seit den siebziger Jahren auch in Österreichs Kulturszene eingezogen war."[80] In der „Presse" kommentierte Hans Haider unter dem Titel „Rettet das Burgtheater" – vor Peymann, wie hinzuzufügen wäre: „Kraß wie nie zuvor strapaziert er, um zu bekommen, was er will, die Sitten und den guten Geschmack, macht sich mit unwahren und dann verlegen dementierten Behauptungen über das Staatsoberhaupt lustig, denunziert Theaterkollegen, stellt Schauspielerinnen bloß. Und sagt blauäugig die Unwahrheit: Die Besucherzahlen, auch die Kasseneinnahmen, sind nämlich bei weitem nicht so hoch, wie Peymann wider besseres Wissen nach Deutschland hinausposaunt."[81]

Dem folgte die – bereitwillig aufgenommene – „Burg"-interne Auseinandersetzung zwischen Ensemble und Direktion, die den Juni 1988 beherrschte. Sie fußte vor allem auf die von Peymann der „Zeit" gegenüber gemachten Aussagen[82] und verlief entlang der eben dokumentierten „Frontlinien"[83].

Sigrid Löffler schätze die Situation im Sommer 1988 als „neuen Kulturkampf in Österreich" ein. „Der Kampf um die kulturelle Vorherrschaft im Landes ist demnach noch nicht entschieden. Daß es ein Kulturkampf ist, dem wir seit einem Jahr beiwohnen, daran kann es keinen Zweifel mehr geben. Es geht hier um die Weiterführung der Waldheim-Auseinandersetzung und des ‚Bedenkjahr'-Streites mit anderen Mitteln. Der Kampf geht um die kulturelle Hegemonie in Österreich."[84] Das Faszinierende an diesem inszenierten *Vorab*skandal war, daß sich die Protagonisten dieser Realgroteske zunehmend den Bühnenfiguren anglichen. „Bernhard schreibt ein Stück – so ungerecht, so übertrieben, so bösartig wie nur je – und die österreichische Wirklichkeit hält es für ihre vornehmste Pflicht (...), sich, ohne den Text zu kennen, ins Theater um den ‚Heldenplatz' zu stürzen. So, als gelte es, Bernhards barockeste Metapher, seine krassesten Übertreibungen wortwörtlich zur Kenntlichkeit zu entstellen" Derzeit „ist Österreich gegenwärtig mit nichts so sehr beschäftigt wie damit, Bernhards schlimmste Übertreibungen und gemeinste Verzerrungen nicht Lügen, sondern Wahrheit zu strafen. Österreich führt sich auf, als sei es eine Bernhard-Inszenierung. (...) Tobsüchtiger und debiler hat sich der öffentliche Diskurs selten aufgeführt."[85] Man kann – zumindest was die veröffentlichte Meinung betrifft – von einer self-fullfilling-prophecy sprechen, nämlich dergestalt, daß sich Peymann und Bernhard virtuos der Medien (als Kommunikatoren eigener Meinung und als Multiplikatoren fremder Meinungen) bedienten[86], die, wie auf Zuruf, einen medialen *Vorab*skandal transportierten, die – mit der Absicht, mit den Theaterstück die Person Peymann in einem Aufwaschen „mitzukippen" – beide, „Heldenplatz" und Peymann, geradezu zementierten und somit wiederum jede Art von inhaltlicher Auseinandersetzung mit dem Stück, mit der Direktion und Person Peymanns sofort unter Frage-, Antwort- und vor allem Kritikverbot stellten, womit jede Art von rationalem Zugang verboten und nur mehr – via Attribute „Reaktionär" auf der einen und „Aufklärer" auf der anderen Seite – die Trennung zwischen „gut" und „böse" übrigblieb[87]. „Diesmal, bei ‚Heldenplatz', stand dem PR-Genie Bernhard das PR-Genie Peymann zur Seite, und das versprach von der ersten Sekunde an einen ‚Skandal' zur Potenz. Es war eine glänzende Idee, ‚Heldenplatz' ausgerechnet für die Hundertjahrfeier des Burgtheaters zu produzieren. Es war ein genialer Einfall, den Text mit dem Etikett ‚streng geheim' zu versehen und alle Welt davon zu unterrichten. Und seit Monaten delektieren sich Insider der Branche am unüberbietbaren Höhepunkt der Werbekampagne: Appetithäppchenweise würden die aggressivsten Stellen des Stückes durch ‚Indiskretionen' an die Öffentlichkeit gelangen und dort einen Sturm auslösen, der den ‚Heldenplatz' zum Theaterereignis des Jahrhunderts machte."[88]

Exemplarisch läßt sich diese, nur mehr entlang von „gut" und böse" vorgenommene Trennung anhand von Sigird Löffler nachvollziehen. Bernhards Text – so liest man Anfang August, als dieser offiziell noch „streng geheim" war – enthalte „keinerlei Sensationen, sondern nur wohlbekannte und oft gehörte Echos früherer Bernhardscher Schimpftiraden gegen Nazis, Sozis und die ‚geist- und kulturlose Kloake' namens Österreich"[89]. Als das Magazin am 19. September die ersten Textproben publizierte, kommentierte sie „Thomas Bernhard [hat] mit ‚Heldenplatz' bloß ein weiteres Mal dasselbe Bernhard-Stück geschrieben – das gleiche Personal, die gleichen Ressentiments, die immer gleichen Schimpfexzesse gegen Nazis, Sozis, Katholiken und die ‚geist- und kulturlose Kloake' namens Österreich."[90] Ein Monat später liest sich „Heldenplatz" wie „der einundelfzigste Aufguß der ganz auf Lach-Köder berechneten boshaften Bernhardschen Vermaledeiungssuada, die Übertreibungen sind so maßlos (also letztlich beliebig) wie immer, seinen stereotypen Tiraden sind der Furor, der Witz, die Treffsicherheit und Unverschämtheit früherer Bernhard-Stücke längst abhanden gekommen. Die Provokationen sind nicht mehr überraschend, sondern fix eingeplante Standard-Ausstattung des immergleichen Bernhard-Schauspiels von der Stange."[91] Nach der Premiere schrieb Löffler, könnte man „sich die Sache einfach machen. Thomas Bernhards ‚Heldenplatz' ist ja nichts weiter als eines von seinen üblichen, finster-komischen Familienstücken in großbürgerlichem Milieu, diesmal eben angesiedelt in einer remigrierten jüdischen Akademikerfamilie." Aber er habe „geschafft, was keiner – schon gar nicht Bernhards Dramatikerkollegen – geschafft hat: nämlich im Jahre 1988 das sensibelste, zugleich symbolbeladenste und leerste Zentrum des Bedenkjahres zu okkupieren, nämlich den Heldenplatz."[92]

Typisch an der Diskussion über und um „Heldenplatz" war, daß über ein Stück (defensiv, „Freiheit der Kunst") positiv oder offensiv negativ („Österreichbeschimpfung"[93]) zu einem Zeitpunkt geurteilt wurde, als der gesamte Textkorpus – wohl nicht ohne Absicht – lediglich bruchstückhaft bekannt war. Der erste Versuch, „Heldenplatz" unter das lesende Publikum zu bringen, wurde am 19. September 1988 via „profil"[94] gemacht, ohne daß es darauf Reaktionen gegeben hätte. Erst als die „Neue Kronen Zeitung"[95] und die „Wochenpresse"[96] am 7. Oktober 1988 auszugsweise aus dem Text publizierte, nahm der Skandal – endlich! – seinen Lauf. „Im Mittelpunkt der aus dem Kontext gerissenen Textauszüge steht die Österreichkritik von Thomas Bernhard. Die eigentliche, wesentliche Schwerpunktproblematik einer jüdischen Emigrantenfamilie und des Selbstmordes von Josef Schuster im Zuge des zunehmenden Neonazismus und Antisemitismus bleiben in der Berichterstattung weitestgehend ausgeklammert."[97]

11.4. Medienanalyse

Bevor nun die diesbezügliche Medienanalyse durchgeführt wird, soll noch kurz die publizistische „Arena" in den zu analysierenden Tageszeitungen bezüglich der Person Peymanns und der Situation am Burgtheater zusammengefaßt werden. Eine mehr oder weniger positive Presse hatte Peymann in den „Salzburger Nachrichten", dem „Kurier", der „Kleinen Zeitung" und der „Arbeiter Zeitung". Großteils beziehungsweise durchgehend negativ waren „Neue Kronen Zeitung" und „Presse" eingestellt.

11.4.1. Salzburger Nachrichten

Am Beispiel der Auseinandersetzung um Thomas Bernhard, „Österreichs berühmteste[n] Provokateur", und um Claus Peymann, „leider doch nur der zweitgrößte Provokateur dieses, unseres Landes" sowie um das Stück „Heldenplatz", werde, so Karl Harb in einem Kommentar, wiederum ein Stellvertreter-Krieg „am hehren Ort unverlierbarer Dichtkunst" geführt. Bernhard habe, Teile von „Heldenplatz" waren zu diesem Zeitpunkt bereits veröffentlicht, in „altbewährter Art (...) mit seiner Schreiber-Axt ausgeholt und alles kurz und klein geschlagen. (...) Bernhard schreibt sich monomanisch seinen Haß von der Seele. Er schlägt ganz wild um sich, und unser österreichisches Volk ist – da hat er ganz recht, der gute Mann aus dem Oberösterreichischen – dumm genug, sich von diesem Holzhammer immer wieder treffen zu lassen." Vorerst gelte es aber die Premiere abzuwarten, und erst dann ein Urteil über Inhalt und „Intelligenz", „Ästhetik" und das „Dichterische" zu fällen. Das Blatt selbst werde sich aber an der Vorabkommentierung nicht beteiligen, „denn das hieße nur mitspielen in jener heimischen Kulturposse, mit der aus Burg und Oper oder Festspielen neuerdings ein Stadl zur Massenbelustigung und ein Podium für Adabeis und Parteisekretäre gemacht wird." Über Kunst werde man auch weiterhin streiten, vorausgesetzt, „die Kunst lohnt es wieder, daß man für sie streitet."[98] Abgesehen von einem weiteren Kommentar, hielten sich die „Salzburger Nachrichten" an die Vorgabe, abzuwarten und zu schweigen. Peymann mache „nicht nur Schwierigkeiten mit unangenehmen Stücken von unangenehmen Autoren", er habe darüber hinaus „Österreich als ‚Irrenhaus' bezeichnet. Und das ist in Haiders Augen anscheinend eine unerlaubt Anleihe aus Haiders ganz persönlichem Repertoire"[99], nämlich der österreichischen Nation als „ideologische Mißgeburt".

Die Premiere selbst wurde großteils positiv rezensiert, besonders herausgehoben wurden dabei die schauspielerischen Leistungen. „Thomas Bernhard und Claus Peymann haben jedenfalls viel Gratisreklame für ein Stück und eine Inszenierung erhalten, die beeindruckende Stärken demonstrieren,

die aber gleichzeitig trotz kräftiger Würzung ihre Herkunft aus der Wieder-
aufbereitungsanlage nicht verhehlen können. (...) Man mußte fast Mitleid
haben mit den armen Leuten, die da, von Politikersprüchen und Zeitungen
gelockt, ins Theater kamen oder geschickt wurden, um an Bernhards Stück
gegen die Burgtheaterdirektion zu protestieren. Es wartete eine lange Stra-
paze auf sie. War das die von Bernhard angekündigte ‚Verschärfung'? Vier
Stunden Sitzarbeit sind für Theaterungewohnte eine starke Leistung, zumal
‚Heldenplatz' auch für Geübte in manchen Passagen außerordentlich zäh
dahinfließt. (...) Bernhard macht es selbst dort, wo seine Figuren deutlich
werden, den erklärten Gegnern nicht einfach, weil die Beschimpfungen als
politische Wechselbäder daherkommen."[100]

Die „Salzburger Nachrichten" setzten (und realisierten) vorerst auf
Abwarten und Ignorieren, verwehrten sich aber nachhaltig dagegen, daß gerade Jörg Haider – vor dem Hintergrund, was dieser so von sich gebe – legitimiert wäre, über Peymann ein Urteil abzugeben. Die Premiere wurde positiv rezensiert, das Stück selbst erhielt hingegen eher schwache Zensuren.

11.4.2. Kurier

Der Großteil der (kritisch-negativen) „Kurier"-Kommentierung im Vorfeld
der Aufführung zielte weniger auf das Stück, beziehungsweise auf das, was
vorab daraus veröffentlicht wurde, als auf die Person Peymanns und dessen
Direktionstätigkeit ab. Interpretiert wurde es in dem Rahmen, „Heldenplatz"
diene in erster Linie der Ablenkung von realen Mißständen an der „Burg".
„Also reden wir über die (gesicherte) Freiheit der Kunst statt über das Burgtheater. Nur kein Wort über schlechte Besucherzahlen, über Vorstellungen,
die nur eine handverlesene Schar von Zuschauern verfolgt, nur kein Gedanken daran, daß die Zahl der Schließtage steigt, dafür aber die Einnahmen
sinken und die Spiel-Planung im argen liegt. (...) Wir alle wären gut beraten,
wenn wir die Diskussion dort ließen, wo sie hingehört: ins (jubilierende?)
Burgtheater, mit seiner chaotischen Planung und einem offensichtlich über-
forderten Manager, der sich und Skandale inszeniert. Und alle, alle fallen
darauf herein. Klar, weil wir so liberal sind."[101] Kurt Kahl beschrieb das Duo
Bernhard/Peymann einerseits als Literaten, „der diesem Land in Haßliebe
verbunden ist" und andererseits als einen „in Wien absichtsvoll fremd" gebliebenen Theaterdirektor, „der sich in Keckheit gefällt und den Skandal,
unter dem er zu leiden vorgibt, sucht – verdecke doch dieser Skandal seine
administrativen und menschlichen Fehlleistungen."[102]

Ob die vorab veröffentlichten Textauszüge als Gegenwartsanalyse
relevant und treffend seien, ob sich die Empörung darüber lohne, wurde von
der Redaktion negativ beantwortet. „Es gibt den Typus des dumpfen Vor-

sich-hin-Schimpfers. (...) Leider hat sich das Werk des großen österreichischen Schriftstellers Thomas Bernhard in den letzten Jahren diesem Typus gefährlich genähert. Auch das Stück ‚Heldenplatz' (...) enthält lange Passagen, in denen Österreich nach dem Leitmotiv ‚Ollas Vabrecha!' behandelt wird. Das ist eine Tragödie. Österreich braucht – gerade von seinen Künstlern – eine gnadenlose Kritik. Aber treffen muß sie. Wer auf alles schießt, trifft nichts."[103] Wiederum Inhalt und Tendenz des Textes ablehnend, war in einem drei Tage später veröffentlichten Kommentar zu lesen: „Der Unmut über die Provokation, diesen Bernhard just im Jubiläumsjahr in der Burg zu inszenieren, ist berechtigt."[104]

Stärker gespalten zeigte sich die Redaktion in der Zeit kurz vor und kurz nach der Premiere. Für den bereits zitierten Franz Ferdinand Wolf betrieben Bernhard und Peymann „ein zynisches Spiel. (...) Der ersehnte Kulturkampf findet schon seit Wochen statt, das deutsche Feuilleton hat Stoff zur klugen Geschichtsbewältigung des Nachbarlandes." Der Welt werde vorgeführt, „wie mies wir eigentlich sind und wie recht jeder dumpf-räsonierende Österreich-Beschimpfer hat."[105] Hingegen meinte Hans Rauscher, Bernhard „sagt in dramatischer, aber meiner Meinung nach nicht wirklich dramatisch bezwingender Form, daß in Österreich nationalsozialistische Denkmuster noch weitverbreitet sind. Und daß ein bestimmter autoritärer Katholizismus den Untergrund dafür bereitet hat. (...) So wüst Bernhards Grundthese auch ist, ganz ohne realen Kern ist sie nicht (...). Es ist ein unaufgelöster Knoten in unserer kollektiven Seele, ein dunkler Fleck auf unserem im großen und ganzen recht gut entwickelten demokratischen Bewußtsein." Und so wie in seinem ersten Kommentar, betonte Rauscher erneut, daß – in diesem Falle künstlerische – Kritik an Österreich sehr wohl legitim sei. „Wer Thomas Bernhard aus Österreich austreiben will, der muß praktisch die gesamte Literatur austreiben". Was „sich rund um die traurige Affäre abgespielt hat, sollte gerade konservative Österreicher mit einer inneren Beziehung zur Kultur veranlassen, sich selbst zu fragen: Haben wir das wirklich gewollt?"[106]

Von einer einheitlichen Blattlinie des „Kurier" kann höchstens in der Beziehung gesprochen werden, daß die Tätigkeit Peymanns als „Burg"-Chef negativ bewertet und „Heldenplatz" als Ablenkungsmanöver gedeutet wurde. Sofern es die Bewertung des Stückes betraf, wurde dieses über weite Strecken, aber nicht völlig, abgelehnt.

11.4.3. Kleine Zeitung

Ähnlich wie die SN, wenngleich umfangmäßig ein wenig intensiver, betrachtete die „Kleine Zeitung" die Auseinandersetzung aus der Perspektive der Peripherie, und gab ihr somit die Bedeutung einer Wiener, aber nicht österreichischen Auseinandersetzung. „Heldenplatz", beziehungsweise Bernhard, sofern auf das Stück überhaupt eingegangen wurde, wurden als wenig innovativer, sich selbst wiederholender und somit nicht ernstzunehmender „Aufguß" bewertet. „Wer Thomas Bernhard ernst nimmt, ist selbst schuld, denn Thomas Bernhard nimmt sich selbst nicht ernst. Längst hat er sich als Poseur entlarvt, der in seiner Pose erstarrt ist. Durch absurde Übertreibung wird seine Polemik harmlos, und wenn er überhaupt noch etwas kritisiert, dann neutralisiert er diese Kritik durch banale Überspitzung. Wer diese Art von Literatur schätzt, wird bei Bernhard naturgemäß immer etwas Vertrautes erwarten dürfen, wobei sich der Autor nicht mehr die Mühe nimmt, den Wortschatz seiner Schimpforgien besonders zu variieren. (...) Thomas Bernhard hat so ziemlich alles, was jetzt, vor Empörung bibbernd, als ‚neu' zitiert wird, schon einmal geschrieben, und wenn wieder etwas Neues von ihm zu erwarten sein könnte, dann nur dann, wenn er ein paar Jahre nichts mehr schriebe."[107] Kritik wurde in der Kommentierung nicht am Stück, am Autor oder am Burgtheaterdirektor, sondern an der Medien und der Parteipolitik, hier vor allem an der SPÖ, geübt. Von Wien aus werde im Moment demonstriert, was das Gegenteil von Aufklärung darstelle. „‚Kronen-Zeitung' und ‚Kurier', die WAZ-Zwillinge, üben das massenmediale Zusammenspiel. Die Kultur ist für solche Trainingszwecke immer gut, und mit dem Piefke Peymann samt Ungustl Bernhard hat man zwei prächtig geeignete Figuren gefunden, mit deren Untaten das patriotische Volk emotional gefördert werden kann. Alle reden dabei von einem Stück, das niemand gelesen hat, und Wochen vor der Premiere werden das Burgtheater und Österreich bereits als ‚besudelt' erklärt."[108] Aber nicht nur Teile der Medien, sondern auch – und vor allem – Teile der Politik verhielten sich exakt nach einer Bernhard Dramaturgie. Die negative Kreisky-Äußerung wurde dahingehend interpretiert, dieser wolle damit „Vranitzky eins auswischen", die für das Burgtheater zuständige Ministerin Hawlicek sei zwar „zuständig, aber nicht kompetent"[109] und einige mittlere SP-Funktionäre zeigten „erstaunlichste Wandlungsfähigkeit. (...) In einer exzellenten Pingpong-Passage streichelte Bernhard die Sozialisten als aufrichtige Politiker. Mit strammen Fingerchen klatschten die Herren im Saal. Einige Sätze weiter indes mutierten die aufrechten Rothäute im Bernhard-Text zu widerwärtigen Nationalsozialisten. Die Schnelligkeit, mit der die rote Klatschgemeinde ihre noch immer strammen Finger zum Mund führte und gellend drauflospfiff, zählte zu den pikantesten Randerscheinungen am ‚Heldenplatz'."[110]

Als möglichen Grund dafür, warum „Heldenplatz" so sehr zur Vorab-Empörung tauge, führte Werner Krause das „schlechte Gewissen" an. „Wobei kaum einer von sich behaupten kann, unmittelbar betroffen zu sein, es sei denn, er ist gerade Politiker, Unternehmer, Dichter, Wissenschaftler,

Steuerzahler, Redakteur, Konditor, Putzereibesitzer, Burgschauspieler oder Bewohner von Wien. Dann steht er am ‚Heldenplatz' ganz schön blamiert da."[111]

In der Kommentierung der „Kleinen Zeitung" steckte ein nicht geringes Maß an Verwunderung darüber, warum man sich – im Konkreten die zwei „Mediaprint"-Blätter – derart über „Heldenplatz" alterieren könne, handle es sich dabei doch um nichts Neues aus Bernhards Feder und ob der Rundumschlagqualitäten des Stücks um ein vernachlässigbares, schlechtes Stück[112]. Hinzuweisen ist noch darauf, daß „Heldenplatz" weniger quantitaitive Präsenz eingeräumt wurde als der Diskussion um Hrdlickas Mahnmal.

11.4.4. Die Presse

Im Gegensatz zum quantitaiven Ausmaß von Berichterstattung und Kommentierung über den Vorab-Burg-Skandal im Sommer 1988 waren sowohl Berichterstattung als auch Kommentierung zu „Heldenplatz" unterdurchschnittlich. Interessant ist, daß bereits Ende September, also rund zwei Wochen vor der skandalisierten Vorabveröffentlichung von „Heldenplatz"-Zitaten in NKZ und „Wochenpresse" in der „Presse" bereits von „Skandal" geschrieben wurde. „Die Saison hat bis heute nur insofern begonnen, als man wiederholt ein bestenfalls skandalträchtiges Stück wie Bernhards ‚Heldenplatz' verschob und sich nun gezwungen sah, die ohnehin schmalbrüstige Feier zum Thema ‚100 Jahre Burg' mißtönend abzublasen."[113] Wiederholt problematisiert wurde, daß es Juden seien, die „die bekannte Bernhard-Suada" vom Stapel lassen. „Denn der Bernhard Kuckuck setzte sich mit seinem ‚Heldenplatz' dick ins Leidenspathos der jüdischen Opfer. Über die NS-Verbrechen hat die Geschichte längst ihr eindeutiges moralisches Urteil gesprochen. Billig, Herr Bernhard, mit fremdem Leid sich das letzte Wort zu arrogieren."[114] Chorherr sah in der Aufführung wiederum, im Sinne der über Jahrzehnte hinweg nachvollziehbaren Blattlinie, „ein Fest des Austromasochismus"[115] am Horiziont erscheinen. In diesem Sinne sind auch eine „Ironimus"-Karikatur vom 4. November[116] und wiederum ein Chorherr-Kommentar anläßlich 100 Jahre SPÖ zu deuten, in dem es hieß: „Aber man darf gerade aus diesem Anlaß auch die Frage stellen, ob den Österreichern gerade am Ende des ‚Bedenkjahres' auch wieder ein Schuß Patriotismus eingeimpft werden könnte."[117] In der Premierenrezension schrieb Hans Haider zum Stück allgemein und zu Bernhard im Besonderen: „Mit Bernhard" dem notorischen „Bosnigl" und „Mogler (...) geht's bergab, in der Prosa und im Drama. (...) ‚Heldenplatz' bietet den Aufguß der letzten offenbar rasch geschriebenen Bernhardwerke. (...) In der Literaturgeschichte wird unter dem Titel ‚Heldenplatz' weiter Ernst Jandls großes Gedicht an erster Stelle rangieren."[118]

Für „Die Presse" kann somit festgehalten werden, daß sie eine der wenigen hier untersuchten Blätter war, die „Heldenplatz" auf der Kommentar-ebene sehr zurückhaltend mitskandalisierte. Die Freude, der von Bernhard mißbrauchte Peymann werde über „Heldenplatz" stolpern[119], währte auch nur kurz[120]. Die oben dokumentierte kategorische Ablehnung des Burgtheater-direktors fand sich überhaupt nicht mehr, der Inszenierung wurde – auch als süffisant interpretierbares – Lob gezollt[121]. Die Kommentare im Zusammen-hang mit „100 Jahre Haus am Ring" verschweigen sowohl Peymann als auch „Heldenplatz" geradezu demonstrativ[122].

11.4.5. Neue Kronen Zeitung

Auf den Punkt gebracht, lautet die Devise der „Kronen Zeitung": Wer nicht gegen das Stück (und somit gegen Bernhard und Peymann), der gegen mich, beziehungsweise gegen uns Österreicher[123]. Deshalb galt es Schelte für Vranitzky[124], Pasterk[125] und Lacina[126] auf der einen, Lob für Mock, Haider und Kreisky[127] auf der anderen Seite. Überhaupt sei die Schuld an der Misere im Zusammenspiel von „sozialistischen Politiker[n], die zusammen mit Peymann und Bernhard das Burgtheater in seine größte Nachkriegskrise hin-einmanövriert haben und jetzt erst recht [!] diesem Katastrophenduo die Mauer machen"[128], zu suchen.

Die NKZ führte im Zusammenhang mit „Heldenplatz", wie schon im „Fall" *Denkmal gegen Krieg und Faschismus*, einen klassischen Empörungs-diskurs, der damit begann, daß das Blatt gemeinsam mit der „Wochenpresse" Auszüge aus Bernhards Werk veröffentlichte. Der Empörungsdiskurs hatte die Form, daß der zitierten Bernhardschen Österreichbeschimpfung die be-schimpften Österreicher entgegen- und gegenübergestellt wurden, in deren – vermeintlichen – Namen das Blatt die Attacken gegen das Werk unter dem Motto: „Das lassen wir (Österreicher) uns nicht gefallen" ritt. „Wenn wir Österreicher uns diese unflätigen Beleidigungen von Peymann und Bernhard gefallen lassen, dann brauchen wir nicht mehr weiter diskutieren, ob wir", die von Haider losgetretene Diskussion ließ an dieser Stelle grüßen, „der deut-schen Nation zugehören oder eine eigene sind, denn dann haben wir uns selbst aufgegeben."[129] Diesem Diskurs, der suggerierte, die Existenz der (Nicht?)Nation stünde auf dem Spiel, folgte ein wesentlich intensiverer über Freiheit und Finanzierung von Kunst. „Heldenplatz" zu verbieten hieße – faßt man die Kommentare zusammen[130] – keineswegs gegen dieses Prinzip zu verstoßen, da die Freiheit der Kunst eben nur bis zur Bernhard unterstellten Österreichbeschimpfung reiche. Der „Hebel" dafür sei aber nicht zu „verbie-ten", sondern – wenn schon nicht mit der Pranke des Strafgesetzes[131] –, dann zu verunmöglichen. „Der Normalbürger im Ausland hingegen bringt wohl wenig Verständnis dafür auf, daß in einem Staatstheater unter der Patronanz einer staatstragenden Partei und mit dem Geld der Steuerzahler eine nationale Selbstbesudelung inszeniert wird."[132] Der durchgehende Tenor lautete, Bernhard und Peymann vollführten ihre „Österreichbeschimpfungen" auf Kosten der Steuerzahler, was nahelegte, diese wollten die Steuergelder anderwertig verwendet sehen[133], oder Peymann/Bernhard sollten sich ihr Theater selbst finanzieren[134]. „Von der ‚Freiheit der Kunst' ist neuerdings gar viel die Rede. Zum Beispiel (...) wenn ein hiesiger Stückschreiber, der sich das Provozieren seiner Landsleute seit langem auf ähnliche Weise zum Hobby macht, wie ein anderer Briefmarken sammelt oder Tennis spielt, auf Kosten eben dieser Steuerzahler von der Bühne herab als lauter Debile und Tobsüchtige heruntermachen darf."[135]

Zusammengefaßt: Die Kommentierung der „Kronen Zeitung" basierte auf einige, permanent wiederholt veröffentlichten Textfetzen, die jede Art von Auseinandersetzung mit dem Text, mit Bernhard, mit Peymann und dem Burgtheater a priori überflüssig machten, indem die Ablehnung des Stückes samt Autor und Regisseur zur patriotischen Pflicht erhoben und somit jeder Kontext des Stückes ausgeblendet wurde. Erst gegen Ende des *Vorab*skandals wurde wiederum auf die Situation am Burgtheater[136] und nach der Premiere auf das Stück eingegangen, wobei die Bewertungen durchaus unterschiedlich ausfielen. „Ein Theaterstück, das davon ‚lebt', die Österreicher herunterzumachen und ein Theaterdirektor, der mittels wochenlanger Provokation den Skandal geradezu sucht – das war die Premiere von Thomas Bernhards ‚Heldenplatz' Freitag abend in unserem (?) Burgtheater"[137], im Gegensatz zu ein „guter, aber nicht der beste Thomas Bernhard – eine sehr gute, aber nicht die beste Inszenierung von Claus Peymann. Das ist alles."[138] Zu betonen bleibt, daß der Großteil der Kritik, auch in den Fällen, wo es um „Burg"-interne Themen ging, nicht im Kulturteil, sondern im Bereich der Innenpolitik abgehandelt wurden.

11.4.6. Arbeiter Zeitung

Sowohl qualitativ als auch auf quantitativ wesentlich zurückhaltender – im Vergleich zur Kommentierung des „Denkmals gegen Krieg und Faschismus" –, äußerte sich das Blatt in diesem Falle. Offensichtlich war es im ersten Fall einfacher, den „guten Antifaschismus" zu betonen als im Falle von „Heldenplatz", wurden doch in Bernhards Rundumschlag (auch) die Sozialisten nicht geschont. Daraus erklärt sich auch die von allem Anfang an gelegte Betonung auf das Gut der „Freiheit der Kunst". Vorerst versuchte Scheuch deeskalierend zu argumentieren. „Die Versuchung für Politiker, auf die von der ‚Kronen-Zeitung' inszenierte Kampagne gegen Thomas Bernhards in Auszügen bekanntgewordenes neues Stück aufzuspringen, muß groß sein. Wie leicht holte da Lorbeer ein, wer sich an die Spitze der Empörten stellt und der monomanischen Österreich-Beschimpfung mit dem Ruf nach Zensur und Verbot entgegenträte. Zur Ehre des Bundeskanzlers und der Unterrichtsministerin darf gesagt werden, daß sie dieser Versuchung nicht erlegen sind.“[139] Der am Beginn, wobei auffallend ist, daß die AZ mit einigen Tagen Verspätung in die Debatte eingriff, noch angeführte Hinweis, es gehe im Rahmen der Debatte weniger um das Stück, als um die Person Peymann[140], wurde bald aufgegeben. Forciert wurde das Thema „Freiheit der Kunst“, dessen Bewahrung mit der Bewahrung sozialistischer Errungenschaften seit Kreisky gleichgesetzt wurde. „Um ein Klima der Liberalität zu schaffen, braucht man Jahre – es zu vernichten, genügt eine Diskussion wie die jetzige.“[141] Dementsprechend wurde Kritik verteilt. „Dieses ‚Hinaus mit dem Schuft!‘ einem der renommiertesten Theatermännern jenes Sprachraumes gegenüber, den Haider sonst zur Leugnung der österreichischen Nation mißbraucht, ist die wahre Kulturschande“ und lasse dessen „faschistoide Denkungsweise“[142] erkennen. Den Kritikern von Bernhard, „den Kukackas, Haiders, Bischöfen und auch dem Bundespräsidenten samt Gehilfen“, gehe es „weder um das Burgtheater noch um ein Stück, das sie gar nicht kennen, sondern einzig um ein Vehikel für populistische Äußerungen.“[143] Darüber hinaus wurde – beinahe schon traditionell – Kritik an den (Konkurrenz)Medien[144] und – eher überraschend – an den „Grünen“[145] geübt. Nachdem die SPÖ zur einzig verbleibenden Hüterin der „Freiheit der Kunst“ stilisiert wurde, erhielt das Wiener Publikum gute Zensuren ausgestellt, dessen Verhalten „die Kulturreaktionäre und Ewiggestrigen zum Farbebekennen gebracht [hat], aber die Massengefolgschaft blieb ihnen versagt.“ Die Publikumsreaktionen seien aber auch ein Indikator dafür, daß sie „die Verallgemeinerungen des Thomas Bernhard, sollte sie dieser selbst so ernst meinen, wie es die Boykott- und Zensurschreiber glaubhaft machen wollten, Lüge“ straften. „So ‚unmündig‘, ‚debil‘ und ‚tobsüchtig‘ waren die Wiener jedenfalls nicht, daß sie der mit so viel Verlogenheit und Intoleranz betriebenen Meinungsmache gegen Bernhard und Peymann gefolgt wären.“[146] Dieser, das Stück abwertende und ablehnende Zug ist ein weiteres, ein letztes Charakteristikum des Diskurses. So hieß es bereits im ersten Kommentar zur Causa, es handle sich um eine monomanische „Östereichbeschimpfung“ und sei „in ihrer Pauaschalbeschimpfung geradezu“[147] absurd, es seien „unqualifizierte Beschimpfungen“ und „künstlerisch überhöhte Rülpser“[148].

Somit wurde die SPÖ als die einzige Partei dargestellt, die die von anderen Parteien und Medien bedrohte „Freiheit der Kunst“ zu garantieren vermöge. Wiewohl diese nachhaltig betont wurde, stieß das Stück selbst auf eine negative Bewertung – übrigens auch in der AZ bereits zu einem Zeitpunkt, als die Journalisten es ja eigentlich nicht kennen konnten.

11.5. Zusammenfassung

Durch die drei Anlaßfälle vom Sommer 1988, Hrdlickas Mahnmal, Peymanns „Zeit"-Interview und schließlich Bernhards „Heldenplatz" hat vor allem die „Neue Kronen Zeitung" ein einheitliches Erscheinungsbild, nämlich das der (beinahe ausschließlichen) Totalablehnung. Festzuhalten ist hierbei noch, daß es gerade dieses Blatt war, das über/gegen das Hrdlicka-Denkmal und über/gegen „Heldenplatz" am ausführlichsten in Bericht- und in Kommentarform kampagnisierte. „Die Presse" stand dem Mahnmal (vor allem dessen Standort) und Peymanns Direktionstätigkeit ablehnend gegenüber. In Bezug auf „Heldenplatz" war eher publizistische Verweigerung als explizite Ablehnung des Stückes (und dessen vermeintlichen Inhalts) festzumachen. An der negativen Einstellung Peymann gegenüber konnte das für schlecht befundene *Stück* naturgemäß nichts ändern. „Die Presse" war die Tageszeitung, die die Auseinandersetzung(en) am konsequentesten auf die politische Ebene transportierte, beziehungsweise ihre Deutungen vor dem Hintergrund der politischen Konstellation abführte. Hatte – wie oben belegt wurde – das Wochenmagazin „profil" einen Kulturkampf, den Versuch eines kulturpolitischen „roll back" konstatiert, so tat dies „Die Presse" unter entgegengesetzten Vorzeichen. Ihr dominantes Argumentationsmuster war das des kulturpolitisch geführten Klassenkampfes seitens der österreichischen „Linken". Anders verhielt es sich im Falle des „Kurier" und der „Arbeiter-Zeitung". Sie waren prononcierte Befürworter des Denkmals und – im Falle der AZ – Hrdlickas als Künstler. Ebenso wurde Peymann Anfang Juni (im „Kurier" stärker als in der AZ) zum Großteil die publizistische „Mauer" gemacht. Anders verhielt es sich im Falle von „Heldenplatz". Das Stück, beziehungsweise die ventilierten Textbrocken, stießen auf ungeteilte Ablehnung, wobei die „Arbeiter-Zeitung" sich in die Position gezwungen sah, das Stück abzulehnen, aber die „Freiheit der Kunst" und somit die sozialistische Kulturpolitik(erin) in Schutz zu nehmen. Sehr distanziert war der Blick der „Salzburger Nachrichten", so als wären die Auseinandersetzungen eine Wiener und nicht eine österreichische Angelegenheit. Hrdlickas Mahnmal wurde eher befürwortet, Peymann in Schutz genommen und „Heldenplatz" abgewartet und schließlich verhalten positiv kommentiert. Engagierter war in dieser Beziehung die Grazer „Kleine Zeitung". Sie befürwortete grundsätzlich das Denkmal, sprach sich aber – vorerst und nachdrücklich – gegen den Standort vor der Albertina aus. Die Aufregungen um Claus Peymann sah sie eher als Beobachterin von der Peripherie, wobei ihm und Bernhard eher Sympathien denn Anti-Kampagnen entgegengebracht wurden.

Anmerkungen

1   Siehe dazu das Kapitel „Ideologische Mißgeburt", „ordentliche Beschäftigungspolitk" und die „lieben Freunde von der Waffen-SS".

2   Christoph, Horst: Pingpong. In: „profil", 29/1988. S. 52.

3   Pellar, Brigitte: Albertinaplatz. Wien und Zürich 1988. S.116.

4   Christoph, Horst: Antifa mit Hrdlicka. In: „profil", 48/1988. S. 91-95 (hier S. 95).

5   Pella, Albertinaplatz, a.a.O., S. 117.

6   Riedl, Joachim: Hereinspaziert ins Naziland. In: „profil", 31/1988. S. 54-55 (hier S. 54).

7   Siehe Riedl, Joachim: Hereinspaziert ins Naziland, a.a.O., S. 55 und Sotriffer, Kristian: Nichts als Heuchelei um das „antifaschistische" Mahnmal. In: Wiener Journal, Oktober 1988. S. 21.

8   Christoph, Horst: Antifa mit Hrdlicka, a.a.O., S. 91 und 94.

9   Witzmann: Der Alptraum um das Mahnmal. 15. Juli 1988.

10   Ritschel: Zum Charakterbild der Politik. 23. Juli 1988.

11   Interview „Salzburger Nachrichten" – Herbert Fux. 25. Juli 1988.

12   Witzmann, Das Denkmal und die politische Kultur. 27. Juli 1988.

13   Nicht eindeutig einzuordnen ist in diesem Zusammenhang der Artikel von Doris Kraus: „A schön's Denkmal, wie beim Stolz"... 3. August 1988, in dem beinahe ausschließlich Denkmalgegner zu Wort kommen, der sich aber auch als Blick in die „Wiener Volksseele", die „wieder einmal kräftig" kocht, interpretieren läßt.

14   „Die Diskussion um das Hrdlicka-Denkmal hat so viele Holzfüße, daß man bald ein neues Pferd daraus machen könnte."
Kritikrax. 13. Juli 1988.

15   Ebenso: „Nach peinlichem Hin und Her fand jetzt Minister Tuppy einen alten Vertrag zwischen Bund und Wien: Auf dem Platz darf überhaupt nichts aufgestellt werden. Keine Rede also von Mahnmal-Abwürgung, alles ist legal. Und feig."
huf: Legale Abwürgung. 6. Juli 1988.

16   Rauscher: Ein überzeugendes Denkmal. 6. Juli 1988 sowie huf: Legale Abwürgung, a.a.O. und Rau: Wenigstens diesmal. 19. Juli 1988.

17   Rauscher: Sommerthema? Symbol! 27. Juli 1988.

18   Frasl: Stellvertreter-Krieg um ein Denkmal. 16. Juli 1988.

19   Rauscher, Sommerthema, a.a.O.

20   Vorhofer: Wieder ein Reizthema. 15. Juli 1988.

21   Vorhofer: Der Wiener Denkmalstreit: Jetzt kann Zilk berühmt werden. 19. Juli 1988.

22   „Hrdlicka und viele linke Gruppen sehen aber noch einen anderen Vorteil des Albertinaplatzes: Er liegt nahe der Staatsoper und der belebten Kärntnerstraße. Wenn dort ein großes Mahnmal errichtet würde, dann ginge von einer solchen Gedenkstätte eine maximale Wirkung auf das Leben der Stadt aus. (...) Eine von Hrdlicka geschaffene Denkmalanlage wäre so wie man den Künstler kennt, eine Provokation mitten im Herzen von Wien."
Vorhofer: Wieder ein Reizthema, a.a.O.

23   „Für den Albertinaplatz scheint bei so manchen Waldheimgegnern offenbar auch eines zu sprechen: Kurt Waldheim (...) besitzt in einem Haus, das an den Albertinaplatz grenzt, seit einigen Jahren eine große Wohnung. Als Ex-Bundespräsident hätte Waldheim dann ständig das Hrdlicka-Mahnmal vor Augen."
Ebda.

24   „Der Kampf zwischen Anhängern der beiden Varianten wird in der Bundeshauptstadt mit wachsender Erbitterung geführt. Manches daran erinnert an den unseligen Streit um Waldheim und das ist kein Zufall."
Vorhofer, Der Wiener Denkmalstreit, a.a.O.

25   Vorhofer, Der Wiener Denkmalstreit, a.a.O.

26   Ebda sowie Vorhofer: Verrammelte Fluchtwege. 21. Juli 1988.

27   „Einen dritten nicht unwesentlichen Aspekt gibt es freilich auch noch, und dieser ist, weil er Parteipolitik, Machtkampf und innerösterreichische Verteufelungskünstler betrifft, ein sehr unangenehmer. Wie unser Blatt ausführlich berichtet hat, sind die Dinge so gelaufen, daß nun in der Frage des Standortes die gesamte vereinigte Linke einen Sieg errungen hat. Das hat nicht nur mit der Führungsschwäche der ÖVP zu tun, sondern wurde von langer Hand vorbereitet. (...) Diverse Linksgruppen waren von vornherein an einem Konsens mit den bürgerlichen Gegnern jeder Diktatur nicht interessiert." Die Unnachgiebigkeit in der Standortfrage war wohl auch „die Revanche für den Wahlsieg Waldheims". Vorhofer: Ein Denkmal tut seine Wirkung. 28. Juli 1988.

28   „Auch ist der ‚Antifaschismus' von jeher eine propagandistische Tarnung für die kommunistischen Diktaturen und ihre Gesinnungsfreunde in Österreich. Ebda.

29   „Unter dem Banner des Antifaschismus kann man gegen den autoritären Ständestaat der Schwarzen genauso zu Felde ziehen wie die totalitäre Diktatur der Braunen." Ebda.

30   Ebda.

31   p.m.p.: Sachliche Lösung. 6. Juli 1988.

32   Ebda.

33   „Ich bin nach wie vor der Ansicht, daß Stalin keine unnotwendige Figur war. Davon bin ich auch heute noch überzeugt.'" Zit. n. hws.: Stalinismus. 12. Juli 1988.

34   Ebda.

35   „Da ist der gleichfalls anerkannte Wunsch, in Wien, der Stadt, die im Krieg soviel gelitten, freilich auch schwere Schuld zu tragen hat, ein Mal der Erinnerung – an Schuld und erlittene Unbill – zu errichten." Chorherr: Die wahre Zumutung. 16./17. Juli 1988 sowie Koller: Vorhang im Sommertheater. 27. Juli 1988.

36   „Da ist Alfred Hrdlicka, der international anerkannte Künstler – ‚Staatskünstler', könnte man sagen –, der sich freilich gerne selbst zur politischen Figur hochstilisiert." Chorherr, Die wahre Zumutung, a.a.O.

37   Koller, Vorhang im Sommertheater, a.a.O.

38   „Hört und liest man in diesen Tagen Reaktionen und Kommentare bestimmter Politiker oder Medien linker bis extrem linker Prägung, so könnte man meinen, es gelte, Österreich gegen die Machenschaften eines Ungeistes aus Neonazitum und Altfaschismus zu verteidigen. Das ist aber nicht der Fall. Mit allem Nachdruck muß gesagt werden, daß rechtliche und auch andere Einwände gegen das Hrdlicka-Denkmal auf dem Albertina-Platz nichts, aber schon gar nichts mit Sympathien für antidemokratische Ideologien, mit Verdrängung von Kriegsverbrechen und Völkermord, mit Verharmlosung des Holocaust, und wie die abstrusen Vorwürfe sonst noch lauten mögen", zu tun haben. Plechl: Es geht nicht um ein Kunstwerk. 13. Juli 1988 sowie Chorherr, Die wahre Zumutung, a.a.O.

39   „Schon Gramsci sah die fällige Umstellung der Strategie voraus, auf Österreich angewendet bedeutet sie, daß Sozialstruktur und Moral dieses Landes nur evolutionär zersetzt werden können. Ein Kampf um die Macht läßt sich also auch als Kulturkampf führen. Und tausend Nadelstiche können dennoch im Ganzen die Wucht

eines Hiebes ergeben. Wir lachen über das Hrdlicka-Theater, wir vergessen, was gestern war, doch in dem Bauch des Holzpferdes, das Waldheim verhöhnen sollte, reisen noch ganz andere mit."

40 Schulmeister: Kulturkampf als Machtkampf. 23./24. Juli 1988.
Plechl: Es geht nicht um ein Kunstwerk, a.a.O.

41 Chorherr, Die wahre Zumutung, a.a.O. sowie Chorherr: Das große Naserümpfen. 30./31. Juli 1988.

42 Schulmeister, Kulturkampf als Machtkampf, a.a.O.

43 Schulmeister, Kulturkampf als Machtkampf, a.a.O.

44 Koller, Vorhang im Sommertheater, a.a.O. sowie a.k.: Lange Abwesenheit. 26. Juli 1988.

45 ar: Zilk gewinnt. 29. Juli 1988.

46 Seinitz: Denkmal als Gessler-Hut. 11. Juli 1988 sowie Fink: Österreichisches. 16. Juli 1988.

47 Staberl: Die Genossen ließen kneifen. 21. Juli 1988 sowie Staberl: Kommod durchs Hintertürl... 7. Juli 1988.

48 „Der Albertinaplatz ist für ein Antifaschismus-Denkmal denkbar ungeeignet. Unter ihm ruhen die Opfer alliierter Kriegsverbrechen, denn Bombenangriffe gegen Stadtzentren bleiben allemal Kriegsverbrechen, ob in Hanoi oder Wien."
Seinitz, Denkmal als Gessler-Hut, a.a.O sowie Kindermann: Der Morzinplatz. 17. Juli 1988.

49 „Ebenso legitim muß es aber sein, daß die Österreicher, die in einer gewiß überwältigenden Mehrheit keineswegs im Lager des Bildhauers, Waldheim-Jägers, Antifaschisten und Stalin-Verteidigers Hrdlicka stehen, nicht wünschen, daß einer der schönsten Plätze Wiens durch ein Denkmal verschandelt werde."
Staberl: Fragt doch die Bürger. 16. Juli 1988 sowie Staberl: Zum Vorteil, a.a.O.

50 Siehe hws.: Stalinismus. 12. Juli 1988.

51 „Der politisch agitierende Künstler und Panzerkommunist Hrdlicka würde erst dann das Recht erwerben, den Österreichern Antifaschismusbelehrungen zu erteilen, wenn er in Moskau einen Auftrag für ein Antistalinismus-Denkmal erledigt hat. Bis dahin käme es einer Verhöhnung der Opfer des Faschismus gleich, von einem Apologeten des Stalinterrors ein Denkmal zu bekommen. Das wäre kein Denkmal, sondern ein Schandmal."
Seinitz, Denkmal als Gessler-Hut, a.a.O.

52 Staberl, Kommod durchs Hintertürl..., a.a.O. sowie Staberl, Fragt doch die Bürger, a.a.O., Staberl: Die Bonzen und ihre Apparate. 17. Juli 1988, Staberl, Die Genossen ließen kneifen, a.a.O. und Staberl: Falscher Mahner! 30. Juli 1988.

53 Staberl: Gegen Volk und Bürger. 27. Juli 1988 sowie Staberl: Zum Vorteil. 28. Juli 1988.

54 Staberl, Kommod durchs Hintertürl..., a.a.O. sowie Staberl, Fragt doch die Bürger, a.a.O. und Staberl, Die Genossen ließen kneifen, a.a.O.

55 Staberl: Gegen Volk und Bürger, a.a.O. sowie Staberl: Das Diktat der Sekretäre. 31. Juli 1988 und Gnam: Nicht zumutbar? 9. August 1988.

56 Kaltenbrunner: Die Verhinderer. 21. Juli 1988.

57 „Der Chefredakteur der ‚Presse' hat sich – nicht zum ersten Mal – der ‚Krone' angeschlossen und befindet sich auf ‚Stalinisten'-Suche. Thomas Chorherr genügt dabei nicht mehr Alfred Hrdlicka, er entdeckt die AZ als Verteidigerin der ‚Altstalinisten'."
M. S.: Stalinistentrip. 19. Juli 1988 sowie Pelinka: Kleinkariert. 27. Juli 1988.

58 „Im Jahr 50 nach der Auslöschung durch Hitler ist in Österreich bekanntlich Erstaunliches möglich. Zum Beispiel auch die Stimmungsmache gegen ein Denkmal gegen Krieg und Faschismus, in der (...) das auflagenstärkste Kleinformat zum Lautsprecher aller konservativen Ressentiments dagegen wurde, daß die braven Bürger an

einem markanten Platz Wiens tagtäglich an die ‚Zeit ohne Gnade' erinnert würden."
M. S.: Pietät. 21. Juni 1988 sowie Scheuch: Haßgesang. 12. Juli 1988, Hoffmann-Ostenhof: Stalinisten. 15. Juli 1988 und Scheuch: Gemachte Mehrheit. 18. Juli 1988.

59   „Es sei denn, sie wissen: bei der Albertina würde man das Mahnmal s e h e n – viele aber haben ein Interesses daran, es zu verstecken. Schlimm, daß Minister Tuppy solchen Wünschen Vorschub leistet."
      Scheuch, Gemachte Mehrheit, a.a.O.

60   Vorhofers Meinung sei „hundertfach ehrlicher als die des (...) Möchtegern-Liberalen" Erhard Busek.
      Pelinka: Zum Kotzen. 20. Juli 1988.

61   Kaltenbrunner: Der Handlanger. 9. Juli 1988 sowie A. K.: Verdränger. 13. Juli 1988.

62   Scheuch: Das Denkmal. 23. Juni 1988 sowie Scheuch, Haßgesang, a.a.O.

63   „Beim Streit um das Hrdlicka-Denkmal hat sich die Ablehnung moderner Kunst mit Rachegelüsten für Waldheim und dem Wunsch, nicht so ‚gewaltig' mit der Vergangenheit konfrontiert zu werden, zu einem Syndrom zusammengeballt."
      Scheuch: Kulturkämpfer. 15. Juli 1988.

64   „Hrdlicka mögen sie nicht, weil er prononcierter Gegner des Verdrängers Waldheim ist."
      A. K.: Verdränger, a.a.O. sowie Scheuch: Gemachte Mehrheit, a.a.O. und Kaltenbrunner, Die Verhinderer, a.a.O.

65   An diese anknüpfend und unter Hinweis auf den Anteil der Kommunisten am Widerstand, betonte Hoffmann Ostenhof im Gegensatz zu „Presse" und „Kronen Zeitung" die Unterschiede zwischen Nationalsozialisten und Stalinisten. „Die humanitären Ziele wurden von Stalin und seinem System auf das bestialischste verraten. Millionen und Abermillionen kamen unter die Räder. Aber da kann man doch kein Gleichheitszeichen setzen. Der Nationalsozialismus hat keine humanen Zeile verraten. Die Bestialität war sein Programm."
      Hoffmann-Ostenhof: Stalinisten. 15. Juli 1988.

66   Scheuch, Das Denkmal, a.a.O.

67   Die Causa habe „einmal mehr jene tiefe Zerrissenheit beweisen (...), die Österreich seit Jahren innewohnt, die in voller Tiefe aber erst in der Waldheim-Sache sichtbar wurde."
      Pelinka, Kleinkariert, a.a.O.

68   Kaltenbrunner, Der Handlanger, a.a.O. sowie A. K.: Verdränger, a.a.O. und Kaltenbrunner, Die Verhinderer, a.a.O.

69   Pelinka, Kleinkariert, a.a.O.

70   Pelinka: Neunzig Jahre. 26. Juli 1988.

71   Scheuch: Mit Würde. 27. Juli 1988.

72   An dieser Stelle wird lediglich die Diskussion im Sommer 1988 nachgezeichnet. Sie wäre selbstverständlich in den Kontext der Bewertung der Amtszeit zu erweitern. Diese – vor allem in der Wiener Presse – abgeführte Diskussion lief – auf seiten der Peymann-Skeptiker – vor allem unter dem Aspekt des durch Schauspieler „germanisierten" (woran einige der Wiener Publikumslieblinge einen nicht geringen Anteil hatten) und dem des „Wir wollen unser altes Burgtheater(repertoire) wieder haben".

73   Interview „Die Zeit" – Claus Peymann. In: „Die Zeit", 22/1988. S. 47-48 (hier S. 47).

74   Koch: Nackenküsse – eine Erregung. 3. Juni 1988.

75   Rauscher: Österreich, ein Kindergarten? 5. Juni 1988.

76   Staberl: Ab in die Klapsmühle. 1. Juni 1988.

77   Trost: Das Interview. 2. Juni 1988.

78   M. S.: Zu Peymann. 3. Juni 1988.

79   „Denn die abgelaufene Saison war nicht optimal. (...) Die Wiener lassen sich leicht erobern, habe ich geschrieben, als Peymann die Direktion übernahm, aber schwer

gewinnen. Sicherlich nicht mit Schimpforgien, die sie sich selbst vorbehalten. Und nicht mit Selbststilisierung. Peymann steht noch ein Lernprozeß bevor." Hahnl: Lernprozeß. 7. Juni 1988.

80 Scheuch: Kulturkampf? 13. Juni 1988.

81 Haider: Retter das Burgtheater. 1./2. Juni 1988.

82 „Das einzige Problem ist, daß man in Wien, bevor ich kam, nie ernsthaft geprobt hat. Die Begegnung mit dem Geist, dem Regisseur, fand nicht statt. Es herrscht heute, auch in Deutschland, der Trend, die Schauspieler zu wichtig zu nehmen. Sie sind wichtig. Sie waren es immer. Aber die pompöse Gebärde, mit der sie im Augenblick durch die Gegend rennen, finde ich unangemessen. Den Größenwahn eines Bernhard Minetti kann ich kaum noch ertragen. (...) Schauspieler sind oft sehr dumm. Sie müssen am Abend der König sein, sich aber beim Probieren vom Regisseur führen, meinetwegen auch manipulieren lassen." Interview „Die Zeit" – Claus Peymann, a.a.O., S. 48.

83 Krause: Claus Buhmann. In: „Kleine Zeitung" vom 1. Juni 1988, Krause: Claustrophobie in der Burg. In: „Kleine Zeitung" vom 10. Juni 1988, Kultur nix:: Musenstadl der Nation. In: „Kleine Zeitung" vom 12. Juni 1988, Staberl: Humor á la Hawlicek. In: „Neue Kronen Zeitung" vom 6. Juni 1988, Staberl: Alles kam so spontan. In: „Neue Kronen Zeitung" vom 15. Juni 1988, Staberl: Sache richtig, Motive falsch. In: „Neue Kronen Zeitung" vom 17. Juni 1988, N. N.: Peymann: Ich liebe dieses Theater In: „Neue Kronen Zeitung" vom 5. Juni 1988, Roschitz: Unter uns gesagt. In: „Neue Kronen Zeitung" vom 6. Juni 1988, Haider, Rettet das Burgtheater, a.a.O., t.c.: Bilanz eines Scheiterns. In: „Die Presse" vom 4./5. Juni 1988, t.c.: Der eigentliche Auftrag. In: „Die Presse" vom 14. Juni 1988, Haider: Geballte Faust, offene Hand. In: „Die Presse" vom 18./19. Juni 1988, Haider: Die prolongierte Krise. In: „Die Presse" vom 27. Juni 1988, t.c.: Minsterverantwortlichkeit. In: „Die Presse" vom 8. Juni 1988. ar.: Dank an Peymann. In: „Die Presse" vom 13. Juni 1988. ile: Kein bloßer Theaterskandal. In: „Die Presse" vom 23. September 1988, Haider: Geheimer Auftrag – offene Krise. In: „Die Presse" vom 1./2. Oktober 1988, Chorherr: Der neue Kulturkampf. In: „Die Presse" vom 11./12. Juni 1988, Lenhardt: Blütenträume einer Kulturpolitik. In: „Die Presse" vom 16. Juni 1988

84 Löffler, Sigrid: Über und unter dem Budel. In: „profil", 31/1988. S. 64-66 (hier S. 64) sowie Löffler, Sigrid: Farce, Tobsuchtsanfall. Weltblamage. In: „profil", 42/1988. S. 110-114 (iB S. 114).

85 Löffler, Sigrid: Farce, Tobsuchtsanfall. Weltblamage, a.a.O., S. 110.

86 „Kein Politiker kann ruhig zusehen, wie Bernhard den öffentlichen Diskurs beherrscht – er muß sich auf blamable Weise kenntlich machen. Keinen innenpolitischen Kolumnisten lassen Bernhards Polit-Kalauer ruhen – er muß ihnen seine unsäglichen Kultur-Kalauer entgegenzustrecken." Löffler, Sigrid: Ein Werk und seine Wirkung. In: „profil", 46/1988. S. 87-88 (hier S. 88).

87 Sogar „ein geachteter Zeithistoriker wie Peter Huemer fühlt sich bemüßigt, Bernhard die Richtigkeit, vielmehr Unrichtigkeit seiner politischen Aussagen nachzurechnen. Als ob es darum ginge!" Löffler, Ein Werk und seine Wirkung, a.a.O., S. 88.

88 Lingens, Peter: „Heldenplatz" oder Die Programmierte Empörung. In: Die Welt vom 19. Oktober 1988, zit. n. Heldenplatz. Eine Dokumentation. Hg. v. Burgtheater Wien. Wien 1989. S. 116-117 (hier S. 116).

89 Löffler, Über und unter der Budel, a.a.O., S. 64.

90 Löffler, Sigrid: Platz für Helden. In: „profil", 38/1988. S. 83.

91 Löffler, Farce, Tobsuchtsanfall. Weltblamage, a.a.O., S. 111.

92   Löffler, Ein Werk und seine Wirkung, a.a.O., S. 87f.

93   Kurz zusammengefaßt bei Enzi, Marlies: Antisemitismus im kulturellen Bereich. „Heldenplatz" von Thomas Bernhard. In: Antisemitismus nach 1945. Zusammengestellt von Gerhard Botz [u. a.] Salzburg 1990 (= LBHIS-Arbeitspapiere Nr. 7). S. 374-420 (hier S. 390f.).

94   N. N.: Bernhards „Heldenplatz" in Zitaten. In: „profil", 38/1988. S. 83.

95   Siehe „Wochenpresse", 40/1988 und NKZ vom 7. Oktober 1988.

96   In der Folgenummer publizierte die „Wochenpresse" in einem Artikel über Bernhards „Burg"-Honorare weiter Textauszüge.
        Magenschab, Hans: „In jedem Wiener steckt ein Massenmörder". In: Wochenpresse, 41/1988. S. 58-59.

97   Enzi, Antisemitismus im kulturellen Bereich, a.a.O., S. 387.

98   Harb: Die Axt im Haus erspart die Kunst. 11. Oktober 1988.

99   do: Hinaus aus Wien? 12. Oktober 1988.

100   Pfoser: Der liebe Onkel schleudert Pamphlete. 7. November 1988.

101   Wolf: Das Theater um die Freiheit der Kunst. 15. Oktober 1988.

102   Kahl: Vor der ersten Premiere der Saison an der Burg. 1. November 1988 sowie Wolf: Ein zynisches Theaterspiel. 5. November 1988.

103   Rau: „Ollas Vabrecha!" 8. Oktober 1988.

104   M. M.: Abwarten. 11. Oktober 1988.

105   Wolf, Ein zynisches Theater-Spiel, a.a.O. sowie Kahl: Ein Grantnigl macht sich Luft. 6. November 1988.

106   Rauscher: Der Krieg gegen die Literatur. 6. November 1988.
        Im Gegensatz dazu: „Wir sind die provinziellen Mieslinge, denen der weltläufige Burgtheaterdirektor zeigt, wo es langgeht."
        Wolf, Das Theater um die Freiheit der Kunst, a.a.O.

107   Wimmer: Vor-Erregung. 9. Oktober 1988 sowie Krause: Lerne schimpfen mit Thomas B.. 30. Oktober 1988.

108   Wimmer: Bernhard wird breites gespielt. 12. Oktober 1988.

109   Wimmer, Bernhard wird bereits gespielt, a.a.O.

110   Krause: Im Heldendunst. 6. November 1988.

111   Krause, Lerne Schimpfen mit Thomas B., a.a.O.

112   „Bernhard reizt, wie kein anderer Gegenwartsautor, das Spiel zwischen Gemeinplätzen und den gemeinen Plätzen aus. Als Pauschal-Polemiker steigt er realen Personen nur selten auf die Zehen. Er ist auch ein Umschreibungskünstler. Nicht zuletzt deshalb, beschäftigt er die Gerichtsschreiber kaum, zumal er selbst jedes noch so vernichtende Urteil rasch wieder relativiert und als wichtigstes Prinzip seiner Übertreibungskunst ausweist."
        Ebda.

113   ile: Kein bloßer Theaterskandal. 23. September 1988.

114   hai: Zu billig, dieses letzten Wort. 11. Oktober 1988 sowie t.c.: Ganz falsche Töne. 13. Oktober 1988.

115   t.c., Ganz falsche Töne, a.a.O.

116   Sie zeigt einen auf Österreich pinkelnden Bernhard und einen „Bravo! Bravo! Bravo! Bravissimo!" applaudierenden Österreicher.

117   Chorherr: Patriotisches und anderes. 5./6. November 1988.

118   Haider: Geistesadel – so banal wie geschwätzig. 7. November 1988.

119   „Claus Peymann war in diesem Konzept ebenso Werkzeug wie die SPÖ-Kulturpolitik oder schwärmerische Kulturtanten."
        Hai, Zu billig, dieses letzte Wort, a.a.O.

120   Siehe Scheidl: „Heldenplatz" und die Folgen. 12. Oktober 1988.

121 „Aus dem dünnen Textbuch zauberte Peymann mit Hilfe des Bühnenbildners Karl-Ernst Hermann ein zwar nicht enden wollendes, streckenweise aber höchst ansehnliches Kammerspiel."
Haider, Geistesadel – so banal wie geschwätzig, a.a.O.

122 Siehe Haider: Der Staat als Theatermacher. 14. Oktober 1988. Dietrich: „Bleibe ein Jahr in Wien und du wirst alles sehen". 15./16. Oktober 1988. Spectrum, S. If.

123 Charakteristisch in diesem Zusammenhang die Berichterstattung über Meinungen zum Stück im Artikel Kindermann: Kreisky zum Skandalstück: „Das darf man sich nicht gefallen lassen!" am 10. Oktober, in dem die ablehnenden Stellungnahmen von Simon Wiesenthal, Helmut Zilk, Robert Graf und Freda Meißner-Blau zitiert wurden. Ledigtlich der damalige Bundestheatergeneralsekretär Scholten wurde dahingehend zitiert, er bezeichne „diese ‚unbequeme Situation als Testfall dafür, wie ernst Freiheit der Kunst genommen wird'". Dem schließt sich ein weiteres Textzitat aus „Heldenplatz" an.

124 Siehe Gnam: Der Kanzler und die Kunst. 10. Oktober 1988.

125 Siehe Staberl: „Freiheit der Kunst!" 14. Oktober 1988.

126 Siehe Staberl: „Provokation tolerieren!" 27. Oktober 1988

127 Siehe Gnam: Kloake. 12. Oktober 1988.

128 Seinitz: „Das Ausland ist empört". 15. Oktober 1988.

129 Cato: „Vor Sonnenuntergang". 11. Oktober 1988 sowie Fink: Patriotismus. 13. Oktober 1988.

130 Eine Ausnahme hierbei bildet eine Kolumne von Ernst Trost, der – betrachtet man auch sein sonstiges publizistisches Wirken – sich von den übrigen Journalisten der NKZ deutlich abhebt. „Doch künstlerisches Schaffen entspringt einem kritischen Verhältnis zu Umwelt und Gesellschaft."
Trost: Staat und Kunst. 16. Oktober 1988.

131 Siehe Cato, „Vor Sonnenuntergang", a.a.O. und Staberl, „Freiheit der Kunst!", a.a.O.

132 Seinitz, „Das Ausland ist empört!", a.a.O.

133 „Herr Peymann wird aus den Steuergeldern jener finanziert, die er so gröblich beschimpfen läßt. Herr Bernhard entnimmt seine Honorare und Tantiemen jenem Säckel, das von den ‚sechseinhalb Millionen Debilen' immer wieder neu gefüllt wird."
Staberl: Aber nicht auf unsere Kosten. 13. Oktober 1988 sowie Staberl, „Provokation tolerieren!", a.a.O.

134 Die „rüden Herren Peymann & Bernhard [sollen sich] mit eigenem Geld ein Theater anschaffen und von dort aus Österreich und seine Bewohner beschimpfen. (...) Sie mögen sich ihren Unrat selber finanzieren und dann abwarten, wieviele zahlende Besucher kommen!"
Staberl, Aber nicht auf unsere Kosten, a.a.O.

135 Staberl: Für Freiheit des Publikums. 20. Oktober 1988.

136 Siehe Roschitz: Unter uns gesagt. 2. November 1988.

137 Gnam: Nach der Premiere. 6. November 1988.

138 Sichrovsky: Im Zaubergarten der Vorurteile. 6. November 1988.

139 Scheuch: Die Versuchung. 11. Oktober 1988.

140 „Natürlich geht es viel mehr als gegen Bernhard gegen Claus Peymann, der aus Wien hinausgeekelt werden soll."
Ebda.

141 Brandner-Radinger: Eher ein Waterloo. 15. Oktober 1988 sowie Scheuch, Die Versuchung, a.a.O.

142 Scheuch: Vom Biertisch. 12. Oktober 1988.

143 Brandner-Radinger, Eher ein Waterloo, a.a.O. sowie J. K.: Taktiker. 21. Oktober 1988.

403

144 Siehe N. N.: Ein seltsames Inserat in der „Kronen Zeitung". 5. November 1988.
145 Siehe J. K., Taktiker, a.a.O.
146 Scheuch: Lügen gestraft. 7. November 1988.
147 Scheuch, Die Versuchung, a.a.O.
148 Scheuch, Vom Biertisch, a.a.O.

12. „Anschluß"

12.1. Kurier

1946 begnügte sich der „Kurier" mit der teilweisen Wiedergabe einer Rede Figls[1], die im Rahmen der Analyse der „Südost-Tagespost" genauer untersucht werden wird. Festzuhalten bleibt, daß jene Passagen, in denen Figl den Austrofaschismus als Staatswiderstand gegen Hitler-Deutschland bezeichnete und ihn als solchen auch gewürdigt sehen wollte, nicht wiedergegeben wurden.

Ein Jahr später wurde zum „Anschluß" wiederum Figl zitiert, der vor dem Ministerrat unter anderem „der Tatsache" gedachte, „daß vor genau neun Jahren, am 11. März 1938, dem schwersten Tag in der Geschichte Österreichs, die Leidenszeit für das österreichische Volk angebrochen sei. Aus dieser Zeit, als Österreich seine Selbständigkeit verloren hatte, sei vor allem die Lehre zu ziehen, daß nur durch Zusammenarbeit und gegenseitige Achtung die Demokratie in Österreich und damit Glück und Wohlfahrt des Volkes gewährleistet ist."[2]

Erst zum zehnten Jahrestag ist die erste selbständige Textproduktion zu diesem Thema nachweisbar. Dabei stützte man sich auf das Urteil des Internationalen Gerichtshofes in Nürnberg, dem „Survey on International Affairs" und das „Journal Officiel des Völkerbundes", die Österreich als Opfer des deutschen Machtstrebens, gegen das auch internationale Proteste wirkungslos blieben, darstellten[3].

1950 diente das Datum dazu, die amerikanische Österreichpolitik seit 1938 darzulegen, nämlich dergestalt, daß diese „immer auf die Erhaltung eines freien und demokratischen Österreich gerichtet" gewesen sei. Unterstrichen wurde dies durch den Hinweis auf die Aufnahme von „tausenden" österreichischen „Naziopfern", deren Behandlung als nicht „feindliche Ausländer", ferner auf den „wesentlichen Beitrag zum Zustandekommen der Moskauer Erklärung" in der Vergangenheit sowie den gegenwärtig vertretenen „Standpunkt, daß eine weitere Besetzung des Landes ungerechtfertigt und der Abschluß des Staatsvertrages überfällig" sei. 1938 stellte „die amerikanische Regierung eindeutig fest, daß sie die gewaltsame Angliederung Österreichs an das Deutsche Reich ablehnte und verdammte". Der „Anschluß" selbst war eine „gewaltsame Angliederung" unter den Stiefeln „der deutschen Wehrmacht und der SS (...), begrüßt von den heimischen ‚Heil'-Brüllern in den weißen Stutzen."[4]

Zum fünfzehnten Jahrestag führte der „Kurier" aus, der „Anschluß" sei eine „Eroberung" unter Mithilfe „der österreichischen Illegalen" gewesen, die dadurch „große Schuld auf sich" geladen hätten. „Nicht nur, daß sie ihr Vaterland verrieten", sie hatten mitgeholfen, „eine Kette von Entwicklungen auszulösen, die schließlich zum Krieg führten. Die einstigen Illegalen können nicht behaupten, daß sie dies nicht hatten voraussehen können. In Österreich war der kriminelle Charakter der Politik Hitlers wohl bekannt, denn die Zeitungen konnten frei und wahrheitsgetreu über die deutschen Konzentrationslager, Entrechtungen und Hinmordung von Unschuldigen berichten und anschaulich das System schildern, das schon damals reif für den Galgen war." Ziel dieser Feststellungen waren aber nicht die illegalen Nazis allein, die in dieser Ausführlichkeit – nicht nur – an dieser Stelle erstmals überhaupt etwas ausführlicher erwähnt wurden, sondern auch die österreichischen Kommunisten. „Mit deutschem Geld bestochen, konnten sie Schriften verbreiten und Umzüge veranstalten, genauso wie es heute eine auf der anderen Seite stehende und doch so verwandte Gruppe in Österreich tut." Im Gegensatz zu den illegalen Nazis, denen attestiert wurde, Hitlers (End)Ziele nicht erkannt haben zu können, wurde dies dem Ausland gegenüber sehr wohl getan. „Leider haben manche ausländische Vertretungen aus den gefälschten Nachrichten der deutschen Propaganda ein nicht ganz richtiges Bild der Ereignisse in Österreich gewonnen und in ihnen nicht das Alarmsignal für Hitlers nächste Eroberungen in Europa erkannt."[5]

1955 wurde der 12. März zum doppelten „Trauertag" erklärt, nämlich einerseits im Gedenken an den 12. März 1938 und andererseits an den von 1945, „als abermals Fliegerstaffeln dem Kulturzentrum Wien vermeintlich das Ende brachten: Die Bombenflieger, unter deren Fracht neben vielen anderen Gebäuden der Stadt, auch die Oper auf der Ringstraße in Flammen aufging."[6]

Ein wenig intensiver – es war wiederum eine „runde" Jahreszahl – wurde 1963 kommentiert. Sieht man von einem reichlich bebilderten und wenig getexteten Beitrag ab, der ausschließlich im Sinne der Opferthese argumentierte[7], so fallen zwei Leitartikel von Hugo Portisch, dem damaligen Chefredakteur des „Kurier", auf. Der erste Kommentar ging eingangs explizit auf die Gedenkkundgebung vom 11. März 1963 auf dem Heldenplatz, „den man damals als einen der ersten mit den Hakenkreuzfahnen schmückte, auf dem damals die deutschen Truppen ihre Parade zum Zeichen des Sieges über Österreich abhielten", ein. Mit dieser Kundgebung und mit diesem Datum verband er aber auch eine den März 1938 erklärende Mahnung, konkret die, „den Glauben an unser Land niemals wieder aufzugeben, parteipolitische Gegensätze nie wieder in einen Bruderzwist ausarten zu lassen, bereit zu sein, sich für Freiheit, Unabhängigkeit, Recht und Demokratie voll einzusetzen, den Drohungen oder Lockungen jeder diktatorischen Bewegung nicht zu verfallen. Aber auch, sich vorbehaltlos zur Menschlichkeit zu bekennen und der Unmenschlichkeit stets mit Zivilcourage entgegenzutreten." Hätte darüber Konsens geherrscht, hätte „viel Schuld", die Portisch allerdings nicht genauer benannte, „vermieden werden können."[8] Inhaltlich dieselbe Argumentation führte er knapp eine Woche später wiederum ins Treffen. Die „Nation" sei „vor 25 Jahren" eine leichte „Beute ausländischer Aggression geworden", weil sie „so zerrissen und von der Politik im Stich gelassen war". Angesichts der von ihm harsch kritisierten Realverfassung auf parlamentarischer Ebene fragte er – rhetorisch – weiter, ob denn wirklich gegenwärtig keine Parallelen zu der Zeit nach der Auflösung des Parlamentes 1933 bestünden, als in „Österreich die Dämmerung der Nacht begann", und wie es gegenwärtig aussähe, „wenn unser Land einem Druck ausgesetzt wäre, nur annähernd so stark wie 1938"[9].

Die dominante Argumentationsebene 1968 waren außenpolitische Momente, allen voran – unter Berufung auf die sogenannte Hoßbach-Niederschrift – Hitlers Wille der „‚Lösung der deutschen Frage'" ausschließlich durch „‚den Weg der Gewalt'". Angesichts dieser Rahmenbedingung verkamen österreichische Nationalsozialisten wie die namentlich angeführten Seyß-Inquart, Glaise-Horstenau oder Globocnig zu reinen Statisten und wurde der – zurückhaltend kommentierten – Haltung von England und Frankreich[10] und dem „Verrat" Italiens[11] untergeordnete Bedeutung beigemessen. „Hitler hat ihn [Glaise-Horstenau] von einer Vortragsreise durch Deutschland nach Berlin holen lassen, um aus erste Hand informiert zu werden. Abends sagt ihm Hitler erregt, er werde die Volksabstimmung verhindern. (...) Dann drückt er Glaise den Entwurf eines Rücktrittsschreibens für Seyß in die Hand und eine Radiorede, mit der Schuschnigg die Volksabstimmung abblasen solle. Und Generalfeldmarschall Göring gibt Glaise einen Telegrammentwurf, worin offiziell um die Entsendung deutscher Truppen nach Österreich zur Wiederherstellung der Ordnung gebeten wird." Wiederum – und mit dieser Deutung schloß der Artikel – wurde das Verschwinden Österreichs „von der Landkarte" als Fanal zum Weltkrieg gedeutet. „Ein halbes Jahr danach besetzte Hitler das Sudetenland, wieder ein halbes Jahr später die restliche Tschechoslowakei. Eineinhalb Jahre" später „entfesselte Deutschlands Überfall auf Polen den zweiten Weltkrieg."[12] Der Leitartikel Strohals, also desselben Autors, zum „Anschluß" folgte den Argumentationslinien Portischs von 1963 und setzte wiederum die Vergangenheit in Verbindung zur Gegenwart. Sofern es Hitlers Zielstrebigkeit betraf, folgte er seinem am selben Tag veröffentlichten Hintergrundbericht[13], das Verhalten der „Welt" hingegen wurde wesentlich stärker kritisiert. „Blindheit, selbstsüchtige Teilnahmslosigkeit und lähmende Entschlußlosigkeit ließen die Welt den deutschen Einmarsch in Österreich stumm hinnehmen." Im selben Ausmaß wurden auch innenpolitische Faktoren geltend gemacht. Zum einen der mangelnde „Glaube" der Österreicher

„an sich" und an die „Leistungsfähigkeit" des Landes, was dazu geführt habe, daß man die Welt nicht von der „Daseinsberechtigung" und „Existenzberechtigung" Österreichs überzeugen konnte, zum anderen die innenpolitische Entwicklung seitens Christlichsozialer und Sozialdemokraten. „Die Heimwehren hatten sich als eine Art Staat im Staat etabliert. Die Sozialdemokraten steigerten sich immer mehr in eine Panikstimmung des selbstverschuldeten Isoliertseins hinein und wurden im Februar 1934 zersprengt, zerschlagen, geächtet." Schließlich „erschöpfte sich" angesichts der außenpolitischen Bedrohung „die Politik" in Österreich „zunehmend in Zugeständnissen an die Anhänger Hitlers, in aussichtslosen Befriedungsaktionen."[14] Der Artikel schloß wie der aus der Feder von Portisch 1963[15] wiederum mit einer kritischen Hinterfragung der innenpolitischen Situation vor der historischen Folie des „Anschlusses". Manchmal scheine es, „als ob manche, statt die rechten Lehren aus unserer Geschichte zu ziehen, die Gespenster der Vergangenheit beschwören, um in der Tagespolitik herumzuzündeln. Und tun wir wirklich alles, damit dieses Land die ihm in Europa und der Welt zufallende Rolle mit selbstsicherer Würde spielt, Vertrauen erweckt und sich Freunde schafft, auf die es im Notfall mehr wird zählen können als das Österreich im März 1938? Heute, 30 Jahre danach, sollten wir uns darüber Rechenschaft ablegen, jeder für sich alleine und alle mitsammen. Damit wir oder die Generation nach uns nicht wieder machtlos von Ereignissen überrollt werden kann, die rechtzeitig bei weitblickender, umsichtiger und maßvoller Politik abwendbar gewesen wären."[16]

Der Wirtschaftsjournalist Horst Knapp begründete 1974 die „Anschluß"-Begeisterung ausschließlich mit wirtschaftspolitischen Überlegungen. Österreich habe zwischen 1918 und 1938 „zwanzig Jahre lang wirtschaftlich nur eine Kümmerexistenz" gefristet, wobei „das deutsche Vollbeschäftigungswunder" im Gegensatz zu den „zaghaften Arbeitsbeschaffungsmaßnahmen" zwischen 1934 und 1938 „faszinierend wirken" mußte. „Die Hunderttausenden, die heute vor 36 Jahren Spalier standen, hatten nicht die Demokratie satt (die Österreich ja schon Jahre vorher eingebüßt hatte), sondern Not und Arbeitslosigkeit."[17] Dem schlossen sich – als Spezifikum des „Kurier" – gegenwartsbezogene Überlegungen und kritische Betrachtungen zur (wirtschafts)politischen Lage an.

Alfred Payrleitner kam 1978 aufgrund von Politikermeldungen, die die verschiedenen Interpretationen und das uneinheitliche Geschichtsbild zum „Anschluß" deutlich machten, zum Schluß, die „Narben der Vergangenheit sind doch noch spürbar."[18] An anderer Stelle wurde wiederum eine stark wirtschaftspolitische Begründung des „Anschlusses", diesmal aber nicht aus der Perspektive Österreichs, sondern aus der des Deutschen Reiches, geliefert. „Die Sammlung aller Deutschen in einem Reich war ein wichtiges, aber nicht allein ausschlaggebendes Motiv für die Eingliederung Österreichs. Hinter dem ‚Anschluß' standen auch massive wirtschaftliche und strategische Interessen", wie der österreichische Goldschatz, der dazu diente, „die durch Devisennot ohnehin schon stockende Kriegsaufrüstung wieder anzukurbeln", die „Eisenerzgewinnung", die „Magnesitlager", die „Erdölfelder" und die „ausgeprägte und international bekannte Rüstungsindustrie." Weiters kam es neben der territorialen zu einer „Vergrößerung" an „Menschenmaterial für etwa acht Divisionen."[19] Unter Anführung der Pannen beim Einmarsch der Wehrmacht, ging Broer der Frage nach, ob militärischer Widerstand sinnvoll gewesen wäre. „Es gab durchaus nicht nur von NS-Offizieren durchsetzte Bundesheereinheiten, sondern auch genügend österreichisch gesinnte; man hätte immerhin 60.000 Mann aktive Stände aufbringen können, die im Einsatz auf rund 126.000 Mann erhöht und noch durch 40.000 Mann Frontmiliz verstärkt hätten werden können; es waren die Tagesverbrauchssätze an Munition vorhanden, das heißt Munition für drei Großkampftage wie in einer Isonzo-Schlacht." Er gab jedoch, unter Berufung auf Schausberger, zu bedenken, daß das Regime „weder in der Lage gewesen [ist], die außenpolitische Isolierung der Alpenrepublik zu verhindern, noch innerhalb Österreichs die Bevölkerung zum Widerstand zu organisieren."[20]

1983 beschränkte sich der „Kurier" auf die Kurzvorstellung von einigen die Thematik betreffenden (zeit)geschichtlichen Werken[21].

1987 betonte Hans Rauscher den mangelnden Willen zur Gegenwehr und die fehlende innenpolitische Einigkeit, um „den Anschluß Österreichs an Hitler-Deutschland" abzuwehren. „Das klerikal-reaktionäre Regime Schuschniggs versäumte die einzig noch verbleibende Chance, nämlich eine Verständigung in letzter Minute mit der Arbeiterschaft, um eine gemeinsame Front zu bilden. Stattdessen betrieb man eine Beschwichtigungspolitik gegenüber Hitler, indem man versuchte, deutscher als die Deutschen zu sein." Die damals – schließlich verlorene Existenz – sah er anhand der Auseinandersetzung um die Stationierung der Draken gegenwärtig wiederum gefährdet, wenngleich „die heutige Situation (...) unvergleichbar" sei. „Aber wieder zeigen sich Risse im staatlichen Zusammenhalt und im Selbstverständnis unseres kleinen Landes."[22]

Auf die 1987 und 1988 gezogenen Analogien zwischen der Auseinandersetzung um Kurt Waldheim und den „Anschluß", die ganz massiv unter dem Aspekt des Opfers und des historischen Objektes Österreichs gezogen wurden, wurde bereits im Kapitel „Kurt Waldheim" hingewiesen.

Die diesbezügliche Kommentierung des „Kurier" weist über die Jahrzehnte hinweg betrachtet einiges an Veränderungen auf. Stand bis in die sechziger Jahre das außenpolitisch aggressive und expansive Hitler-Deutschland, dem Österreich und die Österreicher als erste zum Opfer fielen, ohne daß das (westliche) Ausland viel hätte dagegen unternehmen können, im Mittelpunkt der Betrachtungen, so bleibt zwar diese Perspektive erhalten, an Dominanz und Gewichtung ändert sich im Gefolge jedoch einiges. Typisch für die sechziger Jahre war die Betonung der innenpolitischen Aspekte von fehlender Geschlossenheit und fehlendem Glauben an das Land im Sinne einer verminderten Abwehrmöglichkeit, verbunden mit der Kritik an der gegenwärtigen (innen)politischen Situation. In den siebziger Jahren wurde stärker mit ökonomischen Motiven, einmal mit der schlecht entwickelten österreichischen Wirtschaft und ein andermal mit der deutschen Begehrlichkeit auf Österreichs Wirtschaftskraft, argumentiert. Der Rauscher-Kommentar aus dem Jahre 1987 kehrte wiederum zum innenpolitisch dominierten Argumentationsmuster der sechziger Jahre zurück.

12.2. Arbeiter Zeitung

Wer vom „Anschluß" rede, dürfe von „Staatsstreich" und Bürgerkrieg" nicht schweigen – so ließe sich Horkheimer nicht nur für das 1946 pubizierte Geschichtsbild der „Arbeiter-Zeitung" auf den Punkt bringen. „Die österreichische Tragödie, die mit dem Staatsstreich Dollfuß' vom 5. März 1933 begann, die am 12. Februar 1934 ihren Höhepunkt [!] erreichte, hatte mit dem 11. März 1938 ihr dramatisches Ende gefunden."[23] Ausgehend von dieser oben beschriebenen Ablaufkette, lag es auf der Hand, dem *bürgerlichen* Staatsstreich und ebensolchen Bürgerkrieg den *bürgerlichen* „Anschluß" folgen zu lassen[24]. Dementsprechend wurde auch der „Anschluß"-Jubel auf Klassenbasis wegretouchiert: „Das Volk von Wien aber, das wirkliche [!] Volk, vor allem die Wiener Arbeiter, wußten, daß mit dem Ende der österreichischen Unabhängigkeit e i n e W e l t t r a g ö d i e b e g a n n !" Die „echten Wiener" in ihrer antifaschistischen Inkarnation der Wiener Arbeiter, sprich der sozialdemokratisch orientierten Arbeiterschaft, konnten gar nicht über den „Anschluß" jubeln, habe doch die Sozialdemokratie als „erste von den österreichischen Parteien, auf dem Parteitag im Herbst 1933, einstimmig und feierlich die Erklärung g e g e n jeden A n s c h l u ß Österreichs an Deutschland abgegeben!" Teile des bürgerliche Lagers hingegen seien erstens nach den Geschehnissen vom Frühjahr 1933 „der Versuchung" erlegen, „die Gelegenheit zur Aufrichtung eines eigenen österreichischen Faschismus auszünützen", wodurch die Regierung in einen „Zweifrontenkrieg" hineingeschlittert sei. Zweitens habe die Regierung Schuschnigg keinen „Kampf mit voller Überzeugung" gegen Hitler-Deutschland geführt. Deshalb gelte es die von der Volkspartei vertretene „Legende", die „damaligen Christlichsozialen und heutigen Volksparteiler [hätten] a l l e i n für Österreichs Unabhängigkeit gekämpft"[25], richtigzustellen. Die Verhandlungen des Schuschnigg-Regimes mit der Arbeiterschaft über Österreichs Unabhängigkeit „schleppten sich" dahin und wurden überdies „von der Regierung mit halbem Herzen" geführt. Österreichs Arbeiter bejahten zwar die Unabhängigkeit, forderten aber – im Gegensatz zu den Kommunisten – auch die „d e m o k r a t i s c h e F r e i h e i t. Und so ist es bis zum heutigen Tag geblieben."[26]

Der aus der Perspektive des Augenzeugen verfaßte Artikel von Karl Hans Sailer behandelte ein Jahr später über weite Strecken die Verhandlungen zwischen Staatsmacht und illegaler Sozialdemokratie im März 1938, die dadurch zustande kamen, daß „mit einem Male (...) auch die anderen, die uns vier Jahre lang verfolgt, die Österreich ins Unglück gestürzt hatten", wußten, „daß es ohne uns nicht geht."[27] Sailer vewies, neben seiner Kritik am Verhalten des Auslandes zwischen 1934 und 1938[28] und dem Hinweis auf die zunehmend offen zur Schau getragene Stärke österreichischer Nationalsozialisten in der „Provinz"[29], auf die Reserven seitens der Arbeiterschaft dem Regime gegenüber. „Es war uns klar, daß es für uns keine andere Wahl gebe, als gegen Hitler zu stimmen. Trotzdem erschien es uns von größter Bedeutung, daß wir uns selbst an die Massen der Arbeiter wenden, um von ihnen das ‚Ja' am Sonntag zu verlangen, weil es nach vier Jahren Verfolgung, nach all dem, was sie erlitten, nach vierjähriger Unterbrechung der sozialistischen Erziehungsarbeit viele geben mochte, die zögern würden, für ein Schuschnigg-Österreich zu stimmen."[30] Vizekanzler Schärf unterschied zwischen zwei Richtungen der Anschlußbewegung: die eine, nach dem Ende des Ersten Weltkrieges bezeichnete er als wirtschaftlich motiviert und – da von der Sozialdemokratie verfochten – als legitim, die andere – nach Hitlers Machtergreifung – als von den Sozialdemokraten abgelehnte und somit illegitime. Die Exklusivschuld an den Ereignissen vom März 1938 wurde den Vertretern des konservativen Lagers auf Grund der gezielten Ausschaltung des Parlamentes, des unterschiedlichen Verhaltens gegenüber den Sozialdemokraten und den vom Deutschen Reich aus gesteuerten österreichischen Nationalsozialisten, sowie auf Grund ihrer außenpolitischen Orientierung zugeschrieben. „Einige führende Politiker einer Minderheitspartei – denn das waren die Christdemokraten [!] – waren nach den Bankenskandalen von unvorstellbarer Angst vor Neuwahlen erfaßt. Sie entschlossen sich dazu, es nicht auf die demokratische Probe von Wahlen ankommen zu lassen, sondern ohne Wahlen dauernd die Macht zu behalten. (...) Man hatte auch die Nationalsozialistische Partei verboten, und man machte unserem Volk vor, um den Nationalsozialismus bekämpfen zu können, müsse man zuerst die Demokratie und die demokratischen Parteien beseitigen. Während man aber für Sozialdemokraten den Galgen aufrichtete, verhandelte man ununterbrochen mit den Vertretern der verbotenen nationalsozialistischen Partei Österreichs und mit ihren Auftraggebern

411

aus dem Dritten Reich. Man suchte Bundesgenossen gegen die Demokraten im österreichischen Volk und fand einen solchen in Mussolini: Begreiflich auch, daß Völker und Staaten, denen Demokratie etwas bedeutete, ihr Interesse an Österreich mäßigten; daß der Träger des sogenannten autoritären Kurses (...) noch mit dem Legitimismus kokettierte, weckte das Mißtrauen der Nachfolgestaaten. Schuschnigg und sein Kreis wollten um jeden Preis an der Macht bleiben, mochte man es sich dabei nicht nur mit der Mehrheit des österreichischen Volkes, sondern auch mit der halben Welt verderben"[31].

Ebenso wie Schärf[32], wurde in einem namentlich nicht gezeichneten Kommentar als Replik auf eine TASS-Meldung, die die Teilnahme von Österreichern am Zweiten Weltkrieg thematisierte, betont, es habe damals „keinen Staat Österreich" gegeben, sondern nur einen kleinen Teil, der „die Nazi" unterstützte. Ein „großer Teil tat gezwungen, widerwillig und weil er keine Hoffnung auf erfolgreichen Widerstand sah, mit." Die österreichische Arbeiterschaft als Hort des Antinazismus war zum Großteil „passiv nazifeindlich" oder teilweise „aktiv nazigegnerisch", und sabotierte „Hitlers Kriegsmaschine". Im Gegensatz dazu waren die Kommunisten zwar „zeitweilig tapfere antifaschistische Kämpfer", jedoch „zeitweilig, um es milde auszudrücken, an Österreich völlig desinteressiert. Ganz wie heute."[33] Offensichtlich stellte diese TASS-Meldung, die freilich nicht nur als journalistischer Beitrag, sondern auch als Österreichpolitik zu interpretieren ist, die Stilisierung Österreichs als Opfer Hitler-Deutschlands so sehr in Frage[34], daß dieselbe Thematik wenige Tage später wiederum in Kommentarform abgehandelt wurde. Die argumentative Ebene wurde beibehalten: Kritik an der Politik des „Ständestaates", 1934 als Anfang und 1938 als dessen logische Konsequenz, die Betonung der Nichtexistenz des Landes, Kritik an der Haltung des „Auslandes" und wiederum die Reklamation des Antinazismus für die Arbeiterschaft[35].

Lediglich ein Kommentar war dem zehnten Jahrestag 1948 gewidmet. Wiederum wurde den Jahren zuvor große Bedeutung eingeräumt, diesmal aber nicht dem Jahr 1934, sondern 1933 unter Betonung von dessen Unrechtscharakter und Planmäßigkeit. „Am 11. März 1938 brach in Österreich das Regime nieder, das fünf Jahre vorher durch Verfassungsbruch an die Macht gekommen war, um dann mit offener Gewalt und Blutvergießen die Demokratie völlig zu zerstören und autoritär zu herrschen. Die Triebkraft dieses Regimes war der Wille der besitzenden Klassen, den sozialen Fortschritt aufzuhalten und die Lebensforderungen der Arbeiterschaft, ihr Verlangen nach politischer Mitbestimmung und wirtschaftlicher Sicherheit nicht anzuerkennen. Die vorhergegangene Wirtschaftskrise hatte den Arbeitsertrag, der für alle zur Verfügung stand, erheblich geschmälert, und die Besitzer der Produktionsmittel waren entschlossen, das Ihrige zu behalten, aber den auf die Arbeiter entfallenen Anteil zu kürzen, die Lasten der Krisenfolgen den Arbeitern aufzubürden; wenn es nicht anders ging, so mit Gewalt." Wesentlich stärker wurden 1948 die äußeren Bedingungen des österreichischen Faschismus erwähnt. „Auf seinem Vormarsch hatte das austrofaschistische Regime Dollfuß-Schuschnigg von den faschistischen Strömungen, die aus dem Ausland her über die Grenzen drangen und die Geister verwirrten und vergifteten, starken Auftrieb, von den fremden Machthabern auch substantielle Unterstützung erhalten, und es übernahm willig das Geld und die Symbole, die Philosophie und die Methoden der Unterdrückung, um alle diejenigen, die an die Gewalt glaubten und von ihr zu profitieren hofften, an sich zu binden." Trotzdem, und das – so der anonyme Verfasser – übersah der Austrofaschismus, war Österreich lediglich ein „Pokerpfand" im „Machtspiel der Großen". Mit dem „Anschluß" begann „der Leidensweg Österreichs unter fremder Okkupation", begannen Terror und Verfolgung, „der die Verfolger und Verfolgten von gestern gleichermaßen traf", und dem folgte schließlich der Krieg, der „für alle, auch für die Agenten, die vorher die fremde Macht ins Land geholt hatten, Enttäuschung und Opfer brachte, den Hunger und die Verzweiflung unter den fallenden Bomben und schließlich den Zusammenbruch mit all seinem Elend." Was gestern die Nazis waren, das seien heute die Kommunisten, „die sich als Agenten des Auslandes hergeben, die das fremde Spiel unterstützen, weil sie davon Vorteile und Macht für sich selbst erhoffen." Aber auch dem Koalitionspartner wurde – unter historischen Vorzeichen – ein Verweis erteilt, denn „noch immer wirken dieselben Kräfte, die ehemals die Zersplitterung herbeigeführt haben und heute die Einigung gefährden, die Selbstsucht der Besitzenden, die nur an Profite denken, wenn es darum geht, durch gemeinsame Arbeit das Land wieder gesund und lebensfähig zu machen, und die Blindheit der bürgerlichen Politiker, die nur auf ihr Klasseninteresse bedacht sind, wenn das Wohl des Volkes auf dem Spiel steht."[36]

1949 wurde der „Anschluß" als die Ablöse des einen durch den anderen Faschismus interpretiert, wobei der eine sowohl Erbe als auch Erblasser des anderen gewesen sei[37], weshalb auch kein Grund dafür bestehe, auf eine austrofaschistische Vergangenheit mit Stolz zu verweisen[38]. Intensiver wurde allerdings die Erbschaft der Republik aus der Hitler-Zeit thematisiert. Diese bestünde aus „ein paar hunderttausend Menschen", die „gefallen oder als Krüppel zurückgekehrt (...), ein paar hunderttausend", die „verschleppt, vergast, erschossen, gehenkt" wurden. Auf Hitlers Konto gingen weiters „die einbeinigen Zigarettenverkäufer an den Straßenecken, die schlechtgenährten Kinder, die Rückgekehrten aus den Konzentrationslagern, (...) die Bombenruinen und die fremden Soldaten". Sein Erbe zeige sich in „Gesetzgebung" und „Verwaltung" und schließlich „in den Seelen der Menschen". Eine neue „Nazibewegung" dürfe man „nicht unterschätzen", sie ginge jedoch auf das

Konto der Alliierten. „Wir haben es schon oft gesagt: die Unfreiheit, die uns von außen auferlegt ist, die Einschränkung der Souveränität, die Nichtbeachtung der Demokratie, die Besetzung durch die fremden Soldaten, die Beaufsichtigung durch die fremden Zensurstellen und die Beeinflussung durch die fremden Militärgerichte: sie lassen vielen Bürgern dieses Landes alles, was von alliierter Seite versprochen wurde, als Redensart erscheinen. Ist das die versprochene Freiheit? Schafft die Besetzung ab, gebt uns unsere Unabhängigkeit, laßt uns allein in unserem Land wirtschaften und ihr werdet sehen, wie die Seifenblase der Neonazi‚bewegung' sich auflöst: ein anderes Hitlererbstück wäre verschwunden."[39]

Die Frage des „deutschen Eigentums", beziehungsweise von bundesdeutscher Seite diesbezüglich erhobene Ansprüche standen 1951 im Mittelpunkt der Betrachtungen. Sie wurden unter Berufung auf den Opferstatus Österreichs zurückgewiesen, denn es sei „doch hoffentlich auch in Deutschland unbestrittene Tatsache, daß das Dritte Reich gegen Österreich einen Aggressionsakt begangen, es besetzt und es Zwangsmaßnahmen unterworfen hat, gegen die sich das österreichische Volk wegen des ungleichen Kräfteverhältnisses nicht zur Wehr setzen konnte." Zur Untermauerung des bis in die Gegenwart fortwährenden Opferstatus wurde weiters der Raub des österreichischen Goldschatzes, von „Wirtschafts- und Kulturgüter[n]", die erzwungene Teilnahme am Krieg, die Toten von Krieg, Kerkern und Konzentrationslagern sowie die alliierte Besatzung angeführt. Schuld daran seien aber vor allem ausländische „Industrie- und Grundherren", die Österreichs politische und wirtschaftliche Existenz „fremden Interessen" ausgeliefert hätten. „Das deutsche Volk und das österreichische haben durch den Krieg allzusehr gelitten, als daß sie jemals noch für solche Interessen einer schmalen kapitalistischen Schicht mißbraucht werden dürften."[40]

Die Betonung der Resistenz der – wenngleich illegalen – sozialdemokratischen Arbeiterschaft gegen Faschismus im allgemeinen und den Nationalsozialismus im besonderen wurde ein Jahr später, anhand einer Zeitzeugendarstellung, in der ein (junger) illegaler, nationalsozialistischer Arbeiter auf (ältere) ebenfalls illegale Sozialdemokraten traf, betont. Gemein war ihnen das Feindbild Austrofaschismus: „Aber sollten wir ihn einer Polizei ausliefern, die uns selbst niedergeknüppelt hatte? Nein, wir hatten für das Regime nicht die kleinste Sympathie, deshalb versuchten wir mit unseren geistigen Waffen, ihn auf den rechten Weg zurückzuführen. Schließlich bedauerten wir ihn ein wenig, denn obwohl er noch so jung war, war sein Charakter nur auf Lug und Trug aufgebaut", was schließlich dazu geführt habe, daß er – und nicht nur er ad personam – selbst zum Opfer des Faschismus wurden. „Er fiel in seinem Fanatismus für den Führer [!], das Volk wollte es nicht."[41]

Lediglich ein Artikel wurde zum „runden" Gedenkjahr 1953 verfaßt, der an den wohlbekannten Topoi des gewaltsamen Einmarsches und der Schuld des „Ständestaates" festhielt. Erstmals im Zusammenhang mit dem „Anschluß" wurde der pathetisch vorgetragene Opfertopos im Sinne des „Geistes der Lagerstraße"[42] eingeführt, verbunden erstens mit der Fortschreibung der einseitigen Schuldzuweisung und zweitens – unter Rückgriff auf die Politik des „Ständestaates" – mit der Warnung an die Volkspartei, dieses staats-(be)gründende Faktum – aufgrund deren Avancen dem VdU gegenüber – nicht aufzukündigen. Dieser „war die Grundlage, auf der die beiden großen Parteien zu bauen begannen, als das Jahr 1945 wenigstens die Befreiung vom Übel der deutschen Diktatur brachte. Sieben Jahre lang haben dann beide Parteien gemeinsam und erfolgreich an der Wiederherstellung eines lebensfähigen Österreich gearbeitet, sieben Jahre, in denen ihre weltanschauliche Verschiedenheit immer wieder zum Ausdruck kam, aber doch kein entscheidendes Hindernis für die wirtschaftliche und soziale Erneuerung des Landes wurde." Nunmehr sei die Volkspartei dabei, „alles zu vergessen, was ihr durch die geschichtliche Erkenntnis eingehämmert worden ist. Nicht mit denen zusammen sie in den Kerkern und Konzentrationslagern saßen, sondern mit den Resten und Nachfolgern jener, die sie dorthin gebracht haben, möchte gewisse Herren der ÖVP. heute zusammengehen." (...) Vielleicht versteht man also gerade an diesem Gedenktag doch auch bei der ÖVP., warum das Nein der Sozialisten zu einer Regierungskoalition mit dem VdU. unwiderruflich ist; warum eine Partei, die ehrlich um die Zukunft Österreichs besorgt ist, dem Teufel nicht den kleinen Finger reichen darf. Tut es die ÖVP. dennoch, dann gibt sie die Lehren der Märztage 1938 preis und verrät damit abermals die Interessen Österreichs."[43]

Unter den Aspekten von sozialdemokratischem Anschlußstreben und Deutschnationalismus und unter Berufung darauf, daß „große Teile des österreichischen Volkes den Traum vom Anschluß an ein einiges Reich im Herzen" trugen, wurde 1955 betont, daß dieser im März 1938 „Wirklichkeit" wurde. Ob der mittlerweile schon ausführlich zitierten politischen und Kriegsopfer, die der deutsche „Faschismus" Österreich in diesen „verfluchten sieben" Jahren abgepreßt hatte, sei es ein „Gedenktag". Gegenwärtig drohe wiederum ein Szenario wie vor 1938, nur seien diesmal nicht die Nationalsozialisten, sondern die Kommunisten als Fünfte Kolonne und deren armselige und lächerliche „Resolutionen und Denunziationen"[44] die Übeltäter.

Intensiver thematisiert wurde der „Anschluß" 1958, wobei wiederum der Austrofaschismus am nachhaltigsten behandelt wurde. Den Auftakt bildete ein Gespräch zwischen Frank Fischer und dessen Sohn, das vorführte, wie unfähig das führende Personal des „Ständestaates" war[45]. Bruno Pittermann, aus dessen Radiorede zitiert wurde, betonte die „Zweifel an der Lebensfähigkeit dieses Zwergenstaates" 1918, die ausweglose „Wirtschaftskrise", weshalb „die zur Arbeitslosigkeit Verurteilten an der Demokratie" gezweifelt hätten; am Ende sei der erzwungene „Anschluß" gestanden, der Sieg des stärkeren über das schwächere Gewaltregime. Die Folgen waren der „Tod auf dem Schlachtfeld, in der Gefangenschaft, in den unter den Bombenexplosionen berstenden Häusern, in den Konzentrationslagern und auf dem Schafott." Dies alles habe die „Liebe zur österreichischen Heimat" auch unter jenen bestärkt, „die in den Märztagen des Jahres 1938 den Anschluß jubelnd begrüßt und gefeiert hatten", was sich auch insofern gezeigt habe, als sich der „Wille zum Wiederaufbau (...) auch auf Mitbürger [übertrug], die als einst Begeisterte für alle Untaten des zusammengebrochenen Regimes verantwortlich gemacht wurden."[46] Eine ähnliche Kollektiventschuldung der ehemaligen Nationalsozialisten wurde vier Tage später veröffentlicht. „Ehemalige Nationalsozialisten, wenn sie es nicht mehr sind, sollen ebensowenig unter dem Vergangenen leiden, wie ihre Opfer." Auffallend in diesem Zusammenhang ist, daß diese exponierte und explizite Haltung jedoch nicht für die Träger des Austrofaschismus gelte, beziehungsweise reklamiert wurde. Im Gegenteil, diese wurden – erneut – als wahres Übel und eigentlicher Grund für den März 1938 dingfest gemacht, wofür es weder Verzeihen noch Vergebung gebe. „Wir vergessen nicht die historischen Umstände, unter denen Österreich ein Opfer Hitlers wurde. Das wäre nicht oder doch nicht so leicht geschehen, wenn nicht in Österreich schon vor Hitler die Demokratie zerstört, die Rechte des Volkes durch einen Staatsstreich vernichtet, insbesondere die arbeitenden Menschen blutig niedergeschlagen, all ihrer Rechte und ihrer Organisationen beraubt worden wären. Der Weg vom Februar 1934 zum März 1938 ist oft in Erinnerung gerufen und beklagt worden: das eine furchtbare Geschehen folgte unentrinnbar aus dem anderen. (...) Daraus ergibt sich: auch der schwächliche österreichische Faschismus, auch die autoritäre österreichische Diktatur kann ihre Mitschuld am Untergang unseres Landes nicht leugnen."[47] Hinzuweisen ist schließlich noch auf eine Photocollage zum März 1938, die weniger dadurch auffällt, daß sie den Opferstatus zementierte, sondern daß sie erstmals – wenn auch sprachlich fragwürdig – explizit auf die Juden als Opfer des NS-Regimes aufmerksam machte[48].

Das Gedenken an den „Anschluß" und die Opfer des Nationalsozialismus[49] wurde 1960 wiederum dafür verwendet, vor einem in Österreich drohenden „Bürgerblock" zu warnen, denn „es war eben diese Politik, die zu Österreichs Unglück und zum 13. März 1938 geführt hat."[50]

Zum Großteil unter den Aspekten der außenpolitischen Aggression Hitler-Deutschlands[51], des über 1945 hinauswährenden kollektiven Opfers und des Fanalcharakters der Besetzung Österreichs für den weiteren Verlauf der (kriegerischen) Geschichte[52] stand die – im Vergleich zu den Jahren

416

zuvor – intensivere Thematisierung 1963. Jaques Hannak, dessen Beitrag aus der Perspektive historischer Analyse in diesem Zusammenhang am ergiebigsten ist, betonte erneut die Schuld des „Ständestaates", wenngleich er auch ein „Versagen der Großmächte"[53] konstatierte. Ein „demokratisches Österreich, ein Österreich, das Insel der Freiheit gewesen wäre, hätte es vielleicht vermocht, die Sympathie des französischen und britischen Volkes zu gewinnen und dadurch die Regierenden dieser Länder aus ihrer Lethargie herauszutreiben." Weder Dollfuß und dessen „Karikatur eines Ständestaates", noch Schuschnigg waren „zu einer entscheidenden Wendung" in der Lage. Diese hätte auch „eine Wiedergutmachung der Schande und Blutschuld von 1934" vorausgesetzt, wofür Schuschnigg „weder die politische noch die seelische Größe" aufbrachte. „Jetzt erst, als in der österreichischen Regierung offene Nazi als Minister aufgenommen worden waren (...) und Hakenkreuz und braune Hemden immer mehr zum normalen Straßenbild zu gehören begannen, jetzt erst sah sich Schuschnigg verzweifelt nach Hilfe um."[54] Und diese hätte er – wie es ein weiterer Artikel nahelegt – von seiten der Arbeiterschaft als Hort des Antinazismus auch erhalten. Schuschnigg mußte nach der Besprechung mit Hitler merken, daß dieser „nicht daran denkt, seine Zusagen vom Obersalzberg zu halten. (...) Die starke antinazistische Einstellung der Arbeiterschaft ist ein wesentlicher Punkt in seinen Überlegungen."[55]

Österreich, so Manfred Scheuch 1968, zerfiel 1938 in drei politische Lager, das des Regimes, das „durch einen Staatsstreich das Parlament beseitigt und in einem kurzen blutigen Bürgerkrieg die Arbeiterbewegung niedergeworfen hatte", dem im Inneren die „Massenbasis" fehlte, das 700.000 Arbeitslose zu verantworten hatte, „an dessen Händen [1938] noch immer Arbeiterblut klebte" und das sich außenpolitisch „an Mussolini anlehnte". Diesem standen die Arbeiterbewegung und die „illegale Nazibewegung" gegenüber, die, „mit Hitlers Geld gespeist, zunächst in Terroraktionen (...) gegen den Staat vorging, dann aber unter Druck Deutschlands immer größere Zugeständnisse seitens des Regimes erhielt." Zwischen dieser und der Arbeiterbewegung habe es aber „niemals eine Zusammenarbeit gegeben." Durch die Anlehnung an Italien, „das die österreichischen Faschisten hochgepäppelt hatte", wurde „der Minidiktator" Schuschnigg, als Folge der politischen Isolierung Italiens „zu Verhandlungen mit Hitler gezwungen", was wiederum „nur die Nazi" stärkte und „ein Schritt zur Auslieferung Österreichs an Hitler" war. Für Scheuch führte eine gerade Linie von „der Zerschlagung der Demokratie" zur „Zerstörung Österreichs als Staat."[56] Eine ähnliche Konstellation führte Paul Blau ins Treffen, der sich vor allem dagegen verwahrte, „als hätten alle politischen und sozialen Gruppen das gleiche Maß an Mitschuld an jenem Ereignis, das uns in den Abgrund riß." Es gelte nämlich festzuhalten, daß der Anschlußgedanke der Sozialdemokratie „nicht aus einem deutschen Nationalismus oder gar Chauvinismus stammte", sondern daß dieser neben der Lebensunfähigkeit Österreichs nach dem Ersten Weltkrieg von der Hoffnung auf die „Bildung einer großen deutschen Republik" als „soziale Demokratie im Herzen Europas" getragen war. Nach der Machtergreifung Hitlers „wendeten sich die österreichischen Arbeiter empört von Hitlerdeutschland ab." Die Anschlußbasis lebte hingegen im Bürgertum fort, wo die „Nationalsozialisten in Österreich gewaltigen Zulauf aus den Kreisen der Industrie, des Mittel- und Kleinbürgertums" erhielten. „Akademiker und Studenten schlossen sich ihnen an, Polizei, Gendarmerie und Bundesheer waren von ihnen durchsetzt, ebenso die hohe Beamtenschaft und sogar die Heimwehren."[57] Sowohl Blau als auch – in einem späteren Artikel Hindels – sahen, wenngleich mit anderen Schwerpunktsetzungen, in der Besetzung Österreichs und den unmittelbar wahrnehmbaren Folgen die Geburtsstunde für ein neues Österreichbewußtsein. Blau bezog hierbei auch die damaligen Nationalsozialisten ein[58], wohingegen Hindels die Opfer politischer Verfolgung betonte[59].

Der Artikel Scheuchs aus dem Jahre 1972 fällt weniger durch neue Interpretationsperspektiven auf, sie bewegen sich im bisher aufgezeigten Kanon wie der Kritik am Verhalten der Siegermächte 1919 und 1938, der unter den Vorzeichen des Fortschritts positiv bewerteten Anschlußbestrebungen der Sozialdemokratie und der – als Weg zurück in die „Reaktion" – negativ gedeuteten innerhalb des Bürgertums, den vom „Anschluß" enttäuschten österreichischen Nationalsozialisten und dem Machtanspruch der Nationalsozialisten ab dem 1. März 1938 am Beispiel der Stadt Graz. Auffallend hingegen war einerseits der Verzicht auf den Schuldspruch dem „Ständestaat" gegenüber, andererseits die Konzentration auf die Person Seyß-Inquarts, allerdings nicht als Dingfestmachung als typischen Nationalsozialist, sondern als Nationalsozialist mit typisch katholischem Hintergrund und somit als impliziter Hinweis auf den religiös gedeuteten antisemitischen Hintergrund des Holocaust. Seyß-Inquart wurde nicht „wegen seiner Tätigkeit in Österreich, sondern wegen der Teilnahme an der Judenausrottung in Holland und der Verfolgung der niederländischen Widerstandsbewegung (....) 1946 in Nürnberg gehenkt." Unter Berufung auf das Buch „Deutsche Gemeinschaft – Seyß-Inquart und der Anschluß" betonte Scheuch, dieser „war – auch 1938 noch – nicht der typische österreichische Nazi, sondern konnte sein Denken und Handeln durchaus in Übereinstimmung mit einem christlichen Konservativismus bringen, wie er in anderer Ausprägung auch für den Austrofaschismus Geltung hatte. Das zeigt, welche Verantwortung diesem österreichischen Konservativismus an der großen Katastrophe nicht nur dadurch zukommt, daß er keine Alternative für den Nazismus bieten konnte, sondern auch eng verwoben mit dem ideologischen Sumpf war, dem soviel Unheil entströmte."[60]

„Die Sozialistischen Freiheitskämpfer wenden sich (…) mit Entschlossenheit gegen eine Geschichtslüge, die unter dem Deckmantel wissenschaftlicher Objektivität bei uns verbreitet wird: Die Lüge von der ‚geteilten Schuld‘ des Besitzbürgertums und der Arbeiterbewegung an der Zerstörung der österreichischen Demokratie in den dreißiger Jahren." Der dieser Einleitung folgende Artikel aus der Feder von Josef Hindels versuchte nun dies, die jahrelang planmäßig betriebene Verschwörung von „Industrielle[n] und Bankiers", von „Großgrundbesitzer[n], Bürgerblockpolitiker[n] und Heimwehrführer[n]" gegen die österreichische Demokratie, sozialen Fortschritt und Arbeiterbewegung – nachhaltig – zu untermauern[61]. „Wenn Max Horkheimer in seiner Faschismusanalyse sagt: ‚Wer aber vom Kapitalismus nicht reden will, sollte auch vom Faschismus schweigen‘, so trifft das ganz besonders für das Österreich der dreißiger Jahre zu." Bemerkenswert an diesem Artikel ist weniger die Substanz der Analyse, diese hat Hindels beispielsweise in der „Zukunft" wiederholt veröffentlicht, sondern der Absatz: „Die sozialistischen Freiheitskämpfer sind auch der Meinung, daß in den Organisationen der Arbeiterbewegung mehr als bisher die Fragen Faschismus, Nationalismus und rassistische Vorurteile behandelt werden müssen. Haben doch die Umfrageergebnisse gezeigt, daß Antisemitismus und Fremdenhaß epidemisch verbreitet sind – auch in den eigenen Reihen."[62] Der Ablehnung der „geteilten Schuld" von seiten Hindels schloß sich in einem anderen Artikel zum „Anschluß" auch – nicht überraschend – Scheuch an[63].

1976 listete Scheuch die soziale Notlage, die mangelnde Identifikation mit der „von niemandem geliebten Regierung" sowie den kollektivbiographischen Hintergrund der Österreicher, nämlich „aus einem großen, mächtigen Reich"[64] gekommen zu sein, als Ursachen auf.

Eine bis zu diesem Zeitpunkt für alle untersuchten Tageszeitungen einmalige Dichte an historischer Thematisierung des „Anschlusses" führte die AZ 1978 durch.

Mit der Thematik „Sozialdemokratie und ‚Anschluß‘" setzte sich wiederum Manfred Scheuch auseinander, beschränkte sich in seiner Darstellung allerdings nicht auf die zwei Jahrzehnte nach 1918, sondern verwies auf die Parteigeschichte und die divergierenden Positionen im Exil zu einer möglichen Eigenstaatlichkeit Österreichs. Daß der sozialdemokratische Anschlußwille und der in diesem Zusammenhang konsequent verschwiegene Deutschnationalismus in Scheuchs Darstellung ein „guter" war, braucht nicht extra betont zu werden[65]. Im Gegensatz zur kategorischen Verurteilung des Austrofaschismus und des gesamten Bürgertums fand der Bürgerliche Ernst-Karl Winter nicht nur Erwähnung, sondern explizite Belobigung, freilich als herangezogener Kronzeuge zur Stützung der eigenen Unschulds- und Opferposition. An der herkömmlichen Interpretation des „Anschlusses", nämlich des österreichischen Nationalsozialismus als konsequente Folge des „Ständestaates", der Kurzformel: Aus 1933 und 1934 folgte 1938[66], der „Blutschuld" von 1934[67] und der negativen Bewertung der politischen Eliten des „Ständestaates"[68] – nicht nur von Karl Hans Heinz – wurde in diesem Zusammenhang konsequent festgehalten. „Der 11. März 1938 war die letzte Leidensstation auf dem Kreuzweg, den entlang die Führer des Austrofaschismus unser Land in die Katastrophe trieben. Vor die Wahl gestellt, von Österreich aus Europa, ja der ganzen Welt als Fanal der Freiheit zu leuchten gegen die drohende Welttyrannei – oder schmählich zu kapitulieren, entschied sich der damalige Regierungschef Dr. Kurt Schuschnigg für die erniedrigende Rolle, Steigbügelhalter Adolf Hitlers zu sein. Man kann vom 11. März 1938 nicht reden, ohne mit dem 7. März 1933 zu beginnen. Mit der von Engelbert Dollfuß durch Brachialgewalt vollzogenen Ausschaltung des Parlaments war der erste Schritt vom Weg der Demokratie und hin zur Selbstauslöschung Österreichs getan." Am Beispiel Winters trachtete der Verfasser der Serie, Karl Hans Heinz, „die immer wieder aufgetischten Märchen zu widerlegen, der Austrofaschismus hätte einen heroischen Kampf gegen die Nazigefahr geführt, und die Auslieferung Österreichs an Hitler sei unabwendbar gewesen, sozusagen eine griechische Schicksalstragödie."[69] Den „Anschluß", beziehungsweise die dahinführenden Motive selbst deutete er allerdings weniger aus der innenpolitischen Situation in Österreich, sondern vor der gespannten innenpolitischen Lage im Deutschen Reich. „Das Tempo der verhängnisvollen Entwicklung begann sich nun gefährlich zu beschleunigen. Hitler hatte Anfang 1938 große innere Schwierigkeiten mit den Militärs. Die internationale Presse sprach von der schwersten politischen Krise, seit der Röhm-Revolte [!] vom 30. Juni 1934. Hitler benötigte demnach dringend eine Ablenkung nach außen. So kam es zur ‚Einladung' Schuschniggs nach Berchtesgaden am 12. Februar."[70] Bruno Kreiskys Analyse als SPÖ-Vorsitzender und Regierungschef ist von der Argumentationsführung wohl nicht nur als historische zu begreifen, sondern auch als Legitimation der SPÖ-Politik, vor allem von deren Wirtschaftspolitik, zu deuten[71]. Sowohl der Anschlußwille als Kontinuität der gesamten Ersten Republik[72], die teilweise von außen gesteuerte Unterminierung der österreichischen Selbständigkeit[73] als auch schließlich der „Anschluß"-Jubel wurden vor der wirtschaftlichen Folie interpretiert. „Jahrelange Arbeitslosigkeit, furchtbare Not, unbeschreibliches Elend sind nicht der Nährboden der besten Charaktereigenschaften bei den Menschen. Nur die wenigsten können da bestehen. Und zu alledem kam der Zorn über das Regime einer privilegierten Minderheit, kam die Aussichtslosigkeit angesichts der faschistischen Mächte an unseren Grenzen; und so hat es viele gegeben, die damals eigentlich froh waren, daß sie die einen losgeworden sind und meinten, es werde wenigstens bei den anderen Arbeit geben."[74] Die starke

Betonung wirtschaftlicher Motive in den späten siebziger Jahren dürfte nicht nur mit der Legitimation der eigenen Politik, sondern auch – besieht man sich hierzu andere Tageszeitungen zur gestellten Thematik – mit Schausbergers wirtschaftshistorisch angelegter Publikation, Der Griff nach Österreich, zusammenhängen[75]. Hinzuweisen ist ferner auf die ausschließlich dem „Anschluß" gewidmete Beilage „1938" der AZ; sie war – im Hinblick auf die vom Verfasser recherchierten Zeitungen – die österreichweit allererste zu dieser Thematik überhaupt (sieht man von diversen reich illustrierten Bildbeilagen ab). Kreisky betonte die Kontinuität von 1918 über 1933/34 zu 1938, die planmäßig betriebene Ausschaltung des Parlamentes, in der er jenen Weg sah, der „schnurgerade in den nazistischen Abgrund geführt hat". Andererseits wurde in „den Gefängnissen und den Konzentrationslagern, in den illegalen Gruppen des Widerstandes" die „Geburtsstunde des neuen Österreich"[76] vorbereitet. Karl Mauk wies auf das Ungleichgewicht von illegalen Sozialdemokraten und illegalen Nationalsozialisten hin, das zeige, „daß es Dollfuß nicht um den Kampf gegen den Nationalsozialismus, sondern um den Kampf gegen die Arbeiterbewegung ging. (...) Der Staatsstreich des österreichischen Faschismus hat den Nationalsozialismus nicht nur nicht aufgehalten, sondern ihm den Weg erst geebnet."[77] Die deutsch-österreichischen (außenpolitischen) Beziehungen nach 1936 analysierte Hans Besenböck. Nach und neben der „Vernichtung der österreichischen Sozialdemokratie" sei das Juliabkommen das präzise Datum „des Unterganges Österreichs", denn ab diesem Zeitpunkt habe Österreich „aufgehört eine eigenständige Politik zu betreiben und sich selbst zu verwalten." Eine Folge des Abkommens sei gewesen, daß „auch die Nazibewegung in Österreich wieder" hochkam, die, „wiewohl das Abkommen dies ausdrücklich verbot, vom Deutschen Reich kräftig aufgepäppelt"[78] wurde. Ausführlich wurden 1978 die Opfer des Nationalsozialismus, die ansonsten regelmäßig gegenüber denen des Februar 1934 zurückgestellt wurden, erwähnt. So wies Heinz unter Verwendung der Gleichung „März 1938 = Beginn des Zweiten Weltkrieges" darauf hin, daß mit dem Einmarsch „Hitlers Häscher nach längst vorbereiteten Listen nach ihren ersten Opfern" fahndeten. „Der Zweite Weltkrieg hatte begonnen."[79] Kreisky, dessen Rede bei der SPÖ-Kundgebung zum März 1938 auf dem geschichtsträchtigen Boden in Wien-Floridsdorf wiedergegeben wurde, meinte (und so ungeheuerlich unverblümt konnte dies wirklich nur Kreisky formulieren), mit der Machtübernahme des „Nazismus (...) in Österreich" habe dieser „die Vernichtung der österreichischen Juden verkündet." Was mit den Juden begonnen habe, hörte „mit Hunderttausenden Österreichern auf den Schlachtfeldern des Krieges" auf. „Mehr noch als die österreichischen Juden haben die Österreicher ihren Blutzoll bezahlen müssen"[80]. Jonny Moser wies als überhaupt erster – in der Tagespresse – im Zusammenhang mit dem „Anschluß" auf die „pogromhaften Ausschreitungen der SA und des Mobs gegen die Juden Wiens" hin, und ließ es nicht mit dem Verweis auf die „Reibpartien" bewenden. „Das Erschütterndste in diesen Wochen jedoch war die Selbstverständlichkeit, mit der der Selbstmord eines Bekannten oder Freundes hingenommen wurde. Diese Häufung von Selbstmorden wurde einerseits durch die Annexion und die Verhaftungsaktion der Gestapo und andererseits durch die diskriminierenden Maßnahmen, die mit der Vereidigung der Beamten einsetzten, hervorgerufen. Es waren der nackte Terror, die Angst vor der Verhaftung, der Verletzung des Ehrgefühls, die Scham nach einer Straßenreinigung, der Verlust des Postens, das Verbot der Berufsausübung, der geschäftliche Niedergang durch den Boykott jüdischer Geschäfte (...). Die Selbstmorde im Frühjahr 1938 in Wien umfaßten vornehmlich Juden und Personen jüdischer Abkunft."[81]

Die Auszüge aus einem Interview Kreiskys mit der israelischen Zeitung „Yediot Aharonot", in dem er 1980 den Widerstandswillen der Arbeiterschaft betonte[82], und ein Bericht über das Dokumentationsarchiv des österreichischen Widerstandes[83] runden die Behandlung des „Anschlusses" in der AZ – abgesehen von 1988 im Zusammenhang mit der Kontroverse um Kurt Waldheim[84] – ab.

Ein und eigentlich das durch Jahrzehnte hinweg wiederkehrende Motiv der AZ-Kommentierung war die Aussage: Ohne den Verfassungsputsch von 1933, den Arbeitermord von 1934 kein 1938. Demnach war die Schuldfrage als im Austrofaschismus verortet, geklärt und dementsprechend harsch die Ablehnung der „geteilten Schuld". Mit dieser Verortung ging einerseits die Reklamation von Antifaschismus und Antinazismus für die Arbeiterschaft, sprich für die Sozialdemokraten und deren sozialistische Erben, andererseits der „Freispruch" für österreichische Nationalsozialisten[85] einher. Der Opferstatus wurde kollektiv, also auch für die – so die Darstellung – außengesteuerten und dann vom „Anschluß" enttäuschten österreichischen Nazis, und über 1945 hinausreichend reklamiert[86]. Wenn die AZ – zumindest in der Nachkriegszeit – auf „österreichische Quisslinge und Agenten" verwies, blieb unklar, wer damit vor allem gemeint war: die österreichischen Nazis oder die Austrofaschisten. Diese „Außensteuerung(en)" Österreichs, einmal durch die Annäherung des Austrofaschismus an den italienischen Faschismus und ein zweites Mal durch die aggressive Politik Hitler-Deutschland Österreich gegenüber, wurden als wesentliche Motive angeführt, wodurch der „Anschluß von innen" und der „von unten", also die teilweise vor dem militärischen Einmarsch vorgenommenen Machtübernahmen auf bundesstaatlicher oder lokaler Ebene entweder ausgeblendet oder in ihrer Relevanz minimiert wurden. Eine weitere historische Deutung war der „Anschluß" als zweifaches Fanal: als Fanal des Weltkrieges und – wesentlich häufiger – als konstitutives Element für den „Geist der Lagerstraße" (wobei dieses für die Vertreter des „Ständestaates" manchmal, wenn auch unausgesprochen, als eine Art gerechte Strafe kommuniziert wurde) und somit des Staatsbewußtseins nach 1945. Umgedeutet, beziehungsweise in ein die eigene Vergangenheit rechtfertigendes Schwarz-Weiß-Schema gepreßt wurden die sozialdemokratischen Anschlußavancen nach 1918/1919, und völlig ausgeblendet wurden in diesem Zusammenhang der Deutschnationalismus und die für alle Lager nachweisbare Militarisierung der Innenpolitik. Der Nationalsozialismus im Zusammenhang mit dem „Anschluß" wurde weniger als deutsche denn als bürgerliche Erscheinung – von der sozialen Basis und vom „Ständestaat" her – gedeutet.

12.3. Steirerblatt/Südost-Tagespost

Ein wesentliches Merkmal der den „Anschluß" betreffenden Kommentierung der ersten Jahre nach 1945 war, daß sich hierbei, aufgrund der weiter unten angeführten und zitierten Autoren, weniger eine Blatt-, als eine Parteilinie manifestierte und dies nicht (nur) auf Landes-, sondern (auch) auf Gesamtstaatsebene.

So wurde 1946 aus einer – teilweise ambivalenten – Rede Leopold Figls zum „Anschluß"-Gedenken zitiert, in der er vor allem die Opferstellung Österreichs, konkret als Opfer des unzivilisierten und aggressiven „Dritten Reiches" und des – in der Rede sehr behutsam erwähnten – passiven Auslandes betonte. „Wieder einmal (...) war die Kultur, der Geist durch die Barbarei, den Stiefel der Gewalt überwältigt worden. (...) Am 11. März 1938 ging es gar nicht um Österreich. Nein, es ging damals schon um die Welt, die aber noch nicht reif war, um den letzten Sinn dieses Kampfes zu erfassen. Es ging eben um Menschentum und Menschenwürde, niemals aber um irgendein Parteiprogramm. (...) Der imperialistische Stiefel des Faschismus begann seinen Marsch über Europa. Er hat später größere und stärkere Reiche überrannt. (...) Österreich konnte den offenen Kampf nicht aufnehmen, es stand damals allein. Seine großen Freunde im Westen und Osten waren für diesen Kampf noch nicht gerüstet."[87] Opfer war einerseits Österreich als Gesamtstaat, andererseits ein „Zehntel der österreichischen Bevölkerung (...) aus allen Schichten der Bevölkerung und Parteien (...), Volksparteiler und Sozialisten (...), Katholiken und Juden, Kommunisten und Monarchisten", die doch nichts anderes als Österreicher waren. Schließlich betonte Figl, und diese Argumentationslinie wird uns im christdemokratischen Geschichtsbild in Zukunft häufig begegnen, daß der österreichische „Opfergang" nicht erst 1938, sondern schon früher begonnen habe. „Die wahren Kämpfer für dieses Österreich waren älteren Datums, die stammen aus der Zeit vor der Befreiung Österreichs bis zum April 1945. Sie stammen aber auch – dies muß einmal festgestellt sein – aus der Zeit vor 1938."[88] Bereits drei Tage zuvor wurde der damalige Bundesminister Felix Hurdes zum „Anschluß" zitiert. Daß er den gewaltsamen Akt der „Tilgung" Österreichs und der Österreicher betonte, verwundert wenig. Im Gegensatz zu Figl verwies er wesentlich stärker auf den – was allein schon der Titel andeutete – Kampf Österreichs, woraus er eine positive Einschätzung und Bewertung des Ständestaates ableitete und diese auch einforderte. „In dieser Zeit hat Österreich gegen den im Dritten Reich zur Macht gekommenen Nazismus einen zähen Kampf um seine Freiheit gegen das übermächtige Nazi-Deutschland geführt. Dabei dürfen wir Österreicher wohl mit Stolz darauf verweisen, daß das kleine Österreich diesen Kampf gegen das übermächtige Nazi-Deutschland geführt hat, als man in der ganzen Welt vielfach noch geneigt war, sich mit einem Hitlerdeutschland abzufinden. (...) Im Interesse der geschichtlichen Wahrheit darf (...) all das Positive, das in den Jahren 1934 bis 1938 im Kampf gegen den Nationalsozialismus geleistet wurde, nicht einfach aus parteipolitischen Abneigungen und aus Groll verschwiegen werden oder gar umgedeutet werden."[89] Die antinazistische Grundtendenz der Christlichsozialen zeige sich im gegenwärtigen antinazistischen Personal der Volkspartei, die über Männer verfüge, „denen der unermüdliche Kampf gegen den Nazismus die Legitimation gegeben hat"[90]. Einige Tage zuvor wurde im Hinblick auf den „Jahrestag" aus Zernattos Buch „Die Wahrheit über Österreich" auszugsweise, die Tage nach dem 12. Februar 1938 betreffend, zitiert. Erwähnte Hurdes den österreichischen Nationalsozialismus überhaupt nicht und auch Figl lediglich andeutungsweise und geradezu hanebüchen[91], so sprach dieser Artikel eine ganz andere, wirklichkeitsnähere Sprache. „Vor allem die steirischen Nationalsozialisten hatten den Beschluß gefaßt, einen A u s g l e i c h zwischen dem Nationalsozialismus und dem Regime u n m ö g l i c h z u m a c h e n. Sie waren davon überzeugt, daß es gelingen würde, einen Aufstand zu provozieren, in dessen Verlauf die Regierung gezwungen sein würde, auf nationalsozialistische Demonstranten schießen zu lassen. (...) Seyß-Inquart versuchte zwar, seine Autorität gegenüber den Steirern durchzusetzen. Es gelang ihm auch vorübergehend, sie zu zähmen, aber das s t e i r i s c h e I n t e r m e z z o hatte auf die Gesamtentwicklung wesentlichen Einfluß."[92] Trotz der Erwähnung dieses innerösterreichischen Aspektes, lag das Hauptaugenmerk auf den außenpolitischen Rahmenbedingungen, die einerseits den Topos des alleingelassenen Österreich[93], andererseits den der fremd- und außengesteuerten – österreichischen – Nazis[94] betonte. Der Artikel Gorbachs „bediente" – wie bereits belegt wurde – all diese Rückgriffe auf die Geschichte, erwähnte zwar die österreichischen Nationalsozialisten, betonte aber gleichzeitig deren Minderheitenstatus. „Es waren rund 9000 österreichische Patrioten, denen rund 7000 nationalsozialistische Demonstranten gegenüberstanden."[95] Eng damit verbunden war – als wiederkehrendes Muster – die Beschreibung österreichischer Nationalsozialisten als außengesteuerte Handlanger. „Auf unser neuerliches Bemühen um einen Ausweg, erklärte er [Seyß-Inquart] schließlich, man könne hier [in Wien] keine Entscheidungen mehr fällen, diese liegen anderswo. Unsere rasche Zwischenfrage ‚Wo?‘ beantwortete er mit ‚In Berlin‘. (...) In diesem Augenblick, in dem Seyß-Inquart zugab, daß die Entscheidung in Berlin liegt, handelt es sich bei allen Ereignissen auch nicht mehr um eine Befreiungsaktion [!] der österreichischen Nationalsozialisten, sondern um die Eroberung eines Landes durch die deutsche Wehrmacht."[96]

Weniger intensiv war die Kommentierung im folgenden Jahr. Diese zeichnete sich vor allem dadurch aus, daß zwischen ÖVP und SPÖ offensichtlich ein Streit ums Geschichtsbild ausgebrochen war. Daß sich dieser wiederum an den Jahren 1934 bis 1938 entzündete, verwundert nicht. „Diese Jahre, so wird heute bereits wieder gesagt, waren es, die sozialistische Arbeiter dem Nationalsozialismus in die Arme getrieben haben, und man vergißt dabei ganz, welch unehrenhaftes Zeugnis man damit unserer intelligenten, politisch ausgezeichnet geschulten Arbeiterschaft ausstellt. Die verbrecherische Gesinnung des Nationalsozialismus, die sich in Bombenattentaten und Wirtschaftssabotage in Österreich äußerte und das Grauen der KZ-Lager und der Judenverfolgungen in Deutschland waren den österreichischen Arbeitern schon vor 1938 so gründlich bekannt, daß es bestimmt keine wertvollen Menschen waren, die sich dem Nationalsozialismus in die Arme geworfen haben. (...) Es hat deshalb auch kaum Zweck, erneut das Für und Wider einer Politik zu erwägen, durch die das Grauen der Naziära für Österreich immerhin um vier Jahre verkürzt worden ist."[97] Damit im Zusammenhang stand auch, daß sich das Blatt an anderen Stellen gegen Polemiken Schuschnigg betreffend verwahrte[98].

Besieht man sich die zwei Quellenbestände für 1946 und 1947 so fällt vor allem der quantitative Unterschied auf. Auch die Argumentation und die Reklamation des antinazistischen Leidens und des davon abgeleiteten Erbes war 1947 wesentlich weniger stark ausgeprägt als im Jahr zuvor. Der einzige Punkt, der zur Kommentierung (und zur publizistischen Gegenwehr) Anlaß bot (oder nötigte?), war der nach der Bewertung des „Ständestaates", wobei es weniger um dessen reklamiertes Erbe, sondern um dessen (versuchte) Außerstreitstellung und positive Bewertung – im Sinne von antinazistischem Staatswiderstand – ging.

Der Zehnjahrestag des „Anschlusses" 1948 stand vor allem unter dem Aspekt des Leidens und des österreichischen Opfers. So wurde bereits am 6. März ein Gedicht Anton Wildgans' zitiert[99], und am 14. war unter anderem zu lesen: „In den Märztagen des Jahres 1938 (...) brach die Nacht des Terrors und der Gewalt über Österreich herein. (...) Ein heller Fleck Erde,

425

beliebt und geschätzt in der Welt, versank damit in einem Meer von Leid und Tränen. Diesen Märztagen aber ging ein Jahrfünft voraus, das wie wenige in der Geschichte Österreichs gerüttelt voll war von Unruhe, Sorge und Kummer, aber auch von den Zeichen ehrenvollen Kampfes gegen eine Bedrohung, der kein Mittel zu schlecht und keine Maßnahme zu brutal war". Eng daran geknüpft waren wiederum die Topoi des österreichischen Freiheitskampfes, getragen von und monopolisiert auf die apologetisch gedeutete „Vaterländischen Front", und dieser wiederum auf das Engste mit der Volkspartei nach 1945 verbunden. „Dieser wahrhafte Freiheitskampf konnte leider nicht geführt werden von der Zusammenballung aller freiheitsliebenden Kräfte des Landes, sondern er mußte geführt werden von einer aus der Not der Zeit geborenen Konstruktion, von der Vaterländischen Front, die notwendig geworden war, weil der Zwist parteipolitischer Differenzen die Erkenntnis des allein Wichtigen – die Sicherung der Existenz des Landes – erschwerte, ja verhinderte. So kamen die Märztage 1938 mit dem Masseneinbruch einer kriegsbereiten Armee, dem Verrat im Inneren, und all dies geschah unter dem Schweigen der Welt, die – ahnungslos darüber, was Österreich bedeutet – dieses Land unter dem Schweigen abschrieb. Der Heldenkampf war zu Ende, Österreich mit einer jahrhundertealten und großen Vergangenheit erschien ausgelöscht." Damit verknüpfte Hurdes auch die Forderung nach der Freiheit für das Land, denn es sei erschütternd, „daß Österreich der einzige Staat, der ein Jahrfünft vor dem Krieg allein gegen eine übermächtige Diktatur ankämpfte, nun wieder um seine Freiheit kämpfen muß, kämpfen muß gegen manche überholte parteienge Beschränktheit und gegen neue Diktaturgelüste."[100] Wie 1946 reklamierte die Volkspartei neben den Jahren 1933/34 bis 1938 unter Außerachtlassung von Bürgerkrieg und Semi-Diktatur, erneut – dadurch geradezu legitimiert – das antinazistische Monopol für sich. Die ÖVP sei „aus dem Kampf um das Land" erwachsen, „deren führende Frauen und Männer Qual und Gefahren fremder Unterdrückung am eigenen Leid erfahren hatten." Eine in diesem Zusammenhang immer wiederkehrende historische Reminiszenz ist die des Endes von Österreich als Beginn für das Inferno des Weltkrieges. „Für a l l e aber, für Österreich und die Welt, war dieses scheinbare Ende der Beginn einer Weltkatastrophe von Ausmaßen sondergleichen. Wir alle haben sie miterlebt und wir alle werden noch lange an ihren Folgen zu tragen haben. Seither sind zehn Jahre vergangen, Jahre, die die Welt in ihren Grundfesten erschütterten und die menschliche Zivilisation an den Rand des Abgrundes brachten."[101] Damit wiederum eng verbunden war die Bewertung des Verhaltens von Frankreich und England. Diese stand nicht unter dem anklagenden Aspekt des „Niemand hat uns geholfen" und somit unter dem der Schuldablenkung, sondern unter dem sehr zurückhaltend formulierten Erklärungsmuster, die nachmaligen Siegermächte hätten

die Situation falsch eingeschätzt. „Was unterscheidet nun die gegenwärtige
a u ß e n p o l i t i s c h e Situation Österreichs von der des Jahres 1938? Der
allgemeine Unterschied liegt darin begründet, daß die demokratische Welt
von damals zum erstenmal mit der Taktik und den Zielen der Diktatur bekannt wurde."[102] Wurde zuvor die Frage nach dem österreichischen Anteil
am Nationalsozialismus dadurch umgangen, den österreichischen Nationalsozialisten das Attribut „unösterreichisch" und dem österreichischen Wesen
widersprechend zu verleihen wurde[103], so wurden sie 1948 teilweise selbst zu
Opfern umgeschrieben. „Aber selbst in den Reihen derer, die den Zwing-
herrn aus dem Deutschen Reich zugejubelt hatten, zog bald Ernüchterung, ja
bittere Enttäuschung ein."[104] Sofern es die Täter betraf, wurden diese weniger für die Jahre 1938 bis 1945, sondern bis 1938 in Form der Sozialdemokraten benannt. „Wir stehen nicht an, zu erklären, daß an dieser Entwicklung" zum März 1933 „nicht e i n e Partei allein schuld war, sondern alle,
doch muß hiebei eben das Wort a l l e betont werden, und jedenfalls haben
gerade jene, die am meisten von der Freiheit reden, am wenigsten dazu getan,
sie zu behaupten."[105]

Das Motiv, die Situation des Jahres 1938 in die Gegenwart zu trans-
portieren, also die verlorene Freiheit 1938 den Alliierten gegenüber zu reklamieren, fand sich wiederum 1949, und allein die Terminologie ist ein Indikator dafür, wie sehr sich die Einschätzung des Verhaltens der Westmächte zwischen den Jahren 1946 bis 1949 gewandelt hatte. Wiederum war es mit dem
damaligen Generalsekretär des ÖAAB und – diesbezüglich wohl gewichtiger
– als Obmann der ÖVP-Kameradschaft der politisch Verfolgten, Fritz Bock,
ein hochrangiger ÖVP-Politiker, der die quasi parteioffizielle Position veröffentlichte. „„Wir wären gerne bereit, zu vergessen, daß uns am 11. März 1938
die ganze Welt im Stich gelassen und Österreich bereitwilligst [!] abgeschrie-
ben hat, aber wir sind zu einem solchen Vergessen solange nicht bereit, als
man unsere am 11. März 1938 zerstörte Freiheit nicht wieder hergestellt hat.
So aber hat die große Welt in der Deklaration von Moskau uns einen Teil
einer sogenannten Mitschuld am Kriege zudiktiert, hat uns in Potsdam durch
die Erfindung des Begriffes ‚deutsches Eigentum' einen Teil unseres Volks-
vermögens geraubt und nimmt uns täglich ein Drittel der Staatseinnahmen
durch die Besatzungskosten weg. Solange man Österreich sein Recht, seine
Freiheit, sein Leben nicht gestattet, solange sind wir nicht bereit, zu vergessen, daß der Untergang Österreichs am 11. März 1938 auf das passive Schuldkonto der gesamten Welt zu setzen ist. (...) Die Verantwortung vor der Geschichte für die Aufrechterhaltung einer jahrelangen Besetzung eines am Krieg
völlig schuldlosen Staates trifft nicht uns, sondern die anderen'"[106], sprich weniger Deutschland, schon gar nicht die österreichischen Nazis, die – die Wahlen
1949 warfen schon lange Schatten – generalpardoniert und vorabamnestiert

wurden[107], sondern das Ausland, konkret zum damaligen Zeitpunkt die Alliierten, denen dadurch die Schuld am durchgehenden Opferstatus Österreichs von 1938 bis zur Gegenwart zugeschrieben wurde. Hinzu kam erstmals in der Argumentation der Volkspartei, so sie hier exemplarisch nachgezeichnet wird, nicht nur die für die Nachkriegsjahre nachweisbare verstärkte Reklamation des kollektiven Opferstatus, sondern die Betonung des kollektiven Unschuldstatus. So wie von Bock die Ex-Nazis pardoniert wurden, so wurde den Sozialisten die Leviten gelesen und ihnen nicht wenig an Mitschuld – wiederum verbunden mit dem Angebot des Verzeihens und Vergessens, also eines zumindest rhetorischen „Waffenstillstandes" – am Untergang Österreichs zugeschrieben. „Wir wollen nicht wieder in alten Wunden wühlen, wir sind bereit zu vergessen, was uns vor dem Jahre 1938 auf innenpolitischem Gebiete in Österreich entzweit hat. Wir müssen aber heute im März 1949 mit großem Bedauern feststellen, daß unsere Bereitschaft zum Vergessen ehemaliger Gegensätze bis heute nicht von den anderen anerkannt worden ist. Die Ehrfurcht vor den toten und die Achtung vor den lebenden Opfern des Nazismus verlangt daher von uns, daß wir die Gegenseite wiederum aufrufen, nicht immer wieder durch Geschichtsfälschung neuen Zwietracht und neuen Haß zu säen. Wir haben gewiß Verständnis für die schwierige Zwangslage, in der sich die Sozialisten gerade bei der historischen Betrachtung der Zeit vor 1938 befanden. Gewiß ist es unangenehm, sich die historische Entwicklung, angefangen vom Schutzbund über das Linzer Parteiprogramm, von der Diktatur des Proletariats bis hin zu den Schüssen vom 12. Februar 1934 vor Augen halten lassen zu müssen und das Schuldkonto abzulesen, das sich aus ewiger politischer Opposition ergeben hat." Damit ging wiederum einher, den Opferbegriff und die einwandfrei antinazistische Vergangenheit für die ÖVP zu reklamieren, den Austrofaschismus als „eine Notwendigkeit" zu bezeichnen und diesen in einem bis dahin nicht dermaßen stark und explizit formulierten Ausmaß nachhaltig positiv zu besetzen. „Für uns ist die Tätigkeit in der Vaterländischen Front keine Schande, sondern im Gegenteil der leuchtendste Beweis von Opferbereitschaft und Kampfentschlossenheit für die Freiheit unseres Vaterlandes. Daß die anderen, wieder von Ausnahmen abgesehen, nicht in der Lage sind, diese Beweise in so starker Zahl zu erbringen wie wir, kümmert uns nicht, wir rechnen sie ihnen nicht vor, aber wir verbieten uns, die Zeit von 1934 bis 1938 als die Vorläuferzeit des Nazismus in Österreich zu bezeichnen."[108]

1950 wurde in Zusammenhang mit der Schuldfrage vor allem der Okkupationsstatus Österreichs zwischen 1938 und 1945 behandelt. Die Betonung von Okkupation und die Ablehnung von Annexion sei „insoferne von höchster realer Bedeutung, als ein ‚annektiertes' Österreich als ein Teil Deutschlands mitbesiegt und mit für den Krieg verantwortlich wäre, während man ein nur besetztes Österreich doch nicht so ohne weiteres für die Taten des Besetzers zur Verantwortung (Reparationen usw.) ziehen kann."[109] Zu diesem Artikel ist schließlich anzumerken, daß er der letzte in einer publizistischen „Tradition" war, nämlich jährlich und zum Datum hingetimed zu publizieren. Danach finden sich diesbezügliche Kommentare oder Artikel entweder (wie 1952) versprengt und zufällig oder orientierten sich am Schema der „Jubiläumsgeschichtsschreibung", also an einschlägig runden Daten beziehungsweise Jahreszahlen.

Eine Erweiterung der Schuldzuschreibung an die Sieger erfuhr die Thematisierung im Mai 1952. Unter Berufung auf einen positiv rezensierten Kommentar im „Rheinischen Merkur", der sich mit einem etwaigen Anschlußverbot Österreichs auseinandersetzte, wurde die Schuldzuweisung unter der Betonung des Aspektes der Aggression von außen in die Jahre 1918/1919 zurückdatiert. „Mit Recht fragt sich die erwähnte Zeitung, ob man denn aus der Vergangenheit nichts gelernt habe, vor allem nicht, daß sich so ein Verbot schon einmal als wirkungslos erwiesen und nur die Verbieter beschämt hat, weil sich ja doch keine Hand rührte, als das Verbot gewaltsam gebrochen wurde." Ein solches Verbot, das nur zu sehr auch den österreichischen Anteil am „Anschluß" zumindest implizit mitgedacht hätte, sei für Österreich diffamierend, „weil es das österreichische Volk, wenn es nicht durch eine Reihe von Rechtsbrüchen mürbe geworden wäre, es einfach als unerträglich empfinden müßte, daß die Souveränität seines Willens von vornherein Einschränkungen unterworfen sein soll und daß seine angebliche Selbständigkeit (...) gar nicht als wirkliche Selbständigkeit, das heißt als Freiheit in den Entschlüssen gedacht ist."[110]

Quantitativ bescheiden war der publizistische Niederschlag 1953, als sich der „Anschluß" zum fünfzehntenmal jährte. Die bereits für 1949 nachweisbare offensiv-apologetische Tendenz den ehemaligen Nationalsozialisten gegenüber wurde 1953 in einem nachgerade salbungsvoll-verstehend-verzeihenden Tonfall fortgesetzt. „In diesen Märztagen sollte jeder ein paar Minuten für eine (...) Besinnung erübrigen und ein wenig darüber nachdenken, wie es kam und was daraus wurde; nachdenken, nicht urteilen oder verurteilen, denn dazu ist der Mensch vielleicht nicht gescheit genug. Genau so, wie niemand wissen konnte, was aus dem Samen, der in jenen stürmischen Märztagen auf den frühlingshaft aufgeschlossenen Boden fiel, für ein alles überschattendes Ungetüm wachsen würde, ob das, was er in der besten Absicht tut, nicht genau das Gegenteil von dem bewirken wird, was er damit wollte. (...) Innerhalb solcher Betrachtungen kommt der Erkenntnis ein besonderer Rang zu, daß der Übergang in ein autoritäres [!] System, wie er ja ursprünglich mit dem Anschluß verbunden war, ursprünglich nicht der besonderen Tücke einiger Autokraten zuzuschreiben, sondern nur die unausbleibliche Antwort auf den von der anderen Seite ausgeübten Terror war." Als (zunehmend allein) schuldig am März 1938, gedeutet als Endpunkt der innenpolitischen Auseinandersetzung, wenn man die in diesem Blatt veröffentlichten Argumentationen der Spitzen der Volkspartei seit den späten 40er Jahren liest, wurden die Sozialdemokraten der Ersten Republik benannt. So auch 1953. Nachdem der Übergang 1938, wie zu betonen ist, von einer offenbar blühenden Demokratie zu einem weniger demokratischen, eben autokratischen, System als Notwehrreaktion auf den von sozialdemokratischer „Seite ausgeübten Druck" gedeutet wurde, fuhr der Autor zur Untermauerung fort: „Die Flammen des Justizpalastbrandes und die durch die Straßen Wiens peitschenden Gewehrsalven waren eine schlechthin nicht zu überhörende Aufforderung, sich vorzusehen. Da der Gewalt einmal das Wort erteilt war, konnte es sich nur noch darum handeln, wer sie gebrauchen würde. Daß die Notwehr des nichtmarxistischen Bevölkerungsanteils damals gegen jene Macht, die sich nicht genug damit brüsten konnte, daß der Stillstand des gesamten Lebens nur von ihrem starken Arm abhinge, für die Marxisten schließlich vernichtend wurde, müßte auch unseren heutigen Sozialisten eine ernste Mahnung sein, sich nie wieder auf den gefährlichen Weg des Terrors zu begeben. (...) Die Sozialisten sollten sich immer wieder sagen, daß Druck immer Gegendruck erzeugt und daß Terror notfalls auch mit Terror beantwortet werden könnte, auch von solchen, die ihrer Herkunft, Bildung und Stellung nach jede Gewalt zutiefst verabscheuen."[111]

Österreich als vor allem außengesteuertes Objekt der Weltgeschichte stand im Mittelpunkt des Diskurses 1958, der sich ausschließlich mit den geschichtlichen Ereignissen bis zum 15. März 1938 auseinandersetzte. Einerseits wurden die Friedensverträge von 1919 und die Nachfolgestaaten der Monarchie als historische Fern- und Folgewirkungen benannt[112], andererseits – als Nahwirkungen – die Politik Italiens, Frankreichs und Englands, sowie die Politik Nazideutschlands in den entscheidenden Phasen des Jahres 1938. Diese waren „der Rücktritt des hitlerfeindlichen englischen Außenministers Eden am 20. Februar", schließlich die „nichtssagenden Redensarten" Londons, „die unverantwortliche Opposition" in Paris, die „einige starke Töne" anschlug, und Rom, das überhaupt „schwieg"[113]. Hinzu kam die Tatsache, daß die „österreichischen Nationalsozialisten nach wie vor restlos von Berlin bestimmt wurden." Als fernwirkende, innenpolitische Faktoren wurden – als Reaktion auf das wiederum außengesteuerte Anschlußverbot und die Politik der Nachbar- und Nachfolgestaaten – zum einen der allgemein verbreitete Anschlußgedanke[114], zum anderen (und entscheidender „für den Durchbruch des österreichischen [!] Nationalsozialismus zu Machtergreifung und Anschluß") neben „dem materiellen Nachdruck des Dritten Reiches auch der Einfluß der nationalen Propaganda auf die österreichische Intelligenz, der bis tief in deren konservative Teile hineinreichte", benannt. Daran hauptschuldig waren wiederum der „Einfluß der Sozialdemokratie" auf den österreichischen Unterricht, der „bewußt jeder Würdigung des historischen Österreich, das der Linken für monarchistisch suspekt galt", auswich. Nach der Regierungsumbildung und der Aufnahme der beiden gemäßigt nationalen – so wiederholt die Blatterminologie – Minister Seyß-Inquart und Glaise-Horstenau begannen nach Amnestie und Schuschniggs Ankündigung der Volksabstimmung die „Regungen" der österreichischen Nationalsozialisten „revolutionären Charakter anzunehmen. In Graz und Linz kam es zu massenhaften Aufmärschen ihrer noch immer verbotenen Organisationen und Formationen." Während Hitlers „Pressionen (...) immer stärker und deutlicher" wurden, begann sich die Lage in Österreich „immer turbulenter zu gestalten (...). Im Laufe des 11. März fielen die Würfel. Schuschnigg konnte nicht mehr verkennen, daß die äußere Gewaltlösung durch die deutsche Wehrmacht bereits im Zuge war. In Berlin hatte sich Göring eingeschaltet, der jedes über die nationalen Mittelsmänner gemachte Zugeständnis Schuschniggs nur mit neuen ultimativen Forderungen erwiderte. (...) Der Bundespräsident Miklas nahm schließlich die Demission des Kabinetts an, verweigerte aber die Regierungsübergabe an Seyß-Inquart, während in der Provinz die Nationalsozialisten bereits die Macht zu ergreifen begannen. (...) Auch der neue Bundeskanzler war (...) nicht mehr Herr individueller Entschlüsse, sondern lediglich Befehlsempfänger und Vollstrecker der in Berlin beschlossenen Maßnahmen. (...) Der sieben Jahre während Scheintod der österreichischen Republik begann" schließlich mit dem 15. März, nachdem Hitler „auf dem Heldenplatz sein rhetorisches Siegel auf den Sarg der österreichischen Unabhängigkeit"[115] drückte.

Wesentlich ausführlicher laß sich die publizistische Auseinandersetzung 1963, als ab Anfang Februar eine dreiteilige Serie veröffentlicht wurde[116]. An dieser fällt vor allem auf, daß die außenpolitische Komponente gegenüber der innenpolitischen weitaus weniger stark betont wurde. Weiters bleibt festzuhalten, daß nicht der außenpolitische Topos des von England, Frankreich und Italien „verratenen" und alleingelassen Österreich, wenngleich nachweisbar, (über)strapaziert, sondern daß die Außenpolitik Österreichs kritisch analysiert wurde. „Zweifellos war es zu diesem Zeitpunkt [Anfang Februar 1938] schon zu spät, um die österreichische Außenpolitik auf eine neue Linie zu bringen, die über Prag und die Reste der Kleinen Entente nach Paris und London hätte führen können. Die Chance hätte sich dazu spätestens 1936 ergeben, als es klar sein mußte, daß die Protokolle von Rom mit dem Dreieck Rom – Wien – Budapest nur mehr auf dem Papier standen, da Mussolini nicht mehr in der Lage war, sich Hitler entgegenzustellen. Die Erinnerung an das Jahr 1918 und die intransigente Politik der Tschechoslowakei unter Benesch hätten es allerdings für Wien schwer gemacht, selbst die vaterländischen Kreise für einen solchen Wechsel der Außenpolitik zu gewinnen. Nicht zuletzt brachte der Frontoffizier Schuschnigg für eine solche Wendung nur wenige Voraussetzungen mit, abgesehen davon, daß er immer noch auf die Vertragstreue vertraute."[117] Damit ging – als Novum – eine negative Bewertung der Innenpolitik Schuschniggs, allerdings bei völliger Ausklammerung des „Ständestaates", einher. Dieser habe „nichts unternommen, um die bereits von Dollfuß sofort nach dem Februar 1934 in Angriff genommenen Versuche, die enttäuschten Arbeiter in der Sozialen Arbeitsgemeinschaft (SAG) zu sammeln und wieder in das politische Leben einzuführen, mit der erforderlichen Energie fortzusetzen." Ebenso negativ wurden die angesetzte Volksbefragung wie auch das innenpolitische „handling" Schuschniggs analysiert. „Seither ist immer wieder Kritik an diesem Entschluß geübt worden, der so typisch für diesen Mann war, der die Dinge treiben ließ, um dann mit überraschenden Aplombs zu versuchen, die Entwicklung in seinem Sinn zu wenden. Wahrscheinlich war die überstürzte Ansetzung der Volksabstimmung ein Fehler, aber seine Wurzel lag bereits weiter zurück: Einerseits in der Bereitschaft Schuschniggs, am 12. Feber überhaupt nach Berchtesgaden zu fahren und andererseits in seiner mangelhaften Zielstrebigkeit unmittelbar nach dem 12. Feber."[118] Keinen Zweifel ließ das Blatt an Hitlers zielgerichteter Politik, Österreich einzuverleiben[119], doch trat auch diese Dimension in der Argumentation und Geschichtsvermittlung im Rahmen dieser Serie weit hinter die innenpolitische zurück. Eine, die (kritisierte) Innen- und Außenpolitik Schuschniggs, wurden bereits weiter oben abgehandelt. Das anstehende Treffen Hitler-Schuschnigg in Berchtesgaden und die „stärkere Einbeziehung" der „nationalen Kreise (...) in die Bundesregierung wie auch in die Landesregierungen und in die verschiedenen ständischen Organisationen (...) verfolgte" die „radikale NS-Opposition (...) mit großer Skepsis und versuchte sie durch Demonstrationen, wie sie schon seit langem nicht mehr stattgefunden hatten, zu stören. Am 8. und 9. [Februar] wurde in fast allen Teilen Österreichs randaliert, Böller und andere Sprengkörper zur Explosion gebracht usw."[120] Die Wochen nach dem Treffen am 12. Februar glichen der „Ruhe vor dem Sturm. Den beiden Teilen – VF-Mitgliedern und Nationalsozialisten – war die Wendung der Situation durch die Berchtesgadener Begegnung Hitler – Schuschnigg zunächst völlig unerwartet gekommen. Wer allerdings tiefer hineinhörte und sich der vielen Unklarheiten bewußt war, konnte von der weiteren Entwicklung nicht überrascht sein. Schuschnigg und seine Mitarbeiter schienen gelähmt zu sein, so daß sie es unterließen, in dieser Woche, in der im Lande noch verhältnismäßige Ruhe herrschte, sofort klarzustellen, in welcher Form die Nationalsozialisten im Rahmen der VF ihre politische Tätigkeit entfalten sollten, wie weit der sogenannte Deutsche Gruß, das Singen des Deutschland- und Horst-Wessel-Liedes, das Tragen des Hakenkreuzabzeichens, Sieg-Heil-Kundgebungen für Adolf Hitler und dergleichen verboten bzw. zugelassen werden sollten." Diese Phase der Unsicherheit und der Indifferenz vor allem seitens der Regierung erhielt nach der Rundfunkrede Hitlers am 20. Februar eine revolutionäre Wendung. Es kam zu „massiven Kundgebungen der Nationalsozialisten in ganz Österreich. In Wien wurden noch am Abend des 20. Feber demonstrierende Nationalsozialisten von der Polizei abgedrängt. Gleichzeitig kam es zu spontanen Demonstrationen vaterländischer Gruppen. Graz und andere steirische Städte waren der Schauplatz turbulenter Großkundgebungen der Nationalsozialisten mit Reden, in denen bereits offen die Machtergreifung gefordert wurde. Horst-Wessel-Lied, Hitlergruß und Hakenkreuzabzeichen beherrschten die Szene, und in Sprechchören wurde die Absetzung des Landesleiters der Vaterländischen Front, Dr. Gorbach, gefordert." Schuschniggs Rede vom 24. Februar vermochte – im Gegensatz zum übrigen Bundesgebiet – in der Steiermark und Kärnten sowie in Linz keine „beruhigende Wirkung" auszulösen. In der Steiermark schließlich verloren „die Regierungsstellen immer mehr die Kontrolle"[121]. Die Verschiebung der Volksabstimmung und der Rücktritt der Regierung waren „das Signal für die nationalsozialistische Erhebung in den Bundesländern. (...) Und unzählige Österreicher, die noch vor 48 Stunden Schuschniggs Volksabstimmungsparole begrüßt hatten, schlossen sich den marschierenden Nationalsozialisten an, von einem Taumel gepackt und nun von nichts anderem erfüllt, als daß die Spannung von ihnen genommen wurde."[122]

Im Gegensatz zu dieser Serie betonte der damalige Landeshauptmann Krainer vor allem den Opferstatus, weniger den des Landes, sondern undifferenziert und selektiv auf die Kriegsopfer hingemünzt, vor allem den seiner Bewohner. „Jede Familie wurde in irgendeiner Form betroffen. Väter und Söhne sind auf den Schlachtfeldern geblieben, Frauen und Kinder wurden das Opfer des Bombenkrieges." Es gelte, die unter dem Opfer der Opfer aufgebaute Heimat zu erhalten, weshalb der Blick nicht „in die Vergangenheit [zu] richten" sei „und alte Wunden" nicht wieder aufgerissen werden sollten; die Gegenwart sei schließlich sorgenvoll genug. „Wir wollen niemals mehr Bruderzwist, aber wir wollen uns auch nicht schuldig machen, durch Schwäche die Gewalt geradezu angezogen zu haben."[123]

Die Quelle, mittels derer 1968 das Thema „Anschluß" abgehandelt wurde, war die eines Tagebuches mit gegenwartsbezogenen Einfügungen und Betrachtungen. Im Gegensatz zur eben analysierten Serie wurde diesmal Österreich im Februar und im März 1938 wesentlich stärker als Objekt und Opfer des geschichtlichen Verlaufes dargestellt als fünf Jahre zuvor. Österreich sei von der Trias Rom, Paris und London im Stich gelassen und schließlich von Berlin „kassiert" worden. Die österreichischen Nationalsozialisten erhielten ihre Kommandos aus Berlin, Seyß-Inquart und Glaise-Horstenau waren in dieser Darstellung wiederum reine Befehlsempfänger Berlins. Harsche Kritik wurde wiederum an Schuschniggs Politik geübt. Dieser sei gescheitert, weil „er sich immer mehr isolierte", er habe sich mit seiner Politik „nach rechts und links selbst die Flügel gestutzt. Er hat den Heimatschutz [!] liquidiert und er hat die SAG (...), die auf gewerkschaftlicher Basis die ehemaligen Sozialdemokraten in eine legale Vertretung einzuführen versuchte, abgewürgt. Er scheute jede schwierige Auseinandersetzung im eigenen Bereich, er wollte nicht immer wieder mit den Starhembergs, Feys und so weiter herumstreiten, aber er vergaß, daß er damit einen militanten Teil der Bevölkerung ausschaltete. (...) Er hat mit der Linken nichts anzufangen gewußt, weil er sich kaum Vorstellungen über die Demokratisierung und Liberalisierung des Systems machte." Die österreichischen Nationalsozialisten, der „Anschluß von unten", kamen in diesem Kontext, sieht man von der Apologie der reinen Befehlsempfänger, Seyß-Inquart und Glaise-Horstenau, ab, im Gegensatz zu 1963 nur am Rande vor. „Gleichzeitig trafen Meldungen aus Kärnten und Oberösterreich ein, die den Eindruck vermittelten, als ob dort das Dritte Reich bereits begonnen hätte. (...) Plötzlich war das andere Wien da, Kolonnen über Kolonnen nationalsozialistischer Parteigänger marschierten durch die Straßen, rufend, jubelnd. Wahrscheinlich waren bis zum Abend viele dabei, die am Vormittag noch für Österreich demonstriert hatten." Am Ende des Artikels verwehrte sich Schuster noch gegen Schuschniggs Darlegung der Ereignisse und forderte, nach „dem Abstand von dreißig Jahren" solle man „aufhören, über Recht und Schuld in dieser Zeit zu sprechen. So wie in der Vaterländischen Front nicht die Verbrecher standen, als welche sie die NS-Propaganda hinstellte, so waren dies auch nicht die nationalsozialistischen Idealisten."[124]

Ungeplant, der „vielen Leseräußerungen" wegen, wurde eine Woche später ein zweiter Teil abgedruckt, der diesen totalen, auf und für alle Ebenen reklamierten und formulierten Opferdiskurs[125], die auf die „idealistischen" Nazis hingebogene Apologie[126] und die Kritik an den Sozialdemokraten[127] beibehielt. Allerdings wurden in diesem Artikel einerseits die breite Verankerung an Zustimmung zum neuen Regime[128], andererseits aber auch konkrete Opfergruppen benannt. „Kardinal Innitzer veröffentlichte eine Zustimmungserklärung, schon aber raunte man von zahllosen Verhafteten, von Selbstmorden und Totschlägen. Politiker, Diplomaten, Beamte, rechte Kollegen, linke Revolutionäre traten den Weg ins KZ an. Und die erste Säuberungsgruppe verschüchterter Juden wurde auf die Straße getrieben, um die Parolen der VF abzuwischen. Ich sah unter ihnen einen kultivierten Universitätsprofessor, der gegenüber wohnte (...). Es wäre eine Lüge, wenn ich behaupten wollte, daß ich ein Philosemit gewesen wäre. Aber in diesen Tagen wurde mir bewußt, welche bedeutende kulturelle und geistige Oberschicht

Wien vornehmlich in seinen jüdischen Familien besaß. [Ihren Verlust hat Wien bis heute nicht verschmerzt; die geistige Verprovinzialisierung ist eine verbliebene Quittung.] (...) Die Begeisterung kennt offenbar keine Grenzen. Aber auch nicht das Leid, wenn man tiefer hineinhört und auch nur einen Bruchteil dessen für wahr hält, was geflüstert wird. Tausende Verhaftungen, die ersten Transporte nach Dachau, immer mehr Selbstmorde von Menschen, die man dem Namen nach kannte. Gerüchte, daß dieser oder jener auf kurzem Wege erschossen worden sei, erschütternd der Todessturz Egon Friedells, eines der großartigsten Geister, die Wien beherbergt hatte."[129]

Ebenfalls völlig im Soge des Opferdiskurses sind zwei weitere Kommentare zum März 1938 zu interpretieren. Das ÖVP-Generalsekretariat erklärte dazu, der „Anschluß" dürfe nicht als innenpolitisches, sondern müsse als „außenpolitisches Problem" begriffen werden, da Österreich zum „Opfer der nach dem Abessinien-Krieg zustande gekommenen Achse Berlin-Rom" wurde. Der „Ständestaat" sei ein Resultat der „Pressionen Roms" gewesen und diesem sowie den Jahren 1934 bis 1938 seien als „Österreichs Freiheitskampf" ein gebührender Platz „in der Geschichte unseres Landes einzuräumen"[130]. An einer Dokumentation Helmut Andics' wurde gelobt, diese stelle „die tragische Rolle Seyß-Inquarts" richtig dar, den Westmächten und Italien wurde vorgehalten, diese seien „an Österreichs Unabhängigkeit"[131] desinteressiert gewesen.

1978 schließlich wurde betont, es gehe weniger darum, Schuldige zu benennen als Erklärungen zu finden, „warum damals so viele jubelten". Angeführt wurden der Deutschnationalismus, hauptsächlich „im akademischen Bereich, besonders unter den Mittelschullehrern", die „wirtschaftliche Not" und, diese verstärkend, Schuschniggs fehlendes „Verständnis für soziale Probleme", der sich darin „wesentlich von dem Arme-Leute-Kind Dollfuß" unterschied, wodurch „jede Propaganda gegen das Dritte Reich wirkungslos bleiben mußte". Weiters „die gekonnte Regie (...), mit der sich die neuen Machthaber (...) in Szene zu setzen verstanden" und schließlich – als steirisches Spezifikum – das Bewußtsein, der „Hofzaun des Reiches"[132] zu sein.

Eine Woche zuvor dokumentierte die „Südost-Tagespost" noch ein angewandtes Beispiel für das Verzeihen, Versöhnen, Vergessen, Ausblenden und vor allem für Hinbiegen der Geschichte: Unter dem Titel, „Wie es wirklich zum Anschluß kam" kam Armin Dadieu, vom zuständigen Redakteur als „Interventionsstelle, eine Art Ombudsmann" für die illegalen Nazis vor dem März 1938 bezeichnet, mittels Interview als sicherlich völlig objektiver und wertfreier Zeitzeuge zu Wort[133]. Das war freilich keine singuläre Ausnahme: 1978 äußerte er sich als Zeitzeuge für die Jahre 1938 bis 1945 – allerdings im „Historischen Jahrbuch der Stadt Graz"[134].

Ein feststehendes, immer wiederkehrendes und zumeist dominantes Motiv der Kommentierung der „Südost-Tagespost" war das der Außensteuerung Österreichs, teilweise ab 1918 zumeist aber im Jahr 1938 verortet. Österreich erschien somit als historisches Objekt, abhängig von außenpolitischen Rahmenbedingungen, unter denen das aggressive Hitler-Deutschland den weiteren Verlauf und den schließlichen „Anschluß" bei weitem dominierte. Das Verhalten der Westmächte wurden in diesem Zusammenhang durchaus unterschiedlich bewertet, nahm aber mit zunehmender Besatzungsdauer beziehungsweise mit zunehmender zeitlicher Distanz zum Kriegsende wesentlich vorwurfsvollere Züge an. Damit ging bis in die späten fünfziger Jahre die positive Bewertung und Darstellung des „Ständestaates" freilich unter völliger Ausklammerung von dessen (zumindest versuchten) diktatorischen Grundzügen einher. Dominant in diesem Zusammenhang war die Deutung des Austrofaschismus als Widerstand gegen den Nationalsozialismus und – zumindest für die ersten Nachkriegsjahre belegbar – die Reklamation des antinazistischen Erbes für die Volkspartei. Eine kritische und weniger vorbehaltlose Deutung ist hierbei ab den sechziger Jahren belegbar, als vor allem Politik und Person Schuschniggs, im Gegensatz zur – wenig erwähnten – „Lichtgestalt" Dollfuß' negativ bewertet wurden. Betrachtet man in diesem Zusammenhang die Argumentation und lenkt die Perspektive auf den (inner)österreichischen Anteil am „Anschluß", so wurde – sofern thematisiert – durchgehend der Sozialdemokratie dieser Anteil und diese Schuld zugeschrieben. Den (österreichischen) Nationalsozialisten wurde im Gegensatz dazu entweder ein – wiederum unter dem Blickwinkel der Außensteuerung – Opferdasein bescheinigt, wobei mit zunehmender zeitlicher Distanz vermehrt auf das „offensiver" werdende Verzeihen ihnen gegenüber und den oben erwähnten Verwürfen den Sozialdemokraten gegenüber verwiesen wurde. Hingegen muß auf die Erwähnung der Aufstände österreichischer Nationalsozialisten im März 1938 werden. Zu betonen sind abschließend noch zwei Aspekte: Erstens wurde die wirtschaftliche Situation Österreichs als Erklärungsmuster nur einmal strapaziert, was wohl als eine (in)direkte Kritik am „Ständestaat" zu deuten gewesen wäre. Zweitens war viel von Opfern – vor allem von den Opfern auf der Seite des „Ständestaates" und dessen Funktionären – jedoch von den konkreten Tätern kaum die Rede.

12.4. Zusammenfassung

Wenngleich nicht für alle Blätter[135] in derselben nachhaltigen Betonung, aber als durchgängiges Muster feststellbar, ist die Proklamation des Status von Österreich und der Österreicher als Opfer der außenpolitischen Aggression seitens Hitler(-Deutschland)s. Was für alle Tageszeitungen nachweisbar ist und ein dominantes Erklärungsmuster darstellt, ist die „Außensteuerung"

Österreichs und der Österreicher, seien das die Friedensverträge und das darin enthaltene Anschlußverbot, sei das die Passivität des (westlichen) Auslandes 1938, die Haltung Frankreichs und Englands dem Deutschen Reich gegenüber nach Hitlers „Machtübernahme", die Hindrängung zu und spätere Abwendung Italiens und schließlich die von Berlin aus instruierten österreichischen Nationalsozialisten. Somit wurde ein Österreich vorgeführt, das ein doppeltes Opfer von außenpolitischen Faktoren war: einerseits, beginnend mit 1918 als das der Siegermächte und dann im März 1938 als das des schweigenden Auslandes. Diese Außensteuerung wurde auch als ab 1938 innerösterreichisch konstitutiver Faktor weitergesponnen, was – schlüssig und zwingend – zur Proklamation eines undifferenziert kollektiven Opferbegriffes, ausgeweitet (auch) auf die – außengesteuerten – österreichischen Nationalsozialisten, führte.

Was also diese nachhaltige Betonung, Reklamation, Erklärungs- und Argumentationsmächtigkeit von außenpolitischen Faktoren betrifft, wobei Österreich die Rolle eines (hilflosen) historischen Objekts zugeschrieben wurde, stimmten diese Erklärungsmuster in hohem Maße überein; weit weniger konsensual war dagegen die Wertung, beziehungsweise die Bewertung innenpolitischer Faktoren.

„Kurier", „Kleine Zeitung" und „Die Presse" betonen nachdrücklich den mangelhaften Glauben an das Land und das Fehlen innerer Geschlossenheit. „Salzburger Nachrichten" und „Steirerblatt"/„Südost-Tagespost" verweisen – inklusive positiver Bewertung – nachdrücklich auf den antinazistischen Widerstandscharakter des „Ständestaates" unter Rechtfertigung (SN) beziehungsweise Ausklammerung seines diktatorischen Grundzuges („Steirerblatt"/„Südost-Tagespost"). Hervorzuheben ist im Falle der „Südost-Tagespost" jedoch die zunehmende Distanz zur Person und Rolle Schuschniggs. Der antinazistische Widerstandscharakter wurde dem „Ständestaat" aber mehr oder weniger nachdrücklich von „Neue Kronen Zeitung" und „Arbeiter-Zeitung" (sehr nachdrücklich) und „Kleine Zeitung" (zurückhaltender) abgesprochen. Für die NKZ (wobei hier die Kommentierung bei weitem nicht so intensiv ist) und AZ führte ein direkter Weg vom „Ständestaat" zum Nationalsozialismus. Nahezu völlig ausgespart blieben die österreichischen Nationalsozialisten vor und nach 1938, sofern sie nicht als deutsche Marionetten dem Leser vorgeführt wurden. Lediglich „Steirerblatt"/„Südost-Tagespost" verwiesen vorerst darauf, erwähnen die regionalen Aufstände in Graz und Linz und ad personam Seyß-Inquart und Glaise-Horstenau nachdrücklich, freilich immer unter dem apologetischen Aspekt, Erstere zu verblendeten und Letztere zu einflußlosen Opfern umzuschreiben.

Dementsprechend waren – wie bereits oben angedeutet – auch die Wahrnehmungen und Erwähnungen der österreichischen Opfer. War der

Gesamtstaat schon ein Opfer von vorwiegend außenpolitischen Malversationen, so fand sich für die Österreicher meist der Kollektivfreispruch, irgendwie, irgendwo und vor allem irgendwann Opfer gewesen zu sein, und dementsprechend wurde – exemplarisch sei hierbei auf die AZ in den vierziger Jahren verwiesen – jedes Aufwerfen der Mittäterschaft Österreichs beziehungsweise der Österreicher kategorisch zurückgewiesen.

Die von Heidemarie Uhl[136] für den Gedenkdiskrus 1988 konstatierte partielle Erosion der Opferthese verkehrte sich 1998 – sieht man vom „Kurier" ab[137] – erneut in einen lupenreinen Opferdiskurs und war – besieht man sich die quantative Textproduktion – ebenfalls dergestalt „normalisiert", daß sie auf ein „normales" Maß an veröffentlichtem Gedenken reduziert wurde[138].

Hinzuweisen ist schließlich noch auf den Umfang des analysierten Textkorpus, den die übrigen historischen Längsschnitte niemals erreichten und auf das – prototypisch – offenkundig werdende unterschiedliche Geschichtsbild von SPÖ und ÖVP, ein Faktum, das für keinen der sonstigen Längsschnitte zu konstatieren sein wird.

Anmerkungen

1   N. N.: Bundeskanzler Figl: „Gemeinsamer Kampf für ein freies, demokratisches Oesterreich!". 12. März 1946.

2   N. N. Bundeskanzler Figl gedenkt des 11. März 1938. 12. März 1947.

3   N. N.: Vor zehn Jahren wurde Oesterreich von Hitlerdeutschland annektiert. 11. März 1948

4   N. N.: USA haben seit 1938 konsequente Oesterreich-Politik verfolgt. 14. März 1950.

5   N. N.: Heute vor fünfzehn Jahren. 11. März 1953.

6   -al: Wien hat geweint. 12. März 1955.

7   „Mit einer eindrucksvollen Kundgebung auf dem Heldenplatz gedachte gestern Wien des 25. Jahrestages der Besetzung Österreichs durch die Soldaten Hitler-Deutschlands." Verstärkt wurde der Opferstatus durch die ausdrückliche Erwähnung der Teilnahme „der KZ-Verbände".
N. N.: Wiener Heldenplatz. Gedenken an den März 1938. 12. März 1963.

8   Portisch: Die Mahnung des 11. März. 11. März 1963.

9   Portisch: Keine Parallele zu 1938? 16. März 1963.

10   „Halifax reagiert frostig: ‚Es erscheint mir ein starkes Stück, zu sagen, daß ein Regierungschef keine Volksabstimmung halten darf, wenn er das wünscht.' Und er warnt Ribbentrop vor ‚allem, was zu Gewaltanwendung führen oder sie fördern kann.' (...) Die Franzosen stecken mitten in einer Regierungskrise, das Kabinett in Paris war eben gestürzt worden. Der neue britische Gesandte weiß nicht, wie er sich verhalten soll."
Strohal: Die Stunden, bevor Hitler kam. 9. März 1968.

11   „Hornbostl versucht vergeblich, sich mit Rom in Verbindung zu setzen. (...) Der Duce bleibt auf seinem Landsitz für Wien weiter unerreichbar, obwohl er Schuschnigg 1936 versprochen hatte: ‚Hier bin ich im Notfall für Sie jederzeit er-

reichbar.' (...) Italiens Außenminister erteilt in der Zwischenzeit Frankreichs Geschäftsträger Blondel eine grobe Abfuhr, als der wegen einer gemeinsamen Aktion vorfühlt."
Ebda.

12 Ebda.

13 „Ein Menschenalter ist es her, daß Österreich von Hitler verschlungen wurde. (...) Der Druck von außen hatte ein unvorstellbares Maß angenommen. (...) Die Planlosigkeit der politischen Führung lieferte dem zu allem entschlossenen und auf lange Sicht planenden Hitler eine einmalige Gelegenheit zum ersten Griff über die Grenze."
Strohal: Dreißig Jahre danach. 9. März 1968.

14 Ebda.

15 „In ihrer Angst, man könnte ihnen ihre Fehler der Vergangenheit zum Vorwurf machen, haben sie vor dieser Jugend kein Bekenntnis zur Vergangenheit abgelegt. Sie erziehen die Jugend allein für den gemilderten Daseinskampf in einem Wohlfahrtsstaat und setzen voraus, daß das politische Geschick dieses Staates für ewige Zeiten durch Koalition und diese durch Proporz gesichert bleibt. Da sie die Auseinandersetzung mit der Vergangenheit meiden, verweigern sie der Jugend ein selbsterarbeitetes Urteil über die Geschichte unseres Landes und damit ein lebendiges und eigenes Bekenntnis zu Österreich und zur Demokratie."
Portisch, Die Mahnung des 11. März, a.a.O.

16 Strohal, Dreißig Jahre danach, a.a.O.

17 Knapp: Um 36 Jahre gescheiter? 12. März 1974.

18 Payrleitner: 1938: Schießen oder nicht? 9. März 1978.

19 N. N.: „Besetzung Österreichs zu 50 Prozent ein Raub des Goldschatzes". 13. März 1938.

20 Broer: Müde Blitzkrieger – streikende Panzer. 13. März 1978.

21 Broer: Autoren führen durch die Zeitgeschichte. 12. März 1983.

22 Rauscher: Spiel mit unserer Existenz. 11. März 1987.

23 N. N.: Vor acht Jahren. 10. März 1946.

24 „Die Nationalsozialisten hatte bei den letzten freien Wahlen im April 1932 in Wien 201.000 Stimmen erhalten; mochten sie also auch bis zum Frühjahr 1938 noch ein paar zehntausend Anhänger aus den Reihen der bürgerlichen Parteien dazugewonnen haben: Es war gewiß die Minderheit der Wiener Bevölkerung, die „jene ersten und die folgenden Demonstrationsexzesse des deutschen Faschismus mitmachte."

25 Ebda.

26 N. N.: Vor acht Jahren. 12. März 1946.

27 Sailer: Am 11. März 1938. 9. März 1947.

28 „Und plötzlich sah auch die Welt in den österreichischen Arbeitern, die sie vier Jahre lang vergessen und ihrem Schicksal überlassen hatte, die einzige Hoffnung, die Gefahr zu bannen."
Ebda.

29 „Indes erhoben sich in Graz und Linz die Nazi, veranstalteten laute Demonstrationen und begannen die Bevölkerung zu terrorisieren. Wien blieb, unter der Drohung eines Aufmarsches der Arbeiter, verhältnismäßig ruhig."
Ebda.

30 Ebda.

31 Schärf: Märzgedenken. 11. März 1947.

32 „Der Lärm in den Straßen der Stadt konnte schon damals nicht darüber hinwegtäuschen, daß es nur eine Minderheit war, die den deutschen Truppen aus Begeiste-

rung zujubelte; sie war so klein, daß die Nationalsozialisten sich dazu entschlossen, für die Statistik Parteianhänger mit rückdatierter Mitgliedschaft zu fabrizieren."
Ebda.

33 N. N.: Sowjetische Anklage gegen Österreich. 12. März 1947.

34 „Es schmerzt uns tief, daß nun die Rolle unseres Volkes in der Tragödie des ganzen Abendlandes so arg entstellt, daß man aus dem Mitopfer – dem ersten Opfer der Hitlerschen Aggression – einen Mitschuldigen machen will."
N. N.: Sind wir schuldig? 15. März 1947.

35 Ebda.

36 N. N.: Vor zehn Jahren. 11. März 1948.

37 „Elf Jahre sind vergangen, seit der grünweiße Faschismus in Österreich dem braunen wich. (...) Ohne Hitler in Deutschland hätte es keinen grünweißen Faschismus gegeben. Was Dollfuß im Februar 1934 an Österreich verbrochen hat, er konnte es tun dank Hitler und Mussolini. Was Hitler 1938 gegen Österreich getan hat, er konnte es tun dank Dollfuß."
J. S.: Was uns von Hitler blieb. 13. März 1949.

38 „Wer sich heute seiner faschistischen Vergangenheit in den Jahren von 1934 bis 1938 rühmt, der trägt ein Stück Hitler mit sich herum."
Ebda.

39 J. S.: Was uns von Hitler blieb. 13. März 1949.

40 J. S: Das deutsche Eigentum. 13. März 1951.

41 Mieß: Wir wurden keine „Märzveilchen". 12. März 1952.

42 „Erst in den Zuchthäusern und Konzentrationslagern sahen sich Sozialisten und konservative Katholiken wieder, erst dort, erst im tiefsten Elend unseres Landes, in der Schmach der Mißhandlungen, die ihnen allen widerfuhren, lernten manche von den gestürzten Herren von gestern ihre Lektion, erkannten sie, daß ihr ,Antimarxismus', ihre Arbeiterfeindschaft, ein verhängnisvoller Fehler gewesen ist. Hier in der bitteren Not schien ein neuer Geist des Verstehens emporzuwachsen, und dieser innere Wandel verhieß eine Wandlung zum Besseren."
N. N.: Ein trauriger Gedenktag. 13. März 1953.

43 Ebda.

44 KHS: Anschluß und Unabhängigkeit. 13. März 1955.

45 Fischer: Zwanzig Jahre. 8. März 1958.

46 Pittermann: Nach zwanzig Jahren. 9. März 1958.

47 O. P.: Oesterreichs Auferstehung. 13. März 1958.

48 „Zertreten unter dem Stiefel der deutschen faschistischen Diktatur wurde Österreich (...). Goebbels' Propagandawalze zermürbte alle Vernunft! (...) Mit unmenschlichen Schikanen fing es an und endete mit Millionen Toten: Die jüdischen Bewohner Wiens müssen sinnlos die Straßen aufreiben."
N. N.: Unheilvolle Erinnerung. 9. März 1958.

49 „Heute ist der Jahrestag des 13. März 1938. Das ist der Gedenktag des Einmarsches Hitlers in Österreich, mit allem Unheil, das er mit sich brachte: den erzwungenen Anschluß, die zeitweilige Vernichtung des selbständigen Österreichs – und mit allem Bösen, das er nach sich zog: die weitere Ausbreitung des Faschismus in Europa, Massenmord und Massenvernichtung und schließlich das Chaos der Nachkriegszeit."
O. P.: Darum. 13. März 1960.

50 Ebda.

51 Österreich gedenke „am kommenden Montag des 25. Jahrestages der gewaltsamen Besetzung durch Hitler."
F. K.: Die Affäre und die Tragödie. 9. März 1963.
„Da Hitler diese Abstimmung, die die Weltöffentlichkeit aufrütteln mußte, um je-

den Preis verhindern wollte und zudem noch fürchtete, daß Otto Habsburg nach Österreich zurückkehren und dort Kanzler werden könnte, gab er Freitag, den 11. März um 2 Uhr früh den Befehl, das ‚Unternehmen Otto' zu starten."
N. N.: Die letzten Tage. 12. März 1963.

52 „Noch Blutigeres und noch Entsetzlicheres ist nach dem 13. März 1938 geschehen: Weltkrieg, Ausrottung ganzer Rassen [!] und Völker, Erniedrigung der Justiz und der Gerechtigkeit zu einer Sklavin der Banditen, die ihre Schreckensherrschaft weit über Europa hinaus erstreckten – aber all dem ging der 13. März 1938 voraus, das Datum der ‚Heimkehr ins Reich´."
Hannak, 13. März 1938: Österreichs Anschluß an die Hölle.12. März 1963.

53 „Das Versagen der Großmächte, die Jämmerlichkeit des Regenschirm-Chamberlains in England, die Hilflosigkeit der von Regierungskrise in Regierungskrise stürzenden französischen Republik schufen die äußeren Umstände, die es Hitler ermöglichten, Stück um Stück aus dem blutenden Leib Europas herauszureißen."
Ebda.

54 Ebda.

55 Sailer: Gespräche fünf Minuten vor zwölf. 10. März 1963.

56 Scheuch: 13. März 1938: Die lange Nacht bricht an. 10. März 1968.
Ähnlich argumentierte Scheuch in einem weiteren Artikel, in dem er als Gründe die inkonsequente Haltung der „Mächte von Versailles" 1919 und deren Verhalten 1938, die Zerstörung der Demokratie und das schrittweise Zurückweichen des Regimes vor Hitler und Mussolini auflistete.
Scheuch: Vor dreißig Jahren: So ging Österreich unter. 12. März 1968.

57 Blau: Legende und Geschichte. 12. März 1968.

58 „Der gemeinsame Boden, auf dem heute die Zweite Republik fest und sicher ruht, entstand in Wahrheit erst in den Jahren nach 1938. Er bildete sich vor allem aus zwei Erlebnissen: Erstens aus dem selbst für österreichische Nationalsozialisten unerwarteten Erlebnis einer Fremdherrschaft, denn die deutschen Machthaber gebärdeten sich in Österreich wie in einem eroberten Land und betrachteten selbst ihre Parteifreunde unter den ‚Ostmärkern' als Menschen zweiter Sorte. Das ‚Nationalbewußtsein' wurde ihnen oft schmerzlich bewußt. Zweitens aber, und gewiß entscheidender an dem Erlebnis einer Diktatur von einer Grausamkeit, der gegenüber der Austrofaschismus in der Erinnerung fast gemütlich erschien. Dazu kamen alle Schrecken des Krieges, und es währte nicht lange, bis Hunderttausende erkannten, wie recht die politisch bewußte Arbeiterschaft mit ihrer kompromißlosen Ablehnung des Nationalsozialismus gehabt hatte."
Blau, Legende und Geschichte, a.a.O.

59 „In den gleichen Eisenbahnwaggons, die diese Funktionäre der Arbeiterbewegung nach Dachau brachten, saßen auch ehemalige Christlichsoziale, gewesene Anhänger der ‚Vaterländischen Front', konservative Beamte, christliche Gewerkschafter und Menschen, deren einziges ‚Verbrechen' in ihrer jüdischen Herkunft bestand. (...) Da gab es in den Transporten Sozialisten, Freigewerkschafter und Kommunisten, die im Februar 1934 in den vier Jahren des sogenannten Ständestaates das ‚Anhaltelager' Wöllersdorf kennengelernt hatten."
Hindels: Dachau: Mahnung, Warnung. 13. März 1968.

60 Scheuch: Dollfuß und Seyss-Inquart als antisemitische Geheimbündler. 11. März 1972.

61 Hinzuweisen ist in diesem Zusammenhang darauf, daß der Vorwurf einer – wenn auch nur partiellen – Zusammenarbeit zwischen Sozialdemokraten und Nationalsozialisten vehement zurückgewiesen wurde.

62 Hindels: Den inneren Hitler überwinden. 10. März 1973.

63 Scheuch: Ein Menschenalter danach. 14. März 1973.

441

64	Scheuch: Zeitgemäße Erinnerung. 13. März 1976.
65	Scheuch: Die Sozialdemokratie und der „Anschluß". 3. März 1978.
66	„Denn es war wahrlich nicht der Austromarxismus, der in Österreich zu einer Diktatur geführt hat – die Diktatur kam von jener Partei, deren Nachfolger die ÖVP ist." Scheuch: Minenleger. 9. März 1978 sowie Scheuch: Lehren (II). 14. März 1978.
67	„Ergänzend zu den Ausführungen Winters ist zur moralischen Qualifikation Dollfuß' festzuhalten, daß dieser auf Winters Fürbitten, das Mitglied der ‚Revolutionären Sozialisten', den jungen Josef Gerl, zu begnadigen, immer nur die ungeheuerliche Antwort gab: ‚Gott sei Dank, daß ich wieder einen Roten hängen kann!'" Heinz: Aus dem Mord an Dollfuß nichts gelernt. 5. März 1978.
68	„Der Bundespräsident schlug Winters Appell an die beschworene Pflicht (...) in den Wind und machte sich damit zum Komplicen der Putschisten." Heinz: Der Mahner, der nicht gehört wurde. 4. März 1978 sowie Heinz, Aus dem Mord an Dollfuß nichts gelernt, a.a.O. und Heinz: Die Kapitulation vor Hitler. 6. März 1978.
69	Heinz, Der Mahner, der nicht gehört wurde, a.a.O. Die „These von der gleichverteilten Schuld im Jahre 1934 ist ebensowenig zu halten wie die von der ausschließlichen Opferrolle des Regimes, das dann Hitler zum Opfer fiel." Scheuch: Lehren. 12. März 1978.
70	Heinz, Die Kapitulation vor Hitler, a.a.O.
71	Siehe in diesem Zusammenhang die Werbung in eigener Sache am 13. März 1978 mit den Texten: „13. März 1938. Die Österreicher haben ihr Vaterland verloren. Warum? Weil 600.000 Menschen keine Arbeit hatten, weil die Verfassung gebrochen und die Demokratie vernichtet worden war, weil Österreich sich vom faschistischen Italien abhängig machte. So wurde der Glaube an die Leistungsfähigkeit und Selbständigkeit zerstört. Die Folge: Krieg, Not und Ruinen. 508.000 Tote, 170.000 Invalide." „13. März 1978. Österreich ist heute ein Vaterland des Volkes. Österreich – gewiß keine ‚Insel der Seligen', aber ein Land, das seinen Bürgern viel mehr bietet, als man je zu träumen wagte. Es wird uns nichts geschenkt – aber alle haben Anteil am wachsenden Wohlstand. Das Volkseinkommen beträgt 540 Milliarden Schilling. 3 Millionen Menschen haben Arbeit. Österreich genießt Anerkennung und Respekt in der Welt. SPÖ Für Freiheit und Sicherheit."
72	„Die wirtschaftliche Situation der Ersten Republik erklärt, warum der Anschlußgedanke nicht nur eine deutschnationale Träumerei war, ein Akt politischer Romantik, sondern eine wirtschaftliche Begründung hatte. Und zu der strukturellen Krise kam am Ende der zwanziger, Anfang der dreißiger Jahre die konjunkturelle Krise, die Krise im Gefolge der Weltwirtschaftskrise. In dieser Zeit gab es 470.000 registrierte Arbeitslose. Wir wußten, daß es in Wirklichkeit 600.000 gewesen sind (...). Die wirtschaftliche Lage war hoffnungslos." Kreisky: Toleranz, das Fundament dieser Republik. 9. März 1978.
73	„Parallel zu dieser wirtschaftlichen Entwicklung sind plötzlich die Geldhähne geöffnet worden hin zu den faschistischen und paramilitärischen Organisationen der Rechten, sind plötzlich die faschistischen und paramilitärischen Verbände der Heim-

wehr und anderer Organisationen immer frecher geworden, waren immer mehr zu Provokationen bereit, und der innere Friede, der sowieso äußerst prekär war, war endgültig zerstört. Die Banken sind heute verstaatlicht, die großen Banken, und ich behaupte, daß unsere Genossen der ersten Stunde nach der Befreiung sehr genau um die politischen Ursachen des Faschismus in der Ersten Republik wußten, sonst hätten sie sich nicht mit solcher Intensität um die Verstaatlichung der Banken bemüht. (...) Das zweite Zentrum des Faschismus in Österreich war also das große Unternehmen der Schwerindustrie in Österreich", die Alpine-Montan-Gesellschaft.

„Und so ist es nur zu verständlich, warum wir für die Verstaatlichung der Schwerindustrie gewesen sind, nicht nur aus wirtschaftlichen Gründen, sondern auch aus politischen Gründen. Denn dort wo die Schwerindustrie nicht verstaatlicht ist, ist sie das geballte Machtzentrum des Konservatismus. Überall dort läßt sich das konstatieren. Wenn es richtig ist, daß wir aus der Geschichte lernen, dann sind dies zwei sehr wichtige Beispiele von vielen."

Ebda.

74 Ebda.
75 „Überhaupt hatte der ‚Anschluß', wie in dem Buch im einzelnen ausgeführt wird, auch handfeste wirtschaftliche Gründe, wie aus nachstehendem Auszug aus der wichtigen Neuerscheinung hervorgeht."
     N. N.: „Anschluß" für Hitlers Rüstung. 10. März 1978.
76 Kreisky: Lehre der Geschichte. 11. März 1978 (= AZ journal 1938).
77 Mauk: Ein Regime liefert sich selbst aus. 11. März 1978 (= AZ journal 1938).
78 Besenböck: „Führer", „Duce" und die Freiheit. 11. März 1978 (= AZ journal 1938).
79 Heinz, Die Kapitulation vor Hitler, a.a.O.
80 Kreisky, Toleranz, das Fundament dieser Republik, a.a.O.
     Siehe auch Danimann, der zu den politischen Opfern auch „die Hunderttausenden gefallenen österreichischen Soldaten des Zweiten Weltkrieges und die Tausende von Opfern der Luftangriffe hinzugezählt" wissen wollte.
     Danimann: Entscheidung des Gewissens. 11. März 1978 (= AZ journal 1938).
81 Moser: Der Anfang des Schlachtens. 11. März 1978 (= AZ journal 1938).
82 N. N.: Kreisky über Sozialdemokraten 1938 „Wir hätten gekämpft". 11. März 1980.
83 Lackner: Das große Heldentum der kleinen Leute. 14. März 1983.
84 Siehe dazu die Ausführungen im Kapitel „Kurt Waldheim".
85 Das erklärt in den Augen des Verfassers das am offensivsten unter Kreisky vorexerzierte Verhalten der SPÖ, den ehemaligen Nationalsozialisten nach 1945 gegenüber sehr stark, nämlich daß es nicht nur diesen „Geist der Lagerstraße" in Dachau, sondern eben auch den in Wöllersdorf gegeben hat. Einige der im „personenzentrierten" Ansatz abgehandelten Kapitel belegen dieses (ungleiche) Vergeben nachdrücklich.
86 Hinzuweisen ist in diesem Zusammenhang darauf, daß die Arbeiter-Zeitung von allen hier untersuchten Tageszeitungen jene war, die – wenngleich nur gelegentlich und erst in den siebziger Jahren – auf das Schicksal der österreichischen Juden im Zusammenhang mit dem „Anschluß" nachdrücklichst hinwies. Festzuhalten bleibt allerdings, daß die Opferkategorie enttäuschte und fehlgeleitete Nationalsozialisten um einiges früher und qualitativ stärker nachweisbar ist.
87 N. N.: Bundeskanzler Leopold Figl: Das Vermächtnis unseres Opferganges. 12. März 1946 sowie Gorbach: Ende eines ungleichen Kampfes. 10. März 1946.
88 N. N.: Bundeskanzler Leopold Figl: Das Vermächtnis unseres Opferganges, a.a.O.
89 Hurdes: Kampf um Oesterreich 1934-1938. 9. März 1946 sowie Gorbach: Ende eines ungleichen Kampfes, a.a.O. und N. N.: Bedauerliche Polemiken. 14. März 1946.

90   Gorbach: Ende eines ungleichen Kampfes, a.a.O. sowie N. N.: Bedauerliche
      Polemiken, a.a.O.
91   „Die katholischen Studenten rauften gemeinsam mit den roten Arbeitern auf der
      Ringstraße gegen die Nazibuben [!]. Was auch vorher geschehen sein mag an Un-
      verständnis und nicht Verstehenwollen; am 11. März stand das gesamte österreichi-
      sche Volk, wie es auch im einzelnen zur Regierung gestanden haben mag, eindeutig
      in gemeinsamer Front im letzten Kampf um die Freiheit dieses Staates.“
      N. N.: Bundeskanzler Leopold Figl: Das Vermächtnis unseres Opferganges, a.a.O.
92   N. N.: Vor acht Jahren ... Meilensteine der Gewalt und des Unrechts. 9. März
      1946.
93   „Die Situation in Europa war damals so, daß es keinen Staat mehr gab, dessen Ga-
      rantie die österreichische Unabhängigkeit hätte sichern können. Hitler hatte auch
      nicht verfehlt, Schuschnigg darauf hinzuweisen, daß England, Frankreich und Itali-
      en nicht in der Lage wären, seine Absichten zu durchkreuzen.“
      Ebda.
94   „Seyß-Inquart war selbst nicht mehr als eine Schachfigur, das Gesetz des Handelns
      lag bei seinen Mitarbeitern, die nun die neue Parteileitung in der Hand hatten. (...)
      Es ist anzunehmen, daß die steirischen Nationalsozialisten von maßgeblichen deut-
      schen Stellen die Zusicherung einer Intervention zu dem von ihnen proponierten
      Fall besessen haben. (...) Glaise war ein williges Werkzeug der deutschen Gesandt-
      schaft ohne eigene Initiative und spielte außerordentlich gerne eine Rolle“.
      Ebda.
95   Gorbach: Ende eines ungleichen Kampfes, a.a.O. sowie N. N.: Vor acht Jahren ....
      Meilensteine der Gewalt und des Unrechts., a.a.O.
96   N. N.: Das waren die letzten Stunden ... 12. März 1946.
97   R.: Jahrestag in entscheidender Zeit. 12. März 1947.
98   „Immer wieder hört man allerlei über Schuschnigg und es fällt auf, daß man von
      verschiedenen Seiten und mit verschiedenen Mitteln krampfhaft versucht, eine
      Schuld Schuschniggs zu konstruieren. Anscheinend drückt das eigene Gewissen ein
      wenig, weshalb man es, in mehr oder weniger vornehmer Wiese, mit der Methode
      ‚Haltet den Dieb!‘ versucht.“
      schl.: Scherbengericht im 20. Jahrhundert? 14. März 1947.
99   „Die Oesterreicher
      Unendlich ist, was dieses Volk gelitten,
      Erniedrigung, Verfolgung, Hunger, Leid -
      und trug es stark und trug's mit sanftem Bitten
      in Stolz und Demut seiner Menschlichkeit.“
100   Hurdes: Die Tragödie von 1938. 14. März 1948.
      Nicht nur als Ausdruck der Rhetorik und Argumentation des Kalten Krieges, son-
      dern vor allem unter dem punktuellen Eindruck des KP-Putsches in Prag dürfte der
      folgende Abschnitt zu lesen sein: Der Regierung stehe die „Opposition einer Vier-
      männerpartei gegenüber, die allerdings eines mit der nationalsozialistischen Oppo-
      sition des Jahres 1938 gemeinsam habe: der Skrupellosigkeit in der Wahl der Mittel
      und die Entschlossenheit, Widerstände aus dem Wege zur angestrebten Alleinherr-
      schaft mit Gewalt zu brechen. Die Kommunisten wissen aber genau so gut wie die
      Nationalsozialisten des Jahres 1938, daß ihnen nur dann ein Erfolg beschieden sein
      kann, wenn der Eindruck ihrer Aktionen im Inneren den entsprechenden Nach-
      druck von außen erhält.“
      N. N.: Oesterreich – erste und letzte Entscheidung. 11. März 1948.
101   Hurdes, Die Tragödie von 1938, a.a.O. sowie N. N., Oesterreich – erste und letzte
      Entscheidung, a.a.O.

102 Ebda.

103 „Wenn uns der Staatsvertrag vorschreibt, Demokratie und menschliche Grund-
rechte hochzuhalten, so können wir mit Stolz darauf verweisen, daß die Tradition
des wahren Österreichertums, die nur durch die Gewalt des Terrors vorübergehend
unterdrückt werden konnte, diese nunmehr statuierte Verpflichtung zu allen Zeiten
als Selbstverständlichkeit erscheinen ließ."
R., Jahrestag in entscheidender Zeit, a.a.O.

104 Hurdes, Die Tragödie von 1938, a.a.O.

105 Ebda.

106 Bock: Die Mahnungen des März 1938. 11. März 1949.

107 „Wir wollen wieder Frieden in unserem Land. Wenn wir die Gegensätze aus früherer Zeit zu begraben bereit sind, dann wollen wir heute, da sich nun bald das vierte
Jahr der Befreiung von der deutschen Unterwerfung vollendet, auch endgültig mit
jener Gruppe Frieden schließen, die ihr Heil im deutschen System sah. Wir wollen
für uns feststellen, daß es für uns keine Nazifrage in Österreich mehr gibt, und
fordern deshalb: „Macht Schluß mit allen jenen noch restlichen Ausnahmebestim-
mungen, die nicht mehr in das sich wieder ordnende Rechtswesen des österreichischen Staates hineingehören.'"
Ebda.

108 In einer Replik auf Julius Braunthals „Die Tragödie Österreichs", die vorderhand
durch eine abschätzige Terminologie, wie zum Beispiel: „Nun – man muß die österreichische Tragödie am eigenen Leibe mitgemacht haben, um mitreden zu können"
und „[U]nser emigrierter Patriot an der Themse" „brillierte", schrieb der Entgegner:
„Das Gleiche gilt auch für den Ständestaat, nach Braunthal für den Klerikofaschismus.
Ob er gut war oder schlecht, eines steht fest, er war es, der vier Jahre lang den
Kampf gegen das dritte [sic!] Reich geführt hat. Kein Staat in Europa hat Hitler so
lange widerstanden."
Car.: Ist der Oesterreicher Patriot? 12. März 1949.

109 abc.: Ein schlechter Witz. 12. März 1950.
„Es war ein o k k u p i e r t e s , nicht aber ein a n n e k t i e r t e s Land. Daß es in den
Jahren 1938 bis 1945 nicht handlungsfähig war, ändert nichts an der Tatsache der
staatlichen Weiterexistenz"
jb.: An der Scheide zweier Welten. 12. März 1950.

110 A: Das Anschlußverbot. 4. Mai 1952.

111 A.: Ein Gedenktag. 13. März 1953.

112 Einerseits huldigten die Sieger von 1918 „offiziell dem Nationalstaatsdenken (...)
und [hatten] seine restlose Durchsetzung als vornehmstes Ziel ihres Sieges bezeichnet (...), andererseits [wurden] durch sie jedoch Deutschland und Österreich
durch weitgehende Abtretung nationaldeutscher [!] Gebiete und durch das Anschlußverbot von den Vorteilen der deklarierten weltpolitischen Zeitidee ausgeschlossen (...). Weiters wurde durch die unkluge und unehrliche Haltung der
Friedensmächte von Versailles und Saint Germain das österreichische Staatsdenken
auch in seiner innenpolitischen Durchsetzung schwer gehemmt, weil auch seine
besten und schlagendsten Begründungen nur schwer aus der fatalen Nachbar-
schaft egoistischer Protektoren zu lösen waren, die sich ebenso als Feinde des
großösterreichischen Übernationalismus erwiesen hatten. Vornehmlich diese
Protektionsmächte waren es, die dem Anschluß innerhalb der österreichischen
Bevölkerung durch ihre Gegnerschaft einen Kredit verschafften, den er bei unbefangener und von außen nicht gestörter Behandlung des Problems wahrscheinlich
nie erreicht hätte."

N. N.: Der „Anschluß" vor zwanzig Jahren: Österreich verschwindet von der Landkarte. 6. März 1958.

113 Ebda.

114 „Allerdings taten dies", die Propagierung des Anschlußgedankens „nur die Großdeutschen vorbehaltlos, wohingegen die Sozialdemokraten ihre sehr opportunistische Bereitwilligkeit an den wechselnden Einflüssen ihrer Parteigenossen im Reich orientierten; lediglich die damalige Christlichsoziale Partei versuchte von Anfang an in überlegten Formulierungen die politische Eigenexistenz des Landes mit einer gerade durch sie zu erfüllenden nationaldeutschen Aufgabe organisch zu verbinden." Ebda.

115 Ebda.

116 N. N.: Der Weg nach Berchtesgaden. 9. Februar 1963, N. N.: Die Tage der Verwirrung. 23. Februar 1963 und N. N.: So kam das Ende: 9. bis 11. März 1938. 9. März 1963.

117 N. N.: Der Weg nach Berchtesgaden, a.a.O. sowie N. N.: So kam das Ende: 9. bis 11. März 1938, a.a.O.

118 N. N.: Die Tage der Verwirrung, a.a.O.

119 Siehe N. N.: Der Weg nach Berchtesgaden, a.a.O. und N. N.: So kam das Ende: 9. bis 11. März 1938, a.a.O.

120 N. N.: Der Weg nach Berchtesgaden, a.a.O.

121 N. N.: Die Tage der Verwirrung, a.a.O.

122 N. N.: So kam das Ende: 9. bis 11. März 1938, a.a.O.

123 Krainer: Steirische Landsleute! 12. März 1963.

124 Schuster: Vor dreißig Jahren. 9. März 1968.

125 „Außenminister Schmidt telefonierte mit Rom, Mussolini ließ sich jedoch abermals verleugnen. Hornbostl und andere beschworen Paris und London, von nirgendwo kam das, was man eine Antwort nennen könnte. Paris war ohne Regierung, und London wich erst recht aus." Und als nachträgliche Ergänzung fügte er hinzu: „Es ist erwiesen, daß Österreich von jenen Staaten, die sieben Jahre später mit Vorwürfen nicht kargten, schmählich im Stich gelassen wurde." Schuster: Vor dreißig Jahren. 16. März 1968.

126 „Am korrektesten verhalten sich jene nationalsozialistischen Idealisten, die wir kennen. Schamlos vor allem diejenigen, die plötzlich immer dabeigewesen waren und durch Vernaderung ein Alibi suchen. (...) Erst später – so ein Nachtrag Schusters – „wurde mir bewußt, wie anders es dagegen [im Gegensatz zu Wien] in der Steiermark war; von den Regierungsmitgliedern und führenden Frontfunktionären wurde kaum mehr als ein Dutzend, eine etwas größere Zahl von Polizei, Gendarmerie und Selbstschutzverbänden in das Konzentrationslager eingeliefert. Die ‚echten' Nationalsozialisten hatten offenbar weniger Rachegefühle und mehr Selbstsicherheit. (...) Diejenigen, die mir weiterhalfen, aus Fairneß und Menschlichkeit, waren Österreicher und vor allem auch Reichsdeutsche, die nichts zu verbergen und nichts zu kompensieren hatten." Ebda.

127 „Die ehemaligen Sozialdemokraten sollen sich nichts zugute halten. Sie stellten die stärksten Kontingente" der nationalsozialistischen „Kolonnen" in Wien. Schuster, Vor dreißig Jahren. 9. März 1968. „Gefährlich die proletarische Hefe, die mit der Hakenkreuzbinde am Arm ihre Zeit für gekommen sieht. Schuschnigg hat es sträflich versäumt, die guten sozialdemokratischen Gewerkschafter in das System einzugliedern. Die sozialdemokratische Masse aber scheint plötzlich nur mehr in den Braunhemden zu stecken." Schuster: Vor dreißig Jahren. 16. März 1968.

128 „Ich war überrascht, wie übermäßig stark die nationalsozialistische Illegalität auch in dieser rein bäuerlichen Siedlung gewesen sein mußte. (...) Nun bin ich wieder in Wien. Es ist viel ärger, als es der Sender Beromünster schilderte. Die Begeisterung kennt offenbar keine Grenzen." Ebda.

129 Ebda.

130 N. N.: Konsequenzen aus dem 13. März. 12. März 1968.

131 -no: Dokumentation mit Fehlern. 14. März 1968.

132 N. N.: Wie es wirklich zum Anschluß kam. 10. März 1978.

133 N. N.: Armin Dadieu: Der Anschluß als Fernziel. 3. März 1978.

134 Dadieu, Armin: Aus meinen Aufzeichnungen 1938-1945. In: HJbG, Bd. 10 (1978). S. 323-341.

135 Zu „Salzburger Nachrichten", „Kleine Zeitung", „Presse" und „Neue Kronen Zeitung" siehe: Wassermann, Gepresste Geschichte, a.a.O., S. 249-283. Zum medialen Diskurs 1988 siehe Uhl, Zwischen Versöhnung und Verstörung, a.a.O.

136 Uhl, Zwischen Versöhnung und Verstörung, a.a.O.

137 Der „Kurier" betrieb zwar ebenfalls einen Opferdiskrs, bezog diesen jedoch auf die Opfer der nationalsozialistischen Vetrreibung.

138 Siehe Wassermann, Und ab heute Kinder sagen wir „Grüß Gott!" und nicht mehr „Heil Hitler!", a.a.O., S. 16-23.

13. „Reichskristallnacht"

13.1. Kurier

Im Unterschied zum „Anschluß" war der Novemberpogrom kein „Jahrestagsthema" der unmittelbaren Nachkriegsjahre, sondern wurde im „Kurier" erstmals an einem „runden" Jahrestag, nämlich 1948, erwähnt. Der Pogrom, beziehungsweise dessen Ursache, wurden als von außen, nämlich von München und von der dortigen NSDAP, her gesteuert und inszeniert dargestellt. „Kam der Funken aus München und ließ den Fernschreiber in Wien klappern. (...) Wieder die vergilbten, mit der Maschine beschriebenen Bogen: ‚Leiter der SD-Außenstelle Wien 9; ... der überwiegende Teil der arischen Bevölkerung, die nicht mit der NSDAP in irgend einem Zusammenhang steht, steht den heutigen Vorfällen ablehnend gegenüber. Die Maßnahmen, die gegen die Juden ergriffen wurden, waren in den Augen der weich gestimmten Wiener zu hart. Es kam sogar an einzelnen Stellen zu demonstrativen Unwillensäußerungen und Verhaftungen...'". Dieses Zitat steht allerdings in massivem Widerspruch zu dem aus der Zeit- und Augenzeugenperspektive des Verfassers berichteten Verhaltens von Wienern, harrte doch beispielsweise eine „Schlange von Männern und Frauen (...) ungeduldig mit Rucksäcken, Waschkörben, Zögern, Butten" vor einem jüdischen Geschäft, um dieses zu plündern, hörte der Verfasser doch „den Aufschrei aufbranden, als eine Gruppe von Juden herausgeführt wird. Hohnrufe, Schimpfrufe, Gelächter. Manche der Gefangenen sind im Gesicht voll Blut"[1], bevor diese nach Dachau transportiert wurden. Ansonsten wurden in diesem Artikel, abgesehen von der Betonung des inszenatorischen Charakters, das Attentat von Paris als Ursache dingfest gemacht und die Anzahl von Toten und Verhafteten in Wien und die der „gesperrt[en]"[2] Geschäfte als Bilanz des schändlichsten Tages, „den die Geschichte Wiens kennt"[3], aufgelistet.

In einem Kurzbericht über eine jüdische „Gedenkfeier" 1952 wurde mittels indirekten Zitats auf die „noch immer unzureichende Wiedergutmachung an den Juden in Österreich" im Gegensatz zu „Deutschland"[4] hingewiesen und in einem ebensolchen wurde ein Jahr später über eine – so der Untertitel – eindrucksvolle „Gedenkfeier auf dem Zentralfriedhof" berichtet, in deren Rahmen „Präsident Dr. M a u r e r aus[führte], daß zu Beginn des November 1938 die KZ-Gefangenen in Dachau und Buchenwald (...), schon wußten, daß neue furchtbare Ereignisse bevorstanden."[5]

Ausführlicher behandelt wurde die „Reichskristallnacht" erst 1963, wo im Gegensatz zu 1948 der Mord von Paris nicht mehr als Ursache, sondern als letzter Auslöser nach einer Reihe von Maßnahmen seit der Ausweisung polnischer Juden gedeutet wurde. „Das Attentat von Paris war die Gelegenheit, auf die die Radikalen [Goebbels und Hexdrich] in Berlin seit Jahren gewartet hatten, um die Judenfrage [!] einer ‚Lösung‘ zuzuführen." Historischer Hintergrund nicht des Pogroms, sondern der Radikalisierung, war die „Besetzung Österreichs im März 1938. Der Prozentsatz jüdischer Staatsbürger war in Österreich wesentlich höher als in Deutschland, und ihre wirtschaftliche Potenz war größer." Und, so wie im Falle des „Anschlusses", in dessen Gefolge „die Radikalen" ob der „lendenlahmen" Proteste des Auslandes „Aufwind" verspürten, schwieg auch diesmal das Weltgewissen und opferte „die deutschen Juden dem faulen Frieden mit Hitler." Mit dem „Anschluß" war aber auch die „Zeit der Zwischenlösungen (...) vorbei", nämlich dergestalt, daß nunmehr die „Ausschaltung der Juden aus dem deutschen Wirtschaftsleben nicht nur auf dem Papier, sondern auch in der Praxis", also radikaler verwirklicht wurde. „Möglichst in Ruhe auswandern lassen – das war das wirtschaftliche Konzept, das keineswegs zu der Ideologie eines Goebbels oder eines Heydrich paßte", die „eine Gelegenheit herbei[sehnten], radikal zuzuschlagen." Und diese Gelegenheit ergriffen Goebbels und Heydrich nach dem wohlüberlegten „Plan" der Abschiebung von 17.000 Juden aus Deutschland und dem darauf folgenden Attentat auch „beim Schopf". „Und so konnte ein Mann namens Adolf Eichmann nach der ‚Kristallnacht‘ von der Lösung der Judenfrage [!] durch Auswanderung zur ‚Endlösung‘ durch totale Vernichtung übergehen."[6]

1966, 1968 und 1973 fanden sich zwar keine expliziten Kommentare oder Artikel zum Thema, jedoch sollen die beiden folgenden Texte, da zum Generalthema passend, untersucht werden. 1966 schrieb Reinhard Hübel einen wohlwollenden Kommentar zum Prozeßverlauf im eben zu Ende gegangenen zweiten Verfahren gegen die Brüder Maurer. „Man muß zutiefst unzufrieden sein mit dem Strafausmaß. Weil das von Menschen geschaffene Strafgesetz für Unmenschen nicht paßt. Diese Unzufriedenheit schließt aber nicht aus, daß wir stolz sein können auf die acht Geschworenen, diesen Richter und diesen Staatsanwalt. Verdanken wir ihnen doch, daß Österreich endlich ein uneingeschränktes ‚Schuldig‘ zustande brachte." Weiters lobte der Kommentator am Prozeßverlauf, daß ein „Trennungsstrich (...) zwischen dem Soldaten, der in vorderster Linie im Kampf gegen bewaffnete Gegner tötete und jenen SS-Sonderkommandos" gezogen worden sei, „die ohne auch nur einen Schnupfen zu riskieren, wehrlose Menschen zusammentrieben, erschlugen, erschossen oder vergasten"[7]. Zwei Jahre später äußerte sich Peter Michael Lingens zur Übertünchung eines antisemitischen Textes der Kirche von Heiligenblut. Ihm wäre Aufklärung lieber gewesen, erinnere ihn doch das „‚Übermalen‘ (...) an jenes nicht wirkliche Verarbeiten eines Problems, das man (...) als ,Übertünchen' bezeichnet."[8] Die Veröffentlichung der Antisemitismusstudie des Meinungsforschungsinstituts IMAS durch „profil" im November 1973[9] nahm Hubert Feichtlbauer zum Anlaß, sich des Themas Antisemitismus anzunehmen. Er deutete das Ausmaß an dem in der Studie erhobenen antisemitischen Potential zwar als österreichisches Spezifikum, nämlich als „Frucht eines geschichtlichen Erbguts (...), das weit über Hitler, auch weit über Lueger, das bis ins Heilige Römische Reich deutscher Nation, wenn man will bis zu den Römern selbst"[10] zurückreicht, deshalb und/oder ansonsten aber als eine Variante von Vorurteil, beziehungsweise einer allgemein verbreiteten Vorurteilsneigung. Gegenwärtig könne man diese vor allem am Verhalten der SPÖ gegenüber Konrad Lorenz[11] und gegenüber der nicht SP-dominierten Presse gegenüber feststellen.

1985 wertete Oberrabiner Chaim Eisenberg in einem Gastkommentar unter Hin- und Verweis auf den Novemberpogrom[12] das Verhalten offizieller Stellen der Kultusgemeinde gegenüber als Zeichen dafür, „daß die jüdische Gemeinde und ihr Gotteshaus auch ihnen ein Anliegen ist. So haben in den letzten Jahren zum höchsten jüdischen Feiertag, dem Versöhnungstag, der Bundespräsident (1984) und der Bundeskanzler (1985) durch ihre Anwesenheit in unserer Synagoge ihre Verbundenheit mit den etwa 6000 übriggebliebenen Wiener Juden ausgedrückt."[13]

Nicht unerwartet war die Thematisierung 1988 quantitativ am intensivsten. Grundsätzlich, sofern es die historische Dimension betraf, änderte sich kaum wesentliches: Das Attentat von Paris war der „unmittelbare Auslöser", die Ausschreitungen basierten auf einer „präzise[n]" Inszenierung und waren ein weiterer Schritt der Radikalisierung, die von der Massenenteignung zu „Ghettoisierung" und „Deportation" schließlich zu den „Gaskammern" führte; kurz: der blutige „Auftakt zur Endlösung [!]."[14] Auch der Hinweis auf die Opferbilanz war kein Novum, wenngleich die geographische Dimension nicht auf Wien beschränkt blieb[15]. „Neu" war die Hervorhebung von zwei Aspekten: Der Ausweitung der Täterbasis[16] und der Hinweis auf den besonders blutigen Charakter des Pogroms in Wien. „Die Vernichtungstrupps der Nationalsozialisten tobten in Wien schlimmer als in jeder anderen Stadt."[17] Bemerkenswert ist weiters der Bericht eines Betroffenen des Pogroms, der neben den Ausschreitungen auch die Hilfe erwähnte[18] und einen Einblick in die Praxis der „Wiedergutmachung" gab. „Als ich nach dem Krieg die Wohnung meiner Eltern wieder zurück wollte, erhielt ich den Bescheid, der Anspruch hätte nur bestanden, wenn ich den Zins für die Zeit meiner Abwesenheit auf einem Konto deponiert hätte."[19] Ein zweiter Bericht reichte insofern über das bekannte „Standardrepertoire" hinaus, als er vor allem die individuelle und kollektive antisemitische Sozialisation beziehungsweise Tradition in Österreich hervorhob, die den Deutungsrahmen für die „Kristallnacht" im speziellen und den Holocaust im allgemeinen abgaben. „Bereits ein paar Monate nach dem Anschluß [!]" – ohne 1988 den Pogromcharakter des „Anschluß" zu erwähnen – „reagierte die Bevölkerung auf organisierte Gewalt gegen Juden denkbar unsensibel [!]. (...) Die tätlichen Angriffe gegen Juden und die Zerstörung ihres Eigentums wurde als das akzeptiert, was sie waren: Die Konsequenzen aus jahrelanger antisemitischer Agitation, die von fast allen politischen Lagern betreiben und gegen die von keiner Seite, auch nicht von sozialistischer, eingeschritten wurde. (...) Karl Lueger benützte ihn, um Bürgermeister von Wien zu werden, der Klerus warnte vor ‚Judenliberalismus' von den Kanzeln, Karl von Vogelsang griff für die Kleingewerbetreibenden das ‚jüdische Großkapital' an und Ignaz Seipel polemisierte gegen den Bolschewismus als ‚Kampf gegen die jüdische Gefahr'. Selbst der sozialistische niederösterreichische Landeshauptmannstellvertreter Sever rief nach der Ausweisung der Ostjuden aus Österreich, die nach dem Ersten Weltkrieg für die Lebensmittel- und Wohnungsnot verantwortlich gemacht wurden. Schließlich wurde Judenhaß zum Demokratiehaß."[20] Gutgeheißen wurde 1988 der Rücktritt des Präsidenten des Deutschen Bundestages Philipp Jenninger nach dessen „Skandalrede"[21], denn ein solcher „Schritt täte vielerorts noch so manchem gut. Auch bei uns"[22] und für Franz Ferdinand Wolf zeigten sich im Rücktritt die Konsequenzen einer grundsatzorientierten Politik, was zum damaligen Zeitpunkt angesichts des „Lucona"-Skandals auch durchaus Anwendung in Österreich finden hätte sollen[23].

Ein besonderes Exemplar an Gedenken im Ge- oder Bedenkjahr soll abschließend analysiert werden. Herbert Kraus, der – so die redaktionelle Einleitung – „nationale Liberale", der „damals den unbelasteten und ‚belehrbaren' unter den 600.000 österreichischen Nationalsozialisten eine politische Heimstatt bieten" wollte, „bald" aber „von unbelehrbaren Nazis aus der Führung verdrängt wurde", breitete in einem Gastkommentar – so wiederum die redaktionelle Einleitung – „aus aktuellem Anlaß (...) ein Programm zur Überwindung des latenten Nachkriegs-Antisemitismus in Österreich" aus. Überwunden sei der „Nachkriegs-Antisemitismus" – und das anno 1988! – für Kraus dann, wenn man „die beiden Volksteile", Österreicher und Juden, „einander geistig und psychologisch näherbringen" würde. Von einem, dem österreichischen „Volksteil", sei ein Einbekenntnis der „Schuld" vonnöten. „Diese „österreichische Schuld' besteht schon im Anlaufen des altösterreichischen Rassen-Antisemtismus (Schönerer, Lueger [!], Hitler), aber dann vor allem im wissentlichen Mitwirken zahlloser Österreicher an Hitlers Großverbrechen und schließlich in gewissem Sinne auch in den Drückebergereien von Renner und Figl, Helmer und Raab, die jetzt Robert Knight so eindrucksvoll publiziert hat." Konkret, als Punktation angeführt, müsse sich der österreichische Volksteil um die „Sorgen" der Kultusgemeinde kümmern, vor allem aber müsse

„das Versäumnis der materiellen Wiedergutmachung" nachgeholt werden. Aber auch an den jüdischen Volksteil, um in der Kraussschen Terminologie zu verbleiben, seien – wiederum als Punktation aufgelistet – Forderungen zu stellen. „Die Reste des österreichischen Antisemitismus können nur dann beseitigt werden, wenn auch die österreichischen Juden ihre – begreifliche – Distanz aufgeben und Verständigungsbereitschaft ankünden", nämlich dergestalt, daß sie „deutlich machen, daß sie die Naziverbrechen nicht allen Österreichern anlasten und sich von generalisierenden ausländischen Angriffen distanzieren", sie „ihren Patriotismus und ihre Verwurzelung öffentlich kundtun" und „schließlich zur Kenntnis nehmen, daß sich in der österreichischen Haltung zum Judentum ein spürbarer Wandel vollzieht." Sind diese Vorbedingungen erfüllt, – ob es Zufall war, daß den Juden gegenüber mehr Forderungen gestellt wurden als den Österreichern? –, sei „die Hochachtung vor dem jüdischen Volkscharakter [!] kein unerreichbares Ziel" und vermutlich hörten sie, als „stark anders geartete Volksgruppe" dann auf, von den Österreichern „als Fremdkörper [!]" wahrgenommen zu werden. Für die Mehrheit, also wiederum für die Österreicher, gelte: „Man kann das Andersartige mit einer gewissen ‚demokratischen Selbstverständlichkeit' bewußt dulden oder – mit einer noch besseren, liberalen Gesinnung – als das unantastbare, kulturelle ‚Eigentum' des anderen ‚respektieren' oder – aus einer gepflegten intellektuellen Geisteshaltung heraus – als ein ehrwürdiges, historisch gewachsenes Kulturgut hochschätzen." Die Minderheit, also die Juden, sollen „sich bewußt werden, was vielleicht da und dort Anstoß erregen kann, und dies (...) so weit zurückdämmen, daß die Schwelle des Ärgernisses" und des daraus resultierenden Antisemitismus „nicht überschritten wird."[24] Es liegt dem Autor fern, zur Deutung dieser Vorschläge das Inventar der Psychoanalyse zu bemühen, und es sollen weder die für sich selbst sprechende Terminologie noch die ableitbare Geisteswelt dieses anti-antisemitischen Programmatikers analysiert werden – es sei in diesem Zusammenhang lediglich auf die zwei Aufsätze des „liberale[n] Nationale[n]" zum „künftigen Judenproblem" aus der unmittelbaren Nachkriegszeit verwiesen[25].

Es überrascht wenig, daß in diesem Fall nicht von einem einheitlichen Geschichtsbild gesprochen werden kann. Quantitativ bemerkenswert ist der wiederholte Hinweis, beziehungsweise die Deutung der „Reichskristallnacht" vor der zunehmenden Radikalisierung innerhalb der NSDAP oder des Regimes. Im Rahmen dieser Erklärung erfuhr das Attentat von Paris zunehmend weniger Gewichtung als ausschließlich erklärende Instanz; war es vorerst die unmittelbare Ursache, so wurde es im Laufe der Jahrzehnte zum letzten Auslöser. Sofern in diesem Zusammenhang Österreich oder Österreicher erwähnt wurden, wurde vor allem das so auch kommunizierte wenig schmeichelhafte Verhalten des „Normalbürgers" sowie die antisemitische

Tradition, unzweifelhaft ein „Produkt" von Waldheim-Diskussion und „Gedenkjahr" 1988, erwähnt.

13.2. Arbeiter-Zeitung

Zum „Pogromdatum" veröffentlichte die „Arbeiter-Zeitung" 1945 einen Wahlaufruf Rosa Jochmanns, in dem diese – nach einer beeindruckenden Schilderung des Leidens im KZ – zwei Szenarien ausbreitete: Wer die Volkspartei wähle, stimme – abgesehen vom Rückfall in Zustände der sozialen Steinzeit -, für „Gefängnisse, Zuchthäuser und Konzentrationslager (...) Galgen und Schafott". Mit der Stimmabgabe für die Sozialisten wähle man die Partei, „die stolz ihre Fahne trug durch die finsterste Zeit der Unterdrückung"[26]. Festzuhalten bleibt an diesem Wahlaufruf, daß zwar die Soldaten, besonders die getöteten Söhne, nicht jedoch die Juden als Opfer benannt wurden.

Mit dem auf Goebbels Propaganda und Streichers Antisemitismus basierenden, gezielt in Szene gesetzten antijüdischen Pogrom habe sich, so ein nicht genannter Autor ein Jahr später, „der Nationalsozialismus" in Gestalt der „Mordbestien der SS und SA (...) in seiner ganzen Verworfenheit entlarvt." Das Attentat sei lediglich das Alibi gewesen, „daß nicht die Nazipartei, nicht die deutschen Behörden es gewesen seien, die dieses Massaker veranstaltet haben, sondern die kochende ‚deutsche' Volksseele, die damals als „vorpräparierte Volksseele (...) leider auf Befehl funktioniert hat." In Wien sei die Konfrontation mit Raub und Plünderungen, der „Terror einer kleinen Minderheit (...) Bestätigung" und „Mahnung" zugleich gewesen. Diese Erfahrungen „wurden für Wien der Beginn einer Widerstandsstimmung, die immer weiter um sich griff und schließlich die große Mehrheit des österreichischen Volkes umfaßte."[27]

Die „bestialische Ausrottung der Juden" werde als „eines der schandvollsten Kapitel in der Geschichte des Dritten Reiches verzeichnet bleiben" und die Pogromnacht gehörte „zu den fürchterlichsten Tagen, die Wien je erlebte." So wie im gesamten Deutschen Reich zog auch „in Wien der Nazipöbel mit der SS und SA auf die Straße", steckte Tempel in Brand oder sprengte sie, plünderte und zerstörte jüdische Geschäfte und mißhandelte alte „Männer, Frauen und Kinder (...) auf barbarische Weise", tötete viele, verlud „Hunderte (...) blutüberströmt wie Schlachtvieh auf Lastwagen" und verschleppte sie „ins Ungewisse". Neben diesem Nazipöbel gab es aber auch Nichtjuden, „die in diesen Schreckenstagen das Unrecht und die Leiden der Verfolgten nicht mit ansehen konnten und ihnen Hilfe und Schutz boten", weshalb ihnen „das gleiche Schicksal zuteil"[28] wurde.

1952 erfolgte ein Bericht aus der erlittenen Zeitzeugenperspektive, nämlich der der Verhaftung des Ehemannes, der das Bild des anonymisierten

Nazipöbels und von SS und SA nicht konkretisierte, sondern konterkarierte. „Kaum hatte ich die Wohnung betreten, läutete es; ein kleiner, schwächlicher, freiwilliger ‚Detektiv' verhaftete meinen Mann. Ich widersetzte mich dieser ‚Verhaftung' und fragte ihn, unter welchem Titel er es wage, einen völlig unbescholtenen Menschen zu verhaften, worauf mir der ‚Detektiv' antwortete, daß der Grund die Ermordung des Herrn v. Rath sei."[29]

Hatte die eben zitierte Kolumne noch die freiwillige Täterschaft angesprochen, so wurde 1958 – wie in der Kolumne aus dem Jahre 1946 – wiederum der beginnenden Widerstandsgeist, also die völlige Umkehrung dieser Perspektive, medial betrieben. „Der Pogrom vom 10. November 1938 wirkte sich aber auch gegen seine Veranstalter [!] aus: Er öffnete Millionen Reichsdeutschen und Österreichern [!] die Augen und wurde zum Beginn einer Widerstandsbewegung der Anständigen gegen die Haß- und Gewaltpolitik der Unanständigen."[30] Bemerkenswert an dieser Abhandlung sind weniger der Hinweis auf den planmäßigen, von „oben" verordneten Ablauf und der postulierte Fanalcharakter des Pogroms[31], sondern einerseits die apologetische Anspielung und die „Einebnung" des Pogroms[32] sowie andererseits vor allem der kritische Blick auf die Gegenwart. „Unsere Zeit denkt sehr real und rechnet genau nach: Von den 200.000 Juden, die vor 1938 in Österreich lebten, sind knapp 10.000 übriggeblieben. Zehntausend Personen spielen weder wirtschaftlich noch politisch eine besondere Rolle. Man legt ihnen nichts in den Weg, sucht aber auch den Weg zu ihnen nicht. Man kann es sich doch wegen zehntausend, das sind knapp sechstausend Wählerstimmen, nicht mit soundsovielen anderen verderben. Bei uns gibt es keinen lauten, angriffslustigen Antisemitismus, keine Anpöbelungen und schon gar keinen Pogrom. Nur eine unsichtbare Mauer zwischen denen, die nicht vergessen können, und denen, die nicht erinnert werden wollen."[33]

Josef Hindels bewegte sich fünf Jahre später mit den Hinweisen auf die Opferbilanz und den planmäßigen Charakter des Pogroms im bisher ausführlich zitierten Rahmen. Er wies aber als Novum auf die Radikalität in Wien hin[34] und warf einen Blick auf die Täter und deren Motive, zumindest teilweise abseits des Klischees des anzündenden, plündernden und mordenden SS- und SA-Pöbels. „Der alte Herr war Professor an der Handelsakademie gewesen. Seine beiden Peininger rächten sich jetzt für schlechte Noten, die ihnen der ‚Saujud' gegeben hatte. (...) In einem Haus in der Josefstadt, wo nur eine jüdische Familie wohnte, erklärte der Hausbesorger (...) den eindringenden SA-Leuten: ‚Bei uns san kane Juden nicht. Mir san lauter Arier.' Worauf sich eine andere Stimme aus der Nebenwohnung vernehmen ließ: ‚Das ist nicht wahr! Im dritten Stock wohnen die Lederers, die sind Juden.' Die Frau, die diese Worte aussprach, hatte sich vor kurzem wegen einer Bagatelle mit der Frau Lederer gestritten. Herr Lederer, ein stiller, freundlich Buchhalter, bezahlte diesen Bassenastreit mit dem Leben. Er wurde nach seiner Verhaftung so mißhandelt, daß er kurze Zeit darauf seinen Verletzungen erlag. (...) ‚Man‘ – das ist der Nazisadist Heydrich, der mit eiskaltem Zynismus die Judenverfolgung organisierte, aber das sind auch die durchgefallenen Handelsakademiker in SA-Uniform, die sich an ihrem alten Mathematikprofessor rächen dürfen. Dieses Zusammenwirken der großen Verbrecher an den Schalthebeln der Macht mit den kleinen Lumpen aus dem Abfallküberl menschlicher Niedertracht bewirkte all das Furchtbare, das in jenen Nächten und Tagen im Herzen Europas geschehen konnte."[35]

1968 wies die „Arbeiter-Zeitung" auf das Wirken der Sozialistischen Freiheitskämpfer und deren Bemühungen um die Aufklärung der Jugend hin, verbunden mit der Ankündigung, das Ihre dazu zu tun, „um die Aufklärungs- und Erziehungsarbeit des Bundes nach Kräften zu unterstützen, sie ist heute – leider – auch in Österreich so notwendig wie eh und je."[36]

1978 war das Datum weniger Anlaß für eine tiefschürfende historische Analyse[37], als für die Auseinandersetzung mit der „Verjährungsdebatte" in der Bundesrepublik. „Ausgerechnet zu dieser Zeit ist in der Bundesrepublik eine Aktion angelaufen, die eine Generalamnestie für Nazikriegsverbrecher erreichen und deren gerichtliche Verfolgung ausschließen will." Dies sei besonders deshalb verwerflich, weil „Tausende kleine ‚Mitläufer‘ in den Anfangsjahren nach dem Jahre 0 ihre Buße tragen mußten", und das Blatt nicht zu denen gehöre und (teilweise) gehörte, wie hinzuzufügen wäre, „die unversöhnlichen Haß gegen einzelne predige – wie oft haben persönliche Verirrung, mißgeleiteter Idealismus, Verzweiflung an einer Gesellschaft voll Not zur Verstrickung in Schuld geführt."[38]

1984 wurde Ruth Beckermanns Buch „Die Mazzesinsel" vorgestellt, mit einem bildlichen Hinweis auf die Vertreibung der Juden, allerdings ohne konkreten Hinweis auf die „Reichskristallnacht"[39].

1988 zeichnete sich das Gedenken vor allem dadurch aus, daß die Österreichkomponente des Antisemitismus betont wurde[40], was mit einer unverhohlenen Anspielung in Richtung ÖVP und deren Instrumentalisierung des Antisemitismus verknüpft wurde. „Daß zwar die Juden (fast) ausgestorben sind hierzulande, aber nicht der Antisemitismus, das haben die diversen Äußerungen und Reaktionen in den hinter uns liegenden Monaten beweisen."[41]

Die „Arbeiter-Zeitung" bot diesbezüglich ihren Lesern veritabel widersprüchliche Interpretationen an, einmal die Pogromnacht als Fanal für den Widerstand gegen den Nationalsozialismus und ein andermal als Hinweis auf das schäbige Verhalten des Durchschnittsbürgers. So wie im „Kurier" fand sich 1988 ebenfalls ein Hinweis auf den österreichischen Antisemitismus, allerdings nicht nur auf den Antisemitismus anno 1938, sondern auch auf den der Volkspartei vorgeworfenen im Jahre 1988.

13.3. Südost-Tagespost

Erstmals publizistisch erwähnt wurde die „Reichskristallnacht" im November 1963, nämlich als „jene Nacht, in der organisierter Pöbel in befohlenem Volkszorn Synagogen verbrannte [sic!], jüdische Geschäfte verwüstete und Mord und Totschlag verübte. Der Weg in die Vernichtungslager, zur Endlösung der Judenfrage [!] war, wie der ‚Münchner Merkur' heute schrieb, nicht mehr weit, obwohl selbst damals noch niemand ahnen konnte, welche Ungeheuerlichkeiten zu entsinnen menschliche Gehirne fähig sind."[42] Erwähnt wurde aber auch ein anderer 9. November, nämlich der von Hitlers Putschversuch in München, ferner wurde darauf hingewiesen, daß in Deutschland und in Österreich die Erinnerung daran zunehmend verblasse.

Zum zweiten Mal zum Thema wurde der Novemberprogrom erst 1978 gemacht. Fünf Jahre zuvor, am 8. November 1973, handelte die „Südost-Tagespost" den nationalsozialistischen Putschversuch vom November 1923 ab, im Gegensatz zu 1963 allerdings ohne Erwähnung der Pogromnacht[43].

Die Nacht vom 9. auf den 10. November 1938, als „Synagogen und jüdische Geschäfte in Flammen" aufgingen, „Judenfriedhöfe zerstört, jüdische Mitbürger (...) verprügelt, verfolgt und verhaftet" wurden, „war der Beginn der großen nationalsozialistischen Terrorwelle, die dann in den Vernichtungslagern von Auschwitz, Buchenwald [!], Dachau [!] und Theresienstadt [!] ihren grauenvollen Höhepunkt erreichte." Dafür und mit der davon abgeleiteten Schuld, werde heute noch „ein ganzes Volk (...) belastet." Aber nicht ob der Untaten, sondern weil „wir auch heute noch in einer Zeit des Terrors", konkret des Terrors von seiten der Roten Armee Fraktion, von Roten Brigaden und der Palästinenser „leben." Diese operieren nach dem Prinzip, wie es „Marx und Engels" veröffentlichten, nämlich den politischen „Gegner zum Erzfeind" zu erklären, „der mit allen Mitteln des Terrors bekämpft und vernichtet werden muß." Deshalb sei Helmut Schmidt rechtzugeben, „der gestern in seiner Erklärung dieses unseligen Jahrestages die Offenlegung ‚der Parallelität allen Terrors' gefordert hat..."[44]

Aus dem Jahr 1983 stammte der letzte Textbeleg zur „Reichskristallnacht", der neben der Opferbilanz[45] vor allem die Person Johannes Udes, als Zeichen des Widerstandes gegen die „organisierten Ausschreitungen", ins Zentrum der Betrachtungen rückte. Ausgangspunkt war ein sehr gestrafft zusammengefaßter Aufsatz des Grazer Kirchenhistorikers Maximilian Liebmann. Referiert wurde neben Udes Protestschreiben an Uiberreither und den daraus resultierenden Konsequenzen auch sein Werben „für das Ja (...) nach dem Anschluß Österreichs (...) in der folgenden Volksabstimmung", sein Faible für die alkohol- und tabakfreie und vegetarische „Lebensweise Hitlers", und daß „ihm selbst ein gewisser Antisemitismus nicht fremd war".[46]

Die diesbezügliche Thematisierung in der „Südost-Tagespost" kann man auf der einen, der quantitativen Seite mit dem „Lauten Schweigen der Provinz" (Binder) umschreiben, andererseits sind – sofern dieses Schweigen überhaupt durchbrochen wurde – extrem (kollektiv)apologetische Züge, einmal der Deutschen anno 1978 und ein andermal anhand der expliziten Herausstellung der Person Udes festzuhalten.

13.4. Zusammenfassung

Wenngleich die Argumentationslinie für alle untersuchten Zeitungen[47] unterschiedlich stark ausgeprägt ist, so stand doch für alle die „Reichskristallnacht" marksteinhaft in einer Kontinuitätslinie zur „Endlösung". Die Urheberschaft wurde, wenngleich zwischen den Zeitungen durchaus differenziert, was die Zuschreibung betraf, eindeutig der NSDAP, Teilen der NSDAP oder prominenten Nationalsozialisten zugeschrieben. Am Opferstatus der Juden – und das ist für Teile der untersuchten Tageszeitungen nicht so selbstverständlich – bestand in diesem Zusammenhang kein Zweifel. Die Täter hingegen wurden zumeist als (nationalsozialistischer) „Mob" und „Pöbel" anonymisiert, wobei „Kurier" und „Arbeiter-Zeitung" (und das nicht erst 1988) das – schäbige – Verhalten der „Durchschnittsbürger" gelegentlich betonten. Die NKZ, die „Kleine Zeitung" und wiederum „Kurier" und AZ machten, wenngleich zu unterschiedlichen Zeitpunkten, in unterschiedlicher Intensität und mit unterschiedlicher Perspektive auf den Faktor Österreich im Sinne eines Täterdiskurses aufmerksam. Hingegen gelang der „Presse", der NKZ und der „Südost-Tagespost" das „Kunststück", sogar in Anbetracht der Pogromnacht, die Deutschen zu Opfern zu stilisieren. Hinzuweisen ist abschließend, daß dieser historische Längsschnitt quantitaiv am untersten Ende der Thematisierungshäufigkeit lag – auch eine Art, sich mit der Vergangenheit auseinanderzusetzen.

Anmerkungen

1   Weyr: Der 10. November 1938 in Wien. 10. November 1948.
2   „4083 jüdische Geschäfte sind an diesem Tag nach totaler Ausplünderung gesperrt worden. (...) Am 10. November 1938 haben in Wien 680 Juden den Tod gefunden. Wie viele von ihnen Selbstmord verübten, wie viele mit viehischer Roheit erschlagen wurden, läßt sich heute nicht mehr feststellen. 8000 Juden wurden verhaftet, 5000 von ihnen nach Dachau gebracht."
      Ebda.
3   Ebda.
4   N. N.: Jüdische Gedenkfeier anläßlich der Tempelzerstörungen 1938. 10. November 1952.

457

5   N. N.: Am 15. Jahrestag der Tempelzerstörung. 9. November 1953.
6   h. a.: „Kristallnacht". 11. November 1963.
7   Hübl: Unzufrieden und doch stolz... 10. November 1966.
8   Lingens: „Übertüncht". 8. November 1968.
9   Siehe dazu die Ausführungen im Kapitel „Die Juden in Österreich!".
10 Feichtlbauer: Mangelware Toleranz. 10. November 1973.
11 „Man kann, man darf, man soll darüber diskutieren, ob Konrad Lorenz mit seiner Verhaltensforschung nur die Graugänse oder auch die Menschen gemeint und erklärt hat. Aber muß jede der beiden Seiten (...) daraus einen patriotischen Religionskrieg mit Inquisition und Hexenverbrennung machen? Kann man nicht auch in eine sachlich harte Diskussion einmal ein entspannendes Lächeln mischen? – Zum Beispiel darüber, daß ausgerechnet die Zeitung jenes Parteivorsitzenden, der die Hereinnahme ehemaliger Nationalsozialisten in seine Regierung als große Versöhnungstat gefeiert hat, Österreichs jüngsten Nobelpreisträger als Rassisten zu verteufeln sucht?"
    Ebda.
12 „Vor fast 50 Jahren, in der Nacht vom 9./10. November 1938, wurden in Wien fast alle [Synagogen] durch die Nationalsozialisten unter dem Beifall der Wiener Bevölkerung zerstört."
    Eisenberg: Wiener Synagoge als Symbol. 9. November 1985.
13 Ebda.
14 Galoppi: Der blutige Auftakt zur Endlösung. 6. November 1988.
15 „In dieser einen Nacht und am nächsten Tag wurden 49 Synagogen niedergebrannt oder völlig verwüstet. Die Feuerwehren rückten nur aus, um die umliegenden Häuser zu schützen. Etwa 2000 Wohnungen, meist wohlhabender Juden wurden geplündert. (...) In Graz, Linz, Salzburg und anderen Städten bot sich kaum ein anderes Bild. Noch grauenvoller war aber der Verlust an Menschenleben. 27 Juden wurden umgebracht, 680 Juden sahen vor dem Mob keinen anderen Ausweg als den Freitod. 88 Männer, Frauen und Kinder erlitten schwere Verletzungen. (...) In ganz Österreich wurden insgesamt 4600 Juden verhaftet – die meisten landeten direkt in Dachau."
    Ebda.
16 „Aus 4083 jüdischen Geschäften schleppten die Sturmtrupps und in ihrem Gefolge Tausende ‚normale' Bürger alles weg, was sich überhaupt bewegen ließ. Aufgestauter Neid auf fremdes Eigentum entlud sich in privaten Raubzügen."
    Ebda.
17 Ebda.
18 „Man zerschlug die Auslagen, und der Mob raubt, was immer zu erwischen war. (...) Wir wurden mit anderen Juden aus der Umgebung in einer Wohnung eingesperrt. Meine Eltern waren verzweifelt. Sie wußten: Das war der Anfang vom Ende. Beide wurden in Minsk umgebracht. (...) Als wir nichts zu essen hatten, ließen Parteien unseres Hauses Lebensmittel und Kaffee an Schnüren zu uns herunter."
    Husserl: „Die Menschen johlten, als der Tempel brannte". 6. November 1988.
19 Ebda.
20 Kittner: „Wo gehobelt wird, da fallen eben Späne". 7. November 1988.
21 Fürböck: Nach Skandalrede muß Jenninger gehen. 12. November 1988.
22 M. M.: Nichts begriffen. 12. November 1988.
23 Siehe Wolf: Licht in das Zwielicht. 13. November 1988.
24 Kraus: So überwinden wir den Antisemitismus. 8. November 1988.
25 Kraus, Herbert A.: Das künftige Judenproblem Österreichs. In: BuI, H 39 (1947). S. 1-2 und Ders.: Das künftige Judenproblem Österreichs. In: BuI, H. 40 (1947). S. 1-2.

26	Jochmann: Das war der Faschismus! 10. November 1945.
27	N. N.: Vor acht Jahren. 10. November 1946.
28	h. ph.: Niemals vergessen! 10. November 1948.
29	Tausig: Dies war der Tag. 9. November 1952.
30	Fischer: Pogrom. 9. November 1958.
31	Das Attentat „wurde zum Vorwand für den Pogrom, der am 10. November befehls- mäßig und schlagartig im gesamten Deutschen Reich (nicht zuletzt in der ‚Ost- mark‘) einsetzte (...). Der 10. November 1938 wurde zum Beginn des Vernichtungs- feldzuges, den Hitler gegen das europäische Judentum plante und konsequenter durchführte als irgendeinen anderen Punkt seines Parteiprogramms." Ebda.
32	„Das gewalttätige Regierungssytem macht seine Anhänger zu Mitschuldigen, um sie enger an sich zu binden. (...) Pauschalhaß und Pauschalverurteilung, Aussied- lung ganzer Volksstämme, Anhaltelager im kommunistischen Ostdeutschland – noch immer Zwangsarbeitslager und Deportierungen in anderen kommunistischen Län- dern; der Koreakrieg; die vielen Kolonialkriege; das Schreckensregiment der AVO; Folterungen in Algerien; Apartheid und Rassenhaß in Südafrika; Negerfeindschaft in Amerika." Ebda.
33	Ebda.
34	„In Wien, wo es schlimmer war als in manchen Städten des ‚Altreiches‘, wurden viele Juden verhaftet und in eigens dafür freigemachte Turnsäle, Reitschulen und Magazine gebracht." Hindels: Als die Synagogen brannten. 10. November 1963.
35	Ebda.
36	Blau: Gegen den neuen Faschismus. 9. November 1968.
37	„Vor vierzig Jahren (...) brannten in Hitlers Reich die Synagogen. Es war das Vor- spiel für das Massenverbrechen, das als ‚Endlösung‘ in die Geschichte einging." Scheuch: Beschämend. 10. November 1978.
38	Ebda.
39	N. N.: Bilddokumente der Erinnerung. 9. November 1984.
40	„In Österreich freilich – und das heurige Bedenkjahr hat endlich viele diese Er- kenntnis aussprechen lassen – brauchte man den Antisemitismus nicht erst einzu- führen und propagandistisch hochzupäppeln. Er hatte viele Väter, und manche von ihnen waren Hitlers bewunderte Vorbilder." Scheuch: Niemals vergessen! 9. November 1988.
41	Ebda.
42	S-n.: Reichskristallnacht. 10. November 1963.
43	B-g: Hitler warf sich zu Boden... 8. November 1973.
44	Portisch: Terror. 10. November 1978.
45	„Vor 45 Jahren (...) sind (...) Tausende Juden gedemütigt, mißhandelt, 30.000 von ihnen verhaftet und viele davon in Konzentrationslager gebracht worden. 91 fan- den in jener Nacht den Tod, davon allein in Wien 27. Mehr als 7000 Geschäfte und 29 Warenhäuser wurden zerstört und geplündert, auch Wohnungen waren nicht ausgenommen. Fast alle Bethäuser und Synagogen des Reiches gingen in Flammen auf. (...) In Graz gab es in der Reichskristallnacht [!] keine Toten unter den Juden, dafür aber Hunderte Verhaftete und auch Verletzte. Das Israelische [sic!] Bethaus (...) ging in Flammen auf wie auch die Zeremonienhalle am jüdischen Friedhof". Höfer: Protest gegen „Reichskristallnacht". 9. November 1983.
46	Ebda.
47	Zu „Salzburger Nachrichten", „Kleine Zeitung", „Presse" und „Neue Kronen Zei-

tung" siehe Wassermann, Gepresste Geschichte, a.a.O., S.345-354 und die quanti-
fizierend orientierte Arbeit von Slatar, Daniela: Der Beitrag der Medien zur Verweigerung und Annahme der eigenen Geschichte am Beispiel „Reichskristallnacht".
Eine Inhaltsanalyse der Berichterstattung von Wiener und Grazer Tageszeitungen
anläßlich der Gedenkjahre im Zeitraum 1948 bis 1991. Wien 1993 (Diplomarbeit).

14. Kriegsbeginn

14.1. Kurier

1947 – nachdem zur Thematik im Jahr zuvor nichts zu vernehmen war – berichtete der „Kurier" im Umfeld des „Jahrestages" nicht über diesen, sondern über (antisemitische) Ausschreitungen in Ranshofen, wobei die Aufmerksamkeit auf folgendes Zitat gelegt werden soll: „In Kreisen der jüdischen Dps wird angenommen, daß eine Handlung antisemitischen Charakters vorliege."[1] Einen Tag später stand dann doch der Kriegsbeginn im Mittelpunkt eines ausführlichen Kommentars. A prima vista ist an diesem bemerkenswert, daß der Zweite Weltkrieg vor allem vor dem Hintergrund der sowjetischen Politik gedeutet wurde. Der Abschluß des Nichtangriffspaktes mit der Sowjetunion „sicherte Deutschland die materielle Unterstützung und wohlwollende Neutralität der Sowjetunion", wodurch diese zur befreundeten „Macht", zum „Partner bei der Teilung der polnischen Beute", zur „Nachschubquelle für wichtige Rohstoffe und vor allem" zum „Garant[en] gegen einen Zweifrontenkrieg" wurde. Mit Hitler und Stalin trafen zwei einander seelenverwandte Charaktere aufeinander, denn beide handelten nach dem „Grundsatz, daß der Zweck die Mittel heiligt". Die USA hingegen „hüllten sich in ihren Isolationismus", wobei „kein Zweifel darüber" bestand, „wo die Sympathien Amerikas standen". Nicht so klar sei allerdings gewesen, „ob sie auch in Handlungen ihren Ausdruck finden mußten."[2]

Am 1. September 1949 war nicht vom Kriegsbeginn, sondern vom Staatsvertrag die Rede, der – folgt man dem Kommentar – von den Sowjets blockiert werde[3].

Das drei Jahre später durchgeführte Gedenken war neben einer Hommage und Laudatio auf das „österreichische" Wesen, konkretisiert als Abgrenzung (und somit als implizite Gleichsetzung) von Nazis und Kommunisten gleichermaßen[4], vor allem eine antikommunistische Tirade, die Nationalsozialismus und Sowjetkommunismus mittels Gleichsetzung von gegenwärtig antisemitischer und ebensolcher antiösterreichischer Hetze auf eine Ebene stellte. Bemerkenswert, bevor der Text auszugsweise referiert wird, war der Sprachgebrauch; den „Feind" auf der Linken wußte man sprachlich sehr genau zu benennen und zu singularisieren, wohingegen der auf der Rechten zumeist anonymisiert wurde. „Auf der einen Seite steht der Kommunist, der die Kultur dieses Landes zerstören und es der Gewalt seiner Herren im Kreml ausliefern möchte. Auf der anderen Seite ist der Unzufriedene, der zwar erklärt, den Kommunismus zu hassen, der aber ebenso die Demokratie haßt und für eine Rückkehr jener primitiven Ideen des Rassenwahnes, der

Unduldsamkeit und der rohen Gewalt eintritt, die erst in jüngster Vergangenheit die Welt in eine Katastrophe gestürzt haben. Beide haben vieles gemeinsam", nämlich die annähernd gleiche Diktion, die Befürwortung des Machtkultes oder die Hoffnung auf das Vergessen der Opfer. „Die Kommunisten, die die sowjetische Humanität lobpreisen, verlassen sich darauf, daß die Österreicher freundlichst vergessen werden, was sie davon selbst im Jahre 1945 gesehen haben. Die überlebenden Nationalsozialisten stimmen indessen wieder ihre alten Lieder gegen jene Minderheiten an, die ihnen einst zum Opfer fielen, und vertrauen darauf, daß ihre Zuhörer vergessen haben, daß Österreich selbst eines ihrer ersten Opfer war." Somit stellten sich diese linken und rechten Gesinnungsverwandten selbst außerhalb des österreichischen Volkes, denn wer „heute in Österreich rauhe totalitäre Doktrinen verkündet, kann nicht den Vorwand gebrauchen, er versuche lediglich, die Befreiung des Volkes zu fördern. Personen, die ihre Zeitung zu Angriffen auf andere Personen hergeben, nur weil sie einem bestimmten Volk", konkret dem jüdischen Volk[!], „angehören, können nicht erwarten, heute noch als ehrenhafte Sprecher eines zivilisierten Volkes betrachtet zu werden."[5]

Mittels Photocollage, eines beliebten stilistischen Mittels der fünfziger und sechziger Jahre, wurde 1959 der Kriegsbeginn ins Gedächtnis gerufen. Sie zeigte unter anderem die Stationen des Überfalls auf Polen, Stalingrad, den Bombenkrieg bis zum Nürnberger Tribunal. Hitler habe „die Blüte der deutschen und auch so vieler anderer Nationen in einen Krieg" gezwungen, „der allein unter den Soldaten der kämpfenden Staaten über 22 und unter der Zivilbevölkerung an die 14 Millionen Opfer" gefordert habe. „Mehr als 3 Millionen Europäer gelten seither noch immer als vermißt." Ermöglicht wurde Hitlers Krieg durch den deutschen „Gehorsam gegenüber der Obrigkeit, [den] Respekt vor der Uniform, die bedingungslose Unterwerfung unter die Befehle des Staates" als – deutsche – Kardinaltugenden. „So kam es, daß weite Bevölkerungsschichten in Deutschland, aber auch in Österreich und anderen europäischen Ländern der Führung des Dritten Reiches zunächst kritiklos gegenüberstanden und später kaum noch Gelegenheit zur Kritik hatten."[6]

Ein zehn Jahre danach veröffentlichter Kommentar setzte den Keim des Kriegs mit den Pariser Vorortverträgen an. Diese trugen „den Todeskeim für die Demokratie von Anfang an in sich", der schließlich zum „von Hitler planmäßig"[7] entfesselten Krieg führte: Dieser Krieg des „abgründig dämonisch[en] Führer[s]", des „von Staatsmännern hofierten" Rebellen, des machttrunkenen „Besessenen"[8], sollte seinem „Volk ‚Lebensraum im Osten' (...) durch Unterwerfung, durch Unterdrückung und Ausrottung anderer Völker"[9] schaffen. Abgesichert wurde der Angriff auf Polen von Stalin. Der eigentliche Beginn des Krieges seien aber die Überfälle auf Österreich und die Tschechoslowakei gewesen. Bereits im November 1937 hatte Hitler „von ‚Raumerweiterung durch Brechen von Widerstand' gesprochen, vom ‚Weg der Gewalt', der in den Jahren 1943 bis 1945 beschritten werden müsse, weil nachher sich ‚alles nur mehr zuungunsten Deutschlands' entwickeln könne. Das erste Ziel müsse die Niederwerfung der Tschechei [!] und gleichzeitig Österreichs sein", wobei in beiden Fällen nicht vom „eigenen Volk", sondern „von der dadurch zu erwartenden Lebensmittellage, der günstigeren Grenzziehung, der Möglichkeit, zusätzliche Divisionen aufzustellen"[10] die Rede war.

1979 wies Rauscher – unter Hinweis auf Roosevelt – auf die in der Zwischenzeit geänderte machtpolitische Position der USA hin. Dieser „wollte keinen Krieg provozieren. Aber er war ein Präsident, der wußte, daß die USA früher oder später ihre Rolle übernehmen mußten. Das ist allerdings lange her."[11] Mittels fiktiver historischer Projektion, dergestalt, daß ein am 1. September 1939 erschienener „Kurier" veröffentlicht wurde, näherte sich die Zeitung dem Thema vierzig Jahre nach Kriegsbeginn an. Ein argumentativer Faden dominierte diese Sonderbeilage: Der von Hitler gewollte, über Jahre hindurch vorbereitete[12] und schließlich planmäßig vom Zaun gebrochene Krieg als zwar nicht alleinentscheidendes, aber bei weitem überragendes Erklärungsmuster. „Denn wie der KURIER aus Wehrmachtskreisen erfährt, hat der Führer in Berlin schon am 22. August 1939 vor den versammelten höheren Befehlshabern der Wehrmacht erklärt: ‚Ich werde den propagandistischen Anlaß zur Auslösung des Krieges geben, gleichgültig, ob glaubhaft. Der Sieger wird später nicht danach gefragt, ob er die Wahrheit gesagt hat oder nicht.'" Weiters erfahre der KURIER, „daß der Chef des deutschen Sicherheitsdienstes (SD), Reinhard Heydrich, bereits Anfang August das Unternehmen Tanneberg bis ins Detail ausgeheckt hat."[13] So eindeutig einseitig wie der Krieg geplant war, so eindeutig waren auch die Kriegsziele vorgegeben. „Kern der Ausführungen" am 5. November 1937 war: „Das deutsche Volk braucht mehr Lebensraum. Dieser ist nur auf Kosten anderer Völker zu gewinnen. Die Eroberung und Sicherung eines derartigen Lebensraumes für die Deutschen ist nur in Europa möglich, und hier wiederum im wesentlichen nur im östlichen Europa. Ohne Krieg ist daher die Schaffung dieses Lebensraumes für das deutsche Volk nicht zu machen."[14] Nachhaltig, neben einigen Hinweisen auf eine ob der politischen Passivität teilweisen Schuld der Westmächte[15], wurde auf das Zusammenspiel und die „Verschwörung der Diktatoren Hitler und Stalin"[16] verwiesen. „Der deutsche Einmarsch in Polen erscheint nun in einem gänzlich neuen Licht. Hitler hat durch das Übereinkommen mit der Sowjetunion die Gefahr eines Zweifrontenkrieges gebannt. Er konnte ohne sowjetische Bedrohung in Polen einmarschieren. Stalin hingegen gab Hitler freie Fahrt für die deutsche Westflanke."[17] Ein letzter Aspekt befaßte sich

1979 mit der Betrachtung der Lage in der „Ostmark", der zwar auf den Opferstatus von Land und Leuten *nach* dem März 1938 hinwies, aber nachhaltig die
innenpolitischen Faktoren *vor* dem März betonte. „Der Untergang Österreichs begann ja nicht erst am 11. März 1938 (...). Hitler wußte, daß er für
seine Politik die Grenzen des deutschen Reiches sprengen mußte. Als gebo-
renem Österreicher lag es nahe, daß er als erstes nach seinem ‚Mutterland'
greifen werde. Die massive Unterstützung der illegalen Nazis in Österreich,
der Mordanschlag gegen Bundeskanzler Engelbert Dollfuß, die systematische Rückensteifung für Dr. Arthur Seyß-Inquart und Konsorten untergru-
ben langsam aber sicher die letzten Bastionen. Dazu kam die Zwietracht unter den demokratischen [!] Kräften Österreichs. Auch das üble Spiel, das sich
die Austrofaschisten von Benito Mussolini gefallen ließen, ebnete Hitler den
Weg."[18] Abgedruckt wurde schließlich noch ein Brief eines „konvertierten"
Nazis an Seyß-Inquart, in dem dieser – als alter Sympathisant – Klage über
die nationalsozialistische Realpolitik führte. „Ich glaubte an etwas. Vor allem
glaubte ich daran, daß der Nationalsozialismus, von dem ich damals Programm
und Propaganda, nicht aber die Methoden kannte, dazu berufen sei, unter der
Devise des Selbstbestimmungsrechtes eine bessere und gerechtere Ordnung
in Mitteleuropa herzustellen, nachdem die demokratischen und nationaldemokratischen Gruppen und Regierungen in Österreich und im Reich als Träger dieser geschichtlichen Aufgabe versagt hatten."[19]

Dem gewohnten Zehnjahresrhythmus gemäß wurde 1989 das Thema wiederum abgehandelt. Mit den Umwälzungen in Osteuropa – so Wolf –
sei im Spätsommer 1989 „die Nachkriegszeit zu Ende"[20] gegangen. Eine historisch orientierte und nicht, wie bei Wolf, auf die Gegenwart bezogene fünf-
teilige Serie zu „Hitlers Krieg", so der Untertitel, verfaßte Hans Rauscher,
der wiederholt und massiv auf Hitlers Kriegsziele verwies, was in dieser Nachhaltigkeit für den „Kurier" eine absolute Ausnahme darstellte. „Hitler sprach
vom Krieg gegen den Nachbarstaat Polen, mit dem Deutschland eine territoriale Auseinandersetzung um die Ostseestadt Danzig hatte. Die versammelte
hohe Generalität wußte oder konnte wissen, daß Hitlers Ziele viel weiter gesteckt waren. Die Herrschaft über Europa, ja die Welt. (...) Ganze vier Tage
nach seiner Machtergreifung in Deutschland (...) entblößte Hitler sein inner-
stes Denken vor den Befehlshabern des Heeres und der Marine. Zuerst Schaffung der Kampf- und Wehrbereitschaft, dann Beseitigung der Folgen des
verlorenen Ersten Weltkrieges (Versailler Vertrag) und dann – ‚Eroberung
neuen Lebensraumes im Osten und dessen rücksichtslose Germanisierung'."[21]
In diesem Zusammenhang machte Rauscher auf die „logischen" Opfer von
„Hitlers Krieg" aufmerksam. „Was er zunächst für Europa plante und dann
in seinen nächtlichen ‚Tischgesprächen' im Führerhauptquartier ausbreitete,
war ‚die Auslöschung und Verwandlung eines Kontinents durch Massenver-

nichtung, durch ausgedehnte Umsiedlungsaktionen, Assimilierungsprozesse und Neuverteilung der leergewordenen Räume, die bewußte Zerstörung der Vergangenheit dieses Erdteiles und der Neukonstruktion aus geschichtslosem Kalkül' (Joachim Fest)"[22]. Da Rauscher den Zweiten Weltkrieg ausschließlich als Hitlers Krieg deutete, konnten die Beweggründe dazu nur in Hitlers Motivationen liegen[23]. Zwei Aspekte strich er besonders hervor: Erstens das schon belegte Ziel nach „Lebensraum" beziehungsweise den Topos des „Volks ohne Raum" und damit eng verbunden zweitens Hitlers abgrundtiefen Antisemitismus. „Da gab es noch ein Volk, das keinen eigenen Raum hatte und – in seiner verderbten Vorstellung – auf Kosten anderer Völker lebte, die Juden." Der Krieg wurde zwar „zunächst gegen die ‚Ostvölker'" geführt. „Aber der wahre Krieg war der gegen die Juden. (...) Der Völkermord an den Juden und der Krieg, den er dazu – als Vorwand und ‚Sichtblende' – brauchte."[24] Hinter diesen Hitlerzentrismus in der Argumentationsführung traten sonstige innen- oder außenpolitische Rahmenbedingungen und Einflußfaktoren in ihrer Gewichtung entschieden zurück. Ein ganzer Teil der Serie beschäftigte sich in diesem Zusammenhang mit der Hysterisierung der Massen, der bedingungslosen „Anbetung des Führers [!] so vieler Deutscher und (früherer) Österreicher." Rauscher führte dies zum einen auf Hitlers Fähigkeit „eine fast mystische Ekstase, eine Art heiligen Wahn" zwischen „sich und der Masse (...) herzustellen", sowie auf dessen überwältigenden Rednergabe und Persönlichkeit, zum anderen aber auf „autoritäre Denkmuster, Obrigkeitsgläubigkeit und [die] Neigung zu romantischem Irrationalismus" sehr vieler Deutscher und Österreicher zurück. Diese Faktoren führten auch dazu, daß alle über die „düsteren inneren Verhältnisse des Regimes, schließlich die Morde, die Verhaftungen, die Konzentrationslager, die Verfolgung der Juden, die Drangsalierung der Kirchen, die Überorganisierung der Menschen in einem alles durchdringenden NS-Staat" Bescheid wußten, „viele" dies „bejahten" und es die meisten „verdrängten"[25]. Das Abkommen zwischen dem Deutschen Reich und der Sowjetunion gehe zwar „in die Annalen weltpolitischer Infamie ein", jedoch hatte Stalin neben seinem „Klassenkrieg (...) im Zuge des ‚Großen Terrors' (...) die politische und militärische Führungsschicht ‚gesäubert' (...). Das Land war geschwächt." Weiters sah Stalins Strategie vor, mit den Kommunismus, mit der Sowjetunion als lachenden Dritten „das Erbe des Krieges"[26] anzutreten. An der britischen Politik kritisierte er neben dem „Appeasement" den Nichtabschluß eines Bündnisses mit der Sowjetunion, wie es Churchill gefordert hatte[27]. Nachhaltig sprach sich Rauscher gegen die von Kissinger in einem übernommenen Gastkommentar vorgetragene Deutung aus, der Zweite Weltkrieg sei ein Produkt des völligen Verzichtes „auf Staatskunst"[28] nach 1919 gewesen[29]. Schließlich war auch – wie für den bereits zitierten Franz Ferdinand Wolf – für Rauscher mit den Umwälzungen im Osten und der Stabilisierung Westeuropas der Zweite Weltkrieg endgültig zu Ende gegangen[30].

Quantitativ dominant in den vom „Kurier" vorgegebenen Erklärungsmuster ist der Hinweis auf das deutsch-sowjetische Abkommen im August 1939, dem durch die Jahrzehnte hindurch, neben Hitlers Willen oder Motiven zum Krieg die Funktion des letzten Auslösers zugeschrieben wurde. Der Krieg selbst wurde als Krieg Hitlers gedeutet, wobei auffallend oft damit der Hinweis auf Hitlers Kriegsziele und deren konkrete Konsequenzen verbunden war.

14.2. Arbeiter-Zeitung

Der 1. September 1939 sei, so die Überschrift 1949, vor allem deshalb ein „Trauertag der Menschheit", weil „eine Woche nach dem Abschluß des deutsch-russischen Pakts" und im Gefolge des Einmarsches in Polen, Unmengen an Opfern zu betrauern waren und sind. „Erinnert euch der Bomben auf Rotterdam und Belgrad, des ‚Blitzes' auf Coventry und London, der Maschinengewehre, die auf den Straßen Frankreichs flüchtende Frauen und Kinder niedermähten. Erinnert euch der torpedierten Schiffe, die brennend, auf stürmischem Meer tausende Menschen in den Untergang rissen. Erinnert euch der in den Wüsten Afrikas Verdursteten, der in den Steppen Rußlands Erfrorenen. Erinnert euch Stalingrads und Kölns und Berlins. Erinnert euch der Vernichtungslager von Majdanek und Auschwitz, von Buchenwald und Belsen. Erinnert euch der Millionen von Kriegsgefangenen und wie sie aussehen und was sie erzählen, soweit sie das Grauen überlebt haben und schließlich heimkehren durften. Erinnert euch des Mordes im Hinterland, der Folterkeller der Gestapo, der Zuchthäuser, der KZ.s, in die sie unsere Männer und Frauen steckten. Erinnert euch der Lügenpropaganda Goebbels' und der Gefahr, ausländische Radioberichte abzuhören. Erinnert euch der Angst vor jedem lauten Wort, erinnert euch des Horchens an der Wand, des Denunzianten und des Spitzels. Erinnert euch schließlich der ‚Luftlagemeldungen', der Tage und Nächte im Bunker, der Bomben auf unsere Städte und Wohnungen. Erinnert euch aber auch, wie Zwang und Gefahr, wie dieser Druck von Blut und Lug und Trug manches anständigen Menschen moralische Festigkeit zu erschüttern drohte, wie ihr in der Sorge ums tägliche Brot, in der Enge eurer mit unglücklichen Ausgebombten überfüllten Wohnungen selber hart und selbstsüchtig wurdet."[31] Verknüpft war diese allumfassende Opferbilanz, ähnlich wie der Artikel Jochmanns 1945[32], mit einem Wahlaufruf zugunsten der SPÖ, diesmal aber nicht als Abgrenzung zur Volkspartei, sondern der KPÖ gegenüber. Der „Ribbentrop-Molotow-Pakt" leitete die erste „Schändung der Moral" ein, ließ die Arbeiter aber „zum erstenmal (...) in voller Deutlichkeit" erkennen, daß in Moskau nicht der Sozialismus regierte (und regiere), sondern die Machtpolitik. Diesem Appell an die „Linke(n)" stand eine Handreichung an die „Rechte(n)" gegenüber. „Als die Unterwelt Hitlers zuletzt in Blut und Schmach verreckt war, kam die Hungersnot, die Demütigung der Frauen, die Ausplünderung von Hab und Gut, das Regime der Sieger, die Bevormundung, der Menschenraub, die Rechtsunsicherheit. Wieder einmal hat die Geschichte bewiesen, daß es in modernen Kriegen keine Sieger mehr gibt, sondern nur noch Besiegte, daß die Abrechnung mit einem Höllensystem (...) nicht zu voller Reinigung führt, sondern nur zur Ansteckung der Rächer."[33] Ein zweiter Artikel ging neben der Schuld des „machtberauschte[n] Größenwahnsinnige[n]", Hitlers auf die Haltung der Westmächte, vor allem auf den „Münchner" Pakt, ein. Damit setzten diese „den ersten Schritt zum Verrat an der Freiheit und europäischen Kultur", wobei ihnen konzediert wurde, „daß sie vom Bestreben erfüllt waren, den Frieden um jeden Preis zu erhalten."[34]

1951 wurde der Kriegsbeginn, nämlich Hitlers Krieg[35] – nicht untypisch für die „Arbeiter-Zeitung" – aus autobiographischer Sicht kommentiert. „Nun – Wien war an diesem Tag eine tote Stadt. Die Menschen eilten mit gesenkten Köpfen durch die Gassen, in den Straßenbahnen blieb es still, die Lokale waren leer. Die Trafikantin, deren Sohn freiwillig eingerückt war, hatte scheinbar geweint. Der Wirt, der als erster auf seine Speisekarte ‚Hackbraten' geschrieben hatte, sagte zu mir: ‚Wolln S' Fleischlaberln? Wer waß wie lang mas no habn!' Und der Herr Justizrat über mir, der mich mit der Anzeige bei der Gestapo bedroht hatte und dem ich heute ein strammes ‚Heil Hitler!' entgegenknallte, hob etwas verlegen das Pratzerl."[36] Den größeren Teil des Artikels nahm aber ein konkretes Kriegserlebnis des Verfassers – nämlich ein alliierter Bomberangriff – ein.

Wiederum aus der Perspektive der „Normalbürger", neben den chronologischen Abhandlungen von Hitlers Außenpolitik und den entscheidenden Tagen im August 1939[37], den „Alltag" und das Alltagsbewußtsein kritisch vorführend, näherte sich das Blatt dem Thema 1959. „Dann verschwanden ‚über Nacht' Menschen, mit denen man Tür an Tür gelebt hatte, und das Wort ‚Schutzhaft' bekam einen doppelten, unheimlichen Sinn. Im übrigen freilich ging es steil aufwärts: die Massenarbeitslosigkeit der ‚Systemzeit' war mit einem Schlag vorbei, die ehemaligen Arbeitslosen trugen jetzt Wehrmachtuniform oder hatten in der Rüstungsindustrie Arbeit und Brot gefunden. Viele verdienten viel Geld. Andere fuhren mit KdF nach Norwegen oder Madeira. (...) Man trat allen möglichen Organisationen bei, der DAF, der NSV, dem Reichskolonialbund, man aß Eintopf und spendete für alle möglichen Zwecke, und man schloß die Augen vor Dingen, die einen von Rechts wegen hätten nachdenklich stimmen müssen."[38]

Quantitativ dichter war die Thematisierung fünf Jahre später, zum 25. Jahrestag. Ella Lingens referierte aus einem Buch, das sich mit Hitlers Geisteszustand auseinandersetzte, stellte aber die – rhetorische – Frage, ob eine Geisteskrankheit an der Schuld(frage) Hitlers und seiner Anhänger etwas ändern würde[39]. Die übrigen Beiträge durchzog einerseits die Feststellung, Hitler habe den Krieg provoziert[40], andererseits die Benennung von Opfern. Das erste Opfer des Krieges war zweifellos Polen, aber ob der polnischen Außenpolitik, beziehungsweise die Außenpolitik der klassenkämpferisch titulierten polnischen „Herrenreiter und Großgrundbesitzer" in den Jahren zuvor, waren diese „nicht ganz ohne Schuld an der tragischen Entwicklung." Im Zuge des Krieges gegen Rußland nahm nun die „brutale Ausrottung der Juden (...) ihre Richtung auf die berüchtigte ‚Endlösung'" und das „Dritte Reich verwandelte sich zusehends in einen barbarischen Sklavenhalterstaat"[41]. Eine Opfergruppe dieses „Sklavenhalterstaates", der ein eigener Artikel gewidmet war, war die entrechtete Arbeiterschaft. Mit dieser Entrechtung „dankte Hitler seinen Geldgebern, die ihm den Weg zur Macht geöffnet hatten."[42] Daß in diesem Artikel die Arbeitnehmerpolitik der Monarchie im Ersten Weltkrieg ein teilweise positives Zeugnis ausgestellt bekam, sei ausdrücklich vermerkt.

So wie auch 1964 ablehnende Reaktionen der Bevölkerung referiert wurden[43], waren diese fünf Jahre später wiederum ein Thema. „Viele Frauen und Mädchen weinen beim Anhören dieser Rede, die Männer sind ernst und tief betroffen." Das Hauptgewicht lag in diesem Kommentar – wie für den Verfasser, Paul Blau, mehrfach nachweisbar ist – allerdings wiederum in der Gegenwartsanalyse, konkret im Hinweis auf die „vielen kleineren, aber barbarischen Kriegsbrände in allen Erdteilen" und im „Wissen um die drohende Gefahr einer noch schrecklicheren Katastrophe"[44].

1977 setzte sich ein Artikel mit Fests Film „Hitler – eine Karriere" kritisch auseinander. Traxler monierte mehrere „Verzerrungen" wie Hitlers pathologischen Antikommunismus oder das Ausblenden der „Interessen der Großindustrie und ihr finanzieller Einsatz für die Beseitigung der Weimarer Republik", des Widerstandes, der „Vergasung von Millionen Juden", der „Ermordung der politischen Gegner" und der „Folterungen in den Konzentrationslagern" im von Fest dargelegten Hitler-Bild. Er habe den Eindruck, dieser Film sei auf Grund der verwendeten und gezeigten Quellen die Fortsetzung der „Arbeit von Goebbels Propagandaministerium"[45].

Die unterschiedlichen politischen und polizeilichen Reaktionen in Ost und West auf Demonstration „44 Jahre nach Hitlers Brandstiftung" verdienten „Beachtung"[46], so unter anderem der Kommentar aus dem Jahr 1983.

Bemerkenswert am Gedenken fünfzig Jahre nach dem 1. September 1939 war nicht nur die wiederholt verwendete Terminologie des „Kriegs-

ausbruchs"[47], die erneute Quasigleichsetzung von Kommunismus und Nationalsozialismus[48] und der Hinweis auf die unterschiedlichen Nachkriegs-
entwicklungen von (späteren) Ost- und Westdeutschen, sondern Scheuchs
Hinweis auf Österreich in diesem Zusammenhang: „Vielleicht war's ein Glück,
daß nicht nach Österreich, das der Welt Hitler mitsamt vieler seiner Ideen
bescherte" in der von Scheuch auszugsweise referierten Meinungsumfrage
unter den Russen „gefragt worden ist..."[49]. An Helmut Kohls Rede im Deutschen Bundestag wurde schließlich eine „ausdrückliche Garantie der Oder-
Neiße-Grenze" bemängelt. „Ein Versehen? Ein kleiner Irrtum? Schön wärs."[50]
    Die von der „Arbeiter-Zeitung" vorgenommenen Analysen beton-
ten über die Jahrzehnte hinweg die Alleinzuschreibung der Kriegsschuld an
Hitler unter der Assistenzleistung der Sowjetunion und die nicht vorhandenen Kriegsbegeisterung als durchgängige Argumentationsmuster. Der dar-
gelegte und kommunizierte Opferbegriff war ein – zumeist – allumfassender.

14.3. Das Steirerblatt/Südost-Tagespost

Sieht man vom gegenüber Frankreich erhobenen Vorwurf, die Warnungen
über die deutsch-russische Annäherung falsch eingeschätzt zu haben[51], ab, so
zeichnete sich der erste Artikel aus dem Jahre 1946 vor allem dadurch aus,
daß er einerseits das „geradezu unglaubhaft" skrupellose „Vorgehen der deutschen Spionagebehörden, nicht nur der Nazibehörden, sondern vielmehr der
deutschen Militärbehörden", konkret Canaris' anprangerte, zum anderen, was
die Desinformationsfähigkeit und -tätigkeit anbelangte, den Sowjets ein noch
„besseres" Zeugnis ausstellte. „Es blieb einem anderen Machtstaat vorbehalten, die Praxis der ‚Desinformation' noch zu überbieten. Mit dem finnischen
Feldzug täuschte Rußlands Diktator die Welt über die wahre Beschaffenheit
und Stärke der Sowjetunion."[52] Bereits 1946 tauchte ein argumentativer Strang
auf, der auch für die folgenden Jahre nachweisbar ist, nämlich die direkte
Schuld der Westmächte am Krieg, konkret dergestalt, Hitler nicht zuvor schon
nachhaltig in die Schranken gewiesen zu haben. „Man übersah auch, daß die
Nachgiebigkeit gegenüber Hitler, als er in das Rheinland einmarschierte, als
er Österreich annektierte und die Tschechoslowakei zerschlug, einen rasen-
den Moloch in Bewegung gesetzt hatte, der durch keine Überlegung der Vernunft und der Moral mehr aufzuhalten war." In Anbetracht dieser, von den
„Großen" – von deren Öffentlichkeit und Politik – der Welt gemachten Fehlern, könne man nun der „Masse der ahnungslosen und pflichtversessenen
deutschen" Staatsbürger nicht den Vorwurf machen, sich über „das Wesen
des Nazismus" getäuscht zu haben. Außerdem habe es ein Land und ein Volk
gegeben, das dieses Wesen genau erkannt habe, nämlich – abstrus, aber trotzdem wenig verwunderlich – Österreich und die Österreicher, vor allem die

christlichsozialen Österreicher und das christlichsoziale Österreich. „Nicht die äußere Fassade ekstatischen Narrentums, sondern jene große Zahl stiller Dulder und Kämpfer, die 1938 der Gewalt ausgeliefert wurden, weil ihre Mahnungen von derselben Welt nicht gehört wurden, die uns heute leichtfertig als schuldig hinstellen möchte." Wenn man nun in Nürnberg über die wahrhaft Schuldigen zu Gericht säße, dann sei daran zu erinnern, daß ihnen Jahre zuvor „der Hof" gemacht wurde, und es sei zu fordern, „nicht jene [zu] verurteilen, die sich blenden ließen oder vor der Macht sich beugten", wie es die Sieger von 1945, „selbst vor 1939" praktizierten. Denn diese seien im selben Maße Opfer „wie es die alliierten Soldaten waren"[53].

Wiederum die Schuld der Westmächte, die schon zuvor mit „vollem moralischen Recht" gegen Hitler hätten „zu Felde ziehen können", stand im Mittelpunkt der Analyse des folgenden Jahres. „Es ist die Schuld der Westmächte, die sich Hitler schließlich entgegenstellten, bei der Verteidigung der demokratischen Weltordnung gegen den Nazismus nicht rechtzeitig dieselbe eiserne Konsequenz [wie Hitler] aufgebracht zu haben." Auf ihr Konto sei zu verbuchen, daß Hitler die Stärke erreichte, „fast einen ganzen Erdteil in Trümmer zu legen, Millionen und Abermillionen, die in Not und Elend geraten sind, ihre Heimat verlassen mußten und nun verloren in der Welt umherirren"[54], womit vor allem die Spät- und Nachkriegsopfer weniger auf das Schuldkonto Hitlers, sondern auf das der Alliierten gingen.

Naturgemäß quantitativ „dichter" war die Textproduktion 1949, und diese stand vor allem unter dem dominierenden Aspekt der individuellen[55] und der kollektiven Opfer. Der 1. September 1939 war der „Beginn einer Tragödie, die ein arbeitsfrohes, diszipliniertes Volk über berauschende Siege zu immer neuen Waffengängen, über Blut und Trümmer zu der vernichtendsten Niederlage, welche die Geschichte kennt, führte." Die Konsequenzen seien ein zerfetztes und zerstückeltes Deutschland, von dem „ganze Gebiete ältesten deutschen Kulturbodens (...) losgetrennt" seien, das von „fremden Truppen besetzt" sei und wo „schon jetzt die Oder-Neiße-Linie für endgültig erklärt" werde, und dies von einer Besatzungsmacht, die die Deutschen „verteidigen will!"[56] Ein anderes kollektives Kriegsopfer habe sechs Jahre Krieg und vier Jahre eines Zustandes, „der nicht Krieg und nicht Frieden ist", hinter sich, sorge sich um die Kriegsgefangenen und müsse vor den „Schrecken der fremden Gewaltherrschaft" nach 1945 ebenso auf der Hut sein wie die Nachbarn „im Norden und Osten". Die Fortsetzung dieses Quasi-Kriegszustandes im Nachkriegsösterreich zeige sich auch daran, daß – schließlich standen Nationalratswahlen an – „so viel Willkür und Unrecht kleineren Ausmaßes, aber furchtbar für die Betroffenen", wuchern, „daß wir nur überall nur die Augen aufmachen müssen, um zu sehen, wie weit wir noch vom Frieden entfernt sind und wie viel auf allen Gebieten noch zu tun ist, um all die greifbaren und ungreifbaren Folgen des Kriegs zu überwinden, der nun seit zehn Jahren über Österreich, über Europa, über der Welt lastet." Dieser eben dokumentierte „Brückenbau" den ehemaligen Nationalsozialisten gegenüber stand in einer argumentativen Linie mit der abermaligen Benennung der deutschen Opfer des Kriegs, einmal als Opfer einer „zumindest verblendeten Regierung", dann als Opfer von dem, „was seit dem Ende des Waffenkampfes geschehen ist, angefangen von der Vertreibung der zehn Millionen Deutschen aus den ost- und sudetendeutschen Gebieten, aus den Sprachinseln des Südostens bis zu den millionenstarken Sklavenheeren, die heute noch in der Sowjetunion (...) gehalten werden."[57] Und an all dem, begonnen mit dem 1. September 1939, tragen wiederum Politik und Politiker der Westmächte ein gerüttelt Maß an Schuld. Die „Wurzeln für Hitlers Machtanstieg" lagen „keineswegs allein in Deutschland (...). Was taten schon die Westmächte bei der Annexion des ‚Protektorates', beim ‚Anschluß' usw.? Sie protestierten, aber das war auch alles!" Und wenn schon diese Politiker Hitler für „vertragsfähig hielten, wie sollte dann der kleine Mann wissen, was sich zusammenbraute, wie sollte er wissen, daß er mit der Erfüllung staatsbürgerlicher Pflichten der Katastrophe Vorschub leistete!"[58]

1950 stand die Kommentierung – ausgehend von Korea – einerseits unter dem Aspekt des „schon wieder Krieg!"[59], andererseits unter dem des Lamentos über das gegenwärtige Schicksal Österreichs – ähnlich wie bei der Thematisierung des Kriegsendes –, nämlich die nicht gehaltenen Versprechen Österreich gegenüber. „Von ihren großen Proklamationen, in denen die Worte Freiheit, Friede und Eintracht fast in jeder Zeile vorkamen, wollen wir lieber nicht erst sprechen." Das „österreichische Volk", trete „heute in das sechste Jahr der Viermächtebesetzung" ein, „ohne die Freiheit und den Frieden, die ihm so feierlich zugesichert wurden."[60]

Zentral war 1954 die Betonung von Vermittlungsversuchen Görings und Mussolonis, nach deren Scheitern das „Verhängnis (...) seinen Lauf"[61] genommen habe und – am Beispiel Spanien – der Hinweis, daß rechter und linker Terror ein und dasselbe seien. „Wenn wir uns aber auf den Terror beschränken (...) dann kommen wir zu dem überraschenden Ergebnis, daß der Terror der spanischen Republik in nichts dem Terror in den sogenannten ‚faschistischen Ländern' nachstand. (...) Mord bleibt Mord, auf welcher Seite man auch stehen mag."[62]

Eine personell – nach der oben aufgezeigten sehr deutsch-österreichischen Opferperspektive der Jahre zuvor – sehr deutsche Perspektive, äußerten sich doch der Deutschland-Korrespondent der „Südost-Tagespost" und der damalige deutsche Verteidigungsminister Franz Josef Strauß zum Kriegsbeginn, wurden des Lesern 1959 geboten. Bemerkenswerter war allerdings der vorgenommene Perspektivenwechsel. Neben der Betonung der pathologischen Veranlagung Hitlers[63], war es vor allem der nachhaltige Hinweis auf das deutsch-sowjetische Abkommen, das die „Schrittmacherfunktion" zum 1. September 1939 von den Westmächten hin zu diesem verschob. „Der Kriegsbeginn am 1. September 1939 ist ohne den vorhergegangenen Vertragsabschluß zwischen dem Reich und Sowjetrußland, als ‚Ribbebtrop-Molotow-Pakt' in die Weltgeschichte eingegangen, nicht denkbar. Diese äußerlich als Nichtangriffspakt getarnte Abmachung über die Teilung des östlichen Europas ist vielleicht das zynischste Vertragsinstrument der Weltgeschichte. (...) Stalin wußte natürlich, daß der Pakt mit Hitler sehr schnell zum Kriegsausbruch in Europa führen würde, und seine Schuld an dem vergossenen Blut ist kaum geringer als die Hitlers. Freilich dachte der sowjetische Regierungschef, daß sich vorerst einmal Deutschland, Frankreich und England zerfleischen würden und sein beutelüsternes Reich dann leichte Beute machen könne."[64] Damit, mit dem Perspektivenwechsel auf Hitlers psychischen Haushalt und die Funktion und Rolle der Sowjetunion, ging die Apologie des Volkes – nunmehr im Gegensatz zu den bisher analysierten Textstellen allerdings noch offensiver formuliert – einher. „Wer sich im Nebeldunst des Dritten Reiches ein einigermaßen klares Urteil bewahrt hatte (und das waren ihrer gar viele!), der ahnte, (...) daß er am Anfang umwälzender Ereignisse stand. (...) Das deutsche Heer und das deutsche Volk bekamen im zweiten Weltkrieg das Gefühl, für eine ungerechte Sache eingespannt worden zu sein, nie ganz los, selbst der Gedanke an einen Sieg hatte etwas Bedrückendes"[65].

Diese deutsch-orientierte Quellenperspektive fand sich fünf und zehn Jahre später erneut, wurden doch Texte der „Bonner Bundeszentrale für Heimatdienst" und des Deutschland-Korrespondenten gedruckt. Bemerkenswert an beiden Texten bleibt allemal, daß in dem der „Bundeszentrale für Heimatdienst" Hitlers alleiniger Anteil wesentlich stärker betont wurde als im Artikel des Korrespondenten. „Alle, die Hitler Vorschläge und Pläne unterbreiteten, waren bereit und willens, sich für deren Verwirklichung mit allen ihnen zu Gebote stehenden Mitteln einzusetzen. Ihre Initiativen hätten, wären sie beachtet worden, den Krieg verhüten können, obwohl vornehmlich bei der britischen Regierung nur noch geringe Neigung vorhanden war, sich mit Hitler zu arrangieren. Ihre Enttäuschung über Hitlers Bruch des Münchener Abkommens war so groß, daß sich bei ihr der Entschluß festsetzte, Hitler, das Element permanenter Unruhe, zu eliminieren."[66]

Deutschland-Korrespondent Gerhard Aichinger legte 1969 sein Hauptaugenmerk auf „die verschiedenen Motive der Handelnden" und fand – unter Berufung auf Jakob Burckhardt – ein dominantes Motiv in der Note von Polens Außenminister Beck vom 4. August. Deren „Sprache (...) war es, die Hitler bis in den Grund seiner Seele aufwühlte. Offenbar begann er zum erstenmal zu spüren, daß sich ein ernst zu nehmender Widerstand gegen ihn aufbaute und er mit einem zweiten München nicht mehr rechnen könne." Festzuhalten an beiden Aichinger-Texten ist freilich, in welcher Art und Weise die Wehrmacht, konkret sein Regiment, beschrieben wurden. „Am 1. September um fünf Uhr morgens donnerten die Geschütze von der Ostsee bis zu den Karpaten. Friedliche nichtsahnende Dörfer wurden mit einem Granatenhagel überschüttet, es war entsetzlich, der Schreiber dieser Zeilen hat dieses Grauen (...) mitgemacht, seine einzige kriegerische Tätigkeit bestand darin, den Befehl zu geben, schwer verwundete polnische Bauern zu verarzten."[67]

Es dauerte bis 1983, bis das „Schweigen" durchbrochen wurde; ähnlich wie die AZ machte die „Südost-Tagespost" darauf aufmerksam, der Unterschied zwischen West und Ost bestehe darin, daß man im Westen unbehelligt gegen die Nachrüstung, im Osten nicht einmal für den Frieden demonstrieren dürfe[68].

Das dominate Thema in der diesbezüglichen Kommentierung war das der Kollektivapologie, sieht man wiederum von der durchgehenden Betonung des von Hitler gewollten Kriegs ab. Bis 1964 wurde in diesem Zusammenhang der Politik der Westmächte ab 1933, später dann der der Sowjetunion 1939 eine nicht unwesentliche Mitschuld zugeschrieben. Kollektiv entschuldet wurde aber nicht „das Volk" oder die Österreicher, sondern wurde das deutsche Volk, zum einem durch die Machtlosigkeit dem Regime gegenüber zum anderen und nachhaltiger durch die Erwähnung der Konsequenzen des Krieges für dieses deutsche Volk und deren „Kulturboden". Mit dieser deutschen (Opfer)Perspektive ging die intensive Zitierung von deutschen Quellen und somit dieser Perspektive zum Kriegbeginn einher.

14.4. Zusammenfassung

Sieht man vom „Sonderfall" der „Neuen Kronen Zeitung" ab, so waren sich alle untersuchten Blätter[69] darin einig, daß der Zweite Weltkrieg Hitlers Krieg, der von Hitler und nur von ihm gewollte Krieg war. Ein in diesem Zusammenhang ebenso feststehender und für – diesmal wirklich – alle sieben Tageszeitungen nachzuweisender Topos war: Ohne vorheriges Abkommen mit der Sowjetunion, kein Krieg. Anders sah die Einschätzung der Rolle der Pariser Vorortvertäger und der Politik der Westmächte ab 1933 aus. Allgemein wurden den Westmächten zumindest der Vorwurf der zu großen und zu langen Nachgiebigkeit Hitler gegenüber gemacht, wobei dieser Aspekt in der NKZ – dort in Verbindung mit dem Verhalten Polens – in einer atemberaubenden Deutung zur Kriegsursache überhaupt deklariert wurde. Die Pariser Vorortverträge wurden in den SN, der „Kleinen Zeitung", der „Presse" und in der NKZ angeführt und somit – als historische Vorbedingungen – für den Weltkrieg, in der „Presse" explizit auch für Hitler, dingfest gemacht. Die „Südost-

Tagespost" betonte bis in die sechziger Jahre die den Krieg begünstigende Politik der Westmächte. A prima vista überraschend waren die verschiedenen Opferbilanzen der einzelnen Tageszeitungen. Sieht man vom „Kurier" ab, der in Verbindung mit der Erwähnung von Hitlers Kriegszielen konsequent auf dessen osteuropäische Opfer aufmerksam machte, wurden in den übrigen ausschließlich die deutschen (und österreichischen) Opfer angeführt, wobei „Die Presse" „jahrtausendaltes deutsches Siedlungsgebiet", ins Spiel brachte. Inkludiert waren darin teilweise auch die Entnazifizierungs„opfer", das „Opfer" des selbstredend „kleinen" dafür aber großen und wiederum selbstredend mißbrauchten „Idealisten". Osteuropa war – abgesehen vom „Kurier" – ausschließlich Opfer der – in diesem Kontext – nahezu vorgeschichtslosen sowjetischen Besetzung. Festzuhalten bleibt schließlich, daß der Kriegsbeginn durchgehend mit dem Kriegsende und der daraus resultierenden Not und dem Elend der Deutschen (und Österreicher) verknüpft wurde. Bei der Analyse der Kriegsendes wird zu überprüfen sein, ob sich dort ein komplementärer Rückgriff auf das Jahr 1939 findet.

Anmerkungen

1   N. N.: Antisemitische Demonstration in Oberösterreich. 30. August 1947.
2   N. N.: Die Tragödie von 1939 darf sich niemals mehr wiederholen. 1. September 1947.
3   Siehe N. N.: Der Staatsvertrag. 1. September 1949.
4   „Aber in welchem Jahrhundert und unter welchen Bedingungen auch immer das österreichische Wesen im Ausland seinen Einfluß ausgeübt hat, stets hat es sich als Träger großzügiger, gastfreundlicher, europäischer Gesinnung erwiesen. Die ‚Österreichische Idee' – ob sie nun der Türkeninvasion entgegengesetzt wurde oder eine ganze Familie von Völkern unter ihre Fittiche nahm – ist über engstirnige nationale oder rassistische Begriffe hinausgegangen. In dieser toleranten kosmopolitischen Atmosphäre war für den Chauvinisten, den Dogmatiker und den rassischen oder religiösen Fanatiker kein dauernder Platz. Es gibt nicht viele Nationen, deren Geschichte eine solche Hinneigung zu dem Ideal zeigt, viele Völker zu vereinigen, ohne eines von ihnen zu unterdrücken. Dieses Bemühen um eine menschliche Gemeinschaft, stellt ein stolzes Erbe des österreichischen Volkes dar. In Zeiten der Größe wie in denen der Not hat es Österreich gut gedient. In unseren Tagen hat es seinem Volk geholfen, die zersetzenden [!] Lehren des Nationalsozialismus wie der Kommunisten abzulehnen. „
    Wh.: Österreich und der Geist des Westens. 30. August 1952.
5   Ebda.
6   N. N.: Von Nürnberg nach Nürnberg. 29. August 1959.
7   Strohal: Krieg und Friede. 30. August 1969.
8   „Hitler selbst, dieser abgründige Psychopath mit genialischen [sic!] Zügen, hatte sich in seinem Bunker in der Berliner Reichskanzlei erschossen, seine Leiche wurde verkohlt aufgefunden."
    Strohal: Startschuß ins Chaos. 30. August 1969.
9   Strohal, Krieg und Friede, a.a.O. sowie Strohal, Startschuß ins Chaos, a.a.O.

474

10	Strohal, Startschuß ins Chaos, a.a.O.
11	Rau: 40 Jahre später.
12	Siehe N. N.: Ohne Krieg geht nichts. 1. September 1979 und N. N.: Erfahrungs-vorsprung hilft den Deutschen. 1. September 1979.
13	N. N.: „Polen" sind KZ-Häftlinge. 1. September 1979 sowie N. N.: Hitler: Die Polen sollen endlich krepieren. 1. September 1979.
14	N. N.: Ohne Krieg geht nichts, a.a.O. sowie N. N.: Hitler: Die Polen sollen endlich krepieren, a.a.O.
15	„Der Eindruck aus der tschechischen Episode war: Die Westmächte werden, wenn's darauf ankommt, immer wieder kneifen." Oehrl: Tat der Ungeduld. 1. September 1979.
16	N. N.: „Aktiver Schutz des Reiches". 1. September 1979.
17	N. N.: Sensation: Polen soll zwischen Hitler und Josef Stalin aufgeteilt werden! 1. September 1979.
18	N. N.: Heile Welt nur für Fußballer. 1. September 1979.
19	N. N.: Nur Lossagung kann überzeugen. 1. September 1979.
20	Wolf: 1989 und das Glück, in Österreich zu leben. 2. September 1989.
21	Rauscher: „Der nächste Krieg wird ein Rassekrieg sein!" 27. August 1989 sowie Rauscher: „Mein ganzes Werk zerfällt nun". 30. August 1989.
22	Rauscher: „Kriegserklärung gegen bestehende Ordnung ". 31. August 1989.
23	„Diese mörderische Karikatur einer Weltanschauung hat sich Hitler mit größter Wahrscheinlichkeit in den ersten Jahren des Jahrhunderts zugelegt, als er sich in Wien als verkrachter Bohemien und Tagedieb herumtrieb." Rauscher, „Der nächste Krieg wird ein Rassekrieg sein!", a.a.O.
24	Ebda.
25	Rauscher, „Ich fühle euch, und ihr fühlt mich!". 28. August 1989.
26	Rauscher: „Ich hab sie! Ich hab sie!". 29. August 1989.
27	Siehe Rauscher: „Mein ganzes Werk zerfällt nun", a.a.O.
28	Kissinger: Das Versagen der Staatskunst. 1. September 1989.
29	Rauscher: „Kriegserklärung gegen bestehende Ordnung ", a.a.O.
30	Siehe ebda.
31	j. h.: Ein Trauertag der Menschheit. 1. September 1949.
32	Jochmann: Das war der Faschismus! 10. November 1945. Analysiert im Abschnitt „Reichskristallnacht".
33	j. h.: Ein Trauertag der Menschheit, a.a.O.
34	Strenitz: Dokumente des Verbrechens. 1. September 1949.
35	„Geschmacklose Phrasen, dreiste Aufschneidereien, unverhüllte Drohungen. Der Führer [!] wollte keinen Krieg, aber sein Schneider hatte ihm schon den kriegs-grauen Rock angepaßt. Er wollte keinen Krieg, aber er hat die größte Armee aufge-rüstet, Österreich, Tschechoslowakei, Ungarn, Rumänien, Italien, Albanien und Libyen eingesteckt und Polen, Holland, Belgien, Luxemburg, Frankreich, England, Dänemark, Norwegen, Jugoslawien, Griechenland und Rußland überfallen. Der Führer [!] wollte keinen Krieg? (...) Er wollte den Krieg, er hat ihn herbeigeführt und wollte nichts anderes als nur den Krieg." West: Hitlers Krieg und Ende. 1. September 1951.
36	Ebda.
37	Bildlich hervorgehoben und dementsprechend mit Bedeutung versehen wurde ein Bild, das „Stalin und Ribbentrop: Ein Händedruck unter Freunden" zeigte. Fischer: Vor zwanzig Jahren: August 1939. 30. August 1959.
38	Ebda.
39	„Und wenn seine Krankheit ihn von seiner Schuld befreit, fällt diese dann wieder

475

zurück auf die, die ihm gehorchten, die obersten Organisatoren, die mittleren Kommandanten, die kleinen SS-Leute, weil sie einem Kranken gehorchten? Oder sind sie unschuldig, weil sie die Krankheit nicht erkannten und dem Dämon glaubten, von dem sie meinten, er könne sie von ihrer Schuld befreien?„ Lingens: Adolf Hitlers Hirn war krank. 30. August 1964.

40   Siehe O. P.: Hitler und der Heiße Draht. 1. September 1964 und Scheuch: Von der Gleiwitzer Lüge bis Hiroshima. 1. September 1964.

41   Scheuch, Von der Gleiwitzer Lüge bis Hiroshima, a.a.O.

42   Fischer: Hitlers Krieg machte deutsche Arbeiter rechtlos wie Sklaven. 2. September 1964.

43   Siehe Scheuch, Von der Gleiwitzer Lüge bis Hiroshima, a.a.O.

44   Blau: Geschichte ohne Krieg. 31. August 1969.

45   Traxler: Viel Jubel, wenig Wahrheit über Adolf Hitler. 1. September 1977.

46   Scheuch: 1. September 1983.

47   Poidinger: Telesubjektiv. 31. August 1989, und Scheuch: Lernfähig. 1. September 1989.

48   „Am meisten überrascht, daß die Sympathiewerte für die Deutschen bei den Russen mit 59 Prozent an die Deutschfreundlichkeit der Österreicher heranreicht. Ob dabei auch eine Rolle spielt, daß die Russen mit ihrem eigenen diktatorischen System fast ebenso schreckliche Erfahrungen machen mußten, wie mit den fremden Okkupanten?" Scheuch, Lernfähig, a.a.O.

49   Ebda.

50   Hehemann: Er vergaß. 2. September 1989.

51   „Warnungen über Warnungen ergingen an den in der Außenpolitik so maßgeblichen Generalsekretär vom Quai d'Orsay in Paris, Alexis L e g e r, und an den Ministerpräsidenten D a l a d i e r persönlich. Sie wurden in den Wind geschlagen; die Richtigkeit der Warnungen wurde trotz aller konkreten Angaben immer wieder in Frage gestellt." N. N.: Vorgeschichte des Feldzugs der 18 Tage. 31. August 1946.

52   Ebda.

53   N. N.: Zum 1. September. 1. September 1946.

54   sb.: Vor acht Jahren. 2. September 1947.

55   -dt.: Die Tragödie eines Soldaten. 2. September 1949. Dieser Artikel beschäftigte sich mit Manstein „vor den Schranken eines englischen Militärgerichtes in Hamburg".

56   hd.: Nach zehn Jahren. 1. September 1949.

57   Sf.: Zehn Jahre Krieg. 4. September 1949.

58   hd.: Nach zehn Jahren, a.a.O. „Die Schuld daran – wer wollte sie messen und verteilen? Fest steht, daß die deutsche Regierung von 1939 den Krieg mit Polen gewollt und begonnen hat und den Krieg mit seinen Bundesgenossen, also die Erweiterung zum Weltkrieg in Kauf nahm (...). So leidenschaftlich und so erfolgreich letzten Endes die Deutschen sich nach dem ersten Weltkrieg gegen die ‚Kriegsschuldlüge' gewehrt haben – (...) – so wenig können und wollen sie Urheberschaft und Schuld am zweiten Krieg bestreiten. Aber wer sich nun pharisäerhaft in die Brust würfe, um auf das unglückliche Volk herabzusehen, das da von seiner zumindest verblendeten Regierung in Krieg und Unheil hineingeführt wurde, der täte" – ob der bereits zitierten Opferbilanz der Deutschen – diesen „bitteres Unrecht." Sf., Zehn Jahre Krieg, a.a.O.

59   o.: Jubiläen. 1. September 1950 sowie pe.: Jubiläen. 1. September 1950.

60   pe., Jubiläen, a.a.O.

61   Svenson: Den 3.September 1939 um 11 Uhr. 4. September 1954.

62   Rothbauer: Die Unwissenheit. 4. September 1954.

63   „Man kann den vollen Ausbruch des Wahnsinns bei Hitler etwa mit diesem Zeitpunkt ansetzen. (...) Alles in allem genommen ergibt sich auch bei der eingehendsten Analyse der Ereignisse um den 1. September einwandfrei, daß von einer Kollektivschuld keinesfalls gesprochen werden kann. Hitlers Tat war die eines Einsamen, der bereits ein schreckliches physisches Ende auf sich zukommen sah." G. A.: Vor zwanzig Jahren begann das große Sterben. 29. August 1959.
„Diesen Irrtum des dämonischen Tyrannen hat Deutschland, hat die ganze Welt teuer bezahlen müssen." Strauß: 20 Jahre nachher. 1. September 1959.

64   G. A.: Vor zwanzig Jahren begann das große Sterben, a.a.O. sowie Strauß, 20 Jahre nachher, a.a.O. und N. N.: Historisch richtig. 4. September 1959.

65   G. A.: Vor zwanzig Jahren begann das große Sterben, a.a.O.

66   N. N.: Die letzten Tage vor dem Kriege. 29. August 1964.

67   Aichinger: Keiner außer Hitler wollte diesen Krieg. 30. August 1969. Siehe auch G. A.: Vor zwanzig Jahren begann das große Sterben, a.a.O.

68   HM: Der Unterschied. 2. September 1983.

69   Zu „Salzburger Nachrichten", „Kleine Zeitung", „Presse" und „Neue Kronen Zeitung" siehe Wassermann, Gepresste Geschichte, a.a.O., S. 326-344.

477

15. Kriegsende

15.1. Kurier

Abgesehen von 1946 blieb die Kommentierung des Kriegsendes im „Kurier" bis 1960 quantitativ eher zurückhaltend.

1946, zum ersten Jahrestag, begnügte sich das Blatt großteils mit der Wiedergabe von Politikerwortspenden, zunächst von Renner und von Figl am 7. Mai[1]; wenig später folgte Figls zweite, am 9. Mai 1946 veröffentlichte Rede, die zum einen voll des Dankes an die Alliierten war, zum anderen auf den (Staats)Widerstand Österreichs aufmerksam machte und im übrigen die europäische Mittlerrolle Österreichs betonte. Da diese Rede im Rahmen von „Steirerblatt"/„Südost-Tagespost" analysiert wird, sei lediglich darauf verwiesen, daßder „Kurier" aus der Analyse des „Anschlusses" lediglich den Fanalcharakter des März 1938 für den weiteren Verlauf der Ereignisse sowie die Forderung nach der Rückgabe Südtirols kommunizierte[2]. Wiederholt betonte Renner in seinem Beitrag den Aspekt der Befreiung durch die Alliierten und verband mit dem 8. Mai des Vorjahres ein Davor, nämlich das von allgemeiner „Zerstörung und Massensterben" und ein Danach: „F r i e d e n d e r   M e n s c h h e i t." Anders als Renner betonte Figl neben dem Aspekt der Befreiung, den der konkretisierten Opfer; die Opfer der Alliierten, die Deutschen als von „‚Machtgier und Herrschsucht" Verführte, das siebenjährige Staatsopfer Österreich und die zahllosen Österreicher, „die in Österreich während der Besetzung dem Nationalsozialismus einen erbitterten Kampf lieferten, der oft schwerer war als der Kampf an der Front."[3]

Wurde 1946 noch aus der Rede Figls sein (und somit Österreichs) Dank auch an „Generalissimus S t a l i n"[4] zitiert, so wurde drei Jahre später, neben einem Kurzabriß über die mit „der Besetzung Österreichs" beginnende außenpolitische Expansion und Aggression Hitler-Deutschlands, vor allem auf das Zusammenspiel „zwischen Deutschland und der Sowjetunion" verwiesen. „Polen wurde 1939 bald zwischen zwei mächtigen Nachbarn erdrückt."[5] Dieser, eindeutig durch den Kalten Krieg bedingte Hinweis auf die Politik der Sowjets 1939, fand auch auf die Gegenwart bezogen seine Fortsetzung in Form einer Karikatur. Während die drei Westmächte freudig lächelnd Österreich das „Deutsche Eigentum" zurückgeben, sitzt der „Iwan" auf einer ebensolchen Kiste. Untertitel: „Iwan: Ich weiß nicht, wie meine liebe KPÖ das zu ihrer Propaganda gebrauchen kann, aber ich verzichte nicht..."[6]

Wiederum im Zeichen des Kalten Krieges und darüber hinaus im Zeichen des noch immer nicht abgeschlossenen Staatsvertrages stand das Gedenken 1953. Einerseits „versklavten die Kommunisten die kriegsmüden Balkanländer und errichteten Zug um Zug eine Anzahl von Volksdemokratien"[7], andererseits scheitere der Abschluß des Staatsvertrages ausschließlich am „gute[n] Wille[n] Moskaus (...). Alle Welt erinnert sich, daß die Sabotage immer auf der anderen Seite war, daß der ursprüngliche Vertrag so lange obstruiert wurde, bis die Verhandlungen zum Stillstand kamen." Gestützt wurde die Argumentationsführung, die in diesem Falle übrigens nicht die Referierung der österreichischen, sondern der amerikanischen (veröffentlichten) Meinung war, mit dem Hinweis auf die Moskauer Deklaration, den „Freispruch, der noch immer des Vollzuges harrt", und der daraus abgeleiteten Ungerechtigkeit Österreich gegenüber. „Hat man je von einem Fall gehört, in dem ein Angeklagter ein Jahrzehnt, nachdem er unschuldig erklärt worden war, noch in Haft behalten wird? Just dies ist Österreich widerfahren, dessen Besetzung durch fremde Truppen einer Einziehung der persönlichen Freiheit gleichkommt."[8]

Ein Muster, das schon bei der diesbezüglichen Analyse des „Anschlusses" für die fünfziger und sechziger Jahre konstatiert wurde, nämlich die Heranziehung von historischen Daten zur kritischen und kritisierenden Analyse der Alltagspolitik, begegnet uns in einem Portisch-Kommentar im Jahre 1959. Vor allem durch die damals aktuelle Wahlkampfführung[9] sah er die innenpolitische Stabilität vor der Folie der außenpolitischen Bedrohung Österreichs durch den Sowjetkommunismus gegeben. „Solche Zeiten sind günstig für die politischen Feinde unseres Landes, günstig für eine wirtschaftliche Infiltration aus dem Osten, günstig für die Anwerbung der Unzufriedenen zum Zwecke der politischen Unterminierung, günstig auch für die Einschläferung der politischen Wachsamkeit gegenüber dem Kommunismus und seinen Zielen. Vergessen wir nicht, daß wir im Norden, Osten und Südosten eingekreist sind von kommunistischen Staaten. Vergessen wir nicht, daß es dort keine freien Wahlen gibt."[10]

Erstmals nachhaltig wurde das Kriegsende 1960 im Rahmen der zwischen 26. März und 13. Mai veröffentlichten Serie „Tagebuch 1945" in Erinnerung gerufen. Charakteristisch daran war, daß sie beinahe ausschließlich die Ereignisse um und in Wien, beziehungsweise in Ostösterreich referierte. Eingangs soll noch festgehalten werden, daß diese Serie in einem Punkt charakteristisch ist für alle zu diesem Thema veröffentlichten: Der Krieg tritt ab dem Zeitpunkt ins publizistische beziehungsweise ins veröffentlichte Bewußtsein, ab dem er das Land (nachhaltig) erreicht.

Ein roter Faden, der sich zumindest durch die ersten Wochen zog, war der des allgegenwärtigen Todes und der der allgegenwärtigen und all(e)umfassenden Angst vor dem, was kommt und dem was ist[11]. Viel schwerer als die Schrebergärtner „arbeiten an diesem Wochenende Tausende Wiener, deren Wohnungen bei den letzten Bombenangriffen vor fünf Tagen zerstört oder beschädigt worden sind. Unter den rauchenden Trümmern liegen noch immer Tote. Die Hausruinen sind zu Gräbern geworden. Der Krieg, der von Tag zu Tag näher an die Grenzen Österreichs rückt, hat längst seine Vorboten geschickt. Er schlägt unbarmherzig zu und trifft Wehrlose, Hilflose. Wir sind ihm ausgeliefert. Wir denken kaum noch an ein Leben ohne Angst. Wir denken höchstens noch ans Überleben. Die Überlebenden eines zerstörten Häuserblocks haben keine Zeit zum Trauern. Sie haben keine Tränen mehr und ihre Gesichter sind grau und eingefallen. Sie suchen unter den Trümmern nach ihrer Habe. Nach einem Kleid, nach einem Paar Schuhe, nach einem Küchenstockerl. Kostbarkeiten, die unersetzlich sind. Seit vielen Monaten gibt es kein Ersatzglas mehr für die zerborstenen Scheiben. Kistenbretter, Sperrholzplatten verschließen notdürftig die Fenster." Eine Frau „hat Angst" um das Leben ihres Mannes „und klammert sich an die Hoffnung, daß er bald wiederkehrt, je näher die Front rückt." Angst hat auch „die kleine Kaufmannsfamilie. Herr V. ist Parteigenosse, einer von vielen ‚Kleinen', bei dem sich die Begeisterung für die ‚Heimkehr ins Reich' und eine kühle rechnerische Überlegung die Waage hielten."[12] Keine Angst hingegen haben „die wenigen noch in Wien lebenden Juden, die durch Sonderbestimmungen den KZ-Transporten bisher entgehen konnten (...). Alte und kranke Leute, die glauben, nicht fürchten zu müssen, auf der Straße zusammengefangen und beim Bau des Südostwalls eingesetzt zu werden. Sie sprechen im Flüsterton miteinander und denken an den Vormarsch der Alliierten, denken an die Untergetauchten und Versteckten, denen dieser Vormarsch das Leben retten wird."[13] Am stärksten und am gegenwärtigsten war vorerst die Angst vor den Bomben auf die Städte, die sichtbarste Konsequenz des Krieges. „Mancher, der den Bombenhagel überlebte, stirbt nun unter den einstürzenden Mauerresten."[14] Diese Angst wurde aber von der vor den siegreichen sowjetischen Soldaten und allem, was man an Grausamkeiten damit assoziieren kann, sobald sich diese auf österreichischem Gebiet befanden, abgelöst. „Hinter der Front wälzt sich das Grauen durch die Ortschaften. Mord, Vergewaltigung, Brandstiftung, Plünderung. Am schlimmsten ist es dort, wo es Wein gibt. Zu den Gewalttaten kommen die Selbstmorde aus Verzweiflung. Ganze Familien werden ausgerottet. Wer den Besatzungssoldaten Weinkeller öffnet, wer ihnen Frauen zuführt, gilt als guter Freund. Wer seine Frau, seine Tochter, sein Eigentum schützen will, wird nur zu leicht als ‚faschistischer Verbrecher' bezeichnet. Dazu kommt die Denunziation. So mancher wird aus privater Rachsucht von Mitbürgern der Besatzungsmacht ausgeliefert."[15] Gelegentlich wurde dieser Russendiskurs, der diese mit allem nur nicht mit der Befreiung vom Faschismus assoziierte, durchbrochen; allerdings nicht durch den Hinweis auf den Untergang der NS-Herrschaft, sondern durch den Hinweis darauf, daß nicht nur sie allein *die* Plünderer waren. „Den Plünderungen schließen sich auch jene an, deren Wohnungen unversehrt geblieben sind. Wo geplündert wird, gibt es auch meist Brandstiftungen."[16] Festzuhalten bleibt, daß im Gegensatz dazu der Ton im Zusammenhang mit der Erwähnung von Ausschreitungen seitens der Amerikaner wesentlich verständnisvoller war. „Auch amerikanische Soldaten sind nur Soldaten, und es ist immer noch Krieg. Die Zivilbevölkerung, die von diesem Krieg erreicht wird, muß auch hier Plünderungen, Vergewaltigungen und Gewalttaten über sich ergehen lassen."[17] Wenngleich die präsentierte Opferbilanz Wiens äußerst selektiv war, selektiv nicht nur ob der Beschränkung auf Wien[18], durchbrach der „Kurier" doch gelegentlich den diesbezüglich „normierten" medialen Opferdiskurs und Opferkategorien (vornehmlich Soldaten und ausgebombte Zivilisten, ab und zu der (politische) Widerstand): „Und noch in letzter Minute grausame, sinnlose Verbrechen. Heute nachmittag stieg eine SS-Streife in den Keller des Hauses Förstergasse 7 und ließ Juden antreten, die dort Zuflucht gefunden hatten. Vier Männer und sechs Frauen, darunter Primaria Dr. Grete Blum und eine 81jährige Greisin. Sie brechen unter dem Maschinengewehrgraben in einem Bombentrichter zusammen."[19] Festzuhalten in diesem Zusammenhang ist weiters der mehrmalige Hinweis auf das Konzentrationslager Mauthausen[20], und daß das Kriegsende nicht mit der Besetzung Wiens oder dem 27. April gleichgesetzt wurde.

Ab ungefähr 10. April, nach einigen vorher eingestreuten Hinweisen zu Renner[21], verlagerte sich das Hauptaugenmerk der Betrachtung zunehmend auf die innenpolitische Entwicklung in Österreich, die den Eindruck vermittelte, urplötzlich war die demokratische Politik wieder da. „Im Palais Auersberg ist heute eine Gruppe von Politikern zusammengekommen. Dr. Schärf, Dr. Sobek, Viktor Höllner, der ehemalige Stadtrat Weber und einige Kommunisten versuchen sich über die Bildung einer Stadtregierung einig zu werden. Das Rathaus ist von sowjetischen Soldaten besetzt."[22] Helmer und Figl trafen einander zufällig im niederösterreichischen Landhaus und verabredeten sich „für den 18. April. Sie wollten gemeinsam versuchen, eine niederösterreichische Verwaltung in Gang zu bringen."[23] Am 26. April informierte das Blatt rückblickend, vor fünfzehn Jahren hätten sich in „Dr. Renners Wohnsitz" sieben Politiker über „die Bildung einer provisorischen Regierung geeinigt"[24] und am nächsten Tag war von der „Geburtsstunde Österreichs"[25] die Rede. „Die Wiener, die den Männern auf der Parlamentsrampe zujubelten und auf der Straße tanzten, vergaßen für wenige Stunden, daß dieses Land, daß dieser Staat erst aufgebaut werden muß. Sie vergaßen vielleicht auch, daß jeder einzelne sein eigenes kleines Leben wieder neu einrichten muß."[26] Und am 3. Mai wurde bereits die kommunistische Infiltration des Polizeiapparates als „willfähriges Werkzeug der Besatzungsmacht", die somit

„keine Polizei im österreichischen Sinne"[27] war, zum Thema gemacht und wenig später betont, daß die Alliierten nicht Befreier, sondern Sieger waren. „So, wie die Soldaten der alliierten Mächte der österreichischen Bevölkerung entgegentreten, scheinen sie sich mehr als Sieger denn als Befreier zu fühlen."[28] In der Tradition des antikommunistischen Kampfblattes, kein Privileg des „Kurier" nur dort auffallend oft und nachhaltig mit dem Kriegsende gekoppelt, liest sich auch ein Bericht aus dem Jahre 1962. Nach der Aufzählung, welche „Kolonien" Stalin auf der Konferenz von Potsdam für die Sowjetunion reklamierte, wurde auch auf Stalins Forderungen Österreich gegenüber eingegangen und somit – indirekt, wenn auch unkommentiert – zurückgewiesen. „Stalin forderte, daß Österreich an die drei Großmächte und an Jugoslawien Reparationen im Werte von 250 Millionen Dollar zahlen müßte. Dazu Molotow: ,Die USA sind nicht von den österreichischen Truppen besetzt worden, aber die Österreicher haben in der Sowjetunion große Verwüstungen angerichtet. Wir können die Österreicher nicht ungestraft ausgehen lassen.'"[29]

1962 wurde – wenngleich verspätet – dem unseligsten Krieg „der Neuzeit" eine Bildbeilage gewidmet, der zum einen das gewöhnliche Volk von der Führung, beziehungsweise vom „Führer" abkoppelte, zum anderen den Gegenwartsbezug in Form des „Eisernen Vorhanges" betonte[30].

1965 rief der „Kurier" mittels mehrteiliger „Kurier Illustrierte" das Thema ins Gedächtnis, die vor allem durch die großzügige Bild- und kurzgefaßte Textausgestaltung bestach. Der erste Teil war den Bombenangriffen auf Wien, den Bombenopfern und dem Widerstand in Wien gewidmet[31]. Teil zwei, eine Woche später veröffentlicht, wies vor allem auf die Russen als „siegreiche Eroberer" und dementsprechend auf die Assoziationskette von Eroberung – Plünderung – Raub – Mord und Vergewaltigung hin und betonte den Topos der „Stunde Null", als „Beginn einer neuen Ära." Drei Wochen nach dem Fall Wiens begannen für Österreich „die langen Jahre der Besatzungszeit, an deren Beginn aus Trümmern und Verwirrung der neue Staat geboren wurde", der das Gegenteil dessen sein sollte, was mit der „Befreiung der überlebenden KZ-Häftlinge (...) offenbar wurde", nämlich „die ganze Ungeheuerlichkeit der Gewaltherrschaft des Nationalsozialismus"[32]. Teil drei stellte eingangs fest, die „Jahre des nationalsozialistischen Unrechtes, der Kriegsnot und der Besatzungswillkür", die anhand der Entnazifizierung und der Russen festgemacht wurden, haben die Bevölkerung Österreichs „zu einer Schicksalsgemeinschaft verbunden, in der die Zweite Republik, ihr Zusammenhalt und ihr Aufstieg fest verankert sind."[33] Die Serie betonte ausschließlich den auch über den Mai 1945 hinaus fortwährenden Opferstatus von Land und Leuten und legte im letzten Teil nahe, das von der Republik angetretene Erbe habe vorerst einmal aus Trümmern bestanden. „Mehr als 59 Prozent aller Kriegsschäden in Österreich entfielen auf Wien. 36 000 Wohnungen waren total zerstört, 150 000 teilweise beschädigt, 270 000 Menschen waren ausgebombt (…). Ein Großteil der Last des Wiederaufbaues wurde von den Frauen getragen. 300 000 Österreicher waren auf den Schlachtfeldern geblieben. Weitere Hunderttausende arbeiteten irgendwo als Kriegsgefangene, während die Frauen zu Krampen und Schaufel griffen."[34] Festzuhalten sind für 1965 noch zwei Kommentare aus der Feder des damaligen Chefredakteurs. Für die Zweite Republik konstatierte Portisch einen anderen Geist als für die Erste. Die Erfahrungen, nämlich „die Provinzwerdung Österreichs im Dritten Reich, die Zerstörung seiner Eigenart, der ungeheure Blutzoll, den es auf den Schlachtfeldern, aber auch in den Konzentrationslagern zu zahlen hatte, (…) ließen den größten Teil der Österreicher und alle seine Politiker am Ende des zweiten Weltkrieges nicht nur an die neue Republik, sondern auch an deren Notwendigkeit und an deren Lebensfähigkeit felsenfest glauben." Dieser historische Moment begründete auch „den Geist von 1945, der aber heute, zwanzig Jahre danach", zunehmend „durch den Geist von 1934 ersetzt" werde. Die Lösung sah er darin, daß die Koalition, an deren Notwendigkeit er glaubte, „eine ganz grundsätzliche Reform ihrer Struktur und ihres Wirkens"[35] benötige. Durchaus im Sinne dieser Forderung nach Erneuerung forderte Portisch am 8. Mai aus Anlaß des 600-Jahrejubiläums der Universität Wien mehr Mittel für den Wissenschaftsbetrieb[36].

Es sollte zehn Jahre dauern, bis der „Kurier" das Kriegsende erneut zum Thema machte – wiederum in Form einer breit angelegten Serie, die von verschiedenen Autoren verfaßt, zwischen 29. März[37] und 4. Mai 1975 gelegentlich veröffentlicht wurde. Im Gegensatz zu „Tagebuch 1945" aus dem Jahre 1960, das sich beinahe ausschließlich auf Wien beziehungsweise auf die Ereignisse in und um Wien bezog, war diese fünfzehnteilige Serie wesentlich gesamtstaatsbezogener auf der einen[38], aber wesentlich weniger „dicht" und oberflächlicher gestaltet auf der anderen Seite.

Auf den ersten Blick sind zwei Tatsachen festzuhalten: Obwohl *die Russen* wiederum nicht als Befreier, sondern vor allem als Plünderer und Vergewaltiger präsentiert wurden[39], und die Angst vor ihnen zum Thema gemacht wurde[40], blieb die Frequenz dieses Topos weit hinter dem 1960 publizierten zurück. Zweitens wurde das Thema Widerstand im Vergleich zu 1960 wesentlich stärker betont. Diese stärkere Betonung geriet alles in allem besehen zu einem allumfassenden Widerstandsbegriff, wie auch der Opfer- und der (zumeist auch die Amerikaner umfassende alliierte) Täterdiskurs *der* vom Krieg*ende* Betroffenen, vom Regime abgekoppelten Österreicher[41] ein allumfassender war[42]. Die erste Erwähnung des Widerstandes war der des mili-

483

tärischen, festgemacht an der Person Karl Szokolls als Mitverschwörer des 20. Juli 1944 und dem späteren Versuch von Militärs, Wien den Russen kampflos zu übergeben. Szokoll versuchte „erneut einen Aufstand. Zu seiner Gruppe gehörten Hauptmann Hurth, Oberleutnant Raschke, im letzten Augenblick kam auch noch Major Biedermann, der Kommandeur des Streifenregiments ‚Groß-Wien' hinzu. (...) Am 8. April, als die Russen schon am Gürtel standen, wurden Biedermann, Huth und Raschke in Floridsdorf am Spitz auf offener Straße aufgehängt. (...) Österreichs eigenen Beitrag zu seiner Befreiung erkannten die Sowjets erst zehn Jahre später an."[43] Der von Österreichern geleistete Widerstand wurde von Irene Miller als Indikator für den „Gegensatz zwischen Wienern und der importierten deutschen Führungsschicht" gewertet. Konkretisiert wurde dies am Beispiel von Widerstand am Chemischen Institut der Universität Wien, „wo zwei Assistenten, Holejsi und Vollmar, (...) versuchten, die Zerstörung des Elektronenmikroskops zu verhindern. Sie wurden noch schnell erschossen."[44] Besonders klar ersichtlich wird die starke Betonung des österreichischen Widerstandes und somit der Hinweis auf die österreichischen Opfer des Regimes daran, daß ein Teil der Serie ausschließlich diesem gewidmet war. Die personelle beziehungsweise thematische Zusammenstellung[45] legte den eines nahezu allumfassenden Widerstandes im Schatten von allgegenwärtiger Gestapo und allgegenwärtiger Denunziation nahe[46]. „Die österreichischen Kommunisten, schon seit 1934 im Untergrund, erhalten ihr Organisationsnetz intakt und sind sehr aktiv am Widerstand beteiligt. Aus ihren Reihen kommt auch die relativ größte Anzahl von Opfern. (...) 3000 junge Österreicher melden sich zur britischen Armee, in der US-Army dienen Österreicher, und am 24. November 1944 wird in der jugoslawischen Partisanenarmee Titos ein österreichisches Bataillon gebildet. (...) In den letzten Kriegstagen gibt es in jeder Stadt, in jedem Ort Widerstandskämpfer. In Steyr zum Beispiel ist es die gesamte SA-Mannschaft der Steyr-Werke. In Aussee schließt sich in diesen Tagen der Gestapo-Chef der Stadt den Freiheitskämpfern an – und hilft verhindern, daß die Saline Sandling, in der unermeßliche Kunstschätze gelagert waren, gesprengt wird. Bis zuletzt forderte der Widerstand auch Opfer."[47]

1980 wurde das Kriegsende (und auch die Staatsvertragsfeierlichkeiten) zumeist im Zusammenhang mit dem Unbehagen über die Zulassung Norbert Burgers zur Präsidentschaftskandidatur abgehandelt[48]. Ein konkret auf das Kriegsende bezogener Artikel beschrieb die Befreiung von Mauthausen aus der Zeitzeugenperspektive des Mannes, „der Mauthausen befreit hat". Richard Seibel sagte dem Verfasser des Artikels unter anderem: „Überhaupt sei er (...) in und um Mauthausen nur auf Menschen gestoßen, die geschworen hätten, nichts von der Todesmaschine gewußt zu haben – ‚mir ist das heute ebenso unverständlich wie damals'. Aber es könnte, meint der heute 74jährige Gast aus Amerika, schließlich vielleicht so gewesen sein: Man habe manches gewußt – und doch nicht wissen wollen."[49]

Ausgehend von den im „Stern" veröffentlichten gefälschten „Hitler-Tagebüchern", schrieb Rauscher 1983, über Hitler sei alles bekannt und es sei auch unwichtig, warum der „Stern" auf diese Fälschung hereinfiel. „Das einzige, was wir von [!] Hitler noch wissen wollen, ist, warum man vor 50 Jahren auf das Original hereinfallen konnte."[50]

Mittels Rückgriff auf den Reder-Empfang im Jänner betonte wiederum Rauscher, der Zweite Weltkrieg sei ein von Hitler gewollter und begonnener Krieg gewesen, der „vom deutschen Volk – zu dem sich so viele von uns zählten und noch heute zählen – bis zum bitteren Ende unterstützt" wurde und in dem „auch von vielen furchtbare Verbrechen begangen" wurden, weshalb wir „auch heute noch eine gewisse Verantwortung" tragen. „Nach 40 Jahren müssen wir mit diesem Unheil endlich und endgültig innerlich ins Reine kommen."[51] Viel Lob erntete neben dem Krisenmanagement um Reagens Besuch in Bitburg[52] der deutsche Bundespräsident für seine Rede zum 8. Mai, die der Kommentator durchaus auch auf Österreich bezogen sehen wollte. „Auch wir wurden am Ende des Krieges zugleichermaßen besiegt und befreit. Auch wir scheuen uns noch oft der Wahrheit ins Gesicht zu sehen."[53] So, wie er 1938 mit Österreich nichts verloren hatte, fühlte sich – „in der Sorge, der Krieg könnte ohne meine Teilnahme zu Ende gehen" – der vormals Kriegsfreiwillige Gerd Bacher 1945 nicht befreit. Die „Sowjetunion erschien mir um nichts besser, nur im einiges klüger als das Dritte Reich, und Stalin hielt ich im Vergleich zu Hitler für den noch Böseren."[54] Sein Resümé am Ende des Kriegs war, daß er, der vormalige Parteianwärter[55], „auch ohne die Alliierten kein Nazi geblieben wäre."[56] Seine Österreichlehrmeister waren die zwei „Kroaten" in der Redaktion der „Salzburger Nachrichten", Alfons Dalma und René Marcic[57], deren Helden nie „der Alte Fritz, Bismarck oder Blücher, sondern schon immer Prinz Eugen, Maria Theresia und Franz Joseph"[58] waren.

Das Kriegsende 1945 interpretierte Rauscher 1990 im selben Maß als Zeichen der Überlegenheit des „Prinzip[s] der liberalen Demokratie", sowohl über die „Wahnidee Hitlers"[59] als auch über den soeben implodierten Kommunismus in Osteuropa.

Wiederum mit dem Datum des „Kriegseintritts" Österreichs, nämlich dergestalt daß der Krieg endgültig österreichischen Boden erreichte, begann 1995 die von Hans Rauscher verfaßte Serie „1945. Die Wiedergeburt Österreichs". Sie ist ein Mix von Faktengeschichte verbunden mit intensiver Zitierung von Zeitzeugen und wissenschaftlicher Literatur und dem parallel dazu veröffentlichten „Wiener Tagebuch" des „österreichischen Patrioten Josef Schöbner (...), der das Ende des ‚Dritten Reiches' und die Wiedergeburt Österreichs in Wien miterlebte." An Rauschers Serie ist festzuhalten, daß sie mit der ansonsten – auch im „Kurier" – kommunizierten und dementsprechenden Tradierung „unserer Opfer"[60] zwar nicht völlig brach[61], sie aber in der Relation deutlich zurücktreten ließ. So schrieb er relativierend über das Verhalten russischer Truppen in Österreich: „Es kam zu den ersten Übergriffen sowjetischer Truppen auf österreichischem Gebiet. Die Kampftruppen verhielten sich gegenüber der Zivilbevölkerung zumeist korrekt, der Schrecken kam mit den nachrückenden Truppen der Etappe."[62]

Rauschers Serie steht sehr stark unter dem Aspekt des Hinterfragens und der Relativierung feststehender und dementsprechend liebgewonnener historischer Klischees, was sich beispielsweise an der Deutung russischer Übergriffe als Reaktion auf die Eroberungs- und Vernichtungspraxis der Wehrmacht in der Sowjetunion belegen läßt[63]. Weiters zeichnet sich die Serie dadurch aus, daß sie nicht ein Bild konstruierte, wonach das unschuldige Opfer Österreich urplötzlich und unvermutet zum Handkuß der – deutschen – Kriegshandlungen gekommen sei, sondern daß es dazu eine Vorgeschichte – vor allem in Form des „Anschluß"-Jubels – gegeben habe. „Aber auch die, die Hitler zugejubelt hatten – und die, die sich einfach fügen mußten –, zahlten einen bitteren Preis: 171.000 Österreicher in der Deutschen Wehrmacht sind gefallen, 76.000 auf Dauer vermißt, rund 26.000 starben durch Bomben. Das war der bittere Preis des Jubels. Der ‚Anschluß' Österreichs im März 1938 war zum Teil durch militärische Drohung erzwungen, zum Teil aber von innen durch einen Volksaufstand der zahlreichen österreichischen Nazis herbeigeführt worden. (...) Beim ‚Anschluß' hatte die NSDAP etwa 200.000 Mitglieder, das steigerte sich dann bis 600.000."[64]

Quantitaitiv intensiver war jedoch der Hinweis auf die „anderen", wie aus den bisher durchgeführten Analysen hervorgeht, ansonsten vernachlässigten oder „vergessenen" Opfern des Regimes. „Dieser ‚Nero-Befehl' Hitlers (...) wurde nicht oder nur teilweise ausgeführt. Aber nun zählte für den ‚Führer' also auch das deutsche Volk zu den ‚Minderwertigen'. Diejenigen, die Hitler in seinem Rassenwahn ursprünglich dazu rechnete, also Juden, Zigeuner, slawische ‚Untermenschen' usw., waren längst zu Millionen umgebracht worden." Rund „65.000 österreichische Juden" wurden ermordet, von „insgesamt etwa 185.000 wurden rund 128.000 schon vorher vertrieben, den Krieg selbst überlebten nur wenige tausend. Von den anderen, die das Regime als Todfeinde betrachtete, fanden insgesamt 35.300 den Tod. 2700 wurden als aktive Widerstandskämpfer zum Tode verurteilt und hingerichtet, 16.493 in KZs ermordet. 9.687 kamen in Gestapo-Gefängnissen zu Tode. 6.240 gingen in den Gefängnissen der von der Deutschen Wehrmacht besetzten Länder zugrunde."[65]

Mit diesem für die heimische Publizistik zum Thema Kriegsende

1945 neuen Blickwinkel ging auch ein „Schlachten", sprich ein kritisches Hinterfragen ansonsten unreflektiert übernommener, „heiliger Kühe" beziehungsweise feststehender Topoi einher. Ein Aspekt war das wiederholt kritische Hinterfragen der Erfolgsaussichten des militärischen Widerstandes. „Die Widerstandskämpfer wollten genau zu dem Zeitpunkt, an dem die Russen Wien angreifen würden, gegen die deutschen [!] Verteidiger losschlagen, wobei die Frage ist, welche und wie viele Mannschaften ihnen gefolgt wären."[66] Im gleichen Maße relativierte und kritisierte Rauscher das Ausmaß, beziehungsweise die Überbetonung des Widerstandes[67], das Verhalten der Republik bezüglich der Entschädigung, was alles in allem zur dezidierten Ablehnung der sogenannten Opferthese führte. „Ein Nachsatz" der Unabhängigkeits-Erklärung vom 27. April 1945 „beschäftigte sich mit dem Passus der Moskauer-Deklaration von 1943, in der Österreich aufgefordert wird, seinen eigenen Beitrag zu seiner Befreiung zu leisten. Das wird zwar ‚pflichtgemäß‘ versprochen, aber in unnachahmlicher ‚Wir san ja arme Hascherln‘-Manier eingeschränkt. (...) Damit war auch gleich die später so schäbige Linie bei der Entschädigung der jüdischen Mitbürger vorsorglich angemeldet. (...) Diese Unabhängigkeitserklärung wurde zum Dokument jener Geisteshaltung, die später so lange das kollektive Bewußtsein der Zweiten Republik bestimmte: Österreich und die Österreicher waren nur Opfer, kein Wort über eigene Mitschuld; nur Klagen über die im Krieg ‚hingeopferte Jugend- und Manneskraft unseres Volkes‘, kein Wort über die hingemordeten, vertriebenen und ausgeraubten Mitbürger, seien es Gegner des Regimes oder die Juden." Mit den Formulierungen der Unabhängigkeitserklärung schrieb sich Renner „elegant über den Jubel von Hunderttausenden beim Einzug Hitlers hinweg; darüber, daß in Graz und Salzburg die Nazis schon *vor* dem Einmarsch der Wehrmacht praktisch die Herrschaft über die Straße errungen hatten; daß schließlich viele Österreicher begeistert im Krieg mitgemacht und ihren gewaltigen Anteil an den Verbrechen hatten. Renner war nicht nur der Vater der Republik, sondern auch der Vater der Verdrängung."[68] Auf die kritische Position Rauschers Renner gegenüber wird noch weiter unten einzugehen sein. Er unterzog aber auch die politische Neugründung unter Rückgriff beziehungsweise auf die Parteihistorien von ÖVP und SPÖ einer kritischen Analyse. Im Falle der ÖVP waren dies der Hinweis auf das klerikal autoritäre „Regime", das „dann schmählich von den Nazis weggefegt wurde." Die „autoritären Ständestaatler wie der von den Nazis ermordete Kanzler Dollfuß und der nach dem Anschluß ins KZ gesteckte Kanzler Schuschnigg [betonten] die ‚deutsche‘ Natur Österreichs als den ‚besseren deutschen Staat‘ im Vergleich zu Hitler-Deutschland. (...) Dieses Konzept mußte scheitern, weil das mächtige Hitler-Deutschland natürlich auf die verunsicherten Österreicher einen stärkeren Eindruck machte als Dollfuß/Schuschniggs Träume."[69] Bezüglich der SPÖ rief Rauscher deren Deutschnationalismus, beziehungsweise deren Anschlußgelüste[70] und deren unterschiedliche Positionen Austrofaschsimus und Nationalsozialismus (beziehungsweise deren Anhängern) gegenüber, in Erinnerung. „In einer typischen Prägung (der auch Kreisky unterlag) hegte er [Renner] allerdings fast mehr Haß gegen die ‚Austrofaschisten' als gegen die Nationalsozialisten und phantasierte von der Todesstrafe für die ‚Heimwehrfaschisten', die 1934 auf Arbeiter geschossen hatten."[71] Die Unabhängigkeitserklärung, für Rauscher ein oder das Schlüsseldokument zur „Verarbeitung" des Nationalsozialismus, sei „ein Paradebeispiel für Renners hochpathetischen Stil – und seine Fähigkeit, die historische Wahrheit zu verbiegen."[72] Renners Schreiben an Stalin deutete er als die typisch österreichische „Ambilvalenz", die sich in ihm spiegelte. Renner sei ein „Sozialdemokrat mit bürgerlichem Habitus und einer geheimen Habsburg-Nostalgie" gewesen. „Ein österreichischer Patriot, der in den zwanziger und dreißiger Jahren den Anschluß an Deutschland ersehnte (das er sich allerdings sozialdemokratisch erträumte). Hochgebildet, ungemein eloquent, aber oft von unerträglichem Pathos. Gerissen, voll taktischer Schläue, in anderem ausgesprochen realitätsfremd, illusorisch. Anpaßlerisch, ein Rohr im Wind, aber fähig, den Mantel der Geschichte im einzig richtigen Moment am Zipfel zu packen. (...) 1938, nach vollzogenem ‚Anschluß', bot er sich dann in einer monumentalen Fehleinschätzung und mit fürchterlichem Bombast – ‚die große geschichtliche Tat des Wiederzusammenschlusses der deutschen Nation'- den Nazis an, medienwirksam für ein ‚Ja' bei der (Schein)abstimmung über den Anschluß [!] einzutreten."[73]

Trotz dieser Ansätze, die belegen, daß auch die massenmediale Geschichtsvermittlung nicht nur aus dem Wiederkäuen abgegriffener, unscharfer und zumeist falscher historischer Klischees bestehen muß, zeigten Rauschers Ausführungen beziehungsweise Ausführungen im Rahmen der Serie doch seltsame Ansätze[74]. So wurden zwischen Stalin und Hitler lediglich graduelle Unterschiede festgemacht. „Er unterschied sich in seiner Mordlust und Aggressivität kaum von Hitler – mit dem Unterschied, daß sich sein Vernichtungswille hauptsächlich gegen das eigene Volk richtete." Was der Sowjetunion zugestanden wurde, nämlich Opfer (des deutschen Angriffes) gewesen zu sein, ließ der „Kurier" für die Person Stalins nicht gelten, nützte dieser doch „die Gelegenheit, die ihm Hitler gab, um tief nach Mitteleuropa und die Länder des späteren Ostblocks zu besetzen und ihnen sein (Terror-)System aufzuzwingen."[75] Unschlüssig war sich Rauscher überdies, wie der Mai 1945 zu deuten sei, als Befreiung oder als Eroberung. „Die russischen Eroberer wurden zugleich als Eroberer und als Befreier empfunden. Wobei das Gefühl der ‚Befreiung' sich bei den meisten Österreichern so äußerte, daß nun endlich der Krieg vorbei war."[76]. Eindeutiger formulierte er es in einem nicht zur

Serie gehörenden Kommentar: „Damals, im April/Mai 1945, haben sich wohl die wenigsten Österreicher befreit gefühlt. Der Krieg wütete, und im Osten des Landes waren die russischen Befreier mehr als zwiespältig. Befreit fühlten sich hauptsächlich die Opfer des Regimes. Besiegt fühlten sich nicht nur seine immer noch zahlreichen Anhänger, sondern auch Leute mit falsch verstandenem Patriotismus. Die meisten waren wohl einfach froh, daß endlich Frieden war." Heute aber könne nur gelten, daß es eine Befreiung war, nämlich eine „von der Fortdauer eines mörderischen Regimes, das uns später [!] unweigerlich in ein infames totalitäres Zwangssystem gesteckt, mit Unmenschlichkeit, Haß und Rassenwahn indoktriniert, uns zu Gemeinheiten aufgehetzt und schließlich in irgendeinen neuen Krieg, in einen neuen Völkermord geschickt – oder bei Widerstand eingesperrt, gefoltert, getötet hätte."[77]
   Die Thematisierung des Kriegsendes nahm im „Kurier" einen inhaltlich und thematisch weiten Weg und spiegelt somit auch nicht wenig an – zumindest teilweise geändertem – Geschichtsbewußtsein. Von Figls und Renners Laudatio an die Alliierten, der Betonung des Opferstatus des Landes bis zum Hinweis auf die Involvierung von Land und Menschen in die Maschinerie des „Dritten Reiches", die freilich bereits ab den 80er Jahren zumindest ansatzweise belegbar ist und für die hier untersuchten Blätter zu diesem Zeitpunkt eine absolute Ausnahme darstellte. Dazwischen lag vor allem eine strikt antikommunistische Schreibweise, die die Topoi der „Russen" als Räuber in Österreich, als Besatzer, die den Staatsvertrag blockieren und als *die Russen* bedienten. Letztere Einschätzung wurde erst in den 90er Jahren zumindest ansatzweise revidiert, beziehungsweise in einen historischen Kontext gestellt.

15.2. Arbeiter-Zeitung

Am 7. Mai 1946 kündigte die „Arbeiter-Zeitung" den folgenden Tag als „Tag des Sieges" und im Text – einschränkend – als „Gedenktag des Sieges der Alliierten"[78] an. Am selben Tag wurde aus einer Rede Renners vom Sonntag zuvor zitiert, in der dieser „den Alliierten dafür dankte, daß sie uns nicht nur bei der Volksernährung, sondern in allen staatlichen Belangen ihr Wohlwollen beweisen." Zugleich kritisierte Renner aber am „System, nach dem die Besetzung hier aufgerichtet worden ist", daß es vor allem nicht berücksichtige, daß doch die Österreicher „das erste Opfer der Annexion geworden sind."[79] Ein Erbe des Nationalsozialismus, so war am „Jahrestag" zu lesen, seien zwar „Not und Elend" im Lande, doch könne man nach der Vernichtung des „Roten Wien" und nach dem „Marsch" von Dollfuß zu Hitler nunmehr wieder darangehen, den „roten" Wiederaufbau zu beginnen. „Diesmal soll es keine Dollfußstraße sein, die zu Hitler, keine Straße des Führers, die zu Verderben und Untergang führt. Die Freiheit wollen wir, das Recht aufs Leben. Arbeit für unsere Männer und für unsere Kinder Brot."[80] Aus der in „Kurier" und „Steirerblatt" unterschiedlich wiedergegebenen Rede Figls, referierte die „Arbeiter-Zeitung" die Teile, die einen Konsens der Österreicher zwischen 1918 und 1938, den Opferstatus und die Selbstbefreiung vom Nazismus betonten, ließ aber – selbstredend – dessen positive Stellungnahme zum Austrofaschismus als (Staats)Widerstand unerwähnt. Hingegen wurde, aus parteipolitischer Sicht verständlich und nachvollziehbar, Johann Böhm und dessen Dank an die Alliierten veröffentlicht, denn mir deren „Hilfe" [!] sei „der Faschismus, wohl die grausamste Form des Kapitalismus, niedergeworfen'" worden. Dem schloß sich die Hoffnung auf ein „Staatswesen" in „normalen Bahnen"[81], also der Abzug der Besatzer, an.

1951 wies ein Kommentator darauf hin, daß „die Hoffnung, daß dieser Krieg der letzte gewesen sei (...), bitter enttäuscht wurde." Die Bestandsaufnahme einer, am Fallbeispiel Korea konkretisierten „streit- und zankerfüllten Welt", fiel mit der Wahl des neuen Bundespräsidenten zeitlich zusammen. Die SPÖ habe aus „gutem Grunde" Theodor Körner kandidiert, habe sich doch dieser „auf jedem Platz, auf den ihn ein langes und erfahrungsreiches Leben gestellt hat, als mutiger Mann, als entschiedener Demokrat, als entschlossener Vertreter der Kleinen und Schwachen bewährt". Körner, der „trotz Usia und Menschenraub, trotz Soldatenübermut und Agentenfeigheit" durch sein entschlossenes Auftreten – vor allem den russischen – Besatzern gegenüber „die Verhältnisse in Wien und damit in einem großen Teil Österreichs wieder erträglich, lebensmöglich" gemacht habe, werde auch vor die „fremden Mächte hintreten und ihnen sagen: Gebt uns endlich frei! Gebt unserem Volk endlich sein Recht!"[82]

Diese, zunehmend mit dem Kriegsende verknüpfte Forderung nach staatlicher Souveränität und „Freiheit" nach den vielen Jahren persönlicher und staatlicher Unfreiheit[83], war auch ein Jahr später das dominierende Thema. Untermauert wurde diese Forderung in einer Rede Körners mit der Erinnerung an das alliierte Versprechen, Österreich, ob seines Opferstatus, zu befreien. „In diesen Wochen hat sich anscheinend, wenn auch zögernd und tastend, eine Atmosphäre zu entwickeln begonnen, in der die Großen der Welt wieder miteinander reden und verhandeln könnten. Wenn es noch eine Gerechtigkeit gibt, müßte am Beginn und nicht am Ende solcher Gespräche die Erfüllung des feierlichen Versprechens stehen, das man unserem Lande, dem ersten Opfer der Aggression, vor so langer Zeit gegeben hat. Wir haben sieben Jahre der Bedrückung und abermals sieben Jahre der Besetzung hinter uns." Körner wußte sich abschließend „eins mit allen Österreichern ohne Unterschied der Partei und des Berufes, wenn ich noch einmal den Mächtigen dieser Welt mahnend zurufe: Gebt Österreich die Freiheit, ehe es zu spät ist."[84]

1953 wurde neben den Erinnerungen an die letzten Kriegstage eines AZ-Redakteurs und die Aufzählung der Kriegskosten und -opfer[85] wiederum auf die unfriedliche Gegenwart verwiesen.

Zum höchsten „Feiertag" der Sozialdemokratie, dem 1. Mai 1955, lobte Innenminister Helmer nachhaltig neben dem politischen und wirtschaftlichen Wiederaufstieg der Republik die Demokratisierung der österreichischen Exekutive als Werk der Koalition, die ein Garant dafür sei, „daß Österreich auch nach der Wiedergewinnung seiner staatlichen Freiheit nie mehr zum Tummelplatz politischer Hasardeure und Verbrecher werden wird."[86] Ebenfalls am 1. Mai 1955 wurde ein Bericht über eine Feierstunde der „Sozialistischen Freiheitskämpfer" aus Anlaß „des elfjährigen Heldenkampfes"[87] veröffentlicht. Eine Rezension von Schärfs „Österreichs Erneuerung" betonte einerseits, wie sehr die Besetzung nach 1945 die Österreicher einte und selbstbewußt(er) machte, andererseits, daß die österreichischen Kämpfer für Österreichs Freiheit und Unabhängigkeit – wiederum nach 1945 – ausschließlich die Sozialisten seien. Der „mutige Kampf der Arbeiter-Zeitung gegen die russische Willkür zu einer Zeit, in der noch die ganze übrige Presse zitternd den Mund hielt, die Entlarvung der Figl-Fischerei, die Reinigung der Polizei, ein Werk Oskar Helmers, die Überwindung des kommunistischen Putsches, vor dessen Drohungen sich die ÖVP. hinter den Bajonetten der Westmächte verkriechen wollte – immer wieder Schwäche, die durch die Stärke und Entschiedenheit der Sozialisten wettgemacht wurde."[88] Die bekannteste und nachhaltigst zitierte Passage aus diesem Buch, nämlich die den „Österreichern" – oder vor allem den Sozialisten? – ausgetriebene „Liebe zu Deutschland", fehlte in dieser Rezitation. In diesem Ton, nämlich Wiederaufbau, Erneuerung und vor allem Aufrechterhaltung Österreichs ausschließlich als „sozialistische Aufbau-Arbeit" zu verkaufen, war auch einer Bildmontage vom selben Tag zu entnehmen, wo im – kurzen – Textteil unter anderem zu lesen stand: *Der Sozialist Karl Renner war der Baumeister der Zweiten Republik, der Sozialist Theodor Körner setzt sein Werk fort.*[89]

Der Muttertag, der 1960 mit dem 8. Mai zusammenfiel, wurde nicht nur dazu benützt, den Müttern Lob und Respekt zu zollen, sich für deren Altersversorgung publizistisch stark zu machen und die Vereinbarkeit von Kinderbetreuung und Erwerbstätigkeit zu fordern, sondern den Müttern auch zu wünschen, „daß kein neuer Krieg mehr verwüsten möge, was jetzt allenthalben so wunderbar blüht, und Mütter nicht wieder verzagt an Gräbern stehen müssen. Man hat das Ausmaß der Katastrophe des letzten Weltenbrandes an den gefallenen Soldaten gezählt; man sollte auch die Millionen gebrochener Herzen der Mütter aller Nationen zählen, damit der Ruf nicht verstummt: Nie wieder Krieg!"[90] Ausgehend vom fünf Jahre zuvor veröffentlichten Muster, Renner als Gründer der Zweiten Republik, wurde 1960 daraus die Forderung nach einem Renner-Denkmal abgeleitet[91]. Vier aus völlig unterschiedlicher Perspektive geschriebene Zeitzeugenberichte rundeten das Erinnern ab. Ein Wiener, im November 1944 wegen „Wehrkraftzersetzung (...) zu einem Jahr Gefängnis" verurteilt, beschrieb, wie er in den letzten Kriegstagen in Wien von den Russen gefangengenommen wurde[92]. Über österreichische Menschlichkeit und deutsche Unmenschlichkeit Juden gegenüber handelte ein zweiter, ebenfalls aus der Soldatenperspektive geschriebener Bericht[93]. War kämpfen typisch männlich, so war die Angst vor den Russen, vor Plünderungen und Vergewaltigungen offenbar typisch weiblich, wie die zwei anderen Berichte belegten[94].

1970 betonte Paul Blau, daß Hitlers Krieg[95] nicht mit dem 8. Mai, sondern erst am 2. September 1945 zu Ende gegangen sei, und daß seither die Menschheit im Schatten der Atombomben lebe, „unsere Nachbarn" wiederum „Unfreiheit und den Schrecken einer Diktatur" zu erleiden hätten und „die Kette der Kriege in diesem Vierteljahrhundert nie abgerissen ist. Sind die Menschenleben, die im Koreakrieg, im Algerienkrieg, in den afrikanischen Kriegen, im Nahostkrieg und im indochinesischen Krieg vernichtet wurden, weniger kostbar als die der 350.000 Österreicher, die im Zweiten Weltkrieg zugrunde gingen?"[96]

Einleitend zu einem übernommenen Interview mit Schukow, und sich dadurch von einigen Aussagen distanzierend, schrieb die Redaktion: Was „er über den ,gezügelten Vergeltungsdrang' seiner Soldaten sagt, werden manche Österreicher höchstens als relativ gelten lassen; aber im Gegensatz zu den verbrecherischen Untaten der Faschisten waren Ausschreitungen, unter denen die Bevölkerung zu leiden hatte, sicherlich nicht Ausdruck eines systematischen, von oben befohlenen Rachfeldzuges."[97]

Das Kriegsende wurde im Jahre 1980 innerhalb der Serie „1945-1955-1970"[98] und – wie auch im „Kurier" – im Zusammenhang mit der Kandidatur Burgers abgehandelt[99]; 1985 veröffentlichte die AZ eine mehrteilige, auf eigene Erlebnisse von Lesern beruhende Serie unter dem Haupttitel „Ende und Anfang". „Nicht die Geschichte der wichtigen Konferenzen und der großen Männer soll hier beschrieben werden, sondern das Er- und Überleben der Bevölkerung in den letzten Kriegsmonaten, im ersten Friedensjahr. Wie überstand man das Ende der ,Großen Zeiten' – wie richtet man sich auf das Leben danach ein?"[100]

Das herausragendste Muster und Motiv innerhalb dieser Serie der „kleinen Leute" war das der wiederholt angesprochenen Opfer[101] und der Solidarität der „kleinen Leute". „Aus Erfahrung wußte ich, daß man bei den kleinen Bauern fast immer etwas bekam. Die großen jagten einen meistens davon und riefen noch ,Gesindel!' hintennach. (...) Da kam der rettende Engel. Ein Mann latschte heran und betrachtete staunend das ausgemergelte Weib am Boden. (...) Und weil er ein Engel war oder gar der heilige Christophorus in Person, nahm er ächzend die Last auf seine Schultern und stapfte schwitzend und fluchend voran bis zur Straße."[102] Daraus folgte fast zwangsläufig das Motiv von all- und alle umfassender Not und Elend. „Jetzt lebten wir nur noch von dem, was wir uns von der Natur ‚organisieren' konnten: Von Brennesselspinat und Löwenzahnhonig, wenn es möglich war, gingen wir Obst klauen. Für ein bisserl Pferdefleisch stellten wir uns ein paar Stunden an. (...) Besonders hart wurde es dann, als der Winter kam – Jänner, Februar, März 1945. Wir hatten nur ein Festmeter Holz für die ganzen Monate. (...) Genauso war es bei der Kleidung für die Kinder. Neues Gewand gab es ja praktisch nicht mehr, jetzt wurde halt das alte x-mal umgenäht."[103] Dementsprechend „normal" und wenig aufgeregt wurden auch Plünderungen als Teil des Überlebens wie Selbstverständlichkeiten abgehandelt. Nach der Besetzung Wiens durch die Rote Armee „wurden Plünderungen zur Hauptquelle für den Lebensunterhalt. (...) Als jedoch nach einiger Zeit einer der mit einer Armbinde versehenen Zivilisten zurückkam und uns aufforderte, sich doch zu nehmen, was wir wollten, kam Bewegung in die Menge. Im Nu war die Gasse vor dem Geschäft leer, und wir waren drinnen. (...) Nachdem man sich jedoch einmal daran gewöhnt hatte, etwas Ungesetzliches zu begehen, wurden auch die Sitten rauher. In einem Lebensmittelgeschäft (...) war der Kampf ‚jeder gegen jeden' ausgebrochen."[104]

Festzuhalten an dieser Serie bleibt das Faktum, wie unpolitisch sie abgefaßt wurde. Unpolitisch in dem Sinne, daß mit keinem Wort das Kriegsende mit Ende der Diktatur und mit dem Neubeginn assoziiert wurde. Unpolitisch auch in der Beziehung, daß kaum ein Autor über den Tellerrand der eigenen Befindlichkeit, Opfer gewesen zu sein, hinausschrieb. Unpolitisch schließlich auch in der Beziehung, wie „selbstverständlich" der Unrechtscharakter des Regimes gelegentlich akzeptiert wurde[105]. Freilich scheint dies alles bereits in der Konzeption der Serie, wie sie eingangs belegt wurde, vorgegeben gewesen zu sein. Dieses Opferbewußtsein des „kleinen Mannes" wurde, allein schon ob der Zusammensetzung beziehungsweise der Auswahl der Beiträge nur gelegentlich durchbrochen, sei dies durch den Hinweis auf die selbst erlebte Gestapo[106]- oder KZ-Haft[107] oder der Erwähnung von Juden. „In einigen primitiven Baracken hatte man auch eine Menge verschleppter ungarischer Juden untergebracht – das heißt Halbjuden [!] natürlich nur, und nur Kleinkinder und alte, gebrechliche Menschen. In einzelnen Fällen waren auch Mütter dabei. Ich traf sie bei den fast täglichen Fliegerangriffen im Bunker, verhutzelt, verhungert."[108] Für die Serie läßt sich pointiert zusammenfassen, was Dorfer für die Wiener – und wohl nicht nur für diese – für das Jahr 1945 konstatierte: „Sie redeten von Lebensmittelaufrufen, Plünderungen, Heimkehrern aus der Kriegsgefangenschaft, schimpften über Uhrenraub und Vergewaltigungen durch die Russen. Unseren Schicksalen in den

KZ begegnete meist Desinteresse und Unglauben. Genauso erging es den Dokumentarfilmen über die Lager: Greuelpropaganda der Alliierten, Kriegslügen."[109] Die Artikel über die ersten Jahre der Zweiten Republik assoziieren mit dem Kriegsende hauptsächlich den Zustand des besetzten und des von den Alliierten betrogenen Landes, vor allem aus der argumentativen Perspekive, daß doch Österreich von Hitler überfallen worden und somit ein Opfer (gewesen) sei. An allen Berichten fällt auf, daß sie ausschließlich unter der – durchaus divergierenden – Perspektive des individuellen Opferstatus geschrieben wurden. Das zeigte sich besonders an der als „oral-history" veröffentlichten Serie aus dem Jahr 1985.

15.3. Das Steirerblatt/Südost-Tagespost

Ein Charakteristikum der ersten Jahrestagskommentierung des Kriegendes, war – wie schon im Falle des Gedenkens an den „Anschluß" – die Betonung der Sichtweise der Volkspartei, die freilich durch die Zitierungen Figls und Pircheggers auch einen staats- beziehungsweise landestragenden Charakter erhielten. Beiden ist gemein, daß sie einerseits die Rolle Österreichs als europäischer Mittler, andererseits den Status Österreichs als befreites Opfer und der Österreicher als ebensolche Opfer betonten. „Österreich war als erstes Land dem Nationalsozialismus zum Opfer gefallen, nach ihm die meisten übrigen europäischen Staaten." Die Alliierten „haben uns nach sieben Jahren der Knechtschaft die Möglichkeit gegeben, wieder als freier und selbständiger Staat zu bestehen und die österreichische Friedensmission in Mitteleuropa zu erfüllen. Es ist nur natürlich, daß wir an diesem ersten Jahrestag der Befreiung und des Sieges zunächst derer gedenken, die uns befreit haben und derer, die aus ihren Reihen für diesen Sieg ihr Leben hingaben. Wir wollen aber auch der zahllosen Österreicher gedenken, die in Österreich während der Besetzung dem Nationalsozialismus einen erbitterten Kampf lieferten, der oft schwerer war, als der Kampf an der Front."[110] Im Gegensatz zur diesbezüglich zurückhaltenden Rede Figls, beziehungsweise was im „Steirerblatt" davon veröffentlicht wurde, forderte Pirchegger von den Alliierten die völlige Freiheit ein. „Wir gelten einerseits als befreites Land und man behandelt uns andererseits als besiegte Nation. (...) Wir wollen" die Alliierten „bitten, uns baldigst unsere Freiheit und Unabhängigkeit, unser staatliches und wirtschaftliches Eigenleben zurückzugeben."[111] Auch die übrigen redaktionellen Beiträge von diesem Tag betonten die Aspekte von Unterdrückung und Widerstand[112]. Den Abschluß des Gedenkens bildete wiederum die Wiedergabe einer Rede Figls, der den bekannten Kanon von Unterdrückung und Österreich als erstes Opfer rezitierte[113]. Bemerkenswert ist allerdings die ostentative Betonung, Österreich habe sich de-facto selbst befreit[114] und die Schuldzuweisung an das Ausland für die Passivität bis zum März 1938[115]. Festzuhalten bleibt schließlich, wie schon nachhaltig bei der „Anschluß"-Analyse gezeigt wurde, die Rehabilitierung des „Ständestaates". „Wer hat uns wirklich seelisch befreit? Das waren unsere eigenen Kämpfer, unsere eigenen Österreicher, die bereits seit dem Jahre 1933 für die österreichische Heimat gekämpft und gelitten haben, ganz gleich an welchem Ufer sie standen."[116] Und genau in dieser Tradition und Gedankenführung rehabilitierte Figl in einem Aufwaschen die österreichischen Nationalsozialisten gleich mit. „Wie auch die Ereignisse in Österreich in den letzten Jahren vor der Vergewaltigung durch Hitler sich gestaltet haben mochten, eines steht unverbrüchlich fest: Alle Österreicher, in welchem Parteilager sie standen, waren in diesen zwei Jahrzehnten nichts anderes als Österreicher. Es ist eine Geschichtsverfälschung, wenn heute irgendwo in der Welt versucht wird, aus dem Hochverrat einiger intransingenter, staatsfeindlicher Elemente eine antieuropäische Gesinnung des österreichischen Volkes konstruieren zu wollen. Österreich war, ist und bleibt Vorkämpfer weltbürgerlicher Gesinnung und fanatischer Gegner jeder Art der Vergewaltigung des Geistes und der Menschlichkeit. Dies muß einmal vor aller Welt gesagt werden, genau so wie es gesagt werden muß, daß wir Österreicher uns schärfstens dagegen verwehren, daß einzelne verbrecherische Erscheinungen, die zufällig hier geboren wurden und die hoffentlich bald ihrer verdienten Strafe entgegengehen, als Exponenten oder auch nur als Vertreter des österreichischen Volkes gewertet werden."[117]

Wesentlich verschärft, vorwurfsvoller, anklagender und fordernder war 1947 der Ton den Alliierten gegenüber. Der Grundtenor lautete, das Opfer Österreich aus den Jahren der „volksfremden" deutschen Fremdherrschaft 1938 bis 1945[118] sei noch immer Opfer, diesmal der Alliierten und zudem in seiner territorialen Integrität von seiten Jugoslawiens bedroht[119]. „Wir Österreicher glaubten in jenen Tagen, den Himmel auf Erden anbrechen zu sehen, da wir uns nicht nur von der Geißel des Krieges, sondern auch von den bitteren Jahren persönlicher und nationaler Unterdrückung befreit wähnten." Nur derzeit, zwei Jahre nach Kriegende, gebe es weder Befreiung noch Freiheit zu feiern, der Unterschied bestehe allenfalls darin, daß sich die hundertprozentige zu einer siebzigprozentigen Unfreiheit gewandelt habe. „Wir wurden zwar von einer Zwangsherrschaft befreit, aber die wirkliche Freiheit ist uns immer noch nicht beschieden. Früher von den Deutschen, vom nationalsozialistischen Terrorapparat besetzt und beherrscht, sehen wir uns heute von anderen Mächten besetzt und weiterhin in unserer politischen und wirtschaftlichen Freiheit beschränkt."[120]

Österreich als Opfer der außenpolitischen Aggression im März

1938[121], die unvollständige Freiheit 1948 und der anklagend erhobene Vorwurf an die Alliierten, sie hätte Österreich betrogen, wurden 1948 mit dem Datum des Kriegsendes assoziiert. „Man war auch in Österreich so leichtsinnig und hat den Erklärungen von Moskau und Jalta, den ungezählten Äußerungen führender und verantwortlicher Staatsmänner Glauben geschenkt. Seit 1945 haben wir ununterbrochen daran geglaubt, daß es den Alliierten mit der Wiedererrichtung unserer staatlichen Unabhängigkeit ernst ist. Wir waren so voreilig und nahmen an, daß allerseits der feste Wille besteht, dem ,ersten Opfer Hitlerscher Aggression' – die gebührende Reparation zu verschaffen. (...) Die Alliierten haben ihr gegebenes Wort als Gemeinschaft nicht eingehalten."[122]

An der Thematisierung 1949 ist vorerst festzuhalten, daß vier Jahre nach der Kapitulation erstmals der Blick von – wie oben gezeigt wurde – der ungerechten Gegenwart auf die Vergangenheit – sofern sie auch den März 1938 betraf – gelenkt wurde[123]. Nur dieser vergangenheitsbezogene Rück-Blick nahm sich im Gegensatz zur Gegenwartsanalyse bescheiden aus. Diese stand – in völliger Umkehrung des bisher Analysierten – unter dem Aspekt kollektiver Reinwaschungen und deutschnationaler Avancen[124] – der Wahlgang 1949 warf hier unübersehbare Schatten, und man glaubte wieder können zu dürfen oder können zu müssen. Ein durchgehendes Muster war hierbei, die Trennung zwischen NS-Führung und Volk, wobei die oben belegte Figur des auf Österreich bezogenen „volksfremden" Nationalsozialismus[125] nunmehr auf das deutsche Volk übertragen wurde, woraus die ehemalige „Volks"gemeinschaft durch die (ehemalige und nunmehrige) „Schicksals"gemeinschaft unter dem Aspekt von Verführung und Irreleitung ersetzt wurde. Wir glauben, „in den schlimmsten Zeiten der Nazi-Herrschaft nur die Folgen einer Unechtheit sehen zu müssen, die schon vorher den Kern dieses einst so gesunden, ehrlichen und gutgearteten Volkes anfraß [!]. Die Großmannssucht, die Seelenlosigkeit der Gründerjahre steigerte sich schließlich in letzter Konsequenz zu einem Herrschaftssystem, das bewußt auf den Abgründen der menschlichen Seele aufbaute, das – neben sehr viel gutgläubigem Idealismus – Brutalität und Grausamkeit, Korruption und Raubgier ganz bewußt zu Mitteln seiner Herrschaft machte." Das alles widerspreche „dem alten Preußentum", sei aber typisch für das Preußentum, „das sich eine Führungsstellung angeeignet hatte, der es (...) eben doch nicht gewachsen war."[126] Das Kriegsende habe, so ein weiterer Kommentar, „das Maß der menschlichen Unzulänglichkeit" gezeigt, „in welchem sich die Führung des Dritten Reiches in den Endtagen ihrer Herrschaft entblößte."[127] Nur habe sich in der Zwischenzeit, wie die Gleichsetzung von NS-Regime und Besatzern nahelegte[128], wenig geändert. Ein besonders markantes Beispiel für diese Gleichsetzung seien „Gesetze und Bestimmungen (...), die einen Hohn auf alle salbungsvollen Worte über Recht, Gerechtigkeit und Menschlichkeit darstellen; wenn weiterhin unnötiges Elend hervorgerufen, viele wertvolle Kräfte sinnlos vergeudet und auf viele wertvolle Menschen nicht minder sinnlos verzichtet wurde." Dies, nämlich „abscheuliche Rachsucht und primitiver Eigennutz" nach 1945 den Nationalsozialisten gegenüber, ändere nichts „an den Maßlosigkeiten des NS-Regimes". Nur mittlerweile und durch die Trennung zwischen maßloser Führung und – selbstredend – „idealistischen" und mittlerweile ohnedies geläuterten (und vor allem wahlberechtigten) ehemaligen Nationalsozialisten, gelte es nunmehr, „auch in den Zielen und Methoden des Nationalsozialismus das Schuldhafte, das Schlechte von dem [zu] trennen, was gut und richtig war und deshalb auch erhalten werden sollte." Falsch am Regime war jedenfalls, Menschen „entrechtet, gequält und gemordet" und „auf Zehntausende der besten deutschen Männer verzichtet"[129] zu haben – also eine ähnliche Situation wie die der in diesem Kommentar vielbeklagten gegenwärtigen Entnazifizierungs„opfer".

Das Lamento über die vorenthaltene Freiheit Österreichs und das deshalb betrogene Land gehörte 1952 bereits zum Basisrepertoire. „Eines Tages" – so das deutschnationale Frohlocken des Autors –, „werden w i r uns wenigstens die Freiheit, die unserem Lande so beharrlich vorenthalten wird, nehmen und wieder jene [Kernstock-]Hymne singen, die da lautet: ‚Sei gesegnet ohne Ende, Heimaterde wunderhold'."[130]

Dieser oben belegte Rehabilitierungsdiskurs über „die Deutschen", die ehemaligen Nationalsozialisten und den Deutschnationalismus fand 1955, als der Abschluß des Staatsvertrages so gut wie unter Dach und Fach war, nicht nur eine nahtlose Fortsetzung, sondern zeigte auch eine neue Dimension an selektiver Wahrnehmung, beziehungsweise Kommentierung. Mit dem Abschluß des Staatsvertrages, so ein offensichtlicher Kriegsteilnehmer, sei es als „ein Gebot der bloßen Anständigkeit", der „Dankbarkeit, der Anerkennung" an der Zeit, den Soldaten, „diesen Unschuldigen, vielleicht Getäuschten oder Mißbrauchten (...), Gerechtigkeit angedeihen zu lassen". Schließlich war es ihr Verdienst, „daß die uns jetzt winkende Freiheit für sehr viel längere Zeit, wenn nicht für immer, verloren gegangen wäre, hätten" nicht sie „bis zuletzt eine zwar schwere, aber recht undankbare Pflicht erfüllt." Die Soldaten „haben, schon in trostloser Unterlegenheit, immer noch einen lebenden Wall vor und in unserer Heimat gebildet und so verhindert, daß sie einer Macht allein anheimfiel, die alsbald einen Satelliten aus ihr gemacht hätte."[131] Das Gedenken anno 1955 stand aber vor allem – neben dem Betrauern[132] – unter dem Aspekt des Verzeihens, wobei der Haltung und dem Agieren der (Steirischen) Volkspartei in konsequenter Bekräftigung der eingeschlagenen und ansatzweise nachgezeichneten publizistischen Linie (Selbst)Lob gezollt wurde. Ein Aufruf an die steirische Bevölkerung, unterzeichnet vom damaligen Landesparteisekretär und ehemaligen Rußlandkämpfer Franz Wegart und vom damaligen „brückenbauenden" Landesparteiobmann und ehemaligen „KZler" Alfons Gorbach betonte, daß nicht „zuletzt (...) von der steirischen Volkspartei aus die innere Befriedung eingeleitet und betrieben"[133] wurde. Ein Mehr an Versöhnung, sprich Verzeihen und Verschweigen, forderte Landeshauptmann Krainer ein, der beklagte, die Bevölkerung sei noch immer „durch Reste jener Unversöhnlichkeit gespalten, die nach dem Krieg zwischen ehemaligen Anhängern und Gegnern des NS-Regimes, zwischen Frontsoldaten und Widerstandskämpfern u.s.f. bestanden hat. Es wäre hoch an der Zeit, nach der Verjährung durch ein Jahrzehnt endlich einen verläßlich haltbaren Schlußstrich zu ziehen, sich gegenseitig zu vergeben, zu vergessen und sich zu vertragen. Es kann doch heute kein Zweifel mehr darüber bestehen, daß die große Majorität all dieser gegnerischen Gruppen aus anständigen Motiven gehandelt hat."[134] Nach der Propagierung von so viel Anständigkeit und der Betonung des Wiederaufbauwerkes als Inkarnation echten Steirertums[135], sei abschließend noch auf Kraines Opfer- und Trauerbilanz verwiesen, nämlich der Toten des „österreichischen Bruderzwistes vor dem zweiten Weltkrieg". Unklar war, ob damit der Bürgerkrieg von 1934, die systematische Unterminierung durch die österreichischen Nationalsozialisten oder der Terror der österreichischen Nationalsozialisten „vor dem zweiten Weltkrieg" gemeint war; ob er „der gefallenen Soldaten und Zivilisten, der Opfer der politischen Verfolgung, ganz gleich auf welcher Seite" und somit, um den „Landesvater" zu interpretieren, „ganz gleich"[136] wann und warum gedachte – oder ob damit die „Opfer der Nachkriegsereignisse", denen bis zu diesem Zeitpunkt die besondere Aufmerksamkeit seitens der (Steirischen) Volkspartei galt, gemeint waren[137]. Die Opfer der „rassistischen" Verfolgung hat Krainer in diesem Zusammenhang wohl „vergessen". Für 1955 ist schließlich noch auf einen Abdruck aus den „Aufzeichnungen des letzten Reichsaußenministers Graf Schwerin von Krosigk"[138] zu verweisen, der neben der Betonung, dem Volk gegenüber in Zeiten des Chaos nach Hitlers Selbstmord die Pflicht erfüllt zu haben, vor allem durch das uneingeschränkte Lob für Dönitz zu glänzen vermochte[139]. Diese Darstellungsform war die erste von Serien in der „Südost-Tagespost" zum Kriegende, die uns auch in Hinkunft begegnen werden.

1963 war das Datum des Kriegsendes Anlaß zu einem redaktionellen Bericht über die offizielle Toterklärung Hitlers durch die Sowjetunion[140].

Die mit einem Artikel vom 6. Februar 1965[141] beginnende Serie war eine Dokumentationsmischung aus europäischen, österreichischen und vor allem steirischen Kriegsereignissen, die man wiederum auf den einen Nenner bringen könnte: Der Zweite Weltkrieg, wahrgenommen aus der Perspektive seines Endes, erwähnte als dominante Erinnerungsmuster vor allem

Bomben auf (steirische) Städte[142], Leiden, aufopfernde Soldatenpflicht[143], konkrete, vielerlei und vielgesichtige Opfer[144], zumeist anonymisierte, „gleichgeschaltete"[145] und selbstredend verführte[146], dämonisierte und pathologisierte Täter[147], und schließlich die Russen, als „ein zum Sprung bereites Ungeheuer"[148]. Und diese bedeuteten Plünderungen und später Demontagen[149], Mord[150] und vor allem Vergewaltigungen. „Bis in die obere Steiermark hatten sich die fast unvorstellbaren Greueltaten der Rotarmisten herumgesprochen, die erst vor wenigen Tagen im burgenländisch-oststeirischen Kampfgebiet geschehen waren."[151] Die Exzesse der Russen waren aber nicht „Ausschreitungen einzelner Truppenteile, unter ihnen Kosaken, Mongolen, Asiaten (...), sondern die Folge einer planmäßig betriebenen Hetze. Auf Flugblättern, in Truppenzeitungen und Rundfunksendungen hatte man vor Beginn der Offensive dazu aufgefordert, an den ‚Faschisten' Rache und Vergeltung zu üben."[152]

Die letzte Phase des Kriegs dominierten somit nur Leiden und Opfer(mut) nach innen und der schwarz-weiß gezeichnete (rote) Feind von außen. Gelegentlich, wenngleich quantitativ nicht relevant, wurde dieser Diskurs zumindest teilweise durchbrochen oder relativiert[153]. „Massenvergewaltigungen bei Tag und bei Nacht, Wochen hindurch unzählige Male, waren das Los der Frauen und Mädchen vom Kindesalter an, bis viele sich verzweifelt das Leben nahmen, wenn sie es konnten. (...) Die Russen, die Sieger, betrachteten Frauen als Beute; den Krieg hatten sie gewonnen, und die Jahre schwerer deutscher Besetzung des eigenen Landes lagen hinter ihnen. Sie haßten uns Österreicher nicht, weil wir Österreicher sind, sondern weil sie in uns Faschisten vermuteten, die sie mit Grund zu hassen gelernt hatten, und oft fühlten sie sich nach einem Wort von Claus Gennrich, als Träger sozialer Revolution in kapitalistischem Lande."[154] Im Sinne der konsequent durchgehaltenen strikten Trennung zwischen unschuldigem, die Zeche zahlendem Volk und für den Krieg verantwortlichen Führung[155], wurden dementsprechend – auch die deutsche[156] – Bevölkerung und Nationalsozialismus beziehungsweise deren Repräsentanten voneinander abgekoppelt und der Widerstand(swille) in Österreich allgemein und in der Steiermark im besonderen betont. Die Hinrichtungen Biedermanns, Huths und Raschkes in Wien waren „ein tödlicher Schlag gegen die österreichische Widerstandsbewegung. (...) Auf dem Feliferhof" erschoß die Gestapo „zwanzig politische Häftlinge, unter ihnen die Beamtin der Reichsstatthalterei in Graz, Doktor jur. Julia Pongracic, 34 Jahre alt. (...) Vier Tage später (...) schritt die Gestapo zu einer größeren Aktion in Kapfenberg. Dort sollten die Angehörigen der Widerstandsbewegung kurzerhand erschossen werden. (...) Johann Rath und sein Neffe werden" in Deutschlandsberg „gefesselt und verhört. Kurz darauf sterben sie den jämmerlichsten aller Tode; durch Genickschuß."[157]

Freilich forderte auch der Frieden seine zu benennenden Opfer und dies, immerhin hatte man an einer Stelle mittels Zitat ermordeter Juden gedacht[158], waren – man ist „natürlich" geneigt zu sagen – die („kleinen") Nazis. Die Russen „suchten auch ehemalige Nationalsozialisten, die sie zu Reinigungs- und Wiederaufbauarbeiten heranzogen. Wie oft in solchen Fällen wurden die wirklich Schuldigen kaum getroffen. Eine große Verhaftungswelle folgte. Das geschah im Zeichen der Kollektivschuld. (...) Vorläufig also ließ man Nationalsozialisten eine Art von Arbeitsdienst verrichten, schikanierte und registrierte sie, nahm ihnen Wohnungen weg und ließ es sie in jeder Weise spüren, daß sich nun das Blatt gewendet habe. So warf (nach Johann Eidlitz) das Nationalsozialistengesetz in seiner starren schematischen Form alles [sic!] in einen Topf, Schuldige und Unschuldige, statt mit den furchtbaren Aderlässen, denen das Volk von Österreich seit 1918 [!] unterworfen war, endlich Schluß zu machen."[159] Und wiederum wurde als nachgerade selbstverständlicher Topos neben einem Schuß Deutschnationalismus[160], der massiven Ablehnung der Mitschuldklausel[161] und dem Hinweis auf den Betrug der Österreicher durch die Alliierten[162] – das Versöhnungswerk von steirischen VP-Politikern gelobt. Schon zuvor wurde darauf hingewiesen, daß im Angesicht der Trümmer alle wirklich gleich waren[163]. Gorbachs „Weg der Versöhnung (...) war der einzige gangbare Weg (...). Die Frage, ob alle die unzähligen kleinen ‚Beladenen' [!], die ohne diesen Mann in die Mühlen einer unaufhörlichen Rache geraten wären, ihm seine Haltung durch politische Gefolgschaft honorierten, wird nicht gestellt."[164] Am VP-Abgeordneten Karl Brunner wurde hervorgehoben, daß sich dieser sofort nach seiner Haftentlassung „für seine einstigen politischen Gegner ein[setzte] und (...) seit damals unentwegt bemüht [war], die früheren Nationalsozialisten aus ihrer schweren materiellen, aber auch seelischen Not zu befreien. Hinter Tausenden von §-27-Gesuchen", vulgo „Persilscheine", „stand der Mann Karl Brunner"[165]. Folgt man schließlich einem Korrespondentenbricht, so imponiere den Deutschen an Österreich nach 1945 „die Eleganz" wie die „Verjährungsfrage für Mordverbrechen" in Österreich gelöst wurde. „Die berühmte deutsche Gründlichkeit spielt politisch den deutschen immer wieder böse Streiche."[166]

Drei Jahre später wurden ausschließlich Soldaten und – konkretisiert an einer Kriegswitwe – diese als Opfer benannt[167].

1970 begnügte sich die „Südost-Tagespost" mit einer Kriegschronologie des von Hitler entfesselten Krieges und der Quantifizierung von Kriegsopfern, nämlich rund „sieben Millionen deutsche und eine bis heute nicht genau zu klärende Zahl von Millionen Opfern deutscher Konzentrationslager waren der Preis für fünf Jahre, acht Monate und acht Tage Krieg in Europa."[168]

1975 lag die Betonung in der Kommentierung in der Revision der Bedeutung des Ereignisses, nämlich daß die Feiern zum Kriegsende zuneh-

500

mend anachronistischer Natur seien[169], und der Feind mittlerweile ein anderer sei. Aus der Position des Zeitzeugen schrieb der Journalist Manfred Jasser, der damit schloß, daß „übrigens vor und nach dem 8. Mai" gehenkt wurde. „Der Unterschied der Zeitalter dürfte auf einem anderen Gebiet liegen"[170] – man wird dieser Bemerkung den autobiographischen Hintergrund wohl nicht völlig absprechen können[171]. Ebenso dürftig wie die Erwähnung 1975 war die im Jahre 1985, handelte es sich doch wiederum um ein „rundes" Datum. Wolfgang Arnold betonte den Unterschied zwischen persönlicher und staatspolitischer Ebene, nämlich einerseits das Gefühl der (persönlichen) Niederlage als Soldat und andererseits das Wiedererstehen Österreichs bis zum endgültigen Sieg Österreichs 1955[172]. Mit dem Datum 8. Mai ging für ihn aber auch der bedauerte Verlust des „Reiches" einher: „Auf dem Bahnhof von Frankfurt an der Oder sah ich zwei Waggons stehen: Die Aufschrift ‚Deutsches Reich' war durchgestrichen und ‚Österreich' druntergeschrieben. Da erst wußte ich, daß ich nach Österreich heimkommen würde, und das war schön. Aber das durchgestrichene ‚Deutsche Reich' – es war mir nicht recht..."[173] Obgleich sowohl die Zivilbevölkerung als auch die Soldaten generalpardoniert und dementsprechend kollektiv zu Opfern stilisiert wurden[174], bleibt doch festzuhalten, daß, ausgehend von einer deutschen TV-Dokumentation zum Zweiten Weltkrieg, der „saubere" Krieg, wenn auch zurückhaltend, abgelehnt wurde[175]. Erwähnenswert ist schließlich noch eine 28 Seiten starke Extrabeilage unter dem Titel „Aufbau und Erneuerung", die – neben drei historischen Artikeln – der Gegenwart und dem Stolz über die – vor allem – steirische Wiederaufbauleistung gewidmet war und sich überdies mehr als PR denn als historische Analyse liest. Gerald Schöpfer wies auf die von den Alliierten verursachte Kriegsschäden und die schlimmeren Schäden durch russische Plünderungen und Demontagen hin[176]. Stefan Karner widmete sich einmal dem gesamtsteirischen Kriegsschauplatz[177] und in einem zweiten Beitrag der steirischen Eisen- und Stahlindustrie, deren „Schlüsseljahre" er für die Jahre 1938 bis 1945 verortete[178]. Ein namentlich nicht gezeichneter Artikel, er dürfte wohl von der Grazer „Burg" oder vom Karmeliterplatz 6 stammen, lobte den steirischen Wiederaufbau als konsensuale Anstrengungen unter der bis zur Gegenwart andauernden Führung der Volkspartei[179].

An dieser Zeitung fällt vor allem ein Charakteristikum auf, die deutschnationalen Avancen auf der Ebene des kollektiv apologetischen Erinnerungsdiskurses, der in dieser Dimension allerdings nicht an das Kriegsende exklusiv gekoppelt war. Bis in die fünfziger Jahre dominierte – ähnlich wie in der „Arbeiter-Zeitung" – der Topos des betrogenen Landes und Volkes, das in seinem seit 1938 andauernden Opferstatus – ungerechterweise – ob der „hohen" Politik der Mächtigen zu verharren habe. Sieht man von 1946 ab, so war – wiederum wie für das sozialistische Pendant – das Kriegsende eben mit jener Thematik, nicht aber mit der Befreiung inhaltlich gekoppelt. Mit Staatsvertrag und Abzug der Alliierten erhielt der Opferdiskurs eine – was das offensive Vortragen betrifft – neue Dimension, nämlich die Er- und Verklärung der Nationalsozialisten zu Opfern, wobei im selben Atemzug auf das „Versöhnungswerk" der Steirischen Volkspartei aufmerksam gemacht wurde. Ab den siebziger Jahren wurde dem Gedenken zunehmend die Berechtigung abgesprochen, ohne auf den unverblümt formulierten und vorgetragenen Deutschnationalismus zu verzichten. Das Gedenken 1985 sah in der Selbstdarstellung – durchaus auch als Traditionslinie des VP-monopolisierten „Versöhnungswerkes" – die Betonung des Wiederaufbaus unter der Patronanz der – steirischen – Volkspartei.

15.4. Zusammenfassung

Wie sehr das veröffentlichte Meinungsklima in den ersten Jahren nach der Befreiung in das veröffentlichte Lamento über Besetzung umschlug, ließe sich exemplarisch an diesem Längsschnitt festmachen. Stand 1946 noch die Befreiung ohne Gänsefüßchen in allen damals erschienenen Tageszeitungen außer Streit[180], so änderte sich die veröffentlichte Meinung spätestens ab 1948 mit unterschiedlichen Stoßrichtungen und unterschiedlich expliziten Schuldzuschreibungen dramatisch, und es wurde massiv unter Heranziehung des propagierten Opferstatus massiv Klage über die Alliierten und über die noch immer nicht gewährte, obwohl versprochene Freiheit, geführt. Das Kriegsende eignete sich offenbar besonders gut, den „heimischen", teilweise deutschösterreichischen, Opferdiskurs – Österreich als (unschuldiges) Opfer Hitlers, der „Roten Armee" und der Alliierten – zu führen. Für die „Salzburger Nachrichten", teilweise die „Kleine Zeitung", die „Presse" wiederum mit großem personellen, zeitlichen und territorialen „Horizont", die „Südost-Tagespost" und die NKZ waren wiederum primär die – wie oben beschrieben – deutschen Opfer, Opfer des Weltkrieges. Ein feststehender, vor allem in „Arbeiter-Zeitung", „Kleine Zeitung" (wiederum teilweise), „Kurier" und „Südost-Tagespost" exzessiv vorgetragener Topos zur Unterstreichung des – diesmal österreichbezogenen – Opferstatus waren *die* Russen, als Plünderer, Brandstifter, Mörder und Vergewaltiger. Hinzuweisen ist schließlich noch, wie sehr die zwei untersuchten steirischen Tageszeitungen wiederum die Entnazifizierungs„opfer" in die Opferbilanz aufnahmen – Zufall war das mit Sicherheit keiner, vielmehr ein Spezifikum des „Steirischen Klimas". Hinzuweisen bleibt noch auf die „Kurier"-Serie 1995 und deren – für die hier untersuchten Tageszeitungen – singulärer Rückgriff auf 1938. Dieser historische Rückgriff – allerdings nicht unter dem Aspekt der Ablehnung der „Opferthese", sondern ganz im Gegenteil unter dem der Betonung – fand sich auch im „Steirerblatt" – allerdings aus „nachvollziehbaren" Gründen nur bis 1948.

Anmerkungen

1   Diese, am 7. Mai 1946 veröffentlichten, wurden – darauf weist der redaktionelle Teil hin – ausschließlich dem „Wiener Kurier" und seinen Lesern zur Verfügung gestellt.

2   N. N.: Oesterreich war, ist und bleibt Vorkämpfer weltbürgerlicher Gesinnung. 9. Mai 1946.

3   N. N.: Dr. Rennner und Ing. Figl danken Oesterreichs Befreiern. 7. Mai 1946. In einem weiteren Artikel vom selben Tag stand, wiederum österreichischen Widerstand reklamierend, geschrieben: „,Volkssturm an die Front', ,Wien wird bis zum letzten Mann gehalten', das waren die von Schirach und seiner Clique propagierten Parolen. **Diese Rechnung war aber ohne den Wirt gemacht worden. Österreicher im Heer und Volkssturm warfen die aufgezwungenen Uniformen fort, verbargen sich, sabotierten oder wendeten die Waffen, um sie gegen die Zerstörung der Heimat zu richten."** N. N.: Wie der zweite Weltkrieg zu Ende ging. 7. Mai 1946.

4   N. N.: Oesterreich war, ist und bleibt Vorkämpfer weltbürgerlicher Gesinnung, a.a.O.

5   N. N.: Vor vier Jahren endete in Europa der Waffengang gegen Hitler. 9. Mai 1949.

6   9. Mai 1949.

7   N. N.: Enttäuschte Friedenshoffnungen. 8. Mai 1953.

8   N. N.: Vor neuen Verhandlungen. 9. Mai 1953.

9   „In einer Zeit, die für den Daseinskampf des gesamten Landes von größter Bedeutung ist, hat diese Art der Wahl wahrscheinlich die inneren Gegensätze, die wir alle längst für überwunden hielten, wieder hervorzukehren versucht." Portisch: Weil wir frei wählen können... 9. Mai 1959.

10   Ebda.

11   Zum Beispiel N. N.: Tagebuch 1945. 28. März 1960 sowie N. N.: Tagebuch 1945. 29. März 1960.

12   N. N.: Tagebuch 1945. 26. März 1960 sowie N. N.: Tagebuch 1945. 30. April 1960.

13   N. N.: Tagebuch 1945. 26. März 1960.

14   N. N.: Tagebuch 1945. 1. April 1960.

15   N. N.: Tagebuch 1945. 5. April 1960 sowie N. N.: Tagebuch 1945. 15. April 1960, N. N.: Tagebuch 1945. 9. April 1960, N. N.: Tagebuch 1945. 13. April 1960, N. N.: Tagebuch 1945. 23. April 1960 und N. N.: Tagebuch 1945. 9. Mai 1960.

16   N. N.: Tagebuch 1945. 7. April 1960 sowie N. N.: Tagebuch 1945. 11. April 1960, N. N.: Tagebuch 1945. 12. April 1960 und N. N.: Tagebuch 1945. 13. April 1960.

17   N. N.: Tagebuch 1945. 6. Mai 1960.

18   „Seit dem März 1938 sind im Wiener Landesgericht 1148 Menschen justiziert worden." N. N.: Tagebuch 1945. 6. April 1960. „Aber nicht nur jene, die das Ende des Krieges fürchten mußten, haben Wien verlassen. Tausende Familien flüchteten vor den Kampfhandlungen nach dem Westen. Die Einwohnerzahl Wiens hat sich seit Kriegsbeginn stark verringert. Zehntausende mußten einrücken. Tausende fielen im Bombenregen." N. N.: Tagebuch 1945. 19. April 1960.

19   N. N.: Tagebuch 1945. 11. April 1960 sowie N. N.: Tagebuch 1945. 30. März 1960.
20   N. N.: Tagebuch 1945. 28. April 1960. N. N.: Tagebuch 1945. 4. Mai 1960. N. N.:
      Tagebuch 1945. 5. Mai 1960.
21   N. N.: Tagebuch 1945. 2. April 1960. N. N.: Tagebuch 1945. 6. April 1960. N. N.:
      Tagebuch 1945. 11. April 1960.
22   N. N.: Tagebuch 1945. 12. April 1960.
23   N. N.: Tagebuch 1945. 14. April 1960.
24   N. N.: Tagebuch 1945. 26. April 1960.
25   N. N.: Tagebuch 1945. 27. April 1960.
26   N. N.: Tagebuch 1945. 29. April 1960.
27   N. N.: Tagebuch 1945. 3. Mai 1960.
28   N. N.: Tagebuch 1945. 6. Mai 1960.
29   N. N.: Geheimdokumente von Potsdam: Stalin forderte Kolonien in Afrika. 8. Mai
      1961.
30   N. N.: Das war das Ende. 19. Mai 1962.
31   N. N.: Vor 20 Jahren. Der Kampf um Wien. 17. April 1965.
32   N. N.: Vor 20 Jahren. Der Zusammenbruch. 24. April 1965.
33   N. N.: Vor 20 Jahren. Die Geburt der 2. Republik. 30. April 1965.
34   N. N.: Vor 20 Jahren. Der Weg aus den Trümmern. 8. Mai 1965.
35   Portisch: Nach zwanzig Jahren. 24. April 1965.
36   Portisch: Zum 600. Geburtstag. 8. Mai 1965.
37   „Am 29. März 1945 war es – exakt um 11.05, wie die Geschichtsbücher berichten –,
      als die ersten sowjetischen Truppen bei Klostermarienberg die damalige Reichs-
      grenze überschritten."
      Irnger: Vor 30 Jahren: Am Anfang war das Ende. 29. März 1975.
38   Forcher: Vor 30 Jahren: Am Anfang war das Ende. 29. April 1975 (bezog sich auf
      Tirol und Vorarlberg); Miller: Vor 30 Jahren: Am Anfang war das Ende. 30. April
      1975 („Oberdonau" und Salzburg) und Irnberger: Vor 30 Jahren: Am Anfang war
      das Ende. 1. Mai 1975, behandelte Kärnten.
39   Siehe Miller: Vor 30 Jahren: Am Anfang war das Ende. 4. April 1975 sowie Miller:
      Vor 30 Jahren: Am Anfang war das Ende. 3. Mai 1975.
40   Siehe Miller: Vor 30 Jahren: Am Anfang war das Ende. 2. April 1975.
41   Es ging eine Welt unter, „die nicht die unsere war, deren Ende wir selbst sooft
      herbeigewünscht hatten, deren Untergang voll Grauen und Schrecken uns selbst
      mit Schrecken und Angst erfüllte, da sie sich anschickte, uns unter ihren Trümmern
      zu begraben. (...) Sollte das Ende des Kriegs, das ersehnte Ende des verwunschenen
      Krieges auch uns verschlingen? Wer waren die, die dort unten lagen und deren
      Feuermauer sich immer näher zur Stadt zog? Brachten sie die Freiheit oder brach-
      ten sie letzte Vernichtung?"
      Barta: Vor 30 Jahren: Am Anfang war das Ende. 30. März 1975.
42   Die Russen „demontierten und demolierten, was für den österreichischen Arbeiter
      die Möglichkeit bedeutete, sich sein tägliches Brot zu verdienen. (...) Aber auch die
      Amerikaner schauten bei Plünderungen ruhig zu. Verantwortlich für Raub und Mord
      waren meistens Heimatlose aus jenen Ländern, in denen sich kommunistische Re-
      gime etabliert hatten, und die nun nicht zurückkehren konnten oder wollten – weil
      sie gegen den Kommunismus waren oder weil sie mit den Deutschen zusammenge-
      arbeitet hatten. Auch die Amerikaner selbst ‚sammelten' in den ersten Wochen Fo-
      toapparate, Waffen, Uhren. Und weigerten sich (im Unterschied von den Russen),
      ihre Truppen in leerstehenden Kasernen unterzubringen. Für jene, die laut General
      Eisenhower ‚als Sieger' kamen, nicht als ‚Befreier', waren requirierte Wohnungen
      und Hotels gerade gut genug. Für Aufräumarbeiten – besonders grausig in den

befreiten Konzentrationslagern – wurden einfach auf den Straßen Passanten zusammengetrieben. Als die Russen in Wien ihr Kriegerdenkmal auf dem Schwarzenbergplatz errichteten, beschafften sie sich die Arbeitsplätze genauso. Besonders lustig fanden es die Amerikaner, auf ihrem Heimweg rechts und links Fensterscheiben zu zerschlagen. Die Männer, die aus dem Überfluß ihrer Heimat kamen, hatten keine Ahnung davon, daß diese kaputten Fensterscheiben für so manchen im folgenden Winter den Tod bedeuteten. (...) An der Ausplünderung des österreichischen Volkes beteiligten sich in jener ersten Zeit nach 1945 alle vier Besatzungsmächte in trauter Einstimmigkeit. Die Franzosen holten aus Vorarlberg Textilien und Holz, aus Tirol Lebensmittel heraus. Die Briten wieder schöpften 1946 600.000 Liter Wein aus der Südsteiermark ab – ohne Bezugsschein. Immer klarer wurde, daß Österreich von seinen Befreiern befreit werden mußte. Aber damit hatten es die Besatzer nicht eilig."
Miller: Vor 30 Jahren: Am Anfang war das Ende. 3. Mai 1975.

43   Miller: Vor 30 Jahren: Am Anfang war das Ende. 3. April 1975.
44   Miller: Vor 30 Jahren: Am Anfang war das Ende. 4. April 1975.
45   „Wo immer er [der Widerstand] sich formiere, schlug die Gestapo zu. Zum erstenmal 1940", was anhand der Widerstandsgruppe um Roman Karl Scholz exemplarisch abgehandelt wurde. „Mehr als 200 Männer werden verhaftet, neun werden 1944 hingerichtet."
Miller: Vor 30 Jahren: Am Anfang war das Ende. 28. April 1975.
46   „Die Gestapo sorgt dafür, daß sich der Widerstand in Schwarzhören und unerlaubtem Schlachten erschöpft. (...) Und immer finden sich welche, die Schwarzhörer, ‚Hetzer' und ‚Defaitisten' denunzieren. Und dafür Kopfgeld kassieren."
Ebda.
47   Ebda.
48   Siehe dazu die „Kurier"-Analyse im Kapitel „Bundespräsidentenwahl 1980".
49   Nußbaumer: Der Mann, der Mauthausen befreite. 12. Mai 1980.
50   Rau: Die Fäschung. 7. Mai 1983.
51   Rauscher: Nach vierzig Jahren. 26. Jänner 1985.
52   Rau: Gemeistert. 6. Mai 1985 sowie Fürböck: So meisterte Reagan Buitburg. 6. Mai 1985.
53   Rau: Vergangenheit. 9. Mai 1985.
54   Bacher: Ankunft in Österreich. 10. Mai 1985.
55   Siehe dazu Hausjell, Fritz: Journalisten gegen Demokratie oder Faschismus, a.a.O., S 456.
56   Bacher, Ankunft in Österreich, a.a.O.
57   Zu den illustren Biographien und dem (journalistischen) Werdegängen von Dalma und Marcic siehe Hausjell, Journalisten gegen Demokratie oder Faschismus, a.a.O., S. 502-505 und S. 687.
58   Bacher: Ankunft in Österreich, a.a.O.
59   Rau: Das stärkere Prinzip. 9. Mai 1990.
60   Rauscher: Ein überzeugendes Denkmal. 6. Juli 1988.
61   „Der 2. Weltkrieg hatte für Wien folgende Zivilopfer bedeutet: 8769 Tote bei 52 Luftangriffen, 2266 Tote während der insgesamt doch fast zehntägigen Kämpfe um die Stadt, das sind zusammen 11.035 Opfer. (...) Auch die Infrastruktur der Stadt hat schwere Schäden davongetragen. 120 Brücken wurden zerstört. Man zählte rund 3000 Bombentrichter und weitere 3700 Schäden an Kanälen, Wasser- und Gasleitungen. Es gab rund 8 Millionen Quadratmeter Glasbruch und 2,8 Millionen Quadratmeter zerstörte Dachfläche."
Rauscher: 1945. Die Wiedergeburt Österreichs. 13. April 1995.
62   Rauscher: 1945. Die Wiedergeburt Österreichs. 30. März 1995 sowie Rauscher:

1945. Die Wiedergeburt Österreichs. 28. März 1995, Rauscher: 1945. Die Wiedergeburt Österreichs. 11. April 1995 und Rauscher: 1945. Die Wiedergeburt Österreichs. 12. April 1995.

63 „Die meisten" Soldaten, die in der Sowjetunion „gestorben sind, haben wohl gemeint, ,ihre Pflicht getan' zu haben, in dem Sinn, daß ihnen nichts anderes übriggeblieben ist. Ihnen, aber auch jenen, die Schuld auf sich geladen haben, gebührt ein Gedächtnis im christlichen Geist. Niemand will sie ,besudeln', wenn er sagt, daß sie für einen Verbrecher gestorben sind. Niemand sollte sie aber auch mißbrauchen, indem er ihren Namen heute als altes Gedankengut wieder aufleben läßt. Das erst wäre die wahre ,Besudelung'."
Rau: Das Gedenken. 9. Mai 1995.

64 Rauscher: 1945. Die Wiedergeburt Österreichs. 27. März 1995.

65 Ebda sowie Rauscher: 1945. Die Wiedergeburt Österreichs. 28. März 1995, Rauscher: 1945. Die Wiedergeburt Österreichs. 30. März 1995, Rauscher: 1945. Die Wiedergeburt Österreichs. 6. April 1995 und Rauscher: 1945. Die Wiedergeburt Österreichs. 26. April 1995.

66 Rauscher: 1945. Die Wiedergeburt Österreichs. 2. April 1995 sowie Rauscher: 1945. Die Wiedergeburt Österreichs. 6. April 1995, Rauscher: 1945. Die Wiedergeburt Österreichs. 8. April 1995 und Rauscher: 1945. Die Wiedergeburt Österreichs. 13. April 1995.

67 „Vieles war symbolisch: bereits am 7. April wurde am [Wiener] Rathaus die rotweißrote Fahne gehißt. Die Zahl der Widerstandskämpfer war jedoch immer relativ gering."
Rauscher: 1945. Die Wiedergeburt Österreichs. 8. April 1995.

68 Rauscher: 1945. Die Wiedergeburt Österreichs. 27. April 1995.

69 Rauscher: 1945. Die Wiedergeburt Österreichs. 16. April 1995.

70 „Die Christlich-Sozialen waren etwas weniger anfällig für den Gedanken eines Anschlusses an Deutschland gewesen als die Sozialdemokraten oder gar die Deutschnationalen."
Rauscher: 1945. Die Wiedergeburt Österreichs. 16. April 1995.

71 Rauscher: 1945. Die Wiedergeburt Österreichs. 18. April 1995.

72 Rauscher: 1945. Die Wiedergeburt Österreichs. 27. April 1995.

73 Rauscher: 1945. Die Wiedergeburt Österreichs. 4. April 1995.

74 „Ich sehe, wie resigniert und fatalistisch die Leute sind, wie wenig tief die Propaganda der letzten sieben Jahre unter die Oberfläche in die Seelen der Wiener gedrungen ist, wie niemand an die ,Bewegung' und an das Reich denkt, nur an das Schicksal der Stadt. Hitler hat wohl die Mäuler der Wiener erobert, aber nicht ihre Herzen, das sieht man in den kritischen Tagen."
Schöner: Wiener Tagebuch. 2. April 1945.

75 Rauscher: 1945. Die Wiedergeburt Österreichs. 22. April 1995 sowie Klambauer: Die Stunde der Sieger. 7. Mai 1995.

76 Rauscher: 1945. Die Wiedergeburt Österreichs. 22. April 1995.

77 Rauscher: 50 Jahre später sind wir immer noch nicht befreit. 7. Mai 1995.
„Heute vor 50 Jahren hat die Demokratie über die Nazi-Diktatur gesiegt. Es war ein später Sieg über ein perverses Terror-System, gegründet auf Rassenwahn und industrielle Vernichtung."
FFW: Innehalten. 8. Mai 1995.

78 N. N.: Morgen: Tag des Sieges. 7. Mai 1946.

79 N. N.: Oesterreich den Oesterreichern! 7. Mai 1946.

80 N. N.: Morgen im Mai. 8. Mai 1946.

81 N. N.: Der Jahrestag des Sieges. 10. Mai 1946.

82   J. S.: Die Stimme Oesterreichs. 6. Mai 1951.

83   „Immer waren sie", die jungen Österreicher, „von Polizeien umgeben. (...) Die Menschen hatten aufgehört, vor der SS und der Gestapo zu zittern, aber in diesen sieben ‚demokratischen' Lehrjahren haben sie andere Arten von Angst kennengelernt. Die kleine Angst vor der österreichischen Polizei, und wäre es auch nur wegen eines vergessenen Identitätsausweises, die größere Angst vor dem Weg über die Zonengrenzen (...), die Angst des wehrlos Ausgeliefertseins an fremde Mächte. Und schließlich die noch größere Angst vor willkürlicher Anhaltung oder gar Verschleppung."
O. H.: Frei von Furcht. 8. Mai 1952.

84   Körner: Um der Jugend willen. 9. Mai 1952.

       „Gebt uns mehr Freiheit, gebt der Jugend mehr Glauben an Recht und Freiheit, dann wird sie nicht grundlos vor der Polizei, dann wird sie nicht vor jeder Uniform davonlaufen."
O. H.: Freiheit vor Furcht, a.a.O.

85   „Der Preis, den die Völker der Welt in den Jahren 1939 bis 1945 zu zahlen hatten, um den Frieden wiederherzustellen, belief sich auf 810 Milliarden Dollar. (...) In Menschen zahlten die Völker insgesamt 55 Millionen Tote, 29 Millionen Kriegskrüppel. Das Leid der Flüchtlinge und Heimatvertriebenen, Obdachlosen, Witwen, Waisen und Verschleppten läßt sich mangels geeigneter Fragebögen statistisch nicht erfassen."
Ziehensack: Die verlorenen Jahre. 7. Mai 1953.

86   Helmer: Erster Mai. 1. Mai 1955.

87   N. N.: Wir kamen wieder ... 1. Mai 1955.

88   j. h.: Österreichs Erneuerung. 1. Mai 1955.

89   N. N.: Zehn Jahre Sozialisten in der Regierung. 1. Mai 1945.

90   E. Z.: Muttertag. 8. Mai 1960.

91   N. N.: Ein Renner-Denkmal zum zehnten Jahrestag. 8. Mai 1960.

92   Maxa: Kriegsgefangen in der Heimatstadt. 8. Mai 1960.

93   Frank: Der Versuch. 8. Mai 1960.

94   Ron: Fliehen oder bleiben? 8. Mai 1960 und Patleich: Begegnung mit einem Soldaten. 8. Mai 1960.

95   „Hitler hat vor 31 Jahren den Zweiten Weltkrieg entfacht. Nichts zwang ihn dazu als die Dämonen, die ihn besaßen. Nichts zwang die wirtschaftliche, politische und militärische Führungsschicht Deutschlands, ihm in den Abgrund zu folgen, außer eine Mischung aus Feigheit, Habgier, uralten Vorurteilen und verschwommenen Träumen von nationaler Größe."
Blau: Nach 25. Jahren. 10. Mai 1970.

96   Ebda.

97   N. N.: Vom Kursk-Bogen nach Karlshorst. 8. Mai 1975.

98   Siehe dazu die Analyse im Kapitel „Staatsvertrag".

99   Siehe dazu die Analyse im Kapitel „Bundespräsidentenwahl 1980".

100   25. Februar 1985.

101   „Noch dazu waren in den Wechseltunnels die Züge Hitlers und seiner Getreuen untergebracht. Wenn unser Zug also durch die Tunnels wollte, mußten diese Sonderzüge herausfahren. Darauf warteten die Tiefflieger fast täglich. Jetzt sicherte sich aber der jeweilige Sonderzug immer das freie Geleise für den schnellsten Rückzug in den Tunnel hinein, wir aber standen immer vor der Einfahrt und kamen damit zum Handkuß."
Hendler: Mädchen in Uniform. 18. März 1985.

102   Schelch: Auf Hamsterfahrt nach Erdäpfeln. 15. Juli 1985 sowie Wedra: Von Hausfrauen und toten Russen. 13. Mai 1985, Hendler: Von der Heimatfront zur Zonen-

507

grenze. 24. Juni 1985, Neuwerth: Speiseöl und Tschicks. 22. Juli 1985, Maslan: Von Helfern und Gleichgültigkeit. 19. August 1985 und Zuzak: Spinat „hinter der Reichsbrücke". 26. August 1985.

103 Schmidt: Brennesselsalat und Pferdefleischbraten. 4. März 1985 sowie Schelch, Auf Hamsterfahrt nach Erdäpfeln, a.a.O. und Maslan, Von Helfern und Gleichgültigkeit, a.a.O.

104 Schmidt: Die Plünderer. 22. April 1985.

105 Beispielsweise Schmidt, Brennesselsalat und Pferdefleischbraten, a.a.O. und Guttmann: Verteidiger beim Kriegsgericht. 2. September 1985.

106 Lesjak: So wurde ich Bezirksparteisekretär. 8. Juli 1985.

107 Dorfer: Von Dachau nach Wien. 6. Mai 1985.

108 Handler, Mädchen in Uniform, a.a.O. sowie Dolzer: Volkssturm„männer". 25. März 1985.

109 Dorfer, Von Dachau nach Wien, a.a.O.

110 N. N.: Vor einem Jahr endete der Krieg. 8. Mai 1946. Österreich als „„europäisches Herzland'" könne, so der damalige Landeshauptmann Anton Pirchegger im Rahmen einer Veranstaltung vor „der neugegründeten Gesellschaft zur Pflege der kulturellen und wirtschaftlichen Beziehungen zur Sowjetunion" doch „dazu beitragen, ein Mittler zwischen West und Ost, zwischen den tausendjährigen kulturellen Gütern der abendländischen Kultur und den neuen vielfach um ihre letzte Gestaltung ringenden Ideen der im Sowjetreich vereinten Völker des Ostens und den Tiefen der russischen Seele sein.' (...) Auch wir Österreicher haben Anteil an dieser Feier aller befreiten Völker. Österreich war der erste europäische Staat, der ein Opfer der Tyrannei wurde. Österreich lernte zuerst und am gründlichsten jene schädlichen Methoden kennen, mit denen man das Rückgrat aller freiheitsliebenden Menschen zu brechen suchte. (...) Die österreichischen Patrioten füllten die Kerker und Konzentrationslager des Dritten Reiches und sie zählten damals nicht in den Augen der Welt, die den Anschluß Österreichs an das Reich als eine vollzogene und geschichtlich bedingte Tatsache mehr oder minder widerspruchslos zur Kenntnis nahm." Pircheggger: Der Griffel Gottes. 8. Mai 1946.

111 Ebda.

112 N. N.: So wurde wieder Friede in der Welt.... 8. Mai 1946. N. N.: Schicksalswende in der Steiermark. 8. Mai 1946. N. N.: Weg durch acht Jahre Nazismus: Fallschirmabsprung über Österreich. 8. Mai 1946.

113 N. N.: Ing. Figl: Wer hat wen befreit? 10. Mai 1946.

114 „Den l e t z t e n u n d t i e f s t e n Beitrag zur Befreiung Österreichs hat das gesamte österreichische Volk gebracht, hat der k l e i n e , b r a v e , t r e u e Arbeiter in der Fabrik und der k l e i n e B a u e r draußen in irgend einem Gebirgsdorf gebracht, der unter der ständigen Knute der Gestapo sich nicht rühren durfte, aber trotzdem immer nur auf jede mögliche Weise verhindert hat, das Kriegspotential der Nazisten zu erhöhen. Den größten und wertvollsten Beitrag zur Befreiung Österreichs haben die M ü t t e r gebracht, die trotz unerhörter Schwierigkeiten ihre letzte Nervenkraft daransetzten, um ihre Familie, die kleine Arbeiterfamilie und die kleine Angestelltenfamilie, ü b e r a l l d i e s e h a r t e Z e i t hinwegzubringen, oft mit den gewagtesten Experimenten, aber immer wieder im heiligen Glauben: E s m u ß d o c h e i n m a l w i e d e r a n d e r s w e r d e n , e s k a n n n i c h t s o b l e i b e n . Wer hat wen befreit? **Das österreichische Volk hat sich selbst befreit."** Ebda.

115 „Es liegt mir persönlich ferne, der künftigen geschichtlichen Wertung vorzugreifen, eines aber muß ich sagen: ,Wir Österreicher müssen E u r o p a zumindest ei-

508

nen gewissen A n t e i l a n d e r S c h u l d beimessen, daß der Kampf Österreichs in diesen Jahren", nämlich den Jahren 1933 bis 1938, „gegen den Nazifaschismus vergeblich war. Der 13. März 1938 war auch der Beginn des Zusammenbruches von Europa, der 13. März war das V o r d a t u m für D ü n k i r c h e n."
        Ebda.
116   Ebda.
117   Ebda.
118   In Erinnerung an Hinrichtungen von Mitgliedern der Widerstandsgruppe um Roman Karl Scholz, auf dessen NS-Vergangenheit allerdings nicht verwiesen wurde, stand in einem Kommentar unter anderem zu lesen: Scholz „kam in er dunkelsten Zeit nach Hause, als sich in Österreich alles, verlassen von der ganzen Welt, dem Ungeheuer ausgeliefert sah und in dumpfer Verzweiflung sich mit dem anscheinend Unabwendbaren abzufinden begann. (...) Im Jänner 1944 wurde, da man die Wiener Richter noch immer als zu ‚schlapp' befand, ein Berliner Sondersenat des Volksgerichtes nach Wien delegiert. In blutroten Talaren saß dieser Auswurf einer volksfremden, sogenannten Justiz über unsere [!] Wiener zu Gericht, verkündete im Schnellverfahren Todesurteil um Todesurteil."
        W. S: Der Todestag der 46. 13. Mai 1947.
119   „Ganz Europa muß sich fragen, ob es sich das Risiko leisten kann, das Tätigkeitsfeld des ewigen Partisanen [!] noch weiter auszudehnen. So gesehen gesellt sich zum unverrückbaren Recht Österreichs auf seine territoriale Unversehrtheit das europäische Interesse an der Unantastbarkeit der Karawanken."
        Car.: Partisanengeist gegen Europa. 10. Mai 1947.
120   N. N.: Wir sind noch immer nicht befreit! 8. Mai 1947.
121   „Österreich hat seine Unabhängigkeit infolge eines Gewaltaktes verloren, es steht somit außer Debatte, daß diese Unabhängigkeit in diesem gleichen Umfange wieder aufleben muß."
        Car.: Der Wortbruch. 11. Mai 1948.
122   Ebda.
123   N. N.: Der „Endsieg" im Führerbunker. 7. Mai 1949. Es handelt sich hierbei um einen Augenzeugenbericht des „‚kleinen Hauptmannes' der Wehrmacht, Gerhard B o l d t, der als Ordonnanzoffizier das Ende in Adolf Hitlers Bunker in Berlin miterlebte".
124   „Wir sehen aber Weg und Schicksal Deutschlands auch heute noch mit dem Blick des Nachbarn, des Nahverwandten, des langjährigen Schicksalsgefährten, voll Teilnahme für das so schwer für die Sünden seiner letzten Führung büßende Volk."
        W. S.: Nach hundert Jahren 5. Mai 1949.
125   Eine „Fremdheit, eine Ablehnung, ja eine Feindschaft gegen Österreich wurde großgezogen, um die neue Führung zu verherrlichen, deren Auswirkungen oft noch unsere einrückenden Soldaten im Heere Adolf Hitlers zu spüren bekamen."
        Ebda.
126   Ebda.
127   sh.: Mahnungen nach vier Jahren. 8. Mai 1949.
128   „Die Sieger liefern zum Teil einen eindrucksvollen Anschauungsunterricht, daß sich ihre Haltung kaum von jener des viel und mit Recht gelästerten NS-Regimes unterscheidet."
        Ebda.
129   Ebda.
130   -f: Freiheit und Hymne. 7. Mai 1952.
131   Rainer: Zählen Kriegsjahre doppelt? 6. Mai 1955.
132   „War es doch dieser amerikanische Präsident [Roosevelt], der in Jalta und in Pots-

509

dam der Vertreibung von Millionen Menschen aus ihrer jahrhundertelangen Heimat zustimmte und damit jenes unendliche Leid mit heraufbeschwor, das seine Gattin nun angeblich durch ‚philantropisches Wirken‘ so sehr gelindert hat, daß man sie dafür der Nansen-Medaille würdig erkannte."
pe.: Wenn Nansen das wüßte.... 7. Mai 1955.

133 Wegart und Gorbach: An die Bevölkerung der Steiermark. 8. Mai 1955.

134 Krainer: 10 Jahre nach Kriegsende. 8. Mai 1955.

135 „Die erfreulichste Folge dieses Krieges und seiner Verwüstungen war aber auch die Offenbarung der unverwüstlichen Vitalität der Steirer", die „unverzagt an den Wiederaufbau gegangen" sind. „Nur dieser Haltung der Steirer, die auf die" wiederum mehrdeutig formulierte „größte Katastrophe der jüngeren Geschichte nicht mit Verzweiflung, sondern mit vervielfachter Anstrengung reagiert haben, verdanken wir die außerordentliche Tatsache, daß der Standard von 1937 zehn Jahre nach Kriegsende auf allen Gebieten weit überholt worden ist."
Ebda.

136 Ebda.

137 Die in der Steiermark gebliebenen Heimtvertriebenen führte Krainer in diesem Artikel ausdrücklich als „Gewinn für unser Land" an.
Ebda.

138 Im Gegensatz zu Schacht billigte Schwerin „Hitlers Maßnahmen zur Verfolgung und Vertreibung der Juden. (...) Am 11. April 1949 verurteilte das Internationale Militärgericht in Nürnberg S[chwerin]. zu zehn Jahren Haft."
Wistrich, Robert: Wer war wer im Dritten Reich. Anhänger, Mitläufer, Gegner aus Politik, Wirtschaft, Militär, Kunst und Wissenschaft. München 1983. S. 248.

139 Schwerin von Krosigk, Lutz Graf: Und dann war der Krieg zu Ende. 7., 8., 10., 11., 12., 13., 15., 17., 18., 19., 21., 22. und 24. Mai 1955.

140 N. N.: Hitler wird von Moskau offiziell für tot erklärt. 7. Mai 1963.

141 Novotny: Die politische Weltlage im Feber 1945. 6. Februar 1965.

142 In Graz waren beim ersten Bombenangriff am 13. Februar 1945 113 Todesopfer zu beklagen. „In Dresden verloren in derselben Nacht, im kalten Morgengrauen des Aschermittwochs 135.000 Menschen (!) ihr Leben – fast das Doppelte der Todesbilanz von Hiroshima. (...) Wieder ist ein Feuersturm über die industriefleißige Eisenbahnerstadt Knittelfeld hinweggebraust. (...) Immer leidvoller wurde das Antlitz dieser Stadt, die am 23. Feber vor zwanzig Jahren in Schutt und Trümmer sank und das vielbeklagte ‚Hiroshima der Steiermark' wurde."
Patz: Steirische Städte im Bombensturm. 13. Februar 1965 sowie Patz: Die Russen stoßen ins Raabtal vor. 6. März 1965.

143 „Der einfache deutsche Soldat erfüllte brav und schlicht seine tägliche Pflicht mit einem unpathetischen Heroismus, der bewundernswert war".
Novotny, Die politische Weltlage im Feber 1945, a.a.O. sowie H. P.: Die blutigen Fallen des Todes. 3. April 1965 und N. N.: Dr. Alfons Gorbach hat recht gehabt. 17. April 1965.

144 „Beutesoldaten, widerwillig hinter den Schreibtischen und Drehbänken aus den Montagehallen hervorgezerrt. Vielfach ohne Ausbildung und in halbziviler Schale wurden sie ins Feuer gejagt, Kanonenfutter, ein Sand, nutzlos vor die gepanzerten Kolonnen des Feindes geworfen, als Opfer und Zeitgewinn auf das Schlachtfeld gestellt."
Patz: „Kerls, wollt ihr denn ewig leben?" 27. Februar 1965.

145 „Gleichschaltung der Steirer unter dem Nationalsozialismus. Sie begann beim Eintopf und endete beim Volksempfänger, der die ganze Nation mit der Kost versorgte, die dem Regime genehm war. Ein ganzes Volk wurde uniformiert."
Patz, Steirische Städte im Bombensturm, a.a.O.

510

146 Der Zweite Weltkrieg war „nicht bloß die Schuld Adolf Hitlers und seiner Mitarbeiter, ja aller seiner Mitläufer bis zum letzten Analphabeten, der, ohne sich die Tragweite seiner Handlungen bewußt zu machen, brav mit ‚Ja' gestimmt und auch nachher unentwegt ‚Heil Hitler' gerufen hatte, sondern auch die gewagten, um nicht zu sagen frivolen Spekulationen mancher ausländischer Staatsmänner, die, trotz besserer Einsicht in das, was kommen würde, Hitler groß werden ließen – Jahre hindurch".
Novotny, Die politische Weltlage im Feber 1945, a.a.O. sowie Patz, Steirische Städte im Bombensturm, a.a.O. und Patz: Flucht aus Angst vor Verfolgung. 20. März 1965.

147 „Kein Hitlerbefehl ohne Martin Bormann", den „gefährlichste[n], hinterhältigste[n] und in den letzte[n] Monaten des Krieges mächtigsten Mann des Dritten Reiches. Ein gnadenloser Handlanger. Keine Führerentscheidungen ohne Bormanns Handlangerdienste. Kein Verbrechen ohne seine Mithilfe."
Uiberreither war ein „brutaler Hasardeur, der die Gewalt für das beste Mittel zur Lösung aller Lebensfragen hielt, im Banne des Führerintimus exakt funktionierender Befehlsempfänger."
Patz, „Kerls, wollt ihr denn ewig leben?", a.a.O.

148 Scharfenau: Die grauen Panzer der Sieger. 27. März 1965.

149 „Wohin sie kamen, plünderten sie. Sie zertrümmerten die Haus- und Stubentüren mit ihren Gewehrkolben oder Stiefeln, schlugen die Kisten und Kästen auf und raubten alles, was ihnen mitnehmenswert erschien."
Patz, Flucht aus Angst vor Verfolgung, a.a.O. sowie H. P.: „Wer verhaftet eigentlich wen?" 8. Mai 1965.

150 „Männer, in denen sie Parteifunktionäre oder Partisanen [!] argwöhnten, wurden ermordet; wer nicht ermordet wurde, wurde nach dem Osten verbannt – zur Zwangsarbeit."
Patz, Flucht aus Angst vor Verfolgung, a.a.O.

151 Patz: Griff ins Herz der Steiermark. 13. März 1965 sowie Patz, Flucht aus Angst vor Verfolgung, a.a.O.

152 Patz, Flucht aus Angst vor Verfolgung, a.a.O.

153 „Später verbündete sich der Pöbel mit den Sowjetsoldaten, die sich im Hui, durch Alkohol enthemmt, wie in Feindesland benahmen. Zum Wein gehörten Frauen. Die Grazerinnen verkrochen sich vor den berauschten Siegern, die ihre Ansprüche geltend machen wollten. Auch beim Plündern."
Lengyel: Vor 50 Jahren tobte die Schlacht von Gorlice. 30. April 1965 sowie Krainer: Vor zwanzig Jahren Russen besetzen Graz. 8. Mai 1965.

154 Patz, Flucht aus Angst vor Verfolgung, a.a.O. sowie Patz: Der Tragödie letzter Akt. 17. April 1965.

155 So wurde aus einer Ansprache von Bundeskanzler Klaus unter anderem zitiert: „„Es drängt mich in dieser Stunde aller derer zu gedenken (...), die für Österreichs Freiheit fielen; jener Österreicher, die für ein freies Österreich gelitten und ihr Leben geopfert haben, jener vieler Österreicher, die als Soldaten gezwungen waren, in einem von ihnen nicht gewollten Krieg ihr Leben zu lassen. Wir gedenken heute auch der Frauen, die ihre Männer und Söhne verloren, wir gedenken der Kinder, die ihre Väter verloren haben, und wir gedenken der vielen Opfer, die der Krieg auch von der Zivilbevölkerung gefordert hat.""
N. N.: Der 20. Jahrestag der Befreiung. 28. April 1965 sowie Patz: Vor und nach der Stunde Null. 30. April 1965.

156 „Die Wiederherstellung unserer Republik bedeutete einen Sieg des Widerstandes gegen die Gewalt. Die Lehre vom Rechte des Widerstandes gegen unrechtmäßige Gewalt ist uralte germanische Tradition und nichts charakterisiert den durch und

durch undeutschen Charakter des nationalsozialistischen Regimes besser und treffender als die Tatsache, daß in ihm gerade dafür kein Platz war."
Novotny: Wiedergeburt eines Staates. 17. April 1965.

157 P.: Widerstand, Genickschuß und Galgen. 10. April 1965.

158 „Dazu Hans Zerbs: ‚Zurück blieben Ende März etwa dreihundert ungarische Juden, die Hunger und Überanstrengung derart ausgemergelt hatten, daß man sie nicht mehr weitertreiben konnte. Sie mußten ihr eigenes Massengrab ausschaufeln und wurden darin niedergemacht. Das Zuschütten kostete peinlicherweise [!?] andere wertvolle Arbeitskraft."
Patz, Griff ins Herz der Steiermark, a.a.O.

159 Patz: Der Weg aus den Trümmern. 15. Mai 1965.

160 „Der westliche Sprachgebrauch freilich setzt gerade die Begriffe ‚Staatsvolk' und ‚Nation' gleich, einem Belgier, den man um seine Nationalität fragte, würde es nicht einfallen, sich als Franzose zu bezeichnen, sosehr er andererseits gegenüber dem Vlamen in Belgien selber auf seine Volkszugehörigkeit bestehen mag. Will man sich dieser Übung anschließen, dann gibt es eine österreichische Nation mit derselben Selbstverständlichkeit mit der es eine deutsche Volkszugehörigkeit gibt."
N. N.: Es wurde auch manches verschlampt.... 17. April 1965.

161 „Allzusehr waren die Alliierten von der Beteiligung Österreichs an der Seite Hitler-Deutschlands präokkupiert – der kleine Mann und die öffentliche Meinung in den Ländern der Alliierten haben richtiger und günstiger geurteilt als deren Staatsmänner. Darum bleibt gerade Figls Verdienst ungeschmälert, und der ehrende Titel ‚Vater des Vaterlandes' wäre gerade ihm gegenüber am Platze."
Novotny, Wiedergeburt eines Staates, a.a.O.

162 „Wenn die Alliierten die Meinung vertraten, das Schicksal unseres Vaterlandes werde wesentlich davon abhängen, was Österreich selbst zu seiner Befreiung beigetragen habe – dann dürfen wir dem entgegenhalten, daß wir und unser Land aus unvertretbaren Gründen mehr als zehn Jahre bis zum Abschluß des Staatsvertrages geduldig und ohnmächtig auf die Einlösung gegebener Versprechen warten mußten – länger, als die Herrschaft Hitlers in Österreich gedauert hatte!"
Ebda.

163 „Drei Tage später begruben sie dann ihre Toten. Kaum einer klagte dem anderen sein schweres Leid, sie wußten alle voneinander, daß sie schwer zu tragen hatten, und halfen. Und niemand fragte den anderen, auf welches Buch er schwörte. In der Schweigsamkeit ihres Tuns waren sie einander noch näher gerückt."
Patz: Wie viele starben, wer kennt die Zahl? 20. Februar 1965.

164 N. N.: Dr. Alfons Gorbach hat recht gehandelt, a.a.O.

165 P.: Die Geburt der Zweiten Republik. 24. April 1965.

166 Aichinger: Die Deutschen blicken mit Neid auf Österreich. 28. April 1965.

167 Vuckovic: ... und der Mann blieb vermißt. 11. Mai 1968.

168 Pruß: Der Krieg war zu Ende, der Friede kam nicht. 9. Mai 1970.

169 „In Ost und West gedenkt man in diesen Tagen in unterschiedlicher Art des 30. Jahrestages des Ende des Zweiten Weltkrieges. In Moskau feiert man lautstark und verbindet damit eine Demonstration der Stärke des Sozialismus, die Franzosen haben unter Volksgemurre angekündigt, heuer des Jahrestages des alliierten Sieges über die Achsenmächte zum letzten Mal offiziell gedenken zu wollen – und in Großbritannien haben solche Feiern gar nicht mehr stattgefunden. Während dieser dreißig Jahre sind manche Emotionen sachlicherer Beurteilung gewichen, und nicht nur Deutsche oder Japaner haben Grund gehabt, in sich zu gehen und aus den Fehlern der Vergangenheit zu lernen."
Portisch: Der Jahrestag. 10. Mai 1975.

Siehe weiters N. N.: Kriegsende: England feiert nicht. 10. Mai 1975, wo vor allem die Rolle der Sowjetunion revidierenden Sichtweisen von Westeuropas Lieblings-kommunisten, Tito und Ceausecu, hervorgehoben wurden.

170 Jasser: Tag in der Zeit. 10. Mai 1975.

171 Zu Jasser siehe: Mauch, Uwe A.: Der nationalsozialistische Journalist Dr. Manfred Jasser. Eine biographische Studie zu Nazifizierung und Entnatzifizierung des öster-reichischen Pressejournalismus im „Ständestaat", im „Dritten Reich" und in der Zweiten Republik. Wien 1990. (Diplomarbeit)

172 „Für den österreichischen Staat ist 1945 kein Problem: Er hat 1938 aufgehört, was zweifellos eine Niederlage war, und 1945 wieder angefangen zu bestehen, was noch immer kein Sieg war. (Den feierten wir erst zehn Jahre später)." Seine Gefühle in Anbetracht der Niederlage seien nicht „sehr verschieden gewesen (...) von jenen der Pommern, Sachsen, Berliner, Rheinländer oder Schwaben neben" ihm. Befreit sei er sich „im April oder Mai 1945 nicht vorgekommen", denn seine Realität sei die der Toten gewesen, die „das gleiche gelitten hatten wie ich", wobei er „nicht wußte, ob er „nicht das gleiche erleiden würde wie sie".
Arnold: Das fatale Datum. 5. Mai 1985.

173 Ebda.

174 „Dennoch ergibt sich das Bild eines ungeheuerlichen menschlichen Dramas, bei dem eine vom Sieg wie von der Rache erfüllte Koalition aus Ost und West Jagd auf eine wehrlose, total der Willkür preisgegebene Bevölkerung machte."
Kageneck: Aus der Sicht der anderen. 8. Mai 1985 sowie -norb.: Sauberkeit. 7. Mai 1985.

175 Siehe -norb.: Sauberkeit, a.a.O.

176 „Allein die Bilanz der in der Steiermark kriegsbeschädigten und zerstörten Häuser spricht für sich: In Graz hatten rund 42 % aller Bauten Schäden erlitten. Insgesamt registrierte man in der Steiermark 17.249 beschädigte Gebäude, davon waren 5 531 vollkommen vernichtet. Viele steirische Produktionseinrichtungen waren bis zu 80 % vernichtet worden. Aus einer Gegenüberstellung zwischen unmittelbaren Kriegs-einwirkungen und nachträglichen Plünderungen und Demontagen kann man erse-hen, daß die Schäden durch die (vor allem sowjetischen) Besatzungsmächte etwa dreimal so groß waren wie die eigentlichen Kriegsvernichtungen."
Schöpfer: Die Probleme meistern. 10, Mai 1985.

177 Karner: Es liegt ein Land in Schutt und Asche. 10. Mai 1985.

178 Karner: Eisen- und Stahlindustrie. 10. Mai 1985.

179 N. N.: Von der Stunde Null zum Heute. 10. Mai 1985.

180 Zu „Salzburger Nachrichten", „Kleine Zeitung", „Presse" und „Neue Kronen Zei-tung" siehe Wassermann, Gepresste Geschichte, a.a.O., S. 284-305.

513

16. Staatsvertrag

16.1. Kurier

Kurz zusammengefaßt läßt sich die „Kurier"-Kommentierung aus dem Vertragsjahr auf die folgende Formel bringen: Der Staatsvertrag beende den Zustand der jahrelangen Unfreiheit, womit die Österreicher wieder Herren im eigenen Haus seien[1]. „Ein Volk wird" nach Krieg und Besetzung „frei! (...) Ist es nicht herrlich, endlich allein und ohne Bevormundung unsere Zukunft selbst zu gestalten?"[2] Inhaltlich gekoppelt war dies wie nicht anders zu erwarten mit dem schon aus der Kommentierung des „Kriegsendes" häufig verwendeten Topos des betrogenen Landes. „Nur eine tiefwurzelnde Ungläubigkeit, 17 Jahre des Wortbruchs und der immer wiederkehrenden Enttäuschung können an einem Tag nicht ausradiert werden."[3] Trotz der veröffentlichten Freude und Genugtuung war dem „Kurier" aber ein besorgter Unterton, beziehungsweise eine Argumentationsführung, die Sorgen vor der Zukunft zerstreuen sollte, nicht abzusprechen. „Cato"-Dichands Frage nach der „Angst vor der eigenen Courage" war deutlich genug formuliert und auch Portisch nahm sich des Themas an, indem er darauf verwies, um wieviel besser doch die Ausgangsposition dieses endgültig befreiten Landes seit den Tagen des „befreiten" Landes sei. „Das Kernproblem der nächsten Zukunft Österreichs wird also der Auf- und Ausbau jenes Erbes sein, das uns die abziehenden Alliierten hinterlassen. Verglichen mit dem Erbe, das Österreich nach Beendigung des Kriegs antrat, und mit dem, was es in den zehn Jahren seither bereits aufgebaut hat, sollten die Belastungen aus dem Staatsvertrag uns keinen Kummer bereiten."[4]

Zehn Jahre später bewertete Portisch das zurückliegenden Jahrzehnt vom innenpolitischen Standpunkt durchaus positiv. Das Land habe „bereits mehrere Regierungswechsel gehabt", schwierige „innen- und außenpolitische Probleme" bewältigt, „und doch hat es jede neue Regierung verstanden, den Kurs zu halten, das Vertrauen zu behalten, ja es zu stärken."[5] In diesem Kommentar tauchte zwar erneut die siebzehnjährige Unfreiheit auf, aber als neue Elemente der Argumentation wurden die außenpolitische Abhängigkeit von Republik und Staatsvertrag zwischen 1945 und 1955[6] sowie das österreichische Beharren und die innere Geschlossenheit betont. „Aus der Entschlossenheit des österreichischen Volkes, sich auch unter vierfacher Besetzung nicht kleinkriegen zu lassen; aus ihrem überwältigendem Bekenntnis zur Demokratie" als Zeichen dafür, „in Freiheit (...) leben" zu wollen, der Entschlossenheit der Politiker, „hart zu bleiben, ohne zu verletzen, die ihren Weg gingen, ohne zu provozieren, die für Österreich die Einheit und die innere Freiheit sicherten, ohne dabei das Vertrauen der Siegermächte zu verlieren. " Es „waren die besten österreichischen Eigenschaften", wie „Toleranz, Anständigkeit, Verständnis für die Lage und die Wünsche des anderen"[7], die schließlich zum Erfolg führten. Eine groß aufgemachte Bildbeilage, wiederum mit viel Bildmaterial und wenig Text gestaltet, betonte durch die Bild- und Textauswahl hingegen wesentlich stärker die Abhängigkeit des „seit 17 Jahren von fremden Truppen"[8] besetzten Staates von den Alliierten.

Voll des Lobes über die wirtschaftlichen Leistungen Österreichs seit es „seine volle Souveränität, aber auch die Alleinverantwortung für die [eigenen] Geschicke (...) zurückbekommen" hatte, war der Wirtschaftspublizist Horst Knapp. Für ihn hatten aber „diese schweren [zehn] Jahre [eines] zustande gebracht: Daß es über alles Trennende hinweg ein gemeinsames Ziel – die Wiederherstellung der vollen Souveränität Österreichs – gab, dem alle Sonderinteressen untergeordnet wurden."[9] Diesen mittlerweile offensichtlich verlorengegangenen, das Land einigenden „Kitt", betonte auch Payrleitner, wobei er erstmals auch auf das Sündenregister eines – weitgefaßten – „Vergessens" aufmerksam machte. „Wenn schon Nostalgie so sehr in Mode ist – warum dann keine gekonnte Rückerinnerung an jene Solidarität, die uns vor zwanzig Jahren frei und unabhängig machte? Vielleicht liegt es daran, daß diese Republik zuviel verdrängte – 1918 und 1934, 1945 – und nun auch 1955."[10] So interpretierte es auch Portisch, der den 15. Mai und mit ihm „Souveränität, Unabhängigkeit und Freiheit"[11] tiefer im kollektiven Bewußtsein der Bevölkerung verankert wissen wollte[12]. Als Eckfakten, die zum Staatsvertrag führten, deutete er wiederum außenpolitische, vor allem sowjetspezifische Faktoren, und wie schon 1965 vor allem den geschlossenen inner-österreichischen Willen von Volk und Politik zur den Alliierten „abgerungen[en],"[13] Freiheit. „Ein Nachgeben im Fall Österreichs schien den Nachfolgern Stalins als die für sie einzig mögliche Chance, dem Westen das Konzept der friedlichen Koexistenz akzeptabel zu machen. Und nur mit diesem Konzept konnten die Sowjets die westliche Anerkennung der Unantastbarkeit ihres Herrschaftsbereichs in Osteuropa erreichen."[14] Hatte er zehn Jahre zuvor den Abschluß des Staatsvertrages noch als Beginn der Realisierung der „weltpolitische[n] Idee der friedlichen Koexistenz"[15] gedeutet, so stellte er 1975 jeder österreichischen Regierung, ob deren Außenpolitik vor der Folie der Koexistenz der Blöcke, ein Pauschallob aus. Seit Abschluß des Staatsvertrages „haben es unsere Regierungen, ohne Ausnahme, auch verstanden, Österreich unverzichtbar zu machen für jeden, dem an Frieden und Entspannung in Europa gelegen ist."[16]

Drei Jahre später betonte Feichtlbauer die privilegierte Position Österreichs und der Österreicher, verbunden mit einem Lob der aktuellen amerikanischen Außenpolitik, die sich – so der Autor – der politischen und persönlichen Freiheit zu diesem Zeitpunkt vermehrt annahm. „Es empfiehlt sich, am Jahrestag der Unterzeichnung des Staatsvertrages daran zu erinnern, daß vier von zehn Erdbewohner unfrei, weitere 21 Prozent nur halbfrei sind und die Österreicher zu einem quasi-priviligierten Drittel gehören."[17]

Erst 1980 wurde der Staatsvertrag erstmals ausführlich zum Thema gemacht[18]. Die von Andics verfaßte Serie „So kam es zum Staatsvertrag" sollte „keine historischen Detailstreitigkeiten", die damals zwischen SPÖ und ÖVP ausgetragen wurden, „klären. Sie soll nur wieder einmal bewußt machen, wie wir unsere jüngste Zeitgeschichte gemeistert haben."[19] Von der Struktur her, „schnitt" Andics entlang verschiedener Themen, wie zum Beispiel der Frage nach dem „Deutschen Eigentum", der Neutralität usw., der zeitlichen Achse hinweg[20]. Liest man die ersten Teile der Serie, die sich mit den verschiedenen, Österreich betreffenden Nachkriegsplanungen auseinandersetzten, ist man versucht, beinahe von einem Wunder zu sprechen, daß der Staatsvertrag überhaupt zustande kam[21]. „Einen Staatsvertrag Österreichs, wie er 1955 Wirklichkeit wurde, stellte sich niemand vor, nicht außerhalb von Österreich selbst. (...) Der 1. November 1943 gilt heute als Geburtstag der Zweiten Republik. Ebenso aber weiß man, daß damals keiner der drei Unterzeichner, nicht Molotow und Eden und nicht der US-Außenminister Cordell Hull an eine solche Realität glaubten."[22] Damit ist, neben der Frage der Struktur, ein zweites Charakteristikum angesprochen: Die Fremdbestimmtheit, die Abhängigkeit von außerösterreichischen, weltpolitischen Faktoren – selbst im Moment der Unterzeichnung –, wie sie der Verfasser sehr stark betonte[23]. „Und dieses Österreich sollte nun nach dem Wortlaut des Vertrags seine Freiheit bekommen und von den Truppen der vier Besatzer geräumt werden! Augenzeugen der Vorgänge an diesem 15. Mai – zuerst bei der Unterzeichnung im Belvedere, dann beim Staatsempfang im Schloß Schönbrunn – berichteten später, man habe es John Foster Dulles angemerkt, daß er sich nur mühsam ein verbindliches Lächeln abzwang. Für den ‚Kalten Krieg' bedeutete ein neutrales Österreich im Moment die Trennung des NATO-Bereichs in Deutschland und in Italien, die Unterbrechung der NATO-Brücke zwischen Nord und Süd. Molotow, der mit Dulles zusammen auf dem Balkon des Belvedere stand und pflichtschuldigst der Menge zuwinkte, sah im Staatsvertrag einen ‚Schönheitsfehler' des sowjetischen Europa-Konzepts, doch das ‚Loch' in der Linie von der Ostsee bis zur Adria war eben ein Opfer, das man dem Wunsch nach Entspannung bringen mußte."[24] Den Österreichern blieb im Inneren nur eines: „Einigkeit"[25]. So war auch nicht überraschend, daß der Abschluß des Staatsvertrages auch als „Schnurre" oder als Laune der internationalen Konstellation interpretiert wurde. „Jetzt war klar, wie wichtig die neue Kreml-Führung den Staatsvertrag nahm. Als unerläßliches weltpolitisches Entspannungs-Beispiel. Zum ersten Mal nach zehn Jahren wirkte sich der Ost-West-Konflikt nicht zum Nachteil, sondern zum Vorteil Österreichs aus. " Nur einmal, folgt man zumindest Andics, hatte Österreich echten Verhandlungsspielraum und die Gelegenheit, eigene Interessen voll und ganz durchzusetzen. „Am 14. Mai, bei der Schlußsitzung der Großen Vier, errang Figl noch einen letzten, moralischen Erfolg. Aus dem Staatsvertragstext (...) wurde Absatz 3 gestrichen, der davon sprach, daß ‚Österreich eine Verantwortlichkeit, die sich aus dieser Teilnahme am Krieg ergibt, nicht vermeiden kann...'"[26].

Ansonsten war der „Kurier" 1980 wiederum ob der wirtschaftlichen Leistung stolz auf das Land[27], ließ sich von den „Erben der Staatsvertrags-Väter" unter verschieden ausgeprägter Selbstbeweihräucherung derselben, „als Hort der Stabilität"[28] auf die Schulter klopfen und betonte, unter Berufung auf eine Publikation Weinzierls, den Anteil von Frauen am österreichischen Widerstand zwischen 1934 und 1945[29]. Ein Kommentar Nußbaumers argumentierte in dieselbe Richtung wie die Serie Andics, nämlich – abgesehen von der österreichischen Zähigkeit[30] – die Dominanz außenpolitischer, vor allem sowjetischer Motive. Der Staatsvertrag „bleibt ein besonderer, ja einzigartiger Fall der Zeitgeschichte – unerklärbar so lange, bis Moskau eines Tages seine Archive öffnet. (...) Der Wunsch Moskaus etwa, nach dem Chaos der Stalin-Zeit durch ein beeindruckendes Zeichen der Entspannung eine außenpolitische Atempause für die notwendige innenpolitische Neuordnung zu gewinnen. Oder: Die Erkenntnis, daß sich dieses Österreich (...) nicht mehr zersplittern ließ (...). Oder: Daß es der Sowjetunion in ihrer Besatzungszone niemals gelungen war, eine kommunistische Parteiherrschaft zu errichten (...). Oder schließlich: Daß Moskau mit der Bereitschaft Österreichs zur Neutralität immerhin eine Durchbrechung der westlichen Verteidigungskette zwischen Deutschland und Italien erreichte. (...) Vieles mag mitgespielt haben, dieses einsame Denkmal im Kampf gegen den kalten Krieg aufzurichten: die Gunst der Stunde, die Fähigkeit der Österreicher, das nüchterne Kalkül, vielleicht auch ein internes Kräftemessen im Kreml – und Österreich war nur ein Anlaß."[31] In diesem Sinne, nämlich der außenpolitischen Deutung, ist auch ein Kommentar Feichtlbauers zu interpretieren, der in diesem Zusammenhang nachhaltig ein Mehr an Landesverteidigung einforderte[32].

Nicht so ausführlich wie Andics Serie geriet die von Ruth Pauli fünf Jahre später. Gleich blieb allerdings der Deutungsrahmen, nämlich der internationale Einfluß und hier wiederum die Haltung der Sowjetunion auf die österreichische Entwicklung von der Befreiung zur „Freiheit."[33] Österreichbezogene „Knackpunkte" waren – folgt man der Verfasserin – einerseits das „Deutsche Eigentum", andererseits die Frage nach der Mitverantwortung Österreichs. „Für die Österreicher ging es darum: Von den Deutschen übernommenes österreichisches Eigentum mußte irgendwie von den Sowjets zurückgekauft werden. Das hört sich skurril an, war aber sehr schwer zu erreichen. (...) Der Kampf um eine wirtschaftlich tragbare Lösung war nicht die einzige Front, an der die Väter des Staatsvertrages alle Hände voll zu tun hatten. Es tauchte natürlich [!] auch die Frage der Mitschuld Österreichs am Krieg wieder auf." Nachhaltig verschleppt wurde das vorerst vereitelte und schließliche „Wunder", das eigentlich „Unvorstellbare"[34], nämlich die sowjetische „Unterschrift unter das Freiheitsdokument" allerdings durch die weltpolitische „Lage (...). Mitte Juli 1949 zündeten die Sowjets ihre erste Atombombe, seit August 1949 eskalierte der sowjetisch-jugoslawische Konflikt, die Bundesrepublik Deutschland entstand im September, die DDR im Oktober 1949, in Peking übernahmen die chinesischen Kommunisten die Macht. Aus all diesen Gründen sank das Interesse der Sowjets, Österreich in eine vertraglich abgesicherte Freiheit zu entlassen. (...) Wenn es dann doch relativ rasch zum erfolgreichen Abschluß der Bemühungen kam, hatte das vor allem zwei Gründe: Einmal kündigte sich nach dem Tod Stalins (1953) bereits die ‚Tauwetterperiode' an. (...) Mitgeholfen bei der Beseitigung der Widerstände hat aber auch das Bekenntnis Österreichs zur Neutralität"[35]. Daß wiederum, diesmal allerdings wiederholt, an die Notwendigkeit der militärischen Landesverteidigung erinnert wurde[36], ist weniger bemerkenswert als der nachhaltig unzufriedene Ton über die wirtschaftliche Lage[37] und den (innen)politischen Zustand der Republik. Erstmals wurden nachhaltig im Zusammenhang mit dem Staatsvertragsgedenken Pessimismus und Kritik geäußert[38]. „Abgesehen von den historischen Anlässen gibt's aber eigentlich gar keinen Grund für Freudenfeste: Unsere Regierung kommt vor lauter kleinen und größeren Pannen nicht mehr zum Regieren. Und die ÖVP (...) hat sich offenbar mit der Oppositionsrolle abgefunden und strebt diese bereits auch für die Zukunft als Monopol an." Ein Gegenmodell zum gegenwärtigen Zustand sah Leitgeb explizit in den Vätern „dieser Zweiten Republik", nämlich in „Menschen an den Schalthebeln der Macht, die man ernst nehmen kann; Menschen, bei denen man sicher sein kann, daß sie ausschließlich das Beste für diesen Staat und seine Bürger im Auge haben und nicht nur den politischen Eintagserfolg"[39]. Was Pauli in ihrer Serie nur andeutete, nämlich die zurückhaltende Haltung der SPÖ der Neutralität gegenüber, formulierte – als Novum – Rauchensteiner breiter aus und rückte – wiederum erstmals – im „Kurier" nachhaltig die Rolle und dementsprechenden Verdienste Raabs in den Mittelpunkt der Betrachtungen. „Eine besondere Dramatik ergab sich in Moskau aus der zunächst ablehnenden Haltung der sozialistischen Delegationsmitglieder gegenüber dem Begriff der Neutralität. (...) Dabei erfolgte die Interpretation ‚nach Schweizer Modell' keineswegs durch Kreisky, sondern war seit zehn Jahren ein Bestandteil der außenpolitischen Konzeption Raabs. (...) Wenngleich Raab nicht der Erfinder des Neutralitäts-Gedankens war (...), so war es doch sein Verdienst, dieses Konzept konsequent mit dem Staatsvertrag zu verbinden."[40] Schließlich sei noch auf das eine Faktum aufmerksam gemacht, daß der „Kurier" 1985 den Staatsvertrag terminologisch und inhaltlich auffallend oft mit dem Begriff beziehungsweise der Existenz der Österreichischen Nation in Zusammenhang brachte. „Als am 15. Mai vor dreißig Jahren Österreichs Außenminister Leopold Figl vom Balkon des Schlosses Belvedere aus verkünden konnte ‚Österreich ist frei!', erwachte nicht nur eine Nation zu neuem Leben."[41]

Hatte Pauli in ihrer Serie 1985 etwas ungläubig auf das sowjetische Insistieren der österreichischen Mitschuld aufmerksam gemacht, so thematisierte sie denselben Komplex wiederum ein Jahr später, als die Debatte über Kurt Waldheim *das* (innen)politische Thema war, und zollte Figl ausdrücklich Lob dafür, „daß diese Hypothek auf die Freiheit im allerletzten Augenblick erlassen wurde."[42]

„1955 war das ‚annus mirabilis', das Jahr des Wunders', in dem der Staatsvertrag nach zehn Jahren Realität wurde. Seit 1945 hatte man darum gerungen, Österreichs Freiheit hatte aber erst 1953 eine Chance, nach dem Tod Stalins. Ein zweites entscheidendes Moment spielte mit: 1954/55 zeichnete sich ab, daß die Bundesrepublik Deutschland der NATO beitreten würde. Im Mai 1955 war das tatsächlich der Fall – fast gleichzeitig mit dem Staatsvertrag. Es liegt daher nahe, einen inneren Zusammenhang zwischen dem NATO-Beitritt Deutschlands und der sowjetischen Zustimmung, ja heimlichen Forcierung einer Neutralitätslösung für Österreich zu sehen. (...) Vielleicht vereinfacht kann man sagen: Für die Sowjets war die Neutralität wichtig, um die ‚Anbindung' Österreichs an Deutschland und die NATO zu verhindern. Für die Amerikaner hingegen die bewaffnete Neutralität, um kommunistische Putschversuche im Inneren und Pressionen von außen abzuwehren."[43] Die Neutralität, deren historische Genese und aktuelle Relevanz – schließlich war das Sowjetimperium kurz davor (friedlich) implodiert und verhandelte Österreich zu diesem Zeitpunkt mit Brüssel – war das zentrale Thema dieser dreiteiligen Serie, an der vor allem auffällt, wie sehr Rauscher – erneut und wiederholt – die Stellung der SPÖ zur Neutralität 1955 zum Thema machte[44]. „Die SPÖ und besonders Adolf Schärf waren äußerst mißtrauisch gegenüber dem Begriff der Neutralität, weil sie damals, kurz gesagt, eine ‚Neutralisierung' im Sinne einer sowjetischen Einflußnahme befürchteten. Erst als klar war, daß die Sowjets von Österreich wollten, ‚eine Neutralität der Art zu üben, wie sie von der Schweiz gehandhabt wird', war auch Schärf (dem auch Kreisky zuredete) beruhigt."[45] Rauscher machte erneut auf die Notwendigkeit der militärischen Landesverteidigung aufmerksam[46] und schließlich wurde der heimische „Schlüssel" zum Staatsvertrag, die innenpolitische Geschlossenheit ironisch betont[47].

Charakteristisch am „Kurier" war die starke Betonung außenpolitischer Faktoren im Zusammenhang mit dem Abschluß des Staatsvertrages, der – so zumindest die Terminologie bis in die sechziger Jahre – dem Abschnitt siebzehnjähriger Besetzung und Unfreiheit ein Ende setzte. Demgegenüber bestand der genuin österreichische Anteil vor allem im Beharren und in der innerösterreichischen „Festigkeit" und Solidarität. Bis in die 80er Jahre hinein war das Staatsvertragsgedenken immer mit einer positiven Bestandsaufnahme des seither Geleisteten kombiniert. Vor allem 1985 wurde massiv Kritik an der innenpolitischen Szenerie, wie es auch bei den sonstigen Längsschnitten teilweise analysiert werden konnte, geübt. Häufig war das Thema mit dem Hinweis auf die militärische Landesverteidigung sowie mit Kritik an der Praxis derselben verknüpft. Bis in die 70er Jahr hinein bestand die Form des Gedenkens aus einem oder mehreren Artikeln von verschiedenen Autoren. Ab 1980 wurden historisch angelegte Serien, die vor allem das Zustandekommen des Staatsvertrages abhandelten, veröffentlicht. Das Thema Neutralität geriet erst sehr spät in das Zentrum der Betrachtungsweise und war nicht selten mit dem Hinweis auf die (ablehnende) Haltung der SPÖ dieser gegenüber verbunden.

16.2. Arbeiter-Zeitung

„Heute wird Österreich frei" und damit gehen „die zehn Jahre des österreichischen Freiheitskampfes" zu Ende. Hauptträger dieses „Freiheitskampfes" seien Sozialisten wie „Renner, Seitz und Körner, Schärf, Helmer und Böhm" sowie sozialistische Einrichtungen wie die „Arbeiter-Zeitung" gewesen, die weiterhin „Garanten und Verteidiger" von „Neutralität" und „Demokratie in Österreich" bleiben werden. Der Staatsvertrag selbst bedeute im Inneren politische „Freiheit und volle Menschenrechte für alle Bürger Österreichs ohne Furcht vor fremder Gewalt, fremdem Geheiß, fremden Eingriffen in unsere Verwaltung und unser Recht, in die Geltung der österreichischen Gesetze", wirtschaftliche „Unabhängigkeit", keine „exterritorialen Löcher mehr", kein „fremdes Gebot mehr über Österreichs Polizei; keine fremde Macht über Österreichs Grenzen. Kein Österreicher mehr verschleppt; kein Flüchtling mehr verfolgt!" Außenpolitisch bedeute er die staatliche Unabhängigkeit, die uns zu einem „vollberechtigten Glied der Gemeinschaft der Nationen machen soll" auf der einen und auf der anderen Seite, daß „zum erstenmal seit Jahren eine Einigung zwischen Ost und West erzielt wurde", was der Beginn des Endes des „Kalten Krieges" sein könnte. Die Neutralität selbst bedeute, daß Österreich zwar ein „militärisch neutraler", aber weiterhin „ein demokratisch verläßlicher, ein politisch stabiler, ein wirtschaftlich nützlicher und sozial fortschrittlicher Staat in der Gemeinschaft der Völker"

sein werde. Staatsvertrag und Neutralität bedeuten jedoch keinesfalls Neutralismus: „Wir haben Frieden und Freundschaft mit der Sowjetunion geschlossen. Nicht aber mit dem diktatorischen Kommunismus, nicht mit den
Zwangsarbeitslagern, schon gar nicht mit den österreichischen Kommunisten."[48] Diese von Pollak thematisierten Assoziationsebenen zum Staatsvertrag, völlige innen- und außenpolitische Handlungsfreiheit nach jahrelang
vorenthaltener Freiheit und die nachhaltige Betonung, daß Österreich trotz
Neutralität Teil des Westens bleiben werde, fanden sich auch in einem anderen Artikel und müssen nicht wiedergegeben werden. Hinzuweisen ist darauf, daß dort – im Gegensatz zum AZ-Chefredakteur – die Erlangung (und
künftige Verteidigung) von Demokratie und endgültiger Freiheit nach „sieben Jahren faschistischer Unterdrückung und (…) zehn Jahren der Besetzung"
nicht als Monopol der SPÖ, sondern als Verdienst des österreichischen Volkes interpretiert wurde. „Daß das österreichische Volk schließlich diesen Tag
der Freiheit erlebt hat, verdankt es vor allem sich selber: weil es fest geblieben
ist, weil es in selbstgewählter Disziplin allen Lockungen und Drohungen widerstanden hat"[49]. Ein Konfliktpotential mit dem Koalitionspartner ÖVP zeigte
ein letzter, 1955 veröffentlichter Kommentar auf, der einerseits betonte, der
Staatsvertrag verpflichte Österreich dazu, „die Landesverweisung der Habsburger aufrechtzuerhalten", und der andererseits – in Hinblick auf das Kon-
kordat – auf die Annexion und nicht die bloße Okkupation Österreichs verwies. Gestützt wurde dies inhaltlich mit dem Hinweis auf die Rolle und die
Politik des „Ständestaates". „Man soll nicht vergessen: Auf Verlangen Schuschniggs hat der damalige Bundespräsident Miklas die Anschlußregierung eingesetzt und der Anschluß vollzog sich sonach auf derselben von Dollfuß und
Miklas geschaffenen Rechtsgrundlage, auf der seinerzeit der Ständestaat eingeführt wurde."[50]

Hatte die SPÖ 1955 – zumindest teilweise – versucht, Staatsvertrag
und Demokratie ausschließlich für sich zu reklamieren, so wehrte sie sich –
wenig überraschend freilich – ein Jahr später gegen derartige Versuche seitens der Volkspartei. „Da hieß es: Raab hat uns den Staatsvertrag gebracht,
Raab hat uns befreit. Raab – der Befreiungskanzler. Wenn der Herr Bundeskanzler angesichts der Schlagzeilen in den ÖVP.-Blättern und auf den ÖVP.-
Plakaten sein Gewissen erforscht haben sollte, müßte dem gottesfürchtigen
Mann doch etwas unbehaglich zumute gewesen sein." Hingegen könnten die
Sozialisten durchaus „auf Verdienste einzelner" Sozialisten, wie einzufügen
ist, „hinweisen", täten dies aber nicht, weil der Staatsvertrag „die Krönung
des Kampfes, den alle Schichten des österreichischen Volkes ein Jahrzehnt
lang gemeinsam und in vorbildlicher Disziplin um die endgültige Befreiung
des Landes geführt hatten", sei. „Nur die Entschlossenheit des ganzen Volkes, der Besatzung zu trotzen, nur der fanatische Wille zur Einheit unseres

Landes, zum Aufbau unseres Staates und unserer Wirtschaft, nur sie haben zu dem Erfolg geführt, den der Staatsvertrag bedeutete."[51]

Zur fünften Wiederkehr des 15. Mai widmete sich ein Artikel den weiteren Laufbahnen der alliierten Außenminister, wobei Macmillan, Pinay und Dulles gelobt, Molotow hingegen kritisiert wurde[52]. Eine Bildercollage zeigte die Zweite Republik, ähnlich dem Artikel Pollaks 1955, vor allem als Werk der Sozialisten. „Im Anfang stand Karl Renner", unser „Körner" hatte zwar „keine Armee", besiegte aber „doch vier Weltmächte", die „Arbeiter jagten" die Kommunisten im Oktober 1950 „davon" und die „österreichische Regierungsdelegation brachte die Freiheit aus Moskau – und Dr. Schärf, der spätere Bundespräsident, brachte dazu noch das Erdöl." Ansonsten waren die „Vier im Jeep (...) ein Symbol der Unfreiheit eines kleinen Volkes", das „sich seine Freiheit mit Mut, Zähigkeit, Arbeitswillen, Einmütigkeit und Geduld" verdiente – „Demarkationslinien" und „Menschenraub!"[53] waren die Zeichen der Unfreiheit.

Bezüglich der Stellung Österreichs der EWG gegenüber lobte aus Aktalitätsgründen Kreuzer 1962, daß „all das, was wir dem Staatsvertrag verdanken" nur „eine „hoffnungslose Minorität (...) in Frage"[54] stelle, und zwei Jahre später diente ihm ebendiese Thematik dazu, die SPÖ zur Hüterin der Neutralität zu erklären. „Jede Art der wirtschaftlichen Bindung an die EWG (...) ist für Österreich unmöglich. (...) Die ÖVP hat sich, konfrontiert mit der politischen Wirklichkeit, die die Sozialisten schon seit Jahren erkannt haben, von den Thesen jener Abenteurer lossagen müssen, für die die Neutralität nur ornamentale Bedeutung hat"[55].

So wie der „Kurier" machte auch die AZ die 600-Jahrfeier der Universität Wien zum Gegenstand eines Kommentares unter explizitem Bezug darauf, daß das „Jahr 1965 (...) nicht arm an Jubiläumsfeiern" sei. „Zwischen die großen österreichischen Gedenktage des 27. April und des 15. Mai fügt sich als würdige Verbindung das 600-Jahr-Jubiläum der Wiener Universität"[56]. Verknüpft wurde dies mit der Warnung vor neonazistischen Tendenzen auf universitärem Boden und der Forderung, die (Wiener) Universität müsse eine Universität für das ganze Volk sein. Wurden 1960 noch die 1955 amtierenden Außenminister der Signatarmächte ins kollektive Bewußtsein gerückt, so waren es fünf Jahre später deren Nachfolger. Das Außenminster-treffen in Wien sei „zwar keine offizielle Gipfelkonferenz, aber vielleicht wird der Geist von 1955, der Geist des Staatsvertrages, auch diesmal die vier Groß-mächte einander näherbringen."[57] Besieht man sich die historisch orientierten Artikel und Kommentare aus dem Jahr 1965, so entsteht der – in dieser Nachhaltigkeit bis zu diesem Zeitpunkt niemals so formulierte – Eindruck, der Staatsvertrag, beziehungsweise die Erringung oder Facetten desselben seien ausschließlich das Werk der SPÖ gewesen[58]. Das international besetzte

Treffen zu den Staatsvertragsfeierlichkeiten sei „eine Wiedersehensfeier im besten Sinn. Das schon deswegen, weil zahlreiche Diplomaten und Politiker wieder zusammentreffen werden, die bei dem Zustandekommen des Staatsvertrages eine bedeutende Rolle spielten, nicht zuletzt der gegenwärtige österreichische Außenminister, der damals Staatssekretär war." Adolf Schärf und seiner „Hemdärmelpolitik" war es zu danken, daß die harten Bedingungen des Staatsvertrages „nicht noch härter waren". Der Entschluß zur Neutralität, so Scheu weiter, sei „schon vorher von einsichtsvollen Politikern, besonders auf der sozialistischen Seite, empfohlen worden"[59]. Bemerkenswert an einer wiedergegebenen Rede Bruno Mareks war vor allem, wie er – und das nachdem die Alliierten bereits zehn Jahre außer Landes waren – 1965 die Rolle von „KZ und (...) Emigration" als – so der Titel – „Wurzeln des 15. Mai 1955" hervorhob. Besieht man sich die in diesem Zusammenhang namentlich Angeführten, so war dieser Beitrag zum „Kampf um Österreich in den Knechtschaftsjahren"[60] – so steht's im Untertitel –, wiederum beinahe ausschließlich ein sozialistischer. Was der Staatsvertrag auf innen- und außenpolitischer Ebene bedeutete, bewegte sich im gewöhnlichen Interpretationsrahmen und soll deshalb nicht extra zitiert werden. Bemerkenswert ist einerseits, daß Scheu eine genuin österreichische Kontinuität für „bedeutende Friedenswerke" von 1815 mit einem expliziten Lob für den argen „Reaktionär" Metternich bis zur Gegenwart in Form eines österreichischen Talentes, „mit anderen Nationen auch unter schwierigen Umständen nach Möglichkeit gut auszukommen"[61], konstatierte und andererseits erstmals in Kreiskys Artikeln nachhaltiger der Blick auf die internationale Konstellation Mitte der 50er Jahre gelegt wurde[62].

1971 fiel der Landesparteitag der Wiener Sozialisten mit dem „Jahrestag (...), der unserer Republik endlich die volle Freiheit brachte" zusammen und wurde vor allem dafür benützt, die SPÖ als die einzig regierungsfähige Partei auf Bundes- und Landesebene darzustellen[63].

In einem Kommentar 1975 betonte Manfred Scheuch das gewandelte Bewußtsein 1945 gegenüber 1918, und daß das Jahr 1955 einen „grundlegenden Bewußtseinswandel" markierte. „Der verlorene Glaube an sich selbst war wohl weniger Symptom als vielmehr Ursache der von jedermann bezweifelten Lebensfähigkeit der Ersten Republik." Das im Staatsvertrag enthaltene „Anschlußverbot" empfand 1955 niemand mehr als „Diktat", sondern als „Selbstverständlichkeit (...). Die Tatsache, daß sich der Anschluß an Deutschland unter Hitler und als direkte Vorbereitung eines verbrecherischen Weltkrieges vollzog, hat ihn als Lösungsmöglichkeit für österreichische Probleme fürderhin aus- und die Entwicklung Österreichs zur Nation „ab[!]geschlossen." Der Abschluß des Staatsvertrages sei „ein erster Schritt" der „Entspannung" gewesen, „das Treffen der Außenminister der beiden Supermächte in Wien und der Gipfel Ford-Sadat in Salzburg" zeigten, daß auch Österreich „an dieser Entspannung von sich aus nach Kräften"[64] mitwirke. In einem Interview betonte Kreisky neben den außenpolitischen Rahmenbedingungen, man „darf nicht unterschätzen, was der Wille des österreichischen Volkes und vor allem der österreichischen Arbeiter und Angestellten in den Oktobertagen 1950 bedeutet hat. Da mußte ein Versuch der KPÖ verhindert werden, die politische Macht im russisch besetzten Teil Ostösterreichs zu erobern. Nicht zuletzt ist er am einmütigen Widerstand der Arbeiter und Angestellten gescheitert." Im Gegensatz zu dieser „Inhalation" beziehungsweise parteipolitischen Zurechnung, zeigte das Bildmaterial einmal „Die Freiheit mitgebracht: Die österreichische Regierungsdelegation Raab-Schärf-Figl-Kreisky bei ihrer Rückkehr aus Moskau" also ein großkoalitionäres „Projekt", am zweiten Bild – der Unterzeichnung des Staatsvertrages – wurde explizit auf die Anwesenheit „unser[es] nachmalige[n] Bundespräsident[en]"[65] Kirchschlägers, ein Jahr zuvor als SP-Kandidat in die Hofburg gewählt, aufmerksam gemacht.

An der Thematisierung im „Jubiläumsjahr" 1980 fällt nicht nur deren starker Umfang auf, sondern – schließlich standen Bundespräsidentenwahlen ins Haus – die Veröffentlichung der Serie „Rudolf Kirchschschläger erzählt: So kam es zum Staatsvertrag"[66]. Da der vormalige Landesgerichtsrat Kirchschläger, 1955 als Stellvertreter Verostas in der Völkerrechtsabteilung des Außenamtes, bei den Moskauer Verhandlungen gar nicht zugegen war, beschränkte sich dieser Augenzeugenbericht notwendigerweise auf die Verhandlungen in Wien. Man wird wohl nicht fehlgehen, diese Serie als Teil der Wahlpropaganda zu deuten. Bemerkenswert an der sehr stark Kreisky-bebilderten Serie war vor allem, wie nachhaltig Kirchschläger das von den Sowjets forcierte Thema „Österreichische Kriegsschuld" behandelte. „Bei der Außenministerkonferenz stellten wir die Forderung [auf Streichung] eigentlich nur, um unseren Standpunkt noch einmal zu verdeutlichen: Österreich war 1938 von allen Mächten verlassen und von Nazi-Deutschland okkupiert worden. Uns deshalb, weil uns damals niemand geholfen hatte, ein Verschulden anzulasten, schien uns nicht gerecht. Darüber hinaus hätte diese ‚Kriegsschuldklausel' auch zu Fehlinterpretationen in aller Zukunft bis hin zu dem Versuch, Österreich zusätzliche Pflichten aufzuerlegen, führen können."[67] Ebenso – trotz aller nachhaltigen Ablehnung der übrigens von Kirchschläger falsch formulierten „Kriesgschuldklausel" – bleibt festzuhalten, wie sehr (auch) diesbezüglich Kirchschläger die sowjetischen Motive betonte. „Bei den Sowjets hatten wir" für die österreichische Argumentation, ausschließlich Opfer Nazi-Deutschlands gewesen zu sein, „nie ein Verständnis gefunden: Zu viele österreichische Soldaten waren im Krieg in der Sowjetunion gewesen und hatten dort, wenn auch in deutscher Uniform, einiges [!] angerichtet."[68] Ebenso verhielt es sich mit dem sowjetischen Drängen nach einer internationalen „Garantie dafür (...), daß Österreich nicht wieder einmal den Weg von 1933 bis 1938 und 1945 geht. Ich sage bewußt: den Weg seit 1933. Seit damals hat der illegale Nationalsozialismus in Österreich stärker Fuß gefaßt, unterstützt von Deutschland her. (...) Im Zweiten Weltkrieg hat die Sowjetunion am eigenen Leib sehr bitter erlebt, daß solche Verträge nichts helfen."[69]

Am stärksten trat das mittlerweile gut dokumentierte Motiv, „alles Gute in Österreich kommt von der SPÖ", beziehungsweise dieses „Österreich ist ein sozialistisches Österreich" in der Serie „1945 1955 1980 Jahre der Entscheidung"[70], in der der dialektische Dreischritt offensichtlich durch den Dreischritt der Jahreszahlen ersetzt wurde, zutage. Bemerkenswert ist allein der proportionale Aufbau der Serie; von insgesamt fünfzehn Teilen behandeln dreizehn das Jahrzehnt bis 1955, eine „20 Jahre Große Koalition" und der letzte Teil den „Weg zum 1. März 1970". Im ersten Teil wies Scheuch darauf hin, daß Österreich im 20. Jahrhundert nicht nur historisches Objekt, sondern durchaus Subjekt war. Die Donaumonarchie sei nicht an „den mit mitteleuropäischen Verhältnissen nicht vertrauten Amerikanern", sondern an uns Österreichern, konkret an einem „Bürgertum, das seine Privilegien nicht aufgeben wollte, und ein[em] Herrscherhaus, das die Zeichen der Zeit nicht verstand", zerbrochen. Das Leiden demokratisch gesinnter Österreicher in den Konzentrationslagern war ein Resultat der in Österreich von Österreichern praktizierten Politik, „die die Demokratie in diesem Land vernichtet und es so erst sturmreif für Hitler gemacht" habe. Es lag an den Sozialisten, im konkreten an Karl Renner, „die Trümmerhaufen, die die bürgerliche Politik zweimal hinterließ"[71], aufzuräumen. Im folgenden Artikel geriet demgemäß die (Wieder)Errichtung demokratischer Strukturen im April 1945, vor allem der Protest gegen „die Wiederherstellung des staatsrechtlichen Status von 1938"[72] auch zum Alleingang Renners. „Das Kabinett des ersten Bundeskanzlers der Zweiten Republik, des Ex-Kzlers und VP-Obmannes Leopold Figl, konnte unmittelbar das fortsetzen, was der Staatskanzler der provisorischen Regierung, der Sozialist Karl Renner, begonnen hatte."[73] Daß Österreich, quantitativ von Scheuch am stärksten thematisiert[74], nicht in den Einflußbereich der Sowjetunion geriet, war ebenfalls das Werk der Sozialdemokratie, deren Verhältnis zum Kommunismus – im Gegensatz zur Volkspartei[75] – immer ein klares war. „Aber gerade in der Ablehnung der KP durch die Massen der arbeitenden Menschen äußerte sich deren tiefe Verbundenheit mit der Sozialdemokratie, die über die Diktaturjahre aufrecht geblieben war. Die Arbeiter und Angestellten ließen sich weder von Verlockungen noch von Drohungen blenden. (...) Die schwere Niederlage der KPÖ (...) war in erster Linie das Verdienst der Sozialisten."[76] Ebenso verhielt es sich mit dem Ausräumen kommunistischer Machtpositionen im Bereich der Exekutive[77], der innerparteilichen Verhinderung einer „Einheitsfront"[78] und im Oktober 1950.

„Vieles deutet darauf hin, daß der Versuch eines Putsches, der Österreich gespalten hätte, im Gang war. Darüber klärten die Sozialisten und die Regierung die Bevölkerung inzwischen mit aller Intensität auf. Und in Wien hielten die Bauarbeiter, die von Franz Olah organisiert worden waren, die KP-Aktivisten, mitunter auf sehr handgreifliche Weise, von den westlichen Bezirken ab."[79] Und nachgerade selbstredend war die wirtschaftliche Gesundung des Landes ebenso ein Produkt sozialistischer Hellsichtigkeit[80] wie die Erringung des Staatsvertrages, sei es, daß es Sozialisten waren, die diesen einforderten[81] oder es Sozialisten waren, die die Neutralität ins Spiel brachten. „In der Zweiten Republik wurde jedenfalls schon in einer Zeit, als der Gedanke der Neutralität noch sehr fernlag, von Bundespräsident Karl Renner diese Chance für Österreich in einem Vortrag ventiliert."[82] Mit der Etablierung der sozialistischen Minderheitsregierung 1970 begann nach „Jahrzehnten konservativer Vorherrschaft", die im übrigen Textkorpus als solche schwerlich zu erkennen ist, „eine neue Ära für Österreich."[83] Lob und Tadel verteilte Scheuch an die Volkspartei, nicht ohne Hinweis auf dem Februar 1934[84], für ihr kluges politisches Verhalten nach den Wahlen 1945[85], für die Zusammenarbeit in der großen Koalition, freilich in Anbetracht des Februar 1934 als „Verzeihungswerk" der Sozialisten reklamiert[86] und für das Gruber-de Gasperi-Abkommen[87]. Zu dieser doch nicht wenig einseitigen Deutung der Zweiten Republik sei abschließend noch vermerkt, daß Scheuch den Brief Renners an Stalin selektiv wiedergab (es fehlt dort der unaufhaltsame Weg Österreichs zum Sozialismus)[88], und daß das parlamentarische Zusammenspiel von SPÖ und FPÖ in der Habsburgkrise – selbstredend – die Zusammenarbeit mit den „liberalen Kräften"[89] in der FPÖ war.

Österreichs „historische Mission" als von den Sozialisten realisierter Ort der Völkerverständigung, betonte Scheuch zum unmittelbaren Gedenken an den Staatsvertrag[90]. Bemerkenswert ist allerdings ein Kolumne, die man nachgerade als Versöhnung der Sozialisten mit der (monarchistischen) Geschichte Österreichs deuten kann. „Österreich trägt Festgewand. Das Bekenntnis zu diesem Staat erschöpft sich in diesen Tagen nicht in der Erinnerung an die Befreiung vor 35 und an die Erlangung der vollen Souveränität vor 25 Jahren. Die Kontinuität der Geschichte geht weiter zurück: Zur mütterlichen Kaiserin [!] Maria Theresia, einem Symbol des Österreichertums, (...) und zu ihrem Sohn Joseph II., der die aufklärerische Revolution von oben durchführte und zugleich an ihr scheiterte. Es ist für die heutigen Österreicher nicht mehr schwer, diese Kontinuität ihrer Geschichte zu bekennen, ja viele mag es wundern, daß dies einst aus diesem und jenem weltanschaulichen Grund schwer gewesen sein soll."[91]

Daß in Scheuchs Kommentaren 1985 die SPÖ wiederum als *die* Österreichpartei dargestellt wurde, konnte ob des bisher Analysierten nicht

526

überraschen[92]. Daß sich die „Außenminister der vier Großmächte" in Wien wiederum ihr Stelldichein geben, sei keineswegs selbstverständlich, sondern zeuge davon, „welchen Ruf sich diese Zweite Republik international erworben hat." Dieser international gute Ruf sei das „Ergebnis einer ausgewogenen, fraglosen Neutralität"[93]. Und im Gegensatz zur Opposition „zeigen sich die Sozialisten" beispielsweise in der Frage der militärischen Landesverteidigung „der Aufgaben, zu denen sich Österreich vor 30 Jahren bekannt hat und in deren Erfüllung es sich internationale Anerkennung geholt hat, voll bewußt."[94] Bemerkenswert an diesem Erinnern vierzig Jahre nach der Unterzeichnung des Staatsvertrages war ein Interview mit Kreisky, der erstmals im Rahmen der hier untersuchten Quellen doch darauf aufmerksam machte, daß auch ÖVP-Politiker am Zustandekommen des Staatsvertrages nicht völlig unbeteiligt waren. Raab konzedierte er, „einer der großen Staatsmänner" Österreichs gewesen zu sein und mit seiner Politik „der Verständigung mit seinerzeit allen alliierten Mächten" recht gehabt zu haben. Die „großen historischen Leistungen" Figls verortete er „vor allem in den ersten sieben Jahren der Zweiten Republik" als er durch „Standfestigkeit" und „Optimismus (...) den Österreicherinnen und Österreichern geholfen [hat], in diesen so schweren Jahren durchzuhalten." Ansonsten schrieb er Schärf zu, zurecht darauf bestanden zu haben, daß „für den Begriff der Neutralität eine inhaltliche Erklärung gefunden wurde", und „über das österreichische Erdöl und andere Fragen des deutschen Eigentums auch in Moskau" zu sprechen. Schließlich wies er erneut dankend auf die Person Chrustschows hin, „der offenbar eine neue sowjetische Außenpolitik an einem überzeugenden Beispiel, am Beispiel Österreichs, zu illustrieren wünschte."[95]

Die Kommentierung, beziehungsweise die Erwähnung des Staatsvertrages zeichnete sich in der „Arbeiter-Zeitung" vor allem dadurch aus, daß er als Erfolg der SPÖ verbucht wurde. In weiterer Folge, also nach 1970, wurde diese parteipolitische Monopolisierung auf den gesamten Bereich der Innenpolitik erstreckt. Dasselbe galt für den Themenkomplex Neutralität, auch dieser wurde für die SPÖ vereinnahmt, entweder dadurch, daß sie als ihre Idee ausgegeben oder die SPÖ zur Hüterin der Neutralität stilisiert wurde. Hinzuweisen ist schließlich noch auf das eine Faktum, daß nämlich außenpolitische Rahmenbedingungen hierbei als eher unwichtig gedeutet wurden – für eine Partei, die sich selbst als international(istisch) definiert, ein wenig verwunderlich.

16.3. Südost-Tagespost

So wie der „Kurier" versuchte auch die „Südost-Tagespost" unter Berufung auf das bisher Geleistete, den Lesern etwaige Befürchtungen vor der Zukunft zu nehmen. „Die Einsicht war nicht von der Hand zu weisen, daß die Befreiung auch Lasten mit sich bringen wird", jedoch sei „kein Grund vorhanden, uns vor der Zukunft zu fürchten. Wer so viel mitgemacht hat und wer es verstanden hat, sich unter so schwierigen Verhältnissen aus dem Nichts wieder zu Ansehen und innerer Stärke emporzuarbeiten, der wird auch mit den Aufgaben fertig werden, die ihm jetzt vom Schicksal noch gestellt werden sollten. (...) Die Lebensfähigkeit Österreichs, durch viele Jahre immer wieder angezweifelt, ist ein erwiesene Tatsache geworden."[96] Und so wie die „Arbeiter-Zeitung" machte das Blatt auf das Wesen der Neutralität aufmerksam, jedoch ohne Hinweis auf einen befürchteten Neutralismus. „Der dauernd neutrale Staat verpflichtet sich, an den Kriegen anderer Staaten nicht teilzunehmen. Er darf auch in Friedenszeiten keine Verträge abschließen, die den Keim möglicher kriegerischer Verwicklungen in sich tragen könnten"[97]. Die Ausgestaltung derselben werde die Bewährungsprobe für die Zukunft schlechthin sein, wobei als historische Leitfigur in diesem Zusammenhang, ob des Ortes der Unterzeichnung, der große Österreicher Prinz Eugen als Inkarnation des Österreichertums, angeführt wurde. Nunmehr sei Österreich „nach zehnjähriger Besetzung" in der Lage, „an die alte Tradition anzuknüpfen und wieder die Rolle des Mittlers zwischen Nord und Süd, West und Ost zu übernehmen." Der heutige Tag „wird (...) eine neue Ära in den Beziehungen der europäischen Völker zueinander einleiten. So ist der österreichische Staatsvertrag ein Vertragswerk ganz im Sinn des großen Österreichers, der das Belvedere geschaffen hat."[98]

Zwei Jahre später war das Blatt voll des Lobes über die bestandene „zweifache Bewährungsprobe" auf (außen)politischer und wirtschaftlicher Ebene, weshalb zu recht Anlaß bestünde, „den zweiten Jahrestag der Unterzeichnung des Staatsvertrages mit Freude und mit Zuversicht zu feiern."[99] Geharnischt war die Replik hingegen auf Meldungen der „slowenischen Presse des In- und Auslandes" bezüglich der Behandlung der „Rechte der Minderheiten" und der „Wahrung ihrer völkischen [!] Belange". Gerade die slowenische Presse, also die von Österreich aus gesehene ausländisch-slowenische Presse, habe als Repräsentant „eines Landes, das ein Vielfaches mehr deutschsprachige Menschen verjagte, enteignete und der Freiheit oder des Lebens beraubte, als je Slowenen am Boden des heutigen Österreich überhaupt lebten"[100], keinen Grund sich dazu negativ zu äußern[101].

1959 wurde erneut auf den (Wieder)Aufstieg Österreichs verwiesen, erstmals wurde aber in diesem Zusammenhang die dominante Rolle der Volkspartei beziehungsweise von deren Spitzenrepräsentanten erwähnt, wurde also die reklamierte Erfolgsbilanz ebenfalls parteipolitisch zu monopolisieren getrachtet. Österreich habe allen Grund dazu, dem Mann Dank abzustatten, „der seinen Lebensweg mit dem Abschluß des Staatsvertrages gekrönt hat. Julius Raab ist und bleibt der Kanzler der Freiheit, ist und bleibt der Mann, der Widerständen und Unverstand zum Trotz den schwierigen Weg der Verständigung mit der sowjetischen Besatzungsmacht als wesentlichste Voraussetzung für den Abschluß des Staatsvertrages gegangen ist. (...) Ihm und Außenminister Ing. Figl, der als erster Nachkriegskanzler durch acht Jahre hindurch schwerste Verantwortung trug, gilt heute der Dank aller Österreicher ohne Unterschied der Parteirichtung, die sich das Gefühl für geschichtliche Leistung und menschliche Anerkennung bewahrt haben."[102]

Dieselben zwei Muster, die österreichische Erfolgsbilanz und die Betonung der Rolle der Volkspartei im Rahmen dieser Erfolgsbilanz und selbstredend bei der Erringung des Geburtstages „der Freiheit"[103], fanden sich auch 1960. Stärker betont wurde neben den glanzvollen Rollen Raabs und Figls[104] außenpolitische Aspekte auf dem dornenvollen „Weg bis zum Staatsvertrag."[105] Ein Aufruf Gorbachs und Withalms dankte wiederum Raab, dem österreichischen Volk ob seines Fleißes und versprach, die Volkspartei werde „weiterhin für die Bewahrung der Freiheit, die Fortsetzung des wirtschaftlichen Aufstiegs und die Festigung der sozialen Sicherheit (...) arbeiten."[106]

Anscheinend wußten dies die 1960 angesprochenen „Österreicherinnen und Österreicher!" nicht so zu schätzen, wie es der Volkspartei vorschwebte. Formulierte sie doch 1963 trotz des Aufschwungs seit 1945 erstaunt, daß sich „Mißmut und Unbehagen (...) in einem Ausmaß breit" machen, „als hätten wir Not zu leiden. Sie sind nicht selten dort am größten, wo in diesen acht Jahren die saftigsten Früchte eingeheimst wurden." Auf politischer Ebene konstatierte das Blatt: Anstelle „der fairen Auseinandersetzung beginnen immer mehr Haß, bewußte Verteufelung und Nicht-verstehenwollen zu treten."[107]

1965 begann das Staatsvertragsgedenken mit einer Schelte für den ORF, habe dieser doch in einer Dokumentation Figl und Raab nicht ausreichend gewürdigt[108]. Das alles war freilich in Anbetracht nahender Präsidentschaftswahlen nicht überraschend. Am 15. Mai, kurz zuvor war Leopold Figl gestorben, wurde zwar betont, dieser 15. Mai wäre „sein Tag" gewesen, im Übrigen wurde jedoch gegen die SPÖ polemisiert. Die anstehende Bundespräsidentenwahl „fällt zwischen der Sicherung der Demokratie und Festigung der Zusammenarbeit durch Gorbach oder dem Verfall unserer inneren Stabilität und einer Steigerung jenes politischen Amoklaufes, mit dem der sozialistische Parteiobmann dieses Land bedroht."[109] Eine Wahlempfehlung zugunsten Gorbachs gab auch Hanns Koren unter Betonung von dessen Qualität der Realisierung der österreichischen Mission und des „österreichischen Schicksals" in diesem Jahrhundert ab[110]. Weitere Inkarnationen dieser unter Rekurs auf das Harmoniemodell der Monarchie konstruierten – österreichischen – Idee seien Figl, Raab, Kamitz, Drimmel und Johann Böhm. Diese verkörpern nämlich die zeitadaptierte „Idee", konkret „Mark Europas geworden" zu sein, „der letzte Flügelpunkt der freien Welt, mit der ganzen Verantwortung belastet, die dieser Aufgabe entspricht, die wieder bedeutet, gleichermaßen Bollwerk wie Brücke zu sein."[111]

Bemerkenswert und als Zeichen für den Verlust der (parlamentarischen) Mehrheit auf Bundesebene zu deuten, war das Gedenken 1970. Nicht der Staatsvertrag, sondern die Gründung der Steirischen Volkspartei 1945 wurde publizistisch abgehandelt[112]. 1972 sah die „Südost-Tagespost" in der fehlenden sowjetischen Warnung an Österreich vor einer Annäherung zur EWG ein positives Signal derartigen Avancen gegenüber[113].

1975 verwahrte sich das Blatt wiederum gegen jugoslawische Kritik an Österreich[114] und polemisierte erneut gegen die Nichtberücksichtigung des Anteils der Volkspartei am Zustandekommen des Staatsvertrages[115], was sie allerdings in einem zwei Tage zuvor erschienenen Artikel ausgiebig selbst besorgte. „Es waren vor allem", im Verhältnis zu den außenpolitischen Interessen der Sowjets, „der Charme und die Unerschrockenheit Leopold Figls, welche die Voraussetzungen für den Abschluß der Staatsvertragsverhandlungen ermöglicht hatten. (...) Es waren der Spürsinn und die Aufrichtigkeit Figls, die ihren Eindruck nicht verfehlten, so wie es ein Erfolg der Strategie Julius Raabs war, der mit der angebotenen Neutralität den Sowjets das Stichwort lieferte."[116] Im übrigen zeigte sich die ÖVP staatstragend und feierte mit der Beilage „30 Jahre Zweite Republik Österreich" das gelungenen Aufbauwerk seit 1945 (und nicht erst seit 1955) sich selbst, nicht ohne der Kollektivleistung Lob zu zollen[117], die Wichtigkeit der Volkspartei beziehungsweise ihrer Teilorganisationen zu unterstreichen[118] und das Gemeinsame für die Zukunft – wohl vor allem der SPÖ gegenüber und als Kritik am status quo – einzumahnen. „Wenn wir weiter unser Haus Österreich gut bestellen wollen, müssen wir heute mehr denn je bereit sein, aus den Erfahrungen zu lernen. Man beginnt schon zu vergessen, daß es die Zusammenarbeit war, die den Aufbau ermöglicht hat. Anstelle der Toleranz tritt immer mehr die Unduldsamkeit gegenüber Andersdenkenden. Fest steht schließlich auch, daß eine Zeit angebrochen ist, die weniger Gesellschaftspolitik, sondern mehr gemeinsame Verantwortung und mehr wirtschaftliches Denken erfordern wird."[119] Festzuhalten bleibt für 1975 schließlich noch eine abgedruckte Rede Korens. Nachhaltig reklamierte er einen zeitlosen und parteienübergreifenden steirischen Beitrag zu Österreich, dessen hervorragendstes Attribut nicht der konkretisierte Inhalt, sondern das Attribut „steirisch" war; interessanter als diese Selbststilisierung ist freilich Kornes Metapher der allumfassenden Heimkehr 1945

530

– für einige eben erst nach 1945 mit der vorherrschenden Eigenschaft der „Heimkehr" ins „Neue". „Es ist das Land der großen Heimkehr, das Land der Heimkehr aus Wöllersdorf, auch Dachau, aus Mauthausen und Floßenburg, aus der Tundra und aus Afrika, aus den Konzentrationslagern der Alliierten von Amerika bis Sibirien und auch das Land der Heimkehrer aus Wolfsberg und Glasenbach, Heimkehrer verstoßener, verlassener, verlorener Söhne. In die Konzentrationslager und Gefängnisse vom NS-Regime geworfen, mußten die politischen Feinde und Gegner von einst ihre gegenseitig verdächtige und verkannte und nicht ernstgenommene innere Bindung an dieses Land erkennen. Und in der Angst und Demütigung der ersten Besatzungszeit, in der wir wohl als Befreite deklariert, aber doch als Besiegte behandelt wurden, fanden sie alle drei, die Besseren, die Verständigen und die Lernbereiten unter ihnen zu Gemeinsamkeit und Gemeinschaft zusammen."[120]

1980 gestaltete die „Südost-Tagespost" wiederum eine Beilage – „35 Jahre II. Republik Oesterreich. 25 Jahre Oesterreichischer Staatsvertrag" – zu Republiksgründung und Staatsvertrag, veröffentlicht allerdings bereits am 18. April, wohl in Anspielung auf die Gründung der ÖVP am 17. April 1945[121]. Diese stand unter dem Leitmotiv der Führungsrolle der Volkspartei im Zusammenhang mit Wiederaufbau und Staatsvertrag auf Bundes- und Landesebene, betonte aber immer wieder – wohl aus der Oppositionslage der VP auf Bundesebene erklärbar – die Notwendigkeit von Toleranz und Zusammenarbeit[122]. „Nun jährt sich zum 35. Male der Tag, an dem im Geist der demokratischen Toleranz und der gemeinsamen Arbeit dieses Land aus den Trümmern des Krieges wiederaufgebaut wurde und vor 25 Jahren der österreichische Freiheitskanzler Ing. Julius Raab und Außenminister Figl die staatliche Selbständigkeit Österreichs mit einem neugewonnenen Selbstbehauptungswillen verbinden konnten. (...) Im Geist der demokratischen Toleranz und der gemeinsamen Arbeit für dieses Land wollen wir auch die Zukunft gestalten."[123] Ließ 1975 die Wiedergabe der Rede Korens an eindeutiger Vieldeutigkeit nichts zu wünschen übrig, so wurde auch 1980 ein nicht einmal mehr vieldeutig zu lesender Artikel veröffentlicht. „Im ganzen Land, in Deutschland und in Österreich, wurde Jagd auf kleine Funktionäre gemacht. Manche von ihnen mußten jahrelang hinter Gittern oder in Anhaltelagern schmachten, manche wurden hingerichtet, oft sogar ohne Gerichtsurteil. Unzählige Leiden hatte die deutsche Bevölkerung in der CSSR [sic!], in Jugoslawien, Ungarn und Rumänien zu erleiden." Nicht minder eindeutig war die veröffentlichte selektive Opferbilanz: „Rund 270.000 Österreicher sind an der Front gefallen, etwa 40.000 Todesopfer hatten die Bombenangriffe gefordert. Die Zahl der bei den Kämpfen in Österreich ums Leben Gekommenen wurde nie erfaßt."[124] Eine unter dem Titel „Der Weg in die Freiheit" von mehreren Autoren verfaßte Serie reklamierte die Idee der Neutralität nicht nur als alleinige Idee der Volkspartei, sondern machte vor allem die Haltung der SPÖ 1955 zu ihr wiederholt zum Thema[125]. „Wenige Tage vor der Abreise der Regierungsdelegation hatte die ‚Arbeiter-Zeitung' noch einen Leitartikel geschrieben, in dem für die Blockfreiheit und gegen die Neutralität als künftige österreichische Politik mit großer Unterstützung eingetreten wurde."[126] Sieht man von der Erwähnung der inneren Geschlossenheit als unabdingbare Voraussetzung für den Staatsvertrag[127], sowie dem Hinweis auf die internationale Konstellation als zumeist bremsendes Moment ab[128], so war die Serie – nicht unähnlich der Scheuchs in der „Arbeiter-Zeitung" – eine einzige Hommage auf Julius Raab, was bei der Hauptautorenschaft Ludwig Steiners (von der Redaktion gelegentlich als „Rudolf" Steiner geführt) – nicht überraschen konnte. Folgt man Steiner, so waren einerseits ausschließlich Raabs frühes und konsequentes Festhalten an der Neutralität sowie sein „neues" Verhältnis zur Sowjetunion, beides gegen den Willen des Koalitionspartners, die Meilensteine auf dem Weg zum Staatsvertrag. „Sicherlich gibt es in der Politik keine Wunder, und wenn am Ende eines langen, leidvollen Weges in der Politik der Erfolg steht, so ist meist nicht nur eine Sternstunde die Ursache. Wenn eine Sternstunde genützt werden kann, so nur, weil ihr mühsame Arbeit und Opfer vorausgegangen sind. Das Erkennen des richtigen Zeitpunktes und der mutige Schritt zum Wagnis zeigt eben die glückliche Hand des großen Staatsmannes."[129] Daß Figl für sein Wegverhandeln der österreichischen Kriegsteilnahme aus der Präambel des Staatsvertrages Lob gezollt wurde, verstand sich von selbst und war kein Spezifikum der „Südost-Tagepost"[130].

Bemerkenswert, und für die hier untersuchte diesbezügliche Publizistik einmalig, war ein Artikel Harbichs, der auf das unterschiedliche Erleben der Besatzung und somit auf die unterschiedliche Relevanz des Staatsvertrages in West- und in Ostösterreich aufmerksam machte: Im Osten galten die Sowjets als Besatzer, im Westen waren die fremden Soldaten „eher (..) Schutz in einer unruhigen Welt des kalten Krieges" und Konsumenten. Mit der Neutralität „wußte im Grunde genommen kaum jemand etwas anzufangen."[131]

Eine Lanze für die (vorerst) gezwungene Kriegs- und (nachher) freiwillige Wiederaufbaugeneration brach Chefredakteur Sperl zwei Jahre später. Diese hätte nämlich den Staat neu aufgebaut „und für die Jüngeren eine materielle, im Endeffekt friedliche Basis"[132] geschaffen.

Wenig von feierlicher, aber um so mehr von nachdenklicher Stimmung – eine Pose, in der sich die Steirische Volkspartei immer sehr gut gefiel – war anläßlich der Staatsvertragfeierlichkeiten 1985 zu vernehmen. Kurt Jungwirth konstatierte – unter Verkennung des ironischen Inhaltes des Liedes „Fürstenfeld" – „eine Tendenz zur neuen Enge, die nicht zum Glück führen muß. (...) Heimat ist jedenfalls nicht Enge, sondern Tiefe", ohne auf dessen völkische Herkunft und das geistige Copyright Hanns Korens anzugeben. „Enge schafft bloß Angst. Geborgenheit kommt aus der Tiefe."[133] Acht Autoren versammelte das Blatt wenig später zum „Nachdenken über Österreich", keine – so die redaktionelle Einleitung – „Nabelschau (...) zum 30jährigen Jubiläum des Staatsvertrages", sondern eine kritische Bewertung und eine Vorausschau. Katharina Cortolezis bemängelte die noch immer nicht realisierte Gleichstellung der Frauen und deren derzeit schlechte Situation am Arbeitsmarkt[134]. Wilfried Daim kritisierte zum einem harsch die Regierungsbeteiligung der FPÖ[135] und betonte, daß die Demokratie in Österreich unumstritten sei, sei vor allem ein Verdienst der Amerikaner. Der Chemiker Helmut Hönig listete eine Latte an damals akutellen „GEHT NICHT" auf[136], und der damalige Pressereferent der Steirischen Volkspartei, Peter Bermann, konstatierte, daß sich seit 1968 auf demokratiepoltischem Gebiet kaum etwas getan habe[137]. Trotz aller Kritik an österreichischen Verkrustungen stellte Hansjörg Lenz die – rhetorische – Frage, in wie vielen Ländern es funktionierende Gemeinwesen, es eine in vielen Bereichen funktionierende Demokratie und Bewegungsfreiheit gäbe[138]. Um dem „Gefühl der Ohnmacht vieler" entgegenzuarbeiten, empfahl Robert Lotter ein „partizipatorisches Demokratiemodell"[139] vor allem auf regionaler Ebene und Stefan Pavetich machte auf die zunehmend schlechter werdende Lage der kroatischen Volksgruppe aufmerksam[140]. Ausgehend von den Ereignissen in der Stopfenreuther Au im Winter 1984 malte sich der Grazer Jurist Peter J. Schick persiflierend das (Horror)Szenario Österreich 1995, beherrscht vom guten Gewissen, aus[141].

So wie die SPÖ in ihrer Parteizeitung versuchte auch die Volkspartei den im kollektiven Bewußtsein positiv besetzten Staatsvertrag (und in dessen Gefolge die ebenfalls positiv besetzte Neutralität) in erster Linie in der Person Raabs parteipolitisch für sich zu reklamieren. Zu betonen bleibt aber, daß erstens verstärkt die internationale Konstellation berücksichtigt und zweitens der Alleinvertretungsanspruch nicht dermaßen massiv reklamiert wurde. Interessant ist, daß mit dem Verlust der Regierung(sbeteiligung) auf Gesamtstaatsebene zunehmend die Zusammenarbeit als Erfolgsgeheimnis betont und die Perspektive vermehrt auf das Bundesland Steiermark – inklusive der Betonung, was dieses Land (und somit die Volkspartei) für den Staat geleistet habe – reduziert wurde, was schließlich 1985 – im Zeichen der ungeliebten und auf parlamentarischer Ebene dementsprechend bekämpften Kleinen Koalition – zu einer alles in allem sehr negativen Bestandsaufnahme führte. Was an der Kommentierung der „Südost-Tagespost" im Gegensatz zu „Kurier" und AZ nachhaltig auffällt, sind die massiven Wendungen gegen Jugoslawien und – man ist versucht, selbstverständlich zu sagen – wiederum die Avancen mittels Mitleidsdiskurses den ehemaligen Nationalsozialisten gegenüber.

16.4. Zusammenfassung

Ein Motiv durchzieht alle der insgesamt sieben untersuchten Tageszeitungen[142]: Die Unterzeichnung des Staatsvertrages war das historische Moment der – mit unterschiedlichen Betonungen – endgültigen Freiheit des Landes, indem er dem Zustand der siebzehnjährigen Unfreiheit ein Ende setzte. Pointiert formuliert könnte man es auf den Begriff bringen, daß Österreich in diesen Jahren zu „Opferreich" umbenannt wurde. Zu betonen ist in diesem Zusammenhang, daß dieser Begriff der undifferenzierten Unfreiheit vor allem in den „Salzburger Nachrichten" und in der „Neuen Kronen Zeitung" teilweise dermaßen verzerrt wurde, daß der Eindruck entsteht, erst 1945 sei Österreich seiner Freiheit beraubt worden. Auf ebenfalls – sofern thematisiert – ungeteilte Zustimmung stieß die Streichung der österreichischen Mitverantwortung aus der Präambel des Staatsvertrages. Bemerkenswert scheint weiters, wie sehr „Salzburger Nachrichten", „Kleine Zeitung", die „Kronen Zeitung" und die „Südost-Tagespost" den Abschluß des Staatsvertrages in einem historischen Kontext mit der Entnazifizierung und dementsprechender Stilisierung der „Entnazifizierungsopfer" brachten. Hierbei sind wiederum die NKZ und „Die Presse" hervorzuheben, die den kollektiven Opferstatuts mit 1918 beginnen ließen. Diese „endgültige Befreiung" wurde auch in den nicht parteipolitisch orientierten Blättern als gerechter Lohn für das österreichische Kollektiv oder – wie im Falle der SN und der „Kleinen Zeitung" – als Wiedergutmachung des an Österreich verübten Unrechtes gedeutet. Hier hoben sich – wie ausführlich gezeigt werden konnte – „Arbeiter-Zeitung" und „Südost-Tagespost" sehr deutlich ab, die den Abschluß des Staatsvertrages (und in diesem Kontext auch Wiederaufbau und Neutralität(sgedanken)) ausschließlich für die eigene Partei reklamierten. Die Berücksichtigung von außenpolitischen Faktoren, die den Abschluß behinderten und schließlich förderten, trat, sieht man vom „Kurier" ab, deutlich in den Hintergrund. Bemerkenswert war in diesem Zusammenhang „Die Presse", die die ursprüngliche Deutung des 15. Mai 1955 als Verdienst aller Österreicher in den sechziger Jahren zunehmend zum ausschließlichen Glücksfall der internationalen Lage umdeutete. Bemerkenswert ist schließlich noch der debattierte zeitliche Horizont beziehungsweise die eingeführte historische Verknüpfung: es waren dies nicht die Jahre 1938 bis 1945 sondern das Jahrzehnt nach 1945.

Anmerkungen

1 „Zehn Jahre haben wir auf diesen Staatsvertrag gewartet, auf den Abzug der Besatzungstruppen, auf die Freiheit, auf die Möglichkeit, wieder Herr im eigenen Haus zu sein."
Portisch: Blick nach vorn. 14. Mai 1955.

2 Cato: Angst vor der eigenen Courage? 13. Mai 1955.

3 Portisch, Blick nach vorn, a.a.O.

4 Ebda.
Siehe in diesem Zusammenhang auch die Kolumne von O. S.: Verpflichtendes Erbe. 17. Mai 1955, in der der Kommentator das geringe Budget des Bundesdenkmalamtes unter Hinweis auf die Wichtigkeit von Denkmälern und Fremdenverkehr im Zusammenhang mit der österreichischen Wirtschaft kritisierte.

5 Portisch: Zehn Jahre Staatsvertrag. 15. Mai 1965.

6 „Der große Gegensatz zwischen West und Ost begann sich bald (...) abzuzeichnen. Die Weltmächte, insbesondere die Sowjetunion unter Stalins Führung zeigten wenig Bereitschaft, die Fronten, so wie sie der Kriegsverlauf herbeigeführt hatte, zurückzunehmen."
Ebda.

7 Ebda.

8 N. N.: Vor 10 Jahren. 15. Mai 1965.

9 Knapp: Um 20 Jahre klüger? 12. Mai 1975.

10 Payrleitner: Geplanter Pallawatsch. 14. Mai 1975.

11 Portisch: Freiheit kein Geschenk. 15. Mai 1975.

12 „Doch es gibt Ereignisse, die aus dem Bewußtsein einer Nation nicht verdrängt werden sollten, denn sie sind nur scheinbar zu unveränderlichen Tatsachen geworden. Die Unterzeichnung des Staatsvertrages am 15. Mai 1955 ist ein solches Ereignis."
Ebda.

13 „Kollaborateure und Opportunisten fanden sich in allen Regierungen Osteuropas. Nicht in Österreich. Renner, Figl, Schärf, Raab, Körner und viele andere zogen die Konsequenz aus Österreichs jüngster Geschichte, begruben alle Differenzen und traten den Besatzungsmächten in einer einzigen geschlossenen Front entgegen. Die Österreicher aber folgten ihren Politikern mit mindestens ebensoviel Mut. (...) Das Volk des angeblichen ,Herr Karls' hungerte lieber, als sich für einen Sack Erdäpfel dem Kommunismus zu verschreiben, und sprach seine Meinung nicht nur im Schutz der Wahlzellen, sondern zehn Jahre lang auch gegenüber Ortskommandanten und Militärpolizisten offen und mutig aus."
Ebda.

14 Ebda.
Anders deutete ein namentlich nicht gezeichneter Bericht unter Berufung auf Gerald Stourzh die sowjetische Intention, nämlich Österreich als neutraler Keil zwischen den NATO-Ländern Italien und Deutschland.
N. N.: Der Staatsvertrag hat viele Väter. 15. Mai 1975.

15 Portisch, Zehn Jahre Staatsvertrag, a.a.O.

16 Portisch, Freiheit kein Geschenk, a.a.O.

17 Feichtlbauer: Zwei Drittel kennen die Freiheit nicht. 16. Mai 1978.

18 Hinzuweisen ist in diesem Zusammenhang darauf, daß die jeweiligen Staatsvertragsfeierlichkeiten bis dahin sehr wohl ein Thema der Berichterstattung, nicht jedoch der Kommentierung waren.

19 Rau: Zeitgeschichte. 4. Mai 1980.

20   Andics: Milliarden für das „Deutsche Eigentum". 9. Mai 1980 sowie Andics: Wer hat Österreichs Neutralität erfunden? 10. Mai 1980.

21   Siehe Andics: „Unabhängiges Österreich – ein Gefahrenherd!" 5. Mai 1980.

22   Andics: Die Wahrheit über die Moskauer Deklaration. 6. Mai 1980.

23   „Der Westen wollte Italien, seinen präsumtiven Verbündeten, nicht auch noch diesen Tiefschlag versetzen. Unter sowjetischem Druck mußte Italien ohnehin schon Istrien und große Teile von Krain an Tito-Jugoslawien abtreten. In der Südtirol-Frage wurde Österreich jedenfalls wieder einmal ‚höheren' Interessen der Großmächte geopfert. (...) Die französische Regierung schloß sich den US-Generälen an. Wieder einmal hatte sich die traurige Erfahrung bestätigt. Wo immer ein weltpolitischer Ziegelstein vom Dach fiel, er traf Österreich auf dem Kopf. Der ‚Kalte Krieg' war in vollem Gang."
Andics: Die Front gegen die „Vier im Jeep". 8. Mai 1980.

24   Andics: An der Front des „Kalten Krieges". 7. Mai 1980 sowie Andics, Wer hat Österreichs Neutralität erfunden, a.a.O.

25   Andics, An der Front des „Kalten Kriegs", a.a.O.

26   Andics: Ende gut, alles gut im Wiener Belvedere. 12. Mai 1980.

27   Siehe Pesata: Es begann mit dem Abzug des letzten Soldaten. 14. Mai 1985.

28   N. N.: Die Erben der Staatsvertrags-Väter. 15. Mai 1980.

29   Siehe N. N.: Ihr Beitrag zur Befreiung Österreichs. 15. Mai 1980.

30   „Und was wir Österreicher aus dem Staatsvertrag lernen können – und nicht nur wir. Etwa: Daß sich geduldiges Verhandeln, auch in aussichtslos scheinender Situation als unumgängliche Voraussetzung in internationalen Streitfragen erwiesen hat. Oder: Daß auch ein kleines Volk die machtpolitischen Konzepte von Großmächten verändern kann, wenn es nur in unerbittlicher Solidarität zusammensteht."
Nußbaumer: Der Glücksfall Österreich. 15. Mai 1980.

31   Ebda.

32   Feichtlbauer: Garantiert ist uns überhaupt nichts. 16. Mai 1980.

33   Pauli: Schneller Endspurt in die Freiheit. 13. Mai 1985.

34   Pauli: Feilschen um den Preis der Freiheit. 10. Mai 1985.

35   Pauli: Die Russen wollen plötzlich bleiben. 11. Mai 1985.

36   Ermacora: Leopold Figl und die Neutralität. 11. Mai 1985 sowie Rauscher: Costa Rica und der Staatsvertrag. 15. Mai 1985.

37   „Sofort nach Ende des Zweiten Weltkriegs wurden die politischen und wirtschaftlichen Weichen für den Erfolgskurs Österreichs gestellt. (...) Nach der Weltwirtschaftsflaute ab 1972 plagen uns heute allerdings schwere wirtschaftliche Probleme, Stichwort Arbeitslosigkeit, mangelnder Strukturwandel, finanzschwache Betriebe, zu geringer Export, angespanntes Budget. Und neben der brisanten Umweltproblematik müssen wir auch mit der eigenen Zukunftsangst fertig werden."
N. N.: „Die Leute wären 1945 wohl vor Glück explodiert". 13. Mai 1985.

38   Verwiesen sei auf den wiederholt in anderen Längsschnitten belegten Umstand, daß historisches Gedenken im „Kurier" dafür verwendet wurde, eine kritische Gegenwartsanalyse vorzunehmen.

39   Leitgeb: Was unsere Politiker zum Staatsjubiläum lernen sollten. 12. Mai 1985 sowie Pauli: 30 Jahre danach. 16. Mai 1985.

40   Rauchensteiner: „Österreich" II und Julius Raab. 14. Mai 1985.

41   N. N.: „Wie haben Sie den Tag der Freiheit erlebt?". 12. Mai 1985 sowie Rauchensteiner, „Österreich II" und Julius Raab, a.a.O. und Wagner: Österreich – eine uralte Kontinuität. 18. Mai 1985, der den Nationswerdungsprozeß zeitlich weit „großzügiger" handhabe.

42   Pauli: Österreich – nur Opfer oder auch Mittäter? 15. Mai 1986.

43 Rauscher: Bewaffnete Neutralität: Der Kompromiß für alle. 15. Mai 1990.
44 Möglicherweise hing dies mit der ablehnenden Haltung von Teilen der SPÖ einem EG-Beitritt unter wiederholtem Hinweis auf den Neutralitätsstatus zusammen.
45 Rauscher: Neutralität: Der Preis für unsere Freiheit. 13. Mai 1990 sowie Rauscher: Staatsvertrag als „frühe Perestroika". 14. Mai 1990.
46 Siehe Rauscher: Staatsvertrag, Neutralität, Landesverteidigung. 16. Mai 1990.
47 „Waun die Väter des Staatsvertrags vor 35 Jahren so g'stritten hätten wie die heutigen Politiker, wär' Österreich nie a freier Staat worden." Weinstein: o. T.. 16. Mai 1990.
48 O. P.: Heute ist der Tag der Fahnen. 15. Mai 1955.
49 KHS.: Der Tag der Freiheit. 17. Mai 1955.
50 Austriacus: Verscheuchte Gespenster. 18.Mai 1955.
51 J. S.: Vor einem Jahr. 16. Mai 1956.
52 Siehe N. N.: Was ist aus ihnen geworden? 15. Mai 1960.
53 N. N.: Der Weg zum Staatsvertrag. 15. Mai 1960.
54 F. K.: Das verflixte siebente Jahr – überstanden. 15. Mai 1962.
55 Kreuzer: Ins zehnte Jahr. 16. Mai 1964.
56 Pfitzner: 600 Jahre. 8. Mai 1985.
57 N. N.: Die „großen Vier" wieder in Wien. 13. Mai 1965.
58 „Besondere Schwierigkeiten bereitete die Frage des sogenannten ‚deutschen Eigentums'. (...) Die sowjetischen Vorschläge sahen die Schaffung gemischter österreichisch-sowjetischer Gesellschaften (...) vor; sie hätten der Sowjetunion eine dauernde Kontrolle über die österreichische Wirtschaft gesichert. Dieser Versuch scheiterte am Widerstand des damaligen Vizekanzlers Dr. Schärf. (...) Nach Wiederaufnahme der Sitzung, die zwecks interner Beratung der österreichischen Delegation unterbrochen worden war, schlug die österreichische Delegation den Neutralitätspassus vor, der dann auch im Moskauer Memorandum Aufnahme gefunden hat. Weitaus schwieriger gestalteten sich die Verhandlungen über wirtschaftliche Fragen. (...) Schärf widersetzte sich dem [einen Truppenabzug innerhalb von 18 Monaten] und verlangte, daß in Moskau keinerlei Verschlechterungen des bisherigen Vertrages akzeptiert würden." Kreisky: Der Weg zum österreichischen Staatsvertrag. 14. Mai 1965.
59 Scheu: Wiedersehen im Belvedere. 15. Mai 1965.
60 Marek: Die Wurzeln des 15. Mai 1955. 15. Mai 1965.
61 Scheu, Wiedersehen im Belvedere, a.a.O.
62 „Die Politik der Eindämmung des Kommunismus, die Politik des Containment, hatte allmählich Erfolg gebracht, und die neuen Männer, die nach dem Tod Stalins für die Politik der Sowjetunion verantwortlich waren, waren sich dieser Tatsache bewußt geworden." Mit dem Abschluß des Staatsvertrages sollte „ein weithin sichtbarer Akt der Beendigung der stalinistischen Außenpolitik gesetzt werden. (...) Es war Chrustschew – und ich folge seiner Darstellung – wichtiger, ein weithin sichtbares Zeichen seiner Verhandlungsbereitschaft zu zeigen, als an militärischen Position von geringer Bedeutung festzuhalten." Kreisky, Der Weg zum österreichischen Staatsvertrag, a.a.O.
63 Probst: Weiterarbeiten für Wien. 15. Mai 1971.
64 Scheuch: Es war kein Geschenk. 15. Mai 1975.
65 N. N.: Sternstunde für Österreichs Freiheit. 15. Mai 1975.
66 Die Serie wurde von den beiden NZ-Journalisten Josef Riedler und Helmut Griess verfaßt.
67 Riedler, Griess: Rudolf Kirchschläger erzählt: So kam es zum Staatsvertrag. 12. Mai 1980 sowie Riedler, Griess: Sogar im Prater wurde verhandelt. 16. Mai 1980.

68 Riedler, Griess, Rudolf Kirchschläger erzählt: So kam es zum Staatsvertrag, a.a.O.
69 Riedler, Griess: Alle haben ein wenig gepokert. 13. Mai 1980.
70 Das unterlegt allein schon die graphische Gestaltung, sind doch die drei Jahreszahlen mit rot-weiß-rot unterlegt und verlaufen die rot-weiß-roten Streifen gleich den drei (sozialistischen) Pfeilen.
71 Scheuch: Die Stunde der Wiedergeburt. 19. Mai 1980.
72 Scheuch: Der Westen war mißtrauisch. 20. Mai 1980.
73 Scheuch: Die Schicksalswahl im November. 22. Mai 1980.
74 „Wenn in dieser Serie der Abwehr der Kommunisten durch die große Mehrheit der Bevölkerung so großer Raum gewidmet wird, so deshalb, weil dies wohl im ursächlichen Zusammenhang damit steht, daß Österreich schließlich als der große ‚Sonderfall' seine volle Freiheit erlangen konnte. Wenn die KP in Österreich stärkeren Zulauf erhalten hätte, wäre die Geschichte der Zweiten Republik wahrscheinlich anders verlaufen."
    Scheuch: Die heißen Oktobertage 1950. 30.Mai 1980.
75 Siehe Scheuch: Die verhinderte „Einheitsfront". 29. Mai 1980.
76 Scheuch, Die Schicksalswahl im November, a.a.O.
77 Siehe Scheuch: Kommunisten in Reservestellung. 28. Mai 1980.
78 Siehe Scheuch, Die verhinderte „Einheitsfront", a.a.O.
79 Scheuch, Die heißen Oktobertage 1950, a.a.O.
80 „Man kann sagen, daß die Verstaatlichung – trotz mancher Anfeindungen von bürgerlicher Seite – vorrangig zu jenen Phänomenen gehörte, die Österreichs neue Einheit schmiedeten."
    Scheuch: Harte Nuß: Deutsches Eigentum. 23. Mai 1980 sowie Scheuch: Verstaatlicht – für Österreich. 24. Mai 1980.
81 „Schon im Jänner 1946 meinten amerikanische Regierungsstellen, daß die Alliierten die große Enttäuschung, die sie Österreich durch die Ablehnung der Rückkehr Südtirols bereiten würden, durch einen baldigen Abschluß eines Vertrages wettmachen sollten. Schon Karl Renner hatte diesen Wunsch Österreichs unmißverständlich Ausdruck gegeben und am 20. März 1946 nahm Karl Seitz im Parlament den Vermerk, daß das dort behandelte Lebensmittelanforderungsgesetz erst mit Genehmigung des Alliierten Rates in Kraft treten könne, zum Anlaß eines eindeutigen Appells an die Alliierten."
    Scheuch: Langer Weg zum Staatsvertrag. 2. Juni 1980.
82 Scheuch: Neutralität – eine Wende. 4. Juni 1980.
83 Scheuch: Der Weg zum 1. März 1970. 8. Juni 1980.
84 Zu verweisen ist in diesem Zusammenhang auf Tod Figls im Mai 1965. In einem Gedenkartikel wurde explizit auf dessen distanzierte Haltung dem „Ständestaat" gegenüber verwiesen.
    N. N.: Er war von Anfang an dabei. 11. Mai 1965.
85 „Aber auch die verantwortlichen Männer in der ÖVP zeigten sich der Situation voll gewachsen. Sie verzichteten darauf, ihren Wahlsieg so zu nutzen, wie dies im parlamentarischen System das Normale ist, und beschlossen gemeinsam mit den anderen Parteien das der alles andere als normalen Situation des Staates Entsprechende: die Bildung einer Allparteienregierung. (...) Der ‚Geist der Lagerstraße' (...) erlebte seine große Bewährungsprobe. Das war nach den Ereignissen des Jahres 1934, die für die Politiker des Jahres 1945 keine Vergangenheit, sondern hautnah erlebt und erlitten waren, keineswegs selbstverständlich."
    Scheuch, Die Schicksalswahl im November, a.a.O.
86 „Österreichs Weg von der Befreiung zur Freiheit wäre nicht möglich gewesen ohne den Konsens der beiden großen Parteien und ihre Zusammenarbeit in der Koaliti-

onsregierung. (...) Zur Voraussetzung, daß sie dennoch möglich war, gehörte die bittere Erfahrung der Hitler-Diktatur. Der gemeinsam in den Konzentrationslagern des Dritten Reiches erfahrende Schrecken, der Widerstand gegen den Nazismus, das Bekenntnis zu einem wiedererstandenen freien Österreich hatten die schmerzlichen Erfahrungen des Jahres 1934 zwar keineswegs vergessen lassen, doch war man sich bewußt, daß das Gemeinsame nun größer sein mußte als das Trennende (...). Den Sozialisten konnte man nach den Erfahrungen des Jahres 1934 Vorbehalte nicht verdenken, mußten sie doch, wie es später einmal, viel später, Bruno Kreisky ausdrückte, als jene, die Schläge erhalten hatten, diese ganz anders in Erinnerung haben als die, die sie zählten." Scheuch: 20 Jahre Große Koalition. 6. Juni 1980.

87 „Allerdings war das Abkommen unglücklicherweise so unklar gehalten, daß Italien die Autonomie an Südtirol zusammen mit dem Trentino gewähren konnte. Daraus ergab sich jahrelanger Konfliktstoff." Scheuch: Südtirol und Kärnten. 31. Mai 1980.

88 Scheuch: Aus Renners Brief an Stalin. 19. Mai 1980.

89 Scheuch, Der Weg zum 1. März 1970, a.a.O.

90 Siehe Scheuch: Hoffnung. 14. Mai 1980 sowie Scheuch: Ermutigung. 16. Mai 1980.

91 Scheuch: Geschichte. 13. Mai 1980.

92 „Als Sozialisten wollen wir an diesem Tag aber auch anmerken, daß für diese 1955 Geborenen, seitdem sie politisch zu denken begannen, selbstverständlich war, daß die SPÖ die Verantwortung im Staat getragen hat. Und daß dies in einer Weise geschehen ist, die, nehmt alles nur in allem, der großen Masse der Menschen diente, darf auch an einem Jubiläumstag ausgesprochen werden." Scheuch: So alt wie er Staatsvertrag. 15. Mai 1985.

93 Scheuch: Das Treffen. 11./12. Mai 1985.

94 Scheuch: Die Säulen. 14. Mai 1985.

95 Kreisky: Der Staatsvertrag als Beispiel. 15. Mai 1985.

96 A.: Es ist so weit! 13. Mai 1955.

97 Car.: Neutralität. 14. Mai 1955.

98 N. N.: Wo Österreichs Freiheit besiegelt wird. 15. Mai 1955.

99 N. N.: Vor zwei Jahren. 15. Mai 1957.

100 K.A.B.: Artikel VII. 14. Mai 1957.

101 Für den Verfasser scheint dieser Artikel geradezu typisch für „Das Steirerblatt" beziehungsweise die „Südost-Tagespost". Einerseits gilt es die bisher dokumentierten mehr oder weniger unverblümten deutschnationalen Avancen in Erinnerung zu rufen, andererseits war dieses Blatt dasjenige, daß das Thema Slowenen, Abwehrkampf und Volksabstimmung in Kärnten 1920 unter den im Rahmen dieser Arbeit analysierten Tageszeitungen in Bericht- oder Kommentarform am häufigsten erwähnte. Die Formulierung, geschehenes „Unrecht gibt Anspruch auf Wiedergutmachung, nicht aber auf dauernde rechtliche Ausnahmestellung" (ebda) kann in diesem Rahmen – sofern dieser Topos erwähnt wurde – als repräsentativ bezeichnet werden.

102 -l.: Der 15. Mai. 14. Mai 1959.

103 N. N.: Fünf Jahre frei. 14. Mai 1960.

104 Raabs „neue Taktik (...) zeigte auch bald die ersten Erfolge. (...) Raab verstand es zu verhandeln. Streng und selbstbewußt, nie ohne Humor, wußte er sich Achtung zu verschaffen. (...) Am 14. Mai kam es zu einer Konferenz der Außenminister, bei der es Ing. Figl noch gelang, den Kriegsschuldklausel aus der Präambel zu streichen. (...) Bundeskanzler Raab und Außenminister Figl wurden auf dem Platz vor dem Dom stürmisch gefeiert." Ebda.

105   Ebda.

106   Gorbach, Withalm: Österreicherinnen und Österreicher! 15. Mai 1960.

107   Kaufmann: Goldene Jahre. 14. Mai 1963.

108   Siehe Vucko: Zuviel Gulasch. 29. April 1965.

109   H. S.: Gedenktage mahnen zur Wachsamkeit. 15. Mai 1965.

110   „Als Neunzehnjähriger wurde ihm im ersten Weltkrieg das rechte Bein abgeschossen, er hat den Zusammenbruch 1918 erlebt und den 1938, er hat gekämpft und gelitten, aber er hat, als er aus dem Konzentrationslager heimkehrte zur Versöhnung aller von links nach rechts aufgerufen und zur Vergatterung geblasen, damit das Vaterland so aufgebaut werden konnte, wie wir es heute vor uns haben und erhalten wollen." Koren: Die Idee. 16. Mai 1965.

111   Ebda.

112   SPEKTATOR: Gründung vor 25 Jahren. 16. Mai 1970.

113   D. H.: Freundliche TASS. 14. Mai 1972.

114   Siehe Alwa: Eine Unverfrorenheit. 15. Mai 1975.

115   Siehe Harbich: Verfehlter Pomp. 17. Mai 1975.

116   Schuster: Zwischen Figl-Charme und Raab-Strategie. 15. Mai 1975.

117   Siehe Pölzl: Der Export als Lebensbasis. 17. Mai 1975. Kopetz: Hat die Landwirtschaft ihre Aufgabe erfüllt? 17. Mai 1975. Eder: 30 Jahre österreichische Milchwirtschaft. 17. Mai 1975.

118   Siehe Wegart: Der ÖAAB – ein politischer Faktor. 17. Mai 1975. Dorfer: Mit Blick auf die Zukunft – der Gegenwart verpflichtet. 17. Mai 1975. Riegler: Steirischer Bauernbund im Dienste Österreichs. 17. Mai 1975.

119   Niederl: 20 Jahre österreichischer Staatsvertrag – Aus den Erfahrungen lernen! 17. Mai 1975.

120   Koren: Ohne Geschichte verliert das Volk seine Identität. 17. Mai 1975.

121   Siehe N. N.: Vor 35 Jahren wurde die ÖVP gegründet. 18. April 1980.

122   Siehe N. N.: 35 Jahre 2. Republik. 18. April 1980.

123   Niederl: Aufbau in Zusammenarbeit. 18. April 1980 sowie N. N.: Österreichs schwerer Weg zur Freiheit. 18. April 1980, N. N.: Vor 35 Jahren wurde die ÖVP gegründet, a.a.O. N. N., 35 Jahre 2. Republik, a.a.O. und N. N.: Große Weltpolitik, Staatsakt und ein Volksfest für die Wiener. 17. Mai 1980.

124   N. N.: Die größte Menschenjagd der Geschichte. 18. April 1980.

125   Siehe N. N.: Vor 25 Jahren in Moskau: SPOe droht mit Abreise wegen der Neutralität. 20. April 1980.

126   Steiner: Folge VI: Die vier Kernpunkte. 4. Mai 1980 sowie Steiner: Folge V: Raabs Schweizer Vorbild. 1. Mai 1980 und Steiner: Folge VII: Auftakt und Konflikt. 7. Mai 1980.

127   Siehe Heindl: Folge I: Die Vorgeschichte. 26. April 1980.

128   Siehe Steiner: Folge III: Die Hindernisse. 29. April 1980 sowie Steiner: Folge IV: Das Mißtrauen. 30. April 1980 und Heindl, Folge I: Die Vorgeschichte, a.a.O.

129   Steiner: Folge II: Flug nach Moskau. 27. April 1980.

130   Siehe Bock: Folge X: Die Folgen. 13.Mai 1980.

131   Habrich: Oesterreich ist frei! 15. Mai 1980.

132   Sperl: Junge und alte Kameraden. 16. Mai 1982.

133   Jungwirth: Allen Ernstes ist Österreich unersetzlich. 14. Mai 1985.

134   Cortolezis: Die Frauen sind bedroht. 16. Mai 1985.

135   Daß „dieses Lager nur Negatives diesem Staat bescherte und zur Demokratie in diesem Staat schon gar nichts beitrug, darf wohl als bekannt vorausgesetzt werden." Daim: Die Korken schwimmen auf bewegtem Wasser. 16. Mai 1985.

136 Hönig: Aus selbstgemachten Problemen ausbrechen. 16. Mai 1985.
137 Bermann: Das Aquarell verfeinern. 16. Mai 1985.
138 Lenz: Genug Brot, keine Spiele. 16. Mai 1985.
139 Lotter: Regionen eigenständig. 16. Mai 1985.
140 Pavetich: Wachsender Schatten. 16. Mai 1985.
141 Schick: Utopische Besinnung. 16. Mai 1985.
142 Zu „Salzburger Nachrichten", „Die Presse", „Kleine Zeitung" und „Neue Kronen Zeitung" siehe Wassermann, Gepresste Geschichte, a.a.O., S. 306-325.

17. Zusammenfassung

„Nein, hierzulande wird die Vergangenheit nicht beweint. Was die Medien zu runden Jahrestagen produzieren, hinterläßt bestenfalls Sentimentalität bei denen, die das Geschehen der Vergangenheit als Täter, Mittäter oder schweigende Zuseher mitgetragen haben. Hierzulande ist die Vergangenheit noch nie Quelle der kollektiven Reue gewesen. Sie dient vielmehr als nie versiegende Quelle des nationalen Selbstmitleides."[1] Dieser, unter dem Eindruck der Debatte über Kurt Waldheims (Kriegs-)Vergangenheit aufgestellte, „gnadenlose" Befund Maximilian Gottschlichs soll in diesem zusammenfassenden Abschnitt als Analysevorgabe dienen.

Besieht man sich die im personenzentrierten Ansatz analysierten „Fälle", so wurde bis Waldheim der Verweigerungsdiskurs teilweise nur an einer Stelle nachhaltiger, wenn auch nur partiell durchbrochen. Es war dies die Kommentierung von Friedrich Peters Avancen auf das Amt des 3. Präsidenten zum österreichischen Nationalrat. Die übrigen „Fälle" zeichnen sich vor allem dadurch aus, daß die jeweilige Diskussion über individuelle Vergangenheiten zurückgewiesen wurde – wenngleich sie in den Tageszeitungen abgeführt wurde. Ausgehend davon kann es keineswegs überraschen, daß der „Sprung" von der Erwähnung individueller auf die Ebene der kollektiven Vergangenheit nicht nur nicht zurückgewiesen wurde, sondern zumeist überhaupt unterblieb. Das Höchstmaß an historisch orientierter und fundierter Argumentation war in den Fällen festzustellen, wo der SPÖ mit teilweise nicht wenig Häme vorgehalten wurde, nun habe es sie und die von ihr praktizierte Methode des Vorhaltens von NS-Vergangenheiten „erwischt", was soviel bedeutet, daß auch, recte: vor allem, die Jahre nach 1945 in den historischen Diskurs miteinbezogen wurden. Um es pointiert zu formulieren: Der Nationalsozialismus ist in diesen Argumentationen nicht zwischen 1933 (1938) und 1945, sondern *nach* 1945 historisch verortet. Diese Geschichtslosigkeit (beziehungsweise seltsam anmutende historische Zuordnung) findet auch dahingehend ihren prägenden Ausdruck, daß – auch im „Fall" Frischenschlager-Reder – der Diskurs zumeist auf einer – politisch verorteten – Gegenwartsanalyse unter Aussparung der Vergangenheit abgeführt wurde.

Die Debatte um die „Heimholung" Walter Reders im Jänner 1985 kann im personenzentrierten Ansatz mehr oder weniger nachhaltig als „Wasserscheide" im historisch-medialen Diskurs angesehen werden. Auf der einen Seite positionierten sich Blätter wie „Salzburger Nachrichten", „Kurier" und (teilweise) „Kleinen Zeitung" und „Arbeiter-Zeitung", wo die Blattlinie(n) nicht mehr bloß im Gegenwartsdiskurs verharrten und die – teilweise zumin-

542

dest – auch die Frage nach der kollektiven Vergangenheit stellten. Auf der anderen Seite verblieben „Die Presse", „Südost-Tagespost" und die „Neue Kronen Zeitung" in der Verweigerungshaltung, die auch bezüglich der Debatte über Kurt Waldheim und über Jörg Haider grosso modo so nachzuzeichnen ist. Sofern es den diesbezüglichen medialen Diskurs betrifft, ist somit für die hier untersuchte Medienlandschaft eine Spaltung zu konstatieren: Auf der einen Seite Tageszeitungen, die sich der Vergangenheitsdiskussion – ob gewollt oder ungewollt, sei dahingestellt – „stellten", und auf der anderen, die diesen Diskurs – wenngleich sie ihn mitführten – ablehnten, wobei hierbei die NKZ dies nicht nur am konsequentesten praktizierte, sondern sich am nachhaltigsten der NS-Apologie verschrieb. Freilich muß darauf verwiesen werden, daß diese zweigeteilte Medienlandschaft nicht so bruchlos und eindeutig war, wie es hier den Eindruck erwecken mag. Besonders bei der „Arbeiter-Zeitung" muß darauf hingewiesen werden, daß hinter deren medialer Produktion zum einen innerhalb der Redaktion divergierende Meinungen bereits in der Diskussion zur Bundespräsidentenwahl 1980 nachweisbar sind, auf der anderen Seite der mediale Diskurs durchaus parteipolitischen Vorgaben folgte beziehungsweise folgen konnte. Mit anderen Worten: Der für die Debatten der siebziger Jahre und auch 1983 und 1985 noch feststellbare Ablenkungsdiskurs der AZ konnte nach 1986 – da er ja den politischen Gegner betraf – mühelos umfunktioniert werden. Dieser Ablenkungsdiskurs bestand darin, in der medialen Gegenoffensive die publizistischen „Keulen" Austrofaschismus und „Bürgerblock" zu schwingen. Diesbezüglich war die redaktionelle Linie der „Südost-Tagespost" – wie auch die der Volkspartei auf parlamentarischer Ebene – einheitlicher und konsequenter. Diese signalisierte via Integrationsdiskurs, innerhalb der ÖVP könne es gar keine Diskussion über belastende Vergangenheiten geben, oder kurz: Die Volkspartei sei der bessere „Hafen" für ehemalige Nationalsozialisten.

Diese „Spaltung" der untersuchten Tagespresse zeigt sich teilweise auch in den fünf untersuchten Themen im ereigniszentrierten Ansatz. Sieht man von den Reaktionen auf die Serie „Die Juden in Österreich!" ab, die sich – abgesehen von der AZ und teilweise von „Kleine Zeitung" und „Die Presse" – treffend mit Nicht-Reaktionen beschreiben lassen, so zog sich erneut die – wenngleich wiederum nicht völlig durchgehende – oben analysierte „Trennlinie" fort.

Für die historischen Längsschnitte ist vorerst festzuhalten, daß das jeweilige quantitative Ausmaß, welches den einzelnen Daten eingeräumt wurde, für sich selbst spricht. Von den fünf Längsschnitten überragte der „Anschluß" die übrigen bei weitem, gefolgt von Kriegsende und Staatsvertrag. Im Gegensatz dazu erfuhren Kriegsbeginn und „Reichskristallnacht" wesentlich weniger Aufmerksamkeit. Hier spiegelt sich auch das Faktum des „Uns betraf es", nämlich sowohl „Anschluß" als auch „Kriegsende" als – alles in allem – negative historische Daten im Gegensatz zum Staatsvertrag als positiv besetzt historische Folie. Allen drei Daten ist gemeinsam, daß sie sich hervorragend zum Opferdiskurs eigneten, der – um Hans Rauscher sinngemäß zu zitieren – die österreichischen Österreicher in einem denkbar breiten, wenngleich keineswegs konsequenten Opferbegriff über Jahrzehnte hinweg nachhaltig ins Gedächtnis rief. Noch deutlicher zeigen sich im datenzentrierten Ansatz die – exemplarisch nachgezeichneten – unterschiedlichen Geschichtsbilder von SPÖ und ÖVP. War die ÖVP im personenzentrierten Ansatz zumeist in der politischen und publizistischen Defensive (obwohl sie bis 1986 die „Fälle" nicht (direkt) betrafen) und bestach dort die AZ nicht durch den Verweigerungs-, sondern durch den Ablenkungsdiskurs, so bestand vor allem bei der Thematisierung von „Anschluß" und Staatsvertrag der Diskurs durch (massive) Ausblendungen und Monopolisierungsbemühungen. Griff die SPÖ als Hort des Antifaschismus auf die Jahreszahlen 1933/1934 zurück und trachtete sie, den Staatsvertrag (und die Neutralität) für sich zu monopolisieren, so verwies die Volkspartei auf den Staatswiderstand des „Ständestaates" sowie – zumindest in der Nachkriegszeit – auf ihr durch die Konzentrationslager gegangenes antinazistisches Personal und versuchte unter Hinweis auf Raab und Figl ihrerseits den Staatsvertrag (weniger aber die Neutralität) für sich zu reklamieren. Hinzuweisen ist schließlich noch darauf, daß es im Geschichtsbild der Volkspartei in der ersten Nachkriegsjahren sehr wohl Hinweise auf den österreichischen Nationalsozialismus vor dem März 1938 als „„Anschluß' von innen" und von „unten"[2] nachweisbar sind, die weniger einen kollektiven Opferstatus Österreichs als einen Opferstatus der Austrofaschisten reklamierten.

Um auf den eingangs zitierten Kommunikationswissenschafter Maximilian Gottschlich zurückzukommen: Der mediale Diskurs hinterläßt ganz sicher keine Sentimentalitäten, sondern bei Tätern, Mittätern oder schweigenden Zusehern vielmehr das Bewußtsein, zumindest einmal Opfer gewesen zu sein, und sei es im Jahrzehnt zwischen 1945 und 1955. Hinzuweisen ist schließlich noch auf die quantitativen Frequenzen der historischen Längsschnitte: Waren diese, bis 1948 beziehungsweise 1950, großteils noch „Jahrestage" des veröffentlichten Erinnerns so verringte sich dieses zunehmend zur „Jubiläumsgeschichtsschreibung" einerseits und vergrößerten sich die Abstände zunehmend von Fünf- zu Zehnjahressprüngen.

Schule und Geschichtsbewußtsein

Sind somit im medialen Diskurs durchaus partielle Diskontinuitäten festzumachen, so werden diese – wie die einschlägigen qualitativen Analysen zeigten – ob des hohen Maßes an argumentativer Kontinuität im Schulbuchwesen „aufgehoben"[3].

Besonders in den unmittelbaren Nachkriegsjahren wurden Faschismus und Nationalsozialismus als *die* Antithesen zur demokratischen Zweiten Republik definiert. Dieses Konzept verlor im Laufe der Jahrzehnte an Gültigkeit und wurde zugunsten des totalitarismustheoretischen Ansatzes, in dem totalitär-autoritäre Systeme unter einen Hut gebracht wurden und als Antithesen fungieren, aufgegeben. Vorerst dominierte der „einebnende" Ansatz, der erst in den achtziger Jahren um den der Differenzierung erweitert wurde.

Was die Klassenein- und -verteilung betrifft, bleibt festzuhalten, daß Zeitgeschichte allgemein und somit auch Faschismus und Nationalsozialismus im besonderen, zeitlich zunehmend forciert wurden. Festzuhalten bleibt in diesem Zusammenhang die kontinuierliche Tradierung der Opferthese, die durchgehende Nichterwähnung des österreichischen Anteils am Nationalsozialismus sowie der sehr späte Hinweis auf die nationalsozialistischen Völker- und Massenmorde. Über Jahrzehnte hinweg – was übrigens bis in die Gegenwart nachvollziehbar ist – wurde und wird Nationalsozialismus in den Lehrplänen vor allem als außenpolitische Komponente unter starker Betonung des Krieges begriffen.

Eine Konstante der Lehrpläne ist der durchgehende Österreichbezug im Sinne eines positiven Österreichbewußtseins einer positiven Österreichidentifikation, was im Bereich der schultheoretischen Auf- und Ansätze sein Pendant fand.

Grundsätzlich finden sich explizite Hinweise auf Faschismus und Nationalsozialismus – sieht man von den Lehrplänen (wo man diese schwerlich ignorieren konnte) sowie den Buchempfehlungen (die mit Goldners „Emigration" begannen[4]) – einmal ab, sehr spärlich. Tauchen sie doch auf, dann vor allem aus der Perspektive des „und auch das haben wir zuerst erlitten und dann geschafft", dann vor allem aufgrund der „Rundheit" der Daten, unter dem „Dach" der Opferthese mit sehr starker Betonung des Traumas der Unfreiheit, vor allem der Unfreiheit zwischen 1945 und 1955, der Hervorhebung von Freiheits- und Widerstandsbewegungen und der Kollektivanstrengung des Wiederaufbaues[5].

Durch die Bank und durch die Jahrzehnte hindurch halten die Schulbücher neben der explizit oder implizit verwendeten Totalitarismustheorie an einer intentionalistischen Faschismusinterpretation fest. Faschismus/Nationalsozialismus sind Mussolini und Hitler, wobei letzterer noch durch Figuren wie Himmler, Goebbels oder Göhring ergänzt wird. Durch diese personelle Konzentration wird die Thematisierung von Nationalsozialismus zur sich über Seiten hinweg erstreckenden Kollektivapologie, die seine Proponenten und den „Führer" sehr tot und somit die Verantwortungs- und Schulfrage eindeutig beantwortet. Der personalisierte Monopolfaschismus namens Hitler läßt diesen als „braunen Tausendsassa" erscheinen, in dessen Person nicht nur alle

Fäden zusammenliefen, sondern der alle Fäden zielgerichtet zu bewegen wußte. Die Bücher suggerieren ein Bild des „Hitler befahl – sie folgten (willenlos)", indem sie eine „Nazifizierungs-Logik" dergestalt konstruierten, daß angesichts hoher Arbeitslosigkeit, Not, Verarmung, Verzweiflung und Hoffnungslosigkeit (die Sprache der Bücher wird hierbei sehr blumig und „verständnisvoll") man zwangsläufig zum Nazi werden *mußte*. Beschleunigt und verstärkt wurde dies von der Propaganda, der die Menschen auf den Leim gehen *mußten*, die ein ganzes Volk „umdrehte" und auf den falschen Weg führte und – wenn diese nicht ausreichte – durch den allgegenwärtigen Terror. Dieses Dilemma wird auch nicht dadurch aufgewogen, daß die politische Geschichte zunehmend hinter die geistesgeschichtliche und vor allem hinter die soziale zurücktritt. Erstens wird zur Stützung der Gedankenführung zumeist aus Hitlers „Mein Kampf" zitiert (als wäre dies die einzig verwertbare und interessante Quelle), was zweitens die Gleichung Hitler = Nationalsozialismus verstärkt und drittens die Konsensfähigkeit des „Dritten Reiches" ausblendet. Daraus resultiert – siehe dazu auch weiter unten die Ausführungen zur Thematik Opfer – ein Kollektivopferbegriff, ein ausschließlich auf die Dimension der kollektiven Unterdrückung ausgerichteter Begriff von Nationalsozialismus, der die Aspekte des (freiwilligen) Mitmachens und der (freiwilligen) Stützung der Diktatur völlig unter den Teppich kehrt. Sieht man von Hitler und dessen nächster Mitverführerumgebung ab, schweigen sich die Schulbücher (außer Anonymisierungen wie *die SS, SA-Männer*) über die Täter aus. Diese Anonymisierungen finden ihre Fortsetzung in den Opferkategorien. Nur sehr wenige werden namentlich erwähnt, wie z.B. *die Geschwister Scholl, namentlich erwähnte österreichische Widerstandskämpfer sowie Stauffenberg und dessen Mitverschwörer* (zum 20. Juli weiter unten).

Sofern es die Opfergruppen betrifft, ist über die Jahrzehnte hinweg ein mehrfacher Wandel zu beobachten. Vermitteln die Schulbücher der ersten Jahrzehnte noch ein fast schon penetrant gepflegtes und kultiviertes Bild der Deutschen als *das* und *die* Opfer des Nationalsozialismus („Dresden" als Metapher und die deutschen Soldaten als Opfergruppe par excellance), so erfolgte schrittweise eine Ausweitung auf Geisteskranke, Homosexuelle, Mitglieder von Sekten, die ins Exil Vertriebenen, Polen, und „Russen". Wenngleich als zartes Pflänzchen und sehr zurückhaltend formuliert, setzt sich vor allem im Zusammenhang mit der Opferkategorie „slawische Völker" der Topos des Versklavungs- und Vernichtungskrieges durch.

Unübersehbar ist der Wandel in der Bewertung des Attentates vom 20. Juli 1944. Dieses wurde einerseits über Jahrzehnte hinweg als Widerstand schlechthin stilisiert (daß zum Beispiel auch Kommunisten Widerstand leisteten, wurde jahrzehntelang verschwiegen), hielt es doch andererseits als Beispiel für das „Andere Deutschland" her, für – ohne polemisch sein und den persönlichen Mut schmälern zu wollen – ein Deutschland, das sich nichts sehnlicher wünschte als endlich wieder Demokratie und Rechtsstaat sein zu dürfen – was den Fakten schlicht und einfach nicht entspricht[6]. An diesem Beispiel läßt sich auch exemplarisch vorführen, wie wenig der jeweils aktuelle Forschungsstand – wenngleich in den Approbationsbestimmungen vorgeschrieben – in die Schulbuchliteratur einging[7]. Den 20. Juli und teilweise die enttäuschten Nationalsozialisten als *die Opfer* schlechthin anzuführen ist – in Anbetracht der sonstigen Opfer(bilanz) – mehr als historisch fragwürdig.

Eine nicht zu negierende Tatsache ist, daß die Schulbücher durchgehend auf die österreichische Herkunft Hitlers verweisen. Ist dieser Hinweis vorerst als eher regional zu begreifen, wird er schrittweise, wenn auch eher en passant, um die geistesgeschichtliche Dimension, vor allem auf Hitlers Antisemitismus bezogen, erweitert, was freilich – näheres dazu in der Zusammenfassung zum Themenkomplex Holocaust – nicht unproblematisch ist. In diesem Zusammenhang findet auch der österreichische Nationalsozialismus bzw. die österreichischen Nationalsozialisten Erwähnung. Sofern es den „Anschluß" betrifft, wird – zwar nicht als durchgängiges Muster, aber immerhin – gelegentlich auf den „Anschluß' von „innen" und (seltener) auf den von „unten" verwiesen, diesem jedoch weit weniger Relevanz als der außenpolitischen Aggression Hitler-Deutschlands beigemessen. Geht es um den erwähnten „jubelnden Empfang" der „begeisterten Massen", tritt wiederum die oben erwähnte – diesmal unter österreichischen Vorzeichen stehende – „Nazifizierungslogik" in Kraft. Neben die Argumentationsfiguren von Arbeitslosigkeit und Hoffnungslosigkeit treten das „Nachholen" von 1918/19 und das Versagen – im Sinne von Passivität – der Westmächte, wodurch ein von allen verlassenes, überfallenes und ausgeplündertes Österreich, das unfairerweise noch die Zeche für den „Größten Verführer aller Zeiten" zu zahlen hatte, hinzu. Alles in allem „versinkt"[8] Österreich im März 1938 im „braunen Sumpf" (oder wird dort von Hitler persönlich versenkt) und erwacht sieben Jahre später aus dem „braunen Dornröschenschlaf" als einiges und vor allem geeintes Volk von Demokraten, bekennenden und von jeder Art von Deutschtümmelei geheilten Österreichern. Dazwischen lagen Jahre des Terrors und der Propaganda, der an den Fronten gefallenen oder verwundeten Soldaten und Bombennächte, einige tausend Opfer politischer Verfolgung und gelegentlich einige Juden. Wenn dann spät aber doch vom Antisemitismus in Österreich die Rede ist, vom den „Anschluß" begleitenden antijüdischen Pogrom, dann ist zwischen den Zeilen das große Kopfschütteln, die Fassungslosigkeit darüber, wie die – recte: einige – Österreicher *so* sein und *das* anrichten konnten, herauszulesen. Von österreichischen Tätern ist, sieht man von Seyß-Inquart, Kaltenbrunner und Eichmann ab, kaum die Rede, die Flucht in die wenig konkrete Floskelhaftigkeit hingegen charakteristisch.

Und auch bei den drei Genannten wird nicht klar, was sie verbrochen haben sollen. Ausführlicheres und Konkreteres wissen die Schulbücher über die Opfer des Widerstandes zu berichten. Die Überbetonung des Widerstandes im Zusammenhang mit der „Moskauer Deklaration" stellt sogar die von Bischof analysierte Instrumentalisierung auf politischer Ebene in den Schatten[9]. Analysiert man die Ursachen für den Holocaust, landet man wiederum bei Hitler. Die untersuchten Schulbücher vermitteln den Eindruck, die „Endlösung der Judenfrage" sei die Privatangelegenheit Hitlers gewesen – wenn es viel ist (aber seltener), dann war es die Privatangelegenheit der Partei. Auf die Involvierung von Bürokratie, Wehrmacht usw. ist – abgesehen von der SS – kein Hinweis zu finden. Der Holocaust wird zumeist auf die Metapher Auschwitz reduziert, als Ort des jüdischen Leidens ohne (greifbare) Täter. Gerade in diesem Zusammenhang wird aus den Schulbüchern nicht wirklich ersichtlich, was am Nationalsozialismus, beziehungsweise am Hitler-Nazismus *so* schlimm gewesen sein soll, außer daß er Österreich auslöschte, den Krieg anzettelte und *man* zu den Juden eben nicht sehr freundlich war.

Quantitativ, über die Jahrzehnte hinweg betrachtet und kumuliert betrachtet, wurde den Themen Faschismus/Nationalsozialismus sowohl absolut als auch relativ ein Mehr an Platz zugewiesen. Im Gegensatz dazu „verlor" Austrofaschismus durchgehend; Nationalsozialismus, sonstige Faschismen, die drei Detailuntersuchungen zu Nationalsozialismus, Österreich im „Dritten Reich" und „sonstige Opfer" lassen so eindeutige Zuordnungen nicht zu. Betonenswert ist, daß der Aspekt „Holocaust" kontinuierlich quantitativ stärker betont wurde. Der „Paradefaschismus" schlechthin war das Naziregime, welches in den Relationen zu Austrofaschismus und anderen Faschismen bei weitem dominierte[10].

Öffentliches Geschichtsbewußtsein[11]

Besieht man sich die Längsschnittuntersuchungen zu den einzelnen Antisemitismuserhebungen, so bleibt festzuhalten, daß es in 13 „Fällen" zu einer Zunahme an Zustimmung zu antisemitischen Vorgaben kam, zwölfmal kam es zu einer Abnahme; jeweils achtmal ist eine Abnahme an Zustimmung zu antisemitischen und eine Zunahme an Zustimmung zu nichtantisemitischen Vorgaben feststellbar.

Die Untersuchungen zur Österreichischen Nation beziehungsweise zu deren historischer Verankerung zeigen eine eindeutige Verankerung und annähernd kontinuierlich steigende Zustimmung zum expliziten Nationsbekenntnis. Historisch verankert ist der Prozeß der Nationswerdung im kollektiven Bewußtsein ganz eindeutig in der Zweiten Republik und dort vor allem im Jahrzehnt zwischen 1945 und 1955.

Die unter „Nationalsozialismus und öffentliche Meinung" untersuchten Umfragen und dort nach dem Schema „NS-Nähe", „NS-Distanz" und „NS-Ambivalenz" getroffenen Zuordnungen, zeigen eine Dominanz der NS-Distanz (24 bzw. 34 Zuordnungen), vor NS-Nähe (17) und NS-Ambivalenz (1 bzw. 9 Zuordnungen). Der Nationalsozialismus als System und der Holocaust als Spezifikum stoßen im Meinungsbild auf Ablehnung, die Mittäterschaft von Österreichern ist ab den späten Siebzigern durchaus – und zwar mehrheitsfähig – bewußt, trotzdem reklamieren die Befragten einen kollektiven Opferstatus, trauen den Erkenntnissen der Wissenschaft nicht, sahen sich in den neunziger Jahren nicht befreit und wollen vor allem daran weder gedenken noch erinnern oder erinnert werden.

Sofern es die Variable „Alter" im Zusammenhang mit Antisemitismus betrifft, so sind in 50 von 104 ausgewerteten Antwortmöglichkeiten altersstetige Verläufe festzumachen, wobei 46 von diesen 50 die Arbeitshypothese[12] bestätigten, was einem Prozentsatz von 45 Prozent aller gegebenen Antworten entspricht. Sofern es die Stellung zur Österreichischen Nation betraf, ist „Alter" eine zu vernachlässigende Variable im Antwortverhalten – es wurde ein altersstetiger Verlauf erhoben und dieser stand im Widerspruch zur Hypothese. Im Abschnitt „Nationalsozialismus und öffentliche Meinung" wurden unter 129 Antwortmöglichkeiten alles in allem 28 altersstetige Verläufe errechnet, wobei sich 25 (19 Prozent) davon hypothesenkonform „verhielten". Somit „lädt" die Variable „Alter" vor allem im bezug auf Antisemitismus, nämlich in zunehmender Zustimmung zu antisemitischen Vorgaben. (Positive) NS-Bewertungen und die Ablehnung der Österreichischen Nation sind diesbezüglich schon weniger beziehungsweise völlig irrelevant.

Die Antisemitismusstudien legen ein eher konsensuales Geschichtsbewußtsein nahe[13]: In rund vierzig Prozent alle auswertbaren Antworten lag die Differenz zwischen Zustimmung und Ablehnung jenseits der 50 Prozent.

Bemerkenswert an den Nationsstudien[14] ist vorderhand das relativ hohe Maß an Konsens, lag doch die Differenz zwischen Ablehnung und Zustimmung zur Österreichischen Nation in 13 von 14 Untersuchungen jenseits von 50 Prozent und in neun der vierzehn vorliegenden Studien jenseits der 60 Prozent.

Nicht so eindeutig war das Antwortverhalten bezüglich der Bewertungen des Nationalsozialismus. Es herrschte zwar relativer Konsens entlang der Dimension „NS-Nähe" und „NS-Distanz", es gibt aber auch Fragen (was die Mitverantwortung am Zweiten Weltkrieg in den vierziger Jahren, die Einschätzung des „Anschlusses" als „tragisches Kapitel", die Verfolgung von NS-Verbrechen, der Vorwurf an die Juden, den Holocaust zu instrumentalisieren und die Frage nach der Faktizität des Holocaust), wo mit Differenzen jenseits von fünfzig Prozent extreme quantitative Unterschiede zwischen Zustimmung und Ablehnung festzumachen sind.

Mit anderen Worten: Das kollektive Bewußtsein war (und ist) dergestalt, daß sich „die Österreicher" im kollektiven Bewußtsein zwar ihre Mittäterschaft durchaus bewußt waren, sogleich aber auf Haftunfähigkeit plädier(t)en.

Über alle drei thematischen Umfrageblöcke hinweg betrachtet, dominiert wie die folgende Tabelle zeigt – im öffentlichen Geschichtsbewußtsein zeigt eindeutig die NS-Distanz:

	NS-Distanz	NS-Nähe	NS-Ambivalenz
Antisemitismusstudien	35/76%	9/19%	2/4%
Österreichische Nation	14/100%	0/0%	0/0%
NS-Bewertung 1	24/57%	17/40%	½%
NS-Bewertung 2[15]	34/57%	17/28%	9/15%

Je nach Berechnungsmodus dominierte die NS-Distanz in 83 (73) von 121 (111) „Fällen" vor der NS-Nähe 26 und der NS-Ambivalenz (drei- beziehungsweise zwölfmal). Betrachtet man in diesem Zusammenhang die errechneten Relativwerte, so bleibt festzuhalten, daß in den Nations- und den Antisemitismusstudien die NS-Distanz bei weitem dominierte, die Differenz in den Umfragen zur NS-Bewertung kein so eindeutiges Bild zeigte. Je nach Berechnungsmodus sind hier Werte einer positiven Stellung zum Nationalsozialismus zwischen 28 und 40% erhebbar, der sich von den zwei übrigen Studientypen ganz eindeutig unterscheidet.

Abschließende Überlegungen
Die Außensteuerung von Land und Leuten

Faschismus, um es pointiert zu formulieren, das war das, was in Italien und Deutschland existierte, das waren präziser Mussolini und Hitler. Faschismus in Österreich, exakter Nationalsozialismus in Österreich, das wurde von außen, nicht den Deutschen, sondern von Hitler gleichsam persönlich „importiert", nachdem sich Mussolini (der erste Faschismus-Importeur) von Österreich ab- und sich Hitler-Deutschland zuwandte. Nationalsozialismus in Österreich war der „Verrat" Mussolinis und die Aggression Hitlers, als hätte letzterer persönlich den Schlagbaum zwischen dem Bundesstaat Österreich und dem Deutschen Reich geöffnet. Der „Anschluß' von innen" und von „unten" ist – wenn überhaupt – in den Nachkriegsjahren und ab Mitte der achtziger Jahre minoritär nachweisbar. Diese Außensteuerung fand auch in der Haltung der Westmächte im März 1938, vielmehr aber, wie in den historischen

Längsschnitten zum Kriegsende und zum Staatsvertrag aufgezeigt wurde, in der Dekade 1945 bis 1955 ihre Ergänzung.

Die Nazifizierungslogik

Im Angesicht von Wirtschaftskrise, Arbeitslosigkeit, nazistischer Propaganda, Not und Elend, teilweise auch der Friedensverträge von 1919, nazifizierte sich Deutschland (aber weniger *die Deutschen*) beinahe von selbst. Und wer sich nicht selbst nazifizierte, hielt im Angesicht des permanenten Gestapo-Terrors ruhig. Somit ist der diesbezüglich Diskurs weniger um die Aufhellung von Hintergründen bemüht, sondern stellt sich als Verstehens- (und Verzeihens)Diskurs dar. Diese Argumentationsfigur wird neben Hitlers „Griff nach Österreich" auch für Österreich und die Österreicher geltend gemacht.

„Verdrängte" Geschichte

Für das Wissenschaftsverständnis des Verfassers ist der Begriff der Verdrängung sowohl aus theoretischer als auch aus methodischer Sicht ein wenig taugliches Mittel, sich dem Thema anzunähern, beziehungsweise es zu beschreiben. Man lasse sich in diesem Zusammenhang nicht davon beeindrucken, daß der Terminus der „Verdrängung" mittlerweile zur Umgangssprache – und auch im Zusammenhang mit der vorliegenden Thematik zum breit rezipierten und verbreiteten Interpretationskanon – gehört. Statt dessen soll an dieser Stelle der Terminus der *ausgeblendeten Geschichte* oder von *ausgeblendeten Teilen der Geschichte* vorgeschlagen werden. Man rufe sich in diesem Zusammenhang die einschlägigen Schulbücher und den medialen Diskurs in Erinnerung. Nationalsozialismus, das war in erster und überragender Linie das Gedenken und Erinnern an das/die Eigene/n. Sei es das eigene Erleben, seien es die eigenen Opfer. Das/die Fremde/n hatten und haben da über Jahrzehnte hinweg kaum Platz. Hitlers Opfer waren über Jahrzehnte *die Österreicher* und *die Deutschen* im Sinne von *allen* Österreichern und Deutschen und erst in den 90er Jahren *die Zigeuner, die Homosexuellen, die Slawen, die Juden* ....

In diesem Zusammenhang sei auf das oben beschriebene vermittelte Bild von Nationalsozialismus verwiesen: Nationalsozialismus, das war vor allem Hitler, das waren die (prominenten oder anonymisierten) Nazis als die großen Ver„führer", als Täter. Das „Volk", die „Wir"-Anderen, waren die Opfer.

Verweigerung und Ablehnung der Vergangenheitsdebatte

Eng mit dem oben angestellten Befund der selektiv wahrgenommenen und/oder selektiv vermittelten Geschichte steht sowohl im öffentlichen als auch im medial veröffentlichten Geschichtsbewußtsein ein enormes Potential an Verweigerungshaltung, sei dies im öffentlichen Geschichtsbewußtsein die Zurückweisung von „Erinnerungsarbeit" und von der Verfolgung von NS-Tätern, sei dies im medialen Diskurs der Hinweis auf gegenwärtig „wichtigere" Probleme, die anstünden, die Titulierung und Pathologisierung der Erinnerungsarbeit als „Masochismus" oder die Totalapologie der Täter.

Gegenwarts- und nicht Vergangenheitsanalyse

Betrachtet man die im Rahmen des personenzentrierten Ansatzes analysierten Textproduktionen, so zeigt sich die Verweigerungs- und Ablehnungshaltung der Vergangenheitsdiskussion in beinahe allen Medien darin, daß – neben den Hinweisen auf wichtigere Probleme – sie zumeist als (innenpolitische) Gegenwarts- und nicht als Vergangenheitsanalyse abgeführt wurden. Der, um es bildlich zu formulieren, punktuell auftauchende Schatten des „Dritten Reiches" wurde von der Frage „absorbiert", ob denn die gegenwärtige Diskussion über die NS-Vergangenheit(en) überhaupt legitim sei, was – sieht man von „Holocaust" ab – auch für den ereigniszentrierten Ansatz Gültigkeit hat.

Gespaltenes Geschichtsbewußtsein

Die untersuchten empirischen Daten spiegeln nachhaltig die kollektive Verweigerungshaltung im öffentlichen Bewußtsein und treffen sich somit – ohne hier auf Ursachen und Wirkungen eingehen zu wollen – mit dem medial verbreiteten. Die Spaltung setzt sich aber auf zwei weiteren Ebenen fort: Zum einen wie bereits ausgeführt in einer gespaltenen Medienlandschaft, zum anderen in einer teilweise völlig unterschiedlichen Wahrnehmung beziehungsweise Veröffentlichung der über Jahrzehnte hinweg dominierenden politischen Lager. Bei der SPÖ, egal ob man dafür die „Arbeiter-Zeitung", Beiträge im Theorieorgan „Die Zukunft" oder Politikerstatements heranzieht, verkommt der Nationalsozialismus zum Rattenschwanz des Austrofaschismus und wird letzterem eine Monstrosität zugeschrieben, die mit der historischen Wirklichkeit nicht korrespondiert(e). Mit anderen Worten: Die Auslöschung des Landes und der nationalsozialistische Totalitarismus werden im Gegensatz zum März 1933 und – vor allem – zum Februar 1934 wesentlich weniger als antithetische oder antagonistische Fakten zur Demokratie interpretiert[16]. In diesem Deutungsrahmen wird es verständlich und in sich stimmig, daß NS-Vergangenheiten (sofern diese nicht der ÖVP zugerechnet werden konnten) durch SP-Mitgliedschaften nach 1945 quasi neutralisiert wurden, und daß das Angebot des „gemeinsamen Weges" an die ehemaligen Nationalsozialisten dementsprechend offensiv formuliert werden konnte. Verblaßte solcherart der „Heldenplatz" – um es pittoresk zu formulieren – im Gegensatz zum beschossenen Karl-Marx-Hof auf seiten der SPÖ, so wurden im veröffentlichten Geschichtsbewußtsein der Volkspartei der Staatsstreich vom März 1933, der Bürgerkrieg und der Justizmord vom Februar '34 im Gegensatz zum reklamierten „Staatswiderstand" bis 1938 völlig ausgeblendet. Somit hatten SPÖ und ÖVP auch konträre Täterbegriffe. Für die Sozialisten waren es die Austrofaschisten, für die Volkspartei – in den ersten Nachkriegsjahren wesentlich konkreter und nachhaltiger benannt als später – die Nationalsozialisten, denen in der medialen Polemik über die ersten Nachkriegsjahre hinaus rangmäßig die Sozialdemokraten die diesbezügliche „Pole-Position" abliefen.

Öffentliches und veröffentlichtes Geschichtsbewußtsein

Wie im Abschnitt „(Massen)medien und Geschichtsbewußtsein betont wurde, kann und will diese Arbeit kein stimmiges Ursachen-Wirkungs-Modell von öffentlicher Meinung und veröffentlichter Kommunikation (et vice versa) zur Erklärung des „Zustandes" von öffentlichem und veröffentlichtem Geschichtsbewußtsein liefern. Produktiver und zielführender ist es nach Ansicht des Autors, von einer Kompatibilität von öffentlichem und veröffentlichtem Geschichtsbewußtsein auszugehen. Vorsichtig kann in der Gegenüberstellung von empirischen Daten und dem medialen Geschichtsdiskurs festgehalten werden: Sowohl im öffentlichen als auch im veröffentlichten Geschichtsbewußtsein konnte man sich durchaus antisemitisch äußern, dem Nationalsozialismus ambivalent gegenüberstehen und sich zur österreichischen Nation bekennen, ohne dies als Widerspruch zu empfinden.

Externalisierung des Nationalsozialismus?

Ein von vielen Forschern analysierter Befund lautet, die Österreicher hätten den Nationalsozialismus an Deutschland beziehungsweise an die Deutschen externalisiert. Sofern es die dem Verfasser zugänglichen quantitativen und qualitativen Daten betrifft, muß dem widersprochen werden: Nationalsozialismus ist weniger die Angelegenheit der Deutschen oder Deutschlands, sondern die Angelegenheit Hitlers und dessen nächster Umgebung. Sowohl der Mediendiskurs als auch das in den Schulbüchern vermittelte Geschichtsbewußtsein machen deutlich, daß auch für die Deutschen die Kollektivunschuld propagiert und dementsprechend – explizit formuliert in der Tagespresse – ein Ende der Erinnerungsarbeit gefordert wurde.

Welche veröffentlichende Öffentlichkeit?

Es ist Anton Pelinka völlig recht zu geben, wenn er schreibt: Die Unabhängigkeitserklärung vom 27. April 1945 war „der Beginn der großen Tabuisierung"[17]. Besieht man sich allerdings dazu den oben nachgezeichneten medialen Diskurs der Nachkriegsjahre, so ist dem nur teilweise zuzustimmen. Es hat nämlich diesen untabuisierten Diskurs, der auf österreichische Nationalsozialisten und deren Erhebungen in Graz oder Linz beispielsweise hinwies, durchaus gegeben. Mit anderen Worten: Es ist – wie auch im Zusammenhang mit der „Erosion der Opferthese" – immer auch die Frage der Quelle(n), die man zur Analyse heranzieht. Mit der Analyse von Politikeraussagen (oder der politischen Praxis) zur Thematik greift man sowohl im Bereich von öffentlichem als auch von veröffentlichtem Geschichtsbewußtsein zu kurz.

Opfer und Täter

Man bringt die untersuchten Aspekte von öffentlichem und veröffentlichtem Geschichtsbewußtsein wohl am besten auf die (Kurz)Formel von der Individualisierung und/oder Anonymisierung der Schuld und der Universalisierung der Opfer. Der nachgezeichnete Täterbegriff beider Dimensionen von Geschichtsbewußtsein individualisiert entweder auf Hitler und Konsorten oder anonymisiert ihn bis zur Unkenntlichkeit. Im Gegensatz dazu kollektiviert er die Opfer, seien dies Land und Leute der „Ostmark", die Soldaten, die vom „Anschluß" enttäuschten und von der Entnazifizierung betroffenen Nationalsozialisten, die Deutschen, die Opfer von politischer oder „rassischer" Verfolgung, die freilich wesentlich weniger „nahe" kommuniziert wurden. Paradigmatisch zeigt sich dies beispielsweise in der unterschiedlich assoziierten historischen Perspektive von Kriegsbeginn und Kriegsende. Wurde mit dem September 1939 häufig der Mai 1945 gekoppelt, so wurde letztere zumeist seltsam vorgeschichtslos kommuniziert. Ausgeblendet wurden im vorgetragenen Opferensemble zumeist die Opfer des von der Wehrmacht durchgeführten Krieges, Roma und Sinti, Zwangsarbeiter usw. Dem entspricht auch im öffentlichen Meinungsklima die kategorische Zurückweisung einer speziellen österreichischen Verantwortung für „die Juden" aufgrund der österreichischen Involvierung in das Nazi-Regime und die im öffentlichen und im veröffentlichten Geschichtsbewußtsein massiv betriebenen Täter-Opfer-Umkehr.

Österreich(er) und das „Dritte Reich"

Der herausragendste „Beitrag" Österreichs war der, Geburtsland des „Führers" gewesen zu sein (der freilich seine politische Karriere jenseits des Inns machte) und viele – zumeist – Kriegsopfer gebracht zu haben.

Kontinuität und Diskontinuität

Sowohl das durch Geschichtsbücher als auch durch Massenmedien vermittelte Geschichtsbewußtsein, sei es die Verweigerungshaltung, die selektive Wahrnehmung des Nationalsozialismus, seien es Individualisierung und Anonymisierung von Schuld auf der einen und die Universalisierung des Leides auf der anderen Seite, stehen – abseits aller punktuell teilweise überraschenden Interpretationen – wesentlich stärker im Zeichen von Kontinuität als von Diskontinuität. Die einzige der hier untersuchten Tageszeitungen, bei der ein augenscheinlicher radikaler Paradigmenwechsel in der veröffentlichten Erinnerungsarbeit festzumachen ist, sind die „Salzburger Nachrichten", die vom Verweigerungs- und Rückweisungsdiskurs im Zusammenhang mit dem Publikwerden von Friedrich Peters SS-Vergangenheit und der Kommentierung von „Holocaust" eine bis zur Gegenwart gültige, geänderte Blattlinie zeigen.

Anmerkungen

1   Gottschlich, Maximilian: Die Programmierung des Vergessens – Massenmedien und Geschichtsbewußtsein. In: Communications, 3/1987. S. 191-131 (hier S. 119f.).

2   Siehe zum Beispiel Botz, Gerhard und Müller, Albert: Differenz/Identität in Österreich. Zu Gesellschafts-, Politik- und Kulturgeschichte vor und nach 1945. In: ÖZG, 1/1995, S. 7-40.

3   Zu den qualitativen Schulbuchanalysen siehe Wassermann, Und ab heute Kinder sagen wir „Grüß Gott!" und nicht mehr „Heil Hitler!", a.a.O., S. 319-404.

4   Siehe Wassermann, Und ab heute Kinder sagen wir „Grüß Gott!" und nicht mehr „Heil Hitler!", a.a.O., S. 298-300.

5   Siehe beispielsweise N. N.: Fünfzehn Jahre erneuertes Österreich. In: PM 4/1960, S. 51-54.

6   Zum 20. Juli und zum Umfeld siehe u. a.: Hornung, Klaus: Die Reformpläne des Kreisauer Kreises. Ein Beitrag zur deutschen politischen Überlieferung. In: GWU, 12/1956. S. 730-777. Roon, Ger van: Der Kreisauer Kreis. Neuordnung und Widerstand. In: GWU, 3/1988. S. 142-153. N. N.: „20. Juli 1944". In: DÖN, 9/1964. S. 123. Siehe dazu Mommsen, Hans: Der Widerstand gegen Hitler und die deutsche Gesellschaft. In: HZ, Bd. 241 (1985). S. 81-104 (iB 90-97). Zur Historiographie zum 20. Juli im Kontext der deutschen Geschichtswissenschaft, siehe Wehler, Hans-Ulrich: Geschichtswissenschaft heute. In: Stichworte zur „Geistigen Situation der Zeit". 2. Band: Politik und Kultur. Hg. v. Jürgen Habermas. Frankfurt aM 1979. S. 709-753 (besonders S. 719-721) und Donat, Helmut: Vorbemerkung: Die Indienstnahme der Geschichte. In: „Auschwitz erst möglich gemacht?" Überlegungen zum jüngsten konservativen Geschichtsbewältigung. Hg. v. Helmut Donat und Lothar Wieland. Bremen 1991. S. 7-15. Etwas weiter vom Ansatz her gefaßt: Solchany, Jean: Vom Antimodernismus zum Antitotalitarismus. Konservative Interpretationen des Nationalsozialismus in Deutschland 1945-1949. In: VfZ, 3/1996. S. 373-394. Zu methodologischen und theoretischen Aspekten von Opposition, Resistenz und Widerstand siehe: Kleßmann, Christoph: Opposition und Resistenz in zwei Diktaturen. In: HZ, Bd. 262 (1996). S. 453-479.

7   So zitierte Mommsen (Der Widerstand gegen Hitler und die deutsche Gesellschaft, a.a.O.) zum großen Teil Literatur aus den späten sechziger Jahren und auf diesem Wissensstand verbleiben die Schulbücher bis in die späten achtziger Jahre. Daran schloß sich aber kein kritisches Hinterfragen der Zukunftspläne der Verschwörung, sondern deren Verschweigen an.

8   Hinzuweisen ist in diesem Zusammenhang auf die Metaphorik einiger Schulbücher.

9   Bischof, Günther: Die Instrumentalisierung der Moskauer Erklärung nach 1945. In: Zeitgeschichte, 11,12/1993. S. 345-366.

10 Die einschlägigen quantitativen Analysen finden sich bei Wassermann, Und ab heute Kinder sagen wir „Grüß Gott!" und nicht mehr „Heil Hitler!", a.a.O., S. 405-426.

11 Zu den analysierten Themenkomplexen Antisemitismus in Österreich nach 1945, Nation und Nationsbewußtsein und Nationalsozialismus und öffentliche Meinung siehe Wassermann, Und ab heute Kinder sagen wir „Grüß Gott!" und nicht mehr „Heil Hitler!", a.a.O., S. 49-235.

12 Als Arbeitshypothese diente die Annahme, daß mit zunehmendem Alter die Zustimmung zu NS-Nähe stetig steigt und die NS-Distanz stetig fällt NS-Nähe wurde definiert als Zustimmung zu antisemitischen Vorgaben, als explizite Ablehnung der Österreichischen Nation und positiven NS-Bewertungen, NS-Distanz wurde nach den gegenteiligen Antwortverhalten zugeordnet.

13 Als Konsens im Geschichtsbewußtsein wurde definiert, daß die Differenz zwischen zumindest zwei bipolaren Antwortmöglichkeiten zumindest fünfzig Prozent betragen muß, die Zuordnung Dissens wurde bei einer Differenz von unter 50 Prozent getroffen.

14 Hinzuweisen ist darauf, daß lediglich drei dem Verfasser vorliegende Studien die Variable „Alter" explizit ausweisen.

15 In dieser Zeile werden auch die US-amerikanischen Studien mitgezählt, die allerdings nur nach den Dimensionen „NS-Distanz" und „NS-Ambivalenz" zuordenbar waren.

16 Hinzuweisen ist darauf, daß der Verfassungsputsch von 1933 wesentlich weniger häufig und negativ erwähnt wurde als der Februar 1934, was im Zusammenhang mit der damals von seiten der Sozialdemokratie praktizierten Politik steht. Eine partielle „Aufweichung" dieser Argumentationsstruktur belegte Uhl in ihrer Studie zum Gedenkjahr 1938/88, wobei diese – verwiesen sei in diesem Zusammenhang auf die einschlägige Analyse der AZ im Rahmen der Debatte um Kurt Waldheim – lediglich für die direkten Gedenkartikel belegbar ist.

17 Pelinka, Anton: Der verdrängte Bürgerkrieg. In: Das große Tabu, a.a.O., S. 143-153 (hier S. 146).

556

18. Quellenverzeichnis

18.1. Ungedruckte Quellen
Gesammelte Bestände:

BAB, PA Reder, Walter, PA Reimann, Viktor, PA Fritz Ludwig, Peter
BAK, NS 19. Persönlicher Stab Reichsführer-SS
BAP, R/58. Reichssicherheitshauptamt
DÖW, 17962. Erklärung des Dokumentationszentrums zu den Angriffen des
Zentralsekretärs der SPÖ, Leopold Gratz. 12. 6. 1970.
IfZ München. Eichmann-Prozeß, Beweisdokumente
IfZ München. Nürnberger Dokumente (Mikrofilmsammlung)
IfZ/München, ZS 429/I, Aktenvermerk über eine Unterredung von Dr. Wilhelm Höttl mit Dr. Hoch und Dr. Krausnick im Institut am 13. Januar 1954.
IfZ/München, ZS 492/II, Interrogation Report No 15, 9 July 1945. The SD and the RSHA.
IfZ/München. ZS 429/III, Niederschrift „Der Mord an 6 Millionen Juden" vom 23. 2. 1975.
IfZ/München, ZS 1746, LIFE: Das Geständnis des Adolf Eichmann (Übersetzung).
IfZ Wien, Bestand Holocaust
Ministry of Defence: Reviews of the results of investigations carried out by the Minstry of Defence in 1986 into the fate of British servicemen captured in Greece and the Greec Islands between October 1943 and October 1944 and the involvement, if any, of the then Lieutenant Waldheim. London 1989.
NARA, RG 242. National Archives collection of foreign records seized. Military government of Germany and Austria. Records Relating to Kurt Waldheim. Entry 58A.
SBKA, Karton REDER, Walter.
SBKA, Karton 1152. „Presse Wiesenthal-Peter-Kreisky".
SBKA, Karton 1153. Wiesenthal.
SBKA, Karton 1156. Wies.
SOWIDOK, Tagblattarchiv „Reder, Walter„; „Rösch, Otto„

Bestände des Verfassers:

Prozeßunterlagen Bruno Kreisky vs. Peter Michael Lingens.
N.N.: Innsbrucker FPÖ-Parteitag 1986. Ms. Graz 1992.

Meinungsumfragen:

Arbeitsgemeinschaft Fessel+GFK und IFES: Fragen zur Fernsehserie „Holocaust", Februar/März 1979 (= Infratest 1/79). Wien 1979.

Die Meinung über die Juden. Ergebnisse einer repräsentativen Bevölkerungsumfrage des IMAS-Institut im Oktober 1973. [Linz 1973.]

Dr. Fessel&Co: Österreichbewußtsein 1987. Wien 1987.

Gallup: Papst Besuch in Österreich, Dr. Jörg Haider. Wien 1988.

IFES: Politisches Forschungsprogramm März 1980. Wien 1980.

IFES: Politisches Forschungsprogramm Juni 1980. Wien 1980.

IFES: Slogantest bei politisch relevanten Zielgruppen. Wien 1982.

IFES: Politisches Forschungsprogramm März 1983. Wien 1983.

IFES: Telefonblitzumfrage Waldheim & Nazi-Vergangenheit. Wien 1986.

IFES: Telefonumfrage Waldheim. Wien 1987.

IFES: Aufgabenfeld der Bundesregierung. Wien 1987.

IFES: Die Diskussion um Bundespräsident Waldheim vor und nach den TV-Auftritten von Bundeskanzler Vranitzky und Bundespräsident Waldheim. Wien 1988.

IFES: Kurt Waldheim nach der TV-Ansprache vom 15. Februar 1988. Wien 1988.

IFES: Meinungen und Einstellungen zur innenpolitischen Situation Anfang 1988. Wien 1988.

IFES: Ergebnisse einer Blitz-Telefonumfrage. Beurteilung von Haider-Aussagen zur „Beschäftigungspolitik im Dritten Reich". Wien 1991.

IFES: Beurteilung von Haider-Aussagen zur „Beschäftigungspolitik im Dritten Reich". Ergebnisse einer Blitz-Telefon-Umfrage 2. Welle. Wien 1991.

IMAS: Die Meinungen zum Fall Frischenschlager/Reder. Linz 1985 (= IMAS-report, 4/1985).

Integral: ORF HOLOCAUST, Studie 1150/97, März 1997.

Plasser, Fritz und Ulram, Peter A.: Ausländerangst als parteien- und medienpolitisches Problem. Ein Forschungsbericht des Fessel+GfK-Institutes und des Zentrums für angewandte Politikforschung. Wien 1992

SWS: Bericht über das Ergebnis einer Meinungsumfrage, betreffend die neue Bundesregierung. 80. Bericht. Wien 1970.

SWS: Bericht über eine Umfrage, betreffend das österreichische Nationalbewußtsein, die Kernkraftdiskussion und die Lagermentalität. 135. Bericht. Wien 1977.

SWS: Bericht über eine Umfrage betreffend: Persönlichkeiten, Schule, Staatssekretärinnen und das österreichische Nationalbewußtsein. 151. Bericht. Wien 1979.

SWS: Bericht über eine Umfrage betreffend die Polenkrise, die Meisterung der schwierigen wirtschaftlichen Situation, die Wählbarkeit der SPÖ, die Wählbarkeit einer Umweltschutzpartei und einer rechtsradikalen Partei, das Wirtschaftsprogramm und den Beliebtheitsgrad von Politikern. 160. Bericht. Wien 1981.

SWS: Bericht über eine Umfrage betreffend die Grünen, bevorzugte Form der Regierung und Spitzenpolitiker, die ehrlich sind und Sauberkeit erfolgreich vertreten. 174. Bericht. Wien 1983.

Zeitgeschichte und Schule. Eine Dr. Fessel+GFK-Untersuchung im Auftrag des Bundesministeriums für Unterricht und Kunst. Wien o.J.

18.2. Gedruckte Quellen
Tages-, Wochen- und Monatszeitungen:

Arbeiter-Zeitung
Berichte und Informationen*
Das Steirerblatt
Der Spiegel* (Die mit „*" gekennzeichneten Medien wurden nur teilweise ausgewertet.)
Der Standard*
Die Aula*
Die Furche*
Die Österreichische Nation*
Die Presse
Die Republik*
Die Zeit*
Die Zukunft*
FORVM*
Kleine Zeitung (Graz)
Kurier
Mittelungsblatt der Aktion gegen den Antisemitismus*
Neue Kronen Zeitung
Österreichische Monatshefte*
Pädagogische Mitteilungen*
„profil"*
Salzburger Nachrichten
Südost-Tagespost
Wiener Zeitung*
Wochenpresse*
WirtschaftsWoche*

Interviews:

Interview „Der Spiegel" mit Norbert Burger. In: Der Spiegel, 30/1967. S. 87.

Interview „Der Spiegel" mit Bruno Kreisky. In: Der Spiegel, 20/1970. S. 136-143.

Interview „Der Spiegel" mit Kurt Waldheim. In: Der Spiegel, 1,2/1972. S. 62-65.

Interview „Die Zukunft" mit Bruno Kreisky. In: Die Zukunft, H. 19,20/1975. S. 1-2.

Interview Der Spiegel -Günter Rohrbach. In: Der Spiegel, 6/1979, S. 191.

Interview „profil" – Norbert Burger. In: „profil", 37/1979. S. 18-19.

Interview „profil" – Norbert Steger. In: „profil", 1/1980. S. 18-19.

Interview „profil" – Wilfried Gredler. In: „profil", 6/1980. S. 10-11.

Interview „profil" – Harald Ofner. In: „profil", 22/1983. S. 12-14.

Interview „profil" – Friedhelm Frischenschlager. In: „profil", 6/1985. S. 16-18.

Interview „profil" – Holger Bauer. In: „profil", 8/1985. S. 16-17 .

Interview „profil" – Jörg Haider. In: „profil", 8/1985. S. 18-21.

Interview „profil" – Hermann Eigruber. In: „profil", 9/1985. S. 18-19.

Interview „Der Völkerfreund" – Otto Scrinzi. In: „Die Aula", 12/1985. S. 8-9.

Interview „profil" – Bruno Kreisky. In: „profil" 17/1986. S. 25-30.

Interview „Die Zeit" – Claus Peymann. In: „Die Zeit", 22/1988. S. 47-48.

Interview „profil" – Jörg Haider. In: „profil", 35/1988. S. 28-29.

Interview „Kärntner Nachrichten" – Heide Schmidt. In: „Die Aula", 2/1989. S. 17-19.

Interview WirtschaftsWoche – Jörg Haider. In: WirtschaftsWoche, 34/1995. S. 20-22.

Interview „profil" – Jörg Haider. In: „profil", 34/1995. S. 27-31.

Interview FORMAT – Kurt Waldheim. In: FORMAT, 11/1998. S. 42-43.

Leserbriefe:

Lb Oskar Huemer. In: Der Spiegel, 32/1970. S. 12f.

Lb Norbert Burger. In: „profil", 8/1980. S. 9.

Lb Norbert Burger. In: „profil", 15/1980. S. 6.

Lb Wilfried Gredler. In: „profil", 13/1980. S. 10-11.

Lb Wilfried Gredler. In: „profil", 42/1988. S. 8-9.

Selbständige Literatur:

Ahorni, Zvi und Dietl, Wilhelm: Der Jäger: Operation Eichmann. Was wirklich geschah. Stuttgart 1996.

Angriff auf das Dokumentationszentrum des B. J. V. N. und Simon Wiesenthal und die Reaktionen aus aller Welt. Hg. v. Bund Jüdischer Verfolgter des Naziregimes. Wien o. J.

Arendt, Hannah: Eichmann in Jerusalem. Ein Bericht von der Banalität des Bösen. Aus dem Amerikanischen von Brigitte Granzow. Mit einem einleitenden Essay von Hans Mommsen. München und Zürich[7] 1995.

Burger, Norbert: Südtirol – Wohin. Ein politisches Problem unserer Zeit – und seine Lösung. Leoni am Starnberger See[2] 1969.

Diamat, Manus: Geheimauftrag: Mission Eichmann. Aufgezeichnet von Moshe Meisels mit einem Vorwort von Simon Wiesenthal. Wien 1995.

Dichand, Hans: Kronen Zeitung. Die Geschichte eines Erfolges. Wien 1977.

Kempner, Robert M. W.: Eichmann und Komplizen. Zürich [u. a.] 1961.

Krauss, Herbert A.: „Untragbare Objektivität". Politische Erinnerungen 1917 bis 1987. Wien und München 1988.

Kunz, Johannes: Erinnerungen. Prominente im Gespräch. Mit einem Vorwort von Peter Dusek. Wien 1989.

Malkin, Peter Z. und Stein, Harry: Ich jagte Eichmann. Der Bericht eines israelischen Geheimagenten, der den Organisator der „Endlösung" gefangennahm. München und Zürich 1991.

Seifried, Gerhard und Toefferl, Heimo: Drei Genossen. Erwin Frühbauer, Rudolf Gallop und Leopold Wagner. Mit einem Vorwort von Jörg Haider. Klagenfurt 1997.

Stüber, Fritz: Ich war Abgeordneter. Die Entstehung der freiheitlichen Opposition in Österreich. Graz, Stuttgart 1974.

Thalberg, Hans J.: Von der Kunst, Österreicher zu sein. Erinnerungen und Tagebuchnotizen. Wien [u. a.] 1984 (= Dokumente zu Alltag, Politik und Zeitgeschichte, Bd. 6).

Unsere Ehre heißt Treue. Kriegstagebuch des Kommandostabes Reichsführer-SS Tätigkeitsberichte der 1. und 2.SS-Inf.-Brigade, der 1.SS-Kav.-Brigade und von Sonderkommandos der SS. Wien 1984.

Waldheim, Kurt: Im Glaspalast der Weltpolitik. Wien und Düsseldorf[2] 1985.

Ders.: Worauf es mir ankommt. Gedanken, Appelle, Stellungnahmen des Bundespräsidenten 1986-1992. Hg. v. Hanns Sassmann. Graz 1992.

Ders.: Die Antwort. Wien [u. a.] 1996.

Beiträge in Fach-, Tages- und Monatszeitschriften:

Aigner, Adalbert: Und Österreich? In: „Die Aula", März 1970. S. 14-15.

Ders.: 100 Jahre „Salzburger Volksblatt". In: „Die Aula", Dezember 1970. S. 12.

Ders.: Nachruf und Dank für das „Salzburger Volksblatt". In: „Die Aula", 5/1979. S. 12-14.

A.: Die Ergebnisse unserer Volksbefragung (2). In: BuI, H. 72 (1947). S. 5-6.

Ders.: Die Ergebnisse unserer Volksbefragung (3). In: BuI, H. 73 (1947). S. 3-4.

A. M.: Die nationale Karte spielen? In: „Die Aula", 3/1985. S. 6-7.

Bandhauer, Herbert: Die falsche Richtung. In: Die Zukunft, H. 11/1976. S. 29-30.

Barwitsch, Josef: Der Strafanspruch des Staates und die Rechtsverfolgung durch den einzelnen. In: Die Zukunft, H. 6,7/1976. S. 29-30.

Begov, Lucie: Die Nazi-Renegaten. In: Mitteilungsblatt der Aktion gegen den Antisemitismus. Nr. 44 (September 1970). S. 1-2.

Blau, Paul: In der falschen Partei? In: Die Zukunft, H. 3/1976. S. 27-29.

Böhm, Wilhelm: Prolegomena einer österreichischen Geschichtsauffassung. In: ÖMH, 6/1946. S. 228-230.

Bös, Josef: Erinnerungen an Oskar Helmer. In: BuI, H. 866 (1966). S. 6-7.

Breithofer, Johann: „Gerechtigkeit für Österreich". Gedanken zum „Rot-Weiß-Rot-Buch". In: ÖMH, 5/1947. S. 203-205.

Broda, Christian: Die SPÖ, die Vergangenheit, die Gegenwart und die Zukunft. In: Die Zukunft, H. 3/1976. S. 31-34.

Broszat, Martin: „Holocaust" und die Geschichtswissenschaft. In: VfZ, 2/1979. S. 285-298.

Ders.: Holocaust-Literatur im Kielwasser des Fernsehfilms. In: GWU, 1/1980. S. 21-29

Czernin, Hubertus: Auch Burger wurde ausgegrenzt. In: „profil", 2/1996. S. 10-11.

Czernitz, Karl: Ein geschichtlicher Sieg! In: Die Zukunft, H. 5,6/1970. S. 1-5.

Cerwinka, Günter: Zu Hellmut Diwald's „Geschichte der Deutschen". In: „Die Aula", 3/1979. S. 18-19.

Dahmer, Helmut: „Holocaust" und Amnesie. In: APuZ, B 22/1979. S. 33-37.

Diemann, Kurt: Von Kurt zu Kurt & Kurt. In: ÖMH, H. 2/1986. S. 15-16.

Dusek, Peter: Holocaust – was nun? In: Zeitgeschichte, 7/1979. S 266-273.

Erdmann, Karl Dietrich: Die Spur Österreichs in der deutschen Geschichte. In: „Die Aula", 1/1988, S. 23-25, 2/1988, S. 24-25, 3/1988, S. 19-20, 4/1988, S. 23-24, 5/1988, S. 26-28, 6/1988, S. 26-28 und 7,8/1988, S. 22-23.

Golznig, Gerd: Akt der Humanität? In: „Die Aula", 2/1985. S. 9.

Ders.: Die Lehren aus dem „Fall Reder/Frischenschlager". In: „Die Aula", 3/1985. S. 5-6.

Greil, Lothar: Was geschah in Marzabotto? In: „Die Aula", 5/1985. S. 35-36.

Hacker, Ivan: Auschwitz beginnt, wo „Holocaust" endet. In: „profil", 10/1979. S. 52-54.

Haider, Jörg: Respekt, Anerkennung und auch Ansporn. In: FORVM, H. 445-447 (1991). S. 21-24.

Hatzenbichler, Jürgen: Beschäftigungspolitik im „Reich des Bösen". In: „Die Aula", 7-8/1991. S. 15.

Hauser, Carry und Schubert Kurt: „Die Juden in Österreich". In: Mitteilungsblatt der Aktion gegen den Antisemtimus, Juni 1974.

Hindels, Josef: Gegen eine neue Koalitionsphilosophie in der SPÖ. In: Die Zukunft, H. 9/1982. S. 26-28.

Holocaust: Materialien zu einer amerikanischen Fernsehserie über Judenverfolgung im „Dritten Reich". Erarbeitet und zusammengestellt von Wilhelm von Kampen. Linz 1979.

Holocaust zur Unterhaltung. Anatomie eines internationalen Bestsellers. Fakten – Fotos – Forschungsreportagen. Hg. v. Friedrich Knilli und Siegfried Zielinski. Berlin 1982. S. 7-14.

Höhne, Heinz: Schwarzer Freitag für die Historiker. In: Der Spiegel, 5/1979, S. 22-23.

Hübinger, Paul Egon: Um ein neues deutsches Geschichtsbild. In: GWU, 10/1950. S. 385-401.

Klenner, Fritz: Aber, aber, warum das Kind gleich mit dem Bade ausschütten?. In: Die Zukunft, H. 3/1976. S. 35-36.

Knoll, Reinhold: Das Schweigen. In: Die Zukunft, H. 3/1976. S. 30-31.

Kraus, Herbert A.: Das künftige Judenproblem Österreichs. In: BuI, H 39 (1947). S. 1-2.

Ders.: Das künftige Judenproblem Österreichs. In: BuI, H. 40 (1947). S. 1-2.

Lingens, Ella: Ein heikles Problem. In: Die Zukunft, H. 13/1970. S. 20-21.

Dies.: Diese Nazis sind nicht typisch. In: „profil", 10/1979. S. 48 – 51.

Lingens, Peter M.: Peter und „Holocaust". In: „profil", 11/1979. S. 13.

Ders.: „Unmoralisch", „ungeheuerlich" und „würdelos". In: „profil", 14/1979. S. 15-20.

Ders.: Die „Ungeheuerlichkeit". In: „profil", 14/1981. S. 10-13.

Lorenz, Willy: „Du glückliches Österreich ...". In: Die Furche vom 7. März 1970. S. 1.

Ders.: Ohne Komplexe. In: Die Furche vom 21. März 1970. S. 1.

Malina, Peter: „Holocaust". In: Zeitgeschichte, 5/1979. S. 169-191.

Marauschek, Karl Heinz: Verleumder der Waffen-SS wieder am Werke! In: „Die Aula", Oktober 1975. S. 33-34.

Massiczek, Albert: Zur Nazischuld: Bewertung ist Selbstbewertung. In: Die Zukunft, H. 20/1970. S. 16-18.

Ders.: Demokratie- und parteischädigend: In: Die Zukunft, H. 8/1976. S. 24.

Mattl, Siegfried: Sozialistisches Prinzip oder Staatsräson. In: Die Zukunft, H. 8/1976. S. 22-23.

Mauz, Gerhard: Das wird mit keinem Wind verwehen. In: Der Spiegel, 5/1979, S. 24.

Messerschmid, Felix: Nachüberlegungen zu Holocaust. In: GWU, 3/1979. S. 175-178.

Missong, Alfred: Wahljahr 1949 und die „Vierte Partei". In: ÖMH, 2/1948. S. 53-59.

Ders.: Wir und der „VdU". In: ÖMH, 2/1949. S. 53-59.

Molden, Ernst: Homo austriacus: Ein Nachruf auf Alfons Dalma. In: Der Standard vom 30. Juli 1999.

Mommsen, Hans: Die Last der Vergangenheit. In: Stichworte zur „Geistigen Situation der Zeit". 1. Band: Nation und Republik. Hg. v. Jürgen Habermas. Frankfurt aM 1979. S. 164-184.

Mölzer, Andreas: Ist es ein Verbrechen, sich „deutscher Österreicher" zu nennen? In: „Die Aula", 9/1988. S. 13.

Ders.: Kalter Bürgerkrieg. In: „Die Aula", 7-8/1991, S. 7-11.

Nachtmann, Herwig: „Holocaust" und „Sonderblatt". In: „Die Aula", 3/1979. S. 9.

Nenning, Günther: Siegfried Kreisky. In: FORVM, H. 265/266 (= Jänner/Februar 1976), S. 59-69.

N. N.: Das Problem einer neuen Partei. Die bisherigen Projekte und ihre Aussichten. In: BuI, H. 5 (1946). S. 1.

N. N.: Fünfzehn Jahre erneuertes Österreich. In: PM 4/1960, S. 51-54.

N. N.: Dokumentation über die Freiheitliche Partei Österreichs. In: DÖN, 8/1963. S. 107-108.

N. N.: FPÖ lehnt Österreichertum ab. In: DÖN, 11/1965. S. 165-166.

N. N.: Kein Abbruch von Brücken. In: Die Furche vom 25. April 1970. S. 1.

N. N.: So weit zurück: In: Der Spiegel, 22/1970. S. 137 und 140.

N. N.: Arme Teufel. In: Der Spiegel, 24/1970. S. 82.

N. N.: Schöne Reihe. In: Der Spiegel, 26/1970. S. 102-103.

N. N.: Zur Kasse gebeten. In: Der Spiegel, 31/1970. S. 84.

N. N.: Drei Jahrzehnte nach Auschwitz: Antisemitismus in Österreich. In: „profil", 23/1973. S. 30-48.

N. N.: Reimanns Stunde. In: „profil" 15/1974. S. 18.

N. N.: Wolf im Schaftspelz. In: „profil„16/1974. S. 19-23.

N. N.: Kreisky: „Die Juden – ein mieses Volk". In: Der Spiegel, 47/1975. S. 22.

N. N.: Zum Fall Peter. In: DÖN, 3-4/1975. S. 128-129.

N. N.: Der ehrenwerte Friedrich Peter. In: Mitteilungsblatt der Aktion gegen den Antisemitismus, Dezember 1975. S. 1-2.

N. N.: DÖW und Holocaust. In: Mitteilungen des Dokumentationsarchives des Österreichischen Widerstandes. Folge 40, April 1979. S 1.

N. N.: Gaskammer-Architektur: Ein Skilehrer in Auschwitz. In: „profil", 12/1979. S. 43.

N. N.: Und sie bewegt sich doch! In: „Die Aula", 3/1980. S. 9-11

N. N.: Otto Scrinzi: „Ich bin stolz, ein Deutsch-Österreicher zu sein!". In: „Die Aula", 12/1985. S. 8-9.

N. N.: „Ich hätte mir viel ersparen können". In: „profil", 11/1988. S. 33-34.

N. N.: Bernhards „Heldenplatz" in Zitaten. In: „profil", 38/1988.

N. N.: Der „Lorenzener Kreis". In: „Die Aula", 10/1989. S. 21.

N. N.: Geburtstag. In: „profil", 5/1995. S. 19.

N. N.: Liebe Leser! In: „Die Aula", 1/1996. S. 3.

N. N.: Krumpendorf, die Waffen-SS und die Geiselhaft der ÖVP. In: „Die Aula", 1/1996. S. 22-26.

N. N.: Ausgerechnet Friedrich Peter. In: „Die Aula", 1/1996. S. 27.

N. N.: Reimann voller Widersprüche. In: „profil", 42/1996. S. 19.

Pelinka, Anton: Wöllersdorf war nicht Auschwitz. In: Die Zukunft, H. 13/1970. S. 21-22.

Ders.: Der falsche Weg. In: Die Zukunft, H. 22/1970. S. 31-32.

Ders.: Die richtige und die falsche Partei. In: Die Zukunft, H. 8/1976. S. 21.

Ders.: Tabu Auschwitz. In: „profil", 7/1979. S. 9.

Politikermeinungen zur Wahl Friedrich Peters. In: „profil", 20/1983. S. 19.

Pollak, Oscar: Weder Habsburg noch Hitler? In: Die Zukunft, H. 14/1963. S. 1-4.

R. T.: couch&potatos. In: „profil" 9/1997. S. 125.

Ragassnigg: „Habe genug gebüßt ...". In: Die Furche vom 9. Mai 1970. S. 5.

Riedl, Joachim: Haben Sie es gewußt? In: profil 9/1979. S. 53-54.

Ders.: Österreichs Anteil an der Endlösung: Preußisches Schwert und österreichische Narretei. In: „profil", 11/1979. S. 44-52.

Ders.: Der Weißwäscher. In: „profil", 20/1987. S. 66.

Rumpf, Horst: Schule, Geschichtslosigkeit, Entwurzelung. Erwägungen zur gegenwärtigen Hochkonjunktur in Zeitgeschichte. In: GWU, 11/1960. S. 692-700.

S. L.: Das Spiel von Menschenschindern. In: „profil", 9/1979. S. 64.

Scheuch, Manfred: Wöllersdorf kam vor Auschwitz. In: Die Zukunft, H. 15,16/1970. S. 37.

Ders.: Wahlrecht und Gerechtigkeit. In: Die Zukunft, H. 22/1970. S. 33-34.

Scrinzi, Otto: Wem nützt dieser Film? In: „profil", 10/1979. S. 54-55.

Ders.: Anpassung und Verwandlung. In: „Die Aula", 5/1985. S. 10-11.

Ders.: Ausgrenzung über den Tod hinaus. In: „Die Aula", 11/1992. S. 13.

Ders.: „Unbegreiflich und unentschuldbar". In: „Die Aula", 1/1996, S. 27-28.

Seltsam, X. F.: Narreteien. In: „Die Aula", 12/1985. S. 9.

Tramontana, Reinhard: NS-Prozesse in der Zweiten Republik: Spruch heil. In: „profil", 16/79. S 25-28.

Unger, Ernst: Wiesenthal und das Schweigen. In: Die Zukunft, H. 8/1976. S. 21-22.

vo: David Irving. Hitlers Weg zum Krieg. In: Deutschland in Geschichte und Gegenwart, 3/1979. S. 34-35.

Votzi, Josef: Sonderfall Kärnten. In: „profil", 26/1991. S. 36-37.

Wantosch, Erika: Fast nur arische Juden. In: „profil", 10/1979. S. 55-56.

Wasservogel, Peter: Vergiß nicht, daß du ein Mensch bist! In: Die Zukunft, H. 8/1976. S. 23-24.

Widmann, Werner: Die Undemokratie als Staatsphilosophie. In: „Die Aula", 7-8/1991. S. 13-14.

Wirlander, Stefan: Das Unbehagen in der Partei. In: Die Zukunft, H. 8/1976. S. 25-27.

Zayas, Alfred M de.: „HOLOCAUST"-Unterricht in Amerika. In: GWU, 3/ 1979. S. 179-181.

Zeilinger, Hans: Zur Gründung des „Verbandes der Unabhängigen". In: BuI, H. 146 (1949). S. 5.

Beiträge in Sammelwerken:

Graml, Hermann: Alte und neue Apologeten Hitlers. In: Rechtsextremismus in der Bundesrepublik. Voraussetzungen, Zusammenhänge, Wirkungen. Hg. v. Wolfgang Benz. Frankfurt aM 1989. S. 63-92.

Jäckel, Eberhard: Nähe und Ferne der Hitlerzeit. In: Ders.: Umgang mit Vergangenheit. Beiträge zur Geschichte. Stuttgart 1989. S. 93-101.

Konrad, Helmut: Laudatio durch den Rektor O. Univ.-Prof. Dr. Helmut Konrad. In: Verleihung des Menschenrechtspreises der Karl-Franzens-Universität Graz an Herrn Dipl.-Ing. Dr. h.c. mult. Simon Wiesenthal. Graz 1994 (= Grazer Universitätsreden 54). S. 15-26.

Mayenburg, Ruth von: „Blitzlichter aus der Erinnerung". In: Wir über Waldheim. Ein Mann, eine Ära im Urteil der Mitbürger. Hg. v. Karl Gruber [u. a.]. Wien [u. a.] 1992. S. 109-111.

N. N.: Rechtsextreme Funktionäre, Aktivisten und Ideologen. In: Handbuch des österreichischen Rechtsextremismus. Hg. v. Stiftung Dokumentationsarchiv des österreichischen Widerstandes. Wien[2] 1993. S. 289-326.

Neugebauer, Wolfgang: Organisationen. In: Rechtsextremismus in Österreich nach 1945. Hg. v. Dokumenationsarchiv des Österreichischen Widerstandes. 5., überarbeitete und ergänzte Auflage. Wien 1981. S. 161-249.

Sarkowicz, Hans: Publizistik in der Grauzone. In: Rechtsextremismus in der Bundesrepublik. Voraussetzungen, Zusammenhänge, Wirkungen. Hg. v. Wolfgang Benz. Frankfurt aM 1989. S. 93-107.

Wehler, Hans-Ulrich: Geschichtswissenschaft heute. In: Stichworte zur „Geistigen Situation der Zeit". 2. Band: Politik und Kultur. Hg. v. Jürgen Habermas. Frankfurt aM 1979. S. 709-753.

Sonstige gedruckte Quellen:

Das Urteil von Nürnberg 1946. Mit einer Vorbemerkung von Lothar Gruchmann. München[4] 1979 (= dtv dokumente, 2902).

Das Programm der Freiheitlichen Partei Österreichs. Wien 1998 (= Schnellinfo, 1a/98).

Der Prozeß gegen die Hauptkriegsverbrecher vor dem Internationalen Militärgerichtshof. Nürnberg 14. November 1945 – 1. Oktober 1946. Amtlicher Teil in deutscher Sprache. Bd. IV 17. Dezember 1945 – 8. Jannuar 1946. München und Zürich 1984.

Die Kontroverse. Hannah Arendt, Eichmann und die Juden. Red. v. F. A. Krummacher. München 1964.

Härtle, Heinrich: Was „Holocaust" verschweigt. Deutsche Verteidigung gegen Kollektiv-Schuld-Lügen. Leoni 1979.

Heldenplatz. Eine Dokumentation. Hg. v. Burgtheater Wien. Wien 1989.

Im Kreuzfeuer: Der Fernsehfilm Holocaust. Eine Nation ist betroffen. Hg. v. Peter Märthesheimer und Ivo Frenzel. Frankfurt aM 1979.

Kurz, Hans Rudolf [u. a.]: Der Bericht der internationalen Historikerkommission. (= „profil"-Dokumente vom 15. Februar 1988 (= „profil", 7/1988)).

Lang, Jochen von: Das Eichmann-Protokoll. Tonbandaufzeichnungen aus dem israelischen Verhör. Mit 66 faksimilierten Dokumenten. Nachwort Avner W. Less. o.O. o. J.

Landesgericht für Strafsachen Wien. Az 9eEVr 4949/86. Hv 5220/86. (= profil DOKUMENTE (= „profil", 49/1987)).

Schlagwort Haider. Ein politisches Lexikon seiner Aussprüche von 1986 bis heute. Mit einem Essay von Franz Januschek. Hg. v. Gudmund Tributsch. Wien 1994.

Schmorak, Dov B.: Der Prozeß Eichmann. Dargestellt an Hand der in Nürnberg und Jerusalem vorgelegten Dokumente sowie der Gerichtsprotokolle. Wien [u. a.] 1964.

Schuldig. Das Urteil gegen Adolf Eichmann. Hg. v. Avner W. Less. Mit einem Vorwort von Jochen von Lang. Frankfurt a.M. 1987.

SWS-Meinungsprofile: Antisemitismus in Österreich 1968-1982 (II.Teil). In: JfS, 2/1983. S. 205-244.

SWS-Meinungsprofile: SS-Schatten der Nazi-Vergangenheit. In: Journal für
    Sozialforschung, 4/1983. S. 502-508.
SWS-Meinungsprofile: Österreichische Skandale im Spiegel der Meinungs-
    forschung. In: JfS, 3/1986. S. 341-348.
Stenographische Protokolle des Nationalrates. 1945ff.
Topographie des Terrors. Gestapo, SS und Reichssicherheitshauptamt auf dem
    „Prinz-Albrecht-Gelände". Eine Dokumentation. Hg. v. Reinhard
    Rürup. Berlin⁹ 1987.

19. Literaturverzeichnis

Albrich, Thomas: Die Linken für die Rechten: Labour Party, SPÖ und die „Vierte Partei" 1948/49. In: Zeitgeschichte, 11, 12/1990. S. 432-451.

Amerongen, Martin van: Kreisky und seine unbewältigte Gegenwart. Graz [u. a.] 1977.

Amesberger, Helga und Halbmayr, Brigitte: „Schindlers Liste" macht Schule. Spielfilme als Instrument politischer Bildung an österreichischen Schulen. Eine Fallstudie. Wien 1995. (= Studienreihe Konfliktforschung, Bd. 9).

Assmann, Aleida und Assmann, Jan: Medien und soziales Gedächtnis. In: Die Wirklichkeit der Medien. Eine Einführung in die Kommunikationswissenschaft. Hg. v. Klaus Merten [u.a.]. Opladen 1994. S. 114-140.

Assmann, Jan: Kollektives Gedächtnis und kulturelle Identität. In: Kultur und Gedächtnis. Hg. v. Jan Assmann und Tonio Hölscher. Frankfurt aM 1988. (= stw 724). S. 9-19.

Bailer, Brigitte: Wiedergutmachung kein Thema. Österreich und die Opfer des Nationalsozialismus. Wien 1993.

Dies.: „Ohne den Staat damit weiter zu belasten...". Bemerkungen zur österreichischen Rückstellungsgesetzgebung. In: Zeitgeschichte, 11,12/1993. S. 367-381.

Dies.: „Ideologische Mißgeburt" und „ordentliche Beschäftigungspolitik". Rechtspopulistische Skandale. In: Politische Affären und Skandale in Österreich. Von Mayerling bis Waldheim. Hg. v. Michael Gehler und Hubert Sickinger. Thaur [u. a.] 1995. S. 666-678.

Bailer, Brigitte und Neugebauer, Wolfgang: Die FPÖ: Vom Liberalismus zum Rechtsextremismus. In: Handbuch des österreichischen Rechtsextremismus. Hg. v. Stiftung Dokumentationsarchiv des österreichischen Widerstandes. Wien[2] 1993. S. 327-428.

Benz, Wolfgang: „Endlösung". Zur Geschichte eines Begriffs. In: Täter-Opfer-Folgen. Der Holocaust in Geschichte und Gegenwart. Hg. v. Heiner Lichtenstein und Otto R. Romberg. Bonn[2] 1997. (= Schriftenreihe der Bundeszentrale für politische Bildung, Bd. 335). S. 11-23.

Bischof, Günther: Die Instrumentalisierung der Moskauer Erklärung nach 1945. In: Zeitgeschichte, 11,12/1993. S. 345-366.

Blänsdorf, Agnes: Deutsche Geschichte aus der Sicht der DDR. Ein Vergleich mit der Entwicklung in der Bundesrepublik Deutschland und in Österreich. In: GWU, 5/1988. S. 263-290.

Blecha, Karl: Analyse einer Wahl (I). In: Die Zukunft, H. 5,6/1970. S. 5-10.

Ders.: Analyse einer Wahl (II). In: Die Zukunft, H. 7/1970. S. 2-6.

Ders.: Die großen Trends. In: Die Zukunft, H. 22/1975. S. 15-21.

Ders.:: Bundespräsidentenwahl mit Überraschungen. In: Die Zukunft, H. 6/ 1980. S. 2-5.

Bohatsch, Charles: Spielchen spielen. In: „profil", 11/1980. S. 12-14.

Botz, Gerhard: Eine deutsche Geschichte 1938-1945? Österreichs Geschichte zwischen Exil, Widerstand und Verstrickung. In: Zeitgeschichte, 1/1986. S. 19-38.

Ders.: Österreich und die NS-Vergangenheit. Verdrängung, Pflichterfüllung, Geschichtsklitterung. In: Ist der Nationalsozialismus Geschichte? Zu Historisierung und Historikerstreit. Hg. v. Dan Diner. Frankfurt aM 1987. (= Fischer Tb 4391). S. 141-152.

Ders.: Österreichs verborgene Nazi-Vergangenheit und der Fall Waldheim. In: FORVM, H. 430-431 (1989). S. 47-55.

Ders.: Fernsehen in der Zeitgeschichte. „Zeitgeschichte im Fernsehen" – „Video History" in der „Zeitgeschichte„: drei Perspektiven. In: Medien&Zeit, 4/1993. S. 2-5.

Botz, Gerhard und Müller, Albert: Differenz/Identität in Österreich. Zu Gesellschafts-, Politik- und Kulturgeschichte vor und nach 1945. In: ÖZG, 1/1995. S. 7-40.

Böhler, Ingrid: „Wenn die Juden ein Volk sind, so ist ein mieses Volk." Die Kreisky-Peter-Wiesenthal-Affäre 1975. In: Politische Affären und Skandale in Österreich. Von Mayerling bis Waldheim. Hg. v. Michael Gehler und Hubert Sickinger. Thaur [u. a.] 1995. S. 502-531.

Brandstetter, Gerfried und Krammer, Reinhard: Die lichten Höhen der Didaktik, die Niederungen des Schulalltags. Erfahrungen im Zeitgeschichte-Unterricht an Handelsschulen. In: Zeitgeschichte, 8/1981. S. 323 - 331.

Bretschneider, Rudolf: Bundespräsidentenwahlen 1980. In: ÖJfP 1980. Hg. v. Andreas Khol und Alfred Stirnemann. München und Wien 1981. S. 1-4.

Broszat, Martin: Hitler und die Genesis der „Endlösung". Aus Anlaß der Thesen von David Irving. In: VfZ, 4/1979. S. 739-775.

Browder, George C.: Die Anfänge des SD. Dokumente aus der Organisationsgeschichte des Sicherheitsdienstes des Reichsführers SS. In: VfZ, 2/1979. S. 299-324.

Browning, Christopher R: Zur Genesis der „Endlösung". Eine Antwort an Martin Broszat. In: VfZ, 1/1981. S. 97- 109.

Ders.: Ganz normale Männer. Das Reserve-Polizeibattaillon 101 und die „Endlösung" in Polen. Reinbek bei Hamburg 1996 (= rororo Sachbuch 9968).

Bruckmüller, Ernst: Nation Österreich. Kulturelles Bewußtsein und gesellschaftlich-politische Prozesse. 2., ergänzte und erweiterte Auflage. Wien [u. a.] 1996. (= Studien zu Politik und Verwaltung, Bd. 4).

Buchacher, Robert: „Jetzt bin ich der Fälscher". In: „profil", 17/1979. S. 22-23.

Ders.: Nazis raus aus der FPÖ? In: „profil", 10/1980. S. 12-16.

Ders.: Ferrari, fertig, los. In: „profil", 22/1983. S. 15.

Buchheim, Hans [u.a.]: Anatomie des SS-Staates. Gutachten des Instituts für Zeitgeschichte. Bd. 1. Olten und Freiburg im Breisgau. 1965 (= Walter Dokumente Drittes Reich).

Castner, Hartmut und Castener, Thilo: Schuljugend und Neo-Faschismus - ein aktuelles Problem politischer Bildung. In: APuZ. Beilage zur Wochenzeitung das parlament B44/78. S. 31-46.

Christoph, Horst: Pingpong. In: „profil", 29/1988. S. 52.

Ders.: Antifa mit Hrdlicka. In: „profil", 48/1988. S. 91-95.

Conquering the past. Austrian Nazism yesterday and today. ed. by F. Parkinson. Detroit 1989.

Czernin, Hubertus: Waldheim und die SA. In: „profil", 10/1986. S. 16-20.

Dachs, Herbert: Die Entnazifizierung in der Salzburger Presse. In: Justiz und Zeitgeschichte. Hg. v. Erika Weinzierl und Karl R. Stadler. Salzburg 1977 (= Veröffentlichungen des Ludwig Bolzmann Instituts für Geschichte der Gesellschaftswissenschaften, Bd. 1). S. 227-247.

Das große Tabu. Österreichs Umgang mit seiner Vergangenheit. Hg. v. Anton Pelinka und Erika Weinzierl. Wien 1987.

Demandt, Alexander: Was heißt „historisch denken"? In: GWU, 8/1979. S. 463-478.

Denz, Hermann und Wiedenholzer, Josef: Woher kamen die Burger-Stimmen? Die Bundespräsidentenwahl 1980 am Beispiel Oberösterreich. In: JfS, 3/1981. S. 292-299.

Der Krieg gegen die Sowjetunion 1941-1945. Eine Dokumentation. 2., überarbeitete Auflage. Hg. v. Reinhard Rürup. Berlin 1991.

Der Mord an den Juden im Zweiten Weltkrieg. Entschlußbildung und Verwirklichung. Hg. v. Eberhard Jäckel und Jürgen Rohwer. Stuttgart 1985.

Der Umgang mit dem Holocaust. Europa - USA - Israel. Hg. v. Rolf Steininger. Wien [u. a.] 1994 (= Schriften des Instituts für Zeitgeschichte der Universität Innsbruck und des Jüdischen Museums Hohenems, Bd. 1).

Diem, Peter: „Holocaust". Anatomie eines Medienereignisses. Wien 1979 (= Berichte zur Medienforschung 1/79).

Ders.: Elefant oder Eintagsfliege? Probleme und Ergebnisse der Fernsehwirkungsforschung am Beispiel „Holocaust" und anderen Medienereignissen. In: Medienereignisse – Medienwirkungen? Zur Wirkung von Massenmedien: „Hainburg", „Holocaust" und andere Medienereignisse. Eine Tagungsdokumentation. Hg. v. Heinz Pürer. Salzburg 1985 (= Hefte des Kuratoriums für Journalistenausbildung, Heft 7/1985). S. 140-160.

Ders.: Holocaust 1979-1997. Wien 1997. Unveröff. Ms..

Donat, Helmut: Vorbemerkung: Die Indienstnahme der Geschichte. In: „Auschwitz erst möglich gemacht?" Überlegungen zur jüngsten konservativen Geschichtsbewältigung. Hg. v. Helmut Donat und Lothar Wieland. Bremen 1991. S. 7-15.

Douda, Franz und Pelinka, Anton: „Fall Burger": Licht und Schatten. In: Die Republik, 2/1968. S. 4-7.

Enzi, Marlies: Antisemitismus im kulturellen Bereich. „Heldenplatz" von Thomas Bernhard. In: Antisemitismus nach 1945. Zusammengestellt von Gerhard Botz [u. a.]. Salzburg 1990 (= LBHIS-Arbeitspapiere Nr. 7). S. 374-420.

Eybl, Susanne: Das Geschichtsbild in den österreichischen Medien. Die historischen Dokumentarserien Österreich II und Österreich I von Hugo Portisch und Sepp Riff als Paradigma medial aufbereiteter Geschichtsschreibung. Wien 1993. Phil. Diss.

Eybl Susanne und Renner, Elke: Überlegungen zu einem ideologiekritischen Einsatz von „Österreich II" im Unterricht. In: Zeitgeschichte, 1/1989/1990. S. 33-43.

Dies.: Kritik unerwünscht? Eine Duplik. In: Zeitgeschichte, 6/1990. S. 271.

Fischer, Gero [u. a.]: Die „Lorenzener Erklärung". Ein Produkt aus der ideologischen Kaderschmiede der FPÖ. In: FORVM, H. 433-435 (1990). S. 2-5.

Frei, Norbert: Presse-, Medien- und Kommunikationsgeschichte. Aufbruch in ein interdisziplinäres Forschungsfeld? In HZ, Bd. 248 (1989). S. 101-114.

Frischenschlager, Friedhelm: Funktions- und Inhaltswandlungen von Parteiprogrammen am Beispiel der FPÖ-Programme. In: ÖZP, 2/1978. S. 209-220.

Ders.: Wie liberal ist die FPÖ? In: ÖJfP (1980). Hg. v. Andreas Khol und Alfred Stirnemann. Wien und München 1981. S. 135-181.

Ders.: Die Freiheitliche Partei Österreichs. In: Politik in Österreich. Die Zweite Republik: Bestand und Wandel. Hg. v. Wolfgang Mantl.

Wien [u.a.] 1992 (= Studien zu Politik und Verwaltung, Bd. 10). S. 368-404.

Fromm, Rainer und Kernbach, Barbara: Europas braune Saat. Die internationale Verflechtung der rechtsradikalen Szene. München 1994.

Fuchs, Eduard: Schule und Zeitgeschichte. Oder wie kommen Jugendliche zu politischen Klischeevorstellungen. Wien, Salzburg 1986 (= Veröffentlichungen zur Zeitgeschichte, Bd. 5).

Gaunerstorfer, Michaela: Schüler und Nationalsozialismus. In: Zeitgeschichte, 6/1990. S. 266 – 270.

Gärtner, Reinhold und Rosenberger, Sieglinde: Kriegerdenkmäler. Vergangenheit in der Gegenwart. Mit einem Vorwort von Anton Pelinka. Innsbruck 1991.

Gehler, Michael: „...eine grotesk überzogene Dämonisierung eines Mannes...“. Die Waldheim-Affäre 1986-1992. In: Politische Affären und Skandale in Österreich. Von Mayerling bis Waldheim. Hg. v. Michael Gehler und Hubert Sickinger. Thaur [u. a.] 1995. S. 614-665.

Ders.: Die Affäre Waldheim: Eine Fallstudie zum Umgang mit der NS-Vergangenheit in den späten achtziger Jahren. In: Österreich im 20. Jahrhundert, Bd. 2. Vom Zweiten Weltkrieg bis zur Gegenwart. Hg. v. Rolf Steininger und Michael Gehler. Wien [u. a.] 1997. S. 355-414.

Gehmacher, Ernst [u. a.]: Die Waldheim-Wahl. Eine erste Analyse. In: JfS, 3/1986. S. 319-331.

Gehmacher, Ernst [u. a.]: 1986: Das Wahljahr der Überraschungen – Aus dem Blickpunkt der Wahlverhaltenstheorie. In: Das österreichische Parteiensystem. Hg. v. Anton Pelinka und Fritz Plasser. Wien [u. a.] 1988 (= Studien zu Politik und Verwaltung, Bd. 22). S. 103-126.

Gelher, Harry G.: Der Morgenthau-Plan. In: VfZ, 4/1965. S. 372-402.

Georges, Michéle: Vienne, malade de Waldheim. In: „L' Express“ vom 20. November 1987. S. 20-21.

Gies, Horst: Geschichtsbewußtsein und Geschichtsunterricht in der Deutschen Demokratischen Republik. In: GWU, 10/1989. S. 618-625.

Goshen, Seev: Eichmann und die Nisko Aktion im Oktober 1939. Eine Fallstudie zur NS-Judenpolitik in der letzten Etappe der „Endlösung“. In: VfZ, 1/1981. S. 74-96.

Gottschlich, Maximilian: Die beleidigte Nation. Der „Fall Waldheim“: Antiamerikanismus und Antisemitismus in österreichischen Printmedien. In: JfS, 3,4/1987. S. 393-406.

Ders.: Die Programmierung des Vergessens - Massenmedien und Geschichtsbewußtsein. In: Communications, 3/1987. S. 119-131.

Große, Christina: Der Eichmann-Prozeß zwischen Recht und Politik. Frankfurt aM [u. a.] 1995 (= Europäische Hochschulschriften: Reihe 2, Rechtswissenschaft, Bd. 1753).

Gruber, Helmut: „Wir Österreicher" und „gewisse Kreise im Ausland". Antisemitische Inhalte und Argumentation in Kronenzeitung und Presse während des Bundespräsidentenwahlkampfes 1986. In: Medien&Zeit, 3/1988. S. 17-24.

Ders.: Antisemitismus im Mediendiskurs. Die Affäre „Waldheim" in der Tagespresse. Wiesbaden 1991.

Handl, Helmut: Waldheim – das Opfer. Die Waldheim-Affäre in den Karikaturen österreichischer Zeitungen von 1986 bis 1988. In: Medien&Zeit, 3/1990. S. 30-33.

Hausjell, Fritz: Auch Journalisten verdrängen. Zur Vergangenheitsbewältigung einer Berufsgruppe. In: „Wiener Zeitung" EXTRA vom 25. April 1986.

Ders.: Journalisten gegen Demokratie oder Faschismus. Eine kollektiv-biographische Analyse der beruflichen und politischen Herkunft der österreichischen Tageszeitungsjournalisten am Beginn der Zweiten Republik (1945-1947). 2 Bde Frankfurt a.M. [u. a.] 1989 (= Europäische Hochschulschriften, Reihe XL Kommunikationswissenschaft und Publizistik, Bd 15).

Hausjell, Fritz und Rathkolb, Oliver: „Was unsere Zeit vor allem braucht, ist der Geist der Versöhnung, der Volksgemeinschaft." Ein Beitrag zur Biographie des Journalisten Alfons Dalma. In: Medien&Zeit, 1/1989. S. 18-26.

Heer, Hannes: Killing fields. Die Wehrmacht und der Holocaust. In: Vernichtungskrieg. Verbrechen der Wehrmacht 1941 bis 1944. Hg. von Hannes Heer und Klaus Naumann. Frankfurt aM[8] 1997. S. 57-77.

Heer Hannes und Naumann, Klaus: Einleitung. In: Vernichtungskrieg. Verbrechen der Wehrmacht 1941 bis 1944. Hg. von Hannes Heer und Klaus Naumann. Frankfurt aM[8] 1997. S. 25-36.

Heindl, Bernhard: Leutnant, Lügner, Präsident. In: FORVM, 426-427 (1989). S. 44-51.

Hilberg, Raul: Die Vernichtung der europäischen Juden. 3 Bde. Frankfurt aM 1990 (= Fischer TB 10611-10613).

Hillgruber Andreas: Rezension von David Irving: Hitler und seine Feldherren. In: HZ, 222 (1976). S. 754-756.

Hindels, Josef: Deutschnational oder liberal? Zur Ideologie der Freiheitlichen Partei. In: Die Zukunft, H. 6/1981. S. 18-22.

Hoffmann-Ostenhof, Georg: Ehren wir Wiesenthal! In: „profil", 8/1996. S. 11.

Hofstätter, Maria und Knapp, Ilan: Zeitgeschichtlicher Unterricht und

Vergangenheitsbewältigung in Wiener Schulen. In: SWS-Rundschau, 3/1989. S. 375-394.

Hopp, Michael: Gogl macht nix. In: FORVM, H. 265/266 (1976). S. 61.

Horak, Kurt und Klar, Franz: Hitler ist nicht tot. Wien 1968.

Hornung, Klaus: Die Reformpläne des Kreisauer Kreises. Ein Beitrag zur deutschen politischen Überlieferung. In: GWU, 12/1956. S. 730-777.

Höhne, Heinz: Der Orden unter dem Totenkopf. Die Geschichte der SS. Bindlach 1990.

Huber, Markus: Graue Schein-Panther. In: „profil", 5/1997. S. 39.

Hundseder, Franziska: Rechte machen Kasse. Gelder und Finanziers der braunen Szene. München 1995.

Jambor, Walter: B wie Burger, O wie Otto. In: Die Republik, 3/1967. S. 4-6.

Ders.: „Das Ende wird fürchterlich sein"! Wird das Ende fürchterlich sein? Österreich unter und nach Kreisky. Wien und München 1981.

Kadan, Albert: Die Freiheitliche Partei Österreichs (FPÖ). In: Die Republik, 1/1979. S. 16-24.

Kaindl-Widhalm, Barbara: Demokraten wider Willen? Autoritäre Tendenzen und Antisemitismus in der 2. Republik. Wien 1990 (= Österreichische Texte zur Gesellschaftskritik, Bd. 40).

Kaiser, Wolf: Die Wannsee-Konferenz. SS-Führer und Ministerialbeamte im Einvernehmen über die Ermordung der europäischen Juden. In: Täter-Opfer-Folgen. Der Holocaust in Geschichte und Gegenwart. Hg. v. Heiner Lichtenstein und Otto R. Romberg. Bonn[2] 1997 (= Schriftenreihe der Bundeszentrale für politische Bildung, Bd. 335). S. 24-37.

Kaltenbrunner, Andy [u. a.]: Tagebuch eines Absturzes. In: „profil", 26/1991. S. 18-20.

Kannonier-Finster, Waltraud und Ziegler, Meinrad: Österreichisches Gedächtnis. Über Erinnern und Vergessen der NS-Zeit. Wien [u. a.] 1993 (= Böhlaus zeitgeschichtliche Bibliothek, Bd. 25).

Kempner, Robert M. W.: Eichmann und Komplizen. Zürich [u. a.] 1961.

Ders.: Ankläger einer Epoche. Lebenserinnerungen. In Zusammenarbeit mit Jörg Friedrich. Frankfurt aM [u. a.] 1983.

Klee, Ernst: Was sie taten – Was sie wurden. Ärzte, Juristen und andere Beteiligte am Kranken- und Judenmord. Frankfurt aM 1995 (= Fischer TB 4364).

Kleßmann, Christoph: Opposition und Resistenz in zwei Diktaturen. In: HZ, 262 (1996). S. 453-479.

Koing, Ines de: A study of Adolf Eichmann (1906 - 1962). Adolf Hitler's expert in Jewish Affairs. A thesis submitted together with a thesis on the

American Students Image of Russia, an empirical study of national stereotyping. Newton Mass. 1964.

Kotanko, Christoph: Kraft durch Freude. In: „profil", 11/1988. S. 31-32.

Kotanko, Christoph und Worm, Alfred: Der Aktenlauf. In: „profil", 34/1987. S. 10-13.

Krausnick, Helmut: Hitlers Einsatzgruppen. Die Truppen des Weltanschauungskrieges 1938-1942. Frankfurt aM 1993 (= Fischer TB 4344).

Kubinzky, Karl A.: Wie liberal ist die FPÖ? Überlegungen zur österreichischen Parteienlandschaft. In: ÖJfP (1980). Hg. v. Andreas Khol und Alfred Stirnemann. Wien und München 1981. S. 183-187.

Lackner, Herbert: Plus/minus null. In: „profil", 1/1989. S. 21-22.

Ders.: Die sanfte Revolution. In: „profil", 8/1995. S. 40-44.

Lahodynsky, O.: Frischenschlagers Gast. In: „profil", 5/1985. S. 40-42.

Lasek, Wilhelm: Verzeichnis „revisionistischer" Autoren und Publikationen. In: Handbuch des österreichischen Rechtsextremismus. Hg. v. Stiftung Dokumentationsarchiv des Österreichischen Widerstandes. Wien² 1993. S. 451-463.

Lechner, Manfred: „... Jener, dessen Namen unter den Lebendigen nicht genannt werden mag." Der „Fall Olah" - Ein Megaskandal der Zweiten Republik? In: Politische Affären und Skandale in Österreich. Von Mayerling bis Waldheim. Hg. v. Michael Gehler und Hubert Sickinger. Thaur [u. a.] 1995. S. 419-436.

Levy, Alan: Die Akte Wiesenthal. Wien 1995.

Lichtenstein, Heiner: Himmlers grüne Helfer. Die Schutz- und Ordnungspolizei im „Dritten Reich". Köln 1990.

Lingens, Peter Michael: Sinowatz' Entmündigung. In: „profil", 20/1983. S. 10.

Ders.: „Heldenplatz" oder Die Programmierte Empörung. In: Die Welt vom 19. Oktober 1988, zit. n. Heldenplatz. Eine Dokumentation. Hg. v. Burgtheater Wien. Wien 1989. S. 116-117.

Löffler, Sigrid: Über und unter der Budel. In: „profil", 31/1988. S. 64-66.

Dies.: Platz für Helden. In: „profil", 38/1988. S. 83.

Dies.: Ein Werk und seine Wirkung. In: „profil", 46/1988. S. 110-114.

Dies.: Farce, Tobsuchtsanfall. Weltblamage. In: „profil", 42/1988. S. 87-88.

Macheiner, Norbert H.: Haiders Bekenntnis zur Österreichischen Nation. In: DÖN, 3/1988. S. 6-8.

Magenschab, Hans: „In jedem Wiener steckt ein Massenmörder". In: Wochenpresse, 41/1988. S. 58-59.

Malina, Peter: „Wieder Fuß fassen, nicht gefragt werden, schweigen dürfen." Ilse Leitenberger. Ein österreichischer Lebenslauf. In: Medien&Zeit, 1/1989. S. 26-32.

Marin, Bernd: „Die Juden" in der Kronen-Zeitung. Textanalytisches Fragment zur Mythenproduktion 1974. In: Bunzl, John und Marin, Bernd: Antisemitismus in Österreich. Sozialhistorische und soziologische Studien. Innsbruck 1983 (= Vergleichende Gesellschaftsgeschichte und politische Ideengeschichte der Neuzeit, Bd. 3), S. 89- 169.

Mauch, Uwe A.: Der nationalsozialistische Journalist Dr. Manfred Jasser. Eine biographische Studie zu Nazifizierung und Entnatzifizierung des österreichischen Pressejournalismus im „Ständestaat", im „Dritten Reich" und in der Zweiten Republik. Wien 1990. (Diplomarbeit).

Mayer, Gerhard: Sein einsamer Kampf. In: „profil", 16/1980. S. 52-53.

Merten, Klaus: Wirkungen von Kommunikation. In: Die Wirklichkeit der Medien. Eine Einführung in die Kommunikationswissenschaft. Hg. v. Klaus Merten [u.a.]. Opladen 1994. S. 291-328.

Mitten, Richard: „Ehrlose Gesellen"? Zur Rolle des Jüdischen Weltkongresses in der Waldheim-„Affäre" – und was österreichische Medien daraus machten. In: Medien&Zeit, 3/1989. S. 30-38.

Ders.: Die Kampagne mit der Kampagne: Waldheim und der Jüdische Weltkongreß und „das Ausland". In: Zeitgeschichte, 4/1990. S. 175-195.

Mommsen, Hans: Die Last der Vergangenheit. In: Stichworte zur „Geistigen Situation der Zeit". 1. Band: Nation und Republik. Hg. v. Jürgen Habermas. Frankfurt aM 1979. S. 164-184.

Ders.: Der Widerstand gegen Hitler und die deutsche Gesellschaft. In: HZ, 241 (1985). S. 81-104.

Ders.: Die Realisierung des Utopischen: „Die Endlösung der Judenfrage" im „Dritten Reich". In: Ders.: Der Nationalsozialismus und die deutsche Gesellschaft. Ausgewählte Aufsätze. Hg. v. Lutz Niethammer und Bernd Weisbrod. Reinbek bei Hamburg 1991. S. 184-232.

Mommsen, Margareta: Die „Staatskrise" über den „Justizputsch" in der Causa Habsburg 1963 und der Niedergang der Großen Koalition. In: Politische Affären und Skandale in Österreich. Von Mayerling bis Waldheim. Hg. v. Michael Gehler und Hubert Sickinger. Thaur [u. a.] 1995. S. 437-454.

Mulisch, Harry: Strafsache 40/61. Eine Reportage über den Eichmann-Prozeß. Berlin 1995.

Müller, Heinz: Erziehung zum geschichtlichen Bewußtsein. In: GWU, 11/ 1952. S. 641-647.

Müller, Karl: Salzburger Medien als Vermittler von Literatur zwischen 1945 und 1960. „Stunde Null" und/oder Kontinuität. In: Die vierte Macht. Zu Geschichte und Kultur des Journalismus in Österreich seit 1945. Hg. v. Hans-Heinz Fabris und Fritz Hausjell (= Österreichische Texte zur Gesellschaftskritik, Bd. 53). S. 241-260.

N. N.: „20. Juli 1944". In: DÖN, 9/1964. S. 123.

N. N.: Barock und Real. In: Der Spiegel, 28/1970. S. 75-76

N. N.: Nur für Armverletzte. In: Der Spiegel, 30/1970. S. 96.

N. N.: ORF-Infratest: „Holocaust" als Außireißer. In: „profil", 13/1979. S. 24.

N. N.: Rechtsaußen. In: „profil", 14/1980. S. 48-49.

N. N.: Neofaschismus. Ein Braunbuch der Sozialistischen Jugend Wien. Wien 1983.

N. N.: Streng vertraulich. In: „Wochenpresse", 5/1985. S. 18-19.

N. N. : Das „Gewicht" der Affären. In: ÖJfP (1985). Hg. v. Andreas Khol [u. a.]. Wien und München 1986. S. 872 -873.

N. N.: Waldheim – „Gongschlag zur letzten Runde". In: Der Spiegel, 5/1988. S. 116-118.

N. N.: Ein „Who's who?" der Skandale. In: „profil", 40/1988. S. 36-37.

N. N.: „Ein Don Quichote." In: „profil", 51,52/1993. S. 34-35.

Nemeth, Dietmar und Blumberger, Walter: Rechts um? Jugendliche und gesellschaftlicher Rechtsruck. Empirische Ergebnisse. In: Rechts um? Zum Neuen Rechtsradikalismus in Österreich. Hg. v. Dietmar Nemeth und Walter Blumberger. Linz 1993. S. 99 – 149.

Neugebauer, Wolfgang: Aktuelle neofaschistische Strömungen in Österreich. In: Zeitgeschichte, 8/1977. S. 280-291.

Ders.: Die FPÖ: Vom Rechtsextremismus zum Liberalismus. In: Rechtsextremismus in Österreich nach 1945. 5., überarbeitete und ergänzte Auflage. Hg. v. Dokumentationsarchiv des Österreichischen Widerstandes. Wien 1981. S. 308-328.

Neuwirth, Erich: Bundespräsidentschaftswahl 1980: Woher kamen die Stimmen? Übergangswahrscheinlichkeiten von Wählern zwischen der Nationalratswahl 1979 und der Bundespräsidentenwahl 1980. In: JfS, 3/1981. S. 284-291.

Ortner, Christian S.: Am Beispiel Walter Reder. Die SS-Verbrechen in Marzabotto und ihre „Bewältigung". Hg. v. Dokumentationsarchiv des Österreichischen Widerstandes. Wien o.J..

Pandel, Hans-Jürgen: Geschichtsbewußtsein. In: GWU, 11/1993. S. 725-729.

Pataki, Heidi: Hoppala, wir sterben! In: FORVM, H. 317/318 (1980). S. 22-27.

Pätzold, Kurt: Die Teilnehmer der Wannseekonferenz. Überlegungen zu den fünfzehn Täterbiographien. In: Zeitgeschichte, 1,2/1992. S. 1-16.

Pearlman, Moshe: The capture and trial of Adolf Eichmann. London 1963.

Pelinka, Anton: Dokumentation zum „Fall Burger". In: Die Republik, 4/1967. S. 7-12.

Ders.: Die kleine Koalition in Österreich: SPÖ-FPÖ (1983-1986). Wien [u. a.] 1993 (= Studien zu Politik und Verwaltung, Bd. 48).

Pellar, Brigitte: Albertinaplatz. Wien und Zürich 1988.

Pick, Hella: Simon Wiesenthal. Eine Biographie. Reinbek bei Hamburg 1997.

Pittler, Andreas: Am Beispiel Otto Scrinzi. Rechtsextreme in Österreich. Wien 1986.

Plasser, Fritz: Die populistische Arena: Massenmedien als Verstärker. In: Populismus in Österreich. Hg. v. Anton Pelinka. Wien 1987. S. 84-108.

Plasser, Fritz und Ulram, Peter A.: Ein Beben mit Folgen. Die Präsidentschaftswahl 1986. In: ÖMH, H. 4/1986. S. 6-10.

Dies.: Das Jahr der Wechselwähler. Wahlen und Neustrukturierung des österreichischen Parteiensystems 1986. In: ÖJfP (1986). Hg. v. Andreas Khol [u. a.]. Wien und München 1987. S. 31-80.

Dies.: Großparteien in der Defensive. Die österreichische Parteien- und Wählerschaft nach der Nationalratswahl 1986. In: Das österreichische Parteiensystem. Hg. v. Anton Pelinka und Fritz Plasser. Wien [u. a.] 1988 (= Studien zu Politik und Verwaltung, Bd. 22). S. 79-102.

Dies.: Wahltag ist Zahltag. Populistischer Appell und Wählerprotest in den achtziger Jahren. In: ÖZP, 2/1989. S. 151-164.

Dies.: Überdehnung, Erosion und rechtspopulistische Reaktion. Wandlungsfaktoren des österreichischen Parteiensystems im Vergleich. In: ÖZP, 2/1992. S. 147-164.

Dies.: Ausländerangst als parteien- und medienpolitisches Problem. Ein Forschungsbericht des Fessel+GfK-Institutes und des Zentrums für angewandte Politikforschung. Wien 1992.

Plasser, Fritz [u. a.]: Analyse der Präsidentschaftswahl vom 4. Mai 1986. In: ÖMH, H. 3/1986. S. 19-22.

Portisch, Hugo: Ideologiekritische Überlegungen: Eine Replik. In: Zeitgeschichte, 4/1989/1990. S. 196-201.

Przyblyski, Peter: Täter neben Hitler. Ereignisse, Tatsachen, Zusammenhänge. Berlin 1990.

Purtscheller, Wolfgang: Aufbruch der Völkischen. Das braune Netzwerk. Wien 1993.

Rathkolb, Oliver: Viktor Reimanns Publizistik zwischen 1945-1955. In: Medien & Zeit, 1/1989, S 35 - 39.

Ders.: Die Kreisky-Ära 1970-1983. In: Österreich im 20. Jahrhundert, Bd. 2. Vom Zweiten Weltkrieg bis zur Gegenwart. Hg. v. Rolf Steininger und Michael Gehler. Wien [u. a.] 1997. S. 305-353.

Riedl, Joachim: Hereinspaziert ins Naziland. In: „profil", 31/1988. S. 54-55.

Roon, Ger van: Der Kreisauer Kreis. Neuordnung und Widerstand. In: GWU, 3/1988. S. 142-153.

Rust, Holger: Publizistische Vergangenheitsbewältigung. Eine Auseinandersetzung mit der Wahlkampfberichterstattung der meistgelesenen Tageszeitung Österreichs. In: Medien&Zeit, 3/1986. S. 3-11.

Ders.: Aus der Geschichte lernen? Zur Bereitschaft der ÖsterreicherInnen, sich mit dem ,Anschluß' zu beschäftigen. In: Medien-Journal, 4/1988. S. 162-171.

Safrian, Hans: Eichmann und seine Gehilfen. Frankfurt aM 1995 (= Fischer TB 12076).

Scharsach, Hans-Henning: Haiders Kampf. Wien⁵ 1992.

Ders.: Haiders Clan. Wie Gewalt entsteht. Wien [u. a.] 1995.

Scheidl, Hans Werner: Die Ära Friedrich Peter. In: Die Republik, 1/79. S. 25-28.

Schröter, Heinz: Außerschulische „Geschichtsquellen" von Mittelstufenschülern. Eine Studie über die Zusammenhänge von Jugendpsychologie und Geschichte. In: GWU, 12/1968. S. 733-750.

Schulz, Wilfried: Der t-Faktor in der empirischen Kommunikationsforschung. Ein Beitrag zur Rundfrage: „Neue Positionen zur Kommunikationsgeschichte". In: Medien&Zeit, 3/1992. S. 21-23.

Schwieriges Erbe. Der Umgang mit Nationalsozialismus und Antisemitismus in Österreich, der DDR und der Bundesrepublik Deutschland. Hg. v. Werner Bergmann [u. a.]. Frankfurt aM und New York 1995 (= Schriftenreihe des Zentrums für Antisemitismusforschung, Bd. 3).

Seiler, Dietmar: Im Labyrinth der Geschichtspolitik. Die Erinnerung an die Shoa im öffentlichen österreichischen Gedächtnis. In: Zeitgeschichte, 9,10/1997. S. 281-301.

Siegert, Michael: Andreas Hofer, du bist nicht tot. In: Neues FORVM, H. 209/I/II. S. 49-52.

Sillaber, Alois: Nomen est omen. Grazer Straßennamen als geistes- und ideologiegeschichtlich Quelle zum Jahr 1945. In: HJbG, Bd. 25 (1994). S. 643-663.

Simon Wiesenthal. Ein unbequemer Zeitgenosse. Hg. v. Maria Sporrer und Herbert Steiner. Wien [u. a.] 1992.

Slatar, Daniela: Der Beitrag der Medien zur Verweigerung und Annahme der eigenen Geschichte am Beispiel „Reichskristallnacht". Eine Inhaltsanalyse der Berichterstattung von Wiener und Grazer Tageszeitungen anläßlich der Gedenkjahre im Zeitraum 1948 bis 1991. Wien 1993. (Diplomarbeit).

Solchany, Jean: Vom Antimodernismus zum Antitotalitarismus. Konservative Interpretationen des Nationalsozialismus in Deutschland 1945-1949. In: VfZ, 3/1996. S. 373-394.

Sommer, Franz: Innenpolitik und Medienberichterstattung. In: ÖJfP (1985). Hg. v. Andreas Kohl [u.a.]. Wien und München 1986. S. 865-870.

Sotriffer, Kristian: Nichts als Heuchelei um das „antifaschistische" Mahnmal. In: Wiener Journal, Oktober 1988. S. 21.

Spieler, Alfred: Stufen des geschichtlichen Bewußtseins. In: GWU, 7/1955. S. 397-407.

Ders.: Geschichtsbewußtsein (Schluß). In: GWU, 8/1955. S. 481-492.

Stirnemann, Alfred: Das neue Parteiprogramm der FPÖ – eine kritische Analyse. In: ÖJfP (1985). Hg. v. Andreas Khol [u. a.]. Wien und München 1986. S. 657-694.

Ders.: Gibt es einen Haider-Effekt? Der Aufstieg der FPÖ zu einer (kleinen) Mittelpartei 1986-1991. In: ÖJfP (1991). Hg. v. Andreas Khol [u. a.]. Wien und München 1992. S. 137-185.

Topographie des Terrors. Gestapo, SS und Reichssicherheitshauptamt auf dem „Prinz-Albrecht-Gelände". Eine Dokumentation. Hg. v. Reinhard Rürup. Berlin[9] 1987.

Tozzer, Kurt und Kallinger, Günther: „Marschmusik für Glockenspiel". 1968, Österreich am Rande des Krieges. St. Pölten und Wien 1998.

Trettler, Heidi: Der umstrittene Handschlag. Die Affäre Frischenschlager-Reder. In: Politische Affären und Skandale in Österreich. Von Mayerling bis Waldheim. Hg. v. Michael Gehler und Hubert Sickinger. Thaur [u. a.] 1995. S. 592-613.

Uhl, Heidemarie: Zwischen Versöhnung und Verstörung. Eine Kontroverse um Österreichs historische Identität fünfzig Jahre nach dem „Anschluß". Wien [u. a.] 1992 (= Böhlaus zeitgeschichtliche Bibliothek, Bd. 17).

Dies.: Erinnern und vergessen. Denkmäler zur Erinnerung an die Opfer der nationalsozialistischen Gewaltherrschaft und an die Gefallenen des Zweiten Weltkrieges in Graz und in der Steiermark. In: Todeszeichen. Zeitgeschichtliche Denkmalkultur in Graz und in der Steiermark vom Ende des 19. Jahrhunderts bis zur Gegenwart. Hg. v. Stefan Riesenfellner und Heidemarie Uhl. Wien [u. a.] 1994 (= Kulturstudien. Bibliothek der Kulturgeschichte, Sonderband 19). S. 111-195.

Dies.: Gedächtnisraum Graz. Zeitgeschichtliche Erinnerungszeichen im öffentlichen Raum nach 1945. In: HJbG, Bd. 25 (1994). S. 625-641.

Dies.: Erinnerung als Versöhnung. Zu Denkmalkultur und Geschichtspolitik der Zweiten Republik. In: Zeitgeschichte, 5,6/1996. S. 146-160.

Vasek, Thomas: Haiders anständige Menschen. In: „profil", 52/1995. S. 24-26.

Votzi, Josef: Alexander der Kleine. In: „profil", 7/1980. S. 16-17.

Wantoch, Erika: Aus der Art doch nicht geschlagen. In: „profil", 22/1983. S. 22-23.

Dies.: Tugend Tod. In „profil", 24/1983. S. 14-15.

Wantoch, Erika und Kotanko, Christoph: Abgekurtetes Spiel. In: „profil",
19/1986. S. 18-19.

Wassermann Heinz-Peter: Gepresste Geschichte. Der Nationalsozialismus
in der veröffentlichten Meinung der Tagespresse der Zweiten Republik. Ein Beitrag zur Bewußtseinsgeschichte und Bewußtseinsbildung der Zweiten Republik. Graz 1990. (Diplomarbeit).

Ders.: „Lang lebe Deutschland, lang lebe Argentinien, lang lebe Österreich".
Der Prozeß gegen Adolf Eichmann: Eine Analyse historischer Bewußtseinsbildung durch die Tagespresse. In: Zeitgeschichte, 7,8/
1993. S. 249-259.

Ders.: Österreich und „Holocaust" – eine verstörte Nation? In: Zeitgeschichte im Wandel. Österreichische Zeitgeschichtetage 1997. Hg. v. Ger-
traud Diendorfer [u.a.]. Innsbruck und Wien 1998. S. 322-329.

Ders.: Und ab heute Kinder sagen wir „Grüß Gott!" und nicht mehr „Heil
Hitler!". Nationalsozialismus, öffentliches und veröffentlichtes
Geschichtsbewußtsein in Österreich nach 1945. Graz 1998. (Phil.
Diss., 3. Bde.)

Wehler, Hans-Ulrich: Geschichtswissenschaft heute. In: Stichworte zur „Geistigen Situation der Zeit". 2. Band: Politik und Kultur. Hg. v. Jürgen Habermas. Frankfurt aM 1979. S. 709-753.

Wiesenthal, Simon: Doch die Mörder leben. Herausgegeben und eingeleitet
von Joseph Wechsberg. München und Zürich 1967.

Ders.: Recht, nicht Rache. Erinnerungen. Frankfurt aM und Berlin[3] 1989.

Wilke, Jürgen: Die Diagnose gilt noch. In: Medien&Zeit, 3/1992. S. 24-25.

Wistrich Robert: Wer war wer im Dritten Reich. Anhänger, Mitläufer, Gegner aus Politik, Wirtschaft, Militär, Kunst und Wissenschaft. München 1983.

Wodak, Ruth: Wie über Juden geredet wird. Textlinguistische Analyse öffentlichen Sprachgebrauchs in den Medien im Österreich des Jahres 1986. In: JfS, 1/1988. S. 117-136.

Wodak, Ruth und Gruber, Helmut: Antisemitismus für Anfänger und Fortgeschrittene. Krone und Presse in der soziolinguistischen Untersuchung. In: Medien-Journal, 4/1988. S. 183-192.

Wodak, Ruth [u. a.]: „Wir sind alle unschuldige Täter". Diskurshistorische Studien zum Nachkriegsantisemitismus. Frankfurt aM 1990 (= st w 881).

Wolf, Franz-Ferdinand: Der Dissidentenschmäh. In: „profil", 19/1983. S. 18-
19.

Worm, Alfred: „Jauche". In: „profil", 16/1986. S. 39-40,

Ders.: Das Ende der Liberalen. In: „profil", 20/1991. S. 34-37.

Yvon, Paul: Der Liberaal. In: „profil", 21/1983. S. 22-23.